ONTWIKKELINGSPSYCHOLOGIE

Ook verschenen bij Pearson Benelux:
Elliot Aronson, Timothy D. Wilson en Robin M. Akert, *Sociale psychologie*
Smadar Celestin-Westreich en Leon-Patrice Celestin, *Observeren en rapporteren*
Martine Delfos, *Psychologie van de adolescentie*
Mark Elchardus, *Sociologie, een inleiding*
Robert S. Feldman, *Ontwikkelingspsychologie II: Levensloop vanaf de jongvolwassenheid*
Dennis Howitt en Duncan Cramer, *Statistiek in de sociale wetenschappen*
David W. Johnson en Frank P. Johnson, *Groepsdynamica: Theorie en vaardigheden*
Jeffrey S. Nevid, Spencer A. Rathus en Beverly Greene, *Psychiatrie, een inleiding*
Jacquelien Rothfusz, *Ethiek in de psychologie*
Jacquelien Rothfusz, *Ethiek in sociaalagogische beroepen*
Kate Wilson, Gillian Ruch, Mark Lymbery en Andrew Cooper, *Social work, een inleiding*
Carina Wiekens, *Beïnvloeden en veranderen van gedrag*
Philip G. Zimbardo, Vivian McCann en Robert L. Johnson, *Psychologie, een inleiding*
Philip G. Zimbardo, Ann L. Weber en Robert L. Johnson, *Psychologie, de essentie*

Ontwikkelings-psychologie

7E EDITIE

Robert S. Feldman

Nederlandstalige bewerking:
Esmah Lahlah
Laurent Voets
Greet van der Wielen

Eindredactie:
Aafke Moons

Pearson

ISBN: 978-90-430-3372-5
NUR: 133

Trefw: psychologie algemeen, ontwikkelingspsychologie
Dit is een uitgave van Pearson Benelux bv, Amsterdam
Website: www.pearson.com/nl
E-mail: amsterdam@pearson.com
Vertaling: Vanja Walsmit, Bergen (NH); Geeske Bouman, Amsterdam; Tjitske Zuiderbaan, Groningen; Marianne Kerkhof, Enschede

Binnenwerk en omslag: Inkahootz, Amsterdam

Vakinhoudelijke beoordeling 7e editie: Sigrid Ackerman (NTI Leiden/HAN), Hans Te Baerts (Hogeschool Leiden), Marc Karremans (Avans), Marion van der Kruk-Liebregts (Avans), Remo Mombarg (Hanzehogeschool)
Met dank aan: Anneloes van Alphen, Ismay Charité, Marieke van Heeswijk, Nienke Kertzman, Noortje van Loon, Manouk van Merode, Loes van Opheusden, Coen Speelman, Ingrid Tempert, Ingrid van der Veeken, Sophie van der Velden, Tessa Wijne en Mariska Wijnings voor hun waardevolle opmerkingen en suggesties.

Eerste druk, juni 2016
Tweede druk, juli 2017
Derde druk, juli 2018

Dit boek is gedrukt op een papiersoort die niet met chloorhoudende chemicaliën is gebleekt. Hierdoor is de productie van dit boek minder belastend voor het milieu.

Verkorte inhoudsopgave

Inhoudsopgave

Inleiding

Ontwikkelingspsychologie is een uniek vakgebied. In tegenstelling tot andere disciplines heeft ieder mens er persoonlijk ervaring mee. Het is een discipline die niet alleen bestaat uit ideeën, theorieën en concepten, maar die vooral ook de kern raakt van wat ieder van ons gemaakt heeft tot wat we zijn.

In *Ontwikkelingspsychologie* is geprobeerd een zodanig beeld van het vakgebied te schetsen dat de belangstelling van de lezer wordt gewekt en gevoed. Het moet studenten enthousiast maken voor de ontwikkelingspsychologie, hen stimuleren om vanuit deze invalshoek naar de wereld te kijken en hen inwijden in de ontwikkeling van kinderen. De tekst laat de lezer zowel kennismaken met de huidige stand van zaken als met de toekomst van het vakgebied en probeert de belangstelling voor de discipline nog lang levend te houden, ook nadat studenten hun studie hebben beëindigd.

Doelen

Ontwikkelingspsychologie geeft een uitgebreid overzicht van de ontwikkelingspsychologie. Het bespreekt de volledige jeugd en de adolescentie, vanaf de conceptie tot aan de drempel van de volwassenheid. Het is een uitgebreide introductie in het vakgebied: het presenteert basistheorieën en onderzoeksbevindingen en belicht huidige toepassingen buiten het laboratorium. De jeugd en de adolescentie worden in chronologische volgorde besproken: de prenatale periode, de babytijd, de peuter- en kleutertijd, de schooltijd en ten slotte de adolescentie. Binnen deze perioden wordt aandacht besteed aan de fysieke, cognitieve, sociale en persoonlijkheidsontwikkeling.

Het boek heeft vier doelstellingen:

- Het is allereerst bedoeld om een breed, evenwichtig overzicht te geven van het vakgebied ontwikkelingspsychologie. Het laat de lezer kennismaken met de theorieën, het onderzoek en de toepassingen die samen de discipline vormen. Daarbij is er aandacht voor zowel de traditionele gebieden als voor recentere ontwikkelingen.

  Het boek besteedt speciale aandacht aan de toepassingen die ontwikkeld zijn door specialisten op het gebied van ontwikkelingspsychologie. Zonder afbreuk te willen doen aan de theorie ligt de nadruk op wat we weten over de ontwikkeling in de jeugd en de adolescentie en wordt minder aandacht besteed aan onbeantwoorde vragen. Het laat zien hoe onze kennis in het dagelijks leven kan worden toegepast.

  Samengevat belicht *Ontwikkelingspsychologie* de relaties tussen theorie, onderzoek en praktijk, en accentueert het de reikwijdte en de diversiteit van het vakgebied. Ook laat het zien hoe ontwikkelingspsychologen theorie, onderzoek en toepassingen gebruiken om belangrijke sociale problemen te helpen oplossen.
- In de tweede plaats beoogt het boek expliciet raakvlakken te creëren met het leven van studenten. Bevindingen uit de ontwikkelingspsychologie zijn bijzonder relevant voor studenten, en dit boek illustreert hoe die bevindingen op een zinnige, praktische manier kunnen worden toegepast.

Toepassingen, in de vorm van actuele nieuwsberichten, recente wereldgebeurtenissen en hedendaags gebruik van de ontwikkelingspsychologie, worden gepresenteerd in een actueel raamwerk. Van talloze scenario's die situaties uit het dagelijks leven weerspiegelen, wordt uitgelegd welk verband zij hebben met het vakgebied.
Zo begint elk hoofdstuk met een situatie uit het echte leven die betrekking heeft op het onderwerp dat in dat hoofdstuk wordt behandeld. Daarnaast bevatten de meeste hoofdstukken uitgebreide voorbeelden van toepassingen en onderzoek in de kaders 'Van onderzoek naar praktijk' en 'Ontwikkelingspsychologie in het dagelijks leven'.
- Ten derde worden in dit boek zowel de overeenkomsten als de diversiteit binnen de hedendaagse multiculturele samenleving belicht. Vrijwel elk hoofdstuk bevat een kader dat 'Diversiteit in ontwikkeling' heet. Hierin wordt expliciet beschreven hoe culturele factoren die belangrijk zijn voor de ontwikkeling van kinderen, onze hedendaagse internationale samenleving verenigen én verdelen. Daarnaast is door het hele boek heen materiaal te vinden dat betrekking heeft op de diversiteit binnen onze samenleving.
- Het vierde doel van het boek ligt ten grondslag aan de andere drie: het vakgebied aantrekkelijk, toegankelijk en interessant maken voor studenten. Ontwikkelingspsychologie is zowel een genoegen om te bestuderen als om te doceren, omdat het zoveel raakvlakken heeft met ons dagelijks leven. Doordat we allemaal bezig zijn met onze eigen ontwikkeling, zijn we op een heel persoonlijke manier betrokken bij de inhoud van dit boek. Het is dan ook de bedoeling dat *Ontwikkelingspsychologie* deze belangstelling stimuleert en voedt, en de basis legt voor een levenslange interesse.
  Om dit vierde doel te bereiken, is het boek gebruikersvriendelijk. Het is geschreven in een directe, informele stijl en benadert zo dicht mogelijk een dialoog tussen auteur en student. De tekst moet op zichzelf kunnen worden begrepen en verwerkt, zonder dat daarbij een docent nodig is. Om die redenen bevat het een aantal pedagogische hulpmiddelen. Elk hoofdstuk bevat een 'Vooruitblik' die het hoofdstuk inluidt, definities in de marge, een epiloog, een gedetailleerde terugblik en een lijst met de belangrijkste begrippen en termen.

De filosofie achter het boek

Ontwikkelingspsychologie combineert en integreert theorie, onderzoek en praktijk. Het richt zich niet alleen op de toepassingen of op technieken om de kennis van de ontwikkelingspsychologie te vertalen in antwoorden op maatschappelijke problemen. Ook is dit geen theorieboek dat zich voornamelijk concentreert op de abstracte theorieën van het vakgebied. Wel behandelt het alle aspecten van de menselijke ontwikkeling in de jeugd en de adolescentie. Dat maakt het mogelijk om zowel traditionele kerngebieden als nieuwe, niet-traditionele ontwikkelingsgebieden te behandelen.

Dit boek richt zich op het hier en nu. Het pretendeert geen gedetailleerd historisch overzicht te geven van de ontwikkelingspsychologie. Hoewel het uit het verleden put als dat toepasselijk is, gebeurt dat altijd tegen de achtergrond van de huidige stand van zaken en de nieuwste ontwikkelingen. Dat geldt ook voor beschrijvingen van klassieke onderzoeken: de nadruk ligt op hedendaagse onderzoeksbevindingen en trends.

Samenvattend biedt *Ontwikkelingspsychologie* een gedetailleerd overzicht van de ontwikkeling van kinderen en adolescenten, waarbij theorie, onderzoek en toepassingen van de discipline worden geïntegreerd. Het moet een boek zijn dat lezers in hun boekenkast willen hebben, dat ze van de plank pakken als ze bezig zijn met kwesties die te maken hebben met een van de meest intrigerende vragen aller tijden: hoe worden mensen wie ze zijn?

Specifieke onderdelen

- **Prologen aan het begin van een hoofdstuk.** Elk hoofdstuk begint met een korte proloog waarin een persoon of situatie wordt beschreven die relevant is voor de in het hoofdstuk te behandelen onderwerpen. Het hoofdstuk over geboorte (hoofdstuk 4) begint bijvoorbeeld met een proloog over een geboorte die ruim een week op zich laat wachten en het hoofdstuk over cognitieve ontwikkeling in de adolescentie (hoofdstuk 15) begint met het relaas van drie tieners die grote hobbels hebben moeten nemen om te bereiken waar ze naar streefden.
- **Vooruitblik.** Deze sectie geeft de lezer een overzicht van de onderwerpen die in het hoofdstuk worden behandeld en vormt zo een brug tussen de proloog en de rest van het hoofdstuk.
- **Van onderzoek naar praktijk.** De meeste hoofdstukken bevatten een kader waarin wordt beschreven hoe onderzoek op het gebied van de ontwikkelingspsychologie kan worden gebruikt bij de dagelijkse opvoeding van kinderen en bij beleidsvraagstukken. Deze kaders bevatten bijvoorbeeld stukjes waarin de consequenties worden besproken van kinderopvang of van het gebruik van antidepressiva om psychische problemen in de kindertijd te behandelen.
- **Diversiteit in ontwikkeling.** Vrijwel elk hoofdstuk bevat een kader 'Diversiteit in ontwikkeling'. Hierin worden onderwerpen belicht die betrekking hebben op de multiculturele samenleving waarin we leven. Voorbeelden zijn de invloed van cultuur op de motorische ontwikkeling, de aanpassing van kinderen uit immigrantenfamilies, multicultureel onderwijs en het overwinnen van blokkades die het gevolg zijn van gender en etniciteit.
- **Ontwikkelingspsychologie in het dagelijks leven.** Deze kaders geven informatie over specifieke toepassingen die zijn afgeleid van onderzoek door ontwikkelingspsychologen. Deze teksten geven bijvoorbeeld concrete informatie over zintuiglijke en lichaamsoefeningen voor kinderen, over de gezondheid van baby's en peuters, over het vergroten van de competenties van kinderen en over beroepskeuze.
- **Video's.** In de marge van de pagina wordt bij sommige theorie verwezen naar relevante videofragmenten op de bijbehorende studiewebsite www.pearsonmylab.nl.
- **Definities in de marge**. Belangrijke termen worden uitgelegd in de marge van de pagina waarop de term voor het eerst wordt gebruikt. De betreffende begrippen staan vet in de tekst.
- **Terugblik.** Elk hoofdstuk eindigt met een gedetailleerde samenvatting (de terugblik) en een lijst met belangrijke termen en begrippen. Studenten kunnen deze gedeelten gebruiken bij het leren.

Nieuw in deze editie

Deze 7e editie van *Ontwikkelingspsychologie* omvat een aantal nieuwe digitale toepassingen gericht op het beter ondersteunen van studenten bij hun leerproces. Alle ontwikkelde toepassingen bieden de student verschillende mogelijkheden de materie uit te diepen en beter te begrijpen.

Daarnaast zijn de meeste vooruitblikken en epilogen aangepast en/of vervangen door actuele en relevante (praktijk)situaties. In het bijzonder het kader 'Van onderzoek naar praktijk', dat in bijna alle gevallen nieuwe situaties behandelt, is aangepast aan actuele ontwikkelingspsychologische thema's.

In deze nieuwe Nederlandstalige editie zijn naast de bovenstaande aanpassingen nog andere wijzigingen aangebracht. Er zijn in alle hoofdstukken opnieuw Nederlandse (of eventueel Europese) statistische gegevens en voorbeelden toegevoegd, zodat de materie beter aansluit bij het referentiekader van de Nederlandse en Vlaamse student. Ook is er in deze bewerking recent Nederlands onderzoek opgenomen en zijn typisch Amerikaanse en/of gedateerde voorbeelden vervangen. Fotomateriaal en figuren zijn grotendeels overgenomen uit de 7e Amerikaanse editie; waar nodig en mogelijk zijn ze vervangen door Nederlands of Europees materiaal. Ten slotte is er speciale aandacht geschonken aan een duidelijke structuur en een correcte en leesbare vertaling van de teksten.

De volgende nieuwe informatie is opgenomen in deze editie:

Hoofdstuk 1

- Update proloog over de eerste reageerbuisbaby

Hoofdstuk 2

- Update proloog: tegen alle verwachtingen in
- Scaffolding en Vygotsky
- Grondige bewerking van de werkwijze van het wetenschappelijk onderzoek

Hoofdstuk 3

- Rol van de placenta in foetale hersenontwikkeling
- Kansen bij ivf
- Gegevens over abortus
- Gegevens over ondervoeding wereldwijd
- Hoger risico op depressie na geboorte gezond kind bij vrouwen die miskraam hebben gehad
- Stoornis in het schizofreniespectrum, autismespectrumstoornis, gebaseerd op de 5e editie van de DSM
- Toevoeging potentiële oorzaken miskramen

Hoofdstuk 4

- Update proloog: een laat geschenk
- Controverse rondom routinematig screenen van baby's
- Gegevens over zuigelingensterfte
- Waterbevalling
- Kosten van zorg voor premature baby's
- Toename van het aantal keizersneden
- Individuele verschillen bij de bevalling
- Gemiddelde duur ziekenhuisverblijf na de bevalling

Hoofdstuk 5

- Shakenbabysyndroom: update cijfers België en Nederland
- CAT-scan hersenletsel bij shakenbabysyndroom
- Nieuwe gegevens over SIDS (wiegendood)
- Update cijfers wiegendood in België en Nederland
- Belang van aanraking voor sociale ontwikkeling

Hoofdstuk 6

- Begrip bij baby's van de baan van een beweging en zwaartekracht
- Uitleg van het nut van de Bayley Scales of Infant Development
- Update over de BSID-III

Hoofdstuk 7

- Bewijs van *theory of mind* vanaf 18 maanden
- Kinderen van 10 en 13 maanden zijn in staat mentaal sociale dominantie te representeren
- Voorkeur bij baby's voor hulpvaardigheid

Hoofdstuk 8

- Update grove motorische vaardigheden van jonge kinderen
- Nieuw onderzoek inzake zindelijkheid
- Nieuwe informatie inzake overgewicht bij peuters en kleuters
- Update in verband met vaccinatieprogramma's
- Update informatie in verband met kindermishandeling
- Autismespectrumstoornis gebaseerd op de 5e editie van de DSM
- Belang van goede voeding (weinig vet, laag natriumgehalte)

Hoofdstuk 9

- Montessorionderwijs
- Meta-analyse resultaten van voorlezen
- Update van de invloed van school en media

Hoofdstuk 10

- Effect van gewelddadige computerspellen
- Incidentie van autisme

Hoofdstuk 11

- Update gegevens kinderobesitas en astma
- Ossificatie (het harder worden van botten)
- Toenemende spierkracht
- Ontwikkeling van het gebit
- Cochleaire implantaten
- On- en offline bedreigingen voor de veiligheid van schoolkinderen
- Specifieke leerproblemen en stotteren gebaseerd op de 5e editie van de DSM
- Passend onderwijs en het M-decreet

Hoofdstuk 12

- Voordelen van tweetaligheid
- Emotioneel welzijn en tweetaligheid
- Verandering van de term 'verstandelijke handicap' naar 'verstandelijke beperking'

Hoofdstuk 13

- Verminderen van de digitale kloof tussen rijke en arme kinderen
- Programma's tegen pesten
- Update over de organisatie van de jeugdzorg in België en Nederland

Hoofdstuk 14

- Update rond pesten en cyberpesten

- Update rond middelengebruik bij adolescenten
- Update rond seksueel overdraagbare aandoeningen

Hoofdstuk 15

- Vroegtijdig schoolverlaten in België en Nederland

Hoofdstuk 16

- Vriendschap en sociale netwerken
- Tienerzwangerschappen
- Adolescenten en seksuele activiteit
- Positievere maatschappelijke houding ten opzichte van homoseksualiteit

Video's

In dit boek wordt bij bepaalde theorie verwezen naar video's. Je kunt deze filmfragmenten vinden in de bij *Ontwikkelingspsychologie* behorende MyLab.

Dankwoord

Ik wil de volgende reviewers bedanken, die een schat aan commentaar, kritiek en aanmoediging hebben geleverd: Beth Bigler, Pellissippi State Community College; Heidemarie Blumenthal, University of North Texas; Jamie Borchardt, Tarleton State University; Johnny Castro, Brookhaven College; Nate Cottle, University of Central Oklahoma; Christie Cunningham, Pellissippi State Community College; Lisa Fozio-Thielk, Waubonsee Community College; Sara Goldstein, Montclair State University; Christina Gotowka, Tunxis Community College; Joel Hagaman, University of the Ozarks; Nicole Hansen-Rayes, City Colleges of Chicago/Daley College; Myra Harville, Holmes Community College; Mary Hughes Stone, San Francisco State University; Suzanne Hughes, Southwestern Community College; Earleen Huff, Amarillo College; Jo Jackson, Lenoir Community College; Jennifer Kampmann, South Dakota State University; Dr. William Kimberlin, Lorain County Community College; Francesca Longo, Boston College; Mark Lyerly, Burlington County College; Rebecca Marcon, University of North Florida; Kathleen Miller Green, North Idaho College; Suzanne Mira-Knippel, Southwestern Community College; Ron Mulson, Hudson Valley Community College; Tara Newman, Stephen F. Austin State University; Laura Pirazzi, San Jose State University; Katherine K. Rose, Texas Woman's University; Jeffrey Vallon, SUNY Rockland Community College; Amy Van Hecke, Marquette University; Traci Van Prooyen, University of Illinois at Springfield; Angela Williamson, Tarrant County College; Melanie Yeschenko, Community College of Allegheny County.

Ook vele anderen ben ik dankbaar. Ik ben dank verschuldigd aan de vele mensen die mij mijn fantastische opleiding hebben gegeven, eerst aan de Wesleyan University en later aan de University of Wisconsin. Vooral Karl Scheibe speelde een cruciale rol in de beginjaren van mijn studie, en later werd wijlen Vernon Allen mijn mentor en gids. Als postdoctoraal student kwam ik in aanraking met de ontwikkelingspsychologie. Ik werd in het vak ingewijd door deskundigen als Ross Parke, John Balling, Joel Levin, Herb Klausmeier en vele anderen. Mijn opleiding hield niet op toen ik eenmaal hoogleraar was. Ik ben vooral mijn collega's en studenten aan de University of Massachusetts dankbaar, die maken dat de universiteit zo'n fantastische plek is om les te geven en onderzoek te doen.

Verschillende mensen hebben een grote rol gespeeld bij de totstandkoming van dit boek. John Bickford heeft belangrijke redactionele ondersteuning geboden. Christopher Poirier heeft goede adviezen gegeven en ik ben hem dankbaar voor zijn hulp bij dit project en andere projecten waarbij hij hulp bood. John Graiff was onmisbaar bij de verschillende aspecten die kwamen kijken bij het schrijven van dit boek, en ik ben hem zeer dankbaar voor de centrale rol die hij heeft gespeeld.

Ook ben ik het fantastische Pearson Education-team dankbaar, dat essentieel was bij de ontwikkeling van dit boek. Amber Chow, mijn redacteur, heeft me richting gegeven en ondersteund. Ik wil haar bedanken voor haar enthousiasme en creativiteit. Diane Szulecki heeft veel aandacht besteed aan de details en deed veel meer dan slechts haar plicht om steun en richting te bieden op allerlei vlakken. Tot slot wil ik marketingspecialisten Lindsey Prudhomme-Gill en Kate Stewart bedanken. Ik kan altijd rekenen op hun capaciteiten. Het is een voorrecht om deel uit te mogen maken van dit fantastische team.

Ook wil ik niet voorbijgaan aan mijn familie, die zo'n belangrijke rol in mijn leven speelt. Mijn broer Michael, mijn schoonzussen en zwagers, mijn neefjes en nichtjes – allemaal zijn ze een onlosmakelijk onderdeel van mijn leven. Bovendien ben ik veel verschuldigd aan de oudere generatie binnen mijn familie, die een groot voorbeeld voor mij is. Ik zal altijd in het krijt staan bij Harry Brochstein, Mary Vorwerk en Ethel Radler voor hun wijsheid en steun. Maar boven aan deze lijst staan mijn vader, wijlen Saul Feldman, en mijn moeder, Leah Brochstein.

Uiteindelijk verdient mijn gezin de grootste complimenten. Mijn zoon Jon en zijn vrouw Leigh, en mijn kleinzonen Alex en Miles; mijn zoon Josh en zijn vrouw Julie; en mijn dochter Sarah en haar man Jeff: ze zijn niet alleen slim en knap, maar ook mijn lust en mijn leven. En tot slot mijn vrouw, Katharine Vorwerk; zij geeft mij de liefde en de stabiele basis die dit allemaal de moeite waard maken. Ik bedank ze allemaal, met liefde.

Bij de Nederlandse zevende editie gaat mijn dank uit naar Esmah Lahlah, Laurent Voets en Greet van der Wielen voor het toevoegen van Nederlandse en Vlaamse feiten, voorbeelden, casuïstiek en statistiek. Sigrid Ackerman, Hans Te Baerts, Marc Karremans en Marion van der Kruk-Liebregts leverden waardevolle feedback, net als Remo Mombarg. Deze laatste heeft bovendien een psychologiestudente begeleid die de tekst ook kritisch heeft bekeken. Loes van Opheusden mag daarom hier niet onvermeld blijven.

Robert S. Feldman
University of Massachusetts, Amherst

Over de auteur

Robert S. Feldman is hoogleraar psychologie en plaatsvervangend rector van de University of Massachusetts in Amherst. Hij onderscheidde zich als docent en ontving hiervoor de College Distinguished Teacher Award. Feldman geeft colleges psychologie voor groepen variërend van 15 tot 500 studenten. Meer dan twintig jaar lang gaf hij naast zijn werk aan de University of Massachusetts les op zowel bachelor- als masterniveau op het Mount Holyoke College, de Wesleyan University en de Virginia Commonwealth University.

Als staflid van de American Psychological Association en de Association for Psychological Science ontving Feldman een BA with High Honors van de Wesleyan University en een MS en PhD van de University of Wisconsin-Madison. Feldman heeft een Fulbright Senior Research Scholar and Lecturer Award in ontvangst mogen nemen en schreef meer dan 200 boeken, hoofdstukken en wetenschappelijke artikelen. Zijn boeken zijn in vele talen verschenen, waaronder het Spaans, Frans, Portugees, Nederlands, Chinees, Koreaans, Duits, Arabisch en Japans, en ruim 2,5 miljoen studenten hebben zijn boeken gebruikt.

Zijn favoriete onderzoeksonderwerpen zijn eerlijkheid en bedrog in het dagelijks leven. Zijn onderzoek is mede mogelijk gemaakt door subsidies van het National Institute of Mental Health en het National Institute on Disabilities and Rehabilitation Research. Feldman is ook voorzitter van de Federation of Associations in the Behavioral and Brain Sciences Foundation, een organisatie die de sociale wetenschappen promoot.

Feldman houdt van muziek en is een enthousiaste amateurpianist. Hij kookt graag en houdt van reizen. Hij heeft drie kinderen en twee kleinzoontjes en woont met zijn vrouw, een psychologe, in West-Massachusetts in een huis met uitzicht op het Holyoke-gebergte.

Over de bewerkers

Esmah Lahlah

Esmah Lahlah, ontwikkelingspsycholoog, is universitair docent bij INTERVICT, het internationaal victimologisch instituut Tilburg, aan de Universiteit van Tilburg. Zij studeerde ontwikkelingspsychologie aan de Universiteit van Tilburg (2003). Na haar studie was zij in diverse functies werkzaam in het zorg- en welzijnswerk. Hierna belandde zij in het onderwijs, eerst als docente SPH, MWD en CMV, later als universitair docent. Voor de masteropleiding 'Victimology and Criminal Justice' ontwikkelt en verzorgt zij onderwijs op het gebied van victimisering van kinderen. Als onderzoeker promoveerde zij op de relatie tussen kindermishandeling en gewelddadig gedrag van Marokkaanse en Nederlandse jongens. Momenteel houdt zij zich bezig met het slachtofferschap van kinderen, in het bijzonder bekeken vanuit een ontwikkelingspsychologisch perspectief.

Laurent Voets

Laurent Voets studeerde in 1978 af aan de Katholieke Universiteit Leuven (KU Leuven) als master in de (ortho)pedagogische wetenschappen en twee jaar later als master in de familiale en sociale wetenschappen. Na een periode als groepsleider in de kinderpsychiatrie werd hij orthopedagoog in een residentieel pedagogische instelling voor doven. Later kreeg hij de verantwoordelijkheid om een afdeling (onderwijs en opvoeding) voor normaal begaafde kinderen en jongeren met autisme uit te bouwen. In zijn professionele loopbaan heeft hij telkens begeleidingswerk in de sector van personen met ontwikkelingsmoeilijkheden/-stoornissen gecombineerd met een lesopdracht in het hoger onderwijs aan de UC Leuven Limburg, voorheen de Katholieke Hogeschool Limburg (KHLim), waar hij onder andere verantwoordelijk is voor het postgraduaat autisme. Verder vervult hij freelanceopdrachten en heeft hij dienstverlenings- en beleidsopdrachten in een toelatingscommissie voor het Vlaams Agentschap voor Personen met een Handicap en in de Bijzondere Jeugdbijstand. Hij is ook bestuurslid van een Vertrouwensartsencentrum (Hasselt).

Greet van der Wielen

Greet van der Wielen behaalde in 2000 het diploma Bachelor orthopedagogie aan de Katholieke Hogeschool Limburg (KHLim). Drie jaar later behaalde zij ook het diploma Master gezondheidswetenschappen, specialisatie geestelijke gezondheidskunde aan de Universiteit Maastricht (UM). Tijdens en na haar studies is zij actief geweest als gezins- en persoonlijk begeleider vanuit het Persoonsgebonden Budget (PGB), binnen het onderwijs aan de UM en als onderzoeksassistent bij RIAGG Maastricht. Sinds september 2005 is ze tewerkgesteld aan de KHLim, nu UC Leuven Limburg, groep Gezondheid en Welzijn, als lector binnen de bachelor orthopedagogie en de bachelor na bachelor (banaba) orthopedagogisch management.

	Prenatale periode (conceptie tot geboorte)	Babytijd (geboorte tot drie jaar)
FYSIEKE ONTWIKKELING	Germinaal stadium (bevruchting tot twee weken) Embryonaal stadium (twee tot acht weken) Foetaal stadium (acht weken tot geboorte) 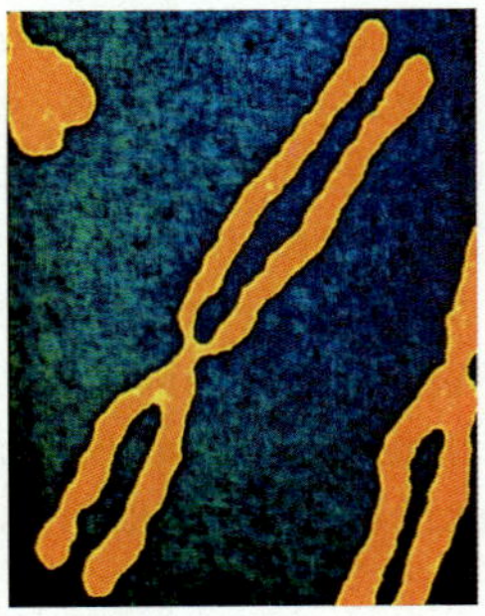	Snelle toename in lengte en gewicht. Neuronen groeien en vormen onderlinge verbindingen in de hersenen. Baby's draaien, richten zich op, gaan rechtop zitten, kruipen en lopen. Baby's reiken naar kleine objecten, grijpen ze vast en pakken ze op. Met zes maanden is het gezichtsvermogen 20/20, met diepteperceptie en herkenning van patronen, gezichten, vormen en kleuren. Baby's horen een grote variatie aan frequenties.
COGNITIEVE ONTWIKKELING	De intelligentie komt gedeeltelijk vast te staan en de basis wordt gelegd voor sommige psychische stoornissen. Cognitieve functies kunnen worden aangetast door tabak, alcohol- en/of druggebruik van de moeder.	Baby's beginnen objectpermanentie te begrijpen en met de fysieke wereld te experimenteren. Begin van het gebruik van representatie en symbolen. De snelheid van informatieverwerking neemt toe. De taal ontwikkelt zich snel via brabbelen, eenwoordzinnen en de telegramstijl. 
SOCIALE ONTWIKKELING/ PERSOONLIJKHEIDSONTWIKKELING	Sommige karaktereigenschappen zijn gedeeltelijk genetisch bepaald. Drug- en alcoholgebruik van de moeder kunnen leiden tot problemen bij het kind, zoals prikkelbaarheid, slecht kunnen omgaan met meerdere stimuli tegelijk en hechtingsproblemen. 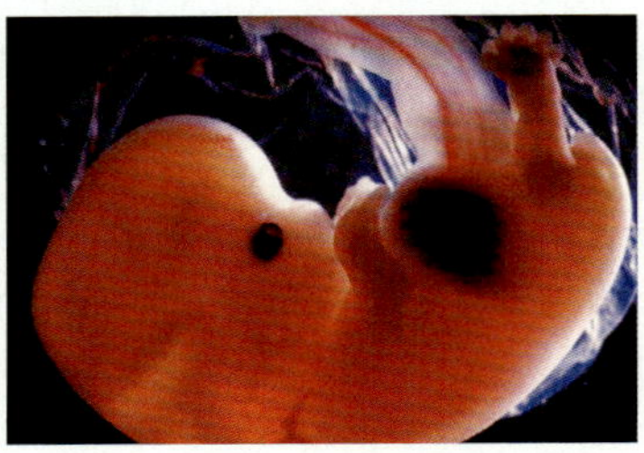	Baby's verschillen qua temperament en activiteitniveau. Gezichtsuitdrukkingen lijken emoties weer te geven; gezichtsuitdrukkingen van anderen worden begrepen. Peuters beginnen empathie te ontwikkelen. Ontwikkeling van een hechtingsstijl. 

THEORIEËN EN THEORETICI		
	Jean Piaget	Sensomotorisch stadium
	Erik Erikson	Stadium van vertrouwen-versus-wantrouwen (geboorte - 1,5 jaar) Stadium van schaamte-versus-autonomie (1,5 - 3 jaar)
	Sigmund Freud	Orale en anale fase
	Lawrence Kohlberg	Premorele periode

Peuter- en kleutertijd (drie tot zes jaar)	Schooltijd (zes tot twaalf jaar)	Adolescentie (twaalf tot twintig jaar)
Lengte en gewicht blijven snel toenemen. Het lichaam wordt minder rond en gespierder. De hersenen worden groter, er blijven zich neurale verbindingen vormen en er ontstaat lateralisatie. De grove en fijne motoriek verbeteren snel. Kinderen kunnen ballen gooien en vangen, rennen, met mes en vork eten en veters vastmaken. Ze worden links- of rechtshandig.	De groei verloopt trager, maar gestaag. De spieren ontwikkelen zich verder en het 'babyvet' verdwijnt. De grove motoriek (fietsen, zwemmen, schaatsen, balbehandeling) en de fijne motoriek (schrijven, typen, knopen vastmaken) blijven verbeteren. 	De groeispurt van meisjes begint rond hun tiende, die van jongens rond hun twaalfde. Meisjes bereiken de puberteit rond hun elfde of twaalfde, jongens rond hun dertiende of veertiende. De primaire geslachtskenmerken (die betrekking hebben op de voortplantingsorganen) komen tot ontwikkeling, net als de secundaire geslachtskenmerken (schaam- en okselhaar bij beide seksen, borsten bij meisjes, zware stem bij jongens). 
Kinderen gaan egocentrisch denken (de wereld zien vanuit hun eigen invalshoek) en ontwikkelen 'centratie', een focus op slechts één aspect van een stimulus. De herinnering, de aandachtsboog en het vermogen tot symbolisch denken worden beter; begin van intuïtief denken. De taalvaardigheid (zinslengte, vocabulaire, syntaxis en grammatica) neemt snel toe. 	Kinderen passen logische operaties toe op problemen. Begrip van conservatie (veranderingen in vorm hebben niet altijd invloed op kwantiteit) en transformatie (objecten kunnen allerlei stadia doorlopen zonder te veranderen). Kinderen kunnen 'decentreren' – zaken vanuit verschillende invalshoeken bekijken. De codering, opslag en retrieval van herinneringen verbeteren. Er worden geheugenstrategieën ontwikkeld (metageheugen). Verbetering van pragmatiek (sociale conventies) en metalinguïstisch bewustzijn (zelfmonitoring).	Begin van abstract denken. Adolescenten gebruiken formele logica om abstract na te denken over problemen. Relatief denken in plaats van absoluut denken. Verbetering van verbale, rekenkundige en ruimtelijke vaardigheden. Adolescenten zijn in staat om hypothetisch te denken, hun aandacht te verdelen en hun gedachten te monitoren door middel van metacognitie. Ontwikkeling van egocentrisme; adolescenten krijgen het idee dat er altijd naar hen wordt gekeken. Ontstaan van zelfbewustzijn en introspectie. Gevoel van onkwetsbaarheid kan leiden tot risicovol gedrag.
Kinderen ontwikkelen een zelfbeeld, waarbij ze zichzelf meestal overschatten. Ontstaan van een gender- en een raciale identiteit. Kinderen beginnen leeftijdgenoten als individuen te zien. Ze sluiten vriendschappen op basis van vertrouwen en gemeenschappelijke interesses. Moreel besef is gebaseerd op regels en gericht op beloningen en straffen. Het spel wordt constructiever en coöperatiever en sociale vaardigheden worden belangrijker.	Kinderen gebruiken psychische eigenschappen om zichzelf te definiëren. Het zelfbesef wordt gedifferentieerd. Gebruik van sociale vergelijking om iemands status en identiteit te bepalen. De eigenwaarde wordt meer gedifferentieerd; ontwikkeling van een besef van wat men wel en niet kan. Kinderen benaderen sociale problemen met als doel het respect van anderen te behouden en te accepteren wat de maatschappij juist vindt. Ontstaan van verschillen tussen vriendschapspatronen van jongens en van meisjes. Jongens gaan vooral in groepen met elkaar om, meisjes meestal in paren.	Het zelfbeeld wordt gestructureerd en gedetailleerd. Ook de percepties van anderen zijn erin verwerkt. De eigenwaarde wordt gedifferentieerd. Het definiëren van de identiteit is een belangrijke activiteit. Relaties met leeftijdgenoten bieden de mogelijkheid tot sociale vergelijking en helpen bij het definiëren van acceptabele rollen. Populariteit wordt belangrijk; peer pressure kan conformiteit versterken. De zoektocht naar autonomie van adolescenten kan leiden tot conflicten met ouders; de rollen binnen het gezin veranderen. Seksualiteit gaat een belangrijke rol spelen bij de identiteitsvorming. Adolescenten beginnen met verkering en uitgaan.
Preoperationeel stadium	Concreet-operationeel stadium	Formeel-operationeel stadium
Stadium van initiatief-versus-schuldgevoel	Stadium van vlijt-versus-minderwaardigheid	Stadium van identiteit-versus-identiteitsverwarring
Fallische fase	Latentiefase	Genitale fase
Niveau van preconventionele moraliteit	Niveau van conventionele moraliteit	(soms) Niveau van postconventionele moraliteit

MyLab | Nederlandstalig

Ontwikkelingspsychologie, 7e editie

Wat is MyLab?

MyLab is de digitale leeromgeving van Pearson. Hierin kunnen studenten oefenen met het studiemateriaal. Docenten kunnen hun lessen vooraf klaarzetten en hun studenten monitoren op hun voortgang.

MyLab voor studenten

Met MyLab krijg je de stof sneller en beter onder de knie door te spelen met de inhoud. MyLab helpt daarbij door je studiemateriaal en toetsen te bieden waarmee je kunt oefenen. Zo ben je goed voorbereid en wen je alvast aan het afleggen van tentamens. Kijk op de volgende pagina welk studiemateriaal er beschikbaar is bij dit boek.

Hoe registreer je je?

Om je te registreren heb je nodig:

- een geldig e-mailadres;
- de studententoegangscode;
- eventueel een Klas-ID (deze wordt aangemaakt door je docent).

Volg deze stappen:

1. Ga naar **www.pearsonmylab.nl** (Nederland) of **www.pearsonmylab.be** (Vlaanderen).
2. Klik onder het kopje 'Registreren' op de knop 'Student'.
3. Vul de studententoegangscode in.

Als je al een Pearson-account hebt, hoef je slechts je inloggegevens in te vullen. Heb je nog geen account, maak deze dan aan door de aangegeven stappen te volgen.

Je unieke studententoegangscode staat op de binnenzijde van het omslag.

Hulp nodig?

Als er vragen of problemen ontstaan bij het gebruik van MyLab, neem dan contact op met onze klantenservice via het contactformulier op **www.pearsonmylab.nl/help.**

MyLab voor docenten

Doordat studenten oefenen met de theorie, begrijpen ze de stof beter. Daarnaast is er veel exclusief docentenmateriaal te vinden. Op deze manier bespaart u tijd bij het voorbereiden van uw les. Bovendien kunt u uw studenten monitoren en zo bekijken welke onderwerpen extra aandacht verdienen. Vraag een docententoegangscode aan via docent@pearson.com om toegang te krijgen tot het exclusieve docentenmateriaal.

MyLab | Nederlandstalig

Ontwikkelingspsychologie, 7e editie

eText

MyLab bevat een interactieve eText. Dit is het volledige boek, dat online te bekijken is of via een app te downloaden op je tablet.

Met de eText kun je interactief leren. Zo kun je notities maken, zoals je zou doen in de kantlijn, belangrijke zinnen markeren en theorie verbergen als je die niet hoeft te bestuderen. Met de handige navigatie- en zoekfunctie vind je precies het onderwerp dat je zoekt.

Toetsen

Bij elk hoofdstuk kun je een toets maken. Hiermee test je of je de stof begrijpt en welke theorie je eventueel beter kunt bestuderen.

Wat bevat MyLab verder aan studiemateriaal?

Begrippentrainer

Oefen met de begrippentrainer de belangrijkste begrippen uit het boek.

Figuren & tabellen

Hier zijn alle afbeeldingen uit het boek opgenomen. Je kunt de figuren en tabellen eenvoudig opslaan en gebruiken in bijvoorbeeld verslagen en presentaties.

Video's

Hier vind je interessante filmpjes van voorbeelden die in het boek aan bod komen. In illustratieve video's in begrijpelijk Engels worden vele onderdelen van de theorie van *Ontwikkelingspsychologie* verduidelijkt.

Weblinks

De links bieden een overzicht van websites met verdieping op en achtergronden bij de onderwerpen die in het boek aan bod komen.

Cases

Met de cases verdiep je je in de stof en neem je kennis van praktische toepassingen. De cases brengen de theorie uit het boek zo meer tot leven.

DEEL 1

De ontwikkeling van het kind

Bron: Andres Rodriguez/Fotolia

HOOFDSTUK 1 EEN INLEIDING IN DE ONTWIKKELING VAN HET KIND

HOOFDSTUK 1 IN VOGELVLUCHT

PROLOOG: Nieuwe conceptiemethoden

Hoe zou het zijn als het beeld dat mensen van je hebben jouw hele leven wordt bepaald door de wijze waarop je bent verwekt? In sommige opzichten geldt dit voor Louise Brown (geboren in 1978), 's werelds eerste reageerbuis-baby. Zij is verwekt door middel van in-vitrofertilisatie (ivf), een methode waarbij de bevruchting buiten het lichaam van de moeder plaatsvindt.

Louise was een peuter toen haar ouders haar vertelden hoe ze was verwekt. Gedurende haar hele jeugd werd ze gebombardeerd met vragen. Ze moest haar klasgenoten regelmatig uitleggen dat ze niet in een laboratorium was geboren. Als kind voelde Louise zich soms een buitenstaander. 'Ik dacht dat er iets eigenaardigs met me was', herinnert zij zich. Naarmate ze ouder werd nam dat gevoel af, omdat er steeds meer kinderen via ivf werden geboren (Falco, 2012; ICMART, 2012). Tegenwoordig is Louise geen uitzondering meer. Meer dan vijf miljoen baby's zijn geboren via een ivf-behandeling, die bijna routine is geworden. In Nederland worden jaarlijks bijna 5000 ivf-baby's geboren (www.nvog.nl). In België wordt 1 op 25 kinderen geboren via ivf (*Het Laatste Nieuws*, 2013).

Louise Brown (op de voorgrond, midden) en haar vrienden.

Bron: AP Photo/Alastair Grant, File

Op www.pearsonmylab.nl vind je vragen bij deze proloog ter verwerking van de stof uit dit hoofdstuk.

Vooruitblik

De conceptie van Louise Brown, inmiddels bijna veertig jaar geleden, mag dan met behulp van ivf hebben plaatsgevonden, haar ontwikkeling heeft zich vanaf haar vroegste kindertijd volgens voorspelbare patronen voltrokken. De specifieke omstandigheden van onze ontwikkeling verschillen per persoon: sommigen hebben te maken met armoede, anderen leven in oorlogsgebieden of kampen met problemen in gezinsverband, bijvoorbeeld scheidingen. De omgeving waarin kinderen opgroeien kan dus heel erg verschillend zijn. Toch vertonen de globale ontwikkelingslijnen van alle kinderen opmerkelijke gelijkenissen.

Kwesties die variëren van de consequenties van armoede op ontwikkeling tot de effecten van cultuur en etniciteit, werpen belangrijke vragen op rond ontwikkeling. En daar liggen vragen aan ten grondslag die nog essentiëler zijn. Hoe ontwikkelen kinderen zich fysiek? Hoe groeit en verandert hun begrip van de wereld in de loop der tijd? En hoe ontwikkelen onze persoonlijkheid en onze sociale omgeving zich vanaf onze geboorte tot en met onze adolescentie?

Al deze vragen en nog vele andere die we in dit boek tegenkomen, staan in de ontwikkeling van het kind centraal. Neem bijvoorbeeld de uiteenlopende theorieën over het verhaal van Louise Brown van verschillende specialisten op het gebied van kinderontwikkeling:

- Onderzoekers die vanuit een biologische invalshoek naar gedrag kijken, kunnen geïnteresseerd zijn in de vraag of het feit dat Louise buiten de baarmoeder is verwekt, invloed heeft gehad op haar fysiek functioneren voor haar geboorte.
- Specialisten die zich bezighouden met genetica, kunnen onderzoeken welke invloed de biologische eigenschappen van de ouders van Louise op haar latere gedrag hebben.
- Specialisten die zich bezighouden met de manier waarop het denken in de loop van de kindertijd verandert, kunnen onderzoeken of kinderen die zijn verwerkt met ivf dezelfde cognitieve mogelijkheden hebben als andere kinderen.
- Onderzoekers die zich richten op fysieke groei, kunnen kijken of haar groei anders verloopt dan die van kinderen die op de traditionele manier zijn verwekt.
- Deskundigen die zich hebben gespecialiseerd in de sociale wereld van het kind, kunnen kijken naar de manier waarop Louise met andere kinderen omgaat en naar het soort vriendschappen dat ze ontwikkelt.

Ontwikkelingsdeskundigen kijken op allerlei manieren naar hoe ons gedrag wordt beïnvloed door de biologische erfenis van onze ouders en door de omgeving waarin we leven. Hoewel de specialisten zich op verschillende aspecten richten, hebben ze één ding gemeen: ze zijn geïnteresseerd in de groei en de veranderingen die een kind in zijn jeugd en zijn adolescentie doormaakt.

Of ze zich nu bezighouden met erfelijkheid of met omgeving, alle specialisten die zich met de ontwikkeling van kinderen bezighouden, hopen dat hun werk uiteindelijk zal bijdragen aan een beter leven voor kinderen. Mensen die werkzaam zijn op uiteenlopende terreinen als het onderwijs, de gezondheidszorg en het sociaal werk putten uit de bevindingen van deze onderzoekers om het welzijn van kinderen te bevorderen.

In dit hoofdstuk oriënteren we ons op het vakgebied van de ontwikkelingspsychologie. We beginnen met een bespreking van de reikwijdte van de discipline. We geven een indruk van het brede scala aan onderwerpen dat eronder valt en de leeftijden waarop het vakgebied zich richt, van het moment van conceptie tot het eind van de adolescentie. Ook kijken we naar de grondbeginselen van het vakgebied en staan we stil bij de belangrijkste kwesties en vragen die ten grondslag liggen aan de ontwikkelingspsychologie. Tot slot besteden we aandacht aan de toekomst van het vakgebied.

1.1 Een oriëntatie op de ontwikkelingspsychologie

Heb je je ooit verbaasd over de manier waarop een baby je vinger vastgrijpt met zijn minuscule, perfect gevormde handjes? Of over een peuter die misvormde poppetjes tekent? Of over de weldoordachte manier waarop een adolescent besluit wie hij voor een feestje uitnodigt?

Ontwikkelingspsychologie: de wetenschappelijke studie naar groei, verandering en stabiliteit van conceptie tot ouderdom.

Wie bij zulke dingen stilstaat, stelt het soort vragen waarmee ontwikkelingspsychologen zich bezighouden. **Ontwikkelingspsychologie** (of *levensloop-psychologie*) is de wetenschappelijke studie naar patronen van groei, verandering en stabiliteit vanaf de conceptie tot aan de ouderdom. Onderzoekers houden zich het meeste bezig met de periode van de geboorte tot aan de adolescentie, waarin veranderingen elkaar het snelst opvolgen.

De definitie van het vakgebied lijkt vrij eenvoudig en dat is enigszins misleidend. Om te begrijpen wat ontwikkelingspsychologie precies inhoudt, gaan we dieper in op de verschillende delen van de definitie.

Bij het bestuderen van groei, verandering en stabiliteit kiest de ontwikkelingspsychologie voor een wetenschappelijke benadering. Net als leden van andere wetenschappelijke disciplines toetsen ook onderzoekers op dit gebied hun hypotheses over de aard en het verloop van de menselijke ontwikkeling met behulp van wetenschappelijke werkwijzen. Zoals we in het volgende hoofdstuk zullen zien, formuleren ze theorieën over ontwikkeling en gebruiken ze wetenschappelijke technieken om de juistheid van die theorieën systematisch aan te tonen.

Ontwikkelingspsychologie richt zich op de menselijke ontwikkeling. Sommige ontwikkelingspsychologen proberen de universele ontwikkelingsprincipes te doorgronden, terwijl andere kijken naar de invloed van culturele en etnische verschillen op het verloop van de ontwikkeling. Weer andere proberen inzicht te krijgen in de unieke aspecten van individuen; zij kijken naar de kenmerken en eigenschappen die de ene mens van de andere onderscheiden. Welke benadering ze ook kiezen, alle ontwikkelingspsychologen beschouwen ontwikkeling als een continu proces.

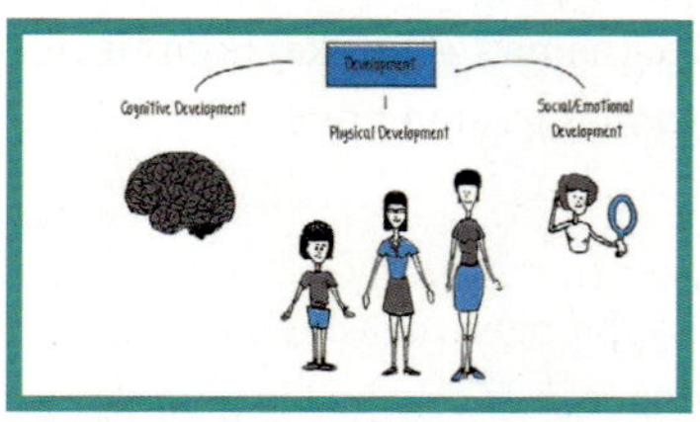

Zie MyLab voor de video: Inleiding in de menselijke ontwikkeling

Ontwikkelingspsychologen houden zich niet alleen bezig met de manier waarop mensen tijdens hun leven groeien en veranderen, maar ook met stabiliteit in het leven van kinderen, adolescenten en volwassenen. Ze vragen zich af op welke gebieden en in welke perioden in het leven mensen veranderen en groeien en hoe hun gedrag zich verhoudt tot eerder gedrag.

1.1.1 De reikwijdte van het vakgebied

De definitie van ontwikkelingspsychologie is globaal en de reikwijdte van het gebied is aanzienlijk. Ontwikkelingspsychologen houden zich met uiteenlopende onderwerpen bezig. Ze specialiseren zich meestal in een thema of in een leeftijdscategorie.

Thematische gebieden binnen de ontwikkelingspsychologie

Onderzoek naar de ontwikkeling van kinderen is te verdelen in vier centrale thema's:

- fysieke ontwikkeling;
- cognitieve ontwikkeling;
- sociale ontwikkeling;
- persoonlijkheidsontwikkeling.

Fysieke ontwikkeling: ontwikkeling die betrekking heeft op de fysieke opbouw van het lichaam, zoals de hersenen, het zenuwstelsel, de spieren, de zintuigen en de behoefte aan eten, drinken en slaap.

Cognitieve ontwikkeling: ontwikkeling die betrekking heeft op de manier waarop het gedrag van mensen wordt beïnvloed door groei en verandering in de eigenschappen die de ene persoon van de andere onderscheiden.

Sociale en persoonlijkheidsontwikkeling: ontwikkeling die betrekking heeft op sociale relaties en interacties met anderen en op duurzame eigenschappen die de ene persoon van de andere onderscheiden.

Wie zich bezighoudt met de ontwikkeling van kinderen kan zich specialiseren in een van deze thematische gebieden. Sommige ontwikkelingspsychologen richten zich op **fysieke ontwikkeling**. Zij kijken naar de invloed van het lichaam op ons gedrag. Ze focussen zich hierbij op de hersenen, het zenuwstelsel, de spieren, de zintuigen en de behoefte aan eten, drinken en slaap. Onderzoek richt zich bijvoorbeeld op de effecten van ondervoeding op het groeitempo van kinderen of op het seksuele rijpingsproces tijdens de adolescentie.

Andere ontwikkelingspsychologen doen onderzoek naar de **cognitieve ontwikkeling** van de mens. Zij proberen te begrijpen hoe het gedrag van mensen wordt beïnvloed door groei en veranderingen in hun intellectuele vermogens. Cognitieve ontwikkelingspsychologen houden zich bezig met leren, geheugen, probleemoplossing en intelligentie. Ze willen er bijvoorbeeld achter komen hoe intellectuele vermogens in de loop van de kindertijd veranderen, of proberen te achterhalen of er culturele verschillen bestaan in de factoren waaraan kinderen hun successen en mislukkingen op school toeschrijven.

Tot slot zijn er ontwikkelingspsychologen die zich bezighouden met de **sociale ontwikkeling** en de **persoonlijkheidsontwikkeling**. De eerste groep kijkt naar de manier waarop de interacties van mensen en hun sociale relaties in de loop van hun leven groeien, veranderen en stabiel blijven. De tweede groep kijkt naar stabiliteit en verandering in de eigenschappen die de ene persoon van de andere onderscheiden. Een ontwikkelingspsycholoog die geïnteresseerd is in persoonlijkheidsontwikkeling kan zich afvragen of een mens tijdens zijn leven stabiele, duurzame karaktereigenschappen bezit, terwijl een specialist op het gebied van sociale ontwikkeling bijvoorbeeld kijkt naar het uitgaansgedrag van adolescenten. Specialisten op het gebied van persoonlijkheidsontwikkeling en sociale ontwikkeling houden zich ook bezig met de sociaal-emotionele ontwikkeling van kinderen en adolescenten. Zij doen bijvoorbeeld onderzoek naar de effecten van een klasstructuur op de sociaal-emotionele ontwikkeling van schoolgaande kinderen. De vier belangrijkste thema's – fysieke, cognitieve, sociale en persoonlijkheidsontwikkeling – zijn samengevat in tabel 1-1.

Leeftijdsgroepen en individuele verschillen

Binnen hun specialisatie kijken ontwikkelingspsychologen meestal ook naar specifieke leeftijden. Ze verdelen kinderen en jongeren doorgaans in globale leeftijdsgroepen:

- de prenatale periode (de periode van conceptie tot geboorte);
- de baby- en peutertijd (van geboorte tot drie jaar);
- de kleutertijd (van drie tot zes jaar);
- de schooltijd (van zes tot twaalf jaar);
- de adolescentie (van twaalf tot twintig jaar).

Het is van belang te bedenken dat deze leeftijdsgroepen en perioden (grotendeels geaccepteerd door ontwikkelingspsychologen) sociale constructies zijn. Een *sociale constructie* is een idee over de realiteit dat weliswaar breed geac-

TABEL 1-1 **De ontwikkeling van het kind: vier thema's**

ORIËNTATIE	THEMA'S	VOORBEELDEN VAN VRAAGSTUKKEN*
Fysieke ontwikkeling	Kijkt naar de invloed van de hersenen, het zenuwstelsel, de spieren, de zintuigen en de behoefte aan eten, drinken en slaap op ons gedrag.	Wat bepaalt de sekse van een kind? (3) Wat zijn de langetermijngevolgen van een premature geboorte? (4) Wat zijn de voordelen van borstvoeding? (5) Wat zijn de consequenties van vroege of late seksuele rijpheid? (14)
Cognitieve ontwikkeling	Kijkt naar intellectuele vermogens, waaronder leren, geheugen, het oplossen van problemen en intelligentie.	Wat zijn de vroegste herinneringen die we van onze babytijd kunnen hebben? (6) Wat zijn de consequenties van tv-kijken? (9) Heeft tweetaligheid voordelen? (12) Bestaan er etnische verschillen in intelligentie? (12) Welke invloed heeft het egocentrisme van een adolescent op zijn wereldbeeld? (15)
Sociale ontwikkeling	Kijkt naar de ontwikkeling en de verandering van sociale relaties en interacties met anderen.	Reageren pasgeborenen anders op hun moeder dan op andere mensen? (4) Hoe kunnen we interetnische vriendschappen bevorderen? (13)
Persoonlijkheidsontwikkeling	Kijkt naar de duurzame eigenschappen die de ene persoon van de andere onderscheiden.	Wat is de beste manier om kinderen op te voeden? (10) Wanneer wordt een kind zich bewust van zijn sekse? (10) Wat zijn de oorzaken van zelfmoord bij adolescenten? (16)

* De getallen tussen haakjes verwijzen naar het hoofdstuk waarin de vraag wordt behandeld.

cepteerd is, maar afhangt van de maatschappij en de cultuur op een bepaald moment.

Hoewel de meeste ontwikkelingspsychologen deze globale perioden hanteren, zijn de leeftijdsgroepen zelf in vele opzichten willekeurig. Sommige perioden hebben een duidelijk afgebakende grens: de babytijd begint bij de geboorte en de kleutertijd eindigt als het kind naar de basisschool gaat. De overgang tussen schooltijd en adolescentie is niet zo afgebakend. Omdat de grens tussen deze twee perioden gebaseerd is op een biologische verandering (het begin van het seksuele rijpingsproces, dat van de ene persoon tot de andere sterk kan variëren), kan de leeftijd waarop een kind de adolescentie bereikt per persoon verschillen.

Bovendien hebben sommige ontwikkelingsspecialisten geheel nieuwe ontwikkelingsperioden voorgesteld. Zo betoogt psycholoog Jeffrey Arnett dat de adolescentie zich uitstrekt tot in de *opkomende volwassenheid*, een periode die loopt van de late tienerjaren tot midden twintig. Tijdens de opkomende volwassenheid zijn mensen niet langer adolescenten, maar hebben ze evenmin de verantwoordelijkheden van de volwassenheid volledig op zich genomen. In plaats daarvan proberen ze nog steeds verschillende identiteiten uit en zijn ze bezig met zelfverkenning (Arnett, 2010, 2011; De Dios, 2012; Nelson, 2013).

De tijdstippen waarop gebeurtenissen zich in het leven van mensen voltrekken, kunnen aanzienlijk variëren. Dat heeft deels een biologische oorzaak: de ene mens is sneller volgroeid dan de andere. Dat kan betekenen dat

Deze bruiloft van twee kinderen in India is een voorbeeld van het belang van omgevingsfactoren voor de leeftijd waarop een bepaalde gebeurtenis zich voltrekt.

Bron: Dinodia Photos/Alamy

hij sneller bepaalde mijlpalen bereikt in zijn ontwikkeling. Ook omgevingsfactoren spelen een belangrijke rol. De leeftijd waarop mensen meestal liefdesrelaties aangaan, varieert bijvoorbeeld per cultuur en is afhankelijk van de manier waarop mensen in die cultuur aankijken tegen relaties.

Als ontwikkelingspsychologen het over leeftijdsgroepen hebben, is het dus belangrijk om te beseffen dat zij het over gemiddelden hebben: het tijdstip waarop kinderen gemiddeld genomen bepaalde mijlpalen bereiken. De variaties worden alleen opmerkelijk als kinderen aanzienlijke afwijkingen van het gemiddelde vertonen. Als een kind veel later dan gemiddeld begint met praten, zouden de ouders bijvoorbeeld een logopedist kunnen raadplegen.

Hoe ouder kinderen worden, hoe duidelijker de onderlinge diversiteit wordt. Bij heel jonge kinderen is een groot deel van de ontwikkeling genetisch bepaald. Dat deel voltrekt zich automatisch. Daardoor gaat de ontwikkeling van de meeste kinderen grotendeels gelijk op. Als kinderen ouder worden, gaan omgevingsfactoren een grotere rol spelen, waardoor er na verloop van tijd meer variatie en meer individuele verschillen ontstaan.

De koppeling tussen thema's en leeftijden

Door de variatie in themagebieden en leeftijdsgroepen beschouwen allerlei specialisten met uiteenlopende achtergronden zichzelf als deskundigen op het gebied van de ontwikkelingspsychologie. Psychologen die gedrag en mentale processen bestuderen, pedagogen, genetici en artsen zijn maar een paar voorbeelden van mensen die gespecialiseerd zijn in en onderzoek uitvoeren naar de ontwikkeling van kinderen.

Deze diversiteit aan specialisten levert een groot aantal verschillende perspectieven op. Bovendien zorgt zij ervoor dat de onderzoeksbevindingen van het vakgebied worden gebruikt in een breed scala aan beroepen. Denk hierbij aan leerkrachten, verpleegkundigen, sociaal werkers, medewerkers in de kinderopvang en deskundigen op het gebied van sociaal beleid.

1.1.2 De invloed van cohorten op ontwikkeling: ontwikkelen in een sociale wereld

Bob, geboren in 1947, is een babyboomer. Hij kwam vlak na het einde van de Tweede Wereldoorlog ter wereld, toen er sprake was van een geboortegolf. Hij was een adolescent ten tijde van de flowerpower in de jaren zestig en de opkomst van de burgerrechtenbeweging met haar vele protesten. Vandaar dat deze generatie ook wel de protestgeneratie wordt genoemd. Zijn moeder, Gerda, werd geboren in 1922. Zij behoort tot de generatie die haar kindertijd en tienerjaren in de schaduw van grote financiële achteruitgang doorbracht. Bobs zoon Jonathan is geboren in 1975. Hij is afgestudeerd, getrouwd en begonnen met zijn carrière. Het zijn de drie aspecten die zijn leven bepalen: opleiding, job en gezin. Hij behoort tot de zogenaamde Generatie X. Jonathans jongere zus Sarah, geboren in 1982, hoort bij de volgende generatie: de millenniumgeneratie, ook wel Generatie Y genoemd. Zij kan zich geen leven voorstellen zonder de computer, het internet en de bijbehorende media en applicaties.

Cohort: een groep mensen die rond dezelfde tijd op dezelfde plek is geboren.

Ieder mens behoort tot een specifieke **cohort**: een groep mensen die rond dezelfde tijd op dezelfde plek is geboren. Lidmaatschap van een cohort onderwerpt mensen aan invloeden die betrekking hebben op historische gebeurtenissen, leeftijdsgebonden gebeurtenissen, socioculturele gebeurtenissen en

DIVERSITEIT IN ONTWIKKELING

Hoe cultuur, etnische afkomst en ras de ontwikkeling beïnvloeden

In de Verenigde Staten prijzen ouders jonge kinderen die veel vragen stellen. Het zou erop duiden dat ze 'intelligent' en 'leergierig' zijn. Nederlanders vinden dergelijke kinderen 'te afhankelijk van anderen'. Italiaanse ouders beschouwen leergierigheid als een teken van sociale en emotionele competentie, niet van intelligentie. Spaanse ouders prijzen karakter veel meer dan intelligentie, en Zweedse ouders waarderen veiligheid en geluk boven alles.

Het gezicht van onze samenleving verandert nu het aantal kinderen met verschillende achtergronden toeneemt.

Bron: (boven) iofoto/Fotolia; Paul Matthew Photography/Shutterstock; (onder) Wealan Pollard/OJO Images Ltd./Alamy

Wat kunnen we opmaken uit deze verschillende ouderlijke verwachtingen? Is de ene manier om naar de leergierigheid van kinderen te kijken goed en de andere fout? Waarschijnlijk niet, als we kijken naar de *culturele context* waarin de ouders opereren. Alle culturen en subculturen hebben hun eigen opvattingen over de juiste manier om kinderen op te voeden, zoals ze ook hun eigen ontwikkelingsdoelstellingen voor kinderen hebben (Feldman & Masalha, 2007; Huijbregts et al., 2009; Chen, Chen Zheng, 2012).

Ontwikkelingsspecialisten moeten rekening houden met globale culturele factoren, zoals de neiging tot individualisme of collectivisme. Zoals we uitgebreider in hoofdstuk 10 zullen bespreken, neigen bijvoorbeeld kinderen die in Aziatische samenlevingen opgroeien, tot een *collectivistische oriëntatie*, gericht op onderlinge afhankelijkheid onder de leden van een samenleving. Daarentegen zijn kinderen in westerse samenlevingen eerder geneigd tot een *individualistische oriëntatie*, waarin ze zich richten op het uniek zijn van het individu.

Daarnaast moeten ze subtielere etnische en socio-economische verschillen en sekseverschillen in ogenschouw nemen als ze inzicht willen krijgen in de manier waarop mensen tijdens hun leven veranderen en groeien. Op die manier krijgen ze niet alleen een beter beeld van de menselijke ontwikkeling, maar komen ze wellicht ook tot preciezere toepassingen waarmee de sociale omstandigheden van mensen verbeterd kunnen worden.

Pogingen om te begrijpen hoe ontwikkeling wordt beïnvloed door diversiteit worden bemoeilijkt door problemen met het vinden van het juiste vocabulaire. Leden van de onderzoeksgemeenschap gebruiken net als de samenleving termen als *ras* en *etnische groep* vaak op een verkeerde manier. *Ras* is een biologisch concept dat verwijst naar classificaties die gebaseerd zijn op fysieke en structurele eigenschappen van soorten. *Etnische groep* en *etniciteit* daarentegen zijn bredere termen die verwijzen naar culturele achtergrond, nationaliteit, religie en taal.

Vooral het begrip ras blijkt problemen te geven. Hoewel het in feite verwijst naar biologische factoren, heeft het in de loop der tijd nog een heleboel andere – vaak onjuiste – betekenissen gekregen, die bijvoorbeeld betrekking hebben op huidskleur, religie of cultuur. Bovendien is het begrip ras buitengewoon onnauwkeurig: afhankelijk van de definitie zijn er tussen de drie en driehonderd rassen. Bovendien is de genetische opmaak van alle mensen voor 99,9% identiek, waardoor de vraag over verschillende rassen eigenlijk irrelevant wordt (Bamshad & Olson, 2003; Helms, Jernigan & Mascher, 2005; Smedley & Smedley, 2005; Fish, 2011; Balis & Aman, 2013).

Hoe kunnen onderzoekers mensen met een multiculturele achtergrond op de juiste manier categoriseren? De keuze voor een categorie heeft belangrijke gevolgen voor de validiteit en de bruikbaarheid van het onderzoek.

Willen we een compleet beeld krijgen van de menselijke ontwikkeling, dan wordt het noodzakelijk om rekening te houden met complexe diversiteitskwesties. Sterker nog: alleen door te zoeken naar overeenkomsten en verschillen tussen etnische en culturele groepen kunnen onderzoekers universele ontwikkelingsprincipes onderscheiden van cultureel bepaalde principes. De komende jaren zal de ontwikkelingspsychologie zich dus waarschijnlijk ontwikkelen van een discipline die zich primair richtte op kinderen met een Noord-Amerikaanse of Europese achtergrond tot een discipline die zich bezighoudt met de ontwikkeling van kinderen over de hele wereld (Bornstein & Lansford, 2013; Fowers & Davidov, 2006; Kloep et al., 2009; Matsumoto & Yoo, 2006; Wardle, 2007).

niet-normatieve gebeurtenissen. Belangrijke sociale gebeurtenissen, zoals oorlogen, economische groei en crisis, hongernoden en epidemieën, hebben een bepaalde invloed op alle leden van een cohort.

Normatieve invloeden op de ontwikkeling

Normatieve gebeurtenis: gebeurtenis die zich voor de meeste individuen binnen een groep op dezelfde manier voltrekt.

Mensen die tot een bepaalde cohort behoren, zijn onderhevig aan bepaalde **normatieve gebeurtenissen**. Dat zijn gebeurtenissen die zich voor de meeste individuen binnen een groep op dezelfde manier voltrekken. Normatieve gebeurtenissen kunnen biologisch, sociaal of cultureel bepaald zijn. Het bereiken van de puberteit is bijvoorbeeld een normatieve gebeurtenis, omdat het iedereen ongeveer in dezelfde periode overkomt. En in westerse culturen beginnen alle kinderen rond een bepaald levensjaar met verplicht onderwijs (leerplicht): in Nederland op de leeftijd van vier jaar en in België op de leeftijd van zes jaar (Verhofstadt-Denève, 1998).

Zie MyLab voor de video: Cohorteffecten

Cohorteffecten treden bijvoorbeeld op als gevolg van *normatieve, historisch bepaalde invloeden*. Dit zijn biologische invloeden en omgevingsinvloeden die verbonden zijn aan een specifiek historisch moment. Kinderen die in de wijk Roombeek in Enschede woonden, werden bijvoorbeeld allemaal geconfronteerd met biologische effecten en omgevingseffecten als gevolg van de vuurwerkramp op 13 mei 2000. Hun ontwikkeling zal worden beïnvloed door deze normatieve, historisch bepaalde gebeurtenis (Colenbrander, 2003). De definitieve sluiting van de Ford-fabriek in Genk in 2014 is een vergelijkbaar voorbeeld uit Vlaanderen.

Leeftijdgebonden invloeden zijn biologische invloeden en omgevingsinvloeden die gelijk zijn voor mensen in een bepaalde leeftijdsgroep, ongeacht waar of wanneer ze opgroeien. Denk daarbij bijvoorbeeld aan biologische gebeurtenissen als de puberteit en de menopauze. Een socioculturele gebeurtenis als naar school gaan kan worden beschouwd als een normatieve leeftijdgebonden invloed, omdat dit in de meeste culturen rond het zesde jaar plaatsvindt.

Normatieve invloeden: invloeden die leiden tot conformiteit omdat men de gevolgen van afwijkend gedrag vreest.

Ontwikkeling wordt ook bepaald door **normatieve invloeden**, zoals etnische afkomst, sociale klasse, lidmaatschap van een subcultuur en andere factoren. *Normatieve invloeden* zijn invloeden die leiden tot conformiteit, omdat mensen de gevolgen van afwijkend gedrag vrezen. Stel bijvoorbeeld dat Kim goed is in rekenen en na een snelle berekening ervan overtuigd is dat het juiste antwoord 'B' is. De leerkracht vraagt: 'Wie denkt A?' Zowat al haar klasgenoten steken hun hand in de lucht, dus doet Kim dat ook maar, uit vrees om uitgelachen te worden. Immigrantenkinderen die Nederlands als tweede taal spreken, zijn onderhevig aan heel andere sociocultureel bepaalde invloeden dan in Nederland of België geboren kinderen die Nederlands als moedertaal hebben.

Tot slot zijn ook *niet-normatieve gebeurtenissen* van invloed op de ontwikkeling. Dit zijn specifieke gebeurtenissen die plaatsvinden in het leven van een specifiek persoon op een tijdstip dat zulke gebeurtenissen de meeste andere mensen niet overkomen. De ervaring van Louise Brown, die opgroeide met het besef dat zij het eerste kind ter wereld was dat via in-vitrofertilisatie werd verwekt, is bijvoorbeeld een niet-normatieve gebeurtenis. Kinderen kunnen ook hun eigen niet-normatieve gebeurtenissen creëren. Een zestienjarige eindexamenleerling die een landelijke wetenschapswedstrijd wint, creëert voor zichzelf een niet-normatieve gebeurtenis. In feite bouwt hij actief aan zijn eigen omgeving en heeft hij een aandeel in zijn eigen ontwikkeling.

Het maatschappelijk beeld van de jeugd en van wat normaal is om van kinderen te vragen, verandert door de eeuwen heen. Deze kinderen uit het begin van de twintigste eeuw werkten de hele dag in de mijnen.

Bron: Lewis Hime/Corbis Bettmann

1.2 Kinderen: verleden, heden en toekomst

Ouders zijn vaak gefascineerd door hun kinderen, en hun ontwikkeling is een bron van zowel nieuwsgierigheid als verwondering. Kinderen zijn dan ook reeds lang het onderwerp van studie. Het is echter een relatief recent fenomeen dat kinderen vanuit een wetenschappelijke invalshoek worden bestudeerd. Een korte blik op hoe het vakgebied ontwikkelingspsychologie zich heeft ontwikkeld, toont al aan dat er veel is veranderd in de manier waarop we naar kinderen kijken.

1.2.1 Vroege denkbeelden over kinderen

Hoewel het moeilijk voor te stellen is, denken sommige wetenschappers dat er een periode was waarin de kindertijd niet eens bestond (dat wil zeggen, in de belevingswereld van volwassenen). Volgens Philippe Ariès, die schilderijen en andere kunstvormen bestudeerde, kregen kinderen pas rond 1600 een eigen status. Voor die tijd werden ze gezien als miniatuurvolwassenen. Ze droegen dezelfde kleding als volwassenen en kregen geen speciale behandeling. De kindertijd werd niet beschouwd als een stadium dat kwalitatief anders was dan de volwassenheid (Acocella, 2003; Ariès, 1962; Hutton, 2004).

De stelling dat kinderen in de middeleeuwen puur gezien werden als miniatuurvolwassenen is misschien wat overdreven. De argumenten van Ariès waren voornamelijk gebaseerd op kunstwerken die de Europese aristocratie afbeeldden, een zeer beperkte doorsnede van de westerse cultuur. Toch is het duidelijk dat de kindertijd iets heel anders betekende dan tegenwoordig. Bovendien vatte het idee dat de kindertijd systematisch kon worden bestudeerd pas later post.

In de middeleeuwen werden kinderen gezien als imperfecte miniatuurvolwassenen. Deze kijk op kinderen kwam tot uiting in de kleding die ze droegen: precies dezelfde als volwassenen.

Bron: Art Resource, N.Y. Uffici/Florence/Italy, Museo di Andrea del Castagno. Scala/Art Resource, NY

Babybiografieën

Een van de eerste geschriften waarin kinderen methodisch werden bestudeerd, waren babybiografieën. Waarnemers, meestal de ouders, probeerden de groei van een kind bij te houden. Dat deden ze door de fysieke en taalkundige mijlpalen van het kind vast te leggen. Pas met Charles Darwin, die de evolutietheorie ontwikkelde, kreeg de observatie van kinderen een meer systematisch karakter. Darwin was ervan overtuigd dat de ontwikkeling van individuen binnen een soort aanwijzingen bevatte over de ontwikkeling van de soort zelf. Hij gaf de babybiografieën een wetenschappelijker status door er zelf een te schrijven. Daarvoor volgde hij de ontwikkelingen van zijn zoon in diens eerste levensjaar. Op de publicatie van Darwins boek volgde een golf van babybiografieën.

Daarnaast droegen andere historische trends bij aan een versnelde ontwikkeling van een nieuwe discipline die zich richtte op kinderen. Zo ontdekten wetenschappers de mechanismen achter de verwekking van kinderen en begonnen genetici de mysteries van de erfelijkheid te ontrafelen. Wetenschappers van diverse origine (biologen, psychologen, pedagogen, filosofen) discussieerden toen en nu nog steeds over de relatieve invloed van *nature* (erfelijkheid) en *nurture* (omgevingsinvloeden) (Ridley, 2003).

Focus op de kindertijd

Door de industrialisatie aan het einde van de achttiende, begin negentiende eeuw werd het arbeidsproces grondig hervormd. Dit veranderde ook de kijk op kinderen als goedkope arbeidskrachten. Het maakte de weg vrij voor wetten die kinderen tegen uitbuiting beschermden. Daarnaast was het onderwijs universeler aanwezig, waardoor kinderen gedurende de dag meer gescheiden werden van volwassenen. Dit zorgde ervoor dat leerkrachten zich specifiek gingen richten op manieren om kinderen iets bij te brengen. Nieuwe psychologische inzichten maakten mensen bewust van de invloed die hun kindertijd had op hun volwassen leven.

Dankzij deze belangrijke sociale veranderingen werd de ontwikkelingspsychologie als apart vakgebied erkend.

1.2.2 De twintigste eeuw: ontwikkelingspsychologie als discipline

Binnen het nieuwe vakgebied ontwikkelingspsychologie zijn enkele specialisten erg invloedrijk geweest. Alfred Binet, een Franse psycholoog, verrichtte niet alleen pionierswerk op het gebied van de intelligentie van kinderen, hij deed ook onderzoek naar het geheugen en naar hoofdrekenen. G. Stanley Hall was de eerste die het denken en het gedrag van kinderen onderzocht met behulp van vragenlijsten. Ook schreef hij het eerste boek waarin adolescentie als aparte ontwikkelingsperiode werd gezien (Hall, 1904/1916).

In de eerste helft van de twintigste eeuw ontstond een trend die een enorme invloed heeft gehad op ons inzicht in de ontwikkeling van kinderen. Er werden grootschalige, systematische en langdurige onderzoeken gestart naar kinderen en naar hun ontwikkeling tijdens de rest van hun leven. De Stanford Studies of Gifted Children gingen bijvoorbeeld aan het begin van de jaren twintig van start en lopen nu nog steeds. Ook de Fels Research Institute Study en de Berkeley Growth and Guidance Studies brachten nieuwe inzichten over de veranderingen in het leven van kinderen naarmate ze ouder worden. In het kader van deze onderzoeken werden grote aantallen kinderen op een normatieve manier bestudeerd om vast te stellen wat gemiddelde groei was (Dixon & Lerner, 1999).

De wetenschappers die de basis van de ontwikkelingspsychologie legden, hadden een gemeenschappelijk doel: ze wilden de aard van groei, verandering en stabiliteit tijdens de kindertijd en adolescentie op een wetenschappelijke manier bestuderen. Zij hebben ervoor gezorgd dat het vakgebied zich tot zijn huidige dimensies heeft ontwikkeld.

1.2.3 Vraagstukken bij de thema's van de ontwikkelingspsychologie

Er zijn altijd een aantal centrale vraagstukken over de ontwikkeling van kinderen. Daarbij gaat het bijvoorbeeld om de aard van de veranderingen tijdens de ontwikkeling van het kind, het belang van kritieke en gevoelige perioden, het levensloopmodel versus gerichtere benaderingen en de nature-nurture-discussie (zie de samenvatting in tabel 1-2).

Continue verandering versus discontinue verandering

Continue verandering: geleidelijke ontwikkeling waarbij prestaties op een bepaald niveau voortvloeien uit die van de vorige niveaus.

Een van de belangrijkste kwesties binnen de ontwikkelingspsychologie is de vraag of ontwikkeling zich op een continue of een discontinue manier voltrekt (zie figuur 1-1). Bij **continue verandering** is de ontwikkeling geleidelijk en vloeien de prestaties op een bepaald niveau voort uit de prestaties op de vorige niveaus. Nieuwe vaardigheden vloeien automatisch voort uit bestaande vaardigheden. Continue verandering is kwantitatief: de ontwikkeling wordt groter of meer. De onderliggende ontwikkelingsprocessen die de aanzet geven tot verandering blijven gedurende het hele leven hetzelfde. Er is sprake van een continuïteit in de ontwikkeling, een aaneensluitende vooruitgang. In het geval van voortdurende verandering vertoont de manier waarop kinderen zich bekwamen in denken, praten en handelen sterke overeenkomsten met de manier waarop hun lichaam groeit: via een geleidelijk ontwikkelingsproces. Veranderingen in lengte zijn bijvoorbeeld continu; er is sprake van continue groei.

Discontinue verandering: ontwikkeling die in aparte stappen of stadia plaatsvindt, en waarbij elk stadium gedrag oplevert dat kwalitatief anders is dan gedrag in eerdere stadia.

Discontinue verandering vindt plaats in aparte stappen of stadia. Elk stadium levert gedrag op dat kwalitatief anders is dan gedrag in eerdere stadia. Zulke stadia zijn onder meer de kleutertijd, de kindertijd en de adolescentie. Vanuit dit standpunt bezien kan een ontwikkeling heel abrupt, oftewel discontinu, verlopen. Er is als het ware sprake van sprongetjes vooruit. Een kind kan bijvoorbeeld de sluitspieren nog niet beheersen en plast in bed. Door rijping kan het deze wel controleren. Daardoor maakt zijn ontwikkeling een sprongetje (zie ook figuur 1-1).

Neem het voorbeeld van cognitieve ontwikkeling. In hoofdstuk 2 zullen we zien dat sommige cognitieve ontwikkelingspsychologen menen dat het denken van kinderen fundamenteel verandert naarmate ze ouder worden en dat die veranderingen niet alleen kwantitatief maar ook kwalitatief zijn.

De meeste ontwikkelingspsychologen zijn het erover eens dat beide soorten verandering naast elkaar bestaan (Flavell, 1994; Heimann, 2003).

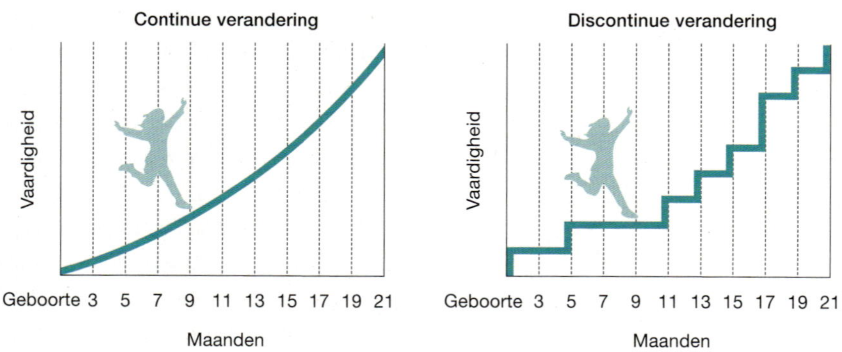

FIGUUR 1-1 **Twee manieren om tegen ontwikkeling aan te kijken**

Ontwikkelingspsychologen onderscheiden twee soorten verandering: continue verandering, die geleidelijk is en waarbij de prestaties op een bepaald niveau voortvloeien uit vorige prestaties, en discontinue verandering, die zich in aparte stappen of stadia voltrekt.

Kritieke en gevoelige perioden: de invloed van de omgeving

> Op 18 februari 1947 kwam prinses Christina ter wereld in het Nederlandse Paleis Soestdijk. De prinses leed aan een ernstige oogafwijking, doordat koningin Juliana aan het begin van haar zwangerschap rodehond (rubella) had gekregen. Had Juliana echter in de dertigste week van haar zwangerschap rodehond gekregen, dan zou de prinses er waarschijnlijk niets aan hebben overgehouden.

Kritieke periode: een specifieke tijd in de ontwikkeling waarin een bepaalde gebeurtenis de grootste gevolgen heeft.

Het feit dat de ziekte van Juliana in twee perioden verschillende gevolgen heeft, is een illustratie van het begrip kritieke periode. Een **kritieke periode** is een specifieke tijd in de ontwikkeling waarin een bepaalde gebeurtenis de grootste gevolgen heeft. Er is sprake van kritieke perioden wanneer de aanwezigheid van bepaalde soorten omgevingsstimuli noodzakelijk is voor een normale ontwikkeling, of wanneer blootstelling aan bepaalde stimuli abnormale ontwikkeling tot gevolg heeft (Uylings, 2006). Zo vindt bijvoorbeeld De Lange (2004) dat de betrouwbare aanwezigheid van een liefdevolle volwassene in de vroege kinderjaren essentieel is voor het kind om zich veilig en gehecht te voelen. Het gemis aan een dergelijke vertrouwensfiguur is volgens hem na een paar levensjaren niet echt meer te compenseren.

Plasticiteit: de mate waarin een zich ontwikkelend gedragspatroon of fysieke structuur kan worden gewijzigd.

Hoewel vroege specialisten op het gebied van de ontwikkeling van kinderen veel nadruk legden op het belang van kritieke perioden, overheerst momenteel de overtuiging dat mensen op veel vlakken, en dan met name op het gebied van cognitieve ontwikkeling, sociale ontwikkeling en persoonlijkheidsontwikkeling, flexibeler zijn dan aanvankelijk werd aangenomen. Op deze gebieden manifesteert zich een aanzienlijke mate van **plasticiteit**: de mate waarin een zich ontwikkelend gedragspatroon of fysieke structuur veranderlijk is. Zo zijn er de laatste tijd steeds meer aanwijzingen dat kinderen latere ervaringen kunnen gebruiken om eerdere achterstanden in te halen. Hierdoor lopen ze niet per definitie blijvende schade op als ze bepaalde soorten sociale ervaringen hebben gemist.

Gevoelige periode: een afgebakende periode, meestal vroeg in het leven van een organisme, waarin dat organisme extra gevoelig is voor omgevingsinvloeden die betrekking hebben op een bepaald facet van de ontwikkeling.

Daarom spreken ontwikkelingspsychologen nu liever van **gevoelige perioden**. Tijdens een gevoelige periode zijn organismen extra ontvankelijk voor bepaalde soorten stimuli in hun omgeving. Een gevoelige periode staat voor de periode waarin bepaalde vermogens optimaal naar voren komen. Met name kinderen zijn bijzonder gevoelig voor invloeden uit de omgeving. Zo zijn kinderen tijdens de eerste zes levensjaren heel ontvankelijk voor het leren van taal.

Het verschil tussen het concept 'kritieke perioden' en het concept 'gevoelige perioden' is belangrijk. Er wordt aangenomen dat het permanente en onomkeerbare gevolgen heeft wanneer een individu in ontwikkeling bepaalde invloeden mist tijdens kritieke perioden. Dit in tegenstelling tot gevoelige perioden. Van het ontbreken van invloeden tijdens gevoelige perioden hoeven de consequenties niet altijd permanent te zijn. Met andere woorden, het concept van gevoelige perioden onderkent de plasticiteit van mensen in ontwikkeling (Armstrong et al., 2006; Curley et al., 2011; Hooks & Chen, 2008).

Levensloopmodel versus focus op specifieke perioden

Op welk deel van de levensloop moeten ontwikkelingspsychologen hun aandacht richten? Vroeger ging de meeste aandacht uit naar de babytijd en de adolescentie; aan andere delen van de kindertijd werd nauwelijks aandacht besteed. Tegenwoordig is de situatie anders. De hele periode van de conceptie tot en met de adolescentie wordt nu om verschillende redenen van belang geacht. Eén reden is de ontdekking dat er in elk levensstadium sprake is van ontwikkelingsgroei en -verandering. Bovendien wordt een belangrijk deel van iemands omgeving bepaald door de mensen in zijn sociale omgeving. Om de sociale invloeden op kinderen van een bepaalde leeftijd te kunnen begrijpen, moeten we de mensen begrijpen die grotendeels verantwoordelijk zijn voor die invloeden. Om de ontwikkeling van baby's te kunnen doorgronden, moeten we bijvoorbeeld weten welke effecten de leeftijd van hun ouders op hun sociale omgeving heeft. Een vijftienjarige moeder zal een heel andere invloed op haar kind hebben dan een 37-jarige moeder. De ontwikkeling van baby's vloeit dus gedeeltelijk voort uit de ontwikkeling van volwassenen.

De relatieve invloed van nature en nurture op de ontwikkeling

Een van de steeds terugkerende vragen bij de ontwikkeling van kinderen is in hoeverre het gedrag van mensen het gevolg is van hun genetisch bepaalde natuur enerzijds en de fysieke en sociale omgeving waarin ze opgroeien anderzijds. Dit vraagstuk met diepe filosofische en historische wortels heeft altijd al een belangrijke plaats ingenomen in de ontwikkelingspsychologie (Keating, 2011; Wexler, 2006).

Het begrip *nature* verwijst in deze context naar eigenschappen, vermogens en capaciteiten die mensen van hun ouders erven. Het omvat elke factor die het resultaat is van het zich geleidelijk ontvouwen van voorbestemde genetische informatie, een proces dat bekendstaat als **maturatie**. Deze genetische, geërfde invloeden zijn aan het werk terwijl we ons ontwikkelen van het moment van conceptie tot het moment dat we een volgroeid mens zijn. Nature bepaalt of onze ogen blauw of bruin zijn, of we ons leven lang een volle haardos houden of uiteindelijk kaal worden en hoe snel we ons motorisch ontwikkelen. Nature maakt dat onze hersenen zich zodanig ontwikkelen dat we de woorden op deze pagina kunnen lezen.

Maturatie: het proces van het zich geleidelijk ontvouwen van voorbestemde genetische informatie.

Nurture verwijst naar de omgevingsinvloeden die ons gedrag bepalen. Sommige van die invloeden zijn biologisch, zoals de invloed van drank- en drugsgebruik van een zwangere vrouw op haar ongeboren kind of de hoeveelheid en het soort voedsel dat een kind krijgt. Andere omgevingsinvloeden zijn sociaal van aard, zoals de manier waarop ouders hun kinderen opvoeden en de invloed van leeftijdenoten op een adolescent. Weer andere invloeden zijn het resultaat van maatschappelijke factoren, zoals de socio-economische omstandigheden waarin mensen zich bevinden.

Als onze eigenschappen en ons gedrag alleen door nature of alleen door nurture bepaald werden, zou er waarschijnlijk weinig discussie over dit onderwerp zijn. Dat is echter niet het geval. Neem bijvoorbeeld een van de meest controversiële gebieden: intelligentie. Zoals we in hoofdstuk 12 zullen lezen, levert de vraag of intelligentie primair bepaald wordt door erfelijke, genetische factoren (nature) of door omgevingsfactoren (nurture) levendige en vaak scherpe discussies op. Daarnaast is er de discussie of een intelligentietest ook daadwerkelijk het concept intelligentie meet. Vanwege de sociale implicaties blijft dit vraagstuk niet beperkt tot de wetenschappelijke arena, maar speelt het ook een rol in de politiek en in sociaal beleid.

Gevolgen voor de opvoeding van kinderen en voor sociaal beleid

Een voorbeeld van de gevolgen van de nature-nurture-discussie: als iemands intelligentie vooral wordt bepaald door erfelijkheid, zijn pogingen om deze intelligentie later in het leven te verbeteren gedoemd te mislukken. Maar als intelligentie vooral een resultaat is van omgevingsfactoren, zoals de hoeveelheid en de kwaliteit van de scholing die iemand heeft genoten en de mate waarin iemand is gestimuleerd, zou een verbetering van de sociale omstandigheden moeten kunnen leiden tot een hogere intelligentie.

Het feit dat sociaal beleid zo wordt beïnvloed door ideeën over de oorsprong van intelligentie geeft aan hoe belangrijk het nature-nurture-vraagstuk is. Wanneer we het in dit boek behandelen, moet je er rekening mee houden dat specialisten op het gebied van de ontwikkeling van kinderen er niet van uitgaan dat gedrag puur het resultaat is van het een of het ander. De vraag is meer in welke mate nature en nurture hun invloed laten gelden.

TABEL 1-2 **Belangrijke vraagstukken rond de ontwikkeling van het kind**

Continue verandering	**Discontinue verandering**
Verandering verloopt geleidelijk. Prestaties op het ene niveau zijn een vervolg op een voorgaand niveau. Onderliggende ontwikkelingsprocessen blijven tijdens iemands hele levensduur gelijk.	Verandering verloopt in duidelijk te onderscheiden stappen of fasen. Gedrag en processen zijn in verschillende fasen kwalitatief verschillend.
Kritieke perioden	**Gevoelige perioden**
Voor een normale ontwikkeling zijn bepaalde stimuli uit de omgeving noodzakelijk. Vroege ontwikkelingspsychologen leggen hier de nadruk op.	Mensen zijn gevoelig voor bepaalde stimuli uit de omgeving, maar de gevolgen van het ontbreken van bepaalde stimuli zijn terug te draaien. Deze theorie wordt momenteel gehanteerd door levensloop-psychologen.
Levensloopmodel	**Focus op specifieke perioden**
In moderne theorieën ligt de nadruk op groei en verandering in de loop van het leven en op verbanden tussen verschillende perioden.	Vroege ontwikkelingspsychologen zien de kindertijd en de adolescentie nadrukkelijk als de belangrijkste perioden.
Nature	**Nurture**
De nadruk ligt op het ontdekken van erfelijke eigenschappen en vermogens.	De nadruk ligt op de invloed van de omgeving op iemands ontwikkeling.

Bovendien is de interactie tussen genetische factoren en omgevingsfactoren complex. Dat heeft gedeeltelijk te maken met het feit dat sommige genetisch bepaalde eigenschappen niet alleen een directe invloed hebben op het gedrag van kinderen, maar ook indirect bijdragen aan de vorming van hun omgeving. Een kind dat bijvoorbeeld voortdurend huilt – een eigenschap die het resultaat kan zijn van genetische factoren – kan zijn omgeving beïnvloeden. De ouders kunnen zo gevoelig zijn geworden voor het onophoudelijke gehuil dat zij meteen aan de wieg staan zodra het kind geluid maakt. Hun reactie op het genetisch bepaalde gedrag van het kind groeit uit tot een omgevingsinvloed en is daarmee medebepalend voor de verdere ontwikkeling van het kind (Barnes & Boutwell, 2012; Bradley & Corwyn, 2008; Stright, Gallagher & Kelley, 2008).

Ook geldt dat we door onze genetische achtergrond weliswaar geneigd zijn tot bepaald gedrag, maar dat we dat gedrag niet per se vertonen zonder een passende omgeving. Mensen met dezelfde genetische achtergrond (bijvoorbeeld eeneiige tweelingen) kunnen zich totaal verschillend gedragen, en mensen met een sterk verschillende genetische achtergrond vertonen soms vrijwel hetzelfde gedrag op bepaalde terreinen (Conley & Rauscher, 2013; Kato & Pedersen, 2005).

Kortom, de vraag in hoeverre bepaald gedrag het gevolg is van nature of van nurture is lastig te beantwoorden. We kunnen de begrippen het best beschouwen als de twee uitersten van een schaal, waarbij specifieke gedragspatronen ergens in het midden uitkomen. Hetzelfde geldt eigenlijk voor de andere uitersten die we tot nu toe hebben behandeld. Ook continue versus discontinue ontwikkeling is geen kwestie van of-of. Sommige ontwikkelingsvormen neigen meer naar de continue kant, terwijl andere meer naar de discontinue kant neigen.

1.2.4 De toekomst van de ontwikkelingspsychologie

Nu we de belangrijkste thema's en vraagstukken van het vakgebied ontwikkelingspsychologie behandeld hebben, stellen we de vraag: hoe ziet de toekomst eruit? Waarschijnlijk zullen de volgende tendensen zich aftekenen:

- Er zal steeds meer onderzoek worden gedaan naar ontwikkeling en er zullen nieuwe onderzoeksgebieden en perspectieven ontstaan. Zo zal er wellicht meer aandacht zijn voor de perinatale ontwikkeling (de ontwikkeling in de periode rondom de geboorte) en beïnvloeding ervan.
- De explosie van informatie over genen en de neurobiologische aspecten van gedrag zal invloed hebben op alle aspecten van de ontwikkelingspsychologie. Ontwikkelingspsychologen zullen in hun werk kijken naar biologische, cognitieve en sociale aspecten, en de grenzen tussen verschillende subdisciplines zullen vervagen. De neurowetenschap zal de gemeenschappelijke basis vormen voor al deze deskundigen.
- De groeiende etnische, taalkundige en culturele diversiteit van de bevolking zal leiden tot meer aandacht voor diversiteitsvraagstukken.
- Een groeiend aantal professionals in verschillende vakgebieden zal gebruikmaken van het onderzoek en de bevindingen van de ontwikkelingspsychologie. Denk hierbij aan docenten, sociaal werkers, verpleegkundigen en andere medewerkers in de gezondheidszorg, genetisch adviseurs, speelgoedontwerpers, personeel in de kinderopvang, producenten van ontbijtproducten, sociaal ethici en leden van tientallen andere beroepsgroepen.
- Werkzaamheden in het kader van de ontwikkelingspsychologie zullen een steeds grotere invloed hebben op kwesties van algemeen belang. Discussies over belangrijke sociale problemen van deze tijd, zoals geweld, vooroordelen, discriminatie, armoede, veranderingen in het gezinsleven, kinderopvang, scholing en zelfs terrorisme, kunnen gevoed worden door onderzoek op dit gebied. Daarom zullen ontwikkelingspsychologen waarschijnlijk een belangrijke bijdrage leveren aan de samenleving van de eenentwintigste eeuw (Block, Weinstein & Seitz, 2005; Pyszczynski, Solomon & Greenberg, 2004; Zigler & Finn-Stevenson, 1999).

ONTWIKKELINGSPSYCHOLOGIE IN HET DAGELIJKS LEVEN

Informatie over de ontwikkeling van kinderen op de juiste waarde geschat

Als je huilende baby's direct troost, verwen je ze.
Als je baby's laat huilen zonder ze te troosten, worden het argwanende en overmatig aanhankelijke volwassenen.

Slaan is een van de beste manieren om een kind discipline bij te brengen.
Sla nooit je kind.

Als ouders een ongelukkig huwelijk hebben, zijn de kinderen beter af met een echtscheiding.
Hoe moeilijk een huwelijk ook is, ouders moeten bij elkaar blijven voor de kinderen.

We worden om de oren geslagen met adviezen over de opvoeding van kinderen en, algemener, de beste manier om ons leven in te richten. Elk mens staat bloot aan een ontstellende hoeveelheid informatie op dit gebied, van televisieseries met titels als *Schatjes* en *Eerste hulp bij opvoeden* tot tijdschriften- en krantencolumns vol tips over elk denkbaar onderwerp.

Toch is niet elk advies even bruikbaar. Het feit dat iets gedrukt is, op tv komt of op internet staat, wil niet automatisch zeggen dat het legitiem of correct is. Gelukkig bestaan er richtlijnen waarmee we kunnen bepalen welke aanbevelingen en suggesties redelijk zijn en welke niet:

- Kijk waar het advies vandaan komt. Informatie van gevestigde, gerespecteerde organisaties zoals het Nederlands Instituut voor Psychologen, het Nederlands Jeugdinstituut, de GGD, het Centrum voor Jeugd en Gezin en, in Vlaanderen, Kind en Gezin en het agentschap Jongerenwelzijn is hoogstwaarschijnlijk gebaseerd op jaren van onderzoek. Daardoor is die informatie relatief betrouwbaar.
- Kijk naar de achtergrond van de persoon van wie de informatie afkomstig is. Informatie van gevestigde, erkende onderzoekers en deskundigen is betrouwbaarder dan informatie van mensen van wie de achtergrond onduidelijk is.
- Maak een onderscheid tussen anekdotisch bewijs en wetenschappelijk bewijs. Anekdotisch bewijs is gebaseerd op een of twee voorbeelden van een verschijnsel waar men bij toeval op stuit; wetenschappelijk bewijs is gebaseerd op zorgvuldige, systematische procedures.
- Houd rekening met de culturele context. Een bewering die in sommige contexten valide is, hoeft dat niet in alle gevallen te zijn. Zo wordt bijvoorbeeld algemeen aangenomen dat de spierontwikkeling en de mobiliteit van kinderen verbeteren als kinderen de mogelijkheid krijgen zich vrij te bewegen en hun ledematen te oefenen. Toch worden kinderen in sommige culturen het grootste deel van de tijd dicht tegen het lichaam van hun moeder gehouden zonder dat ze daar schade van lijken te ondervinden (Kaplan & Dove, 1987; Tronick et al., 1994).
- Ga er nooit van uit dat iets automatisch waar is omdat mensen erin geloven. Uit wetenschappelijk onderzoek komt regelmatig naar voren dat bepaalde fundamentele veronderstellingen over de effectiviteit van verschillende technieken onjuist zijn.

Bij het beoordelen van informatie moet je dus een gezonde dosis scepsis tentoonspreiden. Geen enkele informatiebron is altijd betrouwbaar. Als je kritisch blijft kijken naar de beweringen die je tegenkomt, zal je beter kunnen bepalen welke inzichten van ontwikkelingspsychologen écht bijdragen aan een goed begrip van de manier waarop wij groeien tijdens onze jeugd en onze adolescentie.

TERUGBLIK

▷ 1.1 Een oriëntatie op de ontwikkelingspsychologie

- Ontwikkelingspsychologie is een wetenschappelijke benadering van vraagstukken over groei, verandering en stabiliteit in ons leven met de nadruk op vraagstukken die spelen vanaf onze conceptie tot aan onze volwassenheid.
- Het vakgebied omvat de fysieke ontwikkeling, de cognitieve ontwikkeling, de sociale ontwikkeling en de persoonlijkheidsontwikkeling van alle leeftijden tussen de conceptie en de adolescentie.
- Cultuur, zowel in de brede als in de enge zin van het woord, is een belangrijke kwestie binnen de ontwikkelingspsychologie. Veel aspecten van onze ontwikkeling worden niet alleen beïnvloed door brede culturele verschillen maar ook door etnische en socio-economische variaties binnen een bepaalde cultuur.
- Elke persoon krijgt in zijn leven te maken met normatieve historisch bepaalde invloeden, normatieve leeftijdgebonden invloeden, normatieve socio-

culturele invloeden en niet-normatieve gebeurtenissen.

▷ 1.2 Kinderen: verleden, heden en toekomst

- Bij de eerste denkbeelden over de jeugd werden kinderen als miniatuurvolwassenen beschouwd.
- Later werd de jeugd gezien als een afzonderlijke periode in het leven, wat tot de opkomst van de ontwikkelingspsychologie heeft geleid.
- Centrale vraagstukken in de ontwikkelingspsychologie: (1) de vraag of de ontwikkeling van kinderen continu of discontinu is; (2) de vraag of die ontwikkeling grotendeels wordt bepaald door kritieke of gevoelige perioden; (3) de vraag of men zich moet concentreren op bepaalde belangrijke perioden in de menselijke ontwikkeling of juist op het hele leven; (4) de nature-nurture-discussie, die gaat over het relatieve belang van genetische invloeden versus omgevingsinvloeden.
- Enkele te verwachten toekomsttrends zijn: groeiende specialisatie, meer samenwerking tussen verschillende vakgebieden (interdisciplinariteit), meer aandacht voor diversiteitsvraagstukken en een grotere invloed van de ontwikkelingspsychologie op kwesties van publiek belang.

BELANGRIJKE TERMEN EN BEGRIPPEN

Cognitieve ontwikkeling
Cohort
Continue verandering
Discontinue verandering
Fysieke ontwikkeling
Gevoelige periode
Kritieke periode
Maturatie
Normatieve gebeurtenis
Normatieve invloed
Ontwikkelingspsychologie
Plasticiteit
Sociale en persoonlijkheidsontwikkeling

HOOFDSTUK 2 THEORETISCHE PERSPECTIEVEN EN ONDERZOEK

HOOFDSTUK 2 IN VOGELVLUCHT

PROLOOG: Tegen alle verwachtingen in

In januari 2004 werd in Nederland een conrector van het Haagse Terra College doodgeschoten door een leerling. De 16-jarige leerling was geschorst en kwam verhaal halen. Hij raakte zijn leraar in het hoofd. Hoewel iedereen geschokt was, was dit niet het eerste incident op deze school. De school staat in een wijk met een van de hoogste criminaliteitscijfers van de stad. De betreffende leerling was bekend bij de politie. Hij was van allochtone afkomst, had een vader in de gevangenis en was lid van een jongerenbende (Veiligheidsmonitor, 2009).

Helaas komen ook in andere wijken dit soort incidenten voor. In oktober 2014 werd op een school in Voorburg, het Corbulo College, een 15-jarige jongen doodgestoken door een 16-jarige medeleerling. In een verklaring liet de gemeente weten dat het 'diep raakt dat dit juist op deze school is voorgekomen', omdat het Corbulo 'zeer actief is met projecten op het gebied van veiligheid en maatschappelijke betrokkenheid' (nu.nl, 2014).

Tegelijkertijd hoeven moeilijke omstandigheden niet te betekenen dat een leerling zich niet inzet op school. Raymond Janssen kan thuis niet studeren. Zijn ouders zijn beiden alcoholist, waardoor Raymond vooral op zichzelf is aangewezen. Elke dag is hij als eerste op school en vaak gaat hij 's middags als laatste weer weg. Hij werkt tot ver na de schooluren in het computerlokaal aan een project waarmee hij bonuspunten kan verdienen, namelijk een programma om patiënten te registreren in een ziekenhuis. Later gaat hij verder met zijn natuurkundeproject, een chemische analyse van zure regen. Deze leerling met zijn perfecte cijferlijst heeft grote dromen: hij wil deelnemen aan een honourstraject voor veelbelovende studenten aan de gerenommeerde TU in Delft.

Het is met andere woorden niet altijd logisch te verklaren hoe iemands ontwikkeling verloopt.

Het Terra College in Den Haag nadat er een conrector door een leerling is doodgeschoten.

Bron: ANP

Op www.pearsonmylab.nl vind je vragen bij deze proloog ter verwerking van de stof uit dit hoofdstuk.

Vooruitblik

Raymond Janssen behoorde tot een kleine groep leerlingen op een grote middelbare school in Den Haag die gemiddeld een 8 of hoger haalde. Tegen alle verwachtingen in zette Raymond door, vastberaden een universitaire studie te volgen, een doel dat hij uiteindelijk ook zou bereiken. Hoe overwint iemand als Raymond de moeilijke leefomstandigheden en het geweld in zijn omgeving? Waarom zijn anderen minder succesvol? Hoe gaan kinderen en adolescenten in het algemeen de uitdagingen aan die op hun pad komen op weg naar volwassenheid?

We kunnen deze vragen beantwoorden dankzij de bevindingen van letterlijk duizenden onderzoeken naar de ontwikkeling van kinderen, onderzoeken die zich richten op onderwerpen variërend van hersenontwikkeling en de aard van sociale relaties tot de manier waarop cognitieve vermogens zich ontwikkelen. Al deze onderzoeken pogen vragen te beantwoorden die te maken hebben met ontwikkeling. Ontwikkelingsonderzoekers hanteren hierbij een wetenschappelijke werkwijze, waarmee ze de vragen systematisch onderzoeken en proberen te beantwoorden.

In dit hoofdstuk kijken we naar de manier waarop ontwikkelingsonderzoekers vragen stellen en beantwoorden over de wereld om ons heen. We beginnen met een bespreking van de globale perspectieven van waaruit kinderen en hun gedrag worden bekeken. Met behulp van deze perspectieven kun je de ontwikkeling van kinderen vanuit verschillende dimensies bestuderen. Vervolgens richten we ons op de fundamentele bouwsteen van de ontwikkelingspsychologie: onderzoek. We beschrijven de belangrijkste soorten onderzoek die ontwikkelingsonderzoekers gebruiken. Tot slot behandelen we twee belangrijke vraagstukken binnen het ontwikkelingsonderzoek: (1) de manier waarop een onderzoek moet worden opgezet om geldige uitspraken te kunnen doen over de hele populatie, en (2) ethiek.

2.1 Perspectieven bij het kijken naar kinderen

Toen Ronald zijn eerste woordje zei, waren zijn ouders dolblij – én opgelucht. Ze hadden al een hele tijd op dat moment zitten wachten. De meeste kinderen van zijn leeftijd hadden hun eerste woordje allang gezegd. Ronalds oma maakte zijn ouders bovendien nog bezorgder door te suggereren dat hij misschien een ontwikkelingsachterstand had. Maar zodra Ronald ging praten, lieten zijn ouders en grootouders hun bezorgdheid varen en waren ze apetrots op Ronald.

De zorgen van Ronalds ouders waren gebaseerd op hun opvattingen over hoe een normale ontwikkeling zou moeten verlopen. We hebben allemaal vastomlijnde ideeën over de ontwikkeling van kinderen en die gebruiken we om ons een mening te vormen of een bepaald gevoel te ontwikkelen over het gedrag van een kind. Door onze eigen ervaringen richten we ons op bepaalde soorten gedrag die in onze ogen belangrijk zijn. Voor sommige mensen is dat het moment waarop een kind zijn eerste woordje zegt, voor andere is het de manier waarop een kind met anderen omgaat.

Theorie: verklaring van een interessant verschijnsel die een raamwerk biedt om de relaties tussen een geordende reeks feiten of principes te begrijpen.

Net als Ronalds ouders hebben ook ontwikkelingspsychologen hun eigen visies op de kindertijd. Deze visies zijn echter gerichter en preciezer en omvatten een of meer **theorieën** en voorspellingen over het verschijnsel waarop ze zich richten. Een theorie biedt een raamwerk om de relaties tussen een geordende reeks feiten of principes te begrijpen. Onze persoonlijke theorieën zijn gebaseerd op willekeurige observaties die niet worden geverifieerd. Onderzoekstheorieën zijn formeler en gebaseerd op een systematische integratie van eerdere bevindingen en theoretische veronderstellingen. Aan de hand van deze theorieën kunnen psychologen eerdere observaties samenvatten en ordenen. Daarnaast worden de theorieën zorgvuldig getest in de vorm van onderzoek, terwijl dat niet gebeurt met persoonlijke theorieën.

We behandelen vijf belangrijke perspectieven op de ontwikkeling van het kind: het psychodynamisch, het behavioristisch, het cognitief, het systemisch en het evolutionair perspectief. Bij elk perspectief ligt de nadruk op andere aspecten van de ontwikkeling, die de vraagstelling in specifieke richtingen sturen.

Net zoals we allerlei plattegronden kunnen gebruiken om de weg te vinden in een bepaald gebied – bijvoorbeeld een plattegrond met alle wegen en een andere plattegrond met de belangrijkste monumenten – bieden verschillende perspectieven op ontwikkeling ons verschillende inzichten in het gedrag van kinderen en adolescenten.

2.1.1 Het psychodynamisch perspectief: focus op innerlijke krachten

> Toen Marije twee jaar oud was, gingen haar ouders scheiden. Haar vader, met wie ze weinig contact had omdat hij voor zijn werk veel in het buitenland zat, ging het huis uit. De contacten verliepen moeizaam vanwege de ruzies tussen vader en moeder. Marije is nu 28 jaar. Ze heeft moeite met het aangaan van langdurige relaties met mannen. Haar therapeut probeert erachter te komen of haar huidige problemen worden veroorzaakt door de scheiding van haar ouders toen ze een peuter was.

Misschien lijkt het een beetje vergezocht om zo'n verband te leggen, maar in de ogen van de aanhangers van het psychodynamisch perspectief is het niet zo onwaarschijnlijk. Voorstanders van het **psychodynamisch perspectief** geloven namelijk dat gedrag gemotiveerd wordt door innerlijke krachten, herinneringen en conflicten waarvan een persoon zich nauwelijks bewust is en waarover hij weinig controle heeft. Deze innerlijke krachten, die hun oorsprong kunnen hebben in de kindertijd, blijven iemands gedrag gedurende zijn hele leven beïnvloeden.

Psychodynamisch perspectief: benadering van ontwikkeling waarbij men ervan uitgaat dat gedrag gemotiveerd wordt door innerlijke krachten, herinneringen en conflicten waarvan een persoon zich nauwelijks bewust is en waarover hij weinig controle heeft.

Marije heeft geen goede relatie met haar vader op kunnen bouwen, terwijl een meisje op die leeftijd erg naar haar vader trekt. Zij zoekt een vaderfiguur als ze ouder is, maar de verlatingsangst en de pijnlijke gevoelens komen terug als het serieus wordt.

De psychoanalytische theorie van Freud

Het psychodynamisch perspectief is nauw gekoppeld aan Sigmund Freud en zijn psychoanalytische theorie. Freud, die leefde van 1856 tot 1939, was een Weense arts wiens revolutionaire ideeën uiteindelijk niet alleen een vergaand effect hebben gehad op de psychologie en de psychiatrie, maar ook op het westerse gedachtegoed in het algemeen (Greenberg, 2012; Masling & Bornstein, 1996; Wolitzky, 2011).

De **psychoanalytische theorie** van Freud gaat ervan uit dat onbewuste krachten bepalend zijn voor iemands persoonlijkheid en gedrag. Volgens Freud is het onbewuste het deel van iemands persoonlijkheid waarvan hij zich niet

Psychoanalytische theorie: theorie van Freud die ervan uitgaat dat onbewuste krachten bepalend zijn voor iemands persoonlijkheid en gedrag.

Sigmund Freud

Bron: Library of Congress Prints and Photographs Division (LCUSZ62-72266)

bewust is. Het bevat infantiele wensen, verlangens en behoeften die vanwege hun verstorende aard afgesloten zijn van het bewustzijn. Zo kan een kind ervaren dat het te weinig aandacht krijgt van zijn opvoeders. Om dit 'tekort' te compenseren vraagt het steeds aandacht van de juf op school en later van zijn partner. De hoeveelheid aandacht is echter nooit genoeg en de persoon in kwestie is zich er niet van bewust dat dit gedrag voortkomt uit het ervaren tekort uit de vroege kindertijd. Het idee dat de ouders niet voor voldoende aandacht hebben gezorgd is onverdraaglijk en wordt verdrongen (in het onbewuste gelaten). Freud meende dat het onbewuste verantwoordelijk is voor een groot deel van ons dagelijkse gedrag.

Id: het primitieve, ongeorganiseerde, aangeboren deel van de persoonlijkheid dat aanwezig is bij de geboorte.

Ego: het rationale en redelijke deel van de persoonlijkheid.

Superego: het aspect van de persoonlijkheid dat iemands geweten vertegenwoordigt en het onderscheid belichaamt tussen goed en kwaad.

Volgens Freud heeft elke persoonlijkheid drie aspecten: id, ego en superego. Het **id** is het primitieve, ongeorganiseerde, aangeboren deel van de persoonlijkheid dat aanwezig is bij de geboorte. Het staat voor onze primitieve driften die verband houden met honger, seks, agressie en irrationele impulsen. Het id opereert vanuit het genotsprincipe, met het doel om zo veel mogelijk bevrediging en zo weinig mogelijk spanning te creëren. Het is als het ware het duiveltje in jezelf dat alles aangeeft wat niet mag of niet sociaal wenselijk is.

Het **ego** is het rationele en redelijke deel van de persoonlijkheid. Het vormt een buffer tussen de echte wereld om ons heen en het primitieve id. Het ego opereert vanuit het realiteitsprincipe, waarbij instinctieve energie in toom wordt gehouden om de veiligheid van het individu te bewaren en hem te helpen integreren in de samenleving. Volgens Freud is een persoon in balans wanneer hij handelt vanuit het ego. De persoon heeft dan een gezonde persoonlijkheid.

Het **superego** vertegenwoordigt volgens Freud iemands geweten. Hiermee maakt men het onderscheid tussen goed en kwaad. Het ontwikkelt zich rond vijf- of zesjarige leeftijd. Mensen nemen het over van hun ouders, leerkrachten en andere belangrijke figuren in hun leven.

Psychoseksuele ontwikkeling: een aantal fasen die kinderen doorlopen waarin genot, of bevrediging, telkens gericht is op een andere biologische functie en een ander deel van het lichaam.

Freud maakte niet alleen een onderscheid tussen de verschillende delen van de persoonlijkheid, hij ontwikkelde ook een theorie over de manier waarop die persoonlijkheid zich tijdens de kindertijd vormt. Volgens hem voltrekt de **psychoseksuele ontwikkeling** zich doordat kinderen een aantal fasen doorlopen waarbij genot, of bevrediging, telkens met een ander deel van het lichaam wordt geassocieerd. Zoals te zien is in tabel 2-1 meende hij dat het genot zich verlegt van de mond (de orale fase) naar de anus (de anale fase) en uiteindelijk naar de genitaliën (de fallische fase en de genitale fase).

Fixatie: gedrag dat in een eerdere ontwikkelingsfase is blijven steken als gevolg van een onopgelost conflict.

Ieder kind maakt een ontwikkeling mee aan de hand van deze fasen. Als er iets misgaat in een bepaalde fase (te veel of te weinig activiteiten), dan kan dat volgens Freud leiden tot **fixatie**. Fixatie is gedrag dat in een eerdere ontwikkelingsfase is blijven steken als gevolg van een onopgelost conflict. Fixatie op de orale fase kan er bijvoorbeeld toe leiden dat een volwassene voortdurend bezig is met orale activiteiten, zoals eten, praten, nagelbijten, roken of kauwgom kauwen. Freud meende ook dat fixatie tot uiting kan komen in symbolische vormen van orale activiteiten, zoals het gebruik van 'bijtend' sarcasme. Fixatie op de anale fase zou kunnen leiden tot overdreven reinheid of vrekkerigheid (vasthouden) of juist afstandelijkheid en afzijdigheid (loslaten).

De psychosociale theorie van Erikson

Psychosociale ontwikkeling: de veranderingen in de manier waarop we aankijken tegen onze interacties met anderen, tegen het gedrag van anderen en tegen onszelf als leden van de maatschappij.

De psychoanalyticus Erik Erikson (1902-1994) ontwikkelde een psychodynamische visie op de psychosociale ontwikkeling. Hierin ligt de nadruk op onze sociale interactie met anderen. Volgens Erikson worden mensen zowel gevormd als belemmerd door hun samenleving en hun cultuur. De **psychosociale ontwikkeling** omvat veranderingen in de manier waarop we aankijken tegen

Erik Erikson

Bron: Jon Erikson/Science Source

onze interacties met anderen, tegen het gedrag van anderen en tegen onszelf als leden van de maatschappij (Dunkel, Kim, Papini, 2012; Wilson et al., 2013; Zang & He, 2011).

Volgens de theorie van Erikson ontwikkelen mensen zich gedurende hun leven in acht aparte stadia (zie tabel 2-1). Deze stadia manifesteren zich volgens een vast patroon en zijn min of meer gelijk voor alle mensen.

Volgens Erikson is in elk stadium sprake van een crisis of een conflict dat het individu moet oplossen. Hoewel geen enkele crisis ooit volledig wordt opgelost – wat maakt dat het leven steeds gecompliceerder wordt – moet het individu de crisis in elk stadium voldoende het hoofd hebben geboden om verder te gaan naar het volgende stadium en zichzelf dus te ontwikkelen.

TABEL 2-1 **De theorieën van Freud en Erikson**

GEMIDDELDE LEEFTIJD	FREUDS STADIA VAN PSYCHO-SEKSUELE ONTWIKKELING	BELANGRIJKSTE KENMERKEN VAN FREUDS STADIA	ERIKSONS STADIA VAN PSYCHOSOCIALE ONTWIKKELING	POSITIEVE EN NEGATIEVE RESULTATEN VAN ERIKSONS STADIA
Geboorte tot 12-18 maanden	Oraal	Interesse in orale bevrediging door zuigen, eten, bewegen van de lippen, bijten.	Vertrouwen versus wantrouwen	Positief: vertrouwen dankzij steun van de omgeving. Negatief: angst en zorgen over anderen.
12-18 maanden tot 3 jaar	Anaal	Bevrediging door feces op te houden en zich te ontlasten; wennen aan de controlemechanismen van de maatschappij met betrekking tot zindelijkheidstraining.	Autonomie versus schaamte en twijfel	Positief: onafhankelijkheid als onderzoek wordt gestimuleerd. Negatief: twijfels over zichzelf, gebrek aan onafhankelijkheid.
3 tot 5-6 jaar	Fallisch	Interesse in de genitaliën; weten om te gaan met het oedipuscomplex, dat leidt tot identificatie met de ouder van dezelfde sekse.	Initiatief versus schuld	Positief: ontdekken van manieren om dingen in gang te zetten. Negatief: schuldgevoel over daden en gedachten.
5-6 jaar tot adolescentie	Latentie	Seksualiteit grotendeels op de achtergrond.	Vlijt versus minderwaardigheid	Positief: groeiend besef van competenties. Negatief: gevoelens van minderwaardigheid, geen vertrouwen in eigen kunnen.
Adolescentie tot volwassenheid (Freud) **Adolescentie (Erikson)**	Genitaal	Opnieuw ontluiken van seksuele interesses en aangaan van volwassen seksuele relaties.	Identiteit versus identiteitsverwarring	Positief: bewustzijn van de eigen uniekheid, weten welke rol te spelen. Negatief: onvermogen om de juiste rollen in het leven te identificeren.
Eerste volwassenheid (Erikson)			Intimiteit versus isolement	Positief: ontwikkeling van liefdevolle seksuele relaties en hechte vriendschappen. Negatief: angst voor relaties met anderen.
Volwassenheid (Erikson)			Generativiteit versus stagnatie	Positief: gevoel bij te dragen aan de continuïteit van het leven. Negatief: bagatelliseren van eigen activiteiten.
Rijpheid (Erikson)			Integriteit versus wanhoop	Positief: gevoel van eenheid in wat men in het leven heeft bereikt. Negatief: spijt van gemiste kansen.

In tegenstelling tot Freud, die meent dat de ontwikkeling min of meer compleet is tegen de tijd dat een individu de adolescentie heeft bereikt, is Erikson van mening dat groei en verandering gedurende het hele leven doorgaan. De adolescentie is volgens Erikson het startpunt van de ontwikkeling van een eigen identiteit.

Meningen over het psychodynamisch perspectief

Het is moeilijk om de volle waarde van de psychodynamische theorieën in te schatten. Freuds introductie van het idee dat onbewuste invloeden medebepalend zijn voor ons gedrag, is een monumentale mijlpaal. Het feit dat dat ons ook nu nog volkomen logisch voorkomt, bewijst hoezeer het begrip 'onbewuste' een onderdeel is in het denken van westerse culturen. Ook uit studies van hedendaagse onderzoekers op het gebied van geheugen en leren blijkt dat we onbewuste herinneringen met ons meedragen die grote invloed hebben op ons gedrag. Het verhaal van Marije, die na de scheiding van haar ouders het contact met haar vader verloor, is een voorbeeld van psychodynamisch denken en onderzoek in de praktijk.

Een aantal van de meest fundamentele principes van Freuds psychoanalytische theorie wordt echter in twijfel getrokken, omdat er in recenter onderzoek geen bewijs voor gevonden kon worden. Dat geldt vooral voor het idee dat mensen in hun jeugd stadia doorlopen die hun persoonlijkheid als volwassene bepalen. Omdat Freuds theorie bovendien gebaseerd is op een beperkte populatie (Oostenrijkers uit de rijke middenklasse die in een streng, puriteins tijdperk leefden), is het de vraag of zij ook kan worden toegepast op brede, multiculturele bevolkingsgroepen. Tot slot wordt Freuds theorie seksistisch en discriminerend voor vrouwen gevonden, omdat Freud zich voornamelijk op de mannelijke ontwikkeling richtte. Om deze redenen staan veel ontwikkelingsonderzoekers kritisch tegenover zijn theorieën (Balsam, 2013; Messer & McWilliams, 2003; Schachter, 2005).

Eriksons visie dat een mens zich gedurende zijn hele leven ontwikkelt, krijgt van veel kanten steun. Kritiek is er met name op het feit dat ook deze theorie zich meer richt op de ontwikkeling van mannen dan op die van vrouwen en dat zij op sommige punten vaag is. Bovendien geldt voor psychodynamische theorieën in het algemeen dat het moeilijk is om er het gedrag van een individu precies mee te voorspellen. Het psychodynamisch perspectief levert dus goede beschrijvingen op van gedrag in het verleden, maar geeft geen nauwkeurige voorspellingen van toekomstig gedrag (De St. Aubin & McAdams, 2004; Whitbourne et al., 1992; Zauszniewski & Martin, 1999).

2.1.2 Het behavioristisch perspectief: focus op waarneembaar gedrag

> 'Geef me tien lichamelijk en geestelijk gezonde kinderen en mijn eigen gespecificeerde wereld om ze in groot te brengen en ik garandeer dat ik van elk willekeurig kind elk willekeurig soort specialist kan maken – arts, advocaat, kunstenaar, handelaar, zelfs bedelaar en dief, ongeacht zijn talenten, eigenschappen, neigingen en vermogens…' (J.B. Watson, 1925, p. 14).

Met deze woorden schetste John B. Watson (1878-1959), een van de eerste Amerikaanse psychologen die een behavioristische benadering toepaste, het behavioristisch perspectief. Watson was ervan overtuigd dat we de ontwikkeling van een kind volledig kunnen begrijpen door zorgvuldig te kijken naar de stimuli waaruit zijn omgeving bestaat. Hij stelde zelfs dat het mogelijk is om vrijwel elk gedrag op te roepen door de omgeving van een individu in een bepaalde richting te sturen.

Behavioristisch perspectief: benadering van ontwikkeling waarbij men ervan uitgaat dat waarneembaar gedrag en externe stimuli in de omgeving cruciaal zijn voor het begrijpen van de ontwikkeling van het individu.

Het **behavioristisch perspectief** kijkt niet in het organisme naar onbewuste processen. In plaats daarvan bestuderen behavioristen de mens volledig van buitenaf (exogeen), met de nadruk op direct waarneembare feiten: de effecten van mensen, voorwerpen en gebeurtenissen op gedrag. Als we de stimuli kennen, kunnen we het gedrag voorspellen. In dit opzicht is binnen het behavioristisch perspectief omgeving (*nurture*) belangrijker voor de ontwikkeling dan erfelijkheid (*nature*).

Behavioristische theorieën verwerpen het idee dat alle mensen een aantal stadia doorlopen. Zij gaan ervan uit dat mensen worden beïnvloed door de omgevingsstimuli waaraan ze toevallig worden blootgesteld. Ze praten in deze context over stimulus-respons-leren. Ontwikkelingspatronen zijn dus persoonlijk en weerspiegelen een bepaalde reeks omgevingsstimuli. Gedrag is het resultaat van de voortdurende blootstelling aan specifieke factoren in de omgeving. Daarnaast wordt ontwikkeling gezien als kwantitatief en niet als kwalitatief. Dit betekent dat er gekeken wordt naar feiten, cijfers, vaste structuren of metingen om de ontwikkeling te beschrijven en naar informatie om te onderzoeken wat er leeft binnen een doelgroep.

Volgens behavioristische theorieën wordt het vermogen van kinderen om problemen op te lossen voornamelijk groter naarmate ze ouder worden. Dat is te danken aan hun grotere mentale *capaciteiten* en niet aan veranderingen in het *soort* denken dat ze op een probleem kunnen loslaten.

Klassieke conditionering

Toen Dorien drie jaar was, werd ze gebeten door een grote bruine hond. Ze had tientallen hechtingen en moest een paar keer geopereerd worden. Daarna brak het zweet haar uit zodra ze een hond zag. Sterker nog: ze voelde zich bij geen enkel huisdier meer op haar gemak.

Klassieke conditionering: een vorm van leren waarbij een organisme op een bepaalde manier leert reageren op een neutrale stimulus, die de respons normaal gesproken niet uitlokt.

Er is sprake van **klassieke conditionering** wanneer een organisme op een bepaalde manier leert reageren op een neutrale stimulus (een stimulus die die respons normaal gesproken niet uitlokt). De bekende Russische wetenschapper Ivan Pavlov (1849-1936) ontdekte dat als een hond herhaaldelijk wordt blootgesteld aan een koppeling van twee stimuli, zoals het geluid van een bel en een bak met hondenvoer, hij op dezelfde manier op de bel leert te reageren als op het voer: door te kwijlen en opgewonden te kwispelen. Normaal gesproken reageren honden niet op die manier op een bel. Het gedrag is het resultaat van conditionering, een vorm van leren waarin gedrag dat geassocieerd wordt met een stimulus (eten), verbonden wordt aan een andere stimulus, in dit geval de bel.

John B. Watson

Bron: Hulton Archive/Getty Images

Hetzelfde proces verklaart hoe we emotionele responsen aanleren. In het geval van Dorien, die door een hond werd gebeten, kunnen we zeggen dat de ene stimulus is uitgebreid met een andere: Doriens onplezierige ervaring met een specifieke hond (de aanvankelijke stimulus) is geassocieerd met andere honden en met huisdieren in het algemeen.

Dit fenomeen geldt in het bijzonder voor intense en negatieve emoties. Een voorbeeld: toen Merijn studeerde, werd hij beroofd door een jongeman met een pistool. Het was een onverwachte, angstaanjagende gebeurtenis. Het gebeurde net voor het donker, en nog lang daarna ervoer Merijn angst als hij in de late namiddag in de stad rondliep. Ook al was hij helemaal veilig, de langer wordende schaduwen van de middag waren zo sterk geassocieerd met de angst die hij ervaren had bij de overval, dat hij het niet kon helpen dat hij de emotie nog overal voelde.

Operante conditionering

Naast klassieke conditionering worden binnen het behavioristisch perspectief nog andere vormen van leren onderscheiden. Het leerprincipe dat waarschijnlijk de grootste invloed heeft gehad, is de operante conditionering. **Operante conditionering** is een vorm van leren waarbij een vrijwillige respons versterkt of verzwakt wordt doordat die respons wordt geassocieerd met positieve of negatieve consequenties.

Operante conditionering: een vorm van leren waarbij een vrijwillige respons versterkt of verzwakt wordt, afhankelijk van een associatie met positieve of negatieve consequenties.

Zie MyLab voor de video: De klassieke conditionering van Pavlov

Het principe van de operante conditionering werd geformuleerd en verdedigd door de psycholoog B.F. Skinner (1975), die leefde van 1904 tot 1990. In het geval van operante conditionering leren individuen doelbewust te reageren op hun omgeving om gewenste consequenties tot stand te brengen. Kinderen beïnvloeden als het ware hun omgeving om een gewenste stand van zaken te bewerkstelligen. Zo is de zevenjarige Ilyes extra lief voor zijn zusje Noor als hij een snoepje wil.

Of kinderen bepaald gedrag herhalen, is afhankelijk van de vraag of dat gedrag wordt gevolgd door een bekrachtiging (*reinforcement*). Bij bekrachtiging wordt een stimulus aangeboden die de kans vergroot dat eerder gedrag wordt herhaald. Mensen zullen harder werken als hun inspanningen gekoppeld zijn aan salarisverhogingen. Een kind zal zijn bord leeg eten als hij daardoor de afwas niet hoeft te doen. Straf, de introductie van een onplezierige of pijnlijke stimulus of de verwijdering van een wenselijke stimulus maakt de kans juist kleiner dat eerder gedrag in de toekomst wordt herhaald. Zo komt de tiener die zijn smartphone heeft moeten afgeven, de volgende keer wél op tijd thuis.

Gedrag dat wordt beloond, zal dus sneller worden herhaald, terwijl gedrag dat geen beloning oplevert of zelfs bestraft wordt, waarschijnlijk niet wordt voortgezet. De principes van operante conditionering worden toegepast bij **gedragsmodificatie**, een formele techniek om de frequentie van gewenst gedrag te verhogen en de frequentie van ongewenst gedrag te verlagen. Gedragsmodificatie wordt in verschillende situaties gebruikt (Hoek & Gendall, 2006; Jensen, Ward & Balsam, 2013; Matson & LoVullo, 2008; Wupperman et al., 2012). Zo kunnen leerlingen in het basisonderwijs punten verdienen voor goed gedrag, zoals je vinger opsteken als je iets wilt zeggen. Een bepaald aantal punten levert een plaatje of sticker op. Op deze wijze leren kinderen hun vinger op te steken als ze iets willen zeggen.

Gedragsmodificatie: een formele techniek om de frequentie van gewenst gedrag te verhogen en de frequentie van ongewenst gedrag te verlagen.

B.F. Skinner

Bron: AP Photo

De sociaal-cognitieve leertheorie: leren door te imiteren

> Een vijfjarig jongetje bracht zijn neefje van 22 maanden ernstige verwondingen toe toen hij een gewelddadige worsteling imiteerde die hij op televisie had gezien. Hoewel de dreumes verwondingen had aan zijn ruggenmerg, verbeterde zijn toestand en kon hij na vijf weken het ziekenhuis verlaten (Reuters Health eLine, 2002; Ray & Heyes, 2011).

Oorzaak en gevolg? We weten het niet zeker, maar het lijkt heel goed mogelijk, vooral als we de situatie bekijken vanuit het perspectief van de **sociaal-cognitieve leertheorie**. Volgens de ontwikkelingspsycholoog Albert Bandura (1977, 1994) kan een aanzienlijk deel van ons leren worden verklaard door de sociaal-cognitieve leertheorie, een theorie waarin de nadruk ligt op leren door het

Sociaal-cognitieve leertheorie: benadering van ontwikkeling waarbij de nadruk ligt op leren door het observeren van het gedrag van een andere persoon (een model).

Zie MyLab voor de video: Bobo-pop van Bandura

Bij de realityshow Expeditie Robinson *moeten deelnemers om succesvol te zijn vaak nieuwe vaardigheden leren. Welke vorm van leren overheerst?*

Bron: CBS/Monty Brinton/Landov

observeren van het gedrag van een andere persoon, een *model* (Bandura, 1994, 2002). De stimulus is in dit geval dus het gedrag van iemand anders.

We hoeven de consequenties van gedrag niet aan den lijve te ondervinden om ervan te leren. Volgens de sociaal-cognitieve leertheorie is de kans dat we bepaald gedrag imiteren groot als we zien dat dat gedrag bij een model wordt beloond. In een klassiek experiment werden kinderen die bang waren voor honden bijvoorbeeld geconfronteerd met de *fearless peer*, een model dat vrolijk met een hond zat te spelen (Bandura, Grusec & Menlove, 1967). Kinderen die het model hadden gezien, durfden daarna eerder in de buurt van een vreemde hond te komen dan kinderen die het model niet hadden gezien.

Volgens Bandura (1986) voltrekt sociaal-cognitief leren zich in vier stappen. Allereerst moet de waarnemer de meest cruciale aspecten van het gedrag van een model bewust waarnemen. Ten tweede moet de waarnemer zich het gedrag kunnen herinneren. Ten derde moet hij het gedrag accuraat kunnen reproduceren. Tot slot moet de waarnemer gemotiveerd zijn om het gedrag te leren en uit te voeren. Gedrag aanleren is dus geen kwestie van straf en beloning, zoals bij operante conditionering, maar van observeren.

Meningen over het behavioristisch perspectief

Het behavioristisch perspectief heeft een grote invloed gehad op de ontwikkelingspsychologie. Het heeft allerlei belangrijke bijdragen geleverd, van technieken voor het beïnvloeden en scholen van kinderen met een ernstige mentale beperking tot procedures om agressie in te dammen.

Tegelijkertijd bestaan er binnen het behavioristisch perspectief een aantal controverses. Zo zijn de klassieke en de operante conditionering aan de ene kant en de sociaal-cognitieve leertheorie aan de andere kant op een aantal fundamentele punten met elkaar in strijd, hoewel ze allebei uitgaan van externe stimuli die het leren en ontwikkelen aansturen. Volgens de klassieke en de operante conditionering is leren enkel een kwestie van externe stimuli en responsen waarbij de waarneembare kenmerken van de omgeving de enige belangrijke factoren zijn. Mensen en organismen worden beschouwd als *black boxes*: niets wat daarbinnen gebeurt wordt begrepen en er is ook weinig interesse voor. De aanhangers van de sociaal-cognitieve leertheorie hebben ook aandacht voor de mentale processen die onder invloed van deze externe stimuli veranderen. Zij beweren dat volledig inzicht in de ontwikkeling van mensen niet mogelijk is als er alleen wordt gekeken naar externe stimuli en responsen. In veel opzichten heeft de sociaal-cognitieve leertheorie de afgelopen jaren de boventoon gevoerd.

2.1.3 Het cognitief perspectief: kijken naar de oorsprong van ons begrip

Als de driejarige Teun gevraagd wordt waarom het soms regent, zegt hij: 'Dan kunnen de bloemen groeien.' Als dezelfde vraag wordt gesteld aan zijn elfjarige zus Maja, antwoordt zij: 'Door verdamping op het aardoppervlak.' En als hun nicht Diana, die aardrijkskunde heeft op de middelbare school, deze vraag beantwoordt, heeft zij het over cumulonimbuswolken, het Coriolis-effect en synoptische weerkaarten.

Cognitief perspectief: benadering van ontwikkeling die zich richt op de processen die mensen in staat stellen de wereld te leren kennen, te begrijpen en erover na te denken.

Voor een ontwikkelingstheoreticus die het cognitief perspectief hanteert, geeft het verschil in de complexiteit van deze antwoorden blijk van een verschillend niveau van kennis en begrip of cognitie. Het **cognitief perspectief** richt zich op

Zie MyLab voor de video: Schema's, assimilatie en accommodatie

de processen die mensen in staat stellen de wereld te leren kennen, te begrijpen en erover na te denken.

Met behulp van dit perspectief hopen ontwikkelingsonderzoekers erachter te komen hoe kinderen en volwassenen informatie verwerken en welke invloed hun manier van denken en begrijpen op hun gedrag heeft. Ook proberen ze te ontdekken hoe cognitieve vermogens veranderen als mensen zich verder ontwikkelen, in hoeverre er bij cognitieve ontwikkeling sprake is van kwantitatieve en kwalitatieve groei van intellectuele vermogens en welk verband er bestaat tussen verschillende cognitieve vermogens.

De cognitieve ontwikkelingstheorie van Piaget

Niemand heeft zo veel invloed gehad op het onderzoek naar cognitieve ontwikkeling als de Zwitserse psycholoog Jean Piaget (1896-1980). Piaget meende dat alle mensen in een vaste volgorde een reeks universele cognitieve ontwikkelingsstadia doorlopen. Volgens hem neemt niet alleen de kwantiteit van de informatie in elk stadium toe, ook de kwaliteit van onze kennis en ons begrip verandert. Het handelen gaat vooraf aan begrijpen: eerst grijpen en daarna pas begrijpen. Piaget concentreerde zich vooral op de cognitieverandering die plaatsvindt wanneer kinderen de overstap maken van het ene naar het andere stadium (Piaget, 1952, 1962, 1983).

In tabel 2-2 is een overzicht te vinden van de verschillende fasen in cognitieve ontwikkeling die Piaget onderscheidde. Hoewel we Piagets theorie vanaf hoofdstuk 6 gedetailleerder zullen bespreken, schetsen we hier alvast een globaal beeld door te kijken naar een aantal van de belangrijkste kenmerken.

Piaget meende dat het menselijk denken is opgebouwd uit *schema's*: georganiseerde mentale patronen die bepaalde gedragingen of acties vertegenwoordigen. Bij baby's staan zulke schema's voor concreet gedrag: een schema voor zuigen, een schema voor grijpen en ga zo maar door. Een pasgeboren baby heeft direct een zuigreflex. Komt het kind in de buurt van de tepel, dan wordt deze reflex geactiveerd en gaat de baby zuigen. Dat gebeurt ook als er een ander voorwerp in de buurt van de mond van de baby wordt gebracht. Bij oudere kinderen worden de schema's complexer en abstract.

Volgens Piaget kan de *adaptatie* van kinderen – zijn benaming voor de manier waarop kinderen reageren op en zich aanpassen aan nieuwe informatie – worden verklaard door twee basisprincipes. **Assimilatie** is het proces waarbij mensen een ervaring interpreteren binnen hun huidige cognitieve ontwikkelingsstadium en denkwijze. **Accommodatie** daarentegen verwijst naar veranderingen in bestaande manieren van denken in reactie op nieuwe stimuli of gebeurtenissen. Assimilatie en accommodatie zorgen samen voor onze cognitieve ontwikkeling.

Assimilatie: het proces waarbij mensen een ervaring interpreteren binnen hun huidige cognitieve ontwikkelingsstadium en denkwijze.

Accommodatie: het proces waarbij bestaande manieren van denken veranderen in reactie op nieuwe stimuli of gebeurtenissen.

Bij assimilatie worden nieuwe ervaringen opgenomen in de schema's of structuren die het individu al bezit. Als een jong kind dat nog niet kan tellen naar twee rijen knopen kijkt die ieder evenveel knopen bevatten, zal het zeggen dat de rij waarin de knopen dicht bij elkaar liggen minder knopen bevat dan de rij waarin de knopen verder uiteen liggen. Het kind assimileert de ervaring van het tellen van knopen in zijn bestaande schema's, die het principe 'groter is meer' bevatten.

Later, als het kind ouder is en voldoende is blootgesteld aan nieuwe ervaringen, zal de inhoud van het schema veranderen. Als het kind begrijpt dat de kwantiteit van de knopen identiek is, of ze nu dicht op elkaar of ver uiteen liggen, is er sprake geweest van accommodatie.

Meningen over Piagets theorie

Piaget is een van de sleutelfiguren binnen de ontwikkelingspsychologie. Hij heeft proberen te beschrijven hoe cognitieve groei zich tijdens de jeugd voltrekt, beschrijvingen die na duizenden onderzoeken nog steeds overeind staan. In grote lijnen is Piagets visie op de volgorde van cognitieve ontwikkeling dan ook accuraat.

TABEL 2-2 **Piagets fasen in de cognitieve ontwikkeling**

COGNITIEVE FASE	GLOBALE LEEFTIJDS-CATEGORIE	VOORNAAMSTE KENMERKEN
Sensomotorisch	Geboorte – 2 jaar	Ontwikkeling van objectpermanentie (idee dat mensen/objecten bestaan, ook al zijn ze niet zichtbaar); weinig tot geen vermogen om dingen symbolisch weer te geven.
Preoperationeel	2 – 7 jaar	Ontwikkeling van taal en symbolisch denken; egocentrisch denken.
Concreet operationeel	7 – 12 jaar	Ontwikkeling van verduurzaming (idee dat kwantiteit niet gerelateerd is aan fysieke verschijning, dus dat een bol klei evenveel klei kan bevatten als een grote 'pannenkoek' van klei); kennis van het concept van omkeerbaarheid.
Formeel operationeel	12 jaar – volwassenheid	Ontwikkeling van logisch en abstract denken.

Bij de details van zijn theorie, en dan vooral die over de verandering in cognitieve capaciteiten door de tijd heen, worden vraagtekens gezet. Sommige cognitieve vaardigheden manifesteren zich bijvoorbeeld duidelijk eerder dan Piaget dacht. Daarnaast wordt de universaliteit van Piagets stadia in twijfel getrokken. Er komen steeds meer bewijzen dat bepaalde cognitieve vaardigheden zich in niet-westerse culturen op andere tijdstippen manifesteren. Bovendien zijn er in elke cultuur mensen die Piagets hoogste cognitieniveau (formele, logische gedachten) nooit lijken te bereiken (De Jesus-Zayas, Buigas & Denney, 2012; Genovese, 2006; McDonald & Stuart-Hamilton, 2003).

De grootste kritiek op het Piagetiaanse perspectief is dat cognitieve ontwikkeling niet noodzakelijkerwijs zo discontinu is als Piagets stadiamodel doet voorkomen. Volgens Piaget voltrekt groei zich namelijk in vier aparte stadia waarin de kwaliteit van de cognitie per stadium verschilt. Veel ontwikkelingsonderzoekers menen echter dat groei veel meer een continu proces is. Deze critici hebben een ander perspectief ontwikkeld, dat bekendstaat als de informatieverwerkingstheorie. Deze theorie richt zich op de processen die ten grondslag liggen aan leren, herinneren en denken in de kindertijd.

De informatieverwerkingstheorie

Informatieverwerkingstheorie: benadering van cognitieve ontwikkeling waarbij men probeert te achterhalen op welke manieren mensen informatie coderen, opslaan en terughalen.

De **informatieverwerkingstheorie** is uitgegroeid tot een belangrijk alternatief voor de Piagetiaanse theorie. Met deze theorie probeert men te achterhalen op welke manieren mensen informatie coderen, opslaan en terughalen.

De informatieverwerkingstheorie heeft haar oorsprong in ontwikkelingen in de elektronische verwerking van informatie, vooral door computers. De theorie is gebaseerd op de aanname dat zelfs complex gedrag als leren, herinneren, categoriseren en denken kan worden opgebroken in een reeks individuele, specifieke stappen.

Psychologen gaan er bij de benadering van informatieverwerking van uit dat kinderen net als computers een beperkt vermogen hebben om informatie te verwerken. In de loop van hun ontwikkeling maken ze gebruik van steeds ingewikkeldere strategieën om informatie te verwerken en zijn ze in staat om nieuwe strategieën te ontwikkelen en deze aan te passen.

Piaget stelde dat het denken kwalitatief verandert naarmate kinderen ouder worden. Aanhangers van de informatieverwerkingstheorie gaan er daarentegen van uit dat ontwikkeling meer wordt gekenmerkt door een kwantitatieve verandering. Ons vermogen om met informatie om te gaan verandert met de jaren, net als onze verwerkingssnelheid en onze efficiëntie. Bovendien suggereert de informatieverwerkingstheorie dat we de verwerkingsprocessen met het klimmen der jaren beter kunnen hanteren en dat we van de ene informatieverwerkingsstrategie kunnen overstappen op de andere.

Een informatieverwerkingstheorie die voortbouwt op Piagets onderzoek staat bekend als de *neo-Piagetiaanse theorie*. In tegenstelling tot Piagets oorspronkelijke werk, waarin cognitie werd beschouwd als een enkel systeem met steeds ingewikkeldere algemene cognitieve vermogens, gaat de neo-Piagetiaanse theorie uit van cognitie die bestaat uit verschillende typen individuele vaardigheden. Voorbeelden hiervan zijn het vermogen om te lezen, de vaardigheden die nodig zijn om verhalen te herinneren, en de rekenkundige vermogens die voor algebra of meetkunde nodig zijn. Verder zijn neo-Piagetiaanse theoretici van mening dat ervaring een grotere rol speelt in de bevordering van cognitieve ontwikkeling dan het geval is in de traditionele Piagetiaanse theorieën (Case, Demetriou & Platsidou, 2001; Loewen, 2006; Yan & Fischer, 2002).

Meningen over de informatieverwerkingstheorie

Zoals we in latere hoofdstukken zullen zien, is er voor ons inzicht in ontwikkeling steeds meer aandacht gekomen voor de informatieverwerkingstheorie. Toch biedt ook deze theorie geen volledige uitleg voor het menselijk gedrag. Zo is er in de informatieverwerkingstheorie bijvoorbeeld weinig aandacht voor creativiteit, waarbij de beste ideeën zich vaak op een ogenschijnlijk onlogische, non-lineaire manier ontwikkelen. Bovendien houdt de theorie geen rekening met de sociale context waarin ontwikkeling plaatsvindt.

Cognitieve neurowetenschap

Cognitieve neurowetenschap: benadering van cognitieve ontwikkeling die zich richt op de manier waarop hersenprocessen gerelateerd zijn aan cognitieve activiteit.

Een van de meest recente toevoegingen aan de reeks theorieën binnen de ontwikkelingspsychologie is de **cognitieve neurowetenschap**, die via hersenprocessen naar cognitieve ontwikkeling kijkt.

Net als andere cognitieve perspectieven houdt de neurowetenschap rekening met interne, mentale processen. Het verschil is dat men zich in dit vakgebied specifiek concentreert op de neurologische activiteit die ten grondslag ligt aan denken, probleemoplossing, plannen en organiseren.

Cognitieve neurowetenschappers proberen de daadwerkelijke locaties en functies binnen de hersenen te achterhalen die verband houden met verschillende soorten cognitieve activiteiten. Met behulp van geavanceerde hersenscantechnieken hebben deze wetenschappers bijvoorbeeld aangetoond dat denken over de betekenis van een woord andere delen van de hersenen activeert dan denken over hoe het woord klinkt als het wordt uitgesproken. Ook hebben recente ontdekkingen op het gebied van de plasticiteit van de hersenen geleid tot een andere kijk op de revalidatie van patiënten na hersenschade. Zo blijkt dat bewegen een positieve invloed heeft op bijvoorbeeld het geheugen en het leervermogen. Professor en hoogleraar klinische neuropsychologie Erik Scherder heeft er vijf colleges aan gewijd, online te bekijken via de Universiteit van Nederland (www.universiteitvannederland.nl).

Meningen over de cognitieve neurowetenschap

De cognitieve neurowetenschap vertegenwoordigt een nieuw grensgebied in de ontwikkeling van kinderen en adolescenten. Met behulp van uiterst nauwkeurige meettechnieken, waarvan de meeste pas de laatste jaren zijn ontwikkeld, zijn cognitieve neurowetenschappers in staat om een blik te werpen in het binnenste van de hersenen. Dankzij vorderingen op het gebied van de genetica begrijpen we meer over zowel normale als abnormale ontwikkeling en zijn er verschillende methoden ontwikkeld om in te grijpen bij abnormale ontwikkelingen.

Critici van deze benadering brengen naar voren dat de theorie soms beter in staat is ontwikkelingsverschijnselen te *beschrijven* dan te *verklaren*. De vaststelling dat kinderen met autisme grotere hersenen hebben dan kinderen zonder deze stoornis, biedt bijvoorbeeld geen verklaring voor dit verschijnsel. Op die vraag komt geen antwoord. Desondanks levert het werk belangrijke aanwijzingen voor een geschikte aanpak en kan het uiteindelijk ook leiden tot inzicht in allerlei ontwikkelingsverschijnselen.

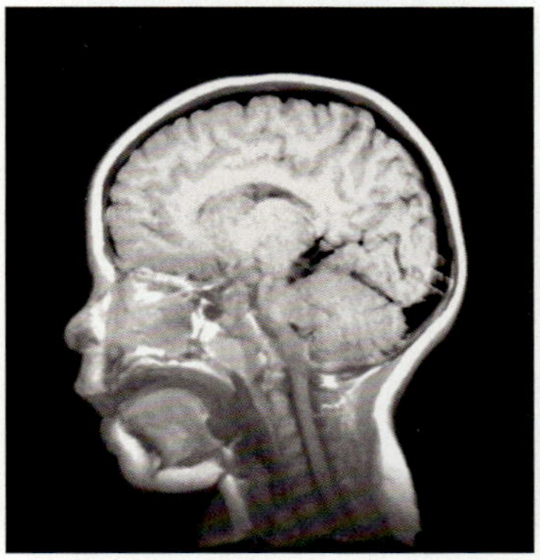

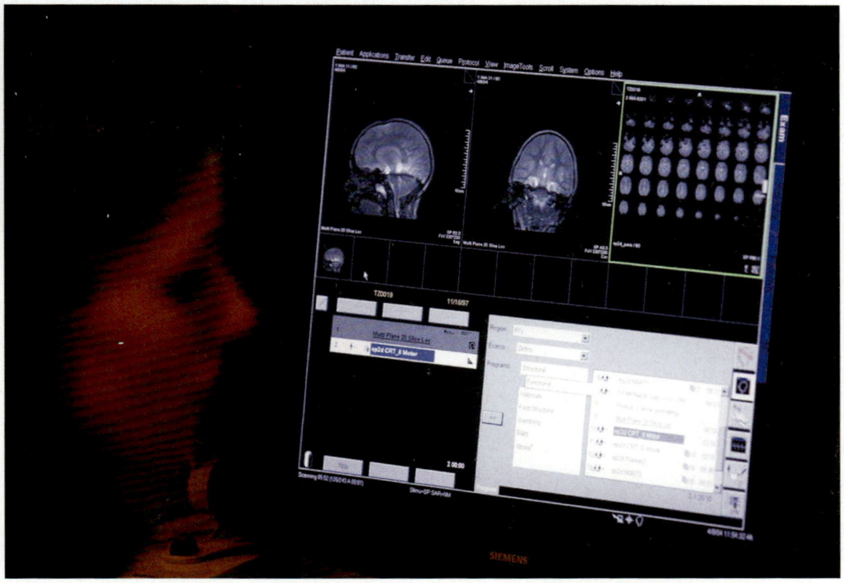

Neurowetenschappers hebben bewijs gevonden dat de hersenen van kinderen met autisme groter zijn dan de hersenen van kinderen zonder deze stoornis. Deze ontdekking leidt er wellicht toe dat mensen met autisme sneller kunnen worden opgespoord, waardoor er effectiever gehandeld kan worden.

Bron: (links) Du Cane Medical Imaging Ltd./Science Source; (rechts) AP Photo/Evan Vucci

2.1.4 Het systemisch perspectief: een brede visie op ontwikkeling

Ontwikkelingspsychologen bekijken het verloop van de menselijke ontwikkeling vaak óf vanuit een fysiek oogpunt óf vanuit een cognitief oogpunt óf vanuit een sociaal oogpunt of persoonlijkheidsoogpunt. Zo'n categorisatie heeft echter één belangrijk nadeel: in de echte wereld vindt niets in isolatie plaats. Er is sprake van een constante, voortdurende interactie tussen de verschillende soorten interne en externe invloeden.

Systemisch perspectief: perspectief waarbij men kijkt naar de relatie tussen individuen en hun fysieke wereld, cognitieve wereld, persoonlijkheidswereld en sociale wereld.

Het **systemisch perspectief** kijkt naar de relatie tussen individuen en hun fysieke wereld, cognitieve wereld, persoonlijkheidswereld en sociale wereld. Volgens dit perspectief kan de unieke ontwikkeling van een kind niet goed worden beoordeeld als dat kind niet in een complexe sociale en culturele context wordt geplaatst. We behandelen twee belangrijke theorieën die in deze categorie thuishoren: het bio-ecologisch model van Bronfenbrenner en de socioculturele theorie van Vygotsky.

Bio-ecologisch model: model dat uitgaat van vijf omgevingsniveaus waardoor elk biologisch organisme gelijktijdig beïnvloed wordt.

Psycholoog Urie Bronfenbrenner (1917-2005) (1989, 2000, 2002) was de grondlegger van het **bio-ecologisch model**. Dit model gaat uit van vijf omge-

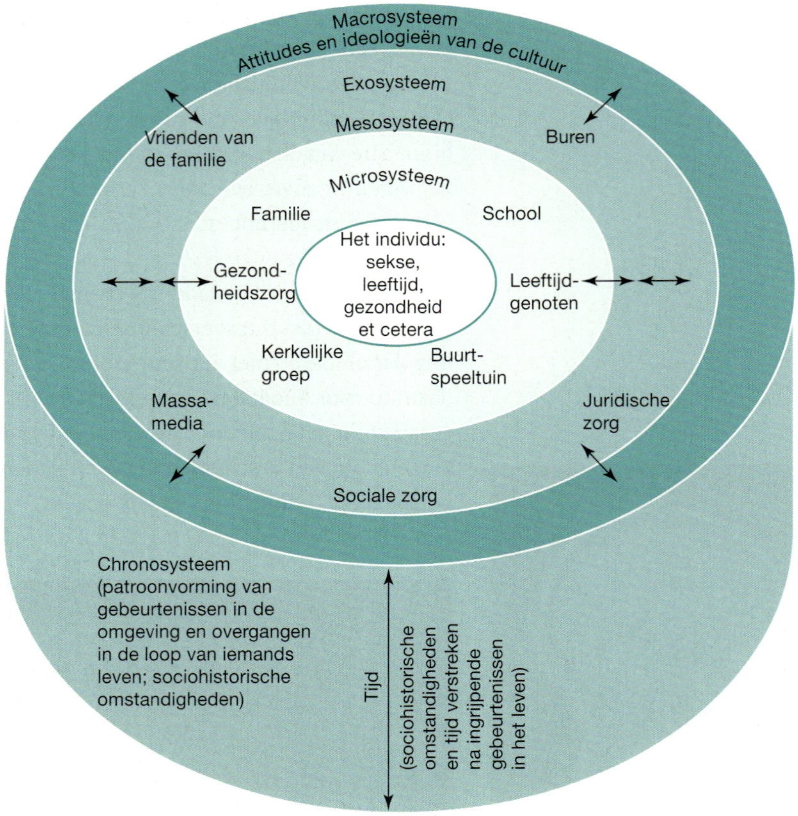

FIGUUR 2-1 **Bronfenbrenners visie op ontwikkeling**

Bronfenbrenners bio-ecologisch model gaat uit van vijf omgevingsniveaus waardoor individuen gelijktijdig beïnvloed worden: het macrosysteem, het exosysteem, het mesosysteem, het microsysteem en het chronosysteem.

Bron: naar Bronfenbrenner & Morris, 1998

vingsniveaus waardoor elk biologisch organisme gelijktijdig beïnvloed wordt. Volgens Bronfenbrenner kunnen we ontwikkeling niet volledig begrijpen als we niet in ogenschouw nemen hoe een persoon in elk van deze niveaus past (zie figuur 2-1):

- Het *microsysteem* is de dagelijkse, directe omgeving waarin kinderen leven. Hun thuis, hun ouders of verzorgers, hun vrienden en hun leraren zijn allemaal onderdeel van hun microsysteem. Maar een kind is niet alleen een passieve ontvanger van invloeden binnen het microsysteem. Kinderen bouwen ook actief mee aan hun microsysteem en geven de directe wereld waarin ze leven zelf vorm. Het microsysteem is het niveau waarop de traditionele ontwikkelingspsychologie zich voornamelijk richtte.
- Het *mesosysteem* zorgt voor connecties tussen de verschillende aspecten van het microsysteem. Net als de schakels van een ketting bindt het mesosysteem kinderen aan ouders, leerlingen aan leraren, medewerkers aan bazen en vrienden aan vrienden. Het benadrukt de directe en indirecte invloeden die ons met elkaar verbinden, zoals de invloeden die een moeder ondervindt als ze een slechte dag had op kantoor en vervolgens thuis kortaf is tegen haar kind.
- Het *exosysteem* staat voor de algemenere invloeden. Het omvat sociale instituties, zoals de plaatselijke overheid, de gemeenschap, de school, de

kerk en de plaatselijke media. Al deze grotere maatschappelijke instituties zijn van invloed op het microsysteem en het mesosysteem. Ze kunnen een directe en belangrijke invloed hebben op iemands persoonlijke ontwikkeling. De kwaliteit van een school is bijvoorbeeld van invloed op de cognitieve ontwikkeling van een kind. Deze factor kan daarmee consequenties hebben op de lange termijn.

- Het *macrosysteem* vertegenwoordigt de overkoepelende culturele invloeden waaraan een individu blootstaat. De maatschappij in het algemeen, overheden, religieuze systemen, politiek gedachtegoed en andere brede, veelomvattende factoren zijn componenten van het macrosysteem. Kinderen zijn onderdeel van een cultuur (zoals een westerse cultuur) en worden tegelijkertijd beïnvloed door hun lidmaatschap van een bepaalde subcultuur (zoals de Turks-Nederlandse subcultuur).
- Het *chronosysteem* ten slotte ligt ten grondslag aan alle andere systemen. Het heeft betrekking op de invloed van het verstrijken van de tijd, inclusief historische gebeurtenissen (zoals de terroristische aanslagen in september 2001 in de Verenigde Staten) en de geleidelijkere historische veranderingen (zoals veranderingen in het aantal vrouwen dat buitenshuis werkt), op de ontwikkeling van kinderen.

Het bio-ecologisch model heeft een aantal voordelen. Ten eerste belicht het de onderlinge samenhang tussen de verschillende factoren die invloed hebben op ontwikkeling. Omdat de verschillende niveaus met elkaar in verbinding staan, heeft een verandering in het ene deel van het systeem ook invloed op andere delen. Zo heeft het ontslag van een ouder (onderdeel van het mesosysteem) ook invloed op het microsysteem van een kind.

Andersom zullen veranderingen op het ene omgevingsniveau weinig verschil maken als de andere niveaus niet ook veranderen. Het verbeteren van de schoolomgeving zal bijvoorbeeld een verwaarloosbaar effect hebben op de schoolprestaties van kinderen als zij in hun privé-omgeving niet gestimuleerd worden om goede cijfers te halen. Op dezelfde manier illustreert het bio-ecologisch model dat de invloed van gezinsleden verschillende kanten op werkt. Ouders beïnvloeden niet alleen het gedrag van hun kind, het kind beïnvloedt ook het gedrag van de ouders.

Tot slot benadrukt het bio-ecologisch model het belang van algemene culturele factoren die invloed hebben op de ontwikkeling. Ontwikkelingsonderzoekers besteden steeds meer aandacht aan de invloed van het lidmaatschap van culturele en subculturele groepen op het gedrag.

De invloed van cultuur

Vind jij dat kinderen moeten leren dat de hulp van hun klasgenoten onmisbaar is bij het halen van goede cijfers? Of dat ze met hun werk in de voetsporen van hun vader moeten treden? Of dat ze bij het kiezen van een carrière naar het advies van hun ouders moeten luisteren? Als je in de westerse cultuur bent opgevoed, ben je het waarschijnlijk met deze drie stellingen oneens. Ze druisen namelijk in tegen de opvattingen van het individualisme, de heersende westerse filosofie waarin de nadruk ligt op persoonlijke identiteit, uniekheid, vrijheid en de waarde van het individu.

Ben je echter opgevoed in een traditionele Aziatische cultuur, dan is de kans groot dat je het met de drie stellingen eens bent. Waarom? Het zijn uitingen van collectivisme. Het collectivisme gaat ervan uit dat het welzijn van de groep belangrijker is dan dat van het individu. Mensen die opgevoed zijn in collectivistische culturen leggen vaak de nadruk op het welzijn van de groepen waartoe ze behoren, ook al gaat dat ten koste van hun persoonlijk welzijn.

Het spectrum individualisme-collectivisme is een van de opzichten waarin culturen van elkaar kunnen verschillen. Het illustreert de verschillen tussen de culturele contexten waarbinnen mensen opereren. Zulke algemene culturele waarden spelen een belangrijke rol in hoe mensen de wereld zien en hoe ze zich gedragen (Garcia & Saewyc, 2007; Marcus & Le, 2013; Shavitt, Torelli & Riemer, 2011; Yu & Stiffman, 2007).

Meningen over het bio-ecologisch model

Hoewel Bronfenbrenner biologische invloeden als een belangrijke component van het bio-ecologisch model beschouwt, staan de ecologische invloeden in zijn theorie centraal. Volgens sommige critici heeft zijn perspectief te weinig oog voor biologische factoren. Toch is het bio-ecologisch model, met zijn verschillende niveaus waarop de omgeving van invloed is op de ontwikkeling van kinderen, van groot belang voor de ontwikkelingspsychologie.

De socioculturele theorie van Vygotsky

Voor de Russische ontwikkelingspsycholoog Lev Semenovich Vygotsky (1896-1934) is volledig inzicht in de ontwikkeling van kinderen onmogelijk als er geen rekening wordt gehouden met de cultuur waarin zij opgroeien. Vygotsky's **socioculturele theorie** beschrijft het verloop van de cognitieve ontwikkeling als het resultaat van de sociale interacties tussen de leden van een cultuur (Edwards, 2005; Göncü, 2012; Vygotsky, 1978, 1926/1997; Winsler, 2003).

Socioculturele theorie: benadering waarbij het verloop van de cognitieve ontwikkeling gezien wordt als het resultaat van de sociale interacties tussen de leden van een cultuur.

Vygotsky meende dat kinderen de wereld leren begrijpen via hun probleemoplossende interacties met volwassenen en andere kinderen. Door met anderen te spelen en samen te werken leren ze wat belangrijk is in hun samenleving en leren ze tegelijkertijd de wereld beter begrijpen. Om het verloop van de ontwikkeling van kinderen te begrijpen, moeten we dus kijken naar wat belangrijk is voor de leden van een bepaalde cultuur.

Volgens Vygotsky leren kinderen de wereld beter begrijpen en leren ze wat in hun samenleving belangrijk is door met anderen te spelen en samen te werken.

Bron: Jules Selmes/Pearson Education Ltd.

De socioculturele theorie benadrukt meer dan de meeste andere theorieën dat ontwikkeling een *wederzijdse transactie* is tussen de mensen in de omgeving van het kind en het kind zelf. Vygotsky meende dat mensen en omstandigheden het kind beïnvloeden. Het kind op zijn beurt beïnvloedt de mensen en de omstandigheden. Dit patroon herhaalt zich in een eindeloze lus, waarin kinderen zowel ontvangers van socialiserende invloeden zijn als bronnen van invloed. Een kind dat in een breed familieverband wordt opgevoed, zal bijvoorbeeld opgroeien met een ander idee over het gezinsleven dan een kind met familieleden die aanzienlijk verder weg wonen. Deze familieleden worden ook beïnvloed door die situatie en door het kind, afhankelijk van de frequentie en de mate van betrokkenheid van het contact.

Theoretici die voortbouwden op het werk van Vygotsky, gebruikten bij het beschrijven van het leerproces van kinderen het voorbeeld van *scaffolds* (steigers), de tijdelijke platforms die door bouwvakkers bij de constructie van een gebouw worden gebruikt. *Scaffolding* is de tijdelijke ondersteuning die docenten, ouders en andere mensen aan kinderen bieden terwijl ze leren een taak uit te voeren. Naarmate kinderen steeds competenter worden en leren hoe ze een taak moeten uitvoeren, kan de *scaffolding* of ondersteuning worden teruggetrokken, waardoor kinderen de taak zelfstandig kunnen uitvoeren (Lowe et al., 2013; Peralta et al., 2013). In hoofdstuk 9 gaan we hier verder op in.

Meningen over Vygotsky's theorie

Hoewel Vygotsky al bijna tachtig jaar dood is, krijgt de socioculturele theorie steeds meer invloed. Dat komt doordat steeds meer mensen zich bewust worden van de centrale rol van culturele factoren in de ontwikkeling. Kinderen ontwikkelen zich niet in een cultureel vacuüm; hun aandacht wordt door de maatschappij in bepaalde richtingen gestuurd. Als gevolg daarvan ontwikkelen ze bepaalde soorten vaardigheden die het resultaat zijn van hun culturele omgeving. Vygotsky was een van de eerste ontwikkelingspsychologen die het belang van cultuur ontdekte en onderkende. Nu de hedendaagse samenleving steeds multicultureler wordt, geeft de socioculturele theorie ons inzicht in de vele verschillende invloeden die bepalend zijn voor onze ontwikkeling (Fowers & Davidov, 2006; Koshmanova, 2007; Rogan, 2007).

Critici van de socioculturele theorie vinden dat Vygotsky, door zijn sterke nadruk op de rol van cultuur en sociale ervaringen, te weinig oog had voor de effecten van biologische factoren op de ontwikkeling. Bovendien lijkt de rol die individuen kunnen spelen bij het vormgeven van hun eigen omgeving in zijn perspectief minimaal.

2.1.5 Het evolutionair perspectief: wat onze voorouders bijdragen aan ons gedrag

Evolutionair perspectief: benadering die gedrag probeert te identificeren dat het resultaat is van de genetische erfenis van onze voorouders.

Het **evolutionair perspectief** probeert gedrag te identificeren dat het resultaat is van de genetische erfenis van onze voorouders (Bjorklund, 2005; Goetz & Shackelford, 2006; Tomasello, 2011).

Evolutionaire theorieën vloeien voort uit het baanbrekende werk van Charles Darwin (1809-1882). Darwin stelde dat een natuurlijk selectieproces zorgt voor kenmerken van een ras die kunnen worden aangepast aan de omgeving. Op basis van Darwins argumenten menen aanhangers van het evolutionair perspectief dat onze genetische erfenis niet alleen bepalend is voor fysieke kenmerken als huidskleur en de kleur van onze ogen, maar ook voor bepaalde persoonlijkheidseigenschappen en sociale gedragspatronen, zoals de mate van verlegenheid of jaloezie (Buss, 2003, 2009, 2012; Easton, Shipper

& Shackelford, 2007). Vanuit de evolutie is het bijvoorbeeld een verstandige strategie om veel te eten en zo extra vet te verzamelen voor perioden waarin er minder voedsel aanwezig is. In onze huidige maatschappij is voedsel echter altijd beschikbaar, maar dat betekent niet dat de behoefte om veel te eten is verdwenen of zich heeft aangepast.

Het evolutionair perspectief leunt zwaar op de ethologie, de wetenschap die kijkt naar de invloed van biologische kenmerken op gedrag. Volgens ethologische theorieën wordt ontwikkeling sterk beïnvloed door biologische en evolutionaire factoren. Een van de belangrijkste aanhangers van de ethologische theorie was Konrad Lorenz (1903-1989). Hij ontdekte dat pasgeboren ganzen genetisch zodanig geprogrammeerd zijn dat ze zich hechten aan het eerste bewegende object dat ze na hun geboorte zien. Zijn werk leidde er uiteindelijk toe dat ontwikkelingspsychologen aandacht gingen besteden aan aangeboren genetische patronen in het menselijk gedrag.

Zoals we later in dit hoofdstuk zullen zien, omvat het evolutionair perspectief een van de snelst groeiende gebieden binnen de ontwikkelingspsychologie: de gedragsgenetica. In de gedragsgenetica bestudeert men de effecten van erfelijkheid op gedrag. Gedragsgenetici proberen erachter te komen hoe mensen bepaalde gedragskenmerken erven en in hoeverre de omgeving bepaalt of die kenmerken zich wel of niet manifesteren. Ze kijken ook naar de manier waarop genetische factoren kunnen leiden tot psychologische stoornissen, zoals stoornissen in het schizofreniespectrum (Bjorklund & Ellis, 2005; Li, 2003; Maxson, 2013; Rembis, 2009).

Konrad Lorenz, hier met zijn ganzen, deed onderzoek naar de manier waarop genetische patronen tot uiting komen in gedrag.

Bron: Nina Leen/The LIFE Picture Collection/Getty Images

Meningen over het evolutionair perspectief

De meeste ontwikkelingspsychologen zijn het erover eens dat Darwins evolutietheorie een nauwkeurige beschrijving geeft van de basale genetische processen. Het evolutionair perspectief speelt ook een steeds grotere rol op het gebied van levenslange ontwikkeling. Toch is er veel kritiek op de toepassingen van het evolutionair perspectief.

Sommige ontwikkelingspsychologen vinden dat het zich te eenzijdig richt op genetische en biologische aspecten en te weinig aandacht besteedt aan de omgevingsfactoren en sociale factoren die van invloed zijn op menselijk gedrag. Volgens andere critici bestaat er geen goede manier om theorieën die zijn afgeleid van het evolutionair perspectief experimenteel te toetsen. Toch heeft het evolutionair perspectief aanleiding gegeven tot een aanzienlijke hoeveelheid onderzoek naar de invloed van onze biologische erfenis op onze eigenschappen en ons gedrag (Baptista et al., 2008; Bjorklund, 2006; Buss & Reeve, 2003).

2.1.6 Waarom 'Welk perspectief is het juiste?' de verkeerde vraag is

We hebben gekeken naar vijf belangrijke perspectieven binnen de ontwikkelingspsychologie: het psychodynamisch, het behavioristisch, het cognitief, het systemisch en het evolutionair perspectief (zie tabel 2-3). Het lijkt logisch om ons af te vragen welk perspectief het meest nauwkeurige beeld geeft van de ontwikkeling van kinderen.

Om verschillende redenen is deze vraag niet geheel op zijn plaats. Ten eerste ligt bij elk perspectief de nadruk op andere aspecten van de ontwikkeling. Bij het psychodynamisch perspectief ligt de nadruk bijvoorbeeld op emoties, motivatieconflicten en onbewuste determinanten van gedrag. Behavioristische perspectieven benadrukken juist het expliciete gedrag en besteden veel meer aandacht aan wat mensen doen dan aan wat er in hun hoofd omgaat. Het cognitief perspectief slaat de tegenovergestelde richting in en kijkt meer naar wat mensen denken dan naar wat ze doen. En waar het systemisch perspectief zich richt op de interactie tussen omgevingsinvloeden, kijkt het evolutionair perspectief naar de invloed van biologische factoren op de ontwikkeling.

Neem de verschillende manieren waarop we kunnen kijken naar het kindermisbruik in verschillende Amsterdamse kinderdagverblijven (de Amsterdamse zedenzaak in 2010) en de aanslag van Kim De Gelder op kinderdagverblijf Fabeltjesland in 2009 in Vlaanderen. Ontwikkelingspsychologen die voor een psychodynamische invalshoek kiezen, onderzoeken bijvoorbeeld hoe dit trauma kinderen onbewust hun hele leven lang beïnvloedt. Een cognitieve neurowetenschapper richt zich mogelijk meer op de vraag hoe kinderen het trauma hebben ervaren, geïnterpreteerd en begrepen, terwijl in een systemische benadering wordt onderzocht welke persoonlijkheid en sociale factoren ertoe hebben geleid dat de daders dergelijke daden hebben gepleegd.

Ieder perspectief is gericht op verschillende aspecten van ontwikkeling. Dat betekent dus ook dat ieder perspectief interessante inzichten kan opleveren. Sommige ontwikkelingsonderzoekers zijn van mening dat een eclectische of holistische benadering daarom het beste is. Op deze manier worden alle perspectieven tegelijkertijd gebruikt om een zo volledig mogelijk beeld te creëren. Deze manier zou ook beter passen bij het complexe menselijke ontwikkelingsproces. Het is wel belangrijk om ons te realiseren dat niet alle antwoorden die worden geboden door een bepaald perspectief even accuraat zijn. Wetenschappelijk onderzoek blijft noodzakelijk om ervoor te zorgen dat gemaakte beweringen getoetst kunnen worden.

TABEL 2-3 **De belangrijkste perspectieven binnen de ontwikkelingspsychologie**

PERSPECTIEF	IDEEËN OVER GEDRAG EN ONTWIKKELING	BELANGRIJKSTE AANHANGERS	VOORBEELD
Psychodynamisch	Gedrag wordt ons hele leven gemotiveerd door innerlijke, onbewuste krachten die uit onze kindertijd stammen en waarover we weinig controle hebben.	Sigmund Freud, Erik Erikson	Volgens dit perspectief heeft een adolescent met overgewicht een fixatie op de orale ontwikkelingsfase.
Behavioristisch	Ontwikkeling kan worden begrepen door het bestuderen van waarneembaar gedrag en omgevingsstimuli.	John B. Watson, B.F. Skinner, Albert Bandura	Volgens dit perspectief wordt een adolescent met overgewicht niet beloond voor goede voedings- en bewegingsgewoonten.
Cognitief	Nadruk op de invloed die ons gedrag ondergaat door veranderingen in de manier waarop mensen weten, begrijpen en denken.	Jean Piaget	Volgens dit perspectief heeft een adolescent met overgewicht geen effectieve manieren geleerd om op gewicht te blijven en hecht hij geen waarde aan goede voeding.
Systemisch	Gedrag wordt bepaald door de relatie tussen individuen en hun fysieke wereld, cognitieve wereld, persoonlijkheidswereld en sociale wereld.	Lev Vygotsky, Urie Bronfenbrenner	Volgens dit perspectief kan een adolescent overgewicht ontwikkelen als gevolg van een gezinsomgeving waarin voeding en maaltijden ongewoon belangrijk zijn en verweven zijn met familierituelen.
Evolutionair	Gedrag is het resultaat van de genetische erfenis van onze voorouders. Gedrag en eigenschappen worden aangepast om de overlevingskansen van onze soort te bevorderen. Dit gebeurt via natuurlijke selectie.	Konrad Lorenz; beïnvloed door het vroege werk van Charles Darwin	Volgens dit perspectief heeft een adolescent met overgewicht een genetische aanleg voor dat overgewicht. Dankzij hun extra vet wisten zijn voorouders te overleven in tijden van schaarste.

2.2 De werkwijze van het wetenschappelijk onderzoek

De Egyptenaren hebben lang geloofd dat zij het oudste volk op aarde waren. Psamtik, koning van Egypte in de zevende eeuw voor Christus, wilde die vleiende veronderstelling uit intellectuele nieuwsgierigheid bewijzen. Zoals een goed onderzoeker betaamt, begon hij met een hypothese: als kinderen geen gelegenheid hadden om een taal te leren van oudere mensen om hen heen, zouden ze spontaan de aangeboren oertaal van de mensheid gaan spreken – de natuurlijke taal van het oudste volk. Hij verwachtte te kunnen aantonen dat dat het Egyptisch was.

Om zijn hypothese te toetsen, nam Psamtik twee baby's van een arme vrouw in beslag en stelde ze onder de hoede van een herder die ze in een afgelegen gebied zou grootbrengen. Ze moesten in een afgezonderd huisje wonen waar ze goed gevoed en verzorgd moesten worden, maar ze mochten nooit iemand een woord horen spreken. De Griekse historicus Herodotus, die het verhaal natrok, zegt dat Psamtik 'wilde weten welk woord de kinderen als eerste zouden uitspreken'.

Volgens hem slaagde het experiment. Op een dag, toen de kinderen twee jaar waren, renden ze op de herder af toen die de deur van hun huisje opendeed en schreeuwden ze: 'Becos!' Toen ze het nog een paar keer zeiden, lichtte hij Psamtik in. Die liet de kinderen direct bij zich brengen. Toen hij het hen ook hoorde zeggen, ging Psamtik op onderzoek uit en kwam hij erachter dat 'becos' het Frygische woord voor brood was. Teleurgesteld concludeerde hij dat de Frygiërs een ouder ras waren dan de Egyptenaren (Hunt, 1993, p. 1-2).

Enkele duizenden jaren later springen de wetenschappelijke en ethische tekortkomingen van Psamtiks methode meteen in het oog. Toch is zijn experiment al een stuk beter dan pure speculatie. Daarom wordt het soms beschouwd als het eerste ontwikkelingsexperiment in de geschiedenis (Hunt, 1993).

2.2.1 Empirisch onderzoek en de wetenschappelijke methode

Vragen zoals die van Psamtik vormen de kern van het onderzoek naar de ontwikkeling van kinderen. Is taal aangeboren? Wat zijn de effecten van ondervoeding op latere intellectuele prestaties? Hoe bouwen baby's een relatie op met hun ouders, en wordt die relatie beschadigd door kinderopvang? Waarom zijn adolescenten gevoelig voor druk van leeftijdsgenoten?

Wetenschappelijke methode: een procedure om ideeën en vragen te onderwerpen aan een onderzoek, waarna ze ofwel bewezen ofwel verworpen worden.

Om zulke vragen te beantwoorden, maken specialisten op het gebied van ontwikkelingspsychologie gebruik van empirisch onderzoek en de wetenschappelijke methode. Empirisch onderzoek gaat uit van het verzamelen van objectieve informatie uit de eerste hand door het doen van metingen die gebaseerd zijn op sensorische ervaringen en observatie. De **wetenschappelijke methode** is een procedure om ideeën en vragen te onderwerpen aan een onderzoek, waarna ze ofwel bewezen ofwel verworpen worden. De wetenschappelijke methode bestaat uit vier stappen: (1) een hypothese ontwikkelen, (2) objectieve data verzamelen, (3) de resultaten analyseren, en (4) de resultaten publiceren, bekritiseren en repliceren.

Waarom zouden we empirisch onderzoek en de wetenschappelijke methode gebruiken wanneer ons eigen gezonde verstand en onze ervaringen misschien

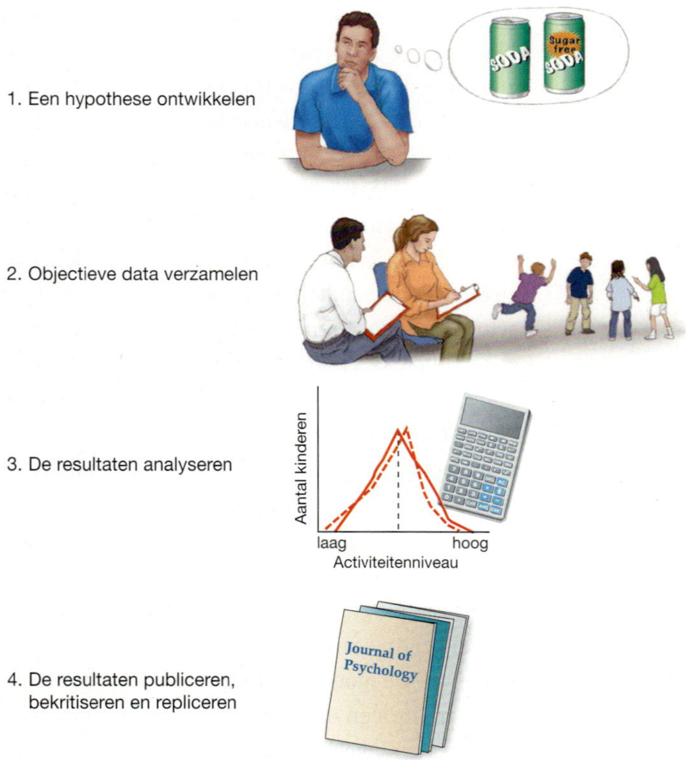

FIGUUR 2-2 **De vier stappen van de wetenschappelijke methode**

Bron: Met toestemming overgenomen uit: Philip G. Zimbardo, Robert L. Johnson & Vivian McCann, *Psychologie een inleiding, 7e editie* (2013, Pearson Benelux)

ook een logisch antwoord op onze vragen opleveren? Een belangrijke reden is dat onze eigen ervaring beperkt is. De meesten van ons krijgen te maken met een relatief klein aantal ontmoetingen en situaties. Het kan tot verkeerde conclusies leiden als we op basis van zo'n kleine steekproef veronderstellingen doen. En ook al lijkt een beetje gezond verstand geen kwaad te kunnen, toch blijkt vaak dat ons gezonde verstand tegenstrijdige voorspellingen doet. Ons gezonde verstand zegt bijvoorbeeld soort zoekt soort, maar ook dat tegenpolen elkaar aantrekken. Daarom houden ontwikkelingspsychologen vast aan de gecontroleerde toepassing van de wetenschappelijke methode.

2.2.2 Een hypothese ontwikkelen vanuit een theorie

De eerste stap van de wetenschappelijke methode begint op het moment dat een waarnemer zich buigt over een bepaald aspect van gedrag. Het gaat, met andere woorden, over de nieuwsgierigheid naar de verklaring van bepaald gedrag. Misschien is het een baby die huilt wanneer hij door een vreemde wordt opgepakt, een kind dat het slecht doet op school, of een adolescent die gevaarlijke dingen doet. Ontwikkelingspsychologen beginnen net als ieder ander met vragen over dit soort alledaagse aspecten van het menselijk gedrag. En net als ieder ander proberen ze antwoorden op die vragen te vinden.

Het verschil tussen ontwikkelingspsychologen en toevallige waarnemers zit hem in de manier waarop de eerste groep antwoorden probeert te vinden. Ontwikkelingsonderzoekers formuleren een specifiek idee of een vermoeden over een onderdeel van een bredere theorie. Een theorie is een wetenschappelijke verklaring. Dit wil zeggen dat een theorie een toetsbare verklaring is voor een verzameling feiten of waarnemingen. In alledaagse taal kan het woord theorie een wilde speculatie betekenen of slechts een vermoeden, een idee dat niet onderbouwd wordt door bewijzen. Voor een ontwikkelingsonderzoeker heeft een goede theorie twee eigenschappen: (1) de theorie kan feiten verklaren, en (2) de theorie kan worden getest.

Theorieën geven globale verklaringen en doen voorspellingen over verschijnselen die de interesse van ontwikkelingsonderzoekers hebben gewekt. Met behulp van een van de perspectieven die we eerder hebben besproken, ontwikkelen ze specifiekere theorieën. In feite formuleren wij allemaal theorieën over ontwikkeling, gebaseerd op onze ervaring en op artikelen in tijdschriften en kranten. Uit een onderzoek aan de Rijksuniversiteit Groningen (Van Gelder & Visser, 2005) naar de omgang van kleuterleidsters met meertalige gezinnen blijkt bijvoorbeeld dat bij deze professionals veel misverstanden heersen rond meertaligheid. Deze misverstanden staan het succesvol verwerven van meertaligheid in de weg. Bovendien zijn ze nadelig voor de ontwikkeling van het Nederlands van deze kinderen. Het meest wijdverbreide misverstand heeft betrekking op het belang van de moedertaal. Twee derde van de 72 leidsters die meededen aan het onderzoek adviseerden anderstalige ouders om Nederlands met het kind te spreken. Dit terwijl uit onderzoek juist blijkt dat dergelijk advies nadelig is voor de ontwikkeling van het Nederlands van deze kinderen. De moedertaal biedt hun juist houvast.

De theorieën in de ontwikkelingspsychologie zijn gebaseerd op geverifieerde, specifieke waarnemingen. Bovendien integreren ze eerdere bevindingen en theorieën systematisch in hun eigen theorieën. Ze ordenen eerdere observaties en trekken conclusies die niet rechtstreeks uit de feiten spreken.

Een theorie vormen is slechts de eerste stap. Om de validiteit van een theorie te bepalen, moeten ontwikkelingsonderzoekers deze theorie wetenschappelijk toetsen. Daarvoor ontwikkelen ze hypotheses die gebaseerd zijn op hun theorieën. Een **hypothese** is een voorspelling die zodanig is geformuleerd dat zij getoetst kan worden. Om toetsbaar te zijn moet een hypothese weerlegbaar zijn. Dat wil zeggen dat de hypothese zodanig geformuleerd is dat bewezen kan worden of deze juist of onjuist is. Iemand die de algemene theorie onderschrijft dat hechting een cruciaal ingrediënt is voor de ouder-kindrelatie, zou bijvoor-

Hypothese: een voorspelling die zodanig is geformuleerd dat zij getoetst kan worden.

beeld de specifiekere hypothese op kunnen stellen dat geadopteerde kinderen later minder stabiele relaties hebben met hun adoptieouders, omdat deze adoptieouders en hun kinderen niet in staat zijn geweest een vroege hechting op te bouwen. Anderen zouden er andere hypotheses op kunnen baseren, zoals de hypothese dat hechting alleen effectief is als deze een bepaalde tijd duurt of dat hechting invloed heeft op de relatie tussen moeder en kind maar niet op de relatie tussen vader en kind. Deze specifieke hypotheses zijn overigens niet bewezen.

Operationalisering: het proces waarmee een hypothese wordt vertaald in specifieke, toetsbare procedures die gemeten en waargenomen kunnen worden.

Wanneer onderzoekers een hypothese hebben opgesteld, moeten ze een strategie ontwikkelen om de validiteit ervan te toetsen. **Operationalisering** is het proces waarmee een hypothese wordt vertaald in specifieke, toetsbare procedures die gemeten en waargenomen kunnen worden. Dit betekent dat alle aspecten (variabelen) in concrete termen worden gedefinieerd.

Een onderzoeker die geïnteresseerd is in het toetsen van de hypothese 'beoordeeld worden leidt tot spanning' zou het aspect 'beoordeeld worden' bijvoorbeeld kunnen operationaliseren als een docent die een cijfer geeft aan een student of als een kind dat commentaar geeft op de sportprestaties van zijn vriendje. Het aspect 'spanning' zou kunnen worden geoperationaliseerd in de vorm van antwoorden op een vragenlijst of de meting van biologische reacties met behulp van een elektronisch instrument.

2.2.3 Objectieve data verzamelen: de hypothese toetsen

De ontwikkelingsonderzoeker heeft zijn hypothese geformuleerd en kan beginnen met het empirisch onderzoek. Dit betekent zorgvuldig en systematisch bewijs verzamelen aan de hand van verschillende methoden. Deze methoden bespreken we in paragraaf 2.2.6.

Experiment: een proces waarbij een onderzoeker meestal twee verschillende ervaringen voor de participanten of proefpersonen arrangeert.

Experimentele conditie: de procedure die de onderzoeker onderzoekt en de omstandigheden waaraan de leden van de experimentele groep worden blootgesteld

Experimentele groep: de groep die in een experiment wordt blootgesteld aan de experimentele conditie.

Controlegroep: de groep die in een experiment niet wordt blootgesteld aan de experimentele conditie.

Onafhankelijke variabele: de omstandigheid of factor die de onderzoeker onder controle heeft of manipuleert.

In wetenschappelijke termen bestaat empirisch onderzoek uit het uitvoeren van een gecontroleerd experiment. In een **experiment** arrangeert een onderzoeker meestal twee verschillende ervaringen voor de *participanten* of de *proefpersonen*. De onderzoeker zorgt met andere woorden voor twee verschillende omstandigheden waaraan de proefpersonen worden blootgesteld. De **experimentele conditie** is de procedure (bijvoorbeeld een behandeling) die wordt onderzocht door de onderzoeker. Eén groep participanten krijgt de experimentele conditie, terwijl de andere groep in principe geen conditie krijgt. De groep die de experimentele conditie krijgt, staat bekend als de **experimentele groep**. De andere groep is de **controlegroep**.

Bij de eenvoudigste experimentele opzet varieert de onderzoeker één factor en houdt hij alle andere experimentele omstandigheden constant. Onderzoekers noemen die ene variabele factor de **onafhankelijke variabele**. Door de onafhankelijke variabele te manipuleren, kan de onderzoeker bepalen of die factor het waargenomen effect veroorzaakt. We kunnen de onafhankelijke variabele beschouwen als een factor die de onderzoeker wijzigt, onafhankelijk van alle andere zorgvuldig gecontroleerde experimentele omstandigheden. Omdat alle andere aspecten van het experiment constant gehouden worden, kunnen we zeggen dat de onafhankelijke variabele de oorzaak is van elk gevolg dat we in het experiment waarnemen.

Afhankelijke variabele: het gevolg van de onafhankelijke variabele, het resultaat van de manipulatie door de onderzoeker.

Zo is de **afhankelijke variabele** de variabele in de uitkomst die volgens de hypothese het gevolg is van de onafhankelijke variabele. Met andere woorden: elk gevolg dat we tijdens het experiment waarnemen, hangt af van de onafhankelijke variabele die de onderzoeker heeft geïntroduceerd in de experimentele conditie.

Bij het opzetten en uitvoeren van een experiment is er een probleem dat we moeten overdenken: het kiezen van de deelnemers. De mensen die deel uitmaken van de experimentele groep en de controlegroep moeten in wezen gelijk zijn, met uitzondering van de experimentele conditie die ze ontvangen. Ontwikkelingsonderzoekers willen vermijden dat ze een al bestaand verschil ten onrechte aanzien voor het effect van de onafhankelijke variabele. Onderzoekers moeten dus een manier vinden om systematische vertekening te vermijden wanneer ze mensen in de experimentele groep of de controlegroep indelen. Een goede oplossing is *randomisering*, waarbij participanten uitsluitend volgens toeval (dus willekeurig) in een groep worden ingedeeld. Bijvoorbeeld door de participanten alfabetisch te rangschikken en ze afwisselend in te delen. Op deze manier worden potentiële verschillen tussen de twee groepen door het toeval geminimaliseerd. Als de proefpersonen reeds zijn ingedeeld in groepen, zoals klasgroepen, dan kan er binnen of tussen de klasgroepen gerandomiseerd worden.

Hoewel de terminologie in eerste instantie misschien wat ingewikkeld lijkt, zit er een duidelijke logica achter. Figuur 2-3 maakt dit duidelijk aan de hand van een voorbeeld over een onderzoek naar agressief gedrag bij adolescenten en het effect van films.

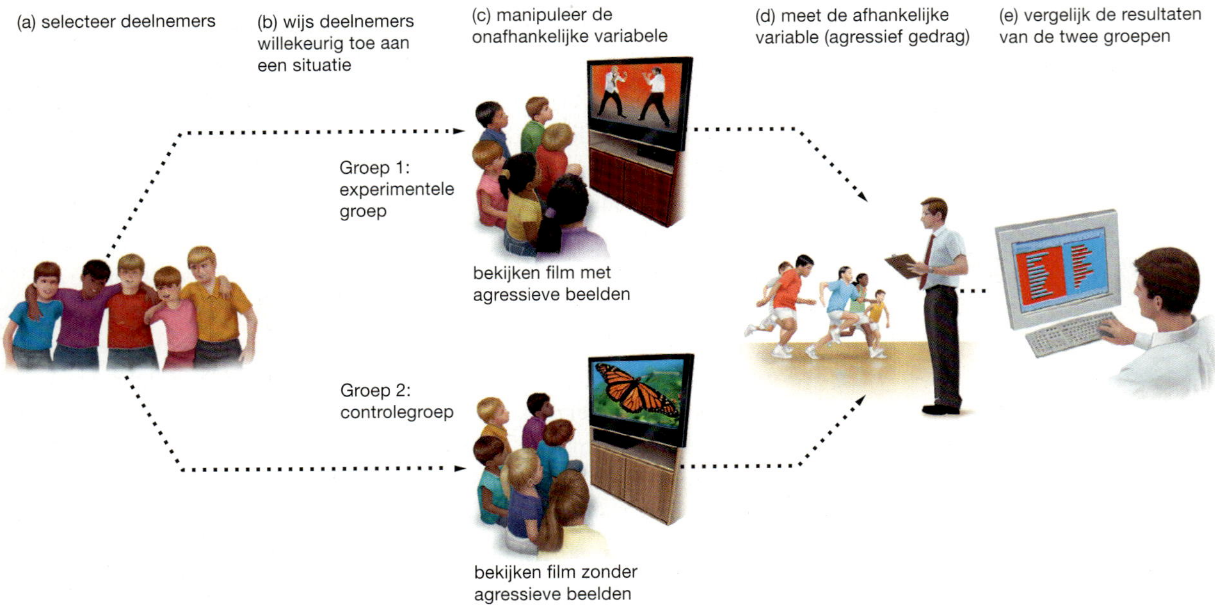

FIGUUR 2-3 **Elementen van een experiment**

Bron: naar een experiment door Leyens, Camino, Parke & Berkowitz, 1975

Figuur 2-3 toont een Belgisch experiment met adolescenten die werden blootgesteld aan films met gewelddadige of niet-gewelddadige scènes. Er werd gekeken naar de effecten van die films op het gedrag van de deelnemers. Alle elementen van een experiment zijn aanwezig:

- Een onafhankelijke variabele (toewijzing aan een conditie).
- Een afhankelijke variabele (meting van het agressieve gedrag van de adolescenten).
- Willekeurige toewijzing aan een conditie (een film met agressieve scènes bekijken versus een film met niet-agressieve scènes bekijken). Hierdoor ontstaat er een experimentele groep en een controlegroep.

- Een hypothese die een voorspelling doet over het effect dat de onafhankelijke variabele op de afhankelijke variabele zal hebben (het bekijken van een film met agressieve scènes zal agressie opleveren).

Zie MyLab voor de video: Het beantwoorden van psychologische vragen

Analyse van de bevindingen liet zien dat adolescenten die waren blootgesteld aan agressieve scènes, later meer agressie vertoonden. (Gebaseerd op een experiment door Leyens et al., 1975.)

Als extra voorbeeld bespreken we een onderzoek dat gedaan werd in Vlaanderen naar de effectiviteit van Triple P (Van den Berg, Vanderfaeillie & Grietens, 2009). Triple P is een veelbesproken methodiek voor opvoedingsondersteuning. Onder opvoedingsondersteuning verstaan we het op intentionele wijze steun bieden aan ouders of opvoeders bij de opvoeding van kinderen (Vandenmeulebroecke & De Munter, 2004). De onderzoekers wilden weten of Triple P effectiever was bij het ondersteunen van hulpvragende ouders dan de gewone hulpverlening via het spreekuur voor opvoedingsondersteuning.

Het onderzoek werd als volgt opgezet. In een aantal regio's in Vlaanderen verliep de opvoedingsondersteuning volgens de Triple P-methode (experimentele groep) en in een aantal vergelijkbare regio's vond de opvoedingsondersteuning plaats via de traditionele methodiek (controlegroep). Er waren 232 gezinnen bereid om mee te werken: 93 gezinnen in de experimentele groep en 139 in de controleregio's. De onderzoekers onderzochten of er sprake was van een vermindering van het probleemgedrag bij de kinderen en of de ouders vonden dat hun draagkracht en competentie op het gebied van opvoeden waren toegenomen. Beide groepen werden bestudeerd via voor-, na- en follow-upmetingen. De onderzoekers concludeerden dat Triple P en het spreekuur voor opvoedingsondersteuning beide een positief effect hadden op ouders en kinderen. Tegelijkertijd vonden ze dat Triple P minder effectief was dan het spreekuur voor opvoedingsondersteuning.

2.2.4 De resultaten (data) analyseren en de hypothese accepteren of verwerpen

Als de onderzoeker de data verzameld heeft, bekijkt hij ze om te zien of de hypothese de test heeft doorstaan of dat de hypothese moet worden verworpen. Deze stap vraagt om een vorm van wiskundige analyse, vooral als de uitkomst niet eenduidig is. Met behulp van statistische methoden kan de onderzoeker berekenen of de waargenomen resultaten (de verschillen tussen de groepen) significant zijn of niet. Een resultaat is significant als het waarschijnlijk is dat het resultaat veroorzaakt is door de onafhankelijke variabele.

2.2.5 De resultaten publiceren, bekritiseren en repliceren

Tijdens de laatste stap van de wetenschappelijke methode zoeken ontwikkelingsonderzoekers uit of hun onderzoek bestand is tegen de kritische blik en het commentaar van de wetenschappelijke wereld. Ze maken hun resultaten bekend bij collega's door ze te publiceren in een vakblad, er een presentatie over te houden op een congres of door er een boek over te schrijven. Wetenschappelijke tijdschriften maken gebruik van een reviewgroep die de artikelen controleert voordat er overgegaan wordt tot publicatie.

Reacties op publicaties gaan vaak over vragen bij de opzet van het onderzoek, de keuze van de proefpersonen en de statistische analyses. Critici kunnen het onderzoek ook toetsen door middel van een replicatiestudie. Hierbij voeren onderzoekers het onderzoek opnieuw uit om te zien of de resultaten overeenkomen met die van het oorspronkelijke onderzoek.

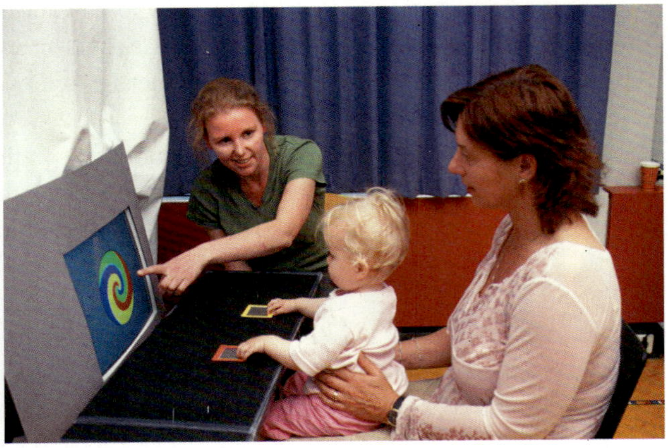

Onderzoekers gebruiken verschillende methoden om menselijke ontwikkeling te bestuderen.

Bron: (links) Picture Partners/Alamy; (rechts) Rick Friedman/Corbis

2.2.6 Soorten wetenschappelijk onderzoek

We weten nu wat de elementaire stappen van de wetenschappelijke methode zijn. In de meest ideale omstandigheden is het uitvoeren van een experiment een onderdeel van deze methode. Dit is echter niet altijd haalbaar. Bovendien zijn er nog andere vormen van wetenschappelijk onderzoek. Er zijn, met andere woorden, verschillende soorten onderzoek waarmee data worden verzameld. We zetten ze hier op een rijtje.

Experimenten

Experimenteel onderzoek: onderzoek dat bedoeld is om causale relaties tussen verschillende factoren te ontdekken.

Experimenteel onderzoek is bedoeld om *causale relaties* tussen verschillende factoren te ontdekken. Bij experimenteel onderzoek brengen onderzoekers doelbewust een verandering in een situatie aan om te zien welke consequenties die verandering heeft. Een onderzoeker die een experiment uitvoert, kan bijvoorbeeld variatie aanbrengen in het aantal minuten dat moeders en kinderen direct na de geboorte contact hebben om erachter te komen of de tijdsduur van de hechting invloed heeft op de relatie tussen moeder en kind.

Omdat we met experimenteel onderzoek vragen over oorzaak en gevolg kunnen beantwoorden, vormt het de kern van ontwikkelingsonderzoek. Jammer genoeg kunnen sommige onderzoeksvragen om technische of ethische redenen niet worden beantwoord door middel van experimenten. Het zou bijvoorbeeld onethisch zijn om een experiment te ontwikkelen waarbij een groep baby's geen kans krijgt om zich aan een verzorger te hechten. Onderzoek wijst namelijk uit dat hechting essentieel is voor de ontwikkeling van een kind. Met opzet deze hechting verstoren is ethisch onverantwoord. Daarom werden er bij veel baanbrekend ontwikkelingsonderzoek, zoals dat van Vygotsky en Piaget, correlationele technieken gebruikt. Correlationeel onderzoek blijft voor de ontwikkelingsonderzoeker dus een belangrijk instrument.

Correlationeel onderzoek

Correlationeel onderzoek: onderzoek waarmee men probeert vast te stellen of er tussen twee factoren een verband of correlatie bestaat.

De manier waarop een variabele wordt geoperationaliseerd, zegt vaak iets over het soort onderzoek. Bij **correlationeel onderzoek** probeert de onderzoeker te identificeren of er tussen twee factoren een verband of correlatie bestaat. Correlationeel onderzoek kan ons bijvoorbeeld vertellen of er een verband bestaat tussen het aantal minuten dat een moeder en een pasgeboren kind direct na de geboorte samen zijn en de kwaliteit van de moeder-kindrelatie als het kind twee jaar is.

Zulk correlationeel onderzoek kan uitwijzen of er sprake is van een correlatie of verband tussen de twee factoren, maar niet of het initiële contact er de *oorzaak* van is dat de relatie zich op een bepaalde manier heeft ontwikkeld (Schutt, 2001).

Bij correlationeel onderzoek kijkt een onderzoeker naar de relatie tussen twee variabelen om te bepalen of ze een bepaalde correlatie vertonen. Onderzoekers die geïnteresseerd zijn in de relatie tussen agressie op tv en gedrag hebben bijvoorbeeld ontdekt dat kinderen die veel agressie op tv zien – moorden, misdaad, schietpartijen en dat soort zaken – vaak agressiever zijn dan kinderen die minder agressie zien. Met andere woorden, het zien van agressie en daadwerkelijke agressiviteit zijn sterk gerelateerd of gecorreleerd (Anderson, Funk & Griffiths, 2004; Brady, 2007; Donnerstein, 2005; Feshbach & Tangney, 2008; Qian, Zhang & Wang, 2013). In hoofdstuk 10 zullen we hier dieper op ingaan.

Kunnen we dan concluderen dat het zien van agressie op tv het agressievere gedrag van de kijkers veroorzaakt? Helemaal niet. Het is ook heel goed mogelijk dat agressieve kinderen eerder geneigd zijn om naar gewelddadige programma's te kijken. In dat geval is het de agressieve neiging die het kijkgedrag veroorzaakt, en niet andersom. Of stel dat kinderen die in armoede opgroeien zich eerder agressief gedragen én naar agressievere televisieprogramma's kijken dan kinderen die in een welvarendere omgeving opgroeien. In dat geval is het de socio-economische status die zowel het agressieve gedrag als het kijkgedrag veroorzaakt. (De verschillende mogelijkheden worden geïllustreerd in figuur 2-4.)

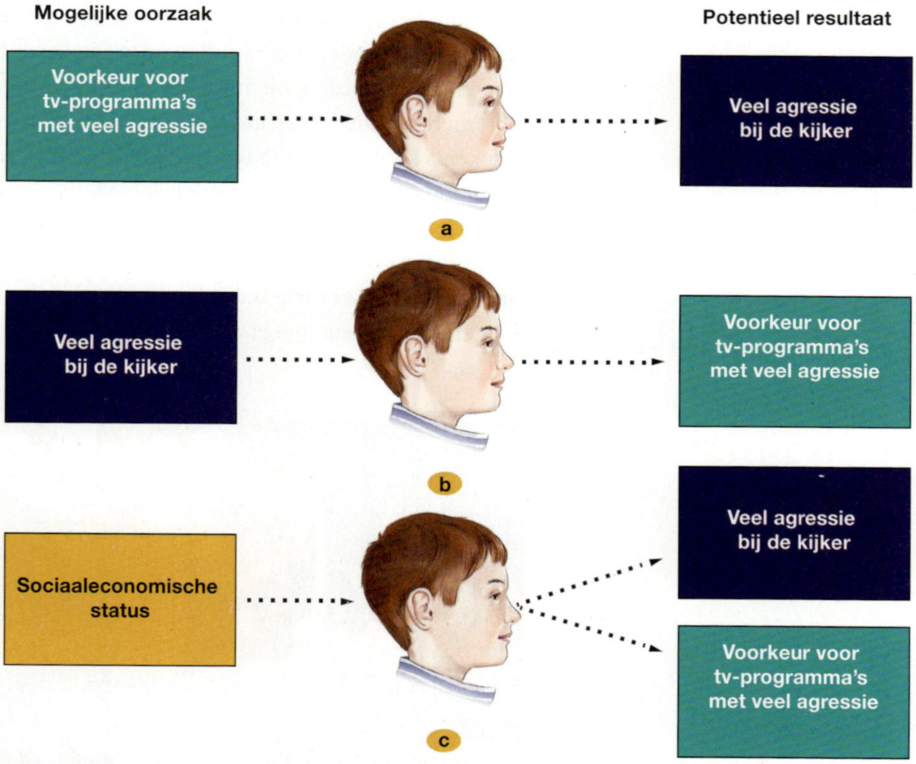

FIGUUR 2-4 Wat zegt een correlatie?

Een correlatie tussen twee factoren wil nog niet zeggen dat de ene factor er de oorzaak van is dat de andere factor verandert. Als een onderzoek uitwijst dat het kijken naar tv-programma's met veel agressie gecorreleerd is aan daadwerkelijke agressie bij kinderen, zijn er ten minste drie verschillende verklaringen te bedenken: (a) kijken naar tv-programma's die veel agressie bevatten, leidt tot agressie bij de kijker, (b) kinderen die zich agressief gedragen, hebben een voorkeur voor tv-programma's die veel agressie bevatten, en (c) de sociaaleconomische status van een kind leidt tot meer agressie én tot een voorkeur voor tv-programma's met veel agressie.

Kortom, de ontdekking dat twee variabelen gecorreleerd zijn, zegt niets over oorzaak en gevolg. Hoewel het mogelijk is dat er een causaal verband bestaat tussen de variabelen, hoeft dat niet altijd zo te zijn. Het zou ook zo kunnen zijn dat veranderingen in de ene variabele geen invloed hebben op de andere variabele.

Toch kunnen correlationele onderzoeken belangrijke informatie opleveren. Zoals we zullen zien in latere hoofdstukken weten we bijvoorbeeld dat de intelligentie van twee mensen meer overeenkomsten vertoont naarmate ze genetisch gezien dichter bij elkaar staan. En hoe meer ouders tegen hun jonge kinderen praten, hoe groter hun vocabulaire is. Ook weten we dankzij correlationeel onderzoek dat de kans op cognitieve en sociale problemen kleiner wordt naarmate baby's betere voeding krijgen (Colom et al., 2005; Hart, 2004; Robb, Richert & Wartella, 2009).

Surveys

Surveyonderzoek: onderzoek waarbij aan een grote groep mensen vragen gesteld worden over attitudes, gedrag of denkbeelden over een bepaald onderwerp.

Voor een **surveyonderzoek** worden er aan een groep mensen die een grotere populatie vertegenwoordigen vragen gesteld over hun attitudes, gedrag of denkbeelden over een bepaald onderwerp. Er zijn bijvoorbeeld surveyonderzoeken uitgevoerd naar de manier waarop ouders hun kinderen straffen en naar attitudes ten opzichte van borstvoeding. Op basis van de respons worden er conclusies getrokken over de grotere populatie die vertegenwoordigd wordt door de ondervraagde individuen.

Er is geen eenvoudigere manier om vast te stellen wat mensen denken en doen dan ze rechtstreeks te vragen naar hun gedrag. Toch is dit niet altijd een effectieve methode. Pubers zullen op vragen over hun seksleven misschien met tegenzin antwoorden, uit angst dat de antwoorden niet absoluut vertrouwelijk worden behandeld. Daarnaast hebben de resultaten van een peiling weinig betekenis als de ondervraagde groep niet representatief is voor de bredere populatie op een bepaald interessegebied.

Natuurlijke observatie

Natuurlijke observatie: onderzoek waarbij natuurlijk voorkomend gedrag wordt geobserveerd zonder dat er wordt ingegrepen in de situatie.

Natuurlijke observatie is de observatie van natuurlijk voorkomend gedrag zonder dat er wordt ingegrepen in de situatie. Een onderzoeker die er bijvoor-

Natuurlijke observatie wordt gebruikt om gedrag te observeren in een dagelijkse situatie zonder in te grijpen.

Bron: ZUMA Press, Inc./Alamy

beeld achter wil komen hoe vaak peuters samen spelen zou drie weken lang een klas kunnen observeren en kunnen bijhouden hoe vaak de peuters spontaan met elkaar spelen. Het enige wat hij doet is observeren; hij brengt geen enkele verandering aan in de situatie (Fanger, Frankel & Hazen, 2012; Prezbindowski & Lederberg, 2003; Rustin, 2006).

Hoewel natuurlijke observatie het voordeel heeft dat men ermee kan ontdekken wat kinderen in hun 'natuurlijke habitat' doen, kleeft er een belangrijk nadeel aan deze methode: onderzoekers kunnen geen controle uitoefenen op de factoren waarin ze geïnteresseerd zijn. Soms stuiten ze bijvoorbeeld op zo weinig natuurlijk optredende gevallen van het gedrag dat ze willen onderzoeken, dat ze helemaal geen conclusies kunnen trekken. Bovendien zullen kinderen die weten dat ze geobserveerd worden hun gedrag misschien aanpassen. Daardoor is hun gedrag niet meer representatief voor hoe ze zich zouden gedragen als er niet naar hen werd gekeken.

Casestudy's

Casestudy: onderzoek via uitgebreide diepte-interviews met een specifiek individu of een kleine groep individuen.

Casestudy's zijn uitgebreide diepte-interviews met een specifiek individu of een kleine groep individuen. Ze worden niet alleen gebruikt om meer te weten te komen over het individu dat wordt geïnterviewd, maar ook om algemenere principes te achterhalen of hypothetische conclusies te trekken die ook van toepassing kunnen zijn op anderen. Er worden bijvoorbeeld casestudy's uitgevoerd naar hoogbegaafde kinderen en naar kinderen die de eerste jaren van hun leven in het wild hebben geleefd en geen contact hebben gehad met andere mensen. Deze casestudy's leveren belangrijke informatie op voor onderzoekers en leiden tot bruikbare hypotheses voor toekomstig onderzoek (Cohen & Cashon, 2003; Goldsmith, 2000; Wilson, 2003).

Soms wordt deelnemers aan een onderzoek gevraagd met een bepaalde regelmaat een *dagboek* bij te houden van hun gedrag. Een groep adolescenten kan bijvoorbeeld worden gevraagd om steeds te noteren wanneer ze meer dan vijf minuten contact hebben met vrienden. Op die manier kan hun sociale gedrag worden gevolgd.

Het kiezen van een onderzoeksomgeving

Bepalen wáár een onderzoek moet worden uitgevoerd, kan net zo belangrijk zijn als bepalen wát er gedaan gaat worden. Een omgeving uit de echte wereld vormt de belangrijkste pijler van het veldonderzoek. Een **veldonderzoek** is een onderzoek dat wordt uitgevoerd in zo'n natuurlijke omgeving, bijvoorbeeld in peuterklassen, in speeltuinen, in schoolbussen of op straat. Het veldonderzoek is gericht op gedrag in het echte leven, waardoor onderzoeksparticipanten zich wellicht natuurlijker gedragen dan in een laboratorium.

Veldonderzoek: onderzoek dat wordt uitgevoerd in een natuurlijke omgeving.

Veldonderzoeken kunnen zowel bij correlationeel onderzoek als bij experimenten worden gebruikt. Bij veldonderzoeken wordt meestal gebruikgemaakt van natuurlijke observatie, de techniek waarbij onderzoekers natuurlijk optredend gedrag observeren zonder te interveniëren of veranderingen aan te brengen in de situatie. Een onderzoeker kan bijvoorbeeld kijken naar het gedrag in een crèche, naar groepjes adolescenten in de gangen van een middelbare school of naar ouderen in een bejaardenhuis.

Vaak is het echter moeilijk om een experiment in de echte wereld uit te voeren. Het is namelijk niet altijd mogelijk om controle op de situatie en de omgeving uit te oefenen. Daarom worden veldonderzoeken vaker gebruikt bij correlationeel onderzoek dan bij experimenteel onderzoek, en worden de meeste ontwikkelingsexperimenten in een laboratoriumomgeving uitgevoerd.

Laboratoriumonderzoek: onderzoek dat wordt uitgevoerd in een gecontroleerde omgeving die expliciet is opgezet om de gebeurtenissen constant te houden.

Een **laboratoriumonderzoek** is een onderzoek dat wordt uitgevoerd in een gecontroleerde omgeving die expliciet is opgezet om de gebeurtenissen constant te houden. Het laboratorium kan een ruimte of gebouw zijn dat is ingericht voor onderzoek, zoals bij de psychologiefaculteit van een universiteit. Doordat onderzoekers de mogelijkheid hebben om invloed uit te oefenen op de omgeving, kunnen ze beter bijhouden welke effecten hun behandelingen hebben op de participanten.

TABEL 2-4 **Typen onderzoek**

ONDERZOEKSMETHODE	BESCHRIJVING	VOORBEELD
Experiment	Type onderzoek waarbij de onderzoeker alle omstandigheden controleert en rechtstreeks manipuleert.	Een onderzoeker onderzoekt of het zien van gewelddadige films invloed heeft op agressief gedrag van kinderen.
Correlationeel onderzoek	Vorm van onderzoek waarbij de relatie tussen variabelen wordt bestudeerd. Uit correlationeel onderzoek kan geen causaal verband worden afgeleid.	Een onderzoeker bestudeert de effecten van radioactieve straling op kinderen uit Japan en kijkt ook naar kinderen die niet aan radioactieve straling zijn blootgesteld.
Survey	Individuen worden geselecteerd als representanten van een grotere populatie en krijgen een aantal vragen over hun gedrag, gedachten of opvattingen voorgelegd.	Een onderzoeker houdt een uitgebreide peiling onder een grote groep tieners over hun opvattingen over lichaamsbeweging.
Natuurlijke observatie	Een onderzoeker observeert systematisch gedrag dat natuurlijk voorkomt en brengt geen verandering in de situatie aan.	Een onderzoeker die pesten bestudeert, observeert nauwkeurig gevallen van pesten op het schoolplein en legt die gevallen vast.
Casestudy	Een diepgaand intensief onderzoek van een individu of een kleine groep mensen.	Een onderzoeker onderwerpt een kind dat betrokken was bij een schietpartij op school aan een intensieve studie.
Veldonderzoek	Een onderzoek dat plaatsvindt in de natuurlijke omgeving (in de echte wereld).	Een onderzoeker bestudeert gedrag van adolescenten in de gangen van een middelbare school.
Laboratoriumonderzoek	Een onderzoek dat uitgevoerd wordt in een gecontroleerde omgeving die expliciet opgezet is om gebeurtenissen constant te houden.	Een onderzoeker onderzoekt de cognitieve ontwikkeling van kleuters in een speciale spelruimte op de universiteit.

DIVERSITEIT IN ONTWIKKELING

Een evenwichtige selectie van onderzoeksparticipanten

Willen ontwikkelingspsychologen uitspraken kunnen doen over de hele mensheid, dan moet hun onderzoek zich richten op kinderen van verschillende rassen, etnische achtergronden, culturen, geslachten en andere categorieën. Hoewel het vakgebied ontwikkelingspsychologie zich steeds meer bezighoudt met diversiteitskwesties, boekt het als puntje bij paaltje komt nog maar weinig vooruitgang op dit gebied. In sommige opzichten is er zelfs sprake van achteruitgang.

Zelfs als er minderheidsgroepen worden betrokken bij een onderzoek, vormen de participanten vaak geen volledige afspiegeling van alle variaties die er binnen de groep bestaan. De kans is bijvoorbeeld aanwezig dat allochtone baby's die voor een onderzoek worden gebruikt, vooral uit de

Om inzicht te krijgen in de ontwikkeling van alle kinderen, moeten onderzoekers participanten bij hun onderzoek betrekken die een afspiegeling zijn van de mensheid in al haar diversiteit.

Bron: Ariel Skelley/Blend Images/Alamy

hogere klasse en de middenklasse afkomstig zijn. Ouders uit hogere socio-economische kringen hebben immers vaker de tijd en de transportmogelijkheden om hun baby's naar een onderzoekscentrum te brengen. Allochtonen die relatief arm zijn, zullen meer obstakels moeten overwinnen als ze willen deelnemen aan een onderzoek.

Er is iets mis als een wetenschap die het gedrag van kinderen probeert te verklaren, grote groepen individuen buiten beschouwing laat. Ontwikkelingspsychologen zijn zich bewust van dit probleem. Het besef groeit dan ook dat het zeer belangrijk is om met participanten te werken die een goede afspiegeling vormen van de bevolking (Fitzgerald, 2006).

2.3 Onderzoeksstrategieën en -problemen

Ontwikkelingsonderzoekers gebruiken meestal een van de volgende twee onderzoeksmethoden: theoretisch onderzoek of toegepast onderzoek. In feite vullen de twee methoden elkaar aan.

2.3.1 Theoretisch en toegepast onderzoek: twee complementaire methoden

Theoretisch onderzoek: onderzoek dat specifiek bedoeld is om verklaringen te toetsen en nieuwe wetenschappelijke kennis te vergaren.

Toegepast onderzoek: onderzoek dat bedoeld is om praktische oplossingen voor directe problemen te vinden.

Theoretisch onderzoek is specifiek bedoeld om verklaringen te toetsen en nieuwe wetenschappelijke kennis te vergaren, terwijl **toegepast onderzoek** bedoeld is om praktische oplossingen voor directe problemen te vinden. Het eerste type onderzoek zien we vooral bij fundamenteel onderzoek op universiteiten. Het tweede type is terug te vinden op hogescholen en organisaties voor methodiekontwikkeling. Als we bijvoorbeeld geïnteresseerd zijn in cognitieve veranderingen tijdens de jeugd, kunnen we onderzoeken hoeveel cijfers kinderen van verschillende leeftijden kunnen onthouden nadat ze meercijferige getallen één keer gezien hebben – een theoretische benadering. Maar we zouden ook kunnen kijken hoe kinderen leren door manieren te vinden om kinderen gemakkelijker informatie te laten onthouden. In dat geval is er sprake van toegepast onderzoek, omdat de bevindingen worden toegepast op een specifieke omgeving en op een specifiek probleem. In de onderwijspraktijk wordt in dit geval vaak gesproken van praktijkonderzoek.

Vaak is het onderscheid tussen theoretisch en toegepast onderzoek niet helemaal duidelijk. Is een studie naar het effect van oorontstekingen in de babytijd op gehoorproblemen op latere leeftijd bijvoorbeeld een vorm van toegepast of van theoretisch onderzoek? Omdat zo'n studie licht kan werpen op de fundamentele processen die een rol spelen bij horen, kan zij theoretisch genoemd worden. Maar de studie geeft ons ook inzicht in manieren waarop gehoorverlies bij kinderen kan worden voorkomen en manieren waarop verschillende medicijnen de gevolgen van ontstekingen kunnen verzachten. Je zou de studie dus ook kunnen zien als een vorm van toegepast onderzoek (Lerner, Fisher & Weinberg, 2000).

Kortom, zelfs de meest uitgesproken vormen van toegepast onderzoek kunnen ons theoretisch inzicht in een bepaald gebied vergroten. Omgekeerd kan theoretisch onderzoek concrete oplossingen verschaffen voor allerlei praktische problemen. Zowel theoretisch als toegepast onderzoek speelt een belangrijke rol bij het ontwikkelen en oplossen van verschillende beleidsvraagstukken.

2.3.2 Hoe meet je veranderingen in de ontwikkeling?

Een van de lastigste onderzoeksproblemen voor ontwikkelingsonderzoekers is het meten van veranderingen en verschillen naarmate mensen ouder worden. Om dit probleem op te lossen, hebben onderzoekers drie strategieën ontwikkeld: longitudinaal onderzoek, cross-sectioneel of dwarsdoorsnedeonderzoek en cross-sequentieel onderzoek.

Longitudinaal onderzoek: individuele veranderingen meten

Wie geïnteresseerd is in de morele ontwikkeling van een kind tussen zijn derde en vijfde levensjaar, kan het best een groep driejarigen nemen die vervolgens periodiek getest wordt tot het vijfde levensjaar. Zo'n strategie is een voorbeeld van **longitudinaal onderzoek**. Bij longitudinaal onderzoek wordt het gedrag van een of meer onderzoeksparticipanten door de tijd heen gemeten. Longitudinaal onderzoek meet veranderingen die in de loop van iemands leven plaatsvinden. Door een grote groep individuen gedurende een langere periode te volgen, krijgen onderzoekers inzicht in het algemene verloop van een verandering in een bepaalde levensperiode.

Longitudinaal onderzoek: onderzoek waarin het gedrag van een of meer individuen door de tijd heen wordt gemeten.

De klassieker onder de longitudinale onderzoeken is een studie naar hoogbegaafde kinderen die meer dan 75 jaar geleden werd opgestart door Lewis Terman. In deze studie (die nog steeds loopt) werd een groep van 1500 kinderen met een hoog IQ ongeveer elke vijf jaar getest. De deelnemers, die inmiddels in de tachtig zijn en zichzelf *termites* noemen, leveren informatie over allerhande zaken, van intellectuele prestaties tot persoonlijkheid en levensduur (Feldhusen, 2003; McCullough, Tsang & Brion, 2003; Subotnik, 2006).

Longitudinaal onderzoek levert ook veel inzichten op als het gaat om taalontwikkeling. Door dagelijks te volgen hoe het vocabulaire van kinderen groeit, hebben onderzoekers ontdekt welke processen ten grondslag liggen aan het menselijk vermogen om taal te leren gebruiken (Fagan, 2009; Gershkoff-Stowe & Hahn, 2007; Kelloway & Francis, 2013; Oliver & Plomin, 2007).

Longitudinale studies kunnen een schat aan informatie opleveren. Ze hebben echter verschillende nadelen. Ten eerste vergen ze enorm veel tijd. Onderzoekers moeten namelijk wachten tot participanten ouder worden. Bovendien is er in de loop van het onderzoek een grote kans op uitval van participanten. Ze kunnen hun deelname aan het onderzoek staken, verhuizen, ziek worden of zelfs doodgaan. Tot slot bestaat het risico dat participanten die geobserveerd of getest worden, *test-wise* worden. Dat wil zeggen dat ze bij elke nieuwe testfase beter presteren doordat ze steeds meer gewend raken aan de procedure. Zelfs als de observatie van participanten niet zo erg opvalt (zoals het simpelweg opnemen van vocabulaireverbeteringen bij baby's en peuters), kunnen participanten worden beïnvloed door de herhaalde aanwezigheid van een onderzoeker of waarnemer.

Ondanks de voordelen van longitudinaal onderzoek, en dan vooral de mogelijkheid die het biedt om naar veranderingen binnen individuen te kijken, kiezen ontwikkelingsonderzoekers dus vaak voor andere methoden. Het meest gebruikte alternatief is het cross-sectionele onderzoek of dwarsdoorsnedeonderzoek.

Dwarsdoorsnedeonderzoek

Laten we even terugkeren naar de morele ontwikkeling van kinderen tussen drie en vijf jaar. In plaats van met een longitudinale aanpak kunnen we dit onderzoek ook uitvoeren door naar drie groepen kinderen tegelijk te kijken: driejarigen, vierjarigen en vijfjarigen.

Zo'n benadering is typerend voor een dwarsdoorsnedeonderzoek. Bij een **dwarsdoorsnedeonderzoek** worden mensen van verschillende leeftijden op hetzelfde tijdstip met elkaar vergeleken. Dwarsdoorsnedeonderzoeken

Dwarsdoorsnedeonderzoek: onderzoek waarbij mensen van verschillende leeftijden op hetzelfde tijdstip met elkaar worden vergeleken.

verschaffen informatie over verschillen in ontwikkeling tussen verschillende leeftijdsgroepen.

Met een dwarsdoorsnedeonderzoek kunnen onderzoekers vertegenwoordigers van verschillende leeftijdsgroepen tegelijk vergelijken.

Een dwarsdoorsnedeonderzoek is qua tijd aanzienlijk economischer dan een longitudinaal onderzoek: participanten worden maar op één moment getest. Het onderzoek van Terman had bijvoorbeeld 75 jaar geleden al afgerond kunnen zijn als hij gewoon had gekeken naar een groep hoogbegaafde vijfjarigen, tienjarigen, vijftienjarigen enzovoort tot en met tachtigjarigen. Omdat de participanten niet herhaaldelijk zouden zijn getest, zou er geen risico zijn geweest dat ze test-wise waren geworden en was er waarschijnlijk ook geen sprake geweest van uitval van participanten. Waarom zou iemand dan toch voor een andere procedure kiezen?

Het antwoord is dat dwarsdoorsnedeonderzoek weer andere problemen met zich meebrengt. Zoals we al eerder bespraken, behoort iedere persoon tot een bepaald cohort, een groep mensen die rond dezelfde tijd op dezelfde plaats geboren zijn. Als we ontdekken dat mensen van verschillende leeftijden op een of andere manier van elkaar verschillen, kan dat het gevolg zijn van het feit dat ze deel uitmaken van verschillende cohorten en hoeft het verschil niet per se met hun leeftijd te maken te hebben.

Neem het volgende voorbeeld. Als we in een correlationele studie ontdekken dat mensen van vijftien jaar beter scoren op een intelligentietest dan mensen van 75, dan zijn daar verschillende verklaringen voor te bedenken. Hoewel de bevinding het gevolg kan zijn van afgenomen intelligentie bij oudere mensen, kan zij ook toe te schrijven zijn aan cohortverschillen. Misschien heeft de groep 75-jarigen minder onderwijs genoten dan de vijftienjarigen. Of misschien presteren de leden van de oudere groep minder goed omdat ze als kind minder goede voeding kregen dan de leden van de jongere groep. Kortom, we kunnen niet geheel uitsluiten dat de verschillen die we in dwarsdoorsnedeonderzoeken tussen verschillende leeftijdsgroepen vinden het gevolg zijn van cohortverschillen.

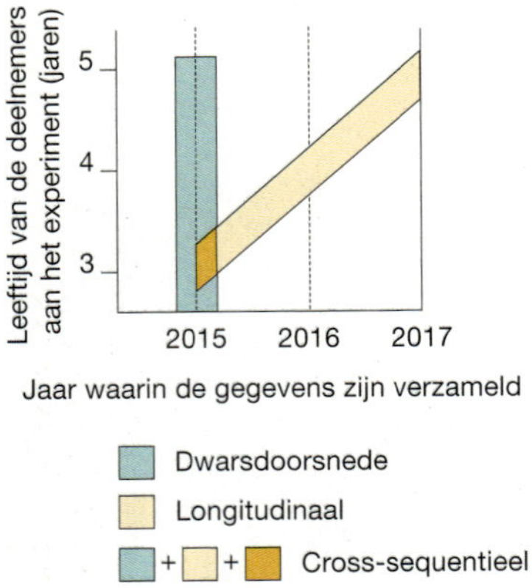

FIGUUR 2-5 Onderzoekstechnieken voor het bestuderen van ontwikkeling
In een dwarsdoorsnedeonderzoek worden drie-, vier- en vijfjarigen op eenzelfde tijdstip met elkaar vergeleken (2015). Bij longitudinaal onderzoek worden participanten die in 2015 drie jaar oud zijn, bestudeerd als ze vier jaar zijn (in 2016) en als ze vijf jaar zijn (in 2017). Een cross-sequentiële studie combineert cross-sectionele en longitudinale technieken.

Steekproef: de groep participanten die is geselecteerd voor een experiment.

Cross-sequentieel onderzoek: onderzoek waarin een aantal verschillende leeftijdsgroepen op verschillende tijdstippen worden bestudeerd.

Dwarsdoorsnedeonderzoeken kunnen ook te lijden hebben onder selectieve uitval in de zin dat participanten van sommige leeftijdsgroepen sneller afhaken dan andere. Stel bijvoorbeeld dat een uitgebreide beoordeling van cognitieve vermogens onderdeel is van een studie naar de cognitieve ontwikkeling van peuters. Het is mogelijk dat jonge peuters deze opdracht moeilijker en zwaarder vinden dan oudere peuters. Daardoor zullen de jonge peuters hun deelname aan de studie misschien eerder staken dan de oudere peuters. Als de minst competente jonge peuters degenen zijn die afhaken, dan blijven de competentere jonge peuters over, samen met een bredere en representatievere **steekproef** van oudere peuters. Het spreekt voor zich dat de resultaten van zo'n onderzoek twijfelachtig zijn (Mazumdar et al., 2007; Miller, 1998).

Tot slot hebben dwarsdoorsnedeonderzoeken nog een fundamenteler nadeel: ze vertellen ons niets over veranderingen in individuen of groepen. Hoewel we verschillen kunnen vaststellen die gerelateerd zijn aan leeftijd, kunnen we niet voor honderd procent vaststellen of die verschillen gerelateerd zijn aan verandering door de tijd heen.

Cross-sequentieel onderzoek

Omdat zowel longitudinale onderzoeken als dwarsdoorsnedeonderzoeken nadelen hebben, proberen onderzoekers ze op verschillende manieren te combineren. Een van de meest voorkomende combinaties is het cross-sequentiële onderzoek, dat in feite een combinatie is van longitudinaal onderzoek en dwarsdoorsnedeonderzoek.

Bij **cross-sequentieel onderzoek** bestuderen onderzoekers een aantal verschillende leeftijdsgroepen op verschillende tijdstippen. Een onderzoeker die geïnteresseerd is in het morele gedrag van kinderen kan bijvoorbeeld een cross-sequentieel onderzoek beginnen door drie groepen kinderen te bestuderen die respectievelijk drie, vier en vijf waren op het moment dat het onderzoek begon, zoals ook het geval is bij een dwarsdoorsnedeonderzoek.

Het onderzoek zou daar echter niet stoppen, maar de komende paar jaar doorlopen. Tijdens die periode zou elk van de onderzoeksparticipanten jaarlijks getest worden. De driejarigen worden dus op drie-, vier- en vijfjarige leeftijd getest, de vierjarigen op vier-, vijf- en zesjarige leeftijd en de vijfjarigen op vijf-, zes- en zevenjarige leeftijd. Deze aanpak combineert de voordelen van longitudinaal onderzoek en dwarsdoorsnedeonderzoek en geeft ontwikkelingsonderzoekers bovendien de mogelijkheid om onderscheid te maken tussen de gevolgen van leeftijds*veranderingen* en de gevolgen van leeftijds*verschillen*.

De belangrijkste onderzoekstechnieken voor het bestuderen van ontwikkeling worden samengevat in figuur 2-5.

2.3.3 Onderzoek en ethiek

Laten we nog even terugkeren naar het 'onderzoek' van de Egyptische koning Psamtik, waarvoor twee kinderen bij hun moeder werden weggehaald en in afzondering werden opgevoed om meer te weten te komen over de oorsprong van taal. Dat experiment is ethisch gezien natuurlijk volledig onverantwoord, en vandaag de dag zou zoiets nooit meer voorkomen.

Maar sommige ethische kwesties zijn subtieler. Is het bijvoorbeeld ethisch aanvaardbaar om mensen opzettelijk te beledigen in een experiment over agressie? Waar ligt de grens tussen een bepaalde mate van ongemak en de kennis die het experiment zal opleveren?

Om onderzoekers te helpen met zulke ethische problemen om te gaan, hebben de belangrijkste organisaties van ontwikkelingspsychologen, waaronder het Nederlands Instituut voor Psychologen, uitgebreide ethische richtlijnen voor onderzoekers ontwikkeld. Fundamentele principes die moeten worden nageleefd zijn onder meer vrijwaring van schade, bewuste toestemming, beperkt gebruik van misleiding en het recht op privacy van proefpersonen (American Psychological Association (APA), 2002; Fisher, 2004, 2005; Nagy, 2011; Toporek, Kwan & Williams, 2012). In België geldt er een uitgebreide ethische code voor onderzoekers waarin gesproken wordt over zorgvuldigheid en voorzichtigheid, betrouwbaarheid en controleerbaarheid, onafhankelijkheid en onpartijdigheid (Federaal wetenschapsbeleid, 2009). Als een onderzoeker in Nederland subsidie aanvraagt voor zijn onderzoek, dan hoort hier vaak de goedkeuring van de Medisch Ethische Toetscommissie (METC) bij. De leden van deze commissie beoordelen of het voorgestelde onderzoek ethisch verantwoord is (Centrale Commissie Mensgebonden Onderzoek, z.d.).

ONTWIKKELINGSPSYCHOLOGIE IN HET DAGELIJKS LEVEN

Kritisch kijken naar ontwikkelingsonderzoek

'Onderzoek wijst uit: zelfmoord onder adolescenten bereikt nieuw hoogtepunt'
'Genetische oorzaak gevonden voor overgewicht bij kinderen'
'Nieuw onderzoek lijkt oplossing te bieden voor wiegendood'

Iedereen kent dit soort koppen wel. Het zijn koppen die op het eerste gezicht belangrijke ontdekkingen aankondigen. Maar voordat we zulke bevindingen accepteren, moeten we kritisch kijken naar het onderzoek waarop ze zijn gebaseerd. We moeten ons onder andere het volgende afvragen:

- Wordt het onderzoek onderbouwd door theorie, en wat zijn de onderliggende hypotheses? Onderzoek moet voortvloeien uit een theoretische basis en hypotheses moeten logisch zijn en op een onderliggende theorie zijn gebaseerd. Alleen door de resultaten vanuit die invalshoek te bekijken, kunnen we bepalen hoe succesvol het onderzoek is.
- Staat het onderzoek op zichzelf of is het onderdeel van een reeks onderzoeken waarin hetzelfde algemene probleem wordt bekeken? Een eenmalig onderzoek heeft veel minder gewicht dan een reeks onderzoeken die op elkaar aansluiten. Door onderzoek in de context van andere onderzoeken te plaatsen, kunnen we met veel meer zekerheid uitspraken doen over de validiteit van de bevindingen van het nieuwe onderzoek.
- Wie waren er betrokken bij het onderzoek en in hoeverre zijn de resultaten te vertalen naar grotere groepen mensen? Conclusies kunnen alleen worden toegepast op mensen die te vergelijken zijn met de participanten van het onderzoek.
- Is het onderzoek goed uitgevoerd? Het is belangrijk om te achterhalen wie het onderzoek heeft uitgevoerd en hoe dat is gedaan. Is er bijvoorbeeld gewerkt met controlegroepen, en staan de onderzoekers in kwestie goed bekend? Als de berichtgeving in de media is gebaseerd op een onderzoek dat gepubliceerd is in een gerenommeerd tijdschrift, zoals het *Nederlands tijdschrift voor jeugdzorg* of het *Nederlands tijdschrift voor psychologie*, dan kun je er meestal wel van uitgaan dat het onderzoek aan deze criteria voldoet en dat het onderzoek naar behoren is uitgevoerd. De redactie van deze tijdschriften verloopt uiterst zorgvuldig, en alleen de beste, meest nauwkeurige onderzoeken worden erin gepubliceerd.
- Zijn de participanten lang genoeg bestudeerd om gefundeerde conclusies te kunnen trekken over hun ontwikkeling? De duur van het onderzoek is essentieel als het gaat om langetermijnontwikkeling. Bovendien mogen er geen conclusies worden getrokken over de ontwikkeling van andere leeftijdsgroepen dan de bestudeerde leeftijdsgroep.

TERUGBLIK

▷ 2.1 Perspectieven bij het kijken naar kinderen

- Binnen de ontwikkelingspsychologie onderscheiden we vijf belangrijke theoretische perspectieven: het psychodynamisch, het behavioristisch, het cognitief, het systemisch en het evolutionair perspectief.
- De psychoanalytische theorie van Freud en de psychosociale theorie van Erikson staan model voor het psychodynamisch perspectief. Freud richtte zich vooral op het onbewuste en op het opbouwen van een ego dat een balans kan vinden tussen het id en de eisen van de omgeving. Erikson onderscheidde acht aparte ontwikkelingsstadia die elk worden gekenmerkt door conflicten of crises die dienen te worden opgelost.
- Het behavioristisch perspectief gaat uit van stimulus-respons-leren. De bekendste voorbeelden daarvan zijn de klassieke conditionering, de operante conditionering van Skinner en de sociaal-cognitieve leertheorie van Bandura. Bij het behaviorisme wordt het gedrag van buitenaf geobserveerd met een nadruk op direct waarneembare feiten: de effecten van mensen, voorwerpen en gebeurtenissen op gedrag. Het gedrag wordt oorzakelijk bepaald (door invloeden uit de omgeving).
- Het cognitief perspectief richt zich op de processen waarmee mensen in staat zijn om de wereld te kennen, te begrijpen en erover na te denken. Piaget onderscheidde bijvoorbeeld een aantal ontwikkelingsfasen dat elk kind zou moeten doorlopen. Iedere fase wordt gekenmerkt door kwalitatieve verschillen in denken. Informatieverwerkingstheorieën schrijven cognitieve groei juist toe aan kwantitatieve veranderingen in mentale processen en capaciteiten. Cognitieve neurowetenschappers proberen locaties en functies binnen de hersenen te identificeren die gerelateerd zijn aan verschillende typen cognitieve activiteit.
- Het systemisch perspectief benadrukt de onderlinge verbanden tussen ontwikkelingsgebieden en het belang van culturele factoren bij de menselijke ontwikkeling. Het bio-ecologisch model van Bronfenbrenner richt zich op het microsysteem, het mesosysteem, het exosysteem, het macrosysteem en het chronosysteem. De socioculturele theorie van Vygotsky legt de nadruk op de invloed van sociale interacties tussen leden van een cultuur op de cognitieve ontwikkeling.
- Het evolutionair perspectief schrijft gedrag toe aan de genetische erfenis van onze voorouders. Het gaat ervan uit dat genen niet alleen bepalend zijn voor kenmerken als huidskleur en kleur van de ogen, maar ook voor bepaalde karaktereigenschappen en sociale gedragspatronen.
- Elk perspectief is gebaseerd op zijn eigen vooronderstellingen en elk perspectief richt zich op verschillende aspecten van de ontwikkeling. Om een zo volledig mogelijk beeld te krijgen van een verschijnsel kan een eclectische benadering gebruikt worden, waarbij de verschillende perspectieven tegelijkertijd worden toegepast.

▷ 2.2 De werkwijze van het wetenschappelijk onderzoek

- Ontwikkelingsonderzoekers doen aan empirisch onderzoek via de wetenschappelijke methode. Ze formuleren hypotheses op basis van theorieën die ze kunnen toetsen. Via operationalisering vertalen ze een hypothese in specifieke, toetsbare procedures die gemeten en geobserveerd kunnen worden. Ze verzamelen objectieve data via een experiment waarin ze proefpersonen blootstellen aan een experimentele conditie en stellen op die manier vast of de onafhankelijke variabele verantwoordelijk is voor het waargenomen effect. Na analyse van de resultaten (data) kunnen ze de hypothese accepteren of verwerpen. Uiteindelijk publiceren de onderzoekers de resultaten zodat anderen er kritisch naar kunnen kijken of ze kunnen repliceren.
- Voor het verzamelen van data zijn er verschillende soorten wetenschappelijk onderzoek mogelijk. Experimenteel onderzoek is geschikt om causale verbanden te bewijzen, oftewel oorzaak-gevolgrelaties te toetsen. In dit type onderzoek manipuleert en controleert de onderzoeker alle omstandigheden. Correlationeel onderzoek bestudeert de relatie tussen variabelen. Er wordt vastgesteld of er een verband is of niet. Een survey is het soort onderzoek dat gebruikmaakt van vragenlijsten over gedrag, gedachten of opvattingen. Natuurlijke observatie vindt plaats in de natuurlijke omgeving van de proefpersoon. De onderzoeker voert systematische observaties uit zonder verandering aan te brengen in de omgeving. Casestudy's zijn diepgaande en intensieve onderzoeken naar een individu of een kleine groep mensen.
- Wetenschappelijk onderzoek kan plaatsvinden in de echte wereld, het zogenaamde veldonderzoek, of in een gecontroleerde omgeving, het laboratoriumonderzoek.

▷ 2.3 Onderzoeksstrategieën en -problemen

- Theoretisch onderzoek is specifiek bedoeld om verklaringen over ontwikkeling te toetsen en wetenschappelijke kennis te vergroten. Toegepast onderzoek is bedoeld om praktische oplossingen voor directe problemen te vinden. Deze twee typen onderzoek vullen elkaar aan. Enerzijds kan de kennis uit theoretisch onderzoek tot praktische oplossingen voor echte problemen leiden, en anderzijds kunnen de ontdekkingen die zijn gedaan bij het oplossen van praktijkproblemen leiden tot nieuwe wetenschappelijke kennis.
- Om verandering op verschillende leeftijden te meten, voeren onderzoekers longitudinale onderzoeken uit met dezelfde proefpersonen op verschillende tijdstippen, dwarsdoorsnedeonderzoeken met proefpersonen van verschillende leeftijden op hetzelfde tijdstip en cross-sequentiële onderzoeken met proefpersonen van verschillende leeftijden op verschillende tijdstippen.
- Enkele ethische richtlijnen voor onderzoek zijn vrijwaring van schade, bewuste toestemming, beperkt gebruik van misleiding en het recht op privacy van proefpersonen.

BELANGRIJKE TERMEN EN BEGRIPPEN

Accommodatie
Afhankelijke variabele
Assimilatie
Behavioristisch perspectief
Bio-ecologisch model
Casestudy
Cognitief perspectief
Cognitieve neurowetenschap
Controlegroep
Correlationeel onderzoek
Cross-sequentieel onderzoek
Dwarsdoorsnedeonderzoek
Ego
Evolutionair perspectief
Experiment
Experimenteel onderzoek
Experimentele conditie
Experimentele groep
Fixatie
Gedragsmodificatie
Hypothese
Id
Informatieverwerkingstheorie
Klassieke conditionering
Laboratoriumonderzoek
Longitudinaal onderzoek
Natuurlijke observatie
Onafhankelijke variabele
Operante conditionering
Operationalisering
Psychoanalytische theorie
Psychodynamisch perspectief
Psychoseksuele ontwikkeling
Psychosociale ontwikkeling
Sociaal-cognitieve leertheorie
Socioculturele theorie
Steekproef
Superego
Surveyonderzoek
Systemisch perspectief
Theoretisch onderzoek
Theorie
Toegepast onderzoek
Veldonderzoek
Wetenschappelijke methode

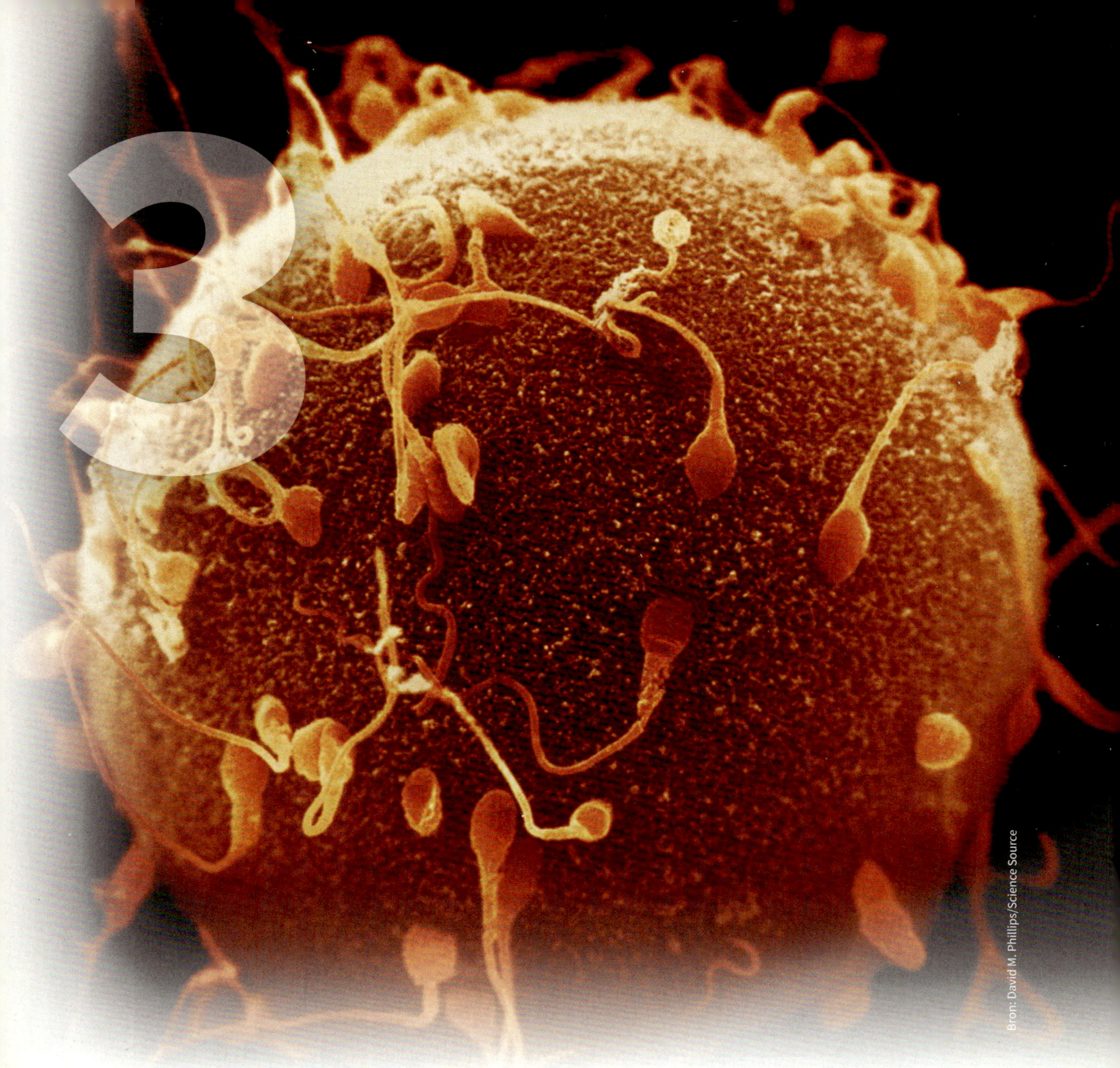

Bron: David M. Phillips/Science Source

HOOFDSTUK 3 HET BEGIN VAN HET LEVEN

HOOFDSTUK 3 IN VOGELVLUCHT

PROLOOG: De toekomst is nu

Els (35 jaar) had eigenlijk al de hoop op een baby opgegeven. De gynaecoloog had na een laparoscopie vastgesteld dat beide eileiders veel verklevingen en cystes bevatten en had weinig hoop gegeven op een zwangerschap, zelfs niet via in-vitrofertilisatie.

Het was voor Els en haar partner Bart dan ook een enorme verrassing dat zij op een gegeven moment toch zwanger bleek te zijn. Een medisch wonder, volgens de gynaecoloog. Bij een controleonderzoek tijdens de derde maand van haar zwangerschap vertelde zij de arts dat er in haar familie vaak miskramen voorkwamen. De dokter raadde haar, ook wegens haar leeftijd, een zogeheten vlokkentest aan om te bepalen of er eventuele genetische problemen waren bij de foetus. Hij wees ook op het verhoogde risico op een miskraam ten gevolge van het onderzoek.

Els en Bart vonden dit een zware beslissing. Ze besloten geen onderzoek te laten doen en het risico van eventuele genetische problemen te aanvaarden.

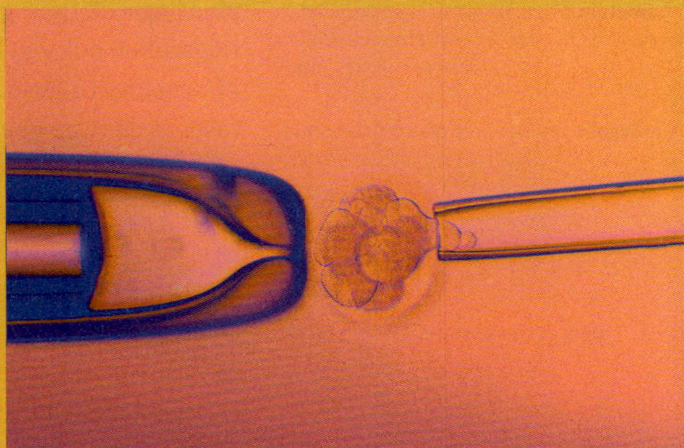

Vlokkentest

Bron: Pascal Goetgheluck/Photo Researchers, Inc.

Op www.pearsonmylab.nl vind je vragen bij deze proloog ter verwerking van de stof uit dit hoofdstuk.

Vooruitblik

In dit hoofdstuk bekijken we wat ontwikkelingsonderzoekers en andere wetenschappers te weten zijn gekomen over het samenspel tussen erfelijkheid en omgeving bij de ontwikkeling van menselijke wezens. We beginnen met de basisbeginselen van de erfelijkheidsleer: de genetische overdracht van eigenschappen van biologische ouders aan hun kinderen en het ontstaan van erfelijke stoornissen. Vervolgens kijken we naar de interactie tussen de genetische erfenis van een kind en de omgeving waarin hij of zij opgroeit. We bespreken de relatieve invloed van genen en omgeving op verschillende eigenschappen, waaronder fysieke kenmerken, intelligentie en persoonlijkheid.

Tot slot richten we ons op het allereerste ontwikkelingsstadium: prenatale groei en verandering. Ook behandelen we een aantal van de alternatieven die beschikbaar zijn voor stellen bij wie een zwangerschap niet vanzelf tot stand komt.

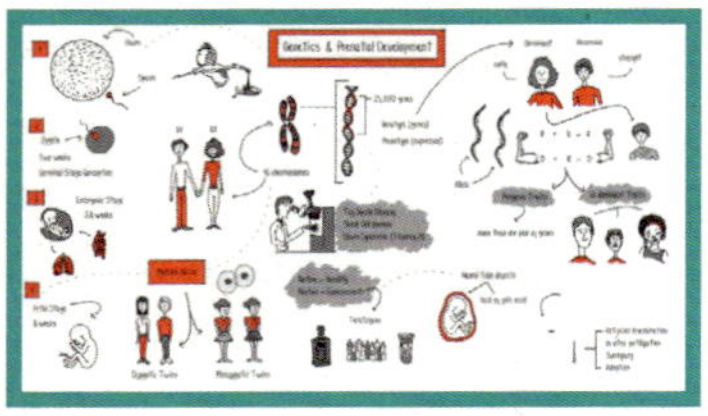

Zie MyLab voor de video: Genetica en prenatale ontwikkeling

3.1 Erfelijkheid

We beginnen ons leven heel eenvoudig. Net als individuen van tienduizenden andere soorten starten we als één cel, een minuscuul stipje dat waarschijnlijk niet meer weegt dan een zestigmiljoenste deel van een ons. Vanaf dit nederige begin volgt de menselijke ontwikkeling en is het, als alles goed gaat, slechts een kwestie van een paar maanden voordat een levend, ademend individu wordt geboren.

Gameten: de geslachtscellen van de moeder en de vader, die samen een nieuwe cel vormen tijdens de bevruchting.

Zygote: de nieuwe cel die wordt gevormd door het bevruchtingsproces.

De eerste cel ontstaat wanneer een mannelijke voortplantingscel, een *spermacel*, door het membraan van het *ovum* dringt, de vrouwelijke voortplantingscel. Deze **gameten**, zoals de mannelijke en vrouwelijke voortplantingscellen ook wel heten, bevatten ieder enorme hoeveelheden genetische informatie. Ongeveer een uur nadat de spermacel het ovum binnen is gegaan, fuseren de twee gameten tot één cel, een **zygote**. De combinatie van de genetische instructies die deze versmelting oplevert (meer dan twee miljard gecodeerde boodschappen), leidt tot de creatie van een nieuw mens.

3.1.1 Genen en chromosomen: de code van het leven

Gen: de basiseenheid van genetische informatie.

DNA: de substantie waaruit genen bestaan, die bepalend is voor de aard en de functie van elke cel in het lichaam.

Chromosoom: drager van een deel van het erfelijk materiaal (DNA) van een organisme.

Onze genetische code wordt opgeslagen en gecommuniceerd in onze **genen**, de basiseenheden van genetische informatie. Genen spelen de hoofdrol in de erfelijkheid. Ze bevatten informatie voor alle erfelijke eigenschappen.

Alle genen zijn opgebouwd uit **DNA** (DNA staat voor deoxyribonucleic acid, oftewel desoxyribonucleïnezuur). Ons DNA bestaat uit lange ketens van bepaalde chemische stoffen. Het bevat de 'genetische code' voor een eigenschap. De ketens zijn in een specifieke volgorde en op specifieke locaties gerangschikt in DNA-strengen: 46 **chromosomen** die georganiseerd zijn in 23 paren. De moeder en de vader van een kind leveren ieder een van de twee chromosomen in elk van de 23 paren. Op het moment van de conceptie, of bevruchting, verenigen deze zich in één nieuwe cel, de zygote. De 46 chromosomen in de nieuwe zygote bevatten de genetische blauwdruk van een individu die voor de rest van zijn leven bepalend is voor zijn celactiviteit (International Human Genome Sequencing Consortium, 2001; Pennisi, 2000; zie figuur 3-1). Een proces dat *mitose* heet (een bepaalde vorm van celdeling), en dat verantwoordelijk is voor de replicatie van de meeste typen cellen, zorgt ervoor dat bijna alle cellen van het lichaam dezelfde 46 chromosomen bevatten als de zygote.

Specifieke genen in precieze locaties op het chromosoom bepalen de aard en het functioneren van elke cel in het lichaam. Genen bepalen bijvoorbeeld welke cellen uiteindelijk onderdeel van het hart zullen worden en welke onderdeel van de beenspieren. Genen bepalen ook hoe verschillende delen van het lichaam zullen functioneren: hoe snel het hart zal kloppen of hoeveel kracht een spier zal hebben.

Als elke ouder maar 23 chromosomen levert, waar komt de enorme diversiteit tussen mensen dan vandaan? Het antwoord is vooral te vinden in de processen die ten grondslag liggen aan de celdeling van de gameten. Op het moment dat de gameten (de zaad- en de eicellen) worden gevormd in het lichaam van een volwassen mens, een proces dat *meiose* heet, krijgt elke gameet een van de twee chromosomen die samen de 23 paren vormen. Omdat het bij elk van de 23 paren grotendeels een kwestie van toeval is welk lid van het paar in de gameet terechtkomt, zijn er 2^{23}, oftewel een stuk of acht miljoen verschillende combinaties mogelijk. Bovendien zijn er nog andere processen die de variatie binnen het genetische brouwsel vergroten, zoals willekeurige transformaties van bepaalde genen. Het uiteindelijke resultaat: tientallen biljoenen mogelijke genetische combinaties.

Met zo veel mogelijke combinaties is het niet erg waarschijnlijk dat je op een dag een genetisch duplicaat van jezelf tegen het lijf loopt – met één uitzondering: de eeneiige tweeling.

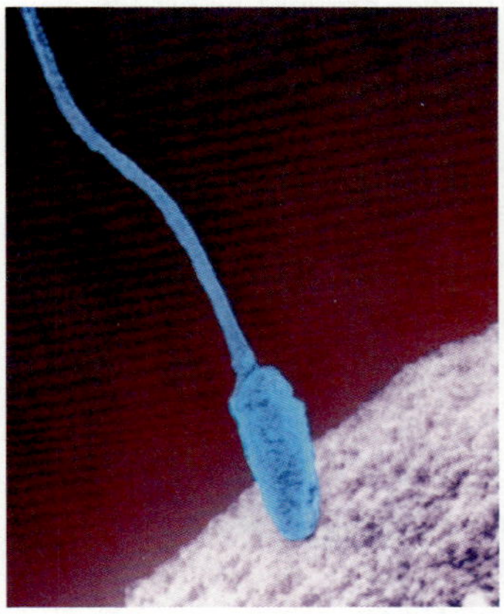

(a) Conceptie

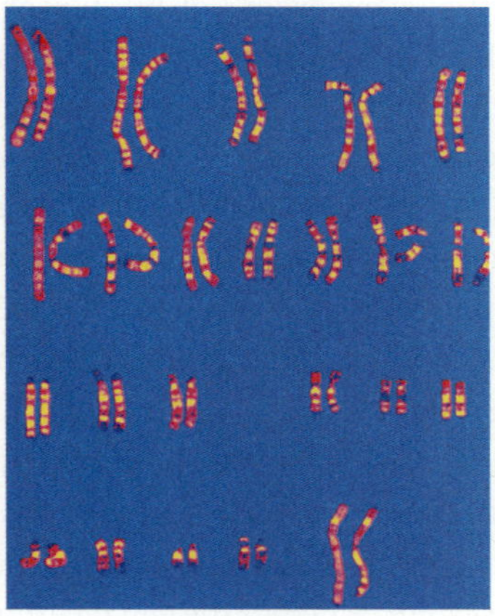

(b) 23 chromosomenparen

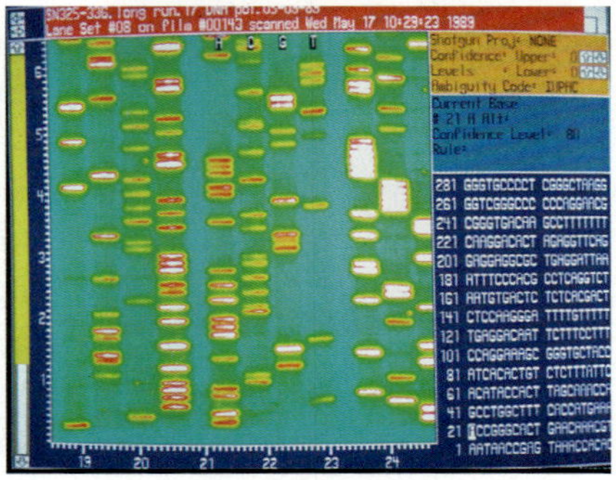

(c) Genenkaart

FIGUUR 3-1 **Genen en chromosomen**

Op het moment van conceptie (a) krijgen mensen 23 chromosomenparen, de ene helft van de moeder en de andere helft van de vader (b). Deze chromosomen bevatten duizenden genen, waarvan sommige te zien zijn op deze door de computer gegenereerde genenkaart (c).

Meerlinggeboorten: twee (of meer) voor de genetische prijs van één

Hoewel niemand ervan opkijkt als een hond of een kat meerdere jongen tegelijk werpt, worden meerlinggeboorten bij mensen altijd bijzonder gevonden. Dat zijn ze ook: minder dan drie procent van alle zwangerschappen leidt tot een tweeling. Bij drie of meer kinderen ligt dat percentage nog veel lager.

Waarom vinden er meerlinggeboorten plaats? Soms komt dat doordat een cellencluster in de eicel zich binnen de eerste twee weken na de bevruchting afsplitst. Het resultaat is twee genetisch identieke zygoten, die, omdat ze afkomstig zijn van dezelfde oorspronkelijke zygote, monozygotisch worden genoemd. **Monozygotische tweelingen** (eeneiige tweelingen) zijn tweelingen die gene-

Monozygotische tweeling: tweeling die afkomstig is van dezelfde oorspronkelijke zygote en dus genetisch identiek is.

tisch identiek zijn. Alle verschillen in hun toekomstige ontwikkeling zijn puur het gevolg van omgevingsfactoren, omdat ze genetisch precies gelijk zijn.

Er bestaat nog een tweede, algemener mechanisme dat leidt tot meerlinggeboorten. Daarbij worden twee afzonderlijke eicellen ongeveer tegelijkertijd bevrucht door twee afzonderlijke zaadcellen. Tweelingen die op deze manier worden verwekt, worden **dizygotische tweelingen** (twee-eiige tweelingen) genoemd. Omdat ze het resultaat zijn van twee afzonderlijke eicel-zaadcelcombinaties lijken ze genetisch gezien niet méér op elkaar dan twee broers of zussen die op verschillende tijdstippen geboren zijn.

Dizygotische tweeling: tweeling die verwekt wordt wanneer twee afzonderlijke eicellen ongeveer tegelijkertijd bevrucht worden door twee afzonderlijke zaadcellen.

Natuurlijk leveren niet alle meerlinggeboorten twee baby's op. Via een van de twee mechanismen die tweelingen voortbrengen (of via allebei) kunnen ook drielingen, vierlingen en zelfs meerlingen met nog grotere aantallen worden geboren. Drielingen kunnen dus een combinatie zijn van monozygotische, dizygotische of trizygotische meerlingen. In Nederland worden de laatste jaren ongeveer 3000 tweelingen per jaar geboren (VuMC, 2014; zie tabel 3-1). In Vlaanderen lag het aantal tweelingen dat geboren werd in 2014 op 1211 (1,84 procent) en het aantal drielingen op 13 (0,02 procent). Het aantal meerlinggeboorten (tweelingen en drielingen) is sinds 2005 stabiel (Devlieger, Martens, Martens, Van Mol & Cammu, 2015). Hoewel de kans op een meerling doorgaans klein is, neemt die kans aanzienlijk toe na een vruchtbaarheidsbehandeling.

De kans op een spontane tweelingzwangerschap neemt ook toe met de leeftijd van de vrouw. Zo is de kans op het krijgen van een tweeling voor een 25-jarige vrouw ongeveer 1 op 90 en voor een 40-jarige vrouw 1 op 60. Spontane drielingzwangerschappen zijn zeldzaam: in Nederland zijn dat er gemiddeld 20-25 per jaar. De meeste zwangerschappen van drie of meer kinderen zijn het gevolg van zwangerschapsbevorderende behandelingen (Martin et al., 2005; NVOG, 2001). Ook in Vlaanderen zien we meer meerlingzwangerschappen ten gevolge van hormoonbehandelingen, in-vitrofertilisatie (ivf) en intracytoplasmatische sperma-injectie (ICSI). Slechts 1,2 procent van de meerlingzwangerschappen ontstond in 2014 spontaan (Devlieger, Martens, Martens, Van Mol & Cammu, 2015).

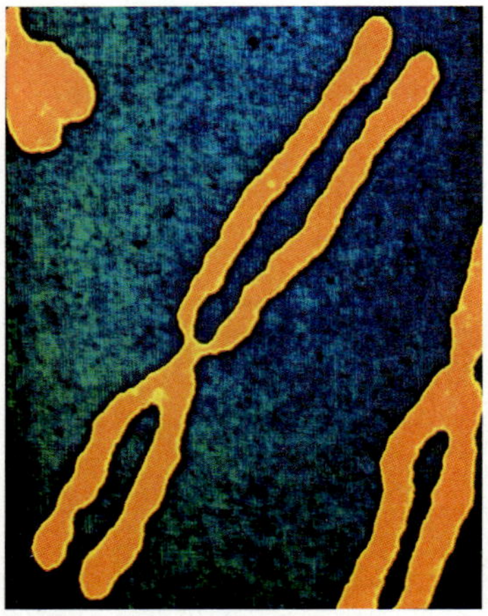

Het X-chromosoom speelt niet alleen een belangrijke rol bij het bepalen van het geslacht, het is ook de locatie van genen die bepalend zijn voor andere aspecten van ontwikkeling.

Bron: Alfred Pasieka/Science Source

Meerlingen komen in de ene familie vaker voor dan in de andere. Daarnaast zijn er etnische en landelijke variaties in het aantal meerlinggeboorten, waarschijnlijk als gevolg van erfelijke verschillen in de kans dat er meer dan één eicel tegelijk vrijkomt. Moeders die een meerling dragen hebben een groter risico op een premature geboorte en op complicaties bij de geboorte. Daarom heeft deze groep intensievere prenatale zorg nodig.

Dankzij monozygotische en dizygotische tweelingen kunnen we meer te weten komen over de relatieve bijdragen van erfelijkheids- en omgevingsfactoren.

Bron: pressmaster/Fotolia

TABEL 3-1 **Meer meerlingen**

ONDERWERPEN	TOTAAL MEERLING-GEBOORTEN	TOTAAL TWEELINGGEBOORTEN	TOTAAL DRIELINGGEBOORTEN, VIERLING-GEBOORTEN ENZ.
Perioden			
1950	2908	2878	30
1960	2978	2952	26
1970	2383	2365	18
1980	1952	1927	25
1990	2808	2690	118
2005	3496	3448	48
2010	3018	2974	44
2013	2833	2788	45

Nadat het aantal meerlinggeboorten tussen 1980 en 2005 in Nederland aanzienlijk toenam, zien we sinds kort een lichte daling.

Bron: CBS_Statline, augustus 2014

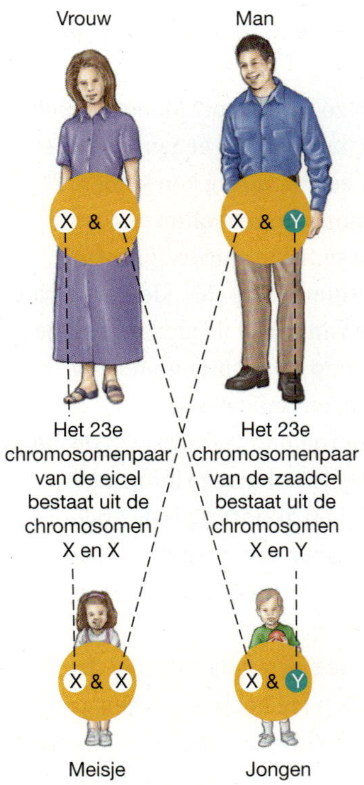

FIGUUR 3-2 **Hoe wordt het geslacht van een kind bepaald?**

Als een eicel en een zaadcel tijdens de bevruchting samensmelten, is het zeker dat de eicel een X-chromosoom levert, terwijl de zaadcel of een X- of een Y-chromosoom levert. Als de zaadcel zijn X-chromosoom doorgeeft, is het kind een meisje. Geeft de zaadcel een Y-chromosoom door, dan is het een jongen.

Jongen of meisje? Het vaststellen van het geslacht van een kind

22 van de 23 menselijke chromosomenparen bevatten ieder twee gelijksoortige chromosomen. De enige uitzondering is het 23e paar; dit is het paar dat het geslacht van het kind bepaalt. Bij vrouwen bestaat het 23e paar uit relatief grote X-vormige chromosomen, dat dan ook toepasselijk XX heet. Bij mannen zijn de leden van het 23e paar niet gelijk. Het ene lid bestaat uit een X-vormig chromosoom, terwijl het andere een kleiner Y-vormig chromosoom is. Dit paar is het XY-paar.

Zoals we eerder hebben besproken, draagt elke gameet een chromosoom van de 23 paren chromosomen van beide ouders. Omdat het 23e chromosomenpaar van een vrouw uit twee X-chromosomen bestaat, draagt een eicel altijd een X-chromosoom. Het maakt niet uit welke chromosoom van het 23e paar het krijgt. Het 23e paar van een man is XY, waardoor elke zaadcel ofwel een X ofwel een Y bevat.

Als de zaadcel een X-chromosoom bijdraagt op het moment dat hij een eicel ontmoet (die dus altijd een X-chromosoom levert), zal het kind een XX-paar op het 23e chromosoom hebben en zal het dus vrouwelijk zijn. Als de zaadcel een Y-chromosoom bijdraagt, levert dat een XY-paar en dus een mannelijk exemplaar op (zie figuur 3-2).

Uit dit proces blijkt dat het sperma van de vader het geslacht van het kind bepaalt. Op basis van dit feit worden technieken ontwikkeld die ouders de mogelijkheid geven invloed uit te oefenen op het geslacht van hun kind. Bij een van die nieuwe technieken wordt het DNA in sperma gemeten met behulp van laserstralen. Door de zaadcellen waarin het chromosoom van de ongewenste sekse huist te identificeren en te verwijderen, neemt de kans op een kind met het gewenste geslacht aanzienlijk toe (Belkin, 1999; Van Balen, 2005).

Natuurlijk roepen procedures om het geslacht van een kind te bepalen ethische en praktische vragen op. In culturen waar de ene sekse waardevoller wordt gevonden dan de andere, zou er bijvoorbeeld sprake kunnen zijn van een soort prenatale seksediscriminatie. Bovendien kan er uiteindelijk een tekort aan kinderen van de minder gewenste sekse ontstaan. Er moeten dus nog veel vragen worden beantwoord voordat de selectie van het geslacht van ongeboren kinderen routine wordt (Bhagat, Laskar & Sharma, 2012; Kalfoglou et al., 2013; Sharma, 2008).

3.1.2 De basisbeginselen van de genetica: het mengen en koppelen van eigenschappen

Zie MyLab voor de video: Liever een zoon

Wat heeft de kleur van jouw haar bepaald? Waarom ben je groot of klein? En waarom heb je zo veel sproeten? Om deze vragen te beantwoorden, kijken we naar de manier waarop de genen die we van onze ouders erven informatie overdragen.

Daarvoor beginnen we bij de ontdekkingen van een Oostenrijkse monnik, Gregor Mendel (1822-1884), halverwege de negentiende eeuw. In een aantal eenvoudige maar overtuigende experimenten kruiste Mendel erwtenplanten die altijd gele zaden produceerden met erwtenplanten die altijd groene zaden produceerden. Je zou misschien denken dat het resultaat een plant was met een combinatie van gele en groene zaden of met geel-groene zaden. Maar dat was niet het geval: alle nieuwe planten hadden gele zaden. In eerste instantie leek het of de planten met de groene zaden helemaal geen invloed hadden.

Mendel ging echter verder met zijn onderzoek en bewees dat deze eerste indruk niet waar was. Hij kweekte planten van de nieuwe 'gele' generatie die waren ontstaan uit zijn oorspronkelijke kruising van de planten met de groene en de gele zaden. Het resultaat was keer op keer een verhouding van drie kwart gele zaden tegenover één kwart groene zaden.

Dominante eigenschap: de eigenschap die tot uiting komt wanneer er twee concurrerende eigenschappen aanwezig zijn.

Recessieve eigenschap: een eigenschap die in een organisme aanwezig is, maar niet tot uiting komt.

Waarom manifesteerde deze verhouding zich zo consistent? Mendel concludeerde dat wanneer twee concurrerende eigenschappen, zoals een groene of een gele zaadkleur, allebei aanwezig waren, er maar een tot uiting kon komen. De eigenschap die tot uiting kwam, werd een **dominante eigenschap** genoemd. Intussen bleef ook de andere eigenschap in het organisme aanwezig, ook al kwam zij niet tot uiting. Dit was een **recessieve eigenschap**. Mendels gekruiste erwtenplanten kregen dus genetische informatie van zowel de planten met de groene als die met de gele zaden. De gele eigenschap was echter dominant, waardoor de recessieve groene eigenschap zich niet manifesteerde.

Genotype: de onderliggende combinatie van genetisch materiaal dat in een organisme aanwezig (maar uiterlijk onzichtbaar) is.

Fenotype: een waarneembaar kenmerk, een kenmerk dat daadwerkelijk te zien is.

Er was dus genetisch materiaal van beide ouderplanten aanwezig in de jonge planten, ook al was het niet allemaal zichtbaar. Deze genetische informatie wordt het genotype van het organisme genoemd. Een **genotype** is de onderliggende combinatie van genetisch materiaal dat in een organisme aanwezig (maar uiterlijk onzichtbaar) is. Een **fenotype** is het waarneembare kenmerk, het kenmerk dat daadwerkelijk te zien is.

Hoewel de planten die direct afstammen van de erwtenplanten met de groene en de gele zaden allemaal gele zaden hebben (ze hebben dus een geelzadig fenotype), bestaat het genotype uit genetische informatie die afkomstig is van beide ouderplanten.

Hoe ziet die informatie in het genotype eruit? Om die vraag te beantwoorden, stappen we van erwten over naar mensen. De principes zijn niet alleen gelijk voor planten en mensen, maar in feite voor bijna alle soorten.

3.1.3 De overdracht van genetische informatie bij mensen

Eerder zagen we dat ouders genetische informatie aan hun nakomelingen doorgeven via de chromosomen die ze de gameet bij de bevruchting meegeven. Sommige genen vormen paren die allelen heten, genen die eigenschappen bevatten die verschillende vormen kunnen aannemen, zoals haarkleur of kleur van de ogen. Bruine ogen bijvoorbeeld zijn een dominante eigenschap (B); blauwe ogen zijn recessief (b). Het allel van een kind kan gelijke of ongelijke

Homozygoot: gelijke genen ervend voor een bepaalde eigenschap.

Heterozygoot: verschillende vormen van het gen ervend voor een bepaalde eigenschap.

Gregor Mendels experimenten met erwtenplanten vormden de basis voor het onderzoek naar genetica.

Bron: Pictorial Press/Alamy

genen van elke ouder bevatten. Als het kind gelijke genen krijgt, zeggen we dat het **homozygoot** is voor de betreffende eigenschap. Als het kind van zijn ouders verschillende vormen van het gen erft, is het **heterozygoot**. In het geval van heterozygote allelen komt de dominante eigenschap tot uiting. Als het kind echter van elke ouder een recessief allel ontvangt en er dus geen dominante eigenschap aanwezig is, zal de recessieve eigenschap zich manifesteren.

We kunnen dit proces bij mensen aan het werk zien door te kijken naar de overdracht van phenylketonurie (PKU), een erfelijke afwijking waarbij een kind niet in staat is om phenylanaline af te breken. Phenylanaline is een essentieel aminozuur dat aanwezig is in proteïnen in melk en andere voedingsmiddelen. Als PKU niet wordt behandeld, kan de phenylalanine zich zodanig opbouwen dat zij giftig wordt, met hersenbeschadiging en verstandelijke beperkingen tot gevolg (Moyle et al., 2007; Widaman, 2009).

PKU wordt geproduceerd door één allel, of genenpaar. Zoals te zien is in figuur 3-3, voorzien we elk gen van het paar van een hoofdletter P als het om een dominant gen gaat, dat zorgt voor een normale productie van phenylalanine, of een kleine p voor het recessieve gen dat PKU veroorzaakt. Wanneer geen van de ouders PKU-drager is, zijn zowel de genenparen van de moeder als die van de vader de dominante vorm. Dit wordt uitgedrukt als PP. Welk lid van het paar ook door de vader en de moeder wordt doorgegeven, het genenpaar van het kind zal PP worden, en het kind zal geen PKU krijgen.

Stel echter dat een van de ouders een recessief p-gen draagt. In dat geval, dat we kunnen voorstellen als Pp, zal de ouder geen PKU hebben, omdat het normale P-gen dominant is. Maar het recessieve gen kan wél worden doorgegeven aan het kind. Dat is op zich niet zo erg: als het kind maar één recessief gen heeft, zal het geen PKU krijgen. Maar stel dat beide ouders een recessief p-gen dragen? In dat geval is het mogelijk dat het kind van beide ouders een recessief gen erft, hoewel geen van hen de ziekte heeft. Het kind zal de ziekte dan krijgen, omdat zijn genotype voor PKU pp is.

Zelfs kinderen wier ouders allebei het recessieve PKU-gen dragen, hebben slechts 25 procent kans om de ziekte te erven. Volgens de wetten van de kansberekening zal 25 procent van de kinderen met Pp-ouders het dominante gen van elke ouder ontvangen (het genotype van deze kinderen is dan PP), en zal 50 procent het dominante gen van één ouder en het recessieve gen van de andere ouder krijgen (hun genotype is dan Pp of pP). Alleen de onfortuinlijke 25 procent die het recessieve gen van beide ouders ontvangt en met het genotype pp eindigt, krijgt PKU.

De overdracht van PKU illustreert hoe genetische informatie wordt doorgegeven van ouder op kind. In sommige opzichten is het PKU-voorbeeld echter eenvoudiger dan de meeste gevallen van genetische overdracht. Er zijn namelijk maar weinig eigenschappen die afhankelijk zijn van één enkel genenpaar. De meeste eigenschappen zijn het resultaat van polygenische overerving. Bij **polygenische overerving** is een combinatie van meerdere genenparen verantwoordelijk voor de productie van een specifieke eigenschap.

Polygenische overerving: overerving waarbij een combinatie van meerdere genenparen verantwoordelijk is voor de productie van een specifieke eigenschap.

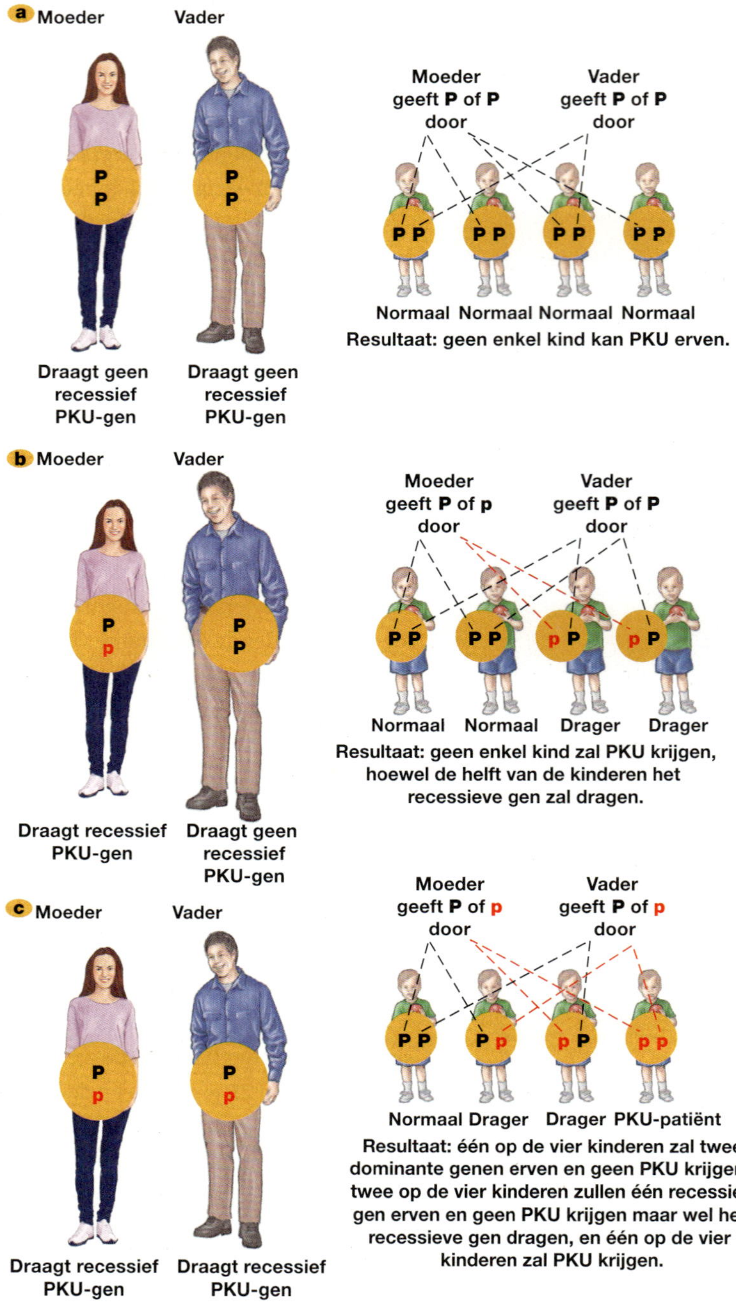

FIGUUR 3-3 **De kans op PKU**

PKU, een ziekte die leidt tot hersenbeschadiging en verstandelijke beperkingen, wordt veroorzaakt door één genenpaar dat een kind erft van zijn vader en moeder. Als geen van de ouders een gen voor de ziekte draagt (a), kan een kind geen PKU ontwikkelen. En ook als één ouder het recessieve gen draagt en de ander niet (b), kan het kind de ziekte niet erven. Als beide ouders het recessieve gen dragen (c), is er een kans van een op vier dat het kind PKU krijgt.

Bovendien kunnen genen verschillen wat hun *reactierange* betreft: de potentiële mate van variatie in de daadwerkelijke manifestatie van een eigenschap als gevolg van omgevingsomstandigheden. En sommige eigenschappen, zoals iemands bloedgroep, worden bepaald door genen waarin geen van de twee leden van een genenpaar puur als dominant of recessief kan worden aangewezen. Hier is het kenmerk een combinatie van de twee genen, zoals bij bloedgroep AB.

X-gebonden gen: recessief gen dat zich alleen op het X-chromosoom bevindt.

Een aantal recessieve genen, de **X-gebonden genen**, bevindt zich alleen op het X-chromosoom. Zoals we eerder aangaven, is het 23e chromosoom bij vrouwen een XX-paar en bij mannen een XY-paar. Een van de gevolgen daarvan is dat mannen meer kans lopen om verschillende X-gebonden ziekten te krijgen, omdat mannen geen tweede X-chromosoom hebben dat een tegenwicht kan vormen voor de genetische informatie die de ziekte veroorzaakt. Mannen hebben bijvoorbeeld een grotere kans op rood-groen kleurenblindheid, een aandoening die veroorzaakt wordt door een aantal genen op het X-chromosoom.

Ook hemofilie, een bloedziekte, wordt veroorzaakt door X-gebonden genen. Hemofilie is een terugkerend probleem binnen een aantal Europese koninklijke families. In figuur 3-4 is de overerving van hemofilie te zien bij sommige afstammelingen van de Britse koningin Victoria.

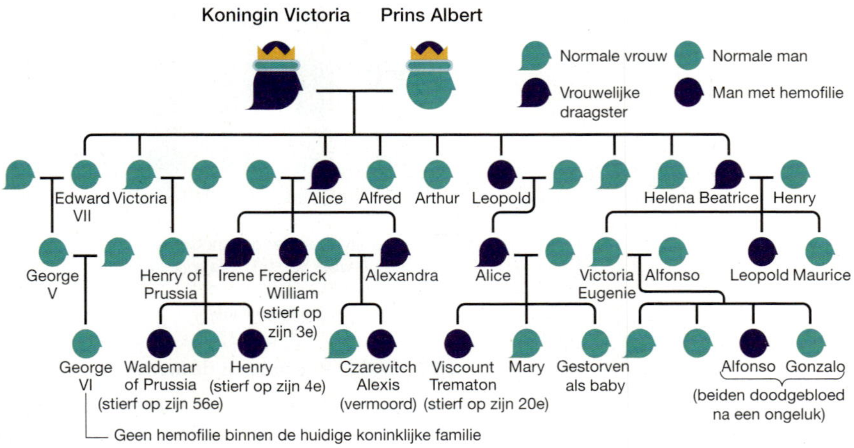

FIGUUR 3-4 **Hemofilie binnen een koninklijke familie**

Hemofilie, een bloedstollingsaandoening, is een erfelijk probleem binnen verschillende koninklijke families in Europa, zoals hier wordt geïllustreerd aan de hand van de afstammelingen van de Britse koningin Victoria.

Bron: vrij naar Kimball, 1983

3.1.4 Het menselijke genoom: het kraken van de genetische code

Mendels ontdekkingen over de basisprincipes van de genetische overdracht van eigenschappen waren baanbrekend. Ze vormen echter slechts het begin van ons inzicht in de manier waarop bepaalde soorten eigenschappen van de ene generatie op de andere worden overgebracht.

De meest recente mijlpaal op dit gebied werd bereikt in 2001, toen moleculair biologen erin slaagden de specifieke genenvolgorde op elk chromosoom in kaart te brengen. Deze prestatie wordt beschouwd als een van de hoogtepunten in de geschiedenis van de genetica, of misschien zelfs van de hele biologie (International Human Genome Sequencing Consortium, 2001).

Er is bijvoorbeeld lang gedacht dat de mens 100.000 genen bezat, maar nu is dat aantal teruggebracht tot 25.000 – niet veel meer dan organismen die aanzienlijk minder complex zijn (zie figuur 3-5). Daarnaast hebben wetenschappers ontdekt dat alle mensen 99,9 procent van de genenvolgorde delen, wat betekent dat veel van de verschillen die mensen op het eerste gezicht van elkaar onderscheiden, zoals ras, slechts oppervlakkig zijn. Nu het menselijke **genoom** in kaart is gebracht, kunnen ook bepaalde aandoeningen waarvoor bepaalde mensen vatbaar zijn gemakkelijker worden geïdentificeerd (Biesecker & Peay, 2013; Hyman, 2011; Levenson, 2012).

Genoom: het geheel van alle genen van de chromosomen van een individu.

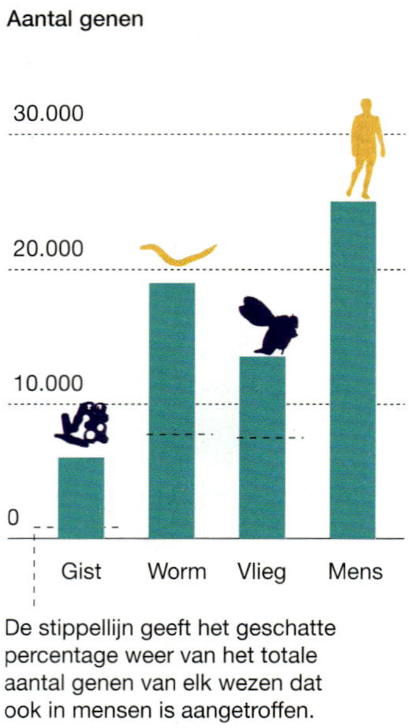

FIGUUR 3-5 **Hoe uniek is de mens?**

Mensen hebben ongeveer 25.000 genen. Dat maakt ons genetisch gezien nauwelijks complexer dan een aantal primitieve soorten.

Bron: Celera Genomics: International Human Genome Sequencing Consortium, 2001

Gedragsgenetica: het onderzoek naar de effecten van erfelijkheid op gedrag.

Ook het snelgroeiende vakgebied gedragsgenetica heeft er baat bij dat de menselijke genenvolgorde is ontrafeld. Zoals de naam al aangeeft, richt de **gedragsgenetica** zich op de effecten van erfelijkheid op gedrag. In dit vakgebied kijkt men niet naar stabiele, onveranderlijke eigenschappen zoals de kleur van het haar of van de ogen, maar naar de manier waarop onze persoonlijkheid en onze gedragspatronen worden beïnvloed door genetische factoren. De gedragsgenetica verenigt het interessegebied van psychologen, die zich richten op de oorzaken van gedrag, met dat van genetici, die zich richten op de processen die zorgen voor de erfelijke overdracht van eigenschappen (Dick & Rose, 2002; Eley et al., 2003). Persoonlijkheidskenmerken als verlegenheid, vriendelijkheid, humeurigheid en assertiviteit vallen onder de terreinen die momenteel worden bestudeerd. Andere gedragsgenetici verrichten onderzoek naar psychische aandoeningen, zoals depressies, ADHD en stoornissen in het schizofreniespectrum, waarbij ze bekijken of er een genetisch verband is (Curtis et al., 2011; Trace et al., 2013; Wang et al., 2012; zie tabel 3-2).

De gedragsgenetica is een veelbelovende wetenschap. Om te beginnen geeft het werk van gedragsgenetici ons meer inzicht in de genetische code die ten grondslag ligt aan het menselijk gedrag en de menselijke ontwikkeling. Hun inspanningen leveren kennis over de werking van de genetica op een moleculair en chemisch niveau. Bovendien komen we dankzij deze wetenschappers steeds meer te weten over de mogelijke genetische basis van verschillende gedragsproblemen, waaronder psychische stoornissen als schizofrenie (zie tabel 3-2). Wat nog belangrijker is: onderzoekers proberen erachter te komen hoe genetische defecten kunnen worden hersteld (Peltonen & McKusick, 2001; Plomin & Rutter, 1998).

TABEL 3-2 **Huidige kennis van de genetische basis van bepaalde gedragsstoornissen en -eigenschappen**

GEDRAGSKENMERK	HUIDIGE IDEEËN OVER GENETISCHE BASIS
Ziekte van Huntington	Het Huntington-gen gelokaliseerd tot het eindgedeelte van de korte arm van chromosoom 4.
***Early-onset* (erfelijke) Alzheimer**	De meeste gevallen veroorzaakt door enkelvoudige genmutatie op de chromosomen 21, 14 en 1.
Fragiele X-syndroom	Twee genen geïdentificeerd.
***Late-onset* Alzheimer**	Eén set genen is in verband gebracht met een verhoogd risico.
ADHD	Sommige studies hebben een verband aangetoond tussen ADHD en de dopamine D4- en D5-genen, maar de complexiteit van de ziekte maakt het lastig een specifiek gen met zekerheid aan te wijzen.
Dyslexie	Mogelijke relatie met twee locaties, op chromosoom 6 en 15.
Alcoholisme	Uit onderzoek blijkt dat genen die de activiteit van de neurotransmitters serotonine en GABA beïnvloeden, vermoedelijk een rol spelen bij het risico op alcoholisme.
Schizofrenie	De meningen zijn verdeeld, maar mogelijk relaties met verschillende chromosomen, waaronder 1, 5, 6, 10, 13, 15 en 22.

Bron: naar McGulfin, Riley & Plomin, 2001

3.1.5 Erfelijke en genetische stoornissen: als het misloopt met onze ontwikkeling

PKU is slechts een van de vele erfelijke stoornissen die er bestaan. Net als een bom die onschadelijk is zolang de lont niet wordt aangestoken, kan een recessief gen dat verantwoordelijk is voor een genetische stoornis ongemerkt van de ene op de andere generatie worden overgebracht. De stoornis manifesteert zich alleen wanneer twee recessieve genen als een lucifer en een lont samenkomen. Pas dan zal een kind de ziekte ontwikkelen.

Genen zijn ook om een andere reden een bron van zorg: in sommige gevallen raken ze fysiek beschadigd. Dat kan bijvoorbeeld als gevolg van slijtage of van toevallige gebeurtenissen die zich voltrekken tijdens de celdelingsprocessen meiose en mitose. Soms veranderen genen zonder aanwijsbare reden spontaan van vorm, een proces dat *spontane mutatie* heet. Ook bepaalde omgevingsfactoren, zoals blootstelling aan röntgenstralen, kunnen leiden tot misvorming van genetisch materiaal (zie figuur 3-6). Als zulke beschadigde genen aan een kind worden doorgegeven, kunnen de gevolgen voor diens toekomstige fysieke en cognitieve ontwikkeling rampzalig zijn (Acheva et al., 2014; Samet et al., 2004).

PKU manifesteert zich bij een op de tien- tot twintigduizend mensen. Hieronder volgen enkele andere voorbeelden van erfelijke en genetische stoornissen:

Downsyndroom: een stoornis die het resultaat is van de aanwezigheid van een extra chromosoom op het 21e paar.

- *Downsyndroom*. De meeste mensen hebben 46 chromosomen in 23 paren. Een uitzondering daarop vormen mensen met het **downsyndroom**, een stoornis die het resultaat is van een extra chromosoom op het 21e paar. Het downsyndroom treedt meestal op doordat het kindje drie kopieën van chromosoom 21 heeft in plaats van twee. Dit betekent dat er in totaal 47 chromosomen zijn in plaats van 46. Meestal erft het kindje het extra chromosoom over van de moeder, door een fout in de deling van chromosomen in de eicel. Maar een extra chromosoom dat van de vader komt is ook mogelijk. Het gaat dan om een afwijking van de zaadcel. Dit komt echter niet zo vaak voor. Het downsyndroom werd vroeger mongolisme genoemd. Het is de meest voorkomende verstandelijke beperking. Een op de vijfhonderd kinderen wordt geboren met het downsyndroom, waarbij het risico veel groter is bij moeders die relatief jong of oud zijn (Adorno et al., 2013; Davis, 2008; Sherman et al., 2007).

Fragiele X-syndroom: een stoornis die optreedt wanneer een bepaald gen op het X-chromosoom beschadigd is geraakt, met een milde tot matige verstandelijke beperking als gevolg.

- *Fragiele X-syndroom*. Het **fragiele X-syndroom** treedt op wanneer een bepaald gen op het X-chromosoom beschadigd is geraakt. Het resultaat is een milde tot matige verstandelijke beperking (Cornish, Turk & Hagerman, 2008; Hagerman, 2011; Hocking, Kogan & Cornish, 2012).

Sikkelcelanemie: een bloedaandoening die zo genoemd wordt vanwege de vorm van de rode bloedcellen van de mensen die aan deze

- *Sikkelcelanemie*. Deze ziekte komt voor bij Surinaamse creolen en Antillianen, bij mediterrane volkeren (waaronder Marokkanen, Grieken en Turken), bij Midden-Aziaten (Iraniërs, Irakezen enzovoort) en bij mensen uit Centraal- en West-Afrika. **Sikkelcelanemie** is een bloedaandoening die zo genoemd wordt vanwege de vorm van de rode bloedcellen van de mensen die de ziekte hebben. Symptomen zijn onder andere perioden met veel pijn wanneer rode bloedcellen in de bloedvaten samenklonteren, weinig eetlust, achterblijvende groei en gelige ogen. Kinderen die aan de ernstigste vorm van de ziekte lijden, worden zelden volwassen. Voor mensen met mildere vormen is de levensverwachting aanzienlijk gestegen dankzij nieuwe medische inzichten.

Ziekte van Duchenne: een aandoening waarbij sprake is van spierzwakte, gevolgd door een afname van de spiermassa.

- *Ziekte van Duchenne*. De **ziekte van Duchenne** komt in de regel alleen bij mannen voor, terwijl vrouwen voornamelijk drager zijn. Bij deze aandoening is er sprake van spierzwakte, gevolgd door een afname van de spiermassa. De ziekte van Duchenne begint met kenmerken zoals het later beginnen met lopen en moeite hebben met opstaan. Daarbij is er sprake van verminderde spierkracht in met name de bovenbenen en bovenarmen. In de loop der jaren verzwakken de spieren steeds meer. Als gevolg van de spierzwakte ontstaat stijfheid van de gewrichten en verzwakken ook de spieren van de ademhaling en het hart.

Syndroom van Klinefelter: een aandoening die het gevolg is van de aanwezigheid van een extra X-chromosoom, leidend tot onderontwikkelde genitaliën, extreme lengte en vergrote borsten.

- *Syndroom van Klinefelter*. Een op de vierhonderd mannen wordt geboren met het **syndroom van Klinefelter**, veroorzaakt door de aanwezigheid van een extra X-chromosoom. Het resulterende XXY-paar leidt tot onderontwikkelde genitaliën, extreme lengte en vergrote borsten. Het syndroom van Klinefelter behoort tot een groep genetische stoornissen die het gevolg zijn van het bezit van een afwijkend aantal geslachtschromosomen. Er zijn bijvoorbeeld stoornissen die veroorzaakt worden door een extra Y-chromosoom (XYY), een ontbrekend tweede chromosoom (het Turner-syndroom), en drie X-chromosomen (XXX). Zulke stoornissen worden doorgaans gekenmerkt door problemen met betrekking tot seksuele eigenschappen en een intellectuele achterstand (Murphy, 2009; Murphy & Mazzocco, 2008; Ross, Stefanatos & Roeltgen, 2007).

Omgevingsfactoren

Het feit dat een stoornis een genetische oorzaak heeft, betekent niet dat omgevingsfactoren verder geen rol spelen (Moldin & Gottesman, 1997). Neem bijvoorbeeld sikkelcelanemie, een ziekte die voornamelijk voorkomt bij mensen van Afrikaanse afkomst. Omdat deze ziekte dodelijk kan zijn bij kinderen, zou je verwachten dat de mensen die eraan lijden niet lang genoeg leven om haar door te geven. Dat lijkt ook het geval te zijn, althans in het Westen. In vergelijking met delen van West-Afrika komt de ziekte daar veel minder voor.

Maar waarom komt sikkelcelanemie dan niet geleidelijk steeds minder voor bij mensen in West-Afrika? Over deze vraag hebben wetenschappers zich jarenlang het hoofd gebroken, totdat ze erachter kwamen dat het sikkelcelgen ervoor zorgt dat de dragers beter bestand zijn tegen malaria, een veelvoorkomende ziekte in West-Afrika (Allison, 1954). Deze verhoogde immuniteit betekende dat mensen met het sikkelcelgen een genetisch voordeel hadden dat het nadeel van de sikkelcelanemie enigszins compenseerde.

Wat we van sikkelcelanemie kunnen leren is dat genetische factoren verweven zijn met omgevingsfactoren en niet in isolatie kunnen worden bekeken. En hoewel we ons hier hebben geconcentreerd op erfelijke genetische factoren waarbij iets misgaat, werken onze genetische mechanismen in de meeste gevallen heel goed. Rond de 95 procent van de kinderen die hier worden geboren, is gezond en normaal. Voor de kinderen die geboren worden met een mentale of fysieke beperking zijn er vaak manieren voorhanden om het probleem te behandelen en in sommige gevallen te verhelpen.

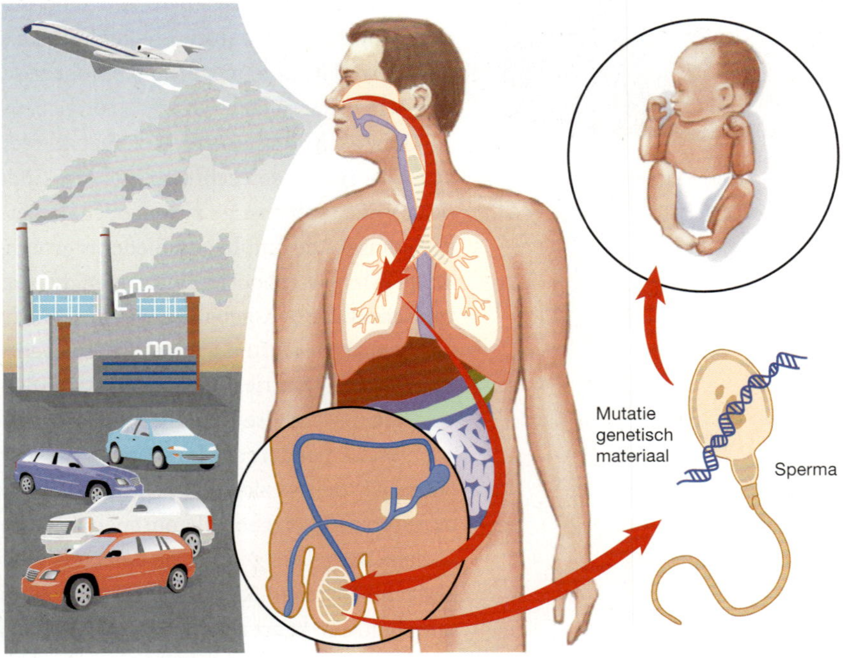

FIGUUR 3-6 **Luchtvervuiling en genetische mutaties**

Inademing van ongezonde, vervuilde lucht kan leiden tot mutaties van genetisch materiaal in sperma. Deze mutaties kunnen worden doorgegeven aan volgende generaties.

Bron: gebaseerd op Samet, DeMarini & Mailing, 2004, p. 971

Sikkelcelanemie, zo genoemd vanwege de aanwezigheid van misvormde rode bloedcellen, is aanwezig in de genen van een op de tien mensen van Afrikaanse komaf.

Bron: Science Source

Dankzij nieuwe inzichten binnen de gedragsgenetica kunnen genetische problemen steeds beter worden voorspeld en kan er steeds beter op die problemen worden geanticipeerd voordat een kind wordt geboren. Naarmate wetenschappers meer kennis vergaren over de specifieke locatie van bepaalde genen, worden voorspellingen over hoe de genetische toekomst eruit zal zien steeds nauwkeuriger (Plomin & Rutter, 1998).

3.1.6 Genetische advisering: de toekomst voorspellen aan de hand van genen

Zie MyLab voor de video: Genetische advisering

Genetisch adviseur: iemand die mensen helpt met problemen die verband houden met erfelijke stoornissen.

Stel dat je weet dat je moeder en oma zijn gestorven aan de ziekte van Huntington, een verwoestende, altijd dodelijke erfelijke aandoening die wordt gekenmerkt door trillen en geestelijke aftakeling. Aan wie zou je dan het beste kunnen vragen hoe groot de kans is dat jij de ziekte zelf ook krijgt?

Je kan dan te rade gaan bij een genetisch adviseur. Een **genetisch adviseur**, meestal verbonden aan een ziekenhuis, helpt mensen omgaan met problemen die verband houden met erfelijke stoornissen. Het vakgebied genetische advisering is in de jaren tachtig van de vorige eeuw ontstaan.

Genetisch adviseurs werken met allerlei verschillende gegevens. Stel bijvoorbeeld dat een echtpaar met een kinderwens erachter wil komen welke risico's een toekomstige zwangerschap met zich meebrengt. In zo'n geval zal een adviseur de familiegeschiedenis grondig doornemen en kijken of er sprake is van erfelijke geboorteafwijkingen die zouden kunnen wijzen op een patroon van recessieve of X-gebonden genen. Daarnaast zal de adviseur kijken naar factoren als de leeftijd van het stel en eventuele afwijkingen bij de kinderen die ze al hebben (Harris, Kelly & Wyatt, 2013; Lyon, 2012; Peay & Austin, 2011).

Genetisch adviseurs stellen meestal ook een grondig lichamelijk onderzoek voor. Bij zo'n onderzoek kunnen fysieke afwijkingen naar voren komen waarvan potentiële ouders zich niet bewust waren. Verder kunnen bloed-, huid- en urinemonsters worden gebruikt om specifieke chromosomen te isoleren en onderzoeken. Mogelijke genetische defecten, zoals de aanwezigheid van een extra geslachtshormoon, kunnen worden geïdentificeerd door een karyogram samen te stellen, een kaart met vergrote foto's van alle chromosomen.

Prenataal onderzoek

Als een vrouw al zwanger is, zijn er verschillende technieken om de gezondheid van haar ongeboren kind te beoordelen (zie tabel 3-3 voor een lijst van onderzoeken die momenteel beschikbaar zijn).

De vroegste test is een *eerstetrimesterscreeningtest*, een combinatie van een bloedtest en een echoscopie in de elfde tot de dertiende week van de zwangerschap. Daarbij worden geluidsgolven met een hoge frequentie op de baarmoeder losgelaten. Deze geluidsgolven leveren een vaag maar nuttig beeld op van de ongeboren baby en verschaffen informatie over zijn omvang en vorm. Meerdere **echoscopieën** tijdens een zwangerschap kunnen een beeld schetsen van het ontwikkelingspatroon van de ongeboren baby. Bloedtesten en echografieën zijn aan het begin van de zwangerschap geen nauwkeurige manieren om afwijkingen vast te stellen, maar dat wordt beter naarmate de zwangerschap vordert. De twintigwekenecho geeft al een nauwkeuriger beeld van de gezondheid van het kind.

Echoscopie: een test waarmee een beeld wordt geschetst van het ongeboren kind door middel van geluidsgolven met een hoge frequentie.

Bij een **vruchtwaterpunctie** wordt een klein monster van foetale cellen uit de vruchtzak gehaald. Dat gebeurt met een heel kleine naald die in het vruchtwater wordt gestoken, waarin de ongeboren foetus zich bevindt. Analyse van de foetale cellen kan verschillende genetische afwijkingen aan het licht brengen.

Vruchtwaterpunctie: een test waarmee genetische afwijkingen worden opgespoord door een klein monster van foetale cellen uit de vruchtzak te onderzoeken.

Ook kan het geslacht van het kind ermee worden bepaald. Hoewel er bij zo'n ingrijpende methode altijd een risico voor de foetus aanwezig is, is een vruchtwaterpunctie over het algemeen veilig wanneer zij wordt uitgevoerd tussen de vijftiende en de achttiende week van de zwangerschap.

Vlokkentest (chorionvillusbiopsie): een test waarmee genetische afwijkingen worden opgespoord door kleine monsters te nemen van het haarachtige materiaal om de embryo heen.

Een andere test, de **chorionvillusbiopsie** (CVB) of **vlokkentest**, kan nog eerder worden uitgevoerd. Hierbij worden kleine monsters genomen van het haarachtige materiaal om de embryo heen. Een vlokkentest kan worden uitgevoerd tussen de achtste en de elfde week van de zwangerschap. Omdat deze test riskanter is dan de vruchtwaterpunctie en minder genetische problemen aan het licht kan brengen, wordt hij relatief weinig gebruikt.

TABEL 3-3 **Technieken om de foetale ontwikkeling te volgen**

TECHNIEK	OMSCHRIJVING
Vruchtwaterpunctie	Bij deze procedure, die uitgevoerd wordt tussen de vijftiende en achttiende week van de zwangerschap, wordt een monster onderzocht van het vruchtwater, dat foetale cellen bevat. Aanbevolen als een van de ouders drager is van de ziekte van Duchenne, spina bifida, sikkelcelanemie, het syndroom van Down of resusziekte.
Vlokkentest (chorionvillusbiopsie, CVB)	Uitgevoerd tussen de achtste en elfde week van de zwangerschap, transabdominaal of transcervicaal, afhankelijk van waar de placenta zich bevindt. Hierbij wordt een naald (abdominaal) of een katheter (cervicaal) in de substantie van de placenta (maar buiten de vruchtzak) gebracht en wordt tien tot vijftien milligram weefsel verwijderd. Het weefsel wordt handmatig ontdaan van baarmoederweefsel en vervolgens op kweek gezet. Daarna wordt er een karyogram gemaakt, net als bij een vruchtwaterpunctie.
Embryoscopie	Hierbij wordt het embryo of de foetus tussen de vijfde en de twaalfde week van de zwangerschap onderzocht met behulp van een vezeloptische endoscoop die via de baarmoederhals wordt ingebracht. Met dit instrument kan toegang tot de foetale circulatie worden verkregen. Dankzij de directe weergave van het embryo kunnen misvormingen worden opgespoord.
Foetale bloedtest	Uitgevoerd na achttien weken zwangerschap door een kleine hoeveelheid bloed uit de navelstreng te testen. Wordt gebruikt om het downsyndroom en de meeste andere chromosoomafwijkingen op te sporen bij foetussen van stellen die een verhoogd risico hebben op een kind met deze afwijkingen. Met deze techniek kunnen ook veel andere ziekten worden gediagnosticeerd.
Echoscopie	Hierbij worden geluidsgolven met een zeer hoge frequentie gebruikt om structurele afwijkingen of meervoudige zwangerschappen op te sporen, de groei te meten, het stadium van de zwangerschap te bepalen en afwijkingen aan de baarmoeder te constateren. Wordt ook gebruikt in combinatie met andere procedures, zoals vruchtwaterpuncties.

TABEL 3-4 **Op DNA gebaseerde genetische tests die momenteel beschikbaar zijn**

ZIEKTE	OMSCHRIJVING
Polycystische nierziekte bij volwassenen	Niet-functionerende nieren en leverziekte
Alfa-1-antitrypsin-deficiëntie	Emfyseem en leverziekte
Ziekte van Alzheimer	*Late-onset*-variëteit van seniele dementie
Amiotrofische laterale sclerose (ziekte van Lou Gehrig)	Voortschrijdend verlies van motorische functies leidend tot verlamming en dood
Ataxia telangiectasia	Voortschrijdende hersenstoornis resulterend in verlies van spierbeheersing en vormen van kanker
Borst- en eierstokkanker (erfelijk)	Vroege tumoren in borsten en eierstokken
Charcot-Marie-Tooth	Verlies van gevoel in uiteinden van ledematen
Congenitale adrenale hyperplasie	Hormonale afwijking; tweeslachtige genitaliën en mannelijk pseudohermafroditisme

Cystic fybrosis	Dikke slijmophopingen in de longen en chronische infecties in de longen en de pancreas
Duchenne-spierdystrofie (Becker-spierdystrofie)	Milde tot ernstige spierslijtage, -verslechtering of -zwakte
Dystonie	Spierstijfheid, herhaaldelijke draaibewegingen
Factor V Leiden	Bloedstollingsstoornis
Fanconi-anemie, groep	Anemie, leukemie, misvormingen/vergroeiingen van het geraamte
Fragiele X-syndroom	Verstandelijke beperking
Ziekte van Gaucher	Vergrote lever en milt, botdegeneratie
Hemofilie A en B	Bloedingsstoornissen
Hereditair nonpolyposis colorectaal carcinoom	Vroege tumoren in de darm en soms ook in andere organen
Ziekte van Huntington	Voortschrijdende neurologische degeneratie, meestal beginnend rond de middelbare leeftijd
Myotonische dystrofie	Voortschrijdende spierzwakte
Neurofibromatose, type 1	Verschillende goedaardige tumoren in het zenuwstelsel die tot misvormingen kunnen leiden; vormen van kanker
Phenylketonurie (PKU)	Voortschrijdende verstandelijke beperkingen als gevolg van ontbrekend enzym; te corrigeren door middel van een dieet
Prader Willy/Angelman-syndroom	Afgenomen motorische vaardigheden, cognitieve beschadiging, vroegtijdige dood
Sikkelcelziekte	Bloedcelafwijking; chronische pijn en infecties
Spinale spieratrofie	Ernstige, meestal dodelijke voortschrijdende spierslijtage bij kinderen
Spinocerebellare ataxie, type 1	Onvrijwillige spierbewegingen, reflexstoornissen, explosieve spraak
Ziekte van Tay-Sachs	Attaques, verlamming; dodelijke neurologische ziekte in de vroege jeugd
Thalassemia	Anemieën

Deze susceptibiliteittests geven alleen een schatting van de kans om de stoornis te ontwikkelen.

Bron: Human Genome Project, 2006

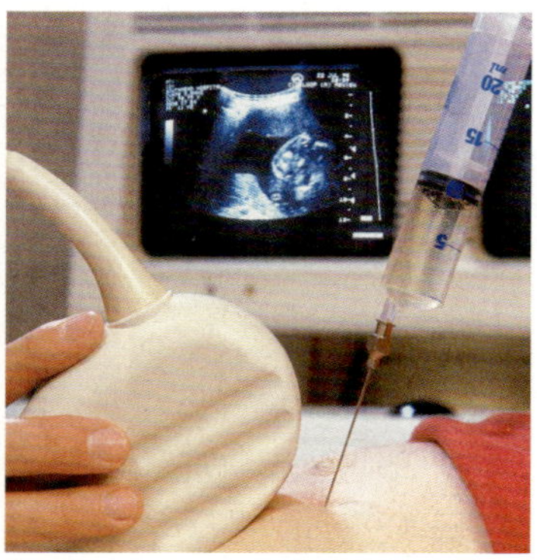

Bij een vruchtwaterpunctie wordt een monster van foetale cellen uit de vruchtzak gehaald en gebruikt om een aantal genetische defecten te identificeren.

Bron: Saturn Stills/Science Source

Als de verschillende onderzoeken zijn uitgevoerd en alle mogelijke informatie beschikbaar is, zullen de aanstaande ouders weer een afspraak maken met de genetisch adviseur. Adviseurs doen doorgaans geen specifieke aanbevelingen. Ze presenteren de feiten en geven aan welke opties er zijn op het moment dat er afwijkingen bij de foetus zijn geconstateerd. Dit kan variëren van nietsdoen tot drastischere stappen, zoals het beëindigen van de zwangerschap door middel van een abortus. Uiteindelijk is het aan de ouders om te beslissen wat ze willen.

Andere toepassingen van genetisch onderzoek

De nieuwste rol van genetisch adviseurs is mensen testen om te achterhalen of zijzelf, en niet hun kinderen, risico lopen op toekomstige aandoeningen als gevolg van genetische afwijkingen. De ziekte van Huntington manifesteert zich bijvoorbeeld bijna nooit voor het veertigste levensjaar. Genetische tests kunnen veel eerder uitwijzen of mensen het defecte gen dragen. Op die manier kunnen zij zich beter voorbereiden op hun toekomst (Andersson et al., 2013; Cina & Fellmann, 2006; Tibben, 2007).

Naast de ziekte van Huntington kunnen er met behulp van genetische tests meer dan 450 afwijkingen worden voorspeld (zie tabel 3-4). Hoewel zulke tests toekomstige zorgen kunnen wegnemen als de resultaten negatief zijn, kan een positief resultaat het tegenovergestelde effect hebben. Genetische tests brengen dan ook lastige praktische en ethische vragen met zich mee (Human Genome Project, 2006; Klitzman, 2012; Twomey, 2006; Wilfond & Ross, 2009).

Stel bijvoorbeeld dat iemand die denkt dat zij risico loopt op de ziekte van Huntington rond haar twintigste wordt getest. Uit de test blijkt dat zij het defecte gen niet draagt. Dat zou natuurlijk een enorme opluchting zijn. Maar stel dat blijkt dat ze het gen wél draagt en de ziekte dus zal krijgen. De kans bestaat dan dat ze depressief raakt en spijt krijgt van de test.

Genetisch testen is duidelijk een gecompliceerd onderwerp. De vraag of een individu een bepaalde ziekte zal krijgen, is zelden simpelweg met ja of nee te beantwoorden. Meestal verschaffen genetische tests een reeks waarschijnlijkheden. In sommige gevallen is de kans om echt ziek te worden afhankelijk van het soort omgevingsstressoren waaraan een persoon blootstaat. Ook persoonlijke verschillen hebben invloed op iemands vatbaarheid voor een ziekte (Bloss, Schork & Topol, 2011; Bonke et al., 2005; Lucassen, 2012).

3.2 De interactie tussen erfelijkheid en omgeving

Lea en Joost probeerden erachter te komen op wie hun baby Jesse het meest leek. Hij leek Lea's grote, wijd opengesperde ogen te hebben, en Joosts gulle lach. Nu hij groter wordt, begint hij nog meer op zijn vader en moeder te lijken. Zijn haarlijn loopt precies als die van Lea en met tandjes lijkt zijn lach nog meer op die van Joost. Ook in zijn gedrag lijkt hij op zijn ouders. Hij is bijvoorbeeld een charmante baby, altijd bereid om naar bezoekers te lachen – net als zijn vriendelijke, joviale vader. En slapen doet hij net als zijn moeder, wat een geluk is, omdat Joost licht en onrustig slaapt, terwijl Lea snel in slaap valt en rustig zeven of acht uur doorslaapt.

Heeft Jesse zijn glimlach en zijn regelmatige slaappatroon van zijn ouders geërfd? Of zijn deze eigenschappen het gevolg van het gelukkige en stabiele thuis dat Joost en Lea voor hem hebben gecreëerd? Wat veroorzaakt ons gedrag? De natuur (nature) of de omgeving (nurture)? Wordt gedrag bepaald door erfelijke, genetische invloeden of door factoren om ons heen? Het antwoord op deze vragen is dat er geen eenvoudig antwoord op bestaat.

3.2.1 De rol van de omgeving: van genotype naar fenotype

Uit steeds meer ontwikkelingsonderzoeken blijkt dat gedrag niet puur door genetische factoren of omgevingsfactoren kan worden verklaard. Het is het product van een combinatie van de twee.

Temperament: patronen van prikkeling en emotionaliteit die consistente en permanente eigenschappen van een individu vormen.

Neem bijvoorbeeld **temperament**, patronen van prikkeling en emotionaliteit die consistente en permanente eigenschappen in een individu vertegenwoordigen. Stel dat we ontdekten (en daar komen steeds meer bewijzen voor) dat een klein percentage kinderen geboren wordt met een temperament dat een ongebruikelijke mate van psychologische reactiviteit met zich meebrengt. Zulke kinderen, die geneigd zijn om terug te schrikken voor alles wat onbekend is, reageren op nieuwe stimuli met een snelle toename van hun hartslag en een ongebruikelijke prikkelbaarheid van het lymbische systeem in de hersenen (de middelste laag van de hersenen, betrokken bij emotie, motivatie, genot en herinnering). Zo'n verhoogde reactiviteit op stimuli aan het begin van het leven,

Zie MyLab voor de video: Temperament

die verband lijkt te houden met erfelijke factoren, heeft waarschijnlijk ook tot gevolg dat deze kinderen tegen de tijd dat ze vier of vijf zijn door hun ouders of leraren verlegen worden gevonden. Maar dat geldt niet voor al deze kinderen. Sommigen van hen gedragen zich precies als hun leeftijdgenoten (De Pauw & Mervielde, 2011; Kagan & Snidman, 1991; Pickles et al., 2013).

Hoe kunnen we dit verschil verklaren? Het lijkt erop dat het antwoord te vinden is in de omgeving waarin de kinderen worden opgevoed. Kinderen wier ouders hen stimuleren om extravert te zijn door daar gelegenheden voor te creëren, kunnen hun verlegenheid overwinnen. Kinderen die in een stressvolle omgeving worden opgevoed die wordt gekenmerkt door ouderlijke ruzies of een langdurige ziekte, zullen hun verlegenheid waarschijnlijk behouden. Jesse, over wie we eerder vertelden, is misschien geboren met een gemakkelijk temperament, dat werd versterkt door zijn zorgzame ouders (Bridgett et al., 2009; Casalin et al., 2012; Kagan, Arcus & Snidman, 1993; Propper & Moore, 2006).

Multifactoriële overerving: de bepaling van eigenschappen door een combinatie van genetische factoren en omgevingsfactoren, waarbij een genotype zorgt voor een bepaald bereik waarbinnen een fenotype zich kan manifesteren.

Zulke bevindingen laten zien dat bij veel eigenschappen sprake is van **multifactoriële overerving**, wat betekent dat deze eigenschappen bepaald worden door een combinatie van genetische factoren en omgevingsfactoren. Bij multifactoriële overerving zorgt een genotype voor een bepaald bereik waarbinnen een fenotype zich kan manifesteren. Mensen met een genotype dat ervoor zorgt dat ze gemakkelijk aankomen, zullen misschien nooit slank worden, hoeveel ze ook lijnen. Ze kunnen wel *relatief* slank zijn, gezien hun genetische erfenis, maar ze zullen nooit verder komen dan een bepaalde mate van slankheid (Faith, Johnson & Allison, 1997). In veel gevallen is het de omgeving die bepaalt op welke manier een bepaald genotype zich als een fenotype manifesteert (Plomin, 1994b; Wachs, 1992, 1993, 1996).

FIGUUR 3-7 **Mogelijke oorzaken van intelligentie**

Intelligentie kan worden verklaard aan de hand van allerlei mogelijke oorzaken die ergens tussen nature en nurture in liggen.

Er zijn ook genotypen die relatief weinig invloed ondervinden van omgevingsfactoren. In zulke gevallen volgt de ontwikkeling een vastliggend patroon, relatief onafhankelijk van de specifieke omgeving waarin iemand wordt opgevoed. Onderzoek naar zwangere vrouwen die ernstig ondervoed waren tijdens de Tweede Wereldoorlog wees bijvoorbeeld uit dat hun kinderen fysiek en intellectueel gezien relatief ongeschonden uit de strijd waren gekomen (Stein et al.,

1975). Lengte is een ander voorbeeld: hoe gezond mensen ook eten, ze zullen niet verder groeien dan een vaststaande, genetisch bepaalde lengte.

Uiteindelijk is het natuurlijk de unieke interactie tussen erfelijke factoren en omgevingsfactoren die bepalend is voor iemands ontwikkelingspatroon. Een toepasselijkere vraag is dus *in hoeverre* ons gedrag wordt veroorzaakt door genetische factoren en in hoeverre door omgevingsfactoren (zie bijvoorbeeld de opsomming van mogelijke oorzaken van intelligentie in figuur 3-7).

3.2.2 Een antwoord op het nature-nurture-raadsel

Ontwikkelingsonderzoekers hebben verschillende strategieën om te achterhalen in welke mate kenmerken, eigenschappen en gedrag veroorzaakt worden door genetische factoren en omgevingsfactoren. Om een antwoord op deze vraag te vinden, voeren ze onderzoeken uit met zowel mensen als dieren.

Dieronderzoek: controle over de genen én de omgeving

Onderzoek bij dieren is een van de manieren om achter de invloed van erfelijkheid en omgeving te komen. Het is relatief eenvoudig om dierenrassen te ontwikkelen die op specifieke vlakken genetisch gelijk zijn. Mensen die kalkoenen fokken, doen niets anders. Zij produceren dieren die bijzonder snel groeien, zodat ze de kalkoenen goedkoop op de markt kunnen brengen. Op dezelfde manier kunnen laboratoriumdieren worden gefokt die eenzelfde genetische achtergrond hebben.

Door dieren met eenzelfde genetische achtergrond in verschillende omgevingen te observeren, kunnen wetenschappers met een redelijke mate van precisie de effecten van specifieke soorten omgevingsstimuli vaststellen. Andersom kunnen zij ook groepen dieren onderzoeken die gefokt zijn met *verschillende* genetische achtergronden voor specifieke eigenschappen. Door zulke dieren bloot te stellen aan identieke omgevingen kunnen ze bepalen welke rol hun genetische achtergrond speelt.

Het nadeel van het gebruik van dieren als onderzoeksobjecten is natuurlijk dat we er niet zeker van kunnen zijn in hoeverre onze bevindingen ook van toepassing zijn op mensen. Daarnaast kunnen we ons afvragen in hoeverre het dier zelf gebaat is bij dergelijke dierproeven. Toch biedt dieronderzoek veel mogelijkheden.

Onderzoek bij mensen: het exploiteren van genetische overeenkomsten en verschillen

Het spreekt voor zich dat onderzoekers minder controle hebben over de genetische achtergrond en de omgeving van mensen dan over de genetische achtergrond en de omgeving van dieren. Gelukkig voorziet de natuur in de mogelijkheid om verschillende soorten 'natuurlijke experimenten' uit te voeren, namelijk met tweelingen.

We zagen eerder al dat eeneiige tweelingen een identieke genetische code hebben. Omdat ze precies dezelfde erfelijke achtergrond hebben, kunnen eventuele variaties in hun gedrag volledig worden toegeschreven aan omgevingsfactoren.

In een wereld waarin ethiek geen rol speelt, zou het vrij eenvoudig zijn om eeneiige tweelingen te gebruiken voor onderzoek en daaruit conclusies te trekken over de rol van nature en nurture. Door eeneiige tweelingen bijvoorbeeld bij de geboorte te scheiden en ze in totaal verschillende omgevingen te plaatsen, zouden onderzoekers de invloed van de omgeving heel goed kunnen beoordelen. Het moge duidelijk zijn dat ethische overwegingen dit onmogelijk maken. Er zijn echter een aantal gevallen bekend waarin eeneiige tweelingen bij de geboorte geadopteerd werden en in totaal verschillende omgevingen opgroeiden (Nikolas, Klump & Burt, 2012; Suzuki & Ando, 2013). Zo blijkt uit recent onderzoek dat eeneiige tweelingen genetisch uiteengroeien naarmate ze ouder worden. Omgevingsfactoren spelen daarbij een grote rol. Het is niet de genetische code zelf die verandert, maar de **epigenetica**, de manier waarop de genen aan- of uitgezet worden door chemische veranderingen in het **genoom** (Esteller et al., 2005).

Epigenetica: de manier waarop de genen aan- of uitgezet worden door chemische veranderingen in het genoom.

Genoom: het geheel van alle genen van de chromosomen van een individu.

Ook via twee-eiige tweelingen kunnen we meer te weten komen over de rol van erfelijkheid en situationele factoren. Twee-eiige tweelingen lijken genetisch gezien niet meer op elkaar dan gewone broers en zussen uit één gezin. Een mogelijkheid is om het gedrag van twee-eiige tweelingparen te vergelijken met dat van eeneiige tweelingparen (die genetisch identiek zijn). Als eeneiige tweelingparen wat een bepaalde eigenschap betreft gemiddeld genomen meer op elkaar lijken dan twee-eiige tweelingen, kunnen we ervan uitgaan dat de genetische achtergrond een belangrijke rol speelt in de manier waarop die eigenschap zich manifesteert.

Weer een andere methode is het bestuderen van mensen die totaal niet aan elkaar verwant zijn en dus verschillende genetische achtergronden hebben, maar wel in dezelfde omgeving zijn opgegroeid. Ouders die bijvoorbeeld op hetzelfde moment twee heel jonge kinderen adopteren die niet aan elkaar verwant zijn, zullen die kinderen waarschijnlijk gedurende hun hele jeugd aan ongeveer dezelfde omgevingen blootstellen. In dat geval kunnen overeenkomsten in de eigenschappen en het gedrag van de kinderen met vrij grote zekerheid worden toegeschreven aan omgevingsinvloeden (Segal, 1993, 2000).

Tot slot kijken ontwikkelingsonderzoekers ook naar de mate van genetische gelijkenis binnen groepen mensen. Als we bijvoorbeeld voor een specifieke eigenschap een sterke correlatie vinden tussen biologische ouders en hun kinderen en een zwakkere correlatie tussen adoptieouders en hun kinderen, vormt dat een bewijs voor het belang van de genen bij de ontwikkeling van die eigenschap (Rowe, 1994).

Ontwikkelingsonderzoekers gebruiken al deze (en andere) methoden om de relatieve invloed van genetische factoren en omgevingsfactoren te bestuderen. Wat hebben ze tot nu toe gevonden? Voordat we naar hun specifieke bevindingen kijken, is het belangrijk om nog een keer de algemene conclusie van tientallen jaren onderzoek te herhalen: bijna alle kenmerken, eigenschappen en gedragspatronen zijn het gezamenlijke resultaat van de combinatie van en de interactie tussen nature en nurture. Genetische factoren en omgevingsfactoren vormen een onafscheidelijk paar, dat gezamenlijk het unieke individu vormgeeft dat elk mens uiteindelijk wordt (Robinson, 2004; Waterland & Jirtle, 2004).

3.2.3 Fysieke kenmerken: familiegelijkenissen

Wanneer patiënten de onderzoeksruimte van dr. Cyril Marcus binnenkwamen, beseften ze niet dat ze soms werden behandeld door zijn eeneiige tweelingbroer, dr. Stewart Marcus. De broers leken qua uiterlijk en qua doen en laten zo sterk op elkaar dat zelfs patiënten die er al jaren over de vloer kwamen, werden misleid door dit onethische gedrag. Deze bizarre situatie is beroemd geworden door de film *Dead Ringers* (1988) van David Cronenberg.

Monozygotische tweelingen vormen het meest extreme voorbeeld van de regel dat hoe meer twee mensen genetisch gezien op elkaar lijken, hoe waarschijnlijker het is dat ze ook qua uiterlijk op elkaar lijken. Lange ouders krijgen

Sommige kenmerken, zoals krullen, hebben een duidelijk genetische component.

Bron: Loisjoy Thurstun/Bubbles Photolibrary/Alamy

doorgaans lange kinderen, en kleine ouders krijgen kleine kinderen. Obesitas (meer dan twintig procent zwaarder zijn dan het gemiddelde gewicht voor een bepaalde lengte) heeft ook een sterk genetische component. In een onderzoek werden tweelingen op een dieet gezet dat elke dag duizend calorieën te veel bevatte. Daarbij mochten ze niet aan sport doen. In een periode van drie maanden kwamen de tweelingen bijna precies evenveel aan. Bovendien waren er tussen verschillende tweelingparen aanzienlijke verschillen in het aantal kilo's dat ze aankwamen. Sommige paren kwamen bijna drie keer zo veel aan als andere (Bouchard et al., 1990).

Ook andere, minder in het oog springende eigenschappen laten sterke genetische invloeden zien. Bloeddruk, ademhalingstempo en zelfs de leeftijd waarop het leven eindigt, liggen dichter bij elkaar bij mensen die nauw verwant zijn dan bij mensen die genetisch gezien meer van elkaar verschillen (Melzer, Hurst & Frayling, 2007; Wu, Treiber & Snieder, 2013).

3.2.4 Intelligentie: hoe meer onderzoek, hoe meer onenigheid

Naar geen enkel ander onderwerp binnen de nature-nurture-discussie is meer onderzoek verricht dan naar intelligentie. Hoe komt dat? De belangrijkste reden is dat intelligentie, die meestal wordt uitgedrukt door middel van een IQ-score, een kerneigenschap van de mens is. IQ is sterk gerelateerd aan succes op school en, in mindere mate, aan andere soorten prestaties.

Genen spelen een belangrijke rol bij intelligentie. Zowel algemene intelligentie als specifieke componenten van intelligentie (zoals ruimtelijk inzicht, verbale vaardigheden en geheugen) zijn duidelijk gerelateerd aan erfelijke factoren. Zoals te zien is in figuur 3-8 vertonen de algemene IQ-scores grotere overeenkomsten naarmate de genetische band tussen twee individuen hechter is.

De invloed van genetica op intelligentie neemt ook toe met de leeftijd. Als twee-eiige (dizygotische) tweelingen ouder worden, gaat hun IQ meer uiteenlopen. De IQ-scores van eeneiige (monozygotische) tweelingen daarentegen komen na verloop van tijd juist steeds dichter bij elkaar te liggen. Deze tegenovergestelde patronen lijken erop te wijzen dat erfelijke factoren invloedrijker worden naarmate mensen ouder worden (McGue et al., 1993; Segal et al., 2014; Silventoinen et al., 2012).

Hoewel duidelijk is dat erfelijkheid een belangrijke rol speelt bij intelligentie, zijn onderzoekers veel minder unaniem over de vraag hoe die rol er dan concreet uitziet. Het meest extreme standpunt is misschien wel afkomstig van Arthur Jensen (2003), die stelt dat onze intelligentie voor maar liefst tachtig procent het resultaat is van de invloed van erfelijke factoren. Anderen komen met bescheidener percentages, die variëren van vijftig tot zeventig procent. Zulke percentages zijn overigens gemiddelden van grote groepen mensen. Je kunt er niet mee voorspellen in hoeverre een specifiek individu zijn IQ heeft geërfd (zie Devlin, Daniels & Roeder, 1997).

Daarnaast zijn omgevingsfactoren als kennismaking met boeken, goede opleidingservaringen en intelligente vrienden van zeer grote invloed op intelligentie. Zelfs bij de meest extreme inschattingen van de rol van de genen is er nog ruimte voor een bepaalde invloed van omgevingsfactoren. Bij het opstellen van beleid om het intellectuele succes van mensen te optimaliseren, gaat het er in feite niet om welk van de twee factoren meer invloed heeft. De vraag is vooral hoe we ervoor kunnen zorgen dat elk individu zich optimaal kan ontwikkelen (Anderson, 2007; Bouchard, 1997; Storfer, 1990).

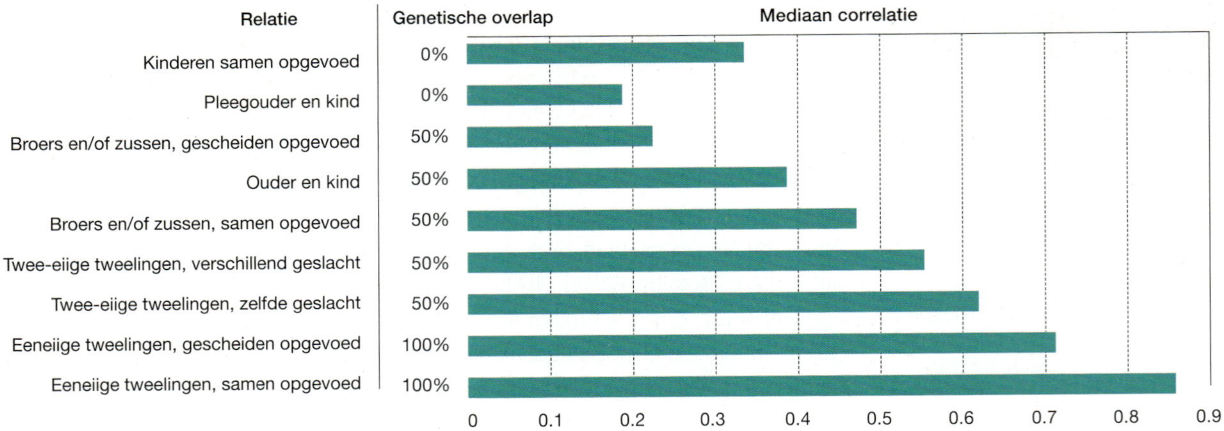

FIGUUR 3-8 **Genen en IQ**

Hoe nauwer de genetische band tussen twee individuen, des te sterker komen hun IQ-scores overeen.

Bron: Bouchard & McGue, 1981

3.2.5 Persoonlijkheid: extravert geboren?

Is persoonlijkheid erfelijk? Voor een deel in ieder geval wel. Er zijn steeds meer onderzoeksresultaten waaruit blijkt dat een aantal van onze meest elementaire persoonlijkheidskenmerken een genetische oorsprong heeft. Van de belangrijkste Big Five-persoonlijkheidskenmerken (extraversie/introversie, inschikkelijkheid/wantrouwen, zorgvuldigheid/laksheid, emotionele stabiliteit/neuroticisme en openheid) zijn neuroticisme en extraversie gerelateerd aan genetische factoren. *Neuroticisme*, zoals de term wordt gebruikt door persoonlijkheidsonderzoekers, is de mate van emotionele stabiliteit die een individu gewoonlijk vertoont. *Extraversie* is de mate waarin mensen graag in het gezelschap van anderen verkeren, zich hartelijk gedragen en sociaal zijn. Jesse, de baby die eerder in dit hoofdstuk werd beschreven, heeft zijn sociale inslag misschien wel van zijn extraverte vader geërfd (Horwitz, Luong & Charles, 2008; Zuckerman, 2003; Zyphur et al., 2013).

Hoe weten we welke karaktereigenschappen we aan onze genen te danken hebben? Het onderzoek naar genen verschaft ons een gedeeltelijk antwoord op deze vraag. Zo blijkt verrassend genoeg dat een specifiek gen medeverantwoordelijk is voor risicozoekend gedrag. Volgens twee onderzoeksteams beïnvloedt een prikkelzoekend gen de productie van de hersenstof dopamine, waardoor sommige mensen meer dan andere geneigd zijn om nieuwe situaties op te zoeken en risico's te nemen (Ray et al., 2009; Serretti et al., 2007; Veselka et al., 2012).

Het goede nieuws is dat u een gezonde dochter krijgt. Het slechte nieuws is dat ze een dwangmatige leugenaar wordt.

Bron: The New Yorker Collection, J.B. Handelsman, cartoonbank.com; alle rechten voorbehouden

Uit andere onderzoeken is gebleken dat genen ook een rol spelen bij minder centrale karaktereigenschappen (zie figuur 3-9). Iemands politieke denkbeelden, religieuze inslag, waarden en zelfs zijn houding ten opzichte van de menselijke seksualiteit lijken genetische componenten te bevatten (Bouchard, 2004; Bradshaw & Ellison, 2008; Kandler, Bleidorn & Riemann, 2012; Koenig et al., 2005).

Het is duidelijk dat genetische factoren een rol spelen bij de vorming van iemands persoonlijkheid. Ook de omgeving waarin iemand wordt opgevoed is van invloed op de ontwikkeling van zijn persoonlijkheid. Sommige ouders stimuleren hun kinderen bijvoorbeeld om veel activiteiten te ondernemen.

Zij zien een actief leven als een teken van onafhankelijkheid en intelligentie. Andere ouders stimuleren hun kinderen juist om het rustiger aan te doen, omdat ze denken dat passievere kinderen beter functioneren in de maatschappij. In beide gevallen zullen de persoonlijkheden van de kinderen deels gevormd worden door de attitudes van hun ouders (Cauce, 2008).

Het is duidelijk dat zowel genetische factoren als omgevingsfactoren consequenties hebben voor de persoonlijkheid van een kind. Daarmee wordt eens te meer het cruciale samenspel tussen nature en nurture onderstreept. Bovendien komt de interactie tussen nature en nurture niet alleen tot uiting in het gedrag van individuen maar ook in de grondslagen van een cultuur (zie kader *Diversiteit in ontwikkeling*).

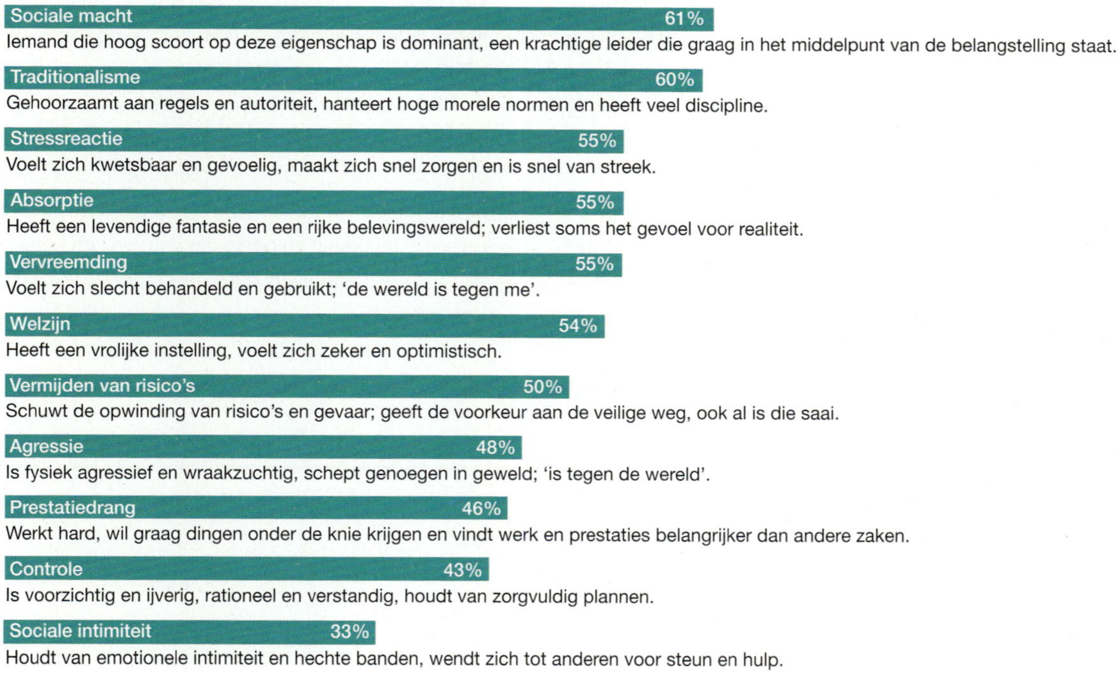

FIGUUR 3-9 **Erfelijke karaktereigenschappen**

Dit zijn voorbeelden van karaktereigenschappen die het sterkst gekoppeld zijn aan erfelijke factoren. Hoe hoger het percentage, hoe groter de invloed van de genen.

Bron: Tellegen et al., 1988

DIVERSITEIT IN ONTWIKKELING

Culturele verschillen in fysieke prikkeling: is de geloofs- of levensovertuiging van een cultuur genetisch bepaald?

Boeddhisme, een non-theïstische religie die een integraal onderdeel is van veel Aziatische culturen, legt de nadruk op harmonie en vredigheid. Een aantal traditionele religies van de westerse beschaving, zoals die van Maarten Luther en Johannes Calvijn, legt juist nadruk op het onderdrukken van ongerustheid, angst en schuldgevoelens, die een fundamenteel onderdeel van de menselijke gesteldheid zouden zijn.

Kunnen zulke benaderingen van het leven voor een deel voortkomen uit genetische factoren? Die controversiële suggestie opperden ontwikkelingspsycholoog Jerome Kagan en zijn collega's. Zij speculeren dat het onderliggende temperament van een bepaalde samenleving, dat genetisch bepaald is, mensen in die samenleving gevoelig maakt voor een specifieke levens- of geloofsovertuiging (Kagan, 2003a;

Kagan, Arcus & Spidman 1993). Kagan baseert zijn (ook door hemzelf speculatief genoemde) suggestie op goed onderbouwde onderzoeksbevindingen die duidelijke verschillen in temperament aantonen tussen blanke en Aziatische kinderen. Uit een onderzoek waarin vier maanden oude baby's uit China, Ierland en de VS werden vergeleken, bleek dat er belangrijke verschillen bestaan tussen deze groepen. In vergelijking met de blanke Amerikaanse en Ierse baby's vertoonden de Chinese baby's aanzienlijk minder motorische activiteit. Ook waren ze minder snel gefrustreerd en maakten ze minder geluid (zie tabel 3-5).

Kagan en zijn collega's opperen de suggestie dat Chinezen, die van jongs af aan een rustiger temperament hebben, boeddhistische ideeën over sereniteit meer vinden aansluiten bij hun natuurlijke dispositie. Westerlingen, die emotioneel instabieler en gespannener zijn en die aangeven meer schuldgevoelens te hebben, zullen zich eerder aangetrokken voelen tot overtuigingen waarin een belangrijke rol is weggelegd voor het onderdrukken van de onplezierige gevoelens waar zij in hun dagelijks leven tegenaan lopen (Kagan, 2003a; Kagan et al., 1994; Zhang et al., 2013).

Dit betekent niet dat de ene overtuiging beter of slechter is dan de andere. Ook betekent het niet dat een van de temperamenten waaruit deze benaderingen zouden voortkomen superieur is aan het andere temperament. Bovendien heeft niet elk individu binnen een cultuur een even stabiel temperament en treft men zelfs binnen één cultuur een enorm scala aan verschillende temperamenten aan. Tot slot, en daar hebben we het al eerder over gehad, kunnen omgevingsomstandigheden een belangrijke invloed hebben op het gedeelte van iemands temperament dat niet genetisch is bepaald. Maar wat Kagan en zijn collega's met hun speculatie wel proberen aan te tonen, is dat er een wisselwerking bestaat tussen cultuur en temperament. Zoals religie een temperament kan vormen, kan temperament bepaalde religieuze idealen aantrekkelijker maken.

Het is een intrigerend idee dat de basis van een cultuur, met bijbehorende overtuigingen en tradities, wellicht wordt beïnvloed door genetische factoren. Er is meer onderzoek nodig om vast te stellen op welke manier de unieke interactie tussen erfelijkheid en omgeving binnen een bepaalde cultuur een raamwerk oplevert om naar de wereld te kijken en haar te interpreteren.

TABEL 3-5 **Gemiddelde gedragsscores van Amerikaanse, Ierse en Chinese baby's van vier maanden**

GEDRAG	AMERIKAANSE BABY'S	IERSE BABY'S	CHINESE BABY'S
Motorische activiteit	48,6	36,7	11,2
Huilen (aantal seconden)	7,0	2,9	1,1
Frustratie (%)	10,0	6,0	1,9
Stem gebruiken (%)	31,4	31,1	8,1
Lachen (%)	4,1	2,6	3,6

Bron: Kagan, Arcus & Snidman, 1993

3.2.6 Psychische stoornissen: de rol van genen en omgeving

Toen Elani Dimitrios dertien werd, begon haar kat, Mefisto, haar bevelen te geven. In het begin waren het onschadelijke bevelen: draag verschillende sokken op school, eet uit een kom op de vloer. Haar ouders deden deze gebeurtenissen af als tekenen van een levendige verbeelding, maar toen Elani met een hamer op haar broertje afkwam, kwam haar moeder krachtig tussenbeide. Elani herinnerde zich later: 'Ik hoorde het bevel luid en duidelijk. Dood hem, dood hem. Het was alsof ik bezeten was.'

In zekere zin was ze dat ook: de schizofrenie had bezit van haar genomen. Schizofrenie is een van de ernstigste typen psychische stoornissen. Elani was in haar jeugd een normaal en gelukkig kind. Tijdens haar adolescentie verloor ze steeds meer haar grip op de realiteit. De twintig jaar daarna zat ze regelmatig in inrichtingen en probeerde ze er alles aan te doen om de verwoestende stoornis op een afstand te houden.

Wat was de oorzaak van haar geestelijke aandoening? Steeds meer tekenen wijzen erop dat schizofrenie het gevolg is van genetische factoren. De stoornis komt in bepaalde families voor, en in sommige families zijn er ongebruikelijk veel gevallen van schizofrenie. Hoe nauwer de genetische band tussen iemand met schizofrenie en een ander familielid, des te groter de kans dat de andere persoon ook schizofrenie zal ontwikkelen. Een lid van een monozygotische tweeling heeft bijvoorbeeld een kans van bijna vijftig procent om schizofrenie te ontwikkelen als zijn tweelingbroer of -zus de stoornis heeft (zie figuur 3-10). Het kind van een broer of zus van iemand met schizofrenie heeft daarentegen minder dan vijf procent kans om schizofrenie te krijgen (Hanson & Gottesman, 2005; Mitchell & Porteous, 2011; Van Haren et al., 2012).

Deze cijfers laten ook zien dat het niet alleen de genen zijn die de ontwikkeling van de stoornis beïnvloeden. Als onze genetische achtergrond de enige oorzaak was, zou het risico voor een eeneiige tweelingbroer of -zus honderd procent zijn. Er spelen dus ook andere factoren mee, die variëren van structurele afwijkingen in de hersenen tot een biochemische onbalans (Hietala, Cannon & Van Erp, 2003; Howes & Kapur, 2009; Lyons, Bar & Kremen, 2002; Wada et al., 2012).

Ook lijkt het erop dat mensen de stoornis niet per definitie ontwikkelen als ze er genetisch gezien gevoelig voor zijn. In plaats daarvan erven sommige mensen een ongewoon grote gevoeligheid voor omgevingsstress. Als die stress laag is, treedt schizofrenie niet op. Is die stress hoog genoeg, dan zal iemand schizofrenie ontwikkelen. Bij iemand die genetisch gezien heel erg gevoelig is voor de stoornis kunnen zelfs relatief zwakke omgevingsstressoren tot schizofrenie leiden (Mittal, Ellman & Cannon, 2008; Stefanis et al., 2013).

Uit onderzoek is gebleken dat verschillende andere psychische stoornissen op zijn minst gerelateerd zijn aan genetische factoren. Zo hebben alcoholisme, autismespectrumstoornis (ASS) en ADHD belangrijke erfelijke componenten (Burbach & Van der Zwaag, 2009; Dick, Rose & Kaprio, 2006; Monastra, 2008).

Het voorbeeld van schizofrenie illustreert ook een fundamenteel principe van de relatie tussen erfelijkheid en omgeving, een principe dat ten grondslag ligt aan een groot deel van onze eerdere discussie: onze genetische achtergrond fungeert vaak als voorbereiding op een toekomstig ontwikkelingspatroon. Of en wanneer een bepaald gedragskenmerk zich ook daadwerkelijk manifesteert, hangt af van de aard van de omgeving. Dus hoewel er bij de geboorte een aanleg voor schizofrenie aanwezig kan zijn, manifesteert de ziekte zich meestal niet voor de adolescentie, en soms ook helemaal niet.

Ook andere soorten eigenschappen manifesteren zich vaak pas als de invloed van ouders en andere socialisatiefactoren afneemt. Geadopteerde kinderen bezitten vroeg in hun leven bijvoorbeeld vaak eigenschappen die relatief veel lijken op de eigenschappen van hun adoptieouders, omdat de omgeving nu eenmaal een overweldigende invloed heeft op jonge kinderen. Als ze ouder worden en de invloed van hun ouders afneemt, beginnen genetisch beïnvloede eigenschappen zich te manifesteren, omdat genetische factoren dan een grotere rol gaan spelen (Arseneault, Moffit & Caspi, 2003; Caspi & Moffit, 1993; Poulton & Caspi, 2005).

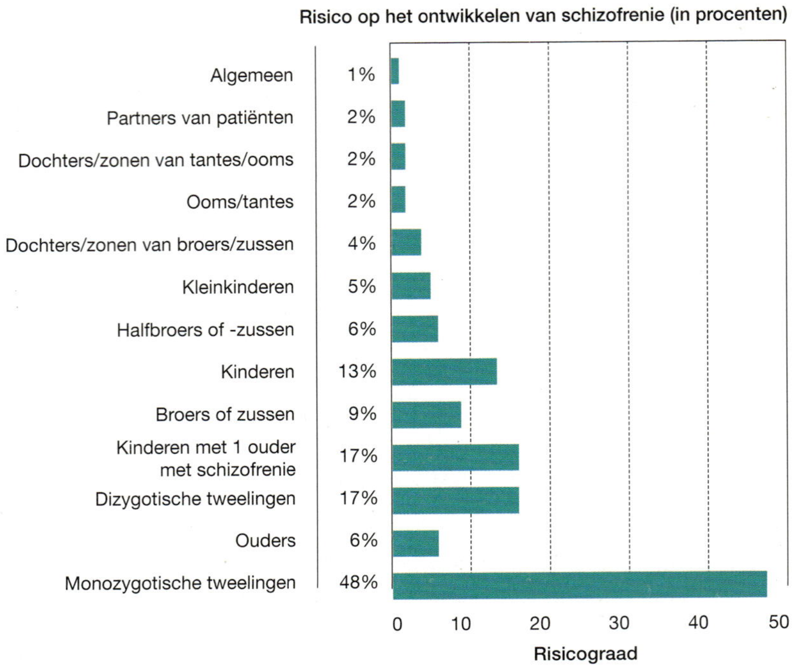

FIGUUR 3-10 De genetische achtergrond van schizofrenie

De psychische aandoening schizofrenie heeft duidelijke genetische componenten. Hoe nauwer de genetische band tussen iemand met schizofrenie en een ander familielid is, des te waarschijnlijker is het dat de andere persoon ook schizofrenie ontwikkelt.

Bron: Gottesman, 1991

3.2.7 Kunnen genen de omgeving beïnvloeden?

De genetische erfenis die kinderen van hun ouders meekrijgen is niet alleen bepalend voor hun genetische eigenschappen. Hun genen hebben ook een actieve invloed op hun omgeving. De genetische aanleg van een kind zou zijn omgeving kunnen beïnvloeden (Scarr, 1998; Vinkhuyzen et al., 2010).

Actief genotype-omgevingseffect: situatie waarin een kind zich richt op de aspecten van zijn omgeving die het best aansluiten op zijn genetisch bepaalde capaciteiten.

Op de eerste plaats kunnen kinderen **actieve genotype-omgevingseffecten** veroorzaken doordat ze zich richten op de aspecten van hun omgeving die het best aansluiten op hun genetisch bepaalde capaciteiten. Een actief, ondernemend kind zal bijvoorbeeld eerder in sport zijn geïnteresseerd, terwijl een gereserveerd kind zich liever bezighoudt met intellectuele of solitaire bezigheden, zoals computerspelletjes spelen of tekenen. Tegelijkertijd besteden kinderen minder aandacht aan de aspecten van de omgeving die minder verenigbaar zijn met hun genetische erfenis. Stel bijvoorbeeld dat twee meisjes op school voor hetzelfde prikbord staan. Het oog van de een valt op een aankondiging van proeflessen voor hockey, terwijl haar motorisch minder begaafde maar muzikale vriendin eerder de oproep zal zien waarin leerlingen worden gevraagd voor de schoolband. In beide gevallen richten de meisjes zich op de aspecten van hun omgeving waarin hun genetisch bepaalde capaciteiten het best tot bloei kunnen komen.

Passief genotype-omgevingseffect: situatie waarin de genen van de ouders worden geassocieerd met de omgeving waarin een kind opgroeit.

Daarnaast is er in sommige gevallen sprake van **passieve genotype-omgevingseffecten.** Daarbij worden de genen van de ouders geassocieerd met de omgeving waarin kinderen opgroeien. Een sportieve ouder, die genen heeft die zorgen voor een goede fysieke coördinatie, zal een kind veel mogelijkheden aanbieden om te sporten.

Evocatief genotype-omgevingseffect: situatie waarin de genen van een kind een specifiek type omgeving oproepen.

Er zijn ten derde ook nog **evocatieve genotype-omgevingseffecten**, waarbij de genen van een kind een specifiek type omgeving oproepen. Het veeleisende gedrag van een baby kan er bijvoorbeeld toe leiden dat zijn ouders eerder inspringen op zijn behoeften dan ze zouden doen als het kind minder veeleisend was. Een kind dat via zijn genen een goede coördinatie heeft meegekregen, doet misschien zo graag balspelletjes dat zijn ouders dat opmerken en besluiten hem op een sport te doen.

Kortom, uitvinden of gedrag primair toe te schrijven is aan nature of aan nurture is geen makkelijke taak. Gedragspatronen en eigenschappen zijn niet alleen het gezamenlijke resultaat van genetische factoren en omgevingsfactoren, de relatieve invloed van genen en omgeving verschuift ook nog eens in de loop van een mensenleven. Hoewel de genen die we bij onze geboorte erven de toon zetten voor onze toekomstige ontwikkeling, bepalen de constant veranderende omgeving en de andere personages in ons leven hoe onze ontwikkeling uiteindelijk écht verloopt. De omgeving beïnvloedt onze ervaringen en wordt tegelijk vormgegeven door de keuzen die we op basis van ons temperament geneigd zijn te maken.

3.3 Prenatale groei en verandering

Robert is met Lisa meegegaan naar haar eerste afspraak bij de verloskundige. De verloskundige voert de eerste zwangerschapscontrole uit. ‘Alles is in orde, hoor’, zegt ze tegen Lisa. ‘De komende zes maanden moet je vierwekelijks op controle komen, en als de uitgerekende datum nadert, moet je vaker komen. In deze folder staan een aantal belangrijke richtlijnen voor voeding en lichaamsbeweging. Je rookt niet, hè? Prima.' Dan wendt ze zich tot Robert. 'En jij? Rook jij?' Robert en Lisa voelen zich enigszins overdonderd door alle instructies en adviezen, maar zijn klaar om alles te doen wat nodig is om een gezonde baby op de wereld te zetten.

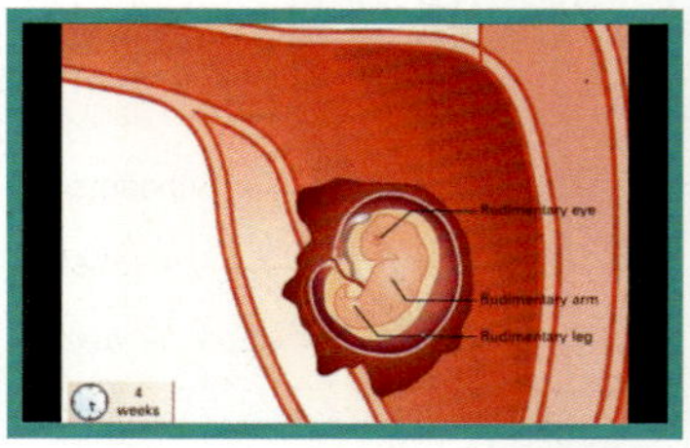

Zie MyLab voor de video: Prenatale ontwikkeling

Vanaf het moment van conceptie gaat de ontwikkeling van een ongeboren kind onophoudelijk door. Zoals we gezien hebben, worden veel aspecten van die ontwikkeling bepaald door de complexe genetische richtlijnen die we van onze ouders erven. Daarnaast wordt de prenatale groei, net als alle andere vormen van menselijke ontwikkeling, van het begin af aan beïnvloed door omgevingsfactoren. Zoals we zullen zien kunnen beide ouders, net als Lisa en Robert, een bijdrage leveren aan een goede prenatale omgeving.

3.3.1 Bevruchting: het moment van conceptie

Als mensen stilstaan bij de manier waarop nieuw leven tot stand komt, concentreren ze zich meestal op de gebeurtenissen die ervoor zorgen dat de zaadcellen van een man hun reis naar de eicellen van een vrouw beginnen. Toch is de geslachtsdaad die een eventuele bevruchting mogelijk maakt, niet alleen het begin maar ook het gevolg van een lange reeks gebeurtenissen die zich voltrekken voor en na de bevruchting. Bij de **bevruchting**, ook wel conceptie genoemd, komen een zaadcel en een eicel samen om de eencellige zygote te creëren waarmee het leven begint.

Bevruchting: het proces waarbij een zaadcel en een eicel (de mannelijke en vrouwelijke gameten) samenkomen om één nieuwe cel te creëren.

Zowel de zaadcellen van de man als de eicellen van de vrouw hebben hun eigen geschiedenis. Vrouwen worden geboren met zo’n 400.000 eicellen in hun twee eileiders (zie figuur 3-11 voor de basisanatomie van de mannelijke en vrouwelijke geslachtsorganen). De eicellen rijpen pas als de vrouw de puberteit bereikt. Vanaf dat moment tot aan de menopauze zal de vrouw ongeveer elke 28 dagen ovuleren. Tijdens de ovulatie komt er een eicel vrij uit een van de eierstokken, die door minuscule haarcellen via de eileiders naar de baarmoeder wordt getransporteerd. Als de eicel in de eileiders een zaadcel ontmoet, vindt de bevruchting plaats (Aitken, 1995).

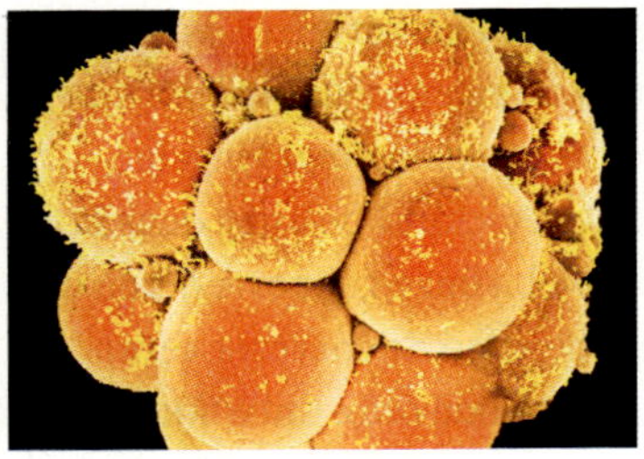

Het germinale stadium van de prenatale periode gaat voortvarend van start. Hier, nog maar een paar dagen na de bevruchting, heeft het embryo zich in zestien cellen gedeeld.

Bron: Dr. Yorgos Nikas/Photo Reseachers, Inc.

Zaadcellen, die een beetje lijken op microscopisch kleine kikkervisjes, hebben een kortere levensduur. Ze worden in een snel tempo door de testikels aangemaakt: een volwassen man produceert gemiddeld enkele honderden miljoenen zaadcellen per dag. De zaadcellen die geëjaculeerd worden tijdens de seksuele gemeenschap zijn dus aanzienlijk jonger dan de eicel waarnaar ze op weg zijn.

Als de zaadcellen de vagina binnenkomen, beginnen ze aan een kronkelige reis die hen via de baarmoederhals de eileiders in loodst, waar de bevruchting kan plaatsvinden. Slechts een fractie van de 300 miljoen cellen die gemiddeld tijdens de geslachtsgemeenschap worden geëjaculeerd, zullen de barre tocht uiteindelijk overleven. Dat is meestal geen probleem: er is maar één zaadcel nodig om een eicel te bevruchten. Bovendien bevat elke zaadcel en elke eicel alle genetische gegevens die nodig zijn om een nieuw mens te produceren.

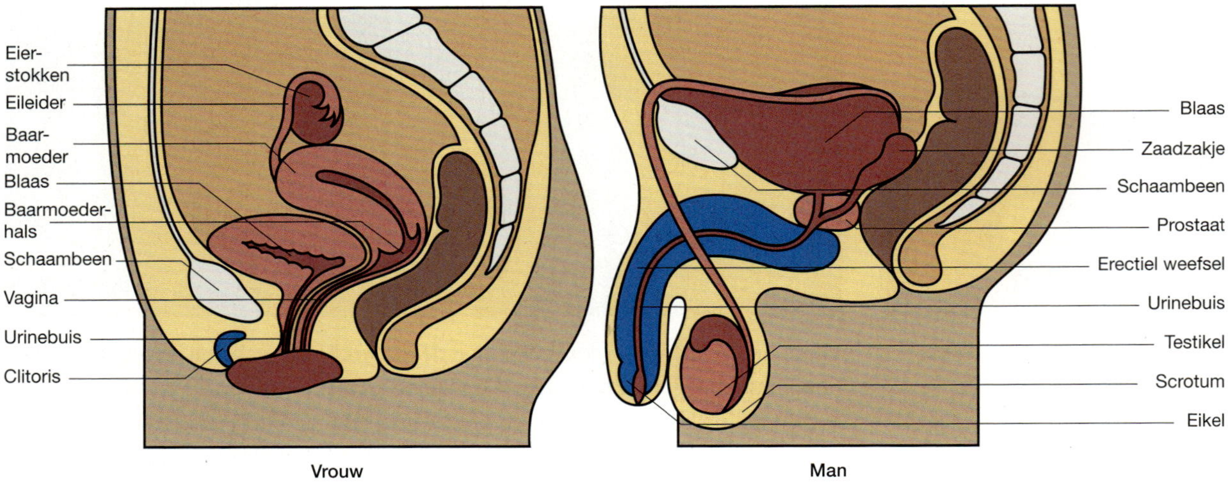

FIGUUR 3-11 **Anatomie van de geslachtsorganen**

De basisanatomie van de geslachtsorganen wordt geïllustreerd in deze dwarsdoorsneden.

3.3.2 De stadia van de prenatale periode: het begin van de ontwikkeling

De prenatale periode bestaat uit drie stadia: het germinale, het embryonale en het foetale stadium. Ze worden samengevat in tabel 3-6.

Het germinale stadium: bevruchting tot twee weken

Germinaal stadium: het eerste en kortste stadium van de prenatale periode, dat plaatsvindt tijdens de eerste twee weken na de conceptie.

In het **germinale stadium**, het eerste en kortste stadium van de prenatale periode, begint de zygote zich te delen en in complexiteit toe te nemen. Dit gebeurt tijdens de eerste twee weken na de conceptie. Het bevruchte ei (dat nu een blastocyst wordt genoemd) reist naar de baarmoeder en wordt geïmplanteerd in de baarmoederwand, die veel voedingsstoffen bevat. Tijdens het germinale stadium gaat de methodische celdeling voortvarend van start: drie dagen na de bevruchting bestaat het organisme uit circa 32 cellen, en de volgende dag is dat aantal al verdubbeld. Binnen een week bestaat het uit 100 tot 150 cellen, en dat aantal neemt steeds sneller toe.

Placenta: doorgeefluik tussen de moeder en de foetus, levert voeding en zuurstof via de navelstreng.

De cellen van het organisme nemen niet alleen in aantal toe, ze krijgen ook een steeds specialistischer functie. Sommige cellen vormen bijvoorbeeld een beschermende laag om de celmassa heen, terwijl andere de rudimenten van een placenta en een navelstreng vormen. Als de **placenta** volledig is ontwikkeld, fungeert zij als een doorgeefluik tussen de moeder en de foetus, waarbij ze voeding en zuurstof levert via de navelstreng, die ook afvalstoffen van het zich ontwikkelende kind verwijdert. De placenta speelt tevens een rol in de foetale hersenontwikkeling (Kalb, 2012).

Het embryonale stadium: twee weken tot acht weken

Embryonaal stadium: de periode van twee tot acht weken na de bevruchting, waarin de belangrijkste organen en de fundamentele anatomie zich ontwikkelen.

Aan het eind van de germinale periode (twee weken na de conceptie) heeft het organisme zich stevig genesteld in de wand van de baarmoeder van zijn moeder. Vanaf dat moment wordt het kind een embryo genoemd. Het **embryonale stadium** is de periode van twee tot acht weken na de bevruchting. Een van de hoogtepunten tijdens dit stadium is de ontwikkeling van de belangrijkste organen en de fundamentele anatomie.

Aan het begin van het embryonale stadium heeft het zich ontwikkelende kind drie aparte lagen. Naarmate de ontwikkeling vordert, zal elke laag een andere groep structuren vormen. De buitenste laag van het embryo, het *ectoderm*, zal de huid, het haar, de tanden, de zintuigen, de hersenen en het ruggenmerg vormen. Het *endoderm*, de binnenste laag, produceert het spijsverteringsstelsel, de lever, de alvleesklier en het ademhalingsstelsel. Tussen het endoderm en het ectoderm in zit het *mesoderm*, waaruit de spieren, de botten, het bloed en de bloedsomloop worden gevormd. Elk deel van het lichaam komt voort uit deze drie lagen.

Als je naar een embryo kijkt aan het eind van het embryonale stadium, zal het je waarschijnlijk moeite kosten om er een mens in te zien. Een acht weken oud embryo is nog maar 2,5 centimeter lang en lijkt kieuwen en een soort staart te hebben. Maar als je wat beter kijkt, zul je verschillende bekende elementen kunnen ontdekken. Er zijn rudimentaire ogen, een neus, lippen en zelfs tanden te onderscheiden, en het embryo heeft vier stompjes die zullen uitgroeien tot armen en benen.

Het hoofd en de hersenen groeien snel tijdens de embryonale periode. Het hoofd beslaat al snel ongeveer vijftig procent van de totale lengte van het embryo. De zenuwcellen, *neuronen* genaamd, groeien in een verbijsterend tempo: tijdens de tweede levensmaand worden er wel 100.000 neuronen geproduceerd. Het zenuwstelsel begint rond de vijfde week te functioneren en tegelijkertijd worden er zwakke hersengolven geproduceerd (Lauter, 1998; Nelson & Bosquet, 2000).

Het foetale stadium: acht weken tot de geboorte

Foetaal stadium: het stadium van prenatale ontwikkeling dat rond acht weken na de conceptie begint en eindigt bij de geboorte.

Pas in de laatste periode van prenatale ontwikkeling, het **foetale stadium**, wordt het zich ontwikkelende kind direct als zodanig herkenbaar. Het foetale stadium begint rond acht weken na de conceptie en eindigt bij de geboorte. Dit stadium gaat formeel in wanneer de differentiatie van de belangrijkste organen heeft plaatsgevonden.

Foetus: een zich ontwikkelend kind dat zich in het foetale stadium bevindt (acht weken na de conceptie tot de geboorte).

Het zich ontwikkelende kind, dat nu **foetus** heet, ondergaat in dit stadium verbazingwekkend snelle veranderingen. Het wordt bijvoorbeeld twintig keer zo lang, en zijn verhoudingen veranderen drastisch. Na twee maanden bestaat de foetus voor ongeveer de helft uit wat uiteindelijk zijn hoofd zal worden; na vijf maanden vormt het hoofd nog slechts iets meer dan een kwart van zijn totale omvang (zie figuur 3-12). De foetus neemt ook aanzienlijk in gewicht toe. Na vier maanden weegt hij gemiddeld iets meer dan een ons; na zeven maanden iets minder dan drie pond en bij zijn geboorte weegt het gemiddelde kind bijna zeven pond.

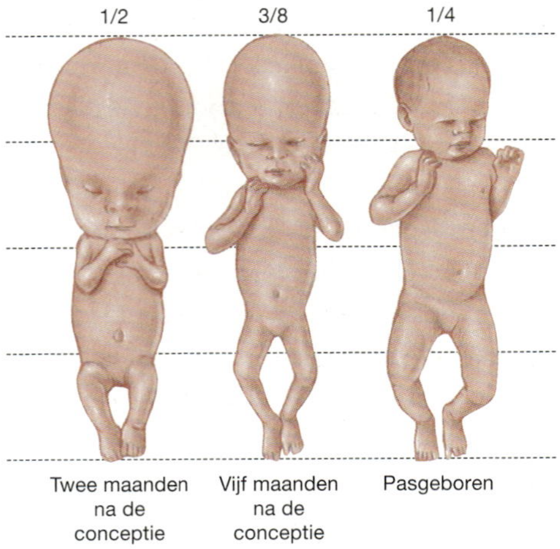

FIGUUR 3-12 Lichaamsverhoudingen

Tijdens het foetale stadium veranderen de verhoudingen van het lichaam ingrijpend. Met twee maanden vormt het hoofd ongeveer de helft van de foetus, maar bij de geboorte is dat een kwart.

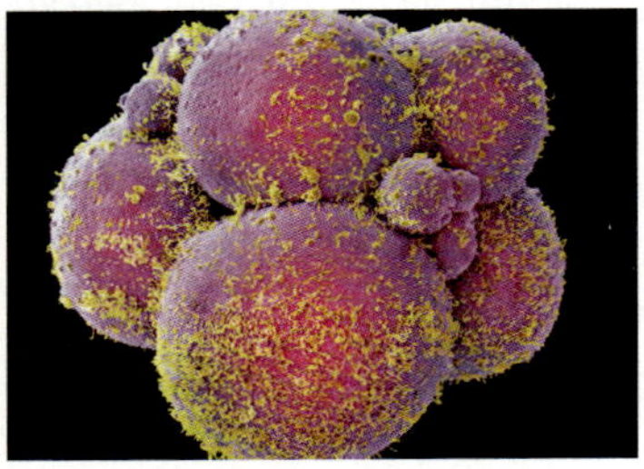

Germinaal stadium

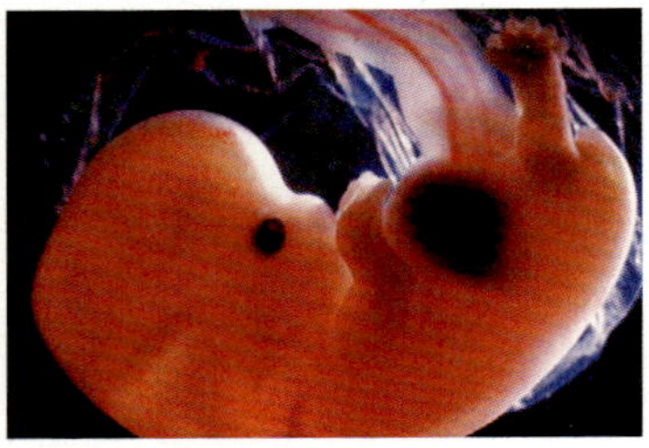

Embryonaal stadium

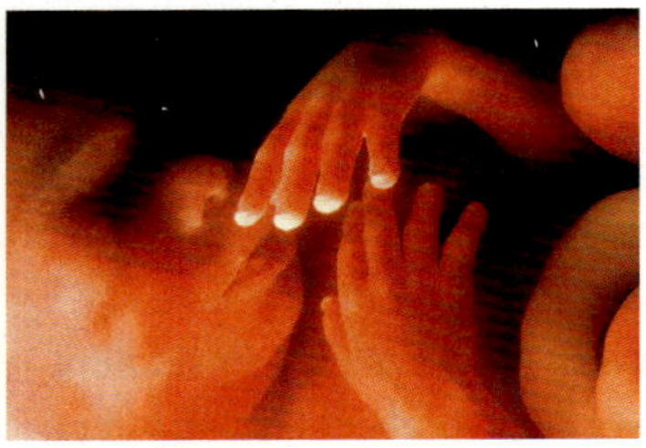

Foetaal stadium

Bron: (boven) Dr. Yorgos Nikas/Science Source; (midden) Petit Format/Science Source; (onder) Neil Bromhall/Science Source

Tegelijkertijd ontwikkelt het kind zich in een snel tempo tot een steeds complexer organisme. Organen worden steeds verder gedifferentieerd en beginnen te werken. Na drie maanden kan de foetus bijvoorbeeld slikken en plassen. Bovendien worden de verbindingen tussen de verschillende delen van het lichaam complexer en raken ze steeds meer op elkaar afgestemd. Aan armen komen handen, aan handen komen vingers, aan vingers komen nagels.

Terwijl dit gebeurt, laat de foetus aan de buitenwereld merken dat hij er is. In de eerste fasen van de zwangerschap zijn vrouwen zich er soms nog niet van bewust dat ze zwanger zijn. Nu wordt de foetus echter steeds actiever, en dat zal hun niet ontgaan. Na vier maanden kan een moeder haar kind voelen bewegen, en een paar maanden later kunnen ook anderen de schopjes van de baby door de buik van de moeder heen voelen. De foetus kan zich ook omdraaien, koprollen maken, huilen, de hik hebben, zijn vuisten ballen, zijn ogen openen en sluiten en op zijn duim zuigen.

Tijdens de foetale fase ontwikkelen de hersenen zich steeds verder. De linker- en rechterhelften van de hersenen, de *hemisferen*, groeien in hoog tempo en de onderlinge verbindingen tussen de neuronen worden complexer. De neuronen worden bedekt met een isolerend materiaal dat *myeline* heet. Dit bevordert de transmissiesnelheid van de boodschappen die de hersenen naar de rest van het lichaam zenden. Aan het eind van de foetale periode worden er hersengolven geproduceerd die erop wijzen dat de foetus verschillende slaap- en waakfasen doormaakt. Ook kan hij horen en zelfs reageren op geluiden die hij vaker hoort. Onderzoekers Anthony De Casper en Melanie Spence (1986) vroegen een groep zwangere moeders om tijdens de laatste maanden van hun zwangerschap twee keer per dag hetzelfde sprookje hardop voor te lezen. Drie dagen nadat de baby's geboren waren, leken ze het verhaal te herkennen. Ze reageerden er meer op dan op andere sprookjes met een ander ritme.

Acht tot 24 weken na de conceptie worden er hormonen vrijgegeven die leiden tot de toenemende differentiatie van mannelijke en vrouwelijke foetussen. Bij jongens worden mannelijke geslachtshormonen, de zogenaamde androgenen, aangemaakt. Deze hormonen zijn van invloed op de omvang van hersencellen en de groei van neurale verbindingen. Volgens de speculaties van sommige wetenschappers kan dit uiteindelijk leiden tot verschillen tussen mannelijke en vrouwelijke hersenstructuren en zelfs tot latere variaties in geslachtsgerelateerd gedrag (Burton et al., 2009; Jordan-Young, 2012; Knickmeyer & Baron-Cohen, 2006; Reiner & Gearhart, 2004).

Net zoals geen twee volwassenen hetzelfde zijn, is ook elke foetus anders. Hoewel de prenatale ontwikkeling zich in grote lijnen aan de hierboven beschreven patronen houdt, bestaan er grote verschillen in het gedrag van individuele foetussen. Sommige foetussen zijn uitzonderlijk actief, terwijl andere rustiger zijn (de actievere foetussen worden waarschijnlijk ook actievere kinderen). Sommige foetussen hebben een relatief snelle hartslag, terwijl die van andere langzamer is. Normaal gesproken ligt het aantal slagen per minuut tussen de 120 en 160 (DiPietro et al., 2002; Niederhofer, 2004; Tongsong et al., 2005).

Zulke verschillen in foetaal gedrag zijn gedeeltelijk het gevolg van genetische eigenschappen die worden overgedragen op het moment van bevruchting. Andere verschillen worden echter veroorzaakt door de omgeving waarin het ongeboren kind de eerste negen maanden van zijn leven doorbrengt. Zoals we zullen zien, wordt de ontwikkeling van baby's op talloze goede én slechte manieren beïnvloed door hun prenatale omgeving.

TABEL 3-6 **Stadia van de prenatale periode**

GERMINAAL	EMBRYONAAL	FOETAAL
Bevruchting tot twee weken	**Twee tot acht weken**	**Acht weken tot geboorte**
Het germinale stadium is het eerste en kortste stadium. In deze periode vindt methodische celdeling plaats en hecht het organisme zich aan de baarmoederwand. Drie dagen na de bevruchting bestaat de zygote uit 32 cellen, en dat aantal is de dag daarna verdubbeld. Binnen een week vermenigvuldigt de zygote zich tot 100 à 150 cellen. De functie van de cellen wordt specialistischer. Sommige vormen een beschermende laag om de zygote.	De zygote heet nu embryo. Het embryo ontwikkelt drie lagen, die uiteindelijk uitgroeien tot verschillende structuren. Die lagen zijn: Ectoderm: huid, zintuigen, hersenen, ruggenmerg Endoderm: spijsverteringsstelsel, lever, ademhalingssysteem Mesoderm: spieren, bloed, bloedsomloop Na acht weken is het embryo 2,5 centimeter lang.	Het foetale stadium begint formeel wanneer de differentiatie van de belangrijkste organen heeft plaatsgevonden. Het individu, dat vanaf nu een foetus wordt genoemd, groeit snel; het wordt twintig keer zo lang. Na vier maanden weegt de foetus gemiddeld ruim honderd gram, na zeven maanden iets minder dan anderhalve kilo en op het moment van de geboorte weegt het gemiddelde kind ongeveer drieënhalve kilo.

3.3.3 Problemen rond de conceptie

Voor sommige stellen is zwanger worden een zware dobber. We bespreken een aantal mogelijke problemen, van zowel fysieke als ethische aard, met betrekking tot zwanger worden.

Onvruchtbaarheid

Onvruchtbaarheid: het onvermogen om zwanger te worden na twaalf tot achttien maanden proberen.

Zo'n vijftien procent van de stellen lijdt aan **onvruchtbaarheid**, wat letterlijk betekent dat ze niet in staat zijn een kind te verwekken. Tussen onvruchtbaarheid en leeftijd bestaat een negatieve relatie: hoe ouder de ouders, hoe groter de kans op onvruchtbaarheid (zie figuur 3-13).

Bij mannen kan onvruchtbaarheid worden veroorzaakt doordat ze te weinig of geen functionele zaadcellen produceren. Ook het gebruik van drugs of sigaretten en een vroegere besmetting met een seksueel overdraagbare aandoening kunnen de kans op onvruchtbaarheid vergroten. Bij vrouwen is de meest voorkomende oorzaak van onvruchtbaarheid dat er geen eitje vrijkomt door ovulatie. Dit kan het gevolg zijn van een verstoorde hormoonspiegel, van een beschadigde eileider of baarmoeder, of van alcohol- of drugsmisbruik (Geller, Nelson & Bonacquisti, 2013; Kelly-Weeder & Cox, 2007; Wilkes et al., 2009).

Wat de oorzaak van onvruchtbaarheid ook is, er bestaan verschillende alternatieve wegen die alsnog naar een zwangerschap kunnen leiden. Sommige problemen kunnen worden verholpen door medicijnen of een operatie. Een andere optie is **kunstmatige inseminatie**, een procedure waarbij de zaadcellen van een man door een arts direct in de baarmoederhals van een vrouw worden gebracht. Het zaad kan afkomstig zijn van de partner van de vrouw, maar ook van een anonieme donor van een spermabank.

Kunstmatige inseminatie: procedure waarbij de zaadcellen van een man door een arts direct in de baarmoederhals van een vrouw worden geplaatst.

In-vitrofertilisatie (ivf): procedure waarbij een aantal eicellen uit de eierstokken van een vrouw worden verwijderd, waarna zij in een laboratorium worden bevrucht door de zaadcellen van een man en vervolgens in de baarmoeder worden geplaatst.

Bevruchting kan ook buiten het lichaam van de moeder plaatsvinden. **In-vitrofertilisatie (ivf)** is een procedure waarbij een aantal eicellen uit de eierstokken van een vrouw worden verwijderd, waarna zij in een laboratorium worden bevrucht door de zaadcellen van een man. Wanneer de conceptie heeft plaatsgevonden, worden de bevruchte eicellen in de baarmoeder van de vrouw geplaatst.

Ivf is een methode die steeds vaker succes oplevert, met positieve resultaten van wel 48 procent bij vrouwen onder de 35 (lagere resultaten bij oudere vrouwen). De werkelijke geboortecijfers liggen lager, omdat niet alle zwangerschappen uiteindelijk in geboorten resulteren. Wereldwijd zijn er met behulp van in-vitrofertilisatie meer dan drie miljoen baby's gecreëerd (SART, 2012).

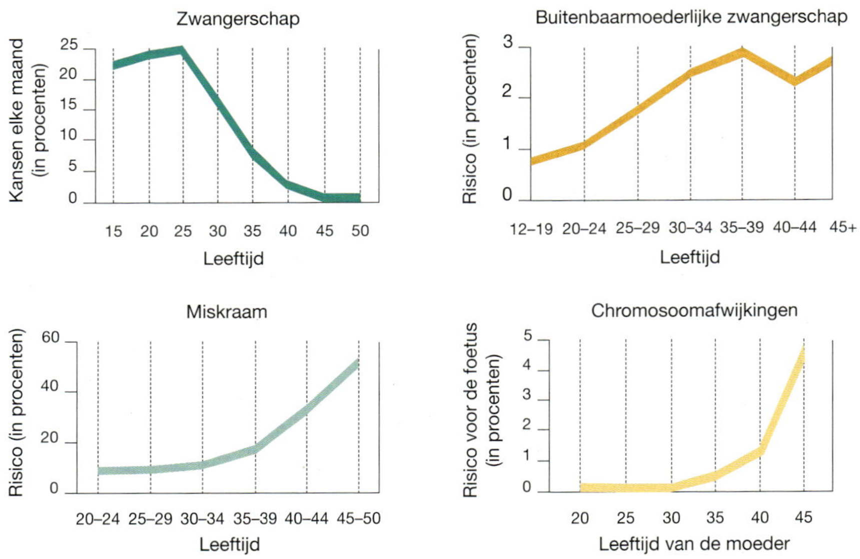

FIGUUR 3-13 Oudere vrouwen en zwangerschapsrisico's

Als vrouwen ouder worden, vermindert niet alleen hun vruchtbaarheid, ook de kans op chromosoomafwijkingen neemt toe.

Net als tussen volwassenen bestaan er ook tussen foetussen grote verschillen. Sommige foetussen zijn heel actief, terwijl andere ingetogener zijn. Deze eigenschappen kunnen zich ook na de geboorte manifesteren.

Bron: Science Source

Hoe functioneren kinderen die verwekt zijn met behulp van nieuwe voortplantingstechnieken zoals in-vitrofertilisatie? Uit onderzoek blijkt dat ze het prima doen. Eén onderzoek wees zelfs uit dat de kwaliteit van de ouderlijke zorg in gezinnen die zulke technieken hebben gebruikt, misschien zelfs beter is dan die in gezinnen met kinderen die op een natuurlijke manier zijn verwekt. Bovendien is de latere psychologische aanpassing van kinderen die door middel van ivf of kunstmatige inseminatie zijn verwekt, niet anders dan die van natuurlijk verwekte kinderen (Dipietro et al., 2005; Golombok et al., 2004; Hjelmstedt, Widstrom & Collins, 2006; Siegel, Dittrich & Vollmann, 2008).

Daar staat tegenover dat ivf-technieken bij oudere vrouwen (die soms behoorlijk op leeftijd zijn tegen de tijd dat hun kinderen tieners zijn) misschien verandering brengen in deze positieve bevindingen. Omdat wijdverbreid gebruik van ivf een recente ontwikkeling is, weten we gewoon nog niet wat er gebeurt bij ouder wordende ouders (Colpin & Soenen, 2004).

Miskraam en abortus

Een miskraam, ook wel spontane abortus genoemd, vindt plaats wanneer de zwangerschap eindigt voordat het zich ontwikkelende kind buiten de baarmoeder kan overleven. Het embryo laat los van de baarmoederwand en wordt uitgestoten.

Zo'n tien procent van alle zwangerschappen eindigt in een miskraam, meestal in de eerste twaalf weken van de zwangerschap. De term *doodgeboren* wordt gebruikt voor het beschrijven van de dood van een zich ontwikkelend kind vanaf zestien weken na de conceptie. In België spreekt men van een doodgeboren kind als het een geboortegewicht van minstens vijfhonderd gram heeft. Als het gewicht niet bekend is, hanteert men een ondergrens van minimaal 22 weken of een daarmee overeenstemmende lichaamslengte van minimaal 25 centimeter. Veel miskramen vinden zó vroeg plaats dat de moeder zich er niet eens van bewust is dat ze zwanger was. Misschien merkt ze ook niets van de miskraam. Dankzij de komst van thuiszwangerschapstests, waarmee vrouwen eerder dan ooit kunnen ontdekken of ze zwanger zijn, is het aantal vrouwen dat weet ooit een miskraam te hebben gehad toegenomen. Meestal zijn miskramen toe te schrijven aan een genetische afwijking. Bovendien kunnen hormonale problemen, infecties of zwangerschapsgezondheidsproblemen tot een miskraam leiden. Wat de oorzaak ook is, vrouwen die een miskraam gehad hebben, ervaren vaak angst, depressie en verdriet. Zelfs vrouwen die na een miskraam een gezond kind hebben gekregen, lopen een groter risico op depressie. Ook kunnen ze problemen ervaren bij de zorg voor hun gezonde kind (Leis-Newman, 2012; Murphy, Lipp & Powles, 2012).

Elk jaar eindigen wereldwijd meer dan veertig miljoen zwangerschappen in *abortus*, waarbij een moeder er vrijwillig voor kiest om haar zwangerschap te beëindigen. België hoort bij de vijf landen met het laagste aantal abortussen. In Kroatië, Zwitserland en Nederland zijn de aantallen nog lager (Sensoa, 2012). In andere West-Europese landen en in de VS liggen de cijfers twee- tot driemaal zo hoog. Niet-westerse allochtone vrouwen in Nederland laten vaker een zwangerschap afbreken dan autochtone Nederlandse vrouwen. De abortuscijfers van met name Antilliaanse, Surinaamse, Afrikaanse en Midden- en Zuid-Amerikaanse vrouwen zijn gestegen in de periode 2001-2005, terwijl in dezelfde periode het abortuscijfer van alle in Nederland wonende vrouwen ongeveer gelijk is gebleven (CBS, 2011). Het aantal abortus- en overtijdbehandelingen ligt rond de 33.000 per jaar (ongeveer negen op de duizend vrouwen van 15 tot 45 jaar). Het abortuscijfer van niet-westerse allochtone vrouwen ligt twee tot zeven keer zo hoog als dat van autochtone vrouwen.

3.3.4 De prenatale omgeving: bedreigingen voor de ontwikkeling

Zie MyLab voor de video: Zwangerschap in verschillende culturen

Volgens de Siriono, een volk uit Zuid-Amerika, loopt een zwangere vrouw het risico om een kind te krijgen dat zich gedraagt en eruitziet als bepaalde dieren waarvan zij het vlees heeft gegeten. En in tv-programma's als *The Oprah Winfrey Show* is weleens gezegd dat een zwangere vrouw niet te vaak kwaad moet worden omdat haar kind anders kwaad ter wereld komt (Cole, 1992).

Zulke opvattingen zijn grotendeels volkswijsheden, hoewel er tekenen zijn die erop wijzen dat een zwangere vrouw door nervositeit de slaappatronen van haar foetus kan beïnvloeden. Bovendien kunnen bepaalde aspecten van het gedrag van moeders en vaders, zowel voor als na de conceptie, levenslange gevolgen voor het kind hebben. Sommige gevolgen manifesteren zich direct, andere komen pas na de geboorte aan het licht. Sommige sluimerende problemen steken pas jaren later de kop op (Couzin, 2002; Groome et al., 1995).Een aantal van de meest ingrijpende gevolgen is het resultaat van teratogene effecten. Een **teratogeen effect** is een omgevingsfactor zoals een drug, een chemische stof, een virus of een andere factor die leidt tot een geboorteafwijking. Hoewel het de taak is van de placenta om teratogene stoffen tegen te houden, slaagt zij daar niet altijd helemaal in, en waarschijnlijk wordt elke foetus wel blootgesteld aan een aantal teratogene effecten.

Teratogeen effect: omgevingsfactor die leidt tot een geboorteafwijking.

Het moment en de mate van blootstelling aan een teratogene stof zijn cruciaal. In sommige fasen van de prenatale ontwikkeling heeft een bepaalde teratogene stof maar heel weinig invloed. In andere perioden kan diezelfde stof echter verregaande consequenties hebben.

In het algemeen hebben teratogenen het grootste effect tijdens perioden van bijzonder snelle prenatale ontwikkeling. Bovendien zijn organen op verschillende tijdstippen gevoelig voor teratogene effecten. De hersenen zijn bijvoorbeeld vijftien tot vijfentwintig dagen na de conceptie het gevoeligst, terwijl het hart tussen de twintig en veertig dagen na de conceptie het gevoeligst is (zie figuur 3-14; Bookstein et al., 1996; Parikh et al., 2004).

Bij het kijken naar specifieke teratogenen, zoals we hierna zullen doen, moet rekening gehouden worden met de bredere sociale en culturele context waarin blootstelling aan teratogenen zich voordoet. Zo heeft iemand die in armoede leeft een grotere kans dat hij aan teratogenen wordt blootgesteld. Moeders die arm zijn, kunnen zich misschien niet altijd de juiste voeding veroorloven of slagen er niet in adequate medische zorg te krijgen. Ze staan wellicht ook eerder bloot aan vervuiling. Hierdoor zijn ze vatbaarder voor ziekten die schadelijk zijn voor de ontwikkelende foetus. Daarom is het van belang om rekening te houden met de sociale factoren waardoor iemand aan teratogenen kan blootstaan.

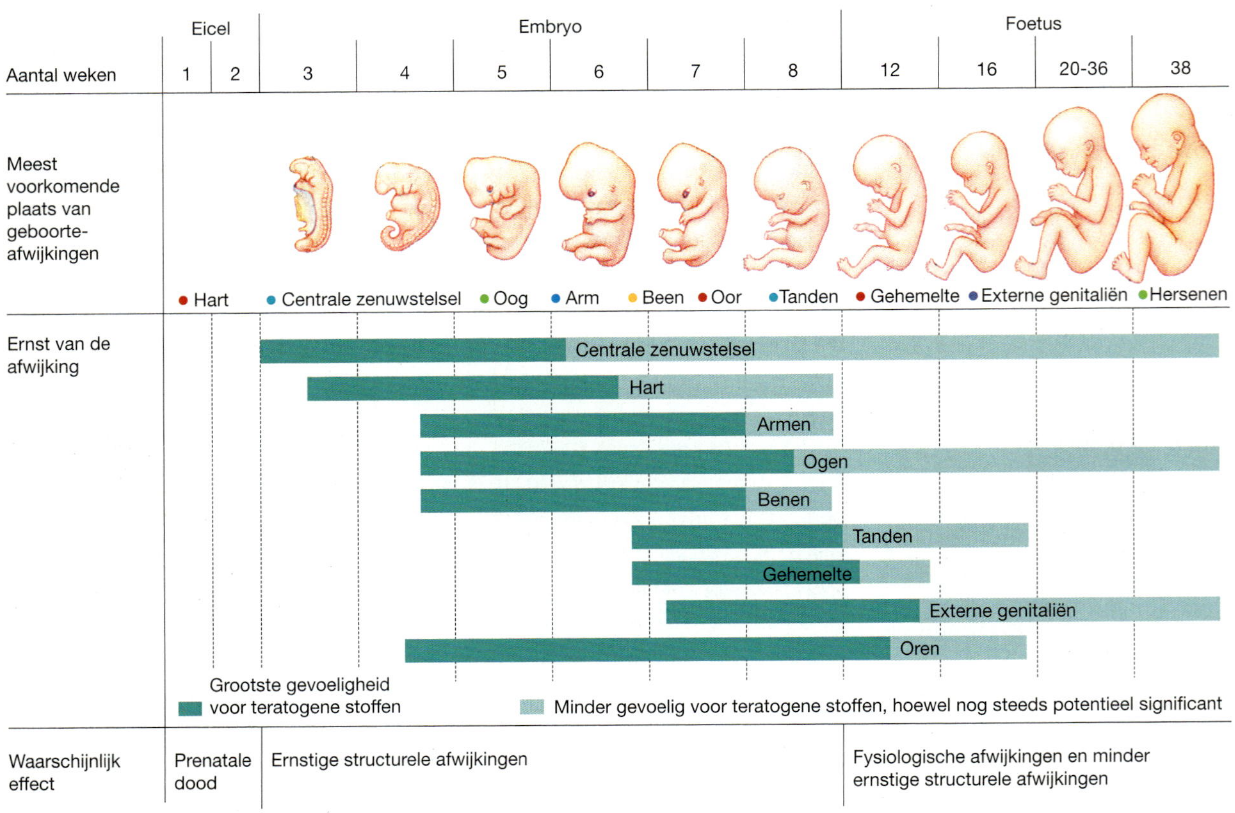

FIGUUR 3-14 Gevoeligheid voor teratogene stoffen

De mate van gevoeligheid van verschillende delen van het lichaam is afhankelijk van het ontwikkelingsstadium waarin ze zich bevinden.

Bron: K.L. Moore, 1998

Het voedingspatroon van de moeder

De meeste kennis van de omgevingsfactoren die invloed hebben op de ontwikkelende foetus doen we op door bestudering van de moeder. Een moeder die gevarieerd eet en zorgt dat ze de juiste voedingsstoffen binnenkrijgt, heeft waarschijnlijk minder last van complicaties tijdens de zwangerschap. Ook heeft ze een gemakkelijkere bevalling en een gezondere baby dan een moeder die niet genoeg voedingsstoffen binnenkrijgt (Guerrini, Thomson & Gurling, 2007; Kaiser & Allen, 2002).

Echter, bijna dertig procent van de wereldbevolking lijdt aan een vorm van ondervoeding. Het spreekt voor zich dat beperkingen in het voedingspatroon invloed kunnen hebben op miljoenen kinderen (United Nations, 2010).

Gelukkig zijn er manieren om de invloed van ondervoeding op de prenatale ontwikkeling tegen te gaan. Voedingssupplementen voor moeders, zoals foliumzuur, kunnen een oplossing bieden voor een aantal van de problemen die worden veroorzaakt door een slecht voedingspatroon. Bovendien wijst onderzoek uit dat baby's die als foetus ondervoed waren en daarna in een betere omgeving opgroeiden, een deel van de effecten van hun vroege ondervoeding kunnen opheffen. De realiteit is echter dat weinig kinderen van wie de moeder tijdens de zwangerschap ondervoed was, na hun geboorte in betere omstandigheden terechtkomen (Grantham-McGregor et al., 1994; Kramer, 2003; Olness, 2003).

De leeftijd van de moeder

Vrouwen krijgen tegenwoordig op latere leeftijd kinderen dan een aantal decennia geleden. Dat is voornamelijk het gevolg van veranderingen in de samenleving, aangezien steeds meer vrouwen ervoor kiezen om eerst een vervolgopleiding af te ronden en een carrière te beginnen voor ze hun eerste kind krijgen (Bornstein et al., 2006; Gibbs, 2002; Wildberger, 2003).

Een groeiend aantal vrouwen krijgt een kind als ze in de dertig of veertig zijn. Dit uitstel heeft mogelijk gevolgen voor de gezondheid van zowel vrouw als kind. Vrouwen die ouder zijn dan dertig als ze een kind krijgen, lopen een groter risico op verschillende zwangerschaps- en geboortecomplicaties dan jongere vrouwen. Ze hebben bijvoorbeeld meer kans op een vroeggeboorte, en hun kinderen hebben vaker een laag geboortegewicht. Bij een vrouw van 42 vertoont negentig procent van haar eicellen een of ander defect (Gibbs, 2002; Moore & DeCosta, 2006).

Daarnaast hebben oudere moeders een grotere kans op een kind met het downsyndroom. Ongeveer een op de honderd baby's die geboren worden uit moeders van boven de veertig heeft het downsyndroom. Voor moeders van boven de vijftig neemt dat aantal toe tot 25 procent, oftewel een kans van een op vier (Gaulden, 1992).

Sommige onderzoekers menen dat oudere moeders niet automatisch meer kans hebben op zwangerschapsproblemen. Uit één onderzoek blijkt bijvoorbeeld dat vrouwen van in de veertig zonder gezondheidsproblemen niet meer risico lopen op prenatale problemen dan vrouwen van in de twintig (Dildy et al., 1996; Hodapp, Burke & Urbano, 2012).

De zwangerschapsrisico's zijn niet alleen groter voor ongebruikelijk oude moeders, dat is ook het geval voor heel jonge moeders. Vrouwen die zwanger worden tijdens de adolescentie hebben meer kans op een vroeggeboorte. Bovendien ligt het sterftecijfer van baby's van tienermoeders twee keer zo hoog als dat van moeders tussen de twintig en dertig (Kirchengast & Hartmann, 2003).

De prenatale begeleiding van de moeder

Het hogere sterftecijfer bij baby's van tienermoeders is niet alleen het gevolg van fysiologische problemen door de jonge leeftijd van de moeder. Ook de doorgaans slechte sociale en economische omstandigheden van deze moeders spelen een rol. Veel tienermoeders hebben niet genoeg geld of sociale ondersteuning, waardoor ze geen toegang hebben tot goede prenatale zorg en kraamzorg als de baby eenmaal is geboren. Het is zelfs mogelijk dat armoede of slechte sociale omstandigheden de aanleiding vormden voor de zwangerschap (Huizink, Mulder & Buitelaar, 2004; Langille, 2007; Meade, Kershaw & Ickovics, 2008).

De gezondheid van de moeder

Moeders die gezond eten, gemiddeld aankomen en voldoende bewegen, hebben meer kans op een gezonde baby. Bovendien kunnen ze de levenslange kans op obesitas, hoge bloeddruk en hartkwalen bij hun kinderen verminderen door er een gezonde levensstijl op na te houden (Walker & Humphries, 2005, 2007). Ziekte bij zwangere vrouwen kan desastreuze gevolgen hebben. Als de moeder bijvoorbeeld voor de elfde week van haar zwangerschap rubella (rodehond) krijgt, kan haar baby daar ernstige gevolgen van ondervinden, zoals blindheid, doofheid, hartafwijkingen of hersenbeschadiging. In latere stadia van een zwangerschap is de kans op negatieve gevolgen voor het ongeboren kind minder groot.

Er zijn nog verschillende andere ziekten die een zich ontwikkelende foetus kunnen treffen. Ook hierbij is het moment waarop de moeder de ziekte oploopt cruciaal. Waterpokken kunnen bijvoorbeeld tot geboorteafwijkingen leiden, en de bof kan de kans op een miskraam verhogen.

Een aantal seksueel overdraagbare aandoeningen, zoals syfilis, kan direct op de foetus worden overgebracht. Die wordt dan geboren met de ziekte. In sommige gevallen worden seksueel overdraagbare aandoeningen aan het kind doorgegeven op het moment dat het door het geboortekanaal passeert. Gonorroe is hier een voorbeeld van. Moeders die aan aids (*acquired immune deficiency syndrome*) lijden of die alleen het virus dragen, kunnen de ziekte aan hun ongeboren kind doorgeven via het bloed dat de placenta bereikt. Als moeders met aids tijdens hun zwangerschap echter worden behandeld met antivirale medicijnen als AZT, wordt minder dan vijf procent van de baby's geboren met de ziekte. Kinderen die worden geboren met aids moeten hun hele leven medicijnen slikken (Nesheim et al., 2004).

Het drugs- en medicijngebruik van de moeder

Moeders die drugs of medicijnen gebruiken, kunnen hun ongeboren kind ernstig in gevaar brengen. Zelfs medicijnen die overal vrij verkrijgbaar zijn, kunnen verrassend schadelijke consequenties hebben. Zo kan een aspirientje tegen de hoofdpijn bij de foetus tot bloedingen leiden. Ook achterstanden in de fysieke ontwikkeling van vierjarige kinderen zijn in verband gebracht met frequent gebruik van aspirine tijdens de zwangerschap (Griffith, Azuma & Chasnoff, 1994).

Ook medicijnen die door de arts worden voorgeschreven, hebben soms rampzalige consequenties. In de jaren vijftig van de vorige eeuw kregen veel vrouwen het advies om thalidomide (in Nederland en België bekend onder de merknaam Softenon) te slikken tegen ochtendmisselijkheid. Hun kinderen werden geboren met stompjes in plaats van armen en benen. De artsen die het medicijn voorschreven wisten op dat moment niet dat thalidomide tijdens de eerste drie maanden van de zwangerschap een remmend effect heeft op de groei van de ledematen. In Nederland zijn zestien zogeheten softenonkinderen geregistreerd.

Sommige medicijnen die door zwangere vrouwen worden gebruikt, veroorzaken pas tientallen jaren later problemen bij hun kinderen. In de jaren zeventig werd DES (diethylstilbestrol) nog regelmatig voorgeschreven om miskramen te voorkomen. Pas later bleek dat de dochters van moeders die DES hadden geslikt een veel grotere kans hadden op een zeldzame vorm van vaginale kanker of baarmoederhalskanker en meer problemen hadden tijdens hun eigen zwangerschappen. Zonen van moeders die DES hadden geslikt, hadden hun eigen problemen, zoals een grotere kans op vruchtbaarheidsproblemen (Schechter, Finkelstein & Koren, 2005).

Als zwangere vrouwen anticonceptie- en vruchtbaarheidspillen slikken voor ze weten dat ze zwanger zijn, kan dat schadelijk zijn voor de foetus. Dergelijke medicijnen bevatten geslachtshormonen die de hersenstructuren van de zich ontwikkelende foetus beïnvloeden. De hormonen houden verband met de seksedifferentiatie in de foetus en genderverschillen na de geboorte wanneer ze natuurlijk worden aangemaakt. In medicinale vorm kunnen deze hormonen echter aanzienlijke schade veroorzaken (Brown, Hines & Fane, 2002; Miller, 1998).

Drugs brengen nog grotere risico's voor de foetus met zich mee. Neem het gebruik van marihuana, een van de meest gebruikte vormen van drugs. Het roken van marihuana tijdens de zwangerschap kan de zuurstoftoevoer naar de foetus belemmeren. Het gebruik ervan kan leiden tot snel geïrriteerde, snel afgeleide en nerveuze kinderen (Goldschmidt et al., 2008; Willford, Richardson & Day, 2012; Williams & Ross, 2007).

Aan het begin van de jaren negentig leidde cocaïnegebruik door zwangere vrouwen tot een epidemie van duizenden zogenaamde crackbaby's. Cocaïne leidt tot een ernstige vernauwing van de bloedvaten die naar de foetus leiden, waardoor deze veel minder bloed en zuurstof krijgt. Hierdoor heeft de foetus een grotere kans om te overlijden (Richardson, Goldschmidt & Willford, 2009; Schuetze, Eiden & Coles, 2007). Kinderen met een moeder die verslaafd is aan cocaïne, kunnen bij hun geboorte zelf ook al verslaafd zijn. Zij moeten dan een heftige afkickperiode doorstaan. Zelfs als ze niet verslaafd zijn, kunnen ze geboren worden met ernstige problemen. Ze zijn vaak kleiner van stuk, wegen minder dan gemiddeld en hebben soms ernstige ademhalingsproblemen, zichtbare geboorteafwijkingen of attaques. Ook gedragen ze zich anders dan andere kinderen: hun reacties op stimuli zijn afgevlakt en wanneer ze eenmaal beginnen te huilen, zijn ze heel moeilijk te troosten (Eiden, Foote & Schuetze, 2007; Singer et al., 2000).

Het is lastig om precies vast te stellen wat de langetermijneffecten van cocaïnegebruik zijn, omdat het vaak gepaard gaat met slechte prenatale zorg en slechte verzorging na de geboorte. In veel gevallen is het de slechte verzorging door de verslaafde moeder die problemen bij hun kinderen veroorzaakt, en niet zozeer de blootstelling aan drugs. Om een kind dat aan cocaïne is blootgesteld te kunnen behandelen, moet de moeder van het kind niet alleen stoppen met het drugsgebruik, ook de zorg voor het kind moet worden verbeterd (Brown et al., 2004; Jones, 2006; Schempf, 2007).

Moeders die alcohol en tabak gebruiken

Een zwangere vrouw die denkt dat af en toe een wijntje of een sigaret geen waarneembaar effect heeft op haar ongeboren kind, houdt zichzelf hoogstwaarschijnlijk voor de gek. Steeds meer signalen wijzen erop dat zelfs kleine hoeveelheden alcohol en nicotine de ontwikkeling van de foetus kunnen verstoren.

Het gebruik van alcohol kan ingrijpende gevolgen hebben voor een ongeboren kind. De kinderen van vrouwen die tijdens de zwangerschap aanzienlijke hoeveelheden alcohol tot zich nemen, lopen het grootste risico. Zo kunnen deze kinderen geboren worden met het **foetaal alcoholsyndroom (FAS)**. Aangenomen wordt dat de prevalentie van het foetaal alcoholsyndroom in Europa ongeveer een tot drie per duizend kinderen is (www.fasstichting.nl). Een groot aantal andere kinderen wordt gediagnosticeerd met een leerstoornis, ADHD of andere stoornissen, terwijl de onderliggende oorzaak van het alcoholgebruik niet wordt herkend.

Foetaal alcoholsyndroom (FAS): een cognitieve stoornis die wordt veroorzaakt door alcoholmisbruik tijdens de zwangerschap.

Zelfs moeders die tijdens hun zwangerschap kleinere hoeveelheden alcohol gebruiken, brengen hun kinderen in gevaar. In het geval van **foetale alcoholeffecten (FAE)** vertonen kinderen als gevolg van het alcoholgebruik van hun moeder een aantal problemen die kenmerkend zijn voor het foetaal alcoholsyndroom (Baer, Sampson & Barr, 2003; Molina et al., 2007; Streissguth, 1997).

Foetale alcoholeffecten (FAE): situatie waarin kinderen als gevolg van alcoholgebruik tijdens de zwangerschap een aantal problemen vertonen die kenmerkend zijn voor het foetaal alcoholsyndroom.

Ook kinderen die geen FAE hebben, kunnen het slachtoffer zijn van alcoholgebruik van hun moeder. Uit onderzoek is gebleken dat een gemiddelde inname van twee alcoholische eenheden per dag tijdens de zwangerschap gecorreleerd is aan een lagere intelligentie van het kind op zevenjarige leeftijd. Ander onderzoek onderschrijft deze conclusie en suggereert dat relatief kleine hoeveelheden alcohol tijdens de zwangerschap toekomstige negatieve effecten kunnen hebben op het gedrag en het psychologisch functioneren van kinderen. Bovendien zijn de consequenties van alcoholinname langdurig. Eén onderzoek wees bijvoorbeeld uit dat de scores van veertienjarigen bij een test op het gebied van ruimtelijk en visueel inzicht gecorreleerd waren aan de alcoholconsumptie van hun moeder tijdens de zwangerschap. Hoe meer de moeders hadden gedronken, hoe slechter hun kinderen presteerden (Chiodo et al., 2012; Mattson, Calarco & Lang, 2006; Streissguth, 2007).

Vanwege de risico's van alcohol raden artsen zwangere vrouwen (en vrouwen die zwanger proberen te worden) aan om de alcohol helemaal te laten staan. Daarnaast waarschuwen ze voor een andere gewoonte die een aantoonbaar negatief effect heeft op ongeboren kinderen: roken.

Roken heeft een aantoonbaar negatief effect op het ongeboren kind.

Bron: Rook niet bij mij, een product van de West-Vlaamse Logo's, 2009, www.rooknietbijmij.be

Roken heeft verschillende consequenties, en geen enkele is positief. Allereerst vermindert roken het zuurstofgehalte en verhoogt het de hoeveelheid koolmonoxide in het bloed van de moeder, waardoor de beschikbare hoeveelheid zuurstof voor de foetus snel afneemt. Bovendien vertragen de nicotine en andere giftige stoffen in sigarettenrook de ademhaling van de foetus en versnellen ze zijn hartslag. Het uiteindelijke resultaat is een verhoogd risico op een miskraam en een grotere kans op sterfte in de babytijd. Volgens recente schattingen leidt roken door zwangere vrouwen alleen in de Verenigde Staten al tot 115.000 miskramen per jaar en de dood van 6500 baby's (Chertok et al., 2011; Haslam & Lawrence, 2004; Triche & Hossain, 2007).

Rokers hebben twee keer zo veel kans op een baby met een abnormaal laag geboortegewicht als niet-rokers. Ook zijn de baby's van rokers gemiddeld kleiner dan die van niet-rokers. Bovendien hebben vrouwen die roken tijdens de zwangerschap vijftig procent meer kans op kinderen met een verstandelijke beperking (McCowan et al., 2009; Wakschlag et al., 2006).

Hoewel de risico's niet volledig bewezen zijn, wijzen sommige onderzoeken uit dat grote hoeveelheden cafeïne (aangetroffen in koffie, thee, sommige frisdranken en chocola) schadelijk kunnen zijn voor een foetus. Daarom moeten moeders oppassen met hun inname van cafeïne in welke vorm dan ook (Fortier, Marcoux & Beaulac-Baillargeon, 1993).

Hebben vaders invloed op de prenatale omgeving?

Het ligt misschien voor de hand om ervan uit te gaan dat als de vader eenmaal zijn bijdrage heeft geleverd aan de bevruchting, hij geen rol meer speelt in de prenatale omgeving van de foetus. In het verleden dachten ontwikkelingsonderzoekers inderdaad dat dit het geval was. Er is ook weinig onderzoek gedaan naar de invloed van vaders op de prenatale omgeving.

Het wordt echter steeds duidelijker dat het gedrag van vaders wel degelijk invloed kan hebben op de prenatale omgeving. Gezondheidszorgmedewerkers brengen de uitkomsten van zulk onderzoek in de praktijk door manieren aan te dragen waarop vaders kunnen bijdragen aan een gezonde prenatale ontwikkeling (Martins et al., 2007; Vreeswijk et al., 2013).

Een vader in spe zou bijvoorbeeld niet moeten roken. Passief roken kan de gezondheid van de moeder aantasten, waardoor de gezondheid van haar ongeboren kind in gevaar komt. Hoe meer een vader rookt, hoe lager het geboortegewicht van zijn kinderen is (Hyssaelae, Rautava & Helenius, 1995; Tomblin, Hammer & Zhang, 1998). Daarnaast kan een vader die alcohol en drugs als cocaïne gebruikt meer schade veroorzaken dan chromosomale schade alleen. Hij kan ook de prenatale omgeving beïnvloeden door de stress die hij bij de moeder veroorzaakt en de ongezonde leefomstandigheden die hij creëert.

Zie MyLab voor de video: Teratogene invloeden van de vader

Vaders die hun zwangere vrouw lichamelijk of geestelijk mishandelen, kunnen hun ongeboren kind eveneens beschadigen. Door het stressniveau van de moeder te verhogen of haar daadwerkelijk fysieke schade toe te brengen, vergroten aanstaande vaders het risico van schade aan hun ongeboren kinderen. Vier tot acht procent van de vrouwen heeft tijdens de zwangerschap te maken met lichamelijke mishandeling (Bacchus, Mezey & Bewley, 2006; Gazmarian et al., 2000; Gilliland & Verny, 1999; Martin et al., 2006).

ONTWIKKELINGSPSYCHOLOGIE IN HET DAGELIJKS LEVEN

Een optimale prenatale omgeving

Als je overweegt om ooit een kind te krijgen, ben je misschien geschrokken van wat er allemaal fout kan gaan. Hoewel onze genetische achtergrond en onze omgeving voor een zeker risico zorgen, verlopen de zwangerschap en de geboorte in de overgrote meerderheid van de gevallen zonder incidenten. Bovendien kan een vrouw zowel voor als tijdens de zwangerschap verschillende dingen doen (en laten) om de zwangerschap zo soepel mogelijk te laten verlopen:

- Ervoor zorgen dat ze tijdens de gehele zwangerschap niet wordt blootgesteld aan röntgenstralen (noodgevallen uitgezonderd).
- Gezond eten en voldoende drinken, zowel voor, tijdens als na de zwangerschap. Bovendien raden artsen zwangerschapsvitaminen aan, zoals foliumzuur. Gebruik hiervan verkleint de kans op geboorteafwijkingen als een open ruggetje.
- Geen alcohol of andere verslavende middelen gebruiken. Het is bewezen dat veel drugs direct worden doorgegeven aan de foetus. Dit kan leiden tot geboorteafwijkingen. Ook is bewezen dat de foetus een groter risico loopt naarmate de moeder meer drinkt.
- Matig zijn met cafeïne. Hoewel nog steeds niet duidelijk is of cafeïne geboorteafwijkingen veroorzaakt, is het wel bekend dat cafeïne als een stimulerend middel voor de foetus fungeert. Daarom is het raadzaam om niet meer dan een paar kopjes koffie per dag te drinken.
- Niet roken. Dit geldt voor moeders, vaders en alle andere mensen in de buurt van de zwangere vrouw. Uit onderzoek blijkt namelijk dat rook in de omgeving van de foetus invloed heeft op het geboortegewicht.

Het is dus heel belangrijk dat een zwangere vrouw gezond leeft. Maar ook rust is belangrijk. Nienke Bosch (2011) heeft in een doctoraatsonderzoek aan de Rijksuniversiteit Groningen vastgesteld dat negatieve gebeurtenissen voor of vlak na de geboorte verband houden met een overgevoeligheid voor stress op latere leeftijd. Als negatieve gebeurtenissen noemt Bosch stress van de moeder tijdens en na de zwangerschap, roken en alcoholgebruik van de moeder, vroeggeboorte, een laag geboortegewicht en ziekenhuisopname van moeder of kind kort na de bevalling. Bosch (2011) gebruikte de aanwezigheid van het stresshormoon cortisol als maat voor stressgevoeligheid. Niet alleen zijn kinderen die als baby negatieve dingen meemaakten gevoeliger voor stress, als ze in hun verdere kindertijd weer iets negatiefs meemaken, zijn de gevolgen daarvan ook groter. Vooral tussen zes en elf jaar zijn kinderen kwetsbaar. Bosch denkt dat dit komt doordat de hersenen op die leeftijd een belangrijke ontwikkeling doormaken. Jongeren die als baby negatieve gebeurtenissen meemaakten, bleken nog stressgevoeliger als ze ook stress hadden gehad in hun kindertijd.

TERUGBLIK

▷ 3.1 Erfelijkheid

- Een kind krijgt 23 chromosomen van elke ouder. Deze 46 chromosomen vormen de genetische blauwdruk die de rest van zijn leven bepalend is voor zijn celactiviteit.
- Gregor Mendel ontdekte een belangrijk genetisch mechanisme dat bepalend is voor de interactie tussen dominante en recessieve genen en hun manifestatie in allelen.
- De onderliggende combinatie van aanwezig genetisch materiaal in een organisme is zijn genotype. Zijn fenotype is het waarneembare kenmerk waarin het genotype tot uitdrukking komt.
- Enkele door ouders bijgedragen genenparen zijn allelen, genen die kenmerken bepalen die alternerende vormen kunnen aannemen. Als een paar ongelijksoortige genen bevat, komt het dominante kenmerk tot uiting. Een recessief kenmerk komt uitsluitend tot uiting als het paar gelijksoortige genen bevat.
- Kenmerken als haarkleur, kleur van de ogen en de aanwezigheid van phenylketonurie (PKU) zijn allelen. Deze kenmerken volgen dit patroon.
- De meeste kenmerken worden niet door één paar genen bepaald, maar door meerdere paren die op diverse manieren werken. Dit wordt polygenische overerving genoemd.
- Gedragsgenetica richt zich op karaktereigenschappen en gedragspatronen en op psychische stoornissen als schizofrenie. Onderzoekers proberen momenteel te achterhalen hoe ze bepaalde genetische defecten kunnen corrigeren.
- Voorbeelden van genetische stoornissen zijn fenylketonurie (PKU), het syndroom van Down, het fragiele X-syndroom, sikkelcelanemie, de ziekte van Tay-Sachs en het syndroom van Klinefelter.
- Genetisch adviseurs gebruiken gegevens van tests en andere bronnen om potentiële genetische afwijkingen op te sporen bij vrouwen en mannen die graag kinderen willen. Sinds kort testen zij ook mensen op genetisch bepaalde stoornissen die zich bij die mensen zelf kunnen manifesteren.

▷ 3.2 De interactie tussen erfelijkheid en omgeving

- Gedragseigenschappen worden vaak bepaald door een combinatie van iemands genetische achtergrond en zijn omgeving. Genetisch bepaalde eigenschappen vertegenwoordigen een potentieel, het genotype genoemd, dat kan worden beïnvloed door de omgeving. Het genotype manifesteert zich uiteindelijk in het fenotype.
- Om de verschillende invloeden van erfelijkheid en omgeving te achterhalen, voeren onderzoekers dieronderzoeken en onderzoeken bij mensen uit. Dat laatste gebeurt met name met tweelingen.
- Bijna alle menselijke eigenschappen, kenmerken en gedragspatronen zijn het resultaat van een combinatie van en interactie tussen nature en nurture. Veel fysieke eigenschappen vertonen sterke genetische invloeden. Hoewel erfelijkheid een belangrijke rol speelt bij intelligentie, zijn omgevingsfactoren als blootstelling aan boeken, goede opleidingservaringen en intelligente vrienden eveneens van zeer grote invloed op intelligentie.
- Sommige basiskaraktereigenschappen, zoals neuroticisme en extraversie, lijken een genetische oorsprong te hebben. Zelfs enige minder primaire kenmerken, zoals politieke en religieuze waarden, staan in verband met genetica.
- Onze omgeving is van invloed op onze persoonlijkheid. De manier waarop onze genetische kenmerken tot uitdrukking komen, wordt bepaald door de wisselwerking van deze kenmerken met culturele invloeden en andere omgevingsinvloeden.

▷ 3.3 Prenatale groei en verandering

- Bevruchting, de gebeurtenis waarmee de ontwikkeling van het leven begint, kan optreden wanneer een eicel in de eileider een spermacel tegenkomt en hiermee versmelt.
- De prenatale periode bestaat uit drie fasen: de germinale fase, de embryonale fase en de foetale fase.
- Tijdens het germinale stadium (dat loopt van de bevruchting tot twee weken na de bevruchting) vindt snelle celdeling en celspecialisatie plaats. Ook hecht de zygote zich aan de wand van de baarmoeder. Tijdens het embryonale stadium (twee tot acht weken) beginnen het ectoderm, het mesoderm en het endoderm te groeien en zich te specialiseren. Het foetale stadium (acht weken tot de geboorte) wordt gekenmerkt door een snelle toename in complexiteit en differentiatie van de organen. De foetus wordt actief en de meeste van zijn systemen beginnen te werken.
- Zaken als in-vitrofertilisatie en sekseselectie werpen ethische en wettelijke vragen op die ouders en adviseurs in overweging moeten nemen.
- De foetus is ontvankelijk voor geboortedefecten veroorzaakt door teratogenen die door de omgeving worden geïntroduceerd. Het moment van blootstelling en de mate van blootstelling aan een teratogeen zijn bepalend voor de ernst van de gevolgen.
- De voedingswijze, de leeftijd en de gezondheid van de moeder kunnen de gezondheid van de foetus positief of negatief beïnvloeden.
- Het gebruik van geneesmiddelen en drugs kan onbedoelde negatieve effecten op de foetus hebben.
- Het gebruik van alcohol of tabak tijdens de zwangerschap kan ook in kleine hoeveelheden schadelijk zijn voor de ontwikkeling van de foetus. Ook passief roken kan schadelijk zijn.
- Vaders die hun zwangere partner lichamelijk of emotioneel mishandelen, kunnen schade toebrengen aan hun ongeboren kind.

BELANGRIJKE TERMEN EN BEGRIPPEN

Actief genotype-omgevingseffect
Bevruchting
Chromosoom
DNA
Dizygotische tweeling
Dominante eigenschap
Downsyndroom
Echoscopie
Embryonaal stadium
Epigenetica
Evocatief genotype-omgevingseffect
Fenotype
Foetaal alcoholsyndroom (FAS)
Foetaal stadium
Foetale alcoholeffecten (FAE)
Foetus
Fragiele X-syndroom
Gameten
Gedragsgenetica
Gen
Genetisch adviseur
Genoom
Genotype
Germinaal stadium
Heterozygoot
Homozygoot
In-vitrofertilisatie
Kunstmatige inseminatie
Monozygotische tweeling
Multifactoriële overerving
Onvruchtbaarheid
Passief genotype-omgevingseffect
Placenta
Polygenische overerving
Recessieve eigenschap
Sikkelcelanemie
Syndroom van Klinefelter
Temperament
Teratogeen effect
Vlokkentest
Vruchtwaterpunctie
X-gebonden gen
Ziekte van Duchenne
Zygote

HOOFDSTUK 4 DE GEBOORTE EN HET PASGEBOREN KIND

HOOFDSTUK 4 IN VOGELVLUCHT

PROLOOG: Een laat geschenk

De zesentwintigjarige Kim van der Aa zag vol verlangen uit naar de geboorte van haar eerste dochter op of rond eerste kerstdag. 'Natuurlijk was het niet zo gepland', zegt Kim met een verlegen glimlach. 'Maar het was opwindend. Kerstmis is een speciale tijd voor ons, waarin onze hele familie bij elkaar komt. Dus het was echt een geluk om dan Jasmines verjaardag te hebben.'

'Mijn moeder en mijn zussen hielpen me om de laatste hand aan de babykamer te leggen – alles was klaar en natuurlijk verfraaid met een winters thema!' lacht Kim. 'We wachtten gewoon op Jasmines komst.' Maar Kerstmis ging voorbij, evenals Nieuwjaar, en geen Jasmine. 'Eerst was het gewoon een teleurstelling, maar toen het uitliep naar ruim een week over tijd werd ik steeds bezorgder. Ik wist dat ik voor enkele moeilijke beslissingen zou komen te staan. De geboorte werd riskanter voor mezelf en de baby, maar de bevalling opwekken bracht ook risico's met zich mee.'

Kims zorgen eindigden op 4 januari, toen ze eindelijk weeën kreeg en van haar negen pond zware dochter Jasmine beviel.

Bron: Rommel/Masterfile Stock Image Library

Op www.pearsonmylab.nl vind je vragen bij deze proloog ter verwerking van de stof uit dit hoofdstuk.

Vooruitblik

Elke geboorte gaat gepaard met een combinatie van opwinding en ongerustheid. In verreweg de meeste gevallen verlopen bevallingen soepel en zijn het verbazingwekkende en vreugdevolle momenten. De opwinding van een geboorte maakt al snel plaats voor verwondering over de pasgeborene zelf. Baby's komen ter wereld met een verrassend groot aantal capaciteiten, en kunnen vanaf het eerste moment buiten de baarmoeder op hun omgeving reageren.

In dit hoofdstuk buigen we ons over de geboorte van een kind en werpen we een eerste blik op de pasgeborene. Allereerst staan we stil bij de bevalling. Vervolgens bespreken we een aantal mogelijke complicaties bij de geboorte, van premature geboorte tot zuigelingensterfte. Tot slot buigen we ons over het buitengewoon grote aantal vaardigheden dat pasgeboren baby's bezitten: hun fysieke en perceptuele vermogens, hun vermogen om te leren en de vaardigheden die ze hebben om toekomstige relaties aan te gaan.

4.1 Geboorte

Ik was niet helemaal naïef. Ik bedoel, ik wist dat baby's alleen in films helemaal roze, droog en prachtig uit de baarmoeder komen. Toch schrok ik er aanvankelijk van hoe mijn zoon eruitzag. Door zijn tocht door het geboortekanaal was zijn hoofd kegelvormig, enigszins te vergelijken met een natte, deels leeggelopen voetbal. De verpleegkundige moet mijn reactie hebben opgemerkt, omdat ze zich haastte me te verzekeren dat dit binnen enkele dagen helemaal bij zou trekken. Vervolgens veegde ze snel het witte kleverige spul van zijn hele lichaam. Ondertussen vertelde ze dat het donzige haar op zijn oren slechts tijdelijk was. Ik boog me voorover en legde mijn vinger in de hand van mijn zoon. Hij beloonde me door zijn hand eromheen te sluiten. Ik onderbrak de verpleegkundige. 'Wees gerust', stamelde ik, plotseling met tranen in de ogen. 'Hij is absoluut het mooiste wat ik ooit gezien heb.'

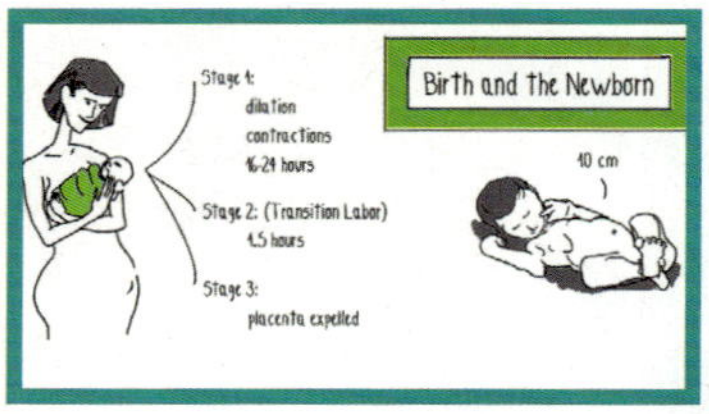

Zie MyLab voor de video: Geboorte en de neonaat

Voor mensen die pasgeboren baby's alleen kennen van reclames voor babyvoeding doet bovenstaande beschrijving misschien wat vreemd aan. Toch zien de meeste **neonaten**, een ander woord voor pasgeboren baby's, er ongeveer zo uit. En ondanks hun tijdelijke onvolkomenheden zijn de meeste baby's meteen vanaf hun geboorte de oogappel van hun ouders.

Neonaat: een pasgeboren baby.

Het uiterlijk van de pasgeborene is het gevolg van een aantal verschillende factoren tijdens zijn reis van de baarmoeder naar de buitenwereld. Daarbij moet hij het geboortekanaal passeren. Hieronder volgen we die reis.

4.1.1 Weeën: het begin van de geboorte

Gemiddeld 266 dagen na de conceptie zorgt een proteïne die CRH (*corticotropine-releasing hormone*) heet voor het vrijkomen van bepaalde hormonen en het begin van het proces dat tot de geboorte leidt. Een hormoon dat in deze fase een belangrijke rol speelt is oxytocine, dat wordt afgescheiden door de hypofyse van de moeder. Als de concentratie oxytocine hoog genoeg is, begint de baarmoeder periodiek samen te trekken (Heterelendy & Zakar, 2004; Tattersall et al., 2012; Terzidou, 2007).

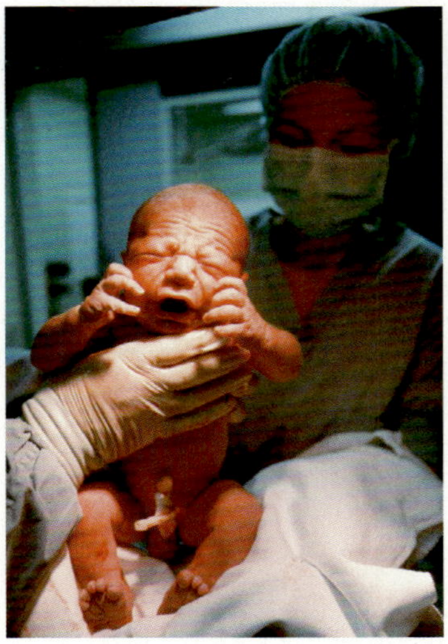

De manier waarop pasgeboren baby's worden afgebeeld in reclames verschilt hemelsbreed met de werkelijkheid.

Bron: (boven) Procter & Gamble Nederland bv; (onder) Owen Franken/Corbis/Bettmann

Episiotomie: een knip om de opening van de vagina te vergroten en de baby te laten passeren.

Tijdens de prenatale periode wordt de baarmoeder, die bestaat uit spierweefsel, langzaam groter naarmate de foetus groeit. Hoewel de baarmoeder het grootste deel van de zwangerschap inactief is, trekt zij na de vierde maand af en toe samen om zich voor te bereiden op de uiteindelijke bevalling. Deze samentrekkingen, die Braxton-Hicks-contracties worden genoemd, heten ook wel voorweeën of valse weeën, omdat ze niet altijd de geboorte van de baby aankondigen.

Als de baby op het punt staat geboren te worden, begint de baarmoeder met tussenpozen samen te trekken. De steeds heftiger wordende weeën dienen om het hoofd van de foetus tegen de baarmoederhals te drukken. De baarmoederhals is het verbindingsstuk tussen de baarmoeder en de vagina. Na verloop van tijd zijn de weeën krachtig genoeg om de foetus langzaam het geboortekanaal door te stuwen, waarna hij de wereld betreedt als een pasgeboren baby. Vanwege die stuwing en het nauwe geboortekanaal hebben pasgeborenen vaak een taps toelopend (kegelvormig) hoofd.

De bevalling verloopt in drie fasen, hoewel er grote individuele verschillen zijn in hoe vrouwen die drie fasen doorlopen (zie figuur 4-1). Tijdens de eerste fase of ontsluitingsfase treden de weeën aanvankelijk om de acht tot tien minuten op en duren ze ongeveer dertig seconden. Naarmate deze eerste fase vordert, worden de weeën frequenter en langduriger. Aan het eind van deze fase komen ze om de twee minuten en duren ze ook bijna twee minuten. Als de weeën op hun heftigst zijn, tijdens de overgang van fase 1 naar fase 2, opent de baarmoedermond zich volledig en rekt zij uiteindelijk genoeg mee om het hoofd van de baby (het breedste deel van het lichaam) te laten passeren. De eerste fase van de bevalling, de ontsluitingsfase, duurt het langst. De duur ervan kan aanzienlijk variëren en is afhankelijk van de leeftijd en het aantal eerdere zwangerschappen van de moeder en van een aantal andere factoren die te maken hebben met de foetus en de moeder. Normaal gesproken duurt de bevalling van een eerste kind 16 tot 24 uur. Bij volgende kinderen duurt een bevalling meestal korter.

De tweede fase van de bevalling, de uitdrijvingsfase, duurt gemiddeld genomen negentig minuten. In deze fase wordt het hoofd van de baby met elke wee een stukje zichtbaarder. Daarbij wordt de vaginale opening verder opgerekt. Omdat het gebied tussen de vagina en het rectum heel erg moet meerekken, krijgt een vrouw soms een **episiotomie** of 'knip' om de opening van de vagina te vergroten. Op deze methode is de laatste jaren steeds meer kritiek gekomen, omdat zij meer kwaad dan goed zou doen. Zo geneest de wond bij een knip minder snel. Daardoor is het aantal episiotomieën de afgelopen tien jaar drastisch gedaald. Desondanks is het opvallend dat er veel variatie in het aantal toepassingen blijft bestaan: 86 procent in Spanje, 50 procent in Vlaanderen, 22 procent in Nederland en 10 procent in Zweden (Dudding, Vaizey & Kamm, 2008; Graham et al., 2005; Manzanares et al., 2013; Seijmonsbergen-Schermers et al., 2013).

De tweede fase van de bevalling eindigt wanneer de baby het lichaam van de moeder volledig heeft verlaten. De derde fase vindt plaats wanneer de navelstreng (die nog steeds vastzit aan de pasgeborene) en de placenta worden geboren. Dit stadium verloopt het snelst en relatief gezien het gemakkelijkst en duurt gewoonlijk enkele minuten.

Hoe een vrouw op een bevalling reageert, is gedeeltelijk afhankelijk van culturele factoren. Hoewel het niet bewezen is dat de fysiologische aspecten van bevallingen per cultuur verschillen, bestaan er wel grote variaties in verwachtingen over bevallingen en in de manier waarop vrouwen tegen pijn aankijken (Callister et al., 2003; Fisher, Hauck & Fenwick, 2006; Xirasagar et al., 2011).

Er zit bijvoorbeeld een kern van waarheid in de verhalen over zwangere vrouwen in bepaalde samenlevingen die even het gereedschap neerleggen waarmee ze het land bewerken, achter een bosje hurken om het kind te baren en vervolgens direct weer aan het werk gaan met hun pasgeboren baby ingepakt op hun rug. Bij de !Kung, een volk in Afrika, schijnen vrouwen tijdens de bevalling rustig naast een boom te zitten, zonder veel poespas (of hulp) een kind te baren en snel te herstellen. In andere samenlevingen, zoals de Verenigde Staten en vele Zuid-Europese landen, wordt de geboorte van een kind juist gemedicaliseerd. Zulke verschillen zijn van invloed op de manier waarop mensen in een bepaalde samenleving een geboorte ervaren.

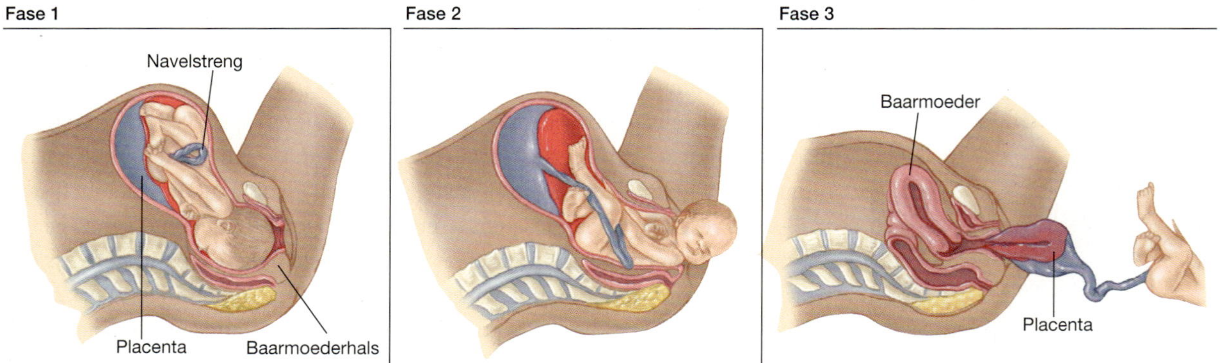

De samentrekkingen van de baarmoeder treden aanvankelijk om de acht tot tien minuten op en duren dertig seconden. Tegen het einde van de bevalling kunnen de weeën om de twee minuten optreden en wel twee minuten duren. Naarmate de frequentie van de weeën toeneemt, wordt de baarmoederhals, die de baarmoeder van de vagina scheidt, wijder. Uiteindelijk is de opening zo groot dat het hoofd van de baby erdoorheen kan.

Het hoofd van de baby passeert de baarmoederhals en het geboortekanaal. De tweede fase duurt meestal ongeveer negentig minuten en eindigt wanneer de baby het lichaam van de moeder volledig heeft verlaten.

De navelstreng (die nog steeds vastzit aan de pasgeborene) en de placenta worden uitgedreven. Deze fase verloopt het snelst en het gemakkelijkst en neemt maar een paar minuten in beslag.

FIGUUR 4-1 **De drie fasen van een bevalling**

4.1.2 Geboorte: van foetus tot pasgeborene

Het exacte moment van geboorte vindt plaats wanneer de foetus de baarmoeder via de baarmoederhals heeft verlaten en door de vagina passeert om het lichaam van de moeder volledig te verlaten. In de meeste gevallen maken baby's automatisch de overstap van zuurstofinname via de placenta naar zuurstofinname via hun eigen longen. Daarom beginnen de meeste pasgeborenen spontaan te huilen zodra ze het lichaam van hun moeder hebben verlaten. Zo maken ze hun longen vrij en kunnen ze zelfstandig ademen.

In westerse culturen is er bijna altijd een verloskundige of gynaecoloog bij de hand om de bevalling te begeleiden. Het Nederlandse systeem van verloskundige en **perinatale zorg** biedt vrouwen de keuze om, bij een normaal verlopende zwangerschap en baring, thuis te bevallen.

Perinatale zorg: de medische zorg aan zwangeren en kinderen rondom de geboorte.

In Nederland vindt 18 procent van de bevallingen thuis plaats. Het percentage thuisbevallingen daalt al jaren in Nederland. Vergeleken met andere West-Europese landen, waar thuis bevallen uitzonderlijk is (maximaal een paar procent van de bevallingen), ligt het Nederlandse cijfer nog steeds hoog (www.cbs.nl: februari 2015). Dit komt waarschijnlijk doordat in Nederland het uitgangspunt van perinatale zorg is dat zwangerschap en bevalling normale lichamelijke processen zijn. In Vlaanderen bijvoorbeeld bedraagt het aantal thuisbevallingen minder dan één procent van het totaal (Zorg en Gezondheid, 2014).

De Apgar-score

Apgar-score: een standaard meetsysteem waarmee de gezondheid van een pasgeboren baby kan worden bepaald aan de hand van verschillende factoren.

Meestal wordt een pasgeboren baby eerst aan een snelle visuele inspectie onderworpen. Verloskundigen en gynaecologen gebruiken daarvoor doorgaans de **Apgar-score**, een standaard meetsysteem waarmee de gezondheid van een pasgeboren baby kan worden bepaald aan de hand van verschillende factoren (zie tabel 4-1). Dit systeem, dat in 1953 werd ontwikkeld door de arts Virginia Apgar, richt zich op vijf fundamentele eigenschappen: huidskleur, hartslag, reflexen, spierspanning en ademhaling.

Hoewel lage Apgar-scores kunnen wijzen op problemen of geboorteafwijkingen die al aanwezig waren bij de foetus, kunnen ze ook veroorzaakt worden door problemen tijdens de geboorte. Een van de meest ingrijpende daarvan is tijdelijk zuurstofgebrek.

Tijdens de bevalling kan het gebeuren dat de foetus niet genoeg zuurstof krijgt. Dat kan verschillende redenen hebben. De navelstreng kan bijvoorbeeld om de nek van de foetus zitten. Ook kan de navelstreng tijdens een lange wee bekneld raken, waardoor de zuurstoftoevoer wordt afgesneden.

Anoxia: zuurstofgebrek van een paar minuten bij de baby kan leiden tot hersenbeschadiging.

Gebrek aan zuurstof voor een paar seconden hoeft niet per se schadelijk te zijn voor een foetus. Zuurstoftekort voor een langere tijd kan ernstige schade veroorzaken. Zuurstofgebrek of **anoxia** van een paar minuten kan leiden tot hersenbeschadiging doordat er hersencellen afsterven. Bovendien kan anoxia tot zo'n hoge bloeddruk leiden dat er bloedingen in de hersenen optreden (Lushnikova et al., 2011; Rossetti, Carrera & Oddo, 2012; Stecker, Wolfe & Stevenson, 2013).

TABEL 4-1 De Apgar-score

Zowel één minuut als vijf minuten na de geboorte wordt er voor elke eigenschap een score gegeven. Als er problemen zijn met de baby, wordt de score na tien minuten opnieuw vastgesteld. Een score van 7-10 wordt als normaal beschouwd, bij een score van 4-7 kan behandeling nodig zijn en een baby met een Apgar-score van 3 of minder moet direct worden behandeld.

TEKEN	0 PUNTEN	1 PUNT	2 PUNTEN
Huidskleur	Blauwgrijs, helemaal bleek	Normaal, met uitzondering van de handen en voeten	Normaal over het hele lichaam
Hartslag	Afwezig	Minder dan 100	Meer dan 100
Reflexen	Geen respons	Grimas	Niest, hoest, draait weg
Spierspanning	Afwezig	Beweegt armen en benen	Beweegt actief
Ademhaling	Afwezig	Langzaam, onregelmatig	Goed; huilt

Bron: Apgar, 1953

Screenen of niet?

Toen de dochter van France Nguyens werd geboren, bleek uit een simpele bloedtest dat Jillian een zeldzame genetische stoornis had die fenylketonurie, oftewel PKU, wordt genoemd. Personen met PKU kunnen een bepaald aminozuur in hun voeding niet afbreken. Als de ziekte onopgemerkt blijft, bouwt het aminozuur zich op en veroorzaakt het schade aan het centrale zenuwstelsel, wat tot ernstige geestelijke achterstand aan het eind van het eerste levensjaar kan leiden. Om die reden verlangt iedere staat van de Verenigde Staten dat pasgeborenen op PKU worden getest. Hierdoor werd Jillians aandoening opgemerkt en behandeld, waardoor ze normaal kon opgroeien (Cotugno et al., 2011). In Nederland en België is dit een onderdeel van de hielprik of Guthrie-test. Alle ouders van pasgeboren baby's in Nederland en Vlaanderen kunnen hun baby in de eerste week van de geboorte laten onderzoeken op verschillende aangeboren aandoeningen. Het exacte aantal tests dat een pasgeborene ondergaat, kan sterk variëren. Zo wordt in Nederland het bloed onderzocht op zeventien ziekten, terwijl in Vlaanderen op elf aangeboren aandoeningen wordt getest (www.rivm.nl; www.zorg-en-gezondheid.be).

Tijdige opsporing van die ziekten is belangrijk om schade aan de gezondheid te voorkomen of te beperken. Anderzijds worden er bij het vroeg screenen van baby's ook vraagtekens gezet (American Academy of Pediatrics, 2005; Suida-Robinson, 2011).

De technologische vooruitgang maakt het mogelijk om pasgeborenen op honderden stoornissen en ziekten als PKU te testen – veel meer dan waar we nu routinematig op screenen. Enkele ervan zijn potentieel levensbedreigend, sommige uiterst zeldzaam en bij vele is nog onduidelijk wat er na opsporing moet gebeuren. Hoewel we in eerste instantie geneigd zijn te denken dat meer informatie en meer testen altijd gunstig is, is dit niet per se het geval. Critici van lukraak testen wijzen op een aantal problemen, waaronder de kosten. Positieve resultaten bij een bloedtest vereisen een extra testprocedure ter bevestiging, die in veel gevallen fout-positief zal zijn, waardoor de kosten en de belasting van de gezondheidszorg toenemen.

Bovendien betekent de aanwezigheid van een stoornis nog niet dat de baby ziek wordt. Het kan lastig of onmogelijk zijn om te bepalen of behandeling noodzakelijk is of nuttig kan zijn. In sommige gevallen brengt de behandeling bepaalde risico's met zich mee die nog schadelijker kunnen zijn dan de ziekte. Critici van routinematig testen vragen zich af waarom ouders bezorgd gemaakt moeten worden en waarom de premature inzet van potentieel kostbare behandelingen die eigen risico's en nadelen met zich meebrengen, gestimuleerd moet worden (Bleicher, 2012; Perobelli et al., 2009).

Anderzijds betogen voorstanders van uitgebreid screenen dat vroege opsporing vaak cruciaal is voor het maximaliseren van de kans op effectieve behandeling. Waarom wachten tot de symptomen verschijnen, vooral als dat betekent dat er op dat moment al schade is aangericht? In gevallen van ziekten die alleen behandeling rechtvaardigen als ze in de loop der tijd verergeren, zijn ouders en artsen alvast gewaarschuwd voor de aandoening, zodat ze weten dat ze alert moeten zijn. En in het geval van een zeldzame ziekte waarvoor geen behandeling is, kan het volgen van het ziekteverloop onderzoekers helpen een behandeling te ontwikkelen.

Nu vorderingen in de medische wetenschap leiden tot nieuwere en betere screeningprocedures, zal de vraag op hoeveel ziekten en op welke ziekten pasgeborenen moet worden gescreend een discussiepunt blijven (Hertzberg et al., 2011).

Fysieke verschijning en de eerste kennismaking

Nadat de gezondheid van de pasgeborene is beoordeeld, wordt hij ontdaan van de overblijfselen van zijn passage door het geboortekanaal. We hadden het al eerder over de witte, vettige kaasachtige substantie waarmee de baby is bedekt. Dit materiaal, dat vernix of huidsmeer heet, vergemakkelijkt de doorgang door het geboortekanaal. Vroeger werd bij de pasgeborene het vernix meteen weggewassen. Tegenwoordig wordt geadviseerd het niet weg te wassen, maar gewoon te laten zitten.

Het lichaam van een pasgeborene is soms bedekt met fijn, donker donshaar dat lanugo wordt genoemd. Dit zal snel verdwijnen. De oogleden van de baby kunnen opgezwollen zijn door een opeenhoping van vocht tijdens de bevalling, en soms heeft de pasgeborene bloed of andere substanties op zijn lichaam.

Nadat hij is schoongemaakt, wordt de baby meestal teruggebracht naar de moeder en de vader. Hoewel er elke dag overal kinderen worden geboren, blijft het voor de ouders en alle betrokkenen telkens weer een wonder.

Over het belang van die eerste ontmoeting tussen ouder en kind is het laatste woord nog lang niet gezegd. In de jaren zeventig en tachtig van de vorige eeuw meenden sommige psychologen en artsen dat **hechting**, het intieme fysieke en emotionele contact tussen ouder en kind in de periode direct na de geboorte, cruciaal was voor de vorming van een duurzame relatie. Tijdens deze periode zou huid-op-huidcontact tussen moeder en kind tot diepe, emotionele hechting leiden. Wanneer zulk contact door omstandigheden niet mogelijk is, zou dat kunnen betekenen dat de band tussen moeder en kind voor altijd gebrekkig blijft. Door de toen heersende medische gebruiken werden veel baby's bij de moeder weggehaald en in de couveuse of op de babyafdeling gelegd. Dit bood weinig gelegenheid voor langdurig fysiek contact tussen moeder en kind direct na de geboorte.

Hechting: het intieme fysieke en emotionele contact tussen ouder en kind in de periode direct na de geboorte.

Ontwikkelingspsychologen vonden weinig steun voor het bestaan van een kritieke periode van hechting bij de geboorte. Hoewel moeders die meteen fysiek contact hadden met hun baby inderdaad beter op hen leken te reageren dan moeders die dat contact niet hadden, duurde dat verschil slechts een paar dagen. Dat nieuws is geruststellend voor ouders van kinderen die direct na de geboorte intensieve medische zorg nodig hebben. Het is ook geruststellend voor ouders die kinderen geadopteerd hebben en die dus helemaal niet bij de geboorte aanwezig waren (Bigelow & Power, 2012; Miles et al., 2006; Weinberg, 2004).

Hoewel waarschijnlijk niet van cruciaal belang voor de hechting, is het wel belangrijk dat pasgeborenen vlak na de geboorte worden gestreeld en gemasseerd. De lichamelijke stimulans leidt tot de aanmaak van chemicaliën in de hersenen die de groei in werking zetten. Er is een verband tussen babymassage en gewichtstoename, betere slaap-waakpatronen, betere neuromotorische ontwikkeling en lagere babysterftecijfers (Field, 2001; Kulkarni et al., 2011; Van Reenen & Van Rensburg, 2013). Deze aanraking is bovendien het begin van de communicatie met het kind.

4.1.3 Opvattingen over bevallen: waar medische zorg en attitudes samenkomen

Esther kende zichzelf goed genoeg om te weten dat ze niet van dokters hield. Dus koos ze voor een verloskundige van wie ze een baarkruk mocht gebruiken. Toen de weeën begonnen, gingen Esther en haar man Nico naar buiten voor een wandeling, waarbij ze af en toe halt hielden om heen en weer te wiegen – een beweging, zo zegt ze, 'die lijkt op wat kinderen doen als ze net hebben leren dansen, van de ene voet op de andere'. Op die manier kon ze de krachtigste weeën opvangen.

'Ik zat op de baarkruk, een westerse versie van de Afrikaanse baarstoel, die niet zo hoog is en in het midden een opening heeft waar de baby doorheen kan, en Nico zat direct achter me. Toen de verloskundige zei: "Persen!" deed het hoofd van de baby "plop" en kwam hij tevoorschijn.' Hun zoon, Marco, werd op Esthers borst gelegd terwijl de verloskundige de voorbereidingen trof voor het routineonderzoek (Knight, 1994, p. 122).

In onze samenleving hebben (aanstaande) ouders heel verschillende opvattingen ontwikkeld over hoe en waar de bevalling moet plaatsvinden. Tegenwoordig staan ouders voor diverse keuzes. Moet de geboorte thuis of in het ziekenhuis plaatsvinden? Wil ik pijnbestrijding en zo ja, welke? Moeten broertjes en zusjes en andere familieleden in de buurt zijn om de geboorte mee te maken?

Bevallingen worden steeds meer gezien als een ervaring waar de moeder, de vader, andere familieleden en medisch personeel gezamenlijk in participeren, en niet meer als een medische aangelegenheid waarbij alleen een passieve patiënt en een autoritaire arts betrokken zijn. Deze opvatting is ook van invloed op de keuze wie er bij de bevalling aanwezig moet zijn. In plaats van een gynaecoloog, een arts die onder andere gespecialiseerd is in het begeleiden van bevallingen, krijgen de meeste ouders een verloskundige of vroedvrouw toegewezen. Zij begeleidt ook bevallingen en blijft gedurende het hele proces bij de moeder. Verloskundigen komen voornamelijk in actie bij bevallingen waarbij geen complicaties worden verwacht.

Welke omgeving en welke begeleiding zijn het best? Op de meeste van deze vragen is geen eenduidig antwoord mogelijk, vooral omdat de keuze voor een bepaalde geboortetechniek vaak afhangt van iemands waarden en opvattingen. Veel mensen vinden het prettig om het poliklinische bevallen in een ziekenhuis achter de hand te hebben als ze kiezen voor een thuisbevalling. Geen enkele methode zal voor alle moeders en vaders effectief zijn, en het is niet afdoende bewezen dat de ene methode veel effectiever is dan de andere. Zoals we hieronder zullen zien, zijn er een heleboel manieren om te bevallen.

Diverse manieren om te bevallen

Niet alle moeders bevallen in het ziekenhuis, en niet alle geboorten verlopen op een 'traditionele' manier. Hieronder volgt een aantal manieren om te bevallen:

- *Thuisbevalling*. In zowel ontwikkelde landen als ontwikkelingslanden vinden veel geboorten met succes thuis plaats. In Nederland wordt ongeveer 18 procent van alle kinderen thuis geboren. Nederland heeft vanwege dit hoge aantal thuisbevallingen een unieke plaats in de wereld (www.cbs.nl, 2015). De overgrote meerderheid van de Vlaamse vrouwen bevalt in het ziekenhuis en verblijft er gemiddeld 4,4 dagen. Er is wel een duidelijke tendens naar een kortere verblijfsduur (Vlaams Agentschap Zorg en Gezondheid, 2011).

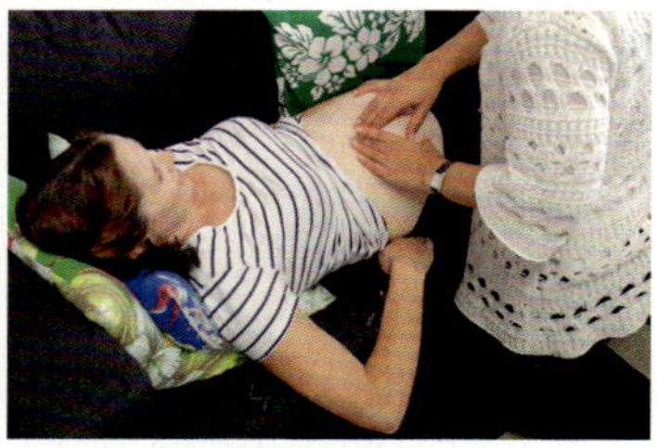

Een verloskundige assisteert bij een thuisbevalling.

Bron: Rafael Ben-Ari/123RF.com

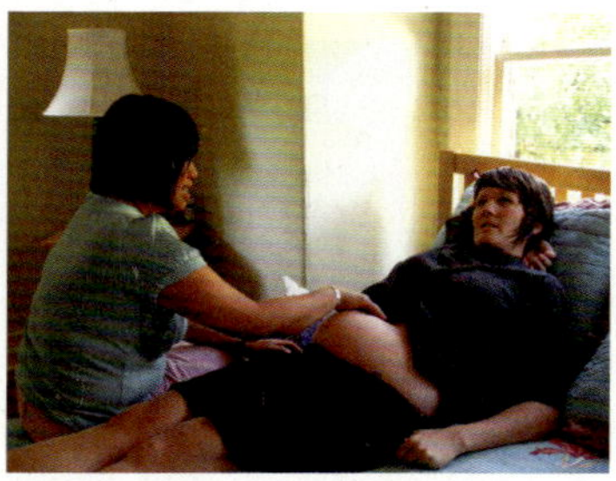

Kraamhotels, die meer op slaapkamers lijken dan op traditionele verloskamers, scheppen een meer ontspannen en minder intimiderende sfeer dan de meeste ziekenhuizen.

- *Kraamhotels*. In Nederland bestaat de mogelijkheid te bevallen in een zogeheten kraamhotel, waar de kamers meer op een slaapkamer lijken dan op een traditionele verloskamer. Na de bevalling kunnen vrouwen de hele kraamtijd doorbrengen in een huiselijke omgeving, waarbij ze worden begeleid door deskundig personeel. Desgewenst kan ook de eigen verloskundige de bevalling begeleiden. Voorstanders van kraamhotels vinden dat ze comfortabeler en minder stressvol zijn dan ziekenhuiskamers, waardoor de bevalling makkelijker verloopt.
- *Waterbevalling*. Een waterbevalling, waarbij een vrouw in een bad van warm water gaat zitten om te bevallen, is in de Verenigde Staten nog steeds betrekkelijk ongebruikelijk. De theorie is dat de warmte en het drijfvermogen van het water een rustgevende werking hebben. De duur en de pijn van de weeën en de bevalling zouden afnemen, en de baby komt op een zachte manier ter wereld doordat hij van de waterige omgeving van de baarmoeder in het geboortebad terechtkomt. Hoewel er enig bewijs is dat de waterbevalling de pijn en de duur van de weeën vermindert, is er een risico op infectie door het onsteriele water (Jones et al., 2012; Thöni, Mussner, & Ploner, 2010).
- De *Lamaze-methode*. De Lamaze-methode is vooral populair in de Verenigde Staten. Deze methode, die gebaseerd is op de ideeën van dr. Fernand

Lamaze, maakt gebruik van basale psychologische ontspanningstechnieken (Lamaze, 1979). Toekomstige moeders gaan meestal wekelijks naar een training. Daar leren ze oefeningen die hen helpen verschillende delen van hun lichaam op commando te ontspannen. Een 'coach', meestal de vader, wordt samen met de toekomstige moeder getraind. Met behulp van deze methode kunnen vrouwen pijnlijke weeën opvangen door te ontspannen in plaats van gespannen te raken, waardoor de pijn juist heftiger wordt. Ze leren zich onder andere concentreren op een ontspanningsstimulus, zoals een vredig tafereel op een schilderij. Het gaat erom dat ze op een positieve manier leren omgaan met pijn en dat hun lichaam niet te gespannen is als zich een wee aandient (Lothian, 2005). De meeste moeders (en ook vaders) melden dat een bevalling met de Lamaze-methode een heel positieve ervaring is. Ze waarderen het gevoel controle te hebben over het bevallingsproces, een ervaring die geweldig kan zijn. We weten echter niet zeker of ouders die voor de Lamaze-methode kiezen niet al uit zichzelf gemotiveerder zijn dan andere ouders. Hun positieve ervaringen met de Lamaze-methode kunnen dus ook het gevolg zijn van hun aanvankelijke enthousiasme (Larsen et al., 2001; Zwelling, 2006).

Hoewel het niet mogelijk is om de consequenties van deze methode precies te meten, staat één ding vast: bevallen via de Lamaze-methode en via andere zogenaamd natuurlijke geboortemethoden waarbij de nadruk ligt op informatie over bevallen en op beperking van het gebruik van pijnbestrijding, komt relatief weinig voor bij mensen uit lagere inkomensgroepen en bij etnische minderheden. Ouders uit deze groepen hebben wellicht niet de vervoersmogelijkheden, de tijd of de financiële middelen om zwangerschapslessen te nemen. Het resultaat is dat vrouwen uit deze groepen vaak minder goed voorbereid zijn op hun bevalling en daardoor meer pijn doormaken tijdens de geboorte van hun kind (Brueggemann, 1999; Lu et al., 2003).

Pijn tijdens de bevalling

Elke vrouw die een baby heeft gekregen, zal beamen dat bevallen pijnlijk is. Maar hoe pijnlijk dan precies? Die vraag is eigenlijk niet te beantwoorden. Een van de redenen daarvoor is dat pijn een subjectief, psychologisch verschijnsel is dat zich moeilijk laat meten. Niemand kan de vraag beantwoorden of de pijn van de een 'erger' is dan die van de ander, hoewel sommige onderzoekers wel geprobeerd hebben pijn in cijfers uit te drukken. In een onderzoek werd vrouwen gevraagd om de pijn die ze tijdens hun bevalling hadden gevoeld een cijfer te geven tussen 1 en 5, waarbij 5 het pijnlijkst was. Bijna de helft van de vrouwen (44 procent) zei '5', en nog eens een kwart zei '4' (Yarrow, 1992).

Omdat pijn meestal een signaal is dat er iets mis is in ons lichaam, hebben we geleerd om er angstig en bezorgd op te reageren. Tijdens de geboorte van een kind is pijn in feite juist een signaal dat het lichaam doet wat het moet doen – dat de weeën die bedoeld zijn om de baby door het geboortekanaal te persen hun werk doen. Vrouwen weten vaak niet goed wat ze met de pijn tijdens hun bevalling aan moeten. Daardoor kan hun ongerustheid toenemen en kunnen de weeën nog pijnlijker lijken. Uiteindelijk is het verloop van elke bevalling afhankelijk van een complexe reeks factoren. Er spelen variabelen mee als de mate van voorbereiding en steun voor en tijdens de bevalling, de manier waarop in een bepaalde cultuur tegen zwangerschap en geboorte wordt aangekeken en het specifieke verloop van de bevalling zelf (De C. Williams et al., 2013; Escott, Slade & Spiby, 2009; Ip, Tang & Goggins, 2009).

Verdoving en pijnbestrijding

Een van de grootste stappen voorwaarts in de moderne medische wetenschap is de ontdekking van medicijnen die pijn verlichten. Het gebruik van medicijnen tijdens een bevalling kent echter ook een aantal gevaren.

Nederland is een van de weinige Europese landen waar vrouwen alleen op verzoek pijnstilling tijdens de bevalling krijgen. De vraag om een ruggenprik is de afgelopen jaren verdrievoudigd door de invoering van een landelijke richtlijn in 2008 die stelt dat een vrouw tijdens haar bevalling op ieder moment een ruggenprik zou moeten kunnen krijgen. Toch zijn Nederlandse vrouwen nog steeds terughoudend als het gaat om pijnstilling tijdens de bevalling. Ongeveer achttien procent van de vrouwen in Nederland maakt gebruik van een ruggenprik (Wassen, 2014). Opvallend is het grote verschil met Vlaanderen, waar bij ongeveer zeventig procent van de bevallingen een ruggenprik wordt toegediend (Cammu et al., 2009).

Er zijn twee vormen van de ruggenprik: spinale anesthesie en epidurale anesthesie. Tijdens de bevalling wordt er bijna altijd gekozen voor epidurale anesthesie, omdat bij spinale anesthesie het onderlichaam volledig verdoofd is en been- en bekkenspieren niet meer gebruikt kunnen worden. Bij een spinale anesthesie kunnen vrouwen dus niet persen. Spinale anesthesie wordt wel vaak gebruikt bij een keizersnede. Bij epidurale anesthesie wordt ernaar gestreefd om het onderlichaam (bijna) volledig pijnvrij te maken, maar wel zo dat bevallende vrouwen nog controle hebben over hun spieren en dus ook gewoon kunnen persen (Simmons et al., 2007).

Het is duidelijk dat medicijnen ervoor kunnen zorgen dat de pijn tijdens de bevalling sterk vermindert of zelfs verdwijnt. Aan pijnbestrijding kleven ook nadelen: hoe sterker het medicijn, hoe groter het effect op de foetus en de pasgeborene. Omdat de foetus veel kleiner is dan de moeder, kunnen doses die slechts een minimaal effect hebben op de moeder een versterkt effect hebben op de foetus.

Er is veel onderzoek gedaan naar de gevolgen van verdovingsmiddelen tijdens de bevalling. Sommige gevolgen vinden direct plaats: verdovingsmiddelen kunnen de zuurstoftoevoer naar de foetus tijdelijk beperken en de bevalling vertragen. Bovendien zijn pasgeboren baby's wier moeder verdoofd werd fysiologisch gezien minder alert. Ook is hun motoriek de eerste dagen van hun leven minder goed ontwikkeld (Arvidson, 2001; Torvaldsen et al., 2007). Uit de meeste onderzoeken blijkt echter dat medicijnen zoals ze momenteel worden gebruikt tijdens de bevalling slechts een minimaal risico voor de foetus en de pasgeborene vormen (Alberts et al., 2007).

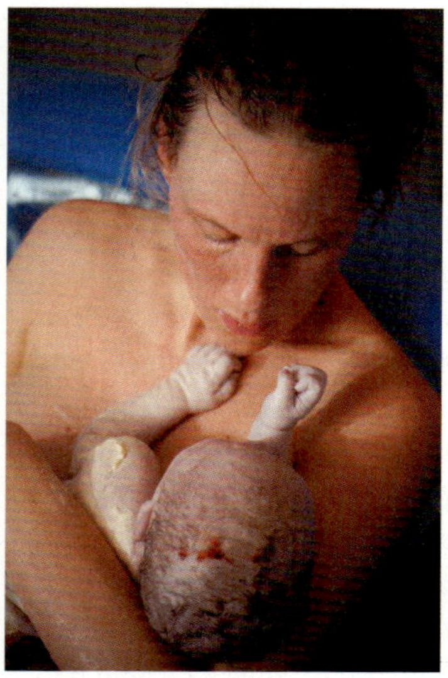

Een moeder met haar pasgeboren baby.

Bron: Kati Molin/Alamy

Ziekenhuisverblijf na de bevalling: baren en vertrekken?

In Nederland beslaat het gemiddelde ziekenhuisverblijf bij een poliklinische behandeling enkele uren. Na een goed verlopen bevalling gaan moeder en kind meestal dezelfde dag al naar huis. Sommige medische zorgverleners zijn hier echter fel op tegen. Zij menen dat zo'n kort verblijf zowel voor de moeder als voor het pasgeboren kind grote risico's met zich meebrengt. Moeders kunnen bijvoorbeeld bloedingen krijgen als er weefsel scheurt dat tijdens de bevalling is beschadigd. Het is ook riskanter voor pasgeborenen als de intensieve medische zorg die ziekenhuizen kunnen leveren hun voortijdig ontzegd wordt.

Het Nederlandse systeem van professionele kraamzorg aan huis, of de bevalling nu thuis of in het ziekenhuis plaatsvindt, is uniek in de wereld. Het is in Nederland de gewoonte om de moeder in de eerste dagen na de bevalling thuis te begeleiden. In andere westerse landen is er geen kraamzorg aan huis als de bevalling in het ziekenhuis plaatsvindt. Het wordt in deze landen namelijk normaal gevonden om na de bevalling nog enkele dagen in het ziekenhuis te blijven. De kraamzorg wordt dus daar aangeboden. In andere landen dan Nederland is de duur van het ziekenhuisverblijf na de bevalling de afgelopen vijftien à twintig jaar steeds verder ingekort. Deze trend is niet samengegaan met de ontwikkeling van professionele kraamzorg thuis. Het verkorten van de ziekenhuisduur lijkt vooral een kostenbesparende maatregel te zijn, aangezien onduidelijk is of een versneld ontslag al dan niet leidt tot onvoldoende tijd voor voorlichting en instructie over babyverzorging en het tijdig herkennen van mogelijke aandoeningen of problemen bij moeder en/of kind (Wiegers, 2007).

In Vlaanderen is het ziekenhuis de plaats waar de geboorte normaal gesproken plaatsvindt (de zogenoemde materniteiten). In 2012 gebeurde 99,1 procent van de bevallingen in het ziekenhuis. Negen op de tien bevallingen in Vlaamse ziekenhuizen in 2011 werden gevolgd door een ziekenhuisverblijf van minstens 72 uur (drie dagen). Op negen procent van de bevallingen volgde een opname van een tot drie nachten. Eén procent van de bevallingen vond plaats in daghospitalisatie (zonder overnachting). De laatste drie jaar bleef deze verhouding hetzelfde (Zorg en Gezondheid, 2012).

4.2 Complicaties tijdens de geboorte

Sinds de jaren vijftig is de sterfte rond de geboorte gedaald, maar soms moeten verloskundigen en/of artsen ouders helaas nog steeds informeren dat hun baby is overleden. De dalende trends in perinatale sterfte (voor en kort na de geboorte) en zuigelingensterfte zijn de afgelopen jaren afgevlakt. De afvlakking van de perinatale sterfte was in Nederland sterker dan gemiddeld in de Europese Unie. De afgelopen tien jaar is er in Nederland zowel sprake van een daling van doodgeboorte (vanaf 24 en 28 weken) en vroeg-neonatale sterfte (eerste week) als van een daling van neonatale sterfte (eerste maand) en zuigelingensterfte (eerste levensjaar). De daling van de sterfte aan wiegendood gaat, na een sterke daling eind jaren tachtig, gestaag door.

In Nederland is de zuigelingensterfte de afgelopen tien jaar gedaald van 5,0 sterftegevallen per duizend levendgeborenen naar 3,8 (www.cbs.nl: augustus 2014). In Vlaanderen zagen we in 2014 een perinatale sterfte van 6 per duizend geboorten (Zorg en Gezondheid, 2014).

Waarom heeft een pasgeboren baby soms een verminderde kans om te overleven? Om deze vraag te beantwoorden, kijken we naar enkele problemen die tijdens de bevalling en de geboorte kunnen optreden.

4.2.1 Premature baby's: te vroeg, te klein

Premature baby: baby die minder dan 38 weken na de conceptie ter wereld komt.

Circa zes tot zeven procent van de baby's wordt eerder geboren dan normaal. Te vroeg geboren of **premature baby**'s komen minder dan 38 weken na de conceptie ter wereld. Omdat ze geen tijd hebben gehad om zich als foetus volledig te ontwikkelen, lopen premature baby's een groter risico om ziek te worden of te sterven (zie figuur 4-2). Daarentegen zouden we ons kunnen voorstellen dat een baby die extra tijd in de baarmoeder doorbrengt enkele voordelen kan hebben omdat hij ongestoord door kan groeien.

Baby met een laag geboortegewicht: baby die minder dan 2500 gram weegt.

Hoeveel gevaar een premature baby loopt, hangt voor een groot deel af van zijn geboortegewicht. Dat gewicht zegt veel over zijn ontwikkeling. De gemiddelde pasgeborene weegt ongeveer 3400 gram, terwijl **baby's met een laag geboortegewicht** minder dan 2500 gram wegen. Hoewel het percentage vroeggeboorten is gedaald van 8,0 procent in 2000 naar 7,4 procent in 2007 (Schaaf et al., 2011), vond deze daling vooral plaats onder de kinderen ouder dan 32 weken. Voor vroeggeboren kinderen jonger dan 32 weken is er sprake van een toename. In 1983 kwam 0,63 procent van alle levend geboren kinderen ter wereld bij een zwangerschapsduur van minder dan 32 weken, in 2008 was dit percentage gestegen naar 1,14 procent.

De oorzaak is de steeds hogere moederleeftijd in de afgelopen drie decennia. Daarmee neemt de kans op vruchtbaarheidsproblemen, vroeggeboorte en andere geboortecomplicaties toe. Vruchtbaarheidsbehandelingen leveren nogal eens meer meerlinggeboorten op, wat ook weer de kans op vroeggeboorte en een laag geboortegewicht verhoogt.

De meeste baby's met een laag geboortegewicht zijn prematuur, sommige zijn groeivertraagd. **Groeivertraagde baby's** wegen als gevolg van een vertraagde foetale groei negentig procent (of minder) van het gemiddelde gewicht van kinderen van dezelfde leeftijd. Soms zijn ze prematuur, maar dat hoeft niet (Bergmann, Bergmann & Dudenhausen, 2008; Salihu et al., 2013).

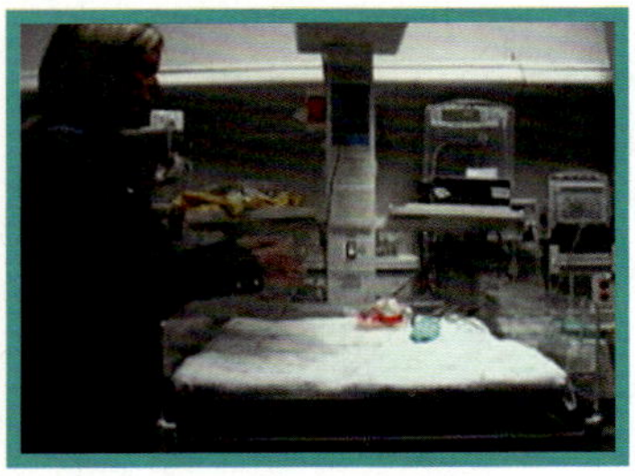

Zie MyLab voor de video: Vroeggeboorten en de NICU

Groeivertraagde baby: baby die als gevolg van een vertraagde foetale groei negentig procent (of minder) weegt van het gemiddelde gewicht van kinderen van dezelfde leeftijd.

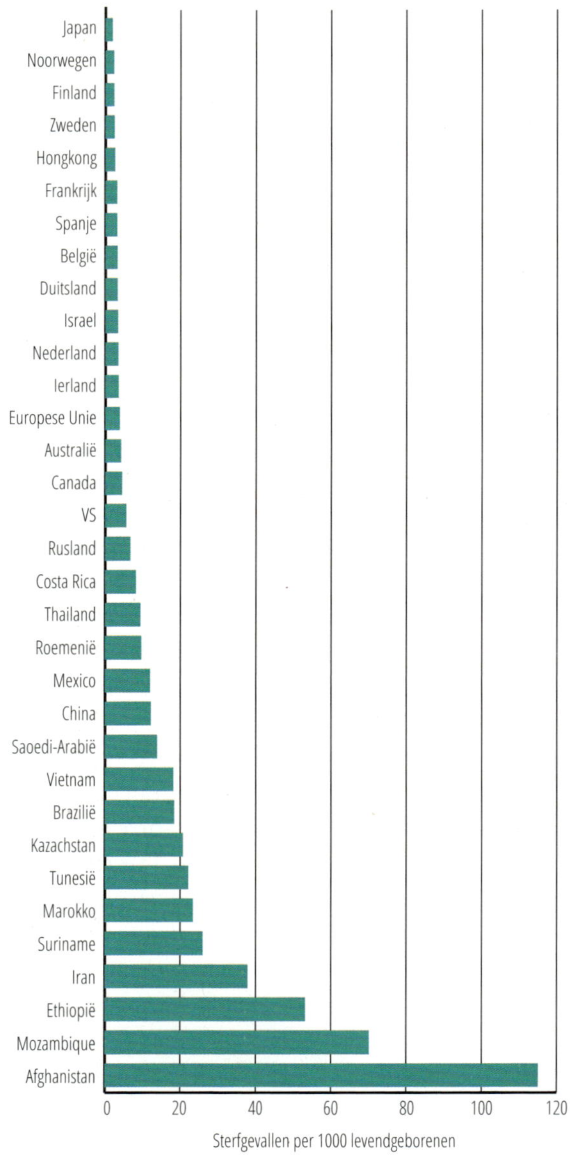

FIGUUR 4-2 **Internationale zuigelingensterfte**

Aantal sterfgevallen onder zuigelingen onder de één jaar per duizend levendgeborenen.

Bron: Central Intelligence Agency/The World Factbook, 2015

Als de baby niet al te prematuur is geboren en als zijn geboortegewicht niet extreem laag is, loopt het kind relatief weinig gevaar. Meestal wordt het dan een tijdje in het ziekenhuis gehouden zodat het kan aankomen. Extra gewicht is cruciaal omdat vetlagen ervoor zorgen dat pasgeborenen, die hun lichaamstemperatuur niet echt goed kunnen regelen, minder snel afkoelen.

Baby's die heel prematuur zijn geboren en die een geboortegewicht hebben dat ver onder het gemiddelde ligt, krijgen het lastiger. Zij zullen moeten vechten voor hun leven. Baby's met een laag geboortegewicht zijn bijvoorbeeld heel gevoelig voor infecties. En omdat hun longen niet de tijd hebben gehad om zich volledig te ontwikkelen, hebben premature baby's ook problemen met hun zuurstofopname. Daardoor kunnen zij het **respiratory distress syndrome** (RDS) ontwikkelen, dat fatale gevolgen kan hebben. RDS is een ernstige longaandoening die ontstaat ten gevolge van onvoldoende rijping van de longblaasjes. Symptomen zijn overmatig kreunen en bij iedere ademhaling een intrekkende borst. Om de gevolgen van RDS te ondervangen worden baby's vaak in een couveuse geplaatst, een ruimte waarin de temperatuur en de zuurstofinhoud gereguleerd kunnen worden. Hier wordt zorgvuldig bijgehouden of de baby de exacte hoeveelheid zuurstof krijgt. Een te lage concentratie zuurstof zal geen verlichting geven, en een te hoge concentratie kan de kwetsbare netvliezen beschadigen, waardoor de baby voor altijd blind kan worden.

Respiratory distress syndrome: een ernstige longaandoening die ontstaat ten gevolge van onvoldoende rijping van de longblaasjes.

Doordat te vroeg geboren kinderen zich niet volledig hebben kunnen ontwikkelen, zijn ze vaak ongewoon gevoelig voor stimuli in hun omgeving. Ze worden snel overweldigd door wat ze zien, horen en voelen, waardoor hun ademhaling kan stokken en hun hartslag trager kan worden. Verder kunnen ze zich vaak niet soepel bewegen. De bewegingen van hun armen en benen zijn ongecoördineerd, waardoor ze schokkerig overkomen en steeds lijken te schrikken. Zulk gedrag is voor ouders behoorlijk verontrustend (Doussard-Roosevelt et al., 1997; Miles et al., 2006).

Ondanks de problemen die ze bij hun geboorte hebben, ontwikkelt de meerderheid van de te vroeg geboren kinderen zich op de lange termijn uiteindelijk normaal. Hoewel hun ontwikkeling vaak trager verloopt dan die van voldragen kinderen, heeft ongeveer zestig procent van de te vroeg geboren kinderen helemaal geen problemen (Dombrowski, Noonan & Martin, 2007; Hall et al., 2008; Nosarti et al., 2012). Aan het eind van het eerste jaar vertoont slechts tien procent van de te vroeg geboren kinderen grote problemen en is vijf procent van hen ernstig beperkt. Echter, naarmate de kinderen ouder worden en er hogere eisen aan het kind worden gesteld, stijgt het percentage kinderen waarbij zich subtiele problemen manifesteren. Op hun zesde levensjaar heeft ongeveer 38 procent lichte problemen die op school extra aandacht vergen. Sommige te vroeg geboren kinderen hebben bijvoorbeeld leer- of gedragsstoornissen of een lager IQ dan gemiddeld (Den Ouden et al., 1998). Een onderzoek bij vijfjarigen laat zien dat de overlevingskans van te vroeg geboren baby's sinds de vroege jaren tachtig is verbeterd, maar dat de kans op beperkingen niet is afgenomen (De Kleine et al., 2003). Ze kunnen problemen ervaren met hun fysieke coördinatie, een lager IQ hebben dan gemiddeld en ook leer- of gedragsstoornissen ontwikkelen.

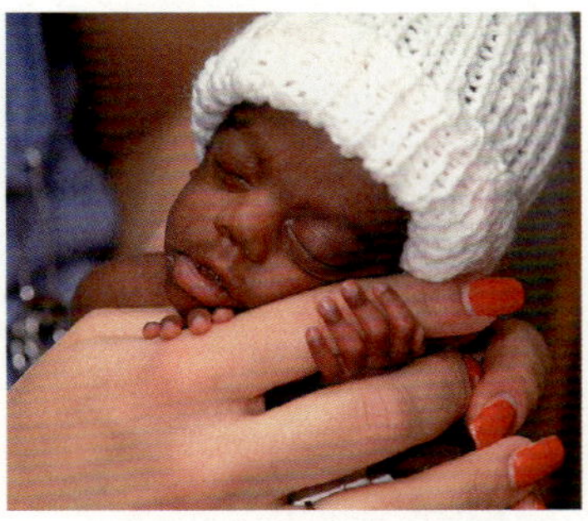

Premature baby's hebben tegenwoordig veel meer kans om te overleven dan tien jaar geleden.

Bron: Ansell Horn/Phototake NYC

Baby's met een zeer laag geboortegewicht: de kleinsten van de kleinsten

Het verhaal is minder positief voor **baby's met een zeer laag geboortegewicht.** Zij wegen minder dan 1250 gram of hebben, ongeacht hun gewicht, minder dan dertig weken in de baarmoeder doorgebracht.

Baby met een zeer laag geboortegewicht: baby die minder dan 1250 gram weegt of, ongeacht zijn gewicht, minder dan dertig weken in de baarmoeder heeft doorgebracht.

Baby's met een zeer laag geboortegewicht zijn niet alleen heel klein – sommige passen in een handpalm – ze lijken zelfs nauwelijks tot hetzelfde soort te behoren als voldragen baby's. Hun ogen zitten dichtgeplakt en hun oorlelletjes zien er vaak uit als lapjes vel aan de zijkant van hun hoofd. Hun huid is donkerrood, ongeacht hun etnische afkomst.

Vanaf het moment dat ze worden geboren verkeren baby's met een zeer laag geboortegewicht in groot gevaar, omdat hun organen nog niet volgroeid zijn. Tot een jaar of twintig geleden zouden deze baby's het buiten de baarmoeder niet overleefd hebben. Dankzij de medische vooruitgang hebben zij nu een grotere kans op overleven. De **levensvatbare leeftijd**, het moment waarop een te vroeg geboren baby kan overleven, ligt nu op 24 weken na de conceptie – ongeveer vier maanden eerder dan het einde van een normale zwangerschap. Hoe langer de baby zich in de baarmoeder kan blijven ontwikkelen, des te groter zijn overlevingskansen natuurlijk zijn. Een baby die eerder dan 25 weken wordt geboren, heeft minder dan vijftig procent kans om te blijven leven (zie figuur 4-3; Seaton et al., 2012).

Levensvatbare leeftijd: het moment waarop een te vroeg geboren baby kan overleven.

FIGUUR 4-3 Overlevingskansen en leeftijd van de foetus

De overlevingskansen van een foetus groeien aanzienlijk na ongeveer 28 weken. In deze grafiek wordt het percentage Amerikaanse baby's weergegeven dat na een bepaald aantal weken is geboren en dat het eerste levensjaar in leven blijft. De percentages zijn gebaseerd op gegevens van 1989 tot 1991.

Bron: Stolberg, 1997

De fysieke en cognitieve problemen van premature baby's en baby's met een laag geboortegewicht zijn nog uitgesprokener bij baby's met een zeer laag geboortegewicht. Ook de financiële consequenties zijn verbluffend groot. Een verblijf van drie maanden in een couveuse op een intensivecareafdeling kan oplopen tot honderdduizenden euro's, terwijl ongeveer de helft van deze baby's sterft (Taylor et al., 2000).

Ook als een premature baby met een zeer laag geboortegewicht in leven blijft, kunnen de medische kosten behoorlijk oplopen. Uit een schatting bleek bijvoorbeeld dat de medische zorg voor zulke kinderen tijdens de eerste drie jaar van hun leven gemiddeld drie tot vijftig maal meer kost dan de medische zorg voor een voldragen kind. Zulke astronomische bedragen leiden tot ethische discussies over het inzetten van zo veel financiële middelen en mankracht terwijl een positieve afloop vaak onwaarschijnlijk is (Doyle, 2004; Petrou, 2006; Prince, 2000).

Omdat de medische zorg steeds geavanceerder wordt, zal de levensvatbare leeftijd waarschijnlijk steeds verder worden verlegd. Intussen zijn ontwikkelingsonderzoekers bezig om nieuwe strategieën te formuleren om met premature kinderen om te gaan in de hoop hun leven te verbeteren. Recent onderzoek heeft uitgewezen dat kwalitatief goede zorg een aantal van de risico's na een premature geboorte verkleint.

Uit onderzoek blijkt bovendien dat premature kinderen die liefdevoller en beter worden verzorgd en meer worden gestimuleerd, zich meestal beter ontwikkelen dan kinderen die niet zo goed verzorgd worden. Sommige aspecten van die goede zorg zijn eenvoudig te verwezenlijken. 'Kangoeroeën' bijvoorbeeld, waarbij baby's tegen de borst van hun ouders worden gehouden en huid-op-huidcontact met hen hebben, lijkt de ontwikkeling van premature baby's te bevorderen. Als premature baby's worden gemasseerd, komen er hormonen vrij die bevorderlijk zijn voor gewichtstoename, spierontwikkeling en het vermogen om met stress om te gaan (Field et al., 2008; Kaffashi et al., 2013; Saul, 2009).

Waarom worden baby's te vroeg of met een (te) laag geboortegewicht geboren?

Hoewel er voor de helft van het aantal premature baby's en baby's met een laag geboortegewicht geen verklaring bestaat, zijn de oorzaken van de andere helft wel bekend. In sommige gevallen worden de problemen veroorzaakt doordat er iets niet in orde is met het voortplantingssysteem van de moeder. Tienermoeders bijvoorbeeld hebben een verhoogd risico op een vroeggeboorte. De oorzaak van vroeggeboorte wordt vooral gezocht in het biologisch niet volgroeid zijn van het lichaam.

Zo blijkt uit onderzoeken dat hoe korter de tiener menstrueert, hoe groter de kans is op complicaties. Vooral tieners die minder dan twee jaar gemenstrueerd hebben voor de zwangerschap zijn een risicogroep. Dit wordt veroorzaakt door de onrijpheid van de gynaecologische organen. Verder heeft een vrouw die na een zwangerschap binnen een half jaar weer zwanger wordt ook meer kans op een premature of te lichte baby dan een vrouw wier voortplantingssysteem de gelegenheid heeft gehad om zich te herstellen (Blumenshine et al., 2011; Branum, 2006; Smith et al., 2003; Zhu, 2005).

Tot slot kunnen factoren die van invloed zijn op de algemene gezondheid van de moeder, zoals leeftijd, voeding, kwaliteit van de medische zorg, hoeveelheid omgevingsstress en economische situatie, allemaal verband houden met vroeggeboorte of een laag geboortegewicht. Het aantal premature geboorten verschilt ook per etniciteit, mede doordat etnische minderheidsgroepen een disproportioneel lager inkomen hebben (Bergmann, Bergmann & Dudenhausen, 2008; Field, Diego & Hernandez-Reif, 2006). De factoren die verband houden met een hoger risico op een laag geboortegewicht worden samengevat in tabel 4-2 (Bergmann, Bergmann & Dudenhausen, 2008; Butler, Wilson & Johnson, 2012; Field, Diego & Hernandez-Reif, 2006, 2008).

TABEL 4-2 **Factoren die verband houden met een verhoogd risico op een laag geboortegewicht**

I	**Demografische risico's**	
	A	Leeftijd (jonger dan 17, ouder dan 34)
	B	Etniciteit (minderheden)
	C	Lage sociaaleconomische status
	D	Alleenstaand
	E	Laag opleidingsniveau
II	**Medische risico's die de zwangerschap in gevaar brengen**	
	A	Aantal eerdere zwangerschappen (nul, of meer dan vier)
	B	Laag gewicht voor lengte
	C	Genito-urinaire afwijkingen of operatie
	D	Specifieke ziekten, zoals diabetes of chronisch hoge bloeddruk
	E	Afwezigheid van immuniteit voor bepaalde ziekten, zoals rodehond
	F	Ongunstig verloop van eerdere zwangerschappen (eerdere kinderen met een laag geboortegewicht of verschillende spontane abortussen)
	G	Genetische factoren van moederskant (zoals laag gewicht bij de eigen geboorte)
III	**Medische risico's bij huidige zwangerschap**	
	A	Meerlingenzwangerschap
	B	Te weinig aankomen
	C	Korte tijd tussen twee zwangerschappen
	D	Lage bloeddruk
	E	Verhoogde bloeddruk, pre-eclampsie of bloedvergiftiging
	F	Bepaalde infecties, zoals asymptomatische bacteriurie, rodehond of cytomegalovirus
	G	Bloedingen in het eerste of het tweede trimester
	H	Problemen met de placenta, zoals voorliggende placenta of loslating van de placenta
	I	Ernstige ochtendmisselijkheid
	J	Anemie of abnormale hemoglobine
	K	Ernstige anemie bij een baby in ontwikkeling
	L	Foetale afwijkingen
	M	Incompetente baarmoederhals
	N	Spontaan prematuur breken van de vliezen
IV	**Gedrags- en omgevingsrisico's**	
	A	Roken
	B	Slechte voeding
	C	Misbruik van alcohol of andere verslavende middelen
	D	Blootstelling aan DES of andere giftige middelen, waaronder beroepsrisico's
	E	Verblijf op grote hoogte
V	**Risico's met betrekking tot de gezondheidszorg**	
	A	Afwezige of inadequate prenatale zorg
	B	Iatrogene prematuriteit
VI	**Overige mogelijke risico's**	
	A	Stress, zowel fysiek als psychosociaal
	B	Overgevoeligheid van de baarmoeder
	C	Gebeurtenissen die weeën veroorzaken
	D	Veranderingen in de baarmoederhals voor het begin van de bevalling
	E	Bepaalde infecties, zoals mycoplasma of chlamidia trachomatis
	F	Inadequate volumetoename van het plasma
	G	Progesterontekort

Bron: vrij naar het Committee to Study the Prevention of Low Birthweight, 1985

4.2.2 Postmature baby's: te laat, te groot

Postmature baby: baby die twee weken na de uitgerekende datum nog niet geboren is.

Ook **postmature baby's** lopen risico's. De bloedtoevoer van de placenta kan bijvoorbeeld minder worden, zodat de nog steeds groeiende foetus niet genoeg voeding meer krijgt. Daardoor kan ook de bloedtoevoer naar de hersenen afnemen, wat kan leiden tot hersenbeschadiging. Bovendien wordt de bevalling riskanter (zowel voor het kind als voor de moeder) omdat een foetus die qua grootte vergelijkbaar is met een baby van een maand oud moeilijker het geboortekanaal kan passeren (Fok et al., 2005; Shea, Wilcox & Little, 1998). In bepaalde opzichten zijn problemen met postmature baby's gemakkelijker te ondervangen dan problemen met premature baby's. Als de zwangerschap te lang duurt, kunnen medici de weeën namelijk kunstmatig opwekken. Er bestaan niet alleen bepaalde medicijnen die weeën op gang kunnen brengen, artsen hebben ook de mogelijkheid om een keizersnede uit te voeren, een manier van bevallen die we in de volgende paragraaf behandelen.

4.2.3 Keizersnede: ingrijpen in het geboorteproces

Toen Karens bevalling het achttiende uur in ging, begon de verloskundige die haar begeleidde zorgelijk te kijken. Ze keek naar de foetale monitor en zei tegen Karen en haar echtgenoot Jeroen dat de hartslag van de foetus na elke wee trager werd. Nadat ze een aantal eenvoudige oplossingen had geprobeerd, zoals Karen op haar zij leggen, kwam de verloskundige tot de conclusie dat de foetus in gevaar verkeerde. Ze zei dat de baby direct geboren moest worden. Om dat te laten gebeuren moest ze een keizersnede uitvoeren.

Keizersneden worden vooral uitgevoerd wanneer het niet goed gaat met de foetus. Als hij bijvoorbeeld gevaar lijkt te lopen doordat zijn hartslag plotseling stijgt of daalt of als er tijdens de weeën bloed uit de vagina van de moeder komt, kan een keizersnede nodig zijn. Moeders die ouder zijn dan veertig jaar hebben meer kans op een keizersnede dan jongere moeders. In Nederland vindt bijna 14 procent van de bevallingen plaats via een keizersnede. In België ligt dat percentage hoger, namelijk op 20,6 procent in 2014 (Cammu et al., 2009; MacFarlane et al., 2015; Zorg en Gezondheid, 2014; zie figuur 4-4). Bij een **keizersnede** wordt de baby operatief uit de baarmoeder verwijderd in plaats van geboren te worden via het geboortekanaal.

Keizersnede: een ingreep waarbij de baby operatief uit de baarmoeder wordt verwijderd in plaats van geboren te worden via het geboortekanaal.

Keizersneden worden soms ook uitgevoerd als de baby in een stuit ligt. Bij een stuitligging bevindt niet het hoofd maar de stuit of de voeten van de baby zich in het geboortekanaal. Stuitliggingen, die in Nederland bij ongeveer drie tot vier procent van de à terme (laatste periode van de) zwangerschappen voorkomen, vormen een risico voor de baby omdat de navelstreng sneller kan worden afgekneld. Daardoor krijgt de baby niet genoeg zuurstof. Ook dwarsliggingen, waarbij de baby horizontaal in de baarmoeder ligt, eindigen relatief vaak in een keizersnede. Tot slot is het hoofd van de baby soms zo groot dat het niet goed door het geboortekanaal kan.

Foetale monitor: apparaat waarmee de hartslag van de baby kan worden gemeten tijdens de weeën.

Verbeterde operatietechnieken, krachtige antibiotica en nieuwe medische technieken zoals **foetale monitoren** (apparaten waarmee de hartslag van de baby kan worden gemeten tijdens de weeën) hebben bijgedragen tot een snelle stijging van het aantal keizersneden. In Nederland is dat aantal in ruim twintig jaar tijd verdrievoudigd (MacFarlane et al., 2015). Wat zijn de voordelen van deze toename? Volgens critici zijn dat er heel weinig. Er bestaat geen verband tussen succesvolle geboorten en het aantal keizersneden. Bovendien brengt een keizersnede ook gevaren met zich mee. Het is een zware operatie en het herstel kan lang duren, vooral in vergelijking met een normale bevalling. Bovendien is het risico op infecties bij de moeder groter (Miesnik & Reale, 2007; Hutcheon et al., 2013).

Tot slot kan een keizersnede ook gevaarlijk zijn voor de baby. Hoewel baby's die via een keizersnede gehaald zijn niet de stressvolle reis door het geboortekanaal hoeven maken, kan het feit dat zij op een relatief gemakkelijke manier de wereld betreden een remmende werking hebben op de normale afgifte van bepaalde stressgerelateerde hormonen, zoals catecholamines, in de bloedbaan van de pasgeborene. Omdat deze hormonen de pasgeborene helpen zich voor te bereiden op de stress van de wereld buiten de baarmoeder, kan de afwezigheid ervan nadelig zijn voor het kind.

Uit onderzoek blijkt zelfs dat baby's die geen weeën hebben meegemaakt doordat zij met een keizersnede zijn gehaald, bij de geboorte eerder ademhalingsproblemen hebben dan baby's die in ieder geval enige weeën hebben meegemaakt voordat ze via een keizersnede werden geboren. Tot slot ervaren moeders die via een keizersnede bevallen de geboorte als minder positief, maar die ontevredenheid hoeft geen invloed te hebben op de kwaliteit van de moeder-kindrelatie (Lobel & DeLuca, 2007; MacDorman et al., 2008; Porter et al., 2007).

Omdat de toename van het aantal keizersneden verband houdt met het gebruik van foetale monitors, bevelen medische autoriteiten momenteel aan om deze apparatuur niet te gebruiken. Ze halen onderzoeken aan waaruit blijkt dat pasgeboren baby's die aan de monitor lagen het niet beter doen dan baby's die er niet aan lagen. Ook medisch personeel merkt dat monitoren vaak onterecht stress bij foetussen weergeven – vals alarm dus. Monitoren kunnen echter nog steeds een cruciale rol spelen bij risicovolle zwangerschappen en bij pre- of postmature baby's (Albers & Krulewitch, 1993; Freeman, 2007).

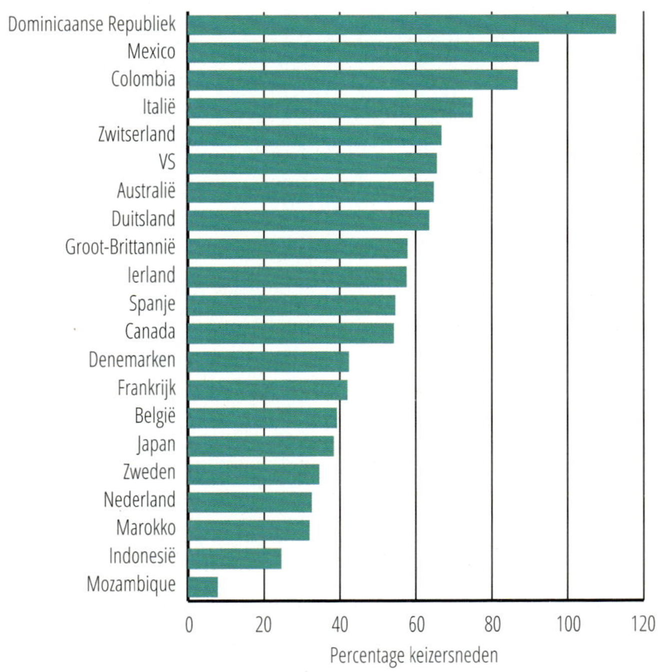

FIGUUR 4-4 **Keizersneden**

Het aantal keizersneden verschilt aanzienlijk per land.

Bron: World Health Organization, 2010-2013

4.2.4 Zuigelingensterfte en doodgeboren kinderen: de tragedie van een premature dood

De vreugde waarmee de geboorte van een kind wordt ontvangen, slaat compleet om wanneer een pasgeborene sterft. Het feit dat dit relatief weinig voorkomt, maakt zuigelingensterfte voor ouders nog moeilijker te verdragen.

Doodgeboorte: de geboorte van een kind dat niet meer leeft (komt in minder dan een op de honderd gevallen voor).

Soms overleeft een kind zelfs de passage door het geboortekanaal niet. **Doodgeboorte**, de geboorte van een kind dat niet meer leeft, komt in minder dan een op de honderd gevallen voor. Soms wordt de dood al geconstateerd voordat de bevalling begint. In dat geval worden de weeën meestal opgewekt of voeren artsen een keizersnede uit om het babylichaampje zo snel mogelijk uit de moeder te verwijderen. In andere gevallen sterft de baby tijdens zijn reis door het geboortekanaal.

Zuigelingensterfte: overlijden van een kind binnen het eerste levensjaar.

Van **zuigelingensterfte** spreken we als een kind in het eerste levensjaar sterft. In 2014 bedroeg de zuigelingensterfte in Nederland 3,8 per duizend levendgeborenen, terwijl dat in de jaren negentig nog boven de 7 was. In België bedroeg de zuigelingensterfte 4,18 per duizend levendgeborenen (CIA World Factbook, 2015). De zuigelingensterfte onder allochtonen ligt hoger dan gemiddeld. Onder allochtone groepen liggen de sterftecijfers van kinderen rond de geboorte en in het eerste levensjaar 20 tot 35 procent hoger dan het geval is bij autochtonen. Ook lopen allochtone baby's meer risico vroeg ter wereld te komen of geboren te worden met een te laag gewicht, waardoor zij later meer kans hebben op gezondheidsproblemen (CBS, 2014). Zo blijkt de oorzaak van het overlijden van baby's van Hindoestaanse moeders uit Suriname of de Antillen vrijwel altijd vroeggeboorte te zijn. Sociaaleconomische omstandigheden en de zorgverlening tijdens de zwangerschap bleken nauwelijks van invloed. Overigens is er geen duidelijke oorzaak gevonden van deze grotere kans op vroeggeboorte. Bij Turkse en Marokkaanse pasgeborenen wordt de hogere sterftekans eerder veroorzaakt door sociale en culturele factoren, zoals zwangerschappen op heel jonge of juist heel hoge leeftijd (bij vrouwen die reeds veel kinderen hebben). Meer over dit onderwerp lees je in het kader *Diversiteit in ontwikkeling*.

Het verlies van een baby is altijd een tragische gebeurtenis. De impact op de ouders is groot: ze maken dezelfde rouwstadia door als bij het overlijden van een oudere dierbare. Het wrede contrast tussen een ontluikend nieuw leven en een onnatuurlijk vroeg afscheid kan ervoor zorgen dat de dood van een baby extra moeilijk te accepteren en te verwerken is. Vaak leidt zo'n gebeurtenis ook tot depressie, die kan worden geïntensiveerd door een gebrek aan ondersteuning. Sommige ouders kampen zelfs met posttraumatische stressstoornis (Badenhorst et al., 2006; Cacciatore & Bushfield, 2007; Turton, Evans & Hughes, 2009).

4.2.5 Postnatale depressie: van hoge pieken naar diepe dalen

Lieke was dolblij toen ze ontdekte dat ze zwanger was. Ze was haar hele zwangerschap letterlijk in blijde verwachting geweest van haar kind. De geboorte verliep soepel en de baby was een gezonde jongen met roze wangen. Een paar dagen na de geboorte van haar zoon is ze weggezonken in een diepe depressie. Ze heeft voortdurend huilbuien, is in de war en voelt zich niet in staat om voor haar kind te zorgen. Ze is totaal wanhopig.

De diagnose: een klassiek geval van postnatale depressie (ook wel postpartumdepressie genoemd). Ongeveer tien procent van alle nieuwe moeders wordt getroffen door een dergelijke periode van diepe depressie na de geboorte van een kind. Hoewel er verschillende soorten postnatale depressie bestaan, is er altijd sprake van een voortdurend, intens gevoel van verdriet en een gevoel van ongeluk dat in sommige gevallen maanden of zelfs jaren duurt. In een op de vijfhonderd gevallen zijn de symptomen nog erger en verliest de moeder volledig het contact met de werkelijkheid. In extreem zeldzame gevallen kan een postnatale depressie dodelijke gevolgen hebben.

Voor moeders die aan een postnatale depressie lijden, zijn de symptomen vaak verbijsterend. Als de depressie zich aandient, is dat vaak een complete verrassing. Er zijn bepaalde moeders die een grotere kans lijken te hebben op depressies, zoals vrouwen die in het verleden depressief zijn geweest of bij wie depressie in de familie zit. Ook vrouwen die niet voorbereid zijn op de lawine van positieve én negatieve emoties die volgt op de geboorte van een kind, zijn waarschijnlijk vatbaarder voor depressies (Iles, Slade & Spiby, 2011; LaCoursiere, Hirst & Barrett-Connor, 2012).

Tot slot kan een postnatale depressie worden veroorzaakt door de grote schommelingen in de hormoonproductie die na de geboorte kunnen plaatsvinden (Engineer et al., 2013; Klier et al., 2007; Yim et al., 2009).

Wat de oorzaak ook is, een depressie van de moeder laat ook haar sporen na bij het kind. Zoals we later in dit hoofdstuk zullen zien, worden baby's geboren met een indrukwekkend scala aan sociale vaardigheden en zijn ze uiterst gevoelig voor de geestestoestand van hun moeder. In het contact met hun kinderen tonen depressieve moeders meestal weinig emoties en gedragen zij zich afstandelijk en teruggetrokken. Dit gebrek aan interactie heeft tot gevolg dat hun baby's minder positieve emoties tonen en zich niet alleen terugtrekken van hun moeder maar ook van andere volwassenen. Een depressie van de moeder kan ook een negatief effect hebben op de relatie met de partner en op het mentale welzijn van andere gezinsleden. Daar komt nog bij dat kinderen van depressieve moeders eerder geneigd zijn tot antisociaal gedrag, waaronder geweld (Goodman et al., 2008; Hay, Pawlby & Angold, 2003; Nylen et al., 2006).

DIVERSITEIT IN ONTWIKKELING

Culturele verschillen in zuigelingensterfte

Hoewel de zuigelingensterfte in Nederland de afgelopen tientallen jaren over de gehele linie is afgenomen, bestaan er grote etnische verschillen. Baby's van Antilliaanse afkomst lopen bijvoorbeeld meer dan twee keer zo veel risico om voor hun eerste verjaardag te sterven als blanke baby's. Het hoogste sterftecijfer wordt waargenomen onder baby's met ten minste één Antilliaanse ouder. Dit hangt onder meer samen met het grotere aandeel tienermoeders in deze groep. Zij hebben vaak een slechte sociaaleconomische positie, een van de redenen dat zuigelingen minder overlevingskansen hebben.

Ook in andere landen zijn verschillen in zuigelingensterfte te zien bij baby's uit verschillende etnische en sociaaleconomische groepen (zie figuur 4-5). Het ontbreken van goede prenatale zorg voor vrouwen met lage inkomens leidt uiteindelijk tot een grotere kans op zuigelingensterfte. Om deze situatie te verbeteren moet er meer steun beschikbaar

Hoewel de zuigelingensterfte in Nederland over de gehele linie is afgenomen, bestaan er grote verschillen tussen leden van verschillende etnische groepen.

Bron: Lisa Payne Photography/Pearson Education Ltd. (Pearson Asset Library)

komen. Daarnaast moeten obstakels worden weggenomen die verhinderen dat arme vrouwen zulke zorg ontvangen. Zo zou een deel van de vervoerskosten naar een gezondheidsinstelling kunnen worden vergoed of zou er een financiële bijdrage kunnen worden geleverd aan de opvang van oudere kinderen als de moeder op controle gaat. Tot slot is basisvoorlichting aan alle toekomstige moeders van cruciaal belang. Als zij beter op de hoogte zijn van de potentiële risico's van een zwangerschap, kunnen veel problemen worden voorkomen.

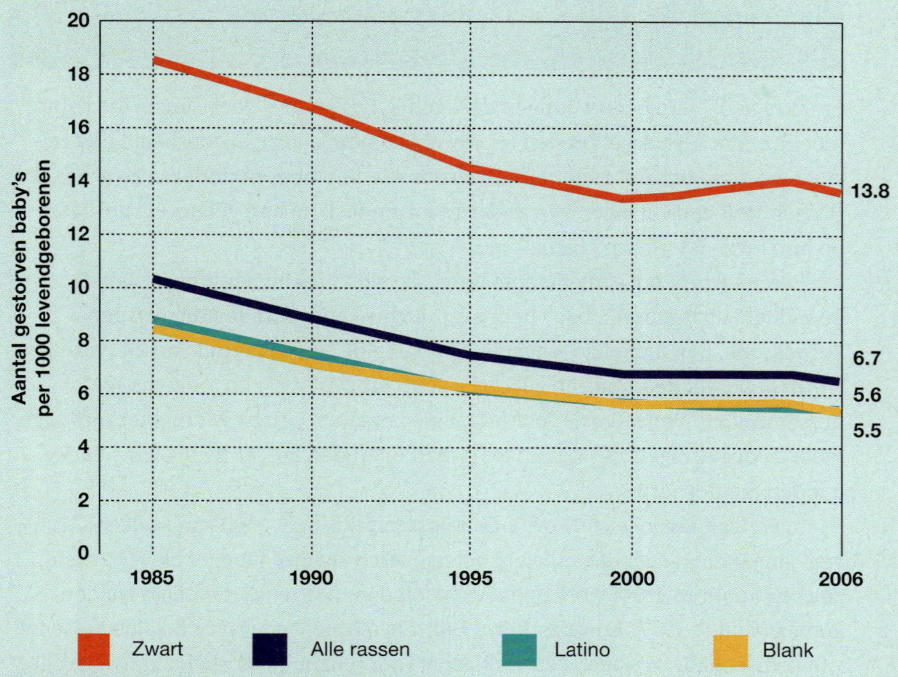

FIGUUR 4-5 **Etniciteit en zuigelingensterfte**

Hoewel in de VS de zuigelingensterfte daalt, is het aantal sterfgevallen onder Afro-Amerikaanse kinderen nog steeds meer dan twee keer zo hoog als onder blanke, niet-latino kinderen. Deze grafiek toont het aantal sterfgevallen in het eerste levensjaar voor elke duizend levendgeborenen.

Bron: http://childstats.gov/2009

TABEL 4-3 **Wettelijk vastgestelde duur van zwangerschaps- en bevallingsverlof**

LAND	AANTAL WEKEN VERLOF	PERCENTAGE VAN SALARIS DAT WORDT UITBETAALD
Canada	17	15 weken 55%
China	13	100%
Colombia	12	100%
Denemarken	28	60%
Egypte	7	100%
Finland	18	70%
Frankrijk	16	100%
Duitsland	14	100%
Irak	9	100%
Italië	20	80%
Japan	14	60%
Mexico	12	100%
Marokko	12	100%
Nederland	16	100%
Nigeria	12	50%
Zweden*	66	14 weken 100%, 1 jaar 75%
Verenigd Koninkrijk	18	6 weken 90%, 12 weken een vast bedrag
Verenigde Staten	12	0%

* voor beide ouders samen   Bron: Kamerman, 2000a, 2000b

4.3 Wat een pasgeboren baby allemaal kan

> Familieleden verzamelen zich om de Maxi-Cosi van Emma. Emma, die gisteren is geboren, is vandaag met haar moeder uit het ziekenhuis gekomen. Emma's neef, de vierjarige Teun, lijkt zich niet te interesseren voor de nieuweling. 'Aan baby's heb je niks. Ze kunnen helemaal niets', zegt hij.

Emma's neef Teun heeft voor een deel gelijk. Er zijn heel veel dingen die baby's niet kunnen. Als pasgeborenen ter wereld komen, zijn ze bijvoorbeeld niet in staat om voor zichzelf te zorgen. Waarom worden mensenkinderen zo afhankelijk geboren, terwijl leden van andere soorten vlak na hun geboorte veel beter op hun leven voorbereid lijken?

In feite worden we allemaal te vroeg geboren. De herseninhoud van de gemiddelde pasgeboren baby bedraagt slechts een kwart van die van een volwassene. Een makaak (langstaartaap), die na een draagtijd van 24 weken wordt geboren, heeft bij zijn geboorte al 65 procent van zijn toekomstige herseninhoud. Vanwege de relatief kleine hersenen van baby's menen sommige mensen dat ze eigenlijk nog zes tot twaalf maanden langer in de baarmoeder hadden moeten zitten.

In werkelijkheid wist de evolutie waarschijnlijk heel goed wat ze deed. Als we veel langer dan negen maanden in het lichaam van onze moeder bleven zitten, zou ons hoofd zo groot worden dat we nooit door het geboortekanaal zouden komen (Gould, 1977; Kotre & Hall, 1990). De relatief onderontwikkelde hersenen van mensenbaby's vormen een verklaring voor hun hulpeloosheid. Vanwege deze kwetsbaarheid concentreerden mensen zich van oudsher op de dingen die ze níét konden, waardoor ze behoorlijk ongunstig afstaken bij oudere mensen.

Tegenwoordig zijn zulke opvattingen verdrongen door een positievere kijk op de pasgeborene. Nu ontwikkelingsonderzoekers meer weten over de aard van pasgeborenen, realiseren ze zich dat baby's de wereld betreden met een verbazingwekkend groot arsenaal aan vaardigheden op alle vlakken van ontwikkeling, zowel fysiek als cognitief als sociaal.

4.3.1 Fysieke vaardigheden

De wereld waarmee een pasgeborene wordt geconfronteerd, is totaal anders dan die in de baarmoeder. Hij of zij krijgt onmiddellijk te maken met fysieke uitdagingen en sensorische ervaringen. Neem bijvoorbeeld de grote veranderingen die Emma's lichaamsfuncties ondergingen toen ze haar nieuwe omgeving betrad (samengevat in tabel 4-4).

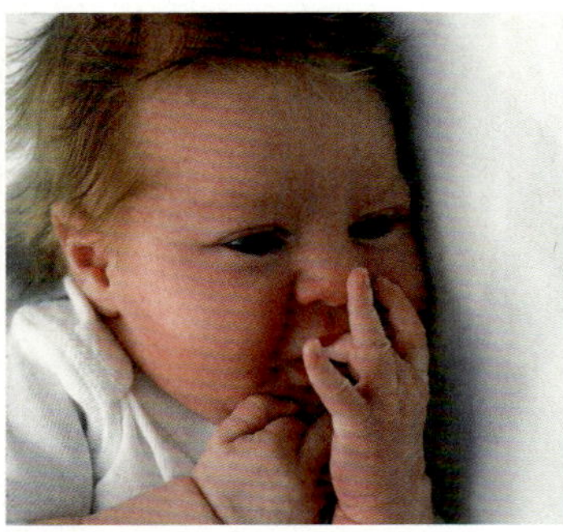

Als baby's ter wereld komen, zijn ze voorgeprogrammeerd om voedsel te vinden, in te nemen en te verteren. Dat is te zien aan hun zoek-, zuig- en slikreflex.

Bron: Myrleen Ferguson/PhotoEdit, Inc.

Emma's meest dringende taak was voldoende lucht in haar lichaampje krijgen. Toen ze in haar moeder zat, kreeg ze zuurstof via de navelstreng, die ook de koolstofdioxide afvoerde. De realiteit van de buitenwereld is anders. Toen de navelstreng eenmaal was doorgeknipt, moest Emma's ademhalingsstelsel voor de rest van haar leven aan de slag.

Bij Emma gebeurde dat automatisch. Zoals al eerder gezegd beginnen de meeste pasgeboren baby's zelfstandig te ademen zodra ze aan de lucht worden blootgesteld. Het vermogen om meteen te ademen is een teken dat het ademhalingsstelsel van de pasgeborene redelijk goed ontwikkeld is, ook al heeft het in de baarmoeder niet kunnen oefenen.

Wat andere typen fysieke activiteit betreft komen pasgeborenen geoefender ter wereld. Pasgeboren baby's als Emma hebben bijvoorbeeld verschillende

TABEL 4-4 **De eerste ervaringen van Emma na haar geboorte**

1. Zodra ze door het geboortekanaal is, begint Emma automatisch zelfstandig te ademen. Ze zit namelijk niet meer vast aan de navelstreng die haar in de baarmoeder van zuurstof voorzag.
2. Emma's reflexen beginnen zich te manifesteren. Dankzij haar zuig- en slikreflex kan Emma direct voedsel tot zich nemen.
3. De zoekreflex leidt Emma naar potentiële voedselbronnen in de buurt van haar mond, zoals haar moeders tepel.
4. Emma begint te kuchen, te niezen en met haar ogen te knipperen – reflexen die haar helpen bij het vermijden van stimuli die vervelend of gevaarlijk kunnen zijn.
5. Haar reuk- en smaakzin zijn al behoorlijk ontwikkeld. Haar fysieke activiteit neemt toe en ze gaat harder zuigen als ze pepermunt ruikt. Ze trekt een pruillipje als ze een zure smaak op haar lippen proeft.
6. Blauw en groen lijken Emma's aandacht meer te trekken dan andere kleuren, en ze reageert sterk op harde, plotselinge geluiden. Ze gaat door met huilen als ze andere baby's hoort huilen, maar stopt als ze een opname hoort van haar eigen gehuil.

Reflex: niet-aangeleerde, gestructureerde, onvrijwillige respons die automatisch optreedt in de aanwezigheid van bepaalde stimuli.

reflexen: niet-aangeleerde, onvrijwillige responsen die automatisch optreden in aanwezigheid van bepaalde stimuli. Een aantal van deze reflexen is al uitgebreid geoefend, omdat ze al verschillende maanden voor de geboorte aanwezig waren. De zuigreflex en de slikreflex stellen Emma in staat om direct voedsel tot zich te nemen. De zoekreflex, waarbij een baby zich in de richting draait van een stimulatiebron (zoals een lichte aanraking) in de buurt van de mond, heeft ook te maken met eten. Deze reflex leidt de baby naar potentiële voedselbronnen, zoals de tepel van zijn moeder.

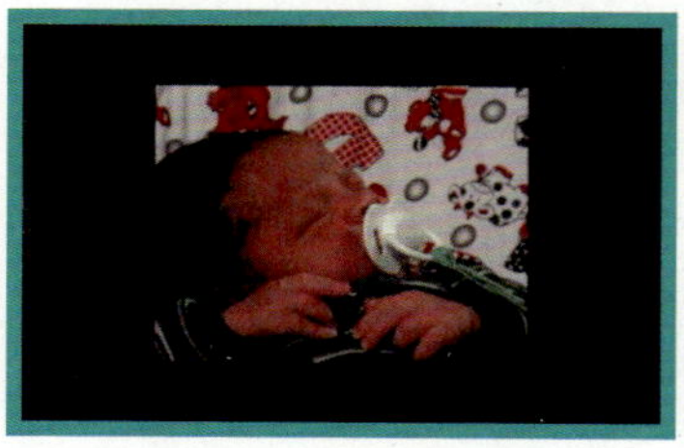

Zie MyLab voor de video: Reflexen

Niet alle reflexen die bij de geboorte aanwezig zijn zorgen ervoor dat de pasgeborene gewenste stimuli opzoekt. Emma kan bijvoorbeeld ook hoesten, niezen en met haar ogen knipperen – reflexen die haar helpen stimuli te vermijden die vervelend of gevaarlijk kunnen zijn.

Emma's zuig- en slikreflexen, die haar helpen de melk van haar moeder te drinken, zijn gekoppeld aan haar nieuwe vermogen om voedingsstoffen te verteren. De spijsvertering van een pasgeborene produceert in eerste instantie ontlasting in de vorm van meconium, een groenzwarte substantie die een overblijfsel is van de tijd als foetus.

4.3.2 Zintuigen

Vlak na Emma's geboorte was haar vader er zeker van dat ze hem recht aankeek. Maar zag ze hem ook?

Deze vraag is om verschillende redenen moeilijk te beantwoorden. Als zintuigdeskundigen het hebben over 'zien', bedoelen ze zowel een zintuiglijke reactie als gevolg van de stimulatie van de visuele zintuigen als een interpretatie van die stimulatie (het verschil tussen sensatie en perceptie). Bovendien is het lastig om uitspraken te doen over de specifieke zintuiglijke vermogens van pasgeboren kinderen die niet kunnen uitleggen wat ze ervaren.

Toch weten we wel iets van wat pasgeboren baby's kunnen zien en met hun andere zintuigen kunnen ervaren. Het is bijvoorbeeld duidelijk dat pasgeborenen als Emma enigszins kunnen zien. Hoewel hun gezichtsvermogen nog niet volledig is ontwikkeld, besteden pasgeborenen actief aandacht aan bepaalde typen informatie in hun omgeving.

Ze hebben vooral oog voor de dingen binnen hun gezichtsveld die de meeste informatie bevatten, zoals objecten die een scherp contrast vormen met de rest van hun omgeving. Bovendien kunnen baby's verschillende stadia van helderheid onderscheiden. Het schijnt zelfs zo te zijn dat ze ook de omvang van een object kunnen inschatten. Ze lijken zich ervan bewust dat objecten even groot blijven, ook al varieert de omvang van het beeld op hun netvlies afhankelijk van hun afstand tot dat object (Chien et al., 2006; Frankenhuis, Barrett & Johnson, 2013).

Pasgeboren baby's kunnen niet alleen verschillende kleuren onderscheiden, ze lijken ook een voorkeur te hebben voor bepaalde kleuren. Ze zien bijvoorbeeld het verschil tussen rood, groen, geel en blauw en ze blijven langer staren naar blauwe en groene objecten. Dat impliceert dat ze voor die kleuren een voorkeur hebben (Alexander & Hines, 2002; Dobson, 2000; Zemach, Chang & Teller, 2007).

Pasgeboren baby's kunnen duidelijk ook horen. Ze reageren op bepaalde soorten geluiden. Zo vertonen ze schrikreacties op hard, plotseling lawaai. Ook laten ze merken dat ze bepaalde geluiden herkennen. Een huilende baby zal bijvoorbeeld doorgaan met huilen als hij andere baby's hoort huilen. Maar als hij een opname hoort van zijn eigen gehuil, zal hij waarschijnlijk ophouden met huilen, alsof hij dat geluid herkent (Dondi, Simion & Caltran, 1999; Fernald, 2001).

Baby's kunnen direct na hun geboorte kleuren onderscheiden. Ze hebben zelfs een voorkeur voor specifieke kleuren.

Bron: Igor Stepovik/Shutterstock

Net als bij het gezichtsvermogen is het gehoor van een pasgeboren baby nog niet zo scherp als het later wordt. Zijn gehoorsysteem is nog niet volledig ontwikkeld. Bovendien moet het vruchtwater dat bij de geboorte nog in het middenoor zit eerst wegvloeien voordat de baby echt goed kan horen.

Naast het gezichtsveld en het gehoor functioneren ook de andere zintuigen van een pasgeborene vrij goed. Baby's zijn duidelijk gevoelig voor aanrakingen. Ze reageren bijvoorbeeld op stimuli, zoals de haren van een borstel, en ze zijn zich bewust van luchtstootjes die zo zwak zijn dat volwassenen ze niet eens opmerken.

Ook hun reuk en hun smaak zijn goed ontwikkeld. Ze zuigen harder of voeren andere fysieke activiteiten op wanneer ze een pepermuntlucht ruiken. Ook trekken ze een pruillipje als er iets zuurs op hun lippen wordt gelegd. Ze reageren ook op andere smaken met toepasselijke gezichtsuitdrukkingen. Zulke bevindingen geven duidelijk aan dat de tastzin, de reukzin en de smaakzin bij de geboorte niet alleen aanwezig maar ook vrij ver ontwikkeld zijn (Armstrong et al., 2007; Cohen & Cashon, 2003).

In feite is het niet verrassend dat de zintuigen van pasgeboren baby's als Emma al zo goed werken. De gemiddelde pasgeborene heeft zich immers negen maanden lang kunnen voorbereiden op zijn kennismaking met de buitenwereld. Zoals we hebben gezien in hoofdstuk 3, beginnen de menselijke zintuigen zich al lang voor de geboorte te ontwikkelen. Bovendien beweren sommige onderzoekers dat de reis door het geboortekanaal ervoor zorgt dat de zintuigen van baby's in een verhoogde staat van paraatheid worden gebracht, zodat ze zich kunnen voorbereiden op de wereld waarmee ze snel zullen kennismaken.

4.3.3 Het leervermogen van de pasgeborene

De één maand oude Michiel zat bij zijn ouders in de auto toen er plotseling onweer losbarstte. Het onweer werd al snel heftig en bliksemflitsen werden direct gevolgd door harde donderslagen. Michiel schrok en begon te snikken. Bij elke nieuwe donderslag ging hij harder huilen. Na die gebeurtenis bleek helaas al gauw dat Michiel niet alleen van het geluid van onweer schrok; hij ging al huilen van angst als hij een bliksemschicht zag. Zelfs als volwassene voelt hij zijn hart overslaan en zijn maag samentrekken zodra hij een bliksemflits ziet.

Klassieke conditionering

Klassieke conditionering: een vorm van leren waarbij een organisme reageert op een neutrale stimulus die dat type respons normaal gesproken niet teweegbrengt.

De bron van Michiels angst is klassieke conditionering, een fundamenteel soort leren dat voor het eerst werd ontdekt door Ivan Pavlov (zie hoofdstuk 2). Bij **klassieke conditionering** leert een organisme op een bepaalde manier reageren op een neutrale stimulus die dat type respons normaal gesproken niet teweegbrengt.

Het belangrijkste kenmerk van klassieke conditionering is stimulussubstitutie, waarbij een stimulus die normaal gesproken niet leidt tot een bepaalde reactie gekoppeld wordt aan een stimulus die die reactie wel oproept. Door de twee stimuli herhaaldelijk samen te presenteren zal de tweede stimulus de eigenschappen van de eerste aannemen. In feite wordt de eerste stimulus dus vervangen door de tweede.

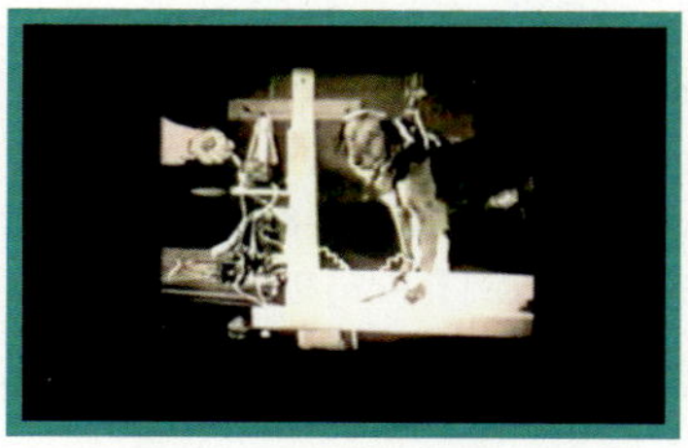

Zie MyLab voor de video: De klassieke conditionering van Pavlov

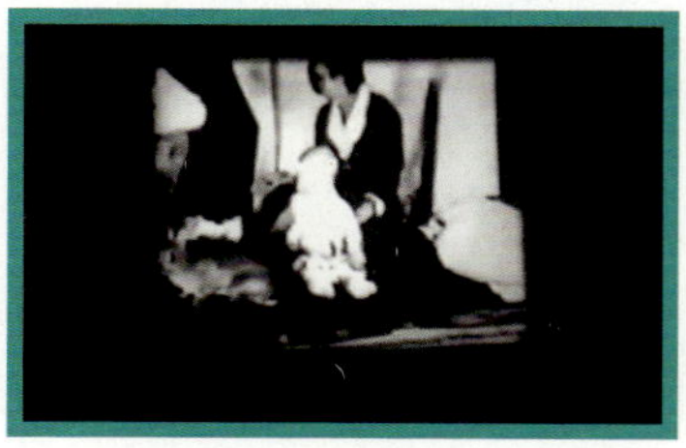

Zie MyLab voor de video: Kleine Albert

Een van de eerste voorbeelden van het feit dat de menselijke emoties kunnen worden beïnvloed via klassieke conditionering was het geval van een elf maanden oude baby die door onderzoekers 'kleine Albert' wordt genoemd (Fridlund et al., 2012; Watson & Rayner, 1920). Aanvankelijk was hij dol op dieren met een zachte vacht en kende hij geen angst voor ratten. Hij ontwikkelde zijn angst voor ratten tijdens een proef in een laboratorium: telkens wanneer hij met een schattig, onschuldig wit ratje speelde, klonk er een hard geluid. Zijn angst breidde zich uit naar andere zachte dieren, zoals konijnen. (Zo'n proef zou tegenwoordig overigens onethisch worden gevonden en nooit worden uitgevoerd.)

Baby's kunnen al heel vroeg dingen leren via klassieke conditionering. Kinderen van een of twee dagen oud die vlak voordat ze een druppeltje van een zoet smakende vloeistof krijgen over hun hoofd worden geaaid, leren al snel hun hoofd om te draaien en zuigbewegingen te maken zodra ze over hun hoofd worden geaaid. Het is duidelijk dat klassieke conditionering direct na de geboorte al in werking treedt (Dominguez, Lopez & Molina, 1999; Herbert et al., 2004).

Operante conditionering

Operante conditionering: een vorm van leren waarbij een vrijwillige respons versterkt of verzwakt wordt, afhankelijk van de associatie met positieve of negatieve consequenties.

Klassieke conditionering is niet de enige manier waarop baby's leren; ze reageren ook op **operante conditionering**. Zoals we hebben gezien in hoofdstuk 2, is operante conditionering een vorm van leren waarbij een vrijwillige respons versterkt of verzwakt wordt, afhankelijk van de associatie met positieve of negatieve consequenties. Bij operante conditionering leren baby's doelbewust in te spelen op hun omgeving om een bepaald gewenst gevolg tot stand te brengen. Een baby die leert dat hij direct de aandacht van zijn ouders trekt als hij op een bepaalde manier huilt, vertoont een vorm van operante conditionering.

Net als klassieke conditionering treedt ook operante conditionering meteen na de geboorte in werking. Onderzoekers hebben ontdekt dat zelfs pasgeboren baby's via operante conditionering leren dat ze aan een tepel moeten blijven zuigen als dat ertoe leidt dat hun moeder een verhaaltje blijft vertellen of dat ze naar muziek kunnen blijven luisteren (De Casper & Fifer, 1980; Lipsitt, 1986).

Gewenning

Gewenning (habituatie): de afname van de reactie op een stimulus die plaatsvindt na herhaaldelijke presentatie van die stimulus.

De meest primitieve vorm van leren vindt waarschijnlijk plaats via **gewenning** of **habituatie**. Gewenning is de afname van de reactie op een stimulus die plaatsvindt na herhaaldelijke presentatie van die stimulus.

Gewenning bij baby's is gebaseerd op het feit dat de presentatie van een nieuwe stimulus meestal een oriëntatiereactie opwekt, waarbij de baby stil en aandachtig wordt en een tragere hartslag krijgt. Als de nieuwigheid na herhaaldelijke blootstelling aan de stimulus verdwijnt, reageert de baby niet langer met een oriëntatiereactie. Wanneer er een nieuwe, andere stimulus wordt gepresenteerd, reageert de baby weer met een oriëntatiereactie. Als dat gebeurt, kunnen we zeggen dat de baby geleerd heeft de oorspronkelijke stimulus te herkennen en deze van andere stimuli te onderscheiden (voor voorbeelden zie tabel 4-5).

Bij alle zintuigen kan sprake zijn van gewenning, en onderzoekers gebruiken verschillende methoden om deze manier van leren te bestuderen. Ze kijken bijvoorbeeld naar veranderingen in het zuigen, dat tijdelijk stopt als er een nieuwe stimulus wordt gepresenteerd. Deze reactie heeft wel wat weg van die van een volwassene die tijdelijk zijn mes en vork neerlegt als een tafelgenoot een interessante opmerking maakt. Andere manieren om gewenning te meten zijn veranderingen in de hartslag, het ademhalingstempo en de tijd die een baby naar een specifieke stimulus kijkt (Brune & Woodward, 2007; Colombo & Mitchell, 2009; Farroni et al., 2007; Macchi et al., 2012; Schöner & Thelen, 2006).

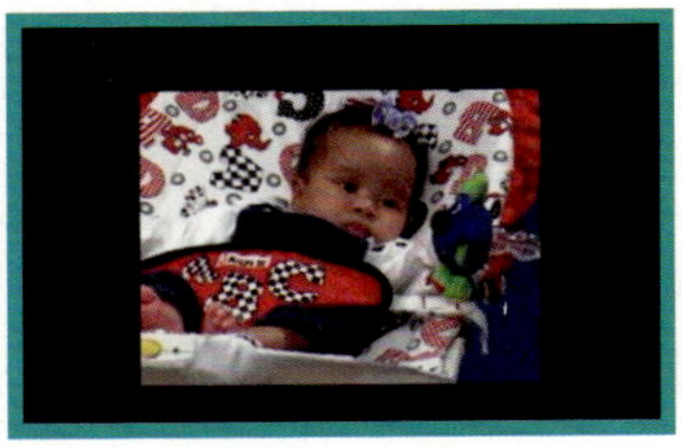

Zie MyLab voor de video: Gewenning

De ontwikkeling van gewenning als leerproces is gekoppeld aan fysieke en cognitieve rijping. Het is aanwezig bij de geboorte en wordt de eerste twaalf weken van de babytijd steeds uitgesprokener. Moeilijkheden op het gebied van gewenning kunnen duiden op ontwikkelingsproblemen (Moon, 2002).

De drie fundamentele leerprocessen die we hebben behandeld (klassieke conditionering, operante conditionering en gewenning) worden samengevat in tabel 4-5.

TABEL 4-5 **Drie fundamentele leerprocessen**

TYPE	OMSCHRIJVING	VOORBEELD
Klassieke conditionering	Een situatie waarin een organisme op een bepaalde manier leert reageren op een neutrale stimulus die dat type respons normaal gesproken niet teweegbrengt.	Een hongerige baby stopt met huilen wanneer zijn moeder hem oppakt, omdat hij opgepakt worden heeft leren associëren met gevoed worden.
Operante conditionering	Een vorm van leren waarbij een vrijwillige respons versterkt of verzwakt wordt, afhankelijk van de positieve of negatieve consequenties ervan.	Een baby die leert dat glimlachen naar zijn ouders positieve aandacht oplevert, zal misschien vaker gaan glimlachen.
Gewenning	De afname van een respons op een stimulus die plaatsvindt na herhaaldelijke presentatie van die stimulus.	Een baby die geïnteresseerd en verrast was toen hij een nieuw speeltje voor het eerst zag, toont vaak geen interesse meer als hij hetzelfde speeltje verschillende keren heeft gezien.

4.3.4 Sociale vaardigheden: reageren op anderen

Kort na de geboorte van Emma kijkt haar oudere broer in haar wieg. Hij doet zijn mond wijd open, alsof hij verbaasd is. Emma's moeder, die erbij staat, weet niet wat ze ziet als Emma zijn uitdrukking imiteert. Ook zij opent haar mond alsof ze verbaasd is.

Onderzoekers waren net zo verbaasd toen ze voor het eerst ontdekten dat pasgeboren baby's inderdaad het vermogen hebben om het gedrag van anderen te imiteren en daar plezier aan te ontlenen. Hoewel het bekend was dat baby's alle spieren bezitten om de gezichtsuitdrukkingen te kunnen produceren die bij basale emoties horen, werd aanvankelijk aangenomen dat die uitdrukkingen grotendeels willekeurig verschenen.

Uit onderzoek aan het eind van de jaren zeventig bleek iets anders. Ontwikkelingsonderzoekers toonden aan dat als een baby geconfronteerd wordt met een volwassene die een gedragspatroon imiteert van een kind, zoals zijn mond opendoen of zijn tong uitsteken, de baby het gedrag meestal imiteert (Meltzoff & Moore, 1977, 2002; Nagy, 2006).

Ontwikkelingspsychologe Tiffany Field deed baanbrekend onderzoek naar de gezichtsuitdrukkingen van baby's.

Bron: Dr. Tiffany Field

Nog verrassender waren de bevindingen van een reeks onderzoeken die zijn uitgevoerd door ontwikkelingspsychologe Tiffany Field en haar collega's (Field, 1982; Field & Walden, 1982; Field et al., 1984). Zij toonden eerst aan dat baby's onderscheid kunnen maken tussen basale gezichtsuitdrukkingen als vrolijkheid, verdriet en verbazing. Vervolgonderzoek liet zien dat pasgeboren baby's een redelijk accurate imitatie van de uitdrukking van de volwassene kunnen produceren.

Toch leek later vervolgonderzoek een andere conclusie op te leveren. Andere onderzoekers vonden namelijk voor slechts één imitatie consistente bewijzen: de tong uitsteken. En zelfs die respons leek rond de leeftijd van twee maanden weg te blijven. Omdat het niet waarschijnlijk is dat imitatie tot een enkel gebaar beperkt blijft en dat slechts een paar maanden lang, trokken sommige onderzoekers de eerdere bevindingen in twijfel (Anisfeld, 1996; Bjorklund, 1997a; Huang, 2012; Jones, 2006, 2007; Tissaw, 2007).

Het is nog steeds niet duidelijk wanneer imitatie begint, hoewel het er duidelijk op lijkt dat sommige vormen van imitatie zeer vroeg beginnen. Imitatievaardigheden zijn belangrijk omdat effectieve sociale interactie met anderen voor een deel afhankelijk is van het vermogen om op de juiste manier op andere mensen te reageren en het vermogen om de betekenis van de emotionele toestand van anderen te interpreteren. Het feit dat een baby anderen kan imiteren, verschaft hem dus een belangrijke basis voor sociale interactie in zijn latere leven (Heimann, 2001; Legerstee & Markova, 2008; Meltzoff, 2002; Rogers & Williams, 2006; Zeedyk & Heimann, 2006).

Ook andere aspecten van het gedrag van pasgeboren baby's zijn voorlopers van de formelere typen van sociale interactie die ze later zullen ontwikkelen. Zoals blijkt uit tabel 4-6, komen bepaalde eigenschappen van pasgeborenen overeen met ouderlijk gedrag. Mede daardoor kan er een sociale relatie ontstaan tussen ouder en kind, evenals sociale relaties met anderen. Zo passen ouders bij het praten tegen baby's hun spraak aan door een andere toonhoogte en ander tempo te gebruiken dan ze voor oudere kinderen en volwassenen gebruiken (Barr, 2011; Huotilainen, 2013; Smith & Trainor, 2008).

Uiteindelijk moeten de sociale interactieve vaardigheden van de baby, en de responsen die hun gedrag oproept bij de ouders, de weg vrijmaken voor toekomstige sociale interacties. De pasgeborene bezit dus niet alleen opmerkelijke vaardigheden op fysiek en perceptueel niveau, zijn sociale vaardigheden zijn net zo goed ontwikkeld.

TABEL 4-6 **Factoren die sociale interactie stimuleren tussen voldragen pasgeboren baby's en hun ouders**

VOLDRAGEN PASGEBOREN BABY	OUDER
Besteedt selectief aandacht aan bepaalde stimuli	Biedt deze stimuli aan
Gedraagt zich op manieren die te interpreteren zijn als specifieke communicatieve intenties	Zoekt naar communicatieve intenties
Reageert systematisch op handelingen van zijn ouders	Wil de pasgeborene beïnvloeden en zich effectief voelen
Reageert op manieren die tijdelijk voorspelbaar zijn	Past zijn activiteiten aan de tijdelijke ritmes van de pasgeborene aan
Leert van het gedrag van zijn ouders en past zich eraan aan	Herhaalt gedragingen en gedraagt zich voorspelbaar

Bron: Eckerman & Oehler, 1992

▷ 4.1 Geboorte

- In het eerste stadium van een bevalling treden er om de acht tot tien minuten weeën op, die steeds frequenter, langer en heftiger worden totdat de baarmoederhals van de moeder zich ontsloten heeft. In het tweede stadium van een bevalling, dat ongeveer negentig minuten duurt, passeert de baby de baarmoederhals en het geboortekanaal en verlaat hij uiteindelijk het lichaam van de moeder. In het derde stadium, dat maar een paar minuten duurt, verlaten de navelstreng en de placenta het lichaam van de vrouw.
- In de meeste gevallen maakt de pasgeborene, nadat hij naar buiten is gekomen, automatisch de overgang naar het innemen van zuurstof via de longen.
- De gezondheid van de pasgeborene kan worden vastgesteld met de Apgar-schaal, een standaard meetsysteem dat aangeeft of er onmiddellijke levensreddende interventie nodig is. De baby kan ook medisch gescreend worden op diverse ziekten en genetische aandoeningen.
- Vroeger werd gedacht dat hechting, het nauwe fysieke en emotionele contact tussen moeder en kind, meteen na de geboorte moest optreden voor de vorming van een blijvende band. Ontwikkelingsonderzoekers hebben echter weinig bewijs gevonden voor het bestaan van een dergelijke kritische periode. Het is wel van belang dat iemand de pasgeborene kort na de geboorte masseert om de chemische stoffen in de hersenen die groei stimuleren, vrij te maken.
- Ouders in spe kunnen voor de geboorte kiezen uit verschillende locaties en medische begeleiders. Ook kan de moeder aangeven of de vader en/of andere familieleden in de verloskamer aanwezig mogen zijn.
- Bevallen kan pijnlijk en vermoeiend zijn. Medicatie kan zowel de pijn als de bijbehorende angst verlichten. Een nieuwe, verbeterde vorm van de ruggenprik heeft minder bijwerkingen. Deze prik zorgt ervoor dat een vrouw zich tijdens de bevalling vrij kan bewegen.
- Vanwege het verschil in lichaamsgewicht tussen moeder en kind hebben tijdens de bevalling toegediende geneesmiddelen een veel sterkere invloed op de foetus. Hoewel het meeste onderzoek uitwijst dat pijnstillende geneesmiddelen zoals ze tegenwoordig worden toegediend slechts een minimaal risico met zich meebrengen, kan verdoving de zuurstoftoevoer naar de foetus onderdrukken.

▷ 4.2 Complicaties tijdens de geboorte

- Premature baby's, die minder dan 38 weken na de conceptie worden geboren, hebben meestal een laag geboortegewicht, waardoor ze snel afkoelen, vatbaar zijn voor infecties, hypergevoelig kunnen zijn voor omgevingsstimuli en aan RDS kunnen lijden. Ook later in hun leven kunnen zich nog negatieve gevolgen manifesteren, waaronder een vertraagde ontwikkeling, leer- en gedragsstoornissen, een lager IQ en problemen met fysieke coördinatie.
- Baby's met een zeer laag geboortegewicht lopen extra risico omdat hun organen nog niet volgroeid zijn. Dankzij de medische vooruitgang is de levensvatbare leeftijd van een kind echter naar voren geschoven tot 24 weken na de conceptie.
- Ook postmature baby's, die langer dan normaal in de baarmoeder verblijven, lopen bepaalde risico's. Om die risico's te vermijden, kunnen artsen de weeën kunstmatig opwekken of een keizersnede uitvoeren.
- Keizersneden worden uitgevoerd wanneer de foetus gevaar loopt, verkeerd ligt of niet door het geboortekanaal kan.
- Ongeveer tien procent van de nieuwe moeders lijdt aan een postnatale depressie, een permanent, diep gevoel van somberheid. In ernstige gevallen kunnen de effecten daarvan schadelijk zijn voor de moeder en het kind en is er medische hulp nodig. Voor sommige moeders komt de depressieaanval als een complete verrassing, terwijl bij andere de depressie door uitgesproken schommelingen in de hormoonproductie kan worden veroorzaakt.

▷ 4.3 Wat een pasgeboren baby allemaal kan

- Pasgeboren baby's weten al snel hoe ze door hun longen moeten ademen. Ze bezitten reflexen die hen helpen met eten, slikken, het vinden van voedsel en het vermijden van onplezierige stimuli.
- Hoewel hun gezichtsscherpte nog niet volledig ontwikkeld is, hebben pasgeborenen aandacht voor voorwerpen met sterk contrast en kunnen ze verschillende helderheidsniveaus onderscheiden.
- Vanaf hun geboorte leren baby's door middel van klassieke conditionering, operante conditionering en gewenning. Een baby kan bijvoorbeeld leren dat hij aandacht krijgt van zijn ouders door op een bepaalde manier te huilen. In dat geval leert de baby door operante conditionering, waarbij een vrijwillige reactie wordt versterkt of verzwakt door een associatie met een positief of negatief resultaat.

- Onderzoekers hebben ontdekt dat pasgeborenen het vermogen hebben gedrag van anderen te imiteren door gezichtsuitdrukkingen. We weten ook dat pasgeborenen gezichtsuitdrukkingen als blijheid, verdriet en verrassing kunnen onderscheiden.
- Bepaalde karaktertrekken van pasgeborenen hebben een wisselwerking met ouderlijk gedrag, wat bijdraagt tot een sociale relatie tussen kind en ouder, en tussen het kind en anderen.

BELANGRIJKE TERMEN EN BEGRIPPEN

Anoxia
Apgar-score
Baby met een laag geboortegewicht
Baby met een zeer laag geboortegewicht
Doodgeboorte
Episiotomie
Foetale monitor
Gewenning (habituatie)
Groeivertraagde baby
Hechting
Keizersnede
Klassieke conditionering
Levensvatbare leeftijd
Neonaat
Operante conditionering
Perinatale zorg
Postmature baby
Premature baby
Reflex
Respiratory distress syndrome
Zuigelingensterfte

DEEL 2

De babytijd

HOOFDSTUK 5 DE FYSIEKE ONTWIKKELING IN DE BABYTIJD

HOOFDSTUK 5 IN VOGELVLUCHT

PROLOOG: Eerste stapjes

Daans ouders hadden het gevoel dat zijn eerste stapjes niet lang meer op zich zouden laten wachten. Daan kon zich optrekken en zich langzaam door de woonkamer verplaatsen door zich vast te klampen aan stoelen en tafels. En in de afgelopen weken kon hij zelfs korte tijd staan zonder zich vast te houden, zonder te bewegen.

Lopen? Dat leek te vroeg. Daan was nog maar tien maanden oud, en in de boeken die zijn ouders hadden gelezen, stond dat de meeste kinderen pas na hun eerste verjaardag hun eerste stappen zetten. Dus toen Daan op een dag plotseling de ene onwennige stap na de andere begon te zetten en de veiligheid van het meubilair steeds verder achter zich liet, waren zijn ouders toch nog verrast. Hoewel het leek alsof hij elk moment voorover zou kunnen kukelen, waggelde hij de hele kamer door en bereikte hij uiteindelijk de overkant. Omdat hij niet precies wist hoe hij moest stoppen, viel hij om en kwam vrolijk op zijn billen terecht. Het was een geweldig moment.

De babytijd is een tijd van bijzonder snelle groei, waarin kinderen zich steeds meer gaan bezighouden met de wereld om hen heen.

Op www.pearsonmylab.nl vind je vragen bij deze proloog ter verwerking van de stof uit dit hoofdstuk.

Vooruitblik

De eerste stapjes van een baby zijn een van de mijlpalen die de fysieke ontwikkeling in de babytijd kenmerken. In dit hoofdstuk kijken we naar de aard van de fysieke ontwikkeling in de babytijd, die begint bij de geboorte en doorloopt tot de tweede verjaardag. Allereerst bespreken we het tempo waarin de groei van een kind zich in deze periode voltrekt. We staan stil bij zichtbare veranderingen in lengte en gewicht, maar ook bij minder zichtbare veranderingen in het zenuwstelsel. Verder zien we hoe baby's vaste patronen ontwikkelen.

Vervolgens richten we ons op de motorische ontwikkeling: de ontwikkeling van vaardigheden die het kind uiteindelijk in staat stellen om te rollen, zijn eerste stapjes te zetten en iets kleins op te rapen – vaardigheden die de basis vormen van latere, nog complexere gedragspatronen. We bekijken aansluitend of de ontwikkeling versneld kan worden en onderstrepen het belang van voeding.

Tot slot behandelen we de ontwikkeling van de zintuigen in de babytijd. We onderzoeken de werking van verschillende zintuigen en kijken naar de manier waarop baby's gegevens van hun zintuigen verwerken en omzetten in nuttige informatie.

5.1 Groei en ontwikkeling

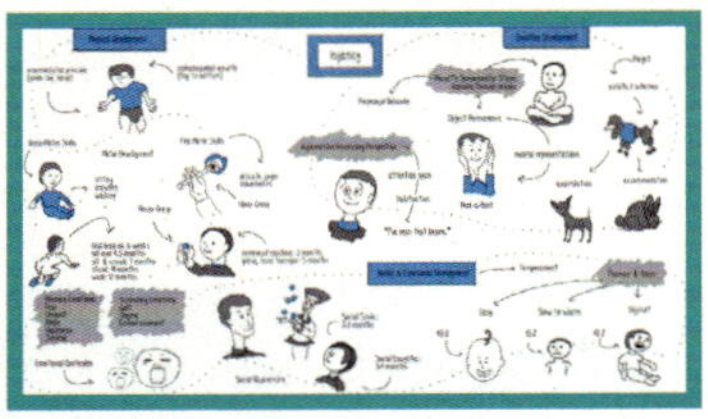

Zie MyLab voor de video: De babytijd

De gemiddelde pasgeboren baby weegt een kleine drieënhalve kilo en is niet langer dan een centimeter of vijftig. Hij is hulpeloos: als hij aan zijn lot werd overgelaten, zou hij sterven.

Na een paar jaar staan de zaken er al heel anders voor. De baby is veel groter geworden, hij is mobiel en wordt steeds onafhankelijker. Hoe gaat deze groei in zijn werk? We kijken eerst naar de veranderingen in gewicht en lengte die zich in de eerste twee jaar van een kinderleven voltrekken en besteden vervolgens aandacht aan een aantal principes die ten grondslag liggen aan en bepalend zijn voor die groei.

5.1.1 Fysieke groei: de snelle schreden van de babytijd

De eerste twee jaar van zijn leven groeit een mens razendsnel (zie figuur 5-1). Na vijf maanden heeft het geboortegewicht van de gemiddelde baby zich verdubbeld tot ongeveer zeven kilo. Rond zijn eerste verjaardag weegt een kind ongeveer drie keer zo veel als bij zijn geboorte: een kilo of tien. Hoewel het groeitempo daarna afneemt, blijft het kind ook in het tweede jaar hard groeien. Aan het eind van het tweede jaar weegt het ongeveer vier keer zo veel als bij zijn geboorte. Deze cijfers zijn gemiddelden; er bestaan aanzienlijke verschillen tussen kinderen. Tijdens het eerste jaar worden op het consultatiebureau (in Vlaanderen bij de instantie Kind en Gezin) regelmatig de lengte en het gewicht van de baby gecontroleerd. Op die manier kunnen problemen in de ontwikkeling tijdig worden gesignaleerd.

De groei van baby's loopt in de pas met hun gewichtstoename. Aan het einde van het eerste jaar is de gemiddelde baby 75 centimeter lang, wat betekent dat hij sinds zijn geboorte gemiddeld 25 centimeter is gegroeid. Op hun tweede verjaardag zijn kinderen meestal iets meer dan 90 centimeter lang.

Niet alle delen van het lichaam van een baby groeien even hard. Zoals we in paragraaf 3.3.2 bijvoorbeeld zagen, vormt het hoofd een vierde deel van de totale lichaamsomvang van een pasgeboren baby. In de eerste twee jaar van zijn leven begint de rest van zijn lichaam aan een inhaalslag. Als het kind twee is, is zijn hoofd slechts een vijfde deel van zijn lichaamslengte. Tegen de tijd dat hij volwassen is, is het slechts een achtste (zie figuur 5-2).

Vier principes van groei

Er liggen vier principes ten grondslag aan de menselijke groei (samengevat in tabel 5-1). Deze vier principes vormen een verklaring voor de patronen aan de hand waarvan onze groei zich voltrekt:

Cefalocaudaal principe: het principe dat groei een patroon vormt dat begint met het hoofd en de bovenste lichaamsdelen en zich vervolgens uitstrekt naar de rest van het lichaam.

- Het **cefalocaudale principe** heeft betrekking op de richting van de groei. Volgens dit principe volgt groei een patroon dat begint met het hoofd en de bovenste lichaamsdelen en zich vervolgens uitstrekt naar de rest van het lichaam. Het woord *cefalocaudaal* is afgeleid van het Grieks en het Latijn en betekent letterlijk 'van hoofd tot staart'. Hieruit volgt dat we onze visuele vermogens (die zich in ons hoofd bevinden) veel eerder ontwikkelen dan ons vermogen om te lopen (dichter bij het einde van het lichaam). Het cefalocaudale principe is al van kracht in de baarmoeder, waar de ontwikkeling van het hoofd eerder plaatsvindt dan die van de voeten.

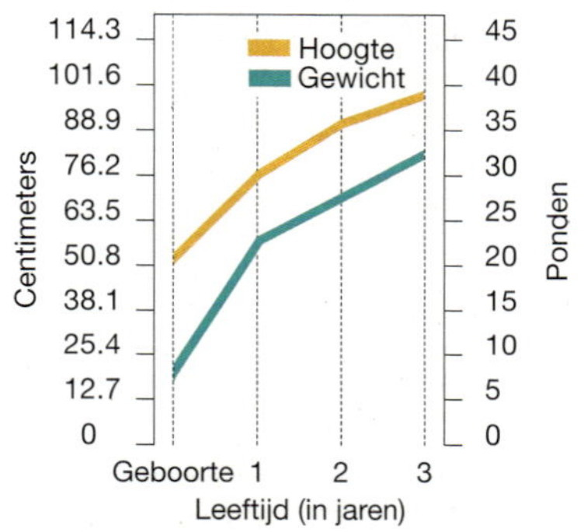

FIGUUR 5-1 **Toename van lengte en gewicht**

Hoewel de grootste toename in lengte en gewicht plaatsvindt in het eerste levensjaar, blijven kinderen hun hele baby- en peutertijd hard groeien.

Bron: Cratty, 1979

Proximodistaal principe: het principe dat de ontwikkeling zich vanuit het centrum van ons lichaam naar buiten toe voltrekt.

- Volgens het proximodistale principe voltrekt onze ontwikkeling zich vanuit het centrum van ons lichaam naar buiten toe. Het **proximodistale principe**, dat gebaseerd is op de Latijnse woorden voor 'dichtbij' en 'ver weg', geeft aan dat de romp eerder groeit dan de armen en de benen. Pas nadat de armen en benen zijn gegroeid, kunnen de vingers en de tenen groeien. Ook de ontwikkeling van het vermogen om de verschillende delen van het lichaam te gebruiken volgt het proximodistale principe. Zo kunnen kinderen eerst hun armen effectief gebruiken en daarna pas hun handen.

Principe van hiërarchische integratie: het principe dat eenvoudige vaardigheden zich doorgaans afzonderlijk en onafhankelijk van elkaar ontwikkelen, en later geïntegreerd worden in complexere vaardigheden.

- Volgens het **principe van hiërarchische integratie** ontwikkelen eenvoudige vaardigheden zich doorgaans afzonderlijk en onafhankelijk van elkaar. Later worden deze vaardigheden geïntegreerd in complexere vaardigheden. Iets met de hand grijpen, een relatief complexe vaardigheid, is bijvoorbeeld pas uitvoerbaar als het kind heeft geleerd hoe het de bewegingen van de individuele vingers moet beheersen en integreren.

Principe van de onafhankelijkheid van systemen: het principe dat verschillende lichaamssystemen een verschillend groeitempo kennen.

- Het laatste belangrijke groeiprincipe is het **principe van de onafhankelijkheid van systemen**, dat aangeeft dat verschillende lichaamssystemen een verschillend groeitempo kennen. Zo lopen de patronen van groei van de lichaamsomvang, het zenuwstelsel en de seksuele rijpheid sterk uiteen.

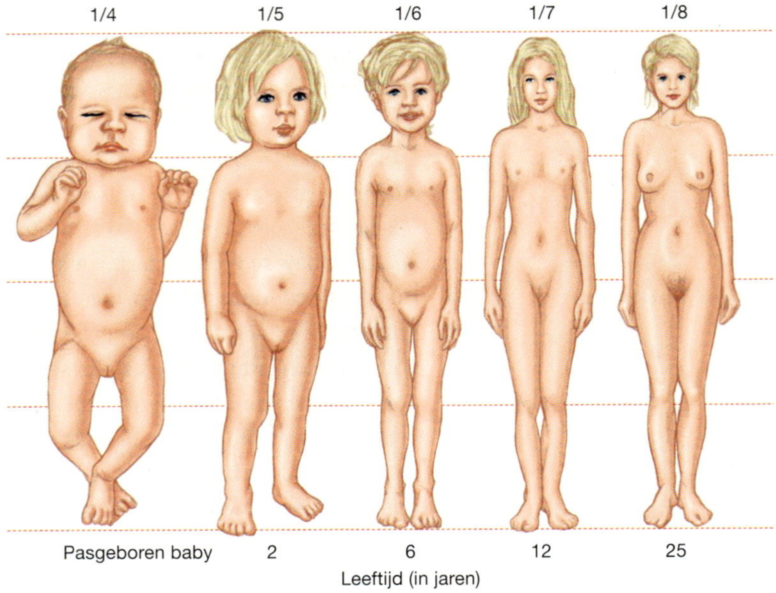

FIGUUR 5-2 **Slinkende proporties**

Bij de geboorte vormt het hoofd een vierde deel van de totale lichaamsomvang van de pasgeborene. Als de volwassenheid eenmaal is bereikt, maakt het hoofd nog slechts een achtste deel uit van het lichaam.

TABEL 5-1 **De belangrijkste principes van onze groei**

CEFALOCAUDAAL PRINCIPE	PROXIMODISTAAL PRINCIPE	PRINCIPE VAN HIËRARCHISCHE INTEGRATIE	PRINCIPE VAN DE ONAFHANKELIJKHEID VAN SYSTEMEN
Groei volgt een patroon dat begint met het hoofd en de bovenste delen van het lichaam en zich vervolgens uitstrekt naar de rest van het lichaam. Gebaseerd op Griekse en Latijnse woorden. Betekent letterlijk 'van hoofd tot staart'.	Ontwikkeling begint vanuit het centrum van het lichaam en verplaatst zich vervolgens naar buiten. Gebaseerd op de Latijnse woorden voor 'dichtbij' en 'ver weg'.	Eenvoudige vaardigheden ontwikkelen zich meestal afzonderlijk en onafhankelijk van elkaar. Later worden ze geïntegreerd in complexere vaardigheden.	Verschillende systemen van het lichaam groeien in een verschillend tempo.

5.1.2 Het zenuwstelsel en de hersenen: de fundamenten van onze ontwikkeling

Emma is de eerste baby in de vriendenkring van haar ouders. Deze jonge volwassenen vergapen zich aan het kind. Ze staan versteld van elk niesje, elk lachje en elk traantje en proberen te raden wat die betekenen.

Wat Emma ook voelt, doet of denkt, het wordt allemaal veroorzaakt door hetzelfde complexe netwerk: haar zenuwstelsel. Het zenuwstelsel bestaat uit de hersenen en de zenuwen die zich door het hele lichaam heen bevinden.

Neuron: de basiscel van het zenuwstelsel.

Neuronen zijn de basiscellen van het zenuwstelsel. In figuur 5-3 wordt de structuur van een volwassen neuron weergegeven. Net als de andere cellen in ons lichaam hebben neuronen een cellichaam dat een nucleus of celkern bevat. Neuronen hebben één vermogen dat hen onderscheidt van andere cellen: ze kunnen met andere cellen communiceren. Daarvoor hebben ze aan één uiteinde een cluster van vertakkingen die *dendrieten* heten. Dendrieten ontvangen

Neurotransmitter: stof die het mogelijk maakt dat neuronen met elkaar kunnen communiceren.

Synaps: de spleet tussen neuronen.

boodschappen van andere cellen. Aan de andere kant hebben neuronen een lang uiteinde dat een *axon* heet, het deel van het neuron dat boodschappen bevat die bestemd zijn voor andere neuronen. Neuronen raken elkaar niet echt. Ze communiceren met andere neuronen door middel van chemische boodschappers, **neurotransmitters** geheten, die tussen de kleine spleten tussen neuronen reizen. Die spleten worden **synapsen** genoemd.

Hoewel de schattingen uiteenlopen, hebben baby's bij hun geboorte honderd tot tweehonderd miljard neuronen. Om dat aantal te bereiken, vermenigvuldigen neuronen zich voor de geboorte in een verbazingwekkend tempo. Op sommige momenten in de prenatale ontwikkeling vormen zich maar liefst 250.000 extra neuronen per minuut.

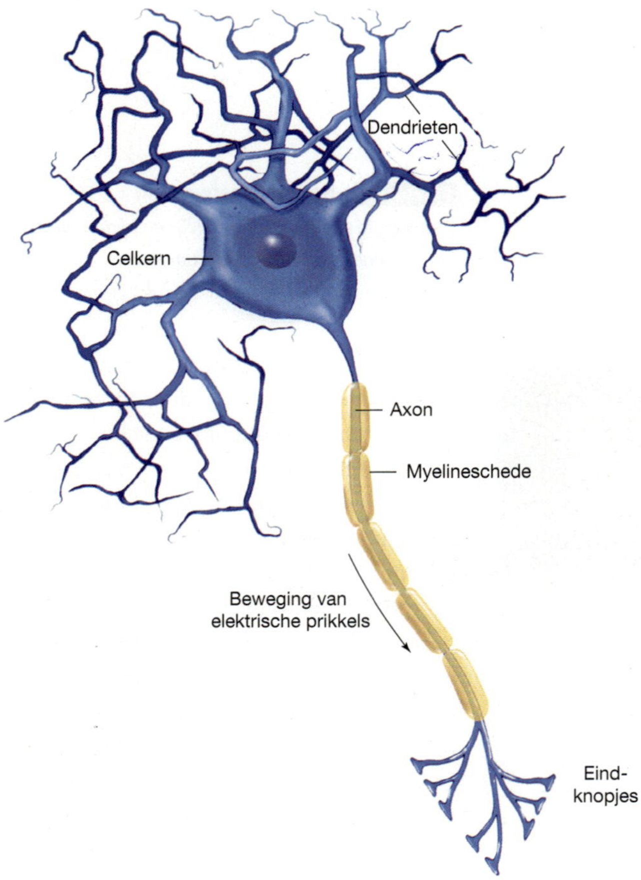

FIGUUR 5-3 **Het neuron**

Het basiselement van het zenuwstelsel, het neuron, bestaat uit een aantal componenten.

Bron: Van de Graaf, 2000, p. 339

Bij de geboorte hebben de meeste neuronen in de hersenen van een baby relatief weinig verbindingen met andere neuronen. Maar in de eerste twee jaar van zijn leven zullen de babyhersenen miljarden nieuwe verbindingen tussen neuronen tot stand brengen. Bovendien wordt het netwerk van neuronen steeds complexer (zie figuur 5-4). De complexiteit van de neuronenverbindingen blijft het hele leven toenemen. Tegen de tijd dat iemand volwassen is, zal één enkel neuron waarschijnlijk minimaal vijfduizend verbindingen hebben met andere neuronen of lichaamsdelen.

Baby's worden geboren met meer neuronen dan ze eigenlijk nodig hebben. Daarnaast ontstaan er ons hele leven lang nieuwe synapsen als gevolg van onze veranderende ervaringen. Wat gebeurt er met de extra neuronen en synaptische verbindingen?

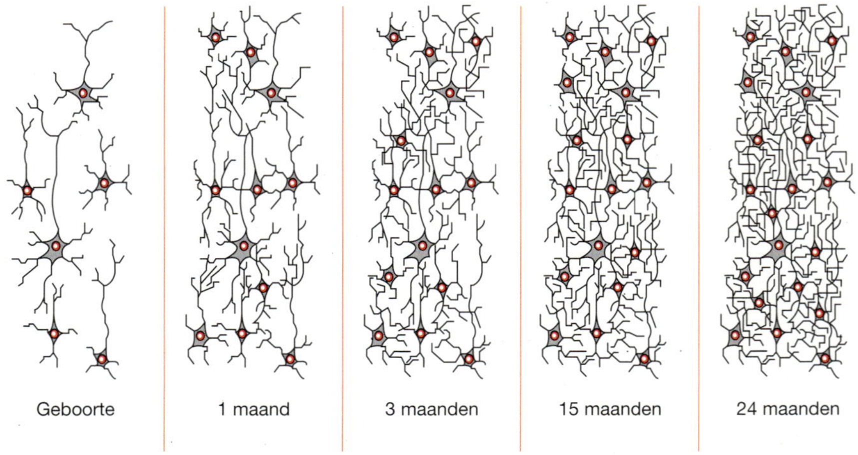

FIGUUR 5-4 **Neuronennetwerken**

In de eerste twee levensjaren leggen neuronen steeds meer verbindingen met elkaar en wordt het neuronennetwerk steeds complexer.

Bron: Conel, 1930/1963

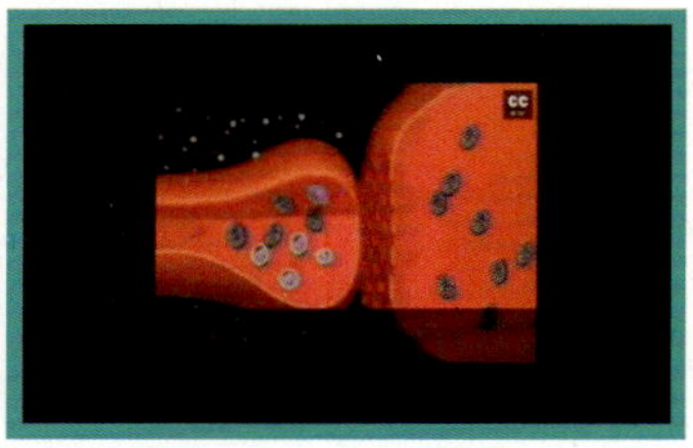

Zie MyLab voor de video: De ontwikkeling van synapsen

Myeline: een vettige substantie die de neuronen beschermt en de overdracht van zenuwsignalen versnelt.

Hersenschors: de bovenste laag van de hersenen.

De veranderingen die de hersenen na de geboorte doormaken, zijn te vergelijken met een fruitboom die door een boer van overbodige takken wordt ontdaan om de vitaliteit van de boom te bevorderen. Ook de uiteindelijke capaciteiten van de hersenen worden gedeeltelijk bepaald door het 'snoeien' van overbodige neuronen. Neuronen die geen verbindingen vormen met andere neuronen terwijl het kind steeds meer ervaringen opdoet, worden overbodig. Uiteindelijk sterven ze af, waardoor het zenuwstelsel efficiënter wordt. Als overbodige neuronen verdwijnen, worden de verbindingen tussen de overgebleven neuronen uitgebreid of verwijderd. Als de ervaringen van de baby bepaalde zenuwverbindingen niet stimuleren, worden deze, net als ongebruikte neuronen, geëlimineerd. Dit wordt het *snoeien van synapsen* genoemd. Het resultaat is dat geactiveerde neuronen uitgebreidere communicatienetwerken kunnen vormen met andere neuronen. In tegenstelling tot de meeste andere aspecten van groei verloopt de ontwikkeling van het zenuwstelsel het meest effectief doordat er ook cellen verloren gaan (Iglesias et al., 2005; Johnson, 1998; Mimura, Kimoto & Okada, 2003; Schafer & Stevens, 2013).

Na de geboorte blijft de omvang van de neuronen toenemen. Ze krijgen steeds meer dendrieten en hun axonen worden bedekt met **myeline**, een vettige substantie die, net als de isolatie om een elektriciteitsdraad, bescherming biedt en de overdracht van zenuwsignalen versnelt. Dus hoewel er veel neuronen verloren gaan, zorgen de groei en de toenemende complexiteit van de resterende neuronen ervoor dat de hersenen een indrukwekkende groei doormaken. Tijdens de eerste twee levensjaren verdrievoudigt hun gewicht. Als een kind twee jaar is, hebben de hersenen meer dan drie kwart van het gewicht en de omvang van volwassen hersenen bereikt.

Tijdens het groeien zijn de neuronen van een baby ook in beweging: ze groeperen zich naar functie. Sommige neuronen verplaatsen zich naar de **hersenschors**, de bovenste laag van de hersenen, terwijl andere op subcorticale niveaus, onder de hersenschors, terechtkomen. De subcorticale niveaus, die verantwoordelijk zijn voor basale activiteiten als ademhaling en hartslag,

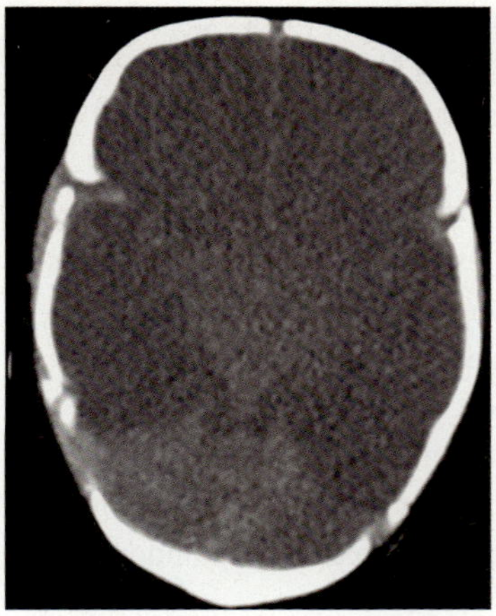

Deze CAT-scan toont ernstig hersenletsel bij een baby die vermoedelijk opzettelijk door zijn verzorger geschud is.

Bron: Matlung, Bilo, Kuba & Van Rijn, 2011

zijn tijdens de geboorte het meest ontwikkeld. Na verloop van tijd gaan ook de cellen in de hersenschors, die verantwoordelijk zijn voor hogere processen als denken en redeneren, zich verder ontwikkelen en onderlinge verbindingen vormen. Zo maken de synapsen en myelinisering na drie à vier maanden een groeispurt door in het gebied van de hersenschors dat betrokken is bij auditieve en visuele vaardigheden (gebieden die de *auditieve hersenschors* en de *visuele hersenschors* worden genoemd). Deze groei correspondeert met de snelle toename in auditieve en visuele vaardigheden. Ook de gebieden van de hersenschors die verband houden met lichamelijke beweging groeien snel, waardoor de motorische vaardigheden verbeteren.

Hoewel de hersenen worden beschermd door de botten van de schedel, zijn ze hoogst gevoelig voor bepaalde typen letsel. Zeer ernstig letsel zien we terug bij baby's die lijden aan het *shakenbabysyndroom*. Dit syndroom kan zich voordoen als een baby hardhandig door elkaar wordt geschud door een verzorger, doorgaans uit onmacht, frustratie of woede over het onophoudelijke huilen van de baby. Wanneer de baby zodanig geschud wordt dat het hoofdje heen en weer beweegt, kan het schudden beschadigingen van hersenen, bloedvaten en zenuwen veroorzaken. De bloedvaten van het netvlies kunnen bloeden. De resultaten van deze vorm van kindermishandeling kunnen verwoestend zijn en ernstige medische problemen tot gevolg hebben, zoals blindheid, gehoorverlies en spraakstoornissen. Sommige kinderen ervaren leerproblemen en gedragsstoornissen. In de ernstigste gevallen heeft het schudden een dodelijke afloop. Schattingen voor Nederland variëren van dertig tot tachtig gevallen per jaar. Drie à vier kinderen overlijden jaarlijks in Nederland ten gevolge van het syndroom (Kenniscentrum Kraamzorg, 2015).

Omgevingsinvloeden op de ontwikkeling van de hersenen

Plasticiteit: de mate waarin zich ontwikkelende structuren of gedragspatronen te veranderen zijn als gevolg van ervaringen.

De ontwikkeling van de hersenen, die zich voor een groot deel automatisch voltrekt als gevolg van genetisch bepaalde patronen, is ook zeer gevoelig voor omgevingsinvloeden. De **plasticiteit**, de mate waarin zich ontwikkelende structuren of gedragspatronen te veranderen zijn als gevolg van ervaringen, is een belangrijk kenmerk hiervan. Tijdens de eerste paar levensjaren is de plasticiteit van de hersenen het grootst. Omdat zo veel gebieden van de hersenen nog niet voor specifieke taken ontwikkeld zijn, kan indien nodig de taak van een gekwetst gebied door andere gebieden worden overgenomen. Als gevolg hiervan hebben baby's met hersenletsel meestal minder schade en herstellen ze vollediger dan volwassenen met gelijksoortige typen hersenletsel. Vanzelfsprekend biedt de plasticiteit van de hersenen geen volledige bescherming tegen ernstig letsel, zoals letsel voortvloeiend uit het net genoemde shakenbabysyndroom (Mercado, 2009; Stiles, 2012; Vanlierde, Renier & DeVolder, 2008).

De zintuiglijke ervaringen van een kind zijn van invloed op zowel de omvang van individuele neuronen als de structuur van hun onderlinge verbindingen. Daardoor zijn de hersenstructuur en het gewicht van de hersenen van kinderen die zijn opgegroeid in een prikkelarme omgeving anders dan die van kinderen die in een stimulerender omgeving zijn grootgebracht (Cirulli, Berry & Alleva, 2003; Couperus & Nelson, 2006; Glaser, 2012).

Met name onderzoek met dieren heeft veel kennis opgeleverd over de plasticiteit van onze hersenen. In sommige onderzoeken werden ratten die werden grootgebracht in een ongebruikelijk visueel stimulerende omgeving, vergeleken met ratten die in normalere, minder interessante kooien werden grootgebracht. Uit de resultaten van zulke onderzoeken blijkt dat de gebieden van de hersenen die geassocieerd worden met het gezichtsveld, dikker en zwaarder zijn bij ratten die in een stimulerender omgeving opgroeiden (Axelson et al., 2013; Black & Greenough, 1986; Cynader, 2000; De Groot, Wolff & Nomikos, 2005).

Op dezelfde manier kunnen omgevingen die absoluut niet stimulerend of op een of andere manier beperkt zijn, de ontwikkeling van de hersenen belemmeren. Ook wat dat betreft heeft dieronderzoek intrigerende informatie opgeleverd. In één onderzoek kregen jonge katjes een bril op die hun gezichtsveld beperkte, waardoor ze alleen maar verticale lijnen konden zien (Hirsch & Spinelli, 1970). Toen de katjes groter werden en hun bril werd afgezet, konden ze geen horizontale lijnen onderscheiden, terwijl ze verticale lijnen perfect zagen. Andersom waren katten die als kitten een bril hadden gedragen waarmee ze geen verticale lijnen konden zien, in hun volwassen leven blind voor verticale lijnen, terwijl ze horizontale lijnen wél goed konden onderscheiden.

Gevoelige periode: een afgebakende periode, meestal vroeg in het leven van een organisme, waarin dat organisme extra gevoelig is voor omgevingsinvloeden die betrekking hebben op een bepaald facet van de ontwikkeling.

Als oudere katten die als kitten een relatief normaal leven hadden geleid zo'n bril op kregen, traden deze resultaten niet op als de bril weer werd verwijderd. Blijkbaar bestaat er een gevoelige periode voor de ontwikkeling van het gezichtsveld. Zoals we al opmerkten in hoofdstuk 1 is een **gevoelige periode** een specifieke, afgebakende tijd, meestal vroeg in het leven van een organisme, waarin dat organisme het meest gevoelig is voor omgevingsinvloeden die betrekking hebben op een specifiek facet van de ontwikkeling. Een gevoelige periode kan verband houden met de ontwikkeling van specifieke delen van de zintuigen, zoals de vorming van een volledig functionerend gezichtsveld, of met de ontwikkeling van een structuur van het lichaam, zoals de vorming van de hersenen (Uylings, 2006).

Het bestaan van gevoelige perioden roept verschillende belangrijke vragen op. Ten eerste impliceert het dat een kind permanente schade kan oplopen of blijvend kan stagneren in de ontwikkeling van bepaalde capaciteiten als het niet wordt blootgesteld aan bepaalde omgevingsstimulansen. Als dat waar is, zal het heel moeilijk zijn om zulke kinderen later nog met succes bij te sturen (Gottlieb & Blair, 2004; Zeanah, 2009). De tegenovergestelde vraag rijst ook: leidt een ongewoon hoog stimulatieniveau tijdens gevoelige perioden tot een betere ontwikkeling dan een normaal stimulatieniveau? Op zulke vragen bestaan geen eenvoudige antwoorden. Ontwikkelingsonderzoekers die proberen de kansen voor kinderen te optimaliseren, houden zich intensief bezig met de vraag hoe ongewoon prikkelarme of prikkelrijke omgevingen de latere ontwikkeling van kinderen beïnvloeden. Intussen bestaan er volgens veel ontwikkelingspsychologen allerlei eenvoudige manieren waarop ouders en verzorgers een stimulerende omgeving voor hun kinderen kunnen creëren die zorgt voor een gezonde groei van de hersenen. Knuffelen, praten, zingen en spelen zijn allemaal activiteiten die de omgeving van een baby verrijken. Daarnaast is het vasthouden van kinderen en voorlezen belangrijk, omdat het tegelijkertijd meerdere zintuigen aanspreekt, zoals zicht, gehoor en aanraking (Garlick, 2003; Lafuente et al., 1997).

5.1.3 Integratie van de lichaamssystemen: de cycli van de babytijd

In de eerste dagen van het leven van een baby wordt zijn gedrag bepaald door het ritme van zijn lichaampje: eten, slapen, plassen en poepen. Deze basale activiteiten worden aangestuurd door verschillende lichaamssystemen. Hoewel elke afzonderlijke activiteit waarschijnlijk effectief functioneert, kost het baby's enige tijd en moeite om de individuele systemen te integreren. Sterker nog, een van de belangrijkste missies van de pasgeborene is het aanbrengen van harmonie in zijn afzonderlijke gedragspatronen, wat hem bijvoorbeeld kan helpen om een nacht door te slapen (Ingersoll & Thoman, 1999; Waterhouse & DeCoursey, 2004).

Ritmen en stadia

Ritmen: zich herhalende, cyclische gedragspatronen.

De harmonie tussen de verschillende activiteiten van een baby komt met name tot stand door de ontwikkeling van verschillende lichaamsritmen: zich herhalende, cyclische gedragspatronen. Sommige **ritmen** zijn direct zichtbaar, zoals de overgang van waken naar slapen. Andere zijn subtieler maar nog steeds gemakkelijk op te merken, zoals ademhalings- en zuigpatronen. Weer andere ritmen zijn alleen op te merken na zorgvuldige observatie. Pasgeboren baby's kennen bijvoorbeeld perioden waarin ze ongeveer om de minuut een schokkerige beweging met hun benen maken. Sommige van deze ritmen manifesteren zich al direct na de geboorte, andere ontwikkelen zich langzaam maar zeker in het eerste jaar naarmate het zenuwstelsel verder geïntegreerd raakt (Groome et al., 1997; Thelen & Bates, 2003).

Gedragstoestand: de mate van bewustzijn van een baby tijdens innerlijke en externe stimulatie.

Een van de belangrijkste lichaamsritmen is dat van de **gedragstoestand** van een baby: zijn mate van bewustzijn tijdens zowel innerlijke als externe stimulatie. Het gaat hier onder andere om verschillende stadia van waken, zoals alertheid, agitatie en huilen, en om verschillende stadia van slapen. Een verandering in een gedragstoestand zorgt ervoor dat de mate van stimulatie die nodig is om de aandacht van het kind te trekken ook verandert (Anzman-Frasca et al., 2013b; Balaban, Snidman & Kagan, 1997; Diambra & Menna-Barretio, 2004).

Baby's doorlopen cycli van verschillende gedragstoestanden, zoals huilen en alert zijn. Deze gedragstoestanden zijn geïntegreerd in hun lichaamsritmen.

Bron: (links) Qingqing/Shutterstock; (rechts) Intellistudies/Fotolia

Slaap

Het begin van zijn leven brengt een baby vooral slapend door, tot grote opluchting van de uitgeputte ouders, die slaap vaak beschouwen als een welkome onderbreking van hun zorgtaken. Gemiddeld slaapt een pasgeboren baby zestien tot zeventien uur per dag. Er zijn echter grote verschillen mogelijk. Sommige baby's slapen meer dan twintig uur, terwijl andere slechts tien uur per dag slapen (Buysse, 2005; De Graag et al., 2012; Murray, 2011; Tikotzky & Sadeh, 2009).

Baby's slapen wel veel, maar je zou waarschijnlijk niet graag als een baby slapen. Ze slapen namelijk met horten en stoten. Hun slaap duurt niet één lange periode, maar voltrekt zich aanvankelijk in spurts van ongeveer twee uur, gevolgd door perioden van wakker zijn. Dat heeft tot gevolg dat baby's een ander ritme hebben dan de rest van de wereld, die 's nachts slaapt en overdag wakker is (Burnham, Goodlin-Jones & Gaylor, 2002; Groome et al., 1997). De meeste baby's slapen gedurende een aantal maanden niet de hele nacht door. De slaap van de ouders wordt verstoord, soms een aantal keer per nacht, doordat de baby huilt om eten en fysiek contact.

Gelukkig voor hun ouders krijgen baby's langzaam maar zeker een patroon dat meer lijkt op dat van volwassenen. Na een week slapen ze 's nachts iets meer en zijn ze overdag gedurende iets langere perioden wakker. Als ze zestien weken zijn, slapen ze 's nachts meestal een uur of zes door en doen ze overdag regelmatig kleine dutjes. De meeste baby's slapen aan het eind van het eerste jaar de hele nacht door en hebben in totaal nog ongeveer vijftien uur slaap per dag nodig (Mao, 2004; Sankupellay et al., 2011; Thoman & Whitney, 1989).

Achter de ogenschijnlijk rustige slaap van baby's schuilt een cyclisch patroon. In de perioden dat ze slapen, neemt hun hartslag toe, wordt hun hartslag ook onregelmatig, stijgt hun bloeddruk en versnelt hun ademhaling (Montgomery-Downs & Thoman, 1998). Soms bewegen de pupillen zich van links naar rechts, alsof ze naar een tenniswedstrijd kijken. Deze periode van actieve slaap lijkt sterk op (maar is niet identiek aan) de **rapid eye movement (REM)-slaap** die oudere kinderen en volwassenen doormaken en die geassocieerd wordt met dromen.

Rapid eye movement (REM)-slaap: de periode tijdens de slaap van oudere kinderen en volwassenen die geassocieerd wordt met dromen.

Baby's slapen in spurts, waardoor hun ritme vaak uit de pas loopt met dat van de rest van de wereld.

Bron: E. Lahlah

Aanvankelijk vormt deze REM-achtige slaap ongeveer de helft van de slaaptijd van een baby, terwijl dat bij een volwassene slechts twintig procent is (zie figuur 5-5). Het percentage actieve slaap neemt snel af en bedraagt bij zes maanden nog slechts een derde van de totale slaaptijd (Burnham et al., 2002; Coons & Guilleminault, 1982; Staunton, 2005). De manifestatie van actieve, REM-achtige slaapperioden roept de intrigerende vraag op of kinderen in die perioden ook dromen. Niemand kent het antwoord, hoewel het onwaarschijnlijk lijkt. Ten eerste hebben jonge baby's nog niet veel om over te dromen, gezien hun relatief beperkte ervaringswereld. Bovendien lijken de hersengolven van slapende kinderen kwalitatief anders dan die van dromende volwassenen. Pas als de baby drie of vier maanden oud is, gaan de golfpatronen meer lijken op die van dromende volwassenen. Dat zou betekenen dat jonge baby's tijdens hun actieve slaap niet dromen, althans niet op dezelfde manier als volwassenen (McCall, 1979; Parmelee & Sigman, 1983; Zampi, Fagioli & Salzarulo, 2002).

Wat is dan de functie van de REM-slaap bij baby's? Hoewel we het niet zeker weten, denken sommige onderzoekers dat het een manier is voor de hersenen om zichzelf te stimuleren, een proces dat *autostimulatie* heet (Roffwarg, Muzio & Dement, 1966). Stimulatie van het zenuwstelsel zou met name belangrijk zijn bij baby's, aangezien ze het grootste deel van de tijd slapen en relatief weinig momenten in een alerte toestand verkeren.

Hoewel de patronen van baby's tijdens hun waak-slaapcycli voor het grootste deel bepaald zijn door genetische factoren, kunnen ook omgevingsinvloeden een rol spelen. Zowel korte- als langetermijnstressoren in de omgeving van baby's kunnen invloed hebben op hun slaappatroon. Als omgevingsinvloeden baby's wakker houden, zal de slaap, als hij uiteindelijk intreedt, minder actief (en dus rustiger) zijn dan normaal (Galland et al., 2012; Goodlin-Jones, Burnham & Anders, 2000; Halpern, MacLean & Baumeister, 1995).

Zie MyLab voor de video: Slaapregelingen

Ook culturele gewoonten hebben invloed op de slaappatronen van kinderen. Baby's van de Afrikaanse Kipsigis-stam slapen bijvoorbeeld 's nachts bij hun moeder en mogen dan aan de borst drinken wanneer ze maar willen. Overdag vergezellen zij hun moeder bij haar dagelijkse werkzaamheden en slapen ze vaak op haar rug. Daardoor slapen Kipsigis-baby's 's nachts pas veel later door dan baby's in westerse samenlevingen. De eerste acht maanden van hun leven slapen ze zelden langer dan drie uur achter elkaar, terwijl acht maanden oude baby's in westerse samenlevingen vaak wel acht uur achtereen slapen (Anders & Taylor, 1994; Gerard, Harris & Thach, 2002; Super & Harkness, 1982).

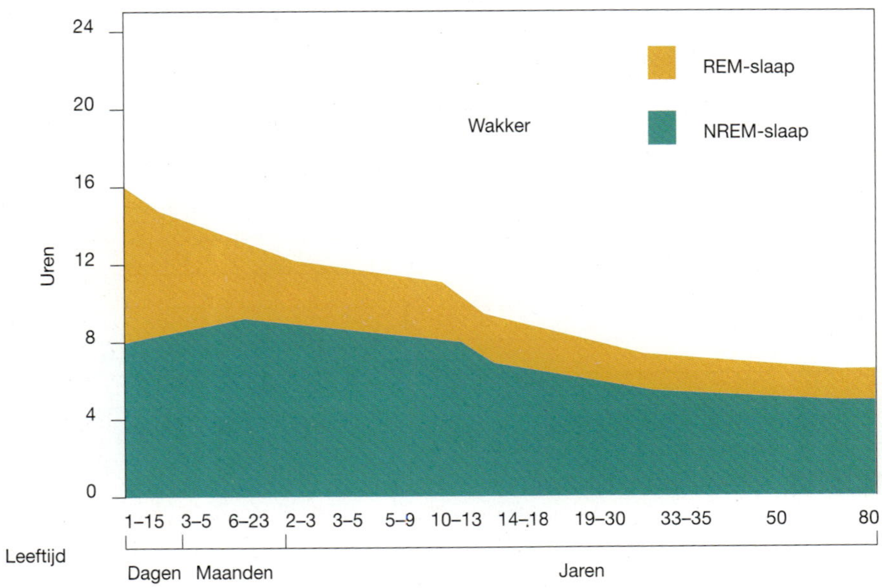

FIGUUR 5-5 **REM-slaap in een mensenleven**

Naarmate we ouder worden, neemt het percentage REM-slaap toe en het percentage non-REM-slaap of NREM-slaap af. Bovendien neemt ook de totale hoeveelheid slaap af.

Bron: naar Roffwarg, Muzio & Dement, 1966

Wiegendood: de onverwachte moordenaar

Bij een heel klein percentage baby's, een op de duizend, wordt het slaapritme onderbroken door een dodelijke aandoening: wiegendood. **Wiegendood** is een syndroom waarbij ogenschijnlijk gezonde kinderen in hun slaap sterven. Een baby die in bed is gelegd voor een dutje of voor de nacht, wordt nooit meer wakker.

Hoewel wiegendood lijkt op te treden wanneer het normale ademhalingspatroon tijdens de slaap wordt onderbroken, zijn wetenschappers er tot nu toe niet in geslaagd om daar een verklaring voor te vinden. De baby's stikken niet; ze sterven een rustige dood doordat ze ophouden met ademhalen.

Er is nog geen manier gevonden om wiegendood te voorkomen. Sinds ouders beter op de hoogte zijn van de algemene richtlijnen van kinderartsen, die aanraden baby's op hun rug te laten slapen en niet op hun buik of op hun zij, is het aantal gevallen van wiegendood aanzienlijk afgenomen (zie figuur 5-6). Daarnaast wordt ouders aangeraden hun baby een speen te geven tijdens een dutje of het slapen (Landelijke Richtlijn Preventie Wiegendood, 2011). Kind en Gezin (z.d.) geeft de volgende aanbevelingen voor alle begeleiders van baby's: leg een baby altijd op zijn rug te slapen, rook niet in de omgeving van een baby, blijf in de buurt en houd toezicht, let erop dat het kind het niet te warm krijgt, kies een veilig kinderbed en veilig bedmateriaal, geef geen geneesmiddelen zonder advies van een arts of apotheker, zorg voor rust en regelmaat.

Toch is wiegendood nog steeds een belangrijke doodsoorzaak van kinderen jonger dan één jaar (Blair et al., 2006; Daley, 2004; Eastman, 2003). In Vlaanderen waren er in 2011 nog veertien gevallen van wiegendood (Kind en Gezin, 2011).

Bepaalde factoren worden in verband gebracht met een verhoogd risico op wiegendood. Zo lijken jongens een groter risico te lopen. Daarnaast vertonen een laag geboortegewicht en lagere Apgar-scores bij de geboorte een samenhang met wiegendood, evenals een moeder die tijdens de zwangerschap heeft gerookt. Er zijn ook aanwijzingen dat wiegendood veroorzaakt kan worden door een hersenafwijking die invloed heeft op de ademhaling. Kinderen die tot een etnische minderheid behoren of uit gezinnen komen met ongunstige sociale omstandigheden lijken eveneens een groter risico op wiegendood te hebben (Achterberg & Kramers, 2001). In een klein aantal gevallen kan kindermishandeling de eigenlijke oorzaak zijn. Volgens sommige onderzoekers is dit zelfs relatief vaak het geval. Toch is er nog geen duidelijke verklaring gevonden voor dit syndroom. Er zijn allerlei hypothesen geformuleerd over de oorzaak van wiegendood, zoals niet-vastgestelde slaapstoornissen en ziekten, verstikking, voedingstekorten en problemen met reflexen, maar de eigenlijke oorzaak blijft een raadsel (Kinney & Thach, 2009; Lipsitt, 2003; Machaalani & Waters, 2008; Mitchell, 2009).

Wiegendood is een vreselijke ervaring, vooral omdat het zo plotseling optreedt. Ouders voelen zich vaak schuldig, omdat ze bang zijn dat ze niet goed genoeg voor het kind hebben gezorgd of op een of andere manier hebben bijgedragen aan zijn dood (Krueger, 2006).

Wiegendood: de onverklaarbare dood van een ogenschijnlijk gezonde baby.

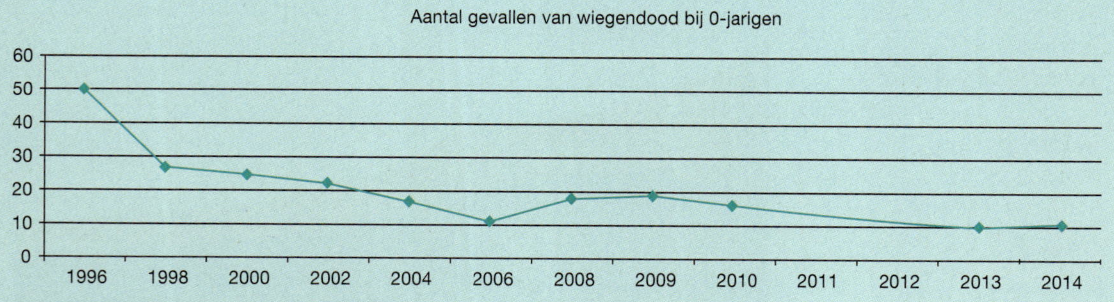

FIGUUR 5-6 Afname van wiegendood

Het aantal gevallen van wiegendood is de laatste jaren aanzienlijk afgenomen. Ouders zijn beter ingelicht en leggen baby's op hun rug in plaats van op hun buik.

Bron: CBS

5.2 De fysieke ontwikkeling

De vorm en de verhoudingen van pasgeboren baby's lenen zich niet voor soepele bewegingen. Hun hoofd is zo groot en zwaar dat jonge baby's niet de kracht hebben om het op te tillen. Omdat hun ledematen kort zijn in verhouding tot de rest van hun lichaam, worden hun bewegingen nog verder beperkt. Bovendien bestaat hun lichaam voornamelijk uit vet, met een beperkte spiermassa. Dit heeft als resultaat dat ze weinig kracht bezitten.

Gelukkig beginnen baby's al snel een opmerkelijke mate van mobiliteit te ontwikkelen. Sterker nog, al bij hun geboorte bezitten ze een uitgebreid repertoire aan vaardigheden die mogelijk worden gemaakt door aangeboren reflexen, en dat repertoire groeit snel tijdens de eerste twee jaar van hun leven.

5.2.1 Reflexen: onze aangeboren fysieke vaardigheden

Reflex: niet-aangeleerde, gestructureerde, onvrijwillige respons die automatisch optreedt in de aanwezigheid van bepaalde stimuli.

Als de vader van de drie dagen oude Alexandra met zijn vinger op haar handpalm drukt, reageert ze door haar kleine handje om zijn vinger te sluiten en erin te knijpen. Als hij zijn vinger optilt, houdt ze die zo stevig vast dat het lijkt of hij haar zo uit haar wiegje zou kunnen tillen.

De fundamentele reflexen

Haar vader heeft gelijk: waarschijnlijk kan hij Alexandra op deze manier optillen. Haar stevige greep is het gevolg van de activering van een van de tientallen reflexen waarmee baby's worden geboren. **Reflexen** zijn niet-aangeleerde, gestructureerde, onvrijwillige responsen die automatisch optreden in de aanwezigheid van bepaalde stimuli. Zoals we al opmerkten in hoofdstuk 4, waar we het hadden over reflexen die te maken hebben met het innemen van voedsel, betreden pasgeboren baby's de wereld met een uitgebreid repertoire aan gedragspatronen die hen beschermen en hen helpen zich aan hun nieuwe omgeving aan te passen.

Zoals we kunnen opmaken uit tabel 5-2 dienen reflexen vaak om te overleven en het welzijn van het kind te verzekeren. De zwemreflex zorgt er bijvoorbeeld voor dat een baby die met zijn gezicht in het water ligt met zijn armen en benen een soort zwembewegingen maakt. Zulk gedrag helpt de baby weg te komen van gevaar en te overleven totdat een verzorger hem kan komen redden. De knipper- of ooglidreflex lijkt bedoeld om het oog te beschermen tegen te veel direct licht, wat het netvlies zou kunnen beschadigen.

Gezien de beschermende functie van veel reflexen lijkt het nuttig als we ze ons hele leven lang konden houden. Bij sommige reflexen is dat ook het geval: de knipperreflex blijft het hele leven functioneel. Aan de andere kant zijn er behoorlijk wat reflexen, zoals de zwemreflex, die na een paar maanden verdwijnen. Hieruit volgt de vraag waarom bepaalde reflexen verdwijnen en andere niet.

Onderzoekers die zich richten op de evolutionaire verklaringen voor ontwikkeling schrijven het geleidelijk verdwijnen van reflexen toe aan het feit dat baby's steeds meer controle krijgen over hun gedrag. Ze zijn beter in staat om hun spieren te beheersen. Bovendien vormen reflexen wellicht de basis voor toekomstige, complexere gedragspatronen. Als deze complexere gedragspatronen eenmaal goed zijn aangeleerd, vervangen ze de eerdere reflexen (Lipsitt, 2003; Myklebust & Gottlieb, 1993).

Het kan zelfs zo zijn dat het gebruik van reflexen delen van de hersenen stimuleert die verantwoordelijk zijn voor complexere gedragspatronen. Volgens

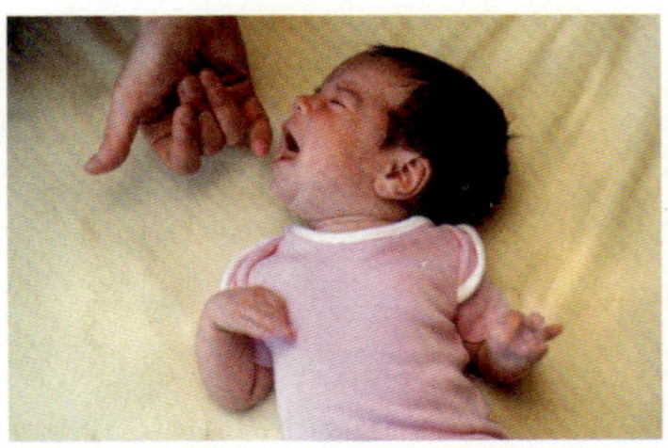

Foto A. Bron: Elizabeth Crews/The Image Work

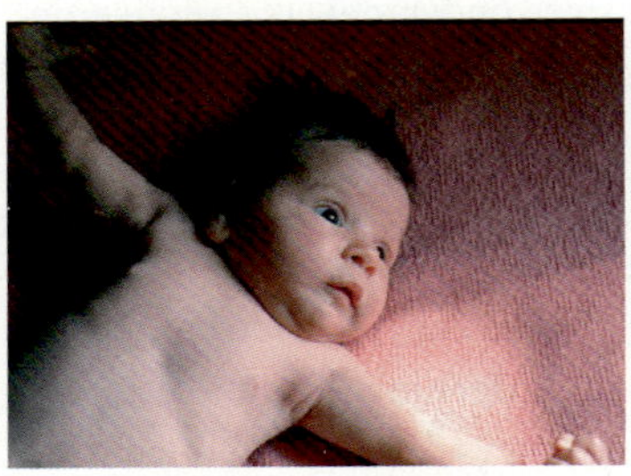

Foto B. Bron: L.J. Weinstein; Woodfin Camp & Associates, Inc.

Foto C. Bron: Michaela Begsteiger/Getty Images

Baby's tonen de zoek- en grijpreflex (A), de schrikreflex (B) en de zwemreflex (C).

TABEL 5-2 **Fundamentele reflexen bij baby's**

REFLEX	LEEFTIJD VAN VERDWIJNEN	OMSCHRIJVING	MOGELIJKE FUNCTIE
Zoekreflex	3 weken	Neiging om het hoofd in de richting te draaien van dingen die de wang raken.	Inname van voedsel
Stapreflex	2 maanden	Beweging van de benen wanneer de baby rechtop wordt gehouden en zijn voeten de grond raken.	Voorbereiding op onafhankelijk voortbewegen
Zwemreflex	4-6 maanden	Neiging om zwembewegingen te maken met de armen en de benen als de baby met zijn gezicht naar beneden in water ligt.	Vermijding van gevaar
Moro-reflex	6 maanden	Wordt geactiveerd als de ondersteuning voor de nek en het hoofd plotseling verdwijnt. De armen spreiden zich en lijken zich vervolgens ergens aan vast te willen klampen.	Bescherming tegen vallen
Babinski-reflex	8-12 maanden	Spreiden van de tenen in reactie op een aanraking van de buitenkant van de voet.	Onbekend
Schrikreflex	Blijft in andere vorm	In reactie op een plotseling geluid worden de armen en vingers gespreid en de rug overstrekt.	Bescherming
Knipper-reflex	Blijft	Snel sluiten en openen van de ogen bij blootstelling aan direct licht.	Bescherming van het netvlies
Zuigreflex	Blijft	Neiging om te zuigen aan dingen die de lippen raken.	Inname van voedsel
Kokhalsreflex	Blijft	De keel vrijmaken.	Voorkomen van stikken

sommige onderzoekers helpt het oefenen van de stapreflex de hersenschors later het loopvermogen te ontwikkelen. Als bewijs hiervoor voerden ontwikkelingspsycholoog Philip R. Zelazo en zijn collega's een onderzoek uit waarin ze zes weken lang in vier sessies van elk drie minuten loopoefeningen deden met twee weken oude baby's. De resultaten wezen uit dat de kinderen die de loopoefeningen hadden gedaan enkele maanden eerder gingen lopen dan degenen die de oefeningen niet hadden gedaan. Volgens deze onderzoekers stimuleerde de training de stapreflex, die op zijn beurt leidde tot stimulatie van de hersenschors, waardoor de baby eerder in staat was om zich zelfstandig voort te bewegen (Zelazo et al., 1993; Zelazo, 1998).

Kunnen we uit deze bevindingen concluderen dat ouders veel meer moeite moeten doen om de reflexen van hun baby's te stimuleren? Nee. Hoewel bewezen is dat intensieve oefening kan leiden tot eerdere manifestatie van bepaalde motorische activiteiten, bestaat er geen bewijs dat de kinderen die geoefend hebben de activiteiten kwalitatief beter uitvoeren dan de kinderen die niet geoefend hebben. En wanneer er aanvankelijk wél betere resultaten worden gevonden, lijken die in de volwassenheid niet te leiden tot een grotere behendigheid.

Sterker nog, oefeningen kunnen soms zelfs meer kwaad dan goed doen. Volgens de American Academy of Pediatrics kan gestructureerd oefenen bij baby's leiden tot overbelasting van de spieren, gebroken botten en ontwrichte ledematen, consequenties die absoluut niet opwegen tegen de onbewezen voordelen die oefening met zich mee zou kunnen brengen (National Association for Sport and Physical Education, 2006).

Etnische en culturele variaties en overeenkomsten bij reflexen

Hoewel reflexen per definitie genetisch bepaald en bij alle kinderen aanwezig zijn, bestaan er culturele variaties in de manier waarop ze zich manifesteren.

Neem bijvoorbeeld de Moro-reflex, die geactiveerd wordt als de ondersteuning voor de nek en het hoofd plotseling verdwijnt. De baby spreidt direct zijn armen uit en lijkt zich vervolgens ergens aan vast te willen klampen. De meeste wetenschappers denken dat de mens de Moro-reflex geërfd heeft van zijn niet-menselijke voorouders. De Moro-reflex is extreem nuttig voor apenbaby's, die op de rug van hun moeder hangen. Wanneer ze hun houvast verliezen, vallen ze niet naar beneden als ze zich in een soort Moro-reflex snel weten vast te grijpen aan de vacht van hun moeder (Zafeiriou, 2004).

Hoewel alle baby's de Moro-reflex bezitten, lijkt hij bij verschillende kinderen in verschillende gradaties aanwezig te zijn. Sommige verschillen zijn terug te voeren op culturele en etnische variaties. Blanke baby's vertonen bijvoorbeeld een zeer uitgesproken reactie op situaties die de Moro-reflex oproepen. Ze spreiden niet alleen hun armen uit, ze schreeuwen ook en reageren op een geagiteerde manier. Navajo-baby's reageren veel kalmer op dezelfde situatie. Ze spreiden hun armen niet zo dramatisch en schreeuwen zelden.

Soms zijn reflexen nuttige diagnostische instrumenten voor kinderartsen. Omdat reflexen op vaste tijdstippen verschijnen en verdwijnen, kan hun aan- of afwezigheid op een bepaald moment in de babytijd erop wijzen dat er iets mis is met de ontwikkeling van een kind. (Zelfs bij volwassenen gebruiken artsen reflexen als diagnostisch hulpmiddel. Dat weet iedereen die weleens met een rubber hamer op zijn knie is getikt om te zien of zijn onderbeen naar voren schiet.)

Hoewel sommige reflexen waarschijnlijk overblijfselen zijn van ons premenselijke verleden en ogenschijnlijk weinig nut meer hebben om ons te helpen overleven, hebben ze wellicht toch nog een eigentijdse functie. Volgens sommige ontwikkelingsonderzoekers kunnen bepaalde reflexen volwassenen in de buurt van het kind ertoe stimuleren het te verzorgen en te voeden. Alexandra's vader bijvoorbeeld, die merkt dat zijn dochter zijn vinger stevig vastgrijpt als hij ermee op haar handpalm drukt, kan het waarschijnlijk weinig schelen dat ze alleen maar reageert met een aangeboren reflex. Hij zal de actie van zijn dochter eerder opvatten als een reactie op hem, als een signaal wellicht van toegenomen interesse en affectie van haar kant. Zoals we zullen zien in hoofdstuk 7, waarin we de sociale ontwikkeling en de persoonlijkheidsontwikkeling van baby's behandelen, kunnen zulke ogenschijnlijke responsen de groeiende sociale relatie tussen een baby en zijn verzorgers intensiveren.

5.2.2 Motorische ontwikkeling bij baby's: fysieke mijlpalen

Er bestaan waarschijnlijk geen duidelijkere fysieke veranderingen dan het groeiende scala aan motorische vaardigheden dat baby's de eerste twee jaar van hun leven aanleren. Dit zijn waarschijnlijk ook de veranderingen waarop met de meeste smart wordt gewacht. De meeste ouders kunnen zich de eerste stapjes van hun kind nog levendig voor de geest halen: ze gingen waarschijnlijk gepaard met gevoelens van trots en verwondering over hoe snel hun kind veranderd was van een hulpeloze baby, niet eens in staat om zich om te rollen, in een persoontje dat zich vrij effectief in de wereld wist voort te bewegen.

Grove motoriek

De motorische vaardigheden van pasgeboren baby's zijn niet vreselijk complex in vergelijking met de prestaties die ze niet veel later zullen verrichten. Toch zijn baby's tot bepaalde soorten bewegingen in staat. Als ze bijvoorbeeld op hun buik worden gelegd, kronkelen ze met hun armen en benen en proberen ze waarschijnlijk hun zware hoofd op te tillen. Wanneer hun krachten toenemen, kunnen ze zich hard genoeg afzetten tegen het oppervlak waarop ze liggen om hun lichaam in verschillende richtingen te bewegen. Vaak schuiven ze naar achteren in plaats van naar voren en als ze een maand of zes zijn, worden ze behendiger en kunnen ze zich in een specifieke richting voortbewegen. Deze eerste pogingen zijn de voorlopers van kruipen, waarbij baby's de bewegingen van hun armen en benen op elkaar afstemmen om zich voort te bewegen. De meeste baby's beginnen te kruipen als ze acht tot tien maanden oud zijn. Figuur 5-7 geeft een overzicht van een aantal mijlpalen in de motorische ontwikkeling.

Lopen komt later. Rond de leeftijd van negen maanden kunnen de meeste baby's lopen door zich vast te houden aan meubels. Aan het eind van hun eerste levensjaar kan de helft van alle kinderen los lopen.

In dezelfde periode dat baby's zich leren voortbewegen, perfectioneren ze het vermogen om stabiel te blijven zitten. In eerste instantie kunnen ze niet zonder steun rechtop zitten. Dit vermogen krijgen ze snel onder de knie, en de meesten kunnen zonder steun rechtop zitten als ze zes maanden zijn.

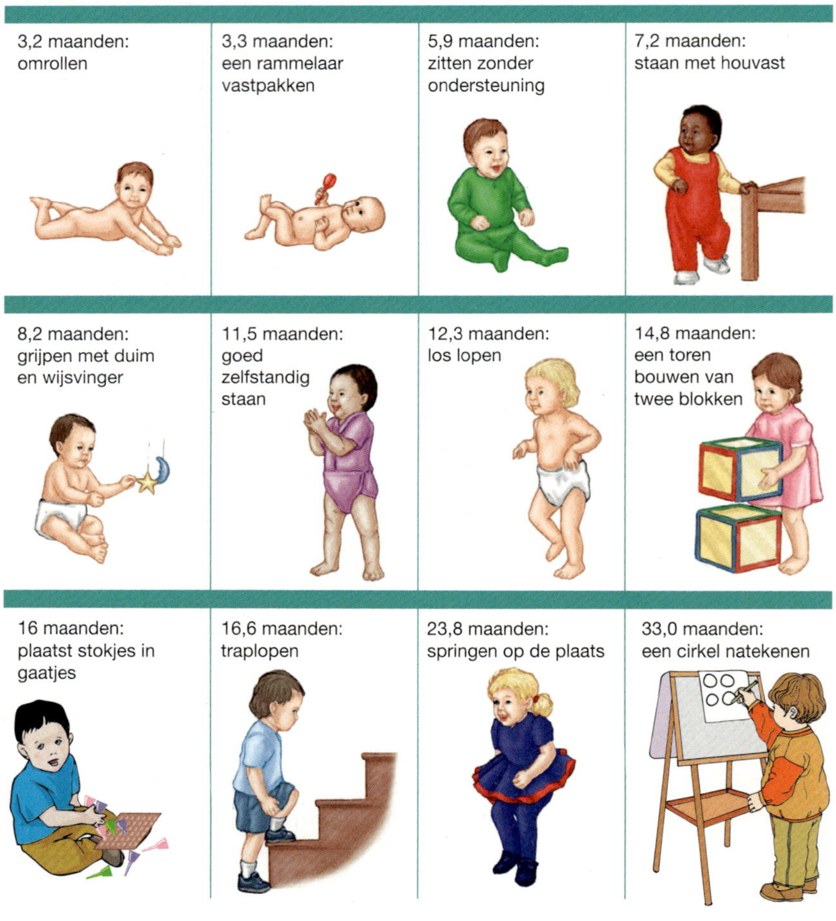

FIGUUR 5-7 Mijlpalen in de motorische ontwikkeling

Vijftig procent van de kinderen is in staat om deze activiteiten uit te voeren op het in de figuur aangegeven tijdstip. Het specifieke moment waarop een vaardigheid zich manifesteert, kan echter aanzienlijk variëren. Een kwart van de kinderen kan bijvoorbeeld met 11,1 maanden los lopen; met 14,9 maanden is dat negentig procent.

Bron: Frankenburg et al., 1992a

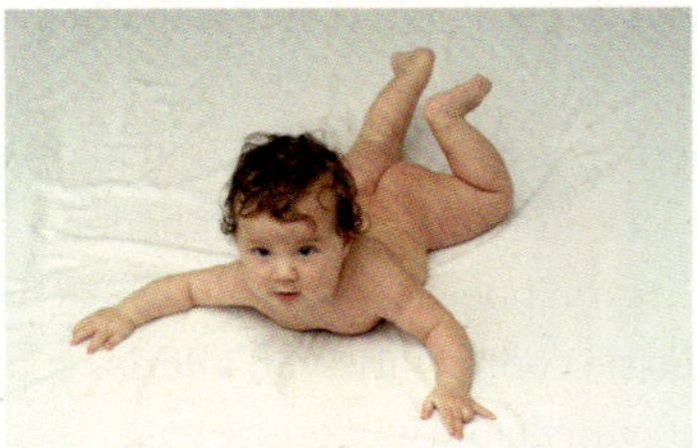

Dit vijf maanden oude meisje demonstreert haar grove motoriek.

Bron: BlueMoon Stock/ SuperStock

Als baby's vier maanden zijn, kunnen ze met enige mate van precisie naar een object reiken.

Bron: Denise Hager, Catchlight Visual Services; Alamy

Zie MyLab voor de video: Fijne motoriek bij baby's in verschillende culturen

Fijne motoriek

Tijdens het perfectioneren van hun grove motorische vaardigheden, zoals rechtop zitten en lopen, maken baby's ook vorderingen op het gebied van de fijne motoriek (zie tabel 5-3). Als ze drie maanden oud zijn, zijn ze enigszins in staat om de beweging van hun armen en benen op elkaar af te stemmen.

Hoewel baby's geboren worden met een rudimentair vermogen om naar een object te grijpen, is dat vermogen niet erg ontwikkeld en ook niet erg nauwkeurig. Bovendien verdwijnt het weer na een week of vier. Rond vier maanden verschijnt er een andere, nauwkeuriger vorm van grijpen. Het duurt even voordat baby's hun grijpvermogen goed kunnen coördineren, maar al vrij snel zijn ze in staat om hun hand uit te steken en een object vast te houden (Claxton, Keen & McCarthy, 2003; Claxton, McCarty & Keen, 2009; Daum, Prinz & Aschersleben, 2011; Foroud & Whishaw, 2012).

TABEL 5-3 **Mijlpalen in de fijne motoriek**

GEMIDDELDE LEEFTIJD (IN MAANDEN)	VAARDIGHEID
3	Opent hand duidelijk
3,5	Grijpt rammelaar
8,5	Grijpt met duim en wijsvinger
11	Houdt potlood op de juiste manier vast
14	Bouwt toren van twee blokken
16	Plaatst stokjes in gaatjes
24	Imiteert lijnen op papier
33	Kopieert cirkel

Bron: naar Frankenburg et al., 1992b

De fijne motoriek wordt steeds geraffineerder. Als baby's elf maanden zijn, kunnen ze objecten van de grond oprapen die zo klein zijn als knikkers – wat hun verzorgers meteen met een veiligheidsprobleem opzadelt, omdat zulke objecten meestal meteen daarna richting de mond gaan. Wanneer ze twee jaar zijn, kunnen kinderen voorzichtig een beker vasthouden, deze naar hun lippen brengen en een slok nemen zonder te morsen.

Grijpen volgt net als andere motorische activiteiten een hiërarchisch ontwikkelingspatroon, waarbij verschillende eenvoudige vaardigheden gecombineerd worden tot complexere vaardigheden. Baby's beginnen bijvoorbeeld eerst dingen op te pakken met hun hele hand. Als ze ouder worden, gebruiken ze een pincetgreep, waarbij duim en wijsvinger samen een cirkel vormen (Barrett & Needham, 2008; Thoermer et al., 2013).

5.2.3 Dynamische systeemtheorie: hoe de motorische ontwikkeling wordt gecoördineerd

Motorische ontwikkeling kan gemakkelijk worden gezien als een serie afzonderlijke motorische prestaties. In werkelijkheid ontwikkelen al deze vaardigheden zich niet in het luchtledige. Iedere vaardigheid (bijvoorbeeld het vermogen van een baby om een lepel op te pakken en die naar zijn mond te brengen) ontwikkelt zich in de context van andere motorische vermogens (zoals het vermogen om de arm uit te steken en de lepel überhaupt op te tillen). Daarnaast ontwikkelen non-motorische vaardigheden, zoals visuele vermogens, zich tegelijk met de motorische vaardigheden.

Ontwikkelingspsychologe Esther Thelen heeft een theorie ontwikkeld als verklaring voor de ontwikkeling en coördinatie van motorische vaardigheden. In de **dynamische systeemtheorie** wordt beschreven hoe gedragingen worden samengesteld. Met 'samengesteld' bedoelt Thelen de coördinatie van allerlei vaardigheden die een kind ontwikkelt, variërend van de ontwikkeling van zijn spieren, waarnemingsvermogens en zenuwstelsel tot zijn motivatie om bepaalde motorische activiteiten uit te voeren en de steun van de omgeving te krijgen (Gershkoff-Stowe & Thelen, 2004; Thelen & Bates, 2003; Thelen & Smith, 2006).

Dynamische systeemtheorie: theorie die de ontwikkeling en coördinatie van motorische vaardigheden beschrijft.

Volgens de dynamische systeemtheorie hangt de motorische ontwikkeling op een bepaald gebied, bijvoorbeeld wanneer een baby begint te kruipen, niet alleen af van de hersenen die een 'kruipprogramma' starten, waardoor de spieren de baby aanzetten om vooruit te gaan. Om te kunnen kruipen moeten het spiergebruik, de waarneming, het begrip en de motivatie ook worden gecoördineerd. In deze theorie wordt benadrukt hoe de verkennende activiteiten van kinderen tot nieuwe uitdagingen leiden wanneer ze reageren op hun omgeving. Hierdoor worden hun motorische vaardigheden ontwikkeld (Corbetta & Snapp-Childs, 2009). De dynamische systeemtheorie is interessant omdat de eigen motivatie van het kind (een cognitieve toestand) centraal staat als het gaat om de bevordering van belangrijke aspecten van de motorische ontwikkeling. Baby's moeten bijvoorbeeld gemotiveerd worden om iets wat buiten hun bereik ligt te willen pakken; anders ontwikkelen ze niet de vaardigheden om ernaartoe te kruipen. Deze theorie kan ook de individuele verschillen in de ontwikkeling van motorische vaardigheden bij verschillende kinderen helpen verklaren.

Ontwikkelingsnormen: het individu in vergelijking met de groep

Het is belangrijk om te beseffen dat de timing van de hierboven besproken mijlpalen gebaseerd is op normen. **Normen** zijn de gemiddelde prestaties van een grote steekproef van kinderen van een bepaalde leeftijd. Ze maken vergelijkingen mogelijk tussen de prestaties van één specifiek kind en de gemiddelde prestaties van de kinderen uit de steekproef.

Normen: het gemiddelde functioneren van een grote steekproef van kinderen van een bepaalde leeftijd.

Een van de meest gebruikte technieken om vast te stellen hoe kinderen presteren ten opzichte van de norm is de **Bayley Scales of Infant Development (BSID-III)** (Nederlandstalige versie), een meetinstrument dat ontworpen is om de algemene mentale en motorische ontwikkeling van jonge kinderen vast te stellen. De BSID-III-NL is een aanvulling op de traditionele Apgar-score (besproken in paragraaf 4.1.2), die direct na de geboorte wordt vastgesteld. De BSID-III-NL bestaat uit een cognitief, talig en motorisch gedeelte. Daarnaast zijn er oudervragenlijsten om de sociaal-emotionele ontwikkeling en het adaptief gedrag in kaart te brengen. In de BSID-III-NL vormen de cognitieve items de subtest Cognitie en de Cognitieschaal. De taalbegrip- en taalproductie-items vormen de subtests Taalbegrip en Taalproductie (die samen de Taalschaal vormen). De fijnmotorische items vallen onder de subtest Fijne Motoriek (die samen met de subtest Grove Motoriek deel uitmaakt van de Motoriekschaal). De Motoriekschaal bevat dus zowel een fijnmotorisch als een grofmotorisch onderdeel, en er is Taalschaal waarin taalbegrip en taalproductie los van elkaar bekeken kunnen worden.

Bayley Scales of Infant Development (BSID-III): instrument waarmee de ontwikkeling van kinderen vanaf 16 dagen tot en met 42 maanden en 15 dagen kan worden beoordeeld.

Hoewel tests als de BSID-III-NL nuttig zijn voor het trekken van algemene conclusies over het tijdstip waarop verschillende gedragsvormen en vaardigheden zich manifesteren, moeten we er toch voorzichtig mee zijn. Omdat normen gemiddelden zijn, maskeren ze de grote individuele verschillen in de tijdstippen waarop kinderen bepaalde mijlpalen bereiken. Sommige kinderen zijn bijvoorbeeld sneller dan de norm. Ook komt in dergelijke tests niet tot uiting dat er variatie mogelijk is in de volgorde waarin een kind zich verschillende gedragsvormen eigen maakt (Boatella-Costa et al., 2007; Noble & Boyd, 2012).

Bovendien zijn normen alleen nuttig als ze gebaseerd zijn op gegevens afkomstig van een grote, heterogene, cultureel diverse steekproef. Helaas zijn veel van de normen die ontwikkelingsonderzoekers hanteren gebaseerd op groepen kinderen die overwegend blank zijn en die vooral afkomstig zijn uit de middenklasse of de hogere klassen (bijv. Gesell, 1946). Deze beperking zou niet zo belangrijk zijn als de ontwikkeling van kinderen met verschillende culturele, etnische en sociale achtergronden geheel gelijk op liep. Dat is niet het geval. Afro-Amerikaanse baby's ontwikkelen zich motorisch gezien bijvoorbeeld sneller dan blanke baby's. Bovendien bestaan er grote culturele variaties, zoals we hieronder zullen zien (De Onis et al., 2007; Gartstein et al., 2003; Wu et al., 2008).

DIVERSITEIT IN ONTWIKKELING

De culturele dimensies van motorische ontwikkeling

De kinderen van de Ache-indianen, een volk dat in het regenwoud van Zuid-Amerika woont, hebben aan het begin van hun leven te maken met een aantal fysieke beperkingen. Omdat de Ache-indianen een zwervend bestaan leiden en in kleine kampen in het regenwoud leven, is open ruimte zeer schaars. Daarom hebben de baby's van dit indianenvolk bijna continu fysiek contact met hun moeder. En als ze hun moeder niet aanraken, zijn ze in ieder geval heel dicht bij haar in de buurt.

De baby's van de Kipsigis, een stam die in een ruimtelijkere omgeving leeft in het landelijke Kenia, leiden een totaal ander bestaan. Hun leven is gevuld met activiteiten en beweging. Al heel snel na de geboorte beginnen ouders hun kinderen te leren zitten, staan en lopen. Heel jonge kinderen worden in een ondiepe kuil in de grond gezet om ze rechtop te houden. In de achtste week beginnen de looplessen. De kinderen worden vastgehouden en voortgeduwd terwijl hun voeten de grond raken.

Het is duidelijk dat de baby's in deze twee samenlevingen heel verschillende levens leiden (Kaplan & Dove, 1987; Super, 1976). Maken het relatieve gebrek aan vroege motorische stimulatie bij Ache-kinderen en de pogingen van de Kipsigis om motorische ontwikkeling te bevorderen echt een verschil?

Het antwoord luidt zowel ja als nee. 'Ja' in de zin dat Ache-kinderen een vertraagde motorische ontwikkeling doormaken, zowel in vergelijking met Kipsigis-kinderen als met kinderen die in westerse samenlevingen opgroeien. Hoewel hun sociale vermogens niet verschillen, beginnen Ache-kinderen meestal te lopen met 23 maanden, ongeveer een jaar later dan het gemiddelde kind in een westerse samenleving. Kipsigis-kinderen, die gestimuleerd worden in hun motorische ontwikkeling, leren gemiddeld een aantal weken eerder rechtop zitten en lopen dan westerse kinderen.

Op de lange termijn verdwijnen deze verschillen tussen Ache-kinderen, Kipsigis-kinderen en westerse kinderen echter. In de late kindertijd is er geen spoor meer van verschillen in algemene motorische vaardigheden.

Variaties in de manifestatie van specifieke motorische vaardigheden lijken deels afhankelijk van de momenten waarop ouders *verwachten* dat die vaardigheden zich manifesteren. In een onderzoek werd bijvoorbeeld gekeken naar de motorische vaardigheden van baby's uit één bepaalde stad in Engeland, van wie de moeders verschillende etnische achtergronden hadden. Eerst werden de verwachtingen van Engelse, Jamaicaanse en Indiase moeders gepeild ten aanzien van de motorische ontwikkeling van hun kinderen. De Jamaicaanse moeders verwachtten dat hun kinderen aanzienlijk eerder konden zitten en lopen dan de Engelse en Indiase moeders, en de daadwerkelijke manifestatie van die activiteiten kwam overeen met hun verwachtingen. Dat Jamaicaanse kinderen bepaalde vaardigheden eerder beheersten, leek het gevolg te zijn van de manier waarop ze door hun ouders werden behandeld. Jamaicaanse moeders lieten hun kinderen bijvoorbeeld vrij vroeg oefenen met lopen (Hopkins & Westra, 1989, 1990).

Samenvattend kunnen we zeggen dat het tijdstip waarop specifieke motorische vaardigheden zich manifesteren gedeeltelijk bepaald wordt door culturele factoren. Activiteiten die een intrinsiek onderdeel zijn van een cultuur zullen eerder doelbewust aan baby's in die cultuur worden aangeleerd. Daardoor is het mogelijk dat ze die activiteiten ook eerder beheersen (Nugent, Lester & Brazelton, 1989).

Het is niet verrassend dat kinderen van wie de ouders verwachten dat ze een bepaalde vaardigheid vroeg beheersen en die al vroeg oefenen met componenten van die vaardigheid, zo'n vaardigheid eerder leren beheersen dan kinderen uit culturen van wie dat niet wordt verwacht en die minder intensief oefenen. Een belangrijkere vraag is of de eerdere manifestatie van een fundamentele motorische vaardigheid blijvende gevolgen heeft voor specifieke motorische vaardigheden en prestaties op andere gebieden. Op die vraag bestaat nog geen eenduidig antwoord. Wat wel duidelijk is, is dat het tijdstip waarop een vaardigheid zich kan manifesteren genetisch bepaalde beperkingen kent. Voor een baby van een maand is het fysiek onmogelijk om te staan en te lopen, hoe hard hij ook wordt aangemoedigd en hoeveel hij ook oefent. Ouders die de motorische ontwikkeling van hun kinderen graag willen versnellen, moeten dus oppassen dat ze de lat niet te hoog leggen. Sterker nog: ze zouden zich moeten afvragen of het wel iets uitmaakt als een baby een motorische vaardigheid een paar weken eerder beheerst dan zijn leeftijdgenootjes.

Het meest voor de hand liggende antwoord is 'nee'. Hoewel sommige ouders trots zijn als hun kind eerder loopt dan andere kinderen (en sommige ouders bezorgd zijn als hun baby juist een paar weken later begint), maakt de timing van deze activiteit op lange termijn waarschijnlijk geen verschil.

5.2.4 Voeding in de babytijd: de brandstof voor de motorische ontwikkeling

Roos zucht terwijl ze gaat zitten om de baby te voeden – alwéér. Ze heeft de vier weken oude Max vandaag ongeveer elk uur gevoed, maar hij schijnt nog steeds honger te hebben. Op sommige dagen lijkt het alsof ze alleen maar bezig is met borstvoeding. 'Nou ja, waarschijnlijk maakt hij een groeispurt door', besluit ze. Ze nestelt zich in haar favoriete schommelstoel en legt de baby aan.

De snelle fysieke groei die in de babytijd plaatsvindt, wordt mogelijk gemaakt door de voedingsstoffen die baby's binnenkrijgen. Zonder goede voeding kunnen baby's als Max hun fysieke potentieel niet realiseren en komen ze ook op cognitief en sociaal gebied tekort (Costello, Compton & Keeler, 2003; Gregory, 2005; Tanner & Finn-Stevenson, 2002).

Hoewel de norm voor de juiste voeding per individu enorm verschilt – kleine kinderen verschillen wat betreft groeitempo, lichaamssamenstelling, metabolisme (stofwisseling) en activiteitspeil – gelden er toch een paar globale richtlijnen. In het algemeen zouden kleine kinderen voor elke pond (vijfhonderd gram) die ze wegen 55 calorieën per dag moeten consumeren, twee keer zo veel calorieën als voor volwassenen wordt aanbevolen (Dietz & Stern, 1999; Skinner et al., 2004). Het is echter niet nodig om te tellen hoeveel calorieën kleine kinderen binnenkrijgen. De meeste kinderen kunnen dat heel effectief zelf regelen. Als ze mogen eten wat ze maar willen en niet worden gedwongen om meer te eten, komt het vanzelf goed.

5.2.5 Borst of fles?

Als een moeder haar arts vijftig jaar geleden vroeg wat beter was, borstvoeding of flesvoeding, kreeg ze een simpel en duidelijk antwoord: flesvoeding was de beste voeding. Rond de jaren veertig van de vorige eeuw begon de opvatting post te vatten dat borstvoeding een ouderwetse manier van voeden was die onnodige risico's met zich meebracht voor het kind. Met flesvoeding, zo was het argument, konden ouders precies bijhouden hoeveel melk hun kind dronk, zodat ze zeker wisten dat het voldoende voedingsstoffen binnenkreeg. Moeders die hun kind de borst gaven, wisten nooit precies hoeveel het dronk. Bovendien hielp de fles moeders een strak schema aan te houden van één voedingsbeurt per vier uur, wat in die tijd de aanbevolen procedure was.

Tegenwoordig zijn de opvattingen anders. Volgens het Nederlandse Voedingscentrum is borstvoeding de beste voeding voor baby's. Ook in Vlaanderen zegt Kind & Gezin dat borstvoeding de best mogelijke start voor een kind is en dat flesvoeding een goed alternatief is wanneer borstvoeding niet lukt. In oktober 2002 is het Voedingscentrum gestart met de campagne 'Borstvoeding verdient tijd'. Het doel van de campagne is meer baby's langer te laten genieten van borstvoeding met het oog op de voordelen voor de gezondheid. Moedermelk bevat waardevolle voedings- en afweerstoffen die kinderen nodig hebben voor hun groei, ontwikkeling en gezondheid. Een voordeel is dat borstvoeding daardoor beschermt tegen ziekten (zie figuur 5-8). Baby's profiteren daarvan optimaal als ze ten minste zes maanden borstvoeding krijgen. Daarna is ook bijvoeding nodig voor verdere ontwikkeling. Vooral de moedermelk van de eerste dagen na de geboorte bevat grote hoeveelheden beschermende stoffen. Daarna bevat de melk minder van deze stoffen, maar omdat het kind meer drinkt naarmate het groeit, krijgt het nog steeds evenveel beschermende stoffen binnen. Met borstvoeding kan worden doorgegaan zolang moeder en kind dat willen.

De borst of flesvoeding? Hoewel baby's bij beide methoden voldoende voeding binnenkrijgen, zijn de meeste autoriteiten het erover eens dat borstvoeding het best is.

Bron: (boven) Valua Vitaly/Shutterstock; (onder) Shchipkova Elena/Shutterstock

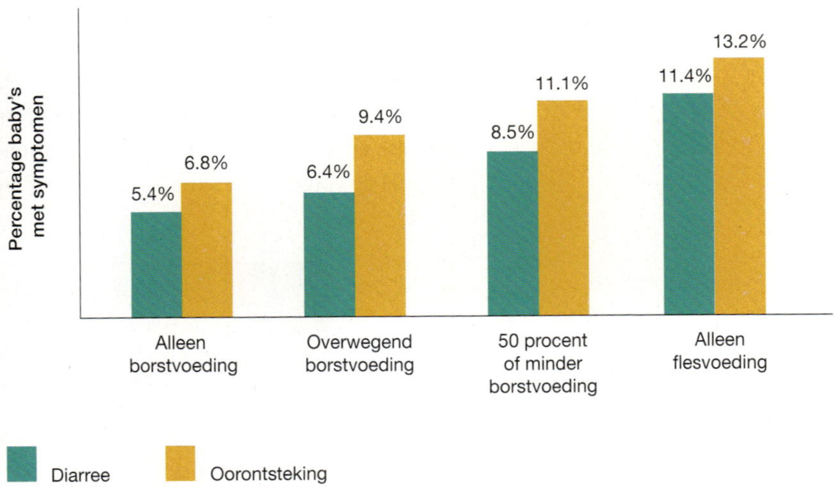

FIGUUR 5-8 Voordelen van moedermelk

Een van de voordelen van moedermelk is dat het alle voedingsstoffen bevat die een baby nodig heeft om te groeien. Bovendien lijkt het een bepaalde mate van bescherming te bieden tegen kinderziekten.

Bron: gegevens van Scariati, Grummer-Strawn & Fein, 1997, tab. 3

Borstvoeding heeft ook belangrijke emotionele voordelen voor zowel moeder als kind. De meeste moeders geven aan dat borstvoeding hun welbevinden en het gevoel van intimiteit met hun kind bevordert, misschien vanwege de productie van endorfine in de hersenen van de moeder. Kinderen die borstvoeding krijgen, reageren ook beter op aanrakingen van hun moeder en op hun moeders blik tijdens het voeden, en ze worden er rustiger van. Zoals we zullen zien in hoofdstuk 7 kan deze wederzijdse interactie leiden tot een gezondere sociale ontwikkeling (Gerrish & Mennella, 2000; Zanardo et al., 2001).

Borstvoeding heeft mogelijk ook gezondheidsvoordelen voor de moeder. Uit onderzoek blijkt dat vrouwen die borstvoeding geven minder kans hebben op eierstokkanker en borstkanker voor de menopauze. Bovendien zorgen de hormonen die tijdens borstvoeding worden geproduceerd er mede voor dat de baarmoeder na de geboorte weer krimpt, waardoor het lichaam van de moeder sneller herstelt (Altemus et al., 1995; Kim et al., 2007; Kornides & Kitsantas, 2013; Ma et al., 2006; Pearson, Lightman & Evans, 2011). Borstvoeding is absoluut niet de oplossing voor elk babyprobleem, en de miljoenen mensen die zijn grootgebracht met flesvoeding hoeven niet bang te zijn dat ze schade hebben opgelopen. Uit onderzoek blijkt dat baby's die gevoed zijn met verrijkte flesvoeding zich cognitief gezien beter ontwikkelen dan baby's die traditionele flesvoeding kregen (Auestad et al., 2003; Birch et al., 2000; Ludlow et al., 2012; Rabin, 2006).

5.2.6 De kennismaking met vaste voeding: wanneer en wat?

Baby's hebben op een gegeven moment behoefte aan meer voedingsstoffen. Volgens de GGD Nederland kunnen baby's vanaf vier of vijf maanden met vast voedsel beginnen. Bij borstvoeding wordt geadviseerd te wachten tot zes maanden. Na zes maanden krijgt de baby behoefte aan meer calorieën en bijvoorbeeld ook aan ijzer. De ijzerreserves die de baby heeft meegekregen van de moeder raken dan langzaam op. Ook Kind en Gezin (z.d.) in Vlaanderen hanteert deze richtlijn. Vanaf zes maanden is de ijzerbehoefte zo groot dat de overstap naar vaste voeding noodzakelijk wordt. Vaste voedingsmiddelen moeten geleidelijk en een voor een in de voeding van de baby worden geïntroduceerd. Meestal beginnen we met graanproducten, gevolgd door gepureerde groente en/of gepureerd fruit. Daarna komen andere voedingsmiddelen, hoewel de volgorde per kind kan verschillen.

Baby's beginnen meestal na vier tot zes maanden met vast voedsel. Langzaam maar zeker krijgen ze steeds meer verschillende soorten voedsel te eten.

Bron: Ingrid Balabanova/Shutterstock

Ondervoeding

Ondervoeding, het binnenkrijgen van onvoldoende en niet goed gebalanceerde voedingsstoffen, heeft verschillende negatieve gevolgen. Kinderen die ondervoed zijn, beginnen rond de zes maanden in een trager tempo te groeien. Tegen de tijd dat ze twee jaar zijn, bedragen hun lengte en gewicht slechts 95 procent van de lengte en het gewicht van kinderen die voldoende voeding krijgen. Bovendien scoren kinderen die als baby chronisch ondervoed waren lager op IQ-tests en doen zij het over het algemeen minder goed op school. Zelfs als de voeding van kinderen later aanzienlijk is verbeterd, kunnen die effecten nog steeds zichtbaar zijn (Grantham-McGregor, Ani & Fernald, 2001; Ratanachu-Ek, 2003).

Het probleem van ondervoeding is het grootst in ontwikkelingslanden, waar bijna tien procent van de baby's ernstig ondervoed is. In sommige landen is de situatie bijzonder ernstig. Om een voorbeeld te noemen: 37 procent van de Noord-Koreaanse kinderen lijdt onder gemiddelde tot zware ondervoeding (World Food Programme, 2008; zie ook figuur 5-9).

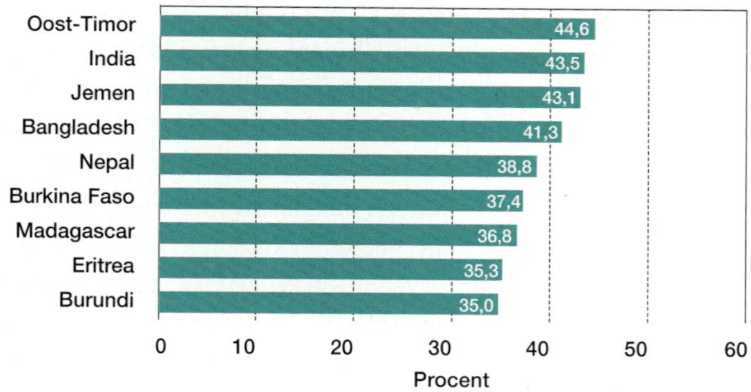

FIGUUR 5-9 **Prevalentie van kinderen met ernstig ondergewicht (%)**
In ontwikkelingslanden is het aantal kinderen onder de vijf jaar met ondergewicht zeer groot. Hieronder de landen met een prevalentiepercentage hoger dan 35 procent.
Bron: Global Hunger Index, 2010

Ondervoeding komt niet alleen voor in ontwikkelingslanden. In de Verenigde Staten, een van de rijkste landen ter wereld, leven ongeveer zestien miljoen kinderen onder de armoedegrens. De omvang van de groep kinderen die in Nederland in armoede verkeert, is na jaren te zijn gedaald in 2009 weer licht gestegen. Kinderen zijn oververtegenwoordigd in de bevolkingsgroep die langdurig van een laag inkomen moet leven: in 2013 was hun aantal 117.000 (4,0 procent). Ruim vier op de tien van hen groeide op in een bijstandsgezin (CBS, 2014). Ook voor hen ligt het gevaar van ondervoeding op de loer: dertig procent heeft onvoldoende geld om dagelijks warm te eten. Volgens cijfers van het CBS hebben eenoudergezinnen met minderjarige kinderen de grootste kans op armoede. Zo had in 2013 een op de drie eenoudergezinnen met minderjarige kinderen een inkomen onder de lage-inkomensgrens.

In Vlaanderen bedraagt de kansarmoede-index (die meer omvat dan alleen inkomensarmoede) 11,38 procent in 2014. Daarmee blijft dit cijfer redelijk stabiel ten opzichte van 2013 (11,19 procent). Dit betekent dat iets meer dan elf procent van de kinderen wordt geboren in een kansarm gezin (index geeft het gemiddelde weer van de voorbije drie jaar). Kansarmoede doet zich meer voor in grotere steden dan in rand- en plattelandsgemeenten. Als we de kinderen met kansarmoede apart bekijken, dan zien we dat meer dan de helft (53 procent) van deze kinderen in een van de dertien Vlaamse centrumsteden woont. Kansarmoede komt ook meer voor in gezinnen waarvan de moeder bij haar geboorte een andere nationaliteit had. Voor kinderen van wie de moeder bij haar geboorte niet de Belgische nationaliteit had, ligt het kansarmoedecijfer met 29,4 procent heel wat hoger dan de 5,1 procent voor kinderen met een moeder van Belgische origine (Kind en Gezin, 2015). Hoewel deze kinderen dankzij adequate sociale vangnetten zelden ernstig ondervoed zijn, blijven ze gevoelig voor bepaalde gebreken in hun voeding. De consequenties mogen dan minder groot zijn dan bij ernstige ondervoeding, toch wreken deze gebreken zich op de langere termijn. Zelfs milde tot middelmatige ondervoeding heeft invloed op de cognitieve ontwikkeling later in de jeugd (Lian et al., 2012; Pollitt et al., 1996; Tanner & Finn-Stevenson, 2002).

Marasme: een door ondervoeding veroorzaakte ziekte waarbij kinderen stoppen met groeien.

Kwashiorkor: een door ondervoeding veroorzaakte ziekte waarbij de maag, de ledematen en het gezicht van een kind water vasthouden en opzwellen.

Ernstige ondervoeding in de babytijd kan tot verschillende stoornissen leiden. Ondervoeding in het eerste levensjaar kan leiden tot **marasme**, een ziekte waarbij kinderen stoppen met groeien. Marasme wordt veroorzaakt door een ernstig tekort aan proteïnen en calorieën. Daardoor raakt het lichaam uitgemergeld, wat uiteindelijk de dood tot gevolg heeft. Andere kinderen zijn vatbaar voor **kwashiorkor**, een ziekte waarbij de maag, de ledematen en het gezicht water vasthouden en opzwellen. Voor een buitenstaander lijkt het alsof een kind met kwashiorkor mollig is. Dat is echter een illusie: het lichaam van het kind probeert de weinige voedingsstoffen die het binnenkrijgt zo goed mogelijk te benutten (Douglass & McGadney-Douglass, 2008).

Failure-to-thrive-syndroom: een stoornis waarbij kinderen stoppen met groeien door een gebrek aan stimulatie en aandacht van hun ouders.

Soms gedragen kinderen die genoeg voedingsstoffen binnenkrijgen zich alsof ze geen eten krijgen. Ze zien eruit alsof ze aan marasme leiden en zijn onderontwikkeld, lusteloos en apathisch. In werkelijkheid heeft hun toestand een emotionele oorzaak: ze krijgen niet voldoende liefde en emotionele ondersteuning. In zulke gevallen, die bekendstaan als het **failure-to-thrive-syndroom**, stoppen kinderen niet met groeien om biologische redenen maar door een gebrek aan stimulatie en aandacht van hun ouders. Dit syndroom, dat meestal optreedt rond de leeftijd van achttien maanden, kan worden verholpen door intensieve begeleiding van de ouders. Kinderen kunnen ook in een pleeggezin worden geplaatst waar ze emotionele steun krijgen.

Obesitas

Obesitas: een lichaamsgewicht van meer dan twintig procent boven het gemiddelde gewicht van een persoon van een bepaalde leeftijd en lengte.

Het is duidelijk dat ondervoeding in de babytijd rampzalige gevolgen kan hebben. Minder duidelijk zijn echter de effecten van obesitas. **Obesitas** is een chronische ziekte waarbij er een zodanige overmatige vetstapeling in het lichaam bestaat dat dit aanleiding geeft tot gezondheidsrisico's (Daansen, 2005). De meest gebruikte maat voor obesitas is de Body Mass Index (BMI). Deze wordt berekend door het lichaamsgewicht in kilogram te delen door de lichaamslengte in meters in het kwadraat. Een persoon met een BMI van meer dan 25 kg/m^2 wordt beschouwd als *te zwaar (overgewicht)*. Iemand met een BMI van meer dan 30 kg/m^2 wordt beschouwd als *zwaarlijvig (obesitas)*. Een verdere drempel van 40 kg/m^2 wordt geïdentificeerd als *morbide obesitas*. Boven deze drempel stijgt de kans op gezondheidsproblemen of ernstige ziekten als gevolg van obesitas aanzienlijk.

Er lijkt geen duidelijke correlatie te bestaan tussen obesitas in de babytijd en obesitas op zestienjarige leeftijd. Wel blijkt uit sommige onderzoeken dat overvoeden in de babytijd kan leiden tot het ontstaan van onnodige vetcellen die de rest van het leven in het lichaam blijven, wat kan leiden tot overgewicht. Overgewicht in de eerste levensjaren wordt in de praktijk aan de leeftijd van zes jaar gekoppeld. Uit ander onderzoek komt een verband naar voren tussen obesitas op de leeftijd van zes jaar en obesitas bij volwassenen. Dit onderzoek suggereert dat obesitas bij kleine kinderen uiteindelijk verband houdt met gewichtsproblemen bij volwassenen. Toch is er nooit een duidelijk verband gevonden tussen kleine kinderen met overgewicht en volwassenen met overgewicht (Carnell et al., 2013; Stettler, 2007; Taveras et al., 2009).

5.3 De ontwikkeling van de zintuigen

Sensatie: de fysieke stimulatie van de zintuigen.

Perceptie: het met behulp van de zintuigen en de hersenen ordenen, interpreteren, analyseren en integreren van stimuli.

De wereld van een pasgeboren baby mist de helderheid en de stabiliteit van de volwassen belevingswereld, maar wordt met de dag begrijpelijker naarmate de baby beter in staat is om de omgeving met zijn zintuigen waar te nemen. Baby's lijken het best te gedijen in een omgeving vol prettige sensaties. De processen die ten grondslag liggen aan de manier waarop een baby de wereld om zich heen interpreteert, zijn sensatie en perceptie. **Sensatie** is de fysieke stimulatie van de zintuigen, **perceptie** is het met behulp van de zintuigen en de hersenen ordenen, interpreteren, analyseren en integreren van stimuli. Bij sensatie reageren de zintuigen dus op stimulatie, terwijl die stimulatie bij perceptie wordt geïnterpreteerd. We zullen zien dat onderzoekers een aantal procedures hebben ontwikkeld om sensatie en perceptie op verschillende gebieden te onderzoeken.

5.3.1 Visuele perceptie: de wereld zien

Al vanaf zijn geboorte vindt iedereen die Léon ziet dat hij heel intensief naar hen staart. Zijn ogen lijken die van bezoekers op te zoeken en zich diep en doelbewust in hun blik te boren.

Hoe goed kan Léon in werkelijkheid zien, en wat kan hij precies in zijn omgeving onderscheiden? Anatomisch gezien is het oog van een baby nog niet helemaal klaar om te functioneren en ook de myelinisering van de gezichtszenuw laat wat te wensen over. De baby reageert wel op licht en er is ook beperkte kleurperceptie. Omdat er nog een flexibele accommodatie van de lens is, kan een pasgeborene slechts scherp zien wat zich op circa twintig à dertig centimeter afstand bevindt. Dit komt overeen met de afstand waarop het gezicht van de verzorger zich meestal bevindt tijdens de voeding, zodat de baby zich dit gezicht snel zal kunnen inprenten.

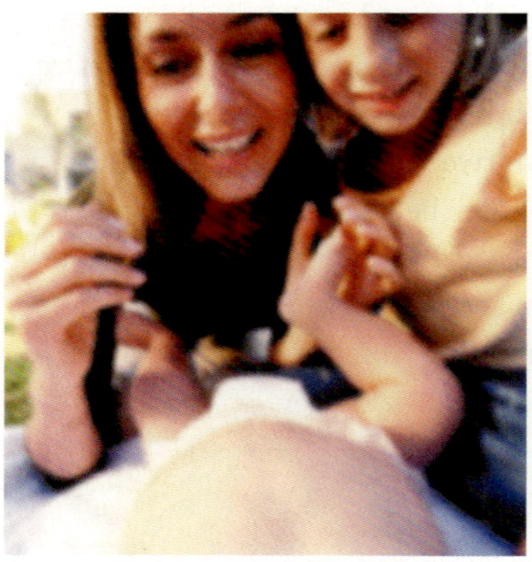

Een pasgeboren baby ziet alleen dingen scherp die op circa twintig à dertig centimeter van hem vandaan zijn. Objecten die zich verderop bevinden zijn wazig.

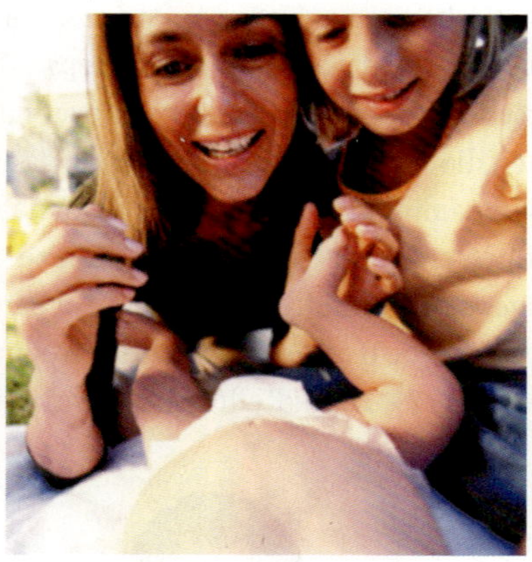

Een maand na de geboorte is het gezichtsvermogen van de baby verbeterd, maar details kan hij nog steeds niet goed onderscheiden.

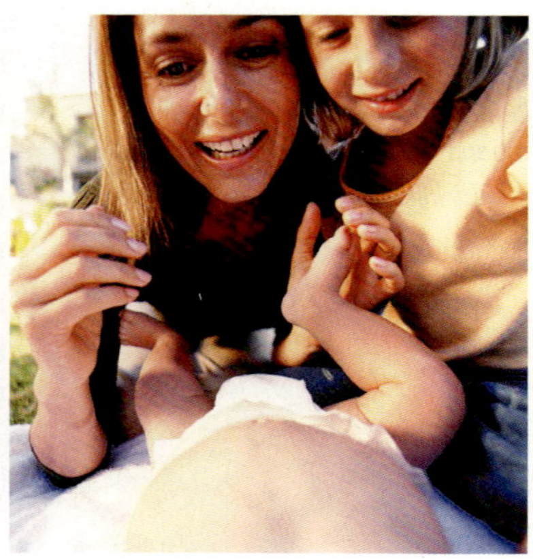

Met drie maanden ziet hij scherp.

Bron: Karan Kapoor/The Image Bank/Getty Images

De visuele vermogens ontwikkelen zich snel. Het binoculaire gezichtsvermogen, het vermogen om de beelden van beide ogen te combineren zodat we

In het experiment met de visuele klif wordt de diepteperceptie van baby's onderzocht. De meeste baby's tussen de zes en veertien maanden kunnen niet worden overgehaald om de klif over te steken. Het lijkt erop dat ze reageren op het feit dat het schaakpatroon een aantal meters lager ligt.

Bron: Mark Richard/PhotoEdit

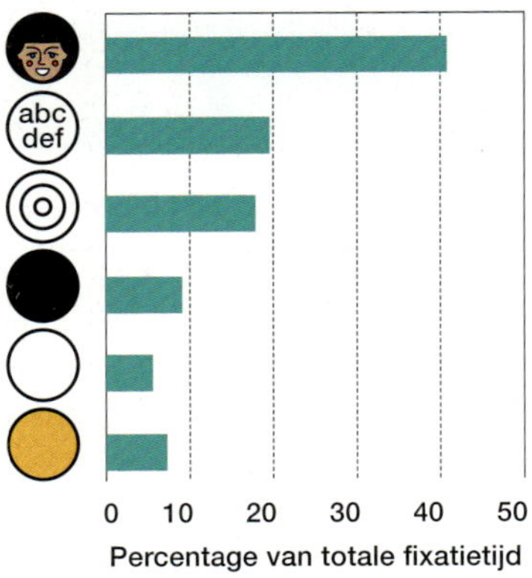

FIGUUR 5-10 Hoe complexer, hoe beter

Aan de hand van een klassiek experiment ontdekte onderzoeker Robert Fantz dat baby's van twee en drie maanden oud liever naar complexe stimuli kijken dan naar eenvoudige.

Bron: naar Fantz, 1961, p. 72

diepte en beweging kunnen onderscheiden, ontstaat rond de veertiende week. Voor die tijd kunnen baby's de informatie van beide ogen niet integreren.

Vooral diepteperceptie is een nuttig vermogen. Dat komt bijvoorbeeld tot uiting in een klassiek onderzoek van ontwikkelingspsychologen Eleonor Gibson en Richard Walk (1960), waarbij baby's op een zware glasplaat werden gezet. Onder de helft van de glasplaat was een schaakpatroon zichtbaar, waardoor het leek of de baby's zich op een stabiele vloer bevonden. Vanaf het midden van de plaat lag het schaakpatroon een paar meter lager, waardoor een 'visuele klif' ontstond. De vraag die Gibson en Walk zich stelden, was of baby's bewust over de klif zouden kruipen als ze door hun moeder werden geroepen.

De resultaten waren overduidelijk. De meeste deelnemende kinderen, die tussen de zes en veertien maanden oud waren, konden niet worden overgehaald om de visuele klif over te steken. Blijkbaar konden zij op die leeftijd al diepte onderscheiden. Daar stond tegenover dat uit het experiment niet duidelijk werd wanneer kinderen diepte gaan onderscheiden, want alleen kinderen die al hadden leren kruipen, konden worden getest. Andere experimenten, waarin baby's van twee en drie maanden op hun buik op een duidelijke vloer en boven een visuele klif werden gelegd, brachten verschillen in hartslag tussen de twee posities aan het licht (Campos, Langer & Krowitz, 1970; Kretch & Adolph, 2013). Uit deze bevindingen valt echter niet op te maken of kinderen reageren op de diepte zelf, of puur op de verandering in visuele stimuli die plaatsvindt wanneer ze verplaatst worden van een vlak stuk naar een stuk met diepte.

Baby's hebben meteen na hun geboorte duidelijke visuele voorkeuren. Als ze kunnen kiezen, kijken ze altijd liever naar stimuli met patronen dan naar eenvoudiger stimuli (zie figuur 5-10). Hoe weten we dat? Ontwikkelingspsycholoog Robert Fantz (1963) creëerde daarvoor een klassieke test. Hij ontwierp een kamer waarin baby's op hun rug konden liggen en boven zich naar visuele stimuli konden kijken. Door te letten op de reflectie van de stimuli in hun ogen kon Fantz vaststellen naar welke stimuli de baby's keken.

Fantz' werk gaf de aanzet tot een groot aantal onderzoeken naar de voorkeuren van baby's. De meeste daarvan wijzen in de richting van dezelfde belangrijke conclusie: de voorkeur van baby's voor bepaalde soorten stimuli is genetisch voorgeprogrammeerd. Een paar minuten na hun geboorte tonen ze bijvoorbeeld al voorkeuren voor bepaalde kleuren, vormen en configuraties van verschillende stimuli. Ze kijken liever naar kromme lijnen dan naar rechte lijnen, liever naar driedimensionale dan naar tweedimensionale figuren en liever naar menselijke gezichten dan naar andere beelden. Zulke capaciteiten kunnen erop wijzen dat de hersenen zeer gespecialiseerde cellen bevatten die reageren op stimuli met een bepaald patroon, een bepaalde oriëntatie, een bepaalde vorm en een bepaalde bewegingsrichting (Gliga et al., 2009; Hubel & Wiesel, 1979, 2004; Kellman & Arterberry, 2006).

FIGUUR 5-11 Gezichten onderscheiden

Deze gezichten werden gebruikt in een onderzoek waaruit bleek dat zes maanden oude baby's gezichten van mensen en apen even goed konden onderscheiden. Baby's van negen maanden daarentegen konden de apengezichten minder goed uit elkaar houden dan de mensengezichten.

Bron: Pascalis, De Haan & Nelson, p. 1322

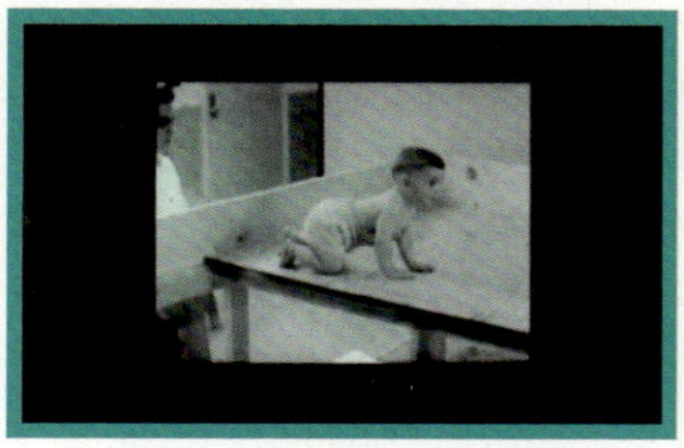

Zie MyLab voor de video: De visuele klif van Gibson

De genen zijn niet de enige factor die bepalend is voor de visuele voorkeuren van baby's. Al een paar uur na de geboorte hebben baby's geleerd een voorkeur te hebben voor het gezicht van hun eigen moeder. En tussen de zesde en negende maand worden baby's steeds beter in het onderscheiden van verschillende mensengezichten, terwijl ze de gezichten van andere soorten steeds minder goed van elkaar kunnen onderscheiden (zie figuur 5-11). Zulke bevindingen geven aanleiding te denken dat erfelijkheid en omgeving samen bepalend zijn voor wat een kind kan (Otsuka et al., 2012; Quinn et al., 2008; Ramsey-Rennels & Langlois, 2006; Valenti, 2006).

5.3.2 Auditieve perceptie: de wereld van het geluid

Hoe komt het dat een huilende, opgewonden baby vaak kalmeert als zijn moeder een slaapliedje voor hem zingt? Het antwoord op die vraag wordt iets duidelijker als we kijken naar de vermogens van baby's op het gebied van auditieve sensatie en perceptie.

Zoals we in paragraaf 3.3.2 zagen, manifesteert het vermogen om te horen zich al voor de geboorte. In de baarmoeder reageert de foetus op geluiden buiten zijn moeder. Bovendien worden kinderen geboren met voorkeuren voor bepaalde geluidscombinaties (Fujioka, Mourad & Trainor, 2011; Pundir et al., 2012; Trehub, 2003).

Omdat ze hun gehoor voor de geboorte al wat hebben kunnen oefenen, is het niet verrassend dat de auditieve perceptie van baby's direct na hun geboorte al vrij goed is. Voor bepaalde zeer hoge en zeer lage frequenties zijn baby's zelfs gevoeliger dan volwassenen, en die gevoeligheid lijkt de eerste twee jaar van hun leven toe te nemen. Aan de andere kant zijn baby's aanvankelijk minder gevoelig voor middenfrequenties. Na verloop van tijd neemt die gevoeligheid toe (Fernald, 2001; Werner & Marean, 1996).

Het is niet helemaal duidelijk wat in de babytijd tot die grotere gevoeligheid voor geluid leidt. Het kan te maken hebben met de vervolmaking van het zenuwstelsel. Raadselachtiger is waarom het vermogen van kinderen om heel lage en heel hoge frequenties te horen na de babytijd geleidelijk afneemt. Een verklaring daarvoor kan zijn dat blootstelling aan hoge geluidsniveaus het vermogen om de extreme frequenties te horen vermindert (Stewart, Scherer & Lehman, 2003; Trehub et al., 1988, 1989).

Naast het vermogen om geluiden te onderscheiden, hebben baby's verschillende andere vermogens nodig om effectief betekenis te kunnen geven aan geluid. Met behulp van *geluidslokalisatie* kunnen zij bijvoorbeeld bepalen uit welke richting een geluid komt. In vergelijking met volwassenen hebben baby's in dit opzicht een lichte handicap. Om een geluid goed te kunnen lokaliseren, moet je namelijk gebruik kunnen maken van het subtiele verschil in de momenten waarop een geluid onze beide oren bereikt. Geluid dat we horen in ons rechteroor vertelt ons dat de bron van dat geluid zich rechts van ons bevindt. Omdat het hoofd van een baby kleiner is dan dat van een volwassene, is het verschil tussen de tijdstippen waarop een geluid bij zijn twee oren aankomt minder groot dan bij volwassenen, en daarom heeft een baby er moeite mee om te bepalen uit welke richting dit geluid komt.

Ondanks deze potentiële beperking is het vermogen van baby's om geluiden te lokaliseren al meteen na de geboorte vrij groot en kunnen ze zich in dit opzicht met volwassenen meten als ze een jaar zijn. Interessant genoeg is er geen sprake van een gestage verbetering. We weten niet waarom, maar het vermogen om geluid nauwkeurig te lokaliseren neemt zelfs af in de eerste twee

Na vier maanden zijn baby's in staat om hun eigen naam te onderscheiden van andere woorden met dezelfde klanken.

Bron: Focus Pocus Ltd./Fotolia

maanden na de geboorte en begint daarna pas weer toe te nemen (Clifton, 1992; Fenwick & Morrongiello, 1998; Litovsky & Ashmead, 1997).

Baby's kunnen ook patronen en andere akoestische eigenschappen van groepen geluiden al vrij goed onderscheiden. Met zes maanden kunnen zij de verandering van één noot in een melodie met zes tonen waarnemen. Ook reageren ze op veranderingen in toonaard. Kortom, ze luisteren met een scherp oor naar de melodieën van de slaapliedjes die hun vader en moeder voor hen zingen (Masataka, 2006; Phillips-Silver & Trainor, 2005; Trehub & Hannon, 2009).

Nog belangrijker om succesvol te kunnen functioneren is het feit dat jonge baby's de subtiele verschillen kunnen horen die nodig zijn om later in hun leven hun moedertaal te begrijpen (Bijeljac-Babic, Bertoncini & Mehler, 1993; Gervain et al., 2008). In een klassiek onderzoek zette een groep van één tot vier maanden oude baby's een geluidsopname in gang door aan een synthetische tepel te zuigen. Bij elke zuigbeweging hoorden ze iemand 'ba' zeggen (Eimas et al., 1971). In eerste instantie zogen ze heftig, omdat het geluid hun belangstelling trok. Maar ze raakten al snel gewend aan het geluid (via het proces van *gewenning*, dat we in paragraaf 4.3.3 hebben behandeld) en gingen minder energiek zuigen. Wanneer de onderzoekers het geluid in 'pa' veranderden, toonden de baby's direct nieuwe interesse en gingen ze weer heftiger zuigen. De conclusie: al na een maand kunnen baby's onderscheid maken tussen twee op elkaar lijkende geluiden (Miller & Eimas, 1995).

Nog intrigerender is dat baby's bepaalde verschillen tussen talen kunnen onderscheiden. Tegen de tijd dat ze vierenhalve maand zijn, kunnen ze hun eigen naam onderscheiden van woorden die daarop lijken. Met vijf maanden kunnen ze het verschil horen tussen Nederlandse en Spaanse passages, zelfs als die qua metrum (ritme), aantal lettergrepen en voordrachtsnelheid heel veel op elkaar lijken. Er zijn zelfs aanwijzingen dat baby's van twee dagen oud al een voorkeur hebben voor de taal die door de mensen om hen heen wordt gesproken (Chonchaiya et al., 2013; Kuhl, 2006; Palmer et al., 2012; Rivera-Gaxiola, Silva-Pereyra & Kuhl, 2005).

Aangezien ze in staat zijn om zoiets subtiels als twee medeklinkers van elkaar te onderscheiden, is het niet verrassend dat baby's verschillende mensen van elkaar kunnen onderscheiden op basis van hun stem. Ze tonen zelfs al heel vroeg voorkeuren voor bepaalde stemmen. In een experiment konden pasgeboren baby's bijvoorbeeld een stem activeren door aan een synthetische tepel te zuigen. De baby's zogen aanzienlijk langer als ze de stem van hun moeder hoorden dan wanneer de stem van een onbekende was (De Casper & Fifer, 1980; Fifer, 1987).

Hoe ontstaan zulke voorkeuren? Eén hypothese is dat ze het gevolg zijn van prenatale blootstelling aan de stem van de moeder. Deze veronderstelling wordt gestaafd door het feit dat pasgeboren baby's de stem van hun vader niet preferen boven andere mannenstemmen. Bovendien horen ze liever melodieën die hun moeder zong voordat ze werden geboren dan andere melodieën. De prenatale blootstelling aan hun moeders stem, ook al werd die gedempt door de vloeibare omgeving van de baarmoeder, lijkt dus invloed te hebben op de luistervoorkeuren van baby's (De Casper & Prescott, 1984; Jardri et al., 2012; Kisilevsky et al., 2009; Vouloumanos & Werker, 2007).

5.3.3 Reuk en smaak

Wat doen baby's als ze een rot ei ruiken? Eigenlijk hetzelfde als volwassenen: ze halen hun neus op en kijken ongelukkig. De geur van bananen en boter wekt

De reukzin van baby's is zo goed ontwikkeld dat ze hun moeder aan haar geur kunnen herkennen.

Bron: Owen Franken; Corbis/Bettmann

bij baby's juist een plezierige reactie op (Pomares, Schirrer & Abadie, 2002; Steiner, 1979). De reukzin is zelfs bij heel jonge baby's zo goed ontwikkeld dat sommige twaalf tot achttien dagen oude baby's hun moeder puur op basis van geur herkennen. In een experiment werden baby's blootgesteld aan de geur van verbandgaasjes die volwassenen de avond tevoren onder hun arm hadden gedragen. Baby's die borstvoeding kregen, konden de geur van hun moeder onderscheiden van de geur van andere volwassenen. Niet alle baby's waren hier echter toe in staat. Baby's die flesvoeding kregen, konden het onderscheid niet maken. Bovendien kon geen van beide groepen de geur van hun vader onderscheiden (Allam, Marlier & Schaal, 2006; Lipsitt & Rovee-Collier, 2012; Mizuno & Ueda, 2004).

Smaak blijkt bij baby's ook buitengewoon ver ontwikkeld. Sommige reacties zijn al aanwezig bij de geboorte, zoals walging bij een bittere smaak. Bovendien lijken baby's meteen vanaf hun geboorte zoetekauwen te zijn: heel jonge baby's glimlachen als er een zoete vloeistof op hun tong wordt gedruppeld. Ook zuigen ze harder aan een fles als die gezoet is. Omdat moedermelk een zoete smaak heeft, zou deze voorkeur een aspect kunnen zijn van onze evolutionaire erfenis: baby's die de voorkeur gaven aan zoet hadden wellicht meer kans om voldoende voedingsstoffen binnen te krijgen en te overleven dan baby's die dat niet hadden (Porges & Lipsitt, 1993; Rosenstein & Oster, 1988; Steiner, 1979).

Baby's ontwikkelen ook voorkeuren op basis van wat hun moeder dronk tijdens de zwangerschap. Uit één onderzoek bleek bijvoorbeeld dat vrouwen die wortelsap dronken tijdens hun zwangerschap kinderen kregen die als baby een voorkeur hadden voor worteltjes (Mennella, 2000).

5.3.4 Gevoeligheid voor pijn en aanrakingen

Nu Yaron Rosenblatt acht dagen oud is, wordt hij volgens de oude joodse traditie besneden. Terwijl hij in zijn vaders armen ligt, wordt de voorhuid van zijn penis verwijderd. Hoewel Yaron het uitschreeuwt van wat in de ogen van zijn ongeruste ouders pijn lijkt, kalmeert hij al snel en valt hij weer in slaap. Andere familieleden die bij de ceremonie aanwezig zijn, verzekeren zijn ouders ervan dat baby's van Yarons leeftijd niet echt pijn voelen, althans niet zoals volwassenen.

Hebben Yarons familieleden gelijk als ze zeggen dat jonge baby's geen pijn voelen? Vroeger zouden veel medici dat beaamd hebben. Sterker nog: omdat artsen ervan uitgingen dat baby's geen echte pijn konden voelen, werden bij baby's medische handelingen, en zelfs operaties, zonder pijnstillers of verdoving uitgevoerd. Volgens deze artsen wogen de risico's van het gebruik van verdoving niet op tegen de potentiële pijn die de baby's voelden.

Tegenwoordig wordt algemeen aangenomen dat baby's geboren worden met het vermogen om pijn te voelen. Natuurlijk is het niet te controleren of de pijn die kinderen voelen dezelfde is als de pijn van volwassenen, net zomin als we kunnen zeggen of een volwassen vriend die klaagt over hoofdpijn, pijn ervaart die erger of minder erg is dan onze eigen pijn wanneer we hoofdpijn hebben.

Wat we wel weten, is dat pijn bij baby's leidt tot tekenen van agitatie, zoals een snellere hartslag, zweten, gezichtsuitdrukkingen die aangeven dat ze het niet naar hun zin hebben en veranderingen in de intensiteit en de toon van hun huilen (Kohut & Pillai, 2008; Rodkey & Riddell, 2013; Simons et al., 2003; Warnock & Sandrin, 2004). Daaruit kunnen we opmaken dat baby's wel degelijk pijn voelen.

Daarnaast lijken reacties op pijn sterker te worden naarmate kinderen ouder worden. Een pasgeboren baby die een hielprik krijgt voor een bloedtest reageert geagiteerd, maar het duurt een aantal seconden voor hij die reactie toont. Een paar maanden later roept dezelfde procedure al een directe reactie op. Mogelijk wordt de vertraagde reactie bij baby's veroorzaakt door de relatief tragere overdracht van informatie binnen het zenuwstelsel van de pasgeborene (Anand & Hickey, 1992; Axia, Bonichini & Benini, 1995; Puchalski & Hummel, 2002).

Bovendien blijkt uit onderzoek met ratten dat blootstelling aan pijn in de babytijd permanente veranderingen in het zenuwstelsel kan veroorzaken die kunnen leiden tot een grotere gevoeligheid voor pijn in de volwassenheid. Zulke bevindingen geven aan dat mensen die als baby uitgebreide en pijnlijke medische behandelingen en tests moesten ondergaan, op latere leeftijd ongewoon gevoelig zijn voor pijn (Ozawa et al., 2011; Ruda et al., 2000; Taddio, Shah & Gilbert-Macleod, 2002).

In reactie op het groeiende bewijs dat baby's pijn voelen en dat die pijn langetermijneffecten kan hebben, zijn medici tegenwoordig zelfs bij de allerjongste baby's voorstander van het gebruik van pijnstillers en verdovingen (Sato et al., 2007; Urso, 2007; Yamada et al., 2008).

Reacties op aanrakingen

Pijn is bij lange na niet de enige manier om de aandacht van een baby te trekken. Zelfs de kleinste baby's reageren op lichte aanrakingen, zoals een troostende aai om een huilende, geagiteerde baby te kalmeren (Gitto et al., 2012; Hertenstein 2002; Hertenstein & Campos, 2001).

De tastzin is zelfs een van de meest geavanceerde zintuigen bij een pasgeboren baby. Het is ook een van de eerste zintuigen die zich ontwikkelt: 32 weken na de conceptie blijkt het hele lichaam al gevoelig voor aanrakingen. Bovendien zouden verschillende fundamentele reflexen die aanwezig zijn bij de geboorte, zoals de zoekreflex, hun werk niet kunnen doen als een baby niet gevoelig was voor aanrakingen. Een baby moet een aanraking in de buurt van zijn mond voelen om automatisch naar een tepel te kunnen zoeken waaraan hij kan zuigen (Haith, 1986).

De tastzin komt baby's vooral van pas bij hun pogingen om de wereld te verkennen. Kinderen vergaren onder andere informatie over de wereld door dingen aan te raken. Met zes maanden steken baby's bijna alles wat ze in hun hand hebben in hun mond. Blijkbaar geeft hun zintuiglijke reactie op het gevoel van een object in hun mond informatie over de aard van dat object (Ruff, 1989).

Tastzin speelt ook een belangrijke rol bij de toekomstige ontwikkeling van een organisme. Dit zintuig zet namelijk een complexe chemische reactie in gang die kinderen helpt te overleven. Lichte massage stimuleert bijvoorbeeld de productie van bepaalde chemische stoffen in de hersenen van een baby die de aanzet geven tot groei. Aanraking is ook geassocieerd met sociale ontwikkeling. De hersenen lijken bovendien voorbereid om positief op langzame, zachte aanrakingen te reageren (Diego, Field & Hernandez-Reif, 2009; Gordon, 2013; Kersten, 2011).

De tastzin is bij de geboorte een van de verst ontwikkelde zintuigen.

Bron: Honqi Zhang/123RF

5.3.5 Multimodale perceptie: de input van individuele zintuigen gecombineerd

> Erik, een baby van zeven maanden, krijgt een piepend rubberen poppetje van zijn opa en oma. Hij steekt direct zijn handen ernaar uit, grijpt het beet en luistert naar het gepiep. Hij lijkt dolblij met het cadeautje.

We zouden Eriks zintuiglijke reactie op het poppetje kunnen benaderen door ons te richten op elk individueel zintuig: hoe het poppetje eruitziet voor Erik, hoe het aanvoelt in zijn handen en hoe het klinkt. Dit is lange tijd de standaardbenadering geweest bij het onderzoek naar sensatie en perceptie in de babytijd.

Er is ook een andere benadering mogelijk: we kunnen kijken hoe de verschillende zintuiglijke reacties met elkaar geïntegreerd zijn. In plaats van ons op elke individuele zintuiglijke reactie te richten, kunnen we onderzoeken hoe die reacties samenwerken en gezamenlijk Eriks uiteindelijke reactie bepalen. Aan de hand van deze **multimodale benadering van perceptie** wordt bekeken hoe informatie die wordt opgevangen door verschillende individuele zintuigen, wordt geïntegreerd en gecoördineerd.

Multimodale benadering van perceptie: benadering waarbij bekeken wordt hoe informatie die wordt opgevangen door verschillende individuele zintuigen, wordt geïntegreerd en gecoördineerd.

Hoewel de multimodale benadering een relatief recente innovatie is binnen het onderzoek naar de manier waarop baby's hun zintuiglijke wereld interpreteren, roept zij een aantal fundamentele vragen op over de ontwikkeling van perceptie en sensatie. Volgens sommige onderzoekers zijn sensaties bij baby's al van het begin af aan geïntegreerd, terwijl andere beweren dat de zintuigen in eerste instantie afzonderlijk werken en dat de ontwikkeling van de hersenen ervoor zorgt dat ze steeds verder geïntegreerd raken (De Gelder, 2000; Flom & Bahrick, 2007; Lewckowicz, 2002).

We weten nog niet welke opvatting de juiste is. Het lijkt er echter wel op dat baby's al heel vroeg het verband kunnen leggen tussen wat ze via verschillende zintuigen over een object te weten zijn gekomen. Zelfs baby's van een maand oud kunnen objecten die ze eerder in hun mond hebben gehad maar nooit hebben gezien, visueel herkennen (Steri & Spelke, 1988). Blijkbaar is enige dialoog tussen verschillende zintuigen een maand na de geboorte al mogelijk.

Het feit dat baby's in staat zijn tot multimodale perceptie is wederom een voorbeeld van hun geavanceerde perceptuele vermogens, die zich de eerste jaren steeds verder blijven ontwikkelen. Die ontwikkeling wordt gestimuleerd doordat baby's zogenaamde **affordances** ontdekken: de actiemogelijkheden die een bepaalde situatie of stimulus verschaft. Baby's leren bijvoorbeeld dat ze kunnen vallen als ze een steile helling af lopen. Zulke kennis is van cruciaal belang wanneer baby's de overstap maken van kruipen naar lopen. Ook leren ze dat een object met een bepaalde vorm uit hun handen kan glijden als ze het niet op de juiste manier vasthouden. Erik leert bijvoorbeeld dat zijn rubberen poppetje verschillende affordances heeft: hij kan het vastpakken en erin knijpen, hij kan luisteren naar het gepiep ervan en hij kan er ook nog lekker op kauwen als zijn tandjes doorkomen (Flom & Bahrick, 2007; Huang, C-T, 2012; Rocha et al., 2013; Wilcox et al., 2007).

Affordances: de actiemogelijkheden die een bepaalde situatie of stimulus verschaft.

ONTWIKKELINGSPSYCHOLOGIE IN HET DAGELIJKS LEVEN

Lichaams- en zintuigoefeningen met een baby

We hebben gezien dat de ervaringen van groeiende baby's hun weerslag hebben op hun motorische en zintuiglijke ontwikkeling. Denk bijvoorbeeld nog eens terug aan de invloed van de culturele omgeving en de culturele verwachtingen van de leeftijd waarop verschillende fysieke mijlpalen, zoals het eerste stapje, worden bereikt. Betekent dit dat ouders de ontwikkeling van hun kinderen moeten proberen te versnellen?

Hoewel deskundigen het hierover niet helemaal eens zijn, denken de meeste dat versnelling weinig voordelen oplevert. Er bestaan geen gegevens waaruit blijkt dat een kind dat met tien maanden loopt, het later beter doet dan een kind dat met vijftien maanden loopt.

Toch moeten ouders ervoor zorgen dat hun kinderen fysiek en zintuiglijk gezien voldoende gestimuleerd worden. Dat kunnen zij op verschillende manieren doen:

- Draag een baby in verschillende posities: in een rugzak, in een buikdrager of in de rugbyhouding, waarbij het hoofd van het kind in je handpalm rust en zijn voeten op je arm liggen.
- Laat baby's de wereld om hen heen verkennen. Plaats ze niet te lang in een omgeving zonder stimuli. Laat ze rondkruipen of ronddwalen nadat je eerst de omgeving kindveilig hebt gemaakt door gevaarlijke objecten te verwijderen.
- Doe fysieke spelletjes met je kinderen. Stoeien, dansen en over de grond rollen zijn activiteiten die leuk zijn en die de motorische en zintuiglijke systemen van oudere baby's stimuleren.
- Laat baby's hun eten aanraken en er zelfs mee spelen. Een baby is nog te klein om tafelmanieren te leren.
- Zorg voor speelgoed dat de zintuigen stimuleert, en dan vooral speelgoed dat meer dan één zintuig tegelijk activeert. Felgekleurde, ruw aanvoelende speeltjes die geluid maken en beweegbare onderdelen hebben, zijn leuk om mee te spelen en bevorderen de ontwikkeling van de zintuigen.

TERUGBLIK

▷ 5.1 Groei en ontwikkeling

- Mensenbaby's worden snel langer en zwaarder, vooral tijdens de eerste twee jaar van hun leven.
- Belangrijke principes die ten grondslag liggen aan de menselijke groei zijn onder andere het cefalocaudale principe, het proximodistale principe, het principe van hiërarchische integratie en het principe van de onafhankelijkheid van systemen.
- Het zenuwstelsel bevat een enorme hoeveelheid neuronen, meer dan een volwassene nodig heeft. Synaptisch snoeien is het proces waarbij overbodige neuronen afsterven.
- Om te overleven en een functie te krijgen, moeten neuronen verbindingen vormen met andere neuronen. Dat gebeurt op basis van de ervaringen die een baby in de wereld opdoet. Neuronen die niet worden gebruikt, gaan verloren als de baby zich verder ontwikkelt.
- De hersenen kunnen beschadigd raken door het kind hardhandig te schudden. Dit wordt het shakenbaby-syndroom genoemd, een aandoening die tot ernstige problemen kan leiden en zelfs de dood tot gevolg kan hebben.
- De ontwikkeling van de hersenen, die grotendeels genetisch vastligt, kent een sterke mate van plasticiteit (gevoeligheid voor omgevingsinvloeden).
- Veel aspecten van de ontwikkeling voltrekken zich tijdens gevoelige perioden. Een organisme is dan extra gevoelig voor omgevingsinvloeden.
- Een van de primaire taken van de baby is de ontwikkeling van ritmen: cyclische patronen van gedrag. Een belangrijk ritme heeft betrekking op de gedragstoestand van de baby, oftewel de mate van bewustzijn die hij aan de dag legt bij stimulatie.
- Wiegendood is een raadselachtige stoornis waarbij ogenschijnlijk gezonde baby's in hun slaap overlijden. Hoewel er geen duidelijke verklaring of remedie voor wiegendood is gevonden, wordt ouders aangeraden hun baby's niet op hun zij of buik, maar op hun rug te laten slapen.

▷ 5.2 De fysieke ontwikkeling

- Reflexen zijn niet-aangeleerde, automatische reacties op stimuli die pasgeboren baby's helpen om te overleven en zich te beschermen.
- Sommige reflexen hebben ook waarde als basis voor toekomstige, bewustere gedragspatronen.
- De ontwikkeling van grove en fijne motorische vaardigheden verloopt in het algemeen snel. Baby's oefenen en breiden hun aangeboren repertoire van motorische vaardigheden uit volgens een algemeen consistent tijdschema.
- De dynamische systeemtheorie beschrijft hoe motorische vaardigheden worden samengesteld door de coördinatie van een breed scala aan vaardigheden die door een kind worden ontwikkeld, gecombineerd met de motivatie van het kind en de ondersteuning van zijn omgeving.
- Goede voeding is van essentieel belang voor de fysieke ontwikkeling.
- Borstvoeding heeft belangrijke voordelen ten opzichte van flesvoeding. Zo bevat borstvoeding alle benodigde voedingsstoffen, verschaft ze een bepaalde mate van bescherming tegen sommige kinderziekten en is ze licht verteerbaar. Bovendien biedt borstvoeding belangrijke fysieke en emotionele voordelen voor zowel moeder als kind.
- Aan de voeding van een baby worden geleidelijk verschillende soorten vast voedsel toegevoegd, een voor een om de voorkeuren en allergieën van het kind te leren kennen.
- Ondervoeding heeft invloed op fysieke aspecten van de groei en kan ook het IQ en de schoolprestaties negatief beïnvloeden.

- Obesitas kan ook bij baby's een probleem zijn, hoewel er geen duidelijk verband bestaat tussen obesitas bij baby's en obesitas op latere leeftijd.

▷ 5.3 De ontwikkeling van de zintuigen

- Sensatie, de stimulatie van de zintuigen, is iets anders dan perceptie, het interpreteren en integreren van door de zintuigen opgepikte stimuli.
- Zeer jonge baby's kunnen van dichtbij redelijk goed zien, en het gezichtsvermogen neemt tijdens de babytijd snel toe. Al binnen enkele uren na de geboorte prefereren baby's hun moeders gezicht boven andere gezichten. Als ze zo'n negen maanden oud zijn, kunnen baby's menselijke gezichten beter onderscheiden dan die van andere diersoorten.
- Het vermogen om te horen begint voor de geboorte. Baby's hebben een tamelijk goede gehoorperceptie na de geboorte, waaronder het vermogen om geluid te lokaliseren. Binnen enkele maanden kunnen baby's tonen onderscheiden en kunnen ze de fijne onderscheidingen maken die essentieel zijn voor hun toekomstige vermogen om spraak te begrijpen en produceren.
- De reukzin is bij de geboorte goed ontwikkeld, evenals het vermogen om zoete smaken van bittere te onderscheiden. Baby's lijken een aangeboren voorkeur voor zoete smaken te hebben.
- Tegenwoordig wordt algemeen erkend dat baby's worden geboren met het vermogen om pijn te ervaren. Tastzin is een van de sterkst ontwikkelde sensorische systemen in een pasgeborene. Het is ook een van de eerste zintuigen die zich ontwikkelt.
- Baby's gebruiken hun zeer goed ontwikkelde tastzin om de wereld te verkennen en te ervaren. Pas recent is duidelijk geworden dat de tastzin ook een belangrijke rol speelt bij de toekomstige ontwikkeling van het individu.

BELANGRIJKE TERMEN EN BEGRIPPEN

Affordances
Bayley Scales of Infant Development (BSID-III)
Cefalocaudaal principe
Dynamische systeemtheorie
Failure-to-thrive-syndroom
Gedragstoestand
Gevoelige periode
Hersenschors
Kwashiorkor
Marasme
Multimodale benadering van perceptie
Myeline
Neuron
Neurotransmitter
Normen
Obesitas
Perceptie
Plasticiteit
Principe van de onafhankelijkheid van systemen
Principe van hiërarchische integratie
Proximodistaal principe
Rapid eye movement (REM)-slaap
Reflex
Ritmen
Sensatie
Synaps
Wiegendood

MyLab | Nederlandstalig

Op www.pearsonmylab.nl vind je studiemateriaal en de eText om je begrip en kennis van dit hoofdstuk uit te breiden en te oefenen.

Bron: Russell Kord/Alamy

HOOFDSTUK 6 DE COGNITIEVE ONTWIKKELING IN DE BABYTIJD

HOOFDSTUK 6 IN VOGELVLUCHT

PROLOOG: De vergeten herinneringen van Simona Young

Simona Young had de pech dat ze als baby vrijwel geen contact had met andere mensen. Ze lag wel twintig uur per dag alleen in een wieg in een smerig Roemeens weeshuis. Af en toe verscheen er een koude fles melk boven haar hoofd, die ze vastgreep om genoeg voedsel binnen te krijgen. Ze werd zelden aangeraakt of getroost. Ze zat urenlang alleen heen en weer te wiegen in haar deprimerende omgeving.

Simona's verhaal kende echter een gelukkige afloop. Nadat ze op haar tweede geadopteerd was door een Canadese familie, werd Simona's leven gevuld met de gebruikelijke kinderactiviteiten en kreeg ze vrienden, klasgenootjes en, het belangrijkste van alles, een liefhebbend gezin om zich heen. Op zesjarige leeftijd kon ze zich zelfs bijna niets meer herinneren van haar ellendige leven in het weeshuis. Het leek of ze het verleden volledig was vergeten (Blakeslee, 1995, p. C1).

De ontwikkeling van een kind kan door verschillende factoren worden beïnvloed, zoals een nare ervaring in de vroegste jeugd.
Bron: Josef Polleross/The Image Works

Op www.pearsonmylab.nl vind je vragen bij deze proloog ter verwerking van de stof uit dit hoofdstuk.

Vooruitblik

Is Simona de eerste twee jaar van haar leven echt vergeten of bestaan haar herinneringen nog, verborgen achter meer recente en plezierige herinneringen? Zal haar verleden ooit weer bovenkomen? En zelfs als ze zich niets herinnert van die tijd, is haar verleden dan toch van invloed op haar ontwikkeling?

Dergelijke vragen gaan over de kern van de aard van het geheugen in de vroegste kindertijd. Het is duidelijk dat kleine kinderen informatie onthouden, anders zouden ze niet kunnen praten, zouden ze anderen niet kunnen herkennen en zouden ze in algemene zin niet in staat zijn om de enorme vooruitgang in cognitieve ontwikkeling te boeken waarvan in hun kindertijd sprake is.

In dit hoofdstuk gaan we in op dergelijke vragen. We bespreken de cognitieve ontwikkeling tijdens de eerste levensjaren en concentreren ons daarbij op onderzoek van ontwikkelingspsychologen die proberen te begrijpen hoe kleine kinderen hun kennis van en inzicht in de wereld ontwikkelen. Allereerst bespreken we het werk van de Zwitserse psycholoog Jean Piaget, wiens invloedrijke theorie van ontwikkelingsstadia de aanzet heeft gevormd voor veel onderzoek naar cognitieve ontwikkeling. We behandelen zowel de beperkingen als de bijdragen van het werk van deze belangrijke ontwikkelingstheoreticus.

Vervolgens gaan we in op actuele opvattingen over cognitieve ontwikkeling, waarbij we theorieën over informatieverwerking onderzoeken die een verklaring geven voor de manier waarop cognitieve groei zich voordoet. Nadat we hebben gezien hoe baby's leren, onderzoeken we de werking van hun geheugen en de manier waarop ze informatie verwerken, opslaan en terugvinden. We staan stil bij een controversiële kwestie: de herinnering van gebeurtenissen die hebben plaatsgevonden in de babytijd. Ook kijken we naar individuele verschillen in intelligentie.

Tot slot houden we ons bezig met taal, de cognitieve vaardigheid die kinderen in staat stelt met anderen te communiceren. We kijken naar prelinguïstische spraak en we traceren de mijlpalen binnen de taalontwikkeling van een baby, van de eerste woordjes tot de vorming van hele zinnen. Ook kijken we naar de manier waarop mensen met baby's communiceren. Daarin ontdekken we een aantal verrassende universele principes.

6.1 Cognitieve ontwikkeling volgens Piaget

De vader van Sophie ruimt vandaag voor de derde keer de rotzooi op die onder haar kinderstoel ligt. De laatste tijd vindt Sophie het prachtig om eten vanaf haar kinderstoel naar beneden te gooien. Ze laat ook speelgoed, lepels en allerlei andere dingen vallen, puur om te kijken hoe ze de grond raken. Het lijkt wel alsof ze wil ontdekken wat voor geluid de dingen maken of hoe hard ze spetteren als ze op de grond terechtkomen.

De Zwitserse psycholoog Jean Piaget (1896-1980) zou waarschijnlijk beamen dat Sophie haar eigen experimenten uitvoert om te leren hoe haar wereld in elkaar zit. De visie van Piaget op de manier waarop baby's leren kan in één eenvoudige vergelijking worden samengevat: *actie = kennis*. Volgens Piaget doen kinderen geen kennis op via feiten die gecommuniceerd worden door anderen of via sensatie en perceptie. Hij meende dat kennis het resultaat is van direct motorisch gedrag. Hoewel veel van zijn fundamentele verklaringen en beweringen door later onderzoek in twijfel zijn getrokken, is zijn opvatting dat baby's vooral leren door te doen overeind gebleven (Bullinger, 1997; Piaget, 1952, 1962, 1983).

6.1.1 Belangrijke elementen van Piagets theorie

Zoals we al opmerkten in paragraaf 2.1.3 is de ontwikkelingstheorie van Piaget gebaseerd op een stadiamodel. Hij ging ervan uit dat alle kinderen van geboorte tot adolescentie in een vaste volgorde vier universele stadia doorlopen: het sensomotorische stadium (0-2 jaar), het preoperationele stadium (2-7 jaar), het concreet operationele stadium (7-12 jaar) en het formeel operationele stadium (12 jaar tot volwassenheid). Hij meende dat de overgang van het ene naar het andere stadium plaatsvindt wanneer een kind het juiste niveau van fysieke rijping heeft bereikt én is blootgesteld aan relevante ervaringen. Zonder die ervaringen zouden kinderen niet in staat zijn om hun cognitieve potentieel te bereiken.

Bovendien is het volgens de theorie van Piaget van cruciaal belang om ook te kijken naar de veranderingen in de *kwaliteit* van de kennis en het begrip van kinderen. Tijdens de cognitieve ontwikkeling van kinderen verandert bijvoorbeeld hun begrip van wat wel en niet kan in de wereld. Neem een baby die tijdens een experiment wordt blootgesteld aan een onmogelijke gebeurtenis. Dankzij slimme trucage met spiegels ziet deze baby tegelijkertijd drie identieke versies van zijn moeder. Een baby van drie maanden maakt zich niet druk over de meervoudige verschijning en zal vrolijk met elke spiegeling proberen te communiceren. Een kind dat vijf maanden is, raakt echter behoorlijk geagiteerd bij het zien van verschillende moeders. Blijkbaar is het kind er op die leeftijd achter dat het maar één moeder heeft en is het uiterst alarmerend om er drie tegelijk te zien (Bower, 1977). Volgens Piaget wijzen zulke reacties erop dat een baby bezig is een aantal onderliggende principes te doorgronden met betrekking tot hoe de wereld in elkaar zit. Dat geeft aan dat de baby begonnen is met het construeren van een mentaal begrip van de wereld dat hij twee maanden eerder niet had.

Schema: georganiseerde mentale structuur en patronen.

Piaget geloofde dat mentale structuren, die hij **schema's** noemde, de fundamentele bouwstenen zijn van de manier waarop wij de wereld zien. Om het concept van Piagets schema's te begrijpen, kun je het beste denken aan een vogel. Heb je er een in gedachten? Stel je dan nu eens een vriendelijke vogel voor. En stel je vervolgens een kwakende vogel voor. Mogelijk zag je in de eerste instantie adelaars en haviken voor je (beide zijn vogels). Daarna heb je je keuze beperkt tot mussen en eenden (vriendelijke vogels), en ten slotte bleven alleen eenden over (die kwaken). Het gemak waarmee je deze stappen hebt gezet, is te danken aan je mentale structuren of schema's. Naarmate we onze kennis uitbreiden en organiseren, vormen en veranderen we onze schema's. Schema's zijn te vergelijken met computersoftware: ze bepalen hoe gegevens van de wereld, zoals nieuwe gebeurtenissen of objecten, beoordeeld en behandeld worden (Achenbach, 1992; Rakison & Krogh, 2012; Rakison & Oakes, 2003).

Als een baby bijvoorbeeld een nieuw stoffen boekje krijgt, zal hij het aanraken en in zijn mond steken. Misschien zal hij ook proberen het te verscheuren of ermee op de grond te slaan. Volgens Piaget vertegenwoordigt elk van deze acties een schema en zijn die schema's de manier waarop de baby kennis over en inzicht in dit nieuwe object vergaart. Volwassenen zouden een ander schema gebruiken als ze het boekje onder ogen krijgen. Ze zullen het niet oppakken en in hun mond steken of ermee op de vloer slaan. Hun aandacht zal waarschijnlijk uitgaan naar de letters op de pagina's. Zij proberen het boek te begrijpen via de betekenis van de gedrukte woorden – een totaal andere benadering.

Adaptatie: de eigenschap van iemand om zich aan te passen aan zijn omgeving.

Piaget meende dat adaptatie ten grondslag ligt aan de groei van schema's. **Adaptatie** is de eigenschap van iemand om zich aan te passen aan zijn omgeving. Adaptatie bestaat uit twee aparte processen: assimilatie en accommodatie (zie ook paragraaf 2.1.3). Gewoonlijk passen we die onbewust toe. Vaak vinden ze in razend tempo na elkaar plaats, zonder dat we dat weten. Dat doen we in eerste instantie door iets nieuws te 'plaatsen' binnen wat we al weten en begrijpen van de wereld zoals die ons bekend is. Dit noemen we **assimilatie**. Daarom maakt een jonge baby de wereld 'grijpbaar' door alles binnen zijn bereik vast te pakken en zintuiglijk te onderzoeken. Een baby die op een rammelaar probeert te zuigen, assimileert de rammelaar bijvoorbeeld aan zijn bestaande zuigschema. En een kind dat een vliegende eekhoorn in de dierentuin een vogel noemt, assimileert de eekhoorn aan zijn bestaande schema van 'vogel', omdat hij de eekhoorn zag vliegen als een vogel.

Assimilatie: het proces waarmee mensen ervaringen interpreteren aan de hand van hun huidige cognitieve ontwikkelingsstadium en denkwijze.

Er komt echter een moment waarop de baby toe is aan bijstelling van zijn denkkader. Dat gebeurt als hij merkt dat hij geen nieuwe informatie meer opdoet op deze manier. Dan vindt **accommodatie** plaats. Heeft de baby op de voor hem vertrouwde manier alle mogelijkheden van een speeltje verkend, dan gaat hij zich inspannen om te onderzoeken welke mogelijkheden het speeltje nog meer heeft. Sabbelen aan een rammelaar zal hierdoor langzaam overgaan in het schudden ermee. Hiermee accommodeert hij zijn schema aan de specifieke eigenschappen van het speeltje. En een kind dat een vliegende eekhoorn ziet en het 'een vogel met een staart' noemt, accommodeert nieuwe kennis door zijn schema van 'vogel' te wijzigen. Elk kind gaat dus allereerst uit van wat het snapt en kan. Nieuwe informatie is altijd welkom, maar die informatie moet dan wel voldoende aanknopingspunten hebben bij wat al bekend is. Op dat moment kan het kind een verband leggen en zal het een stapje verder doen.

Accommodatie: het proces waarmee mensen bestaande manieren van denken of doen veranderen als reactie op ontmoetingen met nieuwe stimuli of gebeurtenissen.

De Zwitserse psycholoog Jean Piaget.

Bron: Farrell Grehan/Historical/Corbis

Piaget geloofde dat de vroegste schema's zich voornamelijk beperken tot de reflexen waarmee we allemaal geboren worden, zoals zuigen en zoeken. Baby's beginnen deze eenvoudige vroege schema's bijna direct door middel van assimilatie en accommodatie te wijzigen, in reactie op hun sensomotorische verkenning van de omgeving. Schema's worden al snel complexer als baby's hun motorische vaardigheden verder ontwikkelen – volgens Piaget een signaal van het potentieel voor verdere cognitieve ontwikkeling. Omdat het sensomotorische ontwikkelingsstadium begint bij de geboorte en doorloopt tot het kind ongeveer twee jaar is, behandelen we dat stadium hier uitgebreid. De ontwikkeling tijdens de andere stadia komt in latere hoofdstukken aan bod.

6.1.2 De sensomotorische periode: de basis van de vroege cognitieve groei

Sensomotorisch stadium: het eerste stadium in Piagets theorie, waarin het kind sterk afhankelijk is van zijn aangeboren motorische reacties op stimuli.

Volgens Piaget kan het **sensomotorische stadium**, het eerste belangrijke stadium van de cognitieve ontwikkeling waarbij motorische reacties op zintuiglijke informatie belangrijk zijn, worden onderverdeeld in zes substadia. Hieronder zullen we uitgebreid ingaan op de verschillende substadia.

Substadium 1: eenvoudige reflexen (0-1 maand)

Het eerste substadium van de sensomotorische periode, het stadium van de eenvoudige reflexen, voltrekt zich in de eerste maand van het leven. In deze periode vormen verschillende aangeboren reflexen, die zijn beschreven in hoofdstuk 4 en 5, de kern van het cognitieve leven van een baby; ze bepalen de aard van zijn interacties met de wereld. De zuigreflex zorgt er bijvoorbeeld voor dat de baby zuigt op alles wat zijn lippen raakt. Dit zuiggedrag verschaft een pasgeborene volgens Piaget informatie over objecten, informatie die de weg vrijmaakt voor het volgende stadium van de sensomotorische periode.

Tegelijkertijd treden in een aantal reflexen veranderingen op als gevolg van de ervaringen die een baby opdoet met de buitenwereld. Een baby die zowel borstvoeding als flesvoeding krijgt, kan bijvoorbeeld op een andere manier gaan zuigen afhankelijk van wat er wordt aangeboden: tepel of speen.

Substadium 2: eerste gewoonten en primaire circulaire reacties (1-4 maanden)

Het tweede substadium van de sensomotorische periode, eerste gewoonten en primaire circulaire reacties, vindt plaats in de leeftijd van een tot vier maanden. In deze periode beginnen baby's eerdere afzonderlijke acties tot geïntegreerde activiteiten te coördineren. Een baby grijpt bijvoorbeeld een object vast en zuigt er tegelijkertijd aan. Of hij staart naar een object terwijl hij het aanraakt.

Als een activiteit de interesse van een baby heeft gewekt, zal hij die vaak steeds weer herhalen, eenvoudigweg omdat hij de ervaring ervan wil blijven ondergaan. Sophies 'experimenten' met zwaartekracht in haar kinderstoel zijn hiervan een voorbeeld. Deze herhaling van een willekeurige motorische handeling helpt de baby een begin te maken met de ontwikkeling van cognitieve schema's via een proces dat **circulaire reactie** heet. Primaire circulaire reacties zijn schema's die betrekking hebben op de herhaling van interessante of prettige acties, gewoon omdat ze leuk zijn om te doen. Piaget noemde dit primaire schema's, omdat de activiteiten die erbij horen zich richten op het lichaam van de baby. Wanneer een baby voor het eerst zijn duim in zijn mond steekt en begint te zuigen, is dat puur toeval. Maar als hij daarna herhaaldelijk op zijn duim zuigt, wordt het een primaire circulaire reactie die hij herhaalt omdat de sensatie van het zuigen plezierig is.

Circulaire reactie: een activiteit die de ontwikkeling van cognitieve schema's mogelijk maakt dankzij de herhaling van een willekeurige motorische handeling.

Substadium 3: secundaire circulaire reacties (4-8 maanden)

Substadium 3, het stadium van de secundaire circulaire reacties, voltrekt zich tussen de vier en acht maanden. In deze periode verleggen baby's hun cognitieve horizon naar de wereld buiten zichzelf en beginnen ze in te spelen op hun omgeving. Vanaf nu proberen ze bijvoorbeeld prettige gebeurtenissen in hun omgeving die ze bij toeval hebben veroorzaakt te herhalen. Een kind dat herhaaldelijk een rammelaar in zijn wieg oppakt en die op verschillende manieren schudt om te zien hoe het geluid verandert, toont dat het in staat is om zijn cognitieve schema te wijzigen met betrekking tot het schudden van rammelaars. Piaget noemt dit een secundaire circulaire reactie.

Secundaire circulaire reacties zijn schema's die betrekking hebben op herhaalde acties die een gewenst resultaat opleveren. Het belangrijkste verschil tussen primaire circulaire reacties en secundaire circulaire reacties is dat de activiteit van de baby in het eerste geval gericht is op hemzelf en zijn eigen lichaam en in het tweede geval op de buitenwereld.

In het derde substadium gaan baby's steeds meer hun stem gebruiken. Ze merken dat andere mensen daarop met hun eigen geluiden reageren. Ook beginnen ze de geluiden van anderen te imiteren. Vocalisatie wordt een secundaire circulaire reactie die uiteindelijk medebepalend is voor het ontwikkelen van taal en de vorming van sociale relaties.

Substadium 4: coördinatie van secundaire circulaire reacties (8-12 maanden)

Een van de grootste sprongen voorwaarts op het gebied van cognitieve ontwikkeling treedt op wanneer kinderen overgaan naar het volgende substadium, het stadium van de coördinatie van secundaire circulaire reacties. Dit stadium loopt van de achtste tot de twaalfde maand. Voor die tijd bestond het gedrag van een baby uit directe actie op objecten. Als er toevallig iets gebeurde wat zijn interesse wekte, probeerde hij die gebeurtenis te herhalen met behulp van een enkelvoudig schema. In substadium 4 gaan baby's gebeurtenissen echter op een meer gecoördineerde manier opwekken. Ze geven blijk van **intentioneel gedrag**, waarbij verschillende schema's gecombineerd en gecoördineerd worden tot één enkele actie om een probleem op te lossen. Zo zullen ze het ene speeltje wegduwen om een ander speeltje te kunnen pakken dat daar gedeeltelijk zichtbaar onder ligt. Ook beginnen ze op gebeurtenissen te anticiperen. Zodra Piagets acht maanden oude zoon Laurent bijvoorbeeld aan een bepaald door lucht veroorzaakt geluid herkende dat het einde van zijn fles in zicht was, probeerde hij hem niet tot de laatste druppel leeg te krijgen, maar duwde hij zijn fles weg (Piaget, 1952, p. 248-249).

Intentioneel gedrag: gedrag waarbij verschillende schema's gecombineerd en gecoördineerd worden tot één enkele actie om een probleem op te lossen.

De nieuw ontwikkelde intentionaliteit van baby's, hun vermogen om bepaalde middelen te gebruiken om bepaalde doelen te bereiken en hun vermogen om op toekomstige omstandigheden te anticiperen, zijn gedeeltelijk het resultaat van de ontwikkeling van objectpermanentie die zich in substadium 4 voltrekt. **Objectpermanentie** is het besef dat mensen en objecten niet ophouden te bestaan, ook al zijn ze onzichtbaar. Het is een eenvoudig principe met ingrijpende gevolgen.

Objectpermanentie: het besef dat mensen en objecten niet ophouden te bestaan, ook al zijn ze onzichtbaar.

Volgens Piaget proberen baby's prettige gebeurtenissen steeds vaker te herhalen door in te spelen op hun omgeving.

Bron: Gina Smith/Shutterstock

Neem bijvoorbeeld de zeven maanden oude Guus, die nog moet leren wat objectpermanentie is. De vader van Guus houdt een rammelaar voor zijn neus en schudt ermee. Vervolgens legt hij de rammelaar onder een deken. Voor Guus, die het begrip objectpermanentie nog niet begrijpt, bestaat de rammelaar niet meer. Hij zal geen pogingen doen om ernaar te zoeken.

Een paar maanden later, als hij in substadium 4 is beland, gaat het heel anders (zie figuur 6-1). Als zijn vader de rammelaar weer verstopt, probeert Guus de deken weg te trekken en zoekt hij actief naar het speeltje. Guus heeft duidelijk geleerd dat het object blijft bestaan, ook al is het niet zichtbaar.

Objectpermanentie beperkt zich niet tot objecten maar heeft ook betrekking op mensen. Het geeft Guus de verzekering dat zijn vader en moeder nog steeds bestaan, ook als ze de kamer hebben verlaten. Dit bewustzijn speelt waarschijnlijk een cruciale rol bij de ontwikkeling van sociale banden, waarop we in hoofdstuk 7 dieper zullen ingaan.

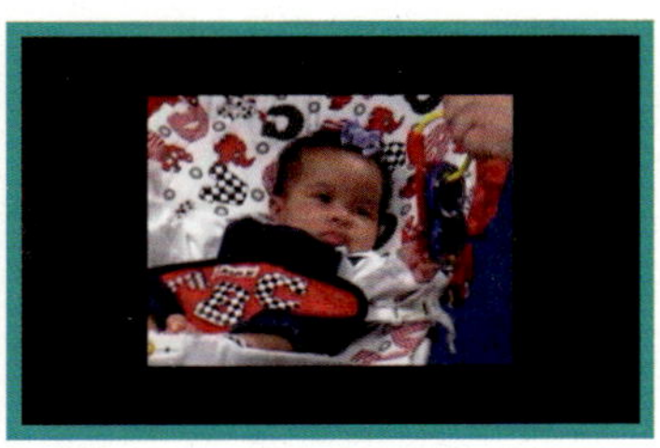

Zie MyLab voor de video: Objectpermanentie

Hoewel objectpermanentie zich manifesteert in substadium 4, kost het tijd voordat baby's het concept volledig onder de knie hebben. Ze blijven enkele maanden bepaalde soorten vergissingen maken die te maken hebben met objectpermanentie. Ze laten zich bijvoorbeeld vaak om de tuin leiden als een speeltje eerst onder de ene deken wordt verstopt en vervolgens onder een andere. Als baby's in substadium 4 het speeltje gaan zoeken, richten ze zich eerst op de eerste verstopplaats en negeren ze de tweede deken waaronder het speeltje op dat moment ligt, ook al werd het daar onder hun ogen verstopt.

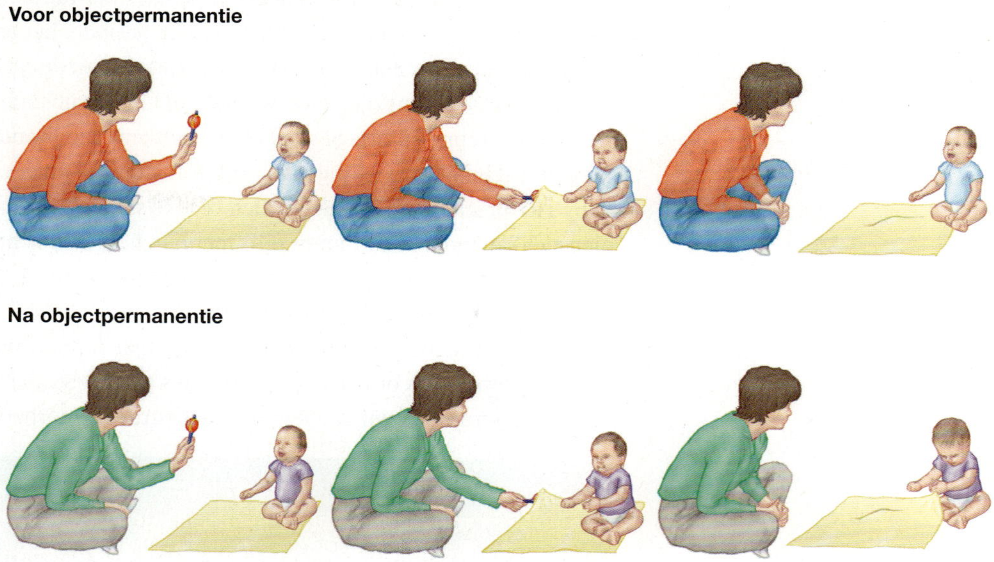

FIGUUR 6-1 Objectpermanentie

Als een baby nog niet heeft geleerd wat objectpermanentie is, zal hij niet naar een object zoeken dat vlak voor zijn neus verstopt werd. Maar een paar maanden later zal hij er wel naar gaan zoeken. Daaruit is af te leiden dat hij weet wat objectpermanentie is.

Substadium 5: tertiaire circulaire reacties (12-18 maanden)

Substadium 5, het stadium van de tertiaire circulaire reacties, wordt bereikt rond de leeftijd van twaalf maanden en duurt tot het kind achttien maanden is. Zoals al uit de naam blijkt, ontwikkelen baby's in deze periode volgens Piaget zogenaamde tertiaire circulaire reacties: schema's die betrekking hebben op de doelbewuste variatie van acties die tot gewenste resultaten leiden. Ze herhalen niet alleen maar prettige activiteiten, zoals het geval is bij secundaire circulaire reacties, maar lijken mini-experimenten uit te voeren om te zien wat de consequenties zijn.

Piaget zag bijvoorbeeld hoe zijn zoon Laurent steeds vanuit een andere positie een speelgoedzwaantje op de grond liet vallen, waarbij hij telkens aandachtig toekeek waar het viel. In plaats van de actie steeds te herhalen (zoals bij een secundaire circulaire reactie) bracht Laurent wijzigingen in de situatie aan om te zien wat voor consequenties die hadden. Zoals je je misschien nog herinnert van onze bespreking van onderzoeksmethoden in hoofdstuk 2, vormt dit gedrag de essentie van de wetenschappelijke werkwijze: een onderzoeker wijzigt een situatie in een laboratorium om te achterhalen wat de effecten van die wijziging zijn. Voor baby's in substadium 5 is de wereld hun laboratorium; ze voeren de hele dag op hun gemakje het ene mini-experiment na het andere uit. Ook Sophie, de baby die we eerder beschreven en die dingen uit haar kinderstoel liet vallen, is een kleine wetenschapper in actie.

Het opvallendst aan het gedrag van baby's in substadium 5 is hun belangstelling voor het onverwachte. Onverwachte gebeurtenissen worden niet alleen als interessant gezien, maar ook als iets wat verklaard en uitgelegd moet worden. De ontdekkingen van baby's kunnen leiden tot nieuwe vaardigheden, waarvan sommige een bepaalde chaos kunnen veroorzaken. Dat ondervond de vader van Sophie toen hij de rotzooi rond haar kinderstoel moest opruimen.

Substadium 6: het begin van denken (18-24 maanden)

Het laatste stadium van de sensomotorische periode, het begin van denken, begint ongeveer als het kind achttien maanden is en duurt tot de tweede verjaardag. De belangrijkste verworvenheid in dit substadium is het vermogen tot mentale representatie of symbolisch denken. Een **mentale representatie** is een innerlijke voorstelling van een gebeurtenis of object. Volgens Piaget zijn baby's in dit stadium in staat om zich voor te stellen waar objecten die ze niet zien zich bevinden. Ze kunnen zelfs met hun hoofd onzichtbare trajecten van objecten volgen. Als een bal onder een meubelstuk rolt, kunnen ze dus beredeneren waar die weer zal opduiken.

Mentale representatie: een innerlijke voorstelling van een gebeurtenis of object.

Dankzij hun nieuwe vermogen om innerlijke representaties van objecten te maken, gaan ze ook oorzaak-gevolgrelaties beter begrijpen. Toen Piagets zoon Laurent een tuinhek wilde opendoen, gebeurde bijvoorbeeld het volgende:

> Laurent probeert een tuinhek te openen, maar dat lukt hem niet omdat er een stoel achter staat. Aan de hand van wat hij ziet of hoort, kan hij niet verklaren waarom het hek niet open wil. Maar nadat hij hard heeft geduwd, lijkt hij het ineens te begrijpen: hij loopt om de muur heen, komt bij de andere kant van het hek, verplaatst de stoel die het hek verspert en opent het hek met een triomfantelijke blik (Piaget, 1954, p. 296).

Mentale representatie maakt ook een andere belangrijke ontwikkeling mogelijk: het vermogen om te doen alsof. Dankzij het vermogen dat Piaget **indirecte imitatie** noemt, waarbij een persoon die niet meer aanwezig is wordt geïmiteerd, kunnen kinderen doen alsof ze in een auto zitten, een pop voeren of eten koken lang nadat ze zulke scènes in het echt hebben aanschouwd. Voor Piaget was indirecte imitatie een duidelijk bewijs dat kinderen in staat zijn tot het vormen van innerlijke mentale representaties.

Indirecte imitatie: het imiteren van mensen en scènes die niet meer aanwezig zijn.

Kinderen die in staat zijn tot indirecte imitatie, kunnen mensen en scènes imiteren waarvan ze in het verleden getuige zijn geweest.

Bron: Sandro Di Carlo Darsa/Alamy

TABEL 6-1 **Piagets zes substadia van het sensomotorische stadium**

SUBSTADIUM	LEEFTIJD	OMSCHRIJVING	VOORBEELD
Substadium 1: eenvoudige reflexen	0-1 maand	In deze periode vormen de verschillende reflexen die bepalend zijn voor de interacties met de wereld de kern van het cognitieve leven.	De zuigreflex maakt dat de baby op alles zuigt wat zijn lippen raakt.
Substadium 2: eerste gewoonten en primaire circulaire reacties	1-4 maanden	Op deze leeftijd gaan baby's eerdere afzonderlijke acties combineren tot geïntegreerde activiteiten.	Een baby grijpt een object en zuigt er tegelijkertijd aan, of hij staart naar een object terwijl hij het aanraakt.
Substadium 3: secundaire circulaire reacties	4-8 maanden	In deze periode verleggen baby's hun cognitieve horizon naar de wereld buiten zichzelf en beginnen ze in te spelen op hun omgeving.	Een kind dat herhaaldelijk een rammelaar in zijn wieg oppakt en die op verschillende manieren schudt om te zien hoe het geluid verandert, toont aan dat hij zijn cognitieve schema met betrekking tot het schudden van rammelaars kan wijzigen.
Substadium 4: coördinatie van secundaire circulaire reacties	8-12 maanden	In dit stadium gaan kinderen gebeurtenissen bewuster tot stand brengen en combineren ze verschillende schema's tot één handeling. Hier ontwikkelt zich ook de objectpermanentie.	Een baby duwt een speeltje weg om een ander speeltje te kunnen pakken dat daar gedeeltelijk zichtbaar onder ligt.
Substadium 5: tertiaire circulaire reacties	12-18 maanden	Rond deze leeftijd ontwikkelen kinderen wat Piaget beschouwt als de intentionele variatie van acties die gewenste resultaten opleveren. Baby's herhalen niet alleen prettige activiteiten zoals in substadium 4, maar lijken mini-experimenten uit te voeren om te ontdekken wat de gevolgen zijn.	Een kind laat herhaaldelijk een speeltje vallen vanuit verschillende posities en kijkt steeds aandachtig hoe het valt.
Substadium 6: het begin van denken	18-24 maanden	De belangrijkste verandering in substadium 6 is het vermogen tot mentale representatie of symbolisch denken. Volgens Piaget kunnen baby's vanaf dit stadium bedenken waar onzichtbare objecten zouden kunnen zijn.	Kinderen kunnen zelfs met hun hoofd onzichtbare trajecten van objecten volgen. Als een bal onder een meubelstuk rolt, kunnen ze beredeneren waar die aan de andere kant weer zal verschijnen.

Hoewel kinderen de substadia van de sensomotorische periode op het eerste gezicht op een bepaalde leeftijd bereiken en dan soepel de overgang naar het volgende substadium maken, is de realiteit toch anders. Ten eerste kan de leeftijd waarop baby's een bepaald stadium bereiken per individu behoorlijk verschillen. De exacte timing van een stadium is een combinatie van het niveau van fysieke rijping van een baby en de aard van de sociale omgeving waarin hij opgroeit. Dus hoewel Piaget beweerde dat de volgorde van de substadia voor alle kinderen gelijk is, gaf hij toe dat de timing wel enigszins kan variëren.

Verder meende Piaget dat ontwikkeling een geleidelijker proces is dan men in eerste instantie uit de afbakening van de verschillende stadia zou afleiden. Baby's die zich in een bepaald substadium bevinden, gaan niet op een avond naar bed om de volgende ochtend in het volgende substadium wakker te worden. In plaats daarvan vindt er een geleidelijke verschuiving van gedrag plaats. Baby's doorlopen ook overgangsfasen, waarin sommige aspecten van hun gedrag al bij het volgende stadium passen, terwijl andere aspecten nog kenmerkend zijn voor het huidige stadium (zie figuur 6-2).

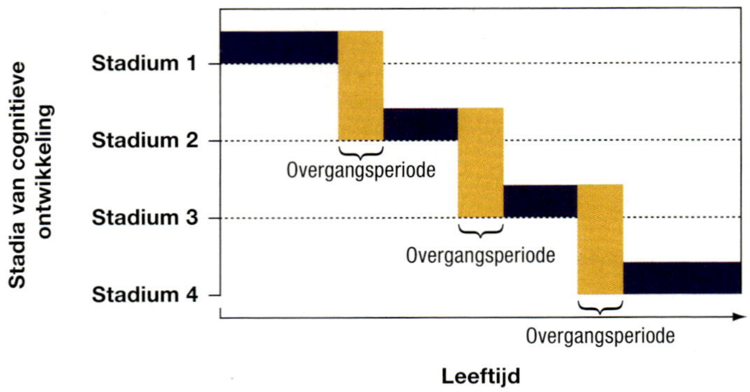

FIGUUR 6-2 **Overgangen**

Baby's maken nooit een abrupte overgang van het ene naar het andere cognitieve ontwikkelingsstadium. Volgens Piaget is er altijd sprake van een overgangsperiode, waarin een gedeelte van het gedrag past bij het ene stadium en een ander gedeelte van het gedrag kenmerkend is voor het volgende stadium.

6.1.3 Meningen over Piaget: steun en kritiek

De meeste psychologen zijn het in grote lijnen eens met Piagets beschrijving van het verloop van de cognitieve ontwikkeling van baby's (Harris, 1987; Marcovitch, Zelazo & Schmuckler, 2003). Aan de andere kant zijn specifieke aspecten van Piagets theorie door de jaren heen steeds kritischer bekeken. Zo blijkt uit recente onderzoeken dat de overgang van het ene naar het andere stadium minder abrupt verloopt dan Piagets theorie suggereert. De ontwikkelingsonderzoeker Robert Siegler beweert bijvoorbeeld dat cognitieve ontwikkeling niet in stadia maar in 'golven' plaatsvindt. Er is sprake van een komen en gaan van cognitieve strategieën die kinderen gebruiken om de wereld te begrijpen. De ene dag gebruiken ze de ene cognitieve strategie, en de andere dag kiezen ze voor een minder geavanceerde strategie. Dat proces duurt vrij lang. Hoewel een bepaalde strategie op een bepaalde leeftijd misschien het meest wordt gebruikt, hebben kinderen op die leeftijd nog steeds toegang tot alternatieve manieren van denken. Volgens Siegler is cognitieve ontwikkeling dus voortdurend in beweging (Opfer & Siegler, 2007; Siegler, 2003, 2007, 2012).

Andere critici verwerpen Piagets idee dat cognitieve ontwikkeling haar basis heeft in motorische activiteiten. Sommige ontwikkelingsdeskundigen beweren dat hij daarmee voorbijging aan het belang van de geavanceerde zintuiglijke en perceptuele systemen die al heel vroeg bij baby's aanwezig zijn. Piaget wist weinig over deze systemen, omdat veel van het onderzoek waaruit de complexiteit van die systemen naar voren kwam, veel later is uitgevoerd. In sommige onderzoeken is bijvoorbeeld gekeken naar kinderen die zonder armen en benen zijn geboren (bijvoorbeeld doordat hun moeder tijdens de zwangerschap teratogene medicijnen heeft gebruikt, zoals beschreven is in paragraaf 3.3.4). Deze onderzoeken tonen aan dat zulke kinderen zich cognitief gezien normaal ontwikkelen, hoewel ze bepaalde motorische activiteiten niet kunnen oefenen. Dit zou bewijzen dat het verband dat Piaget legde tussen motorische en cognitieve ontwikkeling overdreven is (Butterworth, 1994; Decarrie, 1969).

Ook bij Piagets opvatting dat objectpermanentie zich pas vlak voor de eerste verjaardag ontwikkelt, zetten deze critici vraagtekens. Sommige onderzoeken wijzen uit dat jongere kinderen objectpermanentie niet lijken te begrijpen, omdat de technieken die worden gebruikt om hun vermogens te testen niet gevoelig genoeg zijn voor hun werkelijke capaciteiten (Baillargeon, 2004, 2008; Vallotton, 2011; Walden et al., 2007).

Volgens onderzoeker Renée Baillargeon moeten baby's al met drieënhalve maand ten minste enig begrip van objectpermanentie hebben. Ze betoogt dat jongere baby's mogelijk niet naar een rammelaar zoeken die onder een deken verstopt is omdat ze de motorische vaardigheden nog niet bezitten die nodig zijn om te zoeken. Het is dan dus niet zo dat ze niet begrijpen dat de rammelaar er nog is. Het ogenschijnlijke onvermogen van jonge baby's om objectpermanentie te begrijpen, zegt misschien ook meer over hun nog gebrekkige geheugen dan over de afwezigheid van objectpermanentie. Misschien is het geheugen van een jonge baby wel zo slecht dat hij zich eenvoudigweg niet herinnert dat het speeltje verstopt werd (Hespos & Baillargeon, 2008). Ook andere typen gedrag lijken zich eerder te manifesteren dan Piaget dacht. Neem bijvoorbeeld het vermogen van baby's om al een paar uur na de geboorte basale gezichtsuitdrukkingen van volwassenen te imiteren, zoals we in paragraaf 4.3.4 zagen. De aanwezigheid van dat vermogen op zo'n jonge leeftijd is in strijd met Piagets opvatting dat baby's aanvankelijk alleen gedrag kunnen imiteren met behulp van delen van hun lichaam die ze duidelijk kunnen zien, zoals hun handen en voeten. Het imiteren van gezichtsuitdrukkingen wijst erop dat mensen geboren worden met een basaal vermogen om de handelingen van anderen te imiteren. Piaget meende dat deze capaciteit, die afhankelijk is van bepaalde soorten omgevingservaringen, zich pas later in de babytijd ontwikkelt (Gredebäck et al., 2012; Legerstee & Markova, 2008; Vanvuchelen, Roeyers & De Weerdt, 2011).

Het werk van Piaget lijkt bovendien meer van toepassing op kinderen uit westerse landen dan op kinderen uit niet-westerse culturen. Cognitieve vaardigheden blijken zich in niet-westerse culturen volgens een ander tijdschema te ontwikkelen dan in Europa en de Verenigde Staten. Baby's die opgroeien in Ivoorkust bereiken de verschillende substadia van de sensomotorische periode bijvoorbeeld eerder dan baby's die in Frankrijk opgroeien (Dasen et al., 1978; Mistry & Saraswathi, 2003; Tamis-LeMonda et al., 2012).

Ondanks deze vraagtekens bij Piagets opvattingen over de sensomotorische periode, geven zelfs zijn grootste critici toe dat hij een zeer kundige beschrijving heeft gegeven van de grote lijnen van de sensomotorische ontwikkeling in de babytijd. Hij leek de capaciteiten van jongere baby's te onderschatten en zat er waarschijnlijk naast met zijn bewering dat sensomotorische vaardigheden zich volgens een consistent, vast patroon ontwikkelen. Maar hij heeft een enorme invloed gehad, en hoewel veel hedendaagse onderzoekers hun aandacht hebben verlegd naar de nieuwere informatieverwerkingstheorie, die we hierna zullen bespreken, blijft Piaget een zeer grote naam op het gebied van de ontwikkeling (Kail, 2004; Maynard, 2008; Roth, Slone & Dar, 2000).

6.2 De informatieverwerkingstheorie van cognitieve ontwikkeling

> Op het gezicht van de drie maanden oude Noor breekt een glimlach door als haar broer Wout boven haar wieg komt staan, een pop pakt en tussen zijn tanden fluit. Ze lijkt geen genoeg te krijgen van Wouts pogingen om haar te vermaken. Na een paar keer begint zich al een glimlach om haar lippen te vormen zodra Wout de pop oppakt.

Het is duidelijk dat Noor zich herinnert dat Wout grappige dingen doet. Maar hoe doet ze dat? En wat kan ze zich nog meer herinneren?

Om vragen als deze te kunnen beantwoorden, moeten we afstappen van de weg die Piaget voor ons heeft uitgestippeld. In plaats van te proberen de universele, globale mijlpalen binnen de cognitieve ontwikkeling van kinderen te identificeren, moeten we ons richten op de specifieke processen waarmee individuele baby's de informatie waaraan ze worden blootgesteld opnemen en gebruiken.

Informatieverwerkingstheorie: benadering van cognitieve ontwikkeling waarbij men probeert te achterhalen op welke manieren mensen informatie coderen, opslaan en terughalen.

De **informatieverwerkingstheorie** van cognitieve ontwikkeling probeert verklaringen te geven voor de manier waarop individuen informatie coderen, opslaan en terughalen. Volgens deze theorie vormen de geleidelijke veranderingen in het vermogen van baby's om informatie te ordenen en te manipuleren de hoekstenen van de cognitieve ontwikkeling.

Vanuit dit perspectief is cognitieve groei een kwestie van toenemende complexiteit, snelheid en capaciteit op het gebied van informatieverwerking. Eerder vergeleken we Piagets theorie over schema's met computersoftware, die bepalend is voor de manier waarop een computer omgaat met gegevens van de buitenwereld. De informatieverwerkingstheorie richt zich op de 'mentale programma's' die mensen gebruiken als ze problemen proberen op te lossen (Cohen & Cashon, 2003; Reyna, 1997; Siegler, 1998).

6.2.1 Codering, opslag en terughalen: de grondslagen van informatieverwerking

Informatieverwerking bestaat uit drie basisaspecten: codering, opslag en terughalen (zie figuur 6-3). *Codering* is het proces waarmee informatie wordt opgenomen in een vorm die bruikbaar is voor het geheugen. Baby's en kinderen – en alle mensen in feite – worden blootgesteld aan een enorme hoeveelheid informatie. Als ze al die informatie probeerden te verwerken, zouden ze overspoeld raken. Daarom coderen ze selectief. Ze selecteren de informatie waaraan ze aandacht besteden. Als iemand aan bepaalde informatie is blootgesteld en hij die informatie op de juiste manier heeft gecodeerd, is dat nog geen garantie dat hij haar in de toekomst ook zal kunnen gebruiken. Informatie moet ook op de juiste manier in het geheugen worden opgeslagen. De term *opslag* heeft betrekking op het onderhoud van het materiaal dat in het geheugen is opgeslagen. Of het materiaal in de toekomst ook daadwerkelijk kan worden gebruikt, is afhankelijk van ophaalprocessen. *Terughalen* is het proces waarmee materiaal in de geheugenopslag gelokaliseerd, naar het bewustzijn gebracht, en gebruikt wordt.

FIGUUR 6-3 **Informatieverwerking**

Informatieverwerking is het proces waarmee informatie wordt gecodeerd, opgeslagen en teruggehaald.

Ook hier gaat de vergelijking met computers op. Volgens de informatieverwerkingstheorie zijn de codering-, opslag- en terughaalprocessen te vergelijken met verschillende delen van een computer. Codering kan worden vergeleken met het toetsenbord, waarmee men zorgt voor invoer van informatie. Opslag is de harde schijf van de computer, waarop informatie staat opgeslagen. En bij het terughalen wordt de informatie van de harde schijf opgehaald en op het beeldscherm zichtbaar gemaakt. Informatie kan alleen worden verwerkt als alle drie de processen (codering, opslag en terughalen) in werking zijn.

In sommige gevallen voltrekken deze processen zich relatief automatisch, in andere gevallen worden ze bewust geactiveerd. Automatisering is de mate waarin een activiteit aandacht vereist. Processen die relatief weinig aandacht vergen, zijn automatisch; processen die relatief veel aandacht vergen, zijn gecontroleerd. Lopen, met een vork eten en lezen zijn activiteiten die automatisch zijn voor volwassenen maar aan het begin van ons leven onze volle aandacht opeisen.

Automatische mentale processen helpen kinderen bij hun eerste ontmoetingen met de wereld. Met behulp van deze processen kunnen ze informatie gemakkelijker verwerken. Kinderen van een jaar of vijf coderen bijvoorbeeld automatisch informatie die betrekking heeft op de frequentie van iets. Zonder expliciet te tellen of te turven houden ze bij hoe vaak ze verschillende mensen hebben ontmoet. Daardoor kunnen ze bekende van onbekende mensen onderscheiden (Homae et al., 2012).

Verder ontwikkelen baby's en kinderen, zonder dat ze zich daarvan bewust zijn, een besef van hoe vaak ze verschillende stimuli tegelijk aantreffen. Zo maken ze kennis met concepten, categorisering van objecten en gebeurtenissen of mensen die bepaalde eigenschappen gemeen hebben. Door bijvoorbeeld de informatie te coderen dat vier poten, een kwispelende staart en blaffen vaak samen voorkomen, leren we al heel vroeg wat het concept 'hond' inhoudt. Kinderen (en ook volwassenen) zijn zich zelden bewust van de manier waarop ze zulke concepten leren, en ze zijn vaak niet in staat om aan te geven welke eigenschappen het ene concept (zoals 'hond') onderscheiden van het andere (zoals 'kat'). Dat leren ze automatisch.

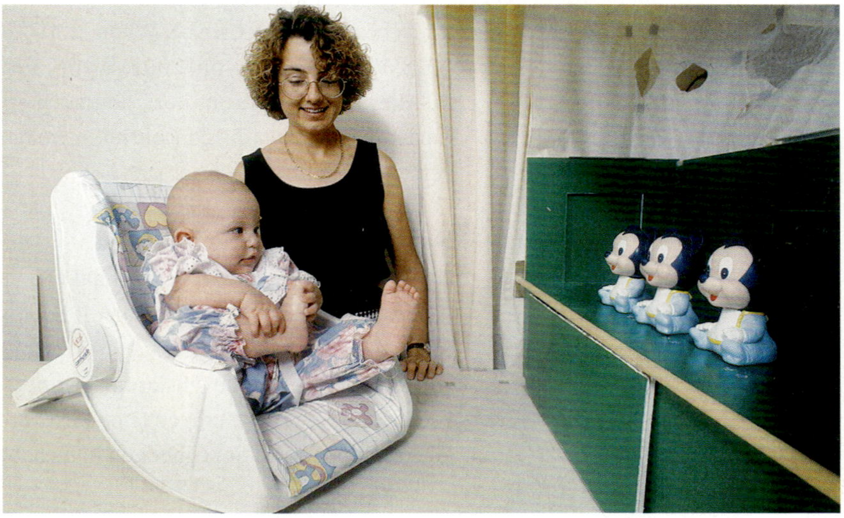

Aan de hand van een experiment met Mickey Mouse-beeldjes ontdekte onderzoeker Karen Wynn dat baby's van vijf maanden al verschillend reageren op correcte en incorrecte optelsommen.

Bron: David Sanders Photography

Sommige dingen die we automatisch leren, zijn onverwacht complex. Baby's blijken bijvoorbeeld het vermogen te bezitten om subtiele statistische patronen en relaties te leren. En steeds meer onderzoeken wijzen uit dat de rekenvaardigheid van baby's verrassend goed ontwikkeld is. Baby's van vijf maanden kunnen bijvoorbeeld al de uitkomst van eenvoudige optel- en aftreksommen berekenen. In een onderzoek van ontwikkelingspsychologe Karen Wynn kregen baby's eerst een Mickey Mouse-beeldje van tien centimeter hoog te zien. Vervolgens werd er een scherm opgetrokken waarachter het beeldje verdween. Daarna liet de onderzoeker de kinderen een tweede, identieke Mickey Mouse zien en plaatste die achter hetzelfde scherm. Afhankelijk van de experimentele omstandigheden waren er twee uitkomsten mogelijk. In het geval van de 'correcte optelsom' stonden er twee Mickeys als het scherm werd verwijderd (analoog aan 1 + 1 = 2). Maar in het geval van de 'incorrecte optelsom' stond er achter het scherm maar één beeldje (analoog aan het incorrecte 1 + 1 = 1).

Omdat baby's langer naar onverwachte taferelen kijken dan naar verwachte taferelen, bestudeerden de onderzoekers het patroon van de blikken van kinderen in de verschillende omstandigheden. De baby's staarden langer naar het incorrecte resultaat, wat erop wijst dat ze een onderscheid kunnen maken tussen een correcte en een incorrecte optelsom. Hetzelfde gebeurde met aftreksommen: ook dan keken de baby's langer naar het incorrecte antwoord. De conclusie: baby's bezitten rudimentaire rekenvaardigheden die hen ertoe in staat stellen om te begrijpen of een hoeveelheid klopt.

Het idee dat baby's elementaire rekenkundige vaardigheden bezitten, wordt ondersteund door de bevindingen dat ook dieren met enige elementaire numerieke bekwaamheid worden geboren. Zelfs pas uitgebroede kuikens vertonen enige telvermogens. En niet veel later in de babytijd laten kinderen een begrip zien van elementaire natuurkunde, zoals de baan van een beweging en zwaartekracht (Gopnik, 2010; Hespos & VanMarle, 2012; Rugani et al., 2009; VanMarle & Wynn, 2011).

Hieruit blijkt dat baby's een aangeboren vermogen hebben om bepaalde basale rekenfuncties en statistische patronen te begrijpen. Dit aangeboren vermogen vormt waarschijnlijk de basis voor het leren van complexere rekenkundige en statistische relaties later in het leven. Ook effent het de weg voor taalverwerving (McCrink & Wynn, 2007, 2009; Starr, Libertus & Brannon, 2013; VanMarle & Wynn, 2009; Wynn, 1992, 1995, 2000).

Hierna zullen we ons bezighouden met verschillende aspecten van informatieverwerking. Daarbij concentreren we ons op het geheugen en op individuele verschillen in intelligentie.

6.2.2 Het geheugen in de babytijd

Denk nog eens terug aan het verhaal van Simona, het Roemeense weesje dat we beschreven aan het begin van dit hoofdstuk. Hoe waarschijnlijk is het dat Simona zich echt niets meer van haar babytijd herinnert? En als ze zich wel iets van haar eerste twee levensjaren herinnert, hoe nauwkeurig zijn die herinneringen dan? Om deze vragen te beantwoorden, moeten we ons buigen over de eigenschappen van het geheugen in de babytijd.

Herinnering bij baby's

Herinnering: het proces waarmee informatie wordt opgenomen, opgeslagen en opgehaald.

Het is een feit dat baby's zich dingen kunnen herinneren. **Herinnering** wordt gedefinieerd als het proces waarmee informatie in eerste instantie wordt opgenomen en vervolgens wordt opgeslagen en opgehaald. Het vermogen van baby's om nieuwe stimuli van oude te onderscheiden, zoals gebeurt bij gewenning, geeft aan dat er een bepaalde geheugencapaciteit aanwezig is. Als baby's geen herinneringen hadden, zouden ze immers onmogelijk kunnen weten dat een nieuwe stimulus anders was dan de oude.

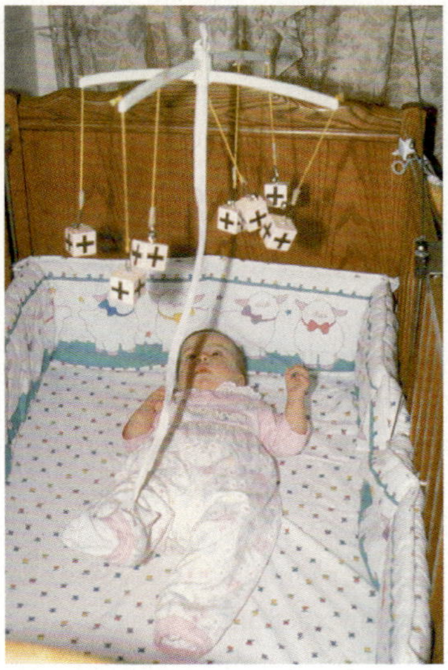

Baby's die geleerd hebben dat er een verband bestaat tussen een bewegende mobile en trappelen, blijken zich het geleerde verrassend goed te herinneren als ze een hint krijgen.

Bron: In loving memory of Dr. Carolyn Rovee-Collier

Het vermogen van baby's om nieuwe stimuli te onderscheiden van oude stimuli geeft ons echter weinig informatie over de veranderingen in de geheugencapaciteit en in de fundamentele aard van het geheugen tijdens de ontwikkeling van kinderen. Verbetert de geheugencapaciteit van kinderen als ze ouder worden? Het antwoord op die vraag is duidelijk bevestigend. In een onderzoek werd baby's geleerd dat ze door met hun voetjes te trappelen een mobile boven hun wieg konden bewegen. Baby's van twee maanden waren hun training al na twee dagen vergeten, maar baby's van zes maanden onthielden het trucje maar liefst drie weken (Oakes & Kovack-Lesh, 2013; Rose et al., 2011; Rovee-Collier, 1999).

Bovendien bewezen baby's die later gestimuleerd werden om zich het verband tussen trappelen en de bewegende mobile te herinneren, dat de herinnering zelfs nog langer bleef bestaan. Baby's die maar twee trainingssessies van elk negen minuten hadden gekregen, konden zich de training na ongeveer een week nog herinneren. Zij begonnen te trappelen als ze in de wieg met de mobile erboven werden gelegd. Twee weken later deden ze echter geen pogingen meer om te trappelen, wat erop leek te wijzen dat ze de training volledig vergeten waren. Dat was echter niet het geval. Toen de baby's een hint te zien kregen (een bewegende mobile), leken hun herinneringen opnieuw geactiveerd te worden. Als ze daartoe gestimuleerd werden, konden ze zich de associatie zelfs na een extra maand herinneren. Andere onderzoeken bevestigen deze resultaten. Het lijkt er dus op dat herinneringen die in eerste instantie vervlogen lijken, door middel van hints kunnen worden gereactiveerd. Hoe ouder de baby, hoe beter dat lukt (Bearce & Rovee-Collier, 2006; DeFrancisco & Rovee-Collier, 2008; Moher, Tuerk & Feigenson, 2012).

Is het geheugen van baby's anders dan dat van oudere kinderen en volwassenen? Volgens sommige onderzoekers wordt informatie gedurende het hele leven op dezelfde manier verwerkt, ook al verandert de aard van die informatie en worden er misschien andere delen van de hersenen voor gebruikt. Volgens geheugendeskundige Carolyn Rovee-Collier raken mensen, ongeacht hun leeftijd, geleidelijk herinneringen kwijt, hoewel ze die herinneringen net als baby's ook weer kunnen terughalen als er een reminder wordt gepresenteerd. Hoe vaker een herinnering bovendien wordt teruggehaald, hoe beter zij beklijft (Bell, 2012; Turati, 2008; Zosh, Halberda & Feigenson, 2011).

De duur van herinneringen

De processen die ten grondslag liggen aan het vasthouden en terughalen van herinneringen zijn gedurende het hele leven min of meer gelijk. De hoeveelheid informatie die opgeslagen en weer opgehaald wordt, is echter sterk afhankelijk van leeftijd. Oudere kinderen kunnen informatie sneller terughalen en langer onthouden. Maar hoe lang precies? Kunnen herinneringen uit de babytijd bijvoorbeeld weer worden opgehaald als we eenmaal volwassen zijn?

Infantiele amnesie: de afwezigheid van herinneringen aan ervaringen van vóór het derde levensjaar.

Onder onderzoekers heerst onenigheid over de vraag vanaf welke leeftijd herinneringen kunnen worden opgehaald. Oudere onderzoeken wijzen op het bestaan van **infantiele amnesie**: de afwezigheid van herinneringen aan ervaringen van vóór het derde levensjaar. Uit recenter onderzoek blijkt echter dat kinderen veel meer onthouden van deze jaren. Zo werd in een van de onderzoeken een groep kinderen van zes maanden blootgesteld aan een aantal ongebruikelijke gebeurtenissen in een laboratorium, zoals afwisselende perioden van licht en donker en vreemde geluiden. Toen de kinderen later op anderhalfjarige of tweeënhalfjarige leeftijd werden getest, bleek duidelijk dat ze herinneringen hadden aan hun eerdere deelname aan het experiment. Ander onderzoek toont aan dat baby's herinneringen hebben aan gedrag en situaties die ze slechts één keer hebben gezien (Callaghan, Li & Richardson, 2014; Neisser, 2004).

Zulke bevindingen zijn consistent met bewijzen dat de fysieke opname van een herinnering in de hersenen relatief permanent lijkt, wat impliceert dat herinneringen, zelfs uit de babytijd, duurzaam zijn. Herinneringen kunnen echter niet altijd gemakkelijk of accuraat worden opgehaald. Ze kunnen bijvoorbeeld worden doorkruist door andere, nieuwere informatie, die de oudere informatie vervangt of blokkeert en moeilijk vindbaar maakt.

Dat baby's zich minder lijken te herinneren, heeft te maken met het feit dat taal een belangrijke rol speelt bij de manier waarop herinneringen van heel vroeger kunnen worden teruggehaald. Oudere kinderen en volwassenen kunnen herinneringen soms alleen maar reproduceren door het vocabulaire te gebruiken dat ze tot hun beschikking hadden ten tijde van de oorspronkelijke gebeurtenis, toen de herinneringen werden opgeslagen. Omdat hun vocabulaire op dat moment wellicht vrij beperkt was, zijn ze niet in staat om de gebeurtenis later in hun leven te beschrijven, ook al hebben ze er wel herinneringen aan (Bauer et al., 2000; Heimann et al., 2006; Simcock & Hayne, 2002).

De vraag hoe goed herinneringen uit de babytijd in de volwassenheid beklijven, blijft gedeeltelijk onbeantwoord. Hoewel de herinneringen van baby's soms zeer gedetailleerd zijn en duurzaam kunnen zijn als de baby's herhaaldelijk aan reminders worden blootgesteld, is het nog steeds niet duidelijk hoe betrouwbaar die herinneringen de rest van het leven blijven. Uit onderzoek blijkt zelfs dat vroege herinneringen vervormd naar boven komen als mensen na de oorspronkelijke vorming ervan worden geconfronteerd met tegenstrijdige maar vergelijkbare informatie. Zulke nieuwe informatie kan de herinnering van het oorspronkelijke materiaal niet alleen belemmeren, het nieuwe materiaal kan ook onbedoeld in de oorspronkelijke herinnering worden geïntegreerd, waardoor die vervormd raakt (Du Breuilet al., 1998; Cordon et al., 2004).

Samengevat suggereren de gegevens dat herinneringen aan persoonlijke ervaringen in de meeste gevallen niet blijven bestaan tot in de volwassenheid. Theoretisch is het echter wel mogelijk dat herinneringen vanaf heel jonge leeftijd intact blijven als ze niet vervormd worden door latere informatie. Bevindingen uit eerder onderzoek suggereren dat herinneringen aan persoonlijke ervaringen voor de leeftijd van 18 tot 24 maanden niet nauwkeurig zijn (Bauer, 2007; Howe, 2003; Howe et al., 2004).

De cognitieve neurowetenschap van het geheugen

Uit ontdekkingen op het gebied van hersenscantechnologie en uit onderzoek bij volwassenen met hersenbeschadiging blijkt dat er twee afzonderlijke systemen betrokken zijn bij de vorming van langetermijnherinneringen. Deze twee systemen, die het expliciete geheugen en het impliciete geheugen worden genoemd, slaan verschillende soorten informatie op. Het expliciete geheugen bevat bewuste herinneringen die doelbewust kunnen worden opgehaald. Wanneer we ons proberen een naam of een telefoonnummer te herinneren, gebruiken we ons expliciete geheugen. Het impliciete geheugen bestaat uit herinneringen waarvan we ons niet bewust zijn. Toch beïnvloeden die herinneringen onze prestaties en ons gedrag. Het impliciete geheugen bevat motorische vaardigheden, gewoonten en activiteiten die we ons zonder bewuste cognitieve inspanning kunnen herinneren, zoals fietsen of traplopen.

Het expliciete en het impliciete geheugen manifesteren zich op verschillende momenten en in verschillende delen van de hersenen. De vroegste herinneringen lijken impliciet te zijn. Ze worden opgeslagen in het cerebellum en de hersenstam. De voorloper van het expliciete geheugen huist in de hippocampus. Echt expliciete herinneringen vormen zich pas vanaf de tweede helft van het eerste levensjaar. Daar is een groeiend aantal gebieden van de hersenschors bij betrokken (Bauer, 2004, 2007; Low & Perner, 2012; Squire & Knowlton, 2005).

6.2.3 Individuele verschillen in intelligentie: is de ene baby slimmer dan de andere?

De zes maanden oude Marlies is één brok nieuwsgierigheid en energie. Ze huilt hartverscheurend als ze niet bij een speeltje kan. En als ze zichzelf in de spiegel ziet, maakt ze gorgelende geluidjes. Die situatie lijkt ze vrij amusant te vinden.

Joël, ook zes maanden, is veel minder actief dan Marlies. Het lijkt hem weinig te kunnen schelen als een bal buiten zijn bereik rolt. Hij heeft er al snel geen belangstelling meer voor. En in tegenstelling tot Marlies negeert hij zijn eigen spiegelbeeld.

De vraag wat de definitie is van intelligentie bij baby's houdt ontwikkelingsdeskundigen intensief bezig.

Bron: Jules Selmes/Pearson Education Ltd. (Pearson Asset Library)

Iedereen die in zijn leven meer dan één baby heeft gezien, zal beamen dat niet alle baby's hetzelfde zijn. Sommige zijn vreselijk energiek en levendig en lijken een aangeboren nieuwsgierigheid te bezitten, terwijl andere wat minder geïnteresseerd zijn in de wereld om hen heen. Betekent dit dat zulke baby's qua intelligentie van elkaar verschillen?

Het is niet gemakkelijk om aan te geven hoe en in welke mate het intelligentieniveau van kinderen kan verschillen. Hoewel er duidelijk verschillen bestaan in het gedrag van kinderen, is niet zomaar te zeggen welke typen gedrag gerelateerd zijn aan intelligentie. Ontwikkelingsdeskundigen keken aanvankelijk vooral naar individuele verschillen tussen baby's om een beter inzicht te krijgen in cognitieve ontwikkeling, en die verschillen zijn nog steeds een belangrijk aandachtsgebied binnen de discipline.

Wat is intelligentie bij baby's?

Voor we ons kunnen bezighouden met de vraag of en hoe baby's verschillen in intelligentie, moeten we vaststellen wat er met de term 'intelligentie' bedoeld wordt. Onder psychologen, leerkrachten en andere deskundigen op het gebied van ontwikkeling heerst onenigheid over de definitie van intelligent gedrag, zelfs bij volwassenen. Gaat het om het vermogen om goed te presteren in een schoolomgeving? Het vermogen om zakelijke onderhandelingen te voeren? Of het vermogen om over verraderlijke zeeën te navigeren, zoals de volkeren van de Stille Oceaan, die geen kennis hebben van westerse navigatietechnieken?

Een definitie van intelligentie bij baby's is zelfs nog moeilijker te geven. Is het de snelheid waarmee een nieuwe taak wordt aangeleerd via klassieke of operante conditionering? De snelheid waarmee een baby gewend raakt aan een nieuwe stimulus? Of is het de leeftijd waarop een baby leert kruipen of lopen? En zelfs als we in staat zijn om specifieke gedragspatronen te identificeren die de ene baby qua intelligentie van de andere lijken te onderscheiden, zitten we nog met een andere, waarschijnlijk belangrijkere vraag: wat zeggen intelligentiemetingen bij baby's over uiteindelijke intelligentie in de volwassenheid?

Zulke vragen zijn niet eenvoudig te beantwoorden. Alhoewel het dus onbekend is wat er met het begrip 'intelligentie' wordt bedoeld, hebben ontwikkelingsdeskundigen verschillende manieren bedacht om licht te werpen op het niveau van individuele intelligentieverschillen in de babytijd (zie tabel 6-2).

Ontwikkelingstests

De ontwikkelingspsycholoog Arnold Gesell (1946) formuleerde de eerste meetmethode voor de ontwikkeling van baby's. Deze methode was bedoeld om baby's met een abnormaal ontwikkelingspatroon te onderscheiden van baby's met een normaal ontwikkelingspatroon. Gesell baseerde zijn testmethode op observaties van honderden baby's. Hij vergeleek hun prestaties op verschillende leeftijden om te achterhalen welke gedragspatronen op een specifieke leeftijd het gebruikelijkst waren. Alle baby's die aanzienlijk afweken van de normen voor een bepaalde leeftijd, hadden volgens Gesell een ontwikkelingsvoorsprong of -achterstand. In navolging van onderzoekers die intelligentie probeerden te kwantificeren door middel van een specifieke score (bekend als het intelligentiequotiënt of IQ) ontwikkelde Gesell een **ontwikkelingsquotiënt**. Het ontwikkelingsquotiënt is een overkoepelende ontwikkelingsscore die betrekking heeft op vier gebieden: motorische vaardigheden (zoals evenwicht en zitten), taalgebruik, aanpassingsgedrag (zoals alertheid en verkenning) en persoonlijke en sociale vaardigheden (zoals eten en aankleden).

Ontwikkelingsquotiënt: een overkoepelende ontwikkelingsscore die betrekking heeft op de prestaties op vier vlakken: motorische vaardigheden, taalgebruik, aanpassingsgedrag en persoonlijke en sociale vaardigheden.

Latere onderzoekers hebben andere ontwikkelingstests ontworpen. Nancy Bayley (1969) ontwikkelde bijvoorbeeld een van de meest gebruikte meetmethoden voor baby's. Aan de hand van de **Bayley Scales of Infant Development (BSID-III)** (ook kortweg bekend als de *BSID-III*) kunnen we de ontwikkeling van kinderen van 16 dagen tot en met 42 maanden en 15 dagen meten. Het instrument is bedoeld om de vroegkinderlijke ontwikkeling in kaart te brengen bij deze doelgroep. De Bayley-III-NL is een instrument voor het identificeren van jonge kinderen met een ontwikkelingsachterstand. De testgebruiker krijgt eveneens informatie over de manier waarop een interventie voor dat kind kan worden opgezet en geëvalueerd. Net als de methode van Gesell resulteert de methode van Bayley in een ontwikkelingsquotiënt. Een kind dat gemiddeld scoort (dat wil zeggen, gemiddeld in vergelijking met andere kinderen van dezelfde leeftijd) krijgt een score van 100 (Bos, 2013; Greene et al., 2013; Lynn, 2009).

Bayley Scales of Infant Development (BSID-III): instrument waarmee de ontwikkeling van kinderen vanaf 16 dagen tot en met 42 maanden en 15 dagen kan worden beoordeeld.

Het voordeel van methoden als die van Gesell en Bayley is dat ze een goed beeld geven van het huidige ontwikkelingsniveau van een baby. Met behulp van deze methoden kunnen we objectiever vaststellen of een baby een voorsprong of een achterstand heeft op kinderen van dezelfde leeftijd. Ze zijn vooral bruikbaar voor het identificeren van baby's die ernstig achterlopen op hun leeftijdgenoten en daarom direct speciale aandacht nodig hebben (Aylward & Verhulst, 2000; Culbertson & Gyurke, 1990). Op basis van de scores kunnen vroege interventieprogramma's worden uitgevoerd (Aylward & Verhulst, 2000; Sonne, 2012).

TABEL 6-2 **Methoden om intelligentieverschillen in de babytijd op te sporen**

METHODE	OMSCHRIJVING
Gedragspatronenonderzoek	Het gedragspatronenonderzoek, ontworpen door Arnold Gesell, levert een overkoepelende ontwikkelingsscore op, de zogenaamde ontwikkelingsquotiënt. Deze score heeft betrekking op de prestaties op vier vlakken: motorische vaardigheden (zoals evenwicht en zitten), taalgebruik, aanpassingsgedrag (zoals alertheid en verkenning) en persoonlijke en sociale vaardigheden (zoals eten en aankleden).
Bayley Scales of Infant Development (BSID-III)	Aan de hand van de Bayley Scales of Infant Development (BSID-III), ontwikkeld door Nancy Bayley, kunnen we de ontwikkeling van kinderen van 16 dagen tot en met 42 maanden en 15 dagen meten. Het instrument is bedoeld om de vroegkinderlijke ontwikkeling in kaart te brengen bij deze doelgroep. De Bayley-III-NL is een instrument voor het identificeren van jonge kinderen met een ontwikkelingsachterstand. De testgebruiker krijgt eveneens informatie over de manier waarop een interventie voor dat kind kan worden opgezet en geëvalueerd.

TABEL 6-3 **Voorbeelden uit de Bayley Scales of Infant Development (BSID-III)**

LEEFTIJD WAAROP 90% VAN DE KINDEREN DEZE VAARDIGHEID HEEFT BEHAALD	VOORBEELDITEMS GROVE MOTORIEK	VOORBEELDITEMS FIJNE MOTORIEK
6 weken	Hoofdcontrole rechtop, 3 seconden	Volgt met ogen bewegend persoon
6 maanden	Zit met hulp, kort	Grijpt bengelende ring
12 maanden	Maakt loopbewegingen	Slaat pagina's van een boek om
17-19 maanden	Staat alleen	Tekent spontaan
23-25 maanden	Rent gecoördineerd	Doet tien graanringetjes in flesje (in 60 seconden)
38-42 maanden	Loopt trap af, beide voeten op elke traptrede, alleen	Imiteert streep, cirkel (tekent na)

Bron: Van Baar et al., 2015. *Bayley-III-NL, Technische handleiding*. Amsterdam: Pearson Assessment and Information bv

Aan de andere kant zeggen zulke methoden, extreme gevallen daargelaten, nauwelijks iets over het toekomstige ontwikkelingstraject van een kind. Een kind dat zich volgens dit soort methoden op eenjarige leeftijd relatief langzaam ontwikkelt, zal zich niet noodzakelijkerwijs ook op vijf-, twaalf- of vijfentwintigjarige leeftijd langzaam ontwikkelen. De correlatie tussen de meeste gedragsmetingen in de babytijd en volwassen intelligentie is dus minimaal (Molfese & Acheson, 1997; Murray et al., 2007).

Individuele intelligentieverschillen: de informatieverwerkingstheorie

Als we het in de dagelijkse spreektaal over intelligentie hebben, maken we vaak onderscheid tussen mensen die snel van begrip zijn en mensen die traag van begrip zijn. Volgens onderzoeken naar de snelheid van informatieverwerking zit daar een kern van waarheid in. Uit hedendaags onderzoek naar de intelligentie van baby's blijkt dat de snelheid waarmee baby's informatie verwerken waarschijnlijk de sterkste correlatie bezit met latere intelligentie zoals die naar voren komt uit IQ-tests bij volwassenen (Rose & Feldman, 1997; Sigman et al., 1997).

Hoe weten we of een baby informatie snel of langzaam verwerkt? Om dat te bepalen gebruiken de meeste onderzoekers gewenningstests. Baby's die informatie efficiënt verwerken, zouden in staat moeten zijn om sneller iets over stimuli te leren. Daarom is het te verwachten dat ze hun aandacht sneller van een bepaalde stimulus afwenden dan baby's die minder efficiënt zijn in het verwerken van informatie. Bij de eerste groep zou dus sneller gewenning op moeten treden. Ook metingen van het **visuele herkenningsgeheugen**, de herinnering en herkenning van een stimulus die eerder is gezien, zijn gerelateerd aan het IQ. Hoe sneller een baby een weergave van een stimulus uit zijn geheugen kan terughalen, hoe efficiënter hij waarschijnlijk informatie kan verwerken (Robinson & Pascalis, 2004; Rose et al., 2002; Trainor, 2012).

Visueel herkenningsgeheugen: de herinnering en herkenning van een stimulus die eerder is gezien.

Volgens onderzoekers die gebruikmaken van een informatieverwerkingsraamwerk bestaat er duidelijk een relatie tussen informatieverwerking en cognitieve vaardigheden. Metingen van hoe snel baby's interesse verliezen in stimuli die ze eerder hebben gezien en metingen van hun reactie op nieuwe stimuli, correleren namelijk redelijk goed met latere metingen van intelligentie. Baby's die de eerste zes maanden na hun geboorte efficiëntere informatieverwerkers zijn, scoren tussen hun tweede en twaalfde levensjaar over het algemeen ook hoger op intelligentietests en op andere metingen van cognitieve competentie (Domsch, Lohaus & Thomas, 2009; Rose, Feldman & Jankowski, 2009).

Uit ander onderzoek komt naar voren dat ook vaardigheden die betrekking hebben op de *multimodale perceptie*, een onderwerp dat we in paragraaf 5.3.5 hebben behandeld, een indicatie kunnen geven van latere intelligentie. Een voorbeeld daarvan is **crossmodale perceptie**, het vermogen om een stimulus die op een eerder tijdstip slechts via één zintuig is ervaren later door middel van een ander zintuig te identificeren. Een baby die in staat is om een schroevendraaier visueel te herkennen terwijl hij die eerder alleen heeft aangeraakt, bezit het vermogen tot crossmodale perceptie. Uit onderzoek is gebleken dat de mate van crossmodale perceptie die een baby op eenjarige leeftijd toont, en waarvoor een hoog niveau van abstract denken nodig is, een correlatie vertoont met intelligentiescores van verschillende jaren later (Nakato et al., 2011; Rose et al., 1999, 2004).

Crossmodale perceptie: het vermogen om een stimulus die op een eerder tijdstip slechts via één zintuig is ervaren later door middel van een ander zintuig te identificeren.

Hoewel de capaciteiten van baby's op het gebied van informatieverwerking en crossmodale perceptie vrij veel zeggen over latere IQ-scores, moeten we daarbij twee kanttekeningen plaatsen. Er bestaat weliswaar een correlatie tussen vroege capaciteiten op het gebied van informatieverwerking en latere IQ-scores, maar die correlatie is niet zeer sterk. Ook andere factoren, zoals stimulatie door de omgeving, spelen een cruciale rol bij de mate van intelligentie op volwassen leeftijd. We kunnen er dus niet van uitgaan dat iemands intelligentieniveau in de babytijd al volledig vastligt.

Misschien nog wel belangrijker is dat traditionele IQ-tests zich richten op een specifiek type intelligentie. Daarbij ligt de nadruk op vaardigheden die iets zeggen over iemands vermogen om te leren, maar niet over zijn artistieke of professionele potentieel. Voorspellen dat een kind later in zijn leven goed zal scoren op IQ-tests is dus iets anders dan voorspellen dat het kind later in zijn leven succesvol zal zijn.

Toch is de manier waarop we aankijken tegen de consistentie van de cognitieve ontwikkeling gedurende iemands leven veranderd door de relatief recente ontdekking dat er een verband bestaat tussen de efficiëntie van informatieverwerking en latere IQ-scores. Het eerdere gebruik van meetmethoden als de Bayley-test leidde tot de misvatting dat er maar weinig continuïteit bestaat in onze cognitieve ontwikkeling, terwijl uit de recentere informatieverwerkingstheorie blijkt dat zij zich gedurende ons hele leven op een ordelijker en meer continue manier voltrekt.

Meningen over de informatieverwerkingstheorie

De informatieverwerkingstheorie verschilt sterk van de benadering van Piaget. Volgens Piaget voltrekt groei zich in vrij plotselinge spurts. De informatieverwerkingstheorie gaat ervan uit dat groei geleidelijker en meer stapsgewijs plaatsvindt. (Dit is te vergelijken met het verschil tussen een atleet die korte afstanden sprint en een marathonloper die relatief traag maar gestaag vooruitkomt.)

Onderzoekers uit het kamp van de informatieverwerking gaan bij cognitieve ontwikkeling uit van een verzameling individuele vaardigheden. Daardoor kunnen zij vaak preciezere meetmethoden gebruiken, zoals verwerkingssnelheid en het oproepen van herinneringen, dan de voorstanders van Piagets benadering. De precisie van deze meetmethoden maakt het tegelijkertijd echter lastiger om een totaalbeeld te krijgen van de cognitieve ontwikkeling, waarin Piaget juist een meester was. In feite richt de informatieverwerkingstheorie zich dus meer op de individuele stukjes van de puzzel, en de Piagetiaanse benadering op het geheel (Kagan, 2008; Minagawa-Kawai et al., 2011; Quinn, 2008).

Uiteindelijk is zowel de Piagetiaanse benadering als de informatieverwerkingstheorie van essentieel belang om de cognitieve ontwikkeling te kunnen doorgronden. Samen met nieuwe ontdekkingen op het gebied van de biochemie van de hersenen en theorieën die zich richten op het effect van sociale factoren op leren en kennis (zie hoofdstuk 7), zullen deze twee benaderingen ons blijven helpen een compleet beeld te krijgen van cognitieve ontwikkeling.

6.3 De wortels van onze taal

Valerie en David sloten voor de lol een weddenschap af over de vraag wiens naam hun baby Fien het eerst zou zeggen. 'Zeg dan "mama"', kirde Valerie voordat ze Fien aan David gaf voor een schone luier. Hij nam haar grijnzend over en zei met vleiende stem: 'Nee hoor, zeg maar "papa".' Uiteindelijk verliezen (en winnen) beide ouders de weddenschap. Fiens eerste woord klinkt meer als 'baba' en ze lijkt er haar fles mee te bedoelen.

Mama. Nee. Koek. Papa. De meeste ouders zullen het eerste woordje van hun baby nooit vergeten, en dat is niet zo gek. Het is een mooi moment. Het eerste woord dat een kind zegt, wat het ook is, luidt het begin van een transformatie in: een wezen dat op het eerste gezicht niet zo veel verschilt van allerlei andere diersoorten, verandert in een wezen dat een vermogen bezit dat, daar gaan we althans van uit, alleen voorbehouden is aan mensen.

Maar die eerste woordjes zijn slechts de eerste in het oog springende manifestaties van taal. Al maanden eerder beginnen baby's taal te gebruiken om de wereld om hen heen te begrijpen. Hoe ontwikkelt hun taalvermogen zich? Volgens welk patroon verloopt hun taalontwikkeling? En tot welke veranderingen leidt het gebruik van taal in de cognitieve wereld van baby's en hun ouders? Over deze en andere vragen buigen we ons als we kijken naar de ontwikkeling van taal in de eerste levensjaren.

6.3.1 De basisbeginselen van taal: van geluiden naar symbolen

Taal: de systematische, betekenisvolle ordening van symbolen die de basis vormt voor communicatie.

Taal, de systematische, betekenisvolle ordening van symbolen, vormt de basis voor communicatie. Maar dat niet alleen: taal is ook nauw gekoppeld aan de manier waarop baby's denken en de wereld interpreteren. Taal stelt hen in staat om na te denken over mensen en objecten en om hun gedachten aan anderen kenbaar te maken.

Taal heeft verschillende formele eigenschappen die een kind moet zien te beheersen om zijn taalvaardigheden te kunnen ontwikkelen. Voorbeelden daarvan zijn:

- *Fonologie*. Fonologie heeft betrekking op de basisklanken van een taal, fonemen geheten. Fonemen kunnen gecombineerd worden tot woorden en zinnen. De 'a' in man en de 'a' in maken vertegenwoordigen bijvoorbeeld twee verschillende fonemen. Het Nederlands gebruikt 45 fonemen om elk woord binnen de taal te kunnen creëren, terwijl sommige andere talen wel 85 fonemen kennen, en weer andere maar 15 (Akmajian, Demers & Harnish, 1984).
- *Morfemen*. Een morfeem is de kleinste betekeniseenheid in een taal. Sommige morfemen zijn complete woorden, terwijl aan andere morfemen

informatie wordt toegevoegd die noodzakelijk is om een woord te kunnen interpreteren, zoals de uitgang -s voor meervoud en de uitgang -de voor verleden tijd. De morfologische complexiteit van talen verschilt. Zo wordt de Berberse taal, gesproken door de meeste Marokkanen in Nederland, gekenmerkt door morfologische rijkdom. Het Berbers heeft in vergelijking tot het Nederlands bijvoorbeeld een zeer uitgebreid systeem van werkwoordsvervoegingen (Laghzaoui, 2007; Laghzaoui & Kurvers, 2006).

- *Semantiek*. Semantiek is het geheel van regels die de betekenis van woorden en zinnen bepaalt. Als de kennis van semantiek zich bij kinderen ontwikkelt, zijn ze in staat om te begrijpen dat de volgende twee zinnen dezelfde betekenis hebben: 'Loek kust Noor' en 'Noor wordt door Loek gekust'.

Bij taalontwikkeling moeten we een onderscheid maken tussen taalbegrip, begrijpen wat er gezegd wordt, en taalproductie, het inzetten van taal om te communiceren. Aan de relatie tussen deze twee ligt een belangrijk principe ten grondslag: begrip komt vóór productie. Een achttien maanden oude baby kan in staat zijn om een complexe reeks bevelen te begrijpen ('Raap je jas op en hang hem op de stoel bij de kachel') terwijl hij, als hij zelf praat, nog niet meer dan twee woorden kan combineren. Taalbegrip begint dus eerder dan taalproductie, en in de babytijd ontwikkelt begrip zich ook sneller dan productie. Het taalbegrip van baby's verbetert bijvoorbeeld in een tempo van 22 nieuwe woorden per maand, terwijl hun productie, wanneer ze eenmaal beginnen te praten, met een snelheid van ongeveer negen nieuwe woorden per maand groeit. Andere vormen van taalvaardigheid volgen hetzelfde patroon: begrip komt altijd voor productie (Minagawa-Kawai et al., 2011; Rescorla et al., 2001; Shafto et al., 2012; Tincoff & Jusczyk, 1999; zie figuur 6-4).

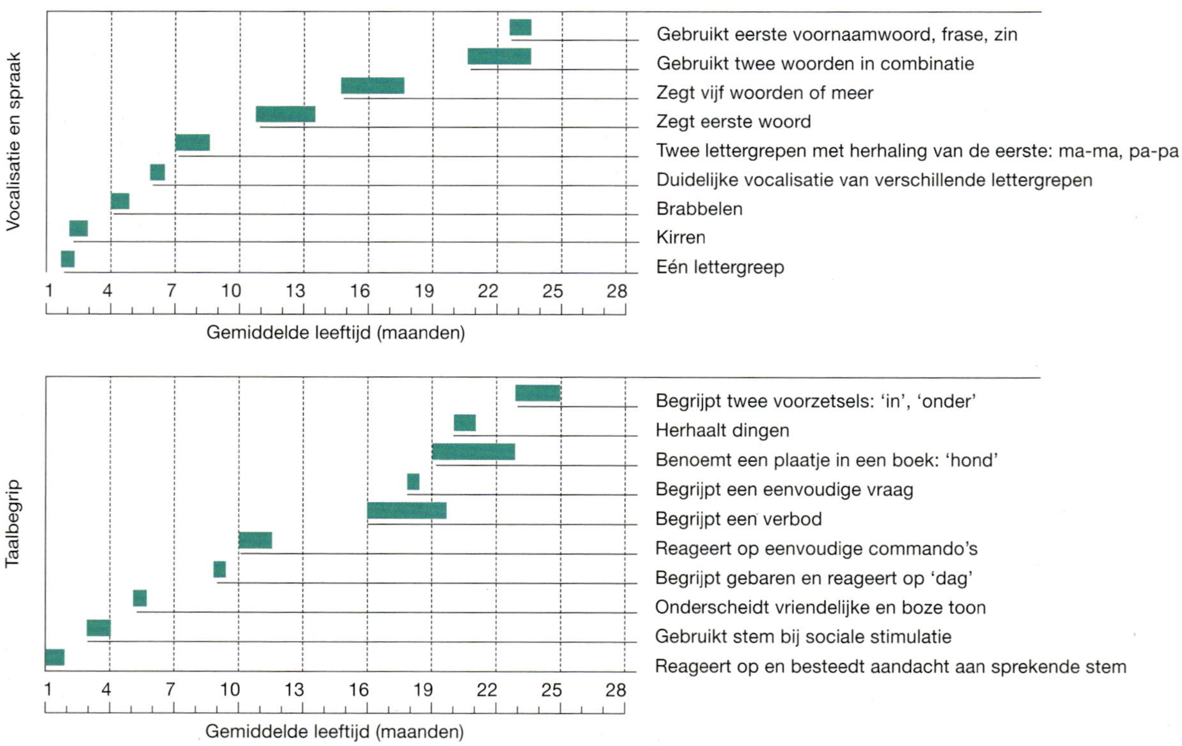

FIGUUR 6-4 **Begrip vóór productie**

Gedurende de hele babytijd loopt het begrip van gesproken taal voor op de productie ervan.

Bron: naar Bornstein & Lamb, 1992a

Zie MyLab voor de video: Taalontwikkeling in verschillende culturen

Vroege geluiden en communicatie

Wie 24 uur in het gezelschap van een baby doorbrengt, hoe jong die baby ook is, zal allerlei verschillende geluiden horen, zoals kirren, huilen, gorgelen en mompelen. Hoewel deze geluiden op zich niets betekenen, spelen zij een belangrijke rol bij de taalontwikkeling en vormen ze de opmaat voor echte taal (Martin, Onishi & Vouloumanos, 2012; O'Grady & Aitchison, 2005). Deze zeer vroege periode van taalontwikkeling heeft Simona, die we in de proloog van dit hoofdstuk ontmoetten, waarschijnlijk niet goed kunnen doorlopen.

Prelinguïstische communicatie: communicatie door middel van geluiden, gezichtsuitdrukkingen, gebaren, imitatie en andere niet-linguïstische middelen.

Prelinguïstische communicatie is communicatie door middel van geluiden, gezichtsuitdrukkingen, gebaren, imitatie en andere niet-linguïstische middelen. Als een vader op het 'ah' van zijn dochter reageert met een eigen 'ah' en de dochter het geluid herhaalt en de vader daar vervolgens weer op reageert, is er sprake van prelinguïstische communicatie. Het 'ah' heeft geen speciale betekenis. Maar de herhaling ervan, die lijkt op de hoor en wederhoor tijdens een gesprek, leert de baby iets over communicatie (Reddy, 1999).

Brabbelen: het maken van op spraak lijkende maar betekenisloze geluiden.

De duidelijkste manifestatie van prelinguïstische communicatie is brabbelen. **Brabbelen**, het maken van op spraak lijkende maar betekenisloze geluiden, begint rond twee of drie maanden en gaat ongeveer door tot de eerste verjaardag. Als kinderen brabbelen, herhalen ze dezelfde klinker steeds opnieuw, waarbij ze de toon variëren van hoog tot laag (zoals 'ee-ee-ee' in verschillende toonhoogten). Na vijf maanden beginnen de geluiden zich uit te breiden en komen er ook medeklinkers bij (zoals 'bee-bee-bee-bee').

Hoewel we bij taal alleen denken aan de productie van woorden en daarna groepen van woorden, beginnen baby's al lang voordat ze hun eerste woordje zeggen met prelinguïstische communicatie.

Bron: leolintang/Shutterstock

Brabbelen is een universeel verschijnsel. Het gebeurt in alle culturen op dezelfde manier. Tijdens hun gebrabbel produceren baby's spontaan geluiden die in elke taal kunnen voorkomen, niet alleen in de taal die de mensen om hen heen spreken. Zelfs dove kinderen blijken op hun eigen manier te brabbelen. Ze brabbelen met hun handen in plaats van met hun stem, en hun gebarengebrabbel is gelijk aan het verbale brabbelen van kinderen die kunnen spreken. De delen van de hersenen die geactiveerd worden tijdens het voortbrengen van gebarentaal komen bovendien overeen met de delen die tijdens het spreken worden geactiveerd. Dat zou erop kunnen wijzen dat de gesproken taal mogelijk is geëvolueerd uit gebarentaal (Caselli et al., 2012; Gentilucci & Corballis, 2006; Kita & Özyürek, 2004; Senghas et al., 2004).

Zie MyLab voor de video: Brabbelen

Brabbelen begint met geluiden die het gemakkelijkst te maken zijn. Later worden de geluiden steeds complexer. En hoewel blootstelling aan een specifieke taal aanvankelijk geen invloed lijkt te hebben op het brabbelen, is dat later wel het geval. Rond de leeftijd van zes maanden verschilt het gebrabbel per taal waaraan baby's zijn blootgesteld (Blake & DeBoysson-Bardies, 1992). Het verschil is zo opvallend dat zelfs ongeoefende luisteraars het onderscheid kunnen horen tussen brabbelende baby's die opgroeien in culturen waarin Frans, Arabisch of Kantonees wordt gesproken (DePaolis, Vihman & Nakai, 2013; Tsao et al., 2004; Whalen, Levitt & Goldstein, 2007).

Er zijn meerdere indicaties van prelinguïstische communicatie. Neem de vijf maanden oude Elise, die net buiten haar bereik een rode bal ziet liggen. Als ze haar handje ernaar heeft uitgestrekt en merkt dat ze er niet bij kan, laat ze een schreeuw horen van woede. Die schreeuw maakt haar ouders erop attent dat er iets mis is, en haar moeder geeft haar de bal. Hier is sprake van communicatie, zij het in prelinguïstische vorm.

Vier maanden later, als Elise zich in dezelfde situatie bevindt, doet ze geen moeite meer om de bal te pakken en reageert ze niet boos. In plaats daarvan strekt ze haar hand uit in de richting van de bal en probeert ze omzichtig haar moeders aandacht te trekken. Als haar moeder het gedrag opmerkt, weet ze precies wat Elise wil. Elises communicatieve vaardigheden hebben duidelijk een flinke sprong gemaakt, ook al zijn ze nog steeds prelinguïstisch van aard.

Ook deze prelinguïstische gebaren maken binnen een paar maanden plaats voor een nieuwe communicatieve vaardigheid: het produceren van een echt woord. Elises ouders horen haar duidelijk 'bal' zeggen.

De eerste woorden

Als een vader en moeder hun kind voor het eerst 'mama' of 'papa' horen zeggen, of zelfs 'baba', het eerste woordje van Fien eerder in deze paragraaf, zullen ze daar ongetwijfeld vol van zijn. Maar hun aanvankelijke enthousiasme wordt misschien een beetje getemperd als ze merken dat hun kind hetzelfde geluid gebruikt om te vragen om een koekje, een pop of een versleten knuffeldekentje.

De meeste baby's zeggen hun eerste woordje rond de leeftijd van tien tot veertien maanden, maar soms ook al met negen maanden. Taalkundigen hanteren verschillende criteria om vast te stellen of een eerste woordje daadwerkelijk is uitgesproken. Volgens sommigen is dat het moment waarop een baby duidelijk woorden begrijpt en een geluid kan produceren dat veel lijkt op een woord dat volwassenen gebruiken, zoals een kind dat 'mama' gebruikt voor elk verzoek dat het heeft. Andere taalkundigen hanteren een strikter criterium voor het eerste woord. Ze beperken het tot gevallen waarin kinderen een duidelijke, consistente naam geven aan een persoon, gebeurtenis of object. In hun ogen telt 'mama' alleen als eerste woord als het consistent wordt gebruikt voor dezelfde persoon, die gezien wordt in verschillende situaties en bezig is met verschillende dingen. Het mag dus niet worden gebruikt om andere mensen mee aan te duiden (Hollich et al., 2000; Koenig & Cole, 2013; Masataka, 2003).

Hoewel er onenigheid bestaat over het moment waarop we kunnen zeggen dat het eerste woord is uitgesproken, zal niemand bestrijden dat het vocabulaire van een baby zich snel uitbreidt wanneer hij eenmaal woorden begint te produceren. Rond de leeftijd van vijftien maanden heeft het gemiddelde kind

Als ze twee jaar zijn, gebruiken de meeste kinderen tweewoordzinnen, zoals 'bal spelen'.

Bron: Myrleen Pearson/PhotoEdit

Holofrase (eenwoordzin): uiting van één woord die voor een hele zin staat en waarvan de betekenis afhangt van de context waarin de uiting wordt gebruikt.

Zie MyLab voor de video: Private speech

een vocabulaire van tien woorden. Dat vocabulaire breidt zich methodisch uit tot een maand of achttien, het moment waarop het eenwoordstadium van taalontwikkeling eindigt. Rond die tijd wordt het vocabulaire plotseling snel groter. In een heel korte periode – een paar weken in de periode dat het kind tussen de 16 en 24 maanden is – neemt het vocabulaire van een kind meestal toe van vijftig tot vierhonderd woorden (Fenald et al., 1998; Gleitman & Landau, 1994; McMurray, Aslin & Toscano, 2009; Nazzi & Bertoncini, 2003).

De eerste woorden van kinderen verwijzen meestal naar levende en levenloze objecten. In de meeste gevallen verwijzen ze naar mensen of objecten die steeds verschijnen en verdwijnen ('mama'), naar dieren ('poes') of naar tijdelijke toestanden ('nat'). Deze eerste woorden zijn vaak zogenaamde **holofrasen** of **eenwoordzinnen**, uitingen die voor een hele zin staan en waarvan de betekenis afhangt van de context waarin ze worden gebruikt. Een baby kan bijvoorbeeld de eenwoordzin 'mama' gebruiken om, afhankelijk van de context, aan te geven dat hij door zijn moeder wil worden opgetild, dat hij van zijn moeder iets te eten wil hebben of dat hij zijn moeder zoekt (Dromi, 1987; O'Grady & Aitchison, 2005).

Cultuur heeft invloed op het soort eerste woordjes dat wordt uitgesproken. Daar staat tegenover dat het soort woorden op de leeftijd van twintig maanden opvallend veel overeenkomsten vertoont in allerlei culturen. Bij een vergelijking tussen twintig maanden oude kinderen uit Argentinië, België, Frankrijk, Israël, Italië en Korea, bleek het vocabulaire van de kinderen uit alle culturen naar verhouding meer naamwoorden te bevatten dan andere woordklassen (Bornstein, Cote & Maital, 2004; Tardif, 1996).

De groei van het vocabulaire die zich rond de leeftijd van achttien maanden voltrekt, valt samen met een andere prestatie: het combineren van individuele woorden tot zinnen die één gedachte uitdrukken. Het tijdstip waarop kinderen voor het eerst tweewoordzinnen produceren kan behoorlijk variëren. Meestal gebeurt dat ongeveer acht tot twaalf maanden nadat ze hun eerste woord hebben gezegd.

De linguïstische vooruitgang die gemarkeerd wordt door het spreken van tweewoordzinnen is een belangrijke. Kinderen die twee woorden kunnen combineren, hebben niet alleen de beschikking over etiketten voor de dingen in de wereld maar ook voor de relaties tussen die dingen. De combinatie kan bijvoorbeeld iets weergeven over bezit ('mama sleutel') of over terugkerende gebeurtenissen ('hond blaffen'). Interessant genoeg geven de meeste vroege zinnen geen eisen weer en is er niet eens per se een antwoord op nodig. Vaak zijn het puur observaties van en commentaar op de gebeurtenissen in de wereld van het kind (O'Grady & Aitchison, 2005; Rossi et al., 2012).

Tweejarigen die tweewoordzinnen gebruiken bedienen zich vaak van specifieke volgorden die gelijkenissen vertonen met de manier waarop volwassen zinnen in elkaar zitten. Zinnen in het Nederlands volgen bijvoorbeeld meestal een patroon waarbij het onderwerp van de zin eerst komt, gevolgd door het werkwoord en het lijdend voorwerp ('Jan gooide de bal'). Kinderen gebruiken vaak eenzelfde volgorde, hoewel hun zinnen aanvankelijk niet alle woorden bevatten. Zodoende kan een kind 'Jan gooide' of 'Jan bal' zeggen terwijl hij dezelfde gedachte wil overbrengen. Het gaat erom dat de volgorde niet 'gooide Jan' of 'bal Jan' is, maar meestal de gebruikelijke volgorde van het Nederlands, waardoor de uiting voor een spreker van het Nederlands veel gemakkelijker te begrijpen is (Hirsh-Pasek & Michnick-Golinkoff, 1996; Masataka, 2003).

Hoewel het gebruik van tweewoordzinnen een stap vooruit is, benadert het taalgebruik van kinderen nog lang niet dat van volwassenen. Zoals we net hebben gezien, zijn tweejarigen geneigd om woorden weg te laten die niet cruciaal zijn voor de boodschap, alsof ze een telegram schrijven waarbij ze per woord moeten betalen. Om die reden wordt hun stijl van praten vaak **telegramstijl** genoemd. Een kind dat in telegramstijl praat, zegt niet 'ik gaf jou het boek', maar bijvoorbeeld 'ik geef boek'. 'Ik ben een hond aan het tekenen' zou kunnen worden 'ik hond tekenen' (zie tabel 6-4).

Telegramstijl: manier van praten waarbij woorden worden weggelaten die niet cruciaal zijn voor de boodschap.

TABEL 6-4 **De imitatie van zinnen door kinderen laat zien hoe de telegramstijl verdwijnt**

	EVA	ALEX	HELEEN	IVO	JONAS	JAMILA
	25,5 MAANDEN	28,5 MAANDEN	30 MAANDEN	31,5 MAANDEN	32 MAANDEN	35,5 MAANDEN
Ik gaf jou het boek	Ik geef boek	(Ik geef) boek	C	Ik geef jou het boek	C	Geef jou het boek
Ik ben heel lang	(Mij) lang	Ik (heel) lang	Ik heel lang	C	Heel lang	Ik heel lang
Het gaat in een grote doos	Grote doos	Grote doos	In grote doos	Het gaat in de doos	C	C
Ik ben een hond aan het tekenen	Hond tekenen	Ik teken hond	Ik hond tekenen	Hond	C	C
Ik ga het boek lezen	Boek lezen	Ik ga boek lezen	Ik lees het boek	Ik lees het boek	C	C
Ik zie een koe	Zie koe	Ik zie koe	C	Koe	C	C
Ik zal dat niet meer doen	Niet-doen	Ik zal dat doen	Ik doe dat	Ik niet meer	C	C

C: Correcte imitatie

Bron: naar Brown & Fraser, 1963

Vroege taal heeft nog andere kenmerken die haar onderscheiden van de taal van volwassenen. Neem bijvoorbeeld Sara, die het dekentje waarmee ze slaapt 'doekie' noemt. Als haar tante Esther haar een nieuw dekentje geeft, weigert Sara dat ook 'doekie' te noemen. Dat woord is alleen bestemd voor haar oorspronkelijke dekentje.

Sara's onvermogen om het etiket 'doekie' te koppelen aan dekentjes in het algemeen is een voorbeeld van **onderextensie** of **ondergeneralisatie**: de gewoonte om woorden te beperkt te gebruiken. Dit komt veel voor bij jonge kinderen die net leren praten. Er is sprake van onderextensie wanneer onervaren taalgebruikers denken dat een woord alleen verwijst naar een specifiek exemplaar van een concept en niet naar alle exemplaren van dat concept (Caplan & Barr, 1989; Masataka, 2003).

Onderextensie (ondergeneralisatie): de gewoonte om woorden te beperkt te gebruiken, iets wat veel voorkomt bij jonge kinderen die net leren praten.

Als baby's zoals Sara behendiger worden met taal, treedt soms het tegenovergestelde verschijnsel op. Bij **overextensie** of **overgeneralisatie** worden woorden te algemeen gebruikt, waardoor de betekenis ervan te veel gegeneraliseerd wordt. Wanneer Sara bussen, vrachtwagens en tractors bijvoorbeeld 'auto' noemt, maakt ze zich schuldig aan overextensie. Ze gaat ervan uit dat alle objecten met wielen auto's zijn. Hoewel overextensie tot foutief taalgebruik leidt, toont het ook aan dat het kind vooruitgang boekt in zijn gedachteprocessen. Het begint mentale categorieën en concepten te ontwikkelen (McDonough, 2002).

Overextensie (overgeneralisatie): de gewoonte om woorden te algemeen te gebruiken, waardoor de betekenis ervan te veel gegeneraliseerd wordt.

Baby's vertonen ook individuele verschillen in de stijl van hun taalgebruik. Sommigen hanteren bijvoorbeeld een **referentiële stijl**, waarbij taal primair wordt gebruikt om objecten te benoemen. Andere baby's hanteren een meer

Referentiële stijl: spreekstijl waarbij taal primair wordt gebruikt om objecten te benoemen.

Expressieve stijl: spreekstijl waarbij taal primair wordt gebruikt om gevoelens en behoeften van zichzelf en van anderen uit te drukken.

expressieve stijl: zij gebruiken taal primair om gevoelens en behoeften van zichzelf en van anderen uit te drukken (Bates et al., 1994; Bornstein, 2000; Nelson, 1996).

Taalstijlen zijn gedeeltelijk afhankelijk van culturele factoren. Moeders in de Verenigde Staten benoemen objecten bijvoorbeeld vaker dan Japanse moeders, waardoor ze bij hun kinderen een meer referentiële stijl stimuleren. Moeders in Japan spreken juist meer over sociale interacties, wat leidt tot een expressievere spreekstijl (Fernald & Morikawa, 1993).

6.3.2 Het ontstaan van taalontwikkeling

De enorme vooruitgang die kinderen op het gebied van taalverwerving boeken voor ze de schoolgaande leeftijd bereiken, roept een fundamentele vraag op: hoe ontstaat taalvaardigheid? Over het antwoord op deze vraag zijn taalkundigen uiterst verdeeld.

De leertheorie: taal als aangeleerde vaardigheid

Leertheorie: de visie dat taalverwerving volgens de wetten van bekrachtiging en conditionering verloopt.

Een van de theorieën over taalverwerving legt de nadruk op de basisprincipes van leren. Volgens de **leertheorie** verloopt taalverwerving volgens de wetten van bekrachtiging en conditionering, die we hebben behandeld in paragraaf 2.1.2 (Skinner, 1957). Een kind dat het woord 'pa' uitspreekt, krijgt misschien een knuffel van haar vader, die de overhaaste conclusie trekt dat ze het over hem heeft. Deze reactie stimuleert het kind om het woord vaker te gebruiken. Volgens de leertheorie leren kinderen dus spreken doordat ze beloond worden als ze geluiden maken die in de buurt komen van spraak. Via dit proces, dat *modelleren* wordt genoemd, gaat de taal van kinderen steeds meer lijken op die van volwassenen.

Er kleeft echter een probleem aan de leertheorie. Zij lijkt geen adequate verklaring te kunnen bieden voor het feit dat kinderen de regels van de taal zo snel leren. Onervaren taalgebruikers worden bijvoorbeeld niet alleen beloond voor grammaticaal vlekkeloos taalgebruik, maar ook als ze fouten maken. Op 'Waarom hond niet eten?' zullen ouders meestal net zo reageren als op een correctere formulering van de vraag ('Waarom wil de hond niet eten?'). Beide vormen van de vraag worden begrepen, en beide roepen dezelfde respons op. Bekrachtiging volgt dus zowel op correct als op incorrect taalgebruik. In zulke omstandigheden is het moeilijk om aan de hand van de leertheorie te verklaren hoe kinderen goed leren spreken.

Er zijn ook andere problemen met de verklaringen die de leertheorie biedt. Uit onderzoek blijkt bijvoorbeeld dat kinderen op een gegeven moment niet alleen meer specifieke taaluitingen gebruiken die ze van anderen hebben gehoord, ze gaan ook nieuwe frasen, zinnen en constructies formuleren. Bovendien kunnen ze regels toepassen op onzinwoorden. In een Engelstalig onderzoek hoorden vierjarige kinderen het onzinwoord 'pilk' in de zin '*The bear is pilking the horse*'. Toen hun later gevraagd werd wat er met het paard gebeurde, zetten ze het onzinwoord in de juiste tijd en vorm: '*He's getting pilked by the bear*'.

De nativistische benadering

Nativistische benadering: de visie dat er een genetisch bepaald, aangeboren mechanisme bestaat dat de ontwikkeling van taal aanstuurt.

Dergelijke conceptuele problemen met de leertheorie hebben geleid tot de ontwikkeling van een alternatief dat bekendstaat als de nativistische benadering. De belangrijkste pleitbezorger daarvan is de taalkundige Noam Chomsky (1968, 1978, 1991, 1999, 2005). Volgens de **nativistische benadering** bestaat er een genetisch bepaald, aangeboren mechanisme dat de ontwikkeling van taal aanstuurt. Chomsky gaat ervan uit dat mensen een aangeboren vermogen bezitten om taal te gebruiken, dat zich min of meer automatisch manifesteert als ze ouder worden.

Universele grammatica: Chomsky's theorie dat alle talen eenzelfde onderliggende structuur hebben.

Taalverwervingsmechanisme (language acquisition device, LAD): een neuraal systeem in de hersenen dat ervoor zou zorgen dat mensen de structuur van een taal begrijpen.

Uit Chomsky's analyse van verschillende talen komt naar voren dat alle talen in de wereld eenzelfde onderliggende structuur hebben, die hij de **universele grammatica** noemt. Volgens hem is het menselijke brein verbonden met een neuraal systeem dat het **taalverwervingsmechanisme (language acquisition device, LAD)** heet. Dit mechanisme zorgt ervoor dat mensen de structuur van een taal begrijpen. Het verschaft een aantal strategieën en technieken om de specifieke eigenschappen van de taal te leren waarmee een kind opgroeit. Volgens Chomsky's theorie is taal dus puur voorbehouden aan mensen en wordt zij mogelijk gemaakt door een genetische aanleg om woorden en zinnen zowel te begrijpen als te produceren (Lidz & Gleitman, 2004; Stromswold, 2006; Wonnacott, 2013).

Chomsky's nativistische benadering wordt ondersteund door de identificatie van een specifiek gen dat gerelateerd is aan spraakproductie. Uit onderzoek blijkt ook dat jonge kinderen voor taalverwerking dezelfde hersenstructuren gebruiken als volwassenen voor spraakprocessen, wat op een evolutionaire basis wijst (Dehaene-Lambertz et al., 2006; Newbury, Bishop & Monaco, 2005; Wade, 2001).

Net als op de leertheorie bestaat er kritiek op de opvatting dat taal een aangeboren vermogen is dat voorbehouden is aan mensen. Volgens sommige onderzoekers zijn bepaalde primaten in staat om ten minste de grondbeginselen van taal te leren, wat de uniekheid van de menselijke linguïstische capaciteit in twijfel zou trekken. Anderen wijzen erop dat mensen misschien wel genetisch voorbereid zijn op het gebruik van taal, maar dat er toch behoorlijk wat sociale ervaring vereist is voordat mensen effectief gebruik kunnen maken van taal (Goldberg, 2004; MacWhinney, 1991; Savage-Rumbaugh et al., 1993).

De interactionele benadering

Gezien het feit dat noch de leertheorie, noch de nativistische benadering een verklaring biedt die volledig wordt gestaafd door onderzoek, heeft een aantal theoretici zich achter een theorie geschaard waarin beide scholen gecombineerd zijn. Volgens het *interactionele perspectief* is taalontwikkeling het gevolg van een combinatie van genetisch bepaalde aanleg en omgevingsfactoren.

Aanhangers van het interactionele perspectief accepteren dat taalontwikkeling in grote lijnen wordt bepaald door aangeboren factoren. Zij menen echter ook dat de specifieke richting van taalontwikkeling bepaald wordt door de taal waaraan kinderen worden blootgesteld en door de bekrachtiging die plaatsvindt als ze taal op bepaalde manieren gebruiken. Volgens interactionisten zijn sociale factoren van cruciaal belang voor ontwikkeling, omdat lidmaatschap van een bepaalde samenleving of cultuur en de interactie met anderen resulteren in het gebruik van taal en de verbetering van taalvaardigheden (Dixon, 2004; Yang, 2006).

Net als de leertheorie en de nativistische benadering wordt ook het interactionele perspectief gesteund door bepaalde onderzoeken. We weten niet welke van deze theorieën uiteindelijk de beste verklaring biedt. Waarschijnlijk is dat verschillende factoren een verschillende rol spelen tijdens verschillende perioden in de kindertijd. Een volledige verklaring voor taalverwerving moet nog worden gevonden.

6.3.3 Praten tegen kleine kinderen: babytaal

Zeg de volgende zin hardop: 'Hou je van appelmoes?' Beeld je nu in dat je dezelfde vraag aan een baby stelt, en spreek hem uit zoals je dat tegen het kind zou doen.

Waarschijnlijk gebeurden er verschillende dingen toen je de zin voor de baby herhaalde. Ten eerste is de kans groot dat de bewoordingen veranderden en heb je iets gezegd als 'Houdt Nina van appelmoes?' Tegelijkertijd werd de toon van je stem waarschijnlijk hoger, werd je intonatie zangerig en sprak je elk woord bewust afzonderlijk uit.

Babytaal

Babytaal: een manier van praten tegen baby's die bestaat uit korte, eenvoudige zinnetjes, een hoge toonsoort en een zangerige intonatie.

De verandering in je taalgebruik was het gevolg van een poging om zogenaamde **babytaal** te gebruiken, een spreekstijl die gericht is op baby's. Deze spreekstijl werd vroeger *motherese* genoemd, omdat men ervan uitging dat alleen moeders op die manier tegen hun kind spraken. Die veronderstelling was echter onjuist. Daarom wordt tegenwoordig de sekseneutrale term 'babytaal' gebruikt.

Babytaal, ook bekend als motherese, *bestaat uit korte, eenvoudige zinnetjes. In deze spreekstijl worden de zinnen een toon hoger uitgesproken dan het geval is wanneer men tegen oudere kinderen of volwassenen praat.*

Bron: Karel Lorier/Alamy

Babytaal wordt gekenmerkt door korte, eenvoudige zinnetjes. De toon wordt hoger, de variatie in frequenties neemt toe en de intonatie is gevarieerder. Woorden worden herhaald en de onderwerpen blijven beperkt tot zaken die begrijpelijk worden geacht voor baby's, zoals concrete objecten in hun directe omgeving. Baby's zijn niet de enige ontvangers van een specifieke vorm van spraak. Ook als we tegen buitenlanders praten, veranderen we onze spreekstijl (Schachner & Hannon, 2011; Scott & Henderson, 2013; Soderstrom, 2007).

Soms bevat babytaal grappige geluiden die niet eens woorden zijn maar de prelinguïstische spraak van baby's imiteren. In andere gevallen heeft babytaal weinig formele structuur. Het lijkt dan op de telegramstijl die kleine kinderen gebruiken als ze hun taalvaardigheden ontwikkelen.

Babytaal verandert als kinderen ouder worden. Ongeveer aan het einde van het eerste jaar gaat het wat meer op volwassen spraak lijken. De zinnen worden langer en complexer, hoewel individuele woorden nog steeds langzaam en doelbewust worden uitgesproken. Ook wordt toon gebruikt om de aandacht te richten op belangrijke woorden (Kitamura & Lam, 2009; Soderstrom et al., 2008). Babytaal speelt een belangrijke rol in de taalverwerving van kinderen. Zoals we in het kader *Diversiteit in ontwikkeling* zien, is babytaal een mondiaal verschijnsel, hoewel er culturele verschillen zijn. Pasgeboren baby's horen het liever dan 'normale' taal, wat doet vermoeden dat ze er extra gevoelig voor zijn. Bovendien komt uit onderzoek naar voren dat intensieve blootstelling aan babytaal aan het begin van het leven een relatie vertoont met de relatief vroege uiting van eerste woordjes en een eerdere linguïstische competentie op andere gebieden (Bergelson & Swingley, 2012; Matsuda et al., 2011; Soderstrom, 2007; Werker et al., 2007).

DIVERSITEIT IN ONTWIKKELING

Is babytaal in alle culturen hetzelfde?

Praten moeders in verschillende landen op dezelfde manier tegen hun baby's? In sommige opzichten wel. Hoewel de woorden zelf per taal verschillen, vertoont de manier waarop ze worden uitgesproken veel overeenkomsten. Steeds meer onderzoeken wijzen uit dat er tussen culturen fundamentele overeenkomsten bestaan in de aard van babytaal (Rabain-Jamin & Sabeau-Jouannet, 1997; Schachner & Hannon, 2011; Werker et al. 2007).

Zo zijn de belangrijkste kenmerken van de manier van spreken tegen kleine kinderen in het Engels en het Spaans vergeleken. Van de tien meest voorkomende kenmerken zijn er zes in beide talen te vinden: overdreven intonatie, hoge tonen, verlengde klinkers, herhaling, lager volume en nadruk op het instructieve (zoals het duidelijk benadrukken van bepaalde sleutelwoorden, bijvoorbeeld in 'Nee, dat is een *bal!*') (Blount, 1982). Bovendien overdrijven en verlengen moeders in de Verenigde Staten, Zweden en Rusland de uitspraak van de drie klinkerklanken 'ee', 'ah' en 'oh' op dezelfde manier als ze tegen kleine kinderen spreken, ondanks de verschillen in de talen waarin die geluiden worden gebruikt (Kuhl et al., 1997).

Zelfs dove moeders gebruiken een vorm van babytaal: als ze met hun kinderen communiceren, is het tempo van hun gebarentaal aanzienlijk trager dan wanneer ze met volwassenen praten. Bovendien herhalen ze hun gebaren vaker (Masataka, 1996, 1998, 2000; Swanson et al., 1992).

De interculturele overeenkomsten in babytaal zijn zo groot dat ze soms zelfs specifiek lijken voor bepaalde typen interacties. Uit vergelijkingen tussen het Amerikaans-Engels, Duits en Mandarijn bleek bijvoorbeeld dat de toon in al deze talen hoger wordt als een moeder de aandacht of een respons van haar kind probeert te krijgen. Wanneer ze een kind probeert te kalmeren, daalt de toon juist (Papousek & Papousek, 1991).

Waarom vinden we zulke overeenkomsten in talen die zo veel van elkaar verschillen? Eén hypothese is dat babytaal bij kinderen aangeboren responsen activeert. Zoals we al eerder opmerkten, lijken kinderen babytaal te prefereren boven 'gewone' taal, wat doet vermoeden dat hun perceptuele systemen er beter op reageren. Een andere verklaring is dat babytaal de taalontwikkeling stimuleert, omdat het kinderen informatie verschaft over de betekenis van spraak voordat ze het vermogen hebben ontwikkeld om de betekenis van woorden te begrijpen (Falk, 2004; Kuhl et al., 1997; Trainor & Desjardins, 2002).

Hoewel de stijl van babytaal veel overeenkomsten vertoont tussen verschillende culturen, bestaat er een aantal belangrijke culturele verschillen in de *hoeveelheid* spraak die kinderen van hun ouders horen. Hoewel de Gusii uit Kenia fysiek gezien extreem close zijn met hun kinderen, praten ze minder met hen dan Amerikaanse ouders (Levine, 1994).

Er zijn ook stilistische verschillen die verband houden met culturele factoren in de Verenigde Staten. Gender lijkt ook een belangrijke factor te zijn.

Sekseverschillen

Voor een meisje is een poes een poesje, een fles een flesje en een hond een hondje. Voor een jongen is een poes een poes, een fles een fles en een hond een hond.

Dat is althans wat de ouders van jongens en meisjes lijken te denken als we afgaan op de taal die ze tegen hun zonen en dochters gebruiken. Al bijna meteen vanaf de geboorte is de taal die ouders tegen hun kinderen spreken afhankelijk van de sekse van het kind. Dat blijkt uit onderzoek dat werd uitgevoerd door ontwikkelingspsycholoog Jean Berko Gleason (Arnon & Ramscar, 2012; Gleason et al., 1994; Gleason & Ely, 2002).

Gleason ontdekte dat meisjes op de leeftijd van 32 maanden twee keer zo veel verkleinwoordjes horen als jongens. Hoewel het gebruik van verkleinwoorden afneemt als kinderen ouder worden, worden ze ook later in het leven vaker gebruikt tegen meisjes dan tegen jongens (zie figuur 6-5).

Ook de manier waarop ouders op verzoeken van kinderen reageren, blijkt afhankelijk van de sekse van het kind. Als moeders een verzoek van een kind afwijzen, zullen ze tegen een jongetje sneller een vastberaden 'nee' laten horen. Een meisje zullen ze echter, om het negatieve antwoord te verzachten, eerder een antwoord geven dat de aandacht van het oorspronkelijke verzoek afleidt ('Waarom doe je dít niet?'). Of ze maken de weigering minder direct. Daardoor krijgen jongens over het algemeen fermere, duidelijkere taal te horen, terwijl meisjes worden blootgesteld aan warmer taalgebruik dat vaak betrekking heeft op emoties (Perlmann & Gleason, 1990).

Hebben zulke verschillen in de taal die tegen jongens en meisjes wordt gebezigd invloed op hun gedrag als volwassenen? Hoewel er voor zo'n relatie geen directe bewijzen bestaan, staat het vast dat mannen en vrouwen als volwassene verschillende soorten taal gebruiken. We weten niet of deze verschillen voortvloeien uit vroege linguïstische ervaringen, maar intrigerend zijn ze zeker (Hartshorne & Ullman, 2006; Plante et al., 2006; Tenenbaum & Leaper, 2003).

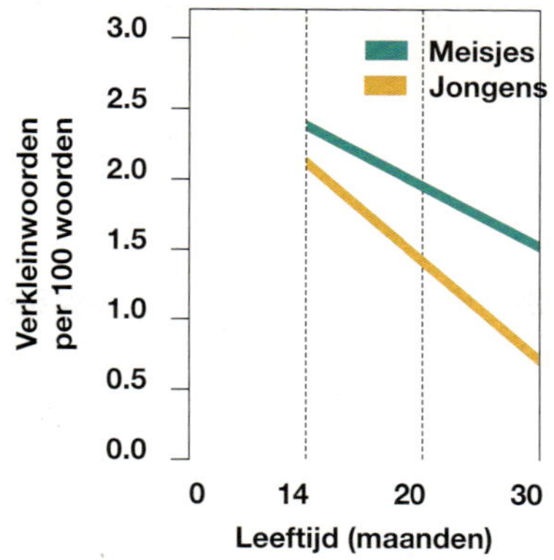

FIGUUR 6-5 **Verkleinwoorden zijn voor kleintjes**

Hoewel volwassenen zowel tegen jongens als tegen meisjes steeds minder verkleinwoorden gaan gebruiken naarmate ze ouder worden, krijgen meisjes ze steevast vaker te horen dan jongens.

Bron: Gleason et al., 1991

ONTWIKKELINGSPSYCHOLOGIE IN HET DAGELIJKS LEVEN

Het stimuleren van de cognitieve ontwikkeling van baby's

Alle ouders willen graag dat hun kinderen hun volledige cognitieve potentieel bereiken, maar soms worden de pogingen daartoe wel erg ver doorgevoerd. Sommige ouders geven honderden euro's uit aan workshops met namen als 'Hoe vergroot ik de intelligentie van mijn baby' en aan boeken met titels als *Hoe leer ik mijn baby lezen* (Doman & Doman, 2002).

Hebben zulke pogingen überhaupt zin? Sommige ouders beweren bij hoog en bij laag van wel, maar daar bestaan geen wetenschappelijke bewijzen voor. Hoewel baby's talloze cognitieve vermogens bezitten, is er bijvoorbeeld geen enkele baby die kan lezen. Bovendien is het onmogelijk om de intelligentie van een baby te 'vergroten'. De meeste kinderartsen en neurologen distantiëren zich dan ook van organisaties die beweren dat dat wel kan.

Toch kunnen ouders wel degelijk bepaalde dingen doen om de cognitieve ontwikkeling van hun kind te stimuleren. De volgende suggesties, die gebaseerd zijn op bevindingen van ontwikkelingsonderzoekers, bieden daarbij een vertrekpunt (Cabrera, Shannon & Tamis-LeMonda, 2007; Gopnik, Meltzoff & Kuhl, 2000):

- Geef baby's de gelegenheid om de wereld te verkennen. Zoals Piaget al zei, leren kinderen door te doen en moeten ze de kans krijgen om hun omgeving te verkennen en te ervaren.
- Reageer zowel verbaal als non-verbaal op baby's. Probeer mét baby's te praten, niet tégen ze. Stel vragen, luister naar hun reacties en communiceer ook op andere manieren met ze.
- Lees baby's voor. Hoewel ze waarschijnlijk niet begrijpen wat je zegt, zullen ze reageren op je stem en op de intimiteit van het voorlezen. Samen lezen wordt ook in verband gebracht met lees- en schrijfvaardigheid op latere leeftijd.
- Onthoud dat je niet 24 uur per dag bij je baby hoeft te zijn. Baby's hebben tijd nodig om de wereld op eigen houtje te ontdekken.
- Zet baby's niet onder druk en verwacht niet te snel te veel van ze. Je hoeft geen genie van je kind te maken. Probeer een warme, stimulerende omgeving te creëren die een baby in staat stelt om zijn potentieel te bereiken.

Voorlezen is een belangrijke manier om de cognitieve ontwikkeling van kinderen te stimuleren.

Bron: LifePhotoStudio/Shutterstock (Pearson Asset Library)

TERUGBLIK

▷ 6.1 Cognitieve ontwikkeling volgens Piaget

- Volgens het stadiamodel van Piaget doorlopen kinderen in een vaste volgorde een aantal cognitieve ontwikkelingsstadia. In deze stadia verandert niet alleen de kwantiteit maar ook de kwaliteit van hun kennis.
- Volgens Piaget doorlopen alle kinderen geleidelijk de vier belangrijkste stadia van cognitieve ontwikkeling (sensomotorisch, preoperationeel, concreet operationeel en formeel operationeel) en hun substadia. Ze gaan van het ene stadium naar het andere wanneer ze de juiste mate van fysieke rijping hebben bereikt en blootgesteld zijn aan relevante typen ervaringen.
- Piaget verdeelde de sensomotorische periode (geboorte tot circa twee jaar) in zes substadia. In de eerste drie substadia maken baby's vorderingen door het gebruik van eenvoudige reflexen waarmee ze op de buitenwereld kunnen reageren. Ze herhalen handelingen om een gewenste reactie of uitkomst teweeg te brengen.
- In de latere substadia beginnen baby's de buitenwereld gecalculeerder te benaderen. Ze coördineren meerdere schema's om tot één handeling te komen. Ze krijgen het vermogen om mini-experimenten uit te voeren om te zien wat er gebeurt.
- Tegen het eind van het vierde substadium van de sensomotorische periode kunnen baby's objectpermanentie bereiken. Aan het einde van het zesde substadium gaan kinderen symbolisch denken.
- Piaget was een uitstekend rapporteur van het gedrag van kinderen, en zijn beschrijvingen van de groei tijdens de babytijd zijn een blijvend monument van zijn observatievermogens.
- Vervolgonderzoek heeft echter vraagtekens gezet bij het periodeconcept dat de basis vormt van de theorie van Piaget. Gebleken is dat ontwikkeling veel meer op een continue manier verloopt.

▷ 6.2 De informatieverwerkingstheorie van cognitieve ontwikkeling

- De informatieverwerkingstheorie van cognitieve ontwikkeling is gericht op de manier waarop mensen informatie coderen, opslaan en terughalen.
- Informatieverwerkingsbenaderingen verschillen van de theorie van Piaget door hun nadruk op kwantitatieve veranderingen in het vermogen van kinderen om informatie te verwerken.
- Baby's bezitten al vrijwel direct na hun geboorte het vermogen om zich dingen te herinneren, hoewel er over de nauwkeurigheid van die herinneringen onenigheid bestaat.
- Er is een zeer kleine theoretische mogelijkheid is dat herinneringen vanaf een zeer jonge leeftijd intact blijven (gesteld dat de daaropvolgende ervaringen niet met de herinnering interfereren). In de meeste gevallen blijven herinneringen aan persoonlijke ervaringen in de babytijd niet bewaard tot in de volwassenheid.
- Huidige bevindingen wijzen erop dat herinneringen aan persoonlijke ervaringen pas na de leeftijd van 18 tot 24 maanden nauwkeurig worden.
- Traditionele manieren om de intelligentie van baby's te meten, zoals het ontwikkelingsquotiënt van Gesell en de Bayley Scales of Infant Development, richten zich op gemiddeld gedrag dat op verschillende leeftijden bij grote aantallen kinderen wordt waargenomen.
- Hoewel traditionele metingen van babyintelligentie nuttig zijn bij het vaststellen van de ontwikkelingsvoortgang ten opzichte van andere baby's, hebben ze weinig of geen voorspellende waarde voor de toekomstige ontwikkeling.
- De informatieverwerkingstheorie baseert de beoordeling van intelligentie op variaties in de snelheid waarmee en de manier waarop baby's informatie verwerken.
- De informatieverwerkingsbenadering suggereert dat er continuïteit bestaat in de cognitieve ontwikkeling van de babytijd tot latere levensfasen.
- De capaciteiten van baby's op het gebied van informatieverwerking zeggen niet alles. Andere factoren, zoals stimulatie door de omgeving, spelen eveneens een cruciale rol bij de mate van intelligentie op volwassen leeftijd.

▷ 6.3 De wortels van onze taal

- Onder prelinguïstische communicatie verstaan we het gebruik van geluiden, gebaren, gezichtsuitdrukkingen, imitatie en andere niet-linguïstische manieren om gedachten en stemmingen uit te drukken.
- Over het algemeen zeggen baby's hun eerste woordje als ze tussen de tien en veertien maanden zijn. Rond de achttien maanden beginnen ze meestal woorden aan elkaar te rijgen tot primitieve zinnen die enkelvoudige gedachten uitdrukken.
- Beginnend spraakvermogen wordt gekenmerkt door het gebruik van eenwoordzinnen, telegramstijl, onderextensie en overextensie.

- Aanhangers van de leertheorie gaan ervan uit dat volwassenen en kinderen bij het leren van taal gebruikmaken van fundamentele gedragsprocessen als conditionering, bekrachtiging en modellering.
- De nativistische benadering zoals voorgesteld door Noam Chomsky benadrukt daarentegen dat mensen genetisch zijn uitgerust met een taalverwervingsmechanisme. Dankzij dat mechanisme hebben zij toegang tot de principes van de universele grammatica, die ten grondslag ligt aan alle talen.
- Volwassen taal wordt beïnvloed door de kinderen aan wie die taal gericht is. De kenmerken van babytaal vertonen in alle culturen verrassend veel overeenkomsten. Die kenmerken maken de spraak aantrekkelijk voor baby's en stimuleren waarschijnlijk de taalontwikkeling.
- Volwassen taal bevat verschillen die gebaseerd zijn op de sekse van het kind aan wie die taal is gericht. Dit kan effecten hebben die zich later in het leven manifesteren.

BELANGRIJKE TERMEN EN BEGRIPPEN

Accommodatie
Adaptatie
Assimilatie
Babytaal
Bayley Scales of Infant Development (BSID-III)
Brabbelen
Circulaire reactie
Crossmodale perceptie
Expressieve stijl
Herinnering
Holofrase (eenwoordzin)
Indirecte imitatie
Infantiele amnesie
Informatieverwerkingstheorie
Intentioneel gedrag
Leertheorie
Mentale representatie
Nativistische benadering
Objectpermanentie
Onderextensie (ondergeneralisatie)
Ontwikkelingsquotiënt
Overextensie (overgeneralisatie)
Prelinguïstische communicatie
Referentiële stijl
Schema
Sensomotorisch stadium
Taal
Taalverwervingsmechanisme (language acquisition device, LAD)
Telegramstijl
Universele grammatica
Visueel herkenningsgeheugen

HOOFDSTUK 7 DE SOCIALE ONTWIKKELING EN DE PERSOONLIJKHEIDSONTWIKKELING IN DE BABYTIJD

HOOFDSTUK 7 IN VOGELVLUCHT

PROLOOG: De touwtjesopstand

Op een winderige dag in maart stak het probleem in het kinderdagverblijf voor het eerst de kop op. De aanstichter: de tien maanden oude Sam. Sam, normaal gesproken een voorbeeldig kind, was er op de een of andere manier achter gekomen hoe hij het touwtje van zijn muts los kon maken. Hij deed zijn muts af wanneer hij daar zin in had en maakte zich absoluut niet druk om een eventuele verkoudheid. Maar daarna begonnen de problemen pas echt. Tot wanhoop van de medewerkers van de kinderopvang, om nog maar te zwijgen van de ouders, volgden de andere kinderen Sams voorbeeld al snel.

Sams moeder, die op de hoogte werd gesteld van de muiterij op het kinderdagverblijf – en van het feit dat de andere ouders absoluut niet blij waren met Sams gedrag – zei onschuldig te zijn. 'Ik heb Sam nooit laten zien hoe hij de touwtjes los kon krijgen. Hij heeft het zichzelf geleerd door te experimenteren, en de andere kinderen hebben het hem op een dag zien doen toen ze werden aangekleed voor een uitje' (Goleman, 1993, C10). Tegen die tijd was het echter te laat voor excuses: Sam bleek een uitstekende leermeester. Het bleek behoorlijk lastig om de kinderen hun mutsen op te laten houden. En wat nog erger was: als de kinderen het touwtje van hun muts los konden krijgen, zouden ze misschien binnenkort ontdekken hoe ze hun schoenen konden losmaken en die óók gaan uittrekken…

Door hun 'deskundige' leeftijdgenootjes te observeren, leren baby's niet alleen gewenst maar ook minder gewenst gedrag (zoals technieken om hun schoenen uit te trekken).

Bron: Blaj Gabriel/123RF.com

Op www.pearsonmylab.nl vind je vragen bij deze proloog ter verwerking van de stof uit dit hoofdstuk.

Vooruitblik

Baby's als Sam laten ons zien dat kinderen al op heel jonge leeftijd sociale interactie vertonen. Deze anekdote illustreert bovendien een van de bijkomende voordelen van kinderopvang: door sociale interactie leren baby's nieuwe vaardigheden van 'deskundige' leeftijdgenootjes. We zullen zien dat kleine kinderen een verbazingwekkend vermogen bezitten om van andere kinderen te leren, en dat hun interacties met anderen een centrale rol spelen bij de ontwikkeling van hun sociale en emotionele vaardigheden.

In dit hoofdstuk houden we ons bezig met de sociale ontwikkeling en de persoonlijkheidsontwikkeling in de babytijd. Allereerst kijken we naar het emotionele leven van heel jonge kinderen. We gaan in op de emoties die ze voelen en op de mate waarin ze emoties van anderen kunnen interpreteren. Ook zien we hoe baby's anderen gebruiken om hun eigen reacties vorm te geven en hoe ze aankijken tegen hun eigen mentale leven en dat van anderen.

Vervolgens richten we ons op de sociale relaties van heel jonge kinderen. We kijken naar de manier waarop ze emotionele banden aangaan en naar de manier waarop ze met familieleden en leeftijdgenootjes omgaan. Tot slot behandelen we de eigenschappen die het ene kind van het andere onderscheiden. We hebben het over verschillen in de manier waarop jongetjes en meisjes worden behandeld en sluiten het hoofdstuk af met een bespreking van de voor- en nadelen van externe kinderopvang, een mogelijkheid waarvan gezinnen steeds meer gebruikmaken.

7.1 De basis van sociaal gedrag

Simon glimlacht als hij een glimp van zijn moeder opvangt. Tanja kijkt boos als haar moeder de lepel wegpakt waarmee ze zat te spelen. Pauline fronst als er met veel lawaai een vliegtuig overvliegt.

Een glimlach. Een trieste blik. Een grimas. Emoties in de babytijd zijn maar al te duidelijk van een babygezichtje af te lezen. Maar ervaren baby's emoties wel op dezelfde manier als volwassenen? Vanaf welke leeftijd kunnen ze de emoties van anderen begrijpen? En hoe gebruiken ze de emoties van anderen om hun omgeving te leren kennen? Deze vragen zullen we proberen te beantwoorden door te kijken naar de manier waarop baby's zich emotioneel en sociaal ontwikkelen.

7.1.1 Emoties in de babytijd: kennen baby's emotionele pieken en dalen?

Iedereen die ook maar even in het gezelschap van een baby verkeert, weet dat baby's gezichten kunnen trekken die iets lijken te zeggen over hun emotionele gesteldheid. In situaties waarin we aannemen dat ze blij zijn, lijken ze te glimlachen. Als we ervan uitgaan dat ze gefrustreerd zijn, tonen ze woede. En als we kunnen verwachten dat ze ergens niet blij mee zijn, kijken ze verdrietig.

Deze fundamentele gezichtsuitdrukkingen zijn in de meest uiteenlopende culturen verrassend gelijk. Of we nu kijken naar baby's in India, naar baby's in de oerwouden van Nieuw-Guinea of naar baby's in Europa, de basisemoties (woede, angst, verdriet, blijdschap, walging en verbazing) worden op dezelfde manier uitgedrukt. Bovendien blijft de non-verbale uitdrukking van emoties, de

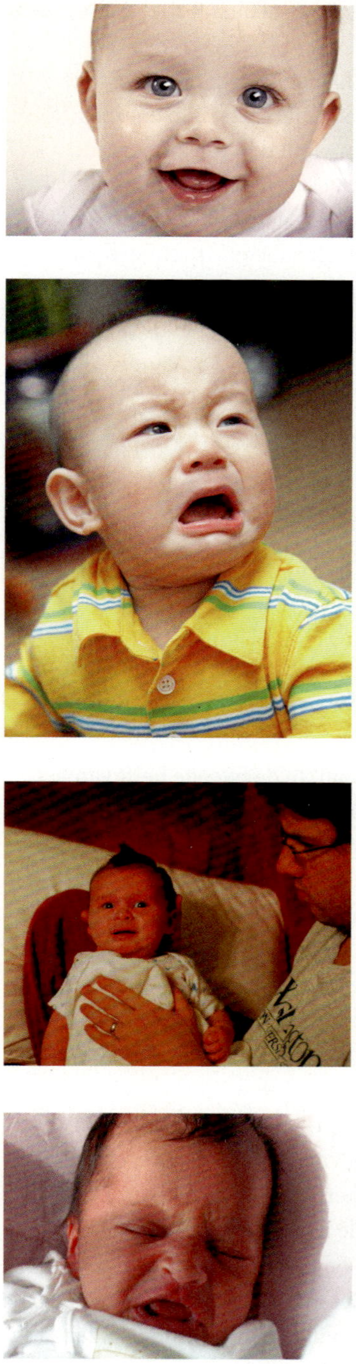

In elke cultuur tonen baby's dezelfde soort gezichtsuitdrukkingen om basale emoties kenbaar te maken.

Bron: Darren Hubley/Shutterstock (Pearson Asset Library); ping han/123RF.com

zogenaamde *non-verbale codering*, gedurende het hele leven min of meer gelijk. Daaruit concluderen onderzoekers dat we geboren worden met het vermogen om basale emoties te uiten (Ackerman & Izard, 2004; Bornstein, Suwalsky & Breakstone, 2012; Sullivan & Lewis, 2003).

Baby's lijken over een vrij breed scala aan emotionele expressies te beschikken. Volgens onderzoek naar wat moeders uit het non-verbale gedrag van hun kinderen opmaken, denken bijna alle moeders dat ze bij hun baby's belangstelling en vreugde hebben ontwaard als ze een maand oud zijn. Bovendien denkt 84 procent van de moeders dat hun kind woede heeft getoond. Voor verbazing is dat 75 procent, voor angst 58 procent en voor verdriet 34 procent. Onderzoek wijst uit dat belangstelling, stress en walging bij de geboorte aanwezig zijn en dat andere emoties zich in de maanden daarna ontwikkelen (Benson & Izard, 1982, 2003; Sroufe, 1996; zie figuur 7-1).

Hoewel alle baby's dezelfde soorten emoties laten zien, kan de mate van emotionele expressiviteit onder hen verschillen. Ontwikkelingspsychologe Linda Camras en collega's hebben bijvoorbeeld ontdekt dat Chinese kinderen op de leeftijd van elf maanden meestal minder expressief zijn dan Europese, Amerikaanse en Japanse kinderen (Camras et al., 2002; Camras et al., 2007; Easterbrooks et al., 2013; Nakato et al., 2011b).

Het feit dat kinderen op dezelfde manier als volwassenen non-verbale emoties uiten, wil nog niet zeggen dat die emoties op dezelfde manier worden beleefd. Als de aard van zulke uitingen aangeboren is, zouden gezichtsuitdrukkingen zich kunnen manifesteren zonder dat er een emotionele beleving aan gekoppeld is. Non-verbale uitingen zouden bij jonge baby's dus emotieloos kunnen zijn, net zoals je knie in een reflex naar voren schiet als een arts erop slaat (Soussignan et al., 1997).

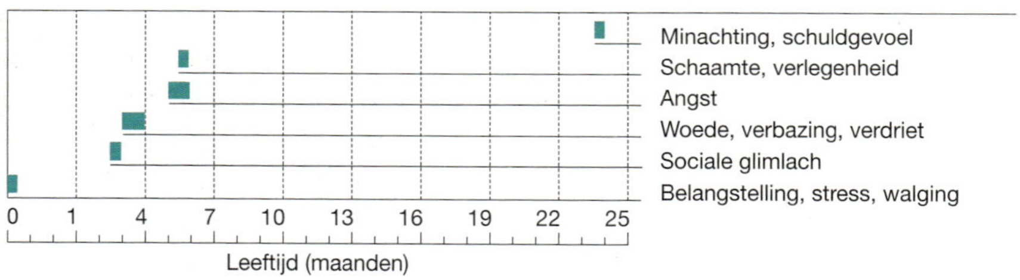

FIGUUR 7-1 **De manifestatie van emotionele expressies**

Emotionele expressies manifesteren zich ongeveer rond deze tijdstippen. In de eerste paar weken na de geboorte drukken deze expressies overigens niet altijd specifieke innerlijke gevoelens uit.

De meeste ontwikkelingsonderzoekers denken dat het anders werkt. Volgens hen vertegenwoordigen de non-verbale uitingen van baby's wel degelijk emotionele ervaringen. Ontwikkelingspsycholoog Carroll Izard bijvoorbeeld, suggereert met zijn **differentiële emotietheorie** dat emotionele uitingen niet alleen emotionele ervaringen weerspiegelen maar ook de emoties zelf helpen reguleren. Boos kijken geeft niet alleen uitdrukking aan de emotie boosheid, maar boos kijken helpt ook met deze boosheid te leren omgaan. Kinderen worden steeds beter in het beheersen van hun non-verbale gedragsuitingen. Behalve dat ze steeds meer verschillende emoties kunnen uitdrukken, worden de emoties die ze vanbinnen kunnen voelen volgens Izard ook steeds gedifferentieerder (Buss & Kiel, 2004; Fine et al., 2003; Hunnius et al., 2011).

Baby's lijken dus inderdaad emoties te voelen, hoewel hun uitingsrepertoire bij de geboorte vrij beperkt is. Als ze ouder worden, uiten en voelen kinderen

Differentiële emotietheorie: de theorie van ontwikkelingspsycholoog Carroll Izard dat emotionele uitingen niet alleen emotionele ervaringen weerspiegelen maar ook de emoties zelf helpen reguleren.

een steeds breder scala aan steeds complexere emoties (Buss & Kiel, 2004; Izard et al., 2003; Killeen & Teti, 2012).

Het gevoelsleven van baby's kan zich ontwikkelen doordat hun hersenen steeds complexer worden. Aanvankelijk ontstaat differentiatie in emoties wanneer de hersencortex de eerste drie levensmaanden in werking treedt. Rond de negen of tien maanden beginnen de structuren die het limbisch systeem vormen (de plek waar emotionele reacties plaatsvinden) te groeien. Het limbisch systeem werkt samen met de voorhoofdskwabben (frontale lobben), die het ontstaan van steeds meer soorten emoties mogelijk maken (Davidson, 2003; Schore, 2003; Swain et al., 2007).

Vreemdenangst en scheidingsangst

> 'Vroeger was het zo'n vriendelijke baby', vertelt Sara's moeder. 'Iedereen die ze ontmoette, kreeg een uitbundige glimlach. Ik weet niet wat er met haar is gebeurd. Bijna op de dag dat ze zeven maanden werd, begon ze op vreemden te reageren alsof ze een spook zag. Haar wenkbrauwen trekken samen tot een frons, en ze keert zich óf af, óf ze bekijkt de mensen met een argwanende blik. En ze wil niet alleen gelaten worden met iemand die ze niet kent. Het lijkt wel of ze een persoonlijkheidsverwisseling heeft ondergaan.'

Wat er met Sara is gebeurd, is in feite vrij normaal. In de tweede helft van het eerste levensjaar ontwikkelen baby's vaak vreemdenangst en scheidingsangst. **Vreemdenangst** is de voorzichtigheid en terughoudendheid die baby's laten zien als ze een onbekende ontmoeten.

Vreemdenangst: de voorzichtigheid en terughoudendheid die baby's laten zien als ze een onbekende ontmoeten.

Waardoor wordt vreemdenangst veroorzaakt? Eén oorzaak is gelegen in de toegenomen cognitieve vermogens van baby's, waardoor ze de mensen die ze kennen kunnen scheiden van de mensen die ze niet kennen. Dezelfde nieuwe cognitieve vermogens die hen in staat stellen om zo positief te reageren op de mensen die ze kennen, geven hun het vermogen om mensen te herkennen die hun vreemd zijn. Bovendien beginnen baby's van tussen de zes en negen maanden pogingen te doen om hun wereld te begrijpen. Als er iets gebeurt wat ze niet kunnen verklaren, zoals de verschijning van een onbekende, ervaren ze angst (Ainsworth, 1973; Mash, Bornstein & Arterberry, 2013; Volker, 2007).

Hoewel vreemdenangst veel voorkomt na de leeftijd van zes maanden, bestaan er grote verschillen tussen kinderen. Sommige baby's, vooral baby's die veel ervaring hebben met vreemden, zijn minder angstig dan baby's die nog niet veel vreemden hebben ontmoet. Bovendien roepen niet alle vreemden dezelfde reactie op. Over het algemeen zijn baby's minder bang voor vrouwen dan voor mannen. Daarnaast reageren ze positiever op vreemde kinderen dan op vreemde volwassenen, misschien omdat die kleiner en dus minder intimiderend zijn (Murray et al., 2007, 2008; Swingler, Sweet & Carver, 2007).

Scheidingsangst: de angst die bij kinderen wordt opgeroepen door de afwezigheid van hun vaste verzorger.

Scheidingsangst is de angst die bij kinderen wordt opgeroepen door de afwezigheid van hun vaste verzorger. Het is een universeel verschijnsel dat meestal begint rond zeven of acht maanden. Het bereikt een hoogtepunt rond de leeftijd van veertien maanden en neemt daarna af. Scheidingsangst heeft grotendeels dezelfde oorzaken als vreemdenangst. Door hun groeiende cognitieve vaardigheden zijn kinderen in staat om vragen te stellen zonder dat het antwoord direct voor de hand ligt: 'Waarom gaat mijn moeder weg?', 'Waar gaat ze naartoe?' en 'Komt ze wel terug?'.

Zie MyLab voor de video: Vreemdenangst

Zie MyLab voor de video: Scheidingsangst

Sociale glimlach: de glimlach van een baby in reactie op een andere persoon.

Vreemdenangst en scheidingsangst zijn belangrijke tekenen van sociale vooruitgang. Ze geven blijk van zowel cognitieve ontwikkeling als de groeiende emotionele en sociale banden tussen kinderen en hun verzorgers – banden waarop we later in dit hoofdstuk terugkomen als we de sociale relaties van baby's bespreken.

Glimlach

Terwijl Loes in haar wiegje ligt te slapen, zien haar vader en moeder heel even een schattig glimlachje op haar gezicht verschijnen. Haar ouders zijn er zeker van dat Loes een plezierige droom heeft.

Hebben ze gelijk? Waarschijnlijk niet. De eerste, in de slaap geproduceerde, glimlachjes hebben waarschijnlijk weinig betekenis, hoewel we dat niet met absolute zekerheid kunnen zeggen. Tussen drie en twaalf weken is het echter duidelijk dat baby's voorspelbaar beginnen te glimlachen als ze stimuli zien die hen bevallen, zoals speeltjes, mobiles en mensen. De eerste glimlachjes lijken relatief willekeurig, omdat baby's in eerste instantie glimlachen tegen alles wat ze amusant vinden. Maar als ze ouder worden, worden ze selectiever in het uitdelen van glimlachjes.

De glimlach van een baby in reactie op een andere persoon, dus niet op een niet-menselijke stimulus, wordt gezien als een **sociale glimlach**. Als baby's ouder worden, gaan zij hun sociale glimlach steeds meer bewaren voor specifieke individuen. Rond de leeftijd van achttien maanden zijn hun glimlachjes vaker bestemd voor hun moeder en andere verzorgers dan voor niet-menselijke objecten. Als een volwassene niet reageert, neemt het glimlachen bovendien af. Kortom, aan het einde van het tweede jaar gebruiken kinderen hun glimlach vrij doelbewust om hun positieve emoties weer te geven en zijn ze gevoelig voor de emotionele uitingen van anderen (Bigelow & Rochat, 2006; Fogel et al., 2006; Reissland & Cohen, 2012).

Als baby's naar een persoon lachen en niet naar een niet-menselijke stimulus, tonen ze een sociale glimlach.

Bron: JazzBoo/Shutterstock

Het interpreteren van de gezichtsuitdrukkingen en stemmen van anderen

Misschien herinner je je nog van paragraaf 4.3.4 dat pasgeboren baby's de gezichtsuitdrukkingen van volwassenen kunnen imiteren, een vermogen dat al een paar minuten na de geboorte aanwezig is. Hoewel hun vermogen om te imiteren zeker niet aangeeft dat ze de betekenis van de gezichtsuitdrukkingen van anderen begrijpen, vormt die imitatie wel de opmaat tot het vermogen tot *non-verbale decodering*, dat zich al vrij snel begint te manifesteren. Ze kunnen bijvoorbeeld zien wanneer hun verzorger blij is om hen te zien en nemen bezorgdheid of angst waar op het gezicht van anderen (Flom & Johnson, 2011; Hernandez-Reif et al., 2006; Striano & Vaish, 2006).

Baby's lijken iets eerder vocale uitingen van emoties te kunnen interpreteren dan gezichtsuitdrukkingen. Hoewel er tot nu toe relatief weinig aandacht is geweest voor de manier waarop baby's vocale uitingen waarnemen, lijkt het erop dat ze rond de leeftijd van vijf maanden vrolijke en droevige vocale uitingen van elkaar kunnen onderscheiden (Montague & Walker-Andrews, 2002; Soken & Pick, 1999).

Wetenschappers weten meer over de volgorde waarin de verschillende onderdelen van non-verbale decodering zich ontwikkelen. In de eerste zes tot acht weken is de visuele perceptie van baby's zo beperkt dat ze nog niet veel aandacht kunnen besteden aan de gezichtsuitdrukkingen van anderen. Maar ze beginnen al snel onderscheid te maken tussen verschillende gezichtsuitdrukkingen en lijken zelfs te reageren op verschillen in het type en de intensiteit van de emoties die worden weergegeven door gezichtsuitdrukkingen. Ze reageren ook op ongebruikelijke gezichtsuitdrukkingen. Ze tonen bijvoorbeeld verdriet wanneer hun moeder een blanco, koele, neutrale gezichtsuitdrukking laat zien (Adamson & Frick, 2003; Bertin & Striano, 2006; Farroni et al., 2007).

Tegen de tijd dat ze vier maanden oud zijn, begrijpen ze de emoties achter de gezichtsuitdrukkingen en de vocale uitingen van anderen wellicht al. Hoe weten we dat? Eén belangrijke aanwijzing daarvoor is afkomstig uit een onderzoek waarin zeven maanden oude baby's een vrolijke en een droevige gezichtsuitdrukking te zien kregen en tegelijkertijd een vocale uiting van ofwel plezier (een stijgende toon), ofwel verdriet (een dalende toon) hoorden. De baby's hadden meer aandacht voor het gezicht dat paste bij de toon, wat erop wijst dat ze in ieder geval een zwak ontwikkelde kennis hadden van de emotionele betekenis van gezichtsuitdrukkingen en stemmen (Grossmann, Striano & Friederici, 2006; Kahana-Kalman & Walker-Andrews, 2001; Kim & Johnson, 2013; Kochanska & Aksan, 2004).

Baby's leren dus al vroeg om emoties voort te brengen én te interpreteren. Bovendien beginnen ze het effect te leren kennen van hun eigen emoties op anderen. Die vermogens helpen hen niet alleen bij het ervaren van hun eigen emoties, maar ook bij het gebruiken van de emoties van anderen om de betekenis van onduidelijke sociale situaties te begrijpen (Buss & Kiel, 2004; Messinger et al., 2012).

7.1.2 De ontwikkeling van het ik: weten baby's wie ze zijn?

Elise van acht maanden kruipt langs de levensgrote spiegel die aan de deur hangt in de slaapkamer van haar ouders. Ze besteedt nauwelijks aandacht aan haar spiegelbeeld. Maar haar nichtje Julie, die bijna twee is, staart naar zichzelf in de spiegel als ze er langsloopt. Ze lacht als ze een klodder jam op haar voorhoofd ziet en veegt hem weg.

Zie MyLab voor de video: Zelfbesef

Zelfbesef: het bewustzijn dat men los van de rest van de wereld bestaat.

Misschien is het jou ook weleens overkomen dat je een glimp van jezelf in een spiegel opving en zag dat je haar verkeerd zat. Waarschijnlijk heb je toen geprobeerd je onwillige haar weer op zijn plek te krijgen. Je reactie geeft niet alleen aan dat je het belangrijk vindt hoe je eruitziet. Er blijkt ook uit dat je je bewust bent van jezelf, dat je weet en voelt dat je een individu bent waarop anderen reageren en dat je jezelf op een zo positief mogelijke manier aan de wereld probeert te presenteren.

We worden niet geboren met het besef dat we onafhankelijk van anderen en van de rest van de wereld bestaan. Hoewel het moeilijk aan te tonen is, lijken de jongste baby's zich niet te realiseren dat zij een zelfstandig individu zijn. Ze herkennen zichzelf niet op foto's en in spiegels en ze lijken niet in staat om zichzelf van andere mensen te onderscheiden.

Het **zelfbesef**, het bewustzijn dat men los van de rest van wereld bestaat, begint te groeien rond de leeftijd van twaalf maanden. Dit weten we dankzij een eenvoudige maar ingenieuze experimentele techniek die bekendstaat als de spiegel-en-rougetest. Hierbij krijgt een baby zonder dat hij het merkt een beetje rouge op zijn neus en wordt hij voor een spiegel gezet. Als de baby zijn neus aanraakt of probeert de rouge weg te vegen, vormt dat een bewijs dat de baby enige kennis heeft van zichzelf. Dit bewustzijn geeft aan dat de baby zichzelf begint te zien als onafhankelijk object. Julie uit het voorbeeld laat zien dat ze zich bewust is van haar onafhankelijkheid als ze de jam van haar voorhoofd probeert te vegen (Asendorpf, Warkentin & Baudonniere, 1996; Rochat, 2004; Rochat, Broesch & Jayne, 2012).

Hoewel sommige kinderen met twaalf maanden al verbaasd lijken bij het zien van de rouge op hun neus, treedt die reactie bij de meeste kinderen pas op tussen de 17 en 24 maanden. Rond deze leeftijd beginnen kinderen ook een besef te ontwikkelen van hun eigen capaciteiten. Kinderen die aan experimenten deelnemen als ze tussen de 23 en 25 maanden zijn, beginnen soms te huilen als de experimentator hun vraagt een moeilijke volgorde van handelingen met een speeltje te imiteren, terwijl ze eenvoudiger volgorden met gemak nadoen. Hun reactie wijst erop dat ze zich ervan bewust zijn niet het vermogen te bezitten om moeilijke opdrachten uit te voeren en dat ze zich daar ongelukkig over voelen: een duidelijke indicatie van zelfbesef (Asendorpf, 2002; Legerstee, 1998).

De culturele opvoeding van kinderen is eveneens van invloed op de ontwikkeling van het zelfbesef. Kinderen leren immers over zichzelf te denken door wat er tegen ze gezegd wordt, door contacten met andere mensen, door de manier waarop ze behandeld worden door die andere mensen en door ervaringen met de wereld om hen heen. Zo beïnvloedt de opvoeding de ontwikkeling van het zelfbesef. Griekse kinderen, bijvoorbeeld, die te maken hebben met ouders die in het bijzonder gericht zijn op onafhankelijkheid en zelfstandigheid, tonen op jongere leeftijd zelfbesef dan kinderen uit Kameroen. In Kameroen ligt de nadruk in de opvoedingspraktijk op een grotere wederzijdse afhankelijkheid tussen kleine kinderen en ouders. Dit leidt tot een latere ontwikkeling van het zelfbesef (Keller et al., 2004; Keller, Völker & Yovsi, 2005).

Kortom, kinderen tussen de 18 en 24 maanden zijn zich enigszins bewust van hun eigen fysieke eigenschappen en capaciteiten. Ze begrijpen dat hun verschijning min of meer stabiel is. Hoewel we niet weten hoe ver dat besef reikt, wordt het steeds duidelijker dat bij jonge kinderen niet alleen een fundamenteel zelfbesef aanwezig is, maar ook het begin van een besef van hoe hun geest werkt. Dit wordt ook wel een *theory of mind* (zie tevens paragraaf 7.1.4) genoemd (Langfur, 2013; Lewis & Carmody, 2008; Lewis & Ramsay, 2004; Nielsen, Dissanayake & Kashima, 2003).

Uit onderzoek blijkt dat dit achttien maanden oude jongetje duidelijk zelfbesef heeft.

Bron: Laura Dwight Photography

7.1.3 Social referencing: voelen wat anderen voelen

De 23 maanden oude Stefanie kijkt toe terwijl haar oudere broer Nathan en zijn vriend Etienne luidkeels ruzie met elkaar maken en beginnen te stoeien. Omdat ze niet precies begrijpt wat er gebeurt, werpt Stefanie een blik in de richting van haar moeder. Die glimlacht, omdat ze weet dat Nathan en Etienne het niet menen. Als Stefanie de reactie van haar moeder ziet, glimlacht ze ook. Ze imiteert haar moeders gezichtsuitdrukking.

Net als Stefanie bevinden we ons allemaal weleens in een situatie waarin we ons onzeker voelen. Op zulke momenten kijken we vaak naar anderen om te zien hoe die reageren. Dit afgaan op anderen, wat ook wel social referencing wordt genoemd, helpt ons bepalen wat een geschikte reactie zou zijn.

Social referencing: het doelbewust zoeken naar informatie over de gevoelens van anderen om onduidelijke omstandigheden en gebeurtenissen te kunnen plaatsen.

Social referencing is het doelbewust zoeken naar informatie over de gevoelens van anderen om onduidelijke omstandigheden en gebeurtenissen te kunnen plaatsen. Social referencing wordt gebruikt om de betekenis van een situatie helder te krijgen door onze onzekerheid over wat er gebeurt te verkleinen.

Social referencing manifesteert zich meestal rond de leeftijd van acht of negen maanden. Het is een vrij complexe sociale vaardigheid. Kinderen moeten er niet alleen de betekenis van het gedrag van anderen voor begrijpen, zoals hun gezichtsuitdrukkingen, ze moeten ook beseffen dat het gedrag van anderen een bepaalde betekenis heeft in specifieke omstandigheden (Carver & Vaccaro, 2007; De Rosnay et al., 2006; Hepach & Westermann, 2013; Stenberg, 2009).

Zie MyLab voor de video: Social referencing

Bij social referencing maken baby's vooral gebruik van gezichtsuitdrukkingen van anderen, zoals Stefanie deed toen ze zag dat haar moeder glimlachte. Dat wordt geïllustreerd door een onderzoek waarin kinderen een bijzonder speeltje kregen om mee te spelen. Hoelang ze ermee speelden, was afhankelijk van de gezichtsuitdrukking van hun moeder. Wanneer hun moeder een gezicht trok dat walging uitdrukte, speelden ze er veel korter mee dan wanneer hun moeder tevreden keek. Als de kinderen later nog eens de gelegenheid kregen om met hetzelfde speeltje te spelen, bleek bovendien dat het eerdere gedrag van hun moeder blijvende consequenties had, hoewel zij dit keer een neutraal gezicht trok (Hertenstein & Campos, 2004; Pelaez, Virues-Ortega & Gewirtz, 2012).

Hoewel het duidelijk is dat social referencing al op vroege leeftijd begint, zijn onderzoekers er nog niet uit hoe het werkt. Het zou kunnen dat het waarnemen van de gezichtsuitdrukking van iemand anders de emotie oproept die de gezichtsuitdrukking weergeeft. Een baby die ziet dat iemand bedroefd kijkt, zou zich dan zelf ook bedroefd gaan voelen, en dat kan invloed hebben op zijn gedrag. Het is echter ook mogelijk dat baby's alleen maar informatie halen uit het observeren van de gezichtsuitdrukking van een ander. In dat geval ervaart de baby zelf de specifieke emotie niet. Hij gebruikt de gezichtsuitdrukking puur als richtlijn voor zijn eigen gedrag.

Beide verklaringen van social referencing krijgen bijval, zodat we nog steeds niet weten welke de juiste is. Wat we wél weten, is dat de kans op social referencing het grootst is wanneer een situatie onduidelijk en dubbelzinnig is. Baby's die de leeftijd hebben bereikt dat ze in staat zijn om social referencing te gebruiken, raken behoorlijk in de war als ze tegenstrijdige non-verbale boodschappen van hun vader en moeder krijgen. Als een moeder met haar gezichtsuitdrukking irritatie laat merken over het feit dat haar zoon de melk heeft omgegooid, terwijl zijn vader dat wel schattig vindt en glimlacht, ontvangt het kind twee tegengestelde boodschappen. Tegenstrijdige boodschappen zijn erg verwarrend voor een baby (Schmitow & Stenberg, 2013; Stenberg, 2003; Vaish & Striano, 2004).

7.1.4 Theory of mind: hoe baby's het mentale leven van anderen en van zichzelf zien

Wat denken baby's over denken? Volgens ontwikkelingspsycholoog John Flavell begrijpen ze al vrij vroeg bepaalde dingen over de mentale processen van zichzelf en anderen. Flavell heeft onderzoek gedaan naar de **theory of mind** van kinderen: de (cognitieve) vaardigheid om aan jezelf en aan anderen gedachten, gevoelens, ideeën en intenties toe te schrijven en op basis daarvan te anticiperen op het gedrag van anderen. Dankzij de cognitieve groei in de babytijd zijn oudere baby's bijvoorbeeld in staat om mensen op heel andere manieren te zien dan objecten (Flavell, Green & Flavell, 1994; Rochat, 1999, 2004). De achttien maanden oude Chris is bijvoorbeeld gaan beseffen dat hij zijn vader kan vragen om een boterham, iets wat niet kan met zijn knuffelkonijn Flap (Luyten, 2011; Rochat, 1999, 2004; Slaughter & Peterson, 2012).

Theory of mind: de (cognitieve) vaardigheid om aan jezelf en aan anderen gedachten, gevoelens, ideeën en intenties toe te schrijven en op basis daarvan te anticiperen op het gedrag van anderen.

Zie MyLab voor de video: Theory of mind

Bovendien zijn baby's steeds beter in staat om intentionaliteit en causaliteit te begrijpen. Kinderen van tien en dertien maanden oud zijn bijvoorbeeld in staat om mentaal sociale dominantie te representeren. Ze geloven dat een grotere omvang verband houdt met het vermogen om andere personen en voorwerpen van kleinere omvang te domineren. Bovendien hebben baby's een soort aangeboren moraal, waarbij ze een voorkeur vertonen voor hulpvaardigheid (Hamlin et al., 2011; Hamlin & Wynn, 2011; Sloane, Baillargeon & Premack, 2012; Thomsen et al., 2011).

Verder beginnen ze al met achttien maanden te beseffen dat het gedrag van anderen een bepaalde betekenis heeft en dat het gedrag dat ze bij andere mensen zien bedoeld is om specifieke doelen te bereiken. Een kind komt bijvoorbeeld tot het inzicht dat zijn vader een specifiek doel heeft als hij in de keuken boterhammen staat te smeren (Ahn, Gelman & Amsterlaw, 2000; Senju et al., 2011; Wellman et al., 2008).

Als ze een jaar of twee zijn, beginnen kinderen de eerste sporen van empathie te vertonen. **Empathie** is een emotionele respons die correspondeert met

Empathie: een emotionele respons die correspondeert met de gevoelens van een andere persoon.

de gevoelens van een andere persoon. Op tweejarige leeftijd begint het voor te komen dat kinderen anderen troosten of bezorgd over ze zijn. Om dat te kunnen moeten ze zich bewust zijn van de emotionele gesteldheid van anderen.

In hun tweede levensjaar beginnen kinderen bovendien met misleiding, zowel in de vorm van fantasiespelletjes als in de vorm van onverbloemde pogingen om anderen om de tuin te leiden. Een kind dat 'doet alsof' en onwaarheden zegt, moet zich ervan bewust zijn dat anderen bepaalde opvattingen hebben over de wereld – opvattingen die kunnen worden gemanipuleerd. Aan het eind van de babytijd hebben kinderen dus een ruwe vorm van hun persoonlijke theory of mind ontwikkeld. Dat helpt hen het gedrag van anderen te begrijpen en heeft invloed op hun eigen gedrag (Caron, 2009; Van der Mark, Van IJzendoorn & Bakermans-Kranenburg, 2002).

7.2 Relaties aangaan

Op de terugweg van het ziekenhuis stond Laurens in het middelpunt van de belangstelling. Zijn vader had Martine van vijf en Tom van drie mee naar het ziekenhuis genomen toen Laurens en zijn moeder uit het ziekenhuis werden ontslagen. Martine rende hen tegemoet om 'haar' nieuwe baby te zien en negeerde haar moeder. Tom klampte zich in de ziekenhuishal aan de knieën van zijn moeder vast.

Een verpleegster droeg Laurens naar de auto. [...] De twee oudere kinderen klommen direct over de achterbank en overspoelden hun moeder en de baby met aandacht. Beide kinderen brachten hun gezicht heel dicht bij dat van de baby, smakten naar hem en praatten tegen hem. Al snel begonnen ze met luide stem ruzie te maken. Laurens schrok van het harde geluid en van zijn moeder die de kinderen wegduwde, en begon te huilen. Hij liet een jammerkreet horen die in de lawaaiige auto insloeg als een bom. De kinderen waren meteen stil en keken vol bewondering naar deze nieuwe baby. Door zijn aanhoudende gejammer vergaten ze hun geruzie. In hun ogen had hij zich al laten gelden. Martines lip trilde terwijl ze toekeek hoe haar moeder Laurens probeerde te troosten, en ze begon net als haar moeder zacht te kirren. Tom drukte zich nog dichter tegen zijn moeder aan, stak zijn duim in zijn mond en deed zijn ogen dicht om zich van alle commotie af te sluiten (Brazelton, 1983, p. 48).

De komst van een baby zorgt voor ingrijpende veranderingen in de dynamiek van een gezin. Hoe welkom een geboorte ook is, ze veroorzaakt fundamentele verschuivingen in de rol die mensen spelen binnen het gezin. Moeders en vaders moeten een relatie met hun baby gaan opbouwen en oudere kinderen moeten zich aanpassen aan de aanwezigheid van een nieuw gezinslid en een eigen band met hun kleine broertje of zusje krijgen.

Hoewel sociale ontwikkeling in de babytijd geen eenvoudig of automatisch proces is, is ze wel van cruciaal belang. De banden die groeien tussen kinderen en hun ouders, hun familieleden en anderen vormen een waardevolle basis voor alle sociale relaties in hun leven.

7.2.1 Hechting: het vormen van sociale banden

De belangrijkste basis voor de sociale ontwikkeling die in de babytijd plaatsvindt, is het hechtingsproces. **Hechting** is het intieme fysieke en emotionele

Hechting: het intieme fysieke en emotionele contact tussen ouder en kind in de periode direct na de geboorte.

contact tussen ouder en kind in de periode direct na de geboorte. Kinderen die zich hechten aan een bepaald persoon voelen zich prettig als ze bij die persoon zijn en worden op momenten van onrust of stress gerustgesteld door hun aanwezigheid. Hoewel het kind zich al vanaf de geboorte richt tot de zorgende figuren rondom hem, spreken we pas van een gehechtheidsrelatie zo rond de leeftijd van zeven à acht maanden. Vanaf dan richt het kind zich immers actief en uitgesproken op het hebben of houden van contact met de gehechtheidsfiguur. De gehechtheidsrelatie komt het duidelijkst tot uiting op twee cruciale momenten: wanneer het kind gescheiden wordt van zijn gehechtheidsfiguur en wanneer het kind in nood is of onder stress staat. De aard van de hechting in onze babytijd is bepalend voor de manier waarop we de rest van ons leven met anderen omgaan en voor de manier waarop we reageren op momenten van scheiding en verhoogde stress (Fischer, 2012; Grossmann & Waters, 2005; Hofer, 2006; Verschueren & Marcoen, 2000-2001; Vliegen, 2006).

Hechting

Om het hechtingsproces te doorgronden, richtten de eerste onderzoekers zich op de banden tussen ouders en kinderen in het dierenrijk. Konrad Lorenz (1965) observeerde bijvoorbeeld pasgeboren gansjes. Ganzen hebben een aangeboren neiging om hun moeder te volgen, het eerste bewegende object dat ze normaal gesproken na hun geboorte zien. Lorenz werkte met gansjes waarvan de eieren in een broedmachine werden uitgebroed. Hij ontdekte dat als die gansjes hém zagen op het moment dat ze uit het ei kropen, ze hem overal op de voet volgden, alsof hij hun moeder was. Hij noemde dit proces inprenting: gedrag dat plaatsvindt tijdens een kritieke periode en waarbij een wezen zich hecht aan het eerste bewegende object dat het ziet.

De banden die kinderen met anderen aangaan, spelen een cruciale rol in hun leven.

Bron: Phase4Studios/Shutterstock

Zie MyLab voor de video: De aapjes van Harlow

Volgens Lorenz zou hechting gebaseerd zijn op biologisch bepaalde factoren, en andere theoretici waren het met hem eens. Maar het vermogen om orale en andere fysiologische behoeften te bevredigen, is misschien wel niet zo cruciaal als theoretici aanvankelijk dachten. In een klassiek onderzoek liet de psycho-

Uit het onderzoek van Harlow bleek dat aapjes de warme, zachte kunstaap prefereerden boven de kunstaap van metaaldraad die voedsel verschafte.

Bron: Science Source

loog Harry Harlow babyaapjes kiezen tussen twee kunstapen. De ene kunstaap was van metaaldraad. Deze aap verschafte voedsel. De andere kunstaap was warm en gemaakt van een zachte stof. Die aap gaf echter geen eten. Hun voorkeur was duidelijk: ze brachten het grootste deel van hun tijd door bij de stoffen aap, hoewel ze af en toe een uitstapje maakten naar de aap van metaaldraad om te eten. Volgens Harlow leverde de voorkeur voor de warme, stoffen aap zogenaamd *contactcomfort* op (Harlow & Zimmerman, 1959).

Het werk van Harlow laat duidelijk zien dat voedsel alleen niet voldoende is om hechting tot stand te brengen. Het feit dat de voorkeur van de aapjes voor de zachte 'moeder' zich enige tijd na hun geboorte ontwikkelde, komt overeen met onderzoek waaruit blijkt dat er weinig bewijs is voor het bestaan van een kritieke hechtingsperiode tussen menselijke moeders en baby's direct na hun geboorte.

Het eerste onderzoek op het gebied van hechting bij mensen, dat nog steeds zeer invloedrijk is, werd uitgevoerd door John Bowlby (1951, 2007). Volgens Bowlby is hechting primair gebaseerd op de behoefte van kinderen aan veiligheid en zekerheid: hun genetisch bepaalde motivatie om vijanden te ontwijken. Als ze zich ontwikkelen, leren ze dat hun veiligheid het best wordt gewaarborgd door een bepaald individu. Dit besef leidt uiteindelijk tot het ontstaan van een speciale relatie met dat individu, meestal de moeder. Bowlby meent dat deze unieke relatie kwalitatief verschilt van de banden die een kind met anderen aangaat, inclusief de vader. Zoals we later zullen zien, is dat een opvatting waarover de meningen verdeeld zijn.

Bowlby meent ook dat het hechtingsproces, dat zijn oorsprong heeft in het verlangen om de beschermende veiligheid van de moeder op te zoeken, een cruciale rol speelt bij het verkennen van de wereld. Volgens hem verschaft een sterke, stabiele hechting een soort thuisbasis. Als kinderen onafhankelijker worden, kunnen ze steeds verder van hun veilige basis afdwalen.

Vreemdesituatieprocedure van Ainsworth: een aantal in scène gezette episoden die de kracht van de hechting tussen een kind en (meestal) zijn moeder illustreren.

Ontwikkelingspsychologe Mary Ainsworth (Ainsworth et al., 1978) ontwikkelde op basis van Bowlby's theorie een veelgebruikte experimentele techniek om hechting te meten. De **vreemdesituatieprocedure van Ainsworth** bestaat uit een aantal in scène gezette episoden die de kracht van de hechting tussen een kind en (meestal) zijn moeder illustreren. De procedure bestaat uit acht stappen (Ainsworth et al., 1978):

(1) De moeder en de baby gaan een onbekende ruimte binnen.
(2) De moeder gaat zitten en laat de baby de ruimte zelf ontdekken.
(3) Er komt een onbekende volwassene binnen, die eerst met de moeder en vervolgens met de baby praat.
(4) De moeder verlaat de ruimte en laat de baby alleen met de onbekende volwassene.
(5) De moeder komt weer terug, waarbij ze de baby begroet en geruststelt.
(6) De moeder verlaat de ruimte opnieuw, samen met de onbekende, zodat het kind alleen achterblijft.
(7) De onbekende komt terug.
(8) De moeder komt terug en de onbekende vertrekt.

Mary Ainsworth, die de vreemdesituatieprocedure ontwierp om hechting te meten.

Bron: Dr. Robert Marvin

Veilig hechtingspatroon: hechtingsstijl waarbij kinderen zich op hun gemak lijken te voelen als hun moeder aanwezig is en ook al raken ze van streek als moeder de ruimte verlaat, naar haar toe gaan als ze terugkeert.

De manier waarop kinderen op de verschillende aspecten van de vreemdesituatieprocedure reageren, kan aanzienlijk verschillen en is afhankelijk van de aard van de hechting met de moeder. Eenjarigen kunnen drie typen reacties vertonen: veilige gehechtheid, angstig-vermijdende gehechtheid en angstig-ambivalente gehechtheid (zie tabel 7-1). Kinderen die **veilig gehecht** zijn, gebruiken hun moeder als het soort thuisbasis dat Bowlby beschreef. Deze kinderen lijken

Angstig-vermijdend hechtingspatroon: hechtingsstijl waarbij kinderen niet de nabijheid van hun moeder opzoeken en haar lijken te mijden als ze terugkeert van afwezigheid.

Angstig-ambivalent hechtingspatroon: hechtingsstijl waarbij kinderen een combinatie van positieve en negatieve reacties op hun moeder vertonen nadat ze terugkeert van afwezigheid.

Gedesorganiseerd en gedesoriënteerd hechtingspatroon: hechtingsstijl waarbij kinderen inconsistent en vaak tegenstrijdig gedrag vertonen.

In deze illustratie van de vreemdesituatieprocedure verkent de baby eerst de speelkamer in zijn eentje zolang zijn moeder aanwezig is. Maar als zij weggaat, begint hij te huilen. Als ze terugkomt, is hij meteen gerustgesteld en stopt hij met huilen. De conclusie: hij is veilig gehecht.

Bron: William Hamilton/Johns Hopkins University/Robert Marvin

zich tijdens de vreemdesituatieprocedure op hun gemak te voelen zolang hun moeder aanwezig is. Ze verkennen de ruimte zelfstandig en keren af en toe naar haar terug. Ongeacht of ze van streek raken als ze de ruimte verlaat, gaan veilig gehechte kinderen direct naar haar toe als ze terugkomt en zoeken ze contact met haar. De meeste kinderen, iets meer dan de helft, vallen in deze categorie.

Kinderen met een **angstig-vermijdend hechtingspatroon** daarentegen zoeken niet de nabijheid van hun moeder op. Als ze de kamer verlaat, lijken ze meestal niet van streek. Bovendien lijken ze haar te mijden als ze terugkomt. Het lijkt of ze onverschillig tegenover haar gedrag staan. Ongeveer twintig procent van de eenjarigen valt in de vermijdende categorie.

Kinderen met een **angstig-ambivalent hechtingspatroon** vertonen een combinatie van positieve en negatieve reacties op hun moeder. In eerste instantie blijven ambivalente kinderen zo dicht bij hun moeder dat ze hun omgeving nauwelijks verkennen. Ze lijken al nerveus voordat hun moeder de kamer verlaat, en als ze inderdaad weggaat, raken ze zeer gestrest. Maar als ze terugkomt, vertonen ze ambivalente reacties. Ze proberen haar nabijheid te zoeken, maar tonen ook hun woede en teleurstelling over het feit dat ze is weggegaan. Ongeveer tien tot vijftien procent van de eenjarigen valt in de ambivalente categorie (Cassidy & Berlin, 1994).

Hoewel Ainsworth slechts drie categorieën identificeerde, bleek uit een latere voortzetting van haar onderzoek dat er nog een vierde categorie bestaat: gedesorganiseerd-gedesoriënteerd. Kinderen met een **gedesorganiseerd en gedesoriënteerd hechtingspatroon** lijken tegenstrijdige verwachtingen te hebben over de beschikbaarheid van hun moeder. Ze laten tegenstrijdige gedragingen en emoties zien (ze gaan bijvoorbeeld naar hun moeder toe als ze terugkeert, maar kijken haar niet aan). Soms lijken ze zelfs in de war als hun moeder terugkomt. Het lijkt of de terugkeer van de moeder de stress bij het kind eerder verhoogt dan verlaagt. Uit hun verwarring is wellicht op te maken dat zij de minst veilig gehechte kinderen van allemaal zijn. Ongeveer tien tot vijftien procent van de eenjarigen valt in deze categorie (Bernier & Meins, 2008; Cole, 2005; Mayseless, 1996).

De hechtingsstijl van een kind zou slechts weinig consequenties hebben als de aard van de hechting tussen baby's en hun moeder geen belangrijke gevolgen had voor relaties later in het leven. Een veilige gehechtheid is een goede start voor het vervolg van de ontwikkeling. Een veilig gehecht kind is te vergelijken met een huis dat een stevig fundament heeft (Sroufe, 2000). Jongens die op eenjarige leeftijd veilig gehecht zijn, hebben op latere leeftijd bijvoorbeeld minder psychische problemen dan angstig-vermijdende of angstig-ambivalente kinderen. Bovendien zijn kinderen die als baby veilig gehecht zijn, later meestal sociaal en emotioneel vaardiger. Ook hebben anderen een positiever beeld van hen. Met betrekking tot leren en leerprocessen biedt een veilige gehechtheid meer ruimte om te exploreren, wat de latere taalontwikkeling en motorische ontwikkeling ten goede komt. Ook liefdesrelaties in de volwassenheid vertonen een correlatie met de hechtingsstijl die ontwikkeld is in de babytijd (Bergman, Blom & Polyak, 2012; MacDonald et al., 2008; Mikulincer & Shaver, 2005; Simpson et al., 2007; Vliegen, 2007).

We kunnen echter niet zeggen dat kinderen die als baby geen veilig hechtingspatroon kenden later in hun leven altijd problemen krijgen, of dat kinderen met een veilig hechtingspatroon op eenjarige leeftijd zich later altijd goed weten te redden. Er zijn zelfs aanwijzingen dat kinderen met ambivalente en vermijdende hechtingsstijlen – volgens de maatstaven van de vreemdesituatieprocedure – het later vrij goed doen (Alhusen, Hayat & Gross, 2013; Fraley & Spieker, 2003; Lewis, Feiring & Rosenthal, 2000).

TABEL 7-1 **Hechtingsclassificaties van baby's**

CATEGORIE	NABIJHEID VAN VERZORGER ZOEKEN	CONTACT HOUDEN MET VERZORGER	NABIJHEID VAN VERZORGER MIJDEN	CONTACT MET VERZORGER WEIGEREN	HUILEN
Veilig	Hoog	Hoog (bij stress)	Laag	Laag	Laag (voor scheiding), hoog of laag (scheiding), laag (hereniging)
Angstig-vermijdend	Laag	Laag	Hoog	Laag	Laag (voor scheiding), hoog of laag (scheiding), laag (hereniging)
Angstig-ambivalent	Hoog	Hoog (vaak voor scheiding)	Laag	Hoog	Af en toe (voor scheiding), hoog (scheiding), matig tot hoog (hereniging)

Bron: Waters, 1978

7.2.2 De totstandkoming van hechting: de rollen van de moeder en de vader

Als de vijf maanden oude Anne hartverscheurend begint te huilen, loopt haar moeder naar haar kamer om haar voorzichtig op te tillen uit haar wiegje. Ze wiegt Anne heen en weer en fluistert zachtjes tegen haar. Al heel snel houdt Anne op met huilen. Ze drukt zich tegen haar moeder aan. Maar zodra ze in haar wiegje wordt gelegd, begint Anne weer te jammeren, zodat haar moeder haar opnieuw oppakt.

De meeste ouders zullen dit patroon herkennen. De baby huilt, de ouder reageert en het kind reageert weer op de ouder. Zulke ogenschijnlijk onbelangrijke reeksen van gebeurtenissen, die herhaaldelijk in het leven van baby's en ouders plaatsvinden, maken de weg vrij voor de ontwikkeling van relaties tussen kinderen, hun ouders en de rest van de sociale wereld.

De emotioneel-affectieve inbedding waarin het kind vanaf zijn geboorte terechtkomt, is van groot belang voor de manier waarop de gehechtheidsrelatie rond de leeftijd van zeven à acht maanden vorm zal krijgen. De eerste levensweken draaien rond de regulering van onder andere voeding en slaap. Het omgaan met huilen en het gevoel als ouder je hierin competent te voelen, zijn daarbij van groot belang. Vanaf tweeënhalve maand speelt de ouder-kindrelatie zich meer af rondom de face-to-face-interactie. Via het gezicht, de stem en de aanrakingen en bewegingen worden nu sociaal-emotionele boodschappen uitgewisseld. Vanaf vijfenhalve maand vormt het samen spelen met voorwerpen de centrale activiteit. De oog-hand- en hand-hand-coördinatie van het kind zijn hiervoor voldoende ontwikkeld. Vanaf acht maanden begint de baby op een duidelijke manier te tonen dat hij gehecht is aan zijn primaire zorgfiguren, dat hij hun nabijheid op prijs stelt en dat separatie pijn doet.

Hieronder bespreken we welke rol de baby en zijn verzorgers spelen bij het hechtingsproces.

Moeders en hechting

Gevoeligheid voor de behoeften en wensen van het kind is het belangrijkste kenmerk van moeders van veilig gehechte baby's. Zo'n moeder is zich meestal bewust van de stemmingen van haar kind. Ze houdt tijdens hun interacties rekening met zijn gevoelens. Ook reageert ze op haar kind, voedt ze 'op vraag' en is ze warm en teder (Evans, Whittingham & Boyd, 2012; McElwain & Booth-LaForce, 2006; Priddis & Howieson, 2009).

Het verschil tussen veilig gehechte en niet-veilig gehechte kinderen zit hem niet alleen in de vraag of moeders reageren op de signalen van hun kind. Het gaat er ook om hóé ze reageren. Uit onderzoek blijkt dat moeders die te veel reageren op hun kind, net zo veel kans hebben op niet-veilig gehechte kinderen als moeders die te weinig op hun kind reageren. Een moeder die op een juiste manier op haar kind reageert en een situatie creëert waarin moeder en kind hun emotionele gesteldheid aan elkaar aanpassen, zal eerder een veilig gehecht kind hebben (Hane, Feldstein & Dernetz, 2003; Kochanskya, 1998).

Volgens Ainsworth reageren moeders van veilig gehechte baby's snel en positief op hun kinderen. De moeder van Anne reageerde bijvoorbeeld snel op haar gehuil door haar te knuffelen en te troosten. Moeders veroorzaken volgens Ainsworth een onveilig hechtingspatroon bij hun baby als ze signalen in zijn gedrag negeren, zich inconsistent tegenover hem gedragen en zijn pogingen tot sociale interactie negeren of afwijzen. Denk bijvoorbeeld aan een kind in een wandelwagen dat keer op keer vergeefs de aandacht van zijn moeder probeert te trekken door te roepen of te draaien en te gebaren, terwijl zijn moeder in gesprek is en hem negeert. Deze baby zal eerder een minder veilig hechtingspatroon ontwikkelen dan een kind van wie de moeder snel en consistent een teken van herkenning geeft (Higley & Dozier, 2009).

Maar hoe weten moeders hoe ze moeten reageren op signalen van hun kinderen? Eén mogelijkheid is dat ze dat leren van hun eigen moeder. Moeders hebben meestal hechtingsstijlen die overeenkomen met die van hun kinderen. Uit sommige onderzoeken blijkt zelfs dat hechtingspatronen verschillende generaties lang vrij stabiel blijven (Benoit & Parker, 1994; Peck, 2003).

Het gedrag van moeders (en anderen) ten opzichte van baby's is gedeeltelijk een reactie op het vermogen van die baby's om effectieve signalen af te geven. Een moeder zal misschien niet adequaat kunnen reageren op een kind wiens eigen gedrag verhullend, misleidend of tegenstrijdig is. Kinderen die duidelijk laten zien dat ze boos, bang of ongelukkig zijn, zijn gemakkelijker te begrijpen dan kinderen die tegenstrijdig gedrag vertonen. Het soort signalen dat een baby geeft, is wellicht deels bepalend voor het succes van de reactie van de moeder.

Vaders en hechting

Tot nu toe hebben we ons nauwelijks beziggehouden met de vader. Wie naar de vroege theorieën over en onderzoeken naar hechting kijkt, merkt dat de vader en zijn potentiële bijdragen aan het leven van de baby nauwelijks aan bod komen (Tamis-LeMonda & Cabrera, 1999).

Er zijn ten minste twee redenen voor die afwezigheid. Ten eerste was de moeder-kindrelatie volgens John Bowlby, de grondlegger van de hechtingstheorie, iets unieks. Hij geloofde dat de moeder de unieke biologische bagage bezat om een kind te geven wat het nodig had, en hij concludeerde dat dit vermogen leidde tot de ontwikkeling van een speciale relatie tussen moeders en hun kinderen. Ten tweede werd het vroege onderzoek naar hechting beïnvloed door de traditionele sociale opvattingen van Bowlby's tijd, waarin de moeder de belangrijkste verzorgster was, terwijl de vader buitenshuis werkte om zijn gezin te onderhouden.

Wetenschappers zijn om verschillende redenen van deze opvatting afgestapt. Ten eerste veranderden de maatschappelijke normen en begonnen vaders een actievere rol te spelen bij de opvoeding van hun kinderen. En wat belangrijker was: uit onderzoek kwam steeds duidelijker naar voren dat sommige baby's hun eerste primaire relatie aangaan met hun vader, ondanks sociale

De verschillen in de manieren waarop vaders en moeders met hun kinderen spelen, zijn zelfs zichtbaar in gezinnen waarin de vader de primaire verzorger is.

Bron: Paul Vasarhelyi/123RF.com

normen die vaders classificeerden als tweedelijnsopvoeders (Brown et al., 2007; Diener et al., 2008; McFarland-Piazza et al., 2012; Music, 2011).

Bovendien toonden steeds meer onderzoeken aan hoe belangrijk het is dat vaders liefde voor hun kinderen tonen in de vorm van stimulering, warmte, affectie, steun en bezorgdheid. Bepaalde soorten psychische stoornissen, zoals drank- en drugsmisbruik en depressies, blijken zelfs een duidelijkere correlatie te vertonen met het gedrag van vaders dan met dat van moeders. Er zijn dus steeds meer bewijzen dat ook het gedrag van vaders erg belangrijk is (Condon et al., 2013; Parke, 2004; Roelofs et al., 2006; Tamis-LeMonda & Cabrera, 2002; Veneziano, 2003).

De sociale hechting van baby's blijft niet beperkt tot hun ouders. Uit ander onderzoek blijkt dat baby's sterke hechtingsrelaties met verschillende individuen tegelijk kunnen ontwikkelen. Eén onderzoek wees bijvoorbeeld uit dat hoewel de meeste baby's hun eerste primaire relatie met één persoon vormen, ongeveer een derde verschillende relaties tegelijk had. Daarbij was het moeilijk om te bepalen welke relatie de primaire was. Tegen de tijd dat ze achttien maanden waren, hadden de meeste baby's verschillende relaties gevormd (Booth, Kelly & Spieker, 2003; Seibert & Kerns, 2009; Silverstein & Auerbach, 1999).

Bestaan er verschillen in hechting met moeders en vaders?

Zie MyLab voor de video: Scheidingsangst in verschillende culturen

Het is duidelijk dat baby's zich zowel aan hun moeder als aan hun vader kunnen hechten – en dat gaat ook op voor andere individuen. Dat wil niet zeggen dat de hechting tussen baby's en moeders aan de ene kant en baby's en vaders aan de andere kant identiek is. Als baby's bijvoorbeeld in ongewoon stressvolle omstandigheden verkeren, willen ze meestal liever getroost worden door hun moeder dan door hun vader (Dumont & Paquette, 2013; Schoppe-Sullivan et al., 2006; Thompson, Easterbrooks & Padilla-Walker, 2003; Yu et al., 2012).

Deze kwalitatieve verschillen in hechting zijn onder andere te verklaren door verschillen in wat vaders en moeders met hun kinderen doen. Moeders zijn een groter gedeelte van hun tijd bezig met de voeding en de directe verzorging van hun kinderen. Vaders spelen relatief gezien meer met hun kinderen. Wel is het zo dat bijna alle vaders een bijdrage leveren aan de zorg voor hun kinderen. Uit onderzoeken blijkt dat 95 procent van hen zegt dat ze dagelijks bepaalde verzorgingstaken op zich nemen. Maar gemiddeld doen ze nog steeds minder dan moeders. Bovendien spelen vaders vaak op een heel andere manier met baby's dan moeders dat doen. Vaders ontplooien meer fysieke, wildere activiteiten met hun kinderen. Moeders spelen juist traditionele spelletjes als kiekeboe en spelletjes met meer verbale elementen (Paquette, Carbonneau & Dubeau, 2003).

Deze verschillen in de manier waarop vaders en moeders met hun kinderen spelen, zijn zelfs zichtbaar in het relatief kleine aantal westerse gezinnen waarin de vader de primaire verzorger is. Daarnaast bestaan er ook culturele verschillen in de hoeveelheid speel- en zorgtijd: vaders in Australië, Israël, India, Japan, Mexico en zelfs bij de Aka-pygmeeën in Centraal-Afrika spelen meer met hun kinderen dan dat ze hen verzorgen. De hoeveelheid tijd die ze met hun baby's doorbrengen varieert wel sterk. Aka-vaders besteden bijvoorbeeld meer tijd aan de verzorging van hun baby's dan vaders in andere culturen. Vasthouden en knuffelen doen zij ongeveer vijfmaal zo veel als andere vaders waar ook ter wereld (Bronstein, 1999; Hewlett & Lamb, 2002; Roopnarine, 1992). Deze overeenkomsten en verschillen in opvoeding roepen een belangrijke vraag op: welke invloed heeft cultuur op hechting?

Verschilt hechting per cultuur?

John Bowlby's theorie stelt dat het streven naar hechting een universeel biologisch verschijnsel is dat we niet alleen bij dieren maar ook bij mensen van alle culturen tegenkomen. Onderzoek heeft echter aangetoond dat hechting van mensen niet zo cultureel universeel is als Bowlby voorspelde. Bepaalde hechtingspatronen lijken meer voor te komen bij baby's uit specifieke culturen. Een onderzoek met Duitse baby's toonde bijvoorbeeld aan dat de meeste baby's in de vermijdende categorie vallen. Uit Japans onderzoek bleek dat in Japan een kleiner percentage baby's veilig gehecht is dan in de meeste westerse landen. Tot slot hebben vergelijkingen tussen Chinese en Canadese kinderen uitgewezen dat Chinese kinderen in de vreemdesituatieprocedure van Ainsworth geremder zijn dan Canadese kinderen (Chen et al., 1998; Grossmann et al., 1982; Kieffer, 2012; Rothbaum et al., 2000; Takahashi, 1986). Wijzen zulke bevindingen erop dat we moeten afstappen van het idee dat hechting een universele biologische neiging is?

Niet per definitie. Aan de ene kant is het mogelijk dat Bowlby's bewering dat het verlangen naar hechting universeel is, te sterk is uitgedrukt. Aan de andere kant zijn de meeste gegevens over hechting verkregen door middel van de vreemdesituatieprocedure van Ainsworth, die misschien niet de meest geschikte meetmethode is voor niet-westerse culturen. Japanse ouders proberen bijvoorbeeld scheiding en stress bij hun baby's te vermijden. Ook streven ze niet in dezelfde mate naar zelfstandigheid voor hun kinderen als het geval is in veel westerse samenlevingen. Omdat ze relatief weinig gescheiden zijn van hun moeder, kunnen Japanse baby's in de vreemdesituatieprocedure ongewoon veel stress ervaren, waardoor het lijkt alsof ze minder veilig gehecht zijn. Als er een andere meetmethode werd gebruikt, die bijvoorbeeld later in de babytijd werd uitgevoerd, zouden waarschijnlijk meer Japanse kinderen in de categorie 'veilig gehecht' vallen (Dennis et al., 2002; Nakagawa, Lamb & Miyaki, 1992; Vereijken et al., 1997).

Japanse ouders proberen scheiding en stress bij hun baby's te vermijden. Ook zijn zij minder gericht op het stimuleren van zelfstandigheid. Daardoor lijken Japanse kinderen volgens de vreemdesituatieprocedure vaak minder veilig gehecht. Worden er echter andere meettechnieken gebruikt, dan scoren ze wellicht beter op het gebied van hechting.

Bron: Ken Straitor/Corbis/Stock Market

Volgens recentere theorieën is hechting niet volledig biologisch bepaald, maar spelen er ook culturele normen en verwachtingen mee. Volgens sommige ontwikkelingsdeskundigen moet hechting worden gezien als een algemene tendens waarbinnen variatie mogelijk is, afhankelijk van hoe actief verzorgers binnen een samenleving hun kinderen zelfstandigheid proberen bij te brengen. Veilige hechting kan dus het vroegst worden geconstateerd in culturen die zelfstandigheid stimuleren. In samenlevingen waarin zelfstandigheid een minder belangrijke culturele waarde is, is dat misschien pas later mogelijk (Hong et al., 2013; Rothbaum et al., 2000; Rothbaum, Rosen & Ujiie, 2002).

7.2.3 Interactie met baby's: ontluikende relaties

Uit onderzoek naar hechting blijkt duidelijk dat baby's verschillende hechtingsrelaties kunnen ontwikkelen en dat de specifieke individuen aan wie een baby primair is gehecht niet steeds dezelfde hoeven te blijven. Uit deze variaties in hechting blijkt eens te meer dat de ontwikkeling van relaties een continu proces is, dat zich niet alleen in de babytijd voltrekt maar gedurende ons hele leven.

Ouderlijke interactie

Welke processen liggen ten grondslag aan de ontwikkeling van relaties in de babytijd? Eén antwoord op die vraag is afkomstig uit onderzoek waarin is gekeken naar de manier waarop ouders met hun kinderen omgaan. Daaruit blijkt dat ouders, en zelfs volwassenen in het algemeen, genetisch gepreprogrammeerd zijn om gevoelig te zijn voor baby's. Met hersenscantechnieken is ontdekt dat de gelaatstrekken van baby's (maar niet die van volwassenen) binnen een zevende van een seconde een gespecialiseerde structuur in de hersenen, de fusiform gyrus, activeren. Dergelijke reacties kunnen bijdragen aan koesterend gedrag en sociale interactie (Kassuba et al., 2011; Kringelbach et al., 2008; Zebrowitz et al., 2009).

Daarnaast is uit studies gebleken dat in bijna alle culturen moeders zich op specifieke manieren tegenover hun baby's gedragen. Ze hebben de neiging hun gezichtsuitdrukkingen en hun vocale uitingen te overdrijven (zie paragraaf 6.3.3). Ook imiteren ze het gedrag van hun baby vaak. Ze reageren op specifieke geluiden en bewegingen door ze te herhalen. Sommige soorten spelletjes, zoals kiekeboe, zijn zelfs bijna universeel (Harrist & Waugh, 2002; Kochanska, 1997; 2002).

Wederzijds regulatiemodel: model waarin baby's en ouders emotionele stemmingen aan elkaar leren communiceren en daar adequaat op reageren.

Bovendien leren baby's en ouders, volgens het **wederzijds regulatiemodel**, emotionele stemmingen aan elkaar te communiceren en daar adequaat op te reageren. Zowel baby's als ouders werken gezamenlijk mee aan zogenaamde beurtwisseling, waarbij de ene persoon wacht tot de ander klaar is met een bepaalde handeling voordat hij met een andere handeling begint. Met drie maanden hebben baby's en hun moeders daardoor ongeveer evenveel invloed op elkaars gedrag. Interessant genoeg maken baby's als ze zes maanden zijn de dienst uit bij beurtwisseling, terwijl met negen maanden de invloed van baby's en hun moeders weer ongeveer even groot is (Tronick, 2003).

Een van de manieren waarop baby's en ouders tijdens hun interacties communiceren is via gezichtsuitdrukkingen. Een baby wiens moeder tijdens een experiment bijvoorbeeld een onbeweeglijke, versteende gezichtsuitdrukking heeft, reageert op zo'n verwarrende situatie met een aantal verschillende eigen geluiden, gebaren en gezichtsuitdrukkingen, waarschijnlijk om een nieuwe reactie aan zijn moeder te ontlokken. Baby's zijn zelf ook vrolijker als hun moeder vrolijk kijkt, en ze kijken dan langer naar haar. Omgekeerd zullen ze waarschijnlijk met een droevige blik reageren en zich afwenden als hun moeder een ongelukkig gezicht trekt (Crockenberg & Leerkes, 2003; Reissland & Shepherd, 2006; Yato et al., 2008).

Samenvattend kunnen we zeggen dat de ontwikkeling van hechting bij baby's niet alleen maar een reactie is op het gedrag van de mensen om hen heen.

Wederzijdse socialisatie: proces waarbij het gedrag van baby's nieuwe responsen van ouders en andere verzorgers oproept en vice versa.

Er is sprake van een proces van **wederzijdse socialisatie**, waarbij het gedrag van baby's nieuwe responsen van ouders en andere verzorgers oproept. Het gedrag van de verzorgers roept vervolgens weer een reactie op bij het kind, waardoor de cyclus zich voortzet. Denk maar aan het voorbeeld van Anne, de baby die ging huilen omdat ze weer opgepakt wilde worden toen haar moeder haar in haar wiegje legde. Uiteindelijk leiden de acties en reacties van ouders en kinderen tot een grotere hechting. Ze smeden en versterken de banden tussen baby's en verzorgers doordat baby's en verzorgers hun behoeften en reacties op elkaar overbrengen. In figuur 7-2 wordt de cyclus van interacties tussen baby en verzorger weergegeven (Kochanska & Aksan, 2004; Spinrad & Stifler, 2006).

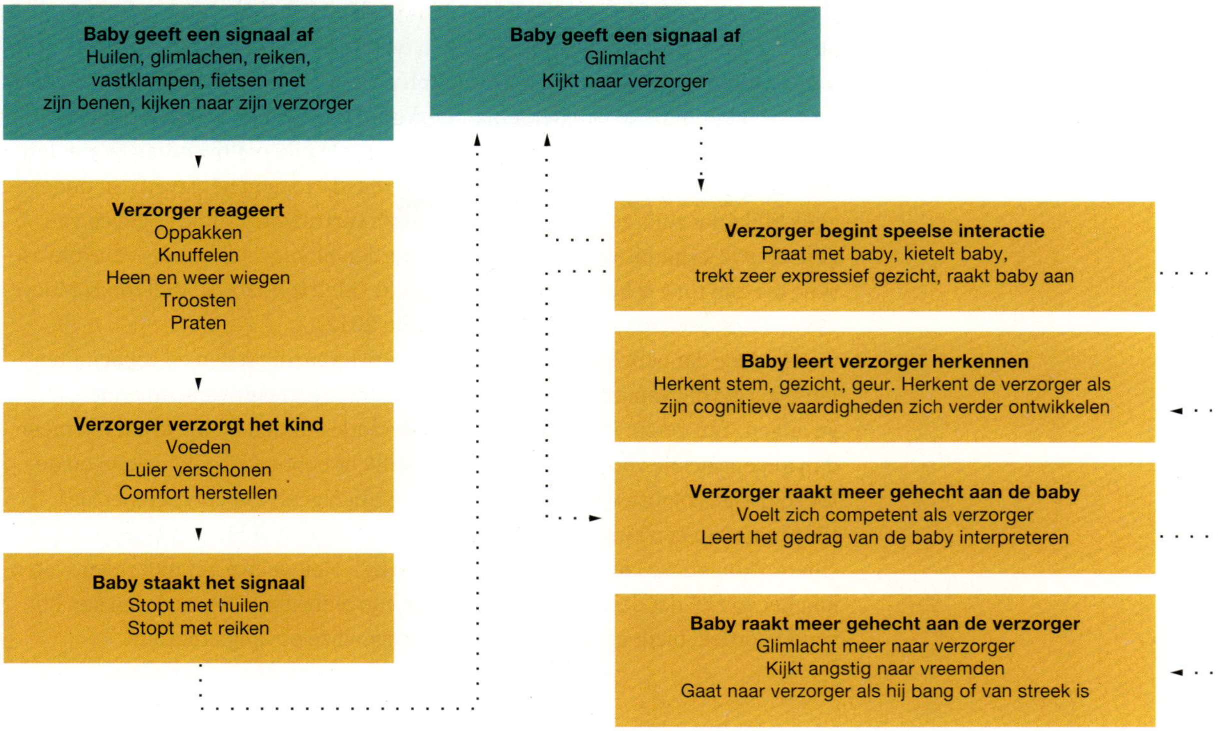

FIGUUR 7-2 **Volgorde van de interactie tussen baby en verzorger**

De acties en reacties van verzorgers en baby's beïnvloeden elkaar op complexe manieren.

Bron: Bell & Ainsworth, 1972; Tomlinson-Keasey, 1985

Omgang met leeftijdgenoten

Hoewel baby's geen vriendschappen aangaan in de traditionele zin van het woord, reageren ze al vroeg op positieve wijze op leeftijdgenoten en vertonen ze rudimentaire vormen van sociale interactie.

Het sociale gedrag van baby's komt op verschillende manieren tot uiting. Al tijdens de eerste maanden van hun leven zien we ze glimlachen, lachen en hun stem gebruiken als ze naar hun leeftijdgenoten kijken. Ze tonen meer belangstelling voor leeftijdgenoten dan voor objecten en besteden meer aandacht aan andere baby's dan aan hun eigen spiegelbeeld. Ook ontwikkelen ze steeds meer een voorkeur voor mensen die ze kennen. Uit onderzoeken met eeneiige tweelingen blijkt bijvoorbeeld dat tweelingen meer sociaal gedrag tegenover elkaar vertonen dan tegenover een onbekend kind (Eid et al., 2003; Legerstee, 2014).

Het sociale gedrag van kinderen neemt meestal toe naarmate ze ouder worden. Negen tot twaalf maanden oude baby's bieden elkaar speeltjes aan, vooral als ze elkaar kennen. Ook spelen ze sociale spelletjes, zoals kiekeboe of elkaar achterna kruipen. Zulk gedrag is belangrijk. Het fungeert namelijk als basis voor toekomstige sociale contacten waarin kinderen reacties zullen proberen op te roepen bij anderen en vervolgens op die reacties zullen reageren. Het is essentieel om dit soort contacten te leren aangaan, omdat ze zich ook in de volwassenheid manifesteren (Eckerman & Peterman, 2001; Endo, 1992).

Als kinderen ouder worden, beginnen ze elkaar te imiteren. Zo kunnen peuters van veertien maanden die met iemand vertrouwd zijn, soms iemands gedrag reproduceren. Zulke imitaties hebben een sociale functie en kunnen bovendien een effectief leerinstrument zijn (Ray & Heyes, 2011).

Denk nog eens aan Sam, de baby uit de proloog die zijn klasgenootjes liet zien hoe je de touwtjes van je muts los kunt maken. Sams vermogen om deze informatie over te brengen is slechts één voorbeeld van de manier waarop zogenaamde expertbaby's vaardigheden en informatie verspreiden onder andere kinderen. Onderzoek van Meltzoff en zijn collega's wijst uit dat kinderen de capaciteiten die ze van dergelijke 'deskundigen' hebben geleerd, blijven behouden en later opmerkelijk intensief gaan gebruiken. Bovendien begint leren door blootstelling aan het gedrag van anderen al vroeg in het leven. Uit onderzoek blijkt dat zelfs zeven weken oude baby's vertraagde imitaties geven van een nieuwe stimulus waaraan ze eerder werden blootgesteld, zoals een volwassene die zijn tong schuin uit zijn mond steekt (Meltzoff, 2002; Meltzoff & Moore, 1994, 1999; Meltzoff, Waismeyer & Gopnik, 2012).

Het idee dat baby's nieuw gedrag en nieuwe vaardigheden en capaciteiten leren als gevolg van interacties met andere kinderen heeft verschillende gevolgen. Ten eerste impliceert het dat interacties tussen kleine kinderen meer dan alleen sociale voordelen opleveren; wellicht hebben ze ook invloed op de toekomstige cognitieve ontwikkeling. Bovendien geeft het contact met leeftijdgenoten in een kinderdagverblijf deze kinderen mogelijk een voorsprong (hierop komen we later in dit hoofdstuk terug). Hoewel we het niet zeker weten, kan het zo zijn dat de gelegenheid om van hun leeftijdgenoten te leren een blijvend voordeel biedt aan kinderen in groepsgewijze opvangsituaties.

7.3 Verschillen tussen baby's

Lennert is een moeilijke baby, daar zijn zijn ouders het over eens. Ze kunnen hem 's avonds bijvoorbeeld nooit in slaap krijgen. Hij huilt bij het minste of geringste geluid, wat een probleem is omdat zijn wiegje bij een raam staat dat uitkijkt op een drukke straat. En wat nog erger is: als hij eenmaal begint te huilen, lijkt het eeuwen te duren voor hij weer gekalmeerd is.

Op een dag vertelt zijn moeder Anna aan haar schoonmoeder Marie hoe moeilijk het is om Lennerts moeder te zijn. Marie herinnert zich dat haar eigen zoon, Lennerts vader Harry, precies hetzelfde was. 'Hij was mijn eerste kind, en ik dacht dat alle baby's zich zo gedroegen. Dus bleven we van alles uitproberen tot we erachter kwamen hoe hij in elkaar zat. Ik weet nog dat we zijn wiegje op allerlei verschillende plekken hebben gezet om uit te vinden waar hij het best sliep, en uiteindelijk is dat heel lang de hal geweest. Toen kwam zijn zusje Miranda, en zij was zo stil en gemakkelijk dat ik niet wist wat ik met al die vrije tijd aan moest!'

Zoals blijkt uit het verhaal van Lennerts familie zijn niet alle baby's hetzelfde, en hun gezinnen ook niet. Sommige verschillen tussen mensen lijken al bij de geboorte aanwezig. Verschillen tussen baby's kunnen onder andere worden veroorzaakt door hun persoonlijkheid en temperament, door het leven dat ze leiden, door hun geslacht, door de aard van het gezin en door de manier waarop ze worden verzorgd.

7.3.1 Persoonlijkheidsontwikkeling: kenmerken die baby's uniek maken

Persoonlijkheid: het geheel van duurzame eigenschappen die het ene individu van het andere onderscheiden.

De wortels van de **persoonlijkheid**, het geheel van duurzame eigenschappen die het ene individu van het andere onderscheiden, liggen in de babytijd. Vanaf de geboorte beginnen kinderen unieke, stabiele kenmerken en gedragspatronen te vertonen die er uiteindelijk voor zorgen dat ze uitgroeien tot afzonderlijke individuen (Caspi, 2000; Kagan, 2000; Shiner et al., 2003). Uit onderzoek blijkt dat er vijf dimensies zijn, de zogenaamde Big Five, waarmee je iemands persoonlijkheid in de gehele breedte kunt beschrijven: extraversie, vriendelijkheid, zorgvuldigheid, emotionele stabiliteit en intellectuele autonomie.

Volgens de psycholoog Erik Erikson (zie paragraaf 2.1.1 voor een bespreking van zijn opvattingen over persoonlijkheidsontwikkeling) zijn de vroege ervaringen van baby's verantwoordelijk voor de vorming van een van de belangrijkste aspecten van hun persoonlijkheid: of ze fundamenteel vertrouwend of wantrouwend zijn.

Eriksons theorie van psychosociale ontwikkeling: theorie die een verklaring biedt voor de manier waarop individuen zichzelf, en de betekenis van het gedrag van anderen en zichzelf, leren begrijpen.

Eriksons theorie van psychosociale ontwikkeling biedt een verklaring voor de manier waarop individuen zichzelf, en de betekenis van het gedrag van anderen en zichzelf, leren begrijpen (Erikson, 1963). Volgens zijn theorie voltrekt de ontwikkeling van mensen zich in acht aparte stadia, waarvan de eerste in de babytijd plaatsvinden.

Stadium van vertrouwen-versus-wantrouwen: de periode waarin kinderen een gevoel van vertrouwen of wantrouwen ontwikkelen, afhankelijk van hoe goed hun verzorgers op hun behoeften reageren.

Volgens Erikson doorlopen kinderen tijdens de eerste achttien maanden van hun leven het **stadium van vertrouwen-versus-wantrouwen**. In deze periode ontwikkelen zij een gevoel van vertrouwen of wantrouwen, afhankelijk van hoe goed hun verzorgers op hun behoeften reageren. Maries aandacht voor de behoeften van Harry uit het voorbeeld hierboven zal hem waarschijnlijk geholpen hebben een fundamenteel gevoel van vertrouwen in de wereld te ontwikkelen. Erikson stelt dat kinderen die in staat zijn om vertrouwen te ontwikkelen een gevoel van hoop ervaren, waardoor ze het idee kunnen hebben dat ze hun behoeften in principe kunnen bevredigen. Gevoelens van wantrouwen leiden ertoe dat kinderen de wereld hard en onvriendelijk vinden, waardoor ze later problemen kunnen krijgen met het vormen van hechte banden.

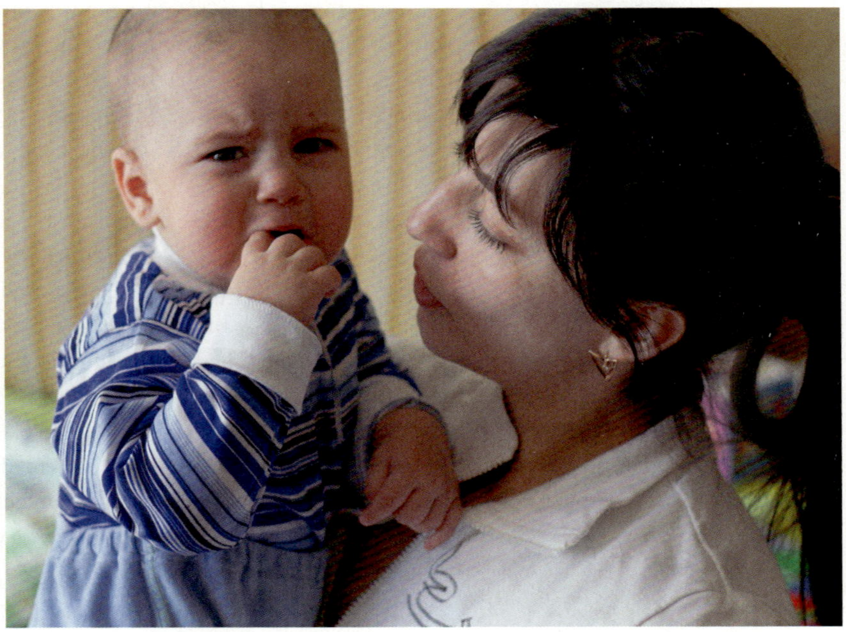

Volgens Erikson doorlopen kinderen tijdens de eerste achttien maanden van hun leven het stadium van vertrouwen-versus-wantrouwen. In deze periode ontwikkelen zij een gevoel van vertrouwen of wantrouwen, afhankelijk van hoe goed hun verzorgers op hun behoeften reageren.

Bron: Stokmen/Shutterstock (Pearson Asset Library)

Volgens Erikson wordt de persoonlijkheid primair gevormd door de ervaringen van jonge kinderen. Hieronder zullen we echter zien dat andere ontwikkelingsdeskundigen zich concentreren op consistenties in het gedrag die al bij de geboorte aanwezig zijn, zelfs nog voor de ervaringen in de babytijd. Deze consistenties zouden grotendeels genetisch bepaald zijn en de basis vormen van de persoonlijkheid.

7.3.2 Temperament: stabiele factoren in het gedrag van een kind

De ouders van Sara denken dat er iets mis is. In tegenstelling tot haar oudere broer Joris, die als baby zo actief was dat hij nooit stil leek te liggen, is Sara veel kalmer. Ze slaapt veel en laat zich gemakkelijk troosten op de zeldzame momenten dat ze van streek is. Hoe komt het dat ze zo uitzonderlijk rustig is?

Temperament: patronen van prikkeling (arousal) en emotionaliteit die de consistente en duurzame eigenschappen van een individu vormen.

Het meest waarschijnlijke antwoord op de vraag hierboven is dat het verschil tussen Sara en Joris wordt veroorzaakt door een verschil in temperament. Zoals we al eerder bespraken in paragraaf 3.2.1 bestaat **temperament** uit patronen van prikkeling (arousal) en emotionaliteit die de consistente en duurzame eigenschappen van een individu vormen (Kochanska & Aksan, 2004; Rothbart, 2007).

Temperament heeft betrekking op *hoe* kinderen zich gedragen, in tegenstelling tot *wat* ze doen of *waarom* ze dat doen. Baby's vertonen al vanaf hun geboorte temperamentverschillen die, zoals je hierna zult zien, grotendeels het gevolg zijn van genetische factoren, en geneigd zijn vrij stabiel te zijn tot ver in de volwassenheid. Maar het temperament is niet onveranderlijk: de manier waarop kinderen worden opgevoed kan hun temperament veranderen. Bij een enkeling vertoont het temperament door de jaren heen zelfs weinig consistentie (De Lauzon-Guillain et al., 2012; Rothbarth & Derryberry, 2002; Werner et al., 2007).

Zie MyLab voor de video: Temperament

Temperament komt tot uiting in verschillende dimensies van ons gedrag. Een belangrijke dimensie is het *activiteitniveau*, dat iets zegt over onze algemene mate van beweging. Sommige baby's (zoals Sara in het voorbeeld) zijn relatief rustig, en hun bewegingen zijn traag en bedaard. Het activiteitniveau van andere baby's (zoals Joris) is vrij hoog, met sterke, rusteloze bewegingen van de armen en benen.

Een andere belangrijke dimensie van temperament is de stemming van een kind, en dan vooral zijn *prikkelbaarheid*. Net als Lennert, die we aan het begin van paragraaf 7.3 beschreven, raken sommige baby's gemakkelijk van streek en huilen ze snel, terwijl andere relatief gemakkelijk in de omgang zijn. Prikkelbare kinderen zijn erg geagiteerd en snel uit hun evenwicht. En als ze eenmaal begonnen zijn met huilen, zijn ze moeilijk te troosten. Deze prikkelbaarheid is relatief stabiel: onderzoekers signaleren dat baby's die prikkelbaar zijn bij hun geboorte, dat op eenjarige leeftijd nog steeds zijn. Zelfs op tweejarige leeftijd zijn ze sneller van hun stuk gebracht dan baby's die net na hun geboorte niet prikkelbaar waren (Worobey & Bajda, 1989). De verschillende aspecten van het temperament zijn samengevat in tabel 7-2.

De biologische basis van temperament

Recente theorieën over temperament vloeien voort uit het raamwerk van de gedragsgenetica dat we in hoofdstuk 3 hebben besproken. Vanuit dit perspectief worden temperamentkenmerken beschouwd als geërfde eigenschappen die vrij stabiel zijn in de babytijd en de rest van het leven. Deze eigenschappen vormen de kern van de persoonlijkheid en spelen een belangrijke rol bij de toekomstige

TABEL 7-2 **Dimensies van temperament**

DIMENSIE	DEFINITIE
Activiteit	De verhouding tussen actieve perioden en inactieve perioden.
Toenadering/terug-trekking	De positieve of negatieve reactie van een kind op een nieuw persoon of object.
Aanpassing	Het gemak of de moeite waarmee het kind zich aanpast aan veranderingen in zijn omgeving.
Stemming	Het aantal vriendelijke, opgewekte en plezierige reacties versus het aantal onplezierige, onvriendelijke reacties.
Sterkte en duur van de aandacht	De hoeveelheid tijd die een kind aan een activiteit besteedt en het effect van afleiding op die activiteit.
Afleidbaarheid	De mate waarin het gedrag van het kind verandert als gevolg van stimuli.
Regelmaat	De regelmaat van basisfuncties als honger, ontlasting, slapen en wakker zijn.
Intensiteit	Het energieniveau of de reacties van het kind.
Reactiedrempel	De hoeveelheid stimulatie die nodig is om een reactie uit te lokken.

Bron: Thomas, Chess & Birch, 1968

ontwikkeling van een individu (Sheese et al., 2009). Beschouw bijvoorbeeld het kenmerk van fysiologische reactiviteit, gekarakteriseerd door een hoge mate van motorische activiteit en spieractiviteit in reactie op nieuwe stimuli. Deze hoge reactiviteit, die remming tegenover het onbekende wordt genoemd, uit zich als verlegenheid.

Er ligt een duidelijke biologische basis ten grondslag aan de remmingen tegenover het onbekende, waarbij elke nieuwe stimulus een sterk verhoogde hartslag, bloeddruk en pupilverwijding oplevert, evenals een hoge prikkelbaarheid van het limbisch systeem van de hersenen. Zo vertonen mensen die op tweejarige leeftijd als geremd zijn gecategoriseerd, als volwassene bij het zien van onbekende gezichten een hoge reactiviteit in de amygdala van hun hersenen. De bijbehorende verlegenheid bij dit fysiologische patroon lijkt voort te duren tijdens de jeugd en zelfs tot in de volwassenheid (Anzman-Frasca et al., 2013a; Arcus, 2001; Kagan et al., 2007; Propper & Moore, 2006; Schwartz et al., 2003). Hoge reactiviteit op onbekende situaties bij baby's is ook in verband gebracht met een grotere ontvankelijkheid voor depressie en angststoornissen in de volwassenheid.

Temperamentclusters

Omdat temperament op zo veel manieren kan worden beschouwd, zijn sommige onderzoekers zich af gaan vragen of er geen algemenere categorieën kunnen worden gebruikt om het gedrag van kinderen te beschrijven. Volgens Alexander Thomas en Stella Chess (1980), die een grootschalig onderzoek uitvoerden onder een groep Amerikaanse kinderen (*The New York Longitudinal Study*), kunnen baby's worden beschreven aan de hand van de volgende profielen:

Gemakkelijke baby: baby met een positieve, nieuwsgierige instelling, regelmatige lichaamsfuncties en een goed aanpassingsvermogen.

Moeilijke baby: baby die negatieve buien en een traag aanpassingsvermogen heeft en zich meestal terugtrekt.

- **Gemakkelijke baby's** hebben een positieve instelling. Hun lichaamsfuncties werken regelmatig en ze kunnen zich aanpassen. Ze zijn over het algemeen positief en tonen zich nieuwsgierig naar nieuwe situaties. Hun emoties hebben een milde of lage intensiteit. Tot deze grootste categorie behoort ongeveer veertig procent van alle baby's.
- **Moeilijke baby's** hebben meer negatieve buien en passen zich langzaam aan nieuwe situaties aan. Als ze met een nieuwe situatie worden geconfronteerd,

trekken ze zich meestal terug. Ongeveer tien procent van de baby's behoort tot deze categorie.

Traag op gang komende baby: baby die inactief is, relatief kalm reageert op zijn omgeving, zich terugtrekt en traag aanpast en over het algemeen een negatieve stemming heeft.

- **Traag op gang komende baby's** zijn inactief en reageren relatief kalm op hun omgeving. Hun stemming is over het algemeen negatief. Ze trekken zich terug uit nieuwe situaties en passen zich langzaam aan. Ongeveer vijftien procent van de baby's is een traag op gang komende baby of langzame starter.

De resterende 35 procent is niet duidelijk in één categorie onder te brengen. Deze kinderen vertonen verschillende combinaties van eigenschappen. Het ene kind kan bijvoorbeeld relatief opgewekte buien hebben maar negatief reageren op nieuwe situaties, terwijl het algemene temperament van een ander kind überhaupt weinig stabiliteit vertoont.

Is temperament belangrijk?

Een voor de hand liggende vraag die opkomt naar aanleiding van de bevindingen over de relatieve stabiliteit van temperament is of een bepaald soort temperament voordelen heeft. Het lijkt erop dat geen enkel type temperament onveranderlijk voordelig of nadelig is. De langetermijnaanpassing van kinderen blijkt afhankelijk van de zogenaamde **goodness of fit** tussen hun specifieke temperament en de aard en de eisen van de omgeving waarin zij zich bevinden. Kinderen met een laag activiteitniveau en een lage prikkelbaarheid kunnen bijvoorbeeld bijzonder goed gedijen in een omgeving waarin ze op eigen houtje op verkenning kunnen uitgaan en de vrijheid krijgen om hun gedrag grotendeels zelf te bepalen. Kinderen met een hoog activiteitniveau en een hoge prikkelbaarheid gedijen waarschijnlijk beter bij wat steviger begeleiding, waardoor ze hun energie in specifieke richtingen kunnen kanaliseren (Schoppe-Sullivan et al., 2007; Strelau, 1998; Thomas & Chess, 1980). Marie, de oma uit een van onze eerdere voorbeelden, vond manieren om de omgeving voor haar zoon Harry aan te passen. Wellicht zouden Harry en Anna hetzelfde voor hun eigen zoon moeten doen.

Goodness of fit: het idee dat ontwikkeling afhankelijk is van de mate waarin het specifieke temperament van kinderen aansluit op de aard en de eisen van de omgeving waarin zij opgroeien.

Uit sommige onderzoeken blijkt dat sommige temperamenten zich over het algemeen beter lenen voor aanpassing dan andere. Onderzoekers hebben bijvoorbeeld ontdekt dat moeilijke kinderen een grotere kans hebben op gedragsproblemen tegen de tijd dat ze de schoolgaande leeftijd hebben bereikt. Maar niet alle moeilijke kinderen krijgen problemen. De meest bepalende factor lijkt de manier te zijn waarop ouders op het moeilijke gedrag van hun kind reageren. Als ze reageren met woede of inconsistent gedrag – responsen die het moeilijke, veeleisende gedrag van hun kind gemakkelijk opwekt – zal het kind uiteindelijk meer kans hebben op gedragsproblemen. Ouders die consistenter en met meer warmte reageren, zullen kinderen hebben met een kleinere kans op gedragsproblemen (Canals, Hernández-Martínez & Fernández-Ballart, 2011; Pauli-Pott, Mertesacker & Bade, 2003; Salley, Miller & Bell, 2013; Teerikangas et al., 1998; Thomas, Chess & Birch, 1968).

Bovendien lijkt temperament een (zwakke) relatie te vertonen met de hechting van kinderen aan hun volwassen verzorgers. De hoeveelheid emoties die kinderen non-verbaal overbrengen, kan aanzienlijk uiteenlopen. Sommigen hebben een 'pokerface' en tonen weinig expressiviteit, terwijl de reacties van anderen veel gemakkelijker te duiden zijn. Expressieve kinderen geven gemakkelijker waarneembare aanwijzingen aan anderen, waardoor ze het hun verzorgers eenvoudiger maken om adequaat om te gaan met hun behoeften en de hechting te bevorderen (Feldman & Rimé, 1991; Laible, Panfile & Makariev, 2008; Mertesacker, Bade & Haverkock, 2004).

Ook culturele verschillen hebben veel invloed op de consequenties van een bepaald temperament. Kinderen die in westerse culturen als 'moeilijk' bestempeld zouden worden, lijken in de cultuur van de Oost-Afrikaanse Masai juist in het voordeel te zijn. De reden? Moeders bieden hun baby's alleen de borst als ze geagiteerd zijn en huilen. Daardoor zullen de prikkelbaardere, moeilijkere kinderen waarschijnlijk meer voeding krijgen dan de rustigere, gemakkelijkere kinderen. Vooral als de omgevingsomstandigheden slecht zijn, zoals tijdens een periode van droogte, kunnen moeilijke baby's dus in het voordeel zijn (De Vries, 1984; Gaias et al., 2012; Gartstein et al., 2007).

7.3.3 Gender: jongens in het blauw, meisjes in het roze

Het is een jongen! We hebben een dochter! Deze of gelijksoortige woorden worden meestal het eerst gehoord na de geboorte van een kind. Meteen vanaf hun geboorte worden meisjes en jongens anders behandeld. De geboortekaartjes die hun ouders versturen zijn anders. Ze krijgen andere kleren aan, hun beddengoed heeft een andere kleur en ze krijgen ander speelgoed (Bridges, 1993; Coltrane & Adams, 1997; Serbin, Poulin-Dubois & Colburne, 2001).

Vanaf de geboorte hebben vaders meestal meer contact met zoons, terwijl moeders meer contact hebben met dochters. En zoals we al eerder in dit hoofdstuk opmerkten, spelen vaders en moeders op verschillende manieren met hun kinderen. Vaders ontplooien meestal meer fysieke, wildere activiteiten en moeders doen traditionele spelletjes als kiekeboe. Daardoor worden jongetjes en meisjes door hun ouders duidelijk blootgesteld aan verschillende stijlen van activiteit en interactie (Clearfield & Nelson, 2006; Laflamme et al., 2002; Parke, 2007).

Het gedrag dat jongens en meisjes vertonen, wordt door volwassenen op heel verschillende manieren geïnterpreteerd. In een experiment lieten onderzoekers volwassenen een video zien van een baby die beurtelings 'John' of 'Mary' werd genoemd. Hoewel het dezelfde baby was die één enkele reeks activiteiten uitvoerde, vonden volwassenen 'John' avontuurlijk en nieuwsgierig, terwijl 'Mary' als angstig en zenuwachtig werd bestempeld (Condry & Condry, 1976). Het gedrag van kinderen wordt in de ogen van volwassenen dus gekleurd door hun *gender*. **Gender** is het besef mannelijk of vrouwelijk te zijn. Het verwijst naar gevarieerde en complexe afspraken tussen mannen en vrouwen en staat voor de sociaal-culturele aspecten van het man- of vrouw-zijn. Sekse en geslacht verwijzen meestal naar biologische verschillen en seksueel gedrag, terwijl gender verwijst naar de persoonlijke beleving van de eigen mannelijkheid of vrouwelijkheid.

Gender: het besef mannelijk of vrouwelijk te zijn.

Genderverschillen

Hoewel jongens en meisjes als gevolg van hun gender in ieder geval gedeeltelijk in verschillende werelden leven, is er veel discussie over zowel de omvang als de oorzaken van zulke genderverschillen. Sommige genderverschillen zijn al bij de geboorte vrij duidelijk. Jongens zijn als baby over het algemeen actiever en geagiteerder dan meisjes. Jongens slapen meestal onrustiger dan meisjes. Jongens trekken meer grimassen, hoewel er geen genderverschil bestaat in de frequentie van het huilen. Ook lijken jongens als baby prikkelbaarder dan meisjes, hoewel de bevindingen op dit gebied inconsistent zijn (Eaton & Enns, 1986; Guinsburg et al., 2000; Losonczy-Marshall, 2008).

De verschillen tussen mannelijke en vrouwelijke baby's zijn over het algemeen echter klein. Op de meeste gebieden lijken ze zelfs zo sterk op elkaar dat volwassenen meestal niet kunnen zien of een baby een jongen of een meisje is, zoals blijkt uit het video-experiment met 'John' en 'Mary'. Bovendien is het belangrijk om te bedenken dat er veel grotere verschillen tussen individuele jongens en tussen individuele meisjes bestaan dan er gemiddeld genomen zijn tussen jongens en meisjes (Crawford & Unger, 2004).

Ouders van meisjes die met typisch 'jongensspeelgoed' spelen zijn meestal minder bezorgd over hun kind dan ouders van jongens die met typisch 'meisjesspeelgoed' spelen.

Bron: Pavel L Photo and Video/Shutterstock

Genderrollen

Genderverschillen komen duidelijker tot uiting als kinderen ouder worden en meer worden beïnvloed door de genderrollen die de maatschappij voor hen in petto heeft. Op eenjarige leeftijd kunnen baby's bijvoorbeeld onderscheid maken tussen mannen en vrouwen. Meisjes van deze leeftijd spelen liever met poppen of zachte dieren, terwijl jongens voor blokken en vrachtwagens kiezen. Vaak zijn dat natuurlijk de enige opties die beschikbaar zijn, omdat hun ouders en andere volwassenen bepalen met welk speelgoed er wordt gespeeld (Alexander, Wilcox & Woods, 2009; Cherney et al., 2003; Serbin et al., 2001).

De voorkeur van kinderen voor bepaalde soorten speelgoed wordt versterkt door hun ouders. Opmerkelijk is dat ouders van jongens meestal bezorgder zijn als hun kind kiest voor typisch 'meisjesspeelgoed' dan andersom. Eenjarige jongetjes krijgen bijvoorbeeld positievere reacties als ze met voertuigen en bouwspeelgoed spelen dan meisjes van dezelfde leeftijd. Bovendien neemt de mate van bekrachtiging die jongens krijgen als ze met het 'juiste' speelgoed spelen toe naarmate ze ouder worden. Toch worden meisjes die met speelgoed spelen dat door de maatschappij als 'mannelijk' wordt gezien minder ontmoedigd in hun gedrag dan jongens die met speelgoed spelen dat door de maatschappij als 'vrouwelijk' wordt beschouwd (Hill & Flom, 2007; Martin et al., 2002; Schmalz & Kerstetter, 2006).

Tegen de tijd dat ze twee zijn, gedragen jongens zich zelfstandiger en minder volgzaam dan meisjes. Veel van dit gedrag kan worden teruggevoerd op reacties van de ouders op eerder gedrag. Als een kind bijvoorbeeld zijn of haar eerste stapjes zet, is de reactie van de ouders meestal afhankelijk van het gender van het kind. Jongens worden meer gestimuleerd om de wereld te verkennen, terwijl meisjes worden geknuffeld en worden aangemoedigd om in de buurt te blijven. Over het algemeen worden alle soorten verkennend gedrag meer aangemoedigd bij jongens dan bij meisjes. Daarom is het niet echt verwonderlijk dat meisjes op tweejarige leeftijd minder zelfstandig zijn (Kuczynski & Kochanska, 1990; Laemmle, 2013; Poulin-Dubois et al., 2002).

De verschillen in het gedrag van jongens en meisjes kunnen echter niet volledig worden verklaard door maatschappelijke stimulering en bekrachtiging. In een onderzoek dat we in paragraaf 10.1.3 uitgebreider bespreken, werd bijvoorbeeld gekeken naar meisjes die voor hun geboorte waren blootgesteld aan uitzonderlijk hoge doses van het mannelijke hormoon androgeen doordat hun moeder tijdens de zwangerschap zonder het te weten een medicijn had geslikt waarin dit hormoon was verwerkt. Later speelden deze meisjes vaker met stereotiep 'jongensspeelgoed' (zoals auto's) en minder vaak met 'meisjesspeelgoed' (zoals poppen). Hoewel er veel alternatieve verklaringen voor deze resultaten zijn, is het mogelijk dat de blootstelling aan mannelijke hormonen invloed heeft gehad op de hersenontwikkeling van deze meisjes, met als gevolg dat ze de voorkeur geven aan speelgoed waaraan bepaalde soorten vaardigheden gekoppeld zijn die jongens aantrekkelijk vinden (Levine et al., 1999; Mealey, 2000; Servin et al., 2003).

Samengevat kunnen we zeggen dat verschillen in gedrag tussen jongens en meisjes beginnen in de babytijd en zich gedurende de hele jeugd en daarna zullen blijven manifesteren. Genderverschillen hebben complexe oorzaken, die een combinatie zijn van aangeboren factoren en omgevingsfactoren. Zeker is dat ze een belangrijke rol spelen in de sociale en emotionele ontwikkeling van kleine kinderen.

VAN ONDERZOEK NAAR PRAKTIJK

De consequenties van kinderopvang

Moeten jonge kinderen in groepsopvang worden geplaatst, zoals Sam in de proloog van dit hoofdstuk? Veel ouders hebben weinig keus: de economische realiteit of de wens om een carrière voort te zetten, brengt automatisch met zich mee dat hun kinderen een gedeelte van de dag verzorgd moeten worden door anderen, meestal in een kinderdagverblijf.

Uit Nederlands onderzoek (Landelijke Jeugdmonitor Kinderopvang, samengesteld in opdracht van Programmaministerie voor Jeugd en Gezin, 2007) blijkt dat ongeveer 625.000 kinderen onder de dertien jaar naar de formele opvang gaan (gastopvang, kinderopvang en buitenschoolse opvang). Dit komt overeen met bijna een kwart van de kinderen in deze leeftijdsgroep. In 2006 was dat nog maar twintig procent. Het aantal kinderen in de gastopvang verdubbelde, van ongeveer 70.000 in 2006 naar 140.000 in 2007. Ook het aantal kinderen in de buitenschoolse opvang steeg flink, van 50.000 naar 215.000 (zie figuur 7-3).

Hebben zulke constructies een waarneembaar negatief effect op de ontwikkeling van jonge kinderen? Het antwoord is geruststellend. Volgens de bevindingen van een grootschalig onderzoek levert kwalitatief goede externe kinderopvang in de meeste gevallen slechts kleine verschillen op in vergelijking met opvang thuis. Het kan bepaalde aspecten van de ontwikkeling zelfs stimuleren. Uit de meeste onderzoeken komt bijvoorbeeld weinig tot geen verschil naar voren tussen de intensiteit of de aard van de ouderlijke hechtingsbanden van kinderen die naar kwalitatief goede kinderdagverblijven gaan en kinderen die alleen door hun ouders worden opgevoed. Uit het onderzoek bleek echter wel dat kinderen minder veilig gehecht zijn als de kwaliteit van de kinderopvang slecht is, als kinderen naar meer dan één opvangvorm worden gestuurd of als hun moeder relatief ongevoelig is en niet adequaat op hen reageert (NICHD, 1997, 2001).

In de meeste gevallen lijkt kwalitatief goede externe kinderopvang slechts kleine verschillen op te leveren in vergelijking met opvang thuis. Bepaalde aspecten van de ontwikkeling kunnen er zelfs door worden gestimuleerd.

Bron: Studio 8/Pearson Education Ltd. (Pearson Asset Library)

Verschillende onderzoeken hebben zelfs uitgewezen dat externe kinderopvang voordelen heeft. Kinderen die deelnemen aan VVE (voor- en vroegschoolse educatie), een Nederlands initiatief waarbij risicokinderen in kwalitatief goede peuterspeelzalen en kinderdagverblijven worden opgevangen, zijn later beter in staat om problemen op te lossen dan kinderen die niet aan het initiatief deelnemen. Ook besteden zij meer aandacht aan anderen en gaan ze effectiever om met taal. Bovendien hebben de ouders (die eveneens bij het initiatief betrokken worden) baat bij de opvang van hun kinderen. Deelnemende ouders praten en lezen meer met hun kinderen en zullen hen minder snel slaan (Blok et al., 2003). Uit een longitudinaal onderzoek van het Nederlands Consortium Kinderopvang Onderzoek (NCKO, februari 2011) blijkt verder dat kinderen van tussen de een en twee jaar zich beter ontwikkelen en gelukkiger zijn als de kinderopvang een hoge pedagogische kwaliteit heeft. Een hoge pedagogische kwaliteit is het belangrijkst voor kinderen met een moeilijk temperament en voor kinderen die jong naar de kinderopvang gaan of er veel gebruik van maken. Voor hen kan minder goede opvang een risico betekenen op het gebied van ontwikkelingsproblemen.

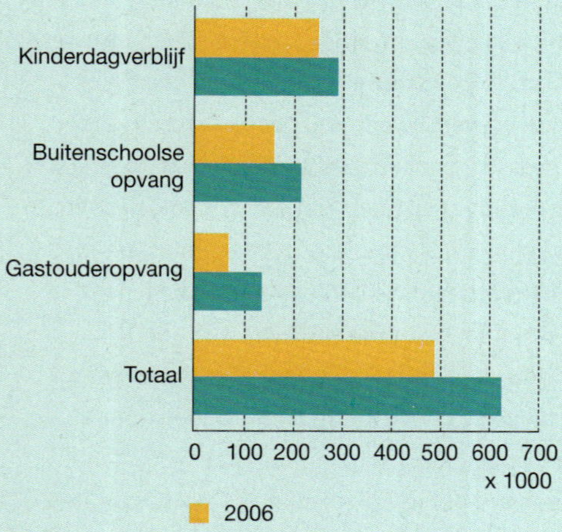

FIGUUR 7-3 **Waar worden kinderen verzorgd?**

De meeste kinderen brengen hun dagen thuis door. Bijna een kwart van de kinderen jonger dan dertien van wie de moeder buitenshuis werkt, gaat naar een kinderdagverblijf.

Bron: CBS, 2007

Kinderopvang buitenshuis heeft niet alleen directe maar ook een aantal indirecte voordelen. Zo hebben kinderen uit huishoudens met lagere inkomens en kinderen met een alleenstaande moeder wellicht indirect baat bij opvang doordat hun ouders daardoor kunnen werken en dus een hoger inkomen hebben. Het heeft echter weinig effect op het latere functioneren van kinderen (Dearing, McCartney & Taylor, 2009; Love et al., 2003; NICHD Early Child Care Research Network, 2003).

Het is wel belangrijk om op te merken dat niet al het onderzoek naar externe kinderopvang zulk goed nieuws oplevert. Sommige onderzoeken leveren gemengde of zelfs negatieve resultaten op. Daaruit komt bijvoorbeeld naar voren dat externe kinderopvang tot minder goede hechting leidt. Uit onderzoek blijkt ook dat baby's met een moeder die de eerste negen maanden meer dan dertig uur per week werkt, een achterstand hebben in hun cognitieve ontwikkeling. Daarnaast zou kinderopvang van mindere kwaliteit samenhangen met een tragere cognitieve ontwikkeling (NICHD Early Child Care Research Network, 2000, 2002; Waldfogel, Han & Brooks-Gunn, 2002).

Kortom, er zijn dan wel steeds meer onderzoeksresultaten over de effecten van kinderdagverblijven, maar die zijn noch eenduidig positief noch eenduidig negatief. Wel is duidelijk dat de *kwaliteit* van de kinderopvang van cruciaal belang is. Het komt erop neer dat er meer onderzoek nodig is naar de vraag wie er gebruikmaakt van kinderopvang en hoe leden uit verschillende segmenten van de samenleving er gebruik van maken. Pas dan krijgen we volledig inzicht in de consequenties van kinderopvang (Erel, Oberman & Yirmiya, 2000; Love et al., 2003; Marshall, 2004; NICHD Early Child Care Research Network, 2003b).

ONTWIKKELINGSPSYCHOLOGIE IN HET DAGELIJKS LEVEN

Hoe kies je de juiste opvang voor je kind?

Uit het onderzoek naar de gevolgen van externe kinderopvang komt duidelijk naar voren dat er alleen sprake is van voordelen als de opvang kwalitatief goed is. Maar wat onderscheidt kwalitatief goede kinderopvang van minder goede opvang? De Wet kinderopvang (2004) regelt de kwaliteit van de opvang. Hierin is een aantal belangrijke minimumeisen voor de kinderopvang vastgesteld, die voor ouders een leidraad kunnen zijn bij het kiezen van een opvangvorm. De Belangenvereniging van Ouders in de Kinderopvang (BoinK) in Nederland en Kind en Gezin in Vlaanderen adviseren ouders zich bij deze keuze de volgende vragen te stellen:

- Zijn er genoeg medewerkers? Een wenselijke verhouding is één volwassene voor elke vier kinderen onder de één jaar tot één volwassene voor elke acht kinderen in de leeftijd van drie tot vier jaar.
- Voldoet het dagverblijf aan alle overheidsregels en bezit het de juiste papieren?
- Lijken de mensen die er werken plezier te hebben in wat ze doen? Wat is hun motivatie? Is kinderopvang slechts een tijdelijke baan voor ze, of is het een carrière? Zijn ze goed opgeleid en ervaren? Lijken ze tevreden met hun werk?
- Wat doen de opvangmedewerkers gedurende de dag? Spelen en praten ze met de kinderen, luisteren ze naar hen en geven ze de kinderen aandacht? Lijken ze oprecht geïnteresseerd in de kinderen? Wordt er gewerkt met een pedagogisch werkplan? Hoe wordt er met ouders gecommuniceerd en hoe wordt er gerapporteerd?
- Zijn de kinderen veilig en schoon? Kunnen kinderen zich veilig in de ruimte(n) bewegen? Zijn het speelgoed en het meubilair in goede staat? Letten de medewerkers goed op hygiëne? Wassen ze hun handen na het verschonen van een luier?
- Zijn de medewerkers op de hoogte van de grondbeginselen van de ontwikkeling van kinderen en weten ze hoe normale kinderen zich ontwikkelen? Lijken ze alert op signalen die erop wijzen dat de ontwikkeling van een kind afwijkt van het normale patroon?
- Is de omgeving vrolijk en gezellig? Kinderopvang is meer dan babysitten. Op het moment dat een kind op een dagverblijf is, is dat zijn hele wereld. Je moet je er volledig op je gemak voelen en er vertrouwen in hebben dat het dagverblijf een plek is waar je kind als een individu wordt behandeld.

TERUGBLIK

▷ 7.1 De basis van sociaal gedrag

- Baby's hebben een aantal verschillende gezichtsuitdrukkingen die in elke cultuur voorkomen en basale emoties lijken weer te geven.
- De meeste onderzoekers zijn het erover eens dat baby's worden geboren met een reeks emotionele uitdrukkingen, die ze, naarmate ze ouder worden, uitbreiden, aanpassen en leren regelen.
- De glimlach van een baby verloopt van een vrijwel betekenisloze uitdrukking tot sociaal glimlachen, wat tussen de leeftijd van zes weken en achttien maanden steeds meer gericht en geregeld wordt.
- Al vroeg in hun leven ontwikkelen baby's het vermogen tot non-verbale decodering: het interpreteren van de emotionele gesteldheid van anderen op basis van hun gezichtsuitdrukkingen en hun vocale uitingen.
- Rond twaalf maanden beginnen baby's zelfbewustzijn te ontwikkelen. Met achttien tot vierentwintig maanden hebben baby's een bewustzijn van hun eigen fysieke kenmerken en vermogens ontwikkeld, en begrijpen ze dat hun uiterlijk in de loop der tijd stabiel blijft.
- Baby's van acht of negen maanden beginnen social referencing in te zetten: ze gebruiken de uitdrukkingen van anderen om onduidelijke situaties helder te krijgen en er toepasselijke reacties op te geven.
- Op verrassend jonge leeftijd beginnen baby's een theory of mind te ontwikkelen (kennis van en opvattingen over de manier waarop zij en anderen denken).
- Met twee jaar beginnen kinderen empathie te vertonen, een emotionele reactie op de gevoelens van anderen.

▷ 7.2 Relaties aangaan

- Hechting, het intieme fysieke en emotionele contact tussen ouder en kind in de periode direct na de geboorte, stelt individuen in staat om sociale relaties te ontwikkelen.
- Baby's vertonen een van de volgende vier hechtingspatronen: veilig gehecht, angstig-vermijdend gehecht, angstig-ambivalent gehecht en gedesor-

ganiseerd-gedesoriënteerd gehecht. Uit onderzoek blijkt dat er een relatie bestaat tussen het hechtingspatroon van een baby en zijn sociale en emotionele competentie in de volwassenheid.
- Aan het einde van hun eerste jaar ontwikkelen baby's vaak zowel vreemdenangst (angst voor onbekende personen) als scheidingsangst (de manifestatie van stress wanneer hun vaste verzorger weggaat).
- Zowel vreemdenangst als scheidingsangst is een belangrijk aspect van sociale ontwikkeling. Ze weerspiegelen de cognitieve vorderingen en groeiende hechting tussen baby's en hun verzorgers.
- Moeders die gevoelig zijn voor de behoeften, wensen en gevoelens van hun baby's en er passend op reageren, hebben de meeste kans op veilig gehechte kinderen.
- Nu mannen een actievere rol in de opvoeding spelen, zien we dat baby's het vermogen hebben om zich zowel aan hun vaders als aan hun moeders te hechten. Sommige baby's vormen zelfs hun eerste primaire band met hun vader.
- Baby's zijn volledig in staat zich aan zowel moeder als vader te hechten, evenals aan andere personen. Dat wil niet zeggen dat de aard van de hechting tussen baby's en moeders enerzijds en baby's en vaders anderzijds identiek is. Als ze in ongewoon stressvolle situaties verkeren, willen de meeste baby's bijvoorbeeld liever door hun moeder getroost worden dan door hun vader.
- Vooral de interactie tussen moeders en baby's is belangrijk voor de sociale ontwikkeling. Moeders die effectief reageren op de sociale toenaderingspogingen van hun baby, lijken bij te dragen aan het vermogen van hun baby om veilig gehecht te raken.
- Baby's en verzorgers communiceren met elkaar en beïnvloeden elkaars gedrag via wederzijdse socialisatie, wat hun relatie versterkt.

▷ 7.3 Verschillen tussen baby's

- De basis van de persoonlijkheid (de duurzame eigenschappen die het ene individu onderscheiden van het andere) ontstaat in de babytijd.
- Erik Erikson kwam met de theorie dat de vroege ervaringen van baby's verantwoordelijk zijn voor de vorming van hun persoonlijkheid. Daarbij doorlopen ze verschillende ontwikkelingsfasen.
- Temperament is het niveau van prikkeling en emotionaliteit dat kenmerkend is voor een individu. Het wordt gereflecteerd in centrale en stabiele gedragsdimensies, waaronder het activiteitniveau en de geprikkeldheid van een persoon.
- Recente benaderingen beschouwen temperamentkarakteristieken als overgeërfde kenmerken die niet alleen in de jeugd maar gedurende het hele leven stabiel zijn.
- Temperamentverschillen vormen de basis voor de globale onderverdeling van baby's in gemakkelijke baby's, moeilijke baby's en traag op gang komende baby's.
- Hoewel geen enkel type temperament onveranderlijk goed of slecht is, hangt de langdurige aanpassing van kinderen af van de vraag hoe goed hun temperament is afgestemd op hun omgeving. Temperament lijkt ook verband te houden met de hechting van baby's aan hun verzorgers.
- Als kinderen ouder worden, worden genderverschillen uitgesprokener. Dat is voornamelijk het gevolg van omgevingsinvloeden. Verschillen worden geaccentueerd door de verwachtingen en het gedrag van ouders.
- Genderverschillen zijn geen neutrale verschijnselen. Ze leiden tot verschillen op het gebied van sekserollen, het werkelijke gedrag en de voorkeuren van kinderen en maatschappelijke verwachtingen.
- Kinderopvang heeft de laatste tijd een grote vlucht genomen als gevolg van de veranderingen binnen het gezin. Externe kinderopvang kan goed zijn voor de sociale ontwikkeling van baby's mits de opvang van goede kwaliteit is. Het stimuleert de sociale interactie en samenwerking.

BELANGRIJKE TERMEN EN BEGRIPPEN

Angstig-ambivalent hechtingspatroon
Angstig-vermijdend hechtingspatroon
Differentiële emotietheorie
Empathie
Eriksons theorie van psychosociale ontwikkeling
Gedesorganiseerd-gedesoriënteerd hechtingspatroon
Gemakkelijke baby
Gender
Goodness of fit
Hechting
Moeilijke baby
Persoonlijkheid
Scheidingsangst
Social referencing
Sociale glimlach

Stadium van vertrouwen-versus-wantrouwen
Temperament
Theory of mind
Traag op gang komende baby
Veilig hechtingspatroon
Vreemdenangst
Vreemdesituatieprocedure van Ainsworth
Wederzijds regulatiemodel
Wederzijdse socialisatie
Zelfbesef

DEEL 3

De peuter- en kleutertijd

Bron: Iurii Konoval/Shutterstock (Pearson Asset Library)

HOOFDSTUK 8 DE FYSIEKE ONTWIKKELING IN DE PEUTER- EN KLEUTERTIJD

HOOFDSTUK 8 IN VOGELVLUCHT

PROLOOG: Alex

Alex, een zeer energieke peuter van net drie jaar, probeert zich ver genoeg uit te rekken om de koektrommel te pakken die hij op het keukenaanrecht ziet staan. Omdat de trommel net buiten zijn bereik staat, schuift hij een stoel van de keukentafel naar het aanrecht. Dan klautert hij op de stoel.

Omdat hij nog steeds niet bij de koekjes kan, klimt hij op het aanrecht en kruipt hij naar de trommel. Hij peutert het deksel los, steekt zijn hand in de trommel, haalt een koekje tevoorschijn en begint erop te knabbelen.

Tijdens zijn tweede koekje wordt Alex nieuwsgierig. Hij beweegt zich naar de gootsteen. Hij laat zich erin zakken, draait de koudwaterkraan open en begint vrolijk met het koude water te spetteren.

Als zijn vader, die heel even weg was, de keuken binnenkomt, ziet hij Alex doorweekt in de gootsteen zitten, met een tevreden glimlach op zijn gezicht.

Op www.pearsonmylab.nl vind je vragen bij deze proloog ter verwerking van de stof uit dit hoofdstuk.

Vooruitblik

Drie jaar geleden kon Alex nog niet eens zijn hoofd optillen. Nu beweegt hij zich zelfverzekerd: hij schuift meubels opzij, klimt op stoelen, opent koektrommels en draait aan kranen. Deze vorderingen in mobiliteit vragen om aandacht van de ouders, die een stuk alerter moeten zijn om ongelukken en verwondingen te voorkomen. Ongelukken in en om het huis zijn immers de grootste bedreiging voor het welzijn van peuters en kleuters. We moeten er niet aan denken wat er was gebeurd als Alex de warmwaterkraan had opengedraaid terwijl hij in de gootsteen zat.

De peuter- en kleutertijd is een opwindende tijd voor kinderen. Het is een periode van het ontdekken en verkennen van de directe fysieke en sociale omgeving. Het is ook een periode waarin kinderen uitkijken naar en zich klaarmaken voor de start van hun formele schooltijd.

De peuter- en kleuterjaren zijn een tijd van grote veranderingen en groei op fysiek, cognitief en sociaal vlak. In dit hoofdstuk concentreren we ons op de fysieke veranderingen die plaatsvinden in de peuter- en kleutertijd. Allereerst kijken we naar de aard van de groei in deze jaren. We bespreken de veranderingen in lichaamslengte en -gewicht en de veranderingen in de hersenen en hun neurale vertakkingen.

Daarna richten we ons op de ontwikkeling van de grove en de fijne motoriek. We zien welke grote veranderingen op het gebied van motorische vaardigheden zich in de peuter- en kleutertijd voltrekken. Ook zien we waartoe kinderen dankzij deze veranderingen in staat zijn.

Het hoofdstuk eindigt met een bespreking van de gezondheid en het welzijn van peuters en kleuters.

8.1 Fysieke groei

Het is een warme lentedag op basisschool De Sleutel. De kinderen van groep 1 (de tweede kleuterklas in Vlaanderen) gaan voor het eerst deze lente zonder jas naar buiten, en ze spelen enthousiast op de speelplaats. Steven speelt tikkertje met Carolien, en Aisha en Lisa klimmen de glijbaan op. David en Martine zitten elkaar achterna, terwijl Jesse en Kasper heftig giechelend haasje-over proberen te spelen. Nicole en Joost zitten tegenover elkaar op de wip en bonken er zo hard mee op de grond dat ze er allebei steeds bijna af vallen. Erik, Mohammed, Stijn en Paul racen de speelplaats rond, gewoon omdat ze het lekker vinden om te rennen.

Deze kinderen, die nu zo actief en mobiel zijn, waren een paar jaar geleden nog niet eens in staat om te kruipen of te lopen. Hoe ver ze zich hebben ontwikkeld, wordt duidelijk als we kijken naar de specifieke veranderingen die hun lichaamsmaten, vormen en fysieke vaardigheden hebben ondergaan.

8.1.1 Het groeiende lichaam

Twee jaar na de geboorte weegt het gemiddelde kind in het Westen 11,5 tot 13,5 kilo en is het ruim 90 centimeter lang – ongeveer de helft van de lengte van de gemiddelde volwassene. Peuters en kleuters groeien gestaag. Tegen de tijd dat

Zie MyLab voor de video: Het groeiende kind

ze zes jaar zijn, wegen ze gemiddeld iets meer dan twintig kilo en zijn ze 117 centimeter lang (zie figuur 8-1).

Individuele verschillen in lengte en gewicht

Achter deze gemiddelden gaan grote individuele verschillen schuil. Tien procent van de zesjarigen weegt bijvoorbeeld 25 kilo of meer, en tien procent weegt minder dan 16,5 kilo. Bovendien nemen de gemiddelde verschillen in lengte en gewicht tussen jongens en meisjes in de peuter- en kleutertijd toe. Hoewel die verschillen op tweejarige leeftijd relatief klein zijn, beginnen jongens op hun zesde jaar gemiddeld langer en zwaarder te worden dan meisjes.

Daarnaast bestaan er grote verschillen tussen kinderen in economisch ontwikkelde landen en kinderen in ontwikkelingslanden. De betere voeding en gezondheidszorg die kinderen in ontwikkelde landen krijgen, vertaalt zich in een aanzienlijk sterkere groei. Een gemiddelde vierjarige in Zweden is bijvoorbeeld net zo lang als een gemiddelde zesjarige in Bangladesh (Chakravarty & Pati, 2013; Leathers & Foster, 2004).

Verschillen in lengte en gewicht weerspiegelen ook economische factoren. Kinderen uit gezinnen waarvan het inkomen beneden de armoedegrens ligt, zijn vaker kleiner dan kinderen die in welgestelde gezinnen opgroeien (Barrett & Frank, 1987; Ogden et al., 2002).

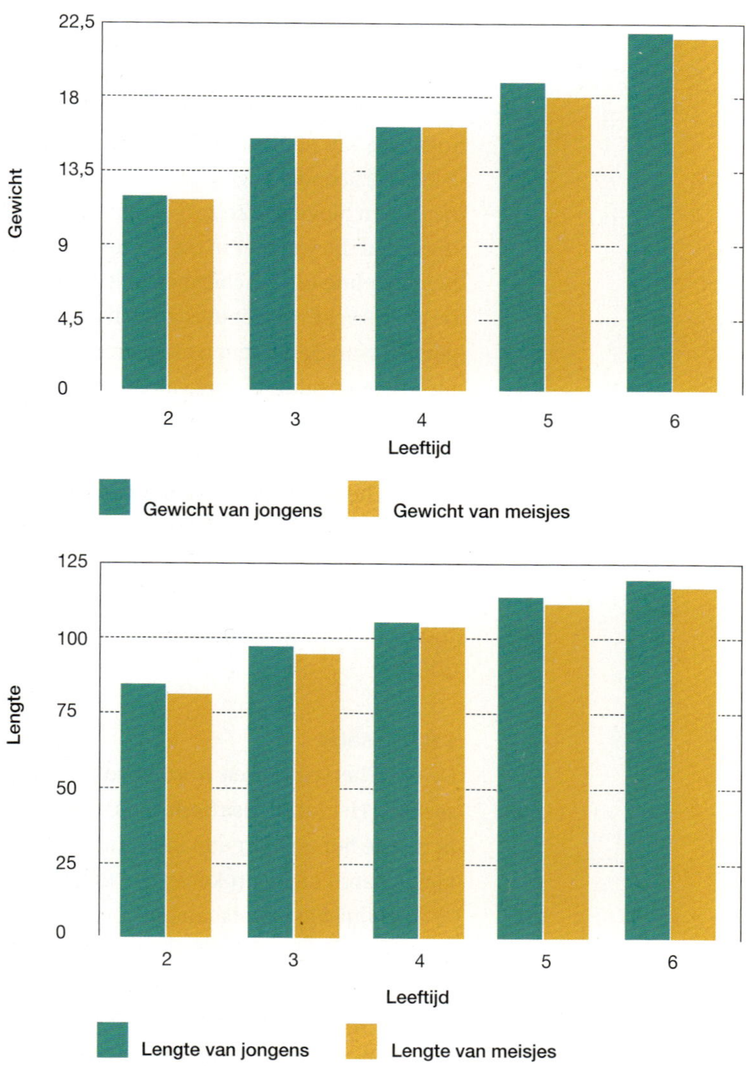

FIGUUR 8-1 Groeien en zwaarder worden

De peuter- en kleuterjaren worden gemarkeerd door een gestage toename in lengte en gewicht. In de figuren staan de gemiddelde lengte en het gemiddelde gewicht van meisjes en jongens op verschillende leeftijden. Vijftig procent van de kinderen in elke categorie zit boven deze waarden, en vijftig procent zit eronder.

Bron: TNO-groeidiagrammen, 2010

Veranderingen in lichaamsvorm en -structuur

Als we het lichaam van een tweejarige met dat van een zesjarige vergelijken, zien we dat zij niet alleen qua lengte en gewicht verschillen maar ook qua vorm. In de kleutertijd verliezen jongens en meisjes hun mollige en ronde vormen en worden ze slanker. Ze beginnen een deel van het vet te verbranden dat ze aan hun babytijd hebben overgehouden, en ze verliezen hun ronde buikje. Hun armen en benen worden langer en de verhouding van het hoofd ten opzichte van de rest van het lichaam gaat meer lijken op die bij volwassenen. Tegen de tijd dat kinderen een jaar of zes zijn, komen hun verhoudingen grotendeels overeen met die van volwassenen.

De veranderingen in lengte, gewicht en voorkomen die we bij kleuters kunnen waarnemen, zijn nog maar het topje van de ijsberg. Ook innerlijk voltrekken zich allerlei fysieke veranderingen. Kinderen worden sterker doordat de omvang van hun spieren toeneemt en hun botten steviger worden. Ook de zintuigen blijven zich verder ontwikkelen.

8.1.2 De groeiende hersenen

Van alle delen van het lichaam groeien de hersenen het snelst. De hersenen van twee jaar oude kinderen die goede voeding hebben gehad, beslaan ongeveer drie kwart van de grootte en het gewicht van volwassen hersenen. Als een kind vijf is, hebben zijn hersenen bijna de grootte en het gewicht van de hersenen van een gemiddelde volwassene (negentig procent). Zijn totale lichaamsgewicht bedraagt dan nog maar dertig procent van dat van de gemiddelde volwassene (House, 2007; Nihart, 1993).

Waarom groeien de hersenen zo snel? Een belangrijke reden daarvoor is de toename van het aantal verbindingen tussen cellen, zoals we zagen in paragraaf 5.1.2. Deze onderlinge verbindingen maken complexere communicatie tussen neuronen mogelijk. Ze zorgen ook voor de snelle groei van de cognitieve vaardigheden die we later in dit hoofdstuk bespreken. Daarnaast neemt de hoeveelheid myeline (de beschermende isolatielaag rond neurondelen) toe, waardoor de overdracht van zenuwsignalen door de hersencellen wordt versneld en het gewicht van de hersenen toeneemt. Deze snelle groei van de hersenen maakt niet alleen de uitbreiding van de cognitieve vaardigheden mogelijk, maar helpt ook bij de ontwikkeling van meer ingewikkelde fijne en grove motorische vaardigheden (Dalton & Bergenn, 2007; Klingberg, 2013).

Aan het eind van de kleutertijd zijn vooral bepaalde delen van de hersenen bijzonder hard gegroeid. Het corpus callosum bijvoorbeeld, een bundel zenuwvezels die de twee hersenhelften met elkaar verbindt, wordt aanzienlijk dikker en ontwikkelt maar liefst 800 miljoen individuele vezels die de hersenfunctie tussen de twee helften helpen coördineren (Hazin, Alves & Rodrigues Falbo, 2007).

Lateralisatie

Lateralisatie: het proces waarbij bepaalde functies hun plek eerder in de ene hersenhelft dan in de andere hersenhelft vinden.

De twee hersenhelften worden ook steeds gedifferentieerder en gespecialiseerder. Het **lateralisatieproces**, waarbij bepaalde functies hun plek eerder in de ene hersenhelft dan in de andere hersenhelft vinden, wordt tijdens de kleuterjaren uitgesprokener (zie figuur 8-2).

Bij bijna alle rechtshandige mensen en bij de meerderheid van de linkshandige mensen concentreert de linkerhersenhelft zich op taken waarvoor verbale competentie nodig is, zoals praten, lezen, denken en redeneren. De rechterhersenhelft ontwikkelt zijn eigen sterke kanten, met name op non-verbale gebieden, zoals ruimtelijk inzicht, herkenning van patronen en tekeningen,

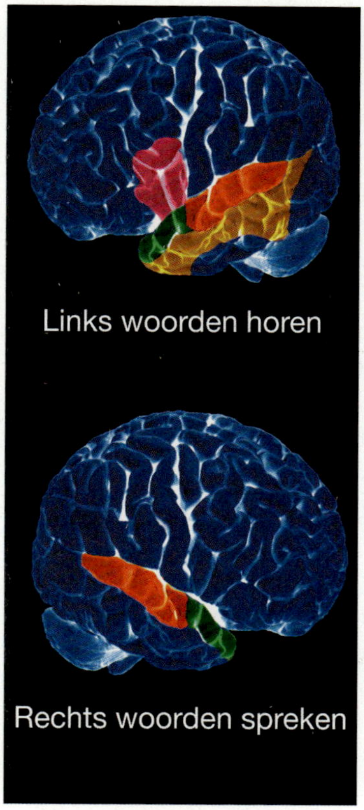

FIGUUR 8-2 **Hersenactiviteit**

Deze serie PET-scans van de hersenen laat zien dat de activiteit in de rechter- of linkerhersenhelft afhankelijk is van de taak waarmee iemand bezig is.

muziek en emotionele uitingen (Dundas, Plaut & Behrmann, 2013; Pollak, Holt & Wismer Fries, 2004; Watling & Bourne, 2007; zie figuur 8-2).

Beide hersenhelften beginnen ook op een iets andere manier informatie te verwerken. De linkerhersenhelft benadert informatie sequentieel, dat wil zeggen één stukje informatie tegelijk, terwijl de rechterhersenhelft informatie op een globalere manier verwerkt en als één geheel behandelt (Ansaldo, Arguin & Roch-Lecours, 2002; Barber et al., 2012; Holowka & Petitto, 2002).

Ondanks deze specialisatie werken de twee hersenhelften in de meeste opzichten samen. Ze zijn van elkaar afhankelijk en de onderlinge verschillen zijn klein. Bovendien betekent het feit dat de hersenhelften gespecialiseerd zijn in bepaalde taken niet dat ze op bepaalde gebieden alleen functioneren. Het samenwerken van de twee hersenhelften staat centraal. Sterker nog: de ene hersenhelft kan ook de meeste taken van de andere hersenhelft uitvoeren. De rechterhersenhelft doet bijvoorbeeld ook een deel van de taalverwerking en speelt een belangrijke rol bij taalbegrip (Corballis, 2003; Hall, Neal & Dean, 2008; Hutchinson, Whitman & Abeare, 2003; Rowland & Noble, 2011).

De hersenen zijn veerkrachtig. Als de hersenhelft die gespecialiseerd is in een bepaald type informatie beschadigd wordt, neemt de andere hersenhelft die taken soms over. Als jonge kinderen bijvoorbeeld hersenbeschadiging oplopen aan de linkerkant van hun hersenen (die gespecialiseerd is in verbale verwerking) en daardoor hun spraakvermogen geheel of gedeeltelijk verliezen, is dit verlies vaak niet permanent. De rechterkant van de hersenen kan het hiaat opvullen en de schade aan de linkerkant voor een heel groot deel goedmaken (DeSchonen et al., 2005; Elkana et al., 2011; Kolb & Gibb, 2006).

Bovendien bestaan er binnen het lateralisatieproces veel individuele verschillen. Bij een groot deel van de tien procent van de mensen die linkshandig of tweehandig zijn, is taal bijvoorbeeld geconcentreerd in de rechterhersenhelft of ontbreekt er een specifiek taalcentrum (Compton & Weismann, 2002; Isaacs et al., 2006; Szaflarski et al., 2012).

DIVERSITEIT IN ONTWIKKELING

Wat zeggen gender en cultuur over de hersenstructuur?

Een van de meest controversiële bevindingen met betrekking tot de specialisatie van de hersenhelften is dat lateralisatie gerelateerd is aan gender en cultuur. Vanaf het eerste jaar van hun leven tot in de kleuterjaren is bij jongens en meisjes een aantal verschillen in hersenhelften te vinden die onder andere te maken hebben met de verwerking van informatie die via het gehoor binnenkomt. Bovendien is taal bij jongens duidelijk meer in de linkerhersenhelft gelokaliseerd, terwijl taal bij meisjes evenwichtiger tussen de twee hersenhelften is verdeeld. Zulke verschillen kunnen een gedeeltelijke verklaring vormen voor de vraag waarom de taalontwikkeling van meisjes in de kleuterjaren sneller gaat dan die van jongens (Bourne & Todd, 2004; Grattan et al., 1992; Huster, Westerhausen & Herrmann, 2011).

Volgens de psycholoog Simon Baron-Cohen leveren de verschillen tussen vrouwelijke en mannelijke hersenen voor een deel de verklaring voor het raadsel van *autismespectrumstoornissen*, de moeilijk te doorgronden ontwikkelingsstoornissen die vaak taalachterstanden en grote problemen in de omgang met anderen tot gevolg hebben. Baron-Cohen beweert dat kinderen met een autismespectrumstoornis (meestal jongetjes) een 'extreem mannelijk brein' hebben. Dit brein werkt relatief goed als het gaat om de systematische ordening van de wereld (theorie van de centrale coherentie), maar is zwak als het gaat om begrip voor de emoties van anderen. Het ervaart geen empathie voor de gevoelens van anderen. Volgens Baron-Cohen (2003, 2004, 2005) hebben individuen met een extreem mannelijk brein eigenschappen die bij een normaal verstand horen, maar vertonen ze deze eigenschappen in zo'n sterke mate dat hun gedrag als autistisch wordt gezien (Auyeung & Baron-Cohen, 2012; Lau et al., 2013; Roeyers, 2014; Stauder, Cornet & Ponds, 2011).

Hoewel het duidelijk is dat er bepaalde genderverschillen bestaan in hersenlateralisatie, weten we nog steeds niet precies hoe groot de verschillen zijn en waarom ze ontstaan. Eén verklaring is genetisch: vrouwelijke en mannelijke hersenen functioneren in aanleg een klein beetje anders. Deze opvatting wordt ondersteund door gegevens waaruit blijkt dat er kleine structurele verschillen bestaan tussen de hersenen van mannen en vrouwen. Zo is een deel van het corpus callosum bij mannen verhoudingsgewijs groter dan bij vrouwen (Deben Mager, 2006). Voordat we aannemen dat de verschillen tussen vrouwelijke en mannelijke hersenen een genetische oorzaak hebben, moeten we een even plausibel alternatief overwegen: het is mogelijk dat verbale vaardigheden zich eerder bij meisjes manifesteren, omdat meisjes meer aanmoediging krijgen voor verbale vaardigheden dan jongens. Er bestaan bijvoorbeeld bewijzen dat er tegen meisjes als baby meer wordt gesproken dan tegen jongens (Beal, 1994; Rosenberg, 2013). Die hogere mate van verbale stimulatie kan ertoe leiden dat bepaalde gebieden van de hersenen bij meisjes meer groeien dan bij jongens. Ook omgevingsfactoren zouden dus een verklaring kunnen vormen voor de genderverschillen in hersenlateralisatie.

Cultuur en lateralisatie

Er bestaan zelfs bewijzen voor de hypothese dat de cultuur waarin kinderen opgroeien invloed kan hebben op hersenlateralisatie. Mensen met Japans als moedertaal verwerken informatie die gerelateerd is aan klinkerklanken bijvoorbeeld primair in hun linkerhersenhelft. Europeanen en Noord- en Zuid-Amerikanen daarentegen verwerken klinkerklanken primair in hun rechterhersenhelft.

Waarschijnlijk is de verklaring voor dit culturele verschil te vinden in de aard van de Japanse taal. Binnen het Japans is het namelijk mogelijk om complexe concepten uit te drukken met alleen maar klinkerklanken. Daardoor ontwikkelt zich misschien een specifiek soort hersenlateralisatie bij mensen die op relatief jonge leeftijd Japans leren en Japans gebruiken (Hiser & Kobayashi, 2003; Tsunoda, 1985).

Deze verklaring sluit niet uit dat er ook een bepaald soort subtiel genetisch verschil aan het werk is. Ook hier merken we dat het lastig is om de relatieve invloeden van erfelijkheid en omgeving van elkaar te scheiden.

8.1.3 Het verband tussen groei van de hersenen en cognitieve ontwikkeling

Neurowetenschappers hebben belangrijke ontdekkingen gedaan over de relatie tussen hersenontwikkeling en cognitieve ontwikkeling (zie ook hoofdstuk 9). Er zijn bijvoorbeeld perioden in de kindertijd waarin de hersenen ongebruikelijke groeispurts doormaken. Die perioden zijn gekoppeld aan vorderingen op cognitief gebied. Eén onderzoek, waarin de elektrische activiteit in de hersenen gedurende een mensenleven werd gemeten, wees uit dat er ongebruikelijke spurts plaatsvinden tussen 18 en 24 maanden, een tijd waarin de taalvaardigheid van een kind snel toeneemt. Ook andere spurts vonden plaats op momenten dat kinderen grote cognitieve sprongen maakten (Mabbott et al., 2006; Westermann et al., 2007; zie figuur 8-3).

Myeline: stof die een beschermlaag vormt om delen van neuronen.

Uit ander onderzoek komt naar voren dat de toename van de hoeveelheid **myeline**, dat een beschermlaag vormt om delen van neuronen, wellicht verband houdt met de groeiende cognitieve vaardigheden van kleuters. De myelinetoename in het deel van de hersenen dat geassocieerd wordt met aandacht en concentratie is bijvoorbeeld voltooid tegen de tijd dat kinderen een jaar of vijf zijn. Dit kan te maken hebben met de groeiende concentratieboog van kinderen als ze de schoolgaande leeftijd naderen. De verbetering van het geheugen die in de kleuterjaren optreedt, kan verband houden met de toegenomen hoeveelheid myeline in het gebied dat geassocieerd wordt met herinnering (Rolls, 2000).

Het is nog de vraag of hersenontwikkeling leidt tot cognitieve vooruitgang of dat de verbetering van cognitieve vaardigheden de basis vormt voor verdere hersenontwikkeling. Vast staat echter dat beter inzicht in de fysiologische aspecten van de hersenen uiteindelijk belangrijke gevolgen zal hebben voor ouders en leerkrachten.

FIGUUR 8-3 **Groeispurts van de hersenen**

Volgens onderzoek is de elektrische activiteit in de hersenen gekoppeld aan verbeteringen van cognitieve vaardigheden op verschillende momenten in het leven. Deze grafiek laat zien dat de activiteit drastisch toeneemt bij kinderen tussen de 18 en 24 maanden, een periode waarin taal zich snel ontwikkelt.

Bron: Fischer & Rose, 1995

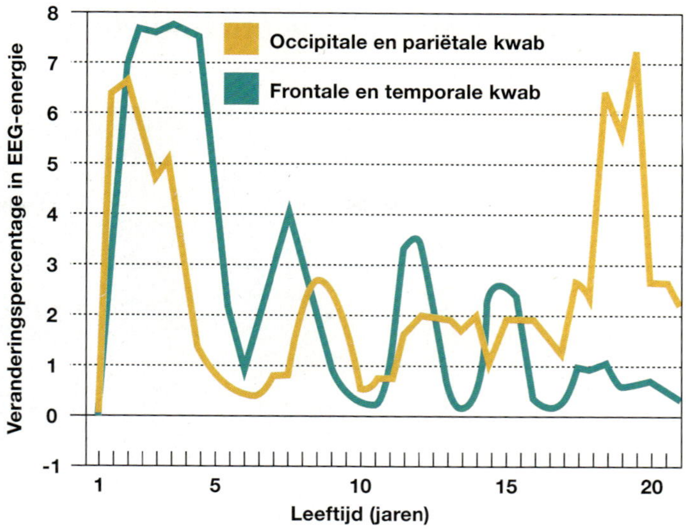

8.1.4 De ontwikkeling van de zintuigen

FIGUUR 8-4 **De ontwikkeling van de zintuigen: perceptuele schematisering**

Peuters en kleuters die deze vreemde groente-fruitvogel zien, concentreren zich op de componenten waaruit hij is opgebouwd. Pas rond hun zevende of achtste beginnen ze de figuur ook als geheel te zien.

Bron: Elkind, 1978. Uit: S. Coren & L. M. Ward (Eds.), *Sensation and perception*. Overgenomen met toestemming van John Wiley & Sons, Inc.

Perceptuele schematisering: het vermogen om in een tekening die opgebouwd is uit verschillende figuurtjes, zowel het geheel als de afzonderlijke delen te zien.

Dankzij de ontwikkeling van de hersenen krijgen ook de zintuigen de gelegenheid om zich in de kleutertijd verder te ontwikkelen. De rijping van de hersenen leidt bijvoorbeeld tot een betere beheersing van de oogbewegingen en tot een beter vermogen om scherp te stellen. Toch zijn de ogen van kleuters nog niet zo goed als op latere leeftijd. Kleuters hebben er vooral moeite mee om groepen kleine lettertjes te scannen, wat nodig is om gedrukte teksten te kunnen lezen. Als ze beginnen met lezen, richten ze zich vaak alleen op de eerste letter van een woord en doen ze een gooi naar de rest, wat logischerwijs tot relatief veel fouten leidt. Pas als ze een jaar of zes zijn, kunnen kinderen effectief scherp stellen en scannen. Maar ook dan zijn hun vaardigheden op dat gebied nog niet zo goed ontwikkeld als bij volwassenen (Willows, Kruk & Corcos, 1993).

Bij kleuters begint zich ook een geleidelijke verschuiving te voltrekken in de manier waarop ze samengestelde objecten zien. Neem bijvoorbeeld de vrij ongebruikelijke vogel van groente en fruit in figuur 8-4. In tegenstelling tot de meeste volwassenen zullen kleuters dit niet als een vogel zien. Zij zullen zich concentreren op de onderdelen waaruit de vogel bestaat ('wortels', 'kersen' en 'een peer'). Pas rond de leeftijd van zeven of acht jaar beginnen ze zowel het geheel als de onderdelen van de figuur te zien ('een vogel van fruit en groenten'). Dit wordt ook wel **perceptuele schematisering** genoemd.

Natuurlijk is het gezichtsvermogen niet het enige zintuig dat verbetert. Ook het gehoor wordt scherper. De buis van Eustachius, die geluiden van het externe deel van het oor naar het interne deel geleidt en die bij de geboorte bijna horizontaal lag, komt bijvoorbeeld meer in een hoek te liggen. Deze verandering leidt soms tot een toename van oorpijn in de kleuterjaren. Omdat het gehoor aan het begin van de peuter- en kleutertijd echter al goed ontwikkeld is, is de verbetering niet zo significant als bij het gezichtsvermogen. Een van de gebieden waarop het gehoor van peuters en kleuters nog hiaten vertoont, is het vermogen om specifieke geluiden te isoleren van andere geluiden (Moores & Meadow-Orlans, 1990). Daarom zijn sommige kleuters in groepssituaties zoals klaslokalen wellicht snel afgeleid door andere geluiden.

8.2 Motorische ontwikkeling

> Anita zit bij de zandbak in het park te kletsen met andere ouders terwijl haar twee kinderen, de vijfjarige Nico en de dertien maanden oude Sofie, aan het spelen zijn. Tijdens het praten houdt ze Sofie nauwlettend in de gaten, die soms nog zand in haar mond stopt als ze de kans krijgt. Vandaag laat Sofie het zand echter door haar handen glijden en probeert ze het in een emmer te scheppen. Intussen is Nico met twee andere jongetjes aan het spelen. Ze vullen en legen hun emmers razendsnel om een uitgebreide zandstad te bouwen, die ze vervolgens weer met speelgoedvrachtwagens vernielen.

Als kinderen van verschillende leeftijden in een speeltuin bij elkaar komen, valt direct op dat peuters en kleuters in motorisch opzicht sinds hun babytijd een heleboel hebben bijgeleerd. Zowel hun grove als hun fijne motoriek wordt steeds beter. Sofie probeert nog steeds zand in een emmer te krijgen, terwijl haar broer Nico die vaardigheid met gemak gebruikt als onderdeel van een groter doel: een zandstad bouwen.

Laten we de processen eens bekijken die een rol spelen in de ontwikkeling van de motorische vaardigheden van peuters en kleuters.

8.2.1 De grove motoriek

In de peuter- en kleutertijd ontwikkelt zowel de grove als de fijne motoriek zich verder.

Bron: (boven) Charles Gupton/Stock Boston; (onder) Skjold Photographs

Tegen de tijd dat ze drie zijn, beheersen kinderen verschillende vaardigheden: rennen, trede voor trede een trap op lopen, springen met beide voeten tegelijk. Op hun vierde en vijfde jaar zijn die vaardigheden verder verbeterd doordat ze meer controle hebben gekregen over hun spieren. Op vierjarige leeftijd kunnen ze bijvoorbeeld op één been hinken en op vijfjarige leeftijd kunnen ze bijvoorbeeld een koprol maken. Het grote verschil is dat vijfjarigen een betere coördinatie hebben en daardoor hun motorische activiteiten verder kunnen ontwikkelen (Centers for Disease Control and Prevention, 2014; Laurent de Angulo & Brouwers-de Jong, 2008). In tabel 8-1 zijn de belangrijkste grove motorische vaardigheden samengevat die zich tijdens de peuter- en kleuterjaren manifesteren.

Activiteitniveau

De vooruitgang op het gebied van de grove motoriek houdt wellicht verband met de ontwikkeling van de hersenen en met de myelinevorming rond neuronen in gebieden van de hersenen die te maken hebben met evenwicht en coördinatie. Motorische vaardigheden ontwikkelen zich tijdens de peuter- en kleuterjaren ook zo snel omdat kinderen ze heel veel oefenen. In deze periode ligt het algemene activiteitniveau hoog: peuters en kleuters lijken voortdurend in beweging te zijn. Op driejarige leeftijd ligt het activiteitniveau zelfs hoger dan tijdens welke andere periode in het leven ook. Daarnaast neemt de algemene fysieke behendigheid van kleuters toe naarmate ze ouder worden (Planinsec, 2001).

Hoewel hun activiteitniveau over het algemeen hoog ligt, bestaan er ook belangrijke verschillen tussen kinderen. Sommige daarvan hebben te maken met hun aangeboren temperament. Kinderen die in hun babytijd ongewoon actief zijn, zijn dat in hun peuter- en kleuterjaren meestal ook, terwijl kinderen die als baby relatief kalm waren dat als peuter en kleuter meestal blijven. Bovendien vertoont het activiteitniveau van monozygotische (eeneiige) tweelingen meestal meer overeenkomsten dan dat van dizygotische tweelingen. Daaruit

TABEL 8-1 **De belangrijkste grove motorische vaardigheden van jonge kinderen**

DRIEJARIGE	VIERJARIGE	VIJFJARIGE
Kan niet plotseling draaien of stoppen	Heeft meer controle over stoppen, starten en draaien	Kan effectief starten, draaien en stoppen tijdens spelletjes
Springt met beiden voeten tegelijk	Springt gemiddeld tot 70 centimeter ver	Springt vanuit een aanloop tot 90 centimeter ver
Kan zelfstandig een trap op lopen, waarbij beurtelings de ene en de andere voet worden gebruikt	Kan met de ene voet na de andere een lange trap af lopen, mits geholpen	Kan zelfstandig een lange trap af lopen
Kan op één been minstens 5 seconden staan	Kan vier tot zes stappen op één been hinkelen	Kan met gemak een afstand van vijf meter hinkelen

kunnen we opmaken dat de genen een belangrijke rol spelen bij het bepalen van het activiteitniveau van een kind (Wood et al., 2007).

Natuurlijk zijn de genen niet de enige determinanten van het activiteitniveau van peuters en kleuters. Ook omgevingsfactoren spelen een rol, zoals de opvoedingsstijl van de ouders en, algemener, de opvattingen van een bepaalde cultuur over wat gepast en ongepast gedrag is. In sommige culturen mogen peuters en kleuters vrij wild spelen, terwijl andere culturen veel restrictiever zijn in bijvoorbeeld het geluid dat kinderen al spelend maken.

Uiteindelijk bepaalt een combinatie van genetische factoren en omgevingsfactoren hoe actief een kind precies zal worden. Hoeveel kinderen ook onderling verschillen, voor de meeste is de peuter- en kleuterperiode de actiefste tijd van het leven.

Genderverschillen in grove motorische vaardigheden

De ontwikkeling van de grove motoriek verschilt op een aantal punten tussen jongens en meisjes. Die verschillen zijn gedeeltelijk het resultaat van het feit dat jongens over het algemeen sterker zijn dan meisjes. De meeste jongens kunnen bijvoorbeeld verder gooien en hoger springen. Bovendien is het algemene activiteitniveau van jongens hoger dan dat van meisjes (Pelligrini & Smith, 1998; Spessato et al., 2013).

Hoewel ze niet zo sterk zijn als jongens en hun activiteitniveau lager ligt, zijn meisjes meestal beter dan jongens in activiteiten waarvoor de coördinatie van armen en benen nodig is. Op vijfjarige leeftijd kunnen meisjes bijvoorbeeld beter op één voet balanceren (Cratty, 1979).

Naast genetisch bepaalde verschillen op het gebied van kracht en activiteitniveau spelen er waarschijnlijk sociale factoren mee. Naarmate kinderen ouder worden, wordt gender steeds bepalender voor het soort activiteiten dat de maatschappij acceptabel vindt voor meisjes en voor jongens (zie ook hoofdstuk 10). Als de activiteiten die acceptabel worden gevonden voor kleine jongetjes bijvoorbeeld meer een beroep doen op hun grove motoriek dan de spelletjes die acceptabel worden gevonden voor meisjes, dan zullen jongens hun grove motoriek meer oefenen en dus ook beter beheersen dan meisjes (Shala & Bahtiri, 2011; Yee & Brown, 1994).

Ongeacht de genderverschillen zijn er bij alle kinderen in hun peuter- en kleuterjaren over het algemeen grote verbeteringen zichtbaar op het gebied van de grove motoriek. Tegen de tijd dat ze vijf zijn, kunnen ze dankzij die verbeteringen relatief gemakkelijk op ladders klimmen, tikkertje spelen en skateboarden.

8.2.2 De fijne motoriek

Naast de grove motoriek ontwikkelt ook de fijne motoriek zich verder. Hierbij gaat het om subtielere lichaamsbewegingen. Fijne motorische vaardigheden zijn nodig bij activiteiten als het gebruik van vork en lepel, het knippen met een schaar, het strikken van veters en schrijven.

Voor dit soort vaardigheden is veel oefening nodig, zoals iedereen weet die een vierjarige weleens heeft zien proberen de letters van het alfabet over te schrijven. Toch zijn er binnen de fijne motoriek duidelijke ontwikkelingspatronen zichtbaar (zie tabel 8-2). Op driejarige leeftijd kunnen kinderen hun kleren verwijderen als ze naar het toilet gaan. Ook kunnen ze een eenvoudige puzzel in elkaar zetten en kunnen ze blokjes met verschillende vormen in de juiste openingen doen. Die taken gaan hun echter niet altijd soepel af. Soms proberen ze bijvoorbeeld puzzelstukjes met geweld te laten passen.

Tegen de tijd dat kinderen vier zijn, zijn hun motorische vaardigheden aanzienlijk verbeterd. Ze kunnen papier in driehoeken vouwen en hun naam met een kleurkrijtje schrijven. En als ze vijf zijn, kunnen de meeste kinderen een dun potlood op de juiste manier vasthouden en gebruiken.

Spieren spelen ook een rol bij de beheersing van de ingewanden en de blaas, een onderwerp waar veel ouders van peuters problemen mee hebben. Zoals hieronder blijkt, zijn de meningen uiterst verdeeld over het tijdstip waarop kinderen zindelijk zouden moeten worden.

TABEL 8-2 **De fijne motoriek in de vroege kinderjaren**

DRIEJARIGE	VIERJARIGE	VIJFJARIGE
Knipt papier	Vouwt papier in driehoeken	Vouwt papier in helften en kwarten
Plakt met behulp van een vinger	Schrijft naam	Tekent driehoek, rechthoek en cirkel
Tekent 0 en + (rondjes en plusjes)	Rijgt kralen (een voor een in een ritme)	Gebruikt een potlood op de juiste manier
Tekent poppetjes	Kopieert X (kruisjes, schuine gekruiste lijnen)	Schrijft letters na
Maakt een eenvoudige puzzel	Opent knijpers en zet ze ergens op vast	Schrijft twee korte woorden na

8.2.3 Zindelijk worden: wanneer en hoe?

Anne wordt op een broeierige juninacht om drie uur wakker. Haar hoofd tolt als ze terugdenkt aan een vervelende gebeurtenis van de vorige dag. Zij en haar echtgenoot Olivier hadden hun driejarige dochter Elise donderdagavond verteld dat het tijd was om haar luier te verruilen voor het toilet. Vervolgens had het meisje achttien uur lang haar plas opgehouden en had ze geweigerd naar het toilet te gaan.

'We hadden al maanden op haar ingepraat, gezegd dat het tijd was om haar luiers vaarwel te zeggen, en ze leek er klaar voor', zegt Anne. 'Maar toen de grote dag was aangebroken, weigerde ze op het toilet te gaan zitten. Twee uur voordat er eindelijk iets kwam, heeft ze alleen maar gehuild en rusteloos heen en weer gelopen.'

Uiteindelijk plaste ze in haar broek (Gerhardt, 1999).

Er zijn maar weinig opvoedkwesties waarover ouders zich zo veel zorgen maken als zindelijkheid. En er zijn ook maar weinig kwesties waarover zo veel verschillende meningen bestaan, van deskundigen én leken. Vaak worden de verschillende opvattingen tegen elkaar afgezet in de media, waarbij de discussie soms zelfs een politieke ondertoon krijgt, bijvoorbeeld in het kader van schoolrijpheid en leerplicht. Volgens sommigen moeten ouders flexibel met zindelijkheidstraining omgaan. Zij pleiten ervoor om er pas mee te beginnen als het kind er klaar voor lijkt te zijn. Anderen pleiten voor een hardere aanpak. Zij beweren dat zindelijkheidstraining vroeg en snel moet gebeuren (Brazelton & Sparrow, 2006; Rosemond, 2011). Feit is dat de leeftijd waarop kinderen zindelijk worden gemaakt de afgelopen tientallen jaren is gestegen (Goode, 1999).

De huidige richtlijnen van het Nederlands Centrum Jeugdgezondheid (NCJ) geven aan dat er geen vast tijdstip bestaat om te starten met zindelijkheidstraining en dat er pas mee begonnen moet worden als kinderen aangeven dat ze er klaar voor zijn. Pas met twaalf maanden hebben kinderen controle over hun ingewanden en hun blaas, en in de zes maanden die daarop volgen is die controle nog minimaal. Hoewel sommige kinderen van tussen de 18 en 24 maanden al aangeven dat ze zindelijk willen worden, zijn andere daar pas na dertig maanden of langer aan toe (Connell-Carrick, 2006; Fritz & Rockney, 2004).

Onderzoek vanuit het Universitair Ziekenhuis Antwerpen en de Universiteit Antwerpen resulteerde in een handige checklist waarmee ouders, verzorgers en andere betrokkenen kunnen bepalen wanneer een kind klaar is om op het potje te gaan. De checklist brengt verschillende rijpheidssignalen (vaardigheden en kenmerken van het kind) in kaart, zoals de interesse van het kind voor het potje, het vermogen om comfortabel te gaan zitten op het potje, het vermogen van het kind om duidelijk te maken dat het moet plassen of dat het een natte luier heeft, en signalen die wijzen op een grotere blaascapaciteit (het kind heeft bijvoorbeeld een droge luier na het middagdutje). De onderzoekers benadrukken dat een kind niet onder druk mag worden gezet en dat het moet willen meewerken. De leeftijd is daarbij van ondergeschikt belang (Kaerts, Van Hal, Vermandel & Wyndaele, 2012). Als kinderen zich verzetten tegen zindelijkheidstraining, zoals Elise in ons voorbeeld, moet de training worden uitgesteld (American Academy of Pediatrics, 1999b).

Zelfs als kinderen overdag zindelijk zijn, duurt het soms nog maanden of jaren voordat ze ook 's nachts hun blaas en ingewanden onder controle hebben. Ongeveer drie kwart van de jongens en de meeste meisjes zijn op hun vijfde jaar volledig zindelijk.

Bijna alle kinderen worden dus op een gegeven moment geheel zindelijk als ze ouder worden en hun spieren beter kunnen beheersen. Als een kind echter niet zindelijk wil worden en het zich daar druk over maakt, of als broertjes, zusjes of leeftijdgenootjes er de spot mee drijven, zijn er verschillende strategieën mogelijk. Vooral methoden waarbij kinderen worden beloond als ze droog blijven (positieve bekrachtiging) zijn belangrijk. Daarnaast is het gebruik van de plaswekker een heel effectieve manier. Het harde geluid van de plaswekker bij het eerste druppeltje urine geeft een schrikreactie, waardoor het plassen tijdelijk stopt en het kind wakker wordt zodat het naar het toilet kan gaan (Hermans et al., 2007; Houts, 2003; Millei & Gallagher, 2012; Vermandel et al., 2008).

8.2.4 Links- of rechtshandigheid

Hoe beslissen peuters en kleuters met welke hand ze hun potlood vasthouden als ze letters proberen over te schrijven?

Links- of rechtshandigheid: een duidelijke voorkeur voor het gebruik van de ene hand boven de andere hand.

Aan het einde van de kleutertijd vertonen de meeste kinderen een duidelijke voorkeur voor de ene of de andere hand: ze hebben **links- of rechtshandigheid** ontwikkeld. Sommige signalen van die voorkeur zijn al zichtbaar in de vroege babytijd, als baby's een voorkeur hebben voor één kant van hun lichaam. Zo is de handvoorkeur bij de geboorte in aanleg aanwezig in het brein, maar hij is nog niet stevig verankerd. Naarmate kinderen ouder worden, verankert de handvoorkeur. Sommige kinderen lijken de voorkeur te geven aan een bepaalde hand doordat ze daar op jonge leeftijd meer mee grijpen. Echter, bij veel kinderen manifesteert die voorkeur zich pas aan het einde van de kleutertijd, zo rond het vijfde levensjaar. Enkele kinderen blijven tweehandig en gebruiken beide handen met evenveel gemak (Bryden, Mayer & Roy, 2011; Marschik et al. 2008; Segalowitz & Rapin, 2003). Negentig procent heeft een voorkeur voor de rechterhand en tien procent heeft een voorkeur voor de linkerhand. Meer jongens dan meisjes zijn linkshandig.

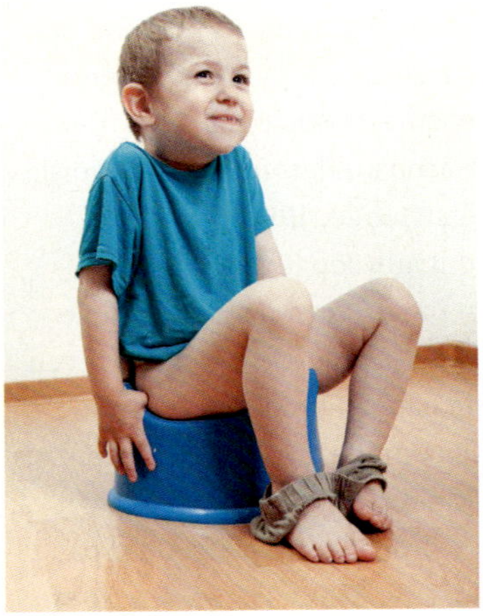

Een kind dat er klaar voor is om zonder luier door het leven te gaan, is in staat om aanwijzingen op te volgen, zelf naar het toilet te gaan en zichzelf uit te kleden.

Bron: Ilya Andriyanov/Shutterstock

Vroeger probeerden sommige leerkrachten linkshandige kinderen te dwingen hun rechterhand te gebruiken, vooral als ze leerden schrijven, maar die aanpak is achterhaald. Tegenwoordig laten leerkrachten kinderen zelf beslissen welke hand ze het liefst gebruiken. Toch zullen de meeste linkshandigen beamen dat het ontwerp van bureaus, scharen en veel andere alledaagse objecten is afgestemd op rechtshandigen. De wereld is zelfs zo 'rechtsgeoriënteerd' dat linkshandigen er veel meer gevaar lopen. Zij krijgen meer ongelukken en lopen een groter risico om vroeg te overlijden dan rechtshandigen (Bhushan & Khan, 2006; Dutta & Mandal, 2006; Ellis & Engh, 2000).

Er is veel gespeculeerd over de betekenis van handvoorkeur, maar er zijn maar weinig eenduidige conclusies uit te trekken. Uit sommige onderzoeken blijkt een verband tussen linkshandigheid en betere prestaties, uit ander onderzoek blijkt linkshandigheid geen voordeel te bieden en sommige bevindingen wijzen erop dat tweehandigen minder goed presteren op school. Het is duidelijk dat het laatste woord over handvoorkeur nog niet is gezegd (Casasanto & Henetz, 2012; Corballis, Hattie & Fletcher, 2008; Nelson, Campbell & Michel, 2013).

8.2.5 De tekening als graadmeter van ontwikkeling

In menige keuken is hij te vinden: een ijskast die volhangt met recente tekeningen van de kinderen des huizes. Deze kindertekeningen zijn veel meer dan puur keukendecoratie. Volgens ontwikkelingsdeskundigen speelt de kindertekening een belangrijke rol bij het perfectioneren van de fijne motorische vaardigheden en ook bij andere aspecten van de ontwikkeling van kinderen.

Op het meest basale niveau betekent het maken van een kindertekening oefenen met kwasten, krijtjes, potloden en viltstiften. Door deze middelen te leren gebruiken, verwerven kinderen motorische vaardigheden die hun later van pas komen bij het leren schrijven.

Het tekenen leert hun ook een aantal belangrijke lessen, zoals het belang van planning, zelfbeheersing en zelfcorrectie. Als driejarigen een kwast pakken, strijken ze er meestal mee over het blad heen en weer zonder echt stil te staan bij het eindproduct. Als ze vijf zijn, denken ze langer na over het eindproduct. Ze hebben vaker een doel in hun hoofd als ze beginnen, en als ze klaar zijn, bekijken ze wat ze hebben gemaakt om te zien hoe goed het is geslaagd. Oudere kinderen maken dezelfde tekening vaak steeds opnieuw, waarbij ze proberen hun eerdere fouten te corrigeren en het eindproduct te verbeteren.

Volgens ontwikkelingspsycholoog Howard Gardner is de ruwe, ondoordachte tekening van peuters en kleuters te vergelijken met het brabbelen bij baby's. Hij stelt dat de willekeurige strepen en vormen van jonge peuters en kleuters alle bouwstenen bevatten voor de complexere creaties die later worden geproduceerd (Gardner & Perkins, 1989; Golomb, 2002, 2003).

Volgens andere onderzoekers doorlopen de tekeningen van peuters en kleuters een aantal stadia (Kellogg, 1970):

- Het eerste is het *krabbelstadium*, waarbij het eindproduct bestaat uit ogenschijnlijk willekeurige strepen op het papier. Maar dat is niet het geval: krabbeltekeningen kunnen worden onderverdeeld in twintig verschillende categorieën, zoals horizontale lijnen en zigzaglijnen.
- Het *vormstadium*, dat bereikt wordt rond de leeftijd van drie jaar, wordt gekenmerkt door het verschijnen van vormen, zoals vierkanten en cirkels. In dit stadium tekenen kinderen verschillende vormen, maar ook plusjes en kruisjes.
- Daarna stappen ze al snel over op het *ontwerpstadium*, dat gekenmerkt wordt door het vermogen om meer dan één eenvoudige vorm te combineren tot een complexere vorm.
- Als laatste betreden kinderen het *picturale stadium*. Dat gebeurt tussen het vierde en het vijfde levensjaar. Op dat moment beginnen hun tekeningen op herkenbare objecten te lijken. Het afbeelden van herkenbare objecten uit de echte wereld kan een grote stap vooruit lijken in vergelijking met eerder werk, en volwassenen stimuleren het dan ook sterk. In sommige opzichten valt de overgang naar representatieve tekeningen echter te betreuren. Het betekent dat kinderen minder interesse krijgen voor vorm en ontwerp. De grote kunstenaar Pablo Picasso merkte ooit op: 'Ik heb er een heel leven over gedaan om te leren tekenen als een kind' (Breeuwsma, Haanstra, Koopman, Laarakker, Schram & Witte, 2005; Winner, 1989).

Tekenvaardigheid in ontwikkeling: als kleuters van tussen de vier en vijf jaar het picturale stadium bereiken, beginnen hun tekeningen op herkenbare objecten te lijken.

Bron: (links) vvoe/Shutterstock; (rechts) Ferenc Szelepcsenyi/Shutterstock

8.3 Bedreigingen van fysieke groei en motorische ontwikkeling

8.3.1 Slaap

Hoe moe ze ook zijn, sommige actieve peuters en kleuters hebben moeite met de overgang van de opwinding van de dag naar de rust van de nacht. Dat kan leiden tot conflicten met hun verzorgers. Sommige kinderen laten zich niet vertellen dat ze moeten gaan slapen en hebben vrij veel tijd nodig om in slaap te vallen.

Hoewel de meeste kinderen vrij makkelijk rustig worden en in slaap vallen, is slapen bij sommige kinderen een echt probleem. Maar liefst twintig tot dertig procent van de kleuters heeft meer dan een uur nodig om in slaap te vallen. Wanneer ze eenmaal slapen, komen de meeste kleuters de nacht vrij rustig door. Soms worden kinderen 's nachts wakker. Ze roepen dan hun ouders om zich veiliger te voelen (Morgenthaler et al., 2006). Een kwart van de kinderen heeft echter weleens last van nachtmerries. **Nachtmerries** zijn levendige, enge dromen die meestal tegen de ochtend verschijnen. Hoewel af en toe een nachtmerrie geen reden tot bezorgdheid is, kan er sprake zijn van een probleem als nachtmerries herhaaldelijk optreden en een kind ook overdag angstig maken (Pagel, 2000; Zisenwine et al., 2013).

Nachtmerrie: levendige, enge droom die meestal tegen de ochtend verschijnt.

Nog heftiger dan een nachtmerrie is het verschijnsel dat **pavor nocturnus** wordt genoemd. Pavor nocturnus is een slaapstoornis die leidt tot een versnelde ademhaling en hartslag, en maakt dat een kind in een intense paniektoestand wakker wordt. Een kind dat lijdt aan pavor nocturnus laat zich na het ontwaken moeilijk troosten. Het kan niet zeggen waarom het zo van slag is en het kan zich niet herinneren dat het een nare droom had. De volgende ochtend herinnert het zich niets meer van het incident. Pavor nocturnus komt veel minder vaak voor dan nachtmerries. Slechts een tot vijf procent van de kinderen heeft er last van (Bootzin et al., 1993).

Pavor nocturnus: een slaapstoornis die leidt tot een versnelde ademhaling en hartslag, en maakt dat een kind in een intense paniektoestand wakker wordt.

8.3.2 Voeding: het eten van de juiste voedingsmiddelen

> Nicole is bezorgd dat haar driejarige zoon Karl niet genoeg voeding krijgt. 'Gewoonlijk at hij zijn bord leeg, maar nu raakt hij nauwelijks wat aan', zegt ze. 'Ik ben bang dat hij niet goed groeit.' De moeder is ook bezorgd dat de voortdurende 'maaltijdoorlogen' haar relatie met haar zoon beïnvloeden. 'Als ik er maar van overtuigd was dat hij alle voeding krijgt die hij nodig heeft, zou ik gerust zijn', zo zegt ze. 'Maar ik kan niet geloven dat iemand op zo weinig kan overleven.'

Tijdens de peuter- en kleuterjaren krijgen kinderen behoefte aan andere voeding. Omdat ze in deze periode langzamer groeien dan in de babytijd, hebben ze minder voedsel nodig om hun groei in stand te houden. Soms is de verandering in voedselconsumptie zo opvallend dat ouders bang zijn dat hun kind niet genoeg eet. Over het algemeen kunnen kinderen hun voedselinname vrij goed zelf regelen, mits ze voedzame maaltijden voorgezet krijgen. Sterker nog: door kinderen uit bezorgdheid aan te moedigen meer te eten dan ze van nature geneigd zijn, bestaat de kans dat ze meer voedsel binnenkrijgen dan ze nodig hebben.

Uiteindelijk kan de voedselconsumptie van sommige kinderen zo hoog worden dat die leidt tot **obesitas**, een lichaamsgewicht van meer dan twintig procent boven het gemiddelde gewicht van een persoon van een bepaalde leeftijd en lengte. Onderzoek wijst uit dat kinderen tussen de drie en vijf jaar oud met overgewicht of obesitas vijf keer meer kans hebben om dit probleem ook in de volwassenheid te ervaren (Tavernise, 2014).

Obesitas: een lichaamsgewicht van meer dan twintig procent boven het gemiddelde gewicht van een persoon van een bepaalde leeftijd en lengte.

Van de Vlaamse kleuters tussen de vier en zes jaar oud heeft negen procent van de jongens en dertien procent van de meisjes te kampen met overgewicht (Flanders Food, 2014). In Nederland zijn er geen concrete cijfers voor deze

Kleuters veel verschillende voedingsmiddelen voorzetten is bevorderlijk voor een gezond voedingspatroon.

Bron: Monkey Business Images/Shutterstock (Pearson Asset Library)

leeftijdscategorie. In 2013 meldde het Centraal Bureau voor de Statistiek (CBS, 2014) dat 12,2 procent van de kinderen tussen de vier en twaalf jaar overgewicht had. 2,8 procent had te maken met ernstig overgewicht.

Op Europees niveau is er steeds meer aandacht voor obesitas bij kleuters. Met het zogenaamde ToyBox-project, dat liep van 2010 tot 2014, werd stapsgewijs een interventie ter preventie van overgewicht bij kleuters ontwikkeld en geëvalueerd. Vele van de publicaties die dit project heeft opgeleverd, bevestigden de sterke correlatie tussen overgewicht, ongezonde eetgewoonten en een tekort aan fysieke activiteit (World Obesity Federation, 2014).

Hoe zorgen ouders ervoor dat hun kinderen goede voeding binnenkrijgen zonder dat de maaltijden een gespannen aangelegenheid worden? In de meeste gevallen kunnen zij er het best voor zorgen dat er verschillende soorten voedsel beschikbaar zijn die weinig vet en een hoge voedingswaarde bevatten. Vooral voedingsmiddelen die relatief veel ijzer bevatten, zijn belangrijk. Bloedarmoede, een aandoening die tot chronische vermoeidheid leidt, is een van de meest voorkomende voedingsproblemen in ontwikkelde landen. Deze aandoening wordt veroorzaakt door een ijzertekort. Voedingsmiddelen die veel ijzer bevatten, zijn onder andere donkergroene groenten (zoals broccoli), volkorenproducten en sommige soorten vlees, zoals magere hamburgers (Drewett, 2007). Ook is het belangrijk om voedingsmiddelen met een hoog natriumgehalte te vermijden. De opname van voedingsmiddelen met een laag vetgehalte moet daarentegen worden gestimuleerd (Akhtar-Danesh et al., 2011; Brotanek et al., 2007; Grant et al., 2007; Jalonick, 2011).

Natuurlijk zullen kleuters, net als volwassenen, niet alle soorten voedsel even aantrekkelijk vinden. Kinderen moeten de kans krijgen om hun eigen natuurlijke voorkeuren te ontwikkelen. Zolang hun voedingspatroon over het algemeen maar adequaat is, is geen enkel voedingsmiddel onmisbaar. Je kunt kinderen kennis laten maken met een groot aantal verschillende voedingsmiddelen door hen aan te moedigen er een hapje van te proeven. Dat is vaak een relatief ontspannen manier om hun dieet uit te breiden (Busick et al., 2008).

8.3.3 Ziekten in de peuter- en kleutertijd

Het gemiddelde kind lijdt tussen zijn derde en zijn vijfde jaar zeven tot acht keer aan een onschuldige verkoudheid of aan een andere milde ademhalingsaandoening. Hoewel het gesnotter en gekuch die de symptomen vormen van zo'n ziekte heel vervelend kunnen zijn voor kinderen, is het ongemak meestal niet ernstig en duren deze onschuldige ziekten meestal maar een paar dagen (Kalb, 1997). Ze kunnen soms zelfs onverwachte voordelen opleveren, zoals immuniteit tegen ernstiger ziekten waaraan het kind mogelijk in de toekomst wordt blootgesteld. Ook bieden ze een aantal emotionele voordelen. Volgens sommige onderzoekers geeft een milde ziekte het kind de gelegenheid om zijn lichaam beter te leren kennen. Ook leert het kind hoe het met ziekte om moet gaan, waardoor het ernstiger ziekten in de toekomst beter aan zal kunnen. Bovendien zal het kind er beter door begrijpen wat anderen die ziek zijn doormaken. Dit vermogen kan kinderen leren met anderen mee te leven en voor ze te zorgen (Notaro, Gelman & Zimmerman, 2002; Raman & Winer, 2002; Williams & Binnie, 2002).

De kleuterjaren zijn niet altijd een periode van relatief goede gezondheid geweest. Voor de ontdekking van vaccins en de standaardvaccinatie van kinderen was de kleuterperiode een gevaarlijke tijd. Omdat de Nederlandse overheid kinderen wilde beschermen tegen gevaarlijke en soms dodelijke infectieziekten, werd in 1957 het Rijksvaccinatieprogramma ingesteld. Binnen dit programma krijgen kinderen prikken tegen een aantal infectieziekten:

difterie, kinkhoest, tetanus, polio en Hib-ziekten (combinatievaccin), hepatitis B, bof, mazelen, rodehond en meningokokken groep C. Deelname aan dit niet-verplichte programma is hoog, tussen de 92 en 99 procent in verslagjaar 2015, met een vaccinatiegraad van 93 procent voor schoolkinderen (Rijksinstituut voor Volksgezondheid en Milieu, 2015). Het Vlaamse vaccinatieprogramma is gelijkaardig, met die uitzondering dat de poliovaccinatie verplicht is. Ook de vaccinatiegraad is vergelijkbaar (Agentschap Zorg & Gezondheid, 2013). Kind en Gezin is de hoofdvaccinator. Deze organisatie biedt ook veel informatie (Kind en Gezin, z.d.).

Vaccinaties zijn niet overal vanzelfsprekend. Ook vandaag de dag is de kleuterperiode in veel delen van de wereld nog riskant. Zo is de Nederlandse Vereniging Kritisch Prikken (2013) bezorgd over het effect en de bijwerkingen van zo veel vaccinaties op zo'n jonge leeftijd. De vereniging is van mening dat kritische informatie hierover ontbreekt. Daarnaast zijn er mensen die vanwege religieuze redenen hun kinderen niet laten inenten.

ONTWIKKELINGSPSYCHOLOGIE IN HET DAGELIJKS LEVEN

Hoe houd je kleuters gezond?

Het is onvermijdelijk: zelfs de gezondste kleuter wordt af en toe ziek. Door sociale interactie worden ziekten van het ene op het andere kind overgedragen. Sommige ziekten zijn echter te voorkomen. Andere ziekten kunnen tot een minimum worden beperkt als er eenvoudige voorzorgsmaatregelen worden genomen:

- *Een gebalanceerd dieet.* Omdat de maag van kleuters maar klein is, moeten ze soms wel vijf tot zeven keer per dag eten. Hun dieet moet de juiste voedingsstoffen bevatten, waaronder voldoende proteïne. De aanbevolen energie-inname voor kinderen tussen de twee en vier jaar bedraagt ongeveer 1300 calorieën per dag. Voor kinderen van vier tot zes is dat ongeveer 1700 calorieën.
- *Voldoende beweging.* Peuters en kleuters moeten worden gestimuleerd om voldoende te bewegen. Kinderen die voldoende bewegen lijden gewoonlijk minder snel aan obesitas dan kinderen die weinig bewegen.
- *Voldoende slaap.* Uitputting als gevolg van een gebrek aan goede voeding of slaap maakt kinderen vatbaarder voor ziekten.
- *Beperkt contact met zieke kinderen.* Kinderen begrijpen misschien nog niet wat besmetting is en wat bacteriën zijn (Solomon & Cassimatis, 1999). Toch moeten ouders ervoor zorgen dat kinderen hun handen wassen als ze met zieke kinderen gespeeld hebben. Daarnaast kan het geen kwaad om het belang van schone handen in het algemeen te benadrukken.
- *Inentingen.* Nederland kent het Rijksvaccinatieprogramma (zie tabel 8-3). Daarmee krijgt een kind in circa vijf bezoeken aan de kinderarts negen verschillende vaccins en andere preventieve medicijnen toegediend. In Vlaanderen geldt het aanbevolen vaccinatieschema van Kind en Gezin (Kind en Gezin, 2015).

Als een kind toch ziek wordt, onthoud dan het volgende: onschuldige ziekten in de kindertijd maken een kind soms immuun voor ernstiger ziekten later in het leven.

TABEL 8-3 **Aanbevolen vaccinatieschema in Nederland voor kinderen**

Vaccins worden genoemd naast de leeftijd waarop kinderen normaal gesproken worden ingeënt. Elke dosis die niet op de aanbevolen leeftijd wordt toegediend, moet tijdens het volgende doktersbezoek zo mogelijk als 'inhaalinenting' worden gegeven.

LEEFTIJD	VACCIN	VACCIN
2 maanden	DKTP-Hib	Hep B*
3 maanden	DKTP-Hib	
4 maanden	DKTP-Hib	Hep B

LEEFTIJD	VACCIN	VACCIN
11 maanden	DKTP-Hib	Hep B*
14 maanden	BMR	Men C
4 jaar	DTP	aK
9 jaar	DTP	BMR

DKTP-Hib: combinatievaccin tegen DKTP (difterie, kinkhoest, tetanus en polio) en tegen Hib (haemophilus influenzae type b)

Hep B: vaccin tegen hepatitis B

BMR: vaccin tegen bof, mazelen en rodehond

Men C: vaccin tegen meningokokken C

DTP: vaccin tegen difterie, tetanus en polio

aK: vaccin tegen kinkhoest

* Voor een hepatitis B-inenting komen alleen kinderen in aanmerking met een moeder die drager is van het hepatitis B-virus, of als een van de ouders geboren is in een land met een hoog risico op hepatitis B.

Bron: Rijksvaccinatieprogramma

De meest voorkomende ernstige ziekte waardoor kleuters worden getroffen is kanker, en dan vooral leukemie. Leukemie zorgt ervoor dat het beenmerg een uitzonderlijk grote hoeveelheid witte bloedcellen produceert, wat leidt tot ernstige bloedarmoede en mogelijk de dood. Hoewel de diagnose leukemie twintig jaar geleden nog gelijkstond aan een doodvonnis, is dat tegenwoordig zeker niet meer het geval. Dankzij nieuwe behandedolmogelijkheden blijft meer dan zeventig procent van de slachtoffers van kinderleukemie in leven (Brown et al., 2008; Ford & Martinez-Ramirez, 2006; Krull & Brinkman, 2013).

Een ander gezondheidsprobleem is de besmetting van kinderen met het hiv-virus. Wereldwijd zijn er zo'n 2,1 miljoen kinderen hiv-seropositief. De meeste kinderen met hiv hebben dat gekregen van hun moeder, tijdens de bevalling of soms al in de baarmoeder. Ook kan een hiv-positieve moeder het virus via de moedermelk aan haar kind doorgeven. In België en Nederland samen zijn er ongeveer 350 kinderen met hiv bekend bij de gespecialiseerde centra voor kinderen met hiv en aids. Gelukkig komen daar niet veel kinderen meer bij. Dankzij nieuwe therapieën wordt hiv minder vaak doorgegeven van moeder op ongeboren kind (Plowfield, 2007).

Een hiv-infectie verloopt bij kinderen in het algemeen sneller dan bij volwassenen, zeker bij kinderen jonger dan een jaar. Een combinatiebehandeling met drie of meer hiv-remmers zorgt ook bij kinderen voor een drastische verlenging van de overlevingstijd. Van de kinderen die voor hun eerste verjaardag nog niet ziek geworden zijn van hiv, krijgt ongeveer zestig procent klachten voor hun zesde verjaardag. Dit zijn vaak klachten over terugkerende infecties van de neus, keel en longen. Soms gaat het ook om ernstiger infecties, zoals hersenvliesontsteking. Ook groeien hiv-geïnfecteerde kinderen vaak minder goed (Maes, 2011).

8.3.4 Ongelukken: veiligheid voorop

De grootste bedreiging voor het fysieke welzijn van kleuters zijn ongevallen. Kinderen onder de tien lopen tweemaal zo veel kans om te sterven door een ongeval als door een ziekte. Wereldwijd sterft er elke dertig seconden een kind aan een verwonding die te voorkomen was (Field & Behrmann, 2003; National Safety Council, 2013). Het gevaar van verwondingen in de peuter- en kleutertijd is grotendeels het resultaat van het gebrek aan bewegingservaring, een hoge mate van exploratiedrang vanwege de toegenomen fysieke mogelijkheden en een beperkt inschattingsvermogen. Veel driejarigen denken dat het volkomen normaal is om op een wankele stoel te klimmen om iets te pakken waar ze niet bij kunnen, en veel vierjarigen vinden het leuk om aan een lage boomtak te hangen en heen en weer te slingeren. Tegelijkertijd missen peuters en kleuters het besef dat hun activiteiten gevaarlijk kunnen zijn. Ze zijn dus meestal minder voorzichtig dan oudere kinderen.

Het risico op ongelukken

Door hun nieuwsgierigheid en hun hoge mate van fysieke activiteit hebben peuters en kleuters een grotere kans op verwondingen.

Bron: vvoe/Shutterstock

Sommige kinderen nemen sneller risico's dan anderen en zullen zich dus ook eerder bezeren. Jongens, die actiever zijn dan meisjes en meestal meer risico's nemen, krijgen vaker ongelukken. Ook etnische verschillen komen tot uiting in statistieken over ongelukken. Waarschijnlijk zijn die het gevolg van verschillen in culturele opvattingen over hoe goed kinderen in de gaten gehouden moeten worden. Aziatisch-Amerikaanse kinderen in de Verenigde Staten, die meestal bijzonder kort gehouden worden door hun ouders, krijgen relatief veel minder ongelukken dan andere kinderen. Bovendien spelen economische factoren een rol. Arme kinderen in stedelijke gebieden, waar de wijken veel gevaren kennen, lopen tweemaal zo veel kans om door een ongeval te sterven dan kinderen uit welgestelde gezinnen (Morrongiello & Hogg, 2004; Morrongiello, Klemencic & Corbett, 2008; Morrongiello, Midgett & Stanton, 2000).

Peuters en kleuters worden aan allerlei gevaren blootgesteld. Ze kunnen vallen, ze kunnen brandwonden oplopen door een hete kachel of door vuur, ze kunnen verdrinken in een badkuip of stilstaand water en ze kunnen stikken tijdens het spelen. Ook auto-ongelukken veroorzaken een groot aantal verwondingen. Ouders en leraren moeten zich daarnaast bewust zijn van langetermijnrisico's, zoals loodvergiftiging (Bull & Durbin, 2008; Morrongiello et al., 2009; Morrongiello, Corbett & Bellissimo, 2008).

Het risico op loodvergiftiging

Doordat arme kinderen vaak in achterstandswijken wonen, lopen zij een groter risico op loodvergiftiging.

Bron: Ferenc Szelepcsenyi/Shutterstock

Kinderen kunnen giftige stoffen binnenkrijgen, zoals schoonmaakmiddelen en loodverf. Zelfs heel kleine hoeveelheden lood kunnen permanente schade toebrengen aan hun gezondheid. Blootstelling aan lood lijkt verband te houden met een lagere intelligentie, problemen met verbale en auditieve verwerking, hyperactiviteit en concentratieproblemen. Hoge concentraties lood worden bovendien in verband gebracht met een hogere mate van antisociaal gedrag, zoals agressie en criminaliteit bij schoolgaande kinderen. Bij blootstelling aan nog hogere concentraties kan loodvergiftiging leiden tot ziekte en sterfte (Brown & Rhoads, 2008; Schwartz & Stewart, 2007).

Er gelden tegenwoordig strenge beperkingen voor lood in verf en benzine. Toch zit er nog lood in geverfde muren en raamkozijnen van oudere huizen. Je kunt het ook tegenkomen in keramiek en gesoldeerde pijpen, en zelfs in kunstgras. Ook zijn er vaak loodsporen aanwezig in stof en water. Bovendien worden mensen die in gebieden leven met veel luchtvervuiling als gevolg van auto- en vrachtwagenverkeer vaak blootgesteld aan grote hoeveelheden lood. Volgens het Amerikaanse ministerie van Volksgezondheid is loodvergiftiging de grootste bedreiging voor de gezondheid van kinderen onder de zes (Centers for Disease Control and Prevention, 2011; Fiedler, 2012; Hubbs-Tait et al., 2005).

Vooral kinderen uit achterstandswijken lopen kans op loodvergiftiging. Zij wonen vaker in huizen met afbladderende verf of in buurten met veel verkeer en veel luchtvervuiling. Van de Schilderswijk in Den Haag is bijvoorbeeld bekend dat kinderen er in een veel slechtere gezondheidssituatie leven dan kinderen uit de rijkere wijken (Dilworth-Bart & Moore, 2006; Polivka, 2006).

In Vlaanderen werd vastgesteld dat het loodgehalte in het bloed van kinderen uit de wijk Moretusberg (Hoboken, Antwerpen) viermaal hoger was dan gemiddeld. De oorzaak was een fabriek in de buurt. Dankzij gezamenlijke inspanningen van het bedrijf en de Vlaamse gezondheidsdiensten kon in 2006 worden geconstateerd dat het loodgehalte in het bloed van kinderen genormaliseerd was (Openbare Vlaamse Afvalstofmaatschappij, 2009).

Het terugdringen van de risico's

Hoewel we blootstelling aan gevaarlijke stoffen en ongelukken nooit helemaal kunnen voorkomen, kunnen we de risico's wel verkleinen. Gif, medicijnen, schoonmaakmiddelen en andere potentieel gevaarlijke stoffen kunnen uit het huis worden verwijderd of achter slot en grendel worden bewaard. Daarnaast dienen ouders hun kinderen in autostoeltjes te zetten als ze hen meenemen in de auto. Omdat een kind heel snel in slechts een paar centimeter water kan verdrinken, mogen jonge kinderen nooit alleen gelaten worden als ze in bad zitten. Tot slot kunnen ouders hun kinderen al vroeg eenvoudige veiligheidsregels bijbrengen. Het gaat er uiteindelijk om dat ouders proberen letsel bij hun kinderen te beperken, aangezien ongelukken nooit helemaal te vermijden zijn (Schwebel & Gaines, 2007).

8.3.5 Lichamelijke en geestelijke mishandeling: de schaduwzijde van het gezinsleven

Een veilig thuis, een plek waar je je geborgen en beschermd weet: het is de basis voor een gezonde ontwikkeling van kinderen. Vele duizenden kinderen in Nederland en België leven echter dagelijks in angst. Kinderen die worden geslagen, verwaarloosd, misbruikt, vernederd of genegeerd. Kinderen die moeten toekijken als een van hun ouders geweld wordt aangedaan. In Nederland werd tot voor kort nauwelijks onderzoek gedaan naar de omvang van **kindermishandeling**, maar daar is de laatste jaren verandering in gekomen.

Kindermishandeling: de lichamelijke of geestelijke mishandeling of verwaarlozing van kinderen.

In de tweede Nationale Prevalentiestudie Mishandeling van Kinderen en Jeugdigen (NPM-2010) zijn in 2010 de omvang en de aard van de mishandeling van kinderen en jeugdigen van nul tot zeventien jaar in Nederland onderzocht. De NPM-2010 schat de omvang van kindermishandeling op ongeveer 34 gevallen van kindermishandeling op iedere duizend kinderen. De meerderheid van de gevallen betreft vormen van verwaarlozing, te weten fysieke verwaarlozing, verwaarlozing van het onderwijs en emotionele verwaarlozing, waaronder ook het getuige zijn van huiselijk geweld (Rijksoverheid, 2010). Volgens Veilig Thuis (2015) komt kindermishandeling in Nederland meer dan 119.000 keer per jaar voor. Dat betekent dat in iedere schoolklas van dertig leerlingen gemiddeld één kind zit dat wordt mishandeld.

Kind en Gezin (2013) rapporteert dat 74,5 op de tienduizend kinderen in het Vlaamse Gewest in de loop van 2013 zijn aangemeld bij de Vertrouwenscentra Kindermishandeling. Het merendeel (74 procent) van de kinderen wordt aangemeld omdat er sprake is van (een vermoeden van) een concrete mishandeling of vorm van verwaarlozing (lichamelijk, emotioneel of seksueel misbruik).

Waarom worden kinderen lichamelijk mishandeld? Veel ouders doen dat zeker niet met voorbedachten rade. De meeste ouders die hun kinderen mishandelen, zijn later zelfs ontsteld en verbijsterd door hun eigen gedrag. Bij het kijken naar het ontstaan van kindermishandeling komt de vage grens tussen toelaatbare en ontoelaatbare vormen van fysiek geweld ter sprake. Helaas is de grens tussen een enkele tik en echt hard slaan niet duidelijk, en een paar tikken uit woede kunnen al snel uitmonden in mishandeling. (Zoals we in het kader *Van onderzoek naar praktijk* zullen zien, wordt het gebruik van fysieke straffen in welke vorm dan ook niet aanbevolen door deskundigen.) Soms is mishandeling het resultaat van onredelijk hoge verwachtingen die ouders hebben van het vermogen van hun kinderen om op een bepaalde leeftijd al te gehoorzamen. Het onvermogen van hun kinderen om die hooggespannen verwachtingen waar te maken, kan de aanzet vormen tot mishandeling (Peterson, 1994).

Kindermishandeling komt in alle kringen voor, ongeacht het economisch peil of de sociale status van de ouders. Meestal gebeurt het in gezinnen die in stressvolle omstandigheden leven. Armoede, eenoudergezinnen en een bovengemiddelde frequentie van echtelijke ruzies zijn bevorderlijk voor dergelijke omstandigheden. De kans dat stiefvaders hun stiefkinderen mishandelen, is groter dan dat biologische vaders dat bij hun eigen kroost doen. Kindermishandeling komt eerder voor wanneer de partners een geschiedenis van geweld hebben (Evans, 2004; Ezzo & Young, 2012; Herrenkohl et al., 2008; Maas, Herrenkohl & Sousa, 2008; Osofsky, 2003).

Tot slot wordt mishandeling van kinderen vaak in verband gebracht met geweld dat de plegers zelf als kind hebben ondervonden. Dit is de zogenaamde **cyclus van geweld**: wie als kind is mishandeld, loopt als volwassene een grotere kans zijn eigen kinderen fysiek te mishandelen en verwaarlozen (Heyman & Slep, 2002; Miller-Perrin & Perrin, 1999; Widom, 2000). Deze theorie gaat ervan uit dat slachtoffers van mishandeling in hun jeugd hebben geleerd dat geweld een toepasselijke en acceptabele vorm van straffen is. Op die manier wordt geweld van de ene op de andere generatie doorgegeven en leert elke generatie zich gewelddadig te gedragen doordat zij deel uitmaakt van een gewelddadig milieu (Blumenthal, 2000; Craig & Sprang, 2007).

Cyclus van geweld: de theorie dat mensen die als kind zijn mishandeld, een grotere kans hebben hun eigen kinderen fysiek te mishandelen en te verwaarlozen.

Hoewel het vaak voorkomt dat mishandelende ouders zelf als kind zijn mishandeld, is het niet automatisch zo dat alle ouders die zelf mishandeld zijn hun eigen kinderen gaan mishandelen. Uit cijfers blijkt dat slechts een derde van de mensen die als kind mishandeld of verwaarloosd werden hun eigen kinderen mishandelt. De resterende twee derde ontpopt zich niet als kindermishandelaar (Ethier, Couture & Lacharite, 2004; Straus & McCord, 1998).

Mishandelde kinderen zijn vaker nerveus, vertonen eerder gedragsproblemen en passen zich niet zo gemakkelijk aan nieuwe situaties aan. Ze hebben vaker hoofd- en buikpijn, plassen vaker in bed en zijn in het algemeen angstiger. Soms vertonen ze ontwikkelingsachterstanden. In tabel 8-4 staan een paar signalen die wijzen op mishandeling. Drie- en vierjarigen en vijftien- tot zeventienjarigen lopen de grootste kans om door hun ouders te worden mishandeld (Carmody et al., 2014; Haugaard, 2000; Pandey, 2011).

Kindermishandeling kent vele verschijningsvormen. Naast fysieke mishandeling kunnen kinderen ook het slachtoffer worden van geestelijke mishandeling. Er is sprake van **geestelijke mishandeling** als ouders of andere verzorgers het gedragsmatige, cognitieve, emotionele of fysieke functioneren van kinderen beschadigen. Geestelijke mishandeling kan plaatsvinden door openlijk gedrag of door verwaarlozing (Arias, 2004; Garbarino, 2013; Higgins & McCabe, 2003).

Geestelijke mishandeling: beschadiging van het gedragsmatige, cognitieve, emotionele of fysieke functioneren van kinderen veroorzaakt door kwetsende woorden en handelingen, uitbuiting of verwaarlozing door ouders of verzorgers.

Ouders die hun kinderen geestelijk mishandelen, kunnen hen bijvoorbeeld bang maken, kleineren of vernederen, waardoor ze geïntimideerd of gekweld worden. Ze kunnen het gevoel krijgen dat ze teleurstellingen of mislukkelingen zijn, of ze worden er constant aan herinnerd dat ze een last zijn voor hun ouders. Sommige ouders zeggen tegen hun kinderen dat ze wilden dat ze nooit aan kinderen begonnen waren en specifiek dat ze wilden dat hun kinderen nooit geboren waren. Kinderen kunnen worden bedreigd met verlating of soms zelfs met de dood. In andere gevallen worden oudere kinderen uitgebuit. Ze worden gedwongen om werk te zoeken en het geld dat ze verdienen aan hun ouders te geven.

TABEL 8-4 **Wat zijn de symptomen van kindermishandeling?**

Omdat kindermishandeling een misdaad is die meestal achter gesloten deuren plaatsvindt, is het lastig om slachtoffers te identificeren. Toch zijn er verschillende signalen die erop kunnen wijzen dat een kind het slachtoffer is van geweld (Robbins, 1990):

- zichtbare, ernstige verwondingen waarvoor geen redelijke verklaring bestaat;
- bijt- of wurgsporen;
- brandplekken van sigaretten of van onderdompeling in heet water;
- pijn zonder waarneembare oorzaak;
- angst voor volwassenen of zorgverleners;
- te dikke kleding bij warm weer (lange mouwen, lange broeken, coltruien), mogelijk om verwondingen aan de nek, armen en benen te verhullen;
- extreem gedrag (zeer agressief, zeer passief of zeer teruggetrokken);
- angst voor fysiek contact.

Wanneer je vermoedt dat een kind het slachtoffer is van agressie, is het je plicht om daar melding van te maken. Bel de plaatselijke politie, je huisarts, de organisatie Veilig Thuis (voorheen het Advies- en Meldpunt Kindermishandeling), of in Vlaanderen het Vertrouwenscentrum Kindermishandeling (www.kindermishandeling.be). Praat erover met een leerkracht of met iemand op je werk. Door doortastend te reageren kun je soms letterlijk iemands leven redden.

VAN ONDERZOEK NAAR PRAKTIJK

Een pak voor de broek: waarom deskundigen daartegen zijn

Uit onderzoek blijkt dat de meeste ouders in westerse landen een pak slaag niet alleen aanvaardbaar maar ook vaak nodig en wenselijk vinden. Bijna de helft van de moeders met kinderen onder de vier jaar heeft hen in de voorgaande week een tik verkocht, en bijna twintig procent van de moeders vindt het terecht om een kind dat jonger is dan een jaar een pak rammel te geven (Gagné et al., 2007; Springen, 2000; Straus, Gelles & Steinmetz, 2003).

Deze opvattingen botsen met die van deskundigen. Er zijn steeds meer wetenschappelijke aanwijzingen dat slaan vermeden moet worden. Misschien helpt een fysieke afstraffing op de korte termijn (gewoonlijk houden kinderen op met het gedrag dat een pak slaag moest beëindigen), maar er zijn een aantal ernstige neveneffecten op de lange termijn. Slaan wordt bijvoorbeeld geassocieerd met een slechtere relatie tussen ouder en kind, een slechtere geestelijke gezondheid voor zowel het kind als de ouder en een hogere mate van crimineel en asociaal gedrag. Daarnaast zijn kinderen die vaak worden geslagen minder goed in staat om zelf een gevoel van goed en kwaad te ontwikkelen dan kinderen die minder vaak zijn geslagen. Een pak slaag leert kinderen ook dat geweld een aanvaardbare oplossing voor problemen is (Durant, 2008; Gershoff, 2002; Kazdin & Behjet, 2003).

Cultuur bepaalt sterk hoe gangbaar een pak slaag is. In Nederland, Oostenrijk, Duitsland, Israël en Zweden is elke vorm van fysieke straf voor kinderen bij wet verboden. In veel andere landen, zoals China, bestaan sterke sociale normen tegen het slaan van kinderen, en een pak slaag komt daar maar zelden voor. In landen als de Verenigde Staten, waar het belang van individuele vrijheid vooropstaat, bestaat een cultuur waarin het gezinsleven, inclusief fysieke straffen aan kinderen, wordt beschouwd als een privékeuze. Daar wordt dan ook vaker een pak slaag gegeven (Gershoff, 2002; Kim & Hong, 2007).

Ondanks de breed gedeelde mening dat slaan negatieve gevolgen heeft, is het wel duidelijk dat de ene tik de andere niet is. Ontwikkelingspsychologen, artsen en andere deskundigen zijn het er unaniem over eens dat hard en vaak slaan uiterst negatieve gevolgen heeft. Als het gaat om een lichte tik die geen verwondingen oplevert, zijn de onderzoeksresultaten gemengder. Ouders die hun kinderen meer slaan, knuffelen hun kinderen minder, lezen minder vaak voor en spelen minder met hen dan ouders die minder vaak slaan. Het is dus mogelijk dat een pak slaag op zijn tijd niet de oorzaak van de problemen is die daarmee samenhangen, maar dat ouders die hun kinderen slaan allerlei gedragingen vertonen die negatieve gevolgen hebben voor hun kinderen (Behjet & Kazdin, 2003; Durant, 2008; Martorell & Bugental, 2006; McLoyd et al., 2007).

Toch adviseren de meeste experts om kinderen nooit te slaan, want zelfs een lichte tik escaleert gemakkelijk in een harder pak slaag. Bovendien zijn er allerlei technieken om kinderen te laten gehoorzamen die minstens zo effectief of zelfs effectiever zijn, zoals het nemen van een time-out (Gullotta & Blau, 2008; Kazdin & Behjet, 2003).

Sinds april 2007 kent het Nederlandse Burgerlijk Wetboek een verbod op het gebruik van geweld door ouders bij de opvoeding. Het gewijzigde artikel 247 Boek 1 stelt de volgende norm: in de verzorging en opvoeding van het kind passen de ouders geen geestelijk of lichamelijk geweld of enige andere vernederende behandeling toe.

Op 15 juni 2008 lanceerde de Raad voor Europa het initiatief *Raise your hand against smacking!*, een actie tegen het lichamelijk straffen van kinderen. Het initiatief is een vervolg op de notitie 'United Nations Secretary-General's Study on Violence Against Children', waarin de raad zich ten doel stelde om uiterlijk in 2009 het fysiek straffen van kinderen uitgebannen te hebben. De raad wil dat het slaan van kinderen in alle lidstaten verboden wordt. Ook wil de raad positief opvoeden promoten.

Verwaarlozing: een vorm van geestelijke mishandeling waarbij ouders hun kinderen negeren of emotioneel niet op hen reageren.

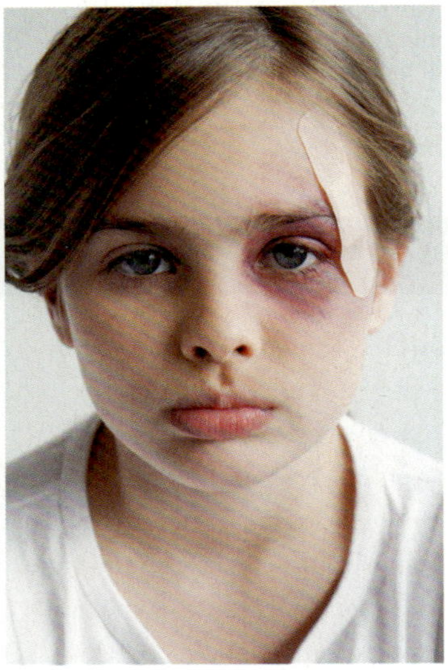

Elk jaar worden meer dan 100.000 kinderen in Nederland het slachtoffer van kindermishandeling.

Bron: Creatas Images/Thinkstock/Getty Images

Een andere vorm van geestelijke mishandeling is **verwaarlozing**. In dat geval negeren ouders hun kinderen of reageren ze emotioneel niet op hen. Kinderen krijgen veel te grote verantwoordelijkheden toegeschoven of worden aan hun lot overgelaten.

Het is niet eenvoudig om betrouwbare cijfers over de verschillende soorten kindermishandeling te verzamelen. De meeste mishandelingen vinden plaats in de beslotenheid van het gezin. Meldingen zijn afhankelijk van mensen uit de omgeving en van professionals. Bovendien wordt er vaak geen onderscheid gemaakt tussen fysieke en geestelijke mishandeling en wordt er in algemene termen gerapporteerd over kindermishandeling (Kind en Gezin 2013).

Wat zijn de consequenties van geestelijke mishandeling? Hoewel sommige kinderen veerkrachtig genoeg zijn om mishandelingen te overleven en uit te groeien tot psychisch gezonde volwassenen, is er in veel gevallen helaas sprake van blijvende schade. Geestelijke mishandeling wordt bijvoorbeeld in verband gebracht met een laag zelfbeeld, liegen, misdraging en slechte schoolprestaties. In extreme gevallen kan geestelijke mishandeling leiden tot crimineel gedrag, agressie en moord. Andere kinderen die geestelijk mishandeld zijn, raken depressief of plegen zelfs zelfmoord (Allen, 2008; Eigsti & Cicchetti, 2004; Koenig, Cicchetti & Rogosch, 2004).

Een reden dat geestelijke (en lichamelijke) mishandeling zo veel negatieve gevolgen heeft, is dat de hersenen van de slachtoffers permanente veranderingen ondergaan als gevolg van de mishandeling (zie figuur 8-5). Kinderen die zijn mishandeld, hebben bijvoorbeeld soms een kleinere amygdala en hippocampus als ze volwassen zijn. De angst en het gevoel van dreiging die door mishandeling worden geproduceerd, kunnen tot permanente veranderingen in de hersenen leiden als gevolg van overprikkeling van het limbisch systeem, dat betrokken is bij de regulering van geheugen en emoties. Dit kan asociaal gedrag tijdens de volwassenheid tot gevolg hebben (Rick & Douglas, 2007; Twardosz & Lutzker, 2009; Watts-English et al., 2006).

Veerkracht: vechten tegen je lot

Veel kinderen hebben het moeilijk in hun kindertijd. Volgens het United Nations Children's Fund lijden meer dan een miljard kinderen, een op de twee kinderen in de wereld, ernstige ontberingen door oorlog, hiv en aids of armoede. Meer dan 640 miljoen kinderen wonen in huizen met een lemen vloer of in een ruimte waar veel te veel anderen leven. Iedere dag sterven er bijna 30.000 kinderen, vaak aan een oorzaak die voorkomen had kunnen worden. Twee miljoen kinderen, overwegend meisjes, werken in de commerciële seksindustrie (United Nations Children's Fund, 2004).

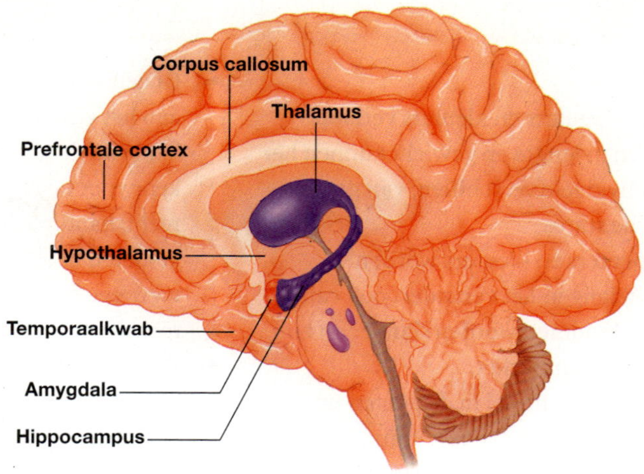

FIGUUR 8-5 **Kindermishandeling verandert de hersenen**

Het limbisch systeem, dat onder meer bestaat uit de hippocampus en amygdala, kan permanente veranderingen ondergaan als gevolg van kindermishandeling.

Bron: Teicher, 2002, p. 71

Niet alle kinderen gaan ten onder aan de mishandelingen die het leven voor hen in petto heeft. Sommigen doen het zelfs verrassend goed, gezien het soort problemen waarmee ze geconfronteerd worden. Hoe komt het dat sommige kinderen in staat zijn om stress en trauma's te overwinnen, terwijl andere kinderen voor het leven getekend zijn?

Veerkracht: het vermogen om omstandigheden te boven te komen die een kind zeer vatbaar maken voor psychische of fysieke schade.

Veerkracht is het vermogen om omstandigheden te boven te komen die een kind zeer vatbaar maken voor psychische of fysieke schade. De potentieel negatieve reacties van kinderen op moeilijke situaties – zoals extreme armoede, prenatale stress of gezinssituaties waarin excessief geweld of andere vormen van sociale wanorde voorkomen – kunnen afgezwakt of, in sommige gevallen, helemaal worden voorkomen (Bonanno & Mancini, 2007; Monahan, Beeber & Harden, 2012; Trickett, Kurtz & Pizzigati, 2004).

Volgens ontwikkelingspsychologe Emmy Werner hebben veerkrachtige kinderen een temperament dat bij een groot aantal verzorgers positieve reacties opwekt. Ze zijn meestal aanhankelijk, gemakkelijk in de omgang en goedgehumeurd. Als baby waren ze gemakkelijk te troosten en ze weten in elke situatie zorgzaamheid en koestering op te roepen. Dankzij hun plezierige temperament lukt het hen om alle steun te vergaren die in een bepaalde setting aanwezig is. In zekere zin zijn veerkrachtige kinderen dus in staat om hun eigen omgeving te creëren door gedrag bij anderen op te roepen dat noodzakelijk is voor hun ontwikkeling (Martinez-Torteya et al., 2009; Werner & Smith, 2002). Ook bij oudere kinderen manifesteert veerkracht zich op deze manier. Ze zijn meestal relatief intelligent en onafhankelijk, en ze hebben het gevoel dat ze hun eigen lot kunnen sturen en dat hun levensgeluk niet afhankelijk is van anderen (Curtis & Cicchetti, 2003; Kim & Cicchetti, 2003; Mathiesen & Prior, 2006).

Uit de eigenschappen van veerkrachtige kinderen zijn manieren af te leiden om de vooruitzichten te verbeteren van kinderen die blootstaan aan verschillende bedreigingen in hun omgeving. We moeten bijvoorbeeld niet alleen hun blootstelling aan die factoren proberen te beperken, we moeten ook hun eigen competenties bevorderen en ze manieren leren om met hun situatie om te gaan. Projecten die goede resultaten boeken met zeer kwetsbare kinderen hebben dan ook één ding gemeen: ze zorgen voor competente en zorgzame volwassen rolmodellen die de kinderen de vaardigheden kunnen bijbrengen die ze nodig hebben om problemen te kunnen oplossen. Daarnaast leren deze kinderen hun behoeften te communiceren aan mensen die in de positie zijn om hen te helpen (Brazier & Duff, 2005; Goldstein & Brooks, 2013; Ortega, Beauchemin & Kaniskan, 2008).

TERUGBLIK

▷ 8.1 Fysieke groei

- De fysieke groei van peuters en kleuters verloopt gestaag. Verschillen in lengte en gewicht kunnen het gevolg zijn van individuele verschillen, van gender en van economische status.
- Het lichaam van peuters en kleuters wordt niet alleen zwaarder en langer, het verandert ook van vorm en structuur. Kinderen worden slanker en hun botten en spieren worden sterker.
- Vooral de hersenen groeien snel in de peuter- en kleuterjaren. Het aantal onderlinge verbindingen tussen cellen en de hoeveelheid myeline om de neuronen heen nemen aanzienlijk toe. Via lateralisatie beginnen de twee hersenhelften zich in ietwat verschillende functies te specialiseren. Desondanks functioneren de twee helften als een eenheid en zijn de onderlinge verschillen klein.
- Uit bepaalde onderzoeken komt naar voren dat er een verband bestaat tussen de toename van myeline in de peuter- en kleuterjaren en een groei in cognitieve vermogens, een betere concentratie en een beter geheugen. Pieken in de elektrische activiteit van de hersenen zouden samenvallen met de snelgroeiende taalvermogens van peuters en kleuters.
- Dankzij de ontwikkeling van de hersenen verbetert ook de werking van de zintuigen bij peuters en kleuters. Ze krijgen meer controle over hun oogbewegingen en kunnen beter scherp stellen en dus ook beter zien. Het zicht blijft zich na de kleutertijd steeds verder ontwikkelen.

▷ 8.2 Motorische ontwikkeling

- De grove motorische vaardigheden van peuters en kleuters ontwikkelen zich heel snel. In deze periode bereikt het activiteitniveau van kinderen een hoogtepunt. Genetische en culturele factoren bepalen hoe actief een kind zal zijn.
- Gedurende deze jaren beginnen zich op het gebied van de grove motoriek duidelijk genderverschillen te manifesteren, waarbij jongens sterker en actiever zijn en meisjes een betere coördinatie hebben. Waarschijnlijk spelen zowel genetische factoren als omgevingsfactoren een rol bij deze verschillen.
- Ook de fijne motoriek ontwikkelt zich in de peuter- en kleutertijd. Door veel te oefenen krijgen kinderen steeds subtielere bewegingen onder de knie.
- Kinderen van 18 maanden en jonger hebben weinig tot geen controle over hun blaas en darmen. Er is geen vast moment om met zindelijkheidstraining te beginnen. Het kind moet er zowel fysiek als emotioneel aan toe zijn.
- Of een kind links- of rechtshandig is, wordt duidelijk aan het eind van de kleutertijd. De grote meerderheid van de kinderen vertoont een duidelijke voorkeur voor de rechterhand. De betekenis van links- en rechtshandigheid is onduidelijk. Rechtshandigen genieten in elk geval bepaalde praktische voordelen vanwege het feit dat onze wereld ‘rechtsgeoriënteerd’ is.
- De tekeningen van peuters en kleuters doorlopen een aantal stadia: het krabbelstadium, het vormstadium, het ontwerpstadium en het picturale stadium. Artistieke expressie is noodzakelijk voor de ontwikkeling van belangrijke gerelateerde vaardigheden, zoals planning, zelfbeheersing en zelfcorrectie.

▷ 8.3 Bedreigingen van fysieke groei en motorische ontwikkeling

- De meeste peuters en kleuters slapen ’s nachts goed. Voor sommige kinderen brengt slaap echte problemen met zich mee, zoals nachtmerries en pavor nocturnus.
- Peuters en kleuters hebben minder voedsel nodig dan jongere kinderen. Ze hebben vooral behoefte aan gebalanceerde voeding: verschillende soorten voedsel die weinig vet en veel ijzer bevatten en een hoge voedingswaarde hebben. Er komt daarnaast steeds meer aandacht voor obesitas bij kleuters. Er blijkt een sterke correlatie te zijn tussen overgewicht, ongezonde eetgewoonten en een tekort aan fysieke activiteit. Ouders en verzorgers kunnen een grote invloed uitoefenen op dit gebied.
- Peuters en kleuters krijgen meestal alleen te maken met onschuldige ziekten. De meest levensbedreigende ziekten worden tegenwoordig voorkomen met behulp van vaccinatieprogramma’s.
- Peuters en kleuters lopen een groot risico op ongelukken. Dat risico is deels het gevolg van hun hoge activiteitniveau en deels van gevaren in hun omgeving, zoals loodverontreiniging.
- Kindermishandeling komt in alle kringen voor, ongeacht het economisch peil of de sociale status van de ouders. Kindermishandeling kan fysieke vormen aannemen, maar het kan ook om subtielere vormen gaan. Van geestelijke mishandeling is bijvoorbeeld sprake bij intimidatie of vernedering, bij onrealistische eisen of verwachtingen en bij uitbuiting van kinderen. Van verwaarlozing is sprake als kinderen worden genegeerd of aan hun lot worden overgelaten. Veerkracht kan kinderen helpen moeilijke situaties te overwinnen.

BELANGRIJKE TERMEN EN BEGRIPPEN

Cyclus van geweld
Geestelijke mishandeling
Kindermishandeling
Lateralisatie
Links- en rechtshandigheid
Myeline
Nachtmerrie
Obesitas
Pavor nocturnus
Perceptuele schematisering
Veerkracht
Verwaarlozing

Bron: Monkey Business Images/Fotolia

HOOFDSTUK 9 DE COGNITIEVE ONTWIKKELING IN DE PEUTER- EN KLEUTERTIJD

HOOFDSTUK 9 IN VOGELVLUCHT

PROLOOG: We gaan aan het werk

De vierjarige Simon Bazelon had een doorsneedag in de tweede kleuterklas (groep 1 in Nederland) van de Montessorischool. Zijn lerares begon de dag met in haar handen te klappen en aan te kondigen dat het tijd was om aan het werk te gaan. Ze gebruikte het woord 'werk' met opzet. De leermethode van Montessori biedt kinderen een selectie van sterk gestructureerde activiteiten aan, die gekozen zijn om hun precisie en sensorische kwaliteiten te ontwikkelen. De activiteiten bieden de kinderen een kader waarmee ze orde aan hun omgeving kunnen opleggen. Zo ondersteunen de activiteiten de kinderen bij diverse ontwikkeltaken. In plaats van werkboeken en tafels zijn overal in het lokaal materialen aanwezig waar kinderen mee aan het werk kunnen. Voor volwassenen kunnen dit speelactiviteiten lijken, voor kleuters is het 'werk' – en ze nemen hun 'taken' serieus.

Een van Simons vrienden was kubussen aan het stapelen die zodanig zijn ontworpen dat ze uitsluitend bij één bepaalde oriëntatie passen. Op een andere manier zijn de kubussen niet te stapelen. Ondertussen werkte Simon bij de speelgoedbank van de klas aan een taak waarbij hij grote aantallen kubussen en kralen noteerde die eenheden, tientallen, honderdtallen en duizendtallen representeren. (Naar Bazelon, 2007)

Bron: Monkey Business Images/Shutterstock

Op www.pearsonmylab.nl vind je vragen bij deze proloog ter verwerking van de stof uit dit hoofdstuk.

VOORUITBLIK

De eerste schoolse activiteiten veroorzaken bij kleuters (en hun ouders) vaak een combinatie van angst, opwinding en verwachting. Het is het begin van een intellectuele en sociale reis die vele jaren zal duren en die de ontwikkeling van het kind in belangrijke mate zal bepalen.

In dit hoofdstuk richten we ons op de cognitieve en linguïstische groei die zich in de peuter- en kleuterjaren voltrekt. Allereerst behandelen we de belangrijkste visies op cognitieve ontwikkeling, waaronder de theorie van Piaget, de informatieverwerkingstheorie en de visie op cognitieve ontwikkeling van de Russische ontwikkelingspsycholoog Lev Vygotsky, die zich richt op cultuur en de sociale aspecten van leren.

Vervolgens kijken we naar de grote vorderingen die kinderen in deze periode maken op het gebied van taalontwikkeling. We staan stil bij verschillende verklaringen voor de snelle verbetering van de taalvaardigheden die kenmerkend is voor de peuter- en kleutertijd, en bespreken de effecten van armoede op de ontwikkeling van taal.

Tot slot bespreken we drie van de belangrijkste factoren die in deze periode van invloed zijn op de cognitieve ontwikkeling: school, televisie en de computer. We behandelen de verschillende typen peuter- en kleuterfaciliteiten en we eindigen met een bespreking van de invloed van televisie en internet op peuters en kleuters.

9.1 De intellectuele ontwikkeling

De driejarige Sam zit in zichzelf te praten. Zijn ouders luisteren geamuseerd toe vanuit een andere kamer en horen hem twee verschillende stemmen gebruiken. 'Ga je schoenen pakken', zegt hij met een lage stem. 'Vandaag niet. Ik haat die schoenen', zegt hij met een hoger stemmetje. De lage stem antwoordt: 'Je bent een stoute jongen. Ga die schoenen pakken, stouterd.' Het antwoord van het hoge stemmetje luidt: 'Nee, nee, nee.'

De ouders van Sam realiseren zich dat hij een spelletje speelt met zijn denkbeeldige vriend Gijs. Gijs is een stoute jongen die vaak niet naar zijn moeder luistert, in Sams verbeelding althans. In Sams fantasie maakt Gijs zich vaak schuldig aan dezelfde ondeugende dingen die Sam volgens zijn ouders doet.

In bepaalde opzichten zijn de intellectuele vermogens van driejarigen verbluffend. Hun creativiteit en verbeeldingskracht bereiken ongekende hoogten, hun taalgebruik wordt steeds genuanceerder en ze redeneren en denken na over de wereld op manieren die een paar maanden daarvoor nog onmogelijk zouden zijn geweest. Wat ligt er ten grondslag aan deze ingrijpende intellectuele verbeteringen in de peuter- en kleutertijd? Daarover bestaan verschillende theorieën. Allereerst buigen we ons over Piagets visie op de cognitieve veranderingen die peuters en kleuters doormaken.

9.1.1 Piagets stadium van preoperationeel denken

De Zwitserse psycholoog Jean Piaget, van wie we de stadiatheorie van cognitieve ontwikkeling hebben besproken in hoofdstuk 2 en hoofdstuk 6, zag de peuter- en kleutertijd als een tijd van zowel stabiliteit als grote verandering (zie tabel 2-2). In zijn ogen bestrijken de peuter- en kleuterjaren één stadium van cognitieve ontwikkeling dat duurt van twee tot ongeveer zeven jaar: het preoperationele stadium.

Preoperationeel stadium (Piaget): het stadium dat duurt van het tweede tot het zevende jaar en waarin het gebruik van symbolisch denken groeit, het vermogen om te redeneren ontstaat en het gebruik van begrippen toeneemt.

In het **preoperationele stadium** groeit het gebruik van symbolisch denken, ontstaat het vermogen om te redeneren en neemt het gebruik van begrippen toe. Een voorbeeld is een kind dat zijn rokende oom nadoet met een krijtje nadat zijn oom al een tijdje uit het zicht is verdwenen. Bij het imiteren van het gedrag kan het kind in dit geval geen beroep meer doen op de actuele waarneming van het modelgedrag. Het kind kan zich enkel baseren op de een of andere mentale voorstelling die het zich van dat gedrag gevormd heeft.

Operaties: georganiseerde, formele, logische mentale processen.

Hoewel het kind vanaf nu steeds meer te maken heeft met dit soort representaties, kan het in het begin nog niet zo goed overweg met de nieuwe inhoud en heeft het kind nog niet voldoende beschikking over cognitieve **operaties**: georganiseerde, formele, logische mentale processen. Het kind kan dan bijvoorbeeld zijn fantasieën (soms heel letterlijk) voor werkelijkheid nemen. Denk aan het kind dat enthousiast zwaait naar elk vliegtuig dat overvliegt, omdat zijn vader op reis is met het vliegtuig. Of aan het kind dat aan zijn zwangere moeder vraagt of er ook een konijn uit de buik kan komen, omdat Flappie het konijn onlangs drie konijntjes heeft geworpen.

Symboolgebruik: het vermogen om een mentaal symbool, een woord of een object te gebruiken om iets wat niet fysiek aanwezig is weer te geven of te vervangen.

Een van de belangrijkste aspecten van preoperationeel denken is volgens Piaget het symboolgebruik. **Symboolgebruik** is het vermogen om een mentaal symbool, een woord of een object te gebruiken om iets wat niet fysiek aanwezig is weer te geven of te vervangen. In dit stadium kunnen peuters en kleuters bijvoorbeeld een mentaal symbool voor een auto gebruiken (het woord 'auto'), en begrijpen ze ook dat een speelgoedautootje representatief is voor een echte auto. Dankzij hun vermogen om symbolen te gebruiken, hoeven kinderen geen directe ervaring te hebben met een echte auto om het doel en het gebruik ervan in grote lijnen te begrijpen.

Ook gesystematiseerde tekeningen of afbeeldingen worden vaak gebruikt om kinderen te ondersteunen bij het begrijpen van symbolen. Een veelgebruikt systeem is PECS (*picture exchange communication system*) (Bondy & Frost, 2001).

PECS is een veelgebruikt systeem om kinderen te ondersteunen bij het begrijpen van symbolen.

Bron: Joost Hölscher

De relatie tussen taal en gedachten

Symboolgebruik vormt de kern van een van de grote vorderingen die kinderen maken in de preoperationele periode: hun steeds complexere taalgebruik. Piaget stelt dat taal en denken onlosmakelijk met elkaar verbonden zijn en dat de taalontwikkeling tijdens de peuter- en kleuterjaren verschillende verbeteringen met zich meebrengt ten opzichte van de denkprocessen in de sensomotorische periode. Denkprocessen die zijn ingebed in sensomotorische activiteiten verlopen bijvoorbeeld relatief traag, omdat ze afhankelijk zijn van bewegingen van het lichaam. Symbolisch denken stelt peuters en kleuters juist in staat om acties symbolisch weer te geven, waardoor hun denken veel sneller gaat.

Nog belangrijker is dat het gebruik van taal kinderen niet alleen in staat stelt om over het heden te denken, maar ook over de toekomst. Ze zitten niet meer vast in het directe hier en nu, maar kunnen zich dankzij taal een toekomst voorstellen.

Leidt de verbeterde taalvaardigheid van peuters en kleuters tot efficiënter denken of is het juist andersom? Deze vraag – of denken bepalend is voor taal of dat taal bepalend is voor denken – is een van de vaakst terugkerende en meest controversiële kwesties op het gebied van psychologie en ontwikkeling. Het antwoord van Piaget is dat taal voortvloeit uit cognitieve vooruitgang, en niet andersom. Hij beweert dat verbeteringen tijdens de eerdere sensomotorische periode noodzakelijk zijn voor taalontwikkeling en dat de voortdurende groei van cognitieve vaardigheden tijdens de preoperationele periode de basis vormt voor taalvaardigheid. Volgens Piaget is taalontwikkeling dus gebaseerd op de ontwikkeling van complexere denkwijzen en niet andersom.

Centratie: wat je ziet, is wat je denkt

Wat krijg je als je een kat een hondenmasker opzet? Volgens drie- en vierjarigen een hond. In hun ogen hoort een kat met een hondenmasker te blaffen als een hond, te kwispelen als een hond en hondenvoer te eten. De kat is in elk opzicht getransformeerd tot hond (De Vries, 1969).

Volgens Piaget is deze zienswijze het gevolg van centratie, een belangrijk element – en een belangrijke beperking – binnen het denken van kinderen in de preoperationele periode. **Centratie** is het onvermogen van jonge kinderen om zich op meer dan één aspect van een stimulus te concentreren. Peuters en kleuters kunnen zich niet op alle beschikbare informatie over een stimulus richten. In plaats daarvan concentreren ze zich op oppervlakkige, in het oog springende elementen. Deze elementen gaan het denken van peuters en kleuters domineren en leiden tot onnauwkeurigheden in hun denken.

Centratie: het onvermogen van jonge kinderen om zich op meer dan één aspect van een stimulus te concentreren.

FIGUUR 9-1 Welke rij bevat meer knopen?

Kleuters zullen meestal zeggen dat de onderste rij uit meer knopen bestaat, omdat die er langer uitziet. Toch weten ze dat tien meer is dan acht.

Neem bijvoorbeeld het experiment waarbij kleuters twee rijen knopen te zien krijgen. De ene rij bevat tien knopen die dicht op elkaar liggen, de andere acht knopen met meer ruimte ertussen, waardoor die rij langer is (zie figuur 9-1). Als hun wordt gevraagd welke rij meer knopen bevat, kiezen kinderen van vier of vijf meestal de rij die er langer uitziet, ook al weten kinderen van deze leeftijd best dat tien meer is dan acht.

De oorzaak van deze vergissing is dat het visuele beeld hun denken domineert. Ze baseren hun antwoord niet op hun begrip van hoeveelheden, maar richten zich op de uiterlijke verschijning. Voor kleuters is uiterlijke verschijning alles. Hun nadruk op uiterlijke vormen zou verband kunnen houden met een ander aspect van preoperationeel denken: het gebrek aan conservatie.

Conservatie: leren dat uiterlijke schijn bedriegt

De vierjarige Jurgen krijgt twee verschillende glazen voor zich. Het ene glas is laag en breed, het andere is hoog en smal. Een leerkracht vult het lage, brede glas met appelsap en schenkt dat vervolgens in het hoge, smalle glas. Bij dit glas komt het sap bijna tot aan de rand. De leerkracht stelt Jurgen een vraag: zit er meer sap in het tweede glas dan in het eerste?

Zie MyLab voor de video: Conservatie

De meeste vierjarigen zeggen dat er meer appelsap in het hoge, smalle glas zit dan in het lage, brede glas. En als het sap weer terug wordt gegoten in het lagere glas, zeggen ze direct dat er nu minder sap in zit dan er in het hogere glas zat.

Kinderen van deze leeftijd maken deze inschattingsfout omdat ze nog niet in staat zijn tot conservatie. **Conservatie** is het inzicht dat kwantiteit niet gerelateerd is aan de opstelling en de uiterlijke verschijningsvorm van objecten. In de preoperationele periode kunnen kinderen niet begrijpen dat een verandering in één dimensie (zoals verschijning) niet noodzakelijkerwijs betekent dat andere dimensies (zoals kwantiteit) ook veranderd zijn, zoals in het knopenvoorbeeld (figuur 9-1). Als je acht knopen hebt, maakt het niet uit op welke wijze je deze groepeert, het blijven acht knopen.

Conservatie: het inzicht dat kwantiteit niet gerelateerd is aan de opstelling en de uiterlijke verschijningsvorm van objecten.

Kinderen die het principe van conservatie nog niet begrijpen, beweren vrij stellig dat de hoeveelheid vloeistof verandert als die tussen verschillende glazen

De meeste vierjarigen menen dat de hoeveelheid vloeistof in deze twee glazen niet gelijk is omdat ze een andere vorm hebben, zelfs als ze hebben gezien dat er evenveel vloeistof in elk glas werd geschonken.

Bron: Lew Merrim/Science Source

wordt overgegoten. Ze zijn eenvoudigweg niet in staat om te beseffen dat de verandering in verschijning geen verandering in kwantiteit met zich meebrengt.

Het gebrek aan conservatie manifesteert zich ook in het ruimtelijk inzicht van kinderen, zoals Piagets probleem van de koe in het veld laat zien (Piaget, Inhelder, Szeminska, 1960). Hierbij krijgt een kind twee even grote stukken groen papier voor zich, die twee grasvelden voorstellen. Op elk veld wordt een koe geplaatst. Vervolgens wordt er op beide velden een speelgoedschuurtje gezet, en wordt kinderen gevraagd welke koe meer gras te eten heeft. Het gebruikelijke – en tot zover correcte – antwoord is dat de koeien dezelfde hoeveelheid gras hebben.

Vervolgens wordt er in elk veld een tweede schuur geplaatst. Maar in het ene veld worden de schuren tegen elkaar aan gezet, terwijl ze in het tweede veld los van elkaar staan. Kinderen die het principe van conservatie nog niet begrijpen, zeggen meestal dat de koe in het veld met de tegen elkaar geplaatste schuren meer gras te eten heeft dan de koe in het veld met de gescheiden schuren. Kinderen die het principe al wel onder de knie hebben, antwoorden terecht dat de hoeveelheid beschikbaar gras gelijk is. (In figuur 9-2 wordt een aantal andere conservatietests weergegeven.)

Type conservatie	Modaliteit	Verandering in fysieke verschijning	Gemiddelde leeftijd waarop een kind conservatie begrijpt
Aantal	Aantal elementen in een verzameling 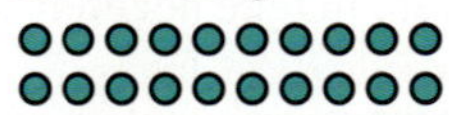	Hergroeperen of uit elkaar plaatsen van elementen 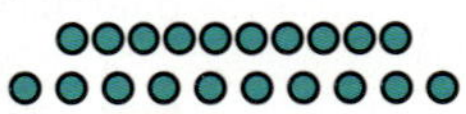	6–7 jaar
Substantie (massa)	Hoeveelheid vormbare substantie (bijv. klei of vloeistof) 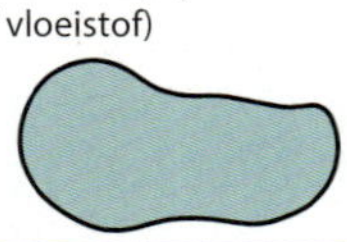	Veranderen van de vorm 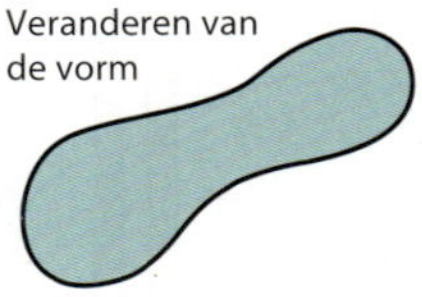	7–8 jaar
Lengte	Lengte van een lijn of object 	Veranderen van de vorm of de configuratie 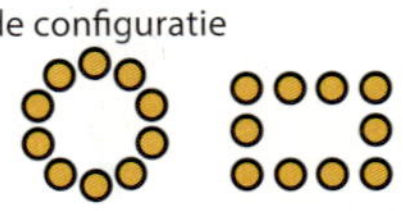	7–8 jaar
Ruimte	Hoeveelheid ruimte die in beslag wordt genomen door een aantal vlakke figuren 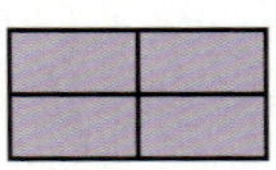	Hergroeperen van de figuren 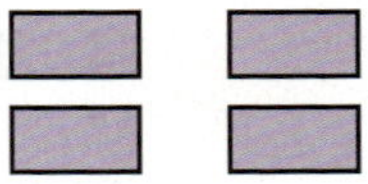	8–9 jaar
Gewicht	Gewicht van een object 	Veranderen van de vorm 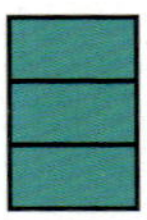	9–10 jaar
Volume	Volume van een object (in termen van waterverplaatsing) 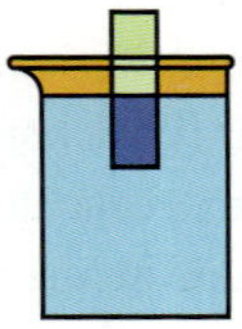	Veranderen van de vorm 	14–15 jaar

FIGUUR 9-2 Veelgebruikte tests om conservatie bij kinderen te meten

Waarom maken kinderen in het preoperationele stadium fouten bij opdrachten waarbij conservatie komt kijken? Volgens Piaget is dat vooral omdat hun neiging tot centratie hen ervan weerhoudt zich te concentreren op de relevante kenmerken van de situatie. Bovendien hebben kleuters vooral oog voor toestanden en letten zij niet op transformaties. Een kleuter ziet enkel de begin- en eindtoestand van een gebeurtenis, zonder zich het tussenliggende proces goed te kunnen voorstellen.

Onvolledig begrip van transformatie

Een kind in de preoperationele fase dat tijdens een boswandeling verschillende wormen ziet, zal denken dat het steeds dezelfde worm is. De reden: het ziet elke ontmoeting in isolatie en is niet in staat om de transformatie te reconstrueren die zou plaatsvinden als de worm snel van de ene plek naar de andere moest bewegen. Het kind realiseert zich niet dat een worm zich niet zo snel van de ene plek naar de andere kan verplaatsen.

Transformatie: het proces waarbij de ene toestand verandert in de andere.

In de betekenis van Piaget is **transformatie** het proces waarbij de ene toestand verandert in de andere. Volwassenen weten bijvoorbeeld dat een potlood dat eerst rechtop wordt gehouden en vervolgens naar beneden valt, een reeks opeenvolgende posities aanneemt voordat het zijn uiteindelijke horizontale positie bereikt (zie figuur 9-3). Kinderen in de preoperationele periode zijn echter niet in staat om zich de transformaties van het potlood voor de geest te halen of te herinneren. Als hun wordt gevraagd die transformaties in een tekening te reproduceren, tekenen ze het potlood rechtop en liggend, en niets daartussenin. In feite negeren ze de tussenstadia.

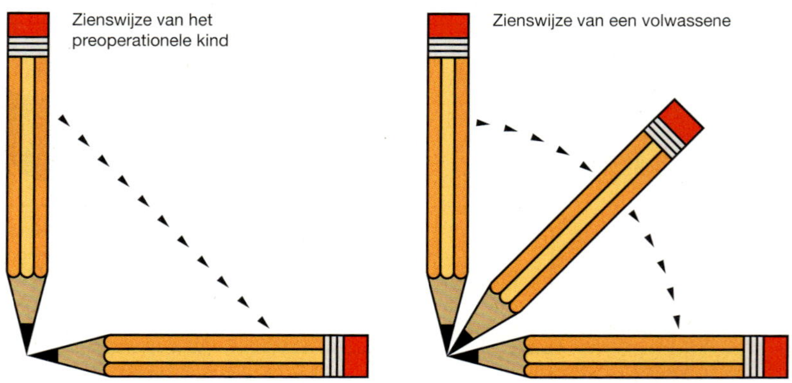

FIGUUR 9-3 **Het vallende potlood**

Kinderen in Piagets preoperationele stadium begrijpen niet dat een potlood dat eerst rechtop wordt gehouden en vervolgens in een horizontale positie terechtkomt, een aantal tussenliggende fasen doorloopt. In hun ogen zitten er geen fasen tussen de verandering van de verticale naar de horizontale positie.

Egocentrisme: het onvermogen om zich te verplaatsen in anderen

Egocentrisme: het onvermogen om zich te verplaatsen in anderen.

Een ander kenmerk van de preoperationele periode is egocentrisme. **Egocentrisme** is het onvermogen om zich te verplaatsen in anderen. Peuters en kleuters begrijpen niet dat anderen dingen op een andere manier zien dan zijzelf. Egocentrisme kent twee vormen: het gebrek aan besef dat anderen dingen vanuit een ander fysiek perspectief zien, en het onvermogen om zich te realiseren dat anderen gedachten, gevoelens en standpunten hebben die anders zijn dan de eigen gedachten, gevoelens en standpunten. (Egocentrisme betekent overigens niet dat preoperationele kinderen doelbewust zelfzuchtig denken.)

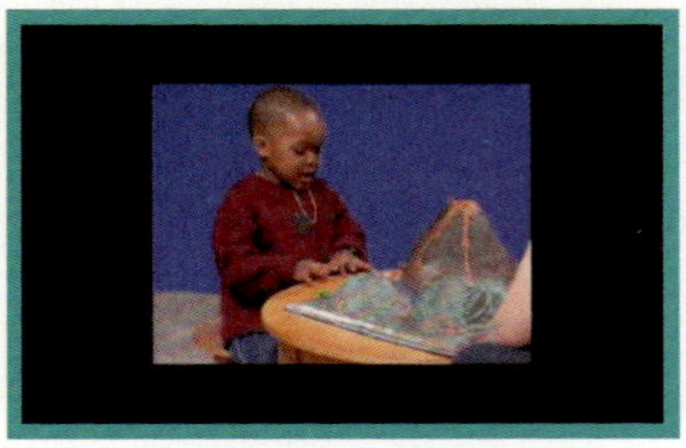

Zie MyLab voor de video: Egocentrisme

Door hun egocentrisme maken kinderen zich geen zorgen over hun non-verbale gedrag en over de invloed die dat op anderen heeft. Een vierjarige die een paar sokken cadeau krijgt terwijl hij op iets leukers had gerekend, zal misschien zijn wenkbrauwen fronsen en afkeurend kijken als hij het pakje openmaakt. Hij is zich er op dat moment niet van bewust dat zijn gezicht door anderen kan worden gezien en dat zijn blik zijn ware gevoelens met betrekking tot het cadeau verraadt (Cohen, 2013).

Egocentrisme vormt de kern van verschillende typen gedrag in de preoperationele periode. Peuters en kleuters praten soms bijvoorbeeld in zichzelf, zelfs in aanwezigheid van anderen, en af en toe negeren ze gewoon wat een ander tegen hen zegt. Zulk gedrag illustreert de egocentrische aard van het denken van preoperationele kinderen: ze zijn zich er niet van bewust dat hun gedrag reacties en responsen bij anderen oproept. Achter veel verbaal gedrag van peuters en kleuters gaat dan ook geen sociale motivatie schuil.

Egocentrisme is ook zichtbaar wanneer kinderen in het preoperationele stadium verstoppertje spelen. Sommige driejarigen zullen hun gezicht met een kussen bedekken als ze zich willen verstoppen. Ze gaan ervan uit dat als zij anderen niet kunnen zien, anderen hen ook niet kunnen zien. Ze denken dat anderen hetzelfde perspectief hebben als zij.

Het ontstaan van intuïtief denken

Omdat Piaget de peuter- en kleuterjaren de *pre*operationele periode noemde, zouden we de indruk kunnen krijgen dat dit een periode is van pas op de plaats, van wachten op de manifestatie van operaties. De preoperationele periode is echter allesbehalve inactief. De cognitieve ontwikkeling vordert gestaag en kinderen ontwikkelen in deze periode zelfs verschillende nieuwe vermogens. Een voorbeeld daarvan is intuïtief denken.

Intuïtief denken: vorm van denken waarbij peuters en kleuters gretig kennis over de wereld verwerven en primitief redeneren (waardoor ze vaak niet-kloppende verklaringen hebben over alles wat ze waarnemen).

Intuïtief denken is een vorm van denken waarbij peuters en kleuters gretig kennis over de wereld verwerven en primitief redeneren. Ze hebben (vaak niet-kloppende) verklaringen voor alles wat ze waarnemen. Tussen hun vierde en hun zevende jaar bereikt de nieuwsgierigheid van kinderen een hoogtepunt. Ze proberen voortdurend antwoorden te vinden op een breed scala aan vragen.

Tegelijkertijd gedragen kinderen zich soms alsof ze deskundigen zijn op bepaalde gebieden. Ze zijn er zeker van dat zij het juiste antwoord op een vraag kennen. Vraag je door, dan zijn ze niet in staat om hun redenering te onderbouwen en hebben ze geen aandacht voor hoe ze weten wat ze weten. Zo kan een peuter met grote stelligheid beweren dat een vliegtuig kan vliegen omdat het zijn vleugels op en neer beweegt als een vogel, ook al heeft hij nog nooit gezien dat een vliegtuig zo met zijn vleugels beweegt.

Het intuïtieve denken van kinderen in de late stadia van de preoperationele periode bereidt hen voor op geavanceerdere vormen van redeneren. Aan het einde van het preoperationele stadium beginnen zij bijvoorbeeld het begrip functionaliteit te begrijpen. *Functionaliteit* houdt in dat acties, gebeurtenissen en resultaten volgens vaste patronen aan elkaar gerelateerd zijn. Ze gaan bijvoorbeeld inzien dat een fiets sneller gaat als ze harder trappen of dat ze van tv-kanaal kunnen veranderen door op een knopje op de afstandsbediening te drukken.

Verder beginnen kinderen zich in de latere fasen van de preoperationele periode bewust te worden van het concept identiteit. *Identiteit* is het besef dat bepaalde dingen hetzelfde blijven ongeacht veranderingen in vorm, omvang en uiterlijk. Dankzij dit besef kan een kind bijvoorbeeld begrijpen dat een stuk klei evenveel klei bevat of het nu tot een bal is gekneed of is uitgerold als een slang.

Begrip van identiteit is noodzakelijk om het concept *conservatie* te kunnen begrijpen, het besef dat kwantiteit niet gerelateerd is aan fysieke verschijning (zie hierboven). Piaget zag de ontwikkeling van conservatie als een vaardigheid die de overgang markeert tussen de preoperationele periode en het concreet operationele stadium, dat we in hoofdstuk 12 zullen bespreken.

Meningen over Piagets benadering van cognitieve ontwikkeling

Piaget, een magistraal observator van het gedrag van kinderen, schetst een gedetailleerd beeld van de cognitieve vaardigheden van peuters en kleuters. Zijn levendige omschrijvingen van de manier waarop kinderen de wereld zien, zijn bijna ongeëvenaard. De grote lijnen van zijn theorie vormen een nuttig kader voor de ontwikkeling van de cognitieve vaardigheden tijdens de peuter- en kleuterjaren (Siegal, 1997).

Het is echter belangrijk om Piagets benadering van cognitieve ontwikkeling in de juiste historische context te plaatsen en te vergelijken met recentere onderzoeksbevindingen. Allereerst is Piagets theorie gebaseerd op uitgebreide observaties van relatief weinig kinderen. Ondanks zijn inzichtrijke en baanbrekende observaties blijkt uit recente experimentele onderzoeken dat Piaget de capaciteiten van kinderen in sommige opzichten onderschatte.

Neem bijvoorbeeld Piagets visie op hoe kinderen in de preoperationele periode getallen zien. Hij beweerde dat het denken van peuters en kleuters ernstig belemmerd is, wat zou blijken uit de manier waarop zij opdrachten uitvoeren die betrekking hebben op conservatie en reversibiliteit (het besef dat een transformatie kan worden omgekeerd om iets weer in zijn oorspronkelijke staat terug te brengen). Toch wijst recenter experimenteel onderzoek in een andere richting. Ontwikkelingspsycholoog Rochel Gelman heeft bijvoorbeeld ontdekt dat kinderen al op driejarige leeftijd het verschil tussen rijen van twee en van drie dieren kunnen onderscheiden, ongeacht de hoeveelheid ruimte tussen de dieren. Bovendien zijn oudere kinderen in staat om verschillen op te merken in aantallen. Ze kunnen bijvoorbeeld aangeven welk van twee getallen groter is en hebben een rudimentair begrip van optellen en aftrekken (Brandone et al., 2012; Cordes & Brannon, 2009; Izard et al., 2009; McNeil et al., 2011).

Op basis van zulke bewijzen concludeert Gelman dat kinderen een aangeboren vermogen bezitten om te tellen, een vermogen dat verwant is aan het vermogen om taal te gebruiken, waarvan sommige theoretici menen dat het universeel en genetisch bepaald is. Zo'n conclusie druist in tegen de opvatting van Piaget dat de numerieke vermogens van kinderen pas na de preoperationele periode tot bloei komen.

Sommige ontwikkelingsdeskundigen (vooral de aanhangers van de informatieverwerkingstheorie, zoals we later in dit hoofdstuk zullen zien) geloven ook dat de ontwikkeling van cognitieve vaardigheden meer een continu proces is dan de stadiatheorie van Piaget doet voorkomen. Volgens critici veranderen gedachten niet in kwaliteit, zoals Piaget meende, maar zijn de veranderingen tijdens de ontwikkeling van een kind eerder kwantitatief van aard. In de ogen van deze critici ondergaan de onderliggende processen die tot cognitieve vaardigheden leiden slechts kleine veranderingen als kinderen ouder worden.

Er zitten nog meer haken en ogen aan Piagets visie op cognitieve ontwikkeling. Zijn bewering dat conservatie zich pas aan het einde van de preoperationele periode manifesteert en in sommige gevallen zelfs nog later, is door experimenteel onderzoek weerlegd. De uitvoering van conservatieopdrachten kan bijvoorbeeld worden verbeterd door preoperationele kinderen bepaalde soorten training en ervaringen te verschaffen. Het feit dat het vermogen tot conservatie überhaupt bevorderd kan worden, is in tegenspraak met de Piagetiaanse opvatting dat kinderen in de preoperationele periode nog niet het cognitieve rijpingsniveau hebben bereikt dat hen in staat stelt conservatie te begrijpen (Ping & Goldin-Meadow, 2008).

Het is duidelijk dat kinderen op jongere leeftijd meer kunnen dan Piaget veronderstelde. Waarom onderschatte hij hun cognitieve vermogens? Eén verklaring kan zijn dat hij bij het ondervragen van kinderen te moeilijk taalgebruik hanteerde, waardoor hun antwoorden geen duidelijk beeld schetsten van hun vaardigheden. Bovendien had Piaget de neiging om zich te concentreren op de onvolkomenheden in het denken van peuters en kleuters. Hij richtte zijn observaties op hun relatieve onvermogen om logisch te denken. Recentere theoretici richten zich juist meer op wat kinderen wél kunnen. Door de nadruk te verleggen, ontdekken ze steeds meer bewijzen voor hoe verrassend veel peuters en kleuters op cognitief gebied kunnen.

9.1.2 De informatieverwerkingstheorie van cognitieve ontwikkeling

Zelfs als volwassene heeft Kees nog duidelijke herinneringen aan zijn eerste uitstapje naar een boerderij, toen hij drie jaar was. Hij was toen op bezoek bij zijn oom, die in Drenthe woonde, en samen gingen ze naar een boerderij in de buurt. In zijn herinnering zag hij honderden kippen. Ook weet hij nog goed dat hij bang was voor de varkens, die enorm groot en eng waren en vies roken. Maar wat hem vooral nog voor de geest staat, is het spannende paardrijtochtje met zijn oom.

Dat Kees zich zijn bezoek aan de boerderij nog herinnert is niet zo verrassend: de meeste mensen hebben ondubbelzinnige en ogenschijnlijk kloppende herinneren die soms wel teruggaan tot hun derde levensjaar. Maar vormen peuters en kleuters op dezelfde manier herinneringen als oudere kinderen of volwassenen? Anders gezegd: welke algemene veranderingen in de verwerking van informatie treden er op in de peuter- en kleutertijd?

Volgens de informatieverwerkingstheorie zijn de cognitieve veranderingen die tijdens de peuter- en kleuterjaren plaatsvinden te vergelijken met een computerprogramma dat steeds complexer wordt doordat een programmeur het op basis van zijn ervaringen wijzigt. Deze theorie richt zich op veranderingen in de 'mentale programma's' die kinderen gebruiken om problemen te benaderen. Veel ontwikkelingsdeskundigen zien de informatieverwerkingstheorie als de belangrijkste, meest complete en meest accurate verklaring voor de manier waarop kinderen zich cognitief gezien ontwikkelen (Lacerda, Von Hofsten & Heiman, 2001).

We concentreren ons op twee gebieden binnen de informatieverwerkingstheorie: het begrip van getallen en de ontwikkeling van het geheugen in de peuter- en kleutertijd.

Het begrip van getallen in de peuter- en kleutertijd

Een van de onvolkomenheden in Piagets theorie is dat peuters en kleuters een groter begrip hebben van getallen dan hij dacht. Aanhangers van de informatieverwerkingstheorie vinden steeds meer bewijzen dat peuters en kleuters een buitengewoon goed ontwikkeld begrip van getallen bezitten. De gemiddelde kleuter kan niet alleen tellen, hij doet dat bovendien op een vrij systematische en consistente manier (Siegler, 1998).

Peuters en kleuters volgen bij het tellen een aantal principes. Als ze een groep verschillende objecten te zien krijgen, weten ze dat ze elk object maar één getal moeten toekennen en dat elk object maar één keer moet worden geteld. En als ze de namen van de getallen verkeerd hebben, zijn ze daar wel consistent in. Een vierjarige die drie objecten telt als 'een, drie, zeven' zal weer 'een, drie, zeven' zeggen als hij een andere groep objecten telt. Als hem wordt gevraagd hoeveel objecten er zijn, zal hij waarschijnlijk zeggen dat het er zeven zijn (Gallistel, 2007; Le Corre & Carey, 2007; Slusser, Ditta & Sarnecka, 2013).

Peuters en kleuters blijken dus een verrassend goed inzicht in getallen te hebben, hoewel dat inzicht nog niet helemaal stabiel is. De meeste kinderen zijn op hun vierde in staat om eenvoudige optel- en aftreksommen te maken door te tellen. Ook kunnen ze vrij goed verschillende hoeveelheden met elkaar vergelijken (Gilmore & Spelke, 2008).

Het geheugen: herinneringen aan het verleden

Denk eens terug aan je eigen vroegste herinnering. De kans is groot dat dit net als bij Kees en bij de meeste andere mensen een gebeurtenis is die plaatsvond na je derde levensjaar. Ons **autobiografisch geheugen**, de herinnering aan specifieke gebeurtenissen uit ons eigen leven, is voor ons derde jaar niet echt nauwkeurig. Daarna neemt die nauwkeurigheid langzaam maar zeker toe (Bohn & Berntsen, 2011; Reese & Newcombe, 2007; Wang, 2008).

Autobiografisch geheugen: de herinnering aan specifieke gebeurtenissen uit ons eigen leven.

De herinneringen van peuters en kleuters aan gebeurtenissen die ze hebben meegemaakt, zijn soms accuraat. Driejarigen kunnen zich vrij goed centrale kenmerken van terugkerende gebeurtenissen herinneren, zoals de volgorde van gebeurtenissen bij het eten in een restaurant. Ook geven zij meestal een passend antwoord op vragen met een open einde, zoals: 'Welke attracties vond je het leukst in het pretpark?' (Pathman et al., 2013; Wang, 2006).

Een van de factoren die bepalend zijn voor de nauwkeurigheid van het geheugen van peuters en kleuters, is de wijze waarop gebeurtenissen worden gewaardeerd. Als een gebeurtenis niet heel levendig of belangrijk is, zal zij waarschijnlijk helemaal niet worden onthouden. Ook beklijven niet alle autobiografische herinneringen het hele leven. Een vijfjarige herinnert zich de eerste dag op de kleuterschool soms zes maanden of een jaar later nog, maar weet er later in zijn leven misschien helemaal niets meer van.

Als een gebeurtenis vaak terugkomt, kan het voor peuters en kleuters moeilijk zijn om zich daar één specifieke keer van te herinneren. De herinneringen van peuters en kleuters aan terugkerende gebeurtenissen zijn vaak georganiseerd in **scripts**: algemene weergaven in het geheugen van gebeurtenissen en de volgorde waarin ze optreden.

Script: een algemene weergave in het geheugen van gebeurtenissen en de volgorde waarin ze optreden.

Een peuter zou eten in een restaurant dus bijvoorbeeld in een paar stappen kunnen weergeven: praten met de ober, het eten geserveerd krijgen en eten. Naarmate kinderen ouder worden, worden de scripts uitgebreider: in de auto stappen, aan tafel gaan zitten, bestellen, wachten tot het eten komt, eten, een nagerecht bestellen en betalen. Omdat gebeurtenissen die vaak worden herhaald meestal tot scripts samensmelten, zijn de herinneringen aan een van de specifieke gevallen binnen een script minder nauwkeurig dan herinneringen aan een gebeurtenis die niet als een script in het geheugen is opgeslagen (Fivush, Kuebli & Clubb, 1992; Sutherland, Pipe & Schick, 2003).

Hoe specifiek en nauwkeurig zullen deze kleuters zich deze gebeurtenis later herinneren?

Bron: Hurst Photo/Shutterstock

Er zijn andere redenen waarom peuters nog geen volledig nauwkeurig autobiografisch geheugen hebben. Omdat ze bepaalde soorten informatie, bijvoorbeeld complexe oorzakelijke verbanden, maar moeilijk kunnen beschrijven, simplificeren ze hun herinneringen soms. Een kind dat bijvoorbeeld getuige is geweest van een ruzie tussen zijn grootouders, weet later misschien alleen nog maar dat oma het gebakje van opa afpakte, en niet dat daaraan een discussie over gewicht en cholesterol voorafging. Zoals we verderop zullen zien, is het geheugen van peuters ook gevoelig voor de suggesties van anderen. Dit is met name een probleem wanneer kinderen moeten getuigen in juridische kwesties, bijvoorbeeld wanneer mensen vermoeden dat er sprake is van mishandeling.

De informatieverwerkingstheorie in een breder kader

Volgens de informatieverwerkingstheorie is cognitieve ontwikkeling een kwestie van geleidelijke verbeteringen in de manier waarop mensen informatie opnemen, begrijpen en onthouden. Naarmate kinderen ouder worden en meer ervaringen opdoen, gaan ze informatie efficiënter en beter verwerken en zijn ze in staat om steeds complexere problemen op te lossen. In de ogen van de aanhangers van de informatieverwerkingstheorie zijn het deze kwantitatieve verbeteringen (verder ontwikkelen van wat in aanleg al aanwezig is) die verantwoordelijk zijn voor onze cognitieve ontwikkeling, en niet, zoals Piaget dacht, de kwalitatieve veranderingen (stadia met nieuwe mogelijkheden) (Rose, Feldman & Jankowski, 2009; Zhe & Siegler, 2000).

Voor de aanhangers van de informatieverwerkingstheorie vormt het gebruik van duidelijk gedefinieerde processen die relatief nauwkeurig via onderzoek kunnen worden getest, een van de belangrijkste kenmerken van de theorie. De informatieverwerkingstheorie is gebaseerd op een uitgebreide, logische reeks concepten. Als peuters en kleuters ouder worden, vinden er bijvoorbeeld ingrijpende veranderingen plaats op het gebied van aandacht. Ze hebben een langere aandachtsboog (spanningsboog), ze kunnen datgene waarmee ze bezig zijn effectiever volgen en plannen en ze worden zich steeds meer bewust van hun cognitieve beperkingen. Deze verbeteringen zouden het gevolg kunnen zijn van de ontwikkeling van de hersenen. Zulke gegroeide vermogens op het gebied van aandacht plaatsen een aantal van Piagets bevindingen in een ander licht. Omdat ze hun aandacht beter vast kunnen houden, kunnen oudere kinderen bijvoorbeeld letten op zowel de hoogte als de breedte van glazen waarin vloeistof wordt geschonken. Daardoor kunnen ze begrijpen dat de hoeveelheid vloeistof in de glazen gelijk blijft als die wordt overgegoten. Peuters en kleuters zijn niet in staat om op beide dimensies tegelijk te letten en kunnen dus minder goed conserveren (Hudson, Sosa & Shapiro, 1997).

Voorstanders van de informatieverwerkingstheorie richten zich ook op belangrijke cognitieve processen waaraan andere stromingen van oudsher relatief weinig aandacht hebben besteed, zoals herinnering en aandacht. Volgens hen biedt het concept van de informatieverwerking een heldere, logische en volledige verklaring voor cognitieve ontwikkeling.

Toch heeft ook de informatieverwerkingstheorie haar tegenstanders. Zij voeren belangrijke argumenten aan. Ten eerste gaat de theorie door haar focus op enkelvoudige, individuele cognitieve processen voorbij aan een aantal belangrijke factoren die cognitie lijken te beïnvloeden. Aanhangers van de informatieverwerkingstheorie besteden bijvoorbeeld relatief weinig aandacht aan sociale en culturele factoren, een hiaat dat de benadering van Vygotsky probeert op te vullen (zie paragraaf 9.1.3).

Een nog belangrijker punt van kritiek is dat de informatieverwerkingstheorie door haar oog voor detail geen zicht meer heeft op het grote geheel. Zij besteedt zo veel aandacht aan de individuele volgorde van de processen waaruit de cognitieve verwerking en ontwikkeling zijn opgebouwd dat ze, in tegenstelling tot Piaget, niet tot een adequaat totaalbeeld of overzicht van cognitieve ontwikkeling komt.

Aanhangers van de informatieverwerkingstheorie reageren op zulke kritiek door te beweren dat hun model van cognitieve ontwikkeling heel precies is verwoord en tot toetsbare hypotheses leidt. Ook stellen ze dat hun benadering door veel meer onderzoek wordt gestaafd dan andere theorieën op het gebied van cognitieve ontwikkeling.

De informatieverwerkingstheorie is de laatste tientallen jaren erg invloedrijk geweest. Er is een gigantische hoeveelheid onderzoek uit voortgekomen die heeft helpen verklaren hoe kinderen zich cognitief ontwikkelen.

9.1.3 Vygotsky's visie op cognitieve ontwikkeling: oog voor de rol van cultuur

Een lid van de Chilcotin-indianenstam maakt een zalm klaar voor het avondeten terwijl haar dochter toekijkt. Als de dochter een vraag stelt over een klein detail van het proces, haalt de moeder een andere zalm tevoorschijn en herhaalt zij het hele proces. In de ogen van haar stam kan er alleen sprake zijn van begrip en inzicht als een kind de totale procedure kan bevatten, en niet alleen de individuele subcomponenten van een bepaalde taak.

De opvattingen van de Chilcotin-indianen over de manier waarop kinderen leren, contrasteren met de heersende opvatting binnen de westerse maatschappij dat mensen een probleem alleen volledig kunnen begrijpen als ze de afzonderlijke delen ervan kunnen bevatten. Hebben verschillen in de manier waarop bepaalde culturen en samenlevingen problemen benaderen invloed op cognitieve ontwikkeling? Volgens de Russische ontwikkelingspsycholoog Lev Vygotsky (1896-1934) is het antwoord op die vraag volmondig 'ja'.

Vygotsky zag cognitieve ontwikkeling als een resultaat van sociale interacties waarin kinderen leren door geleide participatie. In plaats van zich te concentreren op individuele prestaties, zoals Piaget en vele anderen doen, richten de aanhangers van Vygotsky's steeds invloedrijkere opvatting zich op de sociale aspecten van ontwikkeling en leren.

Vygotsky zag kinderen als leerlingen die cognitieve strategieën en andere vaardigheden aanleren van volwassen mentors en leeftijdgenoten. Deze mentors en leeftijdgenoten laten op nieuwe manieren zien hoe dingen kunnen worden gedaan. Ze helpen, instrueren en motiveren ook. Vygotsky zag de sociale en culturele wereld van het kind dus als de bron van cognitieve ontwikkeling. Volgens hem groeien kinderen intellectueel gezien geleidelijk en gaan ze zelfstandig functioneren dankzij de hulp die volwassenen en leeftijdgenoten bieden (Scrimsher & Tudge, 2003; Vygotsky, 1926/1997).

Vygotsky beweert dat de aard van deze samenwerking grotendeels wordt bepaald door culturele en maatschappelijke factoren. Cultuur en maatschappij zijn bijvoorbeeld bepalend voor de aard van instellingen als peuterspeelzalen, kleuterscholen en basisscholen. Deze instellingen stimuleren de ontwikkeling door mogelijkheden te bieden voor cognitieve groei. Doordat culturen en samenlevingen bovendien de nadruk leggen op bepaalde taken, hebben ze ook invloed op de aard van specifieke cognitieve vorderingen. Als we voorbijgaan aan wat belangrijk en betekenisvol is voor leden van een bepaalde samenleving, onderschatten we de aard en het niveau van de cognitieve vermogens die uiteindelijk worden bereikt waarschijnlijk zwaar (Balakrishnan & Claiborne, 2012; Nagahashi, 2013; Schaller & Crandall, 2004).

Speelgoed is bijvoorbeeld een afspiegeling van dingen die belangrijk zijn en betekenis hebben in een samenleving. In de westerse wereld spelen peuters meestal met treintjes, auto's en andere voertuigen, die voor een deel symbool staan voor het mobiele karakter van de cultuur.

Ook maatschappelijke verwachtingen over gender spelen een rol in de manier waarop kinderen inzicht verwerven in de wereld. Een onderzoek dat werd uitgevoerd in een wetenschapsmuseum wees bijvoorbeeld uit dat ouders bij de tentoongestelde objecten meer gedetailleerde wetenschappelijke verklaringen geven aan jongens dan aan meisjes. Zulke verschillen leiden er wellicht toe dat jongens beter inzicht krijgen in wetenschap en vormen mogelijk de aanleiding voor latere genderverschillen op het gebied van leren (Crowley et al., 2001).

Volgens de Russische ontwikkelingspsycholoog Lev Vygotsky staat de sociale en culturele wereld van kinderen centraal bij hun cognitieve ontwikkeling. Dit staat haaks op de Piagetiaanse benadering, die zich concentreert op het individu.

Bron: RIA Novosti/Alamy

Vygotsky's benadering verschilt drastisch van die van Piaget. Terwijl Piaget kinderen zag als junior wetenschappers die in hun eentje proberen een onafhankelijk inzicht in de wereld te verwerven, zag Vygotsky hen als cognitieve leerlingen die de vaardigheden die in hun cultuur van belang zijn van anderen overnemen. Terwijl Piaget peuters als egocentrische wezens zag, die de wereld vanuit hun eigen beperkte perspectief zien, was Vygotsky van mening dat peuters met anderen samenwerken om de wereld beter te leren begrijpen.

Volgens Vygotsky is de cognitieve ontwikkeling van kinderen afhankelijk van interactie met anderen. Hij meende dat kinderen hun kennis, denkprocessen, opvattingen en waarden alleen konden ontwikkelen via samenwerking met andere mensen, zoals leeftijdgenoten, ouders, leerkrachten en andere volwassenen (Edwards, 2005; Fernyhough, 1997).

De zone van naaste ontwikkeling en scaffolding: beginselen van cognitieve ontwikkeling

Zone van naaste ontwikkeling (zone of proximal development, ZPD): het niveau waarop een kind een taak bijna, maar nog niet helemaal zelfstandig kan begrijpen of uitvoeren.

Vygotsky ging ervan uit dat de cognitieve vaardigheden van kinderen verbeteren doordat zij worden blootgesteld aan informatie die binnen hun zone van naaste ontwikkeling ligt. De **zone van naaste ontwikkeling** (*zone of proximal development*, ZPD) is het niveau waarop een kind een taak bijna, maar nog niet helemaal zelfstandig kan voltooien. Daarvoor is nog de hulp van een competenter persoon nodig. Als de juiste instructie binnen de ZPD wordt aangeboden, kunnen kinderen hun inzicht vergroten en nieuwe taken beheersen. Wil een kind zich cognitief kunnen ontwikkelen, dan moet er dus nieuwe informatie worden gepresenteerd (door ouders, onderwijzers of leeftijdgenoten die verder zijn in hun ontwikkeling) binnen de zone van naaste ontwikkeling van het kind. Als een kleuter bijvoorbeeld niet goed weet hoe hij een ruzie met zijn vriendje kan oplossen, kan hij dat misschien wel met wat aanwijzingen van zijn kleuterleidster (Norton & D'Ambrosio, 2008; Warford, 2011; Zuckerman, 2007).

Het begrip zone van naaste ontwikkeling impliceert dat het ene kind op het moment dat het hulp krijgt aanzienlijk sneller verbetert dan het andere, zelfs als ze zonder hulp hetzelfde voor elkaar krijgen. Hoe groter de verbetering naar aanleiding van die hulp, des te groter is de zone van naaste ontwikkeling (zie figuur 9-4).

Scaffolding: de ondersteuning bij leren en probleemoplossing die de zelfstandigheid en groei bevordert.

De hulp die anderen bieden, wordt ook wel scaffolding genoemd. **Scaffolding** is de ondersteuning bij leren en probleemoplossing die de onafhankelijkheid en groei bevordert (Blewitt et al., 2009; Jadallah et al., 2011; Puntambekar & Hübscher, 2005).

FIGUUR 9-4 **Voorbeelden van zones van naaste ontwikkeling (ZPD's) van twee kinderen**

Hoewel de prestaties van de twee kinderen gelijk zijn als ze zonder hulp aan een opdracht werken, heeft het tweede kind meer baat bij hulp en bezit het dus een grotere ZPD.

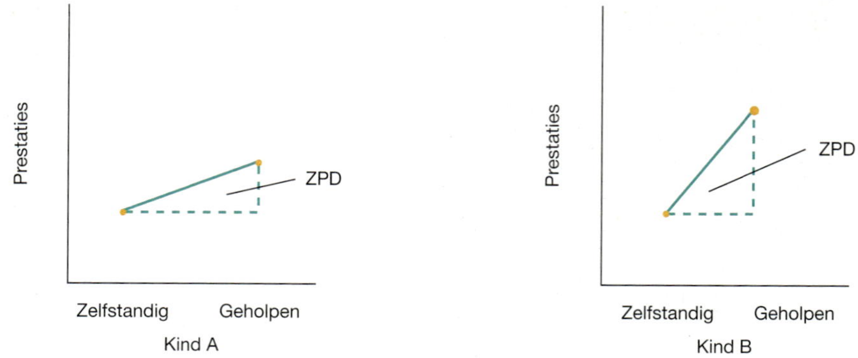

Volgens Vygotsky helpt scaffolding kinderen niet alleen bij het oplossen van specifieke problemen, maar is het ook bevorderlijk voor de ontwikkeling van hun algemene cognitieve vermogens. In het onderwijs verwijst scaffolding vooral naar de tijdelijke ondersteuning die kinderen nodig hebben om een taak te voltooien en op de juiste manier vorm te geven. Een ouder of leerkracht zal aanknopingspunten verschaffen die passen bij het ontwikkelingsniveau van het kind en zal waarschijnlijk ook voorbeeldgedrag vertonen dat kan bijdragen aan de voltooiing van een bepaalde taak. De ondersteuning die competentere mensen bieden, wordt gestaakt wanneer kinderen eenmaal in staat zijn om zelfstandig een probleem op te lossen (Eitel et al., 2013; Taumoepeau & Ruffman, 2008; Warwick & Maloch, 2003). Nadat de leerkracht bijvoorbeeld een aantal ideeën heeft aangedragen om een brug te bouwen, zou hij het kind alleen kunnen laten, zodat het zijn eigen oplossing kan kiezen.

Hier volgt een gesprek tussen moeder en zoon, waaruit blijkt hoe scaffolding in zijn werk gaat:

Moeder: 'Weet je nog dat je me al eens hebt geholpen met koekjes bakken?'
Kind: 'Nee.'
Moeder: 'We maakten deeg en zetten dat in de oven. Weet je nog wel?'
Kind: 'Toen oma er was?'
Moeder: 'Juist, toen oma er was. Wil je me helpen koekvormpjes te maken?'
Kind: 'Oké.'
Moeder: 'Weet je nog hoe groot we de koekjes maakten toen oma hier was?'
Kind: 'Heel groot.'
Moeder: 'Zo is dat. Laat eens zien hoe groot.'
Kind: 'Dat deden we met de grote houten lepel.'
Moeder: 'Goed zo, jongen. We gebruikten de houten lepel en we maakten grote koekjes. Maar laten we het vandaag eens anders doen. We maken nu koekjes met de ijsschep.'

Het gesprek is niet erg ingewikkeld, maar illustreert wel duidelijk hoe scaffolding werkt. De moeder moedigt haar zoon aan en krijgt hem zo ver dat hij reageert. In het proces leert ze hem niet alleen nieuwe dingen door ander gereedschap te gebruiken (een ijsschep in plaats van een lepel), maar doet ze ook voor hoe een gesprek verloopt.

Zie MyLab voor de video: Zone van naaste ontwikkeling

Zie MyLab voor de video: Scaffolding

In sommige samenlevingen is de mate van ouderlijke ondersteuning afhankelijk van gender. In een onderzoek bleken Mexicaanse moeders bijvoorbeeld meer ondersteuning te bieden dan vaders. Een mogelijke verklaring daarvoor is dat moeders zich bewuster zijn van de cognitieve vermogens van hun kinderen dan vaders (Tamis-LeMonda & Cabrera, 2002; Tenenbaum & Leaper, 1998).

Personen die verder zijn in hun ontwikkeling verschaffen hulp aan kinderen in de vorm van *culturele hulpmiddelen*. Culturele hulpmiddelen zijn zowel concrete, fysieke objecten (potloden, papier, rekenmachines, computers enzovoort) als een intellectueel en conceptueel raamwerk voor het oplossen van problemen. Dit intellectuele en conceptuele raamwerk omvat de taal die in een cultuur wordt gebruikt, haar alfabet en getallen, haar wiskundige en wetenschappelijke systemen en zelfs haar religieuze systemen. Culturele hulpmiddelen bieden een structuur die kan worden gebruikt om kinderen te helpen specifieke problemen op te lossen en te definiëren en een intellectueel standpunt te ontwikkelen dat hun cognitieve ontwikkeling stimuleert.

Neem bijvoorbeeld de manier waarop mensen over afstanden praten. In steden in Amerika worden afstanden vaak aangeduid aan de hand van stratenblokken ('de winkel is drie blokken verderop'). Zo'n meeteenheid zegt een kind dat in Nederland of België opgroeit niets. Kinderen hier zullen eerder termen gebruiken die gerelateerd zijn aan afstand, zoals meters en kilometers. Ook gebruiken ze misschien praktische omschrijvingen of verwijzingen naar bekende afstanden en aanknopingspunten. Om de zaak nog gecompliceerder te maken, worden vragen over hoe ver weg iets is soms niet beantwoord met een afstand maar met tijdsduur ('het is ongeveer vijftien minuten naar de winkel'). Die tijd kan afhankelijk van de context betrekking hebben op lopen, fietsen, reizen met de bus of metro, of rijden met de auto. Ook dat hangt weer af van de culturele context. De aard van de hulpmiddelen die kinderen tot hun beschikking hebben om problemen op te lossen en taken uit te voeren, is dus voor een groot deel afhankelijk van de cultuur waarin ze leven.

Meningen over de bijdragen van Vygotsky

Vygotsky's opvatting dat cognitieve ontwikkeling alleen kan worden doorgrond als we de culturele en sociale context in ogenschouw nemen, heeft de afgelopen jaren aan invloed gewonnen (Gredler & Shields, 2008; Winsler, 2003). Hij heeft een consistent theoretisch systeem ontworpen en kan een verklaring bieden voor het feit dat uit een groeiend aantal onderzoeken naar voren komt hoe belangrijk sociale interactie is voor het bevorderen van cognitieve ontwikkeling. Dat de manier waarop kinderen de wereld begrijpen het resultaat is van hun interacties met ouders, leeftijdgenoten en andere leden van de samenleving, is een aannemelijk idee dat door veel onderzoeken wordt bevestigd. Het is ook consistent met een groeiend aantal multiculturele en interculturele onderzoeken, waaruit naar voren komt dat cognitieve ontwikkeling gedeeltelijk wordt bepaald door culturele factoren (Hedegaard & Fleer, 2013; Scrimsher & Tudge, 2003).

Natuurlijk krijgt niet elk aspect van Vygotsky's theorie bijval. We kunnen kritiek op hem hebben vanwege het gebrek aan precisie in zijn conceptualisering van cognitieve groei. Globale begrippen als de zone van naaste ontwikkeling zijn bijvoorbeeld niet erg precies en lenen zich niet altijd voor experimentele tests (Daniels, 2006; Wertsch, 1999).

Verder sprak Vygotsky zich nauwelijks uit over de manier waarop cognitieve processen als aandacht en herinnering zich ontwikkelen en over hoe de natuurlijke cognitieve vermogens van kinderen zich ontwikkelen. Hij concentreerde zich op algemene culturele invloeden en hield zich niet bezig met de manier waarop individuele stukjes informatie verwerkt en geïntegreerd worden. Bij deze processen staat de informatieverwerkingstheorie op een directere manier stil. Toch is Vygotsky's samensmelting van de cognitieve en de sociale wereld van kinderen een belangrijke stap vooruit in ons inzicht in cognitieve ontwikkeling.

In tabel 9-1 hebben we een vergelijking opgenomen van Piagets theorie, de informatieverwerkingstheorie en de visie van Vygotsky.

TABEL 9-1 **Vergelijking van Piagets theorie, de informatieverwerkingstheorie en Vygotsky's visie op cognitieve ontwikkeling**

	PIAGET	INFORMATIEVERWERKING	VYGOTSKY
Belangrijkste begrippen	Stadia van cognitieve ontwikkeling; kwalitatieve groei bij de overgang van het ene stadium naar het andere	Geleidelijke, kwantitatieve verbeteringen op het gebied van aandacht, waarneming, begrip en herinnering	Cultuur en sociale context vormen de drijfveren voor cognitieve ontwikkeling
Rol van stadia	Zeer belangrijk	Geen specifieke stadia	Geen specifieke stadia
Belang van sociale factoren	Klein	Klein	Groot
Onderwijskundig perspectief	Specifieke soorten onderwijskundige interventies zijn pas effectief als kinderen een bepaald ontwikkelingsstadium hebben bereikt	De resultaten van onderwijs komen tot uiting in de geleidelijke verbetering van vaardigheden	Onderwijs speelt een zeer grote rol bij het bevorderen van cognitieve groei; leerkrachten bieden ondersteuning

9.2 De taalontwikkeling

Ik heb het geprobeerd en het was prachtig!
Dit is een foto van toen ik met mama door het water rende.
Waar ga jij heen als ik met mama en papa naar het vuurwerk ga?
Ik wist niet dat wezens in sloten op vlotten zaten.
We kunnen altijd net doen of we een andere hebben.
En de meester zette het op zijn tafel zodat niemand erbij kon.
Ik wil het graag bij me houden als we in het park zijn.
Je moet een eigen bal gaan halen als je bordjebal wilt spelen.
Als ik groot ben en ik ben een voetballer, dan heb ik mijn eigen voetbalshirt, en dat trek ik aan, en dan speel ik voetbal (Schatz, 1994, p. 179).

Dit zijn opmerkingen van de vierjarige Ricky. Hij herkent de meeste letters van het alfabet, kan de eerste letter van zijn naam en het woord 'hoi' schrijven en produceert met gemak de complexe zinnen die hierboven staan afgebeeld.

In de peuter- en kleuterjaren bereikt het taalvermogen van kinderen een nieuw hoogtepunt. Aan het begin van deze periode bezitten kinderen redelijke linguïstische vermogens, maar is er op het gebied van taalproductie en taalbegrip nog sprake van grote hiaten. Aan het eind van de kleutertijd doen ze echter niet veel meer onder voor volwassenen en begrijpen en produceren ze taal die veel lijkt op die van volwassenen. Hoe voltrekt deze transformatie zich?

9.2.1 Linguïstische vooruitgang in de peuter- en kleutertijd

De tweewoordzinnen van tweejarigen breiden zich zowel qua aantal woorden als qua bereik snel uit. Tussen het eind van het tweede jaar en halverwege het derde jaar maakt de taalontwikkeling van kinderen zelfs zulke grote sprongen dat onderzoekers het exacte patroon daarachter nog niet hebben ontdekt. Duidelijk is in ieder geval dat de lengte van de zinnen gestaag toeneemt en dat het vermogen van kinderen om woorden en frasen tot zinnen te combineren, hun **syntaxis**, op deze leeftijd elke maand verdubbelt. Tegen de tijd dat een kind drie is, kan het duizenden combinaties maken (Goorhuis-Brouwer, 2014b; Pinker, 2005; Rowland & Noble, 2011; Schaerlaekens, 2008). In tabel 9-2 zijn voorbeelden weergegeven van de groei van het taalgebruik van een kind.

Syntaxis: het combineren van woorden en frasen tot zinnen.

TABEL 9-2 **De groei van het taalgebruik**

Binnen één jaar nam de complexiteit van het taalgebruik van een jongen die Adam heette verbazingwekkend snel toe:

LEEFTIJD	GEPRODUCEERDE ZINNEN
2 jaar, 3 maanden	Wil dammen. Grote trommel. Ik heb toeter. Nijntje lopen.
2 jaar, 4 maanden	Zie beer lopen? Schroef van machine. Dat Bob de Bouwer.
2 jaar, 5 maanden	Nu ik schoenen aan. Waar is hamer? Mama praat over vrouw. Wat doet paperclip?
2 jaar, 6 maanden	Schrijven op stuk papier. Wat die meneer doen? Mijn schoen is weg. Nee, ik wil niet plaats blijven.
2 jaar, 7 maanden	Waar is papiertje gebleven? Annelies heeft laars aan. Ik ga poesjes kijken. Leg de sigaret neer. Elastiekje gevallen. Schaduw heeft ook zo'n hoed. Teletubbies kan niet vliegen, mama.
2 jaar, 8 maanden	Ik wil naar beneden met laarzen aan. Niet bang zijn voor paarden. Hoe kan tijger zo waar zijn en vliegen als vlieger? Joshua gooien als een pinguïn.
2 jaar, 9 maanden	Waar mama's portemonnee? Kom kijken, is leuk. Zandtaartjes maken net als schildpad.
2 jaar, 10 maanden	Kijk, die trein heeft Annelies meegeneemd. Ik wil gewoon niet in mijn stoel. Jij hebt papier niet. Jij ook beetje? Ik kan dat morgen niet aan.
2 jaar, 11 maanden	Dat vogeltje pikt zaadjes uit bakje. Wil je taart op je gezicht? Waarom maak je chocola voor baby? Ik heb alles opgedrinkt. Ik zei waarom jij niet binnen mocht? Jij moet naar dat stuk papier kijken en vertellen. Zal ik bij jou omdoen? We gaan licht aandoen, dan zie je niks.
3 jaar	Ik ben er zijn over veertien minuten. Ik dit aantrekken naar bruiloft. Ik zie wat gebeurd is. Ik moet ze nu redden. Dat zijn grote vrouws. Ze gaan slaap doen in de winter. Jij kleedt me aan als een babyolifant.
3 jaar, 1 maand	Ik wil graag met iets anders spelen. Jij weet hoe je het weer moet maken. Ik maak er een raket van om te schieten. Ik heb er nog een op de grond gelegd. Ging jij naar universiteit? Krijg ik wat peentjes en wat boontjes? Druk op de knop en vang, meneer. Ik wil andere pinda's. Waarom doe jij de speen in zijn mond stoppen? Hondjes willen graag omhoog klimmen.
3 jaar, 2 maanden	Dus je kan het niet schoonmaken? Mijn raceauto is kapot. Weet je dat de lampen uitgaat? Wat is er met de brug gebeurd? Als de band lek is, moet-ie naar de barage. Soms droom ik. Ik doe dit in de brievenbus zodat de brief niet kwijt wordt. Ik wil een beetje espresso. De zon is niet te fel. Mag ik wat suiker? Kan ik mijn hoofd in de brievenbus stoppen zodat de postbode weet waar ik ben en me in de brievenbus ligt? Kan ik de schroevendraaier hebben zoals de timmerman hem heb?

Bron: Pinker, 1994

Kinderen gaan niet alleen steeds complexere zinnen maken, ook hun woordenschat neemt een enorme vlucht. Op zijn zesde jaar heeft het gemiddelde kind een vocabulaire van ongeveer 14.000 woorden. Dat betekent dat peuters en kleuters ongeveer tien nieuwe woorden per dag leren. Tot die prestatie komen ze via een proces dat bekendstaat als **fast mapping**, waarbij nieuwe woorden al na een korte kennismaking aan hun betekenis worden gekoppeld (Kan & Kohnert, 2009; Krcmar, Grela & Lin, 2007; Marinellie & Kneile, 2012).

Fast mapping: het proces waarbij nieuwe woorden al na een korte kennismaking aan hun betekenis worden gekoppeld.

Als ze drie zijn, gebruiken peuters stelselmatig het meervoud en de genitieven (bezitsvormen) van zelfstandige naamwoorden (zoals 'jongens' en 'Julia's'), de verleden tijd (door -de achter woorden te plakken) en lidwoorden (de, het en een). Ook kunnen ze complexe vragen stellen en beantwoorden ('Zijn dit soms vrachtwagens?').

FIGUUR 9-5 De juiste verbuiging van woorden

Hoewel Engelstalige kleuters (net als wij) waarschijnlijk nog nooit een wug hadden gezien, waren ze wel in staat om de juiste meervoudsvorm in te vullen.

Bron: naar Berko, 1958

Bovendien verbuigen kinderen van deze leeftijd woorden die ze nog nooit hebben gehoord op de juiste manier. In een klassiek Engelstalig experiment kregen peuters en kleuters een kaartje te zien met een tekening van een cartoonachtige vogel (zie figuur 9-5). De onderzoeker vertelde de kinderen dat dit een 'wug' was en liet hun vervolgens een kaartje zien met twee van deze figuren erop. 'Nu zijn het er twee', kregen de kinderen te horen. Vervolgens werd hun gevraagd om het ontbrekende woord in te vullen in de zin 'Hier zijn twee ...' (voor alle duidelijkheid: het antwoord daarop was 'wugs') (Berko, 1958).

De kinderen lieten blijken dat ze op de hoogte waren van de regels waarmee het meervoud van zelfstandige naamwoorden wordt gevormd, en dat ze daarnaast ook de derde persoon enkelvoud en de verleden tijd van werkwoorden kenden. Ze konden dit bij woorden die ze daarvoor nog nooit hadden gehoord, omdat het verzonnen woorden waren zonder betekenis (O'Grady & Aitchinson, 2005).

Grammatica: het systeem van regels dat bepaalt hoe gedachten kunnen worden uitgedrukt.

Als peuters en kleuters zich de grondbeginselen van de grammatica eigen maken, leren ze ook wat ze níét kunnen zeggen. **Grammatica** is het systeem van regels dat bepaalt hoe gedachten kunnen worden uitgedrukt. Peuters en kleuters leren bijvoorbeeld dat 'Ik ben moe' correct is, terwijl het vergelijkbaar gestructureerde 'Ik ben honger' niet correct is. Hoewel ze nog steeds veel fouten maken, houden driejarigen zich het grootste deel van de tijd aan de regels van de grammatica. Sommige fouten springen erg in het oog (zoals het gebruik van 'koes' in plaats van 'koeien' en 'ik valde' in plaats van 'ik viel'), maar deze fouten zijn in feite vrij zeldzaam en treden slechts in 0,5 tot 8 procent van de gevallen op. Met andere woorden: meer dan negentig procent van de tijd gebruiken kleuters correcte grammaticale constructies (De Villiers & De Villiers, 1992; Goorhuis-Brouwer, 2014b; Guasti, 2002; Pinker, 1994).

9.2.2 Egocentrisch taalgebruik

Bij een bezoek aan een kleuterschool zul je al snel opmerken dat sommige kinderen tijdens het spelen tegen zichzelf praten. Het ene kind zegt bijvoorbeeld tegen een pop dat ze samen naar de groenteboer gaan, terwijl het andere kind, dat met raceautootjes aan het spelen is, het over een wedstrijd heeft. Soms gaat dit praten langere tijd door, bijvoorbeeld als een kind bij het maken van een puzzel dingen zegt als: 'Dit stukje hoort hier… o, deze past niet… waar kan ik deze leggen? Dit kan niet goed zijn.'

Egocentrisch taalgebruik: gesproken taal die niet bedoeld is voor anderen.

Volgens sommige ontwikkelingsdeskundigen heeft dit **egocentrisch taalgebruik**, gesproken taal die niet bedoeld is voor anderen, een belangrijke functie. Vygotsky dacht bijvoorbeeld dat het gebruikt werd om sturing te geven aan gedrag en gedachten. Door met zichzelf te communiceren zouden kinderen de gelegenheid hebben om ideeën uit te proberen en zouden ze fungeren als hun eigen klankbord. Dit zou hen helpen hun gedachten en hun gedrag te beheersen. (Zelf zeg je waarschijnlijk ook weleens tegen jezelf 'Rustig aan' of 'Tot tien tellen' als je probeert je woede te bedwingen.) Volgens Vygotsky heeft egocentrisch taalgebruik uiteindelijk een belangrijke sociale functie: het stelt kinderen in staat om problemen op te lossen en na te denken over problemen waar ze tegenaan lopen. Verder beweert hij dat het een voorloper is van de innerlijke dialogen die we gebruiken als we met onszelf in discussie zijn (Al-Namlah, Meins & Fernyhough, 2012; McGonigle-Chalmers, Slater & Smith, 2013; Winsler et al., 2006).

Pragmatiek: het aspect van taal dat betrekking heeft op effectief en toepasselijk communiceren met anderen.

Egocentrisch taalgebruik is wellicht ook bevorderlijk voor de ontwikkeling van de pragmatische vermogens van peuters en kleuters. **Pragmatiek** is het aspect van taal dat betrekking heeft op effectief en toepasselijk communiceren met anderen. Via de ontwikkeling van hun pragmatische vermogens krijgen de kinderen de grondslagen van het gesprek onder de knie: anderen laten uitpraten, niet van de hak op de tak springen en gespreksonderwerpen kiezen die volgens de normen van de samenleving aanvaardbaar zijn. Als kinderen te horen krijgen dat ze 'dank je wel' moeten zeggen als ze een cadeautje krijgen of dat ze in verschillende situaties verschillend taalgebruik moeten hanteren (op de speelplaats tegen hun vriendjes, of in de klas tegen hun leerkracht), leren ze iets over de pragmatische aspecten van taal.

Sociaal taalgebruik: taalgebruik dat gericht is tegen een ander en bedoeld is om door die ander te worden begrepen.

Tijdens de peuter- en kleuterjaren neemt ook het sociale taalgebruik toe. **Sociaal taalgebruik** is taalgebruik dat gericht is tegen een ander en bedoeld is om door die ander te worden begrepen. Voor hun derde jaar lijken kinderen soms alleen voor hun eigen plezier te praten en lijkt het hun niet uit te maken of iemand anders hen begrijpt. Tijdens de peuter- en kleuterjaren beginnen ze zich echter meer op anderen te richten. Dan willen ze ook dat anderen luisteren en raken ze gefrustreerd als ze zich niet begrepen voelen. Daarom beginnen ze ook aandacht te krijgen voor de regels van de pragmatiek (zie boven). Piaget beweerde dat het meeste taalgebruik tijdens het preoperationele stadium egocentrisch was. Hij meende dat peuters en kleuters zich weinig aantrokken van het effect dat hun spraak op anderen had. Uit recentere experimenten blijkt echter dat peuters en kleuters meer op anderen gericht zijn dan Piaget dacht.

9.2.3 Armoede en taalontwikkeling

De taal die peuters en kleuters thuis horen heeft grote gevolgen voor hun toekomstige cognitieve succes. Dat blijkt uit een onderzoek van de psychologen Betty Hart en Todd Risley (Hart, 2000, 2004; Hart & Risley, 1995). Zij deden twee jaar lang onderzoek naar de taal waarmee een groep ouders met verschillende sociaaleconomische achtergronden met hun kinderen communiceerde. Hun bestudering van ongeveer 1300 uur aan dagelijkse interacties tussen ouders en kinderen leverde een aantal belangrijke conclusies op:

- Hoeveel er tegen kinderen gesproken werd, hing in hoge mate af van het sociaaleconomische niveau van het gezin. Zoals te zien is in figuur 9-6 spraken ouders meer tegen hun kinderen naarmate ze welvarender waren.
- Per uur communiceerden hoger opgeleide werkende ouders gemiddeld twee keer zo veel met hun kinderen als ouders die een uitkering kregen.
- Kinderen uit gezinnen met hoger opgeleide werkende ouders zijn op vierjarige leeftijd gemiddeld aan 13 miljoen woorden meer blootgesteld dan kinderen van wie de ouders een uitkering hebben.
- Het soort taal dat in huis werd gebruikt verschilde per type gezin. Kinderen uit gezinnen waarvan de ouders een uitkering ontvingen, kregen twee keer zo veel verboden te horen (zoals 'nee' of 'stop') als kinderen uit gezinnen met hoger opgeleide werkende ouders.

Uiteindelijk bleek uit het onderzoek dat het type taal waaraan kinderen werden blootgesteld ook gerelateerd was aan hun scores bij intelligentietests. Hoe meer woorden kinderen hoorden en hoe meer variatie er in die woorden zat, des te beter presteerden ze op driejarige leeftijd, bijvoorbeeld bij verschillende metingen van hun intellectuele vermogens.

Hoewel er verbanden zijn aan te wijzen, kunnen we hier geen oorzaak-gevolgrelatie uit afleiden. Wel spreekt er duidelijk uit hoe belangrijk het voor kinderen is om al vroeg te worden blootgesteld aan veel en gevarieerde taal. Bovendien kan uit deze bevindingen worden afgeleid hoe interventieprogramma's eruit zouden kunnen zien. Programma's waarmee ouders leren vaker en gevarieerder met hun kinderen te praten, kunnen wellicht een deel van de mogelijk negatieve gevolgen van armoede ondervangen.

Het onderzoek sluit ook aan op toenemende bewijzen dat gezinsinkomen en armoede ingrijpende gevolgen hebben voor de algemene cognitieve ontwikkeling en het gedrag van kinderen. Op hun vijfde jaar hebben kinderen die in armoede opgroeien meestal lagere IQ-scores dan kinderen uit rijke gezinnen. Ook scoren ze minder goed op andere cognitieve ontwikkelingscriteria. Hoe langer de kinderen in armoede leven, des te ernstiger de consequenties zijn. Armoede verkleint niet alleen de opleidingsmogelijkheden voor kinderen, ze heeft ook een negatief effect op ouders in de zin dat armoede de psychologische steun beperkt die zij aan hun gezin kunnen geven. Met andere woorden: de consequenties van armoede zijn ingrijpend en langdurig (Barone, 2011; Jokela et al., 2009; Leffel & Suskind, 2013).

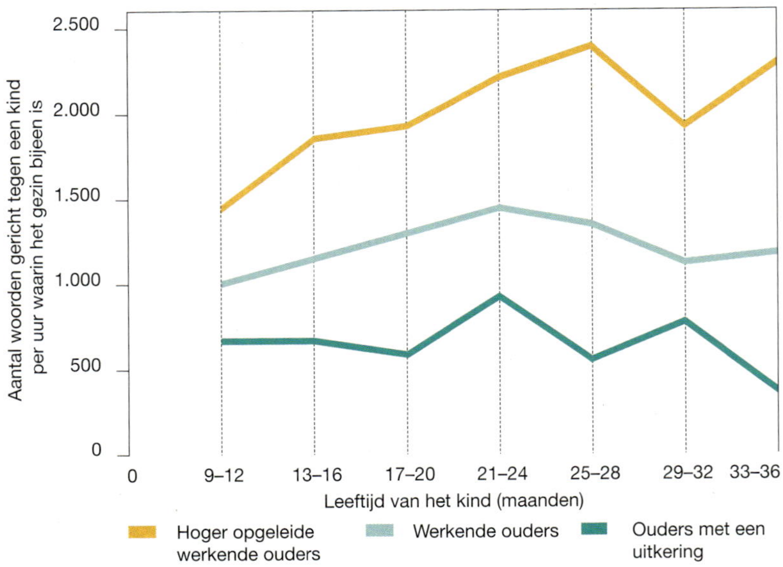

FIGUUR 9-6 **Verschillen in blootstelling aan taal**

De taal waaraan ouders hun kinderen blootstellen, is gedeeltelijk afhankelijk van hun economische situatie. Werkende ouders spreken gemiddeld meer tegen hun kinderen dan ouders die van een uitkering leven.

Bron: Hart & Risley, 1995, p. 239

9.3 De invloed van school en media

Janneke is net nieuw op peuterspeelzaal Otje. Samen met haar moeder loopt ze naar binnen en pakt ze een puzzel uit de kast. Vervolgens gooit Janneke de puzzel op de grond om. Haar moeder reageert meteen en geeft Janneke een standje. De leidster die dit voorval ziet, loopt naar Janneke en haar moeder toe en probeert uit te leggen dat het de bedoeling is dat de puzzel wordt omgegooid. Door samen met moeder en kind te spelen, probeert de leidster duidelijk te maken wat er van de kinderen verwacht wordt en hoe het materiaal gebruikt kan worden.

Vele peuters en kleuters brengen een groot deel van hun dag door in een of andere opvangsituatie buiten hun eigen huis. Dergelijke opvang is gedeeltelijk bedoeld om hun cognitieve ontwikkeling te bevorderen. Wat zijn de consequenties van deze activiteiten? Hieronder kijken we naar de relatie tussen vroege onderwijsvormen enerzijds en de ontwikkeling van peuters en kleuters anderzijds.

9.3.1 Vroege vormen van onderwijs en opvang

In Nederland is de peuterspeelzaal de eerste vorm van onderwijs of opvang in een schoolachtige omgeving. Kinderen van anderhalf tot vier jaar kunnen er enige uren per week verblijven onder leiding van een of twee volwassenen. De inschrijving bij een peuterspeelzaal is volkomen facultatief. De peuterspeelzaal wordt niet gezien als opvang voor de kinderen omdat de ouders gaan werken. Kinderen kunnen er dan ook maximaal vier aaneensluitende uren per werkdag terecht (twee dagdelen per week, veertig weken per jaar).

In 2013 ging 37 procent van de twee- en driejarige peuters naar de peuterspeelzaal. Dat komt neer op 137.000 kinderen, die gemiddeld 7,5 uur per week in de peuterspeelzaal werden opgevangen. Bijna een kwart van hen werd daarnaast ook opgevangen in de formele kinderopvang, dus in een kinderdagverblijf of bij erkende gastouders. Gemiddeld ging twintig procent van de Nederlandse peuters niet naar een peuterspeelzaal of de kinderopvang. In totaal zijn dat zo'n 72.000 kinderen (CBS, 2015b).

In 2009 was voor bijna vier op de tien huishoudens met kinderen tot vier jaar formele opvang door een kinderdagverblijf of een gastouder de belangrijkste vorm van kinderopvang. Daarmee is de formele opvang van jonge kinderen inmiddels een stuk belangrijker dan onbetaalde kinderopvang. Bij huishoudens met een jongste kind in de basisschoolleeftijd wordt de opvang daarentegen vooral verzorgd door familie, vrienden of buren (CBS, 2010). In de periode 2009-2013 zijn de kinderopvangsubsidieregelingen versoberd. De Nederlandse overheid en de werkgevers vergoedden in die jaren steeds minder van de declarabele kinderopvangkosten. In 2009 was dat nog 76 procent, in 2013 was het 63 procent. Ouders declareerden vanaf 2009 ieder jaar minder uren bij de formele dagopvang, buitenschoolse opvang en gastouders. Tegelijkertijd nam de arbeidsduur van werkende moeders iets toe. Ouders blijken de duurdere formele opvang deels te vervangen door andere opvangmogelijkheden, waaronder de informele opvang (familie, vrienden, buren) (CBS, 2015a).

In België wordt er kleuteronderwijs aangeboden vanaf 2,5 jaar en gaan bijna alle kleuters naar school. In 2010-2011 stond 97,6 procent van de 2,5-jarigen ingeschreven bij een school (Klasse voor Leraren, 2012). Dit heeft een effect op het gebruik van de kinderopvang vanaf die leeftijd.

Kind en Gezin is in Vlaanderen verantwoordelijk voor de organisatie, erkenning en eventuele subsidie van kinderopvang voor kinderen jonger dan drie jaar. Er zijn sinds 1 april 2014 twee soorten kinderopvang: gezinsopvang/onthaalouders (één begeleider met maximaal acht kinderen aan huis) en groepsopvang/kinderdagverblijven (twee of meer begeleiders met elk maximaal negen kinderen in een groter gebouw). Het meest recente onderzoek (Kind en Gezin, 2013) naar het gebruik van kinderopvang (zowel formeel als informeel) voor kinderen jonger dan drie jaar leert ons het volgende:

- Zes op de tien kinderen van drie maanden tot drie jaar maken regelmatig gebruik van formele en/of informele opvang.
- Dertig procent maakt geen gebruik van opvang, noch van formele noch van informele.

- Het regelmatig gebruik van kinderopvang in het algemeen (formeel en informeel) is stabiel gebleven sinds 2009. Er is wel een dalend gebruik van informele opvang verzorgd door grootouders. Tegelijk met het dalende gebruik van informele opvang is het regelmatig gebruik van formele opvang, in het bijzonder van kinderdagverblijven, in belangrijke mate toegenomen.
- Er is een opvallende stijging te zien in het aantal vaders en moeders dat aangeeft voor opvang te kiezen omdat het beter is voor de ontwikkeling van het kind.

TABEL 9-3 **Overzicht van vormen van onderwijs in Nederland en België**

In Nederland zijn kinderen van vijf tot zestien jaar leerplichtig, in België van zes tot achttien jaar.

LEEFTIJD	NEDERLAND	BELGIË
1,5-4 (NL) **2,5-4 (B)**	Peuterspeel-zaal	Eerste kleuterklas (kleuterschool van het basisonderwijs)
4	Groep 1	Tweede kleuterklas (kleuterschool van het basisonderwijs)
5	Groep 2	Derde kleuterklas (kleuterschool van het basisonderwijs)
6	Groep 3	Eerste leerjaar (lagere school van het basis-onderwijs)
7	Groep 4	Tweede leerjaar (lagere school van het basis-onderwijs)
8	Groep 5	Derde leerjaar (lagere school van het basis-onderwijs)
9	Groep 6	Vierde leerjaar (lagere school van het basis-onderwijs)
10	Groep 7	Vijfde leerjaar (lagere school van het basisonderwijs)
11	Groep 8	Zesde leerjaar (lagere school van het basisonderwijs)

Verschillen in kwaliteit?

Tussen de faciliteiten voor externe kinderopvang bestaan grote verschillen. In sommige opvangfaciliteiten wordt weinig meer gedaan dan babysitten, terwijl andere opvangvormen specifiek bedoeld zijn om kinderen intellectueel en sociaal te stimuleren. De belangrijkste opvangvormen voor kinderen die de schoolgaande leeftijd in Nederland of België nog niet hebben bereikt, zijn het kinderdagverblijf, de gastouder-/onthaalouderopvang en de peuterspeelzaal.

Kinderdagverblijf/crèche: kinderopvangfaciliteit voor kinderen van wie de ouders aan het werk zijn.

Kinderdagverblijven of **crèches** bieden meestal hele dagen opvang voor een kind met werkende ouders. Kinderdagverblijven werden in eerste instantie opgezet om kinderen een veilige, warme omgeving te bieden waar ze werden verzorgd en met andere kinderen konden spelen. Tegenwoordig is de opzet van veel kinderdagverblijven breder van aard. Zo zijn veel kinderdagverblijven ook gericht op het verschaffen van een bepaalde mate van intellectuele stimulatie. Toch liggen hun doelstellingen nog steeds meer op het sociale en emotionele vlak dan op het cognitieve vlak. In Vlaanderen en Nederland staan deze kinderdagverblijven onder toezicht van de overheid. Omdat de begeleiders van zulke verblijven vaak een opleiding in de kinderverzorging hebben gevolgd, is de kwaliteit van de zorg hier meestal hoog en stabiel. Sinds 2002 is er in Nederland een HKZ/ISO-certificaat voor de kinderopvang. Een kinderopvangorganisatie met een HKZ-keurmerk heeft intern de zaken goed op orde, dient binnen het pedagogisch beleid te verwijzen naar bestaande wet- en regelgeving (bijvoorbeeld wat betreft groepsgrootte en leider-kindratio) en werkt voortdurend aan verbetering van de zorg- en dienstverlening. Op 30 juni 2015 waren er 79 certificaten voor kinderopvang afgegeven (HKZ, 2015).

Gastouder-/onthaalouderopvang: kinderopvangfaciliteit in gezinsvorm.

Sommige kinderen genieten **gastouder-/onthaalouderopvang**. Voordat zij hun kind bij een dergelijke particuliere opvangvorm inschrijven, moeten ouders zich eerst goed op de hoogte stellen van de kwaliteit ervan. In Vlaanderen kan er gekeken worden of de onthaalouder een erkenning heeft van Kind & Gezin. In Nederland kan er een HKZ-keurmerk zijn. Sommige ouders kiezen voor dit soort opvang vanwege de kleinschalige aanpak en het idee dat de opvang meer een gezinssituatie reflecteert.

Peuterspeelzaal: kinderopvangfaciliteit in Nederland die expliciet is bedoeld om kinderen cognitieve en sociale ervaringen te laten opdoen.

Peuterspeelzalen in Nederland zijn expliciet bedoeld om kinderen cognitieve en sociale ervaringen te laten opdoen. Ze kennen beperktere tijden, maximaal vier aaneensluitende uren per werkdag. Net als bij kinderdagverblijven kunnen de activiteiten die peuterspeelzalen bieden enorm variëren. Bij sommige ligt de nadruk op sociale vaardigheden, terwijl andere zich concentreren op de cognitieve ontwikkeling. Peuterspeelzalen willen kinderen op een speelse manier stimuleren, uitdagen en begeleiden, zodat de overstap naar de basisschool gemakkelijker wordt.

Voorschool: in Nederland een combinatie van een peuterspeelzaal en een basisschool, waar kinderen een doorlopende ontwikkelingslijn krijgen aangeboden.

Kleuterschool: in België een vrijwillige vorm van onderwijs die gericht is op de ontwikkeling van kleuters via ontwikkelingsdoelen.

In Nederland bestaat er ook een voorschool. De **voorschool** is een combinatie van een peuterspeelzaal en een basisschool, met een duidelijk educatief doel. De doelgroep betreft kinderen van tweeënhalf tot zes jaar met een taalachterstand en een achterstand in hun sociaal-emotionele ontwikkeling. Centraal staat het creëren van een doorlopende ontwikkelingslijn voor deze kinderen. De kern wordt gevormd door de invoering van een educatief programma dat loopt van de peuterspeelzaal tot en met groep 2 van het basisonderwijs. Zoals eerder aangegeven (zie ook tabel 9-3) start de **kleuterschool** in Vlaanderen vanaf 2,5 jaar. De meeste ouders maken hier gebruik van. De kleuterscholen staan onder controle van het ministerie van Onderwijs en richten zich op de ontwikkeling van kleuters via ontwikkelingsdoelen. Tot de leeftijd van zes jaar kunnen ouders hun kinderen vrijwillig naar de kleuterschool sturen. Vanaf de leeftijd van zes jaar geldt de leerplicht in België en start de lagere school. In Nederland start de leerplicht bij vijf jaar.

De effectiviteit van kinderopvang en vroege onderwijsprogramma's

Ontwikkelingspsychologen vinden steeds meer bewijzen dat kinderen er baat bij hebben als ze naar de peuterspeelzaal, de kleuterschool of een goed kinderdagverblijf gaan. In vergelijking met kinderen die thuisblijven en niet deelnemen aan vroege onderwijsactiviteiten genieten deze kinderen duidelijke cognitieve en sociale voordelen. Uit sommige onderzoeken blijkt bijvoorbeeld dat peuters die naar externe opvangvormen gaan verbaal vaardiger zijn, een beter geheugen hebben, meer begrijpen en hogere IQ-scores halen dan kinderen die thuisblijven.

Ook voor de sociale ontwikkeling blijkt externe kinderopvang voordelen te hebben. Kinderen die deelnemen aan kwalitatief goede opvang hebben meestal meer zelfvertrouwen, zijn onafhankelijker en weten meer over de sociale wereld waarin ze leven dan kinderen die thuisblijven.

Aan de andere kant doet volgens ontwikkelingspsycholoog Alison Clarke-Stewart, die uitgebreid onderzoek heeft gedaan naar dit onderwerp, de cognitieve ontwikkeling van peuters die worden opgevangen in kinderdagverblijven niet onder voor die van kinderen die thuisblijven, en is zij vaak zelfs beter. Uit Nederlands onderzoek naar de effecten van voor- en vroegschoolse opvang blijkt dat het effect van deze opvang geen wezenlijk verschil maakt op vlak van het cognitieve en het sociaal-emotioneel functioneren van jonge kinderen vergeleken met leeftijdgenootjes uit de reguliere kinderopvang en kleutergroepen.

De doelstellingen van het kinderdagverblijf liggen meer op het sociale en emotionele vlak dan op het cognitieve vlak.

Bron: H. Van de Wetering

Uit andere onderzoeken komt naar voren dat vroege en langdurige deelname aan kinderopvang met name goed is voor kinderen uit arme gezinnen die anders bepaalde risico's lopen. Uit een aantal onderzoeken blijkt dat kinderzorgprogramma's 25 jaar later positieve gevolgen kunnen hebben (Campbell, Ramsey & Pungello, 2002; Clarke-Stewart & Allhusen, 2002; Friedman, 2004; Fukkink, Jillink & Oostdam, 2015; National Association for the Education of Young Children, 2005; Reynolds et al., 2011; Vandell, 2004).

Aan de andere kant zijn niet alle gevolgen van externe kinderopvang positief. Kinderen die deelnemen aan externe opvang blijken minder beleefd en minder meegaand. Ze tonen minder respect voor volwassenen en zijn soms competitiever en agressiever dan hun leeftijdgenoten (Belsky et al., 2007; Clarke-Stewart & Allhusen, 2002; Douglass & Klerman, 2012; NICHD, 2003).

Professor Sieneke Goorhuis-Brouwer (2014a) staat twijfelachtig ten opzichte van voorschoolse educatie vanaf 2,5 jaar. Volgens haar is de ontwikkeling van empathie bij kleuters essentieel. Deze empathie ontwikkelt zich in eerste instantie vanuit de koestering van de ouders. Vervolgens wordt spelen de basis voor deze ontwikkeling. Binnen voorschoolse programma's zou te weinig plaats zijn voor samen spelen en fantasiespel, omdat er gebruikgemaakt wordt van strak geregisseerde, door volwassen gedomineerde activiteiten. Het is dus goed dat de doelstellingen van kinderopvang meer op het sociale en emotionele vlak liggen.

Volgens ontwikkelingspsycholoog David Elkind (1994) vergen veel maatschappijen zo veel van hun jonge kinderen dat ze al heel vroeg met stress en druk worden geconfronteerd. Om de druk op kinderen te verlagen, vindt Elkind dat ouders een ontspannen omgeving voor kinderen moeten creëren, waarin leren wel gestimuleerd maar niet gepusht wordt. Elkind is tevens van mening dat succes op school voornamelijk afhankelijk is van factoren die buiten de invloed van de ouders liggen, zoals geërfde capaciteiten en het rijpingsniveau van een kind. Daarom kunnen we van kinderen van een bepaalde leeftijd niet verwachten dat ze onderwijsmateriaal beheersen zonder te kijken naar hun huidige cognitieve ontwikkelingsniveau. Kinderen hebben dus onderwijs nodig dat past bij hun ontwikkeling. Dat wil zeggen, onderwijs dat gebaseerd is op zowel de gemiddelde ontwikkeling als de unieke eigenschappen van een specifiek kind (Robinson & Stark, 2005). Bovendien hebben ontwikkelingsonderzoekers ontdekt dat er manieren zijn waarop ouders hun kinderen op toekomstig leersucces kunnen voorbereiden, zoals we zullen zien in de kadertekst Van onderzoek naar praktijk.

VAN ONDERZOEK NAAR PRAKTIJK

Waarom het goed is jonge kinderen voor te lezen

Iedereen weet dat het verstandig is als ouders tijd besteden aan het voorlezen van hun kinderen. Verhaaluren en verhaaltjes voor het slapengaan zijn plezierige activiteiten voor zowel ouders als kinderen. De rustige interactie draagt ook bij aan een gezonde ouder-kindrelatie. Maar profiteren kinderen ook intellectueel wanneer ouders hen voorlezen?

Ja, dat is zo. Dat is in elk geval de bevinding van een meta-analyse (een manier om de resultaten van meerdere experimenten statistisch te analyseren, vergelijken en samenvatten) van bijna honderd studies. Door kinderen onder de twee jaar regelmatig voor te lezen wordt de basis gelegd voor versterkte taalontwikkeling. Er wordt een zelfversterkende relatie opgezet tussen lezen en taal, waarbij het vroeg bezig zijn met gedrukte media helpt bij de ontwikkeling van de woordenschat en de omgang met syntaxis. Dit leidt weer tot een grotere interesse in boeken en lezen op latere leeftijd (Collins, 2010; Mol & Bus, 2011).

Uit de meta-analyse bleek ook dat kinderen met een beter begrip en een betere geletterdheid geneigd zijn meer te lezen, en dat meer lezen tot een nog beter begrip en een nog betere geletterdheid leidt. Het voorlezen van jonge kinderen maakt het ook waarschijnlijker dat ze al opgroeiend in hun vrije tijd gaan lezen. Dit regelmatig bezig zijn met gedrukte media bevordert een aantal aspecten van geletterdheid, zoals begrip, technische leesvaardigheid, spelling en mondelinge taalvaardigheid. Dit verband is tijdens de hele jeugd en adolescentie aanwezig en loopt zelfs door tot in de studietijd.

Ook moeizame lezers profiteren van aandacht voor gedrukte media in hun vrije tijd. De voordelen zijn zelfs het grootst voor deze groep. Vanwege hun aanvankelijk grotere leesprobleem is het wel van belang dat ouders hen stimuleren en ondersteunen.

De onderzoekers concludeerden dat het thuis voorlezen van boeken aan jonge kinderen een effectieve manier is om hun taal-, lees- en spelvaardigheden te stimuleren en dat ze er zelfs in hun latere leven nog van profiteren (Mol & Bus, 2011).

9.3.2 Leren via media: televisie en gaming

De televisie is al jaren een belangrijk medium voor peuters en kleuters. Kinderen kijken vanaf tweejarige leeftijd ongeveer zestien à zeventien uur per week televisie (Strasburger & Donnerstein, 1999). Uit onderzoeken blijkt dat kinderen in een omgeving leven waarin media bijna voortdurend aanwezig zijn, en dat zij gemiddeld drie uur per dag doorbrengen voor de buis (American Academy of Pediatrics, 2001; Strasburger & Donnerstein, 1999; Vandewater et al., 2005; Van Zutphen et al., 2007).

In de Verenigde Staten kijkt het gemiddelde kind in de peuter- en kleutertijd meer dan 21 uur tv per week. Meer dan een derde van de Amerikaanse gezinnen met kinderen van twee tot zeven jaar geeft aan dat de televisie het grootste deel van de tijd aanstaat. Lezen doen deze kinderen gemiddeld maar drie kwartier per dag (Anand & Krosnick, 2005; Bryant & Bryant, 2001, 2003; Roberts et al., 1999).

Hoewel er de afgelopen jaren een aantal kwalitatief goede educatieve programma's op de televisie is verschenen, zijn veel kinderprogramma's niet altijd geschikt voor het jonge publiek. Los van de kwaliteit van de programma's laat onderzoek uit 2010 zien dat er een negatief verband is tussen de tijd die het kind voor de televisie doorbrengt op jonge leeftijd en zijn gezondheid, levensstijl en schoolprestaties op latere leeftijd. Zo is er een link tussen televisiekijken en overgewicht. De kinderen die op jonge leeftijd veel tv-keken, bewogen weinig, dronken meer frisdrank en aten meer junkfood en minder groente en fruit (Pagani et al., 2010).

Met de opkomst van de informatietechnologie en het (mobiele) internet zijn de bijbehorende apparaten en applicaties ook een onderdeel geworden van het leven van peuters en kleuters. Uit het jongste iMinds-digiMeter-rapport (iMinds is een onderzoeksgroep voor media en ICT van de Universiteit Gent in België), blijkt dat 32,5 procent van de Vlaamse families een vaste of mobiele gameconsole in huis heeft. En ook het aantal tablets zit in de lift: 55,8 procent van de Vlaamse families heeft toegang tot ten minste één tablet. Daardoor worden games vlotter toegankelijk, ook voor kleine kinderen (iMinds, 2015).

Uit de onderzoeksresultaten blijkt dat 82 procent van de kinderen tussen de drie en tien jaar ten minste één keer per week gamet. Van de driejarigen gamet 24 procent dagelijks en 14 procent nooit. Het percentage kinderen dat dagelijks gamet, stijgt naarmate ze ouder worden. Gemiddeld spelen kinderen zo'n 40 minuten per dag en dit neemt toe met de leeftijd, van 21 minuten per dag bij de jongste kinderen (driejarigen) tot 74 minuten per dag bij de oudste (tienjarigen). Bovendien gamen jongens gemiddeld langer dan meisjes, net als kinderen van laagopgeleide ouders en kinderen uit grote gezinnen. Wat ouders doen om

Technologie is een factor van invloed geworden in het leven van peuters en kleuters.

het gamegebruik van hun kinderen in goede banen te leiden, wordt ouderlijk mediëren genoemd. Daarbij gaat het om het opleggen van regels over de inhoud en de speelduur. Ouders controleren vooral welke game het kind speelt en of het wel geschikt is. Ouders blijken het educatieve aspect van games belangrijk te vinden. Games worden gezien als ontwikkelingsondersteunend (iMinds, 2015).

Het lijkt belangrijk om het gebruik van televisie, games, computers en tablets door peuters en kleuters te beperken. De American Academy of Pediatrics (AAP) adviseert om kinderen onder de twee jaar *geen* schermtijd te geven. Vanaf twee jaar en voor jonge kinderen geldt een maximum van twee uur per dag en beter een paar keer een kortere periode dan één lange periode (American Academy of Pediatrics, 2010).

Passief gedrag is een van de redenen om kinderen slechts beperkt televisie te laten kijken of games te laten spelen op een computer of tablet. Peuters en kleuters die meer dan twee uur per dag televisie of dvd's kijken (of veel achter de computer zitten) hebben een aanzienlijk grotere kans op obesitas dan kinderen die minder kijken (Danner, 2008; Jordan & Robinson, 2008; Strasburger, 2009).

Televisiekijkende kleuters snappen vaak niet helemaal wat ze zien, vooral bij langere programma's. Ze zijn na het kijken van een programma niet in staat om zich belangrijke details te herinneren, en hun gevolgtrekkingen over de motivatie van personages zijn beperkt en vaak incorrect. Ook hebben peuters en kleuters soms moeite om fantasie van werkelijkheid te scheiden (Wright et al., 1994). De wereld waaraan peuters en kleuters op televisie worden blootgesteld, wordt dus niet volledig door hen begrepen en is ook niet altijd realistisch. Als ze ouder worden en hun vermogen om informatie te verwerken toeneemt, gaan ze ook het materiaal dat ze op televisie zien beter begrijpen. Ze herinneren zich dingen beter en kunnen zich beter concentreren op de centrale boodschap van een programma. De positieve kanten van het medium televisie zouden dus kunnen worden gebruikt voor de cognitieve ontwikkeling van kinderen – precies wat de makers van bijvoorbeeld *Sesamstraat* voor ogen hebben (Berry, 2003; Crawley, Anderson & Santomero, 2002; Singer & Singer, 2000; Uchikoshi, 2006).

Sesamstraat: in elk huis een onderwijzer?

Sesamstraat is ongetwijfeld het populairste educatieve tv-programma. Bijna de helft van alle peuters en kleuters kijkt ernaar, en het wordt in bijna honderd verschillende landen en in dertien verschillende talen uitgezonden. Personages als Bert en Ernie zijn over de hele wereld bekend, zowel bij kinderen als bij volwassenen (Bickham, Wright & Huston, 2000; Cole, Arafat & Tidhar, 2003; Moran, 2006).

Sesamstraat is bewust opgezet om peuters en kleuters op educatief gebied iets bij te brengen. Specifieke doelstellingen van het programma zijn onder andere het leren van letters en cijfers, het vergroten van het vocabulaire en het verbeteren van mondelinge vaardigheden.

De meeste onderzoeksresultaten tonen aan dat *Sesamstraat* deze doelen bereikt. In een twee jaar durend onderzoek, bijvoorbeeld, werden drie groepen van drie- en vijfjarigen vergeleken: één groep keek naar tekenfilms of andere programma's, één groep bracht dezelfde hoeveelheid tijd door met *Sesamstraat* en één groep keek weinig tot geen televisie. De kinderen die naar *Sesamstraat* keken, hadden een beduidend groter vocabulaire dan kinderen die naar andere programma's keken of kinderen die helemaal geen televisie keken. Deze bevindingen golden voor alle kinderen, ongeacht hun geslacht, gezinssamenstelling, de opleiding van de ouders of hun opvattingen. De bevindingen komen overeen met eerdere evaluaties van het programma. Die leidden tot de conclusie dat bepaalde vaardigheden van kijkers aanzienlijk verbeterden als ze rechtstreeks werden geleerd, zoals het opsommen van het alfabet. Er was ook een positief effect te zien op indirect geleerde vaardigheden, zoals woorden lezen (McGinn, 2002; Rice et al., 1990).

Formele evaluaties van het programma wijzen uit dat *Sesamstraat*-kijkende peuters en kleuters uit gezinnen met lagere inkomens beter voorbereid zijn op school en op zes- en zevenjarige leeftijd aanzienlijk hoger scoren op verbale en rekenkundige tests dan kinderen die niet kijken. Bovendien lezen kijkers van *Sesamstraat* meer dan niet-kijkers. En tegen de tijd dat ze zes en zeven zijn, kunnen kijkers van *Sesamstraat* en andere educatieve programma's over het algemeen ook beter lezen. Hun leerkrachtenonderwij oordelen bovendien positiever over hen. Hetzelfde geldt voor andere educatieve programma's, zoals *Het Zandkasteel* en *Dora* (Augustyn, 2003; Linebarger, 2005).

Er is echter ook kritiek op *Sesamstraat*. Sommige onderwijskundigen beweren dat het razendsnelle tempo waarin verschillende scènes worden getoond ervoor zorgt dat kijkers minder goed reageren op de traditionele vormen van onderwijs waarmee ze worden geconfronteerd als ze met school beginnen. Uit zorgvuldig onderzoek is echter niet gebleken dat kinderen minder goed reageren op traditionele scholing als ze naar *Sesamstraat* kijken. De meest recente onderzoeksbevindingen over *Sesamstraat* en andere educatieve programma's, zoals *Het Zandkasteel* en *Flip de Beer*, zijn juist zeer positief (Fisch, 2004; Penuel et al., 2012; Wright et al., 2001; Zimmerman & Christakis, 2007).

ONTWIKKELINGSPSYCHOLOGIE IN HET DAGELIJKS LEVEN

Het bevorderen van de cognitieve ontwikkeling van peuters en kleuters: van theorie naar klaslokaal

Volgens sommigen moeten de peuter- en kleuterjaren in het teken staan van de voorbereiding op de toekomstige schoolcarrière. Anderen zijn echter van mening dat het nadelig kan zijn voor het welzijn van kinderen om ze te veel te pushen. Maar er bestaat ook een middenweg. Daarmee is het mogelijk om kinderen voor te bereiden op hun schooltijd zonder onnodige stress te creëren. Op basis van bevindingen van ontwikkelingspsychologen die onderzoek doen naar de cognitieve ontwikkeling in de peuter- en kleutertijd (Reese & Cox, 1999), kunnen we ouders en peuter- en kleuteronderwijzers verschillende suggesties aan de hand doen:

- Zowel ouders als onderwijzers moeten weten in welk cognitief ontwikkelingsstadium elk individueel kind zich bevindt en wat de mogelijkheden en beperkingen zijn die bij dat stadium horen. Anders is het onmogelijk om de juiste materialen en ervaringen aan te bieden.
- Wat je een kind aanbiedt, moet net een niveau hoger liggen dan zijn huidige cognitieve ontwikkelingsstadium. Als het te weinig nieuwe elementen bevat, zullen kinderen snel verveeld raken. Bevat het te veel nieuwe elementen, dan zullen ze in de war raken.
- Het lesprogramma moet zo veel mogelijk afgestemd zijn op het individuele kind. Omdat kinderen van dezelfde leeftijd niet altijd hetzelfde cognitieve ontwikkelingsniveau hebben, zullen lesmaterialen die toegesneden zijn op het individu meer effect hebben.
- Zorg voor mogelijkheden voor sociale interactie, zowel met andere kinderen als met volwassenen. Door feedback te krijgen van anderen en te zien hoe anderen in bepaalde situaties reageren, leren peuters en kleuters nieuwe manieren om zich te gedragen en om over de wereld na te denken.
- Laat kinderen fouten maken. Cognitieve groei vloeit vaak voort uit fouten maken en fouten herstellen.
- Omdat cognitieve ontwikkeling alleen mogelijk is als kinderen het juiste rijpingsniveau hebben bereikt, moeten ze niet te veel worden gepusht.
- Lees kinderen voor. Kinderen leren van de verhaaltjes die ze krijgen voorgelezen. Bovendien kan voorlezen hen motiveren om zelf te leren lezen.

▷ 9.1 De intellectuele ontwikkeling

- In het stadium dat Piaget preoperationeel noemde, zijn kinderen nog niet in staat tot georganiseerd, formeel, logisch denken. Wat zich wel ontwikkelt, is hun vermogen tot symbolisch denken. Symboolgebruik staat centraal bij het steeds verfijnder taalgebruik dat de preoperationale fase kenmerkt. Andere belangrijke aspecten van de cognitieve ontwikkeling in deze periode zijn centratie, conservatie en transformatie. Peuters en kleuters hebben moeite met deze concepten. Verder ontwikkelt zich het egocentrisme en ontstaat het intuïtief denken. Om kennis over de wereld te verwerven, maken peuters en kleuters actief gebruik van rudimentaire redeneervaardigheden.
- Aanhangers van de informatieverwerkingstheorie benaderen cognitieve ontwikkeling anders. Zij concentreren zich op de opslag en herinnering van informatie en op kwantitatieve veranderingen in de informatieverwerkingscapaciteiten van het kind (zoals aandacht en geheugen). Het geheugen in de peuter- en kleutertijd kan onbetrouwbaar zijn. Het is ook gevoelig voor de suggesties van anderen.
- Volgens Vygotsky zijn de aard en de voortgang van de cognitieve ontwikkeling van kinderen afhankelijk van de sociale en culturele context. Vygotsky stelt dat het begrip dat kinderen hebben van de wereld een resultaat is van hun interacties met hun ouders, andere kinderen en andere leden van de maatschappij. Vygotsky wijst erop dat de cognitieve vermogens van kinderen kunnen worden gestimuleerd door kinderen bloot te stellen aan informatie die bijna, maar net niet helemaal, door hen te bevatten is. De wereld van dergelijke net-achter-de-horizon-kennis noemde hij de zone van naaste ontwikkeling (zone of proximal development, ZPD). Kinderen hebben anderen nodig die hen verder helpen in hun ontwikkeling. Dit proces wordt scaffolding genoemd.

▷ 9.2 De taalontwikkeling

- Kinderen stappen al snel over van tweewoordzinnen naar langere, complexere zinnen. Daaruit blijkt dat hun vocabulaire groeit en dat ze besef beginnen te krijgen van grammatica. Het proces dat bekendstaat als fast mapping stelt kinderen in staat hun woordenschat zeer snel uit te breiden.
- Het taalgebruik van peuters en kleuters wordt egocentrisch genoemd. Daarbij gaat het vaak om gesproken taal die niet voor anderen bedoeld is, maar voor de sturing van het eigen gedrag en de eigen gedachten. Hierdoor ontwikkelen zich de pragmatische vermogens van taal bij peuters en kleuters. Verder neemt ook het sociale taalgebruik toe, dat bedoeld is om door de ander begrepen te worden.
- De ontwikkeling van taalvaardigheden is mede afhankelijk van de sociaaleconomische status. Armoede kan een negatieve invloed hebben op het taalvermogen van kinderen en uiteindelijk ook op hun schoolprestaties.

▷ 9.3 De invloed van school en media

- Onderwijsprogramma's voor jonge kinderen kunnen bijdragen aan hun cognitieve en sociale ontwikkeling. In Nederland zijn er peuterspeelzalen en voorscholen voor jonge kinderen. Vanaf vier jaar begint het basisonderwijs met groep 1. De leerplicht loopt van vijf tot zestien jaar. In België nemen zo goed als alle kinderen deel aan het vrijwillig kleuteronderwijs vanaf 2,5 jaar. Vervolgens starten de kinderen op de leeftijd van zes jaar met het lager onderwijs. De leerplicht loopt in België van zes tot achttien jaar. Buiten deze vroege onderwijsprogramma's zijn er in beide landen verschillende vormen van kinderopvang aanwezig.
- Het meeste onderzoek wijst uit dat de intellectuele ontwikkeling van peuters en kleuters die naar kinderdagverblijven gaan minstens op hetzelfde niveau ligt als de intellectuele ontwikkeling van kinderen die thuisblijven. Vaak doen kinderen die naar kinderdagverblijven gaan het zelfs beter. Uit sommige studies blijkt dat deze kinderen vloeiender spreken, een voorsprong hebben op het gebied van begrip en geheugen en soms zelfs hoger scoren op IQ-tests dan thuisblijvende kinderen. Sommige onderzoekers wijzen erop dat een te vroege nadruk op goede schoolprestaties stress en druk kan veroorzaken bij jonge kinderen. Andere onderzoekers wijzen erop dat de voordelen van formele programma's opwegen tegen hun potentiële nadelen, met name bij arme kinderen.
- Kleuters kijken televisie en gamen ook al. De effecten van blootstelling aan televisie en games zijn gemengd. Sommige televisieprogramma's en computergames kunnen een educatief effect hebben. Het is aan te raden de schermtijd van jonge kinderen te beperken tot maximaal twee uur per dag. Kinderen jonger dan twee jaar zouden geen televisie moeten kijken en niet moeten gamen. Peuters en kleuters kunnen er moeite mee hebben om de emoties en situ-

aties die ze op televisie zien te scheiden van de echte wereld. Ook het gebrek aan beweging dat voortvloeit uit televisiekijken en gamen is een reden tot zorg.

Aan de andere kant kunnen peuters en kleuters veel opsteken van programma's die specifiek gericht zijn op hun cognitieve ontwikkeling, zoals *Sesamstraat*.

BELANGRIJKE TERMEN EN BEGRIPPEN

- Autobiografisch geheugen
- Centratie
- Conservatie
- Egocentrisme
- Egocentrisch taalgebruik
- Fast mapping
- Gastouder-/onthaalouderopvang
- Grammatica
- Intuïtief denken
- Kinderdagverblijf/crèche
- Kleuterschool
- Operaties
- Peuterspeelzaal
- Pragmatiek
- Preoperationeel stadium
- Scaffolding
- Script
- Sociaal taalgebruik
- Symboolgebruik
- Syntaxis
- Transformatie
- Voorschool
- Zone van naaste ontwikkeling

MyLab | Nederlandstalig

Op www.pearsonmylab.nl vind je studiemateriaal en de eText om je begrip en kennis van dit hoofdstuk uit te breiden en te oefenen.

Bron: Nancy Sheehan/PhotoEdit

HOOFDSTUK 10 DE SOCIALE ONTWIKKELING EN DE PERSOONLIJKHEIDSONTWIKKELING IN DE PEUTER- EN KLEUTERTIJD

HOOFDSTUK 10 IN VOGELVLUCHT

10.1 Een antwoord op de vraag 'Wie ben ik?'

10.1.1 De persoonlijkheidsontwikkeling: conflicten oplossen

10.1.2 Het zelfbeeld in de peuter- en kleutertijd

10.1.3 Genderidentiteit: het ontstaan van mannelijkheid en vrouwelijkheid

10.2 Vrienden en familie: het sociale leven van peuters en kleuters

10.2.1 Het ontstaan van vriendschappen

10.2.2 De regels van het spel

10.2.3 De theory of mind van peuters en kleuters: begrijpen wat anderen denken

10.2.4 Het gezinsleven van peuters en kleuters

10.3 Morele ontwikkeling en agressie

10.3.1 Het ontstaan van moreel besef: goed en fout in de maatschappij

10.3.2 Agressie en geweld bij peuters en kleuters: oorzaken en gevolgen

PROLOOG: Mijn moeder heeft pijn

Toen Annemieke op een dag thuiskwam van haar werk, was ze ervan overtuigd dat ze een waardeloze docent, een incompetente wetenschapper en een slechte moeder was. Een student was met haar in discussie gegaan over een cijfer, er was een beursaanvraag afgekeurd en de kippenpootjes die ze voor het avondeten had willen klaarmaken lagen nog in de vriezer. De ontwikkelingspsychologe zakte op de bank ineen en begon te huilen. Haar zoon van bijna twee schatte de situatie vakkundig in. Hij stormde naar de badkamer, rommelde in de kastjes totdat hij vond wat hij zocht en kwam terug met pleisters, die hij vervolgens overal op zijn snikkende (en nu ook verraste) moeder begon te plakken. Hij dacht dat hij uiteindelijk wel bij de juiste plek zou belanden (Begley, 2000, p. 25).

Het vermogen van een kind om de emoties van anderen te begrijpen, begint zich in de peuter- en kleutertijd te ontwikkelen.

Bron: click_ and_photo/Fotolia

Op www.pearsonmylab.nl vind je vragen bij deze proloog ter verwerking van de stof uit dit hoofdstuk.

Vooruitblik

Net als de meeste tweejarigen was de zoon van Annemieke niet alleen in staat om mee te voelen met de pijn van zijn moeder, hij probeerde ook een manier te vinden om die te verlichten. In de peuter- en kleutertijd begint het vermogen van kinderen om de emoties van anderen te begrijpen zich te ontwikkelen, en dat kleurt hun relatie met anderen.

In dit hoofdstuk gaan we in op de sociale ontwikkeling en de persoonlijkheidsontwikkeling in de peuter- en kleutertijd, een tijd van enorme groei en verandering. Allereerst zien we hoe kinderen een vorm van zelfbesef ontwikkelen en richten we ons op de manier waarop ze hun zelfbeeld vormgeven. We staan in het bijzonder stil bij de vraag 'Wie ben ik?'

Het sociale leven van peuters en kleuters is het onderwerp van het volgende gedeelte van dit hoofdstuk. We kijken naar hoe kinderen met elkaar spelen en behandelen verschillende speltypen. We zien hoe ouders en andere autoriteitsfiguren door hun opvoeding het gedrag van kinderen proberen te sturen.

Tot slot staan we stil bij twee aspecten van het sociale gedrag van peuters en kleuters: morele ontwikkeling en agressie.

10.1 Een antwoord op de vraag 'Wie ben ik?'

Hoewel de meeste peuters en kleuters zich niet bewust zullen afvragen wie ze zijn, ligt die vraag wel ten grondslag aan een groot deel van hun ontwikkeling. Peuters en kleuters gaan zich bezighouden met hun ik, en hun antwoord op de vraag 'Wie ben ik?' kan bepalend zijn voor de rest van hun leven.

10.1.1 De persoonlijkheidsontwikkeling: conflicten oplossen

De peuterleidster fronst haar wenkbrauwen als Maaike haar jas uitdoet. Normaal gesproken zijn de kleren van het meisje goed op elkaar afgestemd, maar vandaag is het een warboel. Ze heeft een bloemetjesbroek aan met een T-shirt dat daar vreselijk bij vloekt. Als accessoires draagt ze een gestreepte haarband, sokken met dieren erop en gestippelde kaplaarzen. Haar moeder haalt enigszins gegeneerd haar schouders op. 'Maaike heeft zich vanochtend helemaal zelf aangekleed', legt ze uit, terwijl ze de leidster een tas met een extra paar schoenen overhandigt voor het geval dat de laarzen vervelend gaan zitten.

De psychoanalyticus Erik Erikson zou de moeder van Maaike waarschijnlijk hebben gecomplimenteerd omdat ze haar dochter helpt eigen initiatief (en bovendien een eigen smaak) te ontwikkelen. Volgens Erikson (1963) krijgen kinderen in de peuter- en kleutertijd te maken met een belangrijk psychosociaal conflict dat betrekking heeft op de ontwikkeling van eigen initiatief. Tegelijkertijd beginnen ze een zelfconcept te ontwikkelen, een denkbeeld over de eigen ik.

Psychosociale ontwikkeling: de veranderingen in hoe we aankijken tegen onszelf, tegen de betekenis van het gedrag van anderen en tegen ons eigen gedrag (als leden van de samenleving).

Zoals we in paragraaf 7.3.1 hebben gezien, omvat de **psychosociale ontwikkeling** veranderingen in hoe individuen zichzelf, de betekenis van het gedrag van anderen en hun eigen gedrag leren begrijpen. Erikson meent dat de cultuur en maatschappij mensen het hele leven voor bepaalde uitdagingen plaatsen, die per leeftijd verschillend zijn. Volgens hem doorloopt elk mens acht verschillende stadia, waarin steeds een bepaalde crisis of een bepaald conflict moet worden opgelost (zie paragraaf 2.1.1, tabel 2-1). Op basis van zijn ervaringen bij het oplossen van deze conflicten ontwikkelt ieder persoon een positiever of negatiever gevoel van eigenwaarde of zelfbeeld.

Stadium van autonomie-versus-schaamte-en-twijfel: de periode waarin kinderen van tussen de achttien maanden en drie jaar zelfstandigheid en autonomie ontwikkelen als hun ouders hun verkenningsdrang stimuleren, en schaamte en zelftwijfel ervaren als ze beperkt en overmatig beschermd worden.

Aan het begin van de peuter- en kleutertijd verlaten kinderen het **stadium van autonomie-versus-schaamte-en-twijfel**, dat grofweg duurt van achttien maanden tot drie jaar. Als hun ouders hun vrijheid en verkenningsdrang stimuleren, worden kinderen onafhankelijker en autonomer, maar als ze beperkt en overmatig beschermd worden, ervaren ze schaamte en gaan ze aan zichzelf twijfelen.

Stadium van initiatief-versus-schuldgevoel: de periode van het derde tot het zesde jaar waarin kinderen te maken krijgen met conflicten tussen het verlangen om onafhankelijk van hun ouders te opereren en het schuldgevoel dat voortvloeit uit de onbedoelde consequenties van hun acties.

Het grootste deel van de peuter- en kleutertijd bevinden kinderen zich in het **stadium van initiatief-versus-schuldgevoel**, dat ongeveer duurt van hun derde tot hun zesde jaar. In deze periode verandert de manier waarop kinderen zichzelf zien ingrijpend. Ze krijgen te maken met conflicten tussen het verlangen om onafhankelijk van hun ouders te opereren en het schuldgevoel dat voortvloeit uit de onbedoelde consequenties van hun acties. In feite ontwikkelen peuters en kleuters het besef dat ze zelfstandige personen zijn en beginnen ze beslissingen te nemen en vorm te geven aan het soort persoon dat ze uiteindelijk zullen worden.

Zie MyLab voor de video: Zelfbesef

Ouders die positief reageren op deze overgang naar onafhankelijkheid, zoals de moeder van Maaike, kunnen hun kinderen helpen de negatieve gevoelens die kenmerkend zijn voor deze periode het hoofd te bieden. Door hun kinderen de gelegenheid te bieden zelfstandig te handelen en ze tegelijkertijd ondersteuning en sturing te geven, kunnen ouders het initiatief van hun kinderen stimuleren. Ouders die de pogingen van hun kinderen om onafhankelijker te worden dwarsbomen, zullen bij hun kinderen daarentegen een schuldgevoel bevorderen dat hun hele leven blijft bestaan. Dat schuldgevoel heeft ook invloed op hun zelfbeeld, dat zich in deze periode begint te ontwikkelen.

10.1.2 Het zelfbeeld in de peuter- en kleutertijd

Het zelfbeeld dat peuters en kleuters ontwikkelen is gedeeltelijk afhankelijk van de cultuur waarin ze opgroeien.

Bron: Koki Iino/Getty Images

Als je peuters en kleuters vraagt wat hen onderscheidt van andere kinderen, hebben ze vaak meteen een antwoord klaar in de trant van: 'Ik kan heel hard rennen' of 'Ik houd van tekenen' of 'Ik ben groot'. Zulke antwoorden hebben te maken met hun **zelfbeeld**: hun identiteit of de opvattingen die zij van zichzelf als persoon hebben (Marsh, Ellis & Craven, 2002; Tesser, Felson & Suls, 2000).

De opmerkingen waarmee kinderen hun zelfbeeld omschrijven zijn niet altijd accuraat. Sterker nog: peuters en kleuters hebben de neiging om hun capaciteiten en hun kennis op alle gebieden te overschatten. Daardoor is hun toekomstbeeld vrij rooskleurig: ze verwachten de volgende wedstrijd te winnen, al hun tegenstanders te verslaan of prachtige verhalen te schrijven als ze later groot zijn. Zelfs als ze net ergens in gefaald hebben, verwachten ze het in de toekomst op dat gebied goed te doen. Dat optimisme is gedeeltelijk het resultaat van het feit dat ze nog niet zijn begonnen zichzelf en hun prestaties met anderen te vergelijken (Ehm, Lindberg & Hasselhorn, 2013; Verschueren, Doumen & Buyse, 2012; Wang, 2004).

Zelfbeeld: iemands identiteit of de opvattingen die hij van zichzelf als persoon heeft.

Individualistische oriëntatie: filosofie waarin de nadruk ligt op persoonlijke identiteit en op de eigenheid van het individu.

In het beeld dat peuters en kleuters van zichzelf beginnen te ontwikkelen, komt ook de cultuur waarin zij opgroeien tot uiting. Kinderen in westerse culturen zullen een onafhankelijk beeld van hun ik ontwikkelen omdat hun maatschappij **individualistisch georiënteerd** is. De nadruk ligt op persoonlijke identiteit en op de eigenheid van het individu. Zij zullen dus meer nadruk leggen op de aspecten die hen van anderen onderscheiden – op wat hen uniek maakt.

Zulke opvattingen kunnen soms op subtiele manieren in een cultuur tot uiting komen. Een bekend gezegde in westerse culturen is bijvoorbeeld 'brutalen hebben de halve wereld'. Peuters en kleuters die volgens dit gezegde worden opgevoed, leren inzien dat ze moeten proberen de aandacht van anderen te trekken door zich te onderscheiden en hun behoeften kenbaar te maken. Kinderen in Aziatische culturen, die **collectivistisch georiënteerd** zijn, krijgen bijvoorbeeld te horen dat het niet goed is om 'je kop boven het maaiveld uit te steken'. Hun wordt bijgebracht dat een kind juist niet op moet vallen, dienstbaar moet zijn aan de familie en goed zijn best moet doen (Dennis et al., 2002; Lehman, Chiu & Schaller, 2004; Wang, 2004, 2006).

Collectivistische oriëntatie: filosofie waarin de nadruk ligt op onderlinge afhankelijkheid.

10.1.3 Genderidentiteit: het ontstaan van mannelijkheid en vrouwelijkheid

> Jongensbeoordeling: beste denker, gretigste leerling, meest fantasierijke leerling, beste vriend, beste persoonlijkheid, hardste werker, leerling met het grootste gevoel voor humor.

> Meisjesbeoordeling: lieveling van de juffrouw, liefste persoonlijkheid, schattigste leerling, gulste leerling, creatiefste leerling, best gemanierde leerling, behulpzaamste leerling.

Wat is er mis met dit plaatje van een beoordelingsceremonie van een kleutergroep? Behoorlijk wat, zo vonden de ouders van een dochter die als 'schattig' werd omschreven door haar juf (Deveny, 1994). Terwijl de meisjes schouderklopjes kregen vanwege hun plezierige persoonlijkheid, ontvingen de jongens complimenten voor hun intellectuele en analytische vaardigheden.

Toch is een dergelijke situatie niet zeldzaam: al vanaf hun geboorte worden jongens en meisjes verschillend behandeld, en dat gaat hun hele leven door (Bornstein et al., 2008; Eklund, 2011; Martin & Ruble, 2004).

Het gender van een kind, het gevoel mannelijk of vrouwelijk te zijn, heeft stevig postgevat tegen de tijd dat het peuter of kleuter is. Zoals eerder in paragraaf 7.3.3 is opgemerkt, betekenen geslacht en gender niet hetzelfde. *Geslacht* verwijst gewoonlijk naar de anatomische geslachtskenmerken, terwijl *gender* naar de beleving van mannelijkheid of vrouwelijkheid verwijst. Op hun tweede jaar geven kinderen zichzelf en anderen in hun omgeving consistent het label 'mannelijk' of 'vrouwelijk' (Campbell, Shirley & Candy, 2004; Raag, 2003).

Een van de manieren waarop gender zich manifesteert is tijdens het spelen. In de peuter- en kleutertijd doen jongens meer wilde spelletjes dan meisjes, terwijl meisjes zich vaker bezighouden met georganiseerde spelletjes en rollenspellen. Bovendien beginnen jongens meer met jongens te spelen en meisjes meer met meisjes, een tendens die zich voortzet in de rest van de schooltijd.

Deze voorkeur voor dezelfde sekse valt in veel culturen waar te nemen. Observaties van kleuters in China brachten bijvoorbeeld geen voorbeelden van gemengd spelen aan het licht. Bij spelen blijkt gender zwaarder te wegen dan etniciteit: een Latijns-Amerikaans jongetje speelt liever met een blank jongetje dan met een Latijns-Amerikaans meisje (Aydt & Corsaro, 2003; Whiting & Edwards, 1988).

Peuters en kleuters beginnen ook verwachtingen te ontwikkelen over toepasselijk gedrag voor jongens en meisjes. Hun verwachtingen op dit gebied zijn onwrikbaarder en meer stereotiep dan die van volwassenen en misschien zelfs minder flexibel dan in andere fasen. Genderstereotiepe opvattingen worden tot aan het vijfde jaar steeds uitgesprokener en nemen rond het zevende jaar weer wat in sterkte af, hoewel ze nooit helemaal verdwijnen. Peuters en kleuters hebben dezelfde stereotiepe opvattingen als de volwassenen in hun maatschappij (Halim, Ruble & Tamis-LeMonda, 2013; Lam & Leman, 2003; Poulin-Dubois, Serbin & Eichstedt, 2002; Ruble et al., 2007).

En hoe zien de genderverwachtingen van peuters en kleuters eruit? Net als volwassenen dichten zij mannen vaker eigenschappen toe die te maken hebben met competentie, onafhankelijkheid, kracht en concurrentiedrang. Vrouwen bezitten volgens hen eerder eigenschappen als warmte, expressiviteit, zorgzaamheid en onderworpenheid. Hoewel dit slechts verwachtingen zijn, die niets zeggen over de manier waarop mannen en vrouwen zich daadwerkelijk gedragen, zeggen zij wel veel over de manier waarop peuters en kleuters de wereld zien. Hun opvattingen en verwachtingen hebben invloed op zowel hun eigen gedrag als de manier waarop zij met leeftijdgenoten en volwassenen omgaan (Blakemore, 2003; Gelman, Taylor & Nguyen, 2004; Martin & Dinella, 2012). Het is verwonderlijk dat peuters en kleuters zulke sterke gendergerelateerde verwachtingen hebben en dat er zulke duidelijke verschillen bestaan tussen het gedrag van jongens en het gedrag van meisjes. Waarom zou gender in de peuter- en kleutertijd (en gedurende de rest van het leven) zo'n belangrijke rol spelen? Ontwikkelingsdeskundigen hebben hier verschillende verklaringen voor.

Biologische theorieën over genderverschillen

Zoals we al eerder aangaven, heeft gender betrekking op het gevoel mannelijk of vrouwelijk te zijn, terwijl sekse en geslacht betrekking hebben op de fysieke kenmerken die mannen en vrouwen van elkaar onderscheiden. Het ligt voor de hand dat biologische kenmerken die gerelateerd zijn aan sekse rechtstreeks tot genderverschillen leiden. Hier zijn inderdaad bewijzen voor gevonden.

Hormonen zijn een van die biologische kenmerken. Er is bijvoorbeeld onderzoek gedaan naar meisjes wier moeders voordat ze wisten dat ze zwanger waren medicijnen hadden geslikt met hoge doses androgenen (mannelijke hormonen). Deze aan androgenen blootgestelde meisjes vertoonden vaker gedrag dat geassocieerd wordt met mannelijke stereotypen dan hun zussen die niet blootgesteld waren aan androgenen (Burton et al., 2009; Knickmeyer & Baron-Cohen, 2006; Mathews et al., 2009). De eerste groep was liever in het gezelschap van jongens en speelde meer met speelgoed dat geassocieerd wordt met mannelijkheid, zoals auto's en vrachtwagens. Andersom vertonen jongens die voor hun geboorte werden blootgesteld aan ongewoon hoge doses vrouwelijke hormonen (oestrogeen) meer stereotiep vrouwelijk gedrag (Knickmeyer & Baron-Cohen, 2006; Servin et al., 2003).

Zoals we zagen in het kader *Diversiteit in ontwikkeling* in hoofdstuk 8, blijkt uit sommige onderzoeken bovendien dat er biologische verschillen bestaan in de structuur van mannelijke en vrouwelijke hersenen. Een deel van het corpus callosum, bijvoorbeeld, de zenuwbundel die onze hersenhelften met elkaar verbindt, is bij vrouwen proportioneel groter dan bij mannen. Volgens sommige theoretici wijzen bevindingen als deze erop dat genderverschillen het gevolg zijn van biologische factoren (Westerhausen, 2004).

Alvorens zulke beweringen voor waar aan te nemen, is het belangrijk om te beseffen dat er nog heel veel andere verklaringen mogelijk zijn. Het corpus callosum zou bij vrouwen ook proportioneel groter kunnen zijn als gevolg van ervaringen die de groei van de hersenen op een bepaalde manier beïnvloeden. Als dat waar is, leiden omgevingservaringen tot biologische veranderingen en niet andersom.

Andere ontwikkelingsdeskundigen menen dat genderverschillen de overleving van de soort waarborgen. Deze theoretici, die kiezen voor een evolutionaire benadering, menen dat onze mannelijke voorouders die meer stereotiep mannelijke eigenschappen hadden, zoals kracht en concurrentiedrang, beter in staat waren om vrouwen aan te trekken die hen van sterk nageslacht konden voorzien. Vrouwen die uitblonken in stereotiep vrouwelijke vaardigheden, zoals verzorgen, waren waardevollere partners omdat ze hun kinderen beter beschermden tegen de gevaren van de kindertijd (Browne, 2006; Ellis, 2006; McMillian-Robinson, Frierson & Campbell, 2011).

Net als op andere gebieden waarbij sprake is van interactie tussen geërfde biologische eigenschappen en omgevingsinvloeden, is het moeilijk om gedragskenmerken voor de volle honderd procent toe te schrijven aan biologische factoren. Daarom moeten we ook openstaan voor andere verklaringen voor genderverschillen.

Psychoanalytische theorieën over genderverschillen

Je herinnert je misschien uit paragraaf 2.1.1 dat de mens volgens de psychoanalytische theorie van Freud verschillende stadia doorloopt die gerelateerd zijn aan onbewuste driften. Volgens Freud valt een deel van de peuter- en kleutertijd samen met de fallische fase, waarbij een kind vooral plezier ontleent aan zijn genitale seksualiteit.

Freud meende dat het einde van de fallische fase wordt gekenmerkt door een belangrijk keerpunt in de ontwikkeling: het oedipuscomplex. Volgens Freud treedt het oedipuscomplex rond de leeftijd van vijf jaar op, wanneer anatomische verschillen tussen mannen en vrouwen in het oog springen. Jongens beginnen onbewust 'seksuele' belangstelling te tonen voor hun moeder en zien hun vader als rivaal. Omdat ze hun vader echter als almachtig beschouwen, ontwikkelen jongens een angst voor vergelding, die zich manifesteert als *castratieangst*. Om deze angst te overwinnen, onderdrukken jongens hun verlangen naar hun moeder en beginnen zij zich in plaats daarvan te identificeren met hun vader, in een poging zo veel mogelijk op hem te lijken. **Identificatie** is het proces waarbij kinderen proberen gelijk te zijn aan de ouder van dezelfde sekse en waarbij ze de attitudes en waarden van deze ouder overnemen.

Identificatie: het proces waarbij kinderen proberen gelijk te zijn aan de ouder van dezelfde sekse en waarbij ze de attitudes en waarden van deze ouder overnemen.

Meisjes doorlopen volgens Freud een soortgelijk proces, het zogenaamde elektracomplex. Ze beginnen zich onbewust 'seksueel' aangetrokken te voelen tot hun vader. Om de liefde van hun vader te winnen, identificeren meisjes zich uiteindelijk met hun moeder en proberen zij zo veel mogelijk op haar te lijken.

Identificatie met de ouder van dezelfde sekse leidt er zowel bij jongens als bij meisjes uiteindelijk toe dat de kinderen de genderattitudes en -waarden van hun ouders overnemen. Op deze manier, zo meende Freud, worden de verwachtingen van de maatschappij ten aanzien van 'normaal' gedrag van mannen en vrouwen steeds weer aan de volgende generatie doorgegeven.

Er zijn ontwikkelingsdeskundigen die menen dat de ontwikkeling van gender het best kan worden verklaard door andere mechanismen. Zij baseren hun kritiek op Freud gedeeltelijk op het gebrek aan wetenschappelijke onderbouwing van zijn theorieën. Kinderen leren genderstereotypen veel eerder dan hun vijfde jaar, en dat leren vindt ook in eenoudergezinnen plaats. Voor sommige aspecten van de psychoanalytische theorie bestaat echter wel steun. Zo blijkt uit onderzoek dat peuters en kleuters wier ouders van dezelfde sekse seksestereotiep gedrag vertonen, dat gedrag zelf ook vertonen. Maar er zijn veel eenvoudiger processen die dit verschijnsel zouden kunnen verklaren. Veel ontwikkelingsdeskundigen zoeken dan ook naar andere verklaringen voor genderverschillen (Chen & Rao, 2011; Martin & Ruble, 2004).

Volgens de sociale leertheorie observeren kinderen het gedrag van volwassenen van dezelfde sekse en gaan ze dat imiteren.

Bron: (boven) Tony Freeman/PhotoEdit; (onder) Grady Reese/Fancy/Corbis

Genderidentiteit: de perceptie van het zelf als mannelijk of vrouwelijk.

Genderschema: een cognitief raamwerk waarbinnen genderrelevante informatie wordt geordend.

De sociale leertheorie over genderverschillen

Volgens de sociale leertheorie leren kinderen over gendergerelateerd gedrag en gendergerelateerde verwachtingen door anderen te observeren. Kinderen zouden naar het gedrag kijken van hun ouders, onderwijzers, broers en zussen en zelfs leeftijdgenoten. Doordat ze zien dat deze personen beloond worden als ze het juiste gendergerelateerde gedrag vertonen, zullen ze dat gedrag zelf ook gaan vertonen (Rust et al., 2000).

Ook boeken en de media, en dan vooral televisie en videospelletjes, spelen een rol bij het in stand houden van traditionele opvattingen over gendergerelateerd gedrag. Peuters en kleuters kunnen daardoor worden beïnvloed. In televisieprogramma's worden vrouwelijke personages bijvoorbeeld meestal gedefinieerd aan de hand van hun relatie met mannen. Bovendien zijn vrouwen bijna altijd met mannen te zien en komen vrouw-vrouwrelaties relatief weinig voor (Calvert, Kotler & Zehnder, 2003). Verder worden vrouwen veel vaker als slachtoffer neergezet dan mannen. Op televisie worden mannen en vrouwen meestal gepresenteerd in traditionele genderrollen. Uit analyses van de populairste televisieprogramma's blijkt bijvoorbeeld dat er twee keer zo veel mannelijke personages in optreden. Verder worden vrouwen veel minder vaak geportretteerd als besluitvormers of als productieve individuen en veel vaker als personages die geïnteresseerd zijn in relaties, huis en gezin. Volgens de sociale leertheorie hebben zulke modellen een sterke invloed op wat peuters en kleuters passend gedrag vinden (Hust, Brown & L'Engle, 2008; Nassif & Gunter, 2008; Prieler et al., 2011).

In sommige gevallen gaat het aanleren van sociale rollen niet via modellen maar op een directere manier. We hebben waarschijnlijk allemaal wel eens een ouder tegen zijn kind horen zeggen dat het zich als een 'lief meisje' of als een 'grote jongen' moet gedragen. In feite wil dit zeggen dat meisjes beleefd en fatsoenlijk moeten zijn en dat jongens hard en onverstoorbaar moeten zijn – eigenschappen die geassocieerd worden met de traditionele mannelijke en vrouwelijke stereotypen. Zulke directe training geeft duidelijke signalen af over het gedrag dat peuters of kleuters moeten vertonen (Leaper, 2002).

De cognitieve theorie over genderverschillen

Volgens sommige theoretici heeft het verlangen om een duidelijke identiteit te ontwikkelen tot gevolg dat kinderen een **genderidentiteit** ontwikkelen: een perceptie van zichzelf als mannelijk of vrouwelijk. Hiervoor ontwikkelen ze een **genderschema**: een cognitief raamwerk waarbinnen genderrelevante informatie wordt geordend (Halim et al., 2013; Martin & Ruble, 2004; Signorella & Frieze, 2008).

Genderschema's worden al vroeg in het leven ontwikkeld. Zij vormen als het ware een filter waardoor kinderen de wereld zien. Peuters en kleuters gebruiken hun groeiende cognitieve vaardigheden bijvoorbeeld om 'regels' op te stellen over wat wel en niet toepasselijk is voor mannen en vrouwen. Zo besluiten sommige meisjes dat het niet bij een vrouw hoort om een broek te dragen en passen zij die regel zo rigide toe dat ze alles weigeren te dragen wat geen jurk of rok is (Frawley, 2008).

Volgens de cognitieve ontwikkelingstheorie van Lawrence Kohlberg (1966) is deze rigiditeit gedeeltelijk het resultaat van veranderingen in de manier waarop peuters en kleuters tegen gender aankijken. In eerste instantie worden

Zie MyLab voor de video: Genderconstantie

Genderconstantie: het feit dat mensen permanent mannelijk of vrouwelijk zijn als gevolg van vaste, onveranderlijke biologische factoren.

genderschema's beïnvloed door onjuiste opvattingen over sekseverschillen. Jonge kinderen denken dat sekseverschillen niet gebaseerd zijn op biologische factoren, maar op verschillen in verschijning of gedrag. Een meisje dat zo tegen de wereld aankijkt, kan denken dat ze een vader kan worden als ze groot is. Een jongen kan denken dat hij een meisje wordt als hij een jurk aantrekt en zijn haar in een staart doet. Rond hun vierde of vijfde jaar ontwikkelen kinderen echter een begrip van **genderconstantie**: het feit dat mensen permanent mannelijk of vrouwelijk zijn als gevolg van vaste, onveranderlijke biologische factoren.

Hoewel uit onderzoek is gebleken dat het begrip van genderconstantie in de peuter- en kleutertijd verandert, bestaat er veel minder bewijs voor het idee dat dat begrip de oorzaak is van gendergerelateerd gedrag. In de praktijk manifesteren genderschema's zich ruim voordat kinderen zich bewust worden van genderconstantie. Zelfs jonge peuters en kleuters gebruiken stereotiepe opvattingen over gender om te bepalen welke gedragspatronen wel en welke niet toepasselijk zijn (Karniol, 2009; Martin & Ruble, 2004; Ruble et al., 2007).

Net als de andere theorieën over genderontwikkeling (samengevat in tabel 10-1) impliceert de cognitieve theorie niet dat verschillen tussen de twee seksen verkeerd of ongepast zijn. Zij gaat er juist van uit dat we peuters en kleuters moet leren anderen als individuen te behandelen. Verder moeten ze leren dat het belangrijk is om hun eigen talenten te ontplooien en te handelen als individu.

TABEL 10-1 Vier theorieën over genderontwikkeling

PERSPECTIEF	BELANGRIJKSTE KENMERKEN	IMPLICATIES VOOR PEUTERS EN KLEUTERS
Biologisch	Voorouders die zich gedroegen op manieren die tegenwoordig als stereotiep mannelijk of vrouwelijk worden beschouwd, zouden zich beter kunnen voortplanten. Verschillen in de hersenen zouden leiden tot genderverschillen.	Meisjes kunnen vanuit de evolutie genetisch 'geprogrammeerd' zijn om zich expressiever en verzorgender te gedragen, terwijl jongens 'geprogrammeerd' zijn om competitiever en krachtiger te zijn. Prenatale blootstelling aan hormonen van de andere sekse vertoont een verband met gedrag dat normaal gesproken van die sekse wordt verwacht.
Psychoanalytisch	Genderontwikkeling is het resultaat van identificatie met de ouder van dezelfde sekse, die tot stand komt na het doorlopen van een reeks stadia die gekoppeld zijn aan onbewuste driften.	Meisjes en jongens wier ouders zich op een stereotiep mannelijke of vrouwelijke manier gedragen, zullen dat misschien ook doen omdat ze zich met de ouder van dezelfde sekse identificeren.
Sociale leertheorie	Kinderen leren over gendergerelateerd gedrag en gendergerelateerde verwachtingen door het gedrag van anderen te observeren.	Kinderen merken dat andere kinderen en volwassenen beloond worden als ze zich gedragen op een manier die strookt met genderstereotypen, en soms gestraft worden als ze zich niet aan die stereotypen houden.
Cognitief	Door het gebruik van genderschema's, die vroeg in het leven worden ontwikkeld, zien peuters en kleuters de wereld door een bepaald filter. Ze gebruiken hun groeiende cognitieve vaardigheden om 'regels' te ontwikkelen over wat gepast is voor mannen en vrouwen.	De regels die peuters en kleuters hanteren over het juiste gendergedrag zijn minder flexibel dan die van mensen van andere leeftijden, misschien omdat ze net genderschema's hebben ontwikkeld waarbinnen weinig afwijking mogelijk is van stereotiepe verwachtingen.

10.2 Vrienden en familie: het sociale leven van peuters en kleuters

Roy en Hakan, die allebei drie zijn en in dezelfde flat wonen, zijn sinds een paar weken onafscheidelijk. Ze spelen de hele dag met autootjes, waarmee ze de galerij op en neer racen totdat een van de buren over het lawaai begint te klagen. De jongens doen net of ze elkaar voorlezen en blijven soms bij elkaar logeren. Ze noemen elkaar hun 'beste vriend'.

Een baby kan voor bijna alle sociale contacten die hij nodig heeft terecht bij zijn eigen gezin. In de peuter- en kleutertijd beginnen veel kinderen net als Roy en Hakan te ontdekken hoe leuk vriendschap met leeftijdgenoten kan zijn. Hoewel ze hun sociale netwerk in deze periode misschien aanzienlijk uitbreiden, blijven ouders en familie een grote rol spelen in hun leven. Hieronder kijken we naar beide kanten van de sociale ontwikkeling van peuters en kleuters: vrienden en familie.

10.2.1 Het ontstaan van vriendschappen

Naarmate peuters en kleuters ouder worden, veranderen hun kijk op vriendschap en de kwaliteit van hun interacties.

Bron: J. Greenberg/The Image Works

Vóór het derde levensjaar betekent sociale activiteit eenvoudigweg dat kinderen tegelijkertijd op dezelfde plek zijn zonder dat er echte sociale interactie plaatsvindt. Rond hun derde jaar beginnen kinderen vriendschappen te ontwikkelen. Ze zien leeftijdgenoten als individuen met hun eigen kwaliteiten. Hun relaties met volwassenen zijn gebaseerd op hun behoefte aan verzorging, bescherming en begeleiding, terwijl hun relaties met leeftijdgenoten gebaseerd zijn op het verlangen om een metgezel te hebben, te spelen en zich te vermaken.

Naarmate kinderen ouder worden, verandert hun kijk op vriendschap bovendien geleidelijk. Ze gaan vriendschap als iets permanents beschouwen, als een stabiele relatie die op het moment zelf betekenis heeft en die gevolgen heeft voor toekomstige activiteiten (Hay, Payne & Chadwick, 2004; Proulx & Poulin, 2013; Sebanc et al. 2007).

De kwaliteit van de interacties tussen kinderen en hun vriendjes verandert in de peuter- en kleutertijd. Vriendschappen van driejarigen zijn vooral gericht op samen dingen doen en samen spelen, zoals Hakan en Roy, die op de galerij met hun autootjes spelen. Oudere kinderen besteden meer aandacht aan abstracte begrippen als vertrouwen, steun en gemeenschappelijke interesses. Samen spelen blijft echter een belangrijk aspect van alle peuter- en kleutervriendschappen. Net als de vriendschappen zelf veranderen ook de spelpatronen in de peuter- en kleutertijd (Kawabata & Crick, 2011; Park, Lay & Ramsay, 1993).

10.2.2 De regels van het spel

In de peuterklas van de driejarige Mariska laat Olga de voeten van haar pop op tafel dansen terwijl ze zachtjes in zichzelf zingt. Joost duwt zijn speelgoedautootje over de vloer en maakt autogeluiden. Sara rent achter Abdel aan.

Spelen is voor peuters en kleuters meer dan alleen tijdverdrijf. Het dient een belangrijk doel. Het helpt hen zich te ontwikkelen op verschillende niveaus: motorisch, cognitief en sociaal. De Hoge Commissie voor de Mensenrechten

Bij parallel spel spelen kinderen naast elkaar met hetzelfde materiaal, maar is er geen sprake van wezenlijke interactie.

Bron: Angela Hampton/Alamy

Functioneel spel: spelvorm die bestaat uit eenvoudige, zich herhalende activiteiten.

Constructief spel: spelvorm waarbij kinderen objecten manipuleren om iets te produceren of te bouwen.

Parallel spel: spelvorm waarbij kinderen naast elkaar met hetzelfde materiaal spelen zonder dat er sprake is van wezenlijke interactie.

Toekijkend spel: spelvorm waarbij kinderen alleen maar naar het spel van anderen kijken zonder zelf mee te doen.

Associatief spel: spelvorm waarbij twee of meer kinderen daadwerkelijk de interactie aangaan doordat ze speelgoed of materiaal uitwisselen of lenen, hoewel ze niet hetzelfde doen.

Coöperatief spel: spelvorm waarbij kinderen echt met elkaar spelen (ze wisselen elkaar af, doen spelletjes of bedenken wedstrijdjes).

van de Verenigde Naties beschermt zelfs het basisrecht van ieder kind op spelen (Holmes & Romeo, 2013; McGinnis, 2012; Whitebread et al., 2009).

Spelcategorieën

Aan het begin van de peuter- en kleutertijd houden kinderen zich bezig met **functioneel spel**: eenvoudige, zich herhalende activiteiten die typisch zijn voor driejarigen. Bij functioneel spel kunnen objecten betrokken zijn, zoals poppen of auto's, of herhaaldelijke spierbewegingen, zoals huppelen, springen of een stuk klei uitrollen. Bij functioneel spel doet een kind dus puur iets om actief te zijn. De functie van het spel zit in het spel zelf en heeft geen ander doel (Bober, Humphry & Carswell, 2001; Kantrowitz & Evans, 2004).

Als kinderen ouder worden, neemt hun functionele spel af. Tegen de tijd dat ze vier zijn, schakelen ze over op een geavanceerdere spelvorm. Bij **constructief spel** manipuleren kinderen objecten om iets te produceren of te bouwen. Een kind dat een huis van lego bouwt of een puzzel in elkaar zet, is bezig met constructief spel: hij heeft een einddoel. Dit type spel hoeft niet altijd gericht te zijn op het creëren van iets nieuws. Kinderen kunnen bijvoorbeeld ook een huis van blokken bouwen, het omgooien en het vervolgens weer opbouwen.

Via constructief spel kunnen kinderen hun ontluikende cognitieve en fysieke vaardigheden testen en hun fijne motoriek oefenen. Ze ervaren hoe dingen in elkaar passen en in welke volgorde dingen moeten gebeuren. Ook leren ze met anderen samenwerken, een ontwikkeling die we waarnemen als de sociale aard van het spel tijdens de peuter- en kleutertijd verandert. Het is dus belangrijk dat volwassenen aan peuters en kleuters verschillende soorten speelgoed aanbieden waarmee zowel functioneel als constructief spel mogelijk is (Edwards, 2000; Love & Burns, 2006; Shi, 2003).

De sociale aspecten van spelen

Als twee peuters naast elkaar aan een tafel zitten en allebei met een andere puzzel bezig zijn, spelen ze dan samen of niet? Uit pionierswerk van Mildred Parten (1932) blijkt dat het antwoord 'ja' is. Volgens haar zijn deze peuters bezig met **parallel spel**, waarbij kinderen naast elkaar met hetzelfde materiaal spelen zonder dat er sprake is van wezenlijke interactie. Parallel spel is kenmerkend voor kinderen aan het begin van de peuter- en kleutertijd. Peuters en kleuters houden zich ook bezig met een andere, zeer passieve, spelvorm: **toekijkend spel**. Hierbij kijken ze alleen naar het spel van anderen zonder zelf mee te doen. Soms kijken ze zwijgend toe, andere keren geven ze commentaar of advies of moedigen ze andere kinderen aan.

Als ze ouder worden, gaan peuters en kleuters zich met complexere sociale spelvormen bezighouden waarbij meer interactie komt kijken. Bij **associatief spel** gaan twee of meer kinderen daadwerkelijk de interactie aan doordat ze speelgoed of materiaal uitwisselen of lenen, hoewel ze niet hetzelfde doen. Bij **coöperatief spel** spelen kinderen echt met elkaar: ze wisselen elkaar af, doen spelletjes of bedenken wedstrijdjes. De verschillende speltypen worden samengevat in tabel 10-2.

Hoewel associatief spel en coöperatief spel zich pas aan het einde van de peuter- en kleutertijd manifesteren, wordt de aard van hun spel aanzienlijk beïnvloed door de hoeveelheid en het soort sociale ervaringen die kinderen hebben opgedaan. Kinderen die bijvoorbeeld veel in aanraking zijn geweest met andere kinderen zullen waarschijnlijk vroeger socialer gedrag vertonen, zoals associatief en coöperatief spel, dan kinderen met minder sociale ervaring (Brownell, Ramani & Zerwas, 2006; Dyer & Moneta, 2006; Trawick-Smith & Dziurgot, 2011).

TABEL 10-2 **Spelcategorieën**

SPELTYPE	OMSCHRIJVING	VOORBEELDEN
Functioneel spel	Kinderen spelen via eenvoudige, zich herhalende activiteiten.	Kinderen rijden met een autootje de woonkamer op en neer.
Constructief spel	Kinderen spelen door materiaal te vervormen of met materiaal te bouwen.	Kinderen boetseren met klei een poppetje.
Parallel spel	Kinderen spelen naast elkaar met hetzelfde materiaal, maar zonder wezenlijke interactie.	Kinderen zitten naast elkaar en spelen elk met hun eigen autootje of maken elk hun eigen puzzel of kleipoppetje.
Toekijkend spel	Kinderen kijken naar het spel van anderen zonder zelf mee te doen. Soms kijken ze zwijgend toe, andere keren komen ze met opmerkingen, aanmoedigingen of advies.	Het ene kind kijkt toe terwijl een groep andere kinderen met poppen, autootjes of klei speelt, iets van lego bouwt of gezamenlijk aan een puzzel werkt.
Associatief spel	Twee of meer kinderen gaan daadwerkelijk de interactie aan door speelgoed of materialen uit te wisselen of te lenen, hoewel ze niet hetzelfde doen.	Twee kinderen die elk bezig zijn met het bouwen van een eigen legobouwwerk wisselen steentjes uit.
Coöperatief spel	Kinderen spelen echt met elkaar: ze wisselen elkaar af, doen spelletjes of bedenken wedstrijdjes.	Een paar kinderen die aan een puzzel werken, leggen om beurten een stukje op zijn plaats. Kinderen die met poppen of autootjes spelen, doen om beurten alsof de pop praat of bedenken regels voor het racen met de autootjes.

Zie MyLab voor de video: De spelcategorieën van Parten

Bovendien blijven kinderen zich ook in de latere fasen van de peuter- en kleutertijd met solitair en toekijkend spel bezighouden. Er zijn gewoon momenten waarop kinderen het liefst in hun eentje spelen. En als een nieuwkomer zich bij een groep wil aansluiten, is het vaak een succesvolle strategie om eerst toe te kijken en af te wachten tot zich een gelegenheid voordoet om actiever mee te kunnen spelen (Lindsey & Colwell, 2003).

Ook de aard van fantasiespelletjes verandert tijdens de peuter- en kleutertijd. In sommige opzichten worden fantasiespelletjes steeds minder realistisch doordat peuters en kleuters niet alleen maar realistische objecten maar ook minder concrete objecten gaan gebruiken. Aan het begin van de peuter- en kleutertijd doen ze bijvoorbeeld of ze naar de radio luisteren als ze daadwerkelijk een plastic radiootje hebben dat er realistisch uitziet. Later zullen ze waarschijnlijk een heel ander object gebruiken als zogenaamde radio, zoals een grote kartonnen doos (Bornstein et al., 1996; Parsons & Howe, 2013).

De Russische ontwikkelingspsycholoog Lev Vygotsky (1930/1978), wiens ideeën we hebben besproken in hoofdstuk 9, meende dat fantasiespel, vooral als dat ook sociaal van aard is, een belangrijke manier is om de cognitieve vaardigheden van peuters en kleuters te verbeteren. Via fantasiespel kunnen kinderen activiteiten 'oefenen' die onderdeel zijn van hun specifieke cultuur. Zo vergroten ze hun inzicht in de manier waarop de wereld functioneert. Volgens Adele Diamond, een ontwikkelingsonderzoeker aan de Universiteit van Brits-Columbia in Canada, kan spel kinderen zelfdiscipline bijbrengen doordat ze leren hoe belangrijk het is om hun impulsen te beheersen. Door spelletjes te doen waarbij ze een strategie moeten uitstippelen, leren ze het belang van vooruitdenken en het beheersen van hun emoties (Diamond & Amso, 2008).

Bovendien helpt spel om de hersenen te ontwikkelen en te perfectioneren. Aan de hand van experimenten met dieren ontdekte neuroloog Sergio Pellis dat bepaalde soorten hersenbeschadiging tot abnormaal spelgedrag leiden.

Ook zag hij dat onthouding van speelmogelijkheden bij dieren het verloop van de ontwikkeling van de hersenen beïnvloedt (Bell, Pellis & Kolb, 2010; Pellis & Pellis, 2007).

Zie MyLab voor de video: Wilde spelletjes

Zie MyLab voor de video: Sociaal-dramatisch spel (sociaal fantasiespel)

In een bepaald experiment observeerden Pellis en zijn collega's ratten onder twee verschillende condities. In de controleconditie werd een jonge rat in een hok gestopt met drie andere jonge vrouwtjesratten, waardoor hij de mogelijkheid had om te spelen. In de experimentele conditie werd de jonge rat met drie volwassen vrouwtjes in een hok gestopt. Hoewel de jonge rat bij de volwassenen niet kon spelen, had hij wel sociale contacten met de volwassen ratten, die hem aanraakten en zijn vacht verzorgden. Toen Pellis de hersenen van de ratten onderzocht, ontdekte hij dat de ratten die van spel verstoken waren geweest, gebreken vertoonden in de ontwikkeling van hun prefrontale cortex (Henig, 2008; Pellis & Pellis, 2007). De prefrontale cortex is het deel van de hersenen dat betrokken is bij cognitieve en emotionele functies, zoals beslissingen nemen, plannen, sociaal gedrag en impulsbeheersing (Bell, Pellis & Kolb, 2009).

Hoewel het een grote sprong is van rattenspel naar kinderspel, komt uit het onderzoek naar voren dat spel veel betekent voor de stimulatie van de cognitieve ontwikkeling en de hersenontwikkeling. Spel kan een van de motoren zijn die de intellectuele ontwikkeling van peuters en kleuters aanzwengelt.

Ten slotte heeft ook de culturele achtergrond van kinderen invloed op hun speelstijl. Uit vergelijkingen tussen Koreaans-Amerikaanse en Anglo-Amerikaanse kinderen blijkt bijvoorbeeld dat Koreaans-Amerikaanse kinderen zich meer bezighouden met parallel spel dan hun Anglo-Amerikaanse leeftijdgenootjes, terwijl Anglo-Amerikaanse kinderen zich meer bezighouden met fantasiespel (Bai, 2005; Farver, Kim & Lee-Shin, 1995; Farver & Lee-Shin, 2000; Pellegrini, 2009).

10.2.3 De theory of mind van peuters en kleuters: begrijpen wat anderen denken

Theory of mind: de (cognitieve) vaardigheid om aan jezelf en aan anderen gedachten, gevoelens, ideeën en intenties toe te schrijven en op basis daarvan te anticiperen op het gedrag van anderen.

Een van de redenen voor de veranderingen in het spel van kinderen is de voortdurende ontwikkeling van hun theory of mind. Onder **theory of mind** verstaan we de (cognitieve) vaardigheid om aan jezelf en aan anderen gedachten, gevoelens, ideeën en intenties toe te schrijven en op basis daarvan te anticiperen op het gedrag van anderen (zie ook paragraaf 7.1.4).

In de peuter- en kleutertijd kunnen kinderen zich steeds beter in anderen verplaatsen. Zelfs kinderen van twee zijn in staat om te begrijpen dat anderen emoties hebben, zoals de zoon van Annemieke in de proloog van dit hoofdstuk, die probeerde zijn moeder te troosten. Als ze drie of vier zijn, kunnen kinderen een onderscheid maken tussen mentale verschijnselen en de fysieke actualiteit. Driejarigen weten bijvoorbeeld dat ze zich iets kunnen voorstellen wat niet fysiek aanwezig is, zoals een fantasiedier, en dat anderen hetzelfde kunnen doen. Ook kunnen ze doen alsof iets gebeurd is en reageren alsof het echt heeft plaatsgevonden. En ze weten dat anderen daar ook toe in staat zijn (Andrews, Halford & Bunch, 2003; Cadinu & Kiesner, 2000; Mauritzson & Saeljoe, 2001; Wellman, 2012).

Peuters en kleuters begrijpen ook dat mensen motieven en redenen hebben voor hun gedrag. Een kind van deze leeftijd begrijpt dat zijn moeder boos is omdat ze te laat was voor een afspraak, ook als het kind daar zelf geen getuige van was. Dankzij dit begrip worden kinderen sociaal vaardiger (Eisbach, 2004; Fernández, 2013; Petrashek & Friedman, 2011).

Toch zijn er grenzen aan het theoretisch redeneringsvermogen van driejarigen. Ze begrijpen wel het concept van 'doen alsof', maar 'overtuiging'

Zie MyLab voor de video: Theory of mind in verschillende culturen

begrijpen ze nog niet helemaal. Dat ze maar moeilijk begrijpen wat overtuiging inhoudt, wordt geïllustreerd door hun prestaties in de zogeheten foute-overtuiging-opdracht. Bij deze opdracht krijgen peuters een pop te zien, Maxi, die chocolaatjes in een kast zet en dan weggaat. Nadat Maxi is vertrokken, zet zijn moeder de chocolaatjes ergens anders. Een peuter die deze gang van zaken heeft gezien, krijgt vervolgens de vraag voorgelegd waar Maxi de chocola gaat zoeken wanneer hij terugkomt. Drie jaar oude peuters antwoorden (verkeerd) dat Maxi op de nieuwe plek gaat kijken. Vierjarigen realiseren zich wel correct dat Maxi in de veronderstelling verkeert dat de chocola nog altijd in de kast ligt en dat hij er daar naar zal zoeken (Amsterlaw & Wellman, 2006; Brown & Bull, 2007; Flynn, O'Malley & Wood, 2004).

Tegen het eind van de kleuterjaren kunnen de meeste kinderen kwesties rond foute overtuigingen gemakkelijk oplossen. Er is één groep die daar zijn leven lang moeite mee houdt: kinderen met autismespectrumstoornissen. *Autismespectrumstoornissen* zijn ontwikkelingsstoornissen die worden gekenmerkt door een (kwalitatief) andere ontwikkeling in de sociale interactie en de communicatie, en door beperkte, repetitieve en stereotiepe gedrags-, interesse- en activiteitenpatronen (APA, 2000). We hebben het in dit verband ook wel over een pervasieve stoornis, omdat dit type ontwikkelingsstoornis een ernstige impact heeft op de totale ontwikkeling.

Mensen met een autismespectrumstoornis vinden het vaak heel ingewikkeld om met anderen om te gaan, voornamelijk omdat ze maar moeilijk het gedrag en het denken van andere mensen begrijpen. Volgens de meest recente epidemiologische onderzoeken komt autisme (in zijn verschillende verschijningsvormen) bij bijna één procent van de bevolking voor. Dit betekent ongeveer een op de honderd personen in België en Nederland (Begeer et al., 2012; Carey, 2012; Miller, 2012; Pellicano, 2007).

Het ontstaan van theory of mind

Welke factoren zijn van invloed op het ontstaan van een theory of mind? Natuurlijk speelt de rijping van de hersenen een belangrijke rol. Ook de ontwikkeling van het taalvermogen speelt een rol. Vooral het vermogen om de betekenis van woorden als 'denken' en 'weten' te begrijpen, is belangrijk voor het inzicht van peuters en kleuters in het mentale leven van anderen (Astington & Baird, 2005; Farrant, Fletcher & Maybery, 2006; Farrar et al., 2009).

Ook gelegenheden voor sociale interactie en fantasiespel zijn van cruciaal belang voor het bevorderen van een theory of mind. De theory of mind van peuters en kleuters met oudere broers of zussen (die zorgen voor veel sociale interactie) is bijvoorbeeld verder ontwikkeld dan die van kinderen zonder oudere broers of zussen. Daarnaast vertonen mishandelde kinderen een achterstand in het vermogen om correct te antwoorden op de foute-overtuiging-opdracht, wat deels komt doordat ze minder ervaring hebben met normale sociale interactie (McAlister & Peterson, 2006; Müller et al., 2012; Nelson, Adamson & Bakeman, 2008).

Culturele factoren spelen eveneens een belangrijke rol bij de ontwikkeling van een theory of mind. Kinderen in meer geïndustrialiseerde westerse culturen zullen het gedrag van anderen bijvoorbeeld eerder toeschrijven aan het soort mensen dat ze zijn. Ze zien het als een product van de persoonlijke eigenschappen en kenmerken van die mensen. Kinderen in niet-westerse culturen daarentegen schrijven het gedrag van anderen toe aan krachten die buiten hun persoonlijke invloedssfeer liggen, zoals ontevreden goden of ongeluk (Liu et al., 2008; Tardif, Wellman & Cheung, 2004; Wellman et al., 2006).

10.2.4 Het gezinsleven van peuters en kleuters

De vierjarige Benjamin zit televisie te kijken terwijl zijn moeder de tafel afruimt. Na een tijdje slentert hij de keuken in en pakt een handdoek. 'Mama, zal ik je helpen met de afwas?' vraagt hij. Verrast door dit nog niet eerder vertoonde gedrag vraagt zijn moeder hem: 'Van wie heb je leren afwassen?' 'Van de tv', antwoordt Benjamin. 'Alleen was het daar een papa die het deed. Omdat wij geen papa hebben, dacht ik dat ik maar moest helpen.'

Voor steeds meer peuters en kleuters lijkt het leven dat ze leiden niet op wat ze op tv zien. De kans is bijvoorbeeld steeds groter dat zij in een eenoudergezin opgroeien. In Nederland wonen 3,5 miljoen minderjarigen. In 2013 groeide ruim veertien procent van de minderjarige thuiswonende kinderen op in een eenoudergezin, meestal bij de moeder. Dat aantal is de laatste jaren toegenomen: in 2003 lag dit niveau nog op twaalf procent (CBS, 2013). In Vlaanderen zien we dezelfde tendens. In 2014 telde Vlaanderen 2.708.000 huishoudens, waaronder 1.049.000 gezinnen met thuiswonende kinderen. In twee op de tien gezinnen is er sprake van een alleenstaande ouder. Daarbij gaat het in acht op de tien gevallen om een alleenstaande moeder (Studiedienst van de Vlaamse regering, 2014).

Toch zijn de peuter- en kleuterjaren voor de meeste kinderen geen tijd van chaos en ontreddering. Deze periode kenmerkt zich juist door toenemende interactie met de buitenwereld. Zoals we hebben gezien, beginnen peuters en kleuters bijvoorbeeld echte vriendschappen met andere kinderen te ontwikkelen. Dat doen ze vooral wanneer hun ouders voor een warme, ondersteunende thuissituatie zorgen. Sterke, positieve relaties tussen ouders en kinderen zijn stimulerend voor het aangaan van relaties met andere kinderen (Howes, Galinsky & Kontos, 1998).

Effectief ouderschap: hoe leren kinderen gewenst gedrag?

Als ze denkt dat niemand kijkt, sluipt Maria de slaapkamer van haar broer Bram binnen, waar hij zijn snoepjes van Sint-Maarten bewaart. Net als ze zijn laatste Mars wil pakken, komt haar moeder de kamer binnen. Ze begrijpt direct wat er gaande is.

Hoe zou jij reageren als je de moeder van Maria was?

1. Maria vertellen dat ze naar haar kamer moet en daar de rest van de dag moet blijven. Ook pak je haar favoriete pop af, waarmee ze 's middags en 's nachts altijd slaapt.
2. Maria op milde toon vertellen dat dit geen goed idee is en dat ze het niet nog een keer mag doen.
3. Uitleggen waarom haar broer boos zou zijn geworden en haar vertellen dat ze voor straf een uur naar haar kamer moet.
4. De gebeurtenis negeren en het de kinderen zelf laten uitzoeken.

Elk van deze reacties staat voor een van de opvoedingsstijlen die bedacht zijn door Diana Baumrind en geactualiseerd zijn door Eleanor Maccoby en haar collega's (Baumrind, 1980, 2005; Maccoby & Martin, 1983).

Autoritaire ouders: ouders die streng, star en koud zijn, vaak straffen en strikte gehoorzaamheid eisen van hun kinderen.

Reactie 1 staat voor autoritair ouderschap. **Autoritaire ouders** zijn streng, star en koud en straffen vaak. Hun woord is wet en ze eisen strikte gehoorzaamheid van hun kinderen. Kinderen van autoritaire ouders zijn vaak teruggetrokken en weinig sociaal. Ze zijn niet erg vriendelijk en voelen zich vaak ongemakkelijk in aanwezigheid van leeftijdgenoten. Meisjes die door autoritaire ouders worden opgevoed, zijn bijzonder afhankelijk van hen, en jongens zijn ongewoon vijandig.

Permissieve ouders: ouders die vage en inconsistente feedback geven en weinig eisen en grenzen stellen aan hun kinderen.

Reactie 2 staat voor permissief ouderschap. **Permissieve ouders** geven vage en inconsistente feedback. Ze stellen weinig eisen en grenzen aan hun kinderen en voelen zich niet erg verantwoordelijk voor de manier waarop hun kinderen opgroeien. Permissieve ouders hebben kinderen die in veel opzichten lijken op de kinderen van autoritaire ouders. Hun kinderen zijn meestal afhankelijk, nukkig en weinig sociaal. Ook hebben ze weinig zelfbeheersing.

Autoritatieve ouders: ouders die liefdevol en emotioneel ondersteunend zijn, en aan de ene kant duidelijke en consistente regels hanteren en aan de andere kant verklaringen geven voor de reden dat kinderen zich op een bepaalde manier moeten gedragen.

Reactie 3 staat voor autoritatief ouderschap. **Autoritatieve ouders** zijn consequent en hanteren duidelijke en consistente regels. Hoewel ze meestal relatief streng zijn, zijn ze ook liefdevol en emotioneel ondersteunend. Ze proberen hun kinderen verklaringen te geven voor de reden dat ze zich op een bepaalde manier zouden moeten gedragen. Als ze straffen, geven ze aan waarom. Autoritatieve ouders stimuleren de onafhankelijkheid van hun kinderen. Sommige autoritatieve ouders vertonen ook eigenschappen die *ondersteunend ouderschap* worden genoemd, zoals warmte, proactief leren, kalme discussie tijdens opvoedingsmomenten en belangstelling voor en betrokkenheid bij de activiteiten van kinderen (Belluck, 2000; Kaufmann et al., 2000; Pettit, Bates & Dodge, 1997). Kinderen van autoritatieve ouders doen het het best. Zij zijn over het algemeen onafhankelijk, vriendelijk tegen leeftijdgenoten, assertief en coöperatief. Ze zijn sterk gemotiveerd om te presteren en meestal succesvol en aardig. Ze reguleren hun eigen gedrag op een effectieve manier. Dat geldt zowel voor hun relaties met anderen als voor hun emoties.

Onverschillige ouders: ouders die vrijwel geen belangstelling tonen voor hun kinderen en zich ongeïnteresseerd, afwijzend en emotioneel afstandelijk gedragen.

Reactie 4 staat voor onverschillig ouderschap. Dit wordt ook wel een verwaarlozende opvoedingsstijl genoemd. **Onverschillige ouders** tonen vrijwel geen belangstelling voor hun kinderen. Ze vertonen ongeïnteresseerd, afwijzend gedrag. Ze zijn emotioneel afstandelijk en zien het puur als hun taak om hun kind te voeden, te kleden en onderdak te geven. In zijn meest extreme vorm mondt onverschillig ouderschap uit in verwaarlozing, een vorm van kindermishandeling. Kinderen van ouders met een onverschillige opvoedingsstijl zijn het slechtst af. Het gebrek aan betrokkenheid van hun ouders ontwricht hun emotionele ontwikkeling, waardoor ze zich ongeliefd voelen en emotioneel afstandelijk zijn. Ook heeft het invloed op hun fysieke en cognitieve ontwikkeling.

Overigens zijn ouders nooit helemaal consistent in hun opvoedingsstijl. Soms schakelen ouders van hun dominante, toegeeflijke, ondersteunende en/of onverschillige rol over op een van de andere stijlen. Wanneer een kind zomaar de straat op rent, zal zelfs de meest permissieve ouder waarschijnlijk op een brute, autoritaire manier reageren en strenge eisen stellen op het gebied van veiligheid. In zulke gevallen kan de autoritaire stijl het effectiefst zijn (Eisenberg & Valiente, 2002; Gershoff, 2002; Holden & Miller, 1999). In tabel 10-3 worden de vier opvoedingsstijlen samengevat.

TABEL 10-3 **Verschillende opvoedingsstijlen**

DE EISEN DIE OUDERS STELLEN →		VEELEISEND	NIET VEELEISEND
HOEVEEL AANDACHT OUDERS HEBBEN →	**Veel aandacht**	**Autoritatief** *Kenmerken:* consequent; duidelijke en consistente grenzen *Relatie met kind:* Ze zijn relatief streng (zoals autoritaire ouders) maar emotioneel ondersteunend; ze stimuleren onafhankelijkheid. Ze doen een beroep op de ratio van hun kind en geven aan waarom ze een straf opleggen.	**Permissief** *Kenmerken:* vage en inconsistente feedback *Relatie met kind:* Ze stellen weinig eisen aan hun kind en voelen zich niet erg verantwoordelijk voor de manier waarop het opgroeit. Ze stellen weinig tot geen regels en beperkingen aan het gedrag van hun kind.
	Weinig aandacht	**Autoritair** *Kenmerken:* streng, bestraffend, rigide, koud *Relatie met kind:* Het woord van de ouders is wet. Ze eisen strikte, onvoorwaardelijke gehoorzaamheid van hun kind. Ze accepteren geen weerwoord.	**Onverschillig** *Kenmerken:* onverschillig, afwijzend gedrag *Relatie met kind:* Ze zijn emotioneel afstandelijk en zien het puur als hun taak om hun kinderen te voeden, te kleden en onderdak te geven. In zijn meest extreme vorm mondt deze opvoedingsstijl uit in verwaarlozing, een vorm van kindermishandeling.

Zie MyLab voor de video: Opvoedingsstijlen en socialisatie

Culturele verschillen in de opvoeding

De bevindingen met betrekking tot opvoedingsstijlen zijn voornamelijk van toepassing op westerse samenlevingen. Welke opvoedingsstijl de meest succesvolle is, hangt waarschijnlijk vrij sterk af van de normen van een specifieke cultuur en van wat de ouders in die cultuur hebben meegekregen over de juiste manier van opvoeden (Calzada et al., 2012; Nagabhushan, 2011; Yagmurlu & Sanson, 2009).

Zo is keuzevrijheid in de huidige Nederlandse en Belgische cultuur normaal geworden, ook voor kinderen. Er wordt minder belang gehecht aan de wensen van familie of de sociale groep. Ook kinderen tellen mee en zij mogen keuzes maken. In de traditionele opvoeding van Turkse en Marokkaanse migranten is dit minder het geval. Daar gaat bijvoorbeeld de gehoorzaamheid van kinderen boven keuzevrijheid. We zouden dit verschil in opvoedingsstijl kunnen categoriseren volgens het individualistische versus het collectivistische perspectief. De Nederlandse en Belgische cultuur vallen onder de eerste categorie. Bij de opvoeding draait het om ideeën als autonomie, onderhandelen, uitleggen, stimuleren en ontplooien. Een collectivistische opvoeding kenmerkt zich daarentegen door conformisme, autoriteit, gehoorzaamheid en straf. Nu lijkt deze scheiding misschien een vaststaand feit, maar dat is zeker niet het geval. Cultuur en zeker ook opvoedingsstijlen zijn dynamisch en dus veranderlijk (Bouteh, 2010).

In de opvoedingsstijlen die ouders hanteren, komen culturele opvattingen tot uiting over de aard van kinderen en over de juiste rol van ouders. Daarom zal geen enkele opvoedingsstijl voor iedereen geschikt zijn en levert geen enkele opvoedingsstijl per definitie succesvolle kinderen op. Er moet altijd rekening worden gehouden met de culturele context. Het is dus belangrijk een houding van cultuursensitiviteit aan te nemen. Dit betekent beseffen dat opvoedingsstijlen in iedere cultuur divers en veranderlijk zijn en er niet alleen tussen culturen verschillen bestaan (Bouteh, 2010; Chang, Pettit & Katsurada, 2006; Pomerantz et al., 2011; Wang, Pomerantz & Chen, 2007).

ONTWIKKELINGSPSYCHOLOGIE IN HET DAGELIJKS LEVEN

Kinderen disciplineren

De vraag hoe je kinderen het beste kunt disciplineren, wordt al generaties lang gesteld. Ontwikkelingspsychologen van vandaag geven onder andere het volgende advies (Brazelton & Sparrow, 2003; Flouri, 2005; Mulvaney & Mebert, 2007):

- **Voor de meeste kinderen in westerse culturen werkt autoritatief ouderschap het beste**. Ouders stellen redelijke grenzen aan hun kinderen en leggen de regels duidelijk uit. Ze overleggen veel met de kinderen, en er is ruimte voor de eigen inbreng van de kinderen. De ouders voeden op met gezag en liefde. Ook moedigen ze het zelfstandige gedrag van hun kind aan.
- **Slaan is nooit een geschikte techniek om gehoorzaamheid af te dwingen**. Een pak slaag is minder effectief dan andere technieken om ongewenst gedrag te corrigeren. Bovendien heeft slaan onbedoelde resultaten, zoals mogelijk agressief gedrag van het kind. Daarnaast is het in Nederland bij wet verboden.
- **Kies voor een time-out als straf**. Met een time-out worden kinderen uit een situatie gehaald waarin ze zich hebben misdragen. Ze mogen voor een bepaalde tijd niet meedoen aan leuke activiteiten.
- **Pas ouderlijke discipline aan de eigenschappen van het kind en de situatie aan**. Probeer rekening te houden met de specifieke persoonlijkheid van het kind en pas de discipline daaraan aan.
- **Maak gebruik van routines om conflicten te vermijden**. Bedtijd is vaak een bron van strijd tussen een onwillig kind en een hardnekkige ouder. Je kunt dergelijke situaties voorspelbaar en leuk maken door middel van vaste routines, zoals het voorlezen van een verhaaltje voor het slapengaan. Het kind zal dan eerder gehoorzamen, waardoor het gevaar van een steeds terugkerend gevecht is afgewend.

10.3 Morele ontwikkeling en agressie

In de pauze op de kleuterschool inspecteren Janneke en Margreet het lekkers in hun lunchtrommeltje. Janneke vindt twee lekkere koekjes, terwijl Margreet een minder aantrekkelijke wortel en wat selderijstengels aantreft. Terwijl Janneke aan een van haar koekjes begint te knabbelen, kijkt Margreet naar haar gesneden groenten en barst in tranen uit. Janneke reageert op Margreets verdriet door haar een van haar koekjes aan te bieden. Janneke is in staat om zich in Margreet te verplaatsen, Margreets gedachten en gevoelens te interpreteren en uit medelijden te handelen (Katz, 1989, p. 213).

Dit korte scenario bevat veel van de belangrijkste elementen van moreel besef zoals dat leeft bij peuters en kleuters. De opvattingen van kinderen over moraliteit en hun behulpzaamheid naar anderen toe ondergaan in de peuter- en kleutertijd belangrijke veranderingen. Tegelijkertijd verandert ook de mate en de aard van het agressieve gedrag van peuters en kleuters. Moreel besef en agressie zijn te beschouwen als twee kanten van de medaille van het menselijke gedrag.

10.3.1 Het ontstaan van moreel besef: goed en fout in de maatschappij

Morele ontwikkeling: de rijping van iemands rechtvaardigheidsgevoel en van zijn besef van goed en fout.

De **morele ontwikkeling** van een kind heeft betrekking op de rijping van zijn rechtvaardigheidsgevoel en van zijn besef van goed en fout. Die rijping komt tot uiting in zijn gedrag. Tijdens de morele ontwikkeling treden er veranderingen op in hoe kinderen denken over moreel besef, in hun attitudes ten opzichte van morele schendingen en in hun gedrag als ze geconfronteerd worden met morele kwesties. Bij het bestuderen van de morele ontwikkeling hebben psychologen verschillende benaderingen ontwikkeld. We bespreken eerst de theorie van Piaget.

Piagets visie op de morele ontwikkeling

Moreel realisme: het stadium van morele ontwikkeling waarin kinderen regels als vast en onveranderlijk beschouwen.

De kinderpsycholoog Jean Piaget meende dat de morele ontwikkeling zich net als de cognitieve ontwikkeling in stadia voltrok (Piaget, 1932). Het eerste stadium is een globale vorm van moreel denken die bekendstaat als **moreel realisme** (ook wel *heteronome moraliteit* genoemd). In dit stadium, dat ongeveer duurt van het vierde tot het zevende levensjaar, beschouwen kinderen regels als vast en onveranderlijk. Ze spelen in deze periode dan ook op een rigide manier. Ze gaan ervan uit dat er maar één manier is om te spelen en dat alle andere manieren fout zijn. Tegelijkertijd kan het echter zijn dat ze de spelregels niet helemaal begrijpen. Het kan dus voorkomen dat een groep kinderen samen speelt, maar dat elk kind zijn eigen regels heeft. Toch vinden ze het leuk om met elkaar te spelen. Volgens Piaget zijn in zulke gevallen alle kinderen 'winnaars', omdat winnen gelijk staat aan het naar je zin hebben en niet aan echt concurreren met anderen.

Het stadium van moreel realisme wordt uiteindelijk opgevolgd door twee latere stadia van moraliteit: beginnende coöperatie en autonome coöperatie. In het stadium van *beginnende coöperatie*, dat ongeveer duurt van het zevende tot het tiende levensjaar, worden de spelletjes van kinderen duidelijk socialer. Ze leren de formele regels van spelletjes en spelen op basis van deze gemeenschappelijke kennis. In dit stadium worden regels nog steeds als grotendeels onveranderlijk beschouwd. Er bestaat een 'juiste' manier om het spel te spelen, en kinderen houden zich aan de formele regels.

Pas in het stadium van *autonome coöperatie*, dat ongeveer rond het tiende jaar begint, worden kinderen zich er volledig van bewust dat formele spelregels gewijzigd kunnen worden als de mensen die het spel willen spelen het daarmee eens zijn. De latere overgang naar complexere vormen van morele ontwikkeling (die we in hoofdstuk 15 zullen behandelen) komt ook tot uiting in het feit dat schoolkinderen begrijpen dat wetten en regels gemaakt zijn door mensen en veranderd kunnen worden als mensen dat willen.

Hoe peuters en kleuters denken over regels en rechtvaardigheid is afhankelijk van het morele stadium dat ze hebben bereikt. Neem bijvoorbeeld de volgende twee verhalen (Piaget, 1932, p. 122):

> Een jongetje dat John heet, is in zijn kamer. Hij wordt geroepen voor het eten. Hij gaat de eetkamer in. Achter de deur staat een stoel, en op de stoel staat een dienblad met vijftien kopjes erop. John kan niet weten dat dat allemaal achter de deur staat. Hij gaat naar binnen, de deur stoot tegen het dienblad en boem! Alle vijftien kopjes vallen aan diggelen.
>
> Er was eens een jongetje dat Marcel heette. Op een dag, toen zijn moeder niet thuis was, probeerde hij wat jam uit de kast te pakken. Hij klom op een stoel en strekte zijn hand uit. De jam stond te hoog en hij kon er niet bij. Terwijl hij de pot probeerde te pakken, stootte hij een kopje om. Het kopje viel op de grond en brak.

Piaget ontdekte dat een kind dat zich in het stadium van moreel realisme bevindt, het jongetje dat de vijftien kopjes brak slechter vindt dan het jongetje dat er maar één brak. Kinderen die dit stadium achter zich hebben gelaten, vinden het jongetje dat één kopje brak stouter. Hoe is dit verschil te verklaren? Kinderen in het stadium van moreel realisme houden geen rekening met intentie.

Immanente rechtvaardigheid: het idee dat regels die overtreden worden direct bestraft dienen te worden.

Kinderen in het stadium van moreel realisme geloven ook in immanente rechtvaardigheid. **Immanente rechtvaardigheid** is het idee dat regels die overtreden worden direct bestraft dienen te worden. Peuters en kleuters denken dat ze direct gestraft zullen worden als ze iets fout doen, zelfs als niemand het heeft gezien. Oudere kinderen begrijpen dat straffen bepaald en uitgevoerd worden door mensen. Kinderen die het stadium van beginnende coöperatie hebben bereikt, krijgen door dat autoriteitsfiguren rekening houden met de ernst van een wandaad en met intentionaliteit bij het bepalen van de aard van de op te leggen straf.

Volgens Piaget meent een kind in het stadium van moreel realisme dat de mate waarin het iets fout heeft gedaan direct afhankelijk is van het aantal gebroken voorwerpen.

Bron: Michelle D. Bridwell/PhotoEdit

Meningen over Piagets visie op morele ontwikkeling

Hoewel Piaget met zijn beschrijving van de morele ontwikkeling op het juiste spoor zat, blijkt uit recent onderzoek dat zijn visie dezelfde zwakke plekken vertoont als zijn theorie over cognitieve ontwikkeling. Piaget onderschatte vooral de leeftijd waarop de morele capaciteiten van kinderen zich ontwikkelen. Het is inmiddels duidelijk dat kinderen rond hun derde jaar gaan begrijpen wat het begrip intentionaliteit inhoudt, en dat stelt hen in staat om eerder een oordeel te vellen op basis van intentie dan Piaget dacht. Als ze morele vraagstukken voorgelegd krijgen waarin intentie wordt benadrukt, vinden peuters en kleuters iemand die doelbewust slecht is stouter dan iemand die onopzettelijk slecht is maar meer objectieve schade veroorzaakt (Bussey, 1992; LoBue et al., 2011; Yuill & Perner, 1988).

De sociale leertheorie en morele ontwikkeling

Prosociaal gedrag: behulpzaam gedrag dat ten goede komt aan anderen.

De sociale leertheorie vormt een duidelijk contrast met de theorie van Piaget. Piagets theorie benadrukt hoe beperkingen in de cognitieve ontwikkeling van peuters en kleuters leiden tot bepaalde vormen van moreel redeneren, terwijl de sociale leertheorie zich meer richt op hoe de omgeving waarin peuters en kleuters opereren **prosociaal gedrag** oplevert, behulpzaam gedrag dat ten goede komt aan anderen (Caputi et al., 2012; Schulz et al., 2013; Spinrad, Eisenberg & Bernt, 2007).

De sociale leertheorie bouwt voort op de behavioristische theorieën die we in paragraaf 2.1.2 bespraken. Volgens deze theorieën vloeit het prosociale gedrag van kinderen gedeeltelijk voort uit situaties waarin ze positieve bekrachtiging kregen toen ze op een moreel juiste manier handelden. Als de moeder van Claire haar bijvoorbeeld vertelt dat ze een 'grote meid' is omdat ze een doosje snoepjes met haar broer Rob heeft gedeeld, wordt het gedrag van Claire bekrachtigd. Daardoor zal ze dat gedrag in de toekomst eerder vertonen (Ramaswamy & Bergin, 2009).

De sociale leertheorie gaat een stap verder. Volgens deze theorie treedt leren niet alleen op wanneer er direct prosociaal gedrag vertoond wordt dat vervolgens bekrachtigd wordt. Kinderen zouden moreel gedrag ook op een indirectere manier kunnen leren, namelijk door het gedrag van anderen, modellen, te observeren (Bandura, 1977). Kinderen imiteren modellen die bekrachtiging krijgen voor hun gedrag en leren dat gedrag uiteindelijk zelf te vertonen. Als Claires vriend Jesse bijvoorbeeld ziet dat Claire haar snoepjes met haar broer deelt en hoort dat zij voor haar gedrag wordt geprezen, zal hij dat gedrag zelf ook eerder gaan vertonen.

Vrij veel onderzoeken onderschrijven het effect van modellen, en van sociaal leren in het algemeen, bij het bevorderen van prosociaal gedrag van peuters en kleuters. Experimenten hebben bijvoorbeeld uitgewezen dat kinderen die zien dat iemand zich gul of onbaatzuchtig gedraagt, vaak het voorbeeld van dit model volgen en zich later in vergelijkbare situaties zelf ook zo gedragen. Het tegenovergestelde gebeurt ook: als een model zich zelfzuchtig gedraagt, zullen kinderen die dat gedrag hebben geobserveerd zich sneller zelfzuchtig gedragen (Hastings et al., 2007).

Niet alle modellen zijn even effectief in het opwekken van prosociale responsen. Peuters en kleuters zullen bijvoorbeeld eerder het gedrag imiteren van liefdevolle, vriendelijke volwassenen dan van volwassenen die afstandelijker zijn. Bovendien zijn modellen die in de ogen van kinderen zeer competent zijn of veel prestige genieten, effectiever dan andere modellen (Bandura, 1977; Yarrow, Scott & Waxler, 1973).

Kinderen imiteren niet alleen maar gedachteloos het gedrag dat ze bij anderen beloond zien worden. Door moreel gedrag te observeren, worden ze herinnerd aan de normen die binnen hun samenleving gelden voor het belang van moreel gedrag. *Modeling* zorgt ervoor dat kinderen algemenere regels en principes gaan ontwikkelen via een proces dat **abstract modeling** heet. Oudere peuters en kleuters imiteren niet meer puur het gedrag van anderen, maar beginnen abstracte principes te ontwikkelen die ten grondslag liggen aan het gedrag dat ze observeren. Als ze een bepaalde situatie waarin een model wordt beloond voor moreel gewenst gedrag herhaaldelijk hebben geobserveerd, gaan ze daar de algemene principes van moreel gedrag uit afleiden (Bandura, 1991). Zo gaf de driejarige Noor haar oudere broer een kus op zijn knie toen hij deze bezeerde. Dit had ze haar ouders talloze keren zien doen.

Abstract modeling: proces waarbij kinderen algemene regels en principes ontwikkelen die ten grondslag liggen aan het gedrag dat ze observeren.

Empathie en moreel gedrag

Empathie: een emotionele respons die correspondeert met de gevoelens van een andere persoon.

Volgens sommige ontwikkelingsdeskundigen vormt **empathie**, begrijpen wat een ander voelt, de kern van bepaalde soorten moreel gedrag. Denk eens terug aan het voorbeeld in de proloog van dit hoofdstuk, waarin de zoon van Annemieke zijn moeder probeerde te troosten door pleisters op haar te plakken. Om te kunnen begrijpen dat zijn moeder behoefte had aan troost, moest hij zich kunnen inleven in haar verdriet. Hoewel hij niet precies begreep waar haar pijn vandaan kwam, besefte hij dat er iets met haar aan de hand was en dat ze getroost moest worden.

De eerste uitingen van empathie ontstaan al vroeg. Eenjarigen huilen als ze andere kinderen horen huilen. Peuters van twee en drie geven dingen weg en bieden spontaan speelgoed aan andere kinderen en volwassenen aan, zelfs als ze die personen niet kennen (Zahn-Waxler & Radke-Yarrow, 1990).

In de peuter- en kleutertijd ontwikkelt empathie zich verder. Sommige theoretici geloven dat die groeiende empathie, samen met andere positieve emoties als sympathie en bewondering, kinderen ertoe aanzet om zich moreel te gedragen. Moreel gedrag zou ook bevorderd worden door een aantal negatieve emoties, zoals woede over een oneerlijke situatie of schaamte over eerdere misdragingen (Bischof-Köhler, 2012; Decety & Jackson, 2006; Valiente, Eisenberg & Fabes, 2004; Vinik, Almas & Grusec, 2011).

Het idee dat negatieve emoties de morele ontwikkeling bevorderen, werd als eerste geopperd door Freud in zijn theorie van de psychoanalytische persoonlijkheidsontwikkeling. Volgens Freud wordt het superego van een kind (het geweten, gevoed door regels van opvoeders en maatschappij, zie paragraaf 2.1.1) ontwikkeld door het oplossen van het oedipuscomplex. Kinderen gaan zich identificeren met hun ouder van dezelfde sekse en nemen de morele normen van die ouder over.

Hoewel de meeste ontwikkelingsdeskundigen het niet met Freud eens zijn, is zijn theorie over het oedipuscomplex en het schuldgevoel dat dat oplevert wel consistent met recentere bevindingen. Daaruit komt naar voren dat peuters en kleuters zich soms moreler en behulpzamer gedragen omdat ze proberen negatieve emoties te vermijden. Soms gaan kinderen anderen bijvoorbeeld helpen om het gevoel van persoonlijke stress te vermijden dat ze ervaren wanneer ze worden geconfronteerd met het verdriet of het ongeluk van een ander (Cushman et al., 2013; Eisenberg, Valiente & Champion, 2004; Valiente et al., 2004).

10.3.2 Agressie en geweld bij peuters en kleuters: oorzaken en gevolgen

> De vierjarige Diederik kan zijn woede en frustratie niet langer bedwingen. Normaal gesproken is hij vrij zachtaardig, maar nu Ewoud hem maar blijft plagen over de vlek op zijn broek knapt er iets bij hem. Hij rent naar Ewoud toe, duwt hem op de grond en begint hem met zijn kleine gebalde vuisten te slaan.

Hoewel dit soort geweld relatief weinig voorkomt bij peuters en kleuters, is agressie niet ongewoon. Gedurende de hele peuter- en kleutertijd zijn kinderen potentieel in staat tot verbaal geweld, duwen, schoppen en andere vormen van agressie. De mate waarin die agressie tot uiting komt, verandert wel naarmate kinderen ouder worden.

Agressie: het intentioneel toebrengen van verwondingen of schade bij anderen.

Agressie is het intentioneel toebrengen van verwondingen of schade bij anderen. Baby's gedragen zich niet agressief. We kunnen moeilijk beweren dat hun gedrag bedoeld is om anderen pijn te doen, zelfs als ze daar per ongeluk in slagen. Maar tegen de tijd dat kinderen de peuter- en kleuterleeftijd hebben bereikt, kunnen ze echt agressief gedrag vertonen.

In de vroege peuter- en kleutertijd is een deel van de agressie gericht op het bereiken van een gewenst doel, zoals een speeltje van een ander kind afpakken. In bepaalde opzichten is de agressie dus onbedoeld, en kleine schermutselingen komen in de vroege peuter- en kleutertijd vrij veel voor. Kinderen die zich niet op zijn minst af en toe agressief uiten, zijn een zeldzaamheid. In een Nederlands onderzoek rapporteerden ouders voor 75 tot 80 procent van de kinderen tussen de twee en drie jaar agressief gedrag, zoals slaan, schoppen en bijten (Alink, 2006).

Extreme of permanente agressie is echter reden tot bezorgdheid. Sommige kinderen blijven hun hele peuter- en kleutertijd agressief. Bovendien is agressie een relatief stabiele karaktereigenschap. De agressiefste peuters en kleuters zijn meestal gedurende de hele schooltijd de agressiefste kinderen, en de minst agressieve peuters en kleuters zijn ook later meestal het minst agressief (Davenport & Bourgeois, 2008; Schaeffer, Petras & Ialongo, 2003; Tremblay, 2001). Bij de meeste kinderen neemt de agressie af naarmate de peuter- en kleutertijd vordert. Dat geldt zowel voor de frequentie als voor de gemiddelde duur (Olson et al., 2011; Persson, 2005).

Emotionele zelfregulatie: het vermogen om de aard en de intensiteit van emoties aan te passen.

Deze afname van agressie is gedeeltelijk het gevolg van vorderingen op het gebied van de sociale ontwikkeling en de persoonlijkheidsontwikkeling. Peuters en kleuters zijn steeds beter in staat om hun emoties te beheersen. **Emotionele zelfregulatie** is het vermogen om de aard en de intensiteit van emoties aan te passen. Vanaf een jaar of twee zijn kinderen in staat om over hun gevoelens te praten en strategieën te hanteren om ze te reguleren. Als ze ouder worden, ontwikkelen ze effectievere strategieën en leren ze beter omgaan met negatieve emoties. Niet alleen hun zelfbeheersing wordt groter, ook hun sociale vaardigheden ontwikkelen zich steeds verder. De meeste kinderen leren taal gebruiken

Instrumentele agressie: agressie die wordt gemotiveerd door de wens om een concreet doel te bereiken.

Relationele agressie: niet-fysieke agressie die bedoeld is om een ander psychisch te kwetsen.

om hun wensen kenbaar te maken. Ze kunnen steeds beter met anderen onderhandelen (Cole et al., 2009; Helmsen, Koglin & Petermann, 2012; Philippot & Feldman, 2005; Willoughby et al., 2011).

Jongens tonen over het algemeen meer fysieke, instrumentele agressie dan meisjes. **Instrumentele agressie** is agressie die wordt gemotiveerd door de wens om een concreet doel te bereiken, zoals spelen met een speeltje waar een ander kind mee speelt. Hoewel meisjes misschien minder fysieke agressie tonen, kunnen ze op andere manieren net zo agressief zijn. Meisjes nemen eerder hun toevlucht tot **relationele agressie**: niet-fysieke agressie die bedoeld is om een ander psychisch te kwetsen. Voorbeelden van relationele agressie zijn schelden, negeren of kwetsende dingen zeggen die de ontvanger een slecht gevoel geven (Murray-Close, Ostrov & Crick, 2007; Ostrov & Crick, 2007; Valles & Knutson, 2008; Werner & Crick, 2004).

Zie MyLab voor de video: Relationele agressie

Zie MyLab voor de video: Reactieve agressie

De oorzaken van agressie

Hoe is agressie bij peuters en kleuters te verklaren? Sommige theoretici menen dat agressief gedrag een instinct is, een onlosmakelijk onderdeel van de menselijke aard. Volgens de psychoanalytische theorie van Freud hebben we allemaal een doodsdrift, die ons ertoe brengt om ons agressief te gedragen tegenover anderen (Freud, 1920). Volgens de etholoog Konrad Lorenz (1974), een expert op het gebied van diergedrag, hebben alle dieren, ook mensen, een vechtinstinct dat voortkomt uit een primitieve drang om hun territorium te verdedigen, genoeg voedsel te vinden en zwakkere dieren uit te roeien.

Soortgelijke argumenten worden gehanteerd door evolutionair psychologen, wetenschappers die onderzoek doen naar de biologische wortels van sociaal gedrag. Zij stellen dat agressie leidt tot succes en de kans vergroot dat iemands genen aan toekomstige generaties worden doorgegeven. Ook zou agressie de soort en haar genen helpen versterken. Uiteindelijk zouden agressieve instincten dus bevorderlijk zijn voor de overlevingskansen van iemands genen (Archer, 2009; Farbiash et al., 2013).

Hoewel het logisch klinkt dat agressie een gevolg is van ons instinct, geloven de meeste ontwikkelingsdeskundigen dat dat niet de enige verklaring kan zijn. Deze verklaring gaat namelijk voorbij aan de steeds complexere cognitieve vermogens die mensen ontwikkelen als ze ouder worden. Ook wordt de verklaring door relatief weinig experimenten ondersteund. Bovendien geeft zij niet echt antwoord op de vraag wanneer en hoe kinderen en volwassenen zich agressief zullen gedragen. De theorie signaleert alleen dat agressie een aangeboren onderdeel is van de menselijke aard. Daarom zijn ontwikkelingsdeskundigen op zoek gegaan naar andere verklaringen voor agressie en geweld.

Agressie, zowel fysiek als verbaal, is gedurende de hele peuter- en kleutertijd aanwezig.

Bron: Catherine Ursillo/PhotoEdit

Agressie volgens de sociale leertheorie

De dag nadat Diederik naar Ewoud uithaalde, krijgt Linda, die getuige was van de schermutseling, ruzie met Eva. Ze kibbelen een tijdje, en plotseling balt Linda haar vuist en probeert Eva te stompen. De juffen van de peuterschool weten niet wat ze zien: Linda raakt bijna nooit over haar toeren en ze heeft zich nooit eerder agressief gedragen.

Bestaat er een verband tussen de twee gebeurtenissen? De meeste mensen zouden zeggen van wel, vooral als ze het met de sociale leertheorie eens zijn dat agressie grotendeels aangeleerd gedrag is.

Volgens de sociale leertheorie is agressie gebaseerd op eerder leren. Om de oorzaken van agressief gedrag te begrijpen, moeten we kijken naar het systeem van straffen en belonen dat in de omgeving van een kind wordt gehanteerd.

Bij de sociale leertheorie ligt de nadruk op hoe sociale factoren en omgevingsfactoren mensen leren agressief te zijn. Deze theorie komt voort uit het behavioristisch perspectief, dat stelt dat agressief gedrag wordt aangeleerd via directe bekrachtiging. Peuters en kleuters leren bijvoorbeeld dat ze met de leukste speeltjes kunnen blijven spelen als ze de verzoeken van hun klasgenootjes om mee te mogen doen op een agressieve manier afslaan. In de bewoordingen van de traditionele leertheorie wordt hun agressieve gedrag bekrachtigd en is de kans groter dat ze zich in de toekomst opnieuw agressief gedragen.

Volgens de sociale leertheorie vindt bekrachtiging echter ook op minder directe manieren plaats. Uit veel onderzoeken blijkt dat blootstelling aan agressieve modellen tot meer agressie leidt, vooral als de waarnemers zelf boos, beledigd of gefrustreerd zijn. Albert Bandura en zijn collega's toonden het effect van modellen aan in een klassiek onderzoek onder peuters en kleuters (Bandura, Ross & Ross, 1962). Eén groep kinderen kreeg een film te zien van een volwassene die agressief en gewelddadig omging met een bobo-pop (een grote opblaasclown die als hij naar beneden wordt geduwd altijd weer in verticale positie terugkeert). Een andere groep kinderen kreeg een film te zien waarin een volwassene rustig met een soort meccano zat te spelen. Later mochten de kinderen met een aantal speeltjes spelen, waaronder de bobo-pop en de meccano.

Deze serie foto's is afkomstig van het klassieke bobo-pop-experiment van Albert Bandura, dat opgezet werd om aan te tonen dat agressie wordt aangeleerd. Op de foto's is duidelijk te zien hoe het agressieve gedrag van het volwassen model (eerste rij) geïmiteerd wordt door kinderen die getuige waren van dat agressieve gedrag (tweede en derde rij).

Bron: Albert Bandura

Zie MyLab voor de video: Bobo-pop van Bandura

Zoals de sociale leertheorie al voorspelde, imiteerden de peuters en kleuters het gedrag van de volwassenen. De kinderen die het agressieve model met de bobopop hadden zien spelen, waren aanzienlijk agressiever dan de kinderen die naar het kalme, niet-agressieve model hadden gekeken dat met de meccano speelde.

Latere onderzoeken hebben de bevindingen van dit vroege onderzoek bevestigd. Blootstelling aan agressieve modellen maakt de kans op agressie duidelijk groter (Evans, 2004; Farver et al., 1997; Farver & Frosch, 1996). Deze bevindingen hebben ingrijpende gevolgen, vooral voor kinderen die in gemeenschappen leven waarin veel geweld voorkomt.

Cognitieve verklaringen voor agressie: de gedachten achter geweld

Twee kinderen die op hun beurt wachten tijdens een balspel, botsen per ongeluk tegen elkaar op. Het ene kind reageert met excuses, het andere deelt een por uit en zegt kwaad: 'Kappen daarmee.'

Hoewel beide kinderen evenveel verantwoordelijkheid dragen voor deze onbeduidende gebeurtenis, reageren ze totaal anders. Het eerste kind interpreteert het voorval als een ongeluk, terwijl het tweede het als een provocatie beschouwt en agressief reageert.

Volgens de cognitieve benadering van agressie is de morele ontwikkeling van kinderen te verklaren door te kijken naar de manier waarop zij het gedrag van anderen, en de context waarin dat gedrag plaatsvindt, interpreteren. Volgens ontwikkelingspsycholoog Kenneth Dodge en zijn collega's (Pettit & Dodge, 2003) zijn sommige kinderen eerder dan andere geneigd om aan te nemen dat er agressie achter acties schuilt. Ze zijn niet in staat om aandacht te besteden aan de juiste aanwijzingen en kunnen het gedrag in een bepaalde situatie niet correct inschatten. Ze gaan er vaak (ten onrechte) van uit dat wat er gebeurt te maken heeft met de vijandigheid van anderen. Daardoor baseren ze hun reacties op incorrecte interpretaties van gedrag. Soms gedragen ze zich dus agressief in reactie op een situatie die in feite nooit heeft bestaan.

Hoewel deze cognitieve benadering van agressie een beschrijving geeft van het proces dat sommige kinderen ertoe aanzet agressief te reageren, biedt zij geen afdoende verklaring voor het feit dat bepaalde kinderen situaties überhaupt incorrect inschatten. Bovendien verklaart deze benadering ook niet waarom deze kinderen zo snel agressief reageren en waarom ze ervan uitgaan dat agressie een gepaste en zelfs gewenste respons is.

De cognitieve benadering reikt ons echter wel een manier aan om agressie te verminderen. Door peuters en kleuters te leren hoe ze situaties beter kunnen inschatten, kunnen we ervoor zorgen dat ze minder snel geneigd zijn het gedrag van anderen als vijandig op te vatten. Daardoor zullen ze zelf ook minder snel agressief reageren.

VAN ONDERZOEK NAAR PRAKTIJK

Zijn gewelddadige tv-programma's en videogames schadelijk?

Zelfs kinderen die geen getuige zijn van echt geweld worden aan agressie blootgesteld. Dat gebeurt onder meer via de televisie. Kinderprogramma's bevatten zelfs meer geweld (69 procent) dan andere programma's (57 procent). Gemiddeld bevat een uur aan kinderprogramma's twee keer zo veel gewelddadige incidenten als een uur met andere programma's (Wilson et al., 2002).

Net als de meeste studenten van nu ben je waarschijnlijk opgegroeid met videogames. Ook als je ze zelf niet hebt gespeeld, heb je vast wel eens het duizelingwekkende aanbod aan gewelddadige games gezien. Veel games bevatten een significante hoeveelheid agressief gedrag en kinderen spelen heel veel met dergelijke games. Veertien procent van de kinderen onder de vier en rond de vijftig procent van de kinderen tussen de vier en zes jaar speelt met games. Onderzoek onder volwassenen heeft aangetoond dat er een verband bestaat tussen het spelen van gewelddadige games en agressief gedrag. Er is dus een kans dat kinderen die gewelddadige games spelen, zich ook agressief gaan gedragen (Barlett, Harris & Baldassaro, 2007; Polman, De Castro & Van Aken, 2008). Veel ouders, opvoeders en sociale wetenschappers hebben hier hun bezorgdheid over uitgesproken. De meeste gamers hebben daarentegen sterk het gevoel dat ze niet beïnvloed worden door de games die ze spelen, ondanks bewijs van het tegendeel.

Wat heeft het onderzoek hierover te zeggen? Hoewel duidelijk is dat het zien van agressie op televisie in een laboratoriumsetting tot meer agressie leidt, bestaat er alleen correlationeel bewijs dat het zien van echte agressie verband houdt met later agressief gedrag. In een longitudinaal onderzoek werd bijvoorbeeld een verband gevonden tussen de voorkeur van achtjarige kinderen voor gewelddadige tv-programma's en de ernst van hun criminele veroordelingen op dertigjarige leeftijd. Andere onderzoeksresultaten ondersteunen het idee dat het kijken naar geweld in de media kan leiden tot een grotere bereidheid om agressief te handelen en tot ongevoeligheid voor het lijden van slachtoffers van geweld (Christakis & Zimmerman, 2007; Kirsh, 2012; Ostrov, Gentile & Crick, 2006).

Een van de bekendste onderzoekers op het gebied van de invloed van games is de psycholoog Craig Anderson. Hij en zijn collega's hebben een meta-analyse uitgevoerd, waarbij ze tot de conclusie kwamen dat het spelen van gewelddadige games een risicofactor voor verhoogde agressie is (Anderson et al., 2010; Bastian, Jetten & Radke, 2012). De onderzoekers onderzochten meer dan 130 gepubliceerde studies over de effecten van het spelen van gewelddadige games, met in totaal meer dan 130.000 deelnemers. De uitkomstvariabelen waar ze zich op concentreerden, waren agressieve gedachten, agressieve gedragingen, agressieve gevoelens, fysiologische opwinding, empathie/desensitisatie en hulpvaardig gedrag.

Hun analyse omvatte longitudinale studies van al deze variabelen (met uitzondering van opwinding, wat een kortetermijnverschijnsel is). Ook bekeken ze crossculturele verschillen en genderverschillen. De resultaten van de meta-analyse waren overduidelijk: het vaak spelen van gewelddadige games was geassocieerd met agressievere gedachten, gevoelens en gedragingen. Deze bevindingen waren evengoed van toepassing op studies die crosssectionele, longitudinale of experimentele onderzoeksmethoden gebruikten, en ze verschilden niet tussen westerse en oosterse culturen. Het spelen van gewelddadige games werd ook geassocieerd met desensitisatie voor geweld, een gebrek aan empathie en het ontbreken van hulpvaardigheid. Al deze effecten waren te zien bij zowel mannen als vrouwen (Anderson et al., 2010).

Anderson en zijn team wijzen er nadrukkelijk op dat hun resultaten niet alleen theoretisch van belang zijn, maar dat ze ook een praktische betekenis hebben voor de echte wereld. De effecten van het spelen van gewelddadige games zijn cumulatief in de tijd, ze doen zich voor bij een groot percentage van de populatie (iedereen die deze games speelt) en ze kunnen interacteren met andere variabelen en daardoor ernstige gevolgen hebben. De bijdrage van het spelen van gewelddadige games aan agressiviteit is vergelijkbaar met de bijdrage van andere risicofactoren, zoals drugsgebruik, kindermisbruik en armoede. De onderzoekers betogen dat de discussie over gewelddadige games moet verschuiven van de vraag of ze schadelijke effecten hebben – wat duidelijk het geval is – naar de vraag wat ouders, scholen en de maatschappij in het algemeen aan het probleem kunnen doen (Anderson et al., 2010).

Gelukkig draagt de sociale leertheorie ook manieren aan om de negatieve invloed van televisie en games te beperken. Zo is het mogelijk om kinderen expliciet kritische kijkvaardigheden bij te brengen die hun interpretatie van modellen op televisie beïnvloeden. Ze gaan dan beseffen dat geweld niet representatief is voor de echte wereld, dat het kijken naar geweld verwerpelijk is en dat ze het gedrag dat ze op tv zien niet moeten imiteren (Donnerstein, 2005; Persson & Musher-Eizenman, 2003). Net zoals blootstelling aan agressieve modellen leidt tot agressie, kan observatie van niet-agressieve modellen agressie terugdringen. Als peuters en kleuters van anderen kunnen leren hoe ze zich agressief moeten gedragen, kunnen ze ook leren hoe ze confrontaties moeten voorkomen en hoe ze hun agressie kunnen beheersen.

Volgens de sociale leertheorie kunnen kinderen tot agressie worden aangezet als ze gewelddadige games spelen.

Bron: Purestock/Alamy

TERUGBLIK

▷ 10.1 Een antwoord op de vraag 'Wie ben ik?'

- Volgens Erik Erikson bevinden peuters en kleuters zich in eerste instantie in het stadium van autonomie-versus-schaamte-en-twijfel (achttien maanden tot drie jaar). In deze periode worden ze onafhankelijker en krijgen ze grip op hun fysieke en sociale wereld. Is dat niet het geval, dan voelen ze schaamte, twijfel en bedroefdheid. Later, in het stadium van initiatief-versus-schuldgevoel (tussen drie en zes jaar), lopen kinderen tegen conflicten aan tussen het verlangen om onafhankelijk te opereren en het schuldgevoel dat voortkomt uit de onbedoelde consequenties van hun acties.
- Het zelfbeeld van peuters en kleuters is gedeeltelijk gebaseerd op hun eigen percepties en inschattingen van hun eigenschappen, gedeeltelijk op de manier waarop hun ouders zich tegenover hen gedragen en gedeeltelijk op culturele invloeden.
- Genderverschillen manifesteren zich al vroeg in de peuter- en kleutertijd, als kinderen verwachtingen gaan ontwikkelen over wat gepast en ongepast is voor elke sekse. Die verwachtingen komen meestal overeen met sociale stereotypen.
- Er bestaan verschillende verklaringen voor de uitgesproken genderverwachtingen van peuters en kleuters. Het biologisch perspectief wijst op genetische factoren als bewijs voor een biologische verklaring van genderverschillen, zoals geslachtsgerelateerde hormonen en geslachtsgerelateerde verschillen in de hersenstructuur. Omdat kinderen na de geboorte echter een breed scala aan omgevingsinvloeden ervaren, kan moeilijk worden beweerd dat gedragskenmerken uitsluitend aan biologische factoren kunnen worden toegeschreven. De psychoanalytische theorie van Freud benadrukt dat wanneer kinderen van een jaar of vijf de verschillen in anatomie tussen mannen en vrouwen gaan begrijpen, ze hun verlangens ten opzichte van de ouder van het andere geslacht onderdrukken en proberen zich met de ouder van hetzelfde geslacht te identificeren. Volgens Freud legt dit proces van identificatie de attitudes en waardes van de ouders vast. Meisjes imiteren hun moeders en jongens hun vaders. De sociale leertheorie richt zich op omgevingsinvloeden. Kinderen leren over gendergerelateerd gedrag en de verwachtingen die daarbij horen door het observeren van anderen, zoals ouders, leerkrachten en leeftijdgenoten. Ook de media spelen daarin een rol. Cognitieve theoretici gaan ervan uit dat kinderen genderschema's vormen (cognitieve raamwerken waarin ze de informatie ordenen die ze over gender verzamelen).

▷ 10.2 Vrienden en familie: het sociale leven van peuters en kleuters

- Voor peuters en kleuters zijn sociale relaties met andere kinderen in eerste instantie gebaseerd op een verlangen naar kameraadschap en plezier. Naarmate ze ouder worden verdiepen de vriendschappen zich en gaan vertrouwen en gedeelde interesses waarschijnlijk een rol spelen. Kinderen komen tot het inzicht dat vriendschap een stabiele, zich continuerende relatie is.
- In de peuterjaren houden kinderen zich meestal bezig met functioneel spel: spelen om te spelen. Vanaf de kleutertijd gaan ze zich meer bezighouden met constructief spel. Daarbij manipuleren ze objecten om iets te produceren of bouwen. Ook brengen zij meer tijd door met associatief en coöperatief spel dan jongere kinderen, die zich meer bezighouden met parallel en toekijkend spel.
- Peuters en kleuters kunnen de wereld steeds beter vanuit andermans standpunt zien. Ze kunnen verklaringen ontwikkelen voor hoe anderen denken en redenen aanvoeren voor andermans gedrag. De zich ontwikkelende theory of mind van een kind wordt versterkt door zijn meer betrokken sociale interacties. Ook culturele factoren dragen bij aan deze ontwikkeling.
- Opvoedingsstijlen kunnen zowel per individu als per cultuur verschillen. Wat de meest succesvolle opvoedingsstijl is, hangt af van de normen van een bepaalde cultuur en van de vraag wat de ouders over passende stijlen is geleerd. In de meeste westerse samenlevingen komen vooral de autoritaire, de permissieve, de onverschillige en de autoritatieve stijl voor. Van deze stijlen wordt de laatste als de effectiefste beschouwd. Kinderen van autoritaire en permissieve ouders kunnen afhankelijk en vijandig zijn en hebben vaak weinig zelfbeheersing, terwijl kinderen van onverschillige ouders zich vaak niet geliefd voelen en emotioneel afstandelijk zijn. Kinderen van autoritatieve ouders zijn vaak onafhankelijker, vriendelijker, assertiever en coöperatiever.

▷ 10.3 Morele ontwikkeling en agressie

- Piaget geloofde dat peuters en kleuters zich in het stadium van het moreel realisme bevinden. Dit stadium wordt gekenmerkt door een vast geloof in externe, onveranderlijke gedragsregels en in een onvermijdelijke, directe bestraffing van alle wandaden.

- De sociale leertheorie is meer gericht op de invloed van de omgeving op de morele ontwikkeling van kinderen. Modeling speelt hierbij een belangrijke rol.
- Sommige ontwikkelingsdeskundigen denken dat empathie, dat zich al vroeg in het leven begint te ontwikkelen, ten grondslag ligt aan veel soorten moreel gedrag. Ook andere emoties, waaronder negatieve emoties als woede en schaamte, kunnen moreel gedrag stimuleren.
- Agressie, het moedwillig toebrengen van schade aan een ander, begint zich in de peuter- en kleutertijd te manifesteren. Als kinderen ouder worden en een beter taalvermogen hebben, nemen de frequentie en de duur van die agressie meestal weer af.
- Sommige ethologen, zoals Konrad Lorenz, geloven dat agressie eenvoudigweg een biologisch feit van het menselijk leven is. Die opvatting wordt gedeeld door evolutionair psychologen. Zij zoeken de verklaring voor agressie in de concurrentie binnen een soort, waarbij de sterkste zijn genen doorgeeft aan de volgende generatie. Aanhangers van de sociale leertheorie leggen de nadruk op de rol van de omgeving. Factoren die hierbij een rol spelen zijn modeling en sociale bekrachtiging. Bij de cognitieve benadering ligt de nadruk op de rol van interpretaties van het gedrag van anderen. Die zijn bepalend voor het type respons dat iemand geeft: agressief of niet-agressief.

BELANGRIJKE TERMEN EN BEGRIPPEN

Abstract modeling
Agressie
Associatief spel
Autoritaire ouders
Autoritatieve ouders
Collectivistische oriëntatie
Constructief spel
Coöperatief spel
Emotionele zelfregulatie
Empathie
Functioneel spel
Genderconstantie
Genderidentiteit
Genderschema
Identificatie
Immanente rechtvaardigheid
Individualistische oriëntatie
Instrumentele agressie
Morele ontwikkeling
Moreel realisme
Onverschillige ouders
Parallel spel
Permissieve ouders
Prosociaal gedrag
Psychosociale ontwikkeling
Relationele agressie
Stadium van autonomie-versus-schaamte-en-twijfel
Stadium van initiatief-versus-schuldgevoel
Theory of mind
Toekijkend spel
Zelfbeeld

MyLab | Nederlandstalig

Op www.pearsonmylab.nl vind je studiemateriaal en de eText om je begrip en kennis van dit hoofdstuk uit te breiden en te oefenen.

DEEL 4

De schooltijd

HOOFDSTUK 11 DE FYSIEKE ONTWIKKELING IN DE SCHOOLTIJD

HOOFDSTUK 11 IN VOGELVLUCHT

PROLOOG: Suzanne

Het was een warme zomerdag in Vlissingen, zo'n dag waarop de meeste volwassenen zich traag voortbewegen door de drukkende, vochtige lucht. Dat gold niet voor de elfjarige Suzanne. Zij was één brok energie toen ze met een triomfantelijke blik de bal precies in de hoek van het servicevak sloeg. De eerste keer dat ze moest serveren, had ze de bal uitgeslagen, en ze voelde zich daar nog steeds ontevreden en beschaamd over.

Dit keer leek de bal perfect voor haar, en ze sloeg er vol vertrouwen en hoopvol tegenaan. Als door een wonder maakte het racket contact met de bal, die vervolgens met een scherpe boog precies in de hoek van het servicevak terechtkwam. Het was een ace, en een moment dat ze nooit meer zou vergeten.

De schooltijd is een periode vol belangrijke fysieke, cognitieve en sociale veranderingen.

Bron: Flashon Studio/Shutterstock (Pearson Asset Library)

Op www.pearsonmylab.nl vind je vragen bij deze proloog ter verwerking van de stof uit dit hoofdstuk.

Vooruitblik

Suzanne is enorm veranderd in vergelijking met de kleuter die ze nog maar een paar jaar geleden was. Toen was gecoördineerd rennen nog een grote opgave en een bal goed raken onmogelijk.

De schooltijd wordt gekenmerkt door een opeenvolging van momenten als deze. In deze periode bereiken de fysieke, cognitieve en sociale vaardigheden van kinderen een nieuw hoogtepunt. In dit hoofdstuk richten wij ons op de fysieke veranderingen en de motorische ontwikkelingen in de schooltijd, zowel bij gewone kinderen als bij kinderen met speciale behoeften. De schooltijd begint op zesjarige leeftijd en loopt door tot het begin van de adolescentie, zo rond het twaalfde levensjaar. Sommige fysieke en cognitieve veranderingen in deze periode zijn geleidelijk, andere plotseling, maar allemaal zijn ze even opmerkelijk.

11.1 Het groeiende lichaam

Eén twee, kopje thee
Drie vier, glaasje bier
Vijf zes, kurk op de fles
Zeven acht, soldaat op wacht...

Terwijl de andere meisjes tijdens het touwtjespringen dit liedje scanderen, toont Karlijn trots haar pas verworven vermogen om achteruit te springen. Karlijn, die in groep 4 zit (het tweede jaar van de basisschool in Vlaanderen) begint behoorlijk goed te worden in touwtjespringen. In groep 3 had ze het nog niet echt onder de knie. Afgelopen zomer heeft ze urenlang geoefend en nu lijkt die oefening haar vruchten af te werpen.

De schooltijd is een tijd waarin kinderen fysiek gezien grote sprongen maken. Ze leren allerlei soorten nieuwe vaardigheden beheersen terwijl ze groter en sterker worden. Hoe voltrekt deze vooruitgang zich?

11.1.1 De fysieke ontwikkeling

Als er twee woorden kenmerkend zijn voor de aard van de groei tijdens de schooltijd, zijn het langzaam en gestaag. Vooral in vergelijking met de snelle groei in de eerste vijf jaar van het leven en met de opmerkelijke groeispurt die kenmerkend is voor de adolescentie, is de schooltijd een relatief rustige periode. Het lichaam staat niet stil. De fysieke groei gaat door, alleen wat langzamer dan in de peuter- en kleutertijd.

Veranderingen in lengte en gewicht

Als ze op de basisschool zitten, groeien kinderen in het Westen gemiddeld vijf tot zeven centimeter per jaar. Tegen de tijd dat ze elf zijn, bedraagt de gemiddelde lengte van meisjes 1,50 meter. Jongens zijn met gemiddeld 1,48 meter iets kleiner. Dit is de enige periode in het leven waarin meisjes gemiddeld langer zijn dan jongens. Dit lengteverschil is kenmerkend voor de iets snellere fysieke ontwikkeling van meisjes, bij wie de groeispurt rond het tiende jaar begint.

De gewichtstoename volgt eenzelfde patroon. In de schooltijd komen zowel jongens als meisjes ongeveer twee tot drie kilo per jaar aan. Het gewicht gaat zich ook anders verdelen. De rondingen van de babytijd verdwijnen en het lichaam van kinderen wordt gespierder en krachtiger.

Achter deze gemiddelde toename in lengte en gewicht gaan grote individuele verschillen schuil, zoals iedereen weet die ooit een stel kinderen van negen jaar in een rij heeft zien lopen. Het is volstrekt niet ongewoon als het ene kind op deze leeftijd twintig centimeter groter is dan het andere.

De schooltijd wordt ook gekenmerkt door toegenomen kracht. Gedurende deze periode verdubbelen kinderen hun kracht, waarbij jongens door hun grotere aantallen spiercellen meestal sterker zijn dan meisjes. Bovendien worden de botten van kinderen harder, een proces dat *ossificatie* wordt genoemd.

Lengteverschillen van twintig centimeter tussen kinderen van dezelfde leeftijd zijn volstrekt niet ongewoon.

Bron: Jeff Greenberg/The Image Works

11.1.2 De invloed van voeding

De voeding die kinderen binnenkrijgen, heeft een grote invloed op veel aspecten van hun gedrag. Onderzoek wijst uit dat voeding effect heeft op verschillende sociale en emotionele ontwikkelingsaspecten. Kinderen die meer voedingsstoffen binnenkregen, hadden meer interactie met leeftijdgenoten, lieten meer positieve emoties zien, toonden minder angst en waren gemiddeld actiever dan leeftijdgenoten die minder voedzame stoffen aten (Barrett & Frank, 1987; Nyaradi et al., 2013; Stutts et al., 2011; zie ook figuur 11-1).

Verder stimuleert goede voeding de ontwikkeling van een gezond gebit. In de schooltijd wordt het melkgebit van de vroege kinderjaren grotendeels vervangen door nieuwe tanden en kiezen. Vanaf het zesde jaar beginnen er per jaar gemiddeld vier melktanden en -kiezen uit te vallen, en die worden vervangen door permanente tanden. Dit gaat door tot het elfde jaar.

Voeding vertoont ook een correlatie met cognitieve prestaties. Uit een onderzoek bleek bijvoorbeeld dat Keniaanse kinderen die goede voeding kregen verbaal en op andere cognitieve gebieden beter presteerden dan kinderen die licht tot matig ondervoed waren. Ander onderzoek heeft uitgewezen dat ondervoeding de cognitieve ontwikkeling van kinderen kan beïnvloeden doordat ze

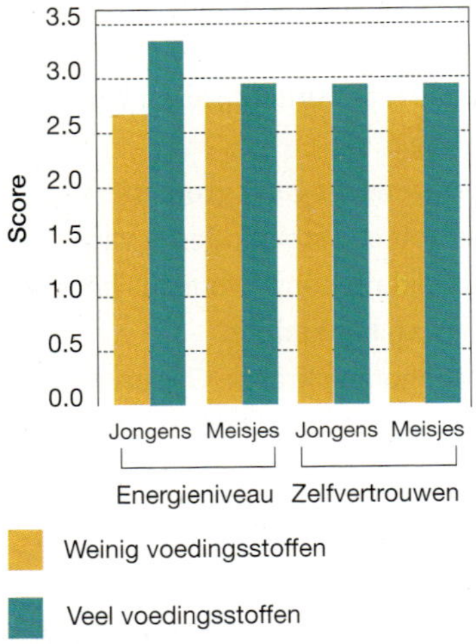

FIGUUR 11-1 **Voordelen van goede voeding**

Kinderen die meer voedingsstoffen binnenkregen, hadden meer energie en meer zelfvertrouwen dan kinderen die minder voedingsstoffen binnenkregen.

Bron: naar Barrett & Radke-Yarrow, 1985

Kinderen in armere delen van steden, zoals deze jonge kinderen in Calcutta, zijn kleiner en wegen minder dan kinderen die in rijkere delen van dezelfde steden opgroeien.

Bron: Ken Heyman/Woodfin Camp & Associates

hun nieuwsgierigheid, responsiviteit en motivatie om te leren afzwakt (Drewett, 2007; Grigorenko, 2003; Kessels et al., 2011; Wachs, 2002).

Culturele groeipatronen

De meeste kinderen in westerse landen krijgen voldoende voedingsstoffen binnen om hun maximale groeipotentieel te bereiken. In andere delen van de wereld eisen slechte voeding en ziekten hun tol, waardoor kinderen kleiner blijven en minder wegen.

De verschillen kunnen dramatisch zijn: kinderen in armere delen van steden als Calcutta (India), Hongkong (China) en Rio de Janeiro (Brazilië) zijn kleiner dan hun leeftijdgenootjes in welgestelde delen van dezelfde stad. Soms zijn verschillen in lengte en gewicht het resultaat van unieke erfelijke factoren van mensen, zoals hun etnische achtergrond. Kinderen van wie de voorouders uit Azië of het Stille Oceaangebied komen, zijn over het algemeen gemiddeld kleiner dan kinderen met voorouders uit Noord- en Midden-Europa (Deurenberg, Deurenberg-Yap & Guricci, 2002; Deurenberg et al., 2003).

Ook binnen etnische groepen bestaan er grote verschillen tussen individuen. Bovendien zijn etnische verschillen niet alleen toe te schrijven aan erfelijke factoren; voedingsgewoonten en variaties in het welvaartsniveau kunnen ook een rol spelen.

De groei bij kinderen stimuleren met hormonen: mogen kleine kinderen gedwongen worden om te groeien?

De meeste mensen in het Westen zien lang zijn als een voordeel. Vanwege deze culturele voorkeur maken ouders zich vaak zorgen als hun kinderen klein zijn. Sommige ouders geven hun kinderen daarom zelfs kunstmatige groeihormonen die kinderen langer maken dan ze normaal zouden worden (Lagrou et al., 2008; Pinquart, 2013; Sandberg & Voss, 2002).

De vraag of kinderen dergelijke medicijnen zouden moeten krijgen, is relatief nieuw. Kunstmatige hormonen die de groei stimuleren, zijn nog maar zo'n dertig jaar beschikbaar. Hoewel tienduizenden kinderen die van zichzelf onvoldoende groeien dergelijke medicijnen gebruiken, vragen sommige waarnemers zich af of een geringe lengte werkelijk zo'n ernstig probleem is dat dit medicijngebruik gerechtvaardigd is. Kleinere mensen ervaren in het algemeen weinig problemen in de samenleving. Bovendien is het een duur medicijn met potentieel gevaarlijke bijwerkingen. In sommige gevallen leidt gebruik tot een vroege start van de puberteit, waardoor de groei ironisch genoeg later juist wordt afgeremd.

Aan de andere kant valt het niet te ontkennen dat kunstmatige groeihormonen de lengte van kinderen effectief vergroten, bij extreem kleine kinderen tot ruim dertig centimeter extra, waardoor ze binnen de normale marges vallen. Zolang er nog geen langdurige studie naar de veiligheid van dergelijke behandelingen is afgerond, moeten ouders dus zorgvuldig de voors en tegens afwegen voor ze hun kinderen (via doktersvoorschrift) groeihormonen geven (Heyman et al., 2003; Ogilvy-Stuart & Gleeson, 2004; Wang et al., 2011; Webb et al., 2012).

11.1.3 Kinderobesitas

Als de moeder van Miranda vraagt of ze een stuk brood bij haar eten wil, antwoordt Miranda dat ze dat beter niet kan doen. Ze denkt dat ze te dik wordt. Miranda, die een normaal gewicht en een normale lengte heeft, is zes jaar.

Bezorgdheid over gewicht kan uitgroeien tot een obsessie, vooral bij meisjes. Veel zesjarige meisjes zijn al bang om dik te worden, en zo'n veertig procent van de negen- en tienjarigen probeert af te vallen. Vaak is hun bezorgdheid het resultaat van een obsessie met slank zijn, een obsessie die tot in elk aspect van de samenleving is doorgedrongen (Greenwood & Pietromonaco, 2004; Schreiber et al., 1996). De Amsterdamse GGD deed onderzoek onder 112.000 jongeren tussen de 2 en 24 jaar oud. Ze keken voor het onderzoek naar hoe het BMI van de kinderen zich ontwikkelde tussen 2009 en 2013. Van de schoolgaande kinderen tussen de vijf en veertien jaar oud is bijna tien procent te licht. De redenen voor dit ondergewicht dienen nog verder onderzocht te worden. Aangezien de steekproef regiogebonden is, kunnen de resultaten niet veralgemeend worden. Het kan wel zijn dat de gegevens een trend aanduiden (Stuurgroep Ondervoeding, 2015).

Aan de andere kant liegen de cijfers in verband met overgewicht er niet om: obesitas (zwaarlijvigheid) bij kinderen is een ware epidemie in Europa (zie ook figuur 11-2). Een kwart van alle Europese scholieren heeft overgewicht of is zwaarlijvig. Verwacht wordt dat er nog een miljoen per jaar zullen bijkomen, van wie er meer dan 300.000 zwaarlijvig zullen worden (Europese Commissie, 2012). Tabel 11-1 geeft een overzicht van overgewicht bij kinderen in zeven Europese landen. In België en Nederland heeft respectievelijk 21 procent en 22 procent van de kinderen overgewicht. Zes procent heeft extreem overgewicht. Verder wordt er in deze tabel informatie gegeven over frisdrankgebruik, televisiekijken en met de fiets naar school gaan – drie factoren waarvan gedacht wordt dat ze een rol spelen bij het gewicht van kinderen. Natuurlijk zijn er ook andere factoren, zoals de samenstelling van de voeding van de kinderen. Wellicht dat dit ook een rol speelt in het percentage overgewicht in bijvoorbeeld Griekenland.

Een zwaarlijvig kind loopt in zijn leven meer kans op allerlei ziekten, waaronder diabetes, hart- en vaatziekten en kanker. Obesitas kan ook leiden tot slechtere schoolprestaties, een laag zelfbeeld en psychische problemen (Europese Commissie, 2012).

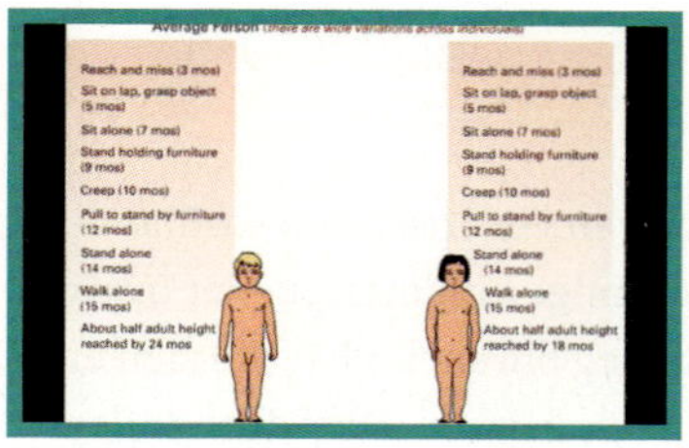

Zie MyLab voor de video: Fysieke groei

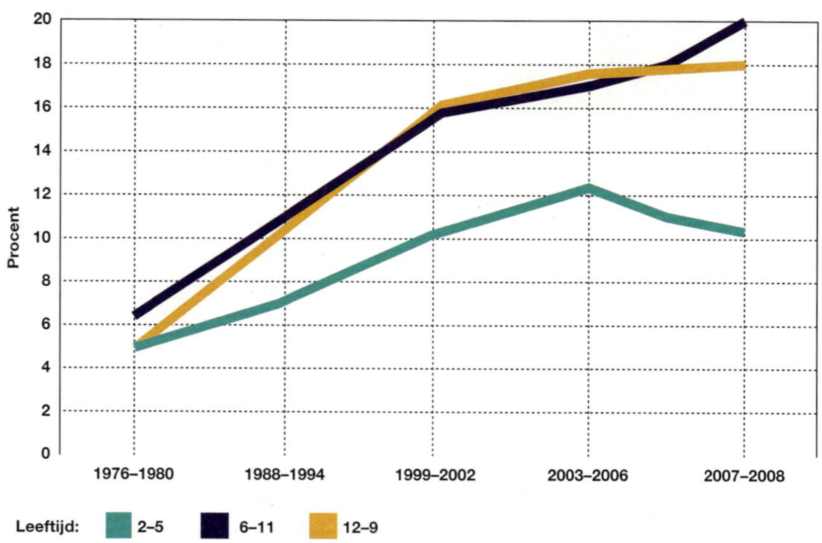

FIGUUR 11-2 **Overgewicht bij kinderen, 1976-2008**

Het percentage kinderen en adolescenten met overgewicht is de laatste vier decennia drastisch toegenomen.

Bron: Fryar, Carroll & Ogden, 2012

TABEL 11-1 **Een overzicht van een studie naar overgewicht bij kinderen in zeven Europese landen**

	OVERGEWICHT	EXTREEM OVERGEWICHT	FRISDRANKGEBRUIK PER DAG	TV-KIJKEN MIN. PER DAG	FIETSEN NAAR SCHOOL, DAGEN PER WEEK
Noorwegen	19%	4%	225 ml	101	3,3
België	21%	6%	455 ml	113	1,9
Nederland	22%	6%	630 ml	110	3,3
Hongarije	31%	10%	550 ml	120	0,3
Spanje	34%	8%	185 ml	103	0,1
Slovenië	34%	11%	330 ml	114	0,3
Griekenland	50%	21%	115 ml	123	0,1

Bron: Gezondheid.be, 2012

Oorzaken van obesitas

Obesitas wordt veroorzaakt door een combinatie van genetische en sociale factoren. Bepaalde erfelijke genen maken dat sommige kinderen sneller overgewicht ontwikkelen. Deze kinderen hebben de aanleg om snel dik te worden en door hun lichaamstype is het lastig om vetcellen te verliezen. Daardoor zullen ze na een afslankpoging vaak net zo snel weer aankomen. Het gewicht van geadopteerde kinderen komt meestal meer overeen met dat van hun biologische ouders dan met dat van hun adoptieouders (Bray, 2008; Skledar et al., 2012; Week van de gezondheid, 2015; Whitaker et al., 1997).

Ook een slecht dieet kan bijdragen aan obesitas. De combinatie van ongezond eten en te weinig bewegen vormt voor deze groep de belangrijkste reden voor het aankomen. Het ene kind is actiever dan het andere, maar een kind hoort natuurlijk niet de hele dag op de bank te zitten en tv te kijken. Veel kinderen eten ook uit verveling en, zoals we wel weten, houden veel kinderen nu eenmaal van zoetigheid (Week van de gezondheid, 2015). De meeste kinderen eten te weinig groente en fruit en meer vet en zoetigheid dan aanbevolen wordt (zie figuur 11-3 en tabel 11-1). De Nederlandse Gezondheidsraad (2015) heeft in een nieuw advies (Richtlijnen goede voeding 2015) opgesomd welke voedingsmiddelen en -patronen leiden tot gezondheidswinst. Een verschuiving in de richting van een meer plantaardig en minder dierlijk voedingspatroon is bevorderlijk. Ook een vermindering van de consumptie van suikerhoudende dranken is van belang. Op de volgende website kan het volledige advies gevonden worden: www.gezondheidsraad.nl/nl/taak-werkwijze/werkterrein/gezonde-voeding/publicaties.

FIGUUR 11-3 **Een gebalanceerd voedingspatroon**

In een poging om de voedingsrichtlijnen voor zowel kinderen als volwassenen te vereenvoudigen, heeft het Amerikaanse ministerie van Landbouw MyPlate uitgebracht. MyPlate helpt consumenten betere voedselkeuzes te maken en gezonde gerechten te bereiden. Het toont de vijf voedselgroepen met een vertrouwd beeld, een bord op een placemat. Meer informatie kan worden verkregen op www.choosemyplate.gov.

Bron: U.S. Department of Agriculture, 2011

Wat is er aan obesitas te doen?

EPODE (Ensemble, Prévenons l'Obésité Des Enfants), inmiddels uitgegroeid tot het Europese EPODE-netwerk (EEN), is een methode om obesitas bij kinderen te bestrijden. Dat gebeurt op lokaal niveau. EPODE wil vooral gezien worden als een gemeenschapsproject. Voorlichting aan ouders over voeding, gezond eten en de voordelen van een actieve levensstijl vormt daarbij de eerste stap. In een tweede fase richt het project zich op scholen, crèches, sport- en oudervereningingen, kantines, gezondheidswerkers, politici, lokale besturen en bedrijven. Dat gaat van planologen die zorgen voor meer groene ruimte in de stad, tot lokale winkels die gezondere producten aanbieden (Europese Commissie, 2012).

'Weet je nog dat we de kinderen vroeger eerst moesten vetmesten?'

Bron: The New Yorker Collection, Christopher Weyant, cartoonbank.com; alle rechten voorbehouden

Het eerste EPODE-proefproject uit 1996 was een groot succes in twee Noord-Franse steden. Het aantal obesitasgevallen daalde er met vijftig procent. EPODE laat zien dat vroeg ingrijpen kan zorgen voor een daling van het aantal obesitasgevallen. Het Europese EPODE-netwerk geeft gezinnen de knowhow om gezondere keuzes te maken en maakt die keuzes bovendien gemakkelijker door de plaatselijke gemeenschap erbij te betrekken. Zo krijgen deze gezinnen een gezondere levensstijl met meer beweging, wat zwaarlijvigheid helpt voorkomen. Dit heeft zijn vruchten afgeworpen in 226 steden en gemeenten in Frankrijk, 98 in Spanje, 14 in Griekenland en 7 in België. Ook Nederland en Roemenië hebben zich bij het project aangesloten (Europese Commissie, 2012).

Bij overgewicht en obesitas wordt meestal geprobeerd het huidige gewicht van een kind tijdelijk op hetzelfde peil te houden via een verbeterd voedingspatroon en meer beweging, en wordt een kind niet op dieet gezet. Omdat het wel in lengte groeit, zal het gewicht na verloop van tijd normaler worden. In het kader *Ontwikkelingspsychologie in het dagelijks leven* wordt een aantal tips gegeven om kinderen die weinig lichaamsbeweging krijgen tot een actievere levensstijl te bewegen.

ONTWIKKELINGSPSYCHOLOGIE IN HET DAGELIJKS LEVEN

Hoe houd je kinderen fit?

Van maandag tot en met vrijdag zit Terry de hele dag achter een bureau. Hij krijgt geen lichaamsbeweging, ook niet in het weekend. Zowel thuis als in fastfoodrestaurants eet hij vetrijke maaltijden met weinig voedingswaarde. Hij brengt zijn avonden door op de bank voor de televisie, met chips en frisdrank binnen handbereik.

Hoewel deze beschrijving op veel volwassen mannen en vrouwen van toepassing zou kunnen zijn, is Terry in werkelijkheid zes jaar. Hij is een van de vele schoolkinderen die weinig tot geen lichaamsbeweging krijgen. Zij hebben daardoor een slechte lichamelijke conditie en een verhoogd risico op obesitas en andere gezondheidsproblemen.

Er bestaan echter verschillende manieren om kinderen te stimuleren fysiek actiever te worden (Okie, 2005; Tyre & Scelfo, 2003):

- Maak bewegen leuk. Beweging kan alleen een vast onderdeel worden van het leven van kinderen als ze er plezier in hebben.
- Geef het goede voorbeeld. Kinderen die zien dat beweging een vast onderdeel is in het leven van hun ouders, onderwijzers of volwassen vrienden, zullen fitheid ook eerder als een onlosmakelijk onderdeel van hun eigen leven gaan beschouwen.
- Stem de activiteiten af op de fysieke en motorische capaciteiten van het kind.
- Moedig kinderen aan om een sportmaatje te vinden. Bewegen kan op allerlei manieren, zoals skeeleren of waveboarden, maar bijna alle activiteiten krijgen extra aantrekkingskracht als ze in het gezelschap van een ander worden gedaan.
- Begin langzaam. Kinderen die weinig ervaring hebben met fysieke activiteit moeten hun beweging geleidelijk opbouwen.
- Stimuleer deelname aan georganiseerde sportactiviteiten, maar dring niet te hard aan. Zorg ervoor dat het puur gaat om het meedoen en de pret, en niet om het winnen.
- Maak van fysieke activiteiten, zoals springen of push-ups, geen straf voor ongewenst gedrag.
- Zorg voor een gezond voedingspatroon. Kinderen met een gezond voedingspatroon hebben meer energie voor lichaamsbeweging dan kinderen die zich vullen met frisdrank en snacks.

11.1.4 Gezondheid in de schooltijd

Yvonne voelt zich ellendig. Ze heeft een loopneus en haar keel doet pijn. Hoewel ze thuis mag blijven en de hele dag tv mag kijken, vindt ze zichzelf nog steeds heel erg zielig.

Hoewel ze zich ziek voelt, is Yvonne er niet zo slecht aan toe. Over een paar dagen is haar verkoudheid over, en ze zal er niets aan overhouden. Misschien levert het haar zelfs wel iets op. Ze is straks immuun voor de bacteriën die haar ziek hebben gemaakt.

De meeste kinderen verkeren gedurende hun schooltijd in een blakende gezondheid. De kwaaltjes die ze oplopen zijn meestal onschuldig en kortstondig. Sommige kinderen krijgen tijdens hun schooltijd echter te maken met een ernstige medische kwaal. En hoewel de meeste kinderen maar kort ziek zijn, heeft ongeveer een op de tien kinderen een chronische aandoening, zoals astma (Dey & Bloom, 2005).

Astma

Astma: chronische aandoening die wordt gekenmerkt door periodieke aanvallen van piepend ademhalen, hoesten en kortademigheid.

Astma is een ziekte die de afgelopen jaren steeds vaker de kop opsteekt. Het is een chronische aandoening die wordt gekenmerkt door periodieke aanvallen van piepend ademhalen, hoesten en kortademigheid. Volgens het Astmafonds heeft ongeveer een op de tien kinderen in meer of mindere mate last van astma. Wereldwijd zijn er 150 miljoen astmalijders. Met name etnische minderheden lopen kans om de ziekte te krijgen (Akinbami, 2011; Bowen, 2013; Celano, Holsey & Kobrynski, 2012). Op 1 januari 2007 waren er in Nederland 444.200 mensen met astma. In tabel 11-2 is de incidentie (het aantal nieuwe gevallen) van astma bij kinderen en adolescenten in 2007 te vinden. België heeft één miljoen astmapatiënten. 200.000 van hen zijn kinderen (Bond Beter Leefmilieu, 2014).

Astmapatiënten gebruiken vaak een inhalator (puffer) om medicijnen in de longen te spuiten.

Bron: RaJi/Shutterstock

Astma treedt op wanneer de luchtwegen die naar de longen leiden samentrekken, waardoor de luchtaanvoer en -afvoer gedeeltelijk geblokkeerd raken. Het kost meer moeite om er lucht doorheen te krijgen, waardoor ademen lastiger wordt. Als de lucht door de geblokkeerde luchtwegen wordt geperst, hoor je het voor astma kenmerkende piepen.

Het is niet gek dat kinderen vaak bang zijn voor een astma-aanval. Die angst en opwinding (agitatie) maken de aanval vaak nog erger. Soms wordt ademen zo moeilijk dat zich nog andere fysieke symptomen manifesteren, zoals zweten, een versnelde hartslag en in de ernstigste gevallen een blauw gezicht en blauwe lippen als gevolg van zuurstofgebrek.

Astma-aanvallen kunnen door verschillende factoren worden opgewekt. De meest voorkomende zijn luchtweginfecties (zoals verkoudheid of griep), allergische reacties voor stoffen in de lucht (zoals luchtvervuiling, sigarettenrook, stofmijt, schilfers en andere uitscheidingsstoffen van dieren), stress en beweging. Soms is zelfs een plotselinge verandering van temperatuur of luchtvochtigheid genoeg om een aanval op te wekken (Noonan & Ward, 2007; Ross et al., 2012; Tibosch, Verhaak & Merkus, 2011).

Hoewel astma ernstig kan zijn, bestaan er goede behandelingen voor mensen die eraan lijden. Patiënten die vaak astma-aanvallen hebben, gebruiken een zogenaamde inhalator met een speciaal mondstuk om medicijnen in de longen te spuiten. Anderen slikken medicijnen of krijgen injecties (Israel, 2005).

Een van de meest gestelde vragen over astma is waarom steeds meer kinderen eraan lijden. Sommige onderzoekers denken dat de toegenomen luchtvervuiling er debet aan is, andere geloven dat astmagevallen die in het verleden

TABEL 11-2 **Astma in Nederland**

Incidentie (nieuwe gevallen) van astma (absoluut en per 1000) naar leeftijd en geslacht in 2007 (Gommer & Poos, 2011).

	INCIDENTIE PER 1000		INCIDENTIE ABSOLUUT	
Leeftijdsklasse	Mannen	Vrouwen	Mannen	Vrouwen
0-4	24,88	11,94	12.175	5576
5-9	10,14	8,74	5228	4307
10-14	5,76	7,09	2896	3402

over het hoofd werden gezien nu beter worden gediagnosticeerd. Weer andere onderzoekers opperen de mogelijkheid dat de blootstelling aan 'astmatriggers', zoals stof, toeneemt omdat nieuwe gebouwen weerbestendiger (en daardoor minder tochtig) zijn dan oude gebouwen, waardoor de luchtstroom beperkter is.

Tot slot kan armoede een indirecte rol spelen. Bij kinderen die in armoede leven, komt vaker astma voor dan bij andere kinderen. Dat is waarschijnlijk te wijten aan de slechtere medische zorg en de minder hygiënische leefomstandigheden. Arme kinderen lopen bijvoorbeeld een grotere kans om te worden blootgesteld aan astmatriggers als stofmijt, uitwerpselen en lichaamsdelen van ongedierte (Caron, Gjelsvik & Buechner, 2005; Coutinho, McQuaid & Koinis-Mitchell, 2013; Johnson, 2003).

Psychische aandoeningen

Ron is net geen 1,35 meter lang en is met zijn bruine krullen en diepbruine ogen een opvallende verschijning. Het ene moment is hij charmant en het andere moment boos, achterdochtig en vijandig. Hij kan in een oogwenk van luidruchtig lachen overgaan naar diepe depressie. Hij heeft weinig gevoel voor gevaar en rent roekeloos door de bossen, botst tegen bomen en rolt voorover van heuvels af. Ron heeft een bipolaire stoornis, een ernstige ziekte die zijn ouders radeloos maakt en Ron zelf bang en ongelukkig.

Een bipolaire stoornis zoals Ron heeft, wordt vastgesteld wanneer iemand heen en weer geslingerd wordt tussen twee emotionele toestanden: een onrealistische stoutmoedigheid en energie aan de ene kant en depressie aan de andere kant. Jarenlang zijn de symptomen van dergelijke stoornissen genegeerd, en ouders en leerkrachten zien ze zelfs vandaag de dag nog wel eens over het hoofd. Toch is het een veelvoorkomend probleem: een op de vijf kinderen en adolescenten heeft een psychische stoornis die op zijn minst enige beschadiging tot gevolg heeft. Zo lijdt circa vijf procent van de kinderen onder de tien aan ernstige kinderdepressies, en dertien procent van de kinderen tussen negen en zeventien jaar heeft een angststoornis (Cicchetti & Cohen, 2006; Kluger, 2010; Tolan & Dodge, 2005).

Voor een deel worden psychische stoornissen bij kinderen soms verwaarloosd omdat ze niet helemaal dezelfde symptomen vertonen als volwassenen. En zelfs als er bij kinderen psychische stoornissen worden vastgesteld, is niet altijd duidelijk wat de beste behandeling is. Het gebruik van antidepressiva is inmiddels een populaire behandelmethode voor allerlei psychische stoornissen bij kinderen, ook in het geval van depressies en angsten.

Voorstanders van het toenemend gebruik van antidepressiva als Prozac, Zoloft, Paxil en Wellbutrin door kinderen zijn van mening dat depressie en andere psychische stoornissen tamelijk succesvol behandeld kunnen worden met medicijnen. In veel gevallen zijn de meer traditionele behandelingen, zoals psychotherapie, niet effectief. Dan vormen medicijnen de enige behandelmogelijkheid. Bovendien is in ten minste één klinische test aangetoond dat medicijnen effectief zijn bij kinderen (Barton, 2007; Hirschtritt et al., 2012; Lovrin, 2009; Vela et al., 2011). Critici geven aan dat er weinig informatie is over de langetermijneffecten van antidepressiva op de hersenontwikkeling van kinderen. Ook is het lastig om de correcte dosis te bepalen voor kinderen. Het feit dat er smaken toegevoegd worden aan de medicijnen voor kinderen, zoals sinaasappelsmaak, kan ook een negatief effect hebben. Kinderen zouden de medicijnen kunnen ervaren als snoep en zouden zo vatbaarder zijn voor een overdosis (Cheung, Emslie & Mayes, 2006; Couzin, 2004; Rothenberger & Rothenberger, 2013).

Hoe dan ook mogen psychische stoornissen in de kindertijd niet over het hoofd gezien worden. Ze hebben niet alleen een verstorend effect op de ontwikkeling op dat moment, ze vergroten ook het risico op problemen in de volwassenheid (Botswick, 2006; Sapyla & March, 2012; Vedantam, 2004).

11.2 De motorische ontwikkeling en de veiligheid van schoolkinderen

Otto is een jongen van negen jaar. Hij heeft weliswaar een wiskundeknobbel, maar is een belabberde voetballer. Niemand is zich hier sterker van bewust dan Otto zelf. 'Hij weet dat hij niet zo goed in sport is als de anderen', zegt zijn moeder Eveline. 'Dat vond hij verschrikkelijk. Hij liep gewoon weg zodra hij een fout maakte. Omdat hij niet sportte, had hij niet zo veel vrienden als de meeste andere kinderen.'

Op een dag, toen hij net tien was geworden, zag hij een demonstratie van de oosterse vechtsport taekwondo. 'Dát wil ik gaan doen', zei hij direct tegen zijn moeder.

Nu heeft hij verschillende keren per week les, en volgens Eveline is hij enorm veranderd. 'Zijn humeur is beter, hij slaapt beter en hij doet zijn huiswerk zelfs beter', zegt ze. 'En toen hij zijn gele band haalde, was hij door het dolle heen.' (Heath, 1994, p. 127-128)

Tijdens de schooltijd spelen de sportieve vaardigheden van kinderen een belangrijke rol in de manier waarop ze zichzelf zien en in de manier waarop ze door anderen worden gezien. Dit is ook een periode waarin die fysieke vaardigheden zich in een snel tempo ontwikkelen.

11.2.1 Motorische vaardigheden: voortdurende verbetering

Als je op het schoolplein een voetballer op het doel ziet schieten of op de atletiekbaan een hardloper de finish ziet bereiken, valt onvermijdelijk op wat een grote sprongen kinderen hebben gemaakt sinds hun peuter- en kleutertijd, toen hun motoriek vaak nog verre van gecoördineerd was. In de schooltijd treden zowel in de fijne als in de grove motoriek grote verbeteringen op.

Grove motoriek

Een belangrijke verbetering op het gebied van de grove motoriek is de spiercoördinatie. De meeste schoolkinderen leren met gemak fietsen, schaatsen, zwemmen en touwtjespringen, vaardigheden die ze daarvoor nog niet goed konden uitvoeren (Cratty, 1979, zie figuur 11-4).

In de schooltijd leren kinderen veel soorten vaardigheden beheersen die ze daarvoor niet goed konden uitvoeren, zoals fietsen, schaatsen, zwemmen en touwtjespringen.

Bron: Chepko Danil Vitalevich/Shutterstock (Pearson Asset Library)

Verschilt de motoriek van jongens van die van meisjes? Ontwikkelingsdeskundigen hebben altijd beweerd dat genderverschillen op het gebied van de grove motoriek in deze periode steeds uitgesprokener worden, en dat jongens beter gaan presteren dan meisjes. Deze opvattingen worden door recent onderzoek enigszins in twijfel getrokken. Als er vergelijkingen worden gemaakt tussen jongens en meisjes die regelmatig aan dezelfde activiteiten deelnemen, zoals softbal, blijkt er slechts sprake te zijn van minimale gendervariaties in de grove motoriek (Jurimae & Saar, 2003).

Welke verklaring bestaat er voor de discrepantie met eerdere bevindingen? De aangetroffen prestatieverschillen waren waarschijnlijk het gevolg van verschillen in motivatie en verwachting. Meisjes kregen van de maatschappij mee dat ze slechter zouden zijn in sport dan jongens, en die boodschap kwam tot uiting in hun prestaties.

Tegenwoordig is die boodschap veranderd, officieel althans. Volgens de American Academy of Pediatrics (1999) zouden jongens en meisjes aan dezelfde sporten en spelen moeten deelnemen en kunnen ze dat in gemengde groepen doen. Deze aanbeveling wordt ook gedaan door Sport Vlaanderen (voorheen BLOSO, Agentschap ter Bevordering van de Lichamelijke Ontwikkeling, de Sport en de Openluchtrecreatie) (Levefre et al., 2002). Er is geen reden om de seksen bij fysieke activiteiten en sport te scheiden voordat de puberteit begint. Vanaf die tijd lopen meisjes bij contactsporten een groter risico op blessures omdat ze kleiner zijn. Ook het verschil in kracht en snelheid tussen jongens en meisjes zorgt vanaf die tijd voor ongelijkheid (American Academy of Pediatrics, 1999, 2004; Kanters et al., 2013; Vilhjalmsson & Kristjansdottir, 2003).

6 jaar	7 jaar	8 jaar	9 jaar	10 jaar	11 jaar	12 jaar
Bij het gooien verplaatsen kinderen hun gewicht op de juiste manier en stappen ze op het juiste moment naar voren. Ze leren touwtjespringen.	Kinderen kunnen met hun ogen dicht op één voet balanceren. Ze kunnen over een evenwichts-balk van 60 centimeter breed lopen zonder te vallen. Ze kunnen netjes in kleine vierkantjes springen en huppen (hinkelen). Ze kunnen een spreid-sluitsprong uitvoeren.	Kinderen kunnen objecten van 5,5 kilo vastpakken. Ze kunnen ritmisch hinkelen in een patroon van 2-2, 2-3 of 3-3. Meisjes kunnen een kleine bal 10 meter ver gooien, jongens 18 meter.	Meisjes kunnen 22 centimeter hoger springen dan hun lengte met uitgestoken armen; jongens kunnen 25 centimeter hoger springen. Jongens kunnen 5 meter per seconde rennen en een bal 12,5 meter ver gooien; meisjes kunnen 4,8 meter per seconde rennen en een bal 12,5 meter ver gooien.	Kinderen kunnen de richting van een gegooide kleine bal inschatten en hem onderscheppen. Zowel jongens als meisjes kunnen 5,2 meter per seconde rennen.	Jongens kunnen vanuit stand 1,5 meter ver springen; meisjes kunnen 1,4 meter springen.	Kinderen kunnen 0,9 meter hoog springen.

FIGUUR 11-4 **Ontwikkelingen in de grove motoriek tussen zes en twaalf jaar**

Bron: naar Cratty, 1979, p. 22

Handelingen als typen zijn afhankelijk van de fijne motoriek, en die wordt in de loop der jaren steeds beter.

Bron: JNP/Shutterstock

Fijne motoriek

Typen, aan elkaar schrijven, gedetailleerde tekeningen maken: dit zijn slechts een paar van de handelingen die afhankelijk zijn van de verbeteringen in de fijne motorische coördinatie van jonge kinderen. Kinderen van zes en zeven jaar zijn in staat om hun veters te strikken en knopen vast te maken, achtjarigen kunnen beide handen onafhankelijk van elkaar gebruiken en elf- en twaalfjarigen kunnen objecten bijna net zo gemakkelijk hanteren als volwassenen.

De verbetering van de fijne motoriek is gedeeltelijk het gevolg van een grote toename van myeline in de hersenen op de leeftijd van zes tot acht jaar. Myeline vormt een beschermlaag rond delen van de zenuwcellen. Omdat een grotere hoeveelheid myeline ervoor zorgt dat elektrische prikkels zich sneller tussen neuronen voortbewegen, krijgen de spieren sneller boodschappen door en kunnen kinderen hun spieren beter beheersen.

De sociale voordelen van fysieke competentie

Is Remco, een middelbare scholier die duidelijk de uitblinker is in zijn voetbalteam, populairder dankzij zijn fysieke talenten? Dat zou heel goed kunnen. Uit een heleboel onderzoeken die in het verleden naar dit onderwerp zijn uitgevoerd, blijkt dat schoolkinderen die fysiek goed presteren vaak meer door hun leeftijdgenoten worden geaccepteerd en aardiger gevonden worden dan kinderen die minder goed zijn in fysieke activiteiten (Branta, Lerner & Taylor, 1997; Pintney, Forlands & Freedman, 1937).

Het verband tussen fysieke competentie en populariteit is echter aanzienlijk sterker bij jongens dan bij meisjes. Dit verschil is hoogstwaarschijnlijk het resultaat van verschillen tussen sociale normen voor mannelijk en vrouwelijk gedrag. Hoewel er steeds meer bewijzen komen dat de sportieve prestaties van meisjes en jongens niet wezenlijk van elkaar verschillen tot aan de puberteit, wordt er nog steeds een verschil gemaakt. Mannen en jongens die groter, sterker en fysiek competenter zijn, worden aantrekkelijker gevonden dan hun kleinere, zwakkere en fysiek minder competente tegenhangers. De normen voor vrouwen en meisjes zijn minder gebaseerd op fysiek succes. Vrouwen en meisjes oogsten gedurende hun hele leven minder waardering voor fysieke prestaties dan mannen. Hoewel deze maatschappelijke normen misschien aan het veranderen zijn en deelname van vrouwen aan sportieve activiteiten steeds normaler wordt gevonden en meer wordt gewaardeerd, zijn deze gendervooroordelen nog steeds van kracht (Bowker, Gabdois & Shannon, 2003; Burn, 1996).

Het sportaanbod zou moeten aansluiten bij de wensen en mogelijkheden van het kind om motorisch vaardiger te worden, gezonder te worden, samen te sporten en plezier te hebben. Helaas heeft bij veel sportverenigingen de druk om te presteren de overhand en is er weinig ruimte voor andere motieven om te sporten.

Bron: Fotokostic/Shutterstock

De sociale voorsprong van sportief aangelegde jongens neemt in de schooltijd steeds verder toe en blijft ook op de middelbare school aanwezig. Toch beginnen de positieve consequenties van motorische competentie op een gegeven moment af te nemen. Waarschijnlijk worden andere eigenschappen steeds bepalender voor sociale aantrekkelijkheid. Een aantal daarvan komt aan bod in hoofdstuk 13.

Overigens is het moeilijk om vast te stellen in hoeverre voordelen als gevolg van grote sportieve prestaties daadwerkelijk het gevolg zijn van fysieke competentie en in hoeverre ze voortvloeien uit het feit dat het rijpingsproces van deze kinderen sneller verloopt. Jongens bij wie het rijpingsproces sneller verloopt dan bij hun leeftijdgenoten, of jongens die langer, zwaarder en sterker zijn, zijn meestal beter in fysieke activiteiten dankzij hun relatieve voordeel in omvang en gewicht. Daarom is vroege fysieke rijping uiteindelijk wellicht belangrijker dan fysieke vaardigheden.

Toch spelen fysieke bekwaamheid en motorische vaardigheden in het algemeen een belangrijke rol in het leven van schoolkinderen. Het is belangrijk om ervoor te zorgen dat kinderen niet te veel nadruk gaan leggen op fysieke vermogens. Sporten moet leuk zijn, niet iets wat ouders en kinderen zenuwachtig maakt. Belangrijk is dat de sport bij het ontwikkelingsniveau van het kind past. Als de sport de fysieke en mentale vaardigheden van een kind te boven gaat, kan het kind het gevoel krijgen dat het niet goed genoeg is en kan het gefrustreerd raken. Sommige vormen van georganiseerde sport worden bekritiseerd vanwege hun grote nadruk op winnen. Als kinderen het gevoel krijgen dat succes het enige doel is van sport, beleven ze minder plezier aan het spelletje zelf. Dat geldt vooral voor kinderen die niet sportief zijn aangelegd en die niet uitblinken.

Sport en andere fysieke activiteiten moeten dus bedoeld zijn om kinderen in conditie te houden, om ze fysieke vaardigheden bij te brengen en om ze te leren zich lekker te voelen in hun eigen lichaam. Maar ze moeten er vooral ook plezier aan beleven.

11.2.2 On- en offline bedreigingen voor de veiligheid van schoolkinderen

De toenemende onafhankelijkheid en mobiliteit van schoolkinderen heeft gevolgen voor hun veiligheid. Zo neemt het aantal ongelukken toe. Een ander soort bedreiging voor de veiligheid van schoolkinderen komt uit een heel andere hoek: internet en de bijbehorende nieuwe media.

Ongelukken

Tussen de leeftijd van vijf en veertien jaar neemt het aantal ongevallen toe, hoewel het aantal dodelijke slachtoffers afneemt. In tabel 11-3 zijn de Nederlandse cijfers te vinden van het aantal kinderen en jongeren dat overlijdt aan een ongeval. Zo zijn er in 2013 negen kinderen tussen de nul en veertien jaar gestorven door een verkeersongeval (Veiligheid.nl, zd). In Vlaanderen was in 2010 ongeveer 35 procent van de sterfgevallen in de leeftijdsgroep van tien tot veertien jaar te wijten aan ongevallen (Zorg en Gezondheid, 2010).

Jongens raken vaker gewond dan meisjes, waarschijnlijk doordat zij over het algemeen fysiek actiever en mogelijk ook roekelozer zijn. In Vlaanderen vonden er in 2010 minder ongevallen plaats dan in 2006: bij jongens was er een daling van 48 procent naar 39 procent en bij meisjes van 37 procent naar 31 procent. Ernstige ongevallen gebeuren bij jongens doorgaans in de sportzaal en bij meisjes thuis. Bij ongevallen gaat het in de meerderheid van de gevallen om verrekte, verstuikte of gescheurde spieren of om kneuzingen en interne bloedingen (Noonan, 2003; Zorg en Gezondheid, 2010).

De grotere mobiliteit van schoolkinderen leidt ook tot andere ongelukken. Kinderen die bijvoorbeeld alleen naar school lopen, en die vaak voor het eerst in hun leven zelfstandig zo'n grote afstand afleggen, lopen het risico te worden aangereden door een auto of vrachtauto. Omdat ze nog niet zo veel ervaring hebben met afstanden, schatten ze die soms verkeerd in en is een naderende auto dichterbij dan ze denken. Ook fietsongelukken komen regelmatig voor, vooral als kinderen zich op drukke straten wagen (Green, Muir & Maher, 2011; Schnitzer, 2006).

Er zijn twee manieren om de kans op verwondingen ten gevolge van ongelukken aanzienlijk te verkleinen: een consistent gebruik van autogordels en een consistent gebruik van de juiste beschermingsmiddelen buiten de auto. Een fietshelm, die in Nederland en Vlaanderen niet verplicht is maar wel wordt aangeraden door Veilig Verkeer Nederland en het Belgisch Instituut voor de Verkeersveiligheid, helpt bij het voorkomen van hoofdletsel. Ook bij andere activiteiten is het gebruik van beschermingsmiddelen raadzaam. Dankzij knie- en elleboogbeschermers en helmen is het aantal skeeler- en skateboardincidenten bijvoorbeeld flink afgenomen (Blake et al., 2008; Lachapelle, Noland & Von Hagen, 2013; Lee, Schofer & Koppelman, 2005).

Veiligheid op internet

Internet en de bijhorende nieuwe media zijn eveneens van invloed op de veiligheid van kinderen. Nieuwe media zijn toepassingen waarmee we online met elkaar communiceren en zelf informatie produceren en publiceren. Denk onder andere aan Facebook, Twitter, YouTube en blogs. Kinderen en jongeren zijn de koplopers in het gebruiken van nieuwe media. Tegelijk lopen ze de kans om risicovolle of negatieve ervaringen te beleven zonder daarop te zijn voorbereid. Europees onderzoek toont aan dat kinderen steeds jonger beginnen met internet en het ook steeds intensiever gebruiken (Livingstone & Haddon, 2009). Bij de kinderen tussen de zes en tien jaar was in 2008 in Vlaanderen 58 procent en in Nederland 83 procent online. Bij de elf- tot veertienjarigen was dat in Vlaanderen 75 procent en in Nederland 96 procent. Het zal niet lang meer duren voordat alle zes- tot twaalfjarigen online zijn (De Haan & Pijpers, 2010).

De term (on)veilig internetgebruik door kinderen doet ons automatisch denken aan eventuele ongepaste informatie die ze te zien krijgen (bijvoorbeeld porno en geweld). Een andere grote bedreiging is het onbedoeld vrijgeven van informatie over zichzelf. Ter bestrijding van deze gevaren kunnen we verschillende technische hulpmiddelen gebruiken, al kan geen enkel software- of hardwareproduct garanderen dat toegang tot ongewenst materiaal of het vrijgeven van ongewenste informatie is uitgesloten (Beke, Dekelver & Nijs, 2008).

Een werkgroep van het Amerikaanse Congres concludeerde na een reeks hoorzittingen dat het werkelijke gevaar niet het internet zelf is, maar het feit dat kinderen dingen doen waar ze eigenlijk nog niet aan toe zijn (Lordan, 2007). We moeten dus zeker ook inzetten op opvoeding en educatie (mediawijsheid). Er hoeft geen keuze gemaakt te worden tussen beschermen (bijvoorbeeld door het blokkeren of filteren van bepaalde websites) en weerbaar maken (bijvoor-

TABEL 11-3 **Overledenen door ongevallen in 2012 (verkeer 2013): 0-19 jaar naar leeftijd en geslacht**

	0-4 JAAR	5-9 JAAR	10-14 JAAR	15-19 JAAR	JONGENS	MEISJES	TOTAAL
ONGEVALLEN*	26	14	20	45	72	33	105
Verkeersongeval**	***	***	9 ***	41	37	13	50
Privé-, sport- of arbeidsongeval*	20	7	6	14	33	14	47
Verdrinking*	8	1	2	4	11	4	15
Verstikking*	5	2	1	1	5	4	9
Vergiftiging*	-	1	2	3	3	3	6
Val*	2	2	-	-	3	1	4
Privé, sport, arbeid, overig*	5	1	1	6	11	2	13

Bron: Doodsoorzakenstatistiek 2012 (*), Statistiek verkeersdoden 2013 (**), CBS

*** 0-14 jaar

beeld door kinderen te leren hoe ze een wachtwoord moeten kiezen): beide interventies zijn nodig.

Er bestaan goede bronnen op internet waar kinderen zelf, maar ook hun opvoeders, tips kunnen vinden voor een veilig gebruik van het internet. Zo kan men onder meer terecht op de website van Childfocus (www.clicksafe.be), waar heel wat informatie over dit thema is gebundeld. Voor ouders is de website van de stichting Mijn Kind Online (www.mijnkindonline.nl) zeker ook een aanrader.

Nijs (2011) geeft een samenvatting van de belangrijkste pedagogische adviezen op dit gebied:

- Zorg voor een open klimaat dat internetgebruik bespreekbaar houdt.
- Maak afspraken over computergebruik.
- Zelfstandig op internet kan, maar zet de computer wel in een ruimte waar toezicht is en hulp kan worden geboden.
- Leg uit wat nettiquette is: de ongeschreven richtlijnen en gedragsregels voor het gebruik van internet.
- Maak internetgebruikers ervan bewust dat niet alle informatie even betrouwbaar is en dat een kritische kijk noodzakelijk blijft.
- Vergelijk de cyberwereld steeds met de echte wereld, en hanteer de normen en waarden van de laatste.

11.3 Kinderen met speciale behoeften

Theodore Welch, acht jaar, kon niet lezen. Naar school gaan was een ellende, en zijn ouders zagen hoe zijn frustratie zich opbouwde. ‘We wisten niet wat we moesten doen’, zei zijn moeder. ‘Theo deed vaak alsof hij ziek was zodat hij thuis kon blijven. Hij raakte achter met al zijn vakken.’ Ten slotte stond ze erop dat de schooldirecteur diagnostische tests afnam. Het bleek dat Theodore verwerkingstekorten in de hersenen had: hij kon niet lezen omdat zijn geest problemen had met het ontrafelen van letters en geluiden. Theodore, nu officieel erkend als kind met ‘leerproblemen’, had een wettelijk recht op hulp.

Theodore heeft een officiële leerstoornis, een van de vele typen stoornissen waardoor kinderen speciale behoeften hebben. Hoewel elk kind weer andere capaciteiten heeft, verschillen de fysieke eigenschappen en de leervermogens van kinderen met speciale behoeften aanzienlijk van die van andere kinderen. Bovendien vergen hun behoeften veel extra tijd en aandacht van hun verzorgers en leerkrachten.

11.3.1 Zintuiglijke problemen en spraakproblemen

Iedereen die weleens een bril of een contactlens heeft verloren, beseft een beetje hoe moeilijk zelfs alledaagse taken zijn voor mensen met een visuele handicap. Functioneren met een ondergemiddeld gezichtsvermogen, auditief vermogen of spraakvermogen kan vreselijk lastig zijn.

Visuele problemen

Visuele handicap: probleem met het gezichtsvermogen, zoals blindheid of slechtziendheid.

Visuele handicaps, problemen met het gezichtsvermogen als blindheid of slechtziendheid, kunnen op twee manieren worden gedefinieerd. De wettelijke definities zijn vrij eenvoudig: blindheid is het onvermogen om op zes meter te zien wat iemand met een normaal gezichtsvermogen op een afstand van zestig meter kan zien, terwijl er bij slechtziendheid sprake is van een gezichtsscherpte van drie op tien. Slechtzienden hebben op drie meter dezelfde gezichtsscherpte die iemand met een normaal gezichtsvermogen heeft op tien meter.

Ook als een kind volgens deze wettelijke definitie niet slechtziend is, kan er sprake zijn van een visuele handicap die het functioneren op school beperkt. Het wettelijke criterium heeft bijvoorbeeld alleen betrekking op in de verte kijken, terwijl het voor de meeste schooltaken nodig is om goed van dichtbij te kunnen zien. Daarnaast laat de wettelijke definitie zich niet uit over het vermogen om kleur, diepte en licht te zien, allemaal factoren die invloed kunnen hebben op de schoolprestaties van een kind. Ongeveer een op de duizend leerlingen heeft speciale ondersteuning nodig vanwege een visuele handicap.

Hoewel ernstige visuele problemen meestal vrij vroeg worden geconstateerd, gebeurt het soms dat ze lang onopgemerkt blijven. Bovendien kunnen visuele problemen zich ook geleidelijk manifesteren als kinderen zich fysiek ontwikkelen en er veranderingen plaatsvinden in hun visuele systeem. Ouders moeten alert zijn op signalen die kunnen wijzen op visuele problemen bij hun kinderen. Veelvuldige oogirritaties (roodheid, zweertjes of infecties), voortdurend knipperen en vertrekkingen van het gezicht tijdens het lezen, leesmateriaal ongewoon dicht bij het gezicht houden, moeite hebben met schrijven en vaak last hebben van hoofdpijn, duizeligheid of brandende ogen zijn signalen die kunnen wijzen op visuele problemen.

Gehoorproblemen

Auditieve handicap: probleem met het gehoor, zoals slechthorendheid of doofheid.

Een andere relatief veelvoorkomende handicap is de **auditieve handicap**. Auditieve handicaps kunnen problemen op school veroorzaken en kunnen bovendien sociale problemen geven, omdat kinderen heel veel mondeling met elkaar communiceren. Slechthorendheid, waaraan een tot twee procent van de schoolgaande kinderen lijdt, is niet eenvoudigweg een kwestie van niet genoeg horen. Er bestaan verschillende typen gehoorproblemen (Smith, Bale & White, 2005; Yoshinaga-Itano, 2003).

In hoeverre een kind zich kan aanpassen aan zijn auditieve handicap is in grote mate afhankelijk van de leeftijd waarop zijn slechthorendheid is begonnen. Als die al vanaf de babytijd aanwezig is, zullen de effecten waarschijnlijk veel ernstiger zijn dan als het gehoorverlies pas rond het derde jaar plaatsvindt. Dit heeft te maken met de cruciale rol die het gehoor speelt bij onze taalontwikkeling. Kinderen die niet of nauwelijks blootgesteld zijn aan het geluid van taal, zijn niet in staat om gesproken taal te begrijpen of te produceren. Als een kind pas slechthorend wordt nadat het heeft leren praten, zal die slechthorendheid minder ernstige gevolgen hebben voor zijn verdere taalontwikkeling.

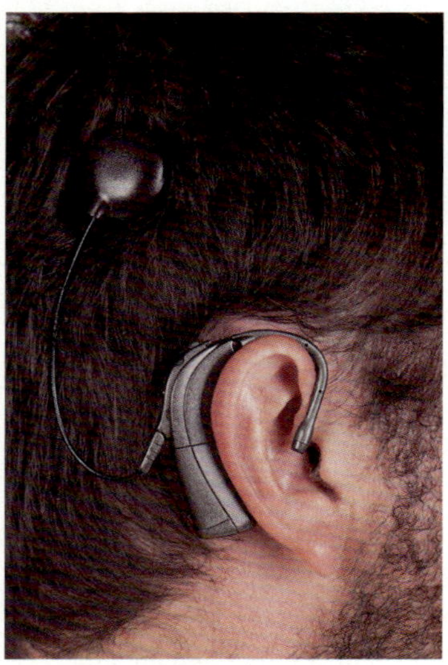

Een cochleair implantaat maakt het mensen met een auditieve handicap mogelijk om geluiden te horen, wat verstaanbaar spreken en spraakbegrip vergemakkelijkt.

Bron: Elsa Hoffmann/Shutterstock (Pearson Asset Library)

Er bestaat ook een verband tussen ernstige, vroege slechthorendheid en problemen met abstract denken. Omdat slechthorende kinderen vaak beperkt zijn blootgesteld aan taal, kan het zijn dat zij abstracte begrippen die alleen maar goed kunnen worden begrepen via het gebruik van taal minder goed begrijpen dan concrete begrippen die visueel kunnen worden geïllustreerd. Het concept 'vrijheid' of 'ziel' is bijvoorbeeld moeilijk uit te leggen zonder gebruik te maken van taal (Butler & Silliman, 2002; Marschark, 2003; Marschark, Spencer & Newsom, 2003).

Een belangrijke ontwikkeling op het gebied van auditieve handicaps is het cochleaire implantaat. Dit betekent dat een arts in de cochlea (het slakkenhuis) een flexibele strip aanbrengt. Op deze strip zijn elektroden aangebracht die de zenuwuiteinden in de cochlea stimuleren. Zo kunnen we mensen die vroeger helemaal geen geluid hoorden, bekendmaken met de wereld van geluid. Dit heeft enorme consequenties op het gebied van verstaanbaar spreken en spraakbegrip. Veel meer dove kinderen kunnen in het gewone onderwijs blijven, en volwassenen spreken over een belangrijke verhoging van hun levenskwaliteit (Onafhankelijk Informatiecentrum over Cochleaire Implantatie, Onici, 2010).

Spraakstoornissen

Spraakstoornis: spraak die zozeer van de spraak van anderen afwijkt dat communicatie moeilijk wordt of de spreker onaangepast gedrag gaat vertonen.

Een spraakstoornis valt op, iedere keer dat het kind hardop spreekt. Bij een **spraakstoornis** wijkt het spraakvermogen van een kind zozeer af van het spraakvermogen van andere kinderen dat communicatie moeilijk wordt of het kind onaangepast gedrag gaat vertonen. Met andere woorden: als het spraakvermogen van een kind gestoord klinkt, is het dat waarschijnlijk ook. Ongeveer drie tot vijf procent van de schoolkinderen heeft een spraakstoornis (Bishop & Leonard, 2001).

Stotteren: aanzienlijke verstoring van de vloeiendheid en het ritme van de spraak; de meest voorkomende spraakstoornis.

Stotteren, waarbij het ritme en de vloeiendheid van de spraak aanzienlijk zijn verstoord, is de meest voorkomende spraakstoornis. De prevalentie van stotteren ligt rond de één procent. Er is veel onderzoek naar stotteren gedaan, maar er is nog geen eenduidige oorzaak gevonden. Hoewel bijna alle jonge kinderen weleens stotteren, en volwassenen soms ook, kan chronisch stotteren een ernstig probleem zijn. Stotteren belemmert niet alleen de communicatie, het kan ook schaamte en stress veroorzaken bij kinderen, waardoor ze niet meer goed met anderen durven communiceren en in de klas niet meer hardop durven praten (Altholz & Golensky, 2004; Logan et al., 2011; Whaley & Parker, 2000).

Ouders en onderwijzers kunnen op verschillende manieren met stotteren omgaan. Allereerst moet de aandacht niet op het stotteren worden gevestigd en moeten kinderen voldoende tijd krijgen om te zeggen wat ze willen zeggen, hoe lang dat ook duurt. We helpen stotteraars niet door hun zinnen voor hen af te maken of hun spraak op andere manieren te corrigeren. Tot slot kan stotteren (gedeeltelijk) worden verholpen met spraaktherapie (Beilby, Byrnes & Young, 2012; Ryan, 2001).

11.3.2 Specifieke leerproblemen

Zoals eerder aangegeven, hebben de voorgaande zintuiglijke problemen en spraakproblemen hun effect op het functioneren van kinderen op school. Zo kunnen ze het leervermogen van kinderen aantasten, omdat ze de informatieverwerking verstoren. Daarnaast kunnen de schoolprestaties van kinderen ook beïnvloed worden door specifieke leerproblemen.

Specifiek leerprobleem: probleem met het verwerven en gebruiken van luister-, spreek-, lees-, schrijf-, redeneer- of rekenvaardigheden.

Specifieke leerproblemen zijn problemen met het verwerven en gebruiken van luister-, spreek-, lees-, schrijf-, redeneer- of rekenvaardigheden. Het begrip 'leerprobleem' is dus heel breed. Specifieke leerproblemen worden meestal ontdekt als er sprake is van een discrepantie tussen de daadwerkelijke schoolprestaties van een kind en zijn ogenschijnlijke vermogen om te leren (Bos & Vaughn, 2005; Lerner, 2002).

Sommige kinderen leiden aan dyslexie, een leesstoornis die ertoe kan leiden dat zij bij het lezen en schrijven letters verkeerd waarnemen. Ook kunnen deze kinderen problemen hebben met het uitspreken van letters, verwarren ze links en rechts of hebben ze moeite met spellen. Hoewel de oorzaken niet volledig bekend zijn, wordt dyslexie waarschijnlijk veroorzaakt door een probleem in het gedeelte van de hersenen dat verantwoordelijk is voor de verdeling van woorden in de geluidselementen van taal (Lachmann et al., 2005; McGough, 2003; Paulesu et al., 2001).

Naast problemen die verband houden met lezen kunnen kinderen ook te maken krijgen met rekenproblemen, zoals problemen met tellen en sommen maken of het onthouden van fundamentele rekenregels. Zijn dit ernstige problemen, dan spreken we over een rekenstoornis of dyscalculie.

Over de oorzaken van specifieke leerproblemen is nog veel onbekend. Hoewel ze meestal worden toegeschreven aan een of andere hersenstoornis die waarschijnlijk veroorzaakt wordt door genetische factoren, menen sommige deskundigen dat ze het gevolg zijn van omgevingsinvloeden, zoals slechte voeding of allergieën (Shaywitz, 2004).

11.3.3 Attention deficit hyperactivity disorder (ADHD)

Zo begint een willekeurige dag in het gezin van Charlie. Terwijl zijn vader Ray zich scheert en doucht, maakt Charlies moeder Cerise het ontbijt klaar. De zevenjarige Charlie is bij haar in de keuken en rent op volle snelheid rond de tafel. De doos met ontbijtgranen valt hierdoor om en de inhoud vliegt over de vloer. Terwijl Cerise het opveegt, trekt Charlie de melk uit de koelkast. Het pak valt, waardoor de troep op de vloer met een melkplas wordt uitgebreid.

Ray komt binnen en pakt Charlie op om hem aan tafel te zetten. Charlie is niet in de stemming om vastgehouden te worden. Hij schopt en slaat naar zijn vader. Als Charlie aan tafel zit met een boterham en melk, springt hij na een paar hapjes alweer van zijn stoel. Hij ziet een onvoltooide legpuzzel en probeert deze af te maken.

Cerise leidt Charlie terug naar tafel en probeert hem met een verhaaltje aan tafel te houden, terwijl Charlie al wiebelend zijn boterham opeet.

De enorme energie en korte aandachtsboog van de zevenjarige Charlie zijn het gevolg van attention deficit hyperactivity disorder, oftewel ADHD. ADHD zou naar schatting voorkomen bij een op twintig kinderen. Dat betekent dus dat er in bijna elke schoolklas wel iemand is met ADHD (Gezondheid.be, 2014). ADHD komt twee tot drie keer zo vaak voor bij jongens als bij meisjes (Schoemaker, De Ruiter, Van den Berg, Cuijpers, De Graaf, Ten Have et al., 2003). **Attention deficit hyperactivity disorder (ADHD)** kenmerkt zich door gebrek aan aandacht, impulsiviteit en overbeweeglijkheid. Alle kinderen vertonen dergelijke eigenschappen op zijn tijd, maar bij degenen bij wie ADHD is vastgesteld, komt dergelijk gedrag vaker voor. Deze gedragingen vormen ook een extra belasting voor het functioneren thuis en op school (American Academy of Pediatrics, 2000; Nigg, 2001; Whalen et al., 2002).

Attention deficit hyperactivity disorder (ADHD): een leerprobleem dat wordt gekenmerkt door gebrek aan aandacht, impulsiviteit, een lage tolerantiedrempel voor frustratie en overbeweeglijkheid.

Wat zijn de meest voorkomende tekenen van ADHD? Vaak is het lastig om kinderen die gewoon erg druk zijn te onderscheiden van kinderen met ADHD. Een aantal symptomen volgens de DSM-5:

- Slaagt er vaak niet in voldoende aandacht te geven aan details of maakt achteloos fouten in schoolwerk, werk of bij andere activiteiten.
- Volgt aanwijzingen vaak niet op en slaagt er vaak niet in schoolwerk of karweitjes af te maken (niet het gevolg van oppositioneel gedrag of van het onvermogen om aanwijzingen te begrijpen).
- Raakt vaak dingen kwijt die nodig zijn voor taken of bezigheden (bijvoorbeeld speelgoed, huiswerk, potloden, boeken of gereedschap).
- Beweegt vaak onrustig met handen of voeten, of draait in zijn/haar stoel.
- Staat vaak op in de klas of in andere situaties waar verwacht wordt dat mensen op hun plaats blijven zitten.

- Kan moeilijk rustig spelen of zich bezighouden met ontspannende activiteiten.
- Verstoort vaak bezigheden van anderen of dringt zich op (mengt zich bijvoorbeeld zomaar in gesprekken of spelletjes).

Omdat er geen eenvoudige test bestaat waarmee ADHD kan worden vastgesteld, kunnen we nauwelijks met zekerheid zeggen hoeveel kinderen de stoornis hebben. Alleen een multidisciplinair team kan aan de hand van een uitgebreide evaluatie van het kind en gesprekken met ouders en docenten een accurate diagnose stellen (Sax & Kautz, 2003). De behandeling van kinderen met ADHD is een bron van grote controverse. Omdat er is ontdekt dat doses methylfenidaat (Ritalin of Rilatine) of Dexedrine (paradoxaal genoeg opwekkende middelen) het activiteitsniveau bij hyperactieve kinderen reduceren, schrijven veel artsen routinematig een behandeling met medicijnen voor (List & Barzman, 2011; Mayes, Bagwell & Erkulwater, 2009; Weissman et al., 2012).

Hoewel dergelijke medicijnen vaak in zoverre effectief zijn dat de aandachtsboog van het kind langer wordt en het beter gehoorzaamt, zijn de bijwerkingen in sommige gevallen aanzienlijk (bijvoorbeeld prikkelbaarheid, verminderde eetlust en depressies). Ook is het niet duidelijk wat de consequenties voor de gezondheid zijn op de lange termijn. Verder is het waar dat de schoolprestaties op de korte termijn verbeteren, maar de gegevens over de prestaties op de lange termijn laten een gemengd beeld zien. Bepaalde studies tonen zelfs aan dat kinderen die met medicijnen worden behandeld, na een paar jaar niet beter presteren op school dan kinderen met ADHD die geen medicijnen krijgen. Toch worden de medicijnen steeds vaker voorgeschreven (Graham et al., 2011; Mayes & Rafalovich, 2007; Prasad et al., 2014; Rose, 2008).

Naast behandeling met medicijnen wordt er ook gebruikgemaakt van gedragstherapie. Hierbij worden ouders en leraren getraind in technieken om het gedrag van het kind te verbeteren, voornamelijk op basis van beloningen (bijvoorbeeld prijzende opmerkingen). Daarnaast kunnen leraren de activiteiten in de klas meer structureren. Er zijn ook andere technieken om de klas in de hand te houden, zoals het beertje van Meichenbaum of een andere klasindeling. Zo helpen ze kinderen met ADHD, die grote moeite hebben met ongestructureerde opdrachten (Chronis, Jones & Raggi, 2006; DuPaul & Weyandt, 2006). Ouders en leraren kunnen steun zoeken bij allerlei hulpverenigingen die bijvoorbeeld te vinden zijn via www.zitstil.be en www.steunpuntadhd.nl.

DIVERSITEIT IN ONTWIKKELING

Passend onderwijs en het M-decreet: weer samen naar school

Zijn kinderen met beperkingen het meest gebaat bij een gespecialiseerde behandeling die hen onderscheidt van leeftijdgenoten die geen speciale behoeften hebben? Of zijn ze meer gebaat bij een zo verregaand mogelijke integratie met hun leeftijdgenoten?

Als je die vraag dertig jaar geleden had gesteld, was het antwoord eenvoudig geweest. We gingen ervan uit dat deze kinderen het best tot hun recht kwamen als ze in een speciale klas werden geplaatst met een speciale leerkracht (speciaal onderwijs in Nederland en bijzonder onderwijs in Vlaanderen). Kinderen met diverse aandoeningen kwamen in dit onderwijs terecht, van emotionele problemen en gedragsproblemen tot specifieke leerproblemen, ontwikkelingsstoornissen en fysieke handicaps. Bovendien werd dit soort leerlingen gescheiden gehouden van het reguliere onderwijsproces.

De laatste jaren zijn we anders gaan denken over onderwijs aan kinderen met speciale behoeften. In Nederland wordt er uitgegaan van **passend onderwijs**: alle leerlingen moeten een plek krijgen op een school die past bij hun kwaliteiten en hun mogelijkheden. In Vlaanderen geldt sinds 2014 het M-decreet, dat stelt dat leerlingen met een beperking recht hebben op redelijke aanpassingen in het gewone onderwijs. In de praktijk betekent dit dat kinderen met speciale behoeften zo veel mogelijk moeten worden geïntegreerd in reguliere klassen en zo veel mogelijk aan reguliere activiteiten moeten deelnemen zolang dat ten goede komt aan hun ontwikkeling. Kinderen moeten alleen uit de reguliere omgeving worden gehaald voor vakken waarbij hun speciale behoeften duidelijk naar voren komen. Voor alle andere vakken kunnen zij het reguliere lesprogramma volgen. Natuurlijk hebben sommige kinderen met een ernstige handicap toch voor een groot deel afzonderlijk onderwijs nodig, maar het doel is om kinderen met speciale behoeften zo veel mogelijk te laten integreren met andere kinderen (Burns, 2003).

De voordelen van passend onderwijs hebben een aantal professionals in Amerika ertoe gebracht een alternatieve onderwijsvorm te introduceren die bekendstaat als *full inclusion*. **Full inclusion** is de integratie van alle leerlingen, zelfs leerlingen met zeer ernstige handicaps, in reguliere klassen. In zo'n systeem zou het speciaal onderwijs ophouden te bestaan. Full inclusion is controversieel, en het blijft de vraag of deze werkwijze zal aanslaan (Begeny & Martens, 2007; Magyar, 2011; Spence-Cochran & Pearl, 2006).

Door kinderen met speciale behoeften te laten deelnemen aan traditionele onderwijssystemen krijgen zij kansen die hun voorheen werden ontzegd.

Bron: E.D. Torial/Alamy

Passend onderwijs: onderwijsmethode waarbij kinderen met beperkingen zoveel mogelijk worden geïntegreerd in het traditionele onderwijssysteem en waarbij hun daarnaast een breed scala aan alternatieve onderwijsvormen wordt aangeboden

Full inclusion: de integratie van alle lerlingen, zelfs met zeer ernstige handicaps, in reguliere klassen.

TERUGBLIK

▷ 11.1 Het groeiende lichaam

- De schooltijd wordt gekenmerkt door een langzame, gestage groei. In deze periode komen kinderen gemiddeld twee tot drie kilo per jaar aan en worden ze vijf tot zeven centimeter per jaar langer. Hun gewicht wordt op een andere manier verdeeld doordat hun babyvet verdwijnt.
- Het groeiproces van kinderen is gedeeltelijk genetisch bepaald, maar ook maatschappelijke factoren, zoals welvaart, voedingsgewoonten en ziekten, spelen een belangrijke rol. Adequate voeding is belangrijk omdat voeding een effect kan hebben op groei, gezondheid, sociaal en emotioneel functioneren en cognitieve prestaties.
- Kinderobesitas kan levenslange effecten hebben. Obesitas wordt gedeeltelijk bepaald door genetische factoren, maar houdt ook verband met het onvermogen van sommige kinderen om zich te beheersen met eten. Andere kinderen bewegen te weinig. Kinderen die obees zijn, hebben vaak ook overgewicht als ze eenmaal volwassen zijn. Ze lopen meer risico op hartziekten, diabetes en andere ziekten. Op Europees niveau wordt de strijd tegen kinderobesitas gezien als een gemeenschapsproject, waarbij in eerste instantie de ouders worden aangesproken en daarna ook scholen, crèches, sport- en ouderverenigingen, gezondheidswerkers, politici, lokale besturen en bedrijven.
- De gezondheid van kinderen in de schooltijd is over het algemeen goed. Sommige ziekten, zoals astma, komen echter steeds vaker voor bij kinderen. Kinderen kunnen ook met psychische aandoeningen te maken krijgen, zoals depressies, bipolaire stoornissen en angststoornissen.

▷ 11.2 De motorische ontwikkeling en de veiligheid van schoolkinderen

- In de schooltijd treden er belangrijke verbeteringen op in de grove motoriek. De meeste verschillen in grove motoriek tussen jongens en meisjes zijn waarschijnlijk het gevolg van culturele verwachtingen. Ook de fijne motoriek ontwikkelt zich snel.
- Fysieke competentie is om een aantal redenen belangrijk, bijvoorbeeld voor de eigenwaarde en het zelfvertrouwen van kinderen. Fysieke competentie

heeft in deze periode ook sociale voordelen, vooral voor jongens.

- In de schooltijd wordt de veiligheid van kinderen vooral in gevaar gebracht door hun toenemende zelfstandigheid en mobiliteit. De meeste verwondingen lopen kinderen op bij diverse ongevallen. In veel gevallen kan het gebruik van de juiste beschermingsmiddelen de kans op ongelukken aanzienlijk verminderen.
- Een nieuw potentieel gevaar voor kinderen is het internet. Als kinderen zonder toezicht van volwassenen toegang hebben tot het internet, kunnen ze in contact komen met aanstootgevende inhoud en met mensen die misbruik van hen willen maken.

▷ 11.3 Kinderen met speciale behoeften

- Visuele problemen kunnen betrekking hebben op het vermogen om dichtbij te zien en op de waarneming van kleur, diepte en licht. Gebreken op deze punten kunnen leiden tot schoolproblemen en sociale problemen. Auditieve problemen kunnen het leren bemoeilijken en sociale interacties in de weg staan. In sommige gevallen zijn er oplossingen, al zijn die zelden volledig effectief. Spraakproblemen vallen met name op in de klas en in sociale settings. Ze kunnen verlegenheid veroorzaken en tot schaamte en isolement leiden. Spraakproblemen zijn vaak te behandelen met oefening en geduld.
- Een klein deel van de schoolkinderen heeft een leerprobleem. Specifieke leerproblemen zijn problemen bij de verwerving en het gebruik van luister-, spraak-, lees-, schrijf-, redeneer- of rekenvaardigheden. Hoewel de oorzaken van deze problemen niet precies bekend zijn, lijkt er een verband te bestaan met bepaalde hersenstoornissen.
- Kinderen die een ander soort speciale begeleiding nodig hebben, zijn kinderen met attention deficit hyperactivity disorder (ADHD). ADHD wordt gekenmerkt door gebrek aan aandacht, impulsiviteit en overbeweeglijkheid. Behandeling van ADHD met medicijnen is controversieel. De medicijnen Ritalin en Dexedrine zijn uitgebreid toegepast, maar ze hebben mogelijk ernstige bijwerkingen. Over de effecten op de lange termijn is bovendien weinig bekend. Ook wordt gedragstherapie toegepast. Daarbij worden kinderen geholpen om hun impulsen te beheersen en positieve doelen te bereiken.

BELANGRIJKE TERMEN EN BEGRIPPEN

Astma
Attention deficit hyperactivity disorder (ADHD)
Auditieve handicap
Full inclusion
Passend onderwijs
Specifiek leerprobleem
Spraakstoornis
Stotteren
Visuele handicap

HOOFDSTUK 12 DE COGNITIEVE ONTWIKKELING IN DE SCHOOLTIJD

HOOFDSTUK 12 IN VOGELVLUCHT

PROLOOG: Latoya en *De heksen*

Er zijn maar weinig boeken te vinden in de kleine flat waar Latoya woont, en bijna helemaal geen plekken waar een achtjarig meisje zich kan terugtrekken om ze te lezen. Er is geen bureau, geen boekenplank, geen leeslamp en zelfs geen tafel in het kleine kamertje van Latoya, een van de twee slaapkamers in het huis waar ze samen met zeven andere mensen woont: haar moeder, haar vijf zussen en haar kleine broertje.

's Avonds is er weinig licht, behalve van een paar kale peertjes aan de plafonds. Er is geen speelgoed in huis, maar er is wel altijd lawaai, ook van de buren. En er zijn maar weinig plekken waar je kunt zitten, behalve op een eenzame houten stoel aan een gehavende keukentafel, waar meestal al een ander op zit.

Maar op een regenachtige avond zat Latoya daar toch aan die tafel. Ze las haar moeder foutloos voor uit Roald Dahls klassieker *De heksen*, die ze geleend had uit de bibliotheek van haar school. Het was een bijzonder moment, want Latoya maakte voor het eerst de stap van een beginnersleesboekje naar een moeilijker boek.

Latoya

Bron: Michelle Agins/New York Times Pictures, *The New York Times*

Op www.pearsonmylab.nl vind je vragen bij deze proloog ter verwerking van de stof uit dit hoofdstuk.

VOORUITBLIK

In de schooltijd ontwikkelen de cognitieve vaardigheden van kinderen zich tot nieuwe hoogtepunten. In dit hoofdstuk kijken we naar de cognitieve vooruitgang van kinderen in de schooltijd. We beginnen met Piagets verklaring voor de intellectuele ontwikkeling en stappen vervolgens over op de informatieverwerkingstheorie. We behandelen de ontwikkeling van het geheugen en de manier waarop het geheugen kan worden verbeterd.

Vervolgens houden we ons bezig met de belangrijke vorderingen op het gebied van de taalontwikkeling in de schooltijd. We staan stil bij de groeiende linguïstische vaardigheden van kinderen en kijken naar de consequenties van tweetaligheid, het vermogen om in meer dan één taal te communiceren. Ook richten we ons op intelligentie. We kijken naar wat ontwikkelingsdeskundigen bedoelen als ze het over intelligentie hebben, naar de relatie tussen intelligentie en succes op school en naar intelligentieverschillen bij kinderen.

Tot slot houden we ons in dit hoofdstuk bezig met de manier waarop de maatschappij kennis, opvattingen, waarden en wijsheid doorgeeft aan nieuwe generaties, zoals gebeurt in het onderwijs. We staan stil bij onderwerpen als leren lezen, de invloed die de verwachtingen van leerkrachten kunnen hebben op de prestaties van hun leerlingen en diversiteit op school.

12.1 De intellectuele en taalkundige ontwikkeling

De ouders van Marco waren bijzonder trots toen Marco op een dag van de kleuterschool thuiskwam en vertelde dat hij geleerd had waarom de bladeren van de bomen vallen. Hij vertelde over de herfst – hoewel hij het woord niet helemaal goed uitsprak – en over het weer dat dan verandert. Hoewel zijn uitleg niet helemaal klopte (hij begreep niet precies wat de invloed van het weer was), snapte hij het algemene principe, en zijn ouders vonden dat heel wat voor een vijfjarige.

Zes jaar later. Marco, nu elf, heeft al een uur op zijn huiswerk zitten blokken. Nadat hij twee bladzijden met vermenigvuldigingen en breuken heeft gemaakt, begint hij aan zijn project over aardbevingen. Hij maakt aantekeningen voor zijn werkstuk, waarin hij uitlegt hoe een aardbeving ontstaat, hoe je de kracht ervan kunt meten en wat er allemaal moet gebeuren als er een aardbeving is geweest.

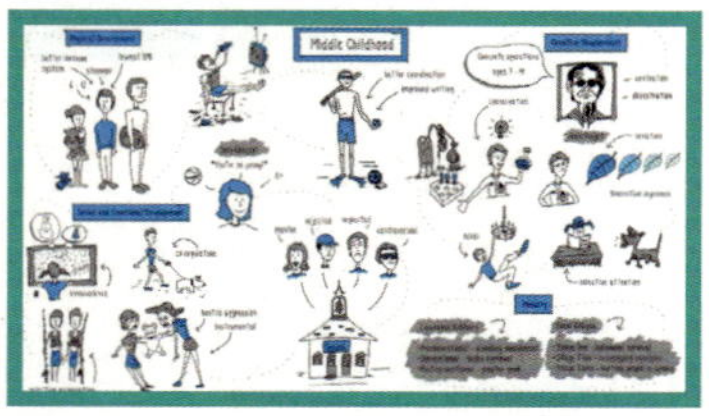

Zie MyLab voor de video: De schooltijd

Marco is niet de enige die zulke enorme intellectuele sprongen maakt in zijn schooltijd. In deze periode verbreedt het cognitieve vermogen van kinderen zich en lukt het ze steeds beter om complexe informatie te begrijpen en toe te passen. Maar het denken is nog steeds niet helemaal te vergelijken met dat van een volwassene.

Welke vorderingen en beperkingen zijn kenmerkend voor het denken in de schooltijd? Hieronder wordt aan de hand van verschillende theorieën uitgelegd wat er in de schooltijd op cognitief gebied gebeurt.

12.1.1 De cognitieve ontwikkeling volgens Piaget

Laten we nog eens teruggaan naar de manier waarop Piaget de peuter- en kleutertijd zag (zie paragraaf 9.1.1). Volgens Piaget denken peuters en kleuters preoperationeel. Dit type denken is grotendeels egocentrisch, en kinderen in het preoperationele stadium missen het vermogen om geordende, formele, logische mentale processen (operaties) te gebruiken.

De opkomst van het concreet-operationele denken

Concreet-operationeel stadium: de periode van cognitieve ontwikkeling tussen het zevende en het twaalfde levensjaar die wordt gekenmerkt door het actieve en juiste gebruik van logica.

In de ogen van Piaget verandert dit alles tijdens de concreet-operationele periode, die samenvalt met de schooltijd. Het **concreet-operationele stadium**, dat zich voltrekt tussen het zevende en het twaalfde levensjaar, wordt gekenmerkt door het actieve en juiste gebruik van logica. Kinderen die concreet-operationeel kunnen denken, kunnen logische operaties toepassen op concrete problemen. Als ze bijvoorbeeld worden geconfronteerd met een conservatieprobleem (zoals bepalen of de hoeveelheid vloeistof die in een glas met een andere vorm wordt gegoten gelijk blijft), gebruiken ze cognitieve en logische processen om te antwoorden en kijken ze niet alleen meer naar uiterlijke verschijning. Daardoor lossen ze zonder moeite – en correct – conservatieproblemen op (zie ook paragraaf 9.1.1). Omdat ze minder egocentrisch zijn, kunnen ze rekening houden met verschillende aspecten van een situatie, een vaardigheid die ook wel **decentreren** wordt genoemd. Marco, de elfjarige jongen aan het begin van dit hoofdstuk, gebruikt deze vaardigheid om na te denken over de verschillende factoren die van invloed kunnen zijn op het ontstaan van aardbevingen.

Decentreren: het vermogen om rekening te houden met verschillende aspecten van een situatie.

Deze verschuiving van preoperationeel denken naar concreet-operationeel denken vindt natuurlijk niet van de ene dag op de andere plaats. Aan het begin van de kindertijd, voordat kinderen definitief overgaan naar het concreet-operationele stadium, schakelen ze heen en weer tussen preoperationeel en concreet-operationeel denken. Meestal doorlopen ze bijvoorbeeld een fase waarin ze conservatieproblemen correct kunnen oplossen, maar niet kunnen verwoorden waarom iets zo is. Als er gevraagd wordt naar de logica achter hun antwoord, reageren ze vaak met een vaag: ‘Gewoon, daarom’.

Wanneer ze eenmaal goed in staat zijn om concreet-operationeel te denken, blijken kinderen verschillende cognitieve ontwikkelingen te hebben doorgemaakt. Ze gaan bijvoorbeeld het concept **reversibiliteit** begrijpen: het vermogen een uitgevoerde handeling (in gedachten) weer terug te draaien. Hierdoor begrijpen kinderen dat een bal van klei die uitgerold is tot een slang in zijn oorspronkelijke staat kan worden teruggebracht. Op een abstracter niveau stelt het schoolkinderen in staat om te begrijpen dat als drie plus vijf acht is, dit ook geldt voor vijf plus drie – en later ook dat acht min drie vijf is.

Reversibiliteit: het vermogen een uitgevoerde handeling (in gedachten) weer terug te draaien.

Concreet-operationeel denken stelt kinderen ook in staat om zaken te begrijpen als de relatie tussen tijd en snelheid. Neem bijvoorbeeld het probleem in figuur 12-1, waarin twee auto’s op hetzelfde moment starten en finishen, maar verschillende routes afleggen. Kinderen die zich net in het concreet-operationele stadium bevinden, menen dat de auto’s met dezelfde snelheid rijden. Rond de leeftijd van acht tot tien jaar beginnen ze echter de juiste conclusie te trekken: de auto die de langere route aflegt moet sneller rijden, wil hij op hetzelfde moment kunnen finishen als de auto die de kortere route rijdt.

Ondanks de vooruitgang die kinderen in het concreet-operationele stadium boeken, kent het denken van deze kinderen nog één belangrijke beperking: ze blijven vastzitten aan de concrete, fysieke realiteit. Bovendien zijn ze niet in staat om echt abstracte of hypothetische vragen te begrijpen, of vragen waarin formele logica is verwerkt.

Piaget in perspectief: Piaget had gelijk – en ongelijk

Zoals we al eerder zagen in hoofdstuk 6 en 9 staan sommige aspecten van Piagets theorieën nog steeds overeind, terwijl er op andere in de loop der tijd kritiek is gekomen. In veel opzichten is Piagets manier om cognitieve ontwikkeling te omschrijven zeer bruikbaar (Brainerd, 2003; Flavell, 1996; Siegler & Ellis, 1996). Tegelijkertijd hebben critici belangrijke kanttekeningen bij zijn benadering gezet. Piaget heeft volgens veel onderzoekers de capaciteiten van kinderen onderschat, gedeeltelijk vanwege de beperkte aard van de mini-experimenten die hij uitvoerde. Bij een bredere experimentele aanpak blijkt dat kinderen minder stelselmatig in Piagets stadia in te passen zijn (Bibace, 2013; Bjorklund, 1997b; Siegler, 1994).

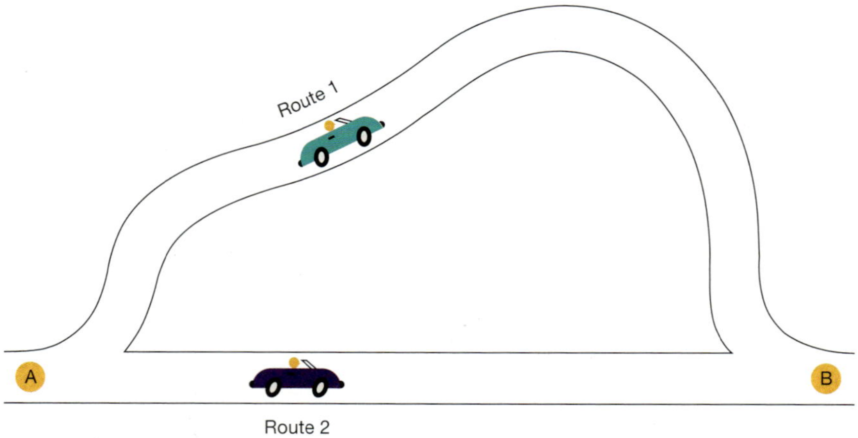

FIGUUR 12-1 Voorbeeld van een probleem in het stadium van concreet-operationeel denken

Als ze te horen krijgen dat de twee auto's die route 1 en route 2 rijden even lang over hun reis doen, denken kinderen die zich net in het concreet-operationele stadium bevinden dat de auto's met dezelfde snelheid rijden. Later trekken ze echter de correcte conclusie dat de auto die de langere route aflegt een hogere snelheid moet hebben.

In de schooltijd maakt de cognitieve ontwikkeling grote sprongen.

Bron: Jason Vandehey/Shutterstock (Pearson Asset Library)

Bovendien lijkt Piaget een verkeerde inschatting te hebben gemaakt van de leeftijd waarop de cognitieve vaardigheden van kinderen zich manifesteren. Er komen steeds meer bewijzen dat de capaciteiten van kinderen zich eerder manifesteren dan Piaget dacht. Sommige kinderen geven blijk van een vorm van concreet-operationeel denken voordat ze zeven jaar zijn, het tijdstip waarop dit vermogen zich volgens Piaget voor het eerst zou manifesteren.

Ook is er onderzoek gedaan waaruit blijkt dat sommige kinderen het preoperationele stadium nooit ontgroeien. Zij hebben geen besef van conservatie en ontwikkelen geen concrete operaties. Baanbrekend werk van Patricia Greenfield (1966) met kinderen van de Wolof, een stam in het West-Afrikaanse Senegal, heeft bijvoorbeeld uitgewezen dat slechts de helft van de kinderen tussen de tien en dertien jaar besef had van het concept conservatie. Onderzoeken in andere niet-westerse gebieden, zoals de jungles van Nieuw-Guinea en Brazilië en afgelegen dorpen in Australië, bevestigden haar bevindingen. Als er naar een brede steekproef van kinderen wordt gekeken – kinderen die heel andere ervaringen hebben dan de West-Europese kinderen op wie Piaget zijn theorieën baseerde – blijkt niet iedereen het concreet-operationele stadium te bereiken (Dasen, 1977). Piagets bewering dat zijn stadia een universele beschrijving gaven van cognitieve ontwikkeling lijkt dus overdreven.

Het blijkt echter wel dat kinderen uit niet-westerse culturen die niet in staat zijn tot conservatie, het concept met de juiste training vrij snel onder de knie krijgen. In een onderzoek werden Australische stadskinderen (die concrete operaties ontwikkelen volgens het schema van Piaget) vergeleken met kinderen van Aboriginals, die op veertienjarige leeftijd meestal geen besef hebben van conservatie (Dasen, Ngini en Lavallée, 1979). Als de Aboriginal-kinderen werden getraind, bleken ze net zo vaardig te zijn op het gebied van conservatie als hun leeftijdgenoten uit de stad, maar met een vertraging van ongeveer drie jaar. Wanneer kinderen bovendien worden ondervraagd door onderzoekers uit hun eigen cultuur, is de kans aanzienlijk groter dat ze blijk geven van concreet-operationeel denken. Deze onderzoekers kennen immers de taal en de gebruiken van de cultuur en zullen bij hun onderzoek aspecten betrekken die belangrijk zijn voor die cultuur (Jahoda, 1983; Nyiti, 1982).

Uit zulk onderzoek komt dus naar voren dat Piaget gelijk had toen hij beweerde dat concrete operaties universeel in de schooltijd worden bereikt. Hoewel schoolkinderen in sommige culturen bepaalde cognitieve vaardigheden op andere tijdstippen lijken te gaan beheersen dan kinderen in westerse culturen, wordt dat verschil hoogstwaarschijnlijk verklaard doordat de niet-westerse kinderen andere ervaringen hebben gehad (Crisp & Turner, 2011; Lau, Lee & Chiu, 2004; Maynard, 2008).

12.1.2 Informatieverwerking in de schooltijd

Voor beginnende schoolkinderen is het een hele prestatie om basale rekenvaardigheden te leren, zoals het optellen en aftrekken van getallen onder de tien, en om de spelling van eenvoudige woorden als 'aap' en 'boom' onder de knie te krijgen. Maar aan het einde van de schooltijd zijn ze in staat om met breuken en decimalen te werken, zoals Marco, de jongen uit het voorbeeld eerder in dit hoofdstuk, voor zijn huiswerk moest doen. Ook kunnen ze woorden spellen als 'onmiddellijk' en 'residentie'.

Volgens de *informatieverwerkingstheorie* leren kinderen steeds beter omgaan met informatie. Net als computers kunnen ze meer gegevens verwerken naarmate de omvang van hun geheugen toeneemt en de 'programma's' die ze gebruiken om informatie te verwerken geavanceerder worden (Kail, 2003; Zelazo et al., 2003).

Herinnering

Herinnering: het proces waarmee informatie gecodeerd, opgeslagen en weer opgehaald wordt.

Zoals we in paragraaf 6.2.1 zagen, wordt **herinnering** binnen de informatieverwerkingstheorie gedefinieerd als het vermogen om informatie te coderen, op te slaan en weer op te halen. Wil een kind zich bepaalde informatie kunnen herinneren, dan moeten deze drie functies stuk voor stuk goed werken. Via *codering* neemt het kind de informatie in eerste instantie op in een voor het geheugen bruikbare vorm. Kinderen die nooit geleerd hebben dat vijf plus zes elf is of die niet hebben opgelet toen dit hun verteld werd, zullen het zich nooit kunnen herinneren. Ze hebben die informatie namelijk nooit gecodeerd.

Maar alleen blootgesteld zijn aan een feit is niet genoeg; de informatie moet ook worden *opgeslagen*. In ons voorbeeld moet de informatie dat vijf plus zes elf is blijvend in het geheugensysteem worden geplaatst. Tot slot is het voor een goed functionerend geheugen nodig dat materiaal dat in het geheugen is opgeslagen ook weer teruggehaald kan worden. Via dit proces van *retrieval* wordt materiaal in de geheugenopslag gelokaliseerd, naar het bewustzijn gehaald en gebruikt.

Volgens de *driesystemenbenadering* van het geheugen zijn er drie verschillende opslagsystemen of stadia die beschrijven hoe informatie dusdanig wordt verwerkt dat ze opgeroepen kan worden (Atkinson & Shiffrin, 1968, 1971).

- Het *sensorisch (zintuiglijk) geheugen* verwijst naar de eerste tijdelijke opslag van informatie, die slechts een moment duurt. Het slaat een exacte kopie van de stimulus op.
- In het tweede stadium, het *kortetermijngeheugen (werkgeheugen)*, wordt informatie gedurende 15 tot 25 seconden opgeslagen en gerubriceerd naar inhoud.
- Het derde soort opslagsysteem is het *langetermijngeheugen*, waar informatie relatief permanent wordt opgeslagen, hoewel deze moeilijker toegankelijk kan worden naarmate de informatie langer opgeslagen is.

Om zich iets te herinneren, heeft men drie stappen nodig: codering, opslag en ophalen van materiaal.

Bron: Jules Selmes/Pearson Education Ltd. (Pearson Asset Library)

In de schooltijd verbetert het kortetermijngeheugen aanzienlijk. Kinderen kunnen bijvoorbeeld steeds beter een getallenreeks (1-5-6-3-4) die ze te horen krijgen in omgekeerde volgorde herhalen (4-3-6-5-1). Aan het begin van de schooltijd kunnen ze dit met slechts twee getallen, maar aan het begin van de adolescentie kunnen ze het met een reeks van wel zes getallen (Jack, Simcock & Hayne, 2012; Jarrold & Hall, 2013; Towse & Cowan, 2005).

De geheugencapaciteit kan ook meer duidelijkheid geven over een andere kwestie met betrekking tot cognitieve ontwikkeling. Sommige ontwikkelingsdeskundigen menen dat de moeite die peuters en kleuters hebben met het oplossen van conservatieproblemen wellicht het gevolg is van geheugenbeperkingen (Siegler & Richards, 1982). Volgens hen zijn jonge kinderen eenvoudigweg niet in staat om zich de noodzakelijke informatie te herinneren die de sleutel vormt tot de juiste oplossing van een conservatieprobleem.

Naarmate schoolkinderen ouder worden, gaan ze steeds beter begrijpen wat het geheugen inhoudt en gaan ze steeds meer *geheugenstrategieën* gebruiken: doelbewuste tactieken ter verbetering van de cognitieve verwerking. Schoolkinderen zijn zich er bijvoorbeeld van bewust dat het herhalen van informatie een nuttige strategie is om zich iets beter te herinneren, en ze gebruiken die strategie steeds meer naarmate ze ouder worden. Daarnaast doen ze steeds meer moeite om materiaal in samenhangende patronen te ordenen, een andere strategie om zich dingen beter te kunnen herinneren. Als ze bijvoorbeeld een lijst voor zich krijgen waarop onder andere bekers, messen, vorken en borden staan, zullen oudere schoolkinderen die items eerder tot samenhangende patronen combineren (bekers en borden, messen en vorken) dan kinderen die net de schooltijd hebben bereikt (Dionne & Cadoret, 2013; Sang, Miao & Deng, 2002).

Op een vergelijkbare manier maken kinderen halverwege de schoolperiode steeds meer gebruik van ezelsbruggetjes, erkende technieken om informatie zo te ordenen dat het gemakkelijk wordt die informatie te onthouden. Zo is 't kofschip een middeltje om te onthouden hoe de onvoltooid verleden tijd en het voltooid deelwoord van zwakke werkwoorden geschreven moeten worden, en met het volgende zinnetje kun je bijvoorbeeld onthouden in welke landen met de euro wordt betaald: 'sms ff bondige clips' (Bellezza, 2000; Carney & Levin, 2003; Sprenger, 2007).

Verbetering van het geheugen

Kunnen kinderen worden getraind om geheugenstrategieën effectiever te gebruiken? Het antwoord op die vraag is zonder meer bevestigend. Men kan schoolkinderen leren bepaalde strategieën te gebruiken, hoewel dat niet eenvoudig is. Kinderen moeten daarvoor niet alleen weten hoe ze een geheugenstrategie moeten gebruiken, maar ook wanneer en waar ze die het best kunnen gebruiken.

Een voorbeeld van een innovatieve techniek is de *sleutelwoordstrategie*, waarmee leerlingen gemakkelijker het vocabulaire van een vreemde taal kunnen onthouden of andere informatie waarbij twee reeksen woorden aan elkaar gekoppeld worden. Bij de sleutelwoordstrategie wordt een woord gekoppeld aan een ander woord dat hetzelfde klinkt (Wyra, Lawson & Hungi, 2007). Bij het leren van de woorden van een vreemde taal vormt een vreemd woord dus een paar met een Nederlands woord dat ongeveer hetzelfde klinkt. Het Nederlandse woord is dan het sleutelwoord. Om het Spaanse woord voor 'eend' te leren (*pato*), zou het sleutelwoord 'pad' kunnen zijn. Voor het Spaanse woord voor paard (*caballo*, uitgesproken als 'kabajjo') zou het sleutelwoord 'kabaal' kunnen zijn. Wanneer het sleutelwoord eenmaal is vastgesteld, vormen kinderen zich een mentaal beeld van de twee woorden. Een leerling kan bijvoorbeeld het beeld gebruiken van een eend die op een pad loopt om het woord *pato* te onthouden, of het beeld van een paard dat met veel kabaal aan komt galopperen om het woord *caballo* te onthouden.

Andere geheugenstrategieën zijn consistente *herhaling* van informatie die kinderen willen onthouden, *organisatie* (het in categorieën onderbrengen van materiaal, zoals kustprovincies of soorten voedsel) en *cognitieve elaboratie* (koppeling van mentale beelden aan de informatie die iemand wil onthouden). Als een achtjarige zich bijvoorbeeld wil herinneren waar Italië ligt op de kaart van Europa, zou hij kunnen denken aan een grote laars om het beeld van de vorm van Italië aan de locatie te koppelen.

Mindmap: diagram waarin een centraal thema omgeven wordt door gerelateerde onderwerpen en subonderwerpen.

Een interessante strategie is ook het maken van mindmaps. Een **mindmap** wordt opgesteld door eerst het centrale thema te bedenken en te noteren. Dit centrale thema geef je weer in het midden van een diagram. Vervolgens bedenk en noteer je hieromheen de onderwerpen die een relatie met dit thema hebben. Aan elk onderwerp kunnen op dezelfde manier subonderwerpen worden gekoppeld, en zo door. Om het overzicht te houden worden de (sub)onderwerpen met steekwoorden of pictogrammen weergegeven en niet met hele teksten. Uiteraard is dit een strategie die ook heel goed digitaal op de computer of via internet toegepast kan worden (www.emindmaps.nl).

Welke geheugenstrategieën kinderen ook gebruiken, ze gebruiken ze steeds vaker en effectiever naarmate ze ouder worden.

12.1.3 Vygotsky's visie op cognitieve ontwikkeling en klassikaal onderwijs

In paragraaf 9.1.3 zagen we dat de Russische ontwikkelingspsycholoog Lev Vygotsky stelde dat cognitieve ontwikkeling zich voltrekt door blootstelling aan informatie binnen de **zone van naaste ontwikkeling** (*zone of proximal development*, ZPD) van een kind. De ZPD is het niveau waarop een kind een taak bijna, maar nog niet helemaal zelfstandig kan begrijpen of uitvoeren.

Zone van naaste ontwikkeling (zone of proximal development, ZPD): het niveau waarop een kind een taak bijna, maar nog niet helemaal zelfstandig kan begrijpen of uitvoeren.

Deze theorie van Vygotsky speelt vooral een belangrijke rol bij de ontwikkeling van verschillende klassikale werkmethoden die gebaseerd zijn op de veronderstelling dat kinderen actief moeten participeren tijdens het onderwijs dat ze krijgen. Klassen worden gezien als plekken waar kinderen de gelegenheid moeten krijgen om te experimenteren en nieuwe activiteiten uit te proberen (Gredler, 2012; Gredler & Shields, 2008; Vygotsky, 1926/1997).

Volgens Vygotsky zou onderwijs zich met name moeten richten op activiteiten waarbij interactie met anderen komt kijken. Zowel interacties tussen kinderen en volwassenen als tussen kinderen onderling kunnen leiden tot cognitieve groei. De aard van deze interacties moet echter zorgvuldig worden gestructureerd, zodat ze binnen de ZPD van ieder individueel kind passen.

In het onderwijs aan kinderen met bijzondere ondersteuningsvragen is een nauwkeurige bepaling van de ZPD zeker van groot belang. TEACCH (www.teacch.com), een afkorting van Treatment and Education of Autistic and Related Communication-Handicapped Children, is een interventieprogramma voor de behandeling en begeleiding van personen met autisme of een autismespectrumstoornis. In dit programma is het heel belangrijk om zo nauwkeurig mogelijk de ZPD van deze leerlingen te bepalen en op basis van deze analyse een stimuleringsprogramma aan te bieden. Vermeulen, Mertens en Vanroy (2010) hebben deze principes vertaald naar de begeleiding van leerlingen met autisme in het gewone onderwijs.

Verschillende belangrijke onderwijsinnovaties zijn voor een groot deel gebaseerd op Vygotsky's werk. *Samenwerkend leren* bijvoorbeeld, waarbij kinderen in groepen samenwerken om een gemeenschappelijk doel te bereiken, is gebaseerd op verschillende aspecten van Vygotsky's theorie. Leerlingen die in groepen samenwerken, profiteren van de inzichten van anderen, en als ze op het verkeerde spoor raken, kunnen ze door anderen in hun groep weer op het juiste pad worden gebracht. Niet elk groepslid is echter even waardevol voor de andere leden van een samenwerkende leergroep. Individuele kinderen zijn er het meest bij gebaat als minstens een aantal andere leden van de groep competenter is op het gebied van een bepaalde taak en als deskundige kan fungeren (DeLisi, 2006; Slavin, 2013).

Leerlingen die in groepen samenwerken, profiteren van de inzichten van anderen.

Bron: Monkey Business Images/Shutterstock (Pearson Asset Library)

Zie MyLab voor de video: Zone van naaste ontwikkeling

Rolwisselend leren is een andere onderwijsmethode die gebaseerd is op Vygotsky's visie op cognitieve ontwikkeling. Rolwisselend leren is een techniek om kinderen tekstbegripstrategieën bij te brengen. Ze leren de inhoud van een passage te scannen, zich af te vragen wat het centrale punt is, de passage samen te vatten en te voorspellen wat er daarna gaat gebeuren. Het centrale aspect van deze techniek is de wederkerigheid ervan. In het begin begeleiden leerkrachten de leerlingen. Maar geleidelijk breiden leerlingen hun zone van naaste ontwikkeling verder uit en leren ze de strategieën steeds beter te gebruiken totdat ze in staat zijn om deze strategieën zelf over te dragen aan andere leerlingen. Met deze methode worden indrukwekkende successen geboekt bij het verbeteren van het leesbegrip, vooral bij leerlingen die problemen hebben met lezen (Greenway, 2002; Spörer, Brunstein & Kieschke, 2009; Takala, 2006).

12.1.4 Taalontwikkeling: de betekenis van woorden

Als je luistert naar wat schoolkinderen tegen elkaar zeggen, klinkt hun taalgebruik, zo op het eerste gehoor althans, niet zo heel anders dan dat van volwassenen. Die ogenschijnlijke gelijkenis is echter bedrieglijk. Aan de taalkundige verfijning van kinderen, vooral aan het begin van de schooltijd, dient nog wel wat geschaafd te worden voordat het niveau van volwassenen wordt bereikt.

Beheersing van taalmechanismen

In de schooljaren blijft de woordenschat groeien. Hoewel kinderen al duizenden woorden kennen, blijven ze in een vrij snel tempo nieuwe woorden aan hun vocabulaire toevoegen. De gemiddelde zesjarige heeft bijvoorbeeld een vocabulaire van acht- tot veertienduizend woorden, en tussen het negende en elfde jaar groeit dat vocabulaire met nog eens vijfduizend woorden.

Bovendien verbetert hun gebruik van grammatica. Het gebruik van de passieve vorm is in de vroege schooljaren bijvoorbeeld relatief zeldzaam (zoals in de zin 'de hond werd uitgelaten door Jan' tegenover de actieve vorm 'Jan liet de hond uit'). Daarnaast gebruiken kinderen van zes en zeven nog niet vaak voorwaardelijke bijzinnen als 'Als Sara de tafel dekt, was ik af'. In de loop van de schooltijd gaan ze echter steeds vaker de passieve vorm en voorwaardelijke bijzinnen gebruiken. Tot slot verbetert hun begrip van *syntaxis*, de regels voor het combineren van woorden en frasen tot zinnen.

Tegen de tijd dat ze naar groep 3 gaan (de eerste klas van het basisonderwijs in Vlaanderen), spreken de meeste kinderen woorden vrij goed uit. Bepaalde *fonemen*, klankeenheden, blijven echter problemen geven. Het vermogen om r- en sch-klanken uit te spreken ontwikkelt zich bijvoorbeeld later dan het vermogen om andere fonemen uit te spreken.

Schoolkinderen hebben soms ook moeite met het interpreteren van zinnen als de betekenis van de *intonatie* afhangt. Neem bijvoorbeeld de zin 'Boris gaf David een boek en hij gaf er een aan Kees'. Als het woord 'hij' wordt benadrukt, betekent deze zin dat Boris een boek aan David gaf en dat David een ander boek aan Kees gaf. Maar als de nadruk op het woord 'en' ligt, verandert de betekenis. Dan geeft Boris een boek aan David en geeft Boris ook een boek aan Kees. Voor schoolkinderen zijn subtiliteiten als deze vaak nog moeilijk (Bosco et al., 2013; Wells, Peppé & Goulandris, 2004).

Kinderen worden gedurende de schooljaren ook competenter in het gebruik van *pragmatiek*, de taalregels voor communicatie in een sociale context. Pragmatiek heeft betrekking op het vermogen van kinderen om in een bepaalde sociale situatie de juiste, effectieve taal te gebruiken. Hoewel kinderen aan het begin van de schooltijd bijvoorbeeld weten dat je naar anderen moet luisteren en hen moet laten uitpraten, is hun toepassing van die regels soms nog primitief. Neem het volgende gesprek tussen twee zesjarigen, Pim en Max:

Pim: 'Mijn vader is vrachtwagenchauffeur bij DHL.'
Max: 'Mijn zus heet Jorinde.'
Pim: 'Hij moet altijd heel vroeg op.'
Max: 'Ze heeft vannacht in haar bed geplast.'

Later worden de gesprekken meer een kwestie van geven en nemen, waarbij het tweede kind echt reageert op de woorden van het eerste kind. Uit het volgende gesprek tussen de elfjarige Marjan en Jonathan blijkt bijvoorbeeld dat zij een stuk verder zijn op het gebied van pragmatiek:

Marjan: 'Ik weet niet wat ik Claire voor haar verjaardag moet geven.'
Jonathan: 'Ik geef haar oorbellen.'
Marjan: 'Ze heeft al een heleboel sieraden.'
Jonathan: 'Volgens mij valt dat wel mee.'

Dankzij de groei van het metalinguïstisch bewustzijn in de schooltijd zijn kinderen tijdens een gesprek beter in staat om beurtelings te praten en te luisteren.

Bron: Pressmaster/Shutterstock (Pearson Asset Library)

Metalinguïstisch bewustzijn: het besef van het eigen taalgebruik.

Metalinguïstisch bewustzijn

Een van de belangrijkste ontwikkelingen in de schooltijd is het groeiende metalinguïstisch bewustzijn van kinderen. **Metalinguïstisch bewustzijn** is het besef van het eigen taalgebruik. Tegen de tijd dat kinderen vijf of zes zijn, begrijpen ze dat taal aan bepaalde regels moet voldoen, zoals het vervoegen van werkwoorden. In de peuter- en kleuterjaren leerden en begrepen zij die regels op een impliciete manier, maar in de schooltijd beginnen kinderen ze op een explicietere manier te begrijpen (Benelli et al., 2006; Saiegh-Haddad, 2007).

Hun metalinguïstisch bewustzijn helpt kinderen taal begrijpen als de informatie verwarrend of incompleet is. Als peuters en kleuters dubbelzinnige of onduidelijke informatie krijgen, vragen ze zelden om opheldering en wijten ze het meestal aan zichzelf als ze die informatie niet begrijpen. Als ze zeven of acht zijn, beseffen kinderen dat miscommunicatie het gevolg kan zijn van factoren die niet alleen aan henzelf liggen maar ook aan de persoon met wie ze communiceren. Daarom zullen schoolkinderen eerder om opheldering vragen als bepaalde informatie hun niet duidelijk is (Apperly & Robinson, 2002).

Het vooroordeel dat tweetaligheid slecht zou zijn voor de taalvaardigheid is mede door het PRIMA-onderzoek uit de wereld geholpen. Kinderen die ook Limburgs spreken, presteren beter bij het vak Nederlands dan kinderen die alleen in het Nederlands worden opgevoed.

Bron: Huis voor de Kunsten Limburg

Hoe taal de zelfbeheersing bevordert

Dankzij de groeiende perfectionering van hun taalgebruik kunnen schoolkinderen hun gedrag beter beheersen. In een experiment kregen kinderen te horen dat ze één marshmallow mochten nemen als ze die direct wilden opeten, maar dat ze er twee mochten nemen als ze even konden wachten. De meeste kinderen, die in leeftijd varieerden van vier tot acht jaar, kozen ervoor om te wachten. Maar de strategieën die ze daarvoor gebruikten, verschilden aanzienlijk (Kidd, Palmeri & Aslin, 2013).

De vierjarigen besloten vaak om tijdens het wachten naar de marshmallows te kijken, een strategie die niet erg effectief was. Zes- en achtjarigen maakten gebruik van taal om de verleiding te weerstaan, hoewel ze dat ieder op hun

Zie MyLab voor de video: Marshmallow-test

eigen manier deden. De zesjarigen praatten en zongen in zichzelf en herinnerden zich eraan dat ze uiteindelijk meer lekkers zouden krijgen als ze nog even wachtten. De achtjarigen concentreerden zich op aspecten van de marshmallows die niet gerelateerd waren aan smaak, zoals hun uiterlijk, wat hen hielp zich te bedwingen.

Kortom, de kinderen 'praatten tegen zichzelf' om hun gedrag te helpen reguleren. Bovendien konden ze zich effectiever beheersen naarmate hun taalvaardigheid toenam.

12.1.5 Tweetaligheid

Tweetaligheid: het vermogen om twee talen te spreken.

Veel kinderen spreken thuis nog een andere taal dan het Nederlands, bijvoorbeeld de moedertaal van een van de ouders of een dialect. En dat percentage wordt alleen maar hoger. **Tweetaligheid**, het gebruik van meer dan één taal door één persoon, komt steeds meer voor (Graddol, 2004; Hoff & Core, 2013; Shin, 2003).

Tweetaligheid bij kinderen kent zo haar voordelen. Zo kan tweetaligheid het onderwijs ten goede komen, aangezien veel taalkundigen beweren dat er aan taalverwerving universele processen ten grondslag liggen (Kecskes & Papp, 2000; McCardle & Hoff, 2006). Daarnaast blijkt uit psychologisch onderzoek dat kennis van meer dan één taal verschillende cognitieve voordelen heeft. Zo kunnen kinderen bij het beoordelen van een situatie uit een breder scala aan linguïstische mogelijkheden kiezen. Ze zijn in staat problemen creatiever en veelzijdiger op te lossen. Dat tweetaligheid aanzienlijke cognitieve voordelen kan opleveren, blijkt ook uit de kadertekst *Van onderzoek naar praktijk* (Bialystok & Viswanathan, 2009; Chen & Bond, 2007; Hermanto, Moreno & Bialystok, 2012).

VAN ONDERZOEK NAAR PRAKTIJK

De voordelen van je mening uiten

Als je in België of Canada bent opgegroeid, is meer dan één taal spreken eerder regel dan uitzondering. Veel kinderen over de hele wereld leren terwijl ze opgroeien als vanzelf meerdere talen.

Onderzoekers vinden steeds meer bewijs voor de stelling dat de voordelen van tweetaligheid veel verder reiken dan alleen het vermogen om in meer dan één taal te communiceren. Om te beginnen hebben tweetalige kinderen een groter metalinguïstisch bewustzijn, waardoor ze de regels van de taal explicieter begrijpen en een groter cognitief inzicht tonen. Volgens sommige onderzoeken scoren ze zelfs hoger bij intelligentietests (Carlson & Meltzoff, 2008; Kovelman, Baker & Petitto, 2008; Swanson, Saez & Gerber, 2004).

Er zijn ook andere voordelen. Uit een studie bleek bijvoorbeeld dat arme immigrantenkinderen die zowel Portugees als Luxemburgs spreken, beter in staat zijn selectieve aandacht te geven en onbelangrijke stimuli te onderdrukken dan kinderen die slechts één taal spreken. Deze bevindingen suggereren dat tweetalige sprekers een sterke controle hebben over hun cognitief functioneren, waardoor ze complexe taken effectiever kunnen uitvoeren (Barac & Bialystok, 2012; Bialystok, 2011; Fields, 2012).

Ook lijkt tweetaligheid verband te houden met emotioneel welzijn. Zo zijn tweetalige kinderen bij het beoordelen van de emotie van een spreker beter in staat de toon van spreken te interpreteren dan eentalige kinderen. Daarnaast blijkt uit studies naar het socio-emotionele welzijn van kinderen dat tweetaligen een hoger niveau van zelfcontrole en interpersoonlijke vaardigheden hebben dan eentaligen (Han, 2010; Yow & Markman, 2011).

Het lijkt erop dat de hersenen bij het gebruik van twee talen materiaal moeten sorteren dat voor beide talen relevant is en dan aan de meest relevante informatie aandacht besteden. Omdat dit op regelmatige basis gebeurt, worden de hersenen efficiënter, wat leidt tot de cognitieve voordelen die meertaligen lijken te hebben. Twee talen spreken is dus iets waar kinderen uiteindelijk baat bij hebben (Dreifus, 2011).

12.2 Intelligentie: het bepalen van individuele sterke punten

De Franse onderwijsdeskundige Alfred Binet is de uitvinder van de intelligentietest.

Bron: Albert Harlingue/ Roger-Viollet/The Image Works

‘Waarom moet je de waarheid spreken?’ ‘Hoe ver is het van Brussel naar Amsterdam?’ ‘Een tafel is gemaakt van hout; een raam is gemaakt van...’

De tienjarige Heske zit voorovergebogen aan haar bureau en probeert een lange reeks van dit soort vragen te beantwoorden. Tegelijkertijd probeert ze te bedenken wat het doel is van deze toets, die ze in het klaslokaal van groep 7 zit te maken. Het gaat duidelijk niet over onderwerpen die haar juf Rita in de klas heeft behandeld.

‘Wat is het volgende getal in deze reeks: 1, 3, 7, 15, 31...?’

Ze worstelt zich door de rest van de vragen heen. Het waarom kan ze maar beter aan haar juf overlaten, denkt ze met een zucht. Ze kan maar beter proberen de vragen zo goed mogelijk te beantwoorden.

Zie MyLab voor de video: Wat is intelligentie?

Heske is bezig met een intelligentietest. Ze zou ervan opkijken als ze hoorde dat ze niet de enige is die vraagtekens zet bij het belang en de betekenis van de testvragen. Vragen van intelligentietests worden met de grootste zorgvuldigheid opgesteld en de tests vertonen een sterke correlatie met goede schoolprestaties (op de redenen daarvoor komen we hieronder terug). Veel ontwikkelingsdeskundigen betwijfelen echter of de vragen die Heske moet beantwoorden echt geschikt zijn voor het vaststellen van iemands intelligentieniveau.

Voor onderzoekers die zich bezighouden met het afbakenen van datgene wat intelligent gedrag onderscheidt van niet-intelligent gedrag, blijkt het al een hele uitdaging om te begrijpen wat het begrip ‘intelligentie’ precies inhoudt. Hoewel niet-deskundigen hun eigen opvattingen hebben over de definitie van intelligentie (uit een onderzoek bleek dat intelligentie volgens leken uit drie componenten bestaat: probleemoplossend vermogen, verbale vaardigheden en sociale competentie), is het voor deskundigen lastiger om het eens te worden over een definitie (Howe, 1997; Sternberg et al., 1981). Toch is het wel mogelijk om een algemene definitie van intelligentie op te stellen: **intelligentie** is het vermogen om de wereld te begrijpen, rationeel te denken en effectief middelen in te zetten als men geconfronteerd wordt met problemen (Wechsler, 1975).

Intelligentie: het vermogen om de wereld te begrijpen, rationeel te denken en effectief middelen in te zetten als men geconfronteerd wordt met problemen.

Dat het begrip intelligentie moeilijk te definiëren is, komt gedeeltelijk door de vele, soms onbevredigende, pogingen die in de loop der jaren zijn gedaan om intelligente mensen van minder intelligente mensen te onderscheiden. Om te begrijpen hoe onderzoekers te werk gaan bij het opstellen van intelligentietests, moeten we kijken naar een aantal historische mijlpalen op dit gebied.

12.2.1 Criteria voor intelligentie: een onderscheid tussen intelligente en niet-intelligente kinderen

Aan het begin van de twintigste eeuw zat het Parijse schoolsysteem met een probleem: een groot aantal kinderen had geen baat bij regulier onderwijs. Helaas werden deze kinderen, van wie we er veel tegenwoordig verstandelijk gehandicapt zouden noemen, meestal niet vroeg genoeg opgespoord om hen in speciale klassen onder te kunnen brengen. De Franse minister van Onderwijs benaderde de psycholoog Alfred Binet met dit probleem. Hij vroeg Binet een methode te bedenken waarmee leerlingen die baat zouden kunnen hebben bij speciaal onderwijs, in een vroeg stadium geïdentificeerd konden worden.

De test van Binet

Binet pakte zijn opdracht op een uiterst praktische manier aan. Dankzij zijn jarenlange observaties van schoolkinderen wist hij dat eerdere pogingen om intelligente leerlingen van niet-intelligente leerlingen te onderscheiden niet bruikbaar waren. In plaats daarvan lanceerde hij een trial-and-errorproces waarbij leerlingen die eerder door leerkrachten als 'slim' of 'dom' waren bestempeld, vragen en opdrachten kregen voorgelegd. De opdrachten die de slimme leerlingen correct uitvoerden en de domme leerlingen niet correct uitvoerden, verwerkte hij in zijn test. De opdrachten die door de twee groepen even goed of even slecht werden uitgevoerd, werden niet gebruikt. Het eindresultaat van dit proces was een test die kinderen die eerder geïdentificeerd waren als snel of langzaam, op een betrouwbare manier van elkaar scheidde.

Binets baanbrekende werk op het gebied van intelligentietests heeft ons drie belangrijke dingen opgeleverd. Het eerste is zijn pragmatische manier om intelligentietests te ontwerpen. Binet had geen theoretische vooronderstellingen over wat intelligentie was. Hij gebruikte voor zijn psychologische metingen een trial-and-errorproces dat ook nu nog de meest gehanteerde methode is voor het ontwerpen van tests. Zijn definitie van intelligentie als 'alles wat zijn test meet' is door veel moderne onderzoekers overgenomen.

Zie MyLab voor de video: Testen: mentale leeftijd

Het tweede dat Binets werk ons heeft opgeleverd, is de koppeling die hij maakte tussen intelligentie en schoolprestaties. Door de manier waarop hij een intelligentietest opbouwde, waren intelligentie (gedefinieerd als de uitslag van de test) en schoolprestaties vrijwel hetzelfde. Daarom kunnen de intelligentietest van Binet en de hedendaagse tests die daaruit zijn voortgevloeid redelijk goed voorspellen in hoeverre leerlingen eigenschappen bezitten die bijdragen aan goede schoolprestaties. Helaas verschaffen ze weinig bruikbare informatie over een groot aantal andere eigenschappen die vrij weinig te maken hebben met schoolprestaties.

Mentale leeftijd: het gemiddelde intelligentieniveau van mensen van een bepaalde kalenderleeftijd.

Tot slot ontwikkelde Binet een procedure waarbij hij elke score van zijn intelligentietest koppelde aan een **mentale leeftijd**, de leeftijd van de kinderen die gemiddeld gezien die score haalden. Als een zesjarig meisje bijvoorbeeld een score haalde van 30, terwijl dat de gemiddelde score was die door tienjarigen gehaald werd, dan was haar mentale leeftijd tien jaar. En als een vijftienjarige jongen een score van 90 haalde, wat de gemiddelde score voor een vijftienjarige was, dan had hij een mentale leeftijd van vijftien (Wasserman & Tulsky, 2005).

Kalenderleeftijd: iemands fysieke leeftijd.

Hoewel het toekennen van een mentale leeftijd een indicatie oplevert van het prestatieniveau van een kind (in vergelijking met het prestatieniveau van zijn leeftijdgenoten), is het niet mogelijk om er goede vergelijkingen mee te maken tussen leerlingen van verschillende **kalenderleeftijden**. Als men alleen maar kijkt naar de mentale leeftijd, zou een zeventienjarige die een score haalt die typisch is voor een kind van vijftien, een cognitieve achterstand hebben die identiek is aan de achterstand van een zesjarige die een score haalt van een kind van vier. En dat terwijl wij weten dat de cognitieve ontwikkeling van kinderen onder de zes veel sneller verloopt dan in de adolescentie. Met andere woorden, de achterstand van de zesjarige is veel groter dan die van de adolescent.

Het berekenen van het IQ

Intelligentiequotiënt (IQ): een score die de verhouding uitdrukt tussen iemands mentale leeftijd en zijn kalenderleeftijd.

Het **intelligentiequotiënt** of **IQ** biedt een oplossing voor dit probleem. IQ is een score waarbij rekening wordt gehouden met zowel de mentale leeftijd als de kalenderleeftijd van een leerling. Traditioneel wordt het IQ via de volgende formule berekend, waarbij ML voor mentale leeftijd staat en KL voor kalenderleeftijd:

IQ-score = ML/KL x 100

Wie een beetje met deze formule experimenteert, zal zien dat mensen van wie de mentale leeftijd gelijk is aan hun kalenderleeftijd altijd een IQ hebben van 100. De score is lager dan 100 als de kalenderleeftijd de mentale leeftijd overstijgt, wat duidt op een ondergemiddelde intelligentie, en hoger dan 100 als de kalenderleeftijd lager is dan de mentale leeftijd, wat duidt op een bovengemiddelde intelligentie.

Als we deze formule toepassen op ons eerdere voorbeeld van de zeventienjarige met een mentale leeftijd van een vijftienjarige, krijgen we de volgende berekening: het IQ van deze leerling is 15/17 x 100, oftewel 88. De berekening van het IQ van de zesjarige die een mentale leeftijd van vier heeft, luidt 4/6 x 100, oftewel 66 – een lagere IQ-score dan die van de zeventienjarige.

Tegenwoordig worden IQ-scores op een complexere manier berekend. De scores van nu staan bekend als deviatie-IQ-scores. De gemiddelde deviatie-IQ-score blijft 100, maar de tests worden tegenwoordig zodanig ontworpen dat we aan de hand van de mate van deviatie van deze score kunnen berekenen hoeveel mensen dezelfde score halen. Ongeveer twee derde van alle mensen haalt bijvoorbeeld een score van tussen de 85 en 115. Bij scores die hoger of lager liggen, daalt het aantal mensen met dezelfde score aanzienlijk (zie figuur 12-2).

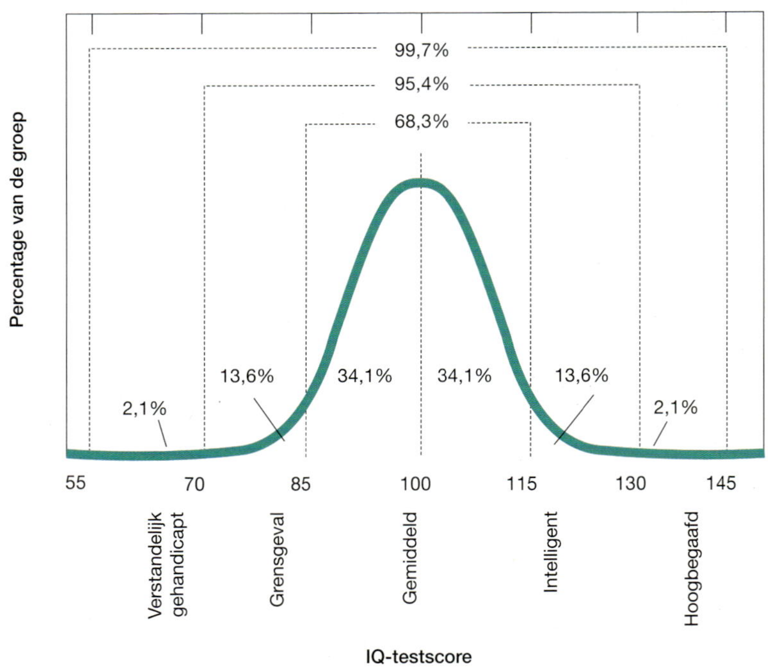

FIGUUR 12-2 **IQ-scores**

De meest voorkomende en gemiddelde IQ-score is 100: 68,3 procent van alle mensen scoort tussen de 85 en de 115. Ongeveer 95 procent van de bevolking haalt een score tussen de 70 en de 130, en minder dan 3 procent scoort onder de 55 of boven de 145.

12.2.2 Actuele visies op intelligentietests

Sinds de tijd van Binet zijn intelligentietests steeds betrouwbaarder geworden. De meeste tests zijn nog steeds op de een of andere manier gebaseerd op Binets oorspronkelijke werk. De veelgebruikte Stanford-Binet-intelligentietest, vijfde editie (SB5), was bijvoorbeeld in eerste instantie een herziening van Binets oorspronkelijke test. Deze test bestaat uit een reeks items die wordt aangepast aan de leeftijd van de persoon die wordt getest. Kinderen krijgen bijvoorbeeld vragen over alledaagse activiteiten of moeten complexe figuren natekenen. Volwassenen wordt gevraagd om spreekwoorden uit te leggen, analogieën op te lossen en overeenkomsten te beschrijven tussen groepen woorden. De test wordt mondeling afgenomen en de deelnemers krijgen steeds moeilijkere problemen voorgeschoteld totdat ze niet meer verder kunnen.

Wechsler-intelligentietest voor kinderen (WISC-IV): test voor kinderen die uit afzonderlijke delen bestaat voor het meten van verbale en non-verbale vaardigheden en die ook een totaalscore verschaft.

Wechsler-intelligentietest voor volwassenen (WAIS-III): test voor volwassenen die uit afzonderlijke delen bestaat voor het meten van verbale en non-verbale vaardigheden en die ook een totaalscore verschaft.

De **Wechsler-intelligentietest voor kinderen (WISC-IV)** en de volwassen versie daarvan, de **Wechsler-intelligentietest voor volwassenen (WAIS-III)**, zijn veelgebruikte intelligentietests die zijn ontstaan uit de Wechsler Bellevue Intelligence Scale uit 1939. Deze tests leveren naast afzonderlijke meetresultaten voor verbale en non-verbale vaardigheden ook een totaalscore op. Zoals je kunt zien aan de voorbeelden in figuur 12-3, zijn de verbale opgaven traditionele woordproblemen waarmee vaardigheden als tekstbegrip worden getoetst. Voorbeelden van non-verbale opdrachten zijn het ordenen van plaatjes en het in elkaar zetten van objecten. Doordat de test uit afzonderlijke delen bestaat, zijn de eventuele specifieke problemen van de deelnemer gemakkelijker te identificeren. Een veel hogere score voor het non-verbale gedeelte van de test dan voor het verbale gedeelte kan bijvoorbeeld duiden op problemen in de linguïstische ontwikkeling (Zhu & Weiss, 2005).

Kaufman Assessment Battery for Children (KABC-II): intelligentietest voor kinderen die het vermogen meet om van verschillende stimuli tegelijkertijd een geheel te maken en om stap voor stap na te denken.

De benadering van de **Kaufman Assessment Battery for Children, tweede editie (KABC-II)** is anders dan die van de Stanford-Binet-intelligentietest en de intelligentietests van Wechsler. Kinderen worden getest op hun vermogen om verschillende soorten stimuli tegelijkertijd te integreren en op hun vermogen om stap voor stap na te denken. Een speciaal voordeel van de KABC-II is de flexibiliteit ervan. De persoon die de test afneemt, kan alternatieve bewoordingen of gebaren gebruiken of zelfs vragen in een andere taal stellen om de score van de deelnemer te maximaliseren. Deze eigenschap maakt de KABC-II een betere en gelijkwaardiger test voor kinderen die oorspronkelijk een andere taal spreken (Kaufman et al., 2005).

Zie MyLab voor de video: Intelligentietests en stereotypen

Wat zeggen de scores die uit een IQ-test komen? Voor de meeste kinderen zijn IQ-scores redelijk goede voorspellers van hun prestaties op school. Dat is niet verrassend, aangezien de intelligentietest in eerste instantie werd ontwikkeld voor het identificeren van kinderen die problemen zouden hebben op school (Sternberg & Grigorenko, 2002).

Maar voor andere prestaties dan schoolprestaties ligt het anders. Wanneer men rekening houdt met het feit dat mensen met hogere IQ-scores vaak langer onderwijs volgen, zijn IQ-scores statistisch gezien niet nauw gerelateerd aan

Er bestaan verschillende tests voor het meten van intelligentie.

Bron: David Young-Wolff/PhotoEdit Inc.

inkomen en aan later succes in het leven. Bovendien zijn IQ-scores vaak onnauwkeurig in het voorspellen van toekomstig succes van een specifiek individu. Zo kunnen twee mensen met verschillende IQ-scores beiden heel goed een academische titel halen en kan de persoon met het lagere IQ uiteindelijk een hoger inkomen en een succesvollere carrière hebben.

Naam	Doel van het item	Voorbeeld
Verbale test		
Informatie	Beoordelen van algemene ontwikkeling	Hoeveel centen zitten er in een euro?
Begrip	Beoordelen van kennis en evaluatie van sociale normen en eerdere ervaringen	Wat is het voordeel van geld op de bank zetten?
Rekenen	Beoordelen van rekenkundig redeneervermogen door middel van verbale problemen	Als twee knopen vijftien cent kosten, hoeveel kosten twaalf knopen dan?
Overeenkomsten	Testen van begrip van de overeenkomsten tussen objecten of concepten en het gebruik van abstract redeneren	Wat is de overeenkomst tussen een uur en een week?
Non-verbale test		
Cijfersymbool	Beoordelen van de leersnelheid	Koppel symbolen aan getallen met behulp van de volgende code. 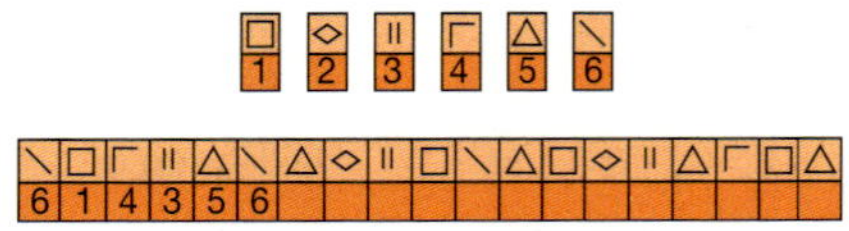
Plaatjes afmaken	Visueel geheugen en aandacht	Geef aan wat er ontbreekt. 
Objecten in elkaar zetten	Testen van het begrip van de relatie tussen onderdelen en het geheel	Maak van deze onderdelen één geheel. 

FIGUUR 12-3 Het meten van intelligentie

Deze figuur bevat een aantal voorbeelden van items uit de Wechsler-intelligentietest voor kinderen (WISC-IV).

12.2.3 IQ-verschillen tussen groepen

Een jontrie is een voorbeeld van een
a. Rulpo
b. Flinkje
c. Sputs
d. Bakwoe

Als je bij een intelligentietest een vraag tegenkwam met onzinwoorden als hierboven, zou protesteren waarschijnlijk je eerste reactie zijn. Hoe kan een test die pretendeert intelligentie te meten testvragen met betekenisloze terminologie bevatten?

Voor sommige mensen hebben de vragen die daadwerkelijk bij traditionele intelligentietests worden gebruikt, echter net zo weinig betekenis. Stel bijvoorbeeld dat kinderen uit een landelijk gebied vragen moeten beantwoorden over metro's, of dat kinderen uit een stedelijk gebied vragen moeten beantwoorden over het paargedrag van schapen. In beide gevallen zullen de eerdere ervaringen van de deelnemers veel invloed hebben op hun vermogen om de vragen te beantwoorden. En als vragen over zulke onderwerpen in een IQ-test werden verwerkt, zou die test eerder een indicatie geven van eerdere ervaringen dan van intelligentie.

Hoewel de vragen in traditionele IQ-tests niet zo overduidelijk afhankelijk zijn van de eerdere ervaringen van de deelnemers, kunnen onze voorbeelden, onze culturele achtergrond en onze ervaring wel degelijk onze score bij een intelligentietest beïnvloeden. Veel onderwijsdeskundigen vinden zelfs dat traditionele intelligentiemetingen op een subtiele manier blanke leerlingen uit de hogere klasse en middenklasse bevoordelen en groepen met andere culturele ervaringen benadelen (Ortiz & Dynda, 2005).

Verklaringen voor etnische verschillen in IQ

De vraag welke invloed culturele achtergrond en ervaring hebben op de uitslagen van IQ-tests heeft onder onderzoekers tot onenigheid geleid. De discussie is aangewakkerd door de ontdekking dat de IQ-scores van bepaalde etnische groepen gemiddeld gezien vaak lager zijn dan die van andere groepen. Zo ligt de gemiddelde IQ-score van Turkse en Marokkaanse kinderen, ondanks aanzienlijke individuele variatie, over het algemeen lager dan de gemiddelde score van Nederlandse kinderen (Bleichrodt & Van de Vijver, 2001; Fish, 2001; Maller, 2003).

De vraag die naar aanleiding van zulke verschillen naar voren komt, is natuurlijk of dit betekent dat er daadwerkelijk sprake is van intelligentieverschillen of dat de verschillende scores worden veroorzaakt door vooroordelen in de intelligentietests die in het voordeel van meerderheidsgroepen en in het nadeel van minderheidsgroepen uitpakken. Stel bijvoorbeeld dat Nederlandse kinderen beter scoren bij een IQ-test dan Turkse kinderen omdat ze bekender zijn met de taal waarin de test is opgesteld. Die test levert dan niet bepaald een eerlijke meting op van de intelligentie van Turkse kinderen. Een intelligentietest die volledig geschreven is in de Turkse taal kan immers ook geen objectieve meting opleveren van de intelligentie van Nederlandse kinderen.

De vraag hoe verschillen tussen de intelligentiescores van verschillende culturele groepen geïnterpreteerd moeten worden, vormt de kern van een van de belangrijkste controverses in de ontwikkelingspsychologie: in hoeverre wordt de intelligentie van een individu bepaald door erfelijke factoren en in hoeverre door zijn omgeving? Deze vraag is belangrijk omdat hij grote sociale gevolgen heeft. Als intelligentie bijvoorbeeld primair bepaald wordt door erfelijkheid en bij de geboorte dus grotendeels vastligt, zullen pogingen om cognitieve vermogens later in het leven te veranderen, zoals onderwijs, slechts beperkt resultaat opleveren. Als intelligentie echter grotendeels door de omgeving wordt bepaald, kan het wijzigen van sociale factoren en onderwijsfactoren meer verbetering opleveren in het cognitieve functioneren van kinderen (Nisbett et al., 2012; Weiss, 2003).

Het IQ kan worden gezien als het product van nature en nurture, twee factoren die op een ingewikkelde manier op elkaar inwerken. In plaats van intelligentie te beschouwen als een resultaat van genen of ervaring, gaat men ervan uit dat genen de ervaringen beïnvloeden. Ervaringen worden gezien als een factor die de expressie van genen beïnvloedt. De psycholoog Eric Turkheimer heeft bijvoorbeeld aanwijzingen gevonden voor het feit dat omgevingsfactoren een grotere rol spelen bij de beïnvloeding van het IQ van arme kinderen, terwijl de genen een grotere invloed hebben op het IQ van welvarende kinderen (Harden, Turkheimer & Loehlin, 2007; Turkheimer et al., 2003).

Praktisch gezien is het misschien niet zo belangrijk om precies te weten in hoeverre intelligentie bepaald wordt door genetische factoren en omgevingsfactoren. Wat telt is hoe je de leefomstandigheden en de onderwijsmogelijkheden van kinderen kunt verbeteren. Door de kwaliteit van de omgeving van een kind te verrijken, krijgt het meer mogelijkheden om zijn volledige potentieel te bereiken en een zo groot mogelijke bijdrage te leveren aan de maatschappij, ongeacht zijn individuele intelligentieniveau (Nisbett, 2008; Posthuma & De Geus, 2006).

12.2.4 Alternatieve visies op intelligentie

De intelligentietests die tegenwoordig het vaakst worden gebruikt in schoolsituaties zijn allemaal gebaseerd op hetzelfde onderliggende uitgangspunt: intelligentie bestaat uit één enkele capaciteitsfactor. Deze belangrijkste eigenschap wordt meestal *g* genoemd (Lubinski, 2004; Spearman, 1927). Men gaat ervan uit dat de g-factor bij elk aspect van iemands intelligentie ten grondslag ligt aan zijn prestaties, en waarschijnlijk is het dus deze g-factor die bij intelligentietests wordt gemeten.

Veel theoretici bestrijden echter het idee dat intelligentie eendimensionaal is. Sommige ontwikkelingsdeskundigen menen dat er in werkelijkheid twee soorten intelligentie bestaan. Andere theoretici verdelen intelligentie in een nog groter aantal soorten.

Meervoudige intelligenties

Volgens de theorie van de meervoudige intelligenties van de psycholoog Howard Gardner bestaan er acht verschillende soorten intelligentie, die allemaal relatief onafhankelijk zijn (zie figuur 12-4). Gardner meent dat deze afzonderlijke vormen van intelligentie niet geïsoleerd opereren maar met elkaar samenwerken, afhankelijk van het type activiteit waarmee iemand zich bezighoudt (Chen & Gardner, 2005; Gardner & Moran, 2006; Roberts & Lipnevich, 2012).

De Russische psycholoog Lev Vygotsky, wiens theorie van cognitieve ontwikkeling we ook in paragraaf 2.1.4 hebben besproken, kijkt heel anders tegen intelligentie aan. Voor het beoordelen van iemands intelligentie moet volgens hem niet alleen worden gekeken naar de cognitieve processen die volledig ontwikkeld zijn, maar ook naar de processen die op dat moment in ontwikkeling zijn. Daarvoor dient er tijdens het testen coöperatieve interactie

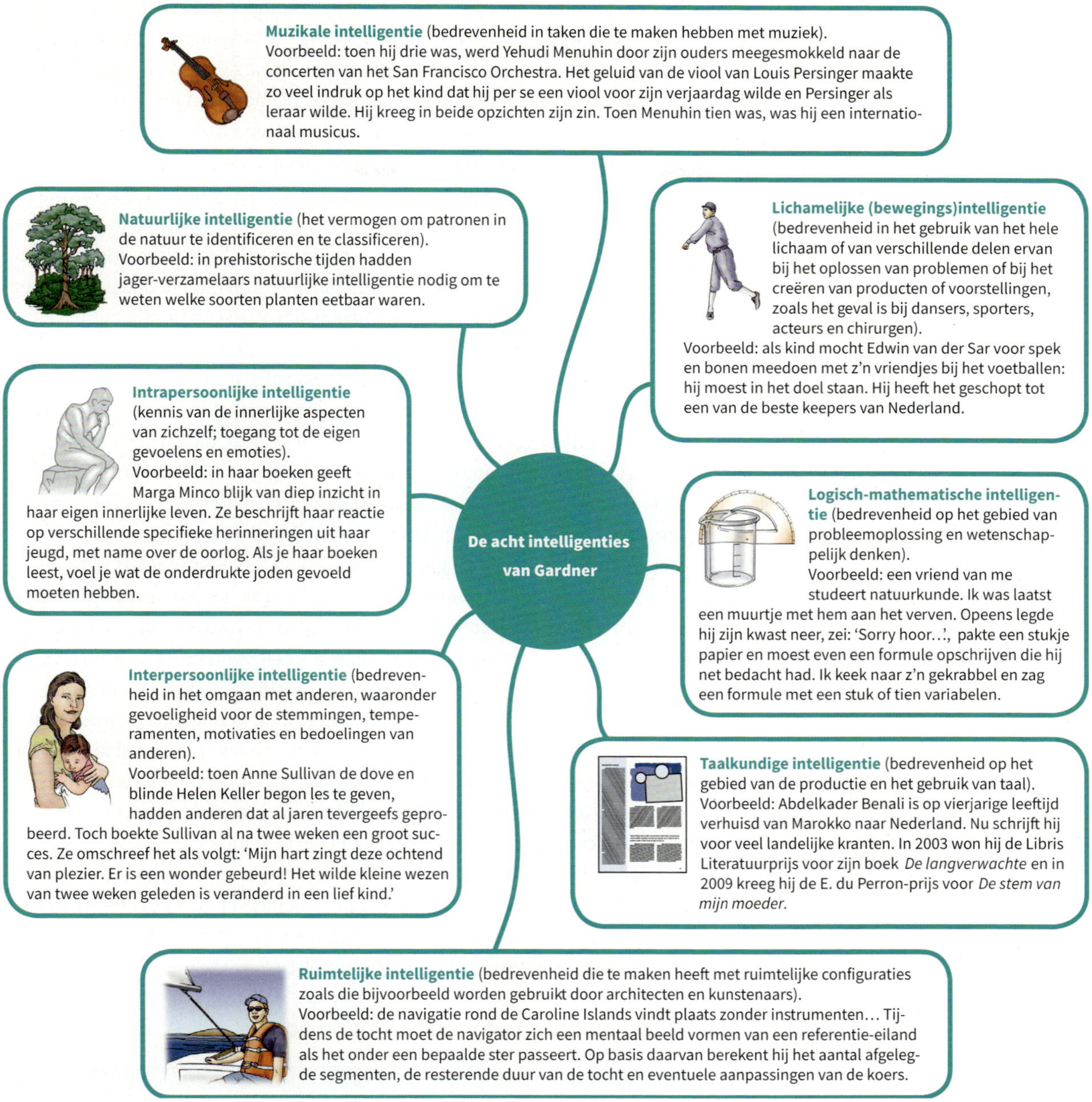

FIGUUR 12-4 De acht intelligenties van Gardner

Bron: Naar Walters & Gardner, 1986

plaats te vinden tussen het individu dat wordt getest en de persoon die de test uitvoert, een proces dat 'dynamisch testen' wordt genoemd. Volgens Vygotsky komt intelligentie dus niet alleen tot uiting in de manier waarop kinderen in hun eentje presteren, maar ook in de manier waarop ze presteren als ze worden geholpen door volwassenen (Lohman, 2005; Vygotsky, 1927/1976).

De processen achter intelligentie

De psycholoog Robert Sternberg (1990, 2003a) kijkt weer op een andere manier tegen intelligentie aan. Hij meent dat intelligentie in feite een kwestie is van informatieverwerking. De manier waarop mensen materiaal in hun geheugen opslaan en dat later gebruiken om intellectuele taken uit te voeren, vormt volgens hem de kern van intelligentie. De informatieverwerkingstheorie richt zich dus niet op de verschillende subcomponenten die de *structuur* van intelligentie vormen, maar onderzoekt de *processen* die ten grondslag liggen aan intelligent gedrag (Floyd, 2005).

Onderzoekers die taken en problemen opdelen in componenten hebben cruciale verschillen gevonden in de aard en de snelheid van probleemoplossingsprocessen bij mensen die hoog scoren en bij mensen die laag scoren bij traditionele IQ-tests. Als verbale problemen zoals analogieën bijvoorbeeld in componenten worden opgedeeld, wordt duidelijk dat mensen met een hoger intelligentieniveau niet alleen meer problemen weten op te lossen, maar voor het oplossen ook een andere methode gebruiken. Mensen met een hoge IQ-score besteden meer tijd aan de beginstadia van probleemoplossing. Ze halen relevante informatie op uit hun geheugen. Mensen die lager scoren bij traditionele IQ-tests zijn juist geneigd minder tijd te besteden aan die eerste stadia. Zij maken sneller gedachtesprongen en doen minder weldoordachte gokken. Volgens deze visie op intelligentie zouden de processen die worden gebruikt bij het oplossen van problemen dus belangrijke manifestaties zijn van intelligentieverschillen (Sternberg, 2005).

Triarchische theorie van intelligentie: de opvatting dat intelligentie bestaat uit drie elementen van informatieverwerking: het analytische element, het creatieve element en het praktische element.

Uit Sternbergs werk op het gebied van intelligentie is onder andere de **triarchische theorie van intelligentie** voortgekomen. Volgens dit model bestaat intelligentie uit drie elementen van informatieverwerking: het analytische element, het creatieve element en het contextuele element. Het *analytische element* van intelligentie zegt iets over hoe efficiënt mensen informatie kunnen verwerken en analyseren. Als mensen op dit gebied efficiënt zijn, kunnen ze relaties leggen tussen verschillende delen van een probleem, kunnen ze het probleem oplossen en kunnen ze hun oplossing vervolgens evalueren. Mensen die sterk zijn in het analytische element, scoren het hoogst bij traditionele intelligentietests (Gardner, 2011; Sternberg, 2005). Het *creatieve element* is de inzichtrijke component van intelligentie. Mensen die een sterk creatief element hebben, kunnen nieuw materiaal gemakkelijk vergelijken met wat ze al weten en kunnen feiten die ze al kennen op nieuwe en creatieve manieren combineren en aan elkaar koppelen. Het *contextuele element* van intelligentie heeft tot slot betrekking op praktische intelligentie, of met manieren om met de dagelijkse praktijk om te gaan.

Volgens Sternberg zijn elk van deze drie elementen in verschillende mate bij mensen aanwezig. Hoe succesvol we zijn in een bepaalde taak zegt iets over de koppeling tussen die taak en ons eigen specifieke patroon met betrekking tot deze drie componenten (Sternberg, 2003b, 2008).

12.2.5 Intelligentiescores onder en boven de norm

Op de kleuterschool kon Carola haar klasgenootjes nog bijhouden, maar in groep 3 is ze in bijna elk vak de langzaamste. Het is niet dat ze haar best niet doet, maar ze heeft meer tijd nodig om nieuw materiaal te begrijpen, en ze heeft regelmatig extra aandacht nodig om de rest van de klas te kunnen bijhouden.

Op sommige andere gebieden blinkt ze uit. Als ze iets moet tekenen of knutselen, overtreft ze haar klasgenootjes. Ze maakt prachtige dingen waar de andere kinderen vol bewondering naar kijken. Hoewel ze voelen dat er iets anders is aan Carola, hebben ze het te druk om te achterhalen wat dat precies is, en eigenlijk staan ze er nauwelijks bij stil.

De ouders en de leerkracht van Carola weten wél wat haar anders maakt. Carola is op de kleuterschool uitgebreid getest en daaruit is gebleken dat haar intelligentie ver beneden het gemiddelde ligt. Daarom is ze officieel aangemerkt als een leerling met speciale leerbehoeften. Om dit beter te situeren, kunnen we een indeling van IQ-scores raadplegen, zoals voorgesteld door Resing en Blok (2002) (zie tabel 12-1).

TABEL 12-1 **Indeling van IQ-scores**

IQ	PERCENTAGE VAN DE BEVOLKING MET DIT IQ	INTERPRETATIE
> 130	2,1	Zeer begaafd
121-130	6,4	Begaafd
111-120	15,7	Bovengemiddeld intelligent
90-110	51,6	Gemiddeld intelligent
80-89	15,7	Benedengemiddeld intelligent
70-79	6,4	Zwakbegaafd

Bron: Resing & Blok, 2002

Onder de norm: verstandelijk gehandicapte kinderen

Statistisch gezien kunnen we stellen dat ongeveer 2,5 procent van de bevolking een mentale beperking heeft (IQ < 70). De groep personen die in de categorie 'zwakbegaafd' valt, met een IQ van tussen de ongeveer 70 en 85, is groter. Deze groep maakt ongeveer 13,6 procent van de bevolking uit. Men spreekt ook over zwakbegaafden. Dit is een eerder klinisch begrip, waarmee men die groep van kinderen bedoelt die in strikte zin geen mentale beperking heeft, maar toch heel veel moeite heeft om het reguliere onderwijs te volgen (Ras, Woittiez, Van Kempen & Sadiraj, 2010).

Verstandelijke beperking: ontwikkelingsstoornis met beperkingen in zowel het verstandelijke als het adaptieve functioneren, in de conceptuele, sociale en praktische domeinen.

In de DSM-5 (Diagnostic and Statistic Manual, versie 5) is 'verstandelijke beperking' als volgt omschreven (APA, 2014): een **verstandelijke beperking** begint gedurende de ontwikkelingsperiode, met beperkingen in zowel het verstandelijke als het adaptieve functioneren, in de conceptuele, sociale en praktische domeinen. Er moet worden voldaan aan de volgende drie criteria:

a. Deficiënties in de intellectuele functies, zoals redeneren, problemen oplossen, plannen, abstract denken, oordelen, schools leren en leren door ervaringen, hetgeen bevestigd moet worden door zowel een klinische beoordeling als een geïndividualiseerde, gestandaardiseerde intelligentietest.
b. Deficiënties in het adaptieve functioneren die ertoe leiden dat de betrokkene niet kan voldoen aan de ontwikkelings- en sociaal-culturele standaarden van persoonlijke onafhankelijkheid en sociale verantwoordelijkheid. Zonder blijvende ondersteuning beperken de deficiënties in het aanpassingsvermogen het functioneren in een of meer aspecten van het dagelijks leven, waaronder communicatie, deelname aan het sociale leven, schools of beroepsmatig functioneren, en persoonlijke onafhankelijkheid thuis of in de directe sociale omgeving.
c. De deficiënties in de verstandelijke functies en het aanpassingsvermogen beginnen gedurende de ontwikkelingsperiode.

Bij passend onderwijs tracht men kinderen met een verstandelijke handicap zo veel mogelijk in reguliere klassen te plaatsen (zie ook het kader Diversiteit in ontwikkeling *in hoofdstuk 11).*

Bron: moodboard/Vetta/Getty Images

De DSM-5 deelt verstandelijke beperkingen als volgt in: lichte, matige, ernstige en zeer ernstige (diepe) beperking. Deze verdeling wordt niet meer uitsluitend gemaakt op basis van IQ-scores. Er wordt, zoals gezegd, ook gekeken naar het functioneren in het conceptuele, sociale en praktische domein. Resing en Blok (2002) stellen terecht dat intelligentietests in feite niet ontworpen zijn om IQ's lager dan 55 te meten. Wel kan de indeling van verstandelijke beperkingen op basis van het IQ enige zin hebben, al is het maar om overvraging te voorkomen. Daarbij wordt deze indeling in de praktijk heel veel gebruikt. In tabel 12-2 geven

Resing en Blok een beschrijving van het gedrag en functioneren van personen met een bepaalde verstandelijke beperking op bepaalde leeftijden.

TABEL 12-2 **Gedragsrepertoire bij verstandelijke beperking per leeftijdsgroep**

GRAAD VAN ERNST VERSTANDELIJKE BEPERKING (IQ)	KALENDERLEEFTIJD 0-5 JAAR	KALENDERLEEFTIJD 6-21 JAAR	KALENDERLEEFTIJD > 21 JAAR
Diep **IQ < 20**	Extreme achterstand op alle gebieden; minimale sensorische vaardigheden; heeft verpleging, intensieve verzorging en stimulans nodig; blijft lang in babyfase.	Duidelijke achterstand op alle terreinen van de ontwikkeling; geeft respons d.m.v. glimlach of huilen; enige motorische ontwikkeling; intensieve verpleging is noodzakelijk.	Kan soms lopen; zeer elementaire vorm van spreken mogelijk; heeft baat bij regelmatige lichamelijke activiteit; eenvoudige vormen van zelfredzaamheid (bijvoorbeeld lepel vasthouden) aanwezig; kan niet voor zichzelf zorgen; heeft meestal verzorging nodig.
Ernstig **IQ 20-34**	Ernstige achterstand in motorische ontwikkeling; weinig tot geen spraakontwikkeling; profiteert enigszins van zelfhulptraining, bijvoorbeeld eten.	Kan meestal leren lopen; kan taal begrijpen en erop reageren; kan getraind worden in elementaire verzorging en andere basisvaardigheden.	Kan dagelijkse routines uitvoeren en voor zichzelf zorgen; heeft leiding nodig en intensieve, sturende begeleiding.
Matig **IQ 35-49**	Meestal merkbare ontwikkelingsachterstand, met name in spraak; maakt gebruik van diversiteit aan trainingen in zelfhulp; redt zich enigermate dankzij intensieve begeleiding.	Kan leren communiceren en kan leren zichzelf te redden (gezondheid, veiligheid); kan zich eenvoudige handvaardigheden eigen maken, maar leert niet lezen of rekenen.	Kan eenvoudige taken onder begeleiding op afstand uitvoeren; kan simpele spelletjes doen in groep; kan leren zelf te reizen naar bekende plaatsen; kan niet geheel zelfstandig voor zichzelf zorgen.
Licht **IQ 50-69**	Benedengemiddelde ontwikkeling wat betreft lopen, kan zelf eten en spreken, maar dit wordt niet altijd opgemerkt, zeker niet bij het jonge kind.	Kan perceptuele, motorische en cognitieve vaardigheden leren en komen tot 6de tot 8ste groepsniveau (aan eind adolescentie); kan sociale regels leren en leren zich daaraan te conformeren.	Kan voldoende sociale vaardigheden leren om voor zichzelf te zorgen; heeft begeleiding nodig en, ingeval van economische of sociale problemen, verdergaande hulp.

Bron: Resing & Blok, 2002

Boven de norm: hoogbegaafde kinderen

> Ik stond voor de klas en was bezig uit te leggen hoe de aarde ronddraait en dat het voor ons moeilijk voor te stellen is dat hij rond is vanwege zijn enorme omvang. Opeens riep Simon uit: 'De aarde is niet rond!' Ik antwoordde kortaf: 'Denk je soms dat hij plat is?' Daarop zei hij zakelijk: 'Nee, het is een afgeplatte bol.' Ik ging snel op een ander onderwerp over. Simon had altijd van die vervelende opmerkingen (Payne et al., 1974, p. 94).

Soms vinden mensen het vreemd dat ook hoogbegaafde kinderen een bijzondere groep vormen. Toch hebben deze kinderen hun eigen speciale problemen. Drie tot vijf procent van alle schoolkinderen kan als hoogbegaafd worden aangemerkt.

Hoogbegaafd kind: kind dat blijk geeft van grote capaciteiten op intellectueel, creatief, artistiek of leiderschapsgebied of op specifieke academische gebieden.

Welke leerlingen komen in aanmerking voor het predicaat **hoogbegaafd**? Vaak wordt nog het IQ als maatstaf genomen voor het bepalen of iemand hoogbegaafd is. Men spreekt van hoogbegaafdheid als iemand een IQ van 130 of hoger heeft. Deze te eenvoudige redenering heeft ook bepaalde valkuilen. Het komt wel voor dat zeer intelligente mensen op het gebied van bijvoorbeeld sociale en emotionele competenties zelfs ondergemiddeld presteren. Hoogbegaafden hebben zo veel potentieel dat ze, net zo goed als leerlingen met een laag IQ, speciale aandacht vergen (Mendoza, 2006; Olszewski-Kubilius & Thomson, 2013; Schemo, 2004).

Hoogbegaafde kinderen kunnen bijvoorbeeld hun verbale vaardigheden, die hen in staat stellen om hun ideeën en gevoelens op een welbespraakte manier te uiten, ook gebruiken voor scherpe en soms kwetsende opmerkingen. Bovendien interpreteren onderwijzers de humor, de onverwachte opmerkingen en de creativiteit van hoogbegaafde kinderen vaak verkeerd en worden hun intellectuele capaciteiten storend of ongepast gevonden. Ook leeftijdgenoten hebben niet altijd begrip voor hoogbegaafdheid. Daarom proberen hoogbegaafde kinderen hun intelligentie soms te verbergen in een poging meer aansluiting te vinden bij de andere leerlingen (Swiatek, 2002).

Acceleratie: het aanbieden van speciale lesprogramma's waarmee hoogbegaafde kinderen in hun eigen tempo verder leren. Dat kan zelfs betekenen dat ze zich met het lesmateriaal van hogere groepen gaan bezighouden.

Het onderwijs aan hoogbegaafde kinderen kan worden onderverdeeld in twee methoden: acceleratie en verrijking. Met **acceleratie** kunnen hoogbegaafde kinderen in hun eigen tempo verder leren. Dat kan zelfs betekenen dat ze zich met het lesmateriaal van hogere groepen gaan bezighouden. Het materiaal dat leerlingen bij deze methode voorgeschoteld krijgen, is niet noodzakelijkerwijs anders dan wat andere leerlingen krijgen. Ze komen er eenvoudigweg sneller aan toe dan de gemiddelde leerling (Lee, Olszewski-Kubilius & Thomson, 2012; Smutny, Walker & Meckstroth, 2007; Steenbergen-Hu & Moon, 2011; Wells, Lohman & Marron, 2009).

Verrijking: methode waarbij hoogbegaafde leerlingen speciale programma's volgen en individuele activiteiten aangeboden krijgen om dieper in te kunnen gaan op specifieke onderwerpen.

Een alternatieve methode is **verrijking**, waarbij hoogbegaafde leerlingen speciale programma's volgen en individuele activiteiten aangeboden krijgen om dieper in te kunnen gaan op specifieke onderwerpen. Bij verrijking verschilt het aangeboden materiaal niet alleen qua timing maar ook qua diepgang. Deze materialen zijn dus bedoeld om de hoogbegaafde leerling een intellectuele uitdaging te bieden en hun denken naar een hoger niveau te tillen (Rotigel, 2003; Worrell, Szarko & Gabelko, 2001).

Acceleratieprogramma's kunnen bijzonder effectief zijn. Uit de meeste onderzoeken blijkt dat hoogbegaafde leerlingen die aanzienlijk eerder met school beginnen dan hun leeftijdgenoten het net zo goed of beter doen dan kinderen die op de traditionele leeftijd beginnen. Leerlingen voltooien met succes hogeschoolvakken of gaan op jonge leeftijd naar een hogeschool of universiteit. Sommige kinderen studeren zelfs voor hun achttiende jaar af (Lubinski & Benbow, 2001, 2006; Webb, Lubinski & Benbow, 2002).

12.3 Onderwijs: lezen, schrijven en rekenen (en meer)

Sem schuift ongemakkelijk heen en weer op zijn stoel als de ogen van de andere kinderen in zijn leesgroep zich op hem richten. Lezen is hem nooit gemakkelijk afgegaan, en hij voelt zich altijd zenuwachtig als het zijn beurt is om een stukje hardop te lezen. Maar zijn leerkracht knikt hem nu bemoedigend toe, en hij steekt van wal. Eerst weifelend, maar langzaam maar zeker komt hij op gang met het verhaal over een moeder die voor het eerst op haar nieuwe werk verschijnt. Hij merkt dat hij de passage best vlot kan lezen en hij voelt zich ineens heel blij en trots. Als hij klaar is en de leerkracht zegt: 'Goed gedaan, Sem', verschijnt er een brede glimlach op zijn gezicht.

Kleine, zich steeds maar weer herhalende momenten als deze zijn bepalend voor de (positieve of negatieve) onderwijsbeleving van een kind. De schooltijd is een tijd waarin de maatschappij haar verzamelde kennis, opvattingen, waarden en wijsheid op een formele manier aan nieuwe generaties probeert door te geven.

12.3.1 Onderwijs wereldwijd: wie mag er naar school?

In de meeste ontwikkelde landen is basisonderwijs zowel een universeel recht als een wettelijke verplichting. Kinderen in minder ontwikkelde delen van de wereld zijn niet zo gelukkig. Meer dan 160 miljoen kinderen kunnen niet eens basisonderwijs volgen. Voor nog eens 100 miljoen kinderen stopt het onderwijs op een niveau dat vergelijkbaar is met het eind van onze basisschool, en bijna een miljard mensen (waarvan twee derde vrouw) blijven hun leven lang analfabeet (International Literacy Institute, 2001; zie figuur 12-5).

In bijna alle ontwikkelingslanden krijgen minder vrouwen dan mannen formeel onderwijs. Dat verschil is terug te vinden op elk onderwijsniveau. Zelfs in ontwikkelde landen hebben vrouwen een achterstand op het gebied van exacte en technische vakken. Deze verschillen zijn het gevolg van wijdverbreide en diepgewortelde culturele en ouderlijke vooroordelen over mannen en vrouwen. In westerse landen is er minder verschil tussen het opleidingsniveau van mannen en vrouwen.

12.3.2 Onderwijstrends: meer dan lezen, schrijven en rekenen

Zie MyLab voor de video: School en onderwijs in verschillende culturen

Vroeger zag het onderwijs er heel anders uit dan tegenwoordig. Veel scholen keren terug naar de basis (lezen, schrijven en rekenen) en stappen af van de denkbeelden uit de jaren zeventig en tachtig, toen de nadruk lag op de sociaal-emotionele ontwikkeling (Schemo, 2003; Yinger, 2004).

Daarnaast leggen de hedendaagse basisscholen veel nadruk op de individuele verantwoordelijkheid van zowel leerkrachten als leerlingen. Leerkrachten worden sterker verantwoordelijk gehouden voor de prestaties van hun leerlingen en zowel leerlingen als leerkrachten worden vaker getoetst om hun competentieniveau vast te stellen. De druk op leerlingen om te slagen, is de afgelopen jaren enorm toegenomen (McDonnell, 2004).

Naarmate de samenstelling van de bevolking diverser wordt, besteden lagere scholen steeds meer aandacht aan problemen rond de diversiteit van de leerlingen en aan multiculturele kwesties. En daar is alle reden toe: culturele verschillen en taalverschillen hebben zowel sociale als educatieve gevolgen voor de leerlingen. De demografische samenstelling van scholen ondergaat momenteel ingrijpende wijzigingen. Op dit moment is zo'n twintig procent van de inwoners van de grote steden van allochtone afkomst. In 2050 zal waarschijnlijk bijna dertig procent van de totale bevolking van Nederland allochtoon zijn (Centraal Bureau voor de Statistiek; zie figuur 12-6). Daarom worden multiculturele kwesties in het onderwijs steeds serieuzer genomen (Brock et al., 2007; U.S. Bureau of the Census, 2008).

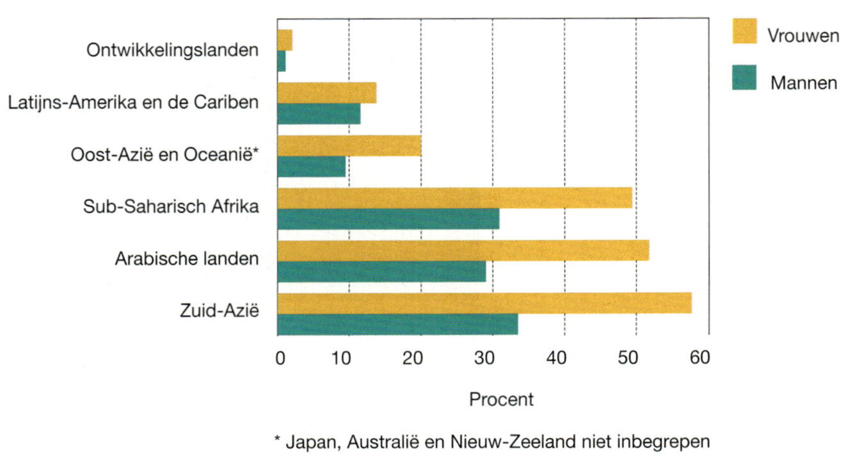

FIGUUR 12-5 Analfabetisme bij vrouwen en mannen

Analfabetisme blijft wereldwijd een groot probleem, vooral voor vrouwen. Over de hele wereld blijven bijna een miljard mensen hun hele leven analfabeet.

Bron: UNESCO, 2006

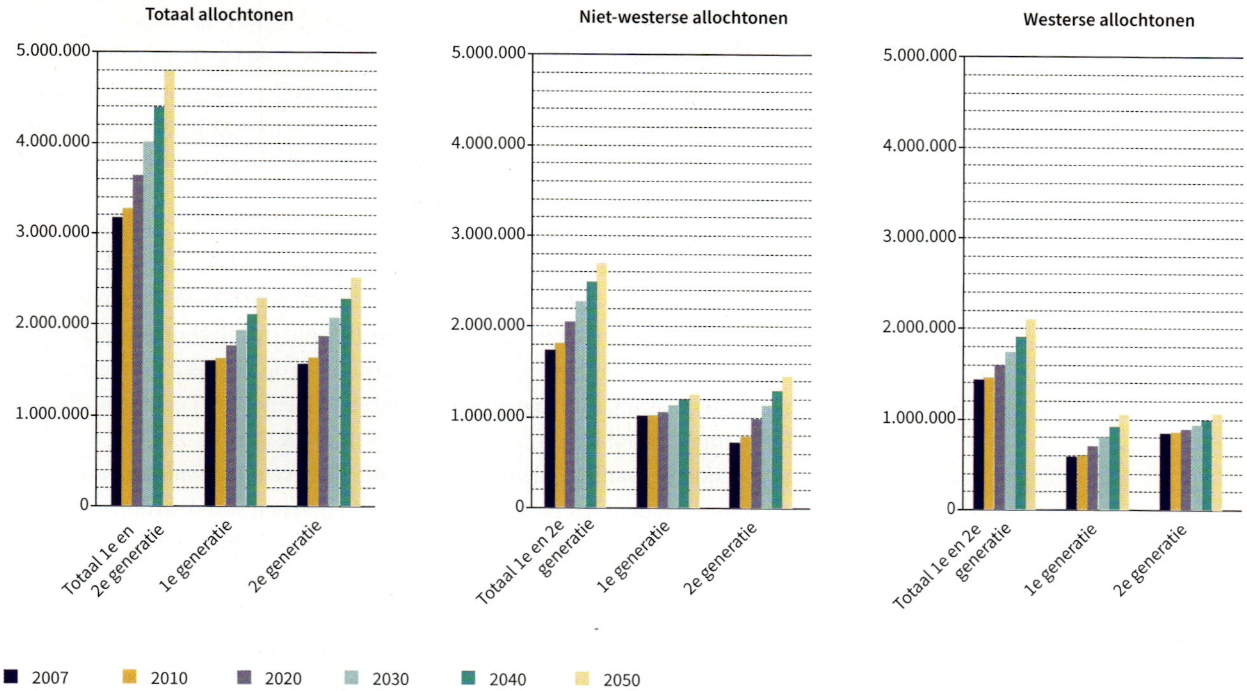

FIGUUR 12-6 **Het veranderende gezicht van Nederland**

Uit recente voorspellingen over de bevolkingssamenstelling van Nederland blijkt dat het aandeel autochtonen tot aan het jaar 2050 steeds verder zal afnemen en dat het aandeel bestaande uit minderheidsgroepen zal toenemen.

Bron: CBS, 2008

Helaas is het zo dat afkomst en taal sterk bepalende indicatoren zijn voor succes op school. In een gezamenlijke studie van de universiteiten van Hasselt en Antwerpen wordt gesproken over het janusgezicht van onderwijs. Hiermee bedoelt men waarschijnlijk dat er dan wel veel inspanningen gedaan mogen worden ter verbetering van het onderwijs voor allochtonen, maar dat het (Vlaamse) onderwijs nog altijd wordt gekenmerkt door een tweedeling. Enerzijds levert een grote groep (voornamelijk autochtone) leerlingen erg goede schoolprestaties, anderzijds laat een andere groep (voornamelijk allochtone leerlingen en autochtone leerlingen afkomstig uit de lagere sociaaleconomische milieus) systematisch zwakkere schoolprestaties zien (Levrau, 2009).

Inclusie

Nederland en zeker Vlaanderen hebben een sterk uitgebouwd buitengewoon onderwijs, waar men gespecialiseerd onderwijs biedt aan kinderen met specifieke leerproblemen. Maar men vindt meer en meer dat het antwoord op de noden van leerlingen met specifieke onderwijsbehoeften in de eerste plaats geboden moet worden in het reguliere onderwijs. Deze overtuiging is vooral sinds de ondertekening van het VN-verdrag inzake de rechten van personen met een handicap (www.gripvzw.be) steeds sterker geworden. Steeds meer mensen zijn ervan overtuigd dat elke gewone school een doordacht zorgbeleid moet hebben (een zorgcontinuüm) en dat scholen moeten zoeken naar redelijke aanpassingen. Mocht dat niet afdoende zijn, dan kan het kind altijd nog naar het buitengewoon onderwijs.

Vlaanderen heeft in 2014 over het M-decreet gestemd (www.ond.vlaanderen.be). Dit decreet, dat sinds 1 september 2015 van kracht is, is in de eerste plaats bedoeld om de zorgbreedte van het gewone onderwijs groter te maken. De toegang tot het buitengewoon onderwijs wordt daarmee veel moeilijker. Meestal zal men moeten aantonen dat de ondersteuningsmaatregelen in het gewone onderwijs onvoldoende resultaat hebben opgeleverd. Waarschijnlijk zal dit op termijn tot een betekenisvolle afbouw van het buitengewoon onderwijs leiden.

In Nederland zien we een vergelijkbare trend. Het *passend onderwijs* (www.rijksoverheid.nl/onderwerpen/passend-onderwijs) gaat uit van het principe dat de mogelijkheden en de onderwijsbehoefte van het kind bepalend zijn, niet de beperkingen. Sinds augustus 2015 heeft het reguliere onderwijs in Nederland een zorgplicht. Dit betekent dat scholen in principe elk kind uit de buurt onderwijs moeten bieden.

Moeten scholen kinderen ook emotionele intelligentie bijbrengen?

Emotionele intelligentie: de vaardigheden die ten grondslag liggen aan het op de juiste manier inschatten, evalueren, uitdrukken en reguleren van emoties.

Een andere onderwijstrend is het gebruik van technieken om de emotionele intelligentie van leerlingen te vergroten. **Emotionele intelligentie** bestaat uit de vaardigheden die ten grondslag liggen aan het op de juiste manier inschatten, evalueren, uitdrukken en reguleren van emoties (Fogerty & Kleidon, 2008; Hastings, 2004; Mayer, 2001; Mayer, Salovey & Caruso, 2000).

De psycholoog Daniel Goleman (2005), die de bestseller *Emotionele intelligentie* schreef, meent dat emotionele vaardigheden een standaardonderdeel moeten worden van het onderwijsprogramma. Hij beschrijft verschillende programma's waarmee leerlingen effectiever leren omgaan met hun emoties. In één programma krijgen kinderen bijvoorbeeld les in empathie, zelfbewustzijn en sociale vaardigheden. In een ander programma wordt kinderen al vanaf groep 3 door middel van verhalen besef van zorgzaamheid en vriendschap bijgebracht (Fasano & Pellitteri, 2006), zoals bij de zogenaamde Kanjertrainingen.

Niet iedereen staat positief tegenover programma's die bedoeld zijn om de emotionele intelligentie van kinderen te verhogen. Volgens critici kan het ontwikkelen van emotionele intelligentie het best worden overgelaten aan het gezin en moeten scholen zich op de traditionelere vakken concentreren. Anderen menen dat de aandacht voor emotionele intelligentie op school ten koste gaat van andere vakken, omdat het lesprogramma toch al zo vol zit. Tot slot zijn er ook mensen die vinden dat er geen duidelijk gespecificeerde criteria bestaan voor wat emotionele intelligentie precies is, waardoor het moeilijk is om geschikt en effectief lesmateriaal te ontwikkelen (Roberts, Zeidner & Matthews, 2001).

Toch vinden de meeste mensen het de moeite waard om de emotionele intelligentie van kinderen te stimuleren. Emotionele intelligentie verschilt duidelijk van de traditionele vormen van intelligentie, die we in het volgende deel van dit hoofdstuk zullen behandelen. Door het trainen van emotionele intelligentie tracht men mensen te ontwikkelen die niet alleen cognitieve vaardigheden hebben, maar ook vaardigheden die hen in staat stellen om hun emoties effectief te reguleren (Brackett & Katulak, 2007; Malik & Shujja, 2013; Ulutas & Ömeroglu, 2007).

12.3.3 Schoolrijpheid: wanneer is een kind klaar voor school?

Veel ouders van vroege leerlingen vinden het lastig om te bepalen of hun kind al klaar is voor school. Een van de kernvragen is of een kind aan lezen toe is, een fundament voor succes op school. De verwachtingen van leraren zijn van grote invloed op de schoolprestaties van hun leerlingen.

Hebben kinderen die jonger zijn dan de meeste andere kinderen in hun klas het zwaarder vanwege het leeftijdsverschil? Bij het beantwoorden van deze vraag moet men beseffen dat het onderwijs in lezen en schrijven meestal begint in de maand september van het jaar dat het kind zes wordt. Dat betekent dat er tussen verschillende leerlingen in een klas een leeftijdsverschil van één jaar min één dag kan zitten. Uiteraard is er een verband met het ontwikkelingsniveau van het kind. Uit onderzoek blijkt dat kinderen die in de herfst zijn geboren meer kans hebben om het basisonderwijs met één jaar achterstand te beëindigen (Lowette, 2002). Uit dezelfde studie blijkt ook dat de slagingskans voor bijvoorbeeld het toegangsexamen tot de opleiding burgerlijk ingenieur aan de KU Leuven gerelateerd is aan de geboortemaand. Een andere leuke anekdote is dat de leden van de nationale voetbalploeg van België bij het WK 2014 allemaal geboren waren in de eerste helft van het jaar.

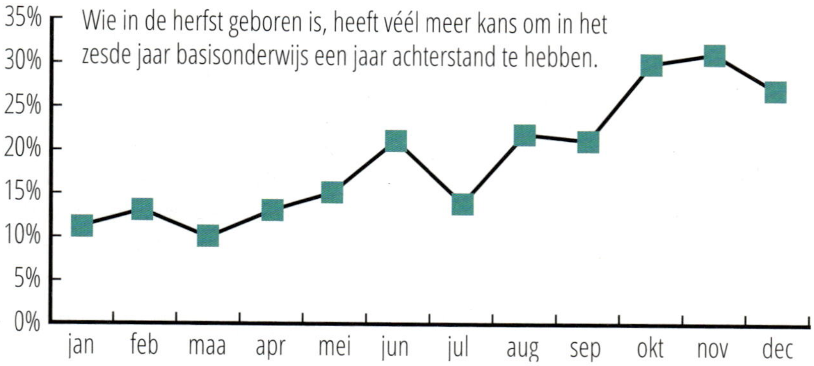

FIGUUR 12-7 Koude resultaten voor winterkinderen

Bron: http://www.klasse.be/archief/koude-resultaten-voor-winterkinderen/

De vraag blijft natuurlijk wat je als ouders het best kunt doen als wordt vastgesteld dat je kind nog niet 'rijp' genoeg is om over te gaan naar de basisschool. Doorkleuteren of beginnen met de basisschool: beide mogelijkheden hebben belangrijke consequenties (Vandecandelaere, Schmitt, Vanlaar, De Fraine & Van Damme, 2014). Op korte termijn wordt gepleit voor extra (psychosociale) ondersteuning van risicokinderen die overgaan. Op lange termijn wil men structuren, regels en waarden in het onderwijssysteem onderzoeken, om los te komen van het rigide jaarklassensysteem.

Kinderen langer op de kleuterschool houden, levert niet noodzakelijkerwijs voordelen op. De start van de formele schoolopleiding kan beter worden gekoppeld aan het ontwikkelingsniveau van het kind. Hoe het kind het uiteindelijk doet op school is afhankelijk van een complexe combinatie van factoren. Een van die factoren is de steun die het kind op school en van zijn omgeving krijgt (zie het kader *Ontwikkelingspsychologie in het dagelijks leven*).

ONTWIKKELINGSPSYCHOLOGIE IN HET DAGELIJKS LEVEN

Een omgeving creëren die bijdraagt aan succes op school

Wat zorgt ervoor dat kinderen het goed doen op school? Hoewel er veel factoren zijn die hieraan bijdragen (een aantal hiervan bespreken we in het volgende hoofdstuk), zijn er een paar praktische stappen die genomen kunnen worden om kinderen zo veel mogelijk te stimuleren:

- *Creëer een 'geletterde' omgeving*. Ouders zouden hun kinderen moeten voorlezen en hen bekend moeten maken met boeken en lezen. Volwassenen kunnen dienen als leesmodellen. Zo zien kinderen dat lezen een belangrijke activiteit is in het leven van de volwassenen met wie ze omgaan.
- *Praat met kinderen*. Praat over dingen die in het nieuws gebeuren, over hun vriendjes en vriendinnetjes, over hobby's. Kinderen laten nadenken over de wereld om hen heen en daarover praten is een van de beste voorbereidingen op school.
- *Bied kinderen een plek om te spelen*. Dit kan bijvoorbeeld een bureautje zijn, of een kamer.
- *Moedig probleemoplossende vaardigheden aan*. Om een probleem op te kunnen lossen, moeten kinderen verschillende dingen kunnen: hun doel bepalen, een strategie ontwerpen, die strategie uitvoeren en het resultaat evalueren.

12.3.4 Lezen: het leren ontcijferen van de betekenis van woorden

Om te kunnen lezen moet een kind een groot aantal vaardigheden bezitten, van eenvoudige cognitieve vaardigheden (afzonderlijke letters identificeren en letters met geluiden associëren) tot complexere vaardigheden (geschreven woorden koppelen aan betekenissen die in het langetermijngeheugen zijn opgeslagen, en context en achtergrondkennis gebruiken om de betekenis van een zin vast te stellen).

Leesstadia

De ontwikkeling van de leesvaardigheid voltrekt zich meestal in verschillende globale, elkaar vaak overlappende stadia (Chall, 1992; zie tabel 12-3). In *stadium 0*, dat duurt van de geboorte tot aan het begin van groep 3, leren kinderen essentiële vaardigheden die lezen mogelijk maken, zoals de letters van het alfabet herkennen en soms hun naam schrijven en een paar heel bekende woorden lezen (zoals hun eigen naam of 'stop' op een stopbord).

In *stadium 1* vindt het eerste echte lezen plaats, maar dat is vooral een kwestie van *fonologisch bewustzijn*. In dit stadium, dat zich meestal voltrekt in groep 3 en 4, kunnen kinderen woorden uitspreken door de letters samen te laten smelten. Ook leren zij de namen van letters en de geluiden die erbij horen.

In *stadium 2*, meestal in groep 4 en 5, leren kinderen vloeiend hardop lezen. Ze verbinden echter nog weinig betekenis aan de woorden, omdat ze zo veel moeite moeten doen om de woorden uit te spreken dat er relatief weinig cognitieve middelen overblijven om de betekenis van de woorden te verwerken.

Stadium 3 begint doorgaans in groep 6 en loopt tot een jaar of veertien. Lezen wordt nu een middel om een doel te bereiken, en dan vooral om te leren. In de eerdere stadia was lezen een prestatie op zich, maar nu gebruiken kinderen hun leesvaardigheid om dingen te weten te komen over de wereld. Ze begrijpen echter nog niet alles wat ze lezen. Een van de beperkingen die kinderen in dit stadium hebben, is dat ze informatie alleen kunnen begrijpen als het vanuit één perspectief wordt gepresenteerd.

In de laatste periode, *stadium 4*, kunnen kinderen informatie lezen en verwerken die vanuit verschillende perspectieven is geschreven. Dit vermogen, dat zich rond het veertiende jaar begint te manifesteren, stelt kinderen in staat om geschreven materiaal veel beter te begrijpen. Dit verklaart waarom kinderen niet eerder op school beginnen met het lezen van grote literaire werken. Het is niet zozeer dat zij niet het vocabulaire bezitten om zulke boeken te kunnen begrijpen, hoewel dat ook meespeelt. Belangrijker is dat ze het vermogen missen om de verschillende perspectieven te begrijpen van waaruit complexe literatuur is geschreven.

TABEL 12-3 **De ontwikkeling van de leesvaardigheid**

STADIUM	LEEFTIJD	BELANGRIJKSTE KENMERKEN
Stadium 0	Geboorte tot begin groep 3*	Leert klanken en woorden en de essentiële vaardigheden voor lezen, zoals het herkennen van de letters
Stadium 1	Groep 3 en 4	Ontwikkelt fonologisch bewustzijn; begint met lezen
Stadium 2	Groep 4 en 5	Leest vloeiend hardop, maar zonder echt te begrijpen wat het leest
Stadium 3	Groep 5 tot ca. 14 jaar	Gebruikt lezen als middel om te leren
Stadium 4	14 jaar en ouder	Begrijpt dat wat het leest vanuit verschillende perspectieven kan zijn geschreven

* Groep 3 in Nederland is het eerste studiejaar in Vlaanderen

Bron: naar Chall, 1992

De ontwikkeling van de leesvaardigheid voltrekt zich meestal in verschillende globale, elkaar vaak overlappende stadia.

Bron: Suzie Williams/Pearson Education Ltd. (Pearson Asset Library)

Leesmethoden

Onderwijsdeskundigen verschillen al jaren van mening over de meest effectieve manier om kinderen te leren lezen. Zij zijn het met name oneens over de aard van de mechanismen waarmee informatie tijdens het lezen wordt verwerkt. Volgens voorstanders van de zogenaamde *structuurmethoden* kan men kinderen het best leren lezen door ze de fundamentele onderliggende vaardigheden te presenteren. Bij de structuurmethoden ligt de nadruk op de componenten van het lezen, zoals de klanken van letters en hun combinaties en de manier waarop letters en geluiden tot woorden worden gecombineerd. Lezen zou een kwestie zijn van het verwerken van de individuele componenten van woorden, het combineren van woorden en het gebruiken van die woorden om de betekenis van geschreven zinnen en passages te achterhalen (Gray et al., 2007; Hagan-Burke et al., 2013; Rego, 2006). 'Veilig leren lezen' is een voorbeeld van een structuurmethode. Deze methodiek wordt waarschijnlijk het vaakst gebruikt in Nederland en Vlaanderen (www.veiliglerenlezen.nl en www.veiliglerenlezen.be).

Andere onderwijsdeskundigen menen echter dat een kind het best leert lezen met behulp van een *globaalmethode*. Hierbij wordt lezen beschouwd als een natuurlijk proces dat te vergelijken is met de verwerving van mondelinge taal. Daarom zouden kinderen het best leren lezen door blootstelling aan het totaal: zinnen, verhalen, gedichten, lijsten, grafieken et cetera. Kinderen leren niet zorgvuldig alle woorden spellen, maar worden gestimuleerd om te gissen naar de betekenis van woorden op basis van de totale context waarin ze voorkomen. Via deze trial-and-errormethode leren ze hele zinnen en frasen tegelijk, waardoor ze langzaam maar zeker goed gaan lezen (Donat, 2006; Shaw, 2003; Sousa, 2005).

12.3.5 Het Pygmalion-effect: de invloed van verwachtingen

Stel dat je lesgeeft op een basisschool en dat je te horen krijgt dat van bepaalde kinderen in je klas wordt verwacht dat ze het komende jaar grote intellectuele prestaties zullen leveren. Zou je ze dan anders behandelen dan de kinderen van wie dat niet wordt gezegd?

Volgens de resultaten van een klassiek maar controversieel onderzoek zou dat waarschijnlijk inderdaad het geval zijn. Leerkrachten behandelen kinderen van wie ze verwachten dat ze beter zullen presteren anders dan kinderen van wie ze dat niet verwachten (Rosenthal & Jacobson, 1968). In het experiment werd leerkrachten van basisscholen aan het begin van een nieuw schooljaar verteld dat er op basis van testresultaten verwacht werd dat vijf kinderen in hun klas het komende jaar waarschijnlijk grote intellectuele prestaties zouden leveren. In werkelijkheid was dat echter niet het geval. De namen van deze vijf kinderen waren willekeurig gekozen, maar de leerkrachten wisten dat niet. Aan het eind van het jaar deden de kinderen een intelligentietest die identiek was aan de test van het jaar ervoor. Uit de resultaten bleek dat er duidelijke verschillen bestonden tussen de intellectuele groei van de kinderen van wie verwacht werd dat ze buitengewoon goed zouden presteren en die van hun klasgenootjes. De kinderen die willekeurig waren aangewezen, waren inderdaad sterker vooruitgegaan dan andere kinderen.

Toen de bevindingen van het experiment, dat *Pygmalion in the Classroom* heette, werden gepubliceerd, veroorzaakten ze direct commotie onder leerkrachten – en onder het grote publiek. Als het koesteren van hoge verwachtingen al genoeg is om betere prestaties te bewerkstelligen, zouden lage verwachtingen dan niet tot slechtere prestaties leiden? En aangezien leerkrachten soms lage verwachtingen hebben van kinderen uit lagere sociaaleconomische milieus en van kinderen uit minderheidsgroepen, betekende dit dan dat kinderen met zo'n achtergrond voorbestemd waren om slechte schoolprestaties te leveren?

Hoewel er om methodologische en statistische redenen kritiek was op het oorspronkelijke experiment (Wineburg, 1987), is er sindsdien genoeg nieuw bewijsmateriaal vergaard voor de veronderstelling dat de verwachtingen van leerkrachten daadwerkelijk tot de verwachte prestaties kunnen leiden. Dit verschijnsel wordt het **Pygmalion-effect** genoemd: de cyclus van gedrag waarbij een onderwijzer een verwachting ten aanzien van een bepaald kind kenbaar maakt en daarmee het verwachte gedrag daadwerkelijk tot stand brengt (Anderson-Clark, Green & Henley, 2008; Rosenthal, 2002; Rubie-Davies, 2007; Sciarra & Ambrosino, 2011; zie figuur 12-8).

Pygmalion-effect: het verschijnsel waarbij de verwachtingen van ouders en leerkrachten ten aanzien van een kind ertoe leiden dat het kind het verwachte gedrag daadwerkelijk gaat vertonen.

Het Pygmalion-effect is in feite onderdeel van een breder verschijnsel dat bekend staat als de *selffulfilling prophecy*, waarbij iemands verwachtingen een bepaald resultaat kunnen opleveren. Artsen weten bijvoorbeeld al heel lang dat patiënten soms 'genezen' dankzij placebo's (pillen zonder actieve ingrediënten), omdat die patiënten eenvoudigweg verwachten dat het medicijn werkt.

De verklaring voor het Pygmalion-effect lijkt te zijn dat leerkrachten in eerste instantie een verwachtingspatroon vormen over de vermogens van een kind, vaak ten onrechte gebaseerd op factoren als eerdere schoolprestaties, fysieke verschijning, gender of zelfs etniciteit. Die verwachtingen projecteren ze via een complexe reeks verbale en non-verbale signalen op het kind. Deze gecommuniceerde verwachtingen maken het kind vervolgens duidelijk welk gedrag er van hem verwacht wordt, waarna het zich ook op die manier gaat gedragen (Carpenter, Flowers & Mertens, 2004; Gewertz, 2005; McKown & Weinstein, 2008; Trouilloud et al., 2006; zie figuur 12-8).

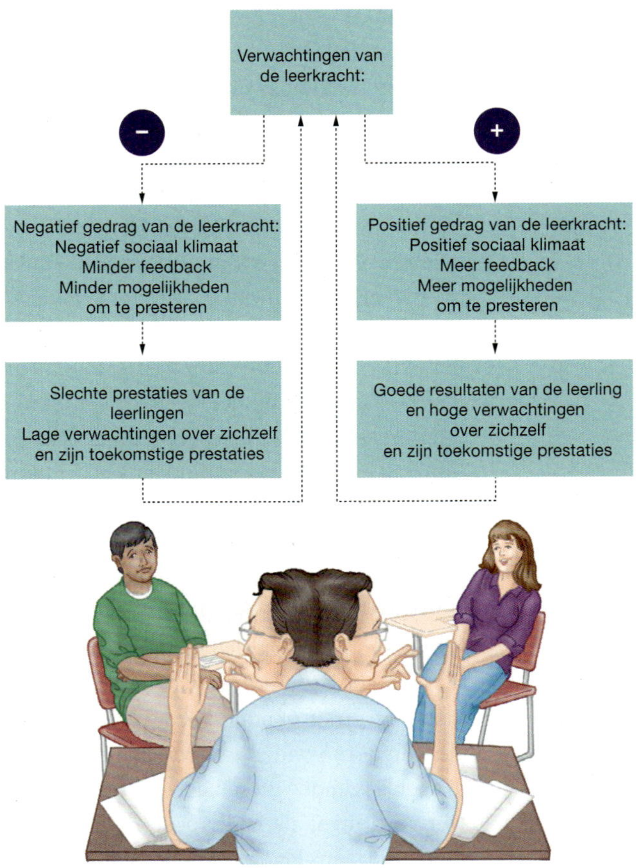

FIGUUR 12-8 Verwachtingen van leerkrachten en prestaties van leerlingen

De positieve en negatieve verwachtingen van leerkrachten over hun leerlingen kunnen daadwerkelijk positieve of negatieve resultaten bij hun leerlingen opleveren.

Multicultureel onderwijs

De laatste decennia worden de klassen bevolkt door kinderen met een breed scala aan achtergronden en ervaringen. De beroemde antropologe Margaret Mead zei ooit: ‘In de breedste zin van het woord is onderwijs het culturele proces, de manier waarop elke nieuwe menselijke baby, die geboren wordt met een groter leerpotentieel dan alle andere zoogdieren, getransformeerd wordt tot een volwaardig lid van een specifieke menselijke samenleving die hij deelt met de andere leden van een specifieke menselijke cultuur’ (1942, p. 633).

Cultuur kan dus worden gezien als een reeks gedragspatronen, opvattingen, waarden en verwachtingen van leden van een bepaalde samenleving. Maar hoewel het begrip ‘cultuur’ vaak in een relatief brede context wordt gebruikt (zoals in ‘de westerse cultuur’ of ‘de Aziatische cultuur’), is het ook mogelijk om te focussen op specifieke subculturele groepen binnen een grotere, veelomvattender cultuur. Zo zijn er bepaalde etnische, religieuze en sociaaleconomische groepen, en zelfs gendergroepen, die de eigenschappen van een subcultuur vertonen.

Leerlingen en leerkrachten die in een cultureel diverse groep functioneren, leren de wereld beter begrijpen en houden meer rekening met de waarden en behoeften van anderen.

Culturele assimilatie of pluralistische samenleving?

Multicultureel onderwijs heeft zich gedeeltelijk ontwikkeld als reactie op het **assimilatiemodel**, dat zich onder andere richtte op het belang van Nederlandse taalvaardigheid voor de adaptatie van leerlingen uit immigrantengezinnen. In praktische zin betekende dit bijvoorbeeld dat niet-Nederlandssprekende leerlingen ontmoedigd werden om hun moedertaal te spreken en alleen maar werden blootgesteld aan het Nederlands.

Aan het begin van de jaren zeventig begonnen er onder onderwijsdeskundigen en leden van minderheidsgroepen stemmen op te gaan dat het assimilatiemodel vervangen moest worden door een **pluralistisch model**. Dit model gaat ervan uit dat de samenleving bestaat uit diverse gelijkwaardige culturele groepen die hun individuele culturele kenmerken moeten behouden.

Omdat in het onderwijsmateriaal onvermijdelijk cultuurspecifieke gebeurtenissen en inzichten verwerkt zijn, zouden kinderen die geen toegang hebben tot hun eigen culturele materiaal bovendien nooit in contact komen met belangrijke aspecten van hun achtergrond. In Nederlandstalige teksten wordt bijvoorbeeld vrijwel nooit gerept over bepaalde grote thema’s in de Marokkaanse literatuur en geschiedenis. Daardoor komen Marokkaanse leerlingen misschien nooit in aanraking met belangrijke componenten van hun eigen geschiedenis.

Uiteindelijk meenden onderwijsdeskundigen dat de aanwezigheid van leerlingen uit verschillende culturen het onderwijs voor alle leerlingen verrijkte en verbreedde. Leerlingen en leerkrachten die worden blootgesteld aan mensen met verschillende achtergronden zouden de wereld beter begrijpen en meer rekening houden met de waarden en behoeften van anderen (Levin et al., 2012; Thijs & Verkuyten, 2013; Zirkel & Cantor, 2004).

De biculturele identiteit en multicultureel onderwijs

Het pluralistische samenlevingsmodel heeft een belangrijke implicatie voor de educatie van kinderen uit minderheidsgroepen: zij zouden gestimuleerd moeten worden om een **biculturele identiteit** te ontwikkelen. Het zou het best zijn om kinderen te helpen hun oorspronkelijke culturele identiteit te behouden op het moment dat ze in de dominante cultuur proberen te integreren. Volgens deze zienswijze kan een individu lid zijn van twee verschillende culturen en dus twee culturele identiteiten hebben zonder dat het een keuze hoeft te maken (Collins, 2012; Lu, 2001; Marks, Patton & Coll, 2011; Oyserman et al., 2003; Vyas, 2004).

Hoewel veel onderwijsdeskundigen voorstander zijn van biculturele methoden, is het grote publiek het niet altijd met hen eens. Een deel van de samenleving pleit voor uitsluitend

Nederlandstalig onderwijs. Het is dan ook de vraag of biculturele denkbeelden stand kunnen blijven houden (Waldman, 2010). In een studie van het nationaal expertisecentrum leerplanontwikkeling (Berlet et al., 2008) stelt men dat in de voorbije jaren de specifieke aandacht voor minderheden als doelgroep in het onderwijsbeleid is verdwenen. In het onderwijskansenbeleid is de etnische achtergrond van een leerling niet langer doorslaggevend, maar wordt het opleidingsniveau van de ouders als criterium gehanteerd. Waar er in het verleden ruimte was voor de ontwikkeling van onderwijs in de eigen taal, ligt het accent nu op taalvaardigheid in het Nederlands. In dezelfde studie stelt men uitdrukkelijk dat contact met andere culturen bevorderend kan werken.

Multicultureel onderwijs: vorm van onderwijs waarbij het doel is om leerlingen uit minderheidsgroepen te helpen competenties te ontwikkelen in de cultuur van de meerderheidsgroep, en waarbij er tegelijkertijd voor wordt gezorgd dat deze leerlingen een positieve groepsidentiteit behouden die gebaseerd is op hun oorspronkelijke cultuur.

Assimilatiemodel: de opvatting dat alle nieuwkomers in een land zich volledig moeten aanpassen aan de cultuur van het gastland.

Pluralistisch model: de opvatting dat de samenleving bestaat uit diverse gelijkwaardige culturele groepen die hun individuele culturele kenmerken moeten behouden.

Biculturele identiteit: integratie in de dominante cultuur met behoud van de oorspronkelijke culturele identiteit.

TERUGBLIK

▷ 12.1 De intellectuele en taalkundige ontwikkeling

- Volgens Piaget betreden kinderen in de schooltijd de concreet-operationele periode en zijn ze voor het eerst in staat om logische gedachteprocessen te gebruiken bij het oplossen van concrete problemen. Aan het begin van de kindertijd, voordat kinderen definitief overgaan naar het concreet-operationele stadium, schakelen ze heen en weer tussen preoperationeel en concreet-operationeel denken.
- Hoewel Piaget een virtuoos kinderobservator was en zijn theorieën breed zijn toegepast, was hij geneigd de vermogens van kinderen te onderschatten en schatte hij de leeftijd waarop hun cognitieve vermogens ontstaan verkeerd in.
- Piagets perioden van cognitieve ontwikkeling kunnen minder universeel en meer cultuurspecifiek zijn dan verwacht. Wanneer niet-westerse kinderen taken krijgen die verband houden met belangrijke domeinen in hun cultuur, en door onderzoekers worden geïnterviewd die vertrouwd zijn met de taal en gebruiken van hun cultuur, zijn ze echter eerder geneigd om concreet-operationeel denken te vertonen.
- Volgens de informatieverwerkingstheorie leren kinderen steeds beter omgaan met informatie. Deze intellectuele ontwikkeling is het resultaat van een aanzienlijke toename van de geheugencapaciteit en van het feit dat kinderen steeds complexere 'programma's' kunnen hanteren.
- Schoolgaande kinderen passen bewust geheugenstrategieën toe om hun cognitieve verwerking te verbeteren, zoals herhaling, het rangschikken van materialen in samenhangende patronen en het gebruik van ezelsbruggetjes. Kinderen kunnen leren wanneer zij de verschillende geheugenstrategieën het best kunnen gebruiken.
- Volgens Vygotsky zou onderwijs zich met name moeten richten op activiteiten waarbij interactie met anderen komt kijken. Zowel interacties tussen kinderen en volwassenen als die tussen kinderen onderling kunnen leiden tot cognitieve groei. In het onderwijs voor kinderen met bijzondere ondersteuningsbehoeften is een nauwkeurige bepaling van de zone van naaste ontwikkeling (ZPD) van groot belang.
- In de schooltijd ontwikkelt het taalvermogen van kinderen zich zeer snel. Er treden verbeteringen op in hun vocabulaire, hun syntaxis en hun pragmatiek.
- Kinderen leren hun gedrag beheersen door middel van taalkundige strategieën. Ze gaan effectiever leren doordat ze verklaringen voor dingen zoeken als ze die nodig hebben.
- Tweetaligheid bij kinderen heeft cognitieve voordelen. Bij het beoordelen van een situatie kan een tweetalig kind uit een breder scala aan linguïstische mogelijkheden kiezen.
- Tweetaligheid kan ook het onderwijs ten goede komen, aangezien veel taalkundigen beweren dat er aan taalverwerving universele processen ten grondslag liggen.

▷ 12.2 Intelligentie: het bepalen van individuele sterke punten

- Intelligentietests richten zich van oudsher op factoren die succesvolle leerlingen van niet-succesvolle leerlingen onderscheiden. Het intelligentiequotiënt of IQ geeft de verhouding weer tussen iemands mentale leeftijd en zijn kalenderleeftijd. Andere benaderingen van intelligentie zijn gebaseerd op verschillende typen intelligentie of op verschillende elementen van informatieverwerking.

- De vraag welke invloed culturele achtergrond en ervaring hebben op de uitslagen van IQ-tests heeft onder onderzoekers tot onenigheid geleid. Veel onderwijsdeskundigen vinden dat traditionele intelligentiemetingen op een subtiele manier blanke leerlingen uit de hogere klasse en middenklasse bevoordelen en groepen met andere culturele ervaringen benadelen.
- De intelligentietests die tegenwoordig het vaakst worden gebruikt in schoolsituaties zijn allemaal gebaseerd op hetzelfde onderliggende uitgangspunt: intelligentie bestaat uit één enkele capaciteitsfactor. Veel theoretici bestrijden echter het idee dat intelligentie eendimensionaal is. Onderzoek wijst uit dat kinderen die boven of onder de norm zitten, baat hebben bij speciale onderwijsprogramma's.

▷ 12.3 Onderwijs: lezen, schrijven en rekenen (en meer)

- Onderwijs is in de meeste ontwikkelde landen voor bijna alle kinderen toegankelijk. In minder ontwikkelde landen is dit veel minder vanzelfsprekend. Dat geldt vooral voor meisjes.
- Emotionele intelligentie is een verzamelnaam voor de vaardigheden die ten grondslag liggen aan het op de juiste manier inschatten, evalueren, uitdrukken en reguleren van emoties.
- De ontwikkeling van de leesvaardigheid, die van fundamenteel belang is voor de schoolcarrière van kinderen, voltrekt zich doorgaans in verschillende stadia. Uit onderzoek blijkt dat structuurmethoden effectiever zijn dan globaalmethoden.
- De verwachtingen van anderen, met name van onderwijzers, kunnen resultaten opleveren die overeenkomen met die verwachtingen. Leerlingen passen hun gedrag hier namelijk op aan. Dit wordt ook wel het Pygmalion-effect genoemd.
- Multiculturalisme en diversiteit zijn belangrijke actuele thema's in het onderwijs. Het assimilatiemodel, waarin minderheidsculturen opgingen in de meerderheidscultuur, wordt vervangen door het pluralistische model, waarin individuele culturen hun eigen identiteit behouden terwijl ze tegelijkertijd hun steentje bijdragen aan de vorming van een bredere cultuur.

BELANGRIJKE TERMEN EN BEGRIPPEN

Acceleratie
Assimilatiemodel
Biculturele identiteit
Concreet-operationeel stadium
Decentreren
Emotionele intelligentie
Herinnering
Hoogbegaafd kind
Intelligentie
Intelligentiequotiënt
Kalenderleeftijd
Kaufman Assessment Battery for Children (KABC-II)
Mentale leeftijd
Metalinguïstisch bewustzijn
Mindmap
Multicultureel onderwijs
Pluralistisch model
Pygmalion-effect
Reversibiliteit
Triarchische theorie van intelligentie
Tweetaligheid
Verrijking
Verstandelijke beperking
Wechsler-intelligentietest voor kinderen (WISC-IV)
Wechsler-intelligentietest voor volwassenen (WAIS-III)

Bron: pressmaster/Fotolia

HOOFDSTUK 13 DE SOCIALE ONTWIKKELING EN DE PERSOONLIJKHEIDSONTWIKKELING IN DE SCHOOLTIJD

HOOFDSTUK 13 IN VOGELVLUCHT

PROLOOG: Nieuw in de stad

Toen het gezin van de negenjarige Thieu van het noorden van Limburg naar Leuven verhuisde, zodat zijn vader minder lang hoefde te pendelen, was Thieu zowel opgewonden als angstig. In zijn geboorteplaats was hij een rustige en bescheiden leerling uit het vierde studiejaar, met een kleine vriendenkring. Hoe zou hij zich op een nieuwe school en in een nieuwe klas aanpassen?

Niet zo goed, zo bleek. Hij vond het lastig om met nieuwe kinderen kennis te maken. Zijn verlegen houding zat hem altijd in de weg. In plaats van bij de lunch bij andere kinderen te gaan zitten, zat Thieu in zijn eentje een boek te lezen. ‘Ze kenden elkaar allemaal al’, klaagde hij. ‘Ik paste er gewoon niet bij.’

Het Limburgse accent van Thieu en zijn kleine en tengere gestalte hielpen ook al niet mee. Het duurde niet lang voordat klasgenoten zijn manier van spreken gingen imiteren. Ook lieten ze hem in de gang struikelen en gooiden ze stenen naar hem als hij van school naar huis liep. De leraren interesseerde het niet, of waarschijnlijk merkten ze het niet op. Het pesten gebeurde namelijk zelden voor hun ogen. De grootste angst van Thieu was dat zijn ouders het zouden merken. Hij wilde hun niet laten weten dat hij een slachtoffer was geworden.

Bron: Losevsky Pavel/Alamy

Op www.pearsonmylab.nl vind je vragen bij deze proloog ter verwerking van de stof uit dit hoofdstuk.

Vooruitblik

Deze ervaring van Thieu is niet ongewoon. Als kinderen naar school gaan, ondergaan de manieren waarop ze met anderen omgaan en over zichzelf denken aanzienlijke transformaties. Ook beginnen ze steeds meer waarde te hechten aan nieuwe contexten buiten het eigen gezin. Soms verlopen deze transformaties tamelijk soepel. Maar zoals dit verhaal aantoont, kunnen kinderen en hun ouders ook voor onverwachte problemen komen te staan.

In dit hoofdstuk richten we ons op de sociale ontwikkeling en de persoonlijkheidsontwikkeling tijdens de schooltijd. We kijken allereerst naar de veranderingen in de manier waarop kinderen zichzelf zien. We bespreken hoe ze tegen hun persoonlijke eigenschappen aankijken en staan stil bij het complexe begrip 'eigenwaarde'.

Daarna richten we ons op relaties in de schooltijd. We bespreken de stadia van vriendschap en de invloed van gender en etnische afkomst op de relaties die kinderen aangaan. Ook gaan we in op manieren om de sociale redzaamheid van kinderen te verbeteren.

Het laatste deel van het hoofdstuk is gericht op de belangrijkste maatschappelijke institutie in het leven van een kind: het gezin. We kijken naar de consequenties van een scheiding, naar sleutelkinderen en naar het verschijnsel gezinsvervangende zorg.

13.1 De ontwikkeling van het eigen ik

De negenjarige Mats is trots op de boomhut die hij in de achtertuin heeft gebouwd. Deze is ruim genoeg voor hem en zijn twee vrienden.

'Ik heb hem zelf gebouwd, met mama's hulp', zegt hij. 'Ze zei dat ik hem kon bouwen als hij veilig en sterk was. Iedere dag praatten we over wat ik aan het doen was. Ze keek naar het hout en controleerde of het in orde was. Ze deed het zaagwerk met de elektrische zaag, en ik trok de stukken op met het touw. We haalden een boek van de bibliotheek en leerden over draagbalken en zo, en maakten de boomhut heel sterk. Ik denk niet dat hij naar beneden valt, maar mama wil niet dat ik er in kruip als het waait. Voor mij is de hut perfect.'

Het groeiende besef van zijn eigen kunnen klinkt duidelijk door als Mats beschrijft hoe hij met zijn moeder deze boomhut heeft gebouwd. De stille trots die Mats voelt, die uitdrukt wat psycholoog Erik Erikson 'vlijt' noemt, is een voorbeeld van de manier waarop het beeld dat kinderen van zichzelf hebben in deze fase verandert.

13.1.1 De psychosociale ontwikkeling en zelfkennis in de schooltijd: vlijt versus minderwaardigheid

Volgens Erikson, wiens kijk op psychosociale ontwikkeling we onder andere in paragraaf 10.1.1 bespraken, doorloopt een kind in de schooltijd het **stadium van vlijt-versus-minderwaardigheid**. In dit stadium, dat plaatsvindt tussen het zesde en twaalfde levensjaar, de periode dat kinderen op de basisschool zitten, probeert het kind competenties te ontwikkelen waarmee het problemen met ouders, leeftijdgenoten, school en de wereld om hem heen het hoofd kan bieden.

Stadium van vlijt-versus-minderwaardigheid: de periode van zes tot twaalf jaar waarin het kind probeert competenties te ontwikkelen om problemen met ouders, leeftijdgenoten, school en de wereld om hem heen het hoofd te kunnen bieden.

Volgens Erik Erikson doorloopt een kind in zijn schooltijd onder andere het stadium van vlijt-versus-minderwaardigheid, dat gekenmerkt wordt door pogingen om de problemen die het in de wereld tegenkomt het hoofd te bieden.

Bron: Robert Houser/Comstock Images

Als kinderen ouder worden, gaan ze zichzelf karakteriseren aan de hand van hun fysieke prestaties én hun psychologische eigenschappen (zoals verantwoordelijkheid en zorgzaamheid).

Bron: Myrleen Ferguson Cate/PhotoEdit

In de schooltijd concentreren kinderen zich niet alleen op de enorme hoeveelheid informatie die ze op school krijgen aangeboden, ze proberen ook een plek te verwerven in hun sociale wereld. Ze spelen, leren en sporten in groepen. Ze moeten zich bewegen tussen diverse sociale groepen en rollen, en hebben relaties met bijvoorbeeld vrienden, familie en leerkrachten. Succes in het stadium van vlijt-versus-minderwaardigheid leidt tot gevoelens van competentie en bekwaamheid, zoals bij Mats toen hij vertelde over zijn bouwactiviteiten.

Omgekeerd leiden moeilijkheden in dit stadium tot gevoelens van mislukking en onvermogen. Daardoor trekken sommige kinderen zich terug van hun leeftijdgenoten en doen ze minder hun best op school. Ze zijn dan niet meer geïnteresseerd en gemotiveerd om uit te blinken.

Kinderen zullen merken dat vlijt in de schooltijd doorwerkt in de rest van hun leven. Er is onderzoek gedaan naar de relatie tussen vlijt in de jeugd en gedrag in de volwassenheid. Voor dit onderzoek werd een groep van 450 mannen vanaf hun vroege kindertijd 35 jaar lang gevolgd. De mannen die het hardst werkten in hun jeugd werden de succesvolste volwassenen, zowel in hun werk als in hun privéleven. Vlijt in de jeugd was zelfs een betere indicator voor succes dan intelligentie of sociale achtergrond (Thomas, Eby, Sorensen & Feldman, 2005; Vaillant & Vaillant, 1981).

In de schooltijd blijven kinderen pogingen doen om een antwoord te vinden op de vraag 'Wie ben ik?'. Hoewel die vraag in de adolescentie nog veel belangrijker zal worden, proberen ook kinderen op de basisschool hun plek in de wereld te bepalen.

Verschuiving van fysieke naar psychologische karakterisering van het ik

Schoolkinderen zijn op zoek naar een eigen identiteit. Door de cognitieve vaardigheden die in het vorige hoofdstuk aan de orde kwamen, zoals het toegenomen inzicht in de theory of mind en de informatieverwerkingsstrategieën, gaan kinderen zich meer vereenzelvigen met hun innerlijke, psychische eigenschappen dan met hun externe, fysieke eigenschappen (Bosacki, 2013; Lerner, Theokas & Jelicic, 2005).

De vijfjarige Kato beschrijft zichzelf bijvoorbeeld als 'een harde loper en goed in tekenen', allebei eigenschappen die afgeleid zijn van externe activiteiten waarbij motorische vaardigheden een grote rol spelen. Maar de elfjarige Lotte omschrijft zichzelf als 'best slim, vriendelijk en aardig voor mijn vrienden'. Haar beschrijving is gebaseerd op psychische eigenschappen, innerlijke kenmerken die abstracter zijn dan de beschrijvingen die het jongere kind van zichzelf geeft. Dat kinderen innerlijke kenmerken gebruiken om een beeld van zichzelf te schetsen, is het gevolg van hun groeiende cognitieve vaardigheden, een ontwikkeling die we hebben besproken in hoofdstuk 12.

Behalve dat de focus verschuift van externe eigenschappen naar interne, psychische trekken, wordt het beeld dat kinderen van zichzelf hebben gedifferentieerder. Volgens Erikson zoeken kinderen activiteiten uit waarbij hun vlijt vruchten afwerpt. Als ze ouder worden, ontdekken ze dat ze goed zijn in het één en minder goed in het ander. De tienjarige Aisha begint bijvoorbeeld te merken dat ze goed is in rekenen, maar minder goed in spelling. De elfjarige Toon constateert dat hij goed is in volleybal, maar dat hij niet zo houdt van het vele lopen en de soms harde contacten bij voetbal.

Het zelfbeeld van kinderen is in deze periode verdeeld in drie persoonlijke domeinen en een intellectueel domein. Zoals uit figuur 13-1 blijkt, kan het zelfbeeld van een kind op elk van de vier domeinen zelfs nog verder worden onderverdeeld. Het persoonlijke zelfbeeld bevat bijvoorbeeld de componenten uiterlijk, relaties met leeftijdgenoten en fysieke vermogens. Het intellectuele zelfbeeld is onderverdeeld in vakgebieden. Onderzoek naar het zelfbeeld van leerlingen op het gebied van taal, rekenen en persoonlijke aspecten heeft uitgewezen dat de afzonderlijke zelfbeelden niet altijd op elkaar aansluiten, hoewel ze elkaar op sommige punten wel overlappen. Een kind dat zichzelf bijvoorbeeld beschouwt als een ster in wiskunde, zal niet automatisch denken dat het dat ook is in Engels (Ehm, Lindberg & Hasselhorn, 2013; Marsh & Hau, 2004).

Sociale vergelijking

Als iemand je vraagt hoe goed je in rekenen bent, wat zeg je dan? De meeste mensen zullen hun rekencapaciteiten vergelijken met die van andere mensen van ongeveer dezelfde leeftijd en met hetzelfde opleidingsniveau. Ze zullen zichzelf niet snel vergelijken met Albert Einstein of met een peuter die net kan tellen.

Schoolkinderen die willen weten hoe kundig ze zijn op een bepaald gebied, volgen dezelfde logica. Toen ze jonger waren, drukten ze hun capaciteiten meestal in uitersten uit, zoals goed of slecht, maar nu, in hun schooltijd, bepalen ze waar ze staan door middel van sociale-vergelijkingsprocessen (Weiss, Ebbeck & Horn, 1997).

Sociale vergelijking: het verlangen om je eigen gedrag, vermogens, expertise en meningen te beoordelen door ze te vergelijken met die van anderen.

Sociale vergelijking is het verlangen om je eigen gedrag, vermogens, expertise en meningen te beoordelen door ze te vergelijken met die van anderen. Volgens een theorie die voor het eerst werd verkondigd door de psycholoog Leon Festinger (1954) gaan mensen zichzelf beoordelen aan de hand van de sociale realiteit op het moment dat concrete, objectieve maatstaven van hun vermogens ontbreken. De *sociale realiteit* is een beeld dat is afgeleid van de manier waarop anderen handelen, denken, voelen en tegen de wereld aankijken.

Maar wie vormt het beste vergelijkingsmateriaal? Over het algemeen vergelijken kinderen zichzelf met personen die op relevante punten op hen lijken. Als ze hun vermogens dus niet objectief kunnen beoordelen, gaan ze in hun schooltijd steeds meer kijken naar personen met wie ze overeenkomsten vertonen (Suls & Wills, 1991; Summers, Schallert & Ritter, 2003).

Opwaartse en neerwaartse sociale vergelijking

Kinderen vergelijken zichzelf vaak met kinderen die beter presteren dan zijzelf, vooral met leerlingen van hetzelfde geslacht, dezelfde leeftijd en dezelfde etniciteit. Ook vrienden vormen goed vergelijkingsmateriaal. Deze *opwaartse sociale vergelijking* zorgt ervoor dat leerlingen beter gaan presteren. Het zorgt er echter ook voor dat leerlingen zich slechter voelen en een negatief zelfbeeld krijgen. Daarom kiezen ze er in sommige gevallen voor, zeker als hun eigenwaarde in het geding is, om *neerwaartse sociale vergelijkingen* te maken met anderen die duidelijk minder competent of minder succesvol zijn (Dijkstra et al., 2008; Hosogi et al., 2012; Hui et al., 2006; Lubbers, Kuyper & Van Der Werf, 2009; Vohs & Heatherton, 2004).

Neerwaartse sociale vergelijking beschermt het zelfbeeld. Door zichzelf te vergelijken met anderen die minder kundig zijn, zorgen kinderen ervoor dat zij als beste uit de bus komen. Daardoor kunnen ze zichzelf succesvol blijven vinden.

Neerwaartse sociale vergelijking vormt een verklaring voor het feit dat sommige leerlingen op slecht presterende basisscholen meer eigenwaarde bezitten dan zeer capabele leerlingen op goed presterende scholen. Leerlingen van slecht presterende scholen kunnen zich waarschijnlijk met anderen meten

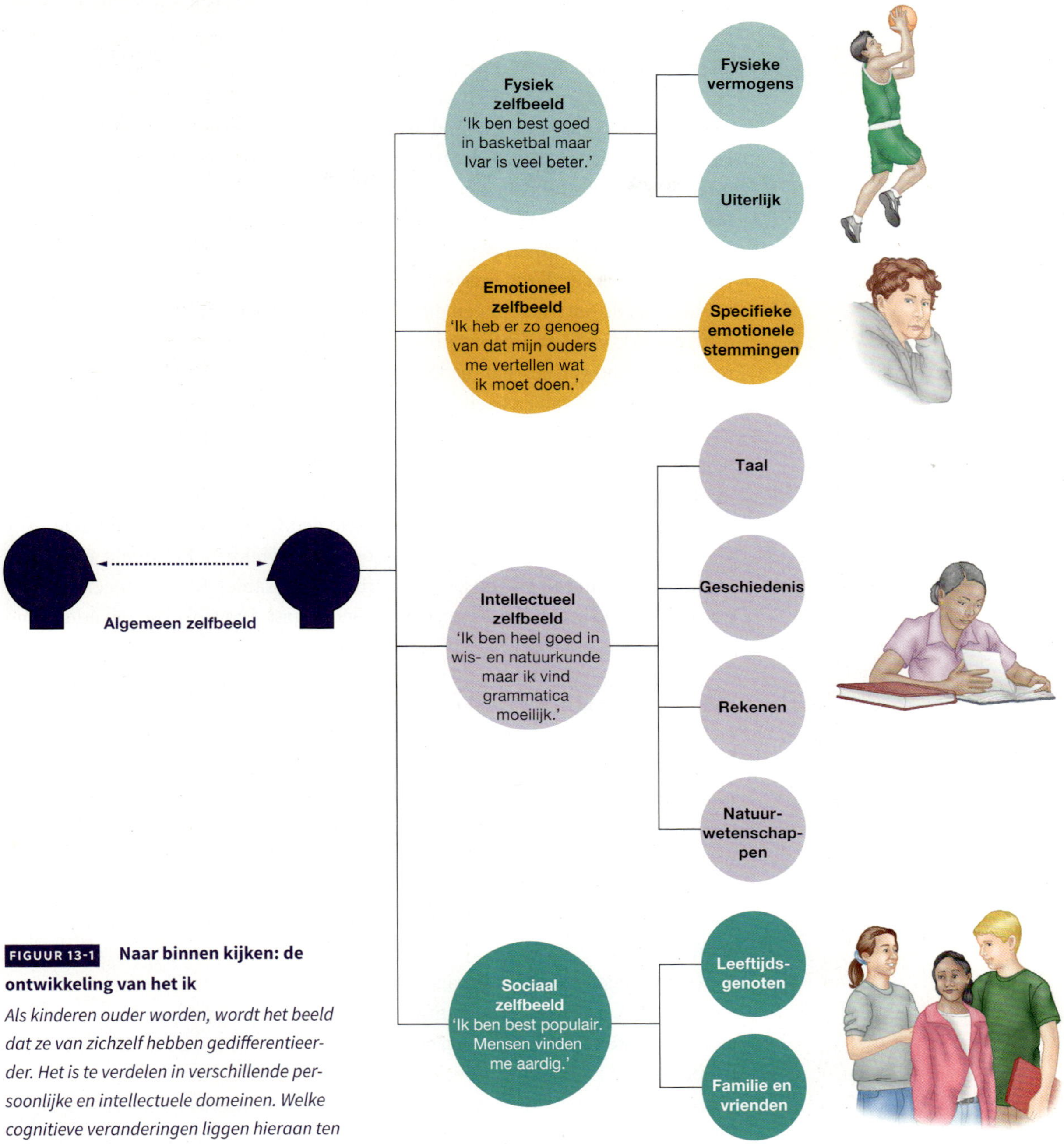

FIGUUR 13-1 Naar binnen kijken: de ontwikkeling van het ik
Als kinderen ouder worden, wordt het beeld dat ze van zichzelf hebben gedifferentieerder. Het is te verdelen in verschillende persoonlijke en intellectuele domeinen. Welke cognitieve veranderingen liggen hieraan ten grondslag?

die het op school niet bijster goed doen, waardoor ze vinden dat ze zelf relatief goed functioneren. Maar leerlingen op scholen waar goed gepresteerd wordt, moeten concurreren met een betere groep leerlingen. Dat kan betekenen dat ze hun eigen prestaties minder goed vinden. In sommige opzichten is het dus beter om een grote vis te zijn in een kleine vijver dan een kleine vis in een grote vijver (Marsh et al., 2008; Visconti, Kochenderfer-Ladd & Clifford, 2013). Toch blijkt uit recent onderzoek dat leerlingen eerder aan opwaartse sociale vergelijking doen, wat kan betekenen dat kinderen het belangrijker vinden om zichzelf te verbeteren dan om zichzelf goed te voelen (Dijkstra et al., 2008).

Eigenwaarde: de waardering voor het eigen ik, met alle positieve en negatieve kenmerken en competenties die we daarmee associëren.

13.1.2 Eigenwaarde: hoe kinderen een beeld van zichzelf ontwikkelen

Kinderen zien zichzelf niet puur in termen van objectieve fysieke en psychische eigenschappen. Ze vellen ook oordelen over zichzelf. **Eigenwaarde** is de waardering voor het eigen ik, met alle positieve en negatieve kenmerken en competenties die we daarmee associëren. Het zelfbeeld bestaat uit opvattingen over en percepties van het ik, terwijl eigenwaarde meer emotioneel georiënteerd is (Bracken & Lamprecht, 2003; Davis-Kean & Sandler, 2001).

De eigenwaarde van een kind maakt in de schooltijd een belangrijke ontwikkeling door. Zoals we al eerder hebben opgemerkt, beginnen kinderen zich steeds meer te vergelijken met anderen. Tegelijkertijd bekijken ze hoe hun prestaties zich verhouden tot de normen van de maatschappij. Daarnaast ontwikkelen ze hun eigen innerlijke maatstaven voor succes en houden ze bij hoe ze in vergelijking met anderen presteren.

Een van de ontwikkelingen die schoolkinderen doormaken, is de groeiende differentiatie van hun eigenwaarde. Aan het begin van de schoolperiode, zo rond de leeftijd van zes jaar, hebben de meeste kinderen een globaal, ongedifferentieerd beeld van zichzelf. Als hun eigenwaarde over het algemeen positief is, gaan ze ervan uit dat ze in alles relatief goed zijn. En als hun eigenwaarde negatief is, gaan ze ervan uit dat ze in de meeste dingen niet goed zijn (Harter, 2006; Hoersting & Jenkins, 2011; Lerner et al., 2005). Tijdens de schooltijd raakt hun eigenwaarde net als hun zelfbeeld gedifferentieerd: op sommige vlakken is hun eigenwaarde groter dan op andere vlakken. Het totale gevoel van eigenwaarde van een jongen kan bijvoorbeeld zijn samengesteld uit een positief gevoel over zijn artistieke vermogens en een negatief gevoel over zijn atletische vaardigheden.

Groei en afname van de eigenwaarde

Over het algemeen groeit de eigenwaarde van de meeste kinderen in de schooltijd, met een kortstondige terugval rond hun twaalfde. Hoewel er waarschijnlijk verschillende redenen zijn voor die terugval, lijkt hij vooral het gevolg van de overstap naar een andere school, een gebeurtenis die meestal rond deze leeftijd plaatsvindt. Leerlingen die hun oude school verlaten en aan het voortgezet onderwijs beginnen, hebben minder eigenwaarde. Daarna neemt hun eigenwaarde geleidelijk weer toe (Robins & Trzesniewski, 2005; Twenge & Campbell, 2001).

Daarentegen hebben sommige kinderen een veralgemeend gebrek aan eigenwaarde. Deze kinderen kunnen het zwaar krijgen, onder andere omdat ze verstrikt kunnen raken in een cyclus van mislukkingen die steeds moeilijker te doorbreken is. Stel bijvoorbeeld dat Daan, een leerling met een chronisch gebrek aan eigenwaarde, binnenkort een belangrijk proefwerk heeft. Omdat hij weinig eigenwaarde heeft, verwacht hij dat hij er niet veel van terecht zal brengen. Daardoor is hij zenuwachtig, zo zenuwachtig dat hij zich niet goed kan concentreren en het leren niet goed gaat. Bovendien besluit hij om niet al te veel te leren. Dat is zonde van de tijd als hij zijn proefwerk toch gaat verpesten. Uiteindelijk leiden Daans zenuwen en zijn gebrek aan inzet natuurlijk tot het verwachte resultaat: hij maakt het proefwerk slecht. Deze mislukking, die Daans verwachtingen bevestigt, versterkt zijn lage eigenwaarde, en de cyclus van mislukkingen zet zich voort (zie figuur 13-2).

Daar staat tegenover dat leerlingen met een sterk gevoel van eigenwaarde een positievere weg bewandelen en vanzelf in een cyclus van succes terechtkomen. Hogere verwachtingen leiden tot grotere inspanningen en minder angst, waardoor de kans op succes groter wordt. Dat helpt weer hun sterkere gevoel van eigenwaarde te bevestigen waarmee de cyclus begon.

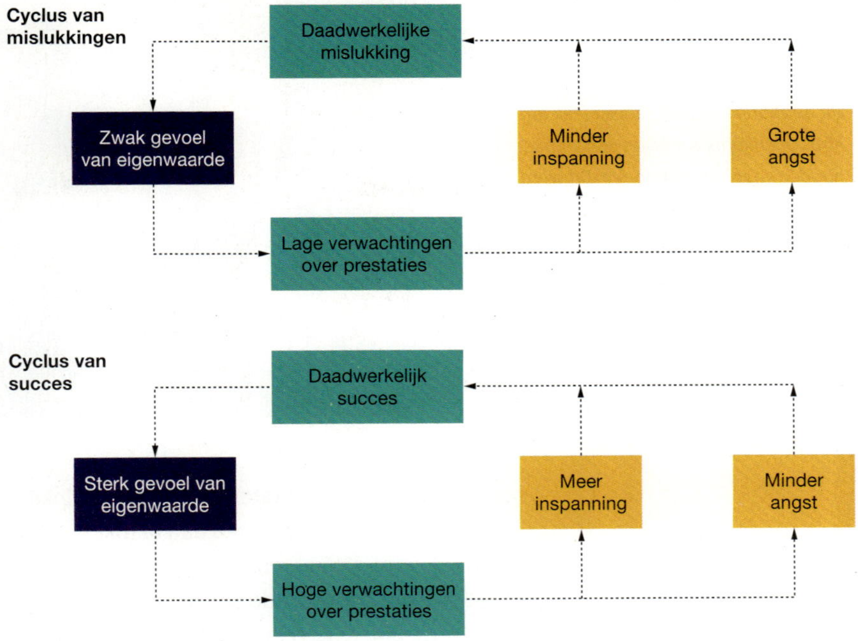

FIGUUR 13-2 Cycli van gevoel van eigenwaarde

Omdat kinderen met een gebrek aan eigenwaarde vaak verwachten dat ze een proefwerk slecht zullen maken, zijn ze misschien erg bang en werken ze niet zo hard als kinderen met een sterk gevoel van eigenwaarde. Het resultaat is dat ze het proefwerk inderdaad slecht maken, wat hun negatieve zelfbeeld weer bevestigt. Daarentegen hebben kinderen met een sterk gevoel van eigenwaarde positievere verwachtingen, wat tot minder angst en meer motivatie leidt. Het gevolg is dat ze beter presteren en zo hun positieve zelfbeeld versterken.

Ouders kunnen hun kinderen helpen de cyclus van mislukkingen te doorbreken door hun eigenwaarde te vergroten. Dat kunnen ze het best doen met behulp van de *ondersteunende opvoedingsstijl*, die we in paragraaf 10.2.4 hebben besproken. Autoritatieve ouders zijn zorgzaam en bieden hun kinderen emotionele steun, maar stellen tegelijkertijd duidelijke grenzen aan hun gedrag. Andere opvoedingsstijlen hebben een veel minder positief effect op eigenwaarde. Autoritaire ouders, die veel commanderen en straffen, geven hun kinderen de boodschap mee dat ze onbetrouwbaar zijn en geen goede beslissingen kunnen nemen, een boodschap die kinderen het gevoel kan geven dat ze onbekwaam zijn.

Aan de andere kant kunnen permissieve ouders, ouders die zeer toegeeflijk zijn, bij hun kinderen een vals gevoel van eigenwaarde opwekken, dat uiteindelijk net zo beschadigend kan zijn (Milevsky et al., 2007; Raboteg-Saric & Sakic, 2013; Taylor et al., 2012). Ook leerkrachten kunnen invloed hebben op het zelfbeeld van kinderen. Uit onderzoek blijkt dat leerkrachten die voldoende betrokken zijn, structuur bieden en de autonomie van het kind ondersteunen, het sociale zelfbeeld van kinderen kunnen verhogen (Leflot, Onghena & Colpin, 2010).

Etnische afkomst en eigenwaarde

Wat zou er gebeuren met je eigenwaarde als je tot een minderheidsgroep behoorde waarvan de leden voortdurend het slachtoffer waren van vooroordelen en discriminatie? Decennia lang gingen ontwikkelingspsychologen ervan uit dat leden van allochtone groepen minder eigenwaarde hadden dan leden van autochtone groepen, en ze staafden die hypothese met allerlei bewijzen.

Uit baanbrekend onderzoek bleek dat Afro-Amerikaanse meisjes een voorkeur hadden voor blanke poppen. Dit werd gezien als een teken van een lage eigenwaarde. Uit recenter onderzoek kan echter geconcludeerd worden dat de eigenwaarde van blanke en Afro-Amerikaanse kinderen niet veel verschilt.

Bron: Lew Merrim/Science Source

In de Verenigde Staten, bijvoorbeeld, leken vooral Afro-Amerikanen minder eigenwaarde te bezitten dan blanken. Het eerste bewijsmateriaal hiervoor werd geleverd door een reeks baanbrekende Amerikaanse onderzoeken net na de Tweede Wereldoorlog, waarbij Afro-Amerikaanse kinderen een zwarte en een witte pop te zien kregen (Clark & Clark, 1947). Tijdens het onderzoek kregen de kinderen een aantal verzoeken, zoals 'Geef me de pop die een mooie kleur heeft'. De Afro-Amerikaanse kinderen gaven steeds de voorkeur aan de witte pop. De conclusie die hieruit werd getrokken, was dat de Afro-Amerikaanse kinderen weinig eigenwaarde hadden.

Uit recenter onderzoek blijkt echter dat deze vroege aannames overdreven zijn. Het gevoel van eigenwaarde onder leden van verschillende etnische groepen ten opzichte van leden van andere etnische groepen is niet zo eenduidig. Autochtone kinderen kunnen bijvoorbeeld aanvankelijk een sterker gevoel van eigenwaarde vertonen dan allochtone kinderen, maar rond de leeftijd van elf jaar beginnen de laatste juist een iets sterker gevoel van eigenwaarde te vertonen dan autochtone kinderen. Deze verschuiving doet zich voor wanneer allochtone kinderen zich meer identificeren met hun etnische groep en steeds meer oog krijgen voor de positieve aspecten van die groep (Dulin-Keita et al., 2011; Sprecher, Brooks & Avogo, 2013; Tatum, 2007). Zo vertonen Latijns-Amerikaanse kinderen tegen het eind van hun schooltijd ook een sterker gevoel van eigenwaarde, hoewel dat nog steeds achterblijft bij dat van autochtone leeftijdgenoten (Tropp & Wright, 2003; Umana-Taylor et al., 2002; Verkuyten, 2008).

De *sociale-identiteitstheorie* biedt een verklaring voor het complexe verband tussen het gevoel van eigenwaarde en het bewustzijn van de minderheidsgroep. Volgens deze theorie zullen leden van een minderheidsgroep de negatieve beeldvorming van een meerderheidsgroep alleen accepteren als ze het idee hebben dat er weinig kans is om de machts- en statusverschillen tussen de groepen te veranderen. Als leden van een minderheidsgroep denken dat er iets aan de vooroordelen en de discriminatie gedaan kan worden en als ze er de maatschappij en niet zichzelf de schuld van geven, is er waarschijnlijk weinig verschil tussen de eigenwaarde van beide groepen (Tajfel & Turner, 2004; Thompson, Briggs-King & LaTouche-Howard, 2012).

Nu de groepstrots en het etnisch bewustzijn van leden van minderheidsgroepen toenemen, worden de verschillen in eigenwaarde tussen leden van verschillende etnische groepen kleiner. Deze tendens wordt ondersteund door een groeiend besef van het belang van het gelijkheidsbeginsel (Lee, 2005; Negy, Shreve & Jensen, 2003; Tatum, 2007).

13.2 Relaties: vriendschappen in de schooltijd

Het gezin van Nico is een samengesteld gezin. Hij is dol op zijn halfbroer en halfzus, maar ze zijn een stuk ouder, ze hebben een baantje en ze zijn heel druk met hun eigen leven. Misschien hecht hij daarom zo veel belang aan zijn vriendjes – en hij heeft er veel. Op school, op voetbal, bij de scouting en niet te vergeten in de buurt. Na schooltijd wachten de buurtkinderen op elkaar en fietsen ze samen naar huis. Meestal staat de oma van een van de vriendjes hen met snoepjes op te wachten. De ouders van Nico zijn er inmiddels aan gewend dat hij minimaal een uur nodig heeft voor een verplaatsing van nog geen twee kilometer. Toch vinden ze dat niet erg, want het is een leuke groep en ze hebben veel aan elkaar. Na koek en huiswerk verzamelen ze zich op het speelplein van de wijk: voetballen of gewoon chillen. Meestal is Nico op tijd terug en doet hij een spelletje op de tablet.

Vriendschap gaat in de schooltijd een grote rol spelen. Kinderen vinden het steeds belangrijker om vrienden te hebben, en het sluiten en in stand houden van vriendschappen wordt een belangrijk onderdeel van hun sociaal leven.

De vorming van vriendschappen heeft op verschillende manieren invloed op de ontwikkeling van kinderen. Vriendschappen verschaffen kinderen informatie over de wereld, over andere mensen en over zichzelf. Vrienden bieden emotionele steun, waardoor kinderen beter met stress om kunnen gaan. Ook helpt vriendschap voorkomen dat kinderen het doelwit worden van agressie (Berndt, 2002; Lundby, 2013).

Vriendschappen vormen een goede oefening voor interactie en communicatie met anderen en ze bevorderen de intellectuele groei. Tot slot stellen vriendschappen kinderen in staat om de vaardigheden te oefenen waarmee ze hechte relaties met anderen kunnen aangaan – vaardigheden die in hun toekomstige leven een steeds grotere rol gaan spelen (Gifford-Smith & Brownell, 2003; Majors, 2012; Nangle & Erdley, 2001).

Hoewel leeftijdgenoten en vooral vrienden steeds belangrijker worden, wordt hun invloed niet groter dan die van ouders en andere gezinsleden. De meeste ontwikkelingsdeskundigen menen dat een combinatie van factoren, inclusief leeftijdgenoten en ouders, bepalend is voor de ontwikkeling van kinderen in de schooltijd (Altermatt, 2011; Parke, Simpkins & McDowell, 2002; Vandell, 2000). Om die reden komen we later in dit hoofdstuk uitgebreider terug op de invloed van het gezin.

13.2.1 Stadia van vriendschap: een veranderende kijk op vrienden

In de schoolperiode is wederzijds vertrouwen het belangrijkste kenmerk van vriendschap.

Bron: 123RF.com (Pearson Asset Library)

In de schoolperiode verandert de manier waarop een kind tegen vriendschap aankijkt ingrijpend. Volgens ontwikkelingspsycholoog William Damon doorloopt de beleving van vriendschap in deze periode drie afzonderlijke stadia (Damon & Hart, 1988).

Stadium 1: vriendschap gebaseerd op het gedrag van anderen

In het eerste stadium, dat grofweg loopt van het vierde tot het zevende jaar, zien kinderen vrienden als anderen die hen aardig vinden en met wie ze speelgoed en andere activiteiten delen. Ze beschouwen de kinderen met wie ze het grootste deel van hun tijd doorbrengen als hun vrienden. Een kind van zes jaar oud dat gevraagd werd hoe het wist of iemand zijn beste vriend was, gaf het volgende antwoord:

> 'Hij laat me piraatje spelen met vrienden. Ik ga soms naar zijn huis. De laatste keer liet hij me een tijd in zijn skelter rijden. Hij vindt me aardig.'

Wat kinderen in dit eerste stadium echter nauwelijks doen, is het meewegen van de persoonlijke eigenschappen van een ander. Schoolkinderen bepalen op een heel concrete manier wie hun vrienden zijn, en dat hangt vooral af van het gedrag van anderen. Andere kinderen zijn aardig als ze dingen met hen delen. Kinderen die niet delen, die slaan of die niet met hen spelen, vinden ze niet aardig. In dit eerste stadium is een vriend of vriendin dus vooral iemand die mogelijkheden biedt voor plezierige interacties.

Stadium 2: vriendschap gebaseerd op vertrouwen

In het volgende stadium krijgen kinderen een gecompliceerdere kijk op vriendschap. Dit stadium, dat duurt van het achtste tot het tiende jaar, bestrijkt een periode waarin kinderen persoonlijke eigenschappen en kenmerken laten meewegen, evenals de beloningen die een vriendschap oplevert. Maar het belangrijkste element in dit tweede stadium is wederzijds vertrouwen. Vrienden worden beschouwd als kinderen die er voor je zijn als je ze nodig hebt. Als dat vertrouwen wordt geschonden, wordt dat hoog opgenomen. Vrienden kunnen het dan niet zomaar meer goedmaken door een leuk speelkameraadje te zijn, zoals dat in het vorige stadium nog wel kon. Er worden formele verklaringen en formele verontschuldigingen van hen verwacht voordat de vriendschap weer hersteld kan worden.

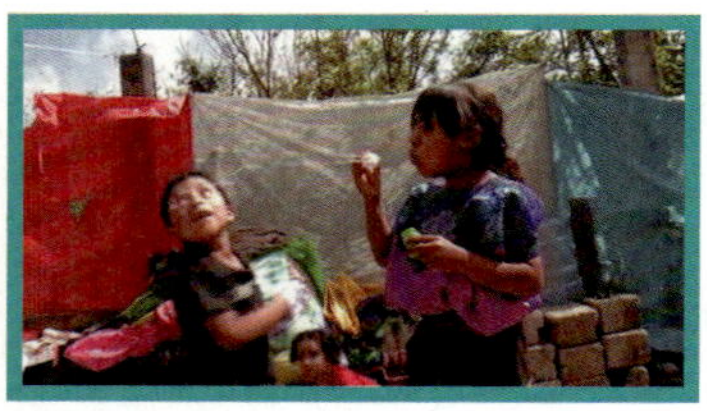

Zie MyLab voor de video: Vriendschappen tijdens de schooltijd in verschillende culturen

Stadium 3: vriendschap gebaseerd op psychische nabijheid

Het derde stadium van vriendschap begint tegen het einde van de schooltijd en duurt van het elfde tot het vijftiende jaar. In deze periode beginnen kinderen de kijk op vriendschap te ontwikkelen die ze ook tijdens hun adolescentie zullen hebben. Intimiteit en loyaliteit zijn de belangrijkste criteria voor vriendschap (meer over dit stadium is te vinden in hoofdstuk 16). Vriendschap wordt gekenmerkt door psychische nabijheid, wederzijdse openheid en exclusiviteit. Aan het einde van de schooltijd zoeken kinderen vrienden uit die loyaal zijn. Ze kijken minder naar de activiteiten die ze kunnen delen en meer naar de psychische voordelen die een vriendschap met zich meebrengt.

Kinderen krijgen ook duidelijke ideeën over welk gedrag ze in vrienden waarderen en aan welk gedrag ze een hekel hebben. Zoals te zien is in tabel 13-1 zijn kinderen van tien en elf het liefst in het gezelschap van kinderen die hun vragen mee te doen aan activiteiten en die hun zowel fysiek als psychisch behulpzaam zijn. Aan fysieke en verbale agressie hebben ze een hekel.

13.2.2 Individuele verschillen bij vriendschap: wat maakt een kind populair?

Vriendschappen van kinderen zijn gewoonlijk gerangschikt naar populariteit. De meer populaire kinderen sluiten vaak vriendschap met andere populaire kinderen, terwijl minder populaire kinderen eerder vrienden zijn met minder populaire kinderen. Populariteit is ook gerelateerd aan het aantal vrienden dat een kind heeft: populairdere kinderen maken gemakkelijk een groter aantal vrienden dan degenen die minder populair zijn. Daarnaast vormen populairdere

TABEL 13-1 **De meest en de minst gewaardeerde gedragsvormen die kinderen bij hun vrienden signaleren, in volgorde van belangrijkheid**

MEEST GEWAARDEERDE GEDRAGSVORMEN	MINST GEWAARDEERDE GEDRAGSVORMEN
Gevoel voor humor hebben	Verbaal agressief zijn
Aardig of vriendelijk zijn	Uiten van woede
Behulpzaam zijn	Oneerlijk zijn
Complimenteus zijn	Kritisch zijn
Anderen uitnodigen om mee te doen aan spelletjes etc.	Hebberig of bazig zijn
Delen	Fysiek agressief zijn
Vermijden van onplezierig gedrag	Vervelend of irritant zijn
Toestemming of controle verlenen	Plagen
Instructies geven	Prestaties in de weg staan
Loyaal zijn	Niet loyaal zijn
Bewonderenswaardige prestaties leveren	Overtreden van regels
Prestaties faciliteren	Anderen negeren

Bron: naar Zarbatany, Hartmann & Rankin, 1990

Verschillende factoren zorgen ervoor dat sommige kinderen impopulair zijn en sociaal geïsoleerd van hun leeftijdgenoten.

Bron: Bob Daemmrich/Stock Boston

Sociale competentie: het geheel van individuele sociale vaardigheden dat individuen in staat stelt om succesvol te functioneren in sociale omgevingen.

kinderen eerder een *kliek*, een groep die als exclusief en aantrekkelijk wordt gezien, en gaan ze vaak met een groter aantal andere kinderen om.

Hoe komt het dat sommige kinderen altijd het stralende middelpunt van het schoolplein zijn, terwijl andere sociaal geïsoleerd zijn en erop kunnen rekenen dat hun toenaderingspogingen minachtend of onverschillig worden weggewuifd? Ontwikkelingspsychologen hebben een aantal eigenschappen van populaire kinderen op een rijtje gezet om die vraag te beantwoorden.

Populaire kinderen hebben vaak verschillende karaktereigenschappen gemeen. Ze zijn meestal behulpzaam en werken met anderen samen aan gemeenschappelijke projecten. Populaire kinderen zijn ook grappig. Ze hebben meestal gevoel voor humor en waarderen het als anderen grappig proberen te zijn. In vergelijking met kinderen die minder populair zijn, zijn ze beter in staat om de emoties van anderen te begrijpen, omdat ze hun non-verbale gedrag beter kunnen interpreteren. Ook kunnen ze hun eigen non-verbale gedrag beter reguleren, waardoor ze meestal positief op anderen overkomen. Kortom, populaire kinderen scoren hoog op het gebied van **sociale competentie**: het geheel van individuele sociale vaardigheden dat individuen in staat stelt om succesvol te functioneren in sociale omgevingen (Feldman, Tomasian & Coats, 1999).

Over het algemeen zijn populaire kinderen dus vriendelijk, open en coöperatief. Maar sommige populaire kinderen hebben een heel ander profiel. Zo vertoont een belangrijke subgroep van jongens juist allerlei vormen van negatief gedrag. Hoewel ze zich agressief en storend gedragen en moeilijkheden veroorzaken, worden ze door hun leeftijdgenoten cool en stoer gevonden en zijn ze bijzonder populair. Deze populariteit wordt misschien veroorzaakt doordat ze op stoutmoedige wijze allerlei grenzen doorbreken (Meisinger et al., 2007; Schonert-Reichl, Smith & Zaidman-Zait, 2012; Woods, 2009).

Het vermogen om sociale problemen op te lossen

Een andere factor die verband houdt met de populariteit van kinderen is hun bedrevenheid in het oplossen van sociale problemen. Daarbij gaat het om strategieën voor het oplossen van sociale conflicten op manieren die zowel voor het kind zelf als voor anderen bevredigend zijn. Omdat er in de schooltijd vaak conflicten ontstaan, zelfs tussen de allerbeste vrienden, vormen succesvolle oplossingsstrategieën een belangrijk element van sociaal succes (Dereli-Iman, 2013; Murphy & Eisenberg, 2002; Rose & Asher, 1999).

Volgens ontwikkelingspsycholoog Kenneth Dodge is er bij het succesvol oplossen van sociale problemen sprake van een aantal stappen die corresponderen met de informatieverwerkingsstrategieën van kinderen (zie figuur 13-3). Dodge stelt dat de manier waarop kinderen sociale problemen oplossen een gevolg is van de beslissingen die ze tijdens elk van deze stappen nemen (Dodge, Lansford & Burks, 2003; Lansford et al., 2006).

Dodge heeft deze stappen zorgvuldig afgebakend. Met behulp van zijn stappenmodel kunnen problemen van specifieke kinderen worden verholpen. Sommige kinderen, zoals kinderen met een autismespectrumstoornis, interpreteren de betekenis van het gedrag van andere kinderen bijvoorbeeld stelselmatig verkeerd (stap 2) en reageren daardoor ook verkeerd op dat gedrag.

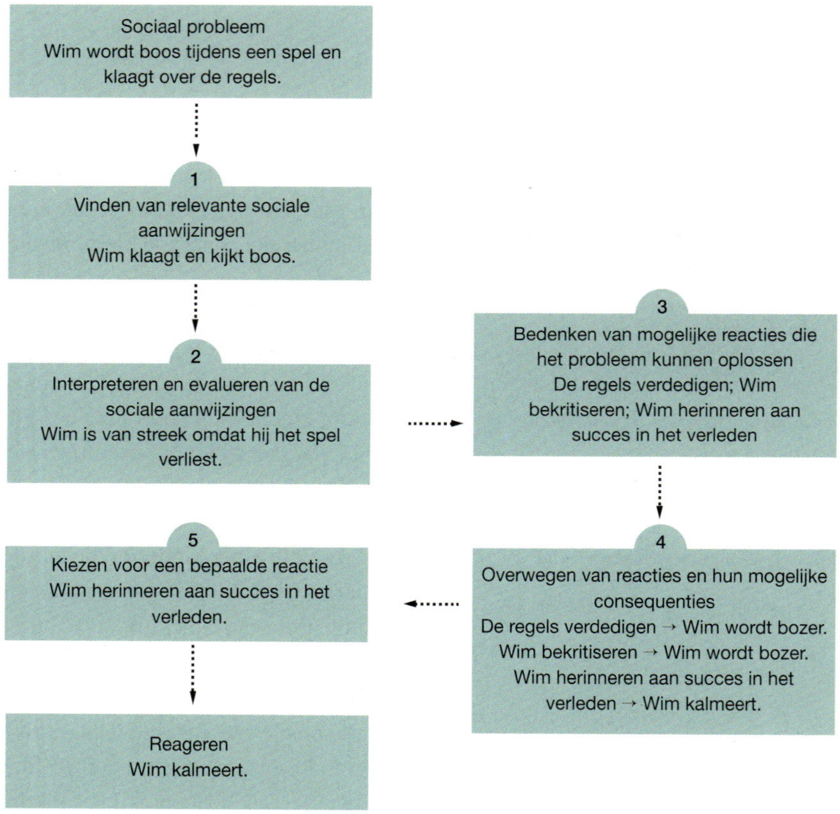

FIGUUR 13-3 Stappen voor probleemoplossing

Als kinderen problemen oplossen, doorlopen ze verschillende stadia die gekoppeld zijn aan verschillende informatieverwerkingsstrategieën.

Bron: naar Dodge, 1985

Stel dat Murat, een jongen uit groep 6, een spel speelt met Wim. Terwijl ze spelen, wordt Wim boos omdat hij verliest. Hij klaagt over de regels. Als Murat niet kan begrijpen dat Wims boosheid vooral voortkomt uit frustratie, zal hij waarschijnlijk zelf ook boos reageren. Hij zal de regels verdedigen, Wim bekritiseren en de situatie alleen maar erger maken. Als Murat de oorzaak van Wims woede nauwkeuriger interpreteert, kan Murat zich effectiever gedragen en kan hij Wim er bijvoorbeeld op wijzen dat die pas gewonnen heeft met vier-op-een-rij. Zo kan hij de situatie weer kalmeren.

Over het algemeen kunnen populaire kinderen de betekenis van het gedrag van anderen beter interpreteren. Bovendien bezitten ze een breder scala aan technieken om met sociale problemen om te gaan. Minder populaire kinderen zijn meestal minder goed in het duiden van de oorzaken van het gedrag van anderen, en hun strategieën voor het oplossen van sociale problemen zijn beperkter (Rinaldi, 2002; Rose & Asher, 1999).

Impopulaire kinderen kunnen het slachtoffer worden van een verschijnsel dat bekendstaat als aangeleerde hulpeloosheid of *learned helplessness*. Omdat kinderen de reden van hun impopulariteit niet begrijpen, kunnen ze het gevoel krijgen dat ze weinig of geen invloed op hun situatie kunnen uitoefenen. Het gevolg kan zijn dat ze niet eens meer proberen met hun leeftijdgenoten om te gaan en het opgeven. Aldus wordt de aangeleerde hulpeloosheid een selffulfilling prophecy, waardoor de kans kleiner wordt dat de impopulariteit in de toekomst afneemt (Aujoulat, Luminet & Deccache, 2007; Seligman, 2007).

Is sociale competentie te leren?

Is het mogelijk om impopulaire kinderen sociale competentie bij te brengen? Gelukkig lijkt dat inderdaad te kunnen. Er zijn verschillende methoden ontwikkeld om kinderen een aantal sociale vaardigheden bij te brengen die ten grondslag lijken te liggen aan sociale competentie. In een experimenteel programma werd een aantal impopulaire kinderen uit groep 7 en 8 bijvoorbeeld vaardigheden aangeleerd die de basis vormen voor capaciteiten als gesprekken voeren met vrienden. Ze leerden hoe ze informatie over zichzelf moesten prijsgeven, hoe ze dingen over anderen te weten konden komen door vragen te stellen en hoe ze anderen op een niet-bedreigende manier hulp en suggesties konden bieden. In vergelijking met een groep kinderen die niet werd getraind, vertoonden deze kinderen meer interactie met leeftijdgenoten, voerden ze meer gesprekken, ontwikkelden ze meer eigenwaarde en – het allerbelangrijkst – werden ze door hun leeftijdgenoten beter geaccepteerd dan voorheen (Asher & Rose, 1997; Bierman, 2004).

13.2.3 Gender en vriendschap: segregatie van de seksen in de schooltijd

Jongens zijn idioten. Meisjes zijn stom. Dit is de manier waarop jongens en meisjes in de schooltijd doorgaans tegen elkaar aankijken. Het vermijden van de andere sekse gaat in deze jaren een zodanig grote rol spelen dat het sociale netwerk van de meeste meisjes en jongens bijna alleen maar uit kinderen van dezelfde sekse bestaat (McHale, Dariotis & Kauh, 2003; Mehta & Strough, 2009; Rancourt et al., 2012).

Interessant genoeg manifesteert deze seksesegregatie bij vriendschappen zich in bijna alle samenlevingen. In niet-geïndustrialiseerde samenlevingen zou seksesegregatie een gevolg kunnen zijn van het soort activiteiten waarmee kinderen zich bezighouden. In veel culturen hebben jongens en meisjes bijvoorbeeld verschillende taken (Whiting & Edwards, 1988). Maar dit vormt waarschijnlijk niet de volledige verklaring voor seksesegregatie. Zelfs kinderen in meer ontwikkelde landen, die op dezelfde school zitten en veelal aan dezelfde activiteiten deelnemen, zijn geneigd leden van de andere sekse te vermijden.

De weinige keren dat jongens en meisjes zich in elkaars territorium wagen, hebben vaak een romantische ondertoon. Meisjes dreigen bijvoorbeeld een jongen te kussen, of jongens proberen meisjes ertoe te bewegen achter hen aan te zitten. Zulk gedrag, dat *grensverkeer* heet, helpt de duidelijke grenzen tussen de seksen benadrukken. Bovendien kan het de opmaat zijn voor toekomstige interacties. Romantische of seksuele interesses zullen een rol gaan spelen tegen de tijd dat kinderen adolescenten worden en interactie tussen de seksen meer sociaal geaccepteerd wordt (Beal, 1994).

Het ontbreken van interactie tussen jongens en meisjes in de schooltijd brengt met zich mee dat de vriendschappen van jongens en meisjes beperkt blijven tot leden van de eigen sekse. Bovendien is de aard van de vriendschappen binnen deze twee groepen verschillend (Lansford & Parker, 1999; Lee & Troop-Gordon, 2011; Rose, 2002).

Jongens hebben meestal grotere vriendennetwerken dan meisjes en spelen meer in groepen dan in tweetallen. De statushiërarchie is over het algemeen vrij duidelijk. Vaak is er een door iedereen geaccepteerde leider en vallen de andere leden in specifieke statuscategorieën. Vanwege de vrij rigide rangorde waarin de relatieve sociale macht van de groepsleden tot uiting komt, ook wel **dominantiehiërarchie** genoemd, kunnen leden met een hogere status kinderen die lager in de hiërarchie staan veilig betwisten, tegenwerken en soms ook pesten (Beal, 1994; Pedersen et al., 2007).

Dominantiehiërarchie: de rangorde waarin de relatieve sociale macht van de leden van een groep tot uiting komt.

In de schooltijd trekken kinderen vooral op met leeftijdgenoten van dezelfde sekse. De weinige keren dat jongens en meisjes zich in elkaars territorium wagen, hebben vaak een romantische ondertoon. Zulk gedrag wordt ook wel 'grensverkeer' genoemd.

Bron: 123RF.com (Pearson Asset Library)

Jongens zijn vaak bezig met hun positie in de hiërarchie en proberen hun status in stand te houden en te verbeteren. Dit leidt tot een zogenaamde *restrictieve speelstijl*. Bij restrictief spel worden de interacties onderbroken op het moment dat een kind het gevoel heeft dat zijn status gevaar loopt. Een jongen die vindt dat hij ten onrechte wordt uitgedaagd door een leeftijdgenoot met een lagere status kan de interactie proberen te beëindigen door ruzie te gaan maken over een stuk speelgoed of zich anderszins assertief te gedragen. Jongens spelen daarom ook vaker in explosies in plaats van in langere, rustigere episodes (Benenson & Apostoleris, 1993; Estell et al., 2008).

Deze bezorgdheid over hun status komt tot uiting in de taal die jongens onderling gebruiken. Neem bijvoorbeeld het volgende gesprek tussen twee jongens die goede vrienden zijn:

Kind 1: 'Ga mijn tuin uit.'
Kind 2: 'Probeer me er maar uit te krijgen.'
Kind 1: 'Dat wil je niet, geloof me maar.'
Kind 2: 'Je probeert het niet omdat het je toch niet lukt.'
Kind 1: 'Pas op, anders doe ik het echt.'
Kind 2: 'Je krijgt me toch niet weg. Kijk maar uit, want anders doe ik je wat.'

Vriendschappen van meisjes zien er heel anders uit. Meisjes hebben in de schooltijd vaak geen uitgebreid netwerk van vriendinnen maar richten zich op een of twee 'beste vriendinnen' die min of meer dezelfde status hebben als zijzelf. In tegenstelling tot jongens, die statusverschillen juist opzoeken, proberen meisjes statusverschillen te vermijden. Zij geven de voorkeur aan vriendschappen tussen gelijken.

In de schooltijd worden conflicten tussen meisjes meestal opgelost door compromissen te sluiten, door de situatie te negeren of door toe te geven. Ze proberen meestal niet hun eigen standpunt door te drukken. Ze trachten dus vooral de harmonie te bewaren, zodat hun sociale interacties soepel verlopen en niet confronterend zijn (Goodwin, 1990; Noakes & Rinaldi, 2006).

Het streven van meisjes naar indirecte conflictoplossing is niet het gevolg van een gebrek aan zelfvertrouwen of van angst om directere methoden te gebruiken. Integendeel, als meisjes van deze leeftijd omgaan met jongens of met meisjes die ze niet tot hun vriendinnenkring rekenen, kunnen ze vrij confronterend zijn. Maar met vriendinnen onderling proberen ze vooral relaties van gelijke status, relaties waarin een dominantiehiërarchie ontbreekt, te onderhouden (Beal, 1994; Zahn-Waxler et al., 2008).

Hun kijk op relaties komt tot uiting in de taal die meisjes gebruiken. Ze stellen meestal geen directe eisen ('Geef mij dat potlood'), maar bezigen minder confronterende en minder gebiedende taal. Meisjes zijn geneigd om indirecte werkwoordsvormen te gebruiken, zoals 'Laten we naar de film gaan' of 'Zou je je boeken met mij willen ruilen?' en niet 'Ik wil naar de film' of 'Geef mij die boeken eens' (Besag, 2006; Goodwin, 1990).

13.2.4 Interetnische vriendschappen: integratie binnen en buiten het klaslokaal

Naarmate kinderen ouder worden, nemen het aantal vriendschappen en de diepgang van vriendschappen buiten hun eigen etnische groep af.

Bron: Jeff Greenberg/PhotoEdit Inc.

Zijn vriendschappen kleurenblind? Over het algemeen is het antwoord op die vraag 'nee'. De meest hechte vriendschappen ontwikkelen zich tussen kinderen met dezelfde etniciteit. Naarmate kinderen ouder worden, nemen het aantal vriendschappen en de diepgang van vriendschappen buiten hun eigen etnische groep bovendien af. Rond de leeftijd van elf of twaalf jaar lijken kinderen zich bewust te worden van discriminatie en de vooroordelen over afkomst. Ze gaan meer onderscheid maken tussen wie er wel en niet tot hun kring behoort (Aboud & Sankar, 2007; McDonald et al., 2013; Rowley et al., 2008).

Kinderen uit groep 5 van een school die al jaren een gemengde leerlingenpopulatie had, werd eens gevraagd wie hun beste vriend was. Ongeveer een kwart van de autochtone kinderen en twee derde van de allochtone kinderen koos een kind van een andere etniciteit. Tegen de tijd dat ze een jaar of vijftien waren, gaf minder dan tien procent van de autochtone kinderen en maar vijf procent van de allochtone kinderen aan een beste vriend van een andere etniciteit te hebben. Bovendien is er een verband tussen vriendschappen tussen verschillende etniciteiten en de mate van diversiteit in de omgeving. Onderzoek heeft uitgewezen dat een grotere diversiteit juist tot minder vriendschappen leidt tussen verschillende etniciteiten (Chan & Birman, 2009; McGlothlin & Killen, 2005; Rodkin & Ryan, 2012).

Hoewel ze elkaar niet als beste vrienden kiezen, kan er wel sprake zijn van een grote mate van onderlinge acceptatie tussen autochtone en allochtone kinderen. Dat is vooral het geval op scholen die permanent werken aan integratie. Die aanpak werpt zijn vruchten af. Uit veel onderzoeken blijkt dat contact tussen leden van meerderheids- en minderheidsgroepen vooroordelen en stereotyperingen kan verminderen (Hewstone, 2003; Quintana et al., 2008).

Culturele inleefreizen kunnen een effectief interventieprogramma zijn om vriendschappen tussen groepen met een verschillende etniciteit te bevorderen. Zestig Vlaamse leerlingen namen voor een week deel aan een schoolreis naar Marokko. Het doel van de reis was vertrouwd te raken met Marokkaanse leerlingen, hun school, hun religie en hun manier van leven. Tijdens de reis hadden de leerlingen een nauw contact met de Marokkaanse leerlingen. Ze gingen samen op stap, vervulden samen opdrachten en moesten samen zaken organiseren. Uit de resultaten van dit onderzoek is gebleken dat een culturele inleefreis de vooroordelen en de angst voor de andere cultuur kunnen verminderen, waardoor kinderen gemakkelijker vriendschappen sluiten met de kinderen uit deze andere cultuur (Dhont, Roets & Van Hiel, 2011).

13.2.5 Pesten op school en online

Jochem is een dikke jongen en wordt daardoor veel gepest door zijn klasgenoten. Hij krijgt ook heel wat opmerkingen van leerkrachten. Vooral de gymleraar is soms wel scherp. Het lijkt wel of Jochem zich niets aantrekt van al dat getreiter en soms lacht hij er zelfs om.

Remco, Justin en Sanne stelen zijn kleding uit de kleedkamer terwijl Jochem aan het douchen is en hangen de kleding vervolgens in een boom, waardoor Jochem niet op de schoolfoto komt. Ze halen wel meer van dat soort misselijke grappen met hem uit. Dag in dag uit gaat het zo door.

Op een dag krijgen de leerlingen van de rector te horen dat Jochem de avond daarvoor niet is thuisgekomen en dat de politie naar hem op zoek is. Er blijft maar één plaats over om Jochem te zoeken. Dat is bij het meer, want daar zit hij vaak als hij zich eenzaam voelt.

Bij het meer aangekomen zien twee vrienden, David en Nienke, Jochems tas op het water drijven. Nienke barst in huilen uit en David probeert haar te troosten maar dat lukt niet erg goed want hij is zelf ook erg aangedaan. Na een poosje komt er een duikploeg om Jochem te zoeken. Als een tijdje later het lichaam van Jochem naar boven komt, kan niemand het geloven. Hij is dood. Iedereen treurt, de een omdat hij Jochem niet geholpen heeft en de ander omdat hij niet gestopt is met pesten.

Bron: *Spijt!*, Carry Slee

Jochem is niet de enige die met getreiter te maken heeft, of dat nu op school of op internet gebeurt. Pesten komt veel voor op de basisschool. Uit Nederlands onderzoek is gebleken dat 25 procent van de scholieren tussen de acht en twaalf jaar in de afgelopen maanden iemand een of twee keer heeft gepest. Vijf procent pest vaak (meermalen per maand of wekelijks). 25 tot 30 procent van de leerlingen wordt weleens gepest, en 10 procent wordt vaak gepest. Bij pesten zijn vaker jongens betrokken dan meisjes (Fekkes, 2005; Van der Gaag & Duiven, 2012).

Volgens onderzoek van SIRE uit 2006 was dertig tot veertig procent van de Nederlandse kinderen en jongeren het slachtoffer van scheldpartijen of roddels via Messenger of Facebook. Ook werden er wachtwoorden gestolen die bijvoorbeeld toegang gaven tot iemands e-mailaccount. Pesten via internet is vaak nog pijnlijker omdat het anoniem gebeurt en tegelijk openbaar is (Juvonen, Wang & Espinoza, 2011; Mishna, Saini & Solomon, 2009; Nederlands Jeugdinstituut, 2015; Van Goethem, Scholte & Wiers, 2010). Deboutte (2008) komt in zijn studie tot de conclusie dat drie tot acht procent van de Vlaamse jongeren het slachtoffer is van ernstige pesterijen. Omgerekend naar de globale schoolpopulatie gaat het dus om dertig- tot tachtigduizend Vlaamse kinderen en jongeren die jaarlijks te maken krijgen met dit soort gedrag.

Eigenschappen van kinderen die gepest worden

Kinderen die worden gepest, hebben vaak bepaalde eigenschappen gemeen. Meestal zijn het vrij passieve einzelgängers. Ze huilen vaak snel en missen de sociale vaardigheden die een eind zouden kunnen maken aan het pesten. Ze kunnen bijvoorbeeld geen humoristische reactie verzinnen op het getreiter van de pestkoppen. Maar ook veel kinderen zonder deze eigenschappen worden op een bepaald moment in hun schoolcarrière gepest. Ongeveer veertig procent van de kinderen op de basisschool zegt weleens te zijn gepest op school (Ahmed & Braithwaite, 2004; Katzer, Fetchenhauer & Belschak, 2009).

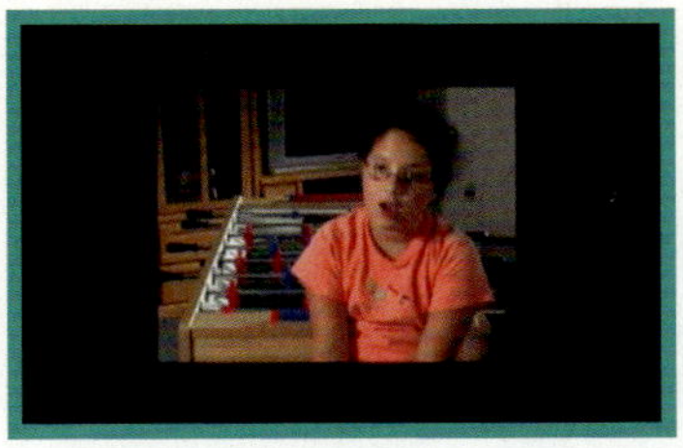

Zie MyLab voor de video: Pesten

Eigenschappen van pestkoppen

Zo'n 25 procent van de leerlingen maakt zich weleens schuldig aan pesten. Ongeveer de helft van alle pesterijen is het gevolg van mishandeling thuis, wat natuurlijk betekent dat de andere helft dat niet is. Kinderen die pesten, kijken meer naar geweld op de televisie en ze misdragen zich vaker dan kinderen die niet pesten, zowel thuis als op school. Als ze door hun pesterijen in de problemen komen, proberen ze zich uit de situatie te liegen en tonen ze maar weinig spijt over het feit dat ze anderen tot slachtoffer maken. Bovendien overtreden pestkoppen ook vaker de wet dan hun leeftijdgenoten als ze eenmaal volwassen zijn. Onder hun leeftijdgenoten zijn pestkoppen soms wel populair, maar ironisch genoeg worden sommige pestkoppen zelf ook het slachtoffer van pesterijen (Arboza et al., 2009; Haynie et al., 2001; Ireland & Archer, 2004).

Een van de effectiefste manieren om pesten te voorkomen zijn schoolprogramma's waarbij leerlingen actief worden betrokken. Zo kunnen scholen leerlingen opleiden om bij een geval van pesten niet passief toe te kijken maar actief tussenbeide te komen. Door leerlingen in staat te stellen om voor slachtoffers op te komen, neemt het pesten aanzienlijk af (Munsey, 2012; Storey et al., 2008).

Hoe kunnen schoolgaande kinderen verder nog omgaan met pesten? De strategieën die deskundigen suggereren zijn onder andere weigeren in te gaan op provocaties, protesteren (door iets als 'ophouden' te zeggen) en praten met ouders, leraren en andere vertrouwde volwassenen om hulp te krijgen. Uiteindelijk moeten kinderen erkennen dat men het recht heeft om *niet* te worden gepest. De Amerikaanse overheid geeft op de website stopbullying.gov uitgebreide informatie over pesten (NCB Now, 2011; Nederlands Jeugdinstituut, 2015; Saarento, Boulton & Salmivalli, 2014).

ONTWIKKELINGSPSYCHOLOGIE IN HET DAGELIJKS LEVEN

Hoe kweek je sociaal competentere kinderen?

Het opbouwen en in stand houden van vriendschappen is van groot belang voor de ontwikkeling van kinderen. Kunnen ouders en leerkrachten iets doen om de sociale competentie van kinderen te verbeteren? Het antwoord op die vraag is zonder meer bevestigend. Daarvoor kunnen zij de volgende strategieën gebruiken:

- Stimuleer sociale interactie. Leerkrachten kunnen manieren bedenken om kinderen aan groepsactiviteiten te laten deelnemen, en ouders kunnen hun kinderen stimuleren om bij de scouting of op een teamsport te gaan.
- Breng kinderen luistervaardigheden bij. Laat zien hoe ze zorgvuldig moeten luisteren en leer hen dat ze niet alleen moeten reageren op de letterlijke inhoud van een gesprek maar ook op de onderliggende betekenis.
- Maak kinderen ervan bewust dat mensen op non-verbale wijze emoties en stemmingen uiten en dat ze dus niet alleen aandacht moeten besteden aan wat er gezegd wordt maar ook aan gedrag.
- Breng kinderen gesprekstechnieken bij, zoals manieren om vragen te stellen en dingen over zichzelf te vertellen. Stimuleer kinderen om in de ik-vorm te praten om op die manier hun eigen gevoelens of meningen kenbaar te maken en generalisaties over anderen te vermijden.
- Vraag kinderen niet om in het openbaar teams of groepen te kiezen, maar deel hen willekeurig in. Zo verdeel je de capaciteiten net zo evenredig en vermijd je vervelende situaties voor kinderen die altijd als laatste worden gekozen.

13.3 Het gezin in de schooltijd

Tamara's moeder Brenda staat bij de deur van Tamara's klaslokaal te wachten totdat de school uitgaat. Zodra Tamara haar moeder in het oog krijgt, loopt ze naar haar toe om haar te begroeten. 'Mam, mag Anna vandaag bij me spelen?', vraagt Tamara. Brenda verheugde zich erop om even met Tamara alleen te zijn, omdat ze de afgelopen drie dagen bij haar vader was geweest. Maar het komt bijna nooit voor dat Tamara kinderen mee naar huis vraagt, dus vindt Brenda het goed. Helaas blijkt het voor Anna's vader en moeder vandaag niet zo goed uit te komen. Ze proberen een andere datum te prikken. 'Wat denk je van donderdag?', oppert Anna's moeder. Voordat Tamara antwoord kan geven, zegt haar moeder: 'Dat moet je aan je vader vragen. Donderdag ben je bij hem.' Tamara's verwachtingsvolle blik verdwijnt. 'Oké', mompelt ze.

Welke invloed heeft het feit dat Tamara haar tijd moet verdelen tussen twee huizen? En hoe zit het met haar vriendin, Anna, van wie de ouders allebei buitenshuis werken? Dit zijn slechts twee van de vragen die we willen proberen te beantwoorden als we kijken naar de invloed van school en gezin op het leven van kinderen in de schooltijd.

13.3.1 De veranderende thuisomgeving

De afgelopen jaren hebben zich grote veranderingen voltrokken in de structuur van het gezin. Door de toename van ouders die beiden buitenshuis werken, een hoog scheidingspercentage en een toename van het aantal eenoudergezinnen is de omgeving waarin kinderen in de 21e eeuw opgroeien totaal anders dan die van eerdere generaties.

Een van de belangrijkste uitdagingen in de schooltijd is voor ouders en kinderen het omgaan met een groeiende zelfstandigheid. Als kleuter worden kinderen bijna volledig gestuurd door hun ouders, terwijl ze in de leeftijdsfase daarna steeds meer zeggenschap verwerven over hun eigen leven. De schooltijd is dan ook een periode van steeds toenemende **coregulering** (vergelijk: onderhandelingshuishouden). Ouders verschaffen steeds meer globale richtlijnen voor gedrag, terwijl kinderen in de praktijk zelf hun gedrag bepalen. Ouders kunnen hun dochter bijvoorbeeld met klem aanraden om elke dag haar boterhammen en fruit te eten, maar die dochter kan op eigen houtje beslissen om de boterhammen regelmatig weg te gooien en patat en snoep te kopen.

Coregulering: periode waarin ouders en kind gezamenlijk het gedrag van het kind bepalen.

In de schooltijd brengen kinderen ook aanzienlijk minder tijd met hun ouders door. Toch blijven ouders verantwoordelijk voor de opvoeding. Ze hebben veel invloed op het leven van hun kinderen en verschaffen essentiële ondersteuning, advies en richting (Parke, 2004).

Ook broers en zussen hebben in deze periode een belangrijke invloed op kinderen, zowel in positieve als in negatieve zin. Ze kunnen ondersteuning, kameraadschap en een gevoel van veiligheid verschaffen, maar ze kunnen ook een voortdurende bron zijn van onenigheid.

Er kan sprake zijn van rivaliteit als broers en/of zussen met elkaar concurreren of ruziemaken.

Bron: Mat Hayward/Fotolia

Er kan sprake zijn van *rivaliteit* als broers en/of zussen met elkaar concurreren of ruziemaken. Die rivaliteit is vaak het heftigst als de kinderen van hetzelfde geslacht zijn en elkaar qua leeftijd niet veel ontlopen. De rivaliteit wordt soms verhoogd als het ene kind in de perceptie van de ander wordt voorgetrokken. Zulke percepties hoeven niet altijd correct te zijn. Oudere kinderen hebben bijvoorbeeld vaak meer vrijheden, wat in de ogen van een jonger kind op voortrekken kan lijken. In sommige gevallen leidt de vermeende voorkeur voor een bepaald kind niet alleen tot rivaliteit. De eigenwaarde van het andere kind kan namelijk negatief worden beïnvloed. Gelukkig is het zo dat de meeste broers en zussen behoorlijk goed met elkaar kunnen opschieten (Caspi, 2012; Edward, 2013; McHale, Kim & Whiteman, 2012).

Wat als een kind geen broers of zussen heeft? Hoewel enig kinderen geen ruzie kunnen maken met broers of zussen, missen ze ook de voordelen van het opgroeien met andere kinderen. Maar ondanks het vooroordeel dat enig kinderen verwend en egocentrisch zijn, zijn ze in werkelijkheid net zo goed aangepast als kinderen met broers en/of zussen. In sommige opzichten zijn enig kinderen zelfs beter aangepast. Ze hebben vaak meer eigenwaarde en zijn sterker gemotiveerd om te presteren. Dit is vooral goed nieuws voor ouders in China, waar tot voor kort een streng eenkindbeleid van kracht was. Enig kinderen in China presteren inderdaad vaak beter dan kinderen met broers en/of zussen (Miao & Wang, 2003).

Als beide ouders werken

Het eerste wat de tienjarige Mireille doet als ze van school thuiskomt, is een paar koekjes pakken en de computer aanzetten. Ze kijkt vlug of ze nog mailtjes heeft en gaat daarna voor de televisie zitten, waar ze meestal een uur naar blijft kijken. Tijdens de reclame kijkt ze haar huiswerk door. Wat ze niet doet, is kletsen met haar ouders. Die zijn er allebei niet. Ze is alleen thuis.

Sleutelkind: een kind dat zichzelf na school binnenlaat en thuis blijft wachten tot zijn ouders van hun werk thuiskomen.

Mireille is zeker niet de enige. Ze is, wat men vroeger zei, een **sleutelkind**: een kind dat zichzelf na school binnenlaat en thuis blijft wachten tot zijn ouders van hun werk komen. In het verleden was men bij sleutelkinderen vooral bezorgd over het gebrek aan toezicht en de emotionele gevolgen van het alleen thuis zijn. Natuurlijk is niet ieder kind met werkende ouders een sleutelkind. Sommige werkende ouders regelen buitenschoolse opvang. Ze huren iemand in om op te passen of regelen dat het kind bij buren of familie terechtkan.

Hoe gaat het met dergelijke kinderen? De term 'sleutelkind' roept een beeld op van zielige en verwaarloosde kinderen. Echter, in de meeste gevallen doen kinderen wier ouders fulltime buitenshuis werken het vrij goed. Kinderen wier ouders liefdevol zijn, adequaat reageren op hun behoeften en voor goede opvang zorgen, ontwikkelen zich doorgaans niet anders dan kinderen van wie een van de ouders niet werkt (Harvey, 1999).

Dat kinderen met twee werkende ouders meestal goed aangepast zijn, heeft te maken met de psychische aanpassing van de ouders, en dan vooral van de moeder. Vrouwen die tevreden zijn met hun leven, zijn over het algemeen zorgzamer voor hun kinderen. Als hun werk hun veel bevrediging geeft, bieden moeders hun kinderen dus wellicht meer ondersteuning. Het is niet zo belangrijk of een moeder kiest voor fulltime werken, thuisblijven of een combinatie van de twee. Waar het om gaat is hoe tevreden ze is met de keuzes die ze maakt (Barnett & Rivers, 1992; Gilbert, 1994; Haddock & Rattenborg, 2003). Dit geldt overigens niet alleen voor vrouwen maar ook voor mannen.

Hoewel je misschien zou verwachten dat kinderen met twee werkende ouders relatief gezien minder tijd met hun ouders doorbrengen dan kinderen van wie één ouder fulltime thuis is, blijkt dat in werkelijkheid niet zo te zijn. Onderzoek wijst uit dat kinderen met vaders en moeders die fulltime werken, in feite evenveel tijd doorbrengen met het gezin, op school, met vrienden en alleen als kinderen in gezinnen waar één ouder thuisblijft (Gottfried, Gottfried & Bathurst, 2002; Richards & Duckett, 1994).

Wat doen kinderen zoal op een dag? De activiteiten die de meeste tijd in beslag nemen, zijn slapen en school. Daarna komen televisiekijken en spelen, op de voet gevolgd door persoonlijke verzorging en eten. Dit patroon is de afgelopen twintig jaar nauwelijks veranderd.

Diversiteit in gezinssamenstellingen

Kind zijn van gescheiden ouders, zoals de eerder beschreven Tamara, is niet langer een uitzondering. Een groot deel van de kinderen woont niet zijn hele jeugd in hetzelfde gezin met beide ouders. Ze wonen in eenoudergezinnen of met stiefouders in samengestelde gezinnen. Ze wonen met grootouders of andere familieleden. En sommige kinderen eindigen in een pleeggezin of een gezinsvervangende instelling (Harvey & Fine, 2004).

Gescheiden gezinnen

Hoe reageren kinderen op een scheiding? Het antwoord op die vraag hangt af van hoe snel je hem na de scheiding stelt. Direct na een scheiding kunnen kinderen verschillende typen psychische onevenwichtigheid vertonen. Kinderen kunnen bang of depressief zijn en slaapstoornissen of zelfs fobieën ontwikkelen. En hoewel kinderen na een scheiding meestal bij hun moeder wonen, verslechtert de relatie tussen moeder en kind in de meeste gevallen (Juby et al., 2007; Lansford, 2009; Maes, De Mol & Buysse, 2012). Aan het begin van de schooltijd geven kinderen van wie de ouders gaan scheiden zichzelf vaak de schuld van de scheiding. Rond hun tiende jaar voelen ze zich genoodzaakt om partij te kiezen en scharen ze zich achter een van de ouders. Dat leidt soms tot loyaliteitsconflicten (Shaw, Winslow & Flanagan, 1999).

Hoewel onderzoekers het erover eens zijn dat de kortetermijngevolgen van een scheiding behoorlijk ontwrichtend kunnen zijn, is er minder bekend over de consequenties op de lange termijn. Volgens sommige onderzoekers worden de gevolgen na achttien maanden tot twee jaar minder destructief en beginnen de meeste kinderen weer terug te keren naar hun oorspronkelijke psychische toestand. Veel kinderen ondervinden op de lange termijn minimale consequenties van een scheiding (Guttmann & Rosenberg, 2003; Harvey & Fine, 2004; Hetherington & Kelly, 2002).

Andere onderzoekers menen echter dat een scheiding een lange nasleep heeft. Zo hebben kinderen van gescheiden ouders twee keer zo vaak psychische hulp nodig als kinderen van niet-gescheiden ouders. Bovendien lopen mensen die als kind een scheiding hebben meegemaakt een groter risico om later zelf ook te scheiden (Huurre, Junkkari & Aro, 2006; South, 2013; Wallerstein & Resnikoff, 2005).

De manier waarop kinderen op een scheiding reageren, hangt af van verschillende factoren. De belangrijkste is de wijze waarop ouders hun kinderen begeleiden, zowel tijdens als na de scheiding. Een andere factor is de economische status van het gezin waarin het kind leeft. In veel gevallen betekent een scheiding dat de levensstandaard van beide ouders daalt. Als dat gebeurt, kan het zijn dat een kind met armoede te maken krijgt (Fischer, 2007; Ozawa & Yoon, 2003).

In andere gevallen zijn de negatieve gevolgen van een scheiding minder ernstig, omdat de scheiding de vijandigheid en de ruzies in huis vermindert. Als het gezinsleven voor de scheiding volledig in het teken stond van ouderlijke conflicten, kan de relatieve rust die een scheiding met zich meebrengt juist beter zijn voor kinderen. Dat geldt vooral voor kinderen die een hechte, positieve relatie hebben met de ouder met wie ze niet samenleven (Davies et al., 2002; Vélez et al., 2011).

Voor sommige kinderen is een scheiding dus beter dan leven met ouders die bij elkaar blijven maar een ongelukkig, conflictueus huwelijk hebben. In ongeveer zeventig procent van de scheidingsgevallen is er echter nooit sprake geweest van veel conflicten in het huwelijk. De kans bestaat dat kinderen uit zo'n gezin meer moeite hebben om zich aan de scheiding aan te passen (Amato & Booth, 1997).

Het Interdisciplinair Project voor de Optimalisatie van Scheidingstrajecten (IPOS) in Vlaanderen beoogt scheidingstrajecten te optimaliseren met als doel de levenskwaliteit van gezinnen tijdens en na een scheiding te verhogen. Hiervoor werden personen in scheiding gedurende vier jaar bevraagd aan de hand van gestandaardiseerde vragenlijsten, evenals hun kinderen en de betrokken scheidingsdeskundigen. Uit deze studie blijkt onder andere dat de mate waarin kinderen betekenis kunnen geven aan de scheiding en de mate waarin ze het gevoel hebben ertoe te doen voor hun ouders, een grotere invloed hebben op hun levenskwaliteit dan de mate van conflict. Het is dus belangrijk om te toetsen of kinderen de situatie begrijpen. Ook moet er rekening met hen worden gehouden en moeten zij de ruimte krijgen om het verschil te maken na de scheiding. Scheidingsprofessionals kunnen ouders helpen om tot constructieve oplossingen te komen voor bestaande conflicten. Zij kunnen ouders ook stimuleren om zelf te communiceren met hun kinderen en te luisteren naar wat hun bezorgdheden zijn. Het is voor kinderen vooral belangrijk dat zij niet het gevoel hebben te verdwijnen uit het hoofd en het hart van hun beide ouders. Ze willen het gevoel hebben dat zij ook na de scheiding belangrijk blijven (Elker, 2015; Maes & Buysse, 2011).

Leven in een nieuw samengesteld gezin

Nieuw samengesteld gezin: een huishouden dat bestaat uit twee ouders en minstens één kind uit een eerdere relatie.

Voor veel kinderen betekent de scheiding van hun ouders dat een of beide ouders daarna weer hertrouwen. Het blijkt dat bijna negen op de tien mannen en vrouwen in de toekomst weer een samenwoonrelatie aangaan (Wobma & de Graaf, 2009) en op deze manier een nieuw gezin vormen. Zo'n gezin wordt een **nieuw samengesteld gezin** genoemd. Een uitgebreide studie in Vlaanderen (Kind en Gezin, 2013; zie tabel 13-2) naar de gezinsvorm waarin kinderen opgroeien, leert ons dat ongeveer 55 procent van de kinderen opgroeit in een gezin waar beide ouders aanwezig zijn.

Voor kinderen is het vaak lastig om in een nieuw samengesteld gezin te leven. Vaak is er sprake van *rolambiguïteit*, wat wil zeggen dat de rollen en de verwachtingen van elk gezinslid onduidelijk zijn. Kinderen weten vaak niet wat hun verantwoordelijkheden zijn, hoe ze zich moeten gedragen tegenover hun stiefouders en stiefbroers en -zussen en hoe ze beslissingen moeten nemen die gevolgen hebben voor hun rol in het gezin. Soms moet een kind uit een nieuw samengesteld gezin bijvoorbeeld kiezen met welke ouder het de vakanties wil doorbrengen of krijgt het tegenstrijdige boodschappen van zijn biologische ouder en zijn stiefouder (Belcher, 2003; Cath & Shopper, 2001; Guadalupe & Welkley, 2012; Sabatino & Mayer, 2011).

In veel gevallen doen schoolkinderen uit nieuw samengestelde gezinnen het echter verrassend goed. In vergelijking met adolescenten, die er meer moeite mee hebben, passen zij zich om verschillende redenen vaak relatief gemakkelijk aan. Ten eerste wordt de financiële situatie van het gezin er vaak beter op als een ouder hertrouwt. Bovendien zijn er in een nieuw samengesteld gezin meer

TABEL 13-2 **Gezinstypes in Vlaanderen**

	2009	2012				2013			
	Totaal	Kinderen onder de 3 jaar	Kinderen van 3 tot 6 jaar	Kinderen van 6 tot 12 jaar	Totaal	Kinderen onder de 3 jaar	Kinderen van 3 tot 6 jaar	Kinderen van 6 tot 12 jaar	Totaal
Kind bij gehuwd paar	66,1	53,4	60,7	66,6	61,7	**53,0**	**59,8**	**65,6**	**60,9**
Bij beide ouders	*61,4*	*52,2*	*55,2*	*58,4*	*55,9*	*51,6*	*53,9*	*56,7*	***54,7***
Bij een ouder en een stiefouder	*0,9*	*0,3*	*0,4*	*1,3*	*0,8*	*0,3*	*0,4*	*1,3*	***0,8***
Bij een ouder en een ?stiefouder? [1]	*3,4*	*0,7*	*4,8*	*6,5*	*4,6*	*0,8*	*5,1*	*7,2*	***5,0***
Bij gehuwd paar, niet verwant	*0,3*	*0,2*	*0,3*	*0,4*	*0,3*	*0,2*	*0,3*	*0,4*	***0,3***
Kind bij ongehuwd paar [2]	19,1	34,3	25,4	16,6	23,4	**34,6**	**26,2**	**17,6**	**24,2**
Bij een ouder en een stiefouder	*2,6*	*0,7*	*1,8*	*3,9*	*2,6*	*0,7*	*1,7*	*3,8*	***2,5***
Bij een ouder en een ?stiefouder? [1]	*16,5*	*33,6*	*23,6*	*12,6*	*20,9*	*33,9*	*24,5*	*13,8*	***21,7***
Kind bij alleenstaande moeder	10,0	6,4	9,2	12,5	10,1	**6,4**	**9,2**	**12,4**	**10,0**
Kind bij alleenstaande vader	1,5	0,8	1,3	2,0	1,5	**0,8**	**1,3**	**2,1**	**1,6**
Kind inwonend bij een ander kerngezin [3]	3,2	5,2	3,4	2,3	3,3	**5,2**	**3,5**	**2,3**	**3,3**
Kind in collectief huishouden [4]	0,0	0,0	0,0	0,0	0,0	**0,0**	**0,0**	**0,0**	**0,0**
Totaal	100,0	100,0	100,0	100,0	100,0	**100,0**	**100,0**	**100,0**	**100,0**

Gezinstype waarin kinderen onder de 12 jaar leven – Vlaams Gewest (percentage) – situatie op 1 januari 2013

(1) ?stiefouder?: mogelijk de stiefmoeder/-vader vanhet kind, maar het kan ook de moeder/vader zijn

(2) Als kinderen bij een ongehuwd paar wonen, is het moeilijk uit te maken of het gaat om de natuurlijke vader of moeder. Deze kinderen zijn dan ook meestal opgenomen in de categorie 'bij een ouder en een ?stiefouder?'

(3) Bv. bij de grootouders

(4) Collectieve huishoudens bestaan uit meerdere niet-verwante personen die leven in instellingen en gemeenschappen zoals rusthuizen, rust- en verzorgingstehuizen, weeshuizen, studenten- en arbeidshomes, verpleeginstellingen, strafinrichtingen en kloosters

Bron: *Kind en Gezin*, 2013; gegevens uit het rijksregister – bewerking door E. Lodewijckx, Studiedienst van de Vlaamse Regering

Nieuw samengestelde gezinnen ontstaan wanneer mannen en vrouwen met kinderen uit een vorige relatie gaan samenwonen.

Bron: Phil Borden/PhotoEdit

mensen beschikbaar om de huishoudelijke taken mee te delen. Tot slot levert het simpele feit dat het gezin meer mensen telt meer mogelijkheden voor sociale interactie op (Hetherington & Elmore, 2003; Purswell & Dillman Taylor, 2013).

Niet alle kinderen passen zich natuurlijk even goed aan het leven in een nieuw samengesteld gezin aan. Sommige kinderen hebben moeite met de ontwrichting van hun routines en van de bestaande familierelaties. Een kind dat bijvoorbeeld gewend is om zijn moeder helemaal voor zichzelf te hebben, kan het moeilijk vinden om te zien dat zijn moeder belangstelling en affectie toont voor een stiefkind. Nieuw samengestelde gezinnen zijn vaak het meest succesvol wanneer de ouders de eigenwaarde van de kinderen stimuleren en een cultuur creëren waar alle gezinsleden zich onderdeel van voelen. Over het algemeen verloopt de overgang naar een nieuw samengesteld gezin gemakkelijker naarmate de kinderen jonger zijn (Jeynes, 2007; Kirby, 2006).

Eenoudergezinnen

In 2005 was ongeveer elf procent van de gezinnen in Nederland een eenoudergezin. In veel eenoudergezinnen is er nooit een tweede ouder aanwezig geweest (dat wil zeggen dat de moeder nooit getrouwd is), zijn de ouders

Afgaand op recente trends zal in 2050 achttien procent van de Nederlandse gezinnen uit eenoudergezinnen bestaan.

Bron: Monkey Business/Fotolia

gescheiden of is een van de ouders afwezig. In de overgrote meerderheid van de gevallen is de aanwezige ouder de moeder. De verwachting is dat het aantal eenoudergezinnen zal toenemen (zie figuur 13-4), terwijl het totale aantal paren licht zal dalen.

Uit een onderzoek uit 2009 bleek dat in Vlaanderen 10,3 procent van de kinderen jonger dan twaalf jaar bij een alleenstaande moeder woonde. Slechts 1,5 procent woonde bij een alleenstaande vader (Kind en Gezin, 2009). In een follow-up kwam men tot vrijwel dezelfde cijfers (Kind en Gezin, 2013).

Wat zijn de gevolgen voor kinderen die in een eenoudergezin wonen? Die vraag is moeilijk te beantwoorden. Veel hangt af van de vraag of er eerder wél een tweede ouder aanwezig was, en van de vraag hoe de relatie tussen de twee ouders destijds was. Verder speelt de economische status van het eenoudergezin een rol. Eenoudergezinnen zijn vaak financieel slechter af dan gezinnen met twee ouders, en relatieve armoede heeft een negatieve invloed op kinderen (Davis, 2003; Harvey & Fine, 2004; Sarsour et al., 2011).

Leven in een eenoudergezin is dus op zichzelf niet automatisch negatief of positief. Gezien het grote aantal eenoudergezinnen is het stigma dat vroeger aan zulke gezinnen kleefde grotendeels verdwenen. De uiteindelijke consequenties voor kinderen zijn afhankelijk van verschillende factoren, zoals de economische status van het gezin, de hoeveelheid tijd die de ouder met het kind kan doorbrengen en de mate van stress binnen het gezin.

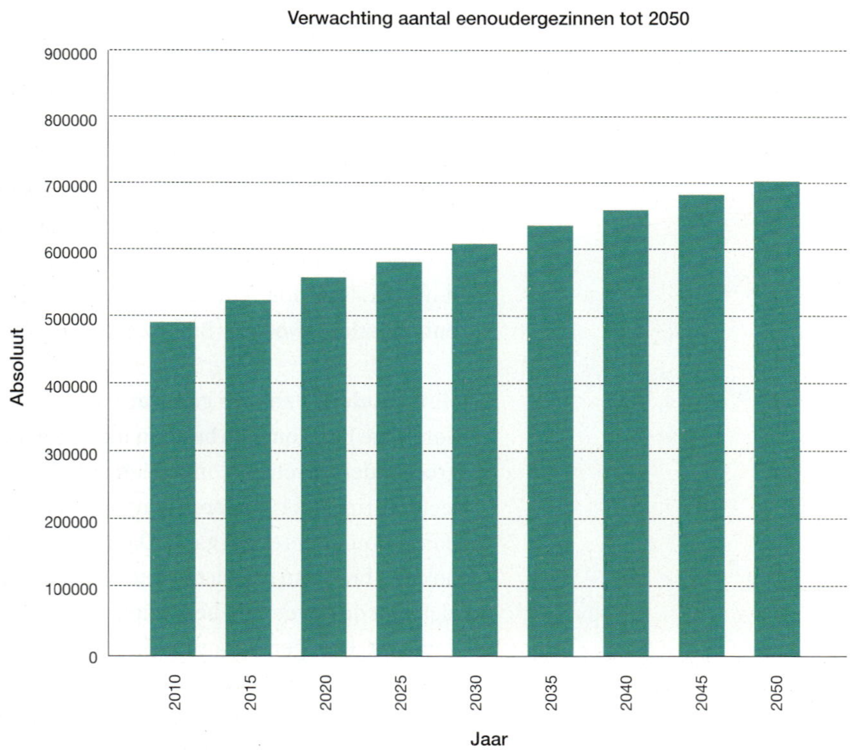

FIGUUR 13-4 Verwachte toename eenoudergezinnen in Nederland

De komende jaren zal het aantal eenoudergezinnen toenemen.

Bron: CBS, 2005

Gezinnen met homoseksuele ouders

Een toenemend aantal kinderen heeft twee moeders of twee vaders. Geschat wordt dat er in Nederland zo'n 40.000 kinderen opgroeien in gezinnen met twee homoseksuele ouders aan het hoofd (Gates, 2013; Patterson, 2007, 2009; Warmerdam, 2007).

Uit een groeiend aantal onderzoeken komt naar voren dat kinderen uit gezinnen met homoseksuele ouders zich net zo ontwikkelen als kinderen uit gezinnen met heteroseksuele ouders. De seksuele oriëntatie van deze kinderen staat los van die van hun ouders, hun gedrag is niet meer of minder gendergetypeerd en ze lijken net zo goed aangepast (Fulcher, Sutfin & Patterson, 2008; Patterson, 2002, 2003, 2009).

Deze bevindingen werden bevestigd door een grootschalige analyse van negentien verschillende studies die al 25 jaar liepen. Daarbij waren ruim duizend gezinnen met homoseksuele en heteroseksuele ouders betrokken. Uit de analyse kwamen geen significante verschillen naar voren qua genderrol, genderidentiteit, cognitieve ontwikkeling, seksuele oriëntatie of sociale en emotionele ontwikkeling. Het enige significante verschil was de kwaliteit van de relatie tussen ouder en kind. Opvallend genoeg bleken homoseksuele ouders de relatie met hun kinderen beter te waarderen dan heteroseksuele ouders (Crowl, Ahn & Baker, 2008).

Andere onderzoeken tonen aan dat kinderen uit gezinnen met homoseksuele ouders op dezelfde manier met hun leeftijdgenoten omgaan als kinderen uit gezinnen met heteroseksuele ouders. Ook met volwassenen, zowel homoseksuele als heteroseksuele, is de relatie niet anders. Bovendien hebben ze als adolescent dezelfde liefdesrelaties en seksuele gedragingen als leeftijdgenoten uit gezinnen met heteroseksuele ouders (Golombok et al., 2003; Patterson, 1995, 2009; Wainright, Russell & Patterson, 2004).

Kortom, onderzoek wijst uit dat er maar weinig ontwikkelingsverschillen zijn tussen kinderen met homoseksuele ouders en kinderen met heteroseksuele ouders. Wat wel duidelijk anders is voor kinderen met ouders van hetzelfde geslacht, is de mogelijkheid dat ze te maken krijgen met discriminatie en vooroordelen vanwege de geaardheid van hun ouders. In grote delen van de wereld voeren burgers nog steeds een politiek debat over de kwestie van het homohuwelijk. Daardoor kunnen kinderen uit dergelijke verbintenissen zich soms buitengesloten voelen (Biblarz & Stacey, 2010; Davis, Saltzburg & Locke, 2009).

Huishoudens van drie generaties

Sommige huishoudens bestaan uit drie generaties. Kinderen, ouders en grootouders leven dan onder één dak. Drie generaties in één huis kan een rijke leefervaring voor kinderen zijn, omdat ze de invloed van zowel hun ouders als hun grootouders ondergaan. Daar staat tegenover dat dergelijke huishoudens ook een bron van conflicten kunnen zijn, zeker als verschillende volwassenen zich met de opvoeding bemoeien zonder dat daar onderlinge afspraken over zijn gemaakt. Drie generaties in één huis komt vaker voor bij niet-westerse families. In deze gezinnen nemen de grootouders een groot deel van de dagelijkse verzorging van de kinderen op zich. Dat grootouders een actieve rol spelen in de opvoeding is een algemeen gesteunde cultuurnorm in deze gezinnen (Kelch-Oliver, 2008; Oberlander, Black & Starr, 2007; Pittman & Boswell, 2007).

Etniciteit en gezinsleven

Er zijn natuurlijk evenveel typen gezinnen als er individuen bestaan, maar uit onderzoek komt toch enige consistentie naar voren die samenhangt met etniciteit (Parke, 2004). In Surinaamse families heerst bijvoorbeeld vaak een heel sterk familiegevoel. Het komt veel voor dat verwanten uit de hele familie in huis worden opgenomen, wat vaak een welkome oplossing is. Omdat er relatief veel gezinnen zijn met een vrouw aan het hoofd, is sociale en financiële steun van de familie in bredere zin vaak heel belangrijk. Bovendien staan er in relatief veel gezinnen oudere volwassenen aan het hoofd, bijvoorbeeld grootouders. Uit sommige studies blijkt dat kinderen in dergelijke gezinnen bijzonder goed zijn aangepast (McLoyd et al., 2000; Smith & Drew, 2002; Taylor, 2002).

Naar Aziatische gezinnen is relatief weinig onderzoek gedaan. De gegevens die bekend zijn, lijken erop te wijzen dat vaders eerder machtige figuren zijn die de wind eronder houden. In overeenstemming met de meer collectivistische oriëntatie van Aziatische culturen vinden kinderen vaak dat de familie belangrijker is dan hun persoonlijke behoeften. Vooral van mannen wordt verwacht dat ze hun hele leven voor hun ouders zorgen (Ishi-Kuntz, 2000).

Armoede en gezinsleven

Los van afkomst hebben kinderen uit minder welvarende gezinnen vaak veel en grote problemen. Arme gezinnen hebben minder basismiddelen. Ook is er vaker sprake van ontwrichting in het leven van deze kinderen. Ouders moeten bijvoorbeeld goedkopere huisvesting zoeken. Of ze moeten verhuizen om werk te kunnen vinden. Dit leidt vaak tot gezinssituaties waarin ouders weinig aandacht hebben voor de behoeften van hun kinderen en hun kinderen minder sociale steun bieden (Evans, 2004).

De stress van een onevenwichtige gezinssituatie in combinatie met stress veroorzaakt door andere factoren, zoals een onveilige woonomgeving met veel geweld en slecht onderwijs, eist uiteindelijk zijn tol. Economisch minder bedeelde kinderen lopen kans op slechtere schoolprestaties, een hogere mate van agressie en gedragsproblemen. Daarnaast is er een verband gevonden tussen economische achteruitgang en problemen op het gebied van geestelijke gezondheid (Morales & Guerra, 2006; Sapolsky, 2005; Sapolsky et al., 2008).

VAN ONDERZOEK NAAR PRAKTIJK

De digitale kloof dichten: onbedoelde gevolgen

In de jaren negentig, toen computers en internet voor het eerst gemeengoed werden, spraken veel opvoeders hun zorgen uit over de groei van wat zij de *digitale kloof* noemden. Deze term stond voor het onderscheid tussen kinderen van wie de ouders zich thuiscomputers konden veroorloven (of in elk geval betrouwbare toegang hadden tot computers en internet) en kinderen voor wie dat niet het geval was. De belangrijkste zorg was dat onbekendheid met nieuwe technologie deze kinderen een groeiende leerachterstand zou bezorgen.

Om deze zorgen weg te nemen, werd in de Verenigde Staten op grote schaal moeite gedaan om computers in de huizen en handen van alle schoolkinderen te krijgen. Gelukkig zijn deze pogingen zeer succesvol gebleken in het dichten van de digitale kloof. In hun ijver om alle kinderen aangesloten te krijgen, hadden opvoeders en sociale wetenschappers echter niet voorzien dat er een nieuw probleem zou ontstaan. Al gauw bleek dat computers voor tal van niet-educatieve doeleinden werden gebruikt, van het spelen van videogames tot, zoals de laatste jaren het geval is, het bekijken van filmpjes en het gebruiken van social media.

Een recent onderzoek van de Kaiser Family Foundation toont aan dat de tijd die kinderen besteden aan het gebruik van verschillende entertainmentmedia de afgelopen jaren dramatisch is gestegen, tot meer dan 53 uur per week. Dat is meer dan zeven uur per dag. In slechts vijf jaar is het gebruik met negen uur per week gestegen. De tijd die achter de computer wordt doorgebracht, is het afgelopen decennium meer dan verdubbeld, van minder dan één uur per dag tot meer dan twee. Slechts zestien minuten daarvan worden besteed aan huiswerk. De rest is voor ontspanning, waarbij social media, games en online video's de meeste tijd opslokken. En veel van dat mediagebruik wordt door ouders niet in de gaten gehouden: slechts een derde van de kinderen gaf aan dat er huisregels zijn voor hun computergebruik (Rideout, Foehr & Roberts, 2010).

Wanneer ouders enige regels stellen, neemt het algehele mediagebruik met circa drie uur per dag af. Natuurlijk is het daarbij nodig dat ouders zelf technisch onderlegd zijn en de tijd en energie hebben om het mediagebruik van hun kinderen in de gaten te houden. In achterstandsgezinnen is dit vaak niet het geval. Uit de studie van de Kaiser Family Foundation blijkt dan ook dat kinderen van niet-universitair geschoolde ouders circa negentig minuten per dag meer aan amusementsmedia besteden dan kinderen van universitair opgeleide ouders (Rideout, Foehr & Roberts, 2010; Wood & Howley, 2012).

Victoria Rideout, een van de onderzoekers en ontwerpers van de studie, vatte het probleem als volgt samen: 'Ondanks het educatieve potentieel van computers is de realiteit dat hun gebruik voor educatie of zinvolle contentcreatie te verwaarlozen is ten opzichte van het gebruik voor puur amusement. In plaats van de resultaatkloof te dichten, verbreden ze de tijdverspillingskloof.' (Richtel, 2012).

Wat kan er worden gedaan om deze nieuwe 'tijdverspillingskloof' te dichten? Een veelbelovende oplossing is een training in digitale vaardigheden voor ouders, om hen te helpen begrijpen hoe kinderen computers gebruiken en wat zij zelf kunnen doen om het computergebruik van hun kinderen te volgen en te beperken. Het is niet voldoende om achterstandsgezinnen gewoon van computers te voorzien en maar aan te nemen dat kinderen ze voor de juiste doeleinden gebruiken. Ouders moeten voldoende wegwijs gemaakt worden op computergebied om de inspanningen van hun kinderen te kunnen begeleiden.

13.3.2 Jeugdzorg

De meeste kinderen groeien op in redelijk harmonieuze omstandigheden. Helaas geldt dit niet voor elk kind. Soms moet er opvoedingsondersteuning komen, en in sommige gevallen moet er zelfs voor een andere opvoedingsomgeving worden gezorgd in een gezinsvervangende instelling. Dit soort instellingen, waar meestal een relatief klein aantal kinderen woont, is bestemd voor kinderen van wie de ouders niet meer in staat zijn om goede zorg te bieden. Steeds vaker probeert men in dergelijke ernstige situaties pleegzorg in te schakelen. Er is de afgelopen decennia een duidelijke toename van het aantal pleeggezinnen te zien. Op 1 januari 2007 verbleven in Nederland 12.853 kinderen bij pleegouders. In datzelfde jaar werden 7738 nieuwe plaatsingen gerealiseerd. In de afgelopen tien jaar is het aantal kinderen dat gebruikmaakt van de pleegzorg verdubbeld (Factsheet Pleegzorg, 2007). In Vlaanderen is er een soortgelijke tendens (Kind en Gezin, 2009).

Aan het begin van de twintigste eeuw waren kindertehuizen overvol en onpersoonlijk, maar tegenwoordig zijn de leefomstandigheden binnen gezinsvervangende instellingen enorm verbeterd.

Bron: (boven) Robert L. Bracklow/Historical/Corbis; (onder) Alice McBroom/Pearson Education Australia Pty Ltd.

Veel van de kinderen die in pleeggezinnen wonen, zijn het slachtoffer van verwaarlozing en mishandeling. Van de nieuwe pleegzorgplaatsingen in 2007 was er bij een kwart sprake van spoedeisende hulp. De helft van deze kinderen was niet ouder dan vijf. De meeste kinderen die uit huis worden geplaatst, kunnen weer naar huis terugkeren nadat maatschappelijke instellingen orde op zaken hebben gesteld in het gezin. Maar het overige kwart van de kinderen is psychisch zo beschadigd dat ze in permanente pleeggezinnen worden geplaatst, waar ze meestal hun hele jeugd blijven. Kinderen die ernstige problemen hebben ontwikkeld, zoals een grote mate van woede of agressie, vinden maar moeilijk een pleeggezin. Zelfs een tijdelijk pleeggezin dat kan omgaan met hun emotionele problemen en gedragsproblemen is vaak moeilijk te vinden (Bass, Shields & Behrman, 2004; Chamberlain et al., 2006; Lee et al., 2011).

Veel deskundigen menen dat gezinsvervangende zorg op zich goed noch slecht is. Soms kan het heel positief uitpakken om een kind uit zijn gezinssituatie te halen. Het resultaat is uiteindelijk afhankelijk van de specifieke eigenschappen van de medewerkers van de instelling en van de vraag of zij in staat zijn om een effectieve, stabiele en sterke emotionele band met het kind op te bouwen. Als het personeel niet in staat is om een goede relatie met het kind op te bouwen, kunnen de gevolgen ongunstig zijn (Hawkins-Rodgers, 2007; Knorth et al., 2008). In tabel 13-3 zijn de persoonlijke eigenschappen van de beste en de slechtste jeugdwelzijnswerkers opgesomd.

TABEL 13-3 **Persoonlijke eigenschappen van de beste en slechtste jeugdwelzijnswerkers**

BESTE WELZIJNSWERKERS	SLECHTSTE WELZIJNSWERKERS
Flexibel	Vertoont pathologische kenmerken
Volwassen	Egocentrisch
Integer	Defensief
Oordeelkundig	Oneerlijk
Verstandig	Grof
Geschikte waarden en normen	Drugs-/alcoholmisbruik
Verantwoordelijk	Niet-coöperatief
Goed zelfbeeld	Weinig gevoel van eigenwaarde
Zelfbeheersing	Star
Gevoelig voor gezag	Onverantwoordelijk
Bekwaam in interpersoonlijke omgang	Kritisch
Stabiel	Passief-agressief
Niet-pretentieus	Ongepaste grenzen
Voorspelbaar/consistent	Onethisch
Niet-defensief	Autoritair/dwingend
Zorgzaam/resoluut	Inconsistent/onvoorspelbaar
Zelfbewust	Vermijdend
In staat anderen mondig te maken	Leert niet van ervaringen
Coöperatief	Slecht rolmodel
Goed rolmodel	Boos/explosief

Bron: naar Shealy, 1995

TERUGBLIK

▷ 13.1 De ontwikkeling van het eigen ik

- Volgens Erik Erikson bevinden kinderen zich tussen het zesde en twaalfde levensjaar in het stadium van vlijt-versus-minderwaardigheid. Ze zijn vooral bezig met het ontwikkelen van competenties en proberen een breed scala aan persoonlijke uitdagingen het hoofd te bieden.
- Kinderen creëren in deze fase een plek voor zichzelf in hun sociale wereld door meer met anderen samen te werken en zich tussen verschillende sociale groepen en rollen te bewegen.
- Vanaf de schooltijd laten kinderen hun psychische eigenschappen meewegen bij het beeld dat ze van zichzelf hebben. Hun zelfbeeld valt in verschillende gebieden uiteen. Ze beoordelen hun gedrag, capaciteiten, expertise en meningen door middel van sociale vergelijking.
- In deze periode ontwikkelen kinderen eigenwaarde. Kinderen met een chronisch lage eigenwaarde kunnen verstrikt raken in een cyclus van mislukkingen. Ze houden hun lage eigenwaarde in stand doordat ze lage verwachtingen van zichzelf hebben en slechte prestaties leveren.

▷ 13.2 Relaties: vriendschappen in de schooltijd

- Binnen kindervriendschappen is er vaak sprake van statushiërarchieën. De kijk van kinderen op vriendschap doorloopt verschillende stadia: elkaar aardig vinden en samen tijd doorbrengen; rekening houden met karaktereigenschappen en met de voordelen die vriendschap oplevert; en belang hechten aan intimiteit en loyaliteit.
- Populaire kinderen zijn in het algemeen hulpvaardig voor anderen. Ook hebben ze een goed gevoel voor humor, zijn ze in staat de emoties van anderen te begrijpen en weten ze hun non-verbale gedrag te regelen.
- Populariteit bij kinderen is gerelateerd aan eigenschappen die ten grondslag liggen aan sociale competentie. Vanwege het belang van sociale interacties en vriendschappen hebben ontwikkelingsonderzoekers geprobeerd methoden te vinden om

de probleemoplossingsvaardigheden van kinderen te verbeteren en kinderen te leren hoe ze sociale informatie beter kunnen verwerken.

- In de schooltijd krijgen jongens en meisjes een voorkeur voor vriendschappen met kinderen van de eigen sekse. Jongensvriendschappen worden gekenmerkt door groepen, statushiërarchieën en restrictief spel. Bij meisjesvriendschappen is er meestal sprake van één of twee hechte vriendschappen, gelijke status en nadruk op samenwerking.
- Naarmate kinderen ouder worden, komen vriendschappen tussen kinderen van verschillende etnische groepen steeds minder vaak voor. Gelijkwaardige interacties tussen leden van verschillende etnische groepen kunnen leiden tot een beter begrip en wederzijds respect.
- Pesten wordt in verband gebracht met het kijken naar gewelddadige televisie, wangedrag thuis en misbruik binnen het gezin.
- Schoolprogramma's waarbij kinderen actief worden betrokken bij het tegengaan van pesten blijken effectief. Kinderen leren om tussenbeide te komen in plaats van toe te kijken. Kinderen die gepest worden hebben verschillende mogelijkheden: niet reageren op provocaties, protesteren en praten met ouders, leraren en andere vertrouwde volwassenen.

▷ 13.3 Het gezin in de schooltijd

- De afgelopen decennia is de thuisomgeving sterk veranderd. Tegenwoordig hebben kinderen veel vaker dan voorheen te maken met werkende ouders, alleenstaande ouders en echtscheiding.
- De schooltijd is een periode van groeiende coregulering. Hierbij proberen ouders en kind gezamenlijk het gedrag van het kind te bepalen.
- Kinderen met ouders die allebei buitenshuis werken, doen het over het algemeen goed. Kinderen die na schooltijd voor zichzelf zorgen, zijn soms zelfstandiger en hebben het gevoel competent te zijn en een nuttige bijdrage te leveren.
- Op de korte termijn kunnen de effecten van een scheiding op het kind ernstig zijn. Hierbij spelen de financiële situatie van het gezin en de mate van vijandigheid tussen de ex-partners een belangrijke rol.
- Nieuw samengestelde gezinnen kunnen problemen opleveren voor een kind, maar ze kunnen ook mogelijkheden bieden voor meer sociale interactie.
- Huishoudens van drie generaties kunnen een rijke leefomgeving bieden. Er kunnen conflicten ontstaan als ouders en grootouders verschillende disciplinestijlen hanteren.
- In sommige culturen zijn familiebanden heel belangrijk. Er heerst dan een sterke solidariteit in de familie.
- Kinderen uit achterstandsgezinnen kunnen te maken krijgen met verschillende problemen, zoals een gebrek aan basismiddelen, regelmatige ontwrichtingen van de leefsituatie, onveilige huizen en buurten, en ouders die te druk en te moe zijn om op de behoeften van het kind te reageren.
- Kinderen in gezinsvervangende instellingen zijn vaak het slachtoffer geweest van verwaarlozing en mishandeling. Veel kinderen kunnen na verloop van tijd in het eigen gezin worden teruggeplaatst. Andere kinderen worden in een pleeggezin ondergebracht. Er zijn echter ook kinderen die de rest van hun jeugd in een gezinsvervangende instelling moeten doorbrengen.
- Deskundigen menen dat gezinsvervangende zorg van nature goed noch slecht is. Of het leven buiten het gezin positief of negatief uitpakt, hangt af van de specifieke kenmerken van de medewerkers van de instelling en van de vraag of zij in staat zijn een effectieve, stabiele en sterke emotionele band met het kind aan te gaan.

BELANGRIJKE TERMEN EN BEGRIPPEN

Coregulering
Dominantiehiërarchie
Eigenwaarde
Nieuw samengesteld gezin
Sleutelkind
Sociale competentie
Sociale vergelijking
Stadium van vlijt-versus-minderwaardigheid

MyLab | Nederlandstalig

Op www.pearsonmylab.nl vind je studiemateriaal en de eText om je begrip en kennis van dit hoofdstuk uit te breiden en te oefenen.

DEEL 5

De adolescentie

14

Bron: bikeriderlondon/Shutterstock (Pearson Asset Library)

HOOFDSTUK 14 DE FYSIEKE ONTWIKKELING IN DE ADOLESCENTIE

HOOFDSTUK 14 IN VOGELVLUCHT

PROLOOG: De dag van een tiener

07.00 De wekker gaat af in Wendy's slaapkamer.

07.30 Wendy neemt een douche, kleedt zich aan, pakt een krentenbol en gaat met de fiets naar school.

08.15 Wendy arriveert bij school, waar ze het grootste deel van de dag in klaslokalen doorbrengt. Ze heeft wiskunde, biologie, Nederlands, Duits en een dubbeluur gym, met twee pauzes daartussen gepropt.

16.00 Hockeytraining buiten.

18.00 Wendy gaat weer op de fiets naar huis.

19.15 Ze eet in haar eentje, de rest van het gezin heeft al gegeten.

19.30 Wendy kijkt naar een aflevering van haar favoriete serie op Netflix.

20.00 Ze werkt een uur aan een essay voor Nederlands, waarbij ze dingen opzoekt op internet. Ondertussen stuurt ze WhatsApp-berichtjes naar haar vrienden. Dan doet ze haar huiswerk voor wiskunde en biologie. Leren voor een proefwerk Duits is de grootste klus, die een paar keer onderbroken wordt door wat meldingen op Snapchat en Instagram.

22.00 Ze kijkt ter ontspanning naar wat grappige filmpjes op YouTube.

22.30 Ze gaat naar bed en zet de wekker op 06.15 uur om nog even te leren voor het proefwerk Duits.

Bron: Racheal Grazias/Shutterstock (Pearson Asset Library)

Op www.pearsonmylab.nl vind je vragen bij deze proloog ter verwerking van de stof uit dit hoofdstuk.

Vooruitblik

Dit was een normale dag voor Wendy. Haar leven is volgepropt door de eisen die school en vrienden aan haar stellen. Zo ziet het leven van veel adolescenten eruit, die worstelen om aan de verwachtingen van de samenleving – en zichzelf – te voldoen. Deze uitdagingen gaan veel verder dan het managen van een overvolle agenda. Adolescenten zijn in een levensperiode aanbeland die gevoelens van opwinding, angst, vreugde en wanhoop oproept. Ze hebben niet alleen te maken met lichamen die opvallend veranderen, maar ook met de verleidingen van seks, alcohol en drugs. Bovendien maken ze vorderingen op cognitief gebied, waardoor de wereld steeds complexer lijkt. Hun sociale netwerken zijn voortdurend in beweging en hun emoties denderen maar voort.

Adolescentie: het ontwikkelingsstadium tussen de kindertijd en de volwassenheid.

De **adolescentie** is het ontwikkelingsstadium tussen de kindertijd en de volwassenheid. Het is een periode die niet heel duidelijk is afgebakend. De adolescentie begint vlak voor de tienerjaren en eindigt net daarna. Deze vage afbakening is kenmerkend voor de manier waarop de maatschappij deze periode ziet: adolescenten worden niet meer beschouwd als kinderen, maar ook nog niet als volwassenen. Toch is de adolescentie duidelijk een tijd van grote fysieke, cognitieve en sociale veranderingen.

In dit hoofdstuk richten we ons op de fysieke groei in de adolescentie. Allereerst staan we stil bij het bijzondere fysieke rijpingsproces dat in de adolescentie plaatsvindt en dat wordt aangezwengeld door het begin van de puberteit. Vervolgens bespreken we de consequenties van relatief vroege en late rijping en de verschillen daarin voor jongens en meisjes.

Daarna richten we ons op stress en manieren om ermee om te gaan. We bespreken de oorzaken van stress in de adolescentie en de gevolgen ervan op de korte en de lange termijn. Ook kijken we naar manieren waarop adolescenten met stress omgaan.

Het hoofdstuk eindigt met een bespreking van verschillende belangrijke bedreigingen voor het welzijn van adolescenten. We kijken naar de voeding in de adolescentie. We behandelen daarbij eerst de oorzaken en gevolgen van obesitas en buigen ons vervolgens over eetstoornissen, die in deze periode opmerkelijk veel voorkomen. We concentreren ons daarna op drugs, alcohol, roken en seksueel overdraagbare aandoeningen.

14.1 Fysieke rijping

Voor de mannelijke leden van de Awa-stam wordt de adolescentie ingeluid met een uitgebreide en (in westerse ogen) gruwelijke ceremonie die symbool staat voor de overgang van de kindertijd naar de volwassenheid. Eerst worden de jongens twee of drie dagen lang met stokken en stekelige takken geslagen. Op die manier tonen ze berouw voor eerdere overtredingen en eren zij stamgenoten die stierven tijdens oorlogen. Maar dat is nog maar het begin. Het ritueel van geslagen worden gaat nog dagen door.

De meeste mensen zullen dankbaar zijn dat ze niet zulke fysieke ontberingen hoefden te ondergaan toen ze de adolescentie bereikten. Toch hebben diverse culturen en religies hun eigen – minder afschrikwekkende – overgangsriten die de adolescentie inluiden, zoals de bar mitswa en bat mitswa op twaalf- of dertienjarige leeftijd voor joodse jongens en meisjes en het vormsel of de plechtige communie in de katholieke kerk (Eccles, Templeton & Barber, 2003; Hoffman, 2003).

Dergelijke ceremonies hebben meestal hetzelfde doel: het symbolisch vieren van het begin van de fysieke veranderingen die een kind naar de drempel van de volwassenheid leiden.

14.1.1 Groei in de adolescentie: het snelle tempo van de fysieke rijping

In de adolescentie kan de toename in lengte en gewicht zich in een zeer snel tempo voltrekken. Binnen een paar maanden kan een adolescent talloze centimeters groeien, waardoor zijn of haar hele garderobe moet worden vernieuwd. In een periode van slechts vier jaar ondergaan jongens en meisjes een transformatie, qua fysieke verschijning althans, van kinderen naar jonge volwassenen.

Pubertaire groeispurt: periode van zeer snelle groei in lengte en gewicht tijdens de adolescentie.

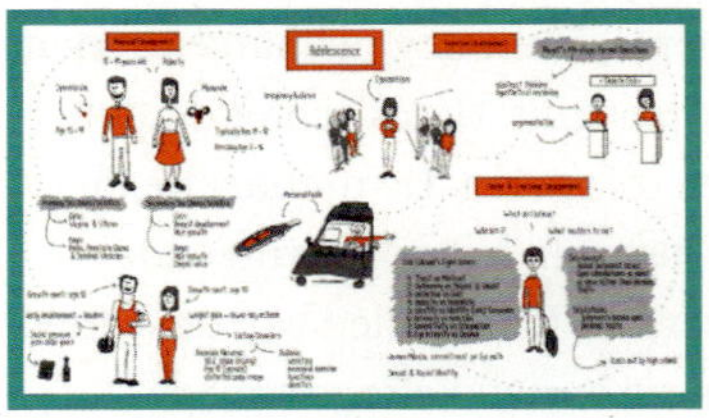

Zie MyLab voor de video: Adolescentie

Deze periode van zeer snelle groei in lengte en gewicht noemen we de **pubertaire groeispurt**. Tijdens deze groeispurt nemen lengte en gewicht net zo snel toe als in de babytijd. Jongens groeien gemiddeld 10,5 centimeter per jaar en meisjes bijna 9 centimeter. Sommige adolescenten groeien wel 12,5 centimeter in één jaar (Caino et al., 2004).

De groeispurt begint voor jongens en meisjes niet op hetzelfde moment. Bij meisjes start en eindigt de spurt gemiddeld twee jaar eerder dan bij jongens. Zoals je kunt zien in figuur 14-1 beginnen meisjes rond het tiende jaar met hun spurt en jongens rond het twaalfde jaar. Vanaf hun elfde zijn meisjes ongeveer twee jaar lang iets langer dan jongens. Tegen de tijd dat ze dertien zijn, zijn jongens gemiddeld genomen langer dan meisjes, en dat blijft doorgaans zo.

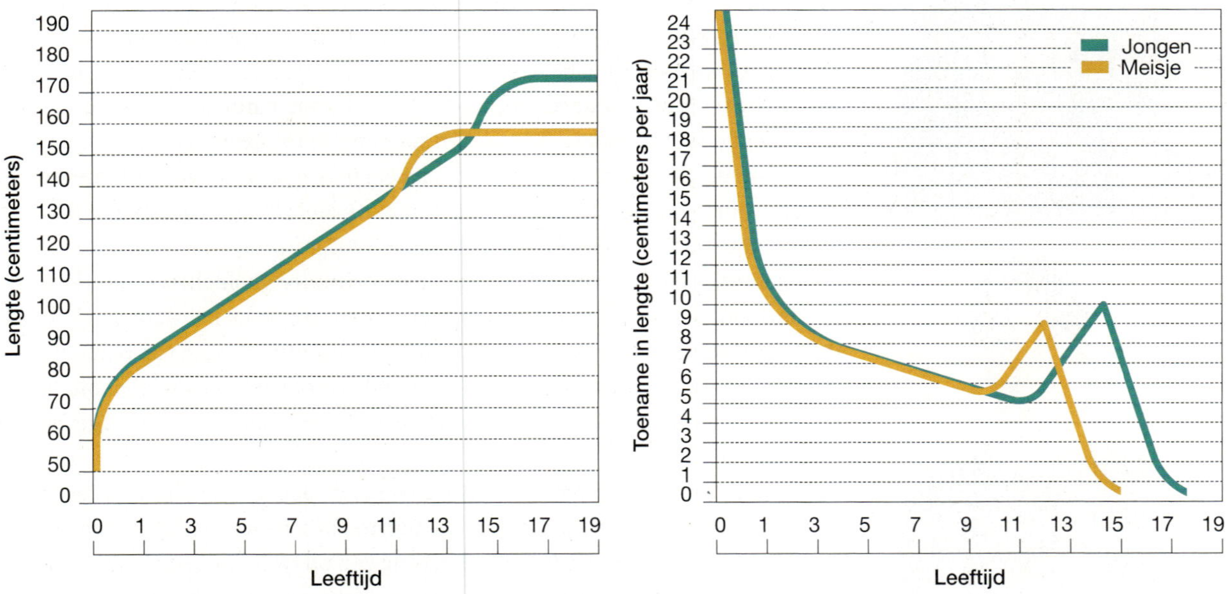

FIGUUR 14-1 **Groeipatronen**

In deze figuren worden groeipatronen op twee manieren in beeld gebracht. De linkerfiguur geeft de lengte op een bepaalde leeftijd weer, terwijl de rechterfiguur de toename in lengte toont vanaf de geboorte tot aan het einde van de adolescentie. In de figuren is te zien dat de groeispurt van meisjes rond het tiende jaar begint, en die van jongens ongeveer twee jaar later. Rond hun dertiende zijn de meeste jongens echter langer dan meisjes.

Bron: naar Cratty, 1986

14.1.2 Puberteit: het begin van de seksuele rijping

Puberteit: de periode van rijping waarin de geslachtsorganen zich volledig ontwikkelen.

Net als de groeispurt begint ook de **puberteit**, de periode waarin de geslachtsorganen zich volledig ontwikkelen, bij meisjes eerder dan bij jongens. Bij meisjes begint de puberteit rond hun elfde of twaalfde, en bij jongens rond hun dertiende of veertiende. Er kan echter sprake zijn van grote individuele verschillen. Sommige meisjes komen al op hun negende of tiende in de puberteit, andere pas op hun zestiende.

De puberteit begint wanneer de hypofyse andere klieren in het lichaam van een kind het signaal geeft dat ze volwassen hoeveelheden geslachtshormonen moeten gaan produceren. Voor jongens zijn dat *androgenen* en voor meisjes *oestrogenen*. De hypofyse zet het lichaam er ook toe aan om meer groeihormonen te produceren, die samen met de geslachtshormonen verantwoordelijk zijn voor de groeispurt en de puberteit.

Menarche: het tijdstip waarop de eerste menstruatie optreedt.

Primaire geslachtskenmerken: kenmerken die worden geassocieerd met de ontwikkeling van de organen en structuren van het lichaam die rechtstreeks betrekking hebben op de voortplanting.

Secundaire geslachtskenmerken: zichtbare tekenen van seksuele rijping die niet direct betrekking hebben op de geslachtsorganen.

De puberteit bij meisjes

Wat vormt de aanzet voor het begin van de puberteit bij meisjes? Hoewel we weten wat er gebeurt wanneer het eenmaal zover is, heeft nog niemand kunnen bewijzen dat de puberteit op een specifiek tijdstip begint. Het is echter duidelijk dat omgevingsfactoren en culturele factoren een rol spelen. De **menarche**, het begin van de menstruatie en waarschijnlijk het meest in het oog springende kenmerk van de puberteit bij meisjes, vindt in verschillende delen van de wereld op zeer uiteenlopende tijdstippen plaats. In armere ontwikkelingslanden begint de menstruatie later dan in economisch welvarender landen. Zelfs binnen rijkere landen zijn er verschillen: meisjes uit minder welgestelde milieus beginnen eerder met menstrueren dan welgestelde meisjes. Volgens onderzoekers heeft dit met lichaamsgewicht te maken. Meisjes uit gezinnen met een laag inkomen zouden vaker kampen met overgewicht door ongezond eten. Dit zou vervolgens weer effect hebben op de leeftijd waarop zij voor het eerst menstrueren (The Institute of Cancer Research, 2011). Uit onderzoeken blijkt dat gewicht of de verhouding tussen vet en spieren een rol speelt bij het tijdstip van de menarche. Sportende meisjes met een laag percentage lichaamsvet menstrueren bijvoorbeeld vaak later dan minder actieve meisjes (Sanchez-Garrido & Tena-Sempere, 2013; Woelfle, Harz & Roth, 2007).

Bij meisjes vindt de ontwikkeling van de **primaire geslachtskenmerken** plaats doordat er veranderingen optreden in hun vagina en baarmoeder. **Secundaire geslachtskenmerken** zijn onder andere de ontwikkeling van borsten en schaamhaar. Borsten beginnen rond het tiende jaar te groeien en schaamhaar begint zich rond het elfde jaar te manifesteren. Okselhaar verschijnt ongeveer twee jaar later.

Sommige meisjes komen bijzonder vroeg in de puberteit. Een op de zeven blanke meisjes begint al op haar achtste borsten of schaamhaar te krijgen. Bij Afro-Amerikaanse meisjes is die verhouding een op twee. De redenen voor deze vroege start van de puberteit, en voor het etnische verschil, zijn onduidelijk, en over de precieze afbakening tussen een normale en abnormale start van de puberteit zijn specialisten onderling verdeeld (Mensah et al., 2013; Ritzen, 2003).

Let bij deze foto's van dezelfde jongen voor en na de puberteit op de veranderingen die zich in slechts een paar jaar tijd hebben voltrokken.

Bron: (boven en onder) Ellen Senisi/The Image Works

De puberteit bij jongens

De seksuele rijping van jongens voltrekt zich in een iets ander tempo. De primaire geslachtskenmerken als de penis en het scrotum beginnen rond een jaar of twaalf in een versneld tempo te groeien en bereiken drie of vier jaar later de volwassen omvang. Als de penis van een jongen groeit, beginnen ook de prostaatklier en de zaadballen, die het zaad produceren (de vloeistof die het sperma bevat), te groeien. Dit maakt de weg vrij voor de eerste zaadlozing, ook wel *spermarche* of *semenarche* genoemd. De spermarche treedt meestal op rond het dertiende jaar, hoewel het lichaam op dat moment al meer dan een jaar sperma produceert. In eerste instantie bevat het zaad relatief weinig sperma, maar de hoeveelheid sperma neemt aanzienlijk toe naarmate jongens ouder worden. Tegelijkertijd ontwikkelen de secundaire geslachtskenmerken zich. Het schaamhaar begint rond het twaalfde jaar te groeien, gevolgd door het oksel- en gezichtshaar. Tot slot wordt de stem van jongens lager omdat hun stembanden langer worden en het strottenhoofd groeit.

De toename van de hormoonproductie die de aanzet vormt tot het begin van de adolescentie kan ook leiden tot snelle stemmingswisselingen. Jongens kunnen zich bijvoorbeeld sneller boos of geërgerd voelen door hun hogere hormoonspiegel. Bij meisjes kan die hogere hormoonspiegel leiden tot boosheid en depressiviteit (Buchanan, Eccles & Becker, 1992; Fujisawa & Shinohara, 2011).

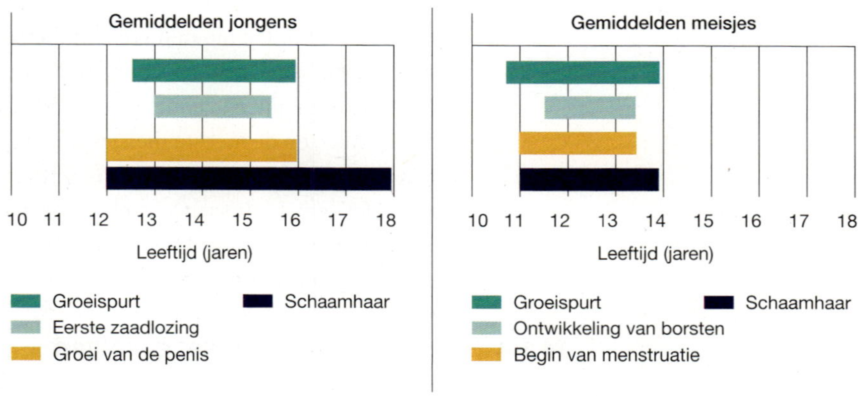

FIGUUR 14-2 De seksuele rijping tijdens de adolescentie

Bij zowel jongens als meisjes treedt de seksuele rijping grotendeels op tijdens de vroege adolescentie.

Bron: naar Tanner, 1978

14.1.3 Beeld van het eigen lichaam: reacties op fysieke veranderingen in de adolescentie

Veel ouders merken dat adolescenten plotseling onevenredig veel tijd in de badkamer door gaan brengen, waar ze zich verzorgen en naar zichzelf staren. In tegenstelling tot heel jonge kinderen, die ook een groeispurt doormaken, zijn adolescenten zich duidelijk bewust van wat er met hun lichaam gebeurt, en ze kunnen daar met afschuw of met vreugde op reageren. Er zijn echter maar weinig adolescenten die neutraal staan tegenover de veranderingen die ze waarnemen.

De menarche heeft bijvoorbeeld verschillende psychische consequenties. In het verleden werd in westerse samenlevingen de nadruk gelegd op de negatieve aspecten van de menstruatie, zoals de kans op krampen en vlekken, en meisjes reageerden meestal angstig als ze voor het eerst gingen menstrueren. Tegenwoordig heeft de maatschappij echter een positiever beeld van menstruatie, gedeeltelijk omdat de mythe rond menstruatie is verdwenen en er openlijker over wordt gepraat. Televisiereclames voor maandverband en tampons zijn bijvoorbeeld heel normaal. Daardoor brengt het begin van de menstruatie vaak een groei van de eigenwaarde, een hogere status en een groter zelfbewustzijn met zich mee (Johnson, Roberts & Worell, 1999; Matlin, 2003; Wilkosz et al., 2011; Yuan, 2012).

In sommige opzichten is de eerste zaadlozing van een jongen te vergelijken met de menarche bij een meisje. Maar terwijl meisjes hun moeder meestal vertellen dat ze zijn gaan menstrueren, praten jongens zelden met hun ouders of hun vrienden over hun eerste zaadlozing (Stein & Reiser, 1994). Waarom is dat zo? Een van de redenen is dat jongens de eerste zaadlozing beschouwen als een teken van hun ontluikende seksualiteit, een gebied waarover ze onzeker zijn en waarover ze dus niet graag met anderen praten. Ook veel ouders brengen het niet ter sprake.

Menstruatie en zaadlozingen zijn doorgaans privéaangelegenheden, maar veranderingen in lichaamsvorm en -omvang zijn voor iedereen waar te nemen. Veel pubers schamen zich voor de veranderingen die optreden. Vooral meisjes kunnen zich ongelukkig en ontevreden voelen over hun nieuwe lichaam. Deze ontevredenheid is waarschijnlijk het gevolg van sterke maatschappelijke druk met betrekking tot hoe een vrouw eruit moet zien, een beeld dat vaak weinig overeenkomsten vertoont met de realiteit. Volgens de schoonheidsidealen in veel westerse landen moeten vrouwen onrealistisch slank zijn, wat totaal niet strookt met de daadwerkelijke lichaamsvorm van de meeste vrouwen. De puberteit brengt namelijk een aanzienlijke toename van de hoeveelheid vetweefsel met zich mee, en de meeste meisjes krijgen juist bredere heupen en dikkere billen (Cotrufo et al., 2007; McCabe & Ricciardelli, 2006; Unger & Crawford, 2004). Het verschil tussen het schoonheidsideaal en de werkelijkheid kan ertoe leiden dat meisjes ongewoon veel willen afvallen. In paragraaf 14.3.1 gaan we dieper in op eetstoornissen.

14.1.4 Vroege en late rijping: gevolgen

Wat doet het ertoe op welk moment een jongen of meisje in de puberteit komt? Vroege of late rijping heeft sociale consequenties. En zoals we zullen zien, zijn die sociale consequenties heel belangrijk voor adolescenten.

Vroege rijping

Jongens die vroegrijp zijn, zijn vaak beter in sport en hebben een positiever zelfbeeld.

Bron: Monkey Business Images/Shutterstock (Pearson Asset Library)

Voor jongens is vroege rijping over het algemeen een voordeel. Jongens die lichamelijk vroeg volgroeid zijn, zijn meestal beter in sport, waarschijnlijk doordat ze groter en zwaarder zijn. Bovendien zijn ze vaak populairder en hebben ze een positiever zelfbeeld.

De keerzijde van de medaille is dat jongens die vroeg volgroeid zijn vaker problemen hebben op school. Ze lopen een grotere kans om betrokken te raken bij criminele activiteiten en gebruiken vaker verslavende middelen. Door hun vroege rijping zullen ze sneller het gezelschap van oudere jongens opzoeken, die hen wellicht betrekken bij activiteiten die niet bij hun leeftijd passen. Over het algemeen lijken de voordelen echter op te wegen tegen de nadelen (Costello et al., 2007; Lynne et al., 2007; Taga, Markey & Friedman, 2006; Van Jaarsveld et al., 2007).

Voor vroeg rijpende meisjes ligt het anders. Zij voelen zich vaak ongemakkelijk en anders dan hun leeftijdgenoten door de in het oog springende veranderingen van hun lichaam, zoals de ontwikkeling van borsten. Omdat meisjes bovendien meestal eerder in de puberteit komen dan jongens, treedt rijping bij sommige meisjes op een heel vroeg tijdstip in hun leven op. Soms worden zij belachelijk gemaakt door klasgenootjes die nog niet zo ver zijn (Mendle, Turkheimer & Emery, 2007; Olivardia & Pope, 2002; Striegel-Moore & Franko,

2002). Hoewel meisjes die vroeg in de puberteit komen populairder zijn bij de oudere jongens, zijn ze vaak sociaal gezien nog niet klaar voor het soort contacten met jongens dat de meeste meisjes pas later krijgen. Zulke situaties kunnen psychisch lastig zijn. Bovendien kan het negatieve gevolgen hebben als meisjes opvallen omdat ze afwijken van klasgenoten die later rijp worden. Deze meisjes krijgen soms last van angsten en kunnen zich ongelukkig of depressief gaan voelen (Galvao et al., 2013; Kaltiala-Heino et al., 2003).

Of vroegrijpe meisjes problemen krijgen, is deels afhankelijk van culturele normen en waarden. In landen waar ambivalent wordt aangekeken tegen de vrouwelijke seksualiteit kan een vroege puberteit negatieve effecten hebben. In landen met een meer liberale houding ten opzichte van seksualiteit kunnen de gevolgen van vroege rijping positiever zijn. In West-Europa, waar opener met seks wordt omgegaan, hebben vroegrijpe meisjes bijvoorbeeld meer eigenwaarde dan in de Verenigde Staten. Bovendien variëren de gevolgen van een vroege puberteit zelfs binnen de Verenigde Staten, afhankelijk van de houding van de vriendenclub van de meisjes en de heersende normen op het gebied van seksualiteit (Güre, Uçanok & Sayil, 2006; Petersen, 2000).

Late rijping

Net als vroege rijping kan ook late rijping verschillende gevolgen hebben. In dit geval kunnen de gevolgen voor jongens negatiever zijn dan voor meisjes. Jongens die kleiner en lichter zijn dan hun rijpere leeftijdgenoten worden bijvoorbeeld minder aantrekkelijk gevonden. Vanwege hun kleinere omvang zijn ze in het nadeel bij sommige sportactiviteiten. Omdat het bovendien sociaal wenselijk is dat jongens langer zijn dan de meisjes met wie ze omgaan, kan het sociale leven van jongens eronder lijden als ze later dan gemiddeld in de puberteit komen.

Uiteindelijk kunnen deze problemen tot een lager zelfbeeld leiden. Als dat gebeurt, kunnen de nadelen van late rijping tot ver in de volwassenheid een rol spelen. Toch kunnen jongens er op een bepaalde manier ook baat bij hebben. Jongens die later in de puberteit komen, hebben bijvoorbeeld langer de gelegenheid om bepaalde positieve eigenschappen te ontwikkelen, zoals assertiviteit en voorstellingsvermogen (Benoit, 2014; Kaltiala-Heino et al., 2003; Lacourse & Claes, 2014).

Voor laat rijpende meisjes is het verhaal behoorlijk positief. Meisjes die later in de puberteit komen, worden tijdens de eerste jaren van het voortgezet onderwijs (secundair onderwijs in Vlaanderen) soms over het hoofd gezien bij afspraakjes en andere gemengde activiteiten en hebben soms een relatief lage sociale status. Maar tegen de tijd dat ze een jaar of vijftien zijn en zichtbaar vrouw beginnen te worden, is de kans groot dat laatrijpe meisjes tevredener met zichzelf en met hun lichaam zijn dan meisjes die vroeg in de puberteit zijn gekomen. Vaak hebben ze zelfs minder emotionele problemen. De reden? Laatrijpe meisjes zullen eerder passen binnen het maatschappelijke slankheidsideaal dan vroegrijpe meisjes, die in vergelijking zwaarder ogen (Kaminaga, 2007; Leen-Feldner, Reardon & Hayward, 2008).

Het complexe beeld van vroege en late rijping

Samenvattend kunnen we zeggen dat de reacties op vroege en late rijping een complex beeld opleveren. Zoals we herhaaldelijk hebben gezien, moeten we rekening houden met het complete systeem aan factoren waardoor individuen beïnvloed worden. Pas dan krijgen we een volledig beeld van hun ontwikkeling. Sommige ontwikkelingsonderzoekers menen dat de bezorgdheid om vroege en late rijping, en om de effecten van de puberteit in het algemeen, in het verleden wellicht te veel is aangedikt. Zij concentreren zich niet op de groeispurt en de seksuele rijping die in de adolescentie plaatsvinden, maar geloven dat andere factoren, zoals veranderingen in vriendenclubs, de dynamiek binnen het gezin en vooral scholen en andere maatschappelijke instituties, meer bepalend zijn voor het gedrag van een adolescent. Zoals zo vaak moeten we oog hebben voor het complete samenspel aan factoren dat van invloed is op een individu om zijn ontwikkeling te kunnen begrijpen (Hubley & Arim, 2012; Mendle, Turkheimer & Emery, 2007; Stice, 2003).

14.1.5 Hersenontwikkeling en denken: de opmaat voor cognitieve groei

De prefrontale cortex, het gebied binnen de hersenen dat verantwoordelijk is voor de beheersing van impulsen, is in de adolescentie biologisch gezien nog niet volgroeid. Dat leidt tot het risicovolle en impulsieve gedrag dat zo kenmerkend is voor mensen in deze leeftijdsgroep.

Bron: industrieblick/Fotolia

De adolescentie brengt grotere onafhankelijkheid met zich mee. Voor een deel is die onafhankelijkheid het gevolg van veranderingen in de hersenen die de weg banen voor ontwikkelingen in de cognitieve vermogens tijdens de adolescentie. In paragraaf 15.1.2 kun je daar meer over lezen.

Het feit dat het lichaam zich blijft ontwikkelen, betekent ook dat de hersenen zich verder ontwikkelen. Het aantal neuronen, de cellen van het zenuwstelsel, blijft groeien en de onderlinge verbindingen ertussen worden complexer (Blakemore, 2012; Konrad, Firk & Uhlhaas, 2013; Petanjek et al., 2008).

Eén specifiek gebied van de hersenen dat zich in de adolescentie sterk ontwikkelt, is de prefrontale cortex, die pas rond het twintigste jaar volledig volgroeid is. De *prefrontale cortex* is het deel van de hersenen waarmee mensen denken, oordelen en complexe inschattingen maken zoals alleen mensen dat kunnen. Dit deel van het brein ligt ten grondslag aan de toenemend complexe intellectuele prestaties tijdens de adolescentie. Rond deze leeftijd wordt de prefrontale cortex steeds effectiever in de communicatie met andere hersengebieden. Hierdoor komt in de hersenen een breder en verfijnder communicatiesysteem tot stand, waardoor de verschillende hersengebieden informatie effectiever kunnen verwerken (Hare et al., 2008; Scherf, Sweeney & Luna, 2006).

De prefrontale cortex is ook het gebied van de hersenen dat zorgt voor de beheersing van impulsen. Een individu met een volledig ontwikkelde prefrontale cortex laat emoties als woede niet gewoon de vrije loop, maar is in staat om die emoties en het bijbehorende gedrag te onderdrukken. In de adolescentie is de prefrontale cortex nog niet volgroeid. Dit biologische feit is verantwoordelijk voor het risicovolle en impulsieve gedrag dat zo kenmerkend is voor adolescenten. Bovendien hebben sommige onderzoekers geopperd dat adolescenten niet alleen de risico's van riskant gedrag onderschatten, maar de beloningen die uit dat gedrag voortvloeien overschatten. Hoe het ook zij, het feit dat adolescenten de risico's van riskant gedrag zo slecht weten in te schatten, heeft in sommige landen geleid tot een discussie over de vraag of de doodstraf ook voor hen zou moeten gelden (Casey, Jones & Somerville, 2011; Gopnik, 2012; Shad et al., 2011; Steinberg & Scott, 2003).

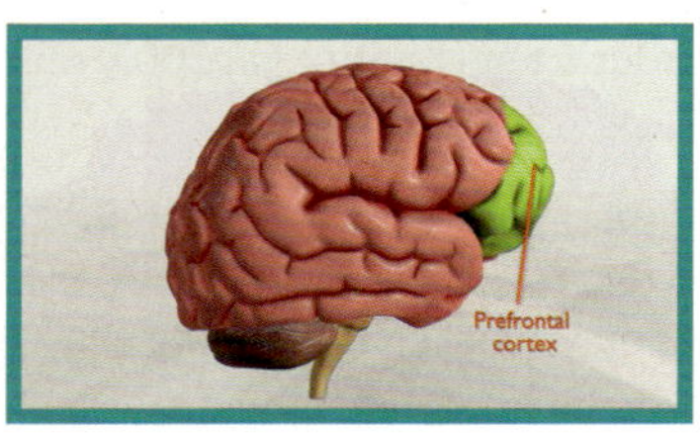

Zie MyLab voor de video: De prefrontale cortex

De ontwikkeling van de hersenen in de adolescentie zorgt ook voor veranderingen in de hersendelen die gevoelig zijn voor dopamine en de aanmaak daarvan. Vanwege deze veranderingen worden adolescenten soms minder gevoelig voor de effecten van alcohol. Daardoor hebben ze meer drankjes nodig voor ze de stimulerende eigenschappen merken, en dat leidt tot een hogere alcoholconsumptie. Daarnaast kunnen adolescenten door de veranderingen in hun gevoeligheid voor dopamine stressgevoeliger worden, wat tot een nog hoger alcoholgebruik kan leiden (Spear, 2002).

Slaapgebrek

Omdat er op school en in hun sociale leven steeds meer van hen wordt verwacht, gaan adolescenten later naar bed. Vooral oudere adolescenten hebben de behoefte om later naar bed te gaan. Toch hebben ze negen uur slaap nodig om zich uitgerust te voelen. Omdat ze gewoonlijk al vroeg les hebben, maar pas laat op de avond slaperig worden, krijgen ze veel minder slaap dan waar hun lichaam behoefte aan heeft (Dagys et al., 2012; Loessl et al., 2008; National Sleep Foundation, 2002; Wolfson & Richards, 2011). Het gevolg is dat ze vaak in een soort verdwaasde toestand van slaapgebrek door het leven gaan.

Uit onderzoek in Vlaanderen is gebleken dat vooral jongeren die 's avonds nog gamen, op internet surfen of met hun mobiele telefoon bezig zijn, een tekort aan slaap riskeren. Ze gaan later naar bed, liggen langer wakker en slapen kort. De jongeren halen hun slaap in het weekend in. Daardoor voelt 63 procent zich in het weekend uitgerust, tegen 11 procent doordeweeks (Pieters et al., 2011).

Slaapgebrek eist zijn tol. Slaperige tieners halen lagere cijfers, zijn vaker depressief en hebben vaker last van stemmingswisselingen (Dahl, 2008; Roberts, Roberts & Duong, 2009; Roberts, Roberts & Xing, 2011). In een studie over het puberende brein stelt Crone (2012) dat pubers zich bijna continu in een soort jetlag bevinden.

14.2 Stress en manieren om ermee om te gaan

Lotte van Dijk heeft veel te doen vandaag. Nadat ze om halfzeven is opgestaan, studeert ze wat voor haar geschiedenisproefwerk. Onder het leren schrokt ze haar ontbijt naar binnen, terwijl ze een sms van haar collega bij de supermarkt beantwoordt. Omdat haar collega die middag niet kan, vraagt ze of Lotte haar dienst wil overnemen. Volgens Lottes agenda moet dat net lukken, hoewel ze zich afvraagt wanneer ze die presentatie voor Engels dan moet voorbereiden... En ze moet ook nog een cadeautje voor haar vriendin Emma kopen, die morgen jarig is!

Omdat haar fiets gestolen is, moet Lotte de bus nemen naar school. De bus is te laat, zodat Lotte zich moet haasten, maar toch een paar minuten te laat komt. Net op de dag dat ze het eerste uur wiskunde heeft van meneer Dijkstra, die altijd zo streng is!

Stress: de fysieke reactie op gebeurtenissen die ons bedreigen of uitdagen.

Als je Lotte van Dijks hartslag en bloeddruk moest meten, zou je niet verrast zijn als die beide hoger waren dan normaal en Lotte zou zeggen dat ze zich gestrest voelde. We hoeven waarschijnlijk maar weinig mensen te vertellen wat **stress** is: de fysieke reactie op gebeurtenissen die ons bedreigen of uitdagen. Stress is een onderdeel van het bestaan van vrijwel iedereen, en het leven van de meeste mensen zit vol met gebeurtenissen en omstandigheden, stressoren genoemd, die een bedreiging vormen voor ons welzijn. Stressoren hoeven geen onplezierige gebeurtenissen te zijn. Zelfs de meest positieve gebeurtenissen, zoals toegelaten worden tot een universiteit of afstuderen, kunnen stress opleveren voor adolescenten.

Stress heeft verschillende effecten. Het meest directe effect is doorgaans een biologische reactie. Door bepaalde hormonen die worden afgescheiden door de bijnieren gaat ons hart sneller kloppen, stijgt de bloeddruk, versnelt de ademhaling en gaan we meer zweten. In sommige situaties kunnen deze directe effecten een voordeel zijn. Ze brengen namelijk een 'noodreactie' in het zenuwstelsel teweeg die mensen erop voorbereidt dat ze zich moeten beschermen tegen een plotselinge, dreigende situatie. Iemand die wordt bedreigd door een grommende, valse hond zal maar wat blij zijn met de voorbereidingen die het lichaam automatisch treft om deze noodsituatie het hoofd te kunnen bieden.

Op de lange termijn kan voortdurende blootstelling aan stressoren er echter toe leiden dat het lichaam minder goed met stress om kan gaan. Als er voortdurend stressgerelateerde hormonen worden aangemaakt, kunnen het hart, de bloedvaten en andere weefsels erop achteruitgaan. Mensen worden dan vatbaarder voor ziekten, omdat hun vermogen om bacteriën en virussen af te weren afneemt. Kort samengevat, zowel *acute stressoren* (plotselinge eenmalige gebeurtenissen) als *chronische stressoren* (doorlopende gebeurtenissen of vaste omstandigheden) kunnen aanzienlijke fysiologische gevolgen hebben (Graham, Christian & Kiecolt-Glaser, 2006; Lundberg, 2006).

14.2.1 De oorzaken van stress: reageren op de uitdagingen van het leven

Hoewel mensen al lang voor de adolescentie met stress in aanraking komen, kunnen ze er vooral in hun tienerjaren last van krijgen (zie figuur 14-3). Dat kan zeer ingrijpende gevolgen hebben. Op de lange termijn ondervinden mensen negatieve effecten van de voortdurende fysieke slijtageslag die plaatsvindt als het lichaam stress probeert af te weren. Hoofdpijn, rugpijn, eczeem, spijsverteringsproblemen, chronische vermoeidheid, slaapstoornissen en zelfs de gewone verkoudheid zijn stressgerelateerde ziekten (Cohen et al., 1993; Grant et al., 2011; Reid et al., 2002).

Psychosomatische aandoening: medisch probleem dat veroorzaakt wordt door de interactie tussen psychische, emotionele en fysieke problemen.

Stress kan ook leiden tot **psychosomatische aandoeningen**: medische problemen die worden veroorzaakt door de interactie tussen psychische, emotionele en fysieke problemen. Maagzweren, astma, artritis en hoge bloeddruk kunnen bijvoorbeeld veroorzaakt of verergerd worden door stress (Marin et al., 2009; Siegel & Davis, 2008).

Stress kan zelfs ernstiger, levensbedreigender ziekten veroorzaken. Volgens sommige onderzoeken is de kans op een ernstige ziekte groter naarmate een mens meer stressvolle gebeurtenissen heeft meegemaakt (Alverdy, Zaborin & Wu, 2005; Holmes & Rahe, 1967; zie tabel 14-1). Echter, niet iedereen die veel stress heeft wordt ziek, en de impact van specifieke stressoren verschilt waarschijnlijk per persoon. Bovendien kunnen lijsten met stressoren ook de andere kant op werken. Iemand die bijvoorbeeld een ernstige ziekte heeft, zal waarschijnlijk eerder een aantal van de stressoren op de lijst herkennen. Iemand kan bijvoorbeeld zijn baan zijn kwijtgeraakt als gevolg van zijn ziekte, en is dus niet ziek geworden omdat hij zijn baan is kwijtgeraakt. Toch is het met deze lijst van stressoren mogelijk om erachter te komen hoe de meeste mensen op verschillende potentieel stressvolle gebeurtenissen in hun leven reageren. (In het kader *Van onderzoek naar praktijk* wordt een ander aspect van stress in de adolescentie beschreven.)

FIGUUR 14-3 **Stress bij tieners**

Tieners kunnen bijvoorbeeld inzitten over de vraag waar ze later werk moeten vinden en wat ze moeten worden.

Bron: National Longitudinal Study of Adolescent Health, 2000

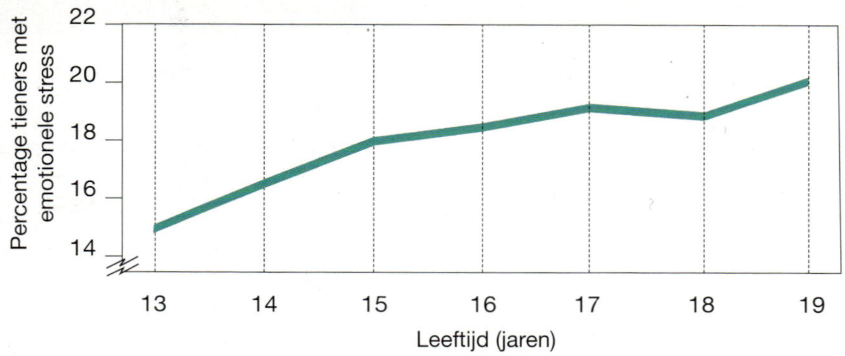

TABEL 14-1 **Hoe groot is de kans dat stress in jouw leven tot ziekte leidt?**

1. Ben je weleens verward over iets wat erg onverwachts gebeurt?

☐ 0 = nooit, 1 = bijna nooit, 2 = soms, 3 = regelmatig, 4 = vaak

2. Hoe vaak heb je het gevoel dat je geen controle kunt uitoefenen over belangrijke dingen in je leven?

☐ 0 = nooit, 1 = bijna nooit, 2 = soms, 3 = regelmatig, 4 = vaak

3. Hoe vaak voel je je nerveus of gestrest?

☐ 0 = nooit, 1 = bijna nooit, 2 = soms, 3 = regelmatig, 4 = vaak

4. Hoe vaak voel je je zeker over je eigen vermogen om persoonlijke problemen aan te pakken?

☐ 4 = nooit, 3 = bijna nooit, 2 = soms, 1 = regelmatig, 0 = vaak

5. Hoe vaak heb je het gevoel dat alles gaat zoals je wilt?

☐ 4 = nooit, 3 = bijna nooit, 2 = soms, 1 = regelmatig, 0 = vaak

6. Hoe vaak heb je het gevoel dat je irritaties in je leven zelf kunt voorkomen of oplossen?

☐ 4 = nooit, 3 = bijna nooit, 2 = soms, 1 = regelmatig, 0 = vaak

7. Hoe vaak heb je het gevoel dat je alle dingen die je moet doen niet aankunt?

☐ 0 = nooit, 1 = bijna nooit, 2 = soms, 3 = regelmatig, 4 = vaak

8. Hoe vaak heb je het gevoel dat je alles onder controle hebt?

☐ 4 = nooit, 3 = bijna nooit, 2 = soms, 1 = regelmatig, 0 = vaak

9. Hoe vaak word je boos vanwege dingen die buiten jou om gebeuren?

☐ 0 = nooit, 1 = bijna nooit, 2 = soms 3 = regelmatig, 4 = vaak

10. Hoe vaak heb je het gevoel dat moeilijke dingen zich zo hoog opstapelen dat je het nooit allemaal kunt oplossen?

☐ 0 = nooit, 1 = bijna nooit, 2 = soms 3 = regelmatig, 4 = vaak

Je score berekenen

Stressniveaus variëren van mens tot mens. Vergelijk je totaal met de volgende gemiddelden.

Leeftijd	
18-29	14,2
30-44	13,0
45-54	12,6
55-64	11,9
65 en ouder	12,0

Geslacht	
Man	12,1
Vrouw	13,7

Relatie	
Weduwe/weduwnaar	12,6
Getrouwd of samenwonend	12,4
Alleenstaand	14,1
Gescheiden	14,7

Pestkoppen en hun slachtoffers: de zeurende stress

Lander had zich de overgang van de basisschool naar het middelbaar onderwijs heel anders voorgesteld. Omdat hij een goede leerling was, vonden zijn ouders dat hij naar een hoger aangeschreven school moest gaan, die zich op enige afstand van zijn woonplaats bevond. De meesten van zijn vrienden gingen met de fiets naar een andere school veel dichterbij. Hij moest vroeg opstaan, want met de bus duurde de reis van huis naar school wel een halfuur. Hij was dan ook nog eens te vroeg op school en moest nog wat wachten op het schoolplein. Gelukkig gingen twee jongens van zijn oorspronkelijke school ook naar de nieuwe school. Hij kende hen niet zo goed, maar hij was blij dat hij wat gezelschap had in de bus.

Helaas pakte het helemaal anders uit. Zij sloten hem buiten en wat eerst negeren was, werd vervolgens dreigen, schelden en ook fysieke agressie. Lander probeerde zich flink te houden en vertelde niemand iets, maar zijn eerste toetsresultaten waren slecht en de docenten van zijn prestigieuze school konden daar weinig waardering voor opbrengen. Het pesten werd steeds erger. Er werd geld afgetroggeld en zijn telefoon werd uit zijn handen getrokken en op de grond gegooid. Ondertussen begon hij te klagen over hoofdpijn, zijn ogen deden na een tijdje studeren zeer en hij had buikklachten. Uiteindelijk ging zijn moeder met hem naar de huisarts. Deze dokter liet meteen het woordje stress vallen en het was voor Lander een grote opluchting dat hij zijn verhaal kon vertellen. Hij schakelde midden in het schooljaar over naar een andere school. Nu kon hij samen met zijn oude vrienden van de basisschool naar school fietsen. Zijn klachten verdwenen snel en zijn resultaten waren prima.

Van de vele dingen die stress veroorzaken tijdens de adolescentie, is gepest worden wel het meest stressvol. Bijna een derde van alle adolescenten is weleens gepest, en tien procent is zelfs langdurig het slachtoffer geweest van pesterijen. Pesten omvat agressieve en kwetsende handelingen, zoals uitschelden, afwijzen, treiteren, bedreigen en mishandelen. Bovendien gebeurt pesten ook online. Slachtoffers krijgen bijvoorbeeld regelmatig gemene berichtjes. De bron blijft meestal anoniem en de berichten kunnen bijzonder grof zijn. Hoewel ze geen fysieke schade toebrengen, kunnen ze in psychologisch opzicht veel leed veroorzaken (Zacchilli & Valerio, 2011). Aangezien zulke ervaringen negatieve gevoelens oproepen, oncontroleerbaar zijn en een grote impact hebben op het leven van het slachtoffer, is het niet verwonderlijk dat pesten kan leiden tot angsten, depressie en een laag gevoel van eigenwaarde (Hawker & Boulton, 2000; Nansel et al., 2001; Pepler et al., 2008).

Hoewel het pesten afneemt met het ouder worden, worden sommige slachtoffers tijdens de late adolescentie nog steeds gepest en gaat het zelfs door wanneer ze volwassen zijn. De werkplek kan dan een even intimiderende plek worden als het schoolplein. Om de langetermijngevolgen van het pesten te begrijpen, onderzochten de psycholoog Matthew Newman en zijn collega's de psychologische gevolgen bij oudere adolescenten die op jongere leeftijd gepest waren. De onderzoekers waren vooral geïnteresseerd in de vraag hoe pestervaringen in het voortgezet onderwijs doorwerken op het moment dat adolescenten gaan studeren (Newman, Holden & Delville, 2005; Smith, Singer & Hoel, 2003).

Studenten leverden gegevens aan over hun ervaringen met gepest worden op de basisschool en in het voortgezet onderwijs en over de verschillende stresssymptomen die ze ervoeren tijdens hun studie. De onderzoekers ontdekten dat de adolescenten minder gepest werden toen ze naar het voortgezet onderwijs gingen. Zo gaf een derde van de participanten aan dat ze op de basisschool af en toe werden gepest. Ruim een kwart onderging dit lot regelmatig. De frequentie nam af in het voortgezet onderwijs: een kwart van de participanten werd af en toe gepest en minder dan tien procent gaf aan vaak het slachtoffer van pesterijen te zijn geweest.

Het belangrijkste onderzoeksresultaat was dat de stress van de studenten verband hield met de kwetsende ervaringen van voor de studietijd. Studenten die het meest gepest waren in het voortgezet onderwijs, hadden meer last van stress in de studietijd. Het is interessant dat zelfs de studenten die op de basisschool meer gepest waren, getuigden van meer stress tijdens de studiejaren (ondanks het feit dat een grote meerderheid aangaf dat het pesten in het voortgezet onderwijs was afgenomen of zelfs gestopt). Hieruit blijkt dat de schadelijke gevolgen van gepest zijn in de adolescentie nog jaren voortduren en na de overgang naar de universiteit aan de oppervlakte komen als symptomen van stress. Daarnaast was het verband tussen gepest zijn tijdens de adolescentie en verhoogde stress op de universiteit het meest uitgesproken bij studenten die zich een buitenstaander voelden. Studenten die in het voortgezet onderwijs vaak waren gepest, maar zich desondanks geen buitenstaander voelden, hadden minder kans om op de universiteit nog last te hebben van stress. Deze bevinding onderstreept het belang van sociale steun bij het te boven komen van negatieve ervaringen (Carney, 2008; Holt & Espelage, 2007).

Deze studie illustreert de mogelijke zware gevolgen van pesten voor de slachtoffers en wijst erop dat pesten kan en moet worden aangepakt. Gie Deboutte (2008) heeft in opdracht van de Vlaamse regering een uitgebreid handvest geschreven, *Pesten en geweld op school*, waarin hij de contouren schetst van een daadkrachtig antipestbeleid op school.

14.2.2 Omgaan met stress

Coping: pogingen om de bedreigingen en uitdagingen die tot stress leiden te beheersen, te verminderen of te aanvaarden.

Sommige adolescenten kunnen beter omgaan met stress, ook wel **coping** genoemd, dan anderen. Zij slagen er beter in om de bedreigingen en uitdagingen die tot stress leiden te beheersen, te verminderen of te aanvaarden. Hoe komt dat?

Sommige adolescenten kunnen beter omgaan met stress dan andere.

Bron: Cardens Design/Shutterstock (Pearson Asset Library)

Sommige adolescenten gaan op een *probleemgerichte manier* met stress om. Zij proberen een stressvol probleem of een stressvolle situatie te beheersen door direct in te grijpen, waardoor de situatie minder stressvol wordt. Een scholier die problemen heeft met de leerstof kan daar met zijn leraar over praten. Hij kan hem bijvoorbeeld vragen of de deadline voor een bepaalde opdracht kan worden verschoven. Iemand die ontevreden is met zijn functie kan vragen of hij andere taken kan krijgen.

Andere adolescenten gaan op een *emotiegerichte manier* met stress om. Dat wil zeggen dat zij hun emoties bewust reguleren. Een tiener met een bijbaantje die niet goed kan opschieten met haar baas, kan bijvoorbeeld tegen zichzelf zeggen dat ze het van de positieve kant moet bekijken: ze heeft tenminste werk (Khalid & Ijaz, 2013; Master et al., 2009; Vingerhoets, Nyklicek & Denollet, 2008).

Omgaan met stress wordt ook gemakkelijker als er *sociale steun* voorhanden is. In stresssituaties kunnen anderen zowel emotionele steun bieden (in de vorm van een schouder om op uit te huilen) als praktische, tastbare steun (zoals het verhogen van een toelage) (Boehmer, Linde & Freund, 2005; Schwarzer & Knoll, 2007). Bovendien kunnen anderen informatie leveren en specifiek advies geven over hoe met stressvolle situaties om te gaan. Het vermogen om van de ervaringen van anderen te leren is een van de redenen dat mensen het internet gebruiken om in contact te komen met mensen die dezelfde ervaringen hebben (Coulson, Buchanan & Aubeeluck, 2007; Green, DeCourville & Sadava, 2012; Jackson, 2006; Kim, Sherman & Taylor, 2008).

Zie MyLab voor de video: Stress verminderen

Zelfs als adolescenten niet bewust naar manieren zoeken om met stress om te gaan, gebruiken ze volgens sommige psychologen onbewuste mechanismen die de stress helpen verminderen. Mensen gebruiken bijvoorbeeld onbewust *defensieve strategieën* om de ware aard van een situatie te vervormen of te ontkennen. Ze kunnen de ernst van een bedreiging ontkennen, een levensbedreigende ziekte bagatelliseren of zichzelf voorhouden dat een onvoldoende voor een tentamen onbelangrijk is. Het probleem met zulke defensieve strategieën is dat ze voorbijgaan aan de realiteit van de situatie en het probleem in feite alleen maar omzeilen of ontkennen.

14.3 Bedreigingen voor het welzijn van adolescenten

Tim had altijd honger. Hij sloeg zijn ontbijt over, maar zat tussen de lessen koekjes te kauwen. Tijdens de lunch at hij een paar sandwiches. Na school ging hij met vrienden pizza of hamburgers eten. Al snel daarna was het tijd voor het avondeten met het gezin. Bij het huiswerk maken of gamen had hij altijd een zak chips binnen handbereik. Aan het eind van zijn laatste schooljaar was Tim twintig kilo zwaarder dan aan het begin van de derde klas. Gedeeltelijk was dit het gevolg van normale adolescente groei, maar de meeste kilo's waren het gevolg van te veel junkfood. Of gewoonweg te veel voedsel. Zijn dokter zei dat hij leed aan obesitas.

14.3.1 Voeding: een gewichtige zaak

Obesitas is tegenwoordig het meest voorkomende voedselprobleem bij het opgroeien.

Bron: Gordana Sermek/Shutterstock

Normaal gesproken wordt de snelle lichamelijke groei in de adolescentie 'gevoed' door een toename in voedselconsumptie. Vooral tijdens hun groeispurt eten adolescenten grote hoeveelheden voedsel, waardoor hun calorie-inname drastisch omhooggaat. In de tienerjaren heeft het gemiddelde meisje ongeveer 2200 calorieën nodig en de gemiddelde jongen 2800.

Natuurlijk zijn niet alle calorieën goede brandstoffen voor groei. Verschillende voedingsstoffen zijn essentieel, vooral calcium en ijzer. Calcium, dat in melk zit, bevordert de groei van de botten en kan op latere leeftijd osteoporose (het brozer worden van de botten) voorkomen, een aandoening waarmee 25 procent van de vrouwen uiteindelijk te maken krijgt. IJzer is nodig om bloedarmoede te voorkomen, een kwaal die vaak voorkomt bij tieners.

De meeste adolescenten hoeven er alleen maar op te letten dat ze gezonde en evenwichtige voeding binnenkrijgen. Maar voor een vrij grote minderheid kan voeding een belangrijke bron van zorg en zelfs een reële bedreiging voor de gezondheid zijn. De meest voorkomende problemen zijn obesitas en eetstoornissen als anorexia.

Obesitas

In Nederland heeft 11,6 procent van de twaalf- tot zestienjarigen last van overgewicht. 3,6 procent lijdt zelfs aan ernstig overgewicht (CBS, 2015). Hoewel adolescenten om dezelfde redenen aan obesitas lijden als jongere kinderen, kunnen de psychologische consequenties in deze fase van het leven extra ernstig zijn. Het is immers een periode in het leven waarin mensen het heel belangrijk vinden hoe ze eruitzien. Bovendien kan obesitas in de adolescentie ernstige gevolgen voor de gezondheid hebben. Het belast bijvoorbeeld de bloedcirculatie, waardoor de kans op hoge bloeddruk en diabetes toeneemt. Tot slot hebben adolescenten met obesitas tachtig procent kans om ook als volwassene meer dan twintig procent overgewicht te ontwikkelen (Goble, 2008; Patton et al., 2011; Wang et al., 2008).

Gebrek aan lichaamsbeweging is een van de grootste boosdoeners. Uit onderzoek is gebleken dat de meeste meisjes vrijwel geen beweging krijgen, behalve bij de gymles op school. Hoe ouder ze worden, hoe minder vrouwelijke adolescenten zich om lichaamsbeweging bekommeren. Het probleem geldt met name voor oudere allochtone adolescente meisjes. Daarvan zegt de helft geen lichaamsbeweging te krijgen buiten school, tegenover een derde van de autochtone adolescenten (Delva, O'Malley & Johnston, 2006; Kim et al., 2002; Nicholson & Browning, 2012; Reichert et al., 2009).

Hoe komt het dat adolescente meisjes zo weinig lichaamsbeweging krijgen? Misschien heeft het te maken met hardnekkige cultuurnormen. Sporten zou meer iets voor jongens zijn. Of meisjes zouden zich niet zo aangetrokken voelen tot sporten die wedstrijdgericht zijn. Wat de reden ook is, het is duidelijk dat dit gebrek aan lichaamsbeweging het groeiende probleem van obesitas alleen maar voedt.

Er zijn nog andere redenen voor het veelvuldig voorkomen van obesitas tijdens de adolescentie. Er zijn ongunstige trends in voeding te onderscheiden die gewichtstoename in de hand werken, zoals de beschikbaarheid van goedkope calorierijke snacks met een hoog vetgehalte, grotere porties, een groeiend gebruik van zoete en alcoholische dranken en een dalende consumptie van groente en fruit (Renders et al., 2004). Uit onderzoek in Vlaanderen blijkt dat slechts tien procent van de mannelijke adolescenten en vijftien procent van de vrouwelijke adolescenten voldoende fruit en groente eet. De dagelijkse consumptie van groente en fruit neemt ook nog eens af naarmate adolescenten ouder worden (Mullie et al., 2003). Daar komt bij dat adolescenten veel van hun vrije tijd doorbrengen met gamen, computeren of televisiekijken. Niet alleen weerhouden deze passieve activiteiten hen van beweging, vaak gaan ze gepaard met het eten van calorierijke snacks (Bray, 2008; Krebs et al., 2007; Laska et al., 2012; Thivel et al., 2011).

Anorexia nervosa en boulimia: de angstige wereld van eetstoornissen

Jenna, achttien jaar, bleef in leven op een kleine kom droge ontbijtgranen 's ochtends en een peer en een appel als avondeten. Omdat ze bang was om dik te worden (zoals alle vrouwen in haar familie, zo zei ze), had Jenna zichzelf toen ze op kamers ging op een strikt dieet gezet. Maar toen ze na twee maanden studeren in de zomervakantie terugging naar huis, was de geschokte blik van haar moeder onmiskenbaar.

'Je kon haar botten door haar bloes heen zien', zei Jenna's moeder. Later die week kwam Jenna's oudere zus, die door Jenna werd aanbeden, ook van de universiteit naar huis. Ze wierp één blik op haar zus en barstte in tranen uit.

'Dat was de druppel', zei Jenna. 'Toen ik Claires reactie zag, moest ik keihard naar mezelf kijken.' Bij een lengte van 1,72 m woog Jenna slechts 39 kilo – 19 kilo minder dan een jaar eerder. 'Ik kon het bijna niet geloven', zei ze. 'Ik dacht dat er iets mis was met de weegschaal. Wat ik in de spiegel zag, was een zeppelin, een walvis. Ik kreeg het niet in mijn hoofd dat ik zo mager was als een lat.'

Zoals we hebben gezien is het culturele ideaal van slank en fit in het voordeel van meisjes die laat rijpen. Maar hoe moeten deze meisjes, en steeds vaker ook jongens, ermee omgaan als ze zich ontwikkelen en het beeld in de spiegel niet overeenkomt met het ideaal dat in de media wordt gepresenteerd?

De wens om niet te dik te worden, wordt soms zo sterk dat het een probleem wordt. Jenna leed bijvoorbeeld aan anorexia nervosa. **Anorexia nervosa** is een ernstige en mogelijk levensbedreigende eetstoornis waarbij mensen weigeren te eten. De gevolgen kunnen enorm zijn: zo'n vijftien tot twintig procent van de slachtoffers hongert zich letterlijk dood. Het zijn voornamelijk meisjes en vrouwen tussen de twaalf en veertig die aan anorexia lijden. Vaak gaat het om intelligente, succesvolle en aantrekkelijke vrouwen. Blanke meisjes uit welge-

Anorexia nervosa: ernstige en mogelijk levensbedreigende eetstoornis waarbij mensen weigeren te eten terwijl ze ontkennen dat hun gedrag of hun skeletachtige uiterlijk abnormaal is.

stelde gezinnen lopen het grootste risico. Maar anorexia is ook voor jongens een probleem aan het worden. Ongeveer tien procent van de anorexiapatiënten is man, en dat percentage neemt toe (Crisp et al., 2006; Ricciardelli & McCabe, 2004; Robb & Dadson, 2002; Schecklmann et al., 2012).

In het eerste stadium van de ziekte draait het leven van anorexiapatiënten volledig om eten. Hoewel ze weinig eten, gaan ze bijvoorbeeld vaak en langdurig boodschappen doen, verzamelen ze kookboeken, praten ze over eten en koken ze gigantische maaltijden voor anderen. Hoewel ze vaak ongelooflijk dun zijn, hebben ze een vertekend lichaamsbeeld. Het beeld dat ze van hun lichaam hebben, is zo verwrongen dat ze hun spiegelbeeld walgelijk vet vinden. Daarom proberen ze nog meer af te vallen. Ze zijn niet in staat om te zien wat er met hen aan de hand is, zelfs niet als ze eruitzien als een skelet.

Deze jonge vrouw lijdt aan anorexia nervosa, een ernstige en mogelijk levensbedreigende eetstoornis waarbij mensen weigeren te eten.

Bron: Angela Hampton/Alamy

Boulimia, een andere eetstoornis, wordt gekenmerkt door eetbuien gevolgd door overgeven, overmatig sporten of het gebruik van laxeermiddelen om het voedsel weer kwijt te raken. Boulimiapatiënten eten soms wel een literpak ijs of een familiezak chips in één keer leeg. Maar na zo'n eetbui voelen ze zich vreselijk schuldig en proberen ze het voedsel doelbewust weer kwijt te raken.

Boulimia: eetstoornis die voornamelijk voorkomt bij vrouwelijke adolescenten en jonge vrouwen en die wordt gekenmerkt door eetbuien gevolgd door overgeven of het gebruik van laxeermiddelen om het voedsel weer kwijt te raken.

Hoewel het gewicht van iemand met boulimia vrij normaal kan zijn en blijven, is deze stoornis zeer gevaarlijk. Het voortdurende overgeven en de diarree kunnen leiden tot ernstige wonden in mond en keel. Ook een lage bloeddruk behoort tot de mogelijkheden, met klachten als duizeligheid, zwakte, een licht gevoel in het hoofd en flauwvallen. Door braken of het gebruik van laxeermiddelen kan er een tekort aan kalium ontstaan, wat kan leiden tot nier- en leverbeschadigingen, spierkrampen, hartritmestoornissen en hartstilstand. Door de vele vreetbuien rekt de maag uit. In het ernstigste geval kan de maagwand scheuren door het plotselinge uitzetten van de maag.

Zie MyLab voor de video: Lichaamsbeeld

Waardoor worden eetstoornissen veroorzaakt?

De precieze redenen voor het optreden van een eetstoornis zijn onduidelijk, hoewel verschillende factoren een rol lijken te spelen. Lijnen gaat vaak vooraf aan de ontwikkeling van een eetstoornis. Verder zijn meisjes die eerder in de puberteit komen dan hun leeftijdgenoten en die meer lichaamsvet hebben, vatbaarder voor eetstoornissen in de late adolescentie. Ook adolescenten die depressief zijn, lopen een grotere kans op een eetstoornis (Bodell et al., 2011; Courtney, Gamboz & Johnson, 2008; Santos, Richards & Bleckley, 2007; Wade & Watson, 2012).

Sommige theoretici menen dat er een biologische oorzaak ten grondslag ligt aan anorexia nervosa en boulimia. De stoornissen lijken genetische componenten te bevatten, en in sommige gevallen hebben artsen onevenwichtigheden in de hormoonhuishouding geconstateerd (Baker et al., 2009; Kaye, 2008; Wade et al., 2008).

Bij andere pogingen om eetstoornissen te verklaren, ligt de nadruk op psychische en sociale factoren. Uit een studie van Boone, Soenens en Braet (2011) blijkt dat er een sterke associatie is tussen eetstoornissen en maladaptief (overdreven) perfectionisme, dat gekenmerkt wordt door zelfkritiek en negatieve zelfevaluaties. Maar ook adaptief perfectionisme, waarbij jongeren hoge standaarden voor zichzelf stellen, zou een rol kunnen spelen in het ontwikkelen en in stand houden van een eetstoornis. Volgens sommige deskundigen zijn eetstoornissen het resultaat van veeleisende ouders of het neveneffect van andere gezinsproblemen. Wanneer moeders veel bezig zijn met hun gewicht, lijnen hun kinderen, zowel jongens als meisjes, vaker. Als moeders hun kinderen aanmoedigen op hun gewicht te letten, zijn hun kinderen minder tevreden met hun lichaam (Anschutz, 2011). Onderzoek heeft ook aangetoond dat er een verband zou kunnen zijn tussen een onveilige hechting en de zorgen die jongeren met een eetstoornis zich maken over hun gewicht en conditie (Bosmans, Goossens & Braet, 2009).

Ook cultuur speelt een rol. Anorexia nervosa komt bijvoorbeeld alleen voor in culturen waarin slanke vrouwenlichamen worden geïdealiseerd. Omdat zo'n norm op de meeste plaatsen niet te handhaven is, komt anorexia buiten de westerse landen minder vaak voor (Bennett, 2008; Bodell, Joiner & Ialongo, 2012; Harrison & Hefner, 2006). In heel Azië is de stoornis onbekend, met twee interessante uitzonderingen: bij de hogere klasse in Japan en in Hongkong, waar de westerse invloed het grootst is. Bovendien is anorexia nervosa een vrij recente stoornis. In de zeventiende en achttiende eeuw kwam zij niet voor. Toen was een plomp, corpulent lichaam het vrouwelijke schoonheidsideaal. Het groeiende aantal jongens met anorexia in de Verenigde Staten zou te maken kunnen hebben met het feit dat er meer nadruk wordt gelegd op een gespierd mannelijk lichaam met weinig vet (Greenberg, Cwikel & Mirsky, 2007; Makino et al., 2006; Mangweth, Hausmann & Walch, 2004). Ook de media lijken een rol te spelen. Op tv zien jongeren vaak slanke modellen, zoals in soaps, muziekprogramma's en reclames. Meisjes die naar dit soort programma's kijken, zijn ontevredener over hun lichaam en hun lijn dan meisjes die naar neutrale programma's kijken (Anschutz, 2011).

Hoogstwaarschijnlijk hebben anorexia nervosa en boulimia zowel omgevingsoorzaken als biologische oorzaken. Daarom bestaat de behandeling meestal uit verschillende componenten. Vaak is er behalve therapie ook een ander eetpatroon nodig om de stoornissen succesvol te kunnen behandelen (Keel & Haedt, 2008; Stein, Latzer & Merick, 2009; Wilson, Grilo & Vitousek, 2007).

14.3.2 Drugs

Vermoedelijk begon Mike al op de basisschool te veranderen, maar ik merkte het niet op. Misschien was ik onoplettend en naïef, maar de gedachte aan drugs was nooit in mijn hoofd opgekomen. Ik was ervan overtuigd dat drugs pas op de middelbare school of zelfs pas op de universiteit voorkwamen.

Inmiddels ben ik wijzer. Ik heb ondervonden dat het niet ongebruikelijk is dat kinderen op hun elfde al met drugs beginnen. Als ik dat geweten had, had ik de signalen die overduidelijk aanwezig waren wel opgepikt. In groep 8 begon zijn schoolwerk minder te worden. Hij begon om te gaan met kinderen die voor mijn gevoel onbetrouwbaar waren, en op een dag stal hij een duur slaghout uit een sportzaak. Ik betrapte hem, las hem stevig de les en liet het hem terugbrengen. En ik feliciteerde mezelf met het in de kiem smoren van deze 'jeugdige rebellie'.

Maar dat was nog maar het begin. Zijn stemmingen begonnen op en neer te gaan van knorrig tot apathisch en wild extatisch. Hij begon 's nachts het huis uit te sluipen. En de middelbare school was voor hem een marihuanaparadijs. Toen zijn cijfers een dieptepunt bereikten, kwamen we er uiteindelijk achter dat hij op een doorsnee schooldag om vijf over negen de school uit liep en in het huis van een vriend marihuana ging roken totdat het tijd was om naar huis te gaan.

De ouders van Mike kwamen er al snel achter dat Mike niet alleen maar marihuana gebruikte. Zijn vrienden gaven later toe dat Mike een zogenaamde 'vergaarbak' was. Hij was overal voor in. Ondanks pogingen om zijn drugsgebruik te beperken, slaagde hij er nooit in om te stoppen. Hij stierf op zestienjarige leeftijd: hij werd geraakt door een passerende auto toen hij onder invloed over straat zwierf.

Hoewel drugsgebruik bij adolescenten in de meeste gevallen niet zulke extreme gevolgen heeft, is het samen met het gebruik en misbruik van andere verslavende middelen een van de grootste bedreigingen voor de gezondheid in de adolescentie, die verder meestal een van de gezondste perioden in het leven is. Risicovol gedrag is moeilijk te meten, maar vermijdbare problemen als drugs- en alcoholgebruik, roken en seksueel overdraagbare aandoeningen vormen ernstige bedreigingen voor het welzijn van adolescenten.

Drugsgebruik in de adolescentie komt vaak voor. Het percentage Nederlandse scholieren van twaalf tot negentien jaar dat ooit cannabis heeft gebruikt, steeg van 5 procent in 1984 naar 28 procent in 2007. Uit het Europese ESPAD-onderzoek (*European School Survey Project on Alcohol and Other Drugs*) uit 2007 onder scholieren van vijftien en zestien jaar staat Tsjechië wat betreft cannabisgebruik op de eerste plaats met 45 procent. In België heeft 24 procent van de scholieren ooit cannabis gebruikt. Uit cijfers van het CBS (2009) blijkt dat 28 procent van de jongens en 20 procent van de meisjes in Nederland ooit cannabis heeft gebruikt (zie figuur 14-4). Ook in de Verenigde Staten komt drugsgebruik veel voor. Zo rookt een op de vijftien scholieren dagelijks of bijna dagelijks marihuana. Bovendien is het marihuanagebruik de afgelopen paar jaar toegenomen, wat in contrast staat met een eerdere afname in het decennium ervoor. Het dagelijkse marihuanagebruik onder middelbare scholieren is in dertig jaar niet zo hoog geweest (Johnston et al., 2013; Nanda & Konnur, 2006; Tang & Orwin, 2009).

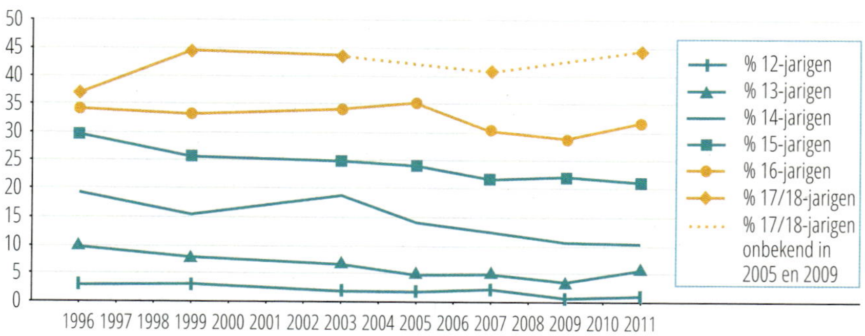

FIGUUR 14-4 Percentage twaalf- tot achttienjarigen dat ooit cannabis heeft gebruikt in Nederland

Bron: Nederlands Jeugdinstituut, 2014 (www.nj.nl, geraadpleegd 9 september 2015)

Ook het gebruik van andere drugs neemt toe. Hoewel drugsgebruik onder adolescenten niet zo wijdverbreid is als in de jaren zeventig en tachtig, is sinds het begin van de jaren negentig weer een toename zichtbaar. Bovendien is het gebruik van sommige illegale drugs, zoals ecstasy, lijm en paddo's, aan het eind van de jaren negentig en het begin van deze eeuw aanzienlijk toegenomen.

Er zijn verschillende antwoorden op de vraag waarom adolescenten drugs gebruiken. Sommige hebben te maken met de plezierige ervaringen die drugs

Marihuanagebruik is onder adolescenten nog steeds redelijk normaal.

Bron: Monkey Business Images/Shutterstock (Pearson Asset Library)

Verslavend middel: middel dat een biologische of psychische afhankelijkheid bij gebruikers teweegbrengt, waardoor ze er steeds heftiger naar gaan verlangen.

teweeg kunnen brengen, andere met de mogelijkheid om te ontsnappen aan de druk van het dagelijks leven. Er zijn ook adolescenten die experimenteren met drugs omdat ze het spannend vinden om iets illegaals te doen.

Een van de nieuwste redenen voor drugsgebruik is het verbeteren van de schoolprestaties. Een groeiend aantal studenten gebruikt producten als methylphenidaat, een amfetamine die voor ADHD wordt voorgeschreven. Het middel zou de gebruiker in staat stellen zich beter te concentreren en uren achtereen te studeren (Schwarz et al., 2012).

Ook het vermeende drugsgebruik van bekende rolmodellen, zoals zangers en filmsterren, kan een aanleiding zijn om zelf te gaan experimenteren. Tot slot speelt druk van leeftijdgenoten een rol. Zoals we in hoofdstuk 16 zullen zien, zijn adolescenten bijzonder gevoelig voor de normen van hun leeftijdgenoten (Nation & Heflinger, 2006; Urberg, Luo & Pilgrim, 2003; Young et al., 2006).

Het gebruik van drugs is in verschillende opzichten schadelijk. Ten eerste zijn sommige drugs verslavend. **Verslavende middelen** brengen een biologische of psychische afhankelijkheid bij gebruikers teweeg, waardoor ze er steeds heftiger naar gaan verlangen. Als drugs een biologische verslaving veroorzaken, raakt het lichaam zo gewend aan de aanwezigheid van de actieve stoffen dat het niet meer in staat is om zónder te functioneren (Cami & Farré, 2003; Munzar, Cami & Farré, 2003).

Drugs kunnen ook een psychische verslaving teweegbrengen. In zulke gevallen zijn mensen zonder drugs steeds minder goed opgewassen tegen de dagelijkse stress in hun leven. Als drugs worden gebruikt als een ontsnappingsmechanisme, kunnen ze bovendien verhinderen dat adolescenten de problemen die ze hebben onder ogen zien en oplossen. Tot slot kunnen drugs risicovol zijn omdat zelfs lichte gebruikers van minder gevaarlijke drugs makkelijker overstappen op gevaarlijkere verslavende middelen. Mensen die marihuana roken, hebben bijvoorbeeld 85 keer meer kans om cocaïne te gaan gebruiken als mensen die geen marihuana roken (Segal & Stewart, 1996; Toch, 1995).

14.3.3 Alcoholgebruik en -misbruik

Alcohol is het populairste verslavende middel onder adolescenten. Bijna alle adolescenten experimenteren met alcohol. Uit het eerdergenoemde Europese ESPAD-onderzoek (2007) blijkt dat 84 procent van de vijftien- en zestienjarige scholieren in Nederland het afgelopen jaar alcohol heeft gedronken. 36 procent is dronken geweest. In België zijn de cijfers vergelijkbaar: 83 procent van de scholieren heeft alcohol gebruikt en 29 procent is dronken geweest. In Tsjechië en op het eiland Man gebruiken de meeste jongeren alcohol (93 procent). Ander onderzoek toont aan dat van alle leerlingen in het basisonderwijs 19 procent ooit alcohol heeft gedronken. In het voortgezet onderwijs is dat 85 procent, waarvan 58 procent in de maand voorafgaand aan het onderzoek (Mulder, Paijmans & Tielen, GGD, 2004). Uit cijfers van het CBS in Nederland blijkt dat 28 procent van de jongens en 11 procent van de meisjes zware drinkers zijn.

Studenten drinken gemiddeld 16 glazen per week, zo'n 6 glazen meer dan hun leeftijdgenoten. Vooral leden van studentenverenigingen drinken veel: gemiddeld 23 glazen per week (mannen 27, vrouwen 12). Het zogeheten bingedrinken (het in korte tijd veel glazen alcohol achteroverslaan) komt onder studenten veel voor. Bingedrinken kan onaangename en zelfs gevaarlijke gevolgen hebben, zoals overlast, irrationeel gedrag (het begaan van stommiteiten), agressie of verbaal geweld. Maar ook verregaande lichamelijke problemen, zoals alcoholvergiftiging of een hartstilstand, behoren tot de mogelijkheden (NIGZ, 2002). Toch zien we een daling in het percentage jongeren dat in de voorafgaande maand alcohol heeft gedronken. Deze maatstaf biedt inzicht in het reguliere gebruik van alcohol door jongeren (Nederlands Jeugdinstituut, 2014). Deze daling is waarschijnlijk het gevolg van het alcoholverbod voor minderjarigen en andere ontradende maatregelen.

Helaas neemt het problematisch alcoholgebruik wel toe onder jongvolwassenen. Uit gegevens van het Nederlands Jeugdinstituut (2014) leren we dat steeds meer jongeren vanwege het drinken van alcohol bij de spoedeisende hulp van een ziekenhuis terechtkomen. Cijfers uit het Letsel Informatie Systeem (LIS) laten zien dat daar in 2011 3100 gevallen van 10- tot 24-jarigen met alcoholvergiftiging zijn binnengekomen. In 2002 ging het nog om minder dan duizend gevallen. Het gaat dan om bijna evenveel jongens (53 procent) als meisjes. Meer dan de helft van deze groep is tussen de vijftien en twintig jaar oud. In deze leeftijdsgroep is het aantal alcoholvergiftigingen tussen 2002 en 2011 meer dan verviervoudigd. Daarnaast komen er ook behoorlijk wat jongeren bij de spoedeisende hulp vanwege letsel dat zij hebben opgelopen door een ongeval of als gevolg van geweld na gebruik van alcohol. Het aantal behandelingen bij de spoedeisende hulp vanwege ongevallen na alcoholgebruik is sinds 2002 bijna verdubbeld: 2400 in 2002 tegen 4000 in 2011 (zie ook figuur 14-5).

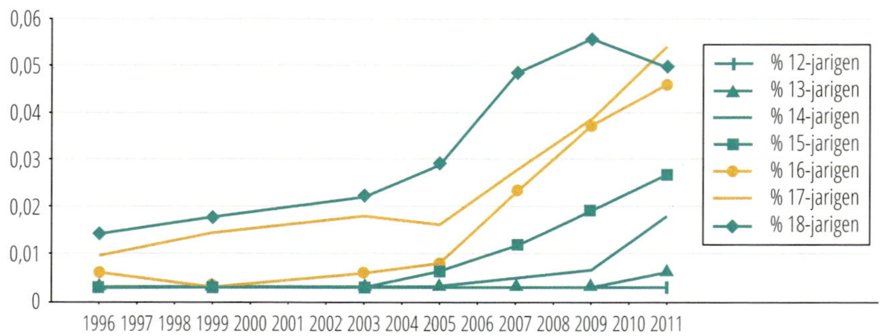

FIGUUR 14-5 **Percentage twaalf- tot achttienjarigen dat is opgenomen in de verslavingszorg vanwege alcoholgebruik**

Bron: Nederlands Jeugdinstituut, 2014 (www.nj.nl, geraadpleegd 9 september 2015)

Er zijn tal van redenen waarom adolescenten gaan drinken. Sommigen vinden dat het 'volwassen' staat. Voor anderen (vooral voor mannelijke sporters, die over het algemeen meer drinken dan de gemiddelde adolescent) is drinken een manier om hun macho-imago in stand te houden. Weer anderen drinken om dezelfde reden dat mensen drugs gebruiken: het neemt remmingen en spanningen weg en vermindert stress. Tot slot drinken sommige adolescenten vanwege een zogenaamd *vals consensuseffect*: op basis van een paar in het oog springende voorbeelden nemen ze aan dat iedereen veel drinkt (Dunn et al., 2012; Nelson & Wechsler, 2003; Pavis, Cunningham-Burley & Amos, 1997; Weitzman, Nelson & Wechsler, 2003).

Alcoholist: iemand die langzaam maar zeker geestelijk en lichamelijk afhankelijk is geworden van alcohol en niet in staat is om zijn drankgebruik te beperken.

In sommige gevallen wordt alcoholgebruik een gewoonte die niet kan worden beheerst. **Alcoholisten** worden langzaam maar zeker geestelijk en lichamelijk afhankelijk van alcohol en zijn niet in staat hun drinken te beperken. Ook worden ze steeds meer immuun voor de effecten van drinken, waardoor ze steeds grotere hoeveelheden moeten consumeren om de positieve sensaties tot stand te brengen waarnaar ze zo sterk verlangen. Sommige alcoholisten drinken de hele dag door; andere consumeren in korte tijd enorme hoeveelheden alcohol.

Ongeveer de helft van alle studenten gebruikt overmatig veel drank.

Het is niet precies bekend waarom sommige adolescenten alcoholist worden. Genen spelen een rol: alcoholisme is erfelijk. Bij die adolescenten wordt hun alcoholisme misschien veroorzaakt door pogingen om met omgevingsstress om te gaan. Maar niet alle alcoholisten hebben familieleden met een alcoholprobleem (Clarke et al., 2008; Edwards & Kendler, 2013; Mares et al., 2011). Wat telt is dat een aan alcohol of drugs verslaafde adolescent hulp krijgt. Dat is belangrijker dan speculeren over de oorzaak van de problemen. Ouders, docenten en vrienden kunnen hem ondersteunen bij het zoeken van hulp, als ze tenminste beseffen dat er sprake is van een probleem.

Verder is het van belang dat de toegang van jongeren tot alcohol in het algemeen beperkt wordt. Uit onderzoek blijkt dat jongeren onder de achttien jaar die alcohol willen kopen daar altijd in slagen. In twee derde van de gevallen lukt het al in de eerste winkel die ze bezoeken. Het kopen van alcohol kost de jongeren niet meer tijd of moeite dan het kopen van frisdrank. Meestal wordt er niet naar identificatie gevraagd (Van Hoof, Gosselt & Baas, 2011).

ONTWIKKELINGSPSYCHOLOGIE IN HET DAGELIJKS LEVEN

Verslaafd aan alcohol of drugs?

Hoewel het niet altijd eenvoudig is om vast te stellen of een adolescent een drugs- of alcoholprobleem heeft, zijn er een aantal signalen die daarop kunnen duiden:

Identificatie met de alcohol- en drugscultuur:

- Tijdschriften over drugs en alcohol, of slogans op kleding
- Gesprekken en grappen die over drugs en alcohol gaan
- Vijandigheid als drugs of alcohol ter sprake komen
- Verzamelen van bierblikjes

Tekenen van fysieke achteruitgang:

- Geheugenuitval, korte aandachtsboog, concentratieproblemen
- Slechte fysieke coördinatie, onsamenhangend praten of met dubbele tong spreken
- Ongezond uiterlijk, onverschilligheid ten opzichte van hygiëne en lichaamsverzorging
- Bloeddoorlopen ogen, vergrote pupillen

Ingrijpende verslechtering van schoolresultaten:

- Duidelijke achteruitgang in de cijfers
- Niet-afgemaakte opdrachten
- Vaker spijbelen of te laat komen

Veranderingen in gedrag:

- Chronische oneerlijkheid (liegen, stelen, bedriegen), problemen met de politie
- Andere vrienden (ontwijkend gedrag als de nieuwe vrienden ter sprake komen)
- Bezit van grote hoeveelheden geld
- Steeds meer en onterechte woede, vijandigheid, irritatie en geheimzinnigheid
- Verminderde motivatie, energie, zelfdiscipline en eigenwaarde
- Verminderde belangstelling voor buitenschoolse activiteiten en hobby's

Als een adolescent (of wie dan ook) het bovenstaande gedrag vertoont, heeft hij waarschijnlijk hulp nodig. De Anonieme Alcoholisten hebben hier speciale telefonische hulplijnen voor. De nummers zijn te vinden in het telefoonboek of op internet.

Bron: naar Franck & Brownstone, 1991, p. 593-594

14.3.4 Tabak: de gevaren van roken

Roken is slecht voor de gezondheid, en dat geldt zeker ook voor kinderen en adolescenten. Jong beginnen met roken zou kunnen bijdragen aan de ontwikkeling van bijvoorbeeld ADHD (Counotte et al., 2011). De meeste adolescenten zijn zich wel bewust van de gevaren van roken, maar veel van hen blijven ermee doorgaan. Hoewel uit recente cijfers blijkt dat over het geheel genomen een kleiner deel van de adolescenten rookt dan in de afgelopen decennia, blijft hun aantal zeer groot: 30 procent in Nederland en 23 procent in Vlaanderen (ESPAD, 2007).

Bovendien is er bij bepaalde groepen een toename zichtbaar. Zo zijn steeds meer meisjes gaan roken. In verschillende landen, waaronder Oostenrijk, Noorwegen en Zweden, roken er meer meisjes dan jongens. Er zijn ook etnische verschillen: in de Verenigde Staten experimenteren blanke kinderen en kinderen met een lagere sociaaleconomische status vaker met sigaretten dan Afro-Amerikaanse kinderen en kinderen uit hogere sociaaleconomische kringen. Zij beginnen ook vroeger met roken. Daarnaast wordt er in het voortgezet onderwijs aanzienlijk meer gerookt door blanke jongens dan door Afro-Amerikaanse jongens, hoewel de verschillen de afgelopen jaren kleiner zijn geworden (Baker, Brandon & Chassin, 2004; Fergusson et al., 2007; Harrell et al., 1998; Proctor, Barnett & Muilenburg, 2012; Stolberg, 1998).

Adolescenten blijven dus roken, hoewel er steeds meer sociale sancties op deze gewoonte komen te staan. Nu de gevaren van meeroken duidelijk zijn geworden, kijken veel mensen op rokers neer. Op steeds meer plaatsen, waaronder scholen en bedrijven, mag niet meer worden gerookt. Daardoor moeten rokers steeds meer moeite doen om een plekje te vinden. Bovendien zijn de gezondheidsgevaren van roken overduidelijk: op elk pakje sigaretten staat een waarschuwing dat roken een grotere kans geeft op overlijden. Adolescenten die roken, geven ook gewoon toe dat ze de gevaren kennen. Waarom gaan ze dan toch roken en waarom blijven ze het doen?

Een van de redenen is dat roken door sommige adolescenten gezien wordt als een overgangsritueel naar de volwassenheid. Daarnaast wordt de kans dat een adolescent gaat roken groter wanneer hij wordt blootgesteld aan rokende rolmodellen, zoals filmsterren, ouders en leeftijdgenoten. Bovendien zijn sigaretten erg verslavend. Nicotine, het actieve chemische bestanddeel van sigaretten, kan biologische en psychische afhankelijkheid veroorzaken. Hoewel een of twee sigaretten niet tot een levenslange verslaving hoeven te leiden, is er maar weinig voor nodig om van roken een gewoonte te maken. Sterker nog: van de mensen die vroeg in hun leven maar tien sigaretten rookten, heeft tachtig procent kans om verslaafd te raken (Tucker et al., 2008; West, Romero & Trinidad, 2007; Wills et al., 2008; Wills, Resko & Ainette, 2004). Interventies als Smoke Alert, een online advies op maat voor jongeren tussen de veertien en achttien jaar, zijn daarom belangrijk. Smoke Alert wil voorkomen dat niet-rokende jongeren beginnen met roken en biedt hulp aan jongeren die willen stoppen met roken. De interventie bestaat uit een vragenlijst en een persoonlijk advies dat is afgestemd op de situatie van de gebruiker (Nederlands Jeugdinstituut, z.d.).

Hoewel de gevolgen voor de gezondheid nog onbekend zijn, neemt het gebruik van e-sigaretten toe.

Bron: Darkhorse2012/Getty Images

Een van de nieuwste trends in roken is het gebruik van e-sigaretten. *E-sigaretten* zijn sigaretvormige apparaten op batterijen die nicotine leveren. Na verdamping vormt zich een mist. De ervaring lijkt op het roken van echte tabak. Hoewel gesteld wordt dat e-sigaretten minder schadelijk zijn dan traditionele sigaretten, zijn de gezondheidseffecten nog onduidelijk. De Amerikaanse regering heeft geprobeerd de verkoop ervan te reguleren (Tavernise, 2014). E-sigaretten worden steeds populairder. In 2012 had zo'n tien procent van de middelbare scholieren een e-sigaret geprobeerd, en het aantal gebruikers lijkt toe te nemen (Gray, 2013; Tavernise, 2013).

14.3.5 Seksueel overdraagbare aandoeningen

Jeremy Constant uit Portland in Oregon werd eindelijk weer gezond verklaard. Nadat hij een tiental jaren aan allerlei aan aids verwante ziekten had geleden, was zijn virusgehalte uiteindelijk tot niet-aantoonbare niveaus gezakt. De sleutel was de toevoeging van een derde geneesmiddel aan de cocktail van twee geneesmiddelen die hij al nam.

'Het was een verschil van dag en nacht', zegt Jeremy. 'Mijn gezondheid ging met sprongen vooruit en mijn virusniveaus kelderden. Ik voel me twintig jaar jonger en veel gezonder. Ik voel me ook weer gewoon als een normaal mens.'

De kosten van Jeremy's ommekeer zijn niet gering. Voor zijn cocktail van drie medicijnen moet hij circa 1500 dollar per jaar betalen. Maar hij kan nu weer aan een toekomst denken.

De situatie voor Caroline Mbanefo uit Nairobi in Kenia is niet zo rooskleurig. Caroline, in 2007 gediagnosticeerd met het aidsvirus, moet haar gezin van vijf onderhouden van een minimuminkomen van 35 dollar per week. Van dit bedrag moet ze haar huur van 26 dollar per maand betalen. En dan zijn er nog de uitgaven aan voedsel en kleding voor haar gezin. Als ze geluk heeft, houdt ze genoeg over om medicijnen voor het beheersen van haar ziektesymptomen te kunnen kopen. Maar ze heeft nog steeds geen geld voor de geneesmiddelen die de kracht van het virus zelf kunnen remmen, hoewel de farmaceutische bedrijven de kosten sterk hebben verlaagd. 'Het is geweldig nieuws dat er nieuwe goedkopere behandelingen zijn, maar het is bitter om te weten dat ik ze nog steeds niet kan betalen', zegt ze.

Acquired immune deficiency syndrome (aids): seksueel overdraagbare aandoening die wordt veroorzaakt door het humaan immunodeficiëntievirus (hiv).

Seksueel overdraagbare aandoening (soa): een ziekte die wordt verspreid via seksueel contact.

Het **acquired immune deficiency syndrome (aids)** is een van de belangrijkste doodsoorzaken onder jonge mensen over de hele wereld. Het is een ziekte waarbij het immuunsysteem ernstig verzwakt is. Het humaan immunodeficiëntievirus (hiv) veroorzaakt aids. Het vernietigt de cellen van het afweersysteem en verzwakt de weerstand van het lichaam. Omdat dit virus primair wordt overgedragen via seksueel contact, wordt aids geclassificeerd als een **seksueel overdraagbare aandoening (soa)**. Hoewel aids begon als een ziekte die vooral homoseksuelen trof, is de ziekte later ook bij andere bevolkingsgroepen opgedoken, waaronder heteroseksuelen en intraveneuze drugsgebruikers. Daarnaast worden minderheden relatief vaak getroffen door aids: het aandeel geïnfecteerden van niet-Nederlandse afkomst is gegroeid, van 3 procent in 1985 tot 38 procent in 2002. Daarbij gaat het vooral om mensen afkomstig uit Afrika ten zuiden van de Sahara. Al meer dan 25 miljoen mensen zijn gestorven aan de gevolgen van aids, en het aantal mensen dat wereldwijd met de ziekte leeft bedraagt 34 miljoen (UNAIDS, 2011). Meer dan 22 miljoen aidspatiënten leven in Afrika beneden de Sahara. Er is echter goed nieuws over de aidsepidemie: het aantal nieuwe infecties neemt af, en er zijn minder sterfgevallen als gevolg van aids (UNAIDS, 2010; zie figuur 14-6).

In Nederland zijn er 13.035 hiv-geïnfecteerde patiënten die regelmatig gezien worden in een van de 25 hiv-behandelcentra (Stichting HIV Monitoring, 2010). Het aantal mensen met een hiv-infectie in Nederland wordt geschat op 22.000. Dit is hoger dan het aantal geregistreerde patiënten, omdat niet iedereen zich bewust is van zijn hiv-status. In 2009 stierven 26 personen aan aids (Stichting HIV Monitoring, 2010).

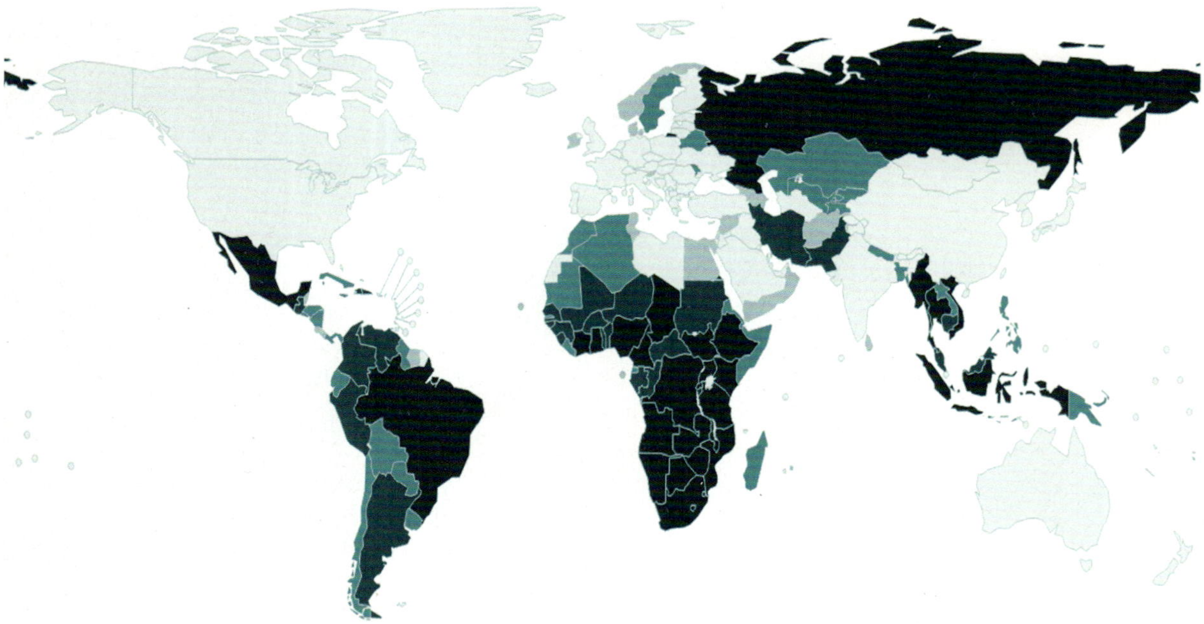

FIGUUR 14-6 Prevalentie aids wereldwijd

Het aantal mensen met het aidsvirus verschilt aanzienlijk per geografische regio. De meeste aidspatiënten wonen in Afrika en Zuid-Azië.

Bron: aidsinfo.unaids.org, 2014

Andere seksueel overdraagbare aandoeningen

Hoewel aids de dodelijkste seksueel overdraagbare aandoening is, komen andere soa's veel vaker voor. Een op de vier adolescenten loopt voor zijn eindexamen een soa op. Na één keer onbeschermde seks met een geïnfecteerde partner heeft een vrouwelijke tiener één procent kans op het virus dat aids veroorzaakt, dertig procent kans op genitale herpes en vijftig procent kans op gonorroe (Weinstock, Berman & Cates, 2004).

Een zeer frequent voorkomende soa is het *humaan papillomavirus (HPV)*. Papillomavirussen kunnen genitale wratten veroorzaken en verhogen de kans op het ontwikkelen van sommige vormen van kanker, zoals baarmoederhalskanker. HPV kan worden overgedragen door genitaal contact zonder gemeenschap. De meeste infecties hebben geen symptomen, maar HPV kan genitale wratten en in sommige gevallen baarmoederhalskanker veroorzaken. Inmiddels is er een vaccin beschikbaar dat tegen sommige soorten baarmoederhalskanker beschermt. De U.S. Centers for Disease Control and Prevention adviseren om dit vaccin standaard toe te dienen aan meisjes van elf en twaalf jaar, een aanbeveling die tot een sterke politieke reactie heeft geleid (Caskey, Lindau & Caleb, 2009; Schwarz et al., 2012; Thomas et al., 2013).

Een andere veelvoorkomende soa is *trichomoniasis*, een infectie in de vagina of penis die wordt veroorzaakt door een parasiet. In eerste instantie zijn er geen symptomen, maar later kan deze soa leiden tot pijnlijke afscheiding.

Chlamydia: bacteriële infectie en de meest voorkomende seksueel overdraagbare aandoening.

Chlamydia, een bacteriële infectie, is de soa die in Nederland het meest voorkomt. Het percentage positieve tests voor chlamydia is het hoogst bij adolescenten tot 25 jaar, met 14,1 procent. Binnen deze groep lag het hoogste vindpercentage bij vijftien- tot negentienjarige vrouwen: 18,1 procent. In eerste

Genitale herpes: veelvoorkomende seksueel overdraagbare aandoening die wordt veroorzaakt door een virus dat blaasjes en zweertjes oplevert.

De meeste adolescenten zijn zich bewust van het belang van veilige seks. Maar het feit dat ze zich onaantastbaar voelen, maakt soms dat ze denken dat hun kansen om een seksueel overdraagbare aandoening op te lopen minimaal zijn, vooral als ze hun partner goed kennen.

Bron: Masson/Shutterstock (Pearson Asset Library)

instantie heeft chlamydia weinig symptomen, maar later veroorzaakt het een brandend gevoel bij het plassen en afscheiding uit de penis of vagina. Het kan leiden tot nierbekkenontsteking en zelfs tot onvruchtbaarheid. Chlamydia-infecties kunnen goed worden behandeld met antibiotica. Helaas zijn veel adolescenten zich er niet van bewust dat ze chlamydia hebben. Degenen die ervan hebben gehoord, zijn meestal niet op de hoogte van de problemen die het kan veroorzaken (Fayers et al., 2003; Nockels & Oakeshott, 1999).

Genitale herpes wordt veroorzaakt door een virus dat erg lijkt op het virus dat tot koortslippen leidt. De eerste symptomen van herpes zijn vaak kleine blaasjes of zweertjes rond de genitaliën. Soms barsten ze open en worden ze vrij pijnlijk. Hoewel de zweertjes soms na een paar weken weg zijn, keert de ziekte vaak na enige tijd weer terug en herhaalt de cyclus zich. Als de zweertjes zichtbaar zijn, is de ziekte, die niet kan worden genezen, besmettelijk.

Gonorroe en *syfilis* zijn de oudste bekende geslachtsziekten. Al heel ver terug in de geschiedenis wordt er melding van gemaakt. Voor de komst van antibiotica waren deze ziekten dodelijk. Tegenwoordig kunnen ze echter succesvol worden behandeld.Hoewel veel soa's te behandelen zijn, blijven ze een ernstig gevaar voor de gezondheid vormen. Bovendien is het oplopen van een soa niet alleen een probleem dat speelt in de adolescentie. Ook later in het leven kan een soa moeilijkheden opleveren. Sommige soa's verhogen de kans op toekomstige onvruchtbaarheid en kanker.

TABEL 14-2 Veiliger vrijen

De enige waterdichte methode om seksueel overdraagbare aandoeningen (soa's) te vermijden, is onthouding. Maar door de Veilig Vrijen-regels in acht te nemen, verklein je de kans om een soa op te lopen.

Ken je seksuele partner	Vraag voordat je seks met iemand hebt naar zijn of haar seksuele geschiedenis.
Gebruik condooms	Condooms zijn de meest betrouwbare manier om soa's te voorkomen.
Vermijd het uitwisselen van lichaamsvloeistoffen, vooral sperma	Vermijd vooral anale geslachtsgemeenschap. Het aidsvirus kan zich verspreiden via kleine scheurtjes in het rectum, wat maakt dat anale gemeenschap zonder condoom bijzonder gevaarlijk is. Ooit dacht men dat orale seks relatief veilig was, maar tegenwoordig wordt het als risicofactor gezien voor het oplopen van aids.
Blijf nuchter	Alcohol en drugs kunnen je beoordelingsvermogen aantasten. Dit kan tot foute beslissingen leiden. Bovendien is het moeilijker om een condoom goed te gebruiken als je onder invloed bent.
Denk na over de voordelen van monogamie	Mensen in monogame langdurige relaties met trouwe partners lopen minder kans om een soa op te lopen.

TERUGBLIK

▷ 14.1 Fysieke rijping

- De adolescentie wordt gekenmerkt door een fysieke groeispurt die vergelijkbaar is met de snelle groei in de babytijd. Bij meisjes begint deze groeispurt rond hun tiende jaar, ongeveer twee jaar eerder dan bij jongens.
- De belangrijkste gebeurtenis in de adolescentie is het begin van de puberteit. Dat moment breekt voor de meeste meisjes aan rond hun elfde en voor de meeste jongens rond hun dertiende. Als de puberteit zich aandient, begint het lichaam volwassen hoeveelheden mannelijke of vrouwelijke hormonen te produceren, ontwikkelen de geslachtsorganen zich en treedt bij meisjes de eerste menstruatie op en bij jongens de eerste zaadlozing.
- Het tijdstip waarop de puberteit begint, is afhankelijk van culturele factoren, omgevingsfactoren en biologische factoren. De menarche (de eerste menstruatie) vindt bij meisjes in de westerse wereld tegenwoordig op elf- of twaalfjarige leeftijd plaats,

veel eerder dan in het verleden. Dat komt waarschijnlijk door betere voeding en een betere gezondheid.

- De fysieke veranderingen die gepaard gaan met de puberteit worden door adolescenten meestal met grote belangstelling gevolgd. Die veranderingen hebben vaak ook psychische effecten, zoals een verandering in het gevoel van eigenwaarde, een groter zelfbewustzijn en onzekerheid over seksualiteit.
- Adolescenten die relatief vroeg of laat in de puberteit komen, kunnen daar verschillende gevolgen van ondervinden. Vroege rijping bij jongens kan leiden tot betere sportprestaties, een grotere populariteit en een positiever zelfbeeld. Hoewel vroege rijping ook bij meisjes tot meer populariteit en tot een drukker sociaal leven kan leiden, kunnen zij zich ook schamen voor de veranderingen in hun lichaam, die hen anders maken dan hun leeftijdgenoten. Bovendien kan vroege fysieke rijping tot gevolg hebben dat zowel meisjes als jongens in situaties terechtkomen waarop ze nog niet voldoende voorbereid zijn.
- Late rijping kan voor jongens een duidelijk fysiek en sociaal nadeel zijn, omdat ze dan langer klein blijven. Dat kan invloed hebben op hun zelfbeeld en blijvende negatieve consequenties hebben. Meisjes die laat in de puberteit komen, worden soms genegeerd door hun leeftijdgenoten van beide seksen, maar uiteindelijk lijken ze er geen blijvende schade aan over te houden. Wellicht heeft late rijping voor hen zelfs voordelen.
- In de adolescentie wordt het denken verfijnder doordat het aantal neuronen toeneemt en hun onderlinge verbindingen complexer worden.
- De prefrontale cortex, het deel van de hersenen waarmee mensen evalueren en complexe beoordelingen maken, maakt in de adolescentie een enorme groei door. Omdat de prefrontale cortex nog niet volledig volgroeid is, worstelen adolescenten nog met hun impulsbeheersing.

▷ 14.2 Stress en manieren om ermee om te gaan

- In sommige situaties werkt stress in ons voordeel: het veroorzaakt een biologische reactie die ervoor zorgt dat het lichaam zich beter wapent tegen een onmiddellijke dreiging. Langdurige blootstelling aan stressoren kan echter negatieve fysieke en psychische gevolgen hebben.
- Stress wordt in verband gebracht met veel algemene kwalen, zoals hoofdpijn, rugpijn, eczeem, indigestie en zelfs de gewone verkoudheid. Er lijkt ook een verband te zijn met psychosomatische aandoeningen als maagzweren, astma, artritis en hoge bloeddruk, en zelfs met ernstige, levensbedreigende ziekten.
- Mensen gaan op verschillende manieren met stress om. Sommigen hanteren een probleemgerichte manier, waarbij ze de stressvolle situatie proberen te veranderen. Anderen kiezen voor een emotiegerichte manier, waarbij ze de emotionele reactie op stress proberen te reguleren.
- Omgaan met stress is gemakkelijker als men sociale steun krijgt van anderen. Een defensieve houding, waarbij mensen onbewust hun toevlucht nemen tot een ontkenningsstrategie, is niet erg succesvol. Dat betekent namelijk dat zij niet in staat zijn om de realiteit van de situatie onder ogen te zien.

▷ 14.3 Bedreigingen voor het welzijn van adolescenten

- De meeste adolescenten maken zich geen zorgen om hun voeding. Toch is het belangrijk dat zij voldoende eten en een gevarieerd dieet aanhouden om te kunnen groeien.
- Sommige adolescenten lijden aan obesitas of overgewicht. Obesitas is belastend voor de bloedsomloop, wat het risico op hoge bloeddruk en diabetes verhoogt.
- Andere adolescenten zijn zo bang om dik te worden dat zij een eetstoornis ontwikkelen. Twee belangrijke eetstoornissen die vooral vrouwelijke adolescenten treffen, zijn anorexia nervosa (een eetstoornis waarbij men weigert te eten) en boulimia (een eetstoornis die wordt gekenmerkt door een cyclus van eetbuien en braken). Deze stoornissen lijken zowel door biologische factoren als door omgevingsfactoren te worden veroorzaakt, en kunnen het best worden behandeld met een combinatie van therapie en een verandering van eetgewoonten.
- Drugsgebruik in de adolescentie komt vaak voor. Adolescenten gebruiken drugs om zich lekker te voelen, om druk te vermijden of om tegen de gevestigde orde aan te schoppen. Ook rolmodellen kunnen van invloed zijn.
- Drugsgebruik is gevaarlijk omdat het kan uitmonden in verslaving. Bovendien kan het ertoe leiden dat adolescenten hun onderliggende problemen blijven ontlopen.
- Alcohol wordt door veel adolescenten gebruikt. Sommigen zien drinken als een manier om de teugels te laten vieren of volwassen over te komen.
- Veel adolescenten roken, hoewel ze de gevaren ervan onderkennen. Hoewel roken onder adolescenten in het algemeen afneemt, is er een stijging te zien bij specifieke groepen. Adolescenten die roken, lijken

gemotiveerd te worden door een verlangen om volwassen over te komen.

- De volgende signalen kunnen erop wijzen dat een adolescent problemen heeft met drugs of alcohol: identificatie met de drugs- of alcoholcultuur, tekenen van fysieke achteruitgang, een dramatische verslechtering van de schoolresultaten en opvallende gedragsveranderingen.
- Aids is een van de belangrijkste doodsoorzaken onder jonge mensen. Vooral minderheidsgroepen worden er zwaar door getroffen. Veel adolescenten nemen geen voorzorgsmaatregelen die de ziekte kunnen voorkomen. Ze informeren niet goed naar de seksuele geschiedenis van hun partner en denken vaak dat ze onkwetsbaar zijn.
- Ook andere seksueel overdraagbare aandoeningen, zoals HPV, chlamydia, genitale herpes, trichomoniasis, gonorroe en syfilis, komen vaak voor bij adolescenten. Al deze soa's kunnen worden voorkomen door veilig te vrijen.

BELANGRIJKE TERMEN EN BEGRIPPEN

Acquired immune deficiency syndrome (aids)
Adolescentie
Alcoholist
Anorexia nervosa
Boulimia
Chlamydia
Coping
Genitale herpes
Menarche
Primaire geslachtskenmerken
Psychosomatische aandoening
Pubertaire groeispurt
Puberteit
Secundaire geslachtskenmerken
Seksueel overdraagbare aandoening (soa)
Stress
Verslavend middel

Bron: Lucky Business/Shutterstock (Pearson Asset Library)

HOOFDSTUK 15 DE COGNITIEVE ONTWIKKELING IN DE ADOLESCENTIE

HOOFDSTUK 15 IN VOGELVLUCHT

PROLOOG: De obstakels overwinnen

De zeventienjarige Patricia woont in Meppel, samen met haar ouders, haar twee broers en haar zusje. Haar ouders zijn allebei werkloos en haar zusje is gehandicapt. Een van haar broers zit op dit moment in de gevangenis. Hoewel ze thuis niet erg wordt gestimuleerd om haar best te doen, doet ze dit jaar eindexamen. En dat niet alleen: haar leraren denken dat ze weleens de beste van haar jaar zou kunnen worden!

Ook QiQi Cheng, achttien jaar, leverde een topprestatie toen ze haar eerste jaar verpleegkunde in Rotterdam afsloot met een gemiddelde van 9,6. Toch is het nog maar vijf jaar geleden dat ze uit een vliegtuig uit Shanghai stapte en nog helemaal geen Nederlands sprak.

De zestienjarige Han Lammers uit Lelystad haalde zijn diploma. Hij is geslaagd voor zijn eindexamen, ondanks het feit dat zijn ouders het afgelopen jaar constant met elkaar ruzieden en hij de zorg voor zijn twee zusjes zo'n beetje in zijn eentje op zich nam.

Bron: Daniel Kloeg/123RF.com

Op www.pearsonmylab.nl vind je vragen bij deze proloog ter verwerking van de stof uit dit hoofdstuk.

Vooruitblik

De intellectuele groei die zich in de adolescentie voltrekt, is wederom een grote sprong voorwaarts, of hij nu tegen de stroom in plaatsvindt of gemakkelijker gaat. Aan het eind van deze periode kunnen adolescenten zich cognitief gezien in veel opzichten zelfs meten met volwassenen.

In dit hoofdstuk richten we ons op de cognitieve ontwikkeling in de adolescentie. Allereerst behandelen we de Piagetiaanse benadering en staan we stil bij de manier waarop adolescenten zogenaamde formele operaties gebruiken om problemen op te lossen. Vervolgens buigen we ons over de steeds invloedrijkere informatieverwerkingstheorie, die een andere kijk op de adolescentie vertegenwoordigt. We behandelen de groei van de metacognitieve vaardigheden, waarmee adolescenten zich steeds bewuster worden van hun eigen denkprocessen.

Vervolgens richten we ons op de ontwikkeling van moreel redeneren en moreel gedrag. We behandelen twee belangrijke verklaringen voor de verschillen in morele oordelen tussen adolescenten onderling.

Aan het eind van het hoofdstuk kijken we naar de schoolprestaties en de carrièrekeuze van adolescenten. We staan stil bij de invloed van de sociaaleconomische status van adolescenten op hun schoolprestaties en kijken naar de relatie tussen schoolprestaties en etnische afkomst. We sluiten af met een bespreking van de manier waarop adolescenten beslissingen nemen over hun carrière.

15.1 De intellectuele ontwikkeling

Mevrouw Klaassen glimlacht bij het lezen van een bijzonder creatief opstel. Voor het vak maatschappijleer vraagt ze haar leerlingen in de eerste klas elk jaar een opstel te schrijven over hoe hun leven eruit zou zien als de geallieerden de Tweede Wereldoorlog niet van de nazi's hadden gewonnen. Ze heeft zoiets ook eens geprobeerd bij kinderen op de basisschool, maar veel van hen leken niet in staat om iets anders te bedenken dan wat ze al wisten. De brugklassers komen echter met een aantal heel interessante scenario's.

Hoe onderscheidt het denken van adolescenten zich van het denken van jongere kinderen? Een van de belangrijkste veranderingen is het vermogen om verder te denken dan de concrete, huidige situatie. Adolescenten kunnen bedenken wat er zou *kunnen* gebeuren of hoe iets zou *kunnen* zijn. Ze kunnen verschillende abstracte mogelijkheden in hun hoofd oproepen en ze kunnen zaken in relatieve zin beschouwen, terwijl jongere kinderen alleen absoluut kunnen denken. Hiermee wordt bedoeld dat adolescenten in staat zijn te begrijpen dat bepaalde concepten (waarheid, schoonheid, het goede enzovoort) niet op zich staan, maar afhankelijk kunnen zijn van iets anders. Ze begrijpen bijvoorbeeld dat de waarheid van een uitspraak of theorie niet absoluut is maar relatief, en afhankelijk van de mens met zijn specifieke eigenschappen en omstandigheden. Adolescenten bedenken niet alleen zwart-witoplossingen voor problemen, ze zijn ook in staat om grijstinten te onderscheiden. Er zijn verschillende benaderingen om de cognitieve ontwikkeling van adolescenten te verklaren. Maar allereerst keren we terug naar de theorie van Piaget, die veel invloed heeft gehad op de manier waarop ontwikkelingsdeskundigen denken over denken tijdens de adolescentie.

15.1.1 Het formeel-operationele stadium van Piaget en adolescentie

De veertienjarige Annabel wordt gevraagd een probleem op te lossen waar iedereen die weleens een pendule heeft gezien over zal hebben nagedacht: wat bepaalt de snelheid waarmee een gewicht aan een koord heen en weer beweegt? Annabel krijgt te horen dat ze verschillende factoren kan veranderen: de lengte van het koord, het gewicht van het object aan het eind van het koord, de kracht die wordt gebruikt om het koord voort te duwen en hoe ver het gewicht wordt opgetild voordat het weer wordt losgelaten.

Annabel kan het zich niet meer herinneren, maar toen ze acht was kreeg ze hetzelfde probleem voorgelegd als onderdeel van een longitudinaal onderzoek (zie paragraaf 2.3.2). Destijds bevond ze zich in het concreet-operationele stadium (zie paragraaf 12.1.1), en haar pogingen om het probleem op te lossen, waren niet erg succesvol. Ze benaderde het op een lukrake manier, zonder een systematisch plan van aanpak. Ze probeerde bijvoorbeeld harder tegen de slinger te duwen én het koord in te korten én het gewicht aan het koord te verzwaren. Omdat ze zo veel factoren tegelijkertijd veranderde, wist ze niet welke factoren verantwoordelijk waren voor het verschil toen de snelheid van de slinger veranderde.

Dit keer gaat Annabel echter systematischer te werk. In plaats van meteen aan de slinger te trekken en te duwen, neemt ze eerst de tijd om na te denken. Daarna verandert ze één factor per keer, net als een wetenschapper die een experiment uitvoert. Door afzonderlijk en systematisch naar elke variabele te kijken, is ze in staat om de juiste conclusie te trekken: de snelheid van de slinger wordt bepaald door de lengte van het koord.

Het gebruik van formele operaties om problemen op te lossen

De manier waarop Annabel de pendulevraag benadert, een probleem dat bedacht werd door Piaget, laat zien dat zij het formeel-operationele stadium van de cognitieve ontwikkeling heeft bereikt (Piaget & Inhelder, 1958). Het **formeel-operationele stadium** is het stadium waarin mensen het vermogen ontwikkelen om abstract te denken. Volgens Piaget bereiken mensen dit stadium aan het begin van de adolescentie, rond de leeftijd van twaalf jaar.

Formeel-operationeel stadium: het stadium waarin mensen het vermogen ontwikkelen om abstract te denken.

Door de formele grondslagen van de logica toe te passen op problemen waar ze tegenaan lopen, zijn adolescenten in het formeel-operationele stadium in staat om ook op een abstracte, en niet alleen op een concrete, manier naar problemen te kijken. Door op een systematische en basale manier naar elke variabele te kijken, toetsen ze hun inzichten en ontdekken ze welke gevolgen hun acties hebben.

Adolescenten in het formeel-operationele stadium maken gebruik van *hypothetisch-deductief redeneren*, waarbij ze beginnen met een algemene theorie over datgene wat een bepaald resultaat oplevert. Vervolgens leiden ze daaruit verklaringen af voor specifieke situaties waarin ze dat specifieke resultaat zien gebeuren. Net als wetenschappers die hypotheses vormen, kunnen ze hun theorieën toetsen. Het verschil tussen dit soort denken en eerdere cognitieve stadia is het vermogen om abstracte mogelijkheden als vertrekpunt te nemen en van daaruit over te stappen naar het concrete. In eerdere stadia zitten kinderen vast aan het concrete hier en nu. Toen ze acht was, begon Annabel bijvoorbeeld met allerlei dingen te schuiven om te zien wat er met de slinger zou gebeuren

Zie MyLab voor de video: Deductief redeneren

– een concrete benadering. Op veertienjarige leeftijd begint ze echter met het abstracte idee dat elke variabele (het koord, de omvang van het gewicht enzovoort) afzonderlijk getoetst moet worden.

Behalve hypothetisch-deductief redeneren zijn adolescenten tijdens het formeel-operationele stadium ook in staat om propositioneel te denken. *Propositioneel denken* is het gebruik van abstracte logica in de afwezigheid van concrete voorbeelden, bijvoorbeeld bedenken dat het goed zou zijn een paraplu mee te nemen, omdat er voorspeld is dat er later op de dag regen zal vallen. Dankzij propositioneel denken kunnen adolescenten bijvoorbeeld begrijpen dat een conclusie juist moet zijn op het moment dat bepaalde vooronderstellingen juist zijn. Neem het volgende voorbeeld van wat een *syllogisme* wordt genoemd:

Alle mensen zijn sterfelijk. [vooronderstelling]
Grieken zijn mensen. [vooronderstelling]
Dus Grieken zijn sterfelijk. [conclusie]

Adolescenten begrijpen dat bovenstaande conclusie juist is als beide vooronderstellingen juist zijn. Bovendien kunnen ze ook op deze manier redeneren als de vooronderstellingen en conclusies abstracter zijn:

Alle A's zijn B. [vooronderstelling]
C is een A. [vooronderstelling]
Dus is C een B. [conclusie]

Net als wetenschappers die hypotheses opstellen, maken adolescenten in het formeel-operationele stadium gebruik van hypothetisch-deductief redeneren. Ze beginnen met een algemene theorie over datgene wat een bepaald resultaat oplevert en leiden daar vervolgens verklaringen uit af voor specifieke situaties waarin ze dat specifieke resultaat waarnemen.

Bron: Kevin Radford/Superstock

Hoewel Piaget stelde dat kinderen het formeel-operationele stadium bereiken aan het begin van de adolescentie, meende hij ook dat de vermogens die daarbij horen – net als de vermogens bij alle andere cognitieve ontwikkelingsstadia – zich niet van het ene op het andere moment manifesteren. Ze komen langzaam maar zeker tot stand dankzij een combinatie van fysieke rijping en omgevingservaringen. Volgens Piaget bevinden adolescenten zich pas volledig in het formeel-operationele stadium als ze een jaar of vijftien zijn.

Er zijn bewijzen dat veel mensen hun formeel-operationele vaardigheden op nog latere leeftijd ontwikkelen en dat mensen in sommige gevallen nooit in staat zullen zijn tot volledig formeel-operationeel denken. Uit de meeste onderzoeken blijkt bijvoorbeeld dat slechts veertig tot zestig procent van de studenten en de volwassenen volledig in staat is om formeel-operationeel te denken, en volgens andere schattingen is dat zelfs maar 25 procent. Maar veel volwassenen die niet op alle vlakken blijk geven van formeel-operationeel denken, zijn op sommige aspecten van formele operaties wél competent (Keating, 1990, 2004; Sugarman, 1988).

Waarom zijn er inconsistenties in formele operaties? Waarom maken oudere adolescenten niet consistent gebruik van een formeel-operationele denkwijze? Een van de redenen is dat we cognitief lui zijn. We vertrouwen eerder op onze intuïtie en mentale ezelsbruggetjes dan op formele redeneringen. Bovendien kunnen we beter abstract en formeel-operationeel denken als het gaat om taken waarmee we aanzienlijke ervaring hebben. In onbekende situaties vinden we het lastiger om te denken aan de hand van formele operaties. Een neerlandicus vindt het gemakkelijk om de thema's in een roman op te sporen, terwijl een bioloog er misschien mee worstelt. Aan de andere kant vindt de bioloog het concept van celdeling doodeenvoudig, terwijl de neerlandicus er misschien geen raad mee weet (Klaczynski, 2004).

Culturele invloeden

Het is heel goed mogelijk dat het gebruik van formele operaties bij deze Hondurese adolescent verschilt van iemand van dezelfde leeftijd die in Nederland is opgegroeid.

Bron: Ariane Citron/Fotolia

Een van de redenen dat niet alle adolescenten op dezelfde manier gebruikmaken van formele operaties, heeft te maken met de cultuur waarin zij zijn opgegroeid. Mensen die in een geïsoleerde, onderontwikkelde samenleving leven en weinig formeel onderwijs hebben genoten, zullen minder snel op het formeel-operationele niveau opereren dan mensen die in technologisch geavanceerde samenlevingen leven (Jahoda, 1980; Segall et al., 1990).

Betekent dit dat adolescenten (en volwassenen) uit culturen waarin formele operaties zich doorgaans niet manifesteren niet in staat zijn dit stadium te bereiken? Helemaal niet. Een meer voor de hand liggende conclusie is dat de wetenschappelijke manier van redeneren die kenmerkend is voor formele operaties niet in alle samenlevingen evenzeer gewaardeerd wordt. Als in het dagelijks leven een bepaalde manier van redeneren niet gestimuleerd wordt of niet nodig is, is het onredelijk om van mensen te verwachten dat ze die manier van redeneren gebruiken wanneer ze met een probleem worden geconfronteerd (Gauvain, 1998). Hier lopen veel eerstejaarsstudenten ook tegenaan: zij moeten op een andere manier leren leren.

De effecten van formele operaties op het denken van adolescenten

Het vermogen van adolescenten om abstract te redeneren, dat gebaseerd is op hun gebruik van formele operaties, leidt tot een verandering in hun dagelijkse gedrag. Terwijl ze regels en verklaringen die hun voorheen werden aangereikt misschien klakkeloos accepteerden, zullen ze hun ouders en andere autoriteitsfiguren nu veel kritischer tegemoet treden. Dit nieuwe vermogen leidt ook tot een groter idealisme, waardoor adolescenten snel ongeduldig kunnen worden als ze geconfronteerd worden met misstanden bij instituties als scholen en de overheid.

Over het algemeen gaan adolescenten sneller de discussie aan, soms puur om het discussiëren zelf. Ze vinden het leuk om door middel van abstract redeneren zwakke plekken te vinden in de verklaringen van anderen. Hun grotere vermogen om kritisch te denken maakt hen vooral gevoelig voor de vermeende tekortkomingen van ouders en docenten (Alberts, Elkind & Ginsberg, 2007; Elkind, 1996; Klaczynski, 2011). Voor volwassenen die te maken hebben met adolescenten kan die kritische houding moeilijk zijn. Maar adolescenten worden er ook interessanter door. Ze proberen de waarden en rechtvaardigingen waarmee ze in hun leven geconfronteerd worden immers op een actieve manier te begrijpen.

Meningen over de visie van Piaget

Telkens wanneer we in de vorige hoofdstukken stilstonden bij de theorieën van Piaget, hebben we er verschillende kanttekeningen bij geplaatst. Hieronder worden deze kanttekeningen samengevat:

- Volgens Piaget voltrekt de cognitieve ontwikkeling zich in de vorm van universele, stapsgewijze sprongen die zich in specifieke stadia manifesteren. Toch kunnen de cognitieve vaardigheden van mensen onderling aanzienlijk verschillen, vooral als we mensen uit verschillende culturen met elkaar vergelijken. Bovendien zijn er zelfs binnen hetzelfde individu inconsistenties waar te nemen. Soms kunnen mensen bepaalde taken uitvoeren die erop wijzen dat ze een bepaald denkniveau hebben bereikt, maar kunnen zij andere taken weer niet aan. Als Piaget gelijk had, zou een persoon alles even goed moeten kunnen wanneer hij eenmaal een bepaalde leeftijd heeft bereikt (Siegler, 1994).

- De stadiatheorie van Piaget suggereert dat cognitieve vaardigheden zich niet geleidelijk of gelijkmatig ontwikkelen. In plaats daarvan zou cognitieve groei worden gekenmerkt door relatief snelle verschuivingen van het ene naar het andere stadium. Veel ontwikkelingsdeskundigen menen juist dat cognitieve ontwikkeling veel meer een continu proces is en dat de vorderingen zich niet zozeer in de vorm van kwalitatieve sprongen vooruit voltrekken als wel in de vorm van kwantitatieve opeenstapelingen. Ook beweren zij dat de theorie van Piaget eerder een *beschrijving* geeft van het gedrag in een bepaald stadium dan dat zij uitlegt *waarom* een verschuiving van het ene naar het andere stadium zich voltrekt (Case, 1999).
- Uit de aard van de opdrachten die Piaget gebruikte voor het meten van cognitieve vaardigheden, leiden critici af dat hij de leeftijd waarop bepaalde vaardigheden zich manifesteren stelselmatig onderschatte. Het is nu algemeen aanvaard dat baby's en kinderen veel dingen eerder kunnen dan werd aangenomen door Piaget (Bornstein & Lamb, 2005; Kenny, 2013).
- Piaget had een relatief beperkte opvatting van *denken* en *weten*. Volgens hem bestond kennis primair uit het soort inzicht dat geïllustreerd wordt in het vraagstuk van de pendule. Zoals we echter zagen in hoofdstuk 12, menen ontwikkelingsdeskundigen als Howard Gardner (2000, 2006) dat er, afzonderlijk en onafhankelijk van elkaar, een heleboel verschillende soorten intelligentie bestaan.
- Tot slot stellen sommige ontwikkelingsdeskundigen dat formele operaties niet de meest complexe vorm van denken zijn en dat geavanceerdere vormen van denken zich pas in de vroege volwassenheid manifesteren. De ontwikkelingspsychologe Giesela Labouvie-Vief beweert bijvoorbeeld dat de complexiteit van de samenleving een vorm van denken vergt die niet noodzakelijkerwijs gebaseerd is op pure logica. Er is een type denken vereist dat flexibel is, dat ruimte biedt aan interpretatieprocessen en dat weerspiegelt dat de redenen achter gebeurtenissen in de echte wereld subtiel zijn. Labouvie-Vief noemt dit *postformeel denken* (Labouvie-Vief & Diehl, 2000).

Deze kanttekeningen bij Piagets benadering van cognitieve ontwikkeling bevatten zeker waardevolle elementen. Toch heeft de theorie van Piaget geleid tot een enorm aantal onderzoeken naar de ontwikkeling van denkvermogens en denkprocessen, en zijn er ook veel schoolhervormingen uit voortgekomen. Tot slot vormden Piagets uitgesproken ideeën over de aard van cognitieve ontwikkeling een vruchtbaar vertrekpunt voor veel conflicterende theorieën, zoals de informatieverwerkingstheorie, die we in de volgende paragraaf behandelen (Bibace, 2013; Kuhn, 2008; Taylor & Rosenbach, 2005).

15.1.2 De informatieverwerkingstheorie: geleidelijke veranderingen in vermogens

In tegenstelling tot Piagets visie dat de groei van de cognitieve vermogens van adolescenten zich in stadiumachtige spurts voltrekt, spreekt de **informatieverwerkingstheorie** van geleidelijke en permanente veranderingen in het vermogen om informatie op te nemen, te gebruiken en op te slaan. Volgens deze theorie zijn nieuwe cognitieve ontwikkelingen het resultaat van geleidelijke veranderingen in de manier waarop mensen hun denken over de wereld ordenen, strategieën ontwikkelen om met nieuwe situaties om te kunnen gaan, feiten rangschikken en verbeteringen realiseren wat betreft hun geheugencapaciteit en perceptuele vermogens (Pressley & Schneider, 1997; Wyer, 2004).

Informatieverwerkingstheorie: theorie die verklaringen probeert te geven voor de manier waarop mensen informatie opnemen, gebruiken en opslaan.

In de adolescentie worden grote cognitieve sprongen gemaakt. Hoewel de algemene intelligentie zoals die wordt gemeten met traditionele IQ-tests stabiel blijft, treden er ingrijpende verbeteringen op in de specifieke mentale vermogens die ten grondslag liggen aan intelligentie. De verbale, mathematische en ruimtelijke vaardigheden groeien. De geheugencapaciteit neemt toe, en adolescenten weten hun aandacht beter te verdelen over meer dan één stimulus tegelijk. Ze kunnen bijvoorbeeld voor een biologietoets leren terwijl ze naar muziek luisteren.

Verder gaan adolescenten, zoals Piaget al opmerkte, problemen en abstracte begrippen steeds beter begrijpen. Ze kunnen steeds beter hypothetisch denken en krijgen meer zicht op de mogelijkheden die bepaalde situaties met zich meebrengen. Adolescenten weten ook meer van de wereld; hun intellectuele bagage groeit naarmate ze aan meer materiaal worden blootgesteld en hun geheugencapaciteit toeneemt. De verbeteringen van deze specifieke mentale vermogens bereiken hun hoogtepunt rond het twintigste levensjaar (Atkins et al., 2012; Kail, 2003, 2004; Kail & Miller, 2006).

Metacognitie: de kennis die mensen hebben van hun eigen denkprocessen en het vermogen om hun eigen cognitie te monitoren.

Volgens de informatieverwerkingstheorie is de groei van de metacognitie een van de belangrijkste redenen voor de cognitieve vooruitgang van adolescenten. **Metacognitie** is de kennis die mensen hebben van hun eigen denkprocessen en het vermogen om hun eigen cognitie te volgen. Hoewel ook basisschoolkinderen al een aantal metacognitieve strategieën gebruiken, begrijpen adolescenten hun eigen mentale processen veel beter.

Wanneer adolescenten hun geheugencapaciteit bijvoorbeeld beter gaan begrijpen, kunnen ze ook beter inschatten hoeveel tijd ze nodig hebben om bepaalde leerstof te bestuderen. Verder kunnen ze veel beter beoordelen of ze dat materiaal zodanig in zich hebben opgenomen dat ze de nieuw opgedane kennis kunnen reproduceren tijdens een proefwerk. Dankzij deze verbeteringen op het gebied van metacognitieve vaardigheden zijn adolescenten beter in staat om de aangeboden leerstof te begrijpen en beheersen (Dimmit & McCormick, 2012; Martins et al., 2013; Moshman, 2011).

Toch leveren vorderingen op het gebied van metacognitie niet altijd positieve resultaten op. Metacognitie kan er bijvoorbeeld toe leiden dat adolescenten zich erg in zichzelf terugtrekken en zich erg van zichzelf bewust worden: twee belangrijke kenmerken die, zoals we hierna zullen zien, kunnen duiden op een grote mate van egocentrisme.

15.1.3 De adolescent als het middelpunt van het universum

Carlo is woedend op zijn ouders. Hij vindt dat ze zich uiterst onredelijk gedragen. Als hij uitgaat, staan ze erop dat hij om één uur thuiskomt. Leonoor is kwaad op Marjet, omdat Marjet 'per ongeluk' dezelfde oorbellen heeft gekocht als zij en ze soms nog op school draagt ook. Laurens is boos op zijn biologielerares, mevrouw Van Hees, omdat ze een moeilijke toets heeft gegeven die hij niet goed heeft gemaakt.

Zie MyLab voor de video: Egocentrisme

Egocentrisme: een toestand waarbij het eigen ik in het middelpunt staat en waarbij de wereld puur vanuit het eigen standpunt wordt bekeken.

Al deze adolescenten zijn boos vanwege, zo op het eerste gezicht, niet echt onredelijk gedrag van anderen. Waarom? Die boosheid kan het gevolg zijn van het egocentrisme waardoor het denken van adolescenten soms wordt beheerst. **Egocentrisme** is een toestand waarbij het eigen ik in het middelpunt staat en waarbij de wereld puur vanuit het eigen standpunt wordt bekeken. Door hun egocentrische houding stellen adolescenten zich zeer kritisch op tegenover autoriteitsfiguren, zoals hun ouders en leraren. Ze zijn niet bereid om kritiek te incasseren en hebben snel commentaar op het gedrag van anderen (Alberts, Elkind & Ginsberg, 2007; Inagaki, 2013; Schwartz, Maynard & Uzelac, 2008).

Het soort egocentrisme dat we in de adolescentie waarnemen is een van de redenen dat adolescenten vaak denken dat zij in het middelpunt van de belangstelling staan. Soms creëren ze zelfs een zogenaamd **imaginair publiek** voor zichzelf: fictieve toeschouwers die net zo veel aandacht aan het gedrag van de adolescent besteden als hijzelf. Het imaginaire publiek richt zich in de verbeelding van de adolescent meestal op datgene waar hij of zij het meest mee bezig is: zichzelf. Helaas kleeft er voor de adolescent ook een nadeel aan zijn imaginaire publiek. Zo kan een scholiere die in een klas zit ervan overtuigd zijn dat de leraar specifiek op haar zit te letten, en kan een tiener tijdens een basketbalwedstrijd gewoon voelen dat iedereen om hem heen naar de puist op zijn kin kijkt.

Egocentrisme leidt tot nog een andere vervorming in het denken: het idee dat de eigen ervaringen uniek zijn. Adolescenten creëren **persoonlijke fabels**. Ze zijn ervan overtuigd dat wat er met hen gebeurt uniek en bijzonder is en niemand anders overkomt. Tieners die een blauwtje hebben gelopen, hebben bijvoorbeeld vaak het gevoel dat niemand ooit zo veel verdriet heeft gevoeld als zij, dat niemand ooit zo slecht is behandeld en dat niemand begrijpt wat zij doormaken (Alberts, Elkind & Ginsberg, 2007; Hill & Lapsley, 2011).

Persoonlijke fabels zorgen er ook voor dat adolescenten denken dat zij niet kunnen worden getroffen door de risico's die anderen bedreigen. Ze menen bijvoorbeeld dat het niet nodig is om een condoom te gebruiken tijdens het vrijen. Zwangerschap en seksueel overdraagbare aandoeningen als aids zijn in hun persoonlijke fabels gebeurtenissen die alleen andere mensen overkomen. Ze drinken meer dan goed voor hen is, omdat ze in hun persoonlijke fabels behoudende drinkers zijn die precies weten wanneer ze moeten stoppen. Veel van het risicovolle gedrag van adolescenten kan worden teruggevoerd op de persoonlijke fabels die zij voor zichzelf creëren (Aalsma, Lapsley & Flannery, 2006; Greene et al., 2000; Vartanian, 2000).

Zie MyLab voor de video: Imaginair publiek

Zie MyLab voor de video: De fabel van de onoverwinnelijkheid

Imaginair publiek: fictieve toeschouwers die net zo veel aandacht aan het gedrag van de adolescent besteden als hijzelf.

Persoonlijke fabel: de overtuiging van sommige adolescenten dat wat er met hen gebeurt uniek en bijzonder is en niemand anders overkomt.

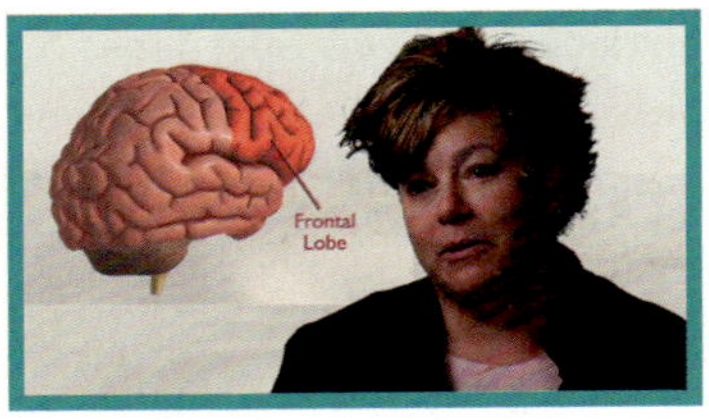

Zie MyLab voor de video: Riskant gedrag en hersenontwikkeling

Het egocentrisme van adolescenten leidt ertoe dat ze persoonlijke fabels creëren. Ze denken dat zij niet getroffen kunnen worden door de risico's die anderen bedreigen, waardoor ze riskant gedrag kunnen vertonen.

Bron: Todd Arena/123RF.com

15.2 De morele ontwikkeling

Je beste vriend ligt op sterven omdat hij een zeldzame vorm van kanker heeft. Er bestaat één medicijn dat hem volgens de artsen zou kunnen redden: een vorm van radium die een wetenschapper onlangs heeft ontwikkeld. Het is echter heel kostbaar om het medicijn te produceren, en de wetenschapper vraagt er tien keer zo veel voor als de productieprijs. Hij betaalt duizend euro voor het radium en rekent tienduizend euro voor een kleine dosis. Je bent al je kennissen en vrienden langsgegaan om geld te lenen, maar je weet niet meer dan 2500 euro bijeen te krijgen, een kwart van wat je nodig hebt. Je hebt de wetenschapper verteld dat je beste vriend op sterven ligt en je hebt hem gevraagd of hij het spul goedkoper wil verkopen en of je later kunt betalen. Maar de wetenschapper zegt: 'Nee, ik heb dit medicijn ontdekt en ik ga er geld mee verdienen.' Wanhopig overweeg je om bij de wetenschapper in te breken en het medicijn te stelen voor je beste vriend. Moet je dat doen?

15.2.1 Kohlbergs theorie van morele ontwikkeling

Heinz-dilemma: een veel gebruikt voorbeeld in ethische en morele discussies. Zo heeft Kohlberg het gebruikt om een schema van de morele ontwikkelingen van de mens op te stellen.

Zie MyLab voor de video: Morele ontwikkeling

Volgens ontwikkelingspsycholoog Lawrence Kohlberg zegt het antwoord dat kinderen op deze vraag (het **Heinz-dilemma**) geven veel over hun gevoel van ethiek en rechtvaardigheid. Hij meent dat aan de manier waarop mensen op dergelijke morele dilemma's reageren, kan worden afgelezen welk stadium van morele ontwikkeling ze hebben bereikt. Ook zou hun reactie iets zeggen over hun algemene niveau van cognitieve ontwikkeling (Colby & Kohlberg, 1987; Kohlberg, 1984).

Kohlberg beweert dat mensen tijdens de ontwikkeling van hun rechtvaardigheidsgevoel en in hun wijze van moreel redeneren een aantal stadia doorlopen. Basisschoolkinderen zijn ofwel geneigd te denken in termen van concrete, onveranderlijke regels ('Stelen is altijd verkeerd' of 'Als ik iets steel, word ik gestraft') ofwel geneigd te denken in termen van de normen en waarden van de maatschappij ('Eerlijke mensen stelen niet' of 'En als iedereen nou stal?').

Tegen de tijd dat ze de adolescentie bereiken – wanneer ze zich dus in Piagets stadium van formele operaties bevinden – kunnen individuen echter op een hoger niveau redeneren. Ze zijn in staat om de abstracte, formele grondbeginselen van de ethiek te begrijpen en ze zien kwesties als het hierboven beschreven dilemma in het bredere licht van ethiek en goed en kwaad ('Stelen kan gerechtvaardigd zijn als je je eigen gewetensnormen volgt').

Volgens Kohlberg kan de morele ontwikkeling het best in drie niveaus worden opgesplitst, die verder worden onderverdeeld in zes stadia (zie tabel 15-1). Op het laagste niveau, de *preconventionele moraal* (stadium 1 en 2), houden mensen vast aan onveranderlijke regels die gebaseerd zijn op beloningen en straffen. Een kind op het preconventionele niveau zou in het geval van het bovenstaande morele dilemma kunnen vinden dat het niet de moeite waard is om het medicijn te stelen, omdat je naar de gevangenis moet als je gepakt wordt.

Op het volgende niveau, dat van de *conventionele moraal* (stadium 3 en 4), benaderen mensen morele problemen op basis van hun eigen positie als goede, verantwoordelijke leden van de maatschappij. Kinderen die vinden dat je het medicijn niet moet stelen, denken bijvoorbeeld dat ze zich oneerlijk of schuldig zouden voelen. Kinderen die voorstander zijn van het stelen, denken dat ze anderen niet meer onder ogen zouden kunnen komen als ze in deze situatie niets deden.

Mensen die zich op het *postconventionele niveau* bevinden (stadium 5 en 6) betrekken universele morele principes bij hun beslissing. Scholieren die denken dat ze zichzelf zouden veroordelen als ze het medicijn niet stalen, omdat ze dan niet volgens hun eigen morele principes zouden handelen, redeneren op het postconventionele niveau.

Volgens de theorie van Kohlberg doorlopen mensen deze perioden van morele ontwikkeling in een vaste volgorde en zijn ze pas rond een jaar of dertien in staat om het laatste stadium te bereiken. Tot die tijd vertoont hun cognitieve ontwikkeling nog bepaalde hiaten. Niet iedereen schijnt echter het hoogste stadium te bereiken: Kohlberg heeft ontdekt dat slechts 25 procent van alle volwassenen het niveau van de postconventionele moraal bereikt (Hedgepeth, 2005).

Hoewel Kohlbergs theorie (1984) een goed beeld geeft van de ontwikkeling van ons moreel besef, is zij helaas minder geschikt om moreel gedrag mee te voorspellen. Uit een experiment bleek bijvoorbeeld dat vijftien procent van de scholieren die het postconventionele niveau hadden bereikt, valsspeelde bij een opdracht. Wel deden ze dat minder vaak dan scholieren uit de lagere categorieën: ongeveer 55 procent van de scholieren op het conventionele niveau en 70 procent van de scholieren op het preconventionele niveau speelden ook vals. Weten wat moreel juist is, betekent blijkbaar niet altijd dat men daar ook naar handelt (Hart, Burock & London, 2003; Krettenauer, Jia & Mosleh, 2011; Semerci, 2006).

Ook is Kohlbergs theorie bekritiseerd omdat die uitsluitend is gebaseerd op observaties van leden uit westerse culturen. Uit intercultureel onderzoek is juist naar voren gekomen dat leden uit meer geïndustrialiseerde, technisch ontwikkelde culturen de fasen sneller doorlopen dan leden uit niet-geïndustrialiseerde landen. Hoe komt dat? Een mogelijke verklaring is dat Kohlbergs hogere fasen zijn gebaseerd op moreel redeneren in de context van maatschappelijke organisaties en overheidsinstituten als de politie en het rechtssysteem. Ook het culturele aspect speelt een rol. De communicatie verloopt in westerse samenlevingen directer en taliger. Hierdoor worden mensen eerder verleid tot het doen van 'stevige' uitspraken op het gebied van moraliteit en zijn zij wellicht minder gericht op wat de brede maatschappelijke normen zijn van fatsoen. In minder geïndustrialiseerde gebieden is moraliteit mogelijk meer gebaseerd op de onderlinge relaties van mensen uit een bepaald dorp. Kortom, de aard van moraliteit verschilt misschien per cultuur en Kohlbergs theorie sluit meer aan op westerse culturen (Fu et al., 2007).

Een ander aspect van Kohlbergs theorie dat ter discussie staat, is het morele besef van *meisjes.* Gewoonlijk halen meisjes op tests over moreel besef op basis van Kohlbergs opeenvolgende fasen een lager niveau dan jongens. Dit resultaat heeft geleid tot een alternatieve interpretatie van de morele ontwikkeling bij meisjes. Een eenduidige verklaring voor het feit dat meisjes lager scoren op tests over moreel besef is nog niet gevonden. Mogelijk heeft deze verrassende bevinding ermee te maken dat de theorie aanvankelijk werd gebaseerd op gegevens over jongens.

TABEL 15-1 **Kohlbergs drie niveaus van moreel redeneren**

KOHLBERGS NIVEAUS		VOORBEELD MOREEL REDENEREN	
Niveau	**Stadium**	**Voor stelen medicijn**	**Tegen stelen medicijn**
Niveau 1: preconventionele moraal De belangrijkste overwegingen op dit niveau zijn het vermijden van straf en het verlangen naar beloningen.	*Stadium 1* Nadruk op gehoorzaamheid en straf. Mensen houden zich aan regels om straf te voorkomen. Gehoorzaamheid is haar eigen beloning.	'Je moet je beste vriend niet zomaar dood laten gaan. Men zal je verwijten dat je niet genoeg gedaan hebt, en ze zullen de wetenschappers verwijten dat ze je het medicijn niet voor minder geld hebben verkocht.'	'Je moet het medicijn niet stelen, want dan word je gepakt en beland je in de gevangenis. En als je niet wordt gepakt, zul je de hele tijd bang zijn dat de politie je op het spoor komt.'
	Stadium 2 Nadruk op beloning. Mensen gehoorzamen regels om beloningen voor hun eigen profijt te verdienen.	'Als je betrapt wordt, zal de jury je begrijpen en je een korte straf geven. Ondertussen blijft je vriend in leven. En als je wordt tegengehouden voordat je je vriend het geneesmiddel kunt geven, kun je het geneesmiddel vermoedelijk zonder straf teruggeven.'	'Je moet het geneesmiddel niet stelen, want je bent niet verantwoordelijk voor de ziekte van je vriend. Als je betrapt wordt, gaat je vriend nog steeds dood en zit jij in de gevangenis.'
Niveau 2: conventionele moraal Op dit niveau wordt het gevoel tot een maatschappij te behoren belangrijk. Mensen gedragen zich op manieren die de goedkeuring van anderen verdienen.	*Stadium 3* Bravejongensmoraal. Door anderen gerespecteerd willen worden en proberen te doen wat er van je wordt verwacht.	'Wie zal het je verwijten dat je een levensreddend geneesmiddel steelt? Als je je vriend laat sterven, kun je je familie en buren niet meer in de ogen kijken.'	'Als je het geneesmiddel steelt, zal iedereen je als een crimineel behandelen. Ze zullen zich afvragen of je geen andere manier had kunnen vinden om je vriend te redden.'
	Stadium 4 Nadruk op autoriteit en sociale orde. Mensen geloven dat alleen de samenleving, niet individuen, kan bepalen wat goed is. De regels van de samenleving gehoorzamen is op zich juist.	'Een mens heeft bepaalde verantwoordelijkheden tegenover zijn vrienden. Als je een eerbaar leven wilt leiden, mag je je niet laten weerhouden door angst voor de consequenties. Als je ooit nog een oog dicht wilt doen, moet je hem redden.'	'Je moet je beoordelingsvermogen niet laten vertroebelen door zorgen over je vriend. Het geneesmiddel stelen kan nu goed voelen, maar je zult er spijt van krijgen dat je de wet hebt overtreden.'
Niveau 3: postconventionele moraal Op dit niveau gebruiken mensen morele principes die als breder worden gezien dan de principes van enige particuliere samenleving.	*Stadium 5* Nadruk op overeengekomen afspraken, individuele rechten en democratisch geaccepteerde wetgeving. Mensen in dit stadium voelen zich gehouden aan wetten die hun samenleving heeft aangenomen. Als samenlevingen in de loop der tijd evolueren, moeten de regels worden aangepast in overeenstemming met onderliggende sociale principes.	'Als je gewoon de wet volgt, zal je het onderliggende principe van het redden van het leven van je vriend schenden. Als je het geneesmiddel steelt, zal de maatschappij je acties begrijpen en er respect voor opbrengen. Bij het doen van wat juist is mag je je niet door een verouderde wet laten weerhouden.'	'Regels representeren het denken van de samenleving over de moraliteit van acties. Je kunt je kortetermijnemoties niet laten interfereren met de meer permanente regels van de samenleving. Als je dat wel doet, zal de samenleving je negatief beoordelen en zal je uiteindelijk je zelfrespect verliezen.'
	Stadium 6 Nadruk op individuele principes en geweten. Mensen accepteren dat wetten pogingen zijn om specifieke toepassingen van universele ethische principes vast te leggen. Aan wetten die in strijd zijn met deze principes, wordt niet gehoorzaamd.	'Als je je vriend laat sterven, heb je de wet naar de letter gehoorzaamd, maar heb je het universele principe van behoud van leven geschonden. Je zult het jezelf nooit vergeven als je vriend sterft omdat je een onvolmaakte wet hebt gehoorzaamd.'	'Als je een dief wordt, zal je geweten je verwijten dat je je eigen interpretatie van morele kwesties boven de legitieme regel van de wet hebt gesteld. Je zult je eigen moraliteitsnormen hebben overtreden.'

Bron: naar Kohlberg, 1969

15.2.2 Gilligans theorie van morele ontwikkeling

Kohlbergs theorie geeft problemen bij het verklaren van de morele oordelen van meisjes. Omdat deze theorie in eerste instantie hoofdzakelijk gebaseerd was op gegevens van jongens, menen sommige onderzoekers dat zij een minder goed beeld geeft van de morele ontwikkeling van meisjes.

De psychologe Carol Gilligan (1987, 1996) heeft zelfs een alternatief model opgesteld voor de morele ontwikkeling van meisjes. Volgens haar leiden de verschillen in de manier waarop jongens en meisjes in onze samenleving worden opgevoed, tot fundamentele verschillen in de manier waarop mannen en vrouwen tegen moreel gedrag aankijken. Gilligan stelt dat jongens ethiek primair zien in termen van algemene principes als rechtvaardigheid en eerlijkheid, terwijl bij meisjes de nadruk ligt op de verantwoordelijkheid jegens individuen en de bereidheid om zichzelf op te offeren om specifieke individuen binnen een specifieke relatie te helpen. Compassie voor individuen speelt dus een prominentere rol in het morele gedrag van vrouwen (Gilligan, Lyons & Hammer, 1990; Gump, Baker & Roll, 2000).

Omdat moreel gedrag in de theorie van Kohlberg voornamelijk wordt gezien in termen van rechtvaardigheidsbeginselen, geeft deze theorie geen adequate beschrijving van de morele ontwikkeling van meisjes en vrouwen. Dit verklaart waarom vrouwen meestal lager scoren dan mannen als hun morele beoordelingsvermogen wordt getest op basis van Kohlbergs stadiamodel. Gilligan is van mening dat de vrouwelijke ethiek meer gericht is op individueel welzijn dan op morele abstracties, en dat het hoogste niveau van morele ontwikkeling bij vrouwen neerkomt op het begaan zijn met het welzijn van anderen.

Gilligan stelt dat de morele ontwikkeling zich bij vrouwen in drie stadia voltrekt (zie tabel 15-2). In het eerste stadium, *nadruk op individuele overleving*, concentreren vrouwen zich in eerste instantie op wat praktisch is en het beste voor henzelf. Daarna maken ze geleidelijk de overstap van egocentrisme naar verantwoordelijkheid, waarbij ze gaan nadenken over wat het beste zou zijn voor anderen. In het tweede stadium, *goedheid als zelfopoffering*, gaan vrouwen denken dat ze hun eigen wensen ondergeschikt moeten maken aan wat andere mensen willen. Uiteindelijk maken ze in dit stadium de overstap van 'goedheid' naar 'waarheid', waarin ze zowel rekening houden met hun eigen behoeften als met die van anderen. Tot slot gaan vrouwen in het derde stadium, *moraal van geweldloosheid*, inzien dat het immoreel is om wie dan ook te kwetsen, dus ook zichzelf. Dit besef leidt tot een moreel evenwicht tussen henzelf en anderen en vormt volgens Gilligan het meest geavanceerde niveau van moreel redeneren.

Gilligans stadiamodel is duidelijk heel anders dan dat van Kohlberg. Sommige onderzoekers menen echter dat haar afwijzing van Kohlbergs werk te drastisch is en dat genderverschillen niet zo uitgesproken zijn als aanvankelijk werd aangenomen (Colby & Damon, 1987). Uit een aantal onderzoeken blijkt bijvoorbeeld dat mannen en vrouwen bij het vellen van morele oordelen ongeveer dezelfde houding hebben ten aanzien van rechtvaardigheid en compassie. De vraag welke verschillen er bestaan tussen de morele oriëntatie van jongens en meisjes blijft dus onbeantwoord (Jorgensen, 2006).

Het protest van deze studenten illustreert Gilligans stadium van morele ontwikkeling waarin geweld tegen anderen (en zichzelf) als immoreel wordt gezien.

Bron: Jim West/Alamy

TABEL 15-2 **Gilligans drie stadia van de morele ontwikkeling van vrouwen en meisjes**

STADIUM	KENMERKEN	VOORBEELD
Stadium 1 **Nadruk op individuele overleving**	Aanvankelijk gerichtheid op wat praktisch is en het beste voor het zelf. Geleidelijke overgang van zelfzuchtigheid naar verantwoordelijkheid. Een onderdeel daarvan is stilstaan bij wat het beste zou zijn voor anderen.	Een kind uit groep 3 dat met een vriendinnetje speelt, wil alleen maar spelletjes spelen die ze zelf leuk vindt.
Stadium 2 **Goedheid als zelf-opoffering**	In eerste instantie heerst de opvatting dat een vrouw haar eigen wensen ondergeschikt moet maken aan wat andere mensen willen. Geleidelijke overgang van 'goedheid' naar 'waarheid', waarbij zowel met de behoeften van het zelf als met de behoeften van anderen rekening wordt gehouden.	Nu ze ouder is, vindt hetzelfde meisje dat ze, als ze een goede vriendin wil zijn, de spelletjes moet spelen die haar vriendin uitkiest, ook al vindt ze die spelletjes zelf niet leuk.
Stadium 3 **Moraal van geweldloos-heid**	Er wordt een moreel evenwicht bereikt tussen het zelf en anderen. Iemand kwetsen – inclusief zichzelf – wordt als immoreel beschouwd. Volgens Gilligan de meest geavanceerde vorm van moreel redeneren.	Hetzelfde meisje beseft dat haar vriendin en zijzelf moeten genieten van de tijd die ze samen doorbrengen en dat ze moeten zoeken naar activiteiten die ze allebei leuk vinden.

Bron: naar Kohlberg, 1969

15.3 Schoolprestaties en cognitieve ontwikkeling

'De eerste klas is cool! Mijn vrienden zitten dan wel niet bij mij in de klas, maar Joe wel! Ik zie hem dus de hele dag en zit bij drie vakken naast hem in de klas. Hij is veel aardiger geworden... Nou ja, een beetje dan. Maar goed, ik vind de eerste klas leuk! Het is geweldig. En dan heb je nog Vivi, die nu ziek is. Zij zit naast me bij wiskunde en Frans. Ik vind Latijn ook leuk. We lachen wat af en mevrouw Sanders, de lerares, is geweldig. Zij is echt super.'

'De laatste drie jaar van de basisschool was ik depressief. In groep acht [zesde leerjaar in Vlaanderen] besloot ik dat ik moest gaan leven. Ik bedacht dat ik opnieuw kon beginnen, omdat ik naar het voortgezet onderwijs ging. Maar dat was niet zo. School was verschrikkelijk. Ik was het pispaaltje. Dit duurde twee jaar totdat ik besefte dat ze me met rust zouden laten als ik niet meer reageerde op hun pesterijen. Maar in die eerste twee jaar was ik een buitenstaander. Er waren veel mensen die beweerden dat ze mijn vrienden waren, maar die me toch voor schut zetten. Dus ging ik mijn eigen weg.'

Het eerste jaar van het voortgezet onderwijs kan sterke gevoelens oproepen bij adolescenten, zoals blijkt uit deze twee reacties. Dat is nauwelijks een verrassing als we de overgang van de basisschool naar het voortgezet onderwijs in ogenschouw nemen. Deze valt samen met een periode waarin leerlingen in verschillende opzichten radicaal veranderen.

We komen nu bij de gevolgen van deze schoolovergang op adolescenten. We zullen zien hoe scholen zowel de schoolprestaties als de ontwikkeling van de adolescent in het algemeen bevorderen.

15.3.1 De overgang van de basisschool naar het voortgezet onderwijs

De overgang van basisschool naar het voortgezet onderwijs is een normatieve overgang, wat betekent dat hij onderdeel uitmaakt van het leven van bijna alle adolescenten in Nederland en Vlaanderen. Toch maakt het feit dat bijna

De overgang van de basisschool naar het voortgezet onderwijs biedt mogelijkheden, maar ook uitdagingen.

Bron: Sophie Bluy/Pearson Education Ltd. (Pearson Asset Library)

iedereen er mee te maken krijgt deze overgang niet gemakkelijker. De overgang kan bemoeilijkt worden door de fysieke, cognitieve en sociale veranderingen die rond dezelfde tijd plaatsvinden.

Na de basisschool gaan bijna alle leerlingen naar het voortgezet onderwijs. Ze zijn dan gemiddeld twaalf jaar, een leeftijd waarop ze in de puberteit komen en worstelen met de veranderingen die zich in hun lichaam voltrekken. Bovendien worden hun denkpatronen verfijnder en worden hun relaties met familie en vrienden ingewikkelder dan ooit.

Voor de meeste leerlingen heeft het voortgezet onderwijs een andere onderwijsstructuur dan ze gewend waren op de basisschool. In plaats van de hele dag in hetzelfde lokaal te zitten, gaan ze nu van lokaal naar lokaal. Tevens moeten ze zich aanpassen aan de eisen van de verschillende docenten. Bovendien komen scholieren in een omgeving waarin ze zich plotseling aan de onderkant van de hiërarchie bevinden. Ze zijn ineens de jongste en minst ervaren leerlingen. Sommige leerlingen ervaren de overgang van de basisschool naar het voortgezet onderwijs als verontrustend en soms zelfs schadelijk. Op de basisschool stonden ze immers aan de top van de hiërarchie en verschilden ze fysiek en cognitief gezien aanzienlijk van de kleuters en kinderen in groep 3 (eerste leerjaar in Vlaanderen). Bovendien zijn de scholen in het voortgezet onderwijs over het algemeen aanzienlijk groter en hebben ze meer leerlingen dan basisscholen. Alleen al dit gegeven maakt de overgang naar het voortgezet onderwijs moeilijk. Uit een groot aantal onderzoeken blijkt duidelijk dat leerlingen in kleinschalige educatieve omgevingen beter gedijen, zowel op cognitief als op sociaal-emotioneel gebied (Lee & Burkam, 2003; Ready, Lee & Welner, 2004; Suzuki, 2013).

15.3.2 Sociaaleconomische status en schoolprestaties: individuele prestatieverschillen

Ondanks het ideaalbeeld dat alle scholieren gelijke onderwijskansen moeten hebben, is het duidelijk dat bepaalde groepen op dit gebied een voorsprong hebben. Een van de meest veelzeggende indicatoren hiervan is de relatie tussen schoolprestaties en sociaaleconomische status.

Sociaaleconomische status

Scholieren uit een gezin met een gemiddelde of hoge sociaaleconomische status halen gemiddeld hogere cijfers, scoren beter op gestandaardiseerde toetsen en blijven langer op school dan scholieren uit een gezin met een lage sociaaleconomische status. Natuurlijk begint deze ongelijkheid niet pas in de adolescentie; voor kinderen op de basisschool geldt hetzelfde. Tegen de tijd dat scholieren op het voortgezet onderwijs zitten, worden de effecten van de sociaaleconomische status echter duidelijker (Frederickson & Petrides, 2008; Shernoff & Schmidt, 2008; Tucker-Drob & Harden, 2012).

Waarom doen scholieren met een gemiddelde of hoge sociaaleconomische status het beter op school? Daar zijn verschillende verklaringen voor, waarvan de meeste te maken hebben met omgevingsfactoren. Scholieren met een lage sociaaleconomische status gaan vaak naar minder goede scholen waar meer geweld voorkomt. Soms hebben ze geen geschikte plek om hun huiswerk te doen, omdat ze klein wonen. In hun huis ontbreekt het vaak aan de boeken en de computers die in economisch welvarender huishoudens bijna vanzelfsprekend zijn. Daarnaast zijn hun voeding en gezondheid vaak slechter en zijn hun ouders vaak minder betrokken bij het onderwijs van hun kinderen, wat een factor is die gerelateerd is aan schoolprestaties. Bij elkaar opgeteld vormen deze factoren geen optimale leeromgeving (Chiu & McBride-Chang, 2006; Prater, 2002).

Kortom, scholieren uit arme milieus zijn vaak vanaf de dag dat ze met hun opleiding beginnen in het nadeel. Als ze ouder worden, blijven hun schoolprestaties meestal achter en na verloop van tijd kan hun achterstand steeds verder oplopen. Omdat succes op school voor een groot deel afhankelijk is van basisvaardigheden die in principe eerder in de schoolcarrière zijn aangeleerd, raken kinderen die al vanaf het begin problemen ervaren vaak steeds verder achterop (Biddle, 2001; Hoff, 2012; Huston, 1991; Phillips et al., 1994).

Atributies en opvattingen binnen het gezin over schoolprestaties

In de theorievorming over gezin en schoolsucces staat de vraag centraal welke kenmerken van het gezin samenhangen met een positieve dan wel negatieve aanpassing van het kind of de jongere aan school. Het meest gerapporteerde verband tussen gezinskenmerken en schoolsucces is dat kinderen uit lage sociaaleconomische klassen het slechter doen op school dan kinderen uit hoge sociaaleconomische klassen. In dergelijk onderzoek staan meestal ouderlijke kenmerken centraal, zoals het opleidingsniveau en de beroeps- en inkomenspositie (Kraaykamp, 2000). Ouders oefenen echter niet alleen door hun sociaaleconomische kenmerken invloed uit op het schoolsucces van hun kinderen. Een warme opvoedingsstijl, de aanwezigheid van beide ouders, een stimulerend intellectueel klimaat en aanpassingsvermogen worden vaak indirect verbonden aan schoolsucces (Jacobs, 1996). Dergelijke achtergronden gaan samen met andere gezinsfactoren die een verklaring vormen voor onderwijsprestaties (Dronkers, 2007; Leseman & Hermanns, 2002; Meijnen, 2003).

De laatste jaren heeft allerlei onderzoek steeds duidelijker gemaakt hoe belangrijk ervaringen van kinderen in het gezin zijn voor een succesvolle schoolcarrière (Leseman, 1994; Meijnen, 2003; Meijnen & Riemersma, 1992). De mate waarin kinderen voorbereid op school komen en door hun ouders gesteund en gestimuleerd worden, beïnvloedt de kans op een succesvolle schoolloopbaan (Ait Ouarasse, 2003). In gezinnen waar veel waarde en belang wordt gehecht aan een goede opleiding, laten kinderen vaak betere schoolprestaties zien dan in gezinnen waar dat niet zo is.

15.3.3 Veiligheid op school en de kwaliteit van het onderwijs

Steeds vaker wordt melding gemaakt van geweld en agressie tegen leraren en onderwijsondersteunend personeel, zoals conciërges en klassenassistenten. Wekelijks verschijnen er nieuwe berichten in de krant over incidenten. Volgens deze berichten gedragen leerlingen zich niet alleen steeds vaker agressief naar docenten én naar elkaar, de agressie wordt ook steeds zwaarder. Het aantal jongeren dat slag- en steekwapens (en zelfs vuurwapens) mee naar school neemt, neemt volgens de media vooral in de grote steden flink toe. Wapens worden ook vaker gebruikt dan vroeger. Denk maar aan de gebeurtenissen op het Haagse Terra College, waar conrector Hans van Wieren in 2004 door een leerling werd doodgeschoten. Ook messen worden regelmatig aangetroffen op scholen. Soms wordt zo'n mes ook echt gebruikt: in 2014 werd een vijftienjarige leerling doodgestoken op een school in Voorburg.

Kan het met scholen als deze weer goed komen? Kan het scholen lukken om niet alleen een veilige omgeving te bieden maar ook een omgeving waarin iedere leerling een uitstekende opleiding krijgt? Naar aanleiding van alle aandacht voor agressie en geweld in het onderwijs zijn er verschillende initiatieven ontwikkeld, zoals de campagne De Veilige School, de Onderwijstelefoon,

Pestweb, Gay & School en de Vlaamse Week tegen Pesten. Ook zijn er voor scholen verschillende instrumenten ontwikkeld waarmee ze hun eigen veiligheidsbeleid kunnen toetsen en maatregelen kunnen nemen om iets aan het schoolklimaat te doen, zoals het opstellen van een pestprotocol. In Vlaanderen is in opdracht van het ministerie van Onderwijs en Vorming een handleiding uitgewerkt voor een daadkrachtig schoolbeleid tegen pesten en geweld op school (Deboutte, 2008).

Uiteraard is niet alleen veiligheid van groot belang op scholen. Uiteindelijk gaat het erom dat scholen onderwijs van hoge kwaliteit bieden. De Inspectie van het Onderwijs beoordeelt de kwaliteit van het onderwijs van bijna alle onderwijsinstellingen in Nederland. De Wet op het onderwijstoezicht (WOT), die sinds 1 september 2002 van kracht is, maakt het de Inspectie van het Onderwijs mogelijk in professionele onafhankelijkheid te opereren. De wet geeft ook vorm aan het stimulerend toezicht dat de inspectie kan uitoefenen. Daarbij sluit de inspectie aan op de eigen kwaliteitszorg van de onderwijsinstellingen, want scholen zijn zelf verantwoordelijk voor de kwaliteit van het onderwijs dat ze bieden. Door middel van periodieke inspecties worden de gegevens van een school verzameld op een zogenaamde toezichtskaart. Deze gegevens worden voor iedereen openbaar gesteld.

In Vlaanderen is sinds 8 mei 2009 een decreet van kracht betreffende de kwaliteit van het onderwijs. Het decreet stelt dat elke onderwijsinstelling er zelf verantwoordelijk voor is kwaliteitsonderwijs te verstrekken en het geboden onderwijs kwaliteitsvol te ondersteunen. Iedere onderwijsinstelling komt binnen een periode van tien jaar minimaal één keer aan bod om te worden doorgelicht door de inspectie. Tijdens zo'n doorlichting gaat de inspectie na of de onderwijsinstelling de onderwijsreglementering respecteert en of ze op systematische wijze haar eigen kwaliteit onderzoekt en bewaakt.

15.3.4 Etnische verschillen in schoolprestaties

Er bestaan grote prestatieverschillen tussen etnische groepen. Dat die verschillen er zijn is herhaaldelijk vastgesteld: allochtone leerlingen presteren in alle onderzoeken op nagenoeg alle onderzochte vaardigheden gemiddeld lager dan autochtone leerlingen.

Uit onderzoek van Raukema, Schram en Stalpers (2002) blijkt dat allochtone leerlingen minder kunnen profiteren van bepaalde culturele praktijken thuis, zoals het praten over boeken. Ook zijn er vaak geen boeken aanwezig in huis en moeten velen het stellen zonder het voorbeeldgedrag van lezende ouders. In weerwil van deze relatief ongunstige situatie hebben allochtone leerlingen positievere attitudes tegenover lezen en literatuuronderwijs dan hun autochtone klasgenoten. Ze lezen ook meer. Allochtone leerlingen staan daarnaast positiever tegenover het gebruik van multiculturele teksten in het literatuuronderwijs.

Op het eerste gezicht lijken deze positieve uitkomsten enigszins onverwacht, gezien de geringe mate van literaire socialisatie in het gezin. Een mogelijke verklaring is wellicht de motivatie van deze leerlingen. Allochtone leerlingen kunnen sterker gemotiveerd zijn om te lezen omdat dit hun taalvaardigheid verbetert. Daarmee zouden ze zich een betere uitgangspositie verschaffen in het onderwijs. Behoud van de herkomstcultuur en thuistaal zijn belangrijke drijfveren voor het lezen van teksten uit en over de herkomstlanden.

Hoewel etnische achtergrond slechts een heel klein deel van het leesgedrag en een wat groter deel van de leesattitude verklaart, moet het belang van deze factor niet onderschat worden. Het verschil tussen de leesattitude van allochtone leerlingen en de leesattitude van autochtone leerlingen is opvallend. Daarnaast blijken de leesvoorkeuren en de leessituatie thuis nogal uiteen te lopen. Allochtone leerlingen werken zich gestaag omhoog om hun autochtone leeftijdgenoten in te halen. En hoewel ze niet optimaal toegerust lijken om deze spurt te maken, zijn ze des te sterker gemotiveerd om toch zover te komen.

Sociaaleconomische factoren

Waar komen deze etnische verschillen in schoolprestaties vandaan? Veel ervan zijn terug te voeren op sociaaleconomische factoren. Vaak leven niet-westerse allochtone gezinnen in armoede. De sociaaleconomische achterstand van scholieren uit deze gezinnen komt wellicht tot uiting in hun schoolprestaties. Als we verschillende etnische groepen op hetzelfde sociaaleconomische niveau met elkaar vergelijken, worden de prestatieverschillen inderdaad kleiner (Cokley, 2003; Kurtz-Costes, Swinton & Skinner, 2014).

Maar sociaaleconomische factoren vormen niet de volledige verklaring. De antropoloog John Ogbu (1988, 1992) stelt bijvoorbeeld dat leden van bepaalde minderheidsgroepen goede schoolprestaties relatief onbelangrijk vinden. Zij denken vaak dat vooroordelen op de arbeidsmarkt hun succes toch in de weg zullen staan, hoe hard ze ook hun best doen. De conclusie is dan dat hard werken op school uiteindelijk weinig oplevert.

Bovendien hebben leden van minderheidsgroepen die vrijwillig in een nieuwe cultuur integreren volgens Ogbu meer kans op goede schoolprestaties dan kinderen die tegen hun wil in een nieuwe cultuur terechtkomen. Hij zegt bijvoorbeeld dat Koreaanse zonen en dochters van ouders die in de Tweede Wereldoorlog vrijwillig naar de Verenigde Staten kwamen, het gemiddeld gezien zeer goed deden op school. Koreaanse kinderen in Japan van wie de ouders in de Tweede Wereldoorlog gedwongen werden om te immigreren en in Japan als dwangarbeiders moesten werken, deden het juist relatief slecht op school. De reden van dit verschil? Onvrijwillige immigratie laat blijkbaar blijvende littekens achter en vermindert bij volgende generaties de motivatie om te slagen (Gallagher, 1994).

15.3.5 Media- en technologiegebruik door adolescenten

De twaalfjarige Dominique van der Waal uit Breda stuurt een berichtje naar haar vriendinnen voordat ze naar school gaat om te vragen wat zij aantrekken. 'Je krijgt dan berichtjes terug met: "Help, ik heb dezelfde schoenen aan!" Na school praten we over wat er die dag gebeurd is en wat voor outfit we de volgende dag aan willen.' (Wallis, 2006, p. 55).

Adolescenten hebben de beschikking over veel verschillende media en communicatiemiddelen, variërend van traditionele vormen als radio en tv tot nieuwere vormen als smartphones, tablets en social media.

Uit onderzoek blijkt dat zij niet de enige leeftijdsgroep zijn die veel online is (Engels, Petric & De Vos, 2015). Mensen van boven de 65 zijn duidelijk het minst sterk vertegenwoordigd op het internet (zie tabel 15-3).

TABEL 15-3 **Bijna 13 miljoen Nederlanders online**

INTERNETPOPULATIE (%)	2011 (%)	2012 (%)	2013 (%)	2014 (%)
Totaal (13+)	87,2	88,9	90,1	90,7
Man	90,1	91,1	92,2	93,1
Vrouw	84,4	86,7	88,1	88,3
13-17 jaar	100,0	99,6	98,9	98,9
18-24 jaar	99,4	97,6	99,5	98,9
25-34 jaar	98,2	98,0	98,8	99,4
35-49 jaar	95,3	97,8	98,1	97,6
50-64 jaar	86,9	90,0	92,1	91,8
65+	55,0	57,9	61,2	66,4

Bron: Engels, Petric & De Vos, 2015

TABEL 15-4 **Tijdsduur internetgebruik per leeftijdsgroep**

SURFTIJD PER DOELGROEP (uren per week)	2011	2012	2013	2014
Totaal (13+)	11,3	11,3	13,2	14,0
Man	12,5	12,5	14,0	14,7
Vrouw	10,0	10,2	12,3	13,4
13-17 jaar	13,6	13,5	18,2	19,2
18-24 jaar	17,6	16,8	21,2	23,1
25-34 jaar	13,4	14,4	15,3	17,3
35-49 jaar	11,0	11,1	12,9	13,2
50-64 jaar	9,0	9,0	10,4	10,9
65+	6,2	6,2	6,5	7,4

Bron: Engels, Petric & De Vos, 2015

Mensen brengen veel tijd door op het internet. Vooral adolescenten en jongvolwassenen zijn grote gebruikers. De gemiddelde adolescent is ongeveer achttien à negentien uur per week online. Jongvolwassen zijn zelfs 23 uur per week online. Zoals je in tabel 15-4 kunt zien, neemt de tijd die we doorbrengen op het internet alleen maar toe.

We willen altijd en overal online zijn.

Bron: CREATISTA/Shutterstock (Pearson Asset Library)

De tendens is niet alleen dat we heel veel tijd op het internet doorbrengen, maar ook dat we dat graag overal doen. Het succes van de mobiele apparaten blijkt wel uit de cijfers (Engels, Petric & De Vos, 2015). In 2011 gebruikte slechts 27 procent van de populatie een smartphone om het internet mee op te gaan. In 2014 was dit percentage meer dan verdubbeld naar bijna 57 procent. Daarmee wint de smartphone het voor het eerst van de pc. De tablet zit daar met 43 procent nog ruim onder, maar ook daar is de groei enorm. Ten opzichte van 2011 is het gebruik van de tablet voor internetdoeleinden meer dan vervijfvoudigd. De pc en spelcomputer zijn in de loop der jaren wat minder populair geworden als manier om het internet te gebruiken. De televisie wint terrein, maar is met ruim zeven procent in 2014 nog wel een bescheiden speler als device om mee te internetten (zie figuur 15-1).

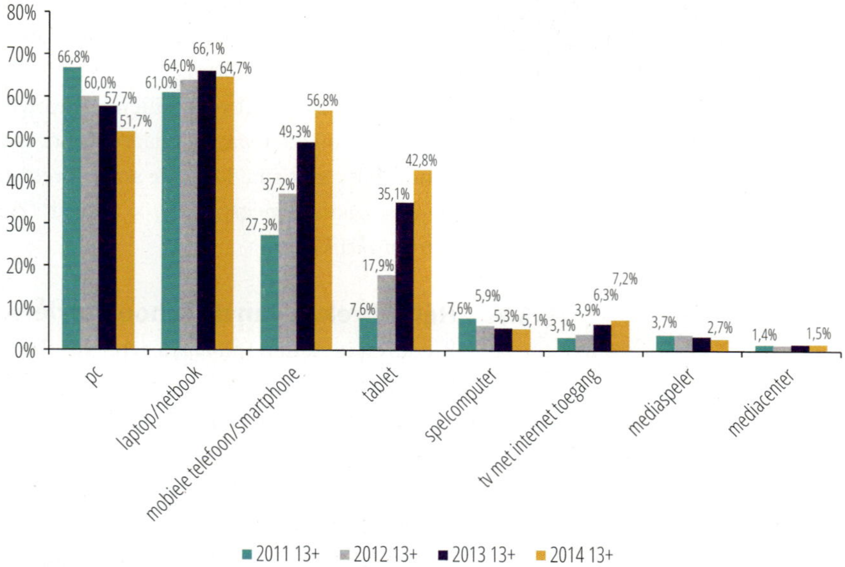

FIGUUR 15-1 **Gebruikte apparaten**

Het internet wordt steeds mobieler.

Bron: Engels, Petric & De Vos, 2015

15.3.6 Scholieren en parttimewerk

Veel scholieren hebben naast hun opleiding een of meer parttimebaantjes. Uit onderzoek van het NIBUD (Nationaal Instituut voor Budgetvoorlichting) blijkt dat 56 procent van de Nederlandse scholieren van vijftien en zestien jaar een bijbaan heeft. Werken biedt verschillende voordelen. Het levert niet alleen geld op voor recreatieve activiteiten of noodzakelijke uitgaven, het brengt scholieren ook verantwoordelijkheid bij. Ze leren met geld omgaan en pikken vaardigheden op die ze later op de arbeidsmarkt goed kunnen gebruiken. Er zitten echter ook belangrijke nadelen aan werken naast school. Werkende scholieren doen minder vaak mee aan buitenschoolse activiteiten en hebben minder tijd voor hun huiswerk. Bovendien zijn veel banen voor scholieren eentonig, waardoor scholieren er inhoudelijk weinig van opsteken.

Parttimewerk kan dus een positieve of een negatieve invloed hebben, afhankelijk van de individuele omstandigheden van de scholier (National Center for Education Statistics, 2001). Het meest verontrustende gevolg van een baantje is dat er een negatief verband bestaat tussen de schoolprestaties en het aantal uren dat een scholier werkt. In het algemeen geldt: hoe meer uren een scholier werkt, hoe lager zijn cijfers. Een reden voor dit verband is dat een dag maar 24 uur heeft. Als scholieren minder uren hebben om te studeren, kunnen ze niet voldoende tijd aan hun opleiding besteden. Maar het kan ook zijn dat scholieren die meer uren werken, meer met hun hoofd bij hun werk zitten dan bij school. Het gevolg is dat de motivatie om het op school goed te doen in het gedrang komt (Warren, 2002; Warren, Lee & Cataldi, 2004).

Een te vroege focus op werken kan bij sommige scholieren tot het fenomeen *schijnvolwassenheid* leiden. Schijnvolwassenheid houdt in dat een scholier volwassen taken op zich neemt waar hij qua ontwikkeling nog niet aan toe

Door een bijbaantje te nemen ontwikkel je werkvaardigheden en dat geeft meer kans op succes in het hoger onderwijs.

Bron: Moodboard/123RF.com

is. Sommige scholieren, vooral diegenen die geen sterke banden hebben met school of hun leeftijdgenoten, zien een vroege intrede in de volwassen wereld als een welkome ontsnapping aan hun lopende taken, hetgeen zeer bevredigend kan werken. In die gevallen kan hard werken een manier zijn om aan bronnen van stress te ontsnappen. In andere situaties echter kunnen scholieren door sociale of economische druk tot schijnvolwassenheid worden gedwongen (Staff, Mortimer & Uggen, 2004).

Kortom, het heeft verschillende gevolgen als scholieren een baantje hebben. Voor degenen die maar een paar uur per week werken, kunnen de voordelen behoorlijk groot zijn. Maar de schoolprestaties van degenen die veel uren werken, gaan er meestal niet op vooruit (zie ook de kadertekst *Van onderzoek naar praktijk*).

15.3.7 Het afbreken van de schoolcarrière

Kinderen in Nederland zijn leerplichtig tot het einde van het schooljaar waarin ze zestien worden. Hebben ze dan nog geen startkwalificatie (diploma havo, vwo of mbo-2), dan zijn ze verplicht om tot hun achttiende onderwijs te volgen. Het uitgangspunt bij jongeren vanaf achttien jaar is dat zij óf leren óf werken. Toch is er een percentage leerlingen dat uitvalt (zie figuur 15-2). Dat percentage was zelfs zo hoog dat de Organisatie voor Economische Samenwerking en Ontwikkeling (OESO) Nederland begin 2008 aanmoedigde om vaart te maken met de aanpak van schooluitval. Deze lag in Nederland twaalf procent hoger dan in omringende landen, zo bleek uit onderzoek van de OESO. Vroegtijdig schoolverlaten leidt tot een grotere kans op langdurige werkloosheid. Uit figuur 15-2 blijkt dat de aanpak van de overheid heeft gewerkt.

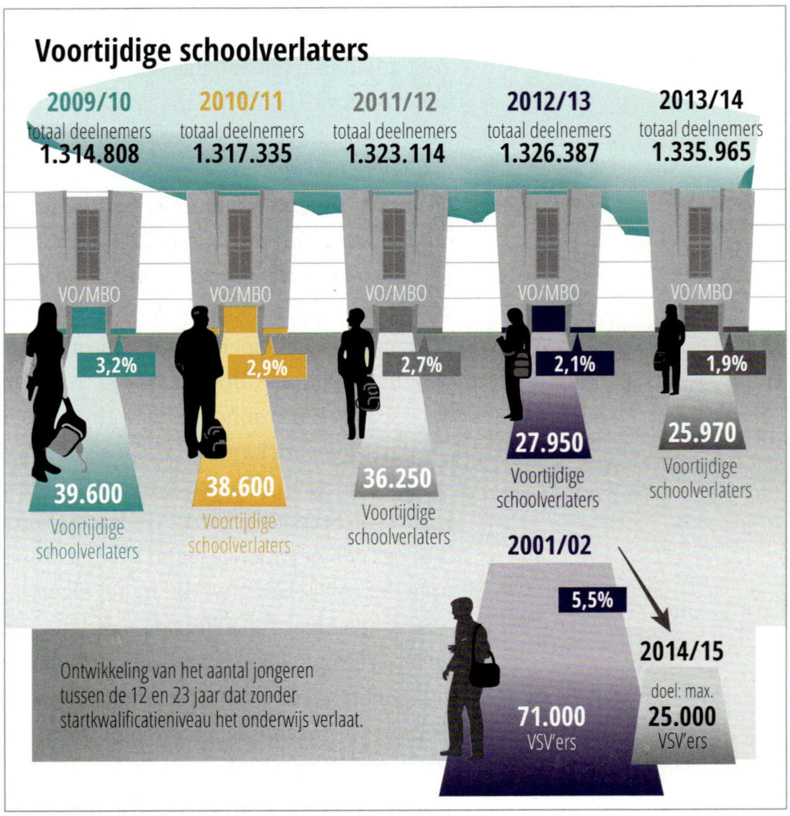

FIGUUR 15-2 **Daling in het aantal vroegtijdige schoolverlaters in Nederland**

Bron: www.rijksoverheid.nl

Ook kinderen in België zijn leerplichtig. Elk kind moet gedurende twaalf volledige schooljaren onderwijs volgen. Op die manier wil de overheid ervoor zorgen dat iedereen een diploma of een studiegetuigschrift kan halen. Kinderen zijn leerplichtig vanaf hun zesde jaar tot hun achttiende verjaardag. Vanaf dat moment hebben ze het recht te stoppen met school en mogen ze gaan werken.

Hoewel de meeste scholieren het voortgezet onderwijs afmaken en de meest recente cijfers een daling laten zien van het aantal voortijdige schoolverlaters, verlaat nog altijd drie procent van de jongeren voortijdig de opleiding (minocw.nl, 2011). In deze groep zijn jongeren uit etnische minderheden oververtegenwoordigd.

Een groot deel van deze schoolverlaters is afkomstig uit de twintig procent van de gezinnen met de laagste inkomens en gaan zonder diploma van school af. Omdat economisch succes zo afhankelijk is van opleiding, houdt het staken van de schoolcarrière vaak een cyclus van armoede in stand (National Center for Education Statistics, 2003).

VAN ONDERZOEK NAAR PRAKTIJK

Vormt werk karakter?

Betaald werk vormt het karakter, brengt een mens verantwoordelijkheidsbesef bij en bereidt adolescenten ook op andere manieren voor op de volwassenheid. Dat is althans het argument van voorstanders van werk, die de activiteit als een belangrijk element van de adolescente ontwikkeling zien.

Dit punt is echter moeilijk hard te maken. Hoewel mensen, terugkijkend op hun werkervaringen, zeggen dat die ervaringen hebben bijgedragen aan hun karaktervorming en verantwoordelijkheidsbesef, is er weinig ondersteunend bewijs van adolescenten die objectief worden beoordeeld op het moment dat ze aan het werk zijn. Integendeel, adolescenten die veel werken – meer dan twintig uur per week – kunnen cynisch tegen de werkplek gaan aankijken. Ook zijn ze eerder geneigd er minder ethische ideeën op na te houden wat betreft werk. Tegelijkertijd hebben ze meer kennis over het bedrijfsleven, geld en consumenten (Mortimer, 2003; Rauscher et al., 2013).

Een van de redenen dat werk geen positieve resultaten qua karaktervorming oplevert, is het type motivatie dat ten grondslag ligt aan de beslissing om te gaan werken. Veel adolescenten zien werk als een noodzakelijk kwaad: het is gewoon een manier om geld te verdienen. Het werk zelf is geen activiteit die van groot belang is. Dat is niet verrassend, gezien het feit dat adolescenten uitsluitend gekwalificeerd zijn voor laaggeschoold, eenvoudig of fysiek zwaar werk. Hun taken vergen vaak weinig verantwoordelijkheidsgevoel en gebeuren onder streng toezicht van volwassenen, waardoor ze weinig kans krijgen om initiatief te tonen.

In een dergelijke situatie is het werk van de adolescent primair gebaseerd op *extrinsieke motivatie*, waarbij mensen alleen aan de slag gaan om de tastbare beloning die eruit voortvloeit. Dit in tegenstelling tot *intrinsieke motivatie*, waarbij mensen vooral voor hun eigen plezier aan activiteiten deelnemen. Als werk zuiver gezien wordt als een middel tot een doel (zoals bij extrinsieke motivatie), kan de kans op positieve baten kleiner zijn dan wanneer het werk op zich als zinvol wordt gezien (zoals bij intrinsieke motivatie) (Twenge, 2006).

Wel is het zo dat adolescenten die werken de kans krijgen om nauwe en zinvolle relaties aan te gaan met andere volwassenen dan hun ouders. Dit kan weer helpen bij het verminderen van de stress die ze met hun ouders ervaren. Verder kunnen bescheiden hoeveelheden werk het vertrouwen van adolescenten vergroten. Ook gaan hun timemanagementvaardigheden er mogelijk op vooruit (Mortimer, 2003; Tisdale, 2013).

Of betaald werk de karaktervorming versterkt en de adolescent verantwoordelijkheid bijbrengt, hangt uiteindelijk af van de aard van het werk, de specifieke persoonlijkheidskenmerken van de bewuste adolescent en de motivatie die ten grondslag ligt aan de beslissing om te gaan werken. Banen die van zichzelf interessant zijn en aan de werknemer enige mate van onafhankelijkheid en autonomie toestaan, zullen waarschijnlijk positieve resultaten opleveren, met adolescenten die tevreden zijn over zichzelf en over hun capaciteiten – wat uiteindelijk tot positieve psychologische resultaten leidt. Daarentegen dragen banen die oninteressant, stressvol of zwaar zijn, of banen die weinig vaardigheden vereisen, weinig bij aan het verbeteren van het psychologisch welzijn van adolescenten. Als het werk echt vervelend is, kunnen adolescenten door hun deelname aan het arbeidsproces zelfs beschadigd raken (Bachman et al., 2013; Mortimer, 2003).

15.3.8 Naar het hoger onderwijs

Thomas heeft er nooit aan getwijfeld: hij gaat naar de universiteit. Zijn familie heeft hem er van kleins af aan van doordrongen hoe belangrijk een goede opleiding is. Het is niet de vraag óf hij gaat studeren, alleen wát hij gaat studeren. Daardoor voelt Thomas zich op het voortgezet onderwijs erg onder druk gezet: elk cijfer wordt in verband gebracht met zijn kansen om cum laude af te studeren.

Het vwo-diploma van Murat hangt aan de muur van zijn moeders appartement. Zij beschouwt dat diploma als een groot wonder, als een antwoord op al haar gebeden. Murat, die opgroeide in een buurt die berucht was om zijn drugs en zijn geweld, is in de ogen van zijn moeder altijd een harde werker en een 'brave jongen' geweest. Maar ze had nooit durven dromen dat hij het tot de universiteit zou brengen. Het vervult haar met blijdschap om te zien dat hij het zo ver heeft geschopt.

Wie gaan er studeren?

Er is een duidelijke tendens dat we langer gaan studeren en dus ook veel meer doorstromen naar hoger en universitair onderwijs. Dit wordt ook erg gepromoot door de overheid. Van de huidige Belgische bevolking is ongeveer dertig procent in het bezit van een diploma uit het hoger of universitair onderwijs (zie tabel 15-5).

TABEL 15-5 **Onderwijsniveau van de Belgische bevolking van 15 jaar en ouder – in procenten, 2008-2014**

BEHAALD DIPLOMA	2008	2009	2010	2011	2012	2013	2014
Totaal	100,0%	100,0%	100,0%	100,0%	100,0%	100,0%	100,0%
Lager onderwijs of geen diploma	20,2%	19,2%	19,2%	18,9%	18,7%	17,5%	15,7%
Lager secundair onderwijs	20,5%	20,2%	20,2%	19,5%	19,2%	19,5%	20,5%
Hoger secundair onderwijs	34,2%	34,6%	33,2%	34,3%	34,1%	34,9%	34,5%
Hoger niet-universitair onderwijs korte type / Professionele bachelor	12,3%	12,5%	14,0%	13,8%	13,3%	12,9%	14,8%
Hoger niet-universitair onderwijs lange type / Universitair onderwijs / Academische bachelor of master	12,8%	13,6%	13,4%	13,3%	14,6%	15,2%	14,5%

Bron: Opleidingsniveau van de bevolking. Geraadpleegd via: statbel.fgov.be,http://statbel.fgov.be/nl/statistieken/cijfers/arbeid_leven/opleiding/niveau/

Zie MyLab voor de video: Hoger onderwijs in verschillende culturen

De kans op slagen in het hoger onderwijs is van veel factoren afhankelijk. Uit onderzoek blijkt dat de vooropleiding een duidelijk verband heeft met het al of niet slagen (Declerq & Verboven, 2010). Zo blijkt uit gegevens van de KU Leuven dat scholieren afkomstig van het BSO (mbo in Nederland), TSO (havo) en ASO (vwo) die de richting Menswetenschappen of Economie-Moderne Talen hebben gevolgd, een bijna 23 procent hogere slagingskans hebben op hogescholen dan aan universiteiten. Scholieren uit ASO-richtingen met een sterke wiskundecomponent en/of klassieke talen hebben slechts een zeven procent hogere slagingskans aan de hogeschool. Deze cijfers suggereren dat het vooral scholieren uit de 'zwakkere' richtingen zijn die te vaak voor de universiteit kiezen (feb.kuleuven.be, z.d.).
In Nederland zijn allochtone studenten vaak de eersten binnen hun familie die hoger onderwijs gaan volgen (de zogeheten *eerstegeneratiestudenten*). In

De diversiteit onder studenten neemt de laatste tijd sterk toe, hoewel het aantal inschrijvingen van allochtone studenten verhoudingsgewijs nog steeds achterblijft bij dat van autochtone studenten.

Bron: Monkey Business Images/Shutterstock

het studiejaar 2014/2015 stonden ongeveer 170.000 allochtone studenten ingeschreven in het hoger onderwijs, waarvan 54.000 niet-westerse allochtone vrouwen en 46.000 niet-westerse allochtone mannen (CBS 2015). Het aantal ingeschreven allochtone studenten (niet-westers en westers) is in de afgelopen tien jaar met vijftig procent gestegen, waarmee deze groep nu bijna een kwart uitmaakt van alle studenten in het hoger onderwijs. De instroom van niet-westerse allochtone studenten is in het hbo tussen 2004 en 2014 met een kwart toegenomen, van rond de 11.600 naar 14.500 studenten, terwijl het totaal aantal eerstejaarsstudenten in het hbo met ongeveer tien procent toenam. In het wetenschappelijk onderwijs is eveneens sprake van groei, al nam het aantal niet-westerse allochtone eerstejaarsstudenten hier minder sterk toe (+21 procent) dan het totale aantal eerstejaarsstudenten (+36 procent) (CBS 2015). Het rendement van allochtone studenten is echter nog steeds bijna twintig procent lager dan dat van autochtone studenten. Bovendien ligt de uitval bij deze groep zo'n vijf tot tien procent hoger dan bij hun autochtone medestudenten (minocw.nl, 2008).

Uit een Vlaams onderzoek naar allochtonen in het hoger onderwijs blijkt dat in 2004 allochtonen 5,85 procent (N = 850) van het totale cohort eerstegeneratiestudenten vormden (N = 14.525). De allochtonen in deze studie kozen beduidend vaker voor universitair onderwijs dan voor hogeschoolonderwijs. Het is wel zo dat de keuze voor de universiteit stijgt naarmate de sociaaleconomische achtergrond van het gezin beter is. Het lagere studierendement van allochtonen wordt in deze studie bevestigd. Het slagingspercentage in het eerste jaar van het hoger onderwijs ligt voor alle allochtone groepen lager – variërend van 19,4 tot 34,3 procent – dan het slagingspercentage van autochtonen (56,1 procent) (Lacante et al., 2007).

15.3.9 Gender en prestaties in het hoger onderwijs

Ik herinner me nog steeds de vernedering en de frustratie die ik voelde toen ik voor de eerste keer mijn hand opstak bij een eerstejaarscollege over de grondslagen van de natuurkunde. De docent, een man die slechts een paar jaar ouder was dan ik, negeerde me. Enkele minuten later, toen ik als enige mijn hand omhoog had, moest hij wel op me reageren, maar hij deed dit met rollende ogen en met de opmerking: 'Laten we eens kijken wat dit dametje aan de discussie heeft toe te voegen.' Ik kreeg een kleur en raakte zo van de wijs dat ik nauwelijks uit mijn woorden kwam.

Een jaar later zag ik de docent in de kantine. Ik besloot hem ermee te confronteren. 'Dag professor', zei ik. 'Weet u nog dat u me vorig jaar tijdens uw natuurkundecollege voor gek zette door me een dametje te noemen?'

Hij dacht even na en keek me aan. 'Zat jíj bij mijn college? Wat deed je daar dan?'

Niet te geloven, hij was erin geslaagd me nog verder te vernederen.

Gelukkig zijn zulke gevallen van openlijk seksisme tegenwoordig zo goed als verdwenen, maar er is in het hoger onderwijs zeker een verband tussen de aard van de studierichting en sekse. Bij onderwijsstudies en de sociale en biomedische wetenschappen tref je bijvoorbeeld veel meer vrouwen aan dan mannen. Bij techniek, wiskunde en de natuurwetenschappen zitten meestal meer mannen dan vrouwen (Wilson, 2004; Carbonaro, Ellison & Covay, 2011).

Jongens blijken meer dan meisjes te kiezen voor een studierichting vanuit materiële motieven en het belang dat ze hechten aan sociale status. Zowel jongens als meisjes kiezen vooral voor een studierichting die hen echt boeit, maar voor meisjes is dit keuzemotief nog belangrijker dan voor jongens (Lacante et al., 2001). Meisjes en jongens verschillen ook op het gebied van keuzerijpheid. Verschillende onderzoeken hebben aangetoond dat meisjes meer begaan zijn met hun studiekeuze. Meisjes beseffen beter dat ze een studiekeuze moeten maken en zijn sterker bereid om zich in te zetten om een zo goed mogelijke keuze te maken. Meisjes zoeken ook meer informatie op over verschillende studierichtingen, waardoor ze beter geïnformeerd zijn (Germeijs & Verschueren, 2007; Van Esbroek & Zaman, 1999).

Op dit moment is het zo dat zich meer vrouwen dan mannen inschrijven aan de Vlaamse universiteiten. Daarbij is de slagingskans van vrouwen in het eerste jaar van de universiteit significant hoger (Declercq & Verboven, 2010). Vrouwen ronden hun studie ook sneller af dan mannen. Van de vrouwen die in 1996 begonnen aan een hbo-opleiding had 75 procent binnen negen jaar het diploma gehaald. Bij de mannen was dit tien procent minder. In het wetenschappelijk onderwijs had 71 procent van de vrouwen na negen jaar een diploma, tegen 60 procent van de mannen (CBS, 2007).

Wat in Nederland veel invloed heeft gehad op de onderwijsdeelname van vrouwen is de individualisering. Mede door de emancipatie van de vrouw zijn er meer echtscheidingen, blijven meer mensen single en krijgen mensen minder kinderen per gezin. De vrouw is minder afhankelijk geworden van haar man. Het huwelijk staat voor haar niet meer in het teken van financiële zekerheid. Ook de overheid heeft een belangrijke rol gespeeld in het stimuleren van vrouwen om een opleiding te volgen. Wat eveneens meespeelt zijn de verbeterde omstandigheden voor vrouwen op de arbeidsmarkt. Hoe positiever de arbeidsperspectieven voor de vrouw, hoe meer zij bereid zijn een opleiding te volgen (Henkens, Grift & Siegers, 2002).

Mannelijke en vrouwelijke studenten hebben verschillende verwachtingen ten aanzien van hun competenties. In één onderzoek werd eerstejaarsstudenten bijvoorbeeld gevraagd of ze beter of slechter waren dan het gemiddelde als het ging om verschillende eigenschappen en vaardigheden. Zoals te zien is in figuur 15-3 dachten mannen vaker dat ze boven het gemiddelde zaten als het ging om algemene academische en wiskundige vaardigheden, competitiviteit en emotionele gezondheid.

Hoewel ze zich er niet bewust van zijn, maken zowel mannelijke als vrouwelijke docenten tijdens hun colleges onderscheid tussen mannen en vrouwen. Ze stellen bijvoorbeeld vaker een vraag aan mannen dan aan vrouwen.

Bron: Jupiterimages/Liquidlibrary/Thinkstock/Getty Images

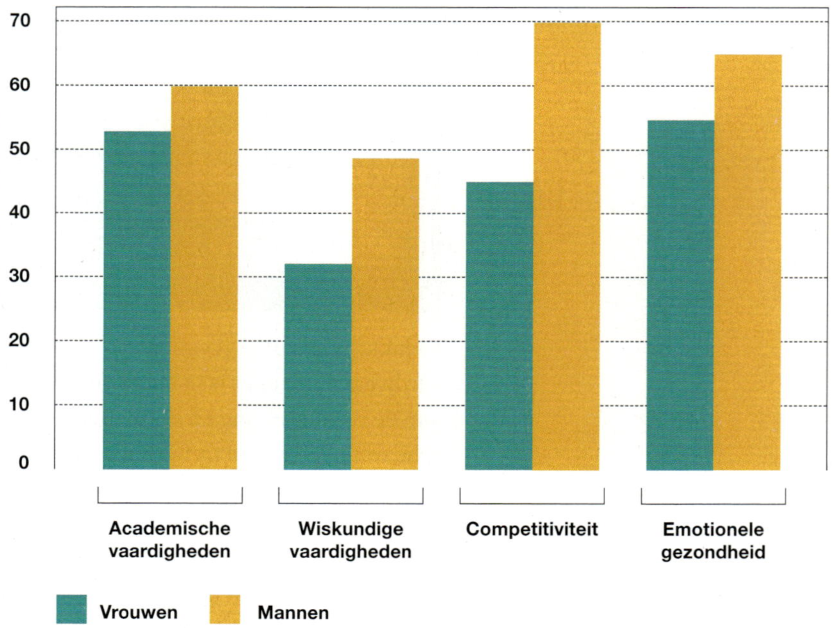

FIGUUR 15-3 Zelfbeeld van mannelijke en vrouwelijke studenten op verschillende gebieden

Tijdens hun eerste studiejaar vinden mannen vaker dan vrouwen dat ze boven het gemiddelde presteren op gebieden die relevant zijn voor academisch succes.

Bron: Van Astin, Korn & Berz, 2004. *The American freshman: National norms for fall 2004.* Los Angeles, Californië: Higher Education Research Institute, Graduate School of Education, UCLA © 2008 The Regents of the University of California. Alle rechten voorbehouden.

DIVERSITEIT IN ONTWIKKELING

Schoolprestaties en het slechten van genderbarrières

In haar vierde klas dimt een wiskundedocente de lichten. Ze zet rustgevende muziek op en geeft alle leerlingen een whiteboard met een viltstift. Vervolgens projecteert ze een wiskundig probleem op een scherm voor in het leslokaal. 'Houd je bord omhoog zodra je het antwoord weet', zegt ze. De leerlingen schrijven ijverig op hun borden en houden ze een voor een omhoog. Deze elementaire procedureverandering heeft een eind gemaakt aan het concurrerende handopsteken en roepen, zoals dat voorheen altijd gebeurde in haar klassen. Hierdoor is er ruimte gekomen voor een groep leerlingen die regelmatig werd overschreeuwd of weggewuifd – de meisjes.

Deze eenvoudige aanpak maakt deel uit van pogingen om op grote schaal de wiskundeles op Engelse scholen te verbeteren. En met succes. Deze pogingen zijn weliswaar op alle kinderen gericht, maar het onbedoelde resultaat is dat de genderkloof op wiskundegebied, waar jongens altijd in het voordeel waren geweest, is verdwenen.

De invoering van een nieuwe lesmethode voor wiskunde had een hogere algemene gemiddelde score tot gevolg. Maar de hogere score was duidelijker te zien bij meisjes. Tegenwoordig doen meisjes het zelfs beter op bepaalde standaardtoetsen.

Door welke veranderingen in de lesmethode verbeterden de prestaties? Leraren moesten leren alert te zijn op genderstereotypering in hun lessen en ze moesten meisjes stimuleren om met meer zelfvertrouwen mee te doen aan besprekingen. Daarnaast werden genderstereotypen uit de boeken verwijderd. Het klaslokaal werd 'veiliger' gemaakt voor meisjes door leerlingen te ontmoedigen hun antwoorden door de klas te roepen en meisjes te stimuleren om meer direct mee te doen. Ook de toetsing werd anders. De leerlingen worden nu deels beloond voor het opschrijven van hun gedachtegang. Dit is iets waar meisjes voordeel van hebben, omdat ze vaak methodischer te werk gaan als ze met vraagstukken bezig zijn.

Vrouwen die kiezen voor traditioneel mannelijke vakken als wiskunde en natuurwetenschappen kunnen zelfs diepgewortelde maatschappelijke vooroordelen overwinnen als ze ervan overtuigd zijn dat andere vrouwen ook succesvol zijn op deze gebieden.

Bron: Dotshock/Shutterstock

Schoolprestaties en het gevaar van stereotypering

Uit onderzoek naar genderstereotypering komt naar voren dat veranderingen in de lesmethoden in Engeland bemoedigende resultaten hebben opgeleverd (zie het kader *Diversiteit in ontwikkeling*). Denk eens na over het volgende. Als vrouwen vakken als wiskunde, natuurwetenschappen en techniek kiezen, halen ze vaak slechtere cijfers dan mannen met dezelfde vooropleiding. Vreemd genoeg geldt dit niet voor andere vakken. Daar liggen de prestaties van mannen en vrouwen op hetzelfde niveau.

Volgens de psycholoog Claude Steele (1997) is de oorzaak van de afnemende prestatieniveaus voor zowel vrouwen als Afro-Amerikanen dezelfde: *academische disidentificatie*, een gebrek aan persoonlijke identificatie met een academisch domein. Voor vrouwen is disidentificatie specifiek voor wiskunde en natuurwetenschappen; voor Afro-Amerikanen is het meer gegeneraliseerd over academische domeinen. In beide gevallen leveren negatieve maatschappelijke stereotypen een toestand van *stereotypebedreiging* op, waarbij leden van de groep vrezen dat hun gedrag het stereotype inderdaad zal bevestigen (Carr & Steele, 2009; Steele, 1997).

Zo kunnen vrouwen die proberen iets te bereiken in niet-traditionele vakgebieden die op wiskunde en natuurwetenschappen berusten, worden afgeleid door maatschappelijke twijfel. In sommige gevallen zou een vrouw kunnen voelen dat falen in een door mannen gedomineerd vakgebied bepaalde maatschappelijke stereotypen zal bevestigen. Falen brengt dan zulke grote risico's met zich mee dat het haar allemaal niet de moeite waard lijkt. In een dergelijke situatie zou de vrouw zich misschien niet eens fanatiek inzetten (Inzlicht & Ben-Zeev, 2000).

Evenzo zouden Afro-Amerikanen de druk kunnen voelen dat ze het negatieve stereotype rond hun academische prestaties moeten ontkennen. Die druk kan zo angstopwekkend en bedreigend zijn dat ze onder hun kunnen presteren. Ironisch genoeg kan stereotypebedreiging het grootst zijn voor betere, zelfverzekerde studenten, die zich het negatieve stereotype niet zodanig hebben eigengemaakt dat ze aan hun vermogens gaan twijfelen (Carr & Steele, 2009).

In de analyse van Steele klinkt ook hoop door: als vrouwen ervan kunnen worden overtuigd dat maatschappelijke vooroordelen over prestaties op bepaalde gebieden onjuist zijn, zouden hun prestaties op die gebieden misschien kunnen verbeteren. Dat is precies wat Steele concludeerde na een aantal experimenten die hij uitvoerde op de universiteiten van Michigan en Stanford (Steele, 1997).

In een van de onderzoeken kregen mannelijke en vrouwelijke studenten te horen dat ze twee wiskundetoetsen zouden krijgen: eentje met genderverschillen (daarbij werd ervan uitgegaan dat mannen beter presteerden dan vrouwen) en een tweede zonder genderverschillen. In werkelijkheid was het niveau van de toetsen precies gelijk. De gedachte achter dit experiment was dat vrouwen gevoelig zouden zijn voor maatschappelijke vooroordelen als een toets die vooroordelen bevestigde, maar dat dat niet het geval zou zijn bij een toets waarbij geen sprake was van zogenaamde genderverschillen.

De resultaten strookten volledig met de hypotheses van Steele. Als de vrouwen te horen kregen dat er genderverschillen in de toets zaten, presteerden ze veel slechter dan de mannen. Maar als hun werd verteld dat er geen sprake was van genderverschillen, waren hun prestaties vrijwel gelijk aan die van de mannen.

Kortom, de uitkomsten van dit onderzoek en andere onderzoeken wijzen er duidelijk op dat vrouwen gevoelig zijn voor verwachtingen over hun toekomstige succes, of die verwachtingen nu worden ingegeven door maatschappelijke stereotypen of door informatie over eerdere prestaties van vrouwen. Bemoedigender is echter dat uit de uitkomsten van deze onderzoeken blijkt dat vrouwen zelfs diep ingesleten maatschappelijke vooroordelen kunnen overwinnen als ze ervan kunnen worden overtuigd dat gendergenoten op bepaalde gebieden ook succesvol zijn (Croizet et al., 2004; Davies, Spencer & Steele, 2005; Good, Aronson & Harder, 2008).

15.4 Het kiezen van een beroep

Sommige mensen weten al van kleins af aan dat ze arts of acteur willen worden of het bedrijfsleven in willen, en gaan recht op hun doel af. Voor anderen berust de keuze voor een beroep veel meer op toeval en is het een kwestie van carrièrewebsites doorzoeken en ontdekken wat er beschikbaar is.

Hoe mensen hun beroep ook kiezen, het zal waarschijnlijk niet het enige beroep zijn dat zij in de loop van hun leven zullen uitoefenen. Omdat de aard van veel werkzaamheden als gevolg van de technologische vooruitgang in een snel tempo verandert, is het tegenwoordig normaal om minstens één keer, en soms verschillende keren, een carrièreswitch te maken.

15.4.1 De drie perioden van Ginzberg

Fantasieperiode: periode waarin kinderen beroepskeuzes maken – en verwerpen – zonder rekening te houden met vaardigheden, capaciteiten en de beschikbaarheid van banen.

Volgens Eli Ginzberg (1972) doorlopen mensen bij het kiezen van een beroep meestal verschillende stadia. In de **fantasieperiode**, die duurt tot ongeveer elfjarige leeftijd, maken – en verwerpen – kinderen beroepskeuzes zonder rekening te houden met vaardigheden, capaciteiten en de beschikbaarheid van banen. In deze fase maken kinderen puur een keuze op basis van wat hun aantrekkelijk lijkt. Een kind kan bijvoorbeeld beslissen dat hij dierenarts wil worden, hoewel hij allergisch is voor honden en katten.

Tentatieve periode: periode waarin adolescenten op een pragmatische manier beginnen na te denken over de eisen van verschillende beroepen en over de vraag of hun eigen capaciteiten daarop aansluiten.

Realistische periode: periode waarin jongvolwassenen zich verdiepen in specifieke carrièreopties door ervaring op te doen met bepaalde beroepen of door een bepaalde opleiding te volgen.

In de **tentatieve periode**, die samenvalt met de adolescentie, gaan er ook praktische overwegingen meespelen. In de tentatieve periode beginnen mensen op een pragmatische manier na te denken over de eisen van verschillende beroepen en over de vraag of hun eigen capaciteiten daarop aansluiten. Ze houden ook rekening met hun persoonlijke waarden en doelstellingen en kijken hoe goed een specifiek beroep daarop aansluit. In de vroege volwassenheid betreden mensen tot slot de **realistische periode**, waarin ze zich verdiepen in specifieke carrièreopties door ervaring op te doen met bepaalde beroepen of door een bepaalde opleiding te volgen. Ze beginnen hun keuzemogelijkheden tot een paar alternatieven te beperken en concentreren zich uiteindelijk op één specifiek beroep.

15.4.2 De zes persoonlijkheidstypen van Holland

Hoewel het model van Ginzberg op het eerste gezicht logisch lijkt, is het een simplificatie van de manier waarop mensen hun beroep kiezen. Sommige onderzoekers menen dan ook dat het nuttiger is om te bekijken of de persoonlijkheidstypen van banenzoekers aansluiten op de eisen die er aan een bepaald beroep worden gesteld. Volgens onderzoeker John Holland (Donohue, 2007; Gottfredson & Holland, 1990; Holland, 1973, 1987) sluiten bepaalde persoonlijkheidstypen extra goed aan op bepaalde beroepen. Hij onderscheidt zes persoonlijkheidstypen:

- *Realistisch.* Realistische mensen zijn nuchtere, praktische probleemoplossers die fysiek sterk zijn. Hun sociale vaardigheden zijn middelmatig. Ze zijn bij uitstek geschikt als boer, arbeider of vrachtwagenchauffeur.
- *Intellectueel.* Intellectuele typen voelen zich aangetrokken tot het theoretische en het abstracte. Hoewel ze niet bijzonder goed zijn met mensen, zijn ze geschikt voor carrières in de wiskunde en de natuurwetenschappen.
- *Sociaal.* De eigenschappen die geassocieerd worden met het sociale persoonlijkheidstype hebben betrekking op verbale vaardigheden en interpersoonlijke relaties. Sociale typen kunnen goed met mensen werken en zijn daardoor goede verkopers, onderwijzers en psychisch hulpverleners.
- *Conventioneel.* Conventionele mensen geven de voorkeur aan uiterst gestructureerde taken. Dit zijn goede kantoormedewerkers, secretaresses en lokettisten.
- *Ondernemend.* Ondernemende mensen nemen graag risico's en zijn voortvarend. Het zijn goede leiders en ze zijn vaak vooral in hun element als manager of politicus.
- *Artistiek.* Artistieke typen drukken zich uit met behulp van kunst. Ze verkiezen de wereld van de kunst vaak boven interacties met andere mensen. Ze zijn het meest geschikt voor kunstzinnige beroepen.

Natuurlijk zal niet iedereen zich in een van deze persoonlijkheidstypen herkennen. Bovendien zijn er bepaalde uitzonderingen op de typologie, waarbij mensen met succes een bepaalde functie bekleden die niet strookt met hun persoonlijkheidstype. Toch vormt deze theorie de basis voor verschillende instrumenten die bedoeld zijn om vast te stellen voor welke beroepen mensen geschikt zijn (Randahl, 1991).

15.4.3 Gender en carrièrekeuze: vrouwenwerk

Hulp gevraagd: Familiebedrijf zoekt fulltime medewerker voor financieel management, boekhouding, kinderoppas, koken, schoonmaken, wassen, reparaties, tuinieren en winkelen. Uren: Doorsnee werkweek bedraagt 60 uur, met mogelijkheid van extra dienst tot 24 uur per dag, 7 dagen per week. Salaris en secundaire arbeidsvoorwaarden: Geen geldelijke beloning maar een royaal pakket aan secundaire arbeidsvoorwaarden, zoals maaltijden, kleding en onderdak, plus een bescheiden persoonlijke winkeltoelage. Vakantie en pensioen worden beslist door de werkgever. Baanzekerheid wordt beslist door de werkgever. Geen doorgroeimogelijkheden. Kwalificaties: Eerdere ervaring niet vereist. Rijbewijs en ervaring in de zorg zijn een pre. Uitsluitend vrouwen worden verzocht te solliciteren.

Discriminatie op basis van geslacht is tegenwoordig minder openlijk dan vroeger, maar blijft duidelijk aanwezig. In veel beroepen is in dit opzicht echter al belangrijke vooruitgang geboekt.

Bron: Image Source (Pearson Asset Library)

Vrouwenberoep: beroep dat geassocieerd wordt met relaties.

Mannenberoep: beroep dat geassocieerd wordt met dingen voor elkaar krijgen.

In het verleden dachten veel jonge vrouwen dat deze, weliswaar aangedikte, functieomschrijving overeenkwam met de functie waarvoor zij het meest geschikt waren en die ze het meest ambieerden: huisvrouw. Vrouwen die werk buitenshuis zochten, kwamen alleen in bepaalde beroepen terecht. Onder de vacatures voor mannen trof men beroepen aan als politieagent, bouwvakker en advocaat. Vrouwen werden gevraagd als secretaresse, leerkracht, caissière en bibliothecaresse.

Deze verdeling weerspiegelde de traditionele opvattingen van de maatschappij over waar mannen en vrouwen het meest geschikt voor waren. Van oudsher vond men vrouwen het meest geschikt voor beroepen die geassocieerd werden met relaties. Mannen daarentegen werden het meest geschikt geacht voor beroepen die werden geassocieerd met dingen voor elkaar krijgen. Het is waarschijnlijk geen toeval dat bij traditionele **vrouwenberoepen** doorgaans minder status en lagere salarissen horen dan bij traditionele **mannenberoepen** (Li Kusterer, Lindholm & Montgomery, 2013; Trapnell & Paulhus, 2012).

Discriminatie op basis van geslacht is tegenwoordig veel minder openlijk dan een paar decennia geleden. Het is nu bijvoorbeeld bij wet verboden om in een vacature specifiek om mannelijke of vrouwelijke sollicitanten te vragen. Toch blijven er bepaalde vooroordelen over traditionele genderrollen bestaan. Zoals we eerder in dit hoofdstuk zagen, zijn vrouwen veel minder vaak te vinden in van oudsher door mannen gedomineerde beroepen, zoals computerprogrammeur of ingenieur. Bovendien verdienen vrouwen in veel beroepen aanzienlijk minder dan mannen, terwijl ze dezelfde functie hebben (U.S. Bureau of the Census, 2011). Daardoor verwachten vrouwen ook tegenwoordig nog dat ze minder zullen verdienen dan mannen, zowel aan het begin van hun carrière als op het hoogtepunt ervan. Deze verwachtingen komen overeen met de werkelijkheid: gemiddeld ligt in Nederland het salaris van mannen bijna twaalf procent hoger dan dat van vrouwen in dezelfde functie. Dat blijkt uit de Beloningsindex 2008 van Mercer en ADP. In 2007 was het verschil overigens nog achttien procent. In België lag het inkomen van mannen in 2007 gemiddeld 11,7 procent hoger dan dat van vrouwen (NIS, 2010).

In figuur 15-4 wordt een vergelijking gemaakt tussen het gemiddelde uurloon in een economische sector en het aantal vrouwen dat er werkzaam is (CBS 2014). Uit dit overzicht blijkt dat vrouwen vaker werken in sectoren waar er sprake is van een relatief laag gemiddeld uurloon.

Hoewel vrouwen vaak een lagere status hebben en minder betaald krijgen dan mannen, werken er meer vrouwen buitenshuis dan ooit. Gegevens van het CBS laten zien dat in 2010 bijna 3,5 miljoen vrouwen actief waren op de arbeidsmarkt (in 2005 waren dat er bijna 3,2 miljoen). In 2010 behoorde 63,5

FIGUUR 15-4 **Loonkloof tussen mannen en vrouwen: feit of fictie?**

Er werken relatief meer vrouwen in slechter betaalde economische sectoren.

Bron: CBS, 2014

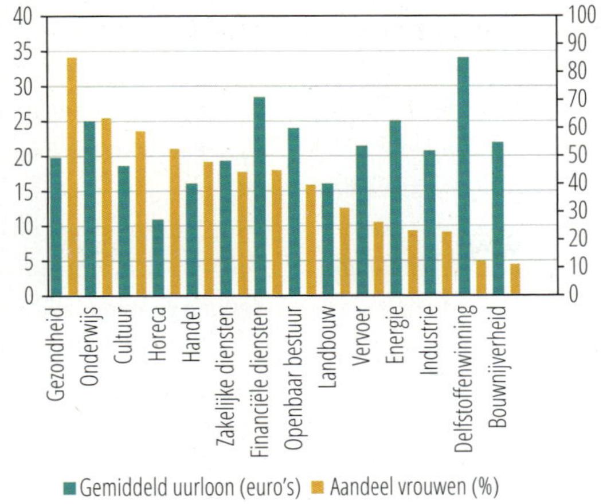

procent van de vrouwen tussen de 15 en 65 jaar tot de beroepsbevolking. In België steeg het aandeel van vrouwen in de actieve beroepsbevolking in de periode 1961-2010 van 27 tot 62 procent (NIS, 2010).

Vrouwen hebben tegenwoordig in veel opzichten aanzienlijk meer mogelijkheden dan vroeger. Ze hebben meer kans om arts, advocaat, verzekeringsagent of buschauffeur te worden dan in het verleden. Uit cijfers van het Centraal Bureau voor de Statistiek (CBS) en het Belgisch Nationaal Instituut voor de Statistiek (NIS) blijkt echter wel dat mannen naar verhouding vaker in vrouwenberoepen werken dan vrouwen in mannenberoepen. In de top tien van echte mannenberoepen was minder dan één procent van de werkenden vrouw. In België geldt dat voor de top vier (bestuurder van grondwerk- en bouwmachines; bouwvakker; elektricien; timmerman, schrijnwerker en parketlegger). In vrouwenberoepen als bejaarden- en ziekenverzorger is daarentegen zes procent man.

Vrouwen en minderheden in zichtbare beroepen met veel status lopen vaak nog steeds tegen het zogenaamde glazen plafond aan. Het *glazen plafond* is een onzichtbare blokkade in een organisatie die ervoor zorgt dat mensen door discriminatie niet verder komen dan een bepaald niveau. Het glazen plafond werkt subtiel, en de mensen die het in stand houden zijn zich er vaak niet eens van bewust dat hun gedrag discriminatie tegen vrouwen en minderheden in stand houdt. Een mannelijke superieur in de olie-industrie kan bijvoorbeeld van mening zijn dat bepaalde taken 'te gevaarlijk' zijn voor een vrouwelijke medewerker. Zijn beslissing heeft tot gevolg dat vrouwelijke medewerkers niet de ervaring kunnen opdoen die ze nodig hebben om promotie te maken (Probert, 2005; Stroh, Langlands & Simpson, 2004; Zeng, 2011).

ONTWIKKELINGSPSYCHOLOGIE IN HET DAGELIJKS LEVEN

Kiezen voor een bepaalde loopbaan

Kiezen voor een bepaalde loopbaan is een van de moeilijkste beslissingen die mensen aan het einde van hun adolescentie moeten nemen. Bovendien is het een beslissing die grote consequenties heeft voor de rest van hun leven. Hoewel er niet één juiste keuze bestaat, omdat de meeste mensen in verschillende banen gelukkig kunnen zijn, zien sommige adolescenten door de bomen het bos niet meer. Hieronder volgt een aantal richtlijnen die wellicht een beetje kunnen helpen bij het maken van een afgewogen keuze.

- Weeg verschillende keuzes op een systematische manier tegen elkaar af. In bibliotheken en op internet is een schat aan informatie te vinden over potentiële beroepen, en de meeste hogere opleidingen hebben faciliteiten voor loopbaanbegeleiding.
- Ken jezelf. Zet je sterke en je zwakke punten op een rij, eventueel door een beroepskeuzetest te doen die inzicht geeft in je interesses, capaciteiten en waarden.

- Maak een lijstje van de potentiële voors en tegens van een bepaald beroep. Schrijf eerst de voors en tegens op die direct op jou van toepassing zijn, en vervolgens de voors en tegens voor anderen. Schrijf vervolgens op met welke maatschappelijke goed- of afkeuring je waarschijnlijk te maken zult krijgen. Als je een aantal beroepen systematisch aan deze criteria toetst, zul je de verschillende mogelijkheden beter met elkaar kunnen vergelijken.
- Snuffel aan verschillende beroepen via betaalde of onbetaalde stages. Stagiairs ondervinden aan den lijve wat een beroep werkelijk inhoudt en krijgen er daardoor een beter beeld van.
- Onthoud dat je kunt switchen als je een verkeerde keuze hebt gemaakt. Tegenwoordig stappen steeds meer mensen aan het begin van hun volwassenheid of zelfs later nog over op een andere loopbaan. Niemand zou zich gebonden moeten voelen aan een beslissing die hij eerder in zijn leven heeft genomen.

Zoals telkens weer uit dit boek blijkt, ontwikkelen mensen zich steeds verder naarmate ze ouder worden, en die ontwikkeling gaat het hele leven door. Het is aannemelijk dat veranderende waarden, interesses, capaciteiten en levensomstandigheden later in het leven beter aansluiten op een ander beroep dan het beroep waarvoor men aan het einde van de adolescentie heeft gekozen.

TERUGBLIK

▷ 15.1 De intellectuele ontwikkeling

- In de adolescentie voltrekt de cognitieve groei zich in een hoog tempo. Adolescenten boeken vooruitgang op het gebied van abstract denken, redeneren en het vermogen om mogelijkheden in een relatieve in plaats van een abstracte context te zien.
- De adolescentie valt samen met Piagets formeel-operationele periode van ontwikkeling, waarin mensen het vermogen ontwikkelen om abstract te denken en experimenteel te redeneren.
- Door hun verhoogde kritische vermogens kunnen adolescenten uit zijn op discussie, gezag ondermijnen, idealistischer worden en bij het afwegen van voor- en nadelen besluiteloos worden.
- Omgaan met de kritische vermogens van adolescenten kan tot conflicten leiden met ouders, docenten en andere volwassenen.
- Volgens de informatieverwerkingstheorie is de cognitieve groei in de adolescentie geleidelijk en kwantitatief. Er is sprake van verbeteringen op het gebied van geheugencapaciteit, mentale strategieën en andere aspecten van cognitief functioneren.
- Een ander belangrijk aspect van de cognitieve ontwikkeling in deze periode is de groei van de metacognitie, die adolescenten in staat stelt om hun denkprocessen te monitoren en hun cognitieve vermogens accuraat in te schatten.
- Hand in hand met de ontwikkeling van de metacognitie voltrekt zich de groei van het egocentrisme. Adolescenten zijn erg op zichzelf gericht, waardoor ze moeilijk kritiek kunnen accepteren en slecht overweg kunnen met autoriteitsfiguren.
- Adolescenten creëren voor zichzelf soms een imaginair publiek van kritische toeschouwers en ontwikkelen soms ook persoonlijke fabels, waarin de uniekheid van hun ervaringen en hun vermeende onkwetsbaarheid tot uiting komen.

▷ 15.2 De morele ontwikkeling

- Volgens Lawrence Kohlberg doorlopen mensen drie belangrijke niveaus en zes stadia van morele ontwikkeling, waarin hun gevoel voor rechtvaardigheid en hun vermogen tot moreel redeneren steeds verder evolueren.
- De drie niveaus van morele ontwikkeling zijn de preconventionele moraal (gemotiveerd door beloningen en straffen), de conventionele moraal (gemotiveerd door sociale referentie) en de post-conventionele moraal (gemotiveerd door een besef van universele morele principes). Dit laatste niveau wordt soms bereikt in de adolescentie, maar veel mensen bereiken het nooit.
- Hoewel de theorie van Kohlberg een goed beeld geeft van morele oordelen, is ze minder goed bruikbaar voor het voorspellen van moreel gedrag.
- Er lijken genderverschillen te bestaan die niet tot uiting komen in het werk van Kohlberg. Carol Gilligan heeft een alternatieve theorie ontworpen voor meisjes. Die zouden drie stadia doorlopen: van een nadruk op individuele overleving via goedheid als zelfopoffering naar een moraal van geweldloosheid.

▷ 15.3 Schoolprestaties en cognitieve ontwikkeling

- De overgang van de basisschool naar de middelbare school kan problematisch zijn vanwege de fysieke, intellectuele en sociale veranderingen die adolescenten in die periode ervaren.

- Kinderen die net beginnen aan de middelbare school moeten gewoonlijk omgaan met een andere onderwijsstructuur, een groter aantal leraren en een groep sterk uiteenlopende medeleerlingen. Met deze overgang moeten ze omgaan vanuit een positie van sociale zwakte, omdat ze gewoonlijk de jongste, kleinste en minst ervaren leerlingen in het gebouw zijn.
- De schoolprestaties van studenten uit diverse etnische groepen variëren op manieren die verband houden met hun sociaaleconomische status.
- Leden van sommige groepen kunnen ervaren dat maatschappelijke stereotypen hun schoolinspanningen bij voorbaat onsuccesvol zullen maken, hoe hard ze ook werken.
- Sociaaleconomische factoren spelen een grote rol bij de vraag of leerlingen zullen uitvallen. Leerlingen uit gezinnen met een laag inkomen vallen eerder uit dan leerlingen uit gezinnen met een hoger inkomen.
- Een bijbaan biedt de adolescent verschillende voordelen: hij verdient wat geld, ontwikkelt zijn verantwoordelijkheidsgevoel en leert iets over de gebruiken op de werkvloer.
- Anderzijds kan werk ten koste gaan van de tijd die leerlingen aan school besteden. Hun cijfers kunnen eronder lijden en ze houden minder tijd over voor buitenschoolse activiteiten.
- Een voortijdige gerichtheid op werk kan leiden tot schijnvolwassenheid (het aannemen van een volwassen rol voordat een adolescent daar echt aan toe is).
- Er zijn in Nederland relatief meer autochtonen dan allochtonen die een opleiding in het hoger onderwijs volgen en die opleiding ook voltooien. Toch wordt het aantal studenten uit minderheidsgroepen elk jaar groter.
- Er bestaan duidelijke verschillen in de vakken en studierichtingen die mannen en vrouwen kiezen. Ook hun financiële verwachtingen lopen uiteen. Deze verschillen lijken het gevolg van genderstereotypen. Deze stereotypen zijn van invloed op de verwachtingen van zowel docenten als de studenten zelf.

▷ 15.4 Het kiezen van een beroep

- Volgens Eli Ginzberg doorlopen mensen bij het kiezen van een beroep drie fases. In de fantasieperiode maken kinderen droomkeuzes zonder rekening te houden met praktische factoren. In de tentatieve periode, die samenvalt met de adolescentie, gaan mensen op een pragmatische manier nadenken over functie-eisen en persoonlijke capaciteiten en doelstellingen. In de realistische periode verdiepen jongvolwassenen zich in specifieke carrièreopties door ervaring op te doen of een opleiding te volgen.
- Andere modellen, zoals die van John Holland, leggen een verband tussen karaktereigenschappen en carrièreopties.
- De keuze voor een bepaald beroep en de attitudes en het gedrag op het werk worden beïnvloed door gender. Van oudsher wordt er een onderscheid gemaakt tussen vrouwenberoepen, die meer in het sociale domein liggen, en mannenberoepen, die praktischer van aard zijn.
- Vrouwen en minderheden worden in hun werk soms tegengehouden door het glazen plafond, een onzichtbare blokkade in een organisatie die voorkomt dat zij boven een bepaald niveau uitstijgen. Het glazen plafond is het gevolg van bewuste of onbewuste discriminatie.

BELANGRIJKE TERMEN EN BEGRIPPEN

Egocentrisme
Fantasieperiode
Formeel-operationeel stadium
Heinz-dilemma
Imaginair publiek
Informatieverwerkingstheorie
Mannenberoep
Metacognitie
Persoonlijke fabel
Realistische periode
Tentatieve periode
Vrouwenberoep

Bron: Monkey Business Images/Shutterstock (Pearson Asset Library)

HOOFDSTUK 16 DE SOCIALE ONTWIKKELING EN DE PERSOONLIJKHEIDSONTWIKKELING IN DE ADOLESCENTIE

HOOFDSTUK 16 IN VOGELVLUCHT

PROLOOG: Drie adolescenten

Lucie zegt dat ze niet geïnteresseerd is in politiek of maatschappelijke kwesties. 'Waarschijnlijk komt dat door mijn moeder, die me helemaal gek maakt met statistieken en feminisme en het milieu', zegt ze. 'Ik heb zoiets van: wat kan ik eraan doen?' Waar loopt ze dan wél warm voor? 'Mijn vrienden.'

Twan is de derde van de vier zonen van Richard, 61 jaar en gepensioneerd vrachtwagenchauffeur, en zijn vrouw Anna, 53 jaar en medisch secretaresse. Het gezin woont aan de overkant van de school waar Twan in de derde klas zit. Afgelopen zomer werkte hij als vrijwilliger in een kinderkamp. In zijn vrije tijd speelt hij Nintendo met zijn vriend Alex, vijftien jaar oud. 'Als we niets anders te doen hebben en geen zin meer hebben in games, praten we over meisjes', zegt hij.

Op zestienjarige leeftijd doet Purva het goed op school. Ze vindt het heerlijk om mee te doen aan de jaarlijkse opvoering van het schooltoneel. De leerlinge, die afkomstig is uit New Delhi, is klassenvertegenwoordigster en speelt in het badmintonteam. Zelfs met al haar activiteiten is ze toch op tijd thuis om met haar ouders te eten. Ze gaat twee keer per maand met hen naar de film. 'Met mijn ouders praat ik openlijk over mijn vriendinnen, vriendjes, van alles', zegt ze (Fields-Meyer, 1995, p. 60; Kantrowitz & Springen, 2005, p. 50).

Ondanks het rebelse beeld dat volwassenen hebben van adolescenten verloopt de adolescentie bij de meeste mensen relatief rustig.
Bron: Steve Shott/Pearson Education Ltd. (Pearson Asset Library)

Op www.pearsonmylab.nl vind je vragen bij deze proloog ter verwerking van de stof uit dit hoofdstuk.

Vooruitblik

Al leiden Lucie, Twan en Purva heel verschillende levens, ze vertonen opvallend veel gelijkenis als het gaat om vrienden, familie en school, zaken die voor hen het belangrijkst zijn. En ze leiden ook een doorsnee adolescentenleven, dat nogal afwijkt van het stereotype van wilde en verwarde tieners. Hoewel de adolescentie vaak wordt afgeschilderd als een tijd van verwarring en rebellie, blijkt uit onderzoek dat de meeste mensen deze periode zonder veel kleerscheuren doorkomen (De Wit, Veer & Van der Slot, 1995; Holmbeck, 1994). Ze mogen dan verschillende rollen uitproberen en flirten met activiteiten die hun ouders verwerpelijk vinden, toch verloopt de adolescentie bij de meeste mensen relatief rustig.

Dat wil niet zeggen dat de overgang die adolescenten doormaken gemakkelijk is. Zoals we zullen zien in dit hoofdstuk, waarin we stilstaan bij de ontwikkeling van de persoonlijkheid en de sociale ontwikkelingen in de adolescentie, brengt deze periode grote veranderingen met zich mee in de manier waarop individuen met de wereld omgaan.

Allereerst kijken we naar de manier waarop adolescenten een beeld van zichzelf ontwikkelen. We staan stil bij het zelfbeeld, de eigenwaarde en de ontwikkeling van de identiteit. Ook behandelen we twee belangrijke psychische problemen: depressie en zelfmoord.

Vervolgens gaan we in op relaties in de adolescentie. We zien hoe adolescenten een nieuwe rol aannemen binnen het gezin en hoe de invloed van gezinsleden op sommige vlakken afneemt naarmate leeftijdgenoten belangrijker worden. Ook kijken we naar de manier waarop adolescenten met hun vrienden omgaan en naar de factoren die bepalend zijn voor populariteit en afwijzing.

Tot slot staan we stil bij verkering en seksueel gedrag. We kijken naar de rol van vriendjes en vriendinnetjes in het leven van adolescenten en we behandelen hun seksuele gedrag en de normen en waarden die bepalend zijn voor hun seksleven. Als laatste staan we stil bij tienerzwangerschappen en bij initiatieven waarmee getracht wordt ongewenste zwangerschappen te voorkomen.

16.1 Identiteit: een antwoord op de vraag 'Wie ben ik?'

'Dertien? Dertien heeft alles te maken met cool zijn. Het heeft niets meer te maken met grappig of sterk of slim zijn. Gewoon cool. Je moet van de juiste muziek houden, de juiste schoenen dragen. Je shirts moeten precies kloppen, en je broek mag niet te hoog of te laag rond je middel zitten, snap je? Natuurlijk, er zijn overal drugs en je moet proberen ervan af te blijven omdat je ouders dat willen, maar je kunt ook niet altijd te braaf zijn.'

Uit de gedachtegang van deze dertienjarige blijkt dat hij zich duidelijk bewust is van – en zelfbewust is over – de nieuwe plek die hij in de maatschappij en in het leven moet veroveren. In de adolescentie beginnen vragen als 'wie ben ik?' en 'waar hoor ik bij?' een zeer belangrijke rol te spelen.

Waarom worden identiteitsvraagstukken zo belangrijk in de adolescentie? Een van de redenen daarvoor is dat de intellectuele vermogens van adolescenten volwassener worden. Ze begrijpen nu abstracte zaken als het belang van het verwerven van een eigen plek in de maatschappij en de noodzaak om zich een beeld te vormen van zichzelf als individu. Ze kunnen het verband tussen de identiteit uit hun jeugd en hun toekomstige identiteit nu beter zien.

Dat identiteit in de adolescentie zo belangrijk wordt, heeft ook te maken met de ingrijpende fysieke veranderingen in de puberteit. Adolescenten worden zich sterk bewust van hun eigen lichaam en van het feit dat andere mensen op hen reageren op manieren die ze niet gewend zijn. Wat de oorzaak ook is, de adolescentie leidt vaak tot grote veranderingen in het zelfbeeld en de eigenwaarde van tieners, kortom in het besef van hun eigen identiteit.

16.1.1 Zelfbeeld: beschrijving van het ik

Als je Gea vraagt zichzelf te beschrijven, zegt ze: 'Anderen zien me als iemand die ontspannen en relaxed is en zich niet te veel zorgen maakt. Maar in werkelijkheid ben ik vaak nerveus en emotioneel.'

Het zelfbeeld van adolescenten is duidelijk genoeg om een onderscheid te kunnen maken tussen hoe ze zichzelf zien en hoe anderen hen zien.

Bron: Rido/Fotolia

Het feit dat Gea een duidelijk onderscheid maakt tussen de manier waarop anderen haar zien en de manier waarop zij zichzelf ziet, geeft aan dat ze een sprong heeft gemaakt in haar ontwikkeling als adolescent. Als kind zou Gea zichzelf hebben omschreven aan de hand van een aantal eigenschappen waarbij ze geen onderscheid zou hebben gemaakt tussen haar eigen perceptie en die van anderen. Adolescenten kunnen dat onderscheid wel maken (Chen et al., 2012; Preckel et al., 2013; Updegraff et al., 2004).

Deze bredere visie op zichzelf is een van de aspecten van het toenemende besef van wie ze zijn. Adolescenten gaan zichzelf op een meer gestructureerde en samenhangende manier zien, en ze zien verschillende aspecten van hun ik tegelijkertijd. Zo heeft een adolescent bijvoorbeeld een fysiek zelfbeeld ('ik ben goed in tekenen'), een sociaal zelfbeeld ('ik heb weinig vrienden') en een schoolgebonden zelfbeeld ('ik haal goede cijfers voor biologie'). Bovendien veranderen zelfbeschrijvingen in de loop van de ontwikkeling. Het gaat van fysieke en activiteitengebonden kenmerken bij het jonge kind naar sociale en psychologische kenmerken in de adolescentie (Adams, Montemayor & Gullotta, 1996). Tieners zullen zichzelf bijvoorbeeld eerder beschrijven aan de hand van hun ideologie (bijvoorbeeld door te zeggen 'ik ben een milieuactivist') dan aan de hand van fysieke eigenschappen (zoals 'ik kan het hardst rennen van de hele klas'; zie ook paragraaf 10.1.2).

In sommige opzichten is deze groeiende differentiatie van het zelfbeeld geen onverdeeld genoegen, zeker in de eerste jaren van de adolescentie. In die periode liggen adolescenten soms met de verschillende kanten van hun persoonlijkheid overhoop. Aan het begin van de adolescentie willen tieners zichzelf bijvoorbeeld graag op een bepaalde manier zien ('Ik ben sociaal en verkeer graag in aanwezigheid van anderen'), en worden ze nerveus als hun gedrag niet met die zienswijze strookt ('Ik wil heel graag sociaal zijn, maar soms kan ik er niet tegen om in gezelschap te zijn en wil ik het liefst alleen zijn'). Aan het einde van de adolescentie leggen tieners zich neer bij het feit dat verschillende situaties verschillend gedrag en verschillende gevoelens oproepen (Hitlin, Brown & Elder, 2006; Trzesniewski, Donnellan & Robins, 2003).

16.1.2 Eigenwaarde: beoordeling van het ik

Weten wie je bent en *accepteren* wie je bent zijn twee verschillende dingen. Hoewel adolescenten steeds beter gaan begrijpen wie ze zijn (hun zelfbeeld), garandeert deze kennis niet dat ze ook tevredener met zichzelf zijn (hun eigenwaarde). Sterker nog, hun grotere inzicht in zichzelf kan er juist voor zorgen dat ook al hun gebreken duidelijker in beeld komen.

De cognitieve vorderingen die adolescenten in staat stellen om onderscheid te maken tussen verschillende aspecten van hun ik, zorgen er tegelijkertijd voor dat ze die aspecten op verschillende manieren beoordelen (Chan, 1997; Cohen, 1999). Een adolescent kan bijvoorbeeld veel eigenwaarde hebben als het gaat om zijn schoolprestaties, maar weinig eigenwaarde als het gaat om zijn relaties met anderen. En soms is het precies andersom, zoals in het geval van deze adolescent:

> '*Houd* ik van mezelf? Wat een vraag! Nu, laten we eens kijken. Ik houd van een deel van wat ik ben. Ik ben bijvoorbeeld een goede luisteraar en een goede vriend. Maar met andere aspecten, zoals mijn jaloerse kant, ben ik niet blij. Ik ben geen kei in schoolwerk – mijn ouders zouden willen dat ik het beter deed – maar als je te slim bent heb je niet veel vrienden. Ik ben tamelijk goed in sport, met name zwemmen. Maar mijn beste eigenschap is dat ik een goede vriend ben, je weet wel, een trouwe vriend. Mensen weten dat, en ik ben dan ook behoorlijk populair.'

Genderverschillen in eigenwaarde

Welke factoren zijn bepalend voor de eigenwaarde van een adolescent? Eén factor is gender. Vooral in de vroege adolescentie is de eigenwaarde van meisjes meestal lager en kwetsbaarder dan die van jongens (Heaven & Ciarrochi, 2008; Mäkinen et al., 2012; McLean & Breen, 2009). Meisjes maken zich in vergelijking met jongens meer zorgen over hun uiterlijk, hun sociale succes en hun schoolprestaties. Geen wonder dat de eigenwaarde van vrouwelijke adolescenten fragieler is dan die van mannelijke adolescenten (Ata, Ludden & Lally, 2007; Ayres & Leaper, 2013; Ricciardelli & McCabe, 2003).

Hoewel adolescente jongens meestal een groter gevoel van eigenwaarde hebben dan meisjes, hebben jongens zo hun eigen kwetsbare kanten. Vanwege de stereotypische verwachtingen die de samenleving van hen heeft, krijgen ze weleens het gevoel dat ze de hele tijd stoer en zelfverzekerd moeten zijn en voor de duvel niet bang. Jongens die een tegenslag te verwerken krijgen, bijvoorbeeld omdat ze niet worden toegelaten tot een sportteam of omdat ze worden afgewezen door een meisje, voelen zich vaak niet alleen rot over de tegenslag, maar ook incompetent omdat ze niet aan het stereotype voldoen (Pollack, 1999; Pollack, Shuster & Trelease, 2001; Witt, Donnellan & Trzesniewski, 2011).

Sociaaleconomische status en eigenwaarde

Ook sociaaleconomische status heeft invloed op de eigenwaarde. Adolescenten met een hogere sociaaleconomische status hebben over het algemeen meer eigenwaarde dan adolescenten met een lage sociaaleconomische status, vooral later in de adolescentie. Misschien dat de statusgerelateerde factoren die iemands reputatie en eigenwaarde vergroten, zoals dure kleren of een smartphone, later in de adolescentie een opvallender rol gaan spelen (Dai et al., 2012; Van Tassel-Baska et al., 1994).

Etnische verschillen in eigenwaarde

Ook etniciteit speelt een rol bij eigenwaarde, hoewel de bevindingen hierover elkaar tegenspreken. In de Verenigde Staten is hier onderzoek naar gedaan. Vroege onderzoeken leken uit te wijzen dat het toebehoren aan een etnische minderheid gerelateerd was aan een lagere eigenwaarde. Deze bevinding leidde tot de aanvankelijk algemeen aanvaarde hypothese dat Afro-Amerikanen minder eigenwaarde hebben dan Amerikanen van Europese origine. Onderzoekers hadden een eenvoudige verklaring voor deze theorie:

maatschappelijke vooroordelen zouden worden opgenomen in het zelfbeeld van degenen die het onderwerp zijn van die vooroordelen. Daardoor zouden minderheden al gauw het gevoel hebben dat ze niet aardig werden gevonden en dat ze werden afgewezen.

Uit later Amerikaans onderzoek kwam echter een ander beeld naar voren. De meeste actuele bevindingen wijzen erop dat de eigenwaarde van Afro-Amerikanen weinig verschilt van die van blanken (Harter, 1990). Hoe komt dat? Eén verklaring is dat sociale bewegingen binnen de Afro-Amerikaanse gemeenschap etnische trots bevorderen en daardoor een positief effect hebben op de eigenwaarde van Afro-Amerikaanse adolescenten. Uit onderzoek blijkt ook dat er een verband bestaat tussen een sterk besef van etnische identiteit en een groter gevoel van eigenwaarde bij Afro-Amerikanen en Latijns-Amerikanen (Phinney, 2008; Smith & Silva, 2011; Verkuyten, 2003).

Onderzoek heeft uitgewezen dat een minderheidsstatus niet noodzakelijkerwijs leidt tot een lagere eigenwaarde. Sterker nog: er bestaat een verband tussen een sterk besef van etnische identiteit en een groter gevoel van eigenwaarde.

Bron: dboystudio/Shutterstock (Pearson Asset Library)

Dat dit beeld zo verwarrend is heeft te maken met het feit dat eigenwaarde niet alleen door etniciteit wordt beïnvloed maar door een complexe combinatie van factoren. Het is dus te simpel om alleen naar etniciteit te kijken. Sommige ontwikkelingsonderzoekers kijken ook naar het samenspel tussen gender en etniciteit. Hiervoor wordt de term *ethgender* gebruikt. Uit een van de gecombineerde studies is naar voren gekomen dat Afro-Amerikaanse en Latijns-Amerikaanse mannen het grootste gevoel van eigenwaarde hebben, terwijl Aziatisch-Amerikaanse en Indiaans-Amerikaanse vrouwen op het laagste niveau zitten (Biro et al., 2006; Park et al., 2012; Saunders, Davis & Williams, 2004).

Ook in Nederland zie je zulke processen. Zo hebben niet-westerse allochtonen een lagere eigenwaarde dan autochtone jongeren. Vooral hoogopgeleide niet-westerse allochtonen voelen zich gefrustreerd. Deze jongeren hebben vanwege hun opleiding en hun niveau van integratie hoge toekomstverwachtingen, maar voelen zich daarin ernstig gefrustreerd. De arbeidsmarkt is nog onvoldoende open voor deze groep. 'Juist de derde generatie, zij die beter geschoold en ingeburgerd zijn en dus hogere verwachtingen hadden, hebben te maken met veel belemmeringen', zegt onderwijssocioloog Jaap Dronkers (Belleman, 2005). Ze klagen erover gediscrimineerd te worden en zijn er bovendien van overtuigd minder kans te hebben op een goedbetaalde baan dan autochtone leeftijdgenoten van vergelijkbaar niveau (Van Leeuwen, 2005).

16.1.3 Identiteitsvorming in de adolescentie: verandering of crisis?

Volgens Erik Erikson (1963), wiens theorie we onder andere in paragraaf 13.1.1 hebben besproken, leidt de zoektocht naar de eigen identiteit soms tot een identiteitscrisis, waardoor adolescenten in grote psychische problemen kunnen raken. Volgens Eriksons theorie over dit stadium, dat samen met zijn andere stadia is samengevat in tabel 16-1, is de adolescentie de tijd van het **stadium van identiteit-versus-identiteitsverwarring**.

Stadium van identiteit-versus-identiteitsverwarring: de periode waarin tieners erachter proberen te komen wat hen uniek maakt en wat hen van anderen onderscheidt.

In het stadium van identiteit-versus-identiteitsverwarring proberen tieners erachter te komen wat hen uniek maakt en wat hen onderscheidt van anderen, iets wat ze steeds genuanceerder kunnen vanwege de cognitieve vooruitgang gedurende de adolescentie. Ze proberen hun specifieke sterke en zwakke punten te ontdekken en vast te stellen welke rol ze het best kunnen spelen in hun toekomstige leven. Tijdens dit ontdekkingsproces proberen ze vaak verschillende rollen of keuzes uit om te zien of die aansluiten bij hun capaciteiten en hun zelfbeeld. Adolescenten proberen te begrijpen wie ze zijn door keuzes te maken met betrekking tot hun persoonlijke, beroepsmatige, seksuele en politieke overtuigingen.

TABEL 16-1 **Een samenvatting van de stadia van Erikson**

De leeftijden zijn bij benadering en niet strikt te interpreteren.

STADIUM	LEEFTIJD	POSITIEVE RESULTATEN	NEGATIEVE RESULTATEN
1. **Vertrouwen versus wantrouwen**	Geboorte tot 1,5 jaar	Gevoelens van vertrouwen dankzij steun	Angst en bezorgdheid met betrekking tot anderen
2. **Autonomie versus schaamte en twijfel**	1,5-3 jaar	Zelfstandigheid als verkenning wordt gestimuleerd	Twijfels over zichzelf, gebrek aan onafhankelijkheid
3. **Initiatief versus schuldgevoel**	3-6 jaar	Ontdekken van manieren om dingen in gang te zetten	Schuldgevoel door gedrag en gedachten
4. **Vlijt versus minderwaardigheid**	6-12 jaar	Ontwikkeling van een besef van het eigen kunnen	Gevoelens van minderwaardigheid; geen gevoelens van competentie
5. **Identiteit versus identiteitsverwarring**	Adolescentie (12-18 jaar)	Bewustzijn van de eigen uniekheid en van de eigen rol in het verdere leven	Onvermogen om de juiste rollen in het leven te identificeren
6. **Intimiteit versus isolement**	Vroege volwassenheid (18-35 jaar)	Ontwikkeling van liefdevolle, seksuele relaties en hechte vriendschappen	Angst voor relaties met anderen
7. **Generativiteit versus stagnatie**	Middelbare volwassenheid (35-65 jaar)	Besef van bijdrage aan de continuïteit van het leven	Bagatelliseren van de eigen activiteiten
8. **Integriteit versus wanhoop**	Late volwassenheid (65 jaar tot de dood)	Besef van eenheid in wat men in het leven heeft bereikt	Spijt vanwege gemiste kansen in het leven

Bron: Erikson, 1963

Volgens Erikson kunnen adolescenten die vastlopen in hun pogingen om een geschikte identiteit te vinden verschillende disfunctionele richtingen inslaan. Ze kunnen sociaal onaanvaardbare of afwijkende rollen aannemen of later in het leven problemen krijgen met het aangaan en in stand houden van langdurige hechte relaties. Over het algemeen wordt hun zelfbesef diffuus en lukt het hen niet om een centrale, eenduidige kernidentiteit op te bouwen.

Adolescenten die het wel lukt een geschikte identiteit te ontwikkelen, kiezen daarentegen een koers die de basis vormt voor hun toekomstige psychosociale ontwikkeling. Ze komen erachter wat hun unieke capaciteiten zijn en ontwikkelen een accuraat besef van wie ze zijn. Ze zijn er klaar voor om zich op een pad te begeven dat hun unieke sterke punten optimaal benut (Allison & Schulz, 2001; Archer & Waterman, 1994; Blustein & Palladino, 1991).

Maatschappelijke druk en afhankelijkheid van vrienden en leeftijdgenoten

In het stadium van identiteit-versus-identiteitsverwarring is de maatschappelijke druk hoog. Dat weet elke adolescent die van zijn ouders en vrienden regelmatig vragen krijgt als 'welke studierichting ga je kiezen?' en 'wat ga je na je studie doen?' Adolescenten moeten een keuze maken of ze na de middelbare school gaan werken of studeren. En als ze willen gaan werken, moeten ze een beroep kiezen. Dit zijn nieuwe keuzes, omdat de maatschappij tot aan dit moment van hun ontwikkeling een universeel onderwijstraject voor hen had uitgestippeld. Dat traject eindigt echter na het voortgezet onderwijs, waardoor adolescenten moeilijke keuzes moeten maken over hun eigen toekomst. Hierbij worden ze soms onder druk gezet door ouders, school en vrienden.

In het stadium van identiteit-versus-identiteitsverwarring gaan adolescenten hun vrienden en leeftijdgenoten steeds meer als informatiebron gebruiken.

In het stadium van identiteit-versus-identiteitsverwarring proberen tieners erachter te komen wie ze zijn door keuzes te maken met betrekking tot hun persoonlijke, beroepsmatige, seksuele en politieke overtuigingen.

Bron: Andrey Arkusha/Shutterstock

Zie MyLab voor de video: Identiteit

Tegelijkertijd neemt de afhankelijkheid van hun ouders af. Zoals we later in dit hoofdstuk zullen zien, stelt deze toenemende afhankelijkheid van hun leeftijdgenoten adolescenten in staat om hechte relaties op te bouwen. Het helpt hen ook hun eigen identiteit helder te krijgen. Ze kunnen zich namelijk vergelijken met anderen. Tegelijkertijd kan deze sociale vergelijking de adolescent ook erg onzeker maken.

De belangrijke rol van leeftijdgenoten bij het definiëren van een identiteit en het opbouwen van relaties geeft het verband aan tussen dit stadium van psychosociale ontwikkeling en het volgende stadium van Erikson, dat bekendstaat als het stadium van intimiteit-versus-isolement. Ook hier zien we genderverschillen. Toen Erikson zijn theorie ontwikkelde, ging hij ervan uit dat mannen en vrouwen het stadium van identiteit-versus-identiteitsverwarring op verschillende manieren doorlopen. Volgens hem doorliepen mannen de ontwikkelingsstadia vaker in de volgorde zoals die in tabel 16-1 is weergegeven. Zij zouden een stabiele identiteit ontwikkelen voordat ze een intieme relatie met een ander aangaan. Bij vrouwen zou het andersom zijn: zij gaan intieme relaties aan en definiëren hun identiteit vervolgens aan de hand van die relaties. Deze ideeën zeggen veel over de sociale omstandigheden in de periode waarin Erikson zijn theorie ontwikkelde. In die tijd was het ongebruikelijk dat vrouwen studeerden of carrière maakten. Zij trouwden jong. Tegenwoordig komen de ervaringen van jongens en meisjes in het stadium van identiteit-versus-identiteitsverwarring waarschijnlijk meer overeen.

Psychosociaal moratorium

Vanwege de druk die adolescenten in het stadium van identiteit-versus-identiteitsverwarring ervaren, kiezen zij volgens Erikson vaak voor een psychosociaal moratorium. Het *psychosociale moratorium* is een periode waarin adolescenten zich tijdelijk onttrekken aan de verantwoordelijkheden van de volwassenheid en verschillende rollen en mogelijkheden uitproberen. Veel studenten gaan er bijvoorbeeld een jaar tussenuit om te reizen, om te werken of om op een andere manier te ontdekken waar hun prioriteiten liggen.

Voor veel adolescenten is zo'n psychosociaal moratorium, waarin ze op hun gemak verschillende identiteiten kunnen onderzoeken, om praktische redenen niet weggelegd. Sommigen moeten geld verdienen en gaan om economische redenen na het voltooien van hun opleiding meteen werken. Daardoor hebben ze weinig tijd om te experimenteren met identiteiten of om een psychosociaal moratorium in te lassen. Betekent dit dat zulke adolescenten op een of andere manier psychisch beschadigd zullen raken? Waarschijnlijk niet. De bevrediging die adolescenten kunnen halen uit een succesvolle parttimebaan naast hun opleiding kan psychisch voldoende lonend zijn om op te wegen tegen het feit dat ze niet de gelegenheid hebben om verschillende rollen uit te proberen.

Kritiek op de theorie van Erikson

Een punt van kritiek op de theorie van Erikson is dat de mannelijke identiteitsontwikkeling gebruikt wordt als de norm waartegen vrouwelijke identiteitsontwikkeling moet worden afgezet. In zijn ogen waren mannen pas in staat tot intimiteit nadat ze een stabiele identiteit hadden opgebouwd, wat gezien wordt als het normatieve patroon. Volgens critici is de visie van Erikson gebaseerd op het 'mannelijke' concept van individualiteit en competitiviteit. De psychologe Carol Gilligan stelde hier tegenover dat vrouwen hun identiteit ontwikkelen via de relaties die ze opbouwen. In haar ogen is het ontwikkelen van zorgzame relaties tussen de vrouw en de mensen om haar heen een van de hoekstenen van de vrouwelijke identiteit (Brown & Gilligan, 1991; Gilligan, 2004; Kroger, 2006).

16.1.4 Marcia's theorie van identiteitsontwikkeling

De psycholoog James Marcia gebruikte de theorie van Erikson als uitgangspunt. Volgens hem kan identiteit worden onderverdeeld in vier categorieën, die hij statussen noemde. De identiteitsstatus is afhankelijk van de vraag of twee bepaalde eigenschappen aanwezig zijn: crisis en binding. *Crisis* is een periode binnen de identiteitsontwikkeling waarin een adolescent bewust kiest tussen verschillende alternatieven en beslissingen neemt. *Binding* is psychologische investering in een bepaalde koers of ideologie (Marcia, 2007; Peterson, Marcia & Carpendale, 2004).

Op basis van uitgebreide interviews met adolescenten ontwikkelde Marcia vier identiteitscategorieën voor adolescenten (zie ook tabel 16-2):

Identity achievement: adolescenten die zich aan een specifieke identiteit verbinden na een crisisperiode waarin ze verschillende alternatieven overwegen.

1. **Identity achievement**. Tieners met deze identiteitsstatus hebben met succes onderzocht en overdacht wie ze zijn en wat ze willen doen. Na een periode van crisis waarin ze verschillende alternatieven hebben uitgeprobeerd, hebben deze adolescenten zich verbonden aan een specifieke identiteit. Tieners die deze identiteitsstatus hebben bereikt, zijn psychisch gezien vaak het gezondst. Ook zijn ze meer gemotiveerd om iets te bereiken en hebben ze een groter ethisch besef dan andere adolescenten.

Identity foreclosure: adolescenten die zich voortijdig verbinden aan een identiteit zonder dat ze alternatieven voldoende hebben onderzocht.

2. **Identity foreclosure**. Adolescenten met deze status hebben zich verbonden aan een identiteit, maar hebben geen crisisperiode doorgemaakt waarin ze verschillende alternatieven hebben onderzocht. In plaats daarvan hebben ze overgenomen wat anderen het best voor hen vonden. Adolescenten die in deze categorie vallen, zijn bijvoorbeeld een zoon die in het familiebedrijf gaat werken omdat dat van hem wordt verwacht, of een dochter die besluit arts te worden omdat haar moeder dat ook is. Hoewel deze adolescenten niet per se ongelukkig zijn, bezitten ze vaak wat 'rigide kracht' wordt genoemd: ze zijn gelukkig en tevreden met zichzelf, maar hebben ook veel behoefte aan goedkeuring van anderen en zijn vaak autoritair.

Moratorium: identiteitsstatus waarbij adolescenten tot op zekere hoogte verschillende identiteiten hebben onderzocht maar zich nog niet aan een bepaalde identiteit hebben verbonden.

3. **Moratorium**. Hoewel adolescenten in deze categorie tot op zekere hoogte verschillende alternatieven hebben onderzocht, hebben ze zich nog niet aan een bepaalde identiteit verbonden. Daardoor zijn ze relatief nerveus en hebben ze last van psychische conflicten. Adolescenten met deze status verbinden zich vaak uiteindelijk wel aan een bepaalde identiteit, maar dat heeft wat voeten in de aarde.

Identity diffusion: identiteitsstatus waarbij adolescenten verschillende identiteiten overwegen maar zich nooit aan één specifieke identiteit verbinden of niet eens bewust nadenken over de opties die ze hebben.

4. **Identity diffusion**. Sommige adolescenten in deze categorie overwegen verschillende alternatieven, maar verbinden zich nooit aan één specifieke identiteit. Andere adolescenten in deze groep komen niet eens zo ver: zij overdenken hun opties niet eens bewust. Ze zijn vaak losbandig en springen van de hak op de tak. Hoewel ze zorgeloos lijken, staat het feit dat ze zich niet aan een identiteit verbinden hun vermogen om hechte relaties aan te gaan in de weg. Vaak zijn ze zelfs sociaal teruggetrokken.

Het is belangrijk om op te merken dat niet alle adolescenten permanent in een van de categorieën onder te brengen zijn. Sommige adolescenten bevinden zich nu eens in de moratoriumcategorie, dan weer in de identity achievement-categorie. Ook kan iemand uit de foreclosure-categorie die zich onder invloed van anderen in de vroege adolescentie aan een bepaalde loopbaan heeft verbonden, zijn keuze later herzien en in een andere categorie terechtkomen. Voor sommige mensen vindt de identiteitsvorming dus pas na de adolescentie plaats. Bij de meeste mensen komt de identiteit echter tot stand aan het einde van de tienerjaren of als ze begin twintig zijn (Al-Owidha, Green & Kroger, 2009; Duriez et al., 2012; Kroger, 2007; Meeus, 2003).

Verschillende auteurs hebben echter vragen gesteld bij de conceptuele basis van Marcia's model. Het model van Marcia zou te veel gericht zijn op de finaliteit van de identiteitsvorming, namelijk het bereiken van een afgewerkte identiteit. Identiteitsontwikkeling kent volgens Erikson (1968) echter geen normatief, ideaal eindpunt. Zij wordt gekenmerkt door voortdurende veranderingen en uitdagingen en een blijvend zoeken en exploreren (Soenens & Luyckx, 2003).

Om aan deze tekortkomingen tegemoet te komen, wordt vaak het model van Berzonsky (1990) gebruikt. Hij ziet identiteit als een informatieverwerkingsproces en legt de nadruk op de kwaliteit van het exploratieproces. Elke adolescent kan een van drie identiteitsstijlen gebruiken naargelang de situatie waarin hij zich bevindt. Berzonsky (1990) maakt een onderscheid tussen de informatiegeoriënteerde, de normatieve en de verwarde/vermijdende stijl. Adolescenten die de informatiegeoriënteerde stijl gebruiken, gaan actief op zoek naar informatie rond hun identiteit om zo te komen tot weloverwogen identiteitskeuzes. Adolescenten die de normatieve identiteitsstijl gebruiken, focussen zich op verwachtingen van significante anderen, wat resulteert in conservatieve en weinig flexibele attitudes. Adolescenten die een verwarde/vermijdende stijl gebruiken, stellen hun beslissingen rond identiteit uit tot de situatie hen dwingt om een beslissing te nemen.

Volgens James Marcia zijn tieners die de status van identity achievement *hebben bereikt psychisch gezien vaak het gezondst. Ook zijn ze gemotiveerder om iets te bereiken in hun leven dan adolescenten met een andere identiteitsstatus.*

Bron: Thinkstock/Getty Images

Recent onderzoek heeft aangetoond dat adolescenten die een informatiegeoriënteerde stijl gebruiken sterke identiteitskeuzes maken, zich beter voelen en het beter kunnen vinden met anderen. Zij ervaren hun ouders als autonomieondersteunend. Adolescenten die een normatieve stijl gebruiken, blijken meer vooroordelen te hebben en onverdraagzamer te zijn. Ze hebben het moeilijker in de omgang met andere mensen, helpen anderen enkel voor hun eigen aanzien en zijn vaak relationeel agressief. Zij ervaren hun ouders als meer controlerend.

Adolescenten die een verwarde/vermijdende stijl gebruiken, zitten slecht in hun vel en komen zelden tot identiteitskeuzes. Zij zijn vaak relationeel en fysiek agressief. Zij ervaren hun ouders ook als controlerend (Smits et al., 2008, 2010, 2011).

TABEL 16-2 **Marcia's vier categorieën van identiteitsontwikkeling in de adolescentie**

De vier categorieën van Marcia's theorie van identiteitsontwikkeling bij adolescenten worden geïllustreerd in deze tabel, samen met voorbeeldantwoorden op de vraag 'Heb je ooit twijfels gehad over je geloof?'

		BINDING	
		Aanwezig	**Afwezig**
CRISIS	**Aanwezig**	Identity achievement ('In het verleden heb ik regelmatig getwijfeld, maar nu ben ik er ongeveer wel uit.')	Moratorium ('Ik bevind me op dit moment in een fase waarin ik probeer uit te vinden hoe het zit. Ik weet gewoon niet waar ik sta.')
	Afwezig	Identity foreclosure ('Ik weet al zolang ik me kan herinneren waar ik sta.')	Identity diffusion ('Soms heb ik twijfels, en soms ben ik er vrij zeker van waar ik sta. Ik kan maar geen beslissing nemen.')

Bron: Marcia, 1980

16.1.5 Religie en spiritualiteit

Heb je je ooit afgevraagd waarom God de mug heeft geschapen? En waarom God Adam en Eva de mogelijkheid gaf om in opstand te komen als hij wist wat voor ellende dit zou veroorzaken? Kan iemand worden gered en later zijn redding verspelen? Gaan huisdieren naar de hemel?

Zoals dit voorbeeld uit een blogpost laat zien, worden tijdens de adolescentie de eerste vragen rond religie en spiritualiteit gesteld. Religie is voor veel mensen belangrijk, omdat ze een formeel middel biedt voor de vervulling van spirituele behoeften. *Spiritualiteit* is een gevoel van hechting aan een hogere macht, zoals God, de natuur of iets heiligs. Hoewel spirituele behoeften gewoonlijk verbonden zijn aan religieuze geloven, kunnen ze onafhankelijk zijn. Veel mensen die zichzelf als spiritueel beschouwen, nemen niet deel aan formele religieuze gebruiken en zijn niet aangesloten bij een bepaalde religie.

Omdat hun cognitieve vaardigheden tijdens de adolescentie toenemen, zijn tieners in staat abstracter over religieuze zaken na te denken. Daarbij is het mogelijk dat ze door hun worsteling met algemene identiteitskwesties hun religieuze identiteit in twijfel gaan trekken. Nadat ze hun religieuze identiteit tijdens hun jeugd onvoorwaardelijk hebben geaccepteerd, kunnen adolescenten kritischer gaan kijken naar religie. Dat kan ertoe leiden dat ze zich distantiëren van formele religie. In andere gevallen kunnen ze zich juist nauwer bij hun religie betrokken voelen. Religie biedt immers antwoorden op vragen als 'Waarom ben ik hier op aarde?' en 'Wat is de zin van het leven?' Religie biedt een manier om de wereld en het universum als bewust ontworpen te beschouwen, als plaatsen die door iets of iemand gecreëerd zijn (Azar, 2010; Levenson, Aldwin & Igarashi, 2013; Yonker, Schnabelrauch & DeHaan, 2012).

Volgens James Fowler verlopen ons begrip en onze uitoefening van geloof en spiritualiteit volgens een reeks stadia die zich over het hele leven uitstrekken. Gedurende de jeugd hebben mensen een tamelijk letterlijk beeld van God en Bijbelse figuren. Kinderen denken bijvoorbeeld dat God op de top van de aarde woont en in staat is te zien wat iedereen doet (Fowler & Dell, 2006).

In de adolescentie wordt het beeld van spiritualiteit abstracter. Terwijl ze hun identiteit opbouwen, ontwikkelen adolescenten gewoonlijk een kernreeks van geloven en waarden. Anderzijds beschouwen adolescenten hun opvattingen vaak niet op een diepgaande of systematische manier, en worden ze pas later bedachtzamer.

Na het *adolescentiestadium* schuiven mensen gewoonlijk op naar het *individuatieve-reflectieve stadium* van geloof, waarbij ze hun geloven en waarden overpeinzen. Ze begrijpen dat hun opvatting er een van vele is, en dat er meerdere beelden van God mogelijk zijn. Het laatste stadium van geloofsontwikkeling is het *conjunctieve stadium*, waarin individuele personen een breed, veelomvattend beeld van religie en de hele mensheid ontwikkelen. Ze zien de mensheid als een geheel, en ze proberen het gemeenschappelijk welzijn te bevorderen. In dit stadium kunnen ze aan de formele religie voorbijgaan en kunnen ze er een geïndividualiseerd, coherent beeld van mensen over de hele wereld op na houden.

16.1.6 Culturele identiteit

Hoewel de zoektocht naar een eigen identiteit voor alle adolescenten moeilijk is, hebben vooral leden van etnische minderheidsgroepen er moeite mee. Dat is gedeeltelijk het gevolg van de tegenstrijdige maatschappelijke waarden die we in paragraaf 12.2.4 hebben besproken. Aan de ene kant krijgen adolescenten uit etnische minderheidsgroepen te horen dat de maatschappij kleurenblind moet zijn en dat etniciteit geen invloed mag hebben op kansen en prestaties. Aan de andere kant ondervinden zij aan den lijve dat de realiteit anders in elkaar zit.

Volgens het traditionele assimilatiemodel moeten individuele culturele identiteiten opgaan in één cultuur: het beroemde *smeltkroesmodel*. Er is in de loop der jaren veel weerstand ontstaan tegen dit idee. Het pluralistische model is gedeeltelijk voortgekomen uit de opvatting dat het assimilatiemodel de culturele erfenis van minderheden bagatelliseert en een negatieve invloed heeft op hun eigenwaarde. Volgens het *pluralistische samenlevingsmodel* is de maatschappij opgebouwd uit gelijkwaardige culturele groepen die hun individuele culturele kenmerken zouden moeten behouden. Daarbij vormen etnische factoren een centraal onderdeel van de identiteit van adolescenten. Die factoren mogen dan ook niet ondergesneeuwd raken door pogingen om in de cultuur van de meerderheid te integreren. Vanuit dit perspectief omvat identiteitsontwikkeling de ontwikkeling van een *etnische identiteit*: het gevoel bij een etnische groep te horen en de gevoelens die met dat lidmaatschap geassocieerd zijn. Het omvat een gevoel van betrokkenheid bij en banden met een specifieke raciale of etnische groep (Gfellner & Armstrong, 2013; Phinney, 2008; Phinney & Alipuria, 2006).

Er is ook een middenweg. Volgens sommige deskundigen wordt de identiteitsvorming van adolescenten uit minderheidsgroepen vergemakkelijkt als ze een *biculturele identiteit* kunnen opbouwen. Hierbij putten adolescenten uit hun eigen culturele identiteit terwijl ze tegelijkertijd in de dominante cultuur integreren. Zo kan een individu lid zijn van twee culturen en twee culturele identiteiten hebben zonder een keuze te moeten maken (La Fromboise, Coleman & Gerton, 1993; Marks, Patton & Coll, 2011; Shi & Lu, 2007).

Het identiteitsvormingsproces zal echter niet eenvoudig zijn, welke weg een lid van een minderheidsgroep ook in slaat. Er gaat veel tijd overheen voordat een etnische identiteit vorm krijgt, en sommige mensen doen er heel lang over. Toch kan dat proces uitmonden in een rijke, veelzijdige identiteit (Jensen, 2008; Klimstra et al., 2012; Quintana, 2007; Umaña-Taylor & Fine, 2004).

16.1.7 Depressie en zelfmoord: psychische problemen in de adolescentie

Dianne Verhoeven had het allemaal: twee betrokken ouders, een zorgzame oudere broer en een plezierig thuis. Maar dat hielp niets tegen het allesoverheersende gevoel van wanhoop dat zich in de derde klas ontwikkelde. 'Het was net een wolk die me overal volgde', zegt ze. 'Ik kon er niet aan ontsnappen.'

Dianne begon te drinken en met drugs te experimenteren. Op een dag werd ze betrapt op winkeldiefstal. Haar moeder reed haar naar huis in wat Dianne beschrijft als een 'doordringende stilte'. Met wolken in haar hoofd die zo donker waren dat ze dacht dat ze nooit meer het licht zou zien, ging Dianne meteen naar de badkamer. Daar slikte ze alle Advils en andere pijnstillers die ze kon vinden, 74 in totaal. Ze was pas veertien jaar en wilde dood. (Wingert & Kantrowitz, 2002, p. 54)

Allereerst is het verheugend om vast te stellen dat het goed gaat met jongeren in onze cultuur. In het rapport *Mentaal welbevinden bij jongeren in Vlaanderen* (UGent, 2010) kunnen we lezen dat de overgrote meerderheid de levenskwaliteit beoordeelt met een zes of hoger op een schaal van tien. Daarbij stijgt dit cijfer sinds het jaar 2000 licht met elke meting. Verreweg de meeste tieners komen de zoektocht naar hun identiteit en de andere lastige fasen van de adolescentie zonder grote psychische problemen door. Toch is deze periode voor sommigen erg stressvol. Een aantal tieners krijgt zelfs grote psychische problemen. In het rapport van de Universiteit Gent valt te lezen dat vijftien procent van de jongens en twintig procent van de meisjes van zeventien en achttien jaar meerdere keren heeft overwogen een einde te maken aan hun leven. Jongeren uit het beroepsonderwijs denken vaker aan zelfdoding dan jongeren uit de andere richtingen. In totaal heeft vijftien procent van de jongeren in de laatste graad van het secundair onderwijs zichzelf een of meerdere keren opzettelijk lichamelijk beschadigd (overmatig pillen nemen, krassen in het lichaam met een mes, enzovoort). Meisjes doen dit vaker dan jongens. De redenen die daarbij het meest werden aangehaald: hun gedachten waren zo vreselijk dat ze ervanaf wilden, ze wilden sterven, ze wilden zichzelf straffen.

Depressiviteit bij adolescenten

In een rapport van de Wereldgezondsheidsorganisatie (WHO, 2014) lezen we dat depressie de dominante oorzaak is voor ziekte en beperkingen voor jongeren wereldwijd. De drie meest frequente doodsoorzaken voor jongeren zijn: verkeersongelukken, hiv/aids en suïcide.

Iedereen is weleens verdrietig of slechtgehumeurd, en dat geldt ook voor adolescenten. Het einde van een relatie, het mislukken van een belangrijke opdracht, de dood van een naaste: al deze dingen kunnen gevoelens van verdriet, verlies en rouw veroorzaken. In situaties als deze is depressiviteit een vrij veelvoorkomende reactie (zie figuur 16-1).

Hoe normaal zijn depressieve gevoelens in de adolescentie? Hoewel hierover weinig cijfers bekend zijn, geeft volgens sommige schattingen 20 tot 35 procent van de jongens en 25 tot 40 procent van de meisjes aan de afgelopen zes maanden depressieve gevoelens te hebben gehad. Van bedroefdheid en wanhopigheid wordt nog vaker melding gemaakt: bijna twee derde van alle tieners zegt op een of ander moment zulke gevoelens te hebben ervaren. Slechts een kleine minderheid van de adolescenten, ongeveer drie procent, lijdt echter aan een echte depressie, een psychische stoornis met ernstige depressieve gevoelens die lange tijd aanhouden (Galambos, Leadbeater & Barker, 2004; Grunbaum et al., 2002).

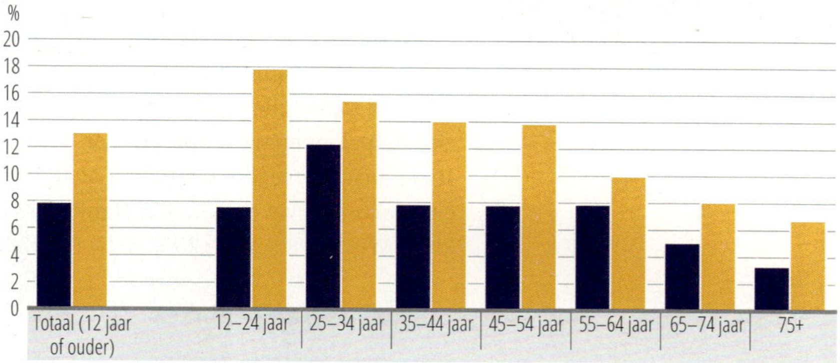

FIGUUR 16-1 Depressieve klachten

Percentage personen met depressieve klachten in de afgelopen twaalf maanden (2012) naar leeftijd en geslacht.

Bron: Verweij & Houben-Van Herten, 2013

25 tot 40 procent van de meisjes en 20 tot 35 procent van de jongens heeft tijdens de adolescentie af en toe last van depressieve gevoelens, hoewel het aantal gevallen van echte depressiviteit veel lager ligt.

Bron: zea_lenanet/Fotolia

De prevalentie van deze klachten verschilt tussen meisjes en jongens. Het is opvallend dat de groep adolescente meisjes het hoogste aantal depressieve klachten vertoond van alle leeftijdscohorten in Nederland (CBS, 2003). Dit is herbevestigd in een studie van de Universiteit Gent (UGent, 2010).

Het percentage depressieve tieners verschilt per gender en etnische afkomst. Net als bij volwassenen hebben meisjes gemiddeld vaker last van depressieve gevoelens dan jongens. Bovendien blijkt uit sommige onderzoeken dat allochtone adolescenten vaker last hebben van depressieve gevoelens dan autochtone adolescenten, hoewel deze conclusie niet uit alle onderzoeken naar voren komt (Vollenbergh, 2002). Vooral allochtone meisjes zijn een kwetsbare groep (Ferber & Nicolai, 2007).

Depressiviteit heeft verschillende oorzaken. Bij ernstige, langdurige depressies spelen biologische factoren vaak een rol. Sommige adolescenten lijken een genetische aanleg te hebben voor depressiviteit. Maar ook omgevingsfactoren en sociale factoren zijn een belangrijke oorzaak. Een adolescent die de dood van een naaste meemaakt of een adolescent die opgroeit met een depressieve ouder loopt meer risico op een depressie. Impopulair zijn, weinig echte vrienden hebben en afgewezen worden, zijn andere factoren die gerelateerd zijn aan depressie bij adolescenten (Eley, Liang & Plomin, 2004; Goldsmith et al., 2002; Lau & Kwok, 2000; Zalsman et al., 2006). Uit onderzoek blijkt ook dat adolescenten gevoelig zijn voor eenzaamheid. Veel adolescenten verlaten het ouderlijk huis om te gaan studeren. Als ze er dan niet in slagen om goede relaties op te bouwen met hun leeftijdgenoten, is de kans op eenzaamheid groot (Chipuer, 2001).

Een van de meest prangende vragen over depressiviteit is waarom depressies vaker voorkomen bij meisjes dan bij jongens. Hormonen lijken hierbij geen rol te spelen. Er is maar weinig bewijs voor de hypothese dat hormoonproductie bij vrouwelijke adolescenten gekoppeld is aan depressie.

Sommige psychologen denken dat meisjes in de adolescentie meer stress ervaren dan jongens als gevolg van de vele, soms tegenstrijdige, aspecten van de traditionele vrouwelijke genderrol. Denk bijvoorbeeld maar aan het meisje

Zie MyLab voor de video: Wat betekent het om een psychische stoornis te hebben?

dat worstelde met haar eigenwaarde. Onder invloed van traditionele genderrollen maakte ze zich niet alleen zorgen over haar prestaties op school maar ook over haar populariteit. Als ze het gevoel heeft dat goede cijfers haar populariteit ondermijnen, belandt ze in een lastige situatie (Castelao & Kröner-Herwig, 2013; Chaplin, Gillham & Seligman, 2009; Hyde, Mezulis & Abramson, 2008).

Ook andere factoren kunnen een rol spelen bij het feit dat meisjes in de adolescentie over het algemeen vaker depressief zijn dan jongens. Wellicht keren zij zich sneller dan jongens naar binnen als ze stress ervaren, waardoor ze zich hulpeloos en wanhopig kunnen gaan voelen. Jongens externaliseren hun stress juist. Ze reageren impulsief of agressief, of nemen hun toevlucht tot drugs en alcohol (Brown et al., 2012; Hankin & Abramson, 2001; Winstead & Sanchez, 2005; Wisdom & Agnor, 2007; Wu et al., 2007).

Zelfmoord bij adolescenten

Elise was zestien. Hoewel haar cijfers de afgelopen zes maanden waren verslechterd, was ze nog steeds een vrij goede leerlinge. Haar sociale leven was de afgelopen twee jaar beter geworden, en ze had verkering gekregen met Victor. Vorige maand was hun relatie echter aanzienlijk bekoeld. Victor had tegen haar gezegd dat hij met andere meisjes uit wilde. Elise was er kapot van, en – zo schreef ze op een briefje dat op haar bureau lag – ze kon de gedachte niet verdragen Victor hand in hand met een ander meisje te moeten zien. Ze nam een grote hoeveelheid slaappillen en werd een van de honderden adolescenten die zichzelf elk jaar van het leven beroven.

In tabel 16-3 zien we dat zelfmoordgedachten bij jongeren relatief vaak voorkomen. De frequentie is bij meisjes hoger dan bij jongens. Bovendien neemt de frequentie licht toe naarmate de adolescentie vordert. Op zeventien- en achttienjarige leeftijd heeft 16 procent van de jongens en 22 procent van de meisjes er al meerdere keren over gedacht een einde te maken aan het leven (Hublet, Vereecken & Maes, 2006).

TABEL 16-3 **Zelfmoordgedachten bij jongeren**

Het aantal jongeren dat er twee of meer keer over heeft gedacht een einde te maken aan het leven.

	13-14 JAAR	15-16 JAAR	17-18 JAAR
Jongens	14%	15%	16%
Meisjes	19%	21%	22%

Bron: Vlaamse Vereniging voor Geestelijke Gezondheid, 2015

Zelfmoordgedachten worden gelukkig niet altijd tot uitvoering gebracht. Volgens het Centraal Bureau voor de Statistiek (CBS) is zelfdoding in de categorie jongeren (van tien tot dertig jaar) de tweede doodsoorzaak, na verkeersongevallen. Hoe lager de leeftijd, hoe hoger het aantal niet-dodelijke pogingen (Verweij & Houben-Van Herten, 2013). Uit een studie van de Vlaamse Vereniging voor Geestelijke Gezondheid (2015) blijkt dat in de leeftijdscategorie van vijftien tot negentien jaar zelfdoding voorkomt met een frequentie van ongeveer twaalf op honderdduizend bij jongens en acht op honderdduizend bij meisjes. Deze cijfers zijn de afgelopen decennia vrij stabiel gebleven.

Het aantal zelfmoorden ligt bij jongens dus hoger dan bij meisjes. Wel is het zo dat meisjes vaker een poging doen. De zelfmoordpogingen van jongens zijn vaker succesvol, omdat ze andere methoden gebruiken. Jongens grijpen vaak naar gewelddadige middelen, zoals een pistool, terwijl meisjes meestal voor een vrediger strategie kiezen en een overdosis medicijnen nemen. Vaak gaan er aan een geslaagde poging meerdere en steeds ernstigere zelfmoordpogingen vooraf. Volgens sommige schattingen staan er tegenover elke succesvolle poging maar liefst tweehonderd mislukte zelfmoordpogingen (Dervic et al., 2006; Joseph, Reznik & Mester, 2003; Pompili et al., 2009).

Hoewel er nog geen verklaring is gevonden voor de toename van het aantal zelfmoorden onder adolescenten, is het duidelijk dat bepaalde factoren het risico op zelfmoord vergroten. Een van die factoren is depressiviteit. Bij depressieve tieners die zich heel erg wanhopig voelen is het risico op zelfmoord groter. Daarnaast zijn sociale remmingen, perfectionisme, stress en angst gerelateerd aan een groter risico op zelfmoord (Goldston, 2003; Hetrick et al., 2012; Wright, Wintemute & Claire, 2008; Zalsman, Levy & Shoval, 2008).

Sommige gevallen van zelfmoord zijn het gevolg van conflicten binnen het gezin en aanpassingsmoeilijkheden. Andere volgen na een geschiedenis van mishandeling en verwaarlozing. Ook het percentage zelfmoorden onder drugs- en alcoholverslaafden is relatief hoog (Bergen, Martin & Richardson, 2003; Jacobson et al., 2013; Wilcox, Conner & Caine, 2004).

Clusterzelfmoord: een situatie waarbij één zelfmoord leidt tot pogingen van anderen om zichzelf om het leven te brengen.

Sommige zelfmoorden lijken veroorzaakt te worden doordat de plegers een zelfmoord van een ander hebben meegemaakt. In het geval van **clusterzelfmoord** leidt één zelfmoord tot pogingen van anderen om zichzelf om het leven te brengen. Op een aantal middelbare scholen heeft bijvoorbeeld een reeks zelfmoorden plaatsgevonden nadat een zelfmoordgeval breed was uitgemeten in de pers. Daarom hebben veel scholen crisisteams in het leven geroepen om scholieren bij te staan wanneer een medescholier zelfmoord heeft gepleegd (Daniel & Goldston, 2009; Insel & Gould, 2008; Pompili et al., 2011).

Er zijn verschillende signalen die erop kunnen wijzen dat iemand met zelfmoordgedachten rondloopt:

- direct of indirect praten over zelfmoord, zoals 'Ik wou dat ik dood was' of 'Over mij hoef je je binnenkort geen zorgen meer te maken';
- problemen op school, zoals spijbelen of slechtere cijfers;
- voorbereidingen treffen als voor een lange reis, zoals het weggeven van dure bezittingen of het onderbrengen van een huisdier;
- een testament schrijven;
- verlies van eetlust of juist overmatig eten;
- algemene depressiviteit (verandering van slaappatroon, lethargie en zwijgzaamheid);
- ingrijpende gedragsveranderingen (een verlegen persoon wordt bijvoorbeeld plotseling extravert);
- veel bezig zijn met de dood in muziek of literatuur.

ONTWIKKELINGSPSYCHOLOGIE IN HET DAGELIJKS LEVEN

Hoe weerhoud je een adolescent van zelfmoord?

Als je het vermoeden hebt dat een adolescent – of wie dan ook – over zelfmoord denkt, blijf dan niet werkeloos toezien maar kom in actie. Hieronder volgt een aantal suggesties:

- Praat met die persoon. Luister zonder een oordeel te vellen en probeer een situatie te creëren waarin hij of zij vrijuit kan spreken.

- Breng vermoedens over zelfmoordgedachten expliciet onder woorden. Vraag: 'Heb je een plan? Heb je pillen opgespaard? Waar liggen ze?' Volgens de GGD zal 'zulke openheid in tegenstelling tot wat algemeen gedacht wordt iemand niet op gevaarlijke ideeën brengen of aanzetten tot zelfmoord'.
- Evalueer de situatie. Maak daarbij een onderscheid tussen 'gewone' verslagenheid en signalen die duiden op een ernstige situatie, zoals wanneer er sprake is van zelfmoordplannen. Laat de persoon nooit alleen als de crisis acuut is.
- Bied steun. Laat de persoon weten dat je om hem geeft en probeer zijn gevoelens van isolement te doorbreken.
- Neem het voortouw bij het zoeken naar hulp, zonder bang te zijn dat je inbreuk maakt op iemands privacy. Probeer het probleem niet in je eentje op te lossen. Regel direct professionele hulp.
- Maak de omgeving veilig. Verwijder hulpmiddelen als scheermesjes, scharen, medicijnen en andere potentieel gevaarlijke objecten. Het verstoppen van deze middelen is niet genoeg.
- Houd opmerkingen over of dreigen met zelfmoord niet voor je. Zo'n schreeuw om hulp vraagt om directe actie.
- Probeer iemand niet te tarten, te provoceren of verbaal af te schrikken. Dat kan tragische gevolgen hebben.
- Maak een afspraak met de persoon. Probeer hem zover te krijgen dat hij belooft, bij voorkeur op papier, om geen zelfmoordpoging te doen voordat jullie verder hebben gepraat.
- Wees alert op opgetogen stemmingen en ogenschijnlijk snel herstel. Dergelijke tekenen kunnen misleidend zijn. Ze kunnen namelijk voortkomen uit het gevoel van opluchting dat iemand overvalt als hij eindelijk het besluit heeft genomen om zelfmoord te plegen. Ook kan er sprake zijn van tijdelijke opluchting omdat er met iemand over de problemen is gepraat. Dat betekent echter niet dat de onderliggende problemen zijn opgelost.
- Voor directe hulp bij problemen die te maken hebben met zelfmoord kun je in Nederland terecht bij de Stichting Korrelatie (tel. 0900-1450). Deze landelijke hulplijn wordt bemand door speciaal opgeleide medewerkers. In Vlaanderen kun je terecht bij de Zelfmoordlijn op het nummer 1813. Zie ook www.zelfmoordlijn1813.be.

In tegenstelling tot wat vaak wordt gedacht, werkt praten over zelfmoord de daad zelf niet in de hand. Het weerhoudt mensen er eerder van, omdat het suïcidale mensen het gevoel geeft gesteund te worden. Ook haalt het hen uit hun isolement.

Bron: alexsokolov/Fotolia

16.2 Relaties: familie en vrienden

De sociale wereld van adolescenten is veel groter dan die van jongere kinderen. Naarmate hun relaties met mensen buiten het gezin belangrijker worden, krijgen de interacties met gezinsleden een ander, soms moeizaam, karakter (Collins & Andrew, 2004; Collins, Gleason & Sesma, 1997).

16.2.1 Familiebanden: veranderende relaties binnen het gezin

Toen Peter naar de middelbare school ging, veranderde de relatie met zijn ouders ingrijpend. Hoewel hij voorheen vrij goed met hen kon opschieten, liepen de spanningen halverwege de brugklas flink op. Volgens Peter zitten zijn ouders hem veel te veel op zijn nek. In plaats van hem meer vrijheid te geven, wat hij in zijn ogen verdient op zijn dertiende, lijken ze juist strenger te worden.

De ouders van Peter zeggen dat zij niet schuldig zijn aan de spanningen in het gezin, maar dat die door Peter komen. In hun ogen lijkt Peter, met wie ze het grootste deel van zijn jeugd een ogenschijnlijk stabiele relatie hadden, plotseling totaal veranderd. Volgens hen vertoont hij nieuw en vaak verbazingwekkend gedrag.

De zoektocht naar autonomie

Ouders kunnen zich soms boos maken of verwonderen over het gedrag van adolescenten. Kinderen die vroeger de meningen, stellingen en richtlijnen van hun ouders klakkeloos aannamen, beginnen die ineens in twijfel te trekken en er soms zelfs tegen in opstand te komen.

Een van de redenen voor deze botsingen is de verschuiving waarmee zowel kinderen als ouders tijdens de adolescentie in het reine moeten zien te komen. Adolescenten streven naar steeds meer **autonomie**. Ze willen onafhankelijkheid en het gevoel controle te hebben over hun eigen leven. De meeste ouders beseffen verstandelijk dat deze verschuiving een normaal onderdeel van de adolescentie is en een van de belangrijkste ontwikkelingen in deze levensfase. Zij zien het in veel opzichten dan ook als een welkom teken van de groei van hun kinderen. De alledaagse realiteit van de toenemende autonomie van adolescenten plaatst hen echter vaak voor problemen (Smetana, 1995).

Autonomie: onafhankelijkheid en controle over het eigen leven.

In de meeste gezinnen neemt de autonomie van tieners in de loop van de adolescentie geleidelijk toe. Uit een onderzoek naar veranderingen in de manier waarop adolescenten hun ouders zien, bleek bijvoorbeeld dat de groeiende autonomie van adolescenten tot gevolg heeft dat ze hun ouders minder idealiseren en meer als individuen beginnen te zien. Tegelijkertijd worden ze zelfstandiger en gaan ze zichzelf meer als afzonderlijk individu beschouwen.

De toenemende autonomie van adolescenten komt tot uiting in de relatie tussen ouders en tieners. Aan het begin van de adolescentie is die relatie doorgaans asymmetrisch: ouders hebben de meeste macht en invloed. Aan het einde van de adolescentie zijn die macht en invloed echter meer in evenwicht en krijgen ouders en kinderen uiteindelijk een gelijkwaardiger relatie. Macht en invloed worden gedeeld, hoewel ouders meestal de boventoon blijven voeren (Goede, Branje & Meeus, 2009).

Cultuur en autonomie

Hoeveel autonomie adolescenten uiteindelijk verwerven, verschilt per gezin. Bovendien spelen culturele factoren een belangrijke rol. In westerse samenlevingen, waar doorgaans veel waarde wordt gehecht aan individualisme, gaan kinderen al in een relatief vroeg stadium op zoek naar autonomie. Aziatische samenlevingen zijn collectivistisch. Hier is het welzijn van de groep belangrijker dan dat van het individu. In zulke samenlevingen is het streven van adolescenten naar autonomie minder uitgesproken (Perez-Brena, Updegraff & Umaña-Taylor, 2012; Raeff, 2004; Supple et al., 2009). De ontwikkeling van de autonomie en de verwachtingen van de omgeving op dit gebied verlopen er dan ook kalmer (Chan & Chan, 2013; Fuligni & Zhang, 2004; Leung, Pe-Pua & Karnilowicz, 2006; zie figuur 16-2). Kortom, afhankelijk van hun culturele achtergrond denken ouders en adolescenten anders over de vraag hoe oud een adolescent moet zijn om bepaald gedrag te vertonen (zoals uitgaan met vrienden).

Heeft het langzamere tijdschema van de ontwikkeling van autonomie in meer collectivistische culturen negatieve gevolgen voor adolescenten? Dat lijkt niet het geval te zijn. Een belangrijkere factor is de mate waarin culturele verwachtingen en ontwikkelingspatronen op elkaar aansluiten. Het voornaamste is waarschijnlijk hoe goed de ontwikkeling van autonomie aansluit op de verwachtingen vanuit de samenleving en niet zozeer het specifieke tijdschema van die ontwikkeling (Rothbaum et al., 2000; Updegraff et al., 2006; Zimmer-Gembeck & Collins, 2003).

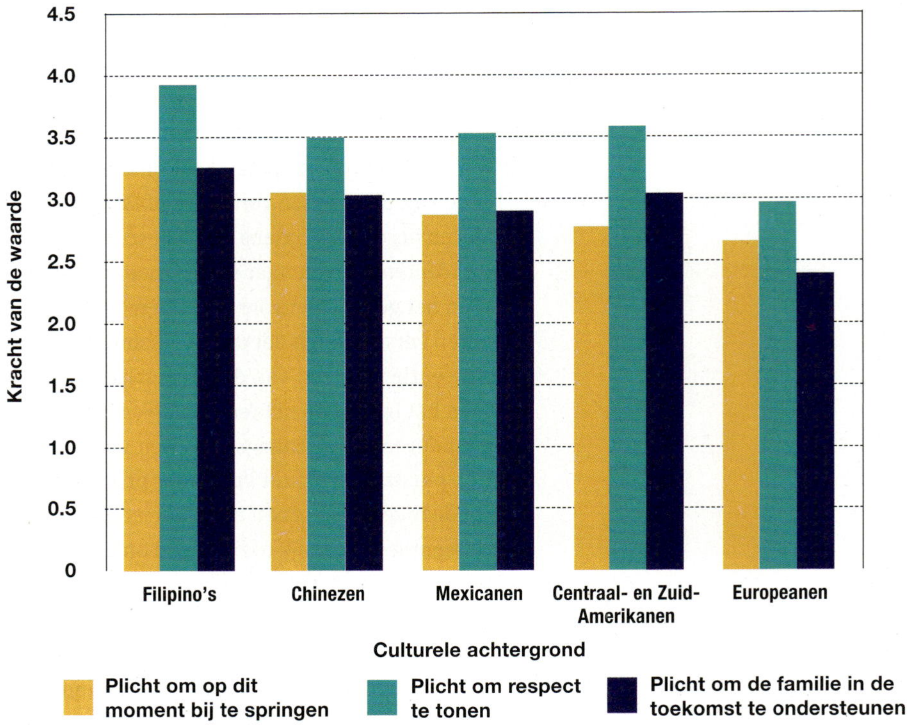

FIGUUR 16-2 Familieverplichtingen

Adolescenten met een Aziatische of Latijns-Amerikaanse achtergrond voelen meer respect en meer verplichtingen ten opzichte van hun familie dan adolescenten met een Europese achtergrond.

Bron: Fuligni, Tseng & Lam, 1999

In collectivistische samenlevingen wordt het welzijn van de groep belangrijker gevonden dan individuele autonomie.

Bron: Digital Vision/Photodisc/Thinkstock/Getty Images

Naast culturele factoren speelt gender een rol. Mannelijke adolescenten mogen op jongere leeftijd zelfstandig opereren dan vrouwelijke adolescenten. De stimulering van mannelijke autonomie hangt samen met de traditionele mannelijke stereotypering, waarbij mannen worden gezien als onafhankelijker en vrouwen daarentegen als afhankelijker van anderen. Hoe meer ouders een traditionele stereotypische visie op gender hebben, hoe minder ze de autonomie van dochters zullen stimuleren (Bumpus, Crouter & McHale, 2001).

De mythe van de generatiekloof

In tienerfilms wordt vaak de indruk gewekt dat de wereldbeelden van adolescenten en hun ouders lijnrecht tegenover elkaar staan. De ouder van een milieubewuste tiener blijkt bijvoorbeeld directeur van een vervuilende fabriek te zijn. Deze overdrijvingen bevatten een kern van waarheid: ouders en tieners zien dingen vaak niet op dezelfde manier. Maar er is zelden sprake van een **generatiekloof** (een groot verschil tussen ouders en kinderen op het gebied van attitudes, waarden, ambities en wereldbeeld).

Generatiekloof: een groot verschil tussen ouders en kinderen op het gebied van attitudes, waarden, ambities en wereldbeeld.

Adolescenten en hun ouders kijken vaak op veel vlakken hetzelfde tegen dingen aan. Socialistische ouders hebben meestal socialistische kinderen, en ouders die voorstander zijn van abortus hebben meestal kinderen die dat ook zijn. Over sociale, politieke en religieuze zaken zijn ouders en adolescenten het meestal met elkaar eens, en de zorgen van kinderen komen vaak overeen met die van hun ouders. In de zorgen van adolescenten over maatschappelijke problemen kunnen de meeste volwassenen zich waarschijnlijk ook wel vinden (Grønhøj & Thøgersen, 2012; Knafo & Schwartz, 2003; Smetana, 2005).

Ook is er meestal geen sprake van een generatiekloof als het gaat om de waarde die ouders en adolescenten hechten aan de relatie die ze met elkaar hebben. Zoals we in de proloog van dit hoofdstuk zagen, voelen de meeste adolescenten veel liefde en een diep respect voor hun ouders, ondanks hun zoektocht naar autonomie en onafhankelijkheid. Zij hebben dezelfde gevoelens voor hun ouders als andersom. Hoewel er uitzonderingen zijn (sommige ouder-kindrelaties worden gekenmerkt door grote strubbelingen), is de meerderheid van de relaties overwegend positief. Deze positieve relaties helpen adolescenten zich te wapenen tegen de druk van leeftijdgenoten (Black, 2002; Gavin & Furman, 1996; Resnick et al., 1997).

16.2.2 Ouder-kindconflicten in de adolescentie

Hoewel de meeste adolescenten over het algemeen vrij goed met hun ouders kunnen opschieten, is het niet altijd rozengeur en maneschijn. Ouders en tieners hebben vaak wel dezelfde mening over sociale en politieke kwesties, maar tegen kwesties van persoonlijke smaak, zoals muziek en kledingstijl, kijken ze vaak verschillend aan. Ook kan het tussen ouders en kinderen botsen wanneer kinderen naar meer autonomie en meer onafhankelijkheid gaan streven. De kans op conflicten tussen ouders en kinderen is het grootst in de vroege adolescentie (Arnett, 2000; García-Ruiz et al., 2013; Smetana, Daddis & Chuang, 2003).

Waarom zijn de strubbelingen vaak groter in de vroege adolescentie dan in latere fasen? Volgens ontwikkelingspsychologe Judith Smetana is dat het gevolg van verschillende opvattingen over gepast en ongepast gedrag. Ouders kunnen bijvoorbeeld vinden dat het hebben van drie gaatjes in je oor ongepast is omdat de maatschappij dat van oudsher ongepast vindt. Adolescenten daarentegen kunnen het een kwestie van persoonlijke keuze vinden (Smetana, 2005, 2006; Rote et al., 2012).

Bovendien gaan adolescenten door hun nieuwe, complexere manier van redeneren anders denken over ouderlijke regels. Argumenten die voor een basisschoolkind overtuigend waren ('Je moet dit doen omdat ik zeg dat je het moet doen') zullen minder snel klakkeloos geaccepteerd worden door een adolescent.

De assertiviteit van jonge adolescenten en hun neiging om voortdurend in discussie te gaan, kunnen in eerste instantie tot meer conflicten leiden. Dit gedrag speelt echter in veel opzichten een belangrijke rol in de evolutie van ouder-kindrelaties. Ouders kunnen in eerste instantie misschien defensief reageren op het feit dat hun kinderen het hun lastiger maken. Ze kunnen bijvoorbeeld inflexibel en rigide worden. Maar in de meeste gevallen beseffen ze al snel dat hun kinderen gewoon aan het opgroeien zijn.

Ouders gaan bovendien inzien dat de argumenten die hun kinderen aandragen vaak overtuigend en redelijk zijn en dat hun dochters en zonen best wat meer vrijheid aankunnen. Daardoor worden ze toegeeflijker en bieden ze hun kinderen meer ruimte. Soms gaan ze hun onafhankelijkheid uiteindelijk zelfs stimuleren. Als dit proces zich in de middenfase van de adolescentie voltrekt, neemt de strijdlustigheid van de vroege adolescentie af.

Dit patroon is niet op alle adolescenten van toepassing. Hoewel de meeste tieners gedurende de hele adolescentie een stabiele relatie hebben met hun ouders, maakt ongeveer twintig procent een zware tijd door (Dmitrieva, Chen & Greenberg, 2004; Dryfoos, 1990).

Culturele verschillen in ouder-kindconflicten

Hoewel ouder-kindconflicten in elke cultuur voorkomen, lijkt er in 'traditionele', niet-westerse culturen minder sprake van te zijn. Tieners in traditionele culturen hebben ook minder last van stemmingswisselingen en vertonen minder vaak risicovol gedrag – twee zaken die in andere culturen wel veel voorkomen tijdens de adolescentie (Kapadia, 2008; Nelson, Badger & Wu, 2004; Wu & Chao, 2011).

Hoe komt dat? Het heeft wellicht te maken met de mate van onafhankelijkheid die adolescenten verwachten en die volwassenen hun toestaan. In meer geïndustrialiseerde samenlevingen, waarin meestal veel waarde wordt gehecht aan individualisme, is onafhankelijkheid een vanzelfsprekend onderdeel van de adolescentie. Adolescenten en hun ouders moeten dus onderhandelen over de mate en het tijdstip van de toenemende onafhankelijkheid. Dit is een proces dat vaak strijd oplevert. In traditionelere samenlevingen wordt minder waarde gehecht aan individualisme. Daarom zijn adolescenten daar minder geneigd om naar onafhankelijkheid te streven. Dat betekent dus ook dat zij meestal minder met hun ouders overhoop liggen (Dasen, 2000, 2002).

16.2.3 Relaties met leeftijdgenoten: het belang van 'erbij horen'

Het meest toepasselijke symbool voor adolescentie in de ogen van talloze ouders is de mobiele telefoon, of misschien de computer, waarmee onophoudelijk gechat, gefacebookt, geappt en getwitterd wordt. Veel adolescenten ervaren dergelijke vormen van contact met hun vrienden als onmisbaar, ook al hebben ze eerder op de dag vaak al uren doorgebracht met diezelfde personen.

De ogenschijnlijk dwangmatige behoefte om met vrienden te communiceren, laat zien hoe belangrijk leeftijdgenoten zijn tijdens de adolescentie. Vanaf hun basisschooltijd brengen kinderen steeds meer tijd door met leeftijdgenoten. De relaties met hen worden steeds belangrijker. Sterker nog, er is waarschijnlijk geen andere periode in het leven waarin die relaties zo belangrijk zijn.

Referentiegroepen van leeftijdgenoten bieden normen voor sociale vergelijking.

Bron: Steve Shott/Pearson Education Ltd. (Pearson Asset Library)

Referentiegroep: een groep mensen met wie men zichzelf vergelijkt.

Er zijn verschillende redenen voor het feit dat leeftijdgenoten tijdens de adolescentie zo'n grote rol spelen. Ten eerste kunnen adolescenten hun meningen, capaciteiten en zelfs fysieke veranderingen met hen vergelijken en evalueren, een proces dat *sociale vergelijking* wordt genoemd. Omdat de fysieke en cognitieve veranderingen, vooral in de vroege puberteit, zo uitgesproken zijn, zoeken adolescenten steeds meer het gezelschap op van mensen die hetzelfde doormaken als zij en daar wellicht opheldering over kunnen verschaffen (Rankin, Lane & Gibbons, 2004; Schutz, Paxton & Wertheim, 2002).

Ouders bieden die mogelijkheid tot sociale vergelijking niet. Zij hebben de veranderingen in kwestie allang achter de rug. Bovendien trekken adolescenten de autoriteit van volwassenen in twijfel en streven ze naar autonomie. Dat maakt dat ouders, andere familieleden en volwassenen in het algemeen in hun ogen ontoereikende bronnen van kennis zijn. Wie kunnen er dan wel zulke informatie geven? Leeftijdgenoten.

Tot slot is de adolescentie een tijd waarin geëxperimenteerd wordt, een periode waarin nieuw gedrag en nieuwe rollen worden uitgeprobeerd. Leeftijdgenoten verschaffen informatie over welke rollen en welk gedrag het meest acceptabel zijn. Ze fungeren als een referentiegroep. Een **referentiegroep** is een groep mensen met wie men zichzelf vergelijkt.

Referentiegroepen vertegenwoordigen een aantal normen, of standaarden, waartegen adolescenten hun sociale succes kunnen afzetten. Een adolescent hoeft niet per se zelf tot de groep te behoren die hij als referentiegroep gebruikt. Impopulaire adolescenten die worden gekleineerd en afgewezen door leden van een populaire groep, kunnen die groep toch gebruiken als referentiegroep (Berndt, 1999).

Vriendenclubs en subculturen: bij een groep horen

Zelfs als ze niet tot de groep behoren die ze voor referentiedoeleinden gebruiken, zijn adolescenten meestal lid van een bepaalde identificeerbare groep. Een van de gevolgen van de groeiende cognitieve vaardigheden van adolescenten is hun vermogen om anderen in hokjes te plaatsen. Adolescenten definiëren mensen meestal niet in concrete termen die betrekking hebben op wat ze doen ('voetballers' of 'muzikanten'), maar gebruiken abstracte termen waarin meer subtiliteiten verwerkt zitten, zoals 'kakkers' of 'alto's' (Brown, 2004).

Vriendenclub: groep van twee tot twaalf mensen waarvan de leden frequent sociaal contact met elkaar hebben.

Subcultuur: grotere groep bestaande uit individuen die bepaalde eigenschappen gemeen hebben maar die niet per se contact met elkaar hebben.

Tot wat voor soort groepen behoren adolescenten? Er zijn twee typen: **vriendenclubs** en **subculturen**. Vriendenclubs zijn groepen van twee tot twaalf mensen waarvan de leden frequent sociaal contact met elkaar hebben. Subculturen zijn groter; zij bestaan uit individuen die bepaalde eigenschappen gemeen hebben maar die niet per se contact met elkaar hebben. Subculturele indelingen beginnen vaak bij een bepaalde muzieksmaak of lifestyle (nozems, punkers, disco's, metalheads). De laatste decennia zijn deze indelingen ook vaak afkomstig van marketeers. Dit roept wel vragen op over de verklarende waarde van zulke labels bij het doorgronden van jeugdcultuur (Duits, z.d.).

Of men lid is van bepaalde vriendenclubs of subculturen wordt vaak bepaald door de mate waarin men overeenkomsten vertoont met de leden van deze groepen. Een belangrijke overeenkomst is drank- en drugsgebruik. Adolescenten kiezen meestal vrienden die net zo veel (of net zo weinig) drank en drugs gebruiken als zijzelf. Ook zijn hun vrienden vaak ongeveer net zo goed op school, hoewel dat niet altijd opgaat. In de vroege adolescentie lijkt de aantrekkingskracht van leeftijdgenoten die zich bijzonder goed gedragen minder te worden, terwijl leeftijdgenoten die zich agressiever gedragen aantrekkelijker worden (Hutchinson & Rapee, 2007; Kiuru et al., 2009; Kupersmidt & Dodge, 2004).

Genderrelaties

Sekseklof: seksesegregatie waarbij jongens primair omgaan met jongens en meisjes primair met meisjes.

Als kinderen de adolescentie bereiken, bestaan hun vriendengroepen vaak nog uit kinderen van dezelfde sekse. Jongens gaan met jongens om, meisjes met meisjes. Deze seksesegregatie wordt ook wel de **sekseklof** genoemd.

Die situatie verandert als de leden van beide seksen de puberteit betreden. Jongens en meisjes krijgen te maken met een veranderende hormoonhuishouding, die de aanleiding geeft tot de rijping van de geslachtsorganen. Tegelijkertijd wordt de maatschappelijke druk groter om liefdesrelaties met het andere geslacht aan te gaan. Als gevolg van deze ontwikkelingen gaan adolescenten anders tegen de andere sekse aankijken. Ze vinden leden van de andere sekse niet langer bij voorbaat 'irritant' maar beginnen meer interesse te tonen, zowel op het gebied van persoonlijkheid als op het gebied van seksualiteit.

Als deze verandering zich voltrekt, beginnen de vriendenclubs van jongens en meisjes, die voor die tijd parallel aan elkaar bestonden maar geen contact hadden, samen te komen (Richards et al., 1998). Adolescenten beginnen steeds meer tijd door te brengen met leden van de andere sekse. Er ontstaan nieuwe vriendenclubs, die samengesteld zijn uit zowel jongens als meisjes. Aanvankelijk doet niet iedereen mee: de tieners die de leiding hebben over de meisjes- en jongensgroepen en die de hoogste status hebben, doen de eerste toenaderingspogingen. Uiteindelijk belanden de meeste adolescenten echter in vriendenclubs met zowel jongens als meisjes.

Aan het einde van de adolescentie ondergaan vriendenclubs en subculturen nog een andere transformatie: ze boeten in aan invloed of worden zelfs ondergeschikt aan de toenemende paarvorming tussen jongens en meisjes. Niet de vriendenclub is nog langer het middelpunt van het sociale leven van adolescenten, maar de interactie tussen individuele jongens en meisjes.

16.2.4 Populariteit en druk van leeftijdgenoten in de adolescentie

De meeste adolescenten hebben een goed ontwikkelde antenne om te bepalen wie er populair zijn en wie niet. Voor sommige tieners geldt zelfs dat zorgen om hun populariteit, of het gebrek daaraan, hun leven beheersen.

Populariteit en afwijzing

Controversiële adolescent: tiener die door sommige leeftijdgenoten aardig gevonden wordt en door andere niet.

Afgewezen adolescent: tiener die niet aardig gevonden wordt en op wie leeftijdgenoten duidelijk negatief reageren.

Genegeerde adolescent: tiener die zowel relatief weinig positieve als negatieve aandacht krijgt van leeftijdgenoten.

De sociale wereld van adolescenten is niet eenvoudigweg verdeeld in populaire en impopulaire individuen; de onderverdeling is complexer (zie figuur 16-3). Sommige adolescenten zijn bijvoorbeeld controversieel. In tegenstelling tot populaire adolescenten, die meestal aardig worden gevonden, worden **controversiële adolescenten** door sommige leeftijdgenoten aardig gevonden en door andere niet. Verder bestaan er **afgewezen adolescenten**, die door niemand aardig worden gevonden, en **genegeerde adolescenten**, van wie men niets vindt. In de meeste gevallen is de status van populaire en controversiële adolescenten hoger, terwijl afgewezen en genegeerde adolescenten over het algemeen een lagere status hebben.

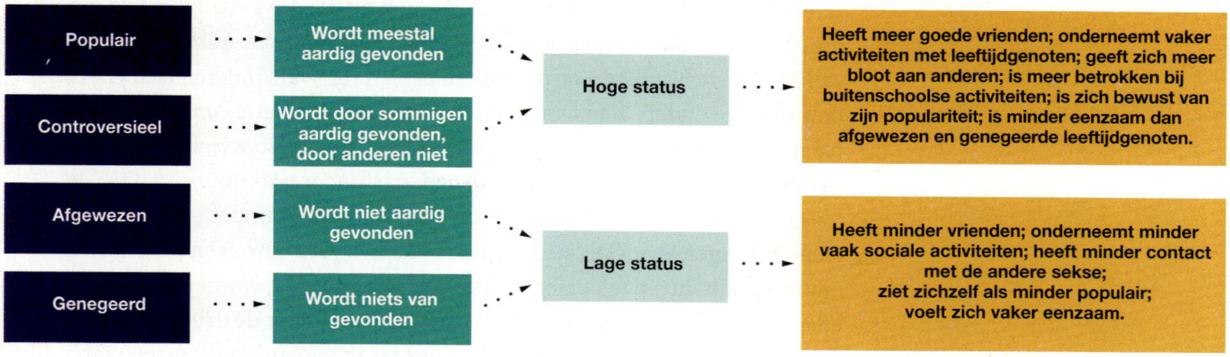

FIGUUR 16-3 **De sociale wereld van adolescenten**

De populariteit van adolescenten kan worden onderverdeeld in vier categorieën, afhankelijk van de mening van hun leeftijdgenoten. Populariteit heeft te maken met verschillen in status, gedrag en aanpassing.

Zie MyLab voor de video: Genegeerd kind

Populaire en controversiële adolescenten hebben meer goede vrienden, ondernemen meer activiteiten met leeftijdgenoten en geven zich meer bloot aan anderen dan minder populaire leerlingen. Ook doen ze vaker mee aan buitenschoolse activiteiten. Bovendien zijn ze zich goed bewust van hun populariteit en zijn ze minder eenzaam dan hun minder populaire klasgenoten (Becker & Luthar, 2007; Closson, 2009; Farmer et al., 2003; Zettergren, 2004).

De sociale wereld van afgewezen en genegeerde adolescenten ziet er aanzienlijk minder rooskleurig uit. Deze jonge mensen hebben minder vrienden, ondernemen minder vaak sociale activiteiten en hebben minder contact met de andere sekse. Ze zien zichzelf – terecht, zo blijkt – als minder populair en voelen zich vaker eenzaam.

Conformiteit

Peer pressure: de druk die op een adolescent wordt uitgeoefend om zich te conformeren aan het gedrag en de attitudes van zijn leeftijdgenoten.

Als Arnold zegt dat hij een bepaald merk sportschoenen of een bepaald soort T-shirt wil kopen, klagen zijn ouders dat hij alleen maar toegeeft aan de druk van zijn vrienden. Ze zeggen dat hij een eigen smaak moet ontwikkelen. Deze discussies met Arnold zijn illustratief voor de manier waarop in westerse maatschappijen tegen de adolescentie wordt aangekeken. Men denkt vaak dat tieners zeer gevoelig zijn voor **peer pressure**, de druk die op een adolescent wordt uitgeoefend om zich te conformeren aan het gedrag en de attitudes van zijn leeftijdgenoten. Hebben de ouders van Arnold gelijk of kunnen ze beter meegaan in zijn wensen?

Onderzoek wijst uit dat adolescenten vaak zeer gevoelig zijn voor de invloed van hun leeftijdgenoten. Wat ze aantrekken, met wie ze uitgaan, welke films ze kijken: bij dergelijke keuzes laten adolescenten zich al snel beïnvloeden. Maar als het gaat om niet-sociale zaken, zoals het kiezen van een beroep of het oplossen van problemen, zullen ze zich eerder spiegelen aan een ervaren volwassene (Phelan, Yu & Davidson, 1994).

Vooral in de middenfase en de late adolescentie wenden tieners zich tot mensen die in hun ogen deskundig zijn op een bepaald gebied. Als ze met sociale problemen zitten, wenden ze zich tot de mensen die daar waarschijnlijk het meest in thuis zijn: hun leeftijdgenoten. Als ze een probleem hebben waarover hun ouders of andere volwassenen waarschijnlijk het meeste weten, kloppen ze bij hen aan voor advies en staan ze ook open voor hun meningen (Perrine & Aloise-Young, 2004; Young & Ferguson, 1979).

Adolescenten zijn in verschillende categorieën onder te verdelen. Controversiële adolescenten worden door sommige leeftijdgenoten aardig gevonden en door andere niet. Afgewezen adolescenten worden door niemand aardig gevonden. Van genegeerde adolescenten vindt men niets.

Bron: Mandy Godbehear/Shutterstock

Over het geheel genomen lijkt het er dus niet op dat de gevoeligheid voor peer pressure in de adolescentie plotseling drastisch toeneemt. Adolescenten kiezen wel andere mensen om zich aan aan te passen. Terwijl kinderen zich vrij consistent aan hun ouders aanpassen, vindt er in de adolescentie een verschuiving plaats naar leeftijdgenoten, gedeeltelijk omdat de druk om zich aan te passen toeneemt (zie ook de kadertekst *Van onderzoek naar praktijk*).

Op termijn conformeren adolescenten zich steeds minder en gaan ze steeds meer hun eigen leven leiden. Naarmate hun zelfvertrouwen en hun vermogen om zelf beslissingen te nemen zich verder ontwikkelen, worden ze onafhankelijker in hun meningen en zwichten ze minder snel voor de druk van anderen, wie die anderen dan ook mogen zijn. Voordat ze die druk leren weerstaan, komen sommige tieners echter in de problemen, vaak samen met hun vrienden (Cook, Buehler & Henson, 2009; Meldrum, Miller & Flexon, 2013; Monahan, Steinberg & Cauffman, 2009).

VAN ONDERZOEK NAAR PRAKTIJK

Veranderen tienervriendschappen door digitale communicatie?

'Bah, Eddie Kane is zo'n zak!', roept Marissa uit.
'Dat weet ik', antwoordt haar beste vriendin Camille.
'Maar hij is schattig!'
Ze lachen beiden.
'Moet ik hem vertellen dat je dat gezegd hebt?', grapt Marissa.
'Wat? Nee!', reageert Camille. 'Je bent zo'n zak!'
Weer barsten ze in lachen uit.

Zomaar een doorsnee conversatie van twee vijftienjarige meisjes die met de bus naar school gaan. Maar Marissa en Camilla zitten niet naast elkaar. Ze zitten zelfs niet in dezelfde bus. Ze zijn naar elkaar aan het whatsappen. Hun gelach heeft de vorm van getypte lol's en haha's. 'Eventjes' wordt 'ff', 'kopen' wordt 'kpn' en 'mooi niet' wordt 'mn'.

De manier van communiceren van adolescenten verandert razendsnel. Rechtstreekse communicatie maakt plaats voor digitale communicatie. Uit recente gegevens van het Pew Research Center blijkt dat whatsappen elke andere vorm van interactie tussen tieners heeft ingehaald. Twee derde van de tieners verkiest whatsappen boven bellen in het contact met hun vrienden. En dan ondervinden rechtstreekse gesprekken ook nog eens concurrentie van social media (Lenhart, 2010; Novotney, 2012). Maar is het wel mogelijk om emoties en nuances over te brengen via een klein schermpje?

Een onderwerp waarover de laatste tijd veel is te doen is *sexting*. Daarbij sturen tieners elkaar seksueel expliciete berichten en naaktfoto's van zichzelf via hun telefoon. Dat heeft natuurlijk tot voorspelbare resultaten geleid: foto's die via social media met de hele school worden gedeeld, huilende kinderen. Maar achter de sensatiezucht gaat volgens sommigen een fundamenteler probleem schuil: weten adolescenten nog wel wat echte communicatie is? Met de komst van nieuwe communicatiekanalen zijn adolescenten immers op een fundamenteel andere manier met elkaar gaan communiceren. Diepe een-op-eengesprekken hebben plaatsgemaakt voor contextvrije tekstfragmenten. Het resultaat kan zijn dat het adolescenten ontbreekt aan het vermogen om sociale aanwijzingen, genuanceerde uitingen en non-verbale communicatie als lichaamstaal en gelaatsuitdrukkingen goed te lezen (Ling, Bertel & Sundsoy, 2012; Small & Vorgan, 2008; Stout, 2010).

Sommige onderzoekers richten zich echter op de mogelijke voordelen van deze nieuwe manieren van communiceren. Het is immers makkelijker dan ooit om met elkaar in contact te blijven, wat betekent dat jonge mensen vaker iets van zichzelf delen. Daarnaast kan digitale communicatie worden gebruikt als middel om sociale interactie in de echte wereld mogelijk te maken, zoals bij geruchten over sociale gebeurtenissen. Dat digitale communicatievormen minder direct en persoonlijk zijn, maakt ze bovendien aantrekkelijk voor verlegen tieners. Voor hen zijn deze kanalen een minder bedreigende manier om hun sociale cirkels uit te breiden. Maar totdat er meer onderzoek is gedaan, weten we niet zeker hoe nieuwe technologie de aard van adolescente vriendschappen verandert (Drouin & Landgraff, 2012; Richtel, 2010; Stout, 2010).

16.2.5 Criminaliteit in de adolescentie

Jongeren zijn niet alleen relatief vaak het slachtoffer van criminaliteit, ze zijn ook vaak dader. Onder jongeren en jongvolwassenen bevinden zich naar verhouding meer verdachten en strafrechtelijke daders dan in oudere leeftijdsgroepen. Bekend is dat het aantal jeugdigen dat een delict pleegt (en daardoor met de politie in aanraking komt) vanaf het twaalfde jaar toeneemt, een piek bereikt tussen het achttiende en twintigste levensjaar en daarna weer afneemt. Dit fenomeen staat bekend als de *age crime curve* (Van der Laan, Goudriaan & Weijters, 2014). In 2008 verhoorde de politie in Nederland 245.000 verdachten van een misdrijf. Hiervan was bijna twaalf procent in de leeftijd van twaalf tot achttien jaar. Sinds 2008 is het aantal minderjarige verdachten echter significant afgenomen. Jeugdcriminaliteit is nog steeds vooral een zaak van jongens. Het aandeel van meisjes is na een aanvankelijke stijging gestabiliseerd (Van der Laan, Goudriaan & Weijters, 2014).

Gesocialiseerde delinquent: jeugdige delinquent die de normen van de maatschappij kent en onderschrijft en psychisch gezien vrij normaal is.

Waarom raken adolescenten betrokken bij criminele daden? De meeste adolescente wetsovertreders zijn **gesocialiseerde delinquenten**. Gesocialiseerde delinquenten kennen en onderschrijven de normen van de samenleving. Psychisch gezien zijn ze vrij normaal. Bij hen lopen misdrijven die ze als adolescent begaan niet uit op een crimineel leven. De meeste gesocialiseerde delinquenten doorlopen in hun adolescentie een fase waarin ze een aantal kleine misdrijven begaan, maar gaan daar in hun volwassen leven niet mee door.

Gesocialiseerde delinquenten staan vaak sterk onder invloed van leeftijdgenoten en plegen hun misdaden vaak in groepen. Bovendien wijzen sommige onderzoeken uit dat ouders van gesocialiseerde delinquenten hun kinderen minder scherp in de gaten houden (Fletcher et al., 1995; Goldweber et al., 2011; Thornberry & Krohn, 1997).

Ondergesocialiseerde delinquent: jeugdige delinquent die is opgevoed met weinig regels of die ongevoelige, hardvochtige ouders heeft.

Andere wetsovertreders zijn zogenaamde **ondergesocialiseerde delinquenten**: adolescenten die met weinig regels zijn opgevoed of die ongevoelige, hardvochtige ouders hebben. Deze kinderen zijn nooit goed gesocialiseerd geweest en hebben eenvoudigweg geen normen meegekregen voor de manier waarop ze zich moeten gedragen. Ondergesocialiseerde delinquenten vertonen vaak al lang voor het begin van de adolescentie crimineel gedrag (Hoeve et al., 2008).

Ondergesocialiseerde delinquenten hebben verschillende kenmerken. Ze zijn vaak vrij vroeg in hun leven al relatief agressief en gewelddadig, eigenschappen die tot gevolg hebben dat ze door leeftijdgenoten worden afgewezen en slecht presteren op school. Een aantal van hen heeft als kind de diagnose ADHD gekregen (Henry et al., 1996; Rutter, 2003; Silverthorn & Frick, 1999).

Ondergesocialiseerde delinquenten hebben vaak psychische problemen en lijden als volwassene vaak aan een antisociale persoonlijkheidsstoornis. De kans is relatief klein dat ze weer op het rechte pad komen. Veel ondergesocialiseerde delinquenten brengen hun hele leven door aan de zijlijn van de maatschappij (Frick et al., 2003; Lyman, 1996; Rönkä & Pulkkinen, 1995).

16.3 Verkering, seksueel gedrag en tienerzwangerschap

Na bijna een maand heeft Sybren eindelijk zijn moed bij elkaar geraapt om Jaqueline te vragen of ze met hem naar de film wil. Jaqueline kijkt er niet van op. Sybren vertelde zijn vriend Erik al eerder over zijn voornemen om Jaqueline mee uit te vragen. Daarop vertelde Erik aan Jaquelines vriendin Cato wat Sybren van plan was. Cato heeft het op haar beurt tegen Jaqueline gezegd. Die zegt meteen 'ja' nu Sybren eindelijk belt.

Welkom in de complexe wereld van verkering en uitgaan, een belangrijk ritueel in de adolescentie. In het resterende deel van dit hoofdstuk staan we stil bij verkering en bij andere aspecten van de relaties die adolescenten met elkaar aangaan.

16.3.1 Verkering: jongen ontmoet meisje in de 21e eeuw

De vraag hoe belangrijk de rol van verkering precies is bij zaken als de ontwikkeling van psychische intimiteit, is nog steeds niet beantwoord.

Bron: Bill Aron/PhotoEdit

Wanneer en hoe adolescenten afspraakjes beginnen te maken, wordt bepaald door culturele factoren die per generatie verschillen. Nog maar relatief kortgeleden werd het in de context van de romantiek als een cultureel ideaal gezien om exclusief met één individu verkering te hebben. Het werd zelfs door de samenleving bevorderd om te gaan daten, deels als een manier om op zoek te gaan naar de relatie die uiteindelijk tot een huwelijk zou leiden. Tegenwoordig vinden veel adolescenten het concept van afspraakjes ouderwets en beperkend, en in sommige kringen wordt de praktijk van *omgaan met* – een vage term die alles dekt, van zoenen tot seks – geschikter gevonden. Ondanks de veranderende culturele normen blijven dates de dominante vorm van sociale interactie die tot intimiteit tussen adolescenten leidt (Bogle, 2008; Denizet-Lewis, 2004; Manning, Giordano & Longmore, 2006).

De functies van verkering

Hoewel verkering op het eerste gezicht misschien gewoon een potentiële opmaat tot een langdurige relatie of huwelijk is, heeft het ook andere functies. Adolescenten leren ervan hoe ze een intieme relatie met anderen kunnen opbouwen. Bovendien is het een manier om plezier te hebben en kan het, afhankelijk van de status van de persoon waarmee men verkering heeft, prestige opleveren. Verkering kan zelfs worden gebruikt om een besef te ontwikkelen van de eigen identiteit (Adams & Williams 2011; Friedlander, Connolly & Pepler, 2007; Paludi, 2012; Zimmer-Gembeck & Gallaty, 2006).

Zie MyLab voor de video: The dating game

Hoe nuttig verkering precies is voor zaken als de ontwikkeling van psychische intimiteit is een onbeantwoorde vraag. Specialisten op het gebied van de adolescentie weten verrassend genoeg echter wel dat verkering in de vroege fase en de middenfase van de adolescentie niet wezenlijk bevorderlijk is voor psychische intimiteit. Integendeel: in deze periode is verkering vaak een oppervlakkige aangelegenheid waarbij de betrokkenen zich meestal zo terughoudend opstellen dat ze nooit echt nader tot elkaar komen en zich nooit emotioneel blootgeven. Zelfs als seksualiteit onderdeel is van zo'n relatie, ontbreekt het vaak aan psychische intimiteit (Collins, 2003; Furman & Shaffer, 2003).

In de late adolescentie is er meer sprake van echte intimiteit. In dit stadium wordt de relatie door beide betrokkenen misschien serieuzer genomen, en wordt verkering wellicht beschouwd als een manier om een potentiële (huwelijks)partner te selecteren.

Homoseksuele adolescenten lopen tegen specifieke problemen aan op het gebied van daten en verkering. Als klasgenoten openlijk negatief zijn over homoseksualiteit, kunnen ze zich gedwongen voelen om met mensen van het andere geslacht af te spreken om erbij te horen. Als ze wel verkering zoeken met andere homoseksuele jongeren, kunnen ze het moeilijk vinden om een partner te vinden, omdat niet iedereen openlijk uitkomt voor zijn geaardheid. Homoseksuele paren die openlijk uitgaan, kunnen lastiggevallen worden, wat het moeilijker maakt om een relatie aan te gaan (Savin-Williams, 2003).

Verkering bij minderheidsgroepen

Bij minderheidsgroepen spelen culturele factoren mee als het gaat om verkering en uitgaan, vooral bij adolescenten van wie de ouders afkomstig zijn uit andere landen. Ouders uit minderheidsgroepen proberen het gedrag van hun kinderen op dit gebied vaak te sturen in een poging om de traditionele waarden van de minderheidsgroep in stand te houden.

Vooral ouders van niet-westerse afkomst, zoals Marokkaanse, Turkse en Hindoestaanse ouders, kunnen conservatief zijn in hun attitudes en waarden, gedeeltelijk doordat ze zelf geen ervaring hebben met het verschijnsel verkering. (Vaak werd hun huwelijk door anderen gearrangeerd, en is het hele begrip verkering hun onbekend.) Soms staan ze erop dat hun kinderen alleen onder begeleiding met iemand van het andere geslacht uitgaan. Dat leidt vaak tot grote conflicten (Hamon & Ingoldsby, 2003; Hoelter, Axinn & Ghimire, 2004; Kibria, 2003; Lau et al., 2009).

16.3.2 Seksuele activiteiten tijdens de adolescentie

De rijping van de geslachtsorganen aan het begin van de adolescentie opent een nieuw spectrum van mogelijkheden met betrekking tot relaties met anderen: seksualiteit. Sterker nog, seksueel gedrag en seksuele handelingen vormen in de adolescentie vaak het middelpunt van het bestaan. Bijna alle adolescenten denken aan seks, en veel van hen denken er behoorlijk vaak aan (Kelly, 2001; Ponton, 2001).

Masturbatie

Masturbatie: seksuele zelfbevrediging.

De meeste adolescenten maken voor het eerst kennis met seksualiteit door **masturbatie**, oftewel seksuele zelfbevrediging. Als ze vijftien zijn, heeft tachtig procent van de jongens en twintig procent van de meisjes weleens gemasturbeerd. De frequentie ervan verschilt per sekse. Jongens masturberen vaker aan het begin van hun tienerjaren, waarna de frequentie afneemt, terwijl meisjes langzamer beginnen en later een maximum bereiken (Hyde & DeLamater, 2003; Oliver & Hyde, 1993; Schwartz, 1999).

Hoewel masturbatie heel veel voorkomt, kan het leiden tot schaamte- en schuldgevoelens. Dat heeft verschillende redenen. Een daarvan is dat sommige adolescenten denken dat het voortkomt uit hun onvermogen om een seksuele partner te vinden. Dat is een onjuiste veronderstelling, aangezien uit onderzoek blijkt dat drie kwart van de getrouwde mannen en bijna net zo veel getrouwde vrouwen aangeven 10 tot 24 keer per jaar te masturberen (Das, 2007; Davidson, Darling & Norton, 1995; Gerressu et al., 2008).

De schaamte is gedeeltelijk ook een overblijfsel van onjuiste veronderstellingen uit het verleden. Negentiende-eeuwse artsen en geestelijken waarschuwden voor de veronderstelde afschuwelijke gevolgen van masturbatie, zoals 'slechte spijsvertering, rugpijn, hoofdpijn, epilepsie, verschillende soorten aanvallen, slechtziendheid, hartkloppingen, pijn in de zij, bloedingen in de longen, samentrekkingen van het hart en soms plotselinge dood' (Gregory, 1856). Als remedie voor jongens werd bijvoorbeeld aangeraden om de genitaliën af te binden of met ijzerwerk af te schermen, de handen vast te binden en een besnijdenis zonder verdoving toe te passen (zodat de herinnering beter beklijft). Bij meisjes werd carbolzuur op de clitoris aangebracht. Eén arts, J.W. Kellogg, geloofde dat bepaalde granen de seksuele opwinding konden onderdrukken. Kellogg is de uitvinder van de cornflakes (Hunt, 1974; Michael et al., 1994).

De realiteit is anders. Tegenwoordig vinden deskundigen op het gebied van seksueel gedrag masturbatie een normale, gezonde en onschadelijke activiteit.

Sommigen menen bovendien dat het een nuttige manier is om de eigen seksualiteit te verkennen (Hyde & DeLamater, 2010; Levin, 2007).

Geslachtsgemeenschap

Hoewel geslachtsgemeenschap vaak voorafgegaan wordt door allerlei verschillende vormen van seksuele intimiteit, zoals tongzoenen, masseren en orale seks, blijft het in de perceptie van veel adolescenten een belangrijke mijlpaal. Daarom richten onderzoekers die zich bezighouden met seksueel gedrag zich bijna altijd op de geslachtsdaad. Uit onderzoek van het CBS blijkt dat van de twaalf- tot zeventienjarigen zeventien procent weleens met iemand naar bed is geweest. Van de achttien- tot vierentwintigjarigen is dat al tachtig procent (zie tabel 16-4). Vanaf circa 1950 daalde de gemiddelde leeftijd waarop jongeren voor het eerst met iemand naar bed gingen gestaag. De laatste jaren is er weinig verandering meer waar te nemen. Het gemiddelde ligt nu op 16,6 jaar.

In 2012 publiceerde de Rutgerstichting (Rutgerstichting WPF & SOAIDS, 2012) de resultaten van het onderzoek *Seks onder je 25ste*. Daaruit blijkt dat de seksuele ontwikkeling van jongeren over het algemeen op dezelfde manier verloopt als in 2005, het jaar waarover eerder was gerapporteerd. De meeste jongeren bouwen hun seksuele ervaring stapje voor stapje op. Met 14,4 jaar heeft de helft van de jongeren weleens getongzoend. Met 15,2 jaar heeft de helft weleens iemand bevoeld en/of gestreeld. Ruim een jaar later, met 16,3 jaar, heeft de helft van de jongeren ook ervaring met aftrekken en/of vingeren. Met 17,1 jaar heeft de helft van de jongeren weleens geslachtsgemeenschap en/of orale seks gehad. In zes jaar tijd zijn er nauwelijks verschuivingen te zien in het percentage twaalf- tot zeventienjarigen dat ervaring heeft met verschillende vormen van seks. Ook de leeftijd waarop jongeren voor het eerst geslachtsgemeenschap hebben, is precies dezelfde gebleven (in 2012 was dat met 16,6 jaar).

Normen voor seksueel gedrag

Tegenwoordig hebben de eerste seksuele activiteiten doorgaans eerder plaats dan vroeger het geval was. Dit komt gedeeltelijk door de veranderde maatschappelijke normen met betrekking tot seksueel gedrag. Een aantal decennia geleden heerste de zogenaamde *dubbele moraal*: seks voor het huwelijk werd voor mannen toelaatbaar gevonden, maar niet voor vrouwen. Vrouwen kregen van de maatschappij mee dat 'nette meisjes het niet doen', terwijl mannen meekregen dat seks voor het huwelijk acceptabel was. Ze moesten er alleen wel voor zorgen dat ze uiteindelijk met een maagd trouwden.

Die dubbele standaard is nog lang niet helemaal verdwenen. Attitudes ten opzichte van seksueel gedrag zijn duidelijk milder voor mannen dan voor vrouwen, zelfs in relatief liberale culturen. In sommige culturen zijn de normen voor mannen en vrouwen zelfs compleet anders. In Noord-Afrika, het Midden-Oosten en de meeste Aziatische landen houden vrouwen zich aan maatschappelijke normen die stellen dat zij geen geslachtsgemeenschap mogen hebben voor het huwelijk. Ook in Mexico, waar strenge normen heersen tegen seks voor het huwelijk, hebben mannen veel vaker dan vrouwen seks voor het huwelijk. In Sub-Saharaans Afrika daarentegen hebben vrouwen vaker seks voor het huwelijk en hebben ongetrouwde tienermeisjes vaak al geslachtsgemeenschap (Ghule, Balaiah & Joshi, 2007; Johnson et al., 1992; Peltzer & Pengpid, 2006; Wellings et al., 2006).

TABEL 16-4 **Adolescenten en seksuele activiteit**

De gemiddelde leeftijd waarop adolescenten voor het eerst geslachtsgemeenschap hebben was in 2003 17 jaar.

SEKSUALITEIT EN VEILIG VRIJEN	12-17 JAAR	18-24 JAAR	25 JAAR EN OUDER
Is weleens met iemand naar bed geweest	17%	80%	95%
Gemiddelde leeftijd eerste keer geslachtsgemeenschap[1]	15	17	18
Heeft bij de eerste keer geslachtsgemeenschap voorbehoedsmiddelen gebruikt[2]	88%	82%	72%
Heeft laatste halfjaar geslachtsgemeenschap gehad[3]	76%	82%	81%
Vindt dat hij/zij veilig genoeg vrijt	64%	82%	86%
Gebruikt de anticonceptiepil[4]	55%	74%	36%

1. *Vraag gesteld aan personen van 12-29 jaar.*
2. *Gepercenteerd over degenen die al eens geslachtsgemeenschap hebben gehad.*
3. *Exclusief gehuwden en samenwonenden en degenen die nog nooit geslachtsgemeenschap hebben gehad.*
4. *Vrouwen van 16-49 jaar.*

Bron: CBS – *Jeugd 2003, cijfers en feiten*

16.3.3 Seksuele geaardheid: heteroseksualiteit en homoseksualiteit

Als we kijken naar de seksuele ontwikkeling van adolescenten is het meest voorkomende patroon dat van de *heteroseksualiteit*: het zich seksueel aangetrokken voelen tot de andere sekse en het vertonen van seksueel gedrag dat daarbij past. Natuurlijk zijn er ook tieners die van dit pad afwijken. Sommige adolescenten hebben *homoseksuele* gevoelens: zij voelen zich aangetrokken tot hun seksegenoten. Andere tieners ontdekken dat ze *biseksueel* zijn. Zij voelen zich aangetrokken tot zowel mannen als vrouwen.

20 tot 25 procent van de jongens en 10 procent van de meisjes heeft in zijn jeugd minstens één homoseksuele ervaring. Het aantal adolescenten dat puur homoseksueel wordt, ligt echter veel lager. Hoewel nauwkeurige cijfers hierover moeilijk te verzamelen zijn, variëren de schattingen van 1,1 procent tot 10 procent. In Nederland zien we tussen 2005 en 2012 toch een kleine toename in het aantal jongeren dat zegt evenveel, vooral of uitsluitend op seksegenoten te vallen. Bij jongens gaat het om een toename van 2,1 procent naar 3,1 procent in de totale groep 12- tot 25-jarigen, bij meisjes van 1,4 procent in 2005 naar 2,4 procent in 2012 (Rutgerstichting WPF & SOAIDS, 2012). De meeste deskundigen menen dat tussen de 4 en 10 procent van de mannen en vrouwen langere perioden van hun leven uitsluitend homoseksueel zijn.

Dat het lastig is om te bepalen hoeveel mensen homoseksueel zijn, komt gedeeltelijk doordat de grens tussen homoseksualiteit en heteroseksualiteit niet heel duidelijk te trekken is. Volgens onderzoeker Alfred Kinsey, een pionier op het gebied van seksualiteit, moet seksuele geaardheid worden gezien als een continuüm met 'puur homoseksueel' aan het ene uiteinde en 'puur heteroseksueel' aan het andere (Diamond, 2003a, 2003b; Kinsey et al., 1948; Michael et al., 1994; Pearson & Wilkinson, 2013; Russell & Consolacion, 2003). Daartussenin zitten mensen die zowel homoseksueel als heteroseksueel gedrag vertonen.

Onze kennis van seksuele geaardheid wordt verder vertroebeld doordat er verwarring bestaat over de begrippen seksuele geaardheid en genderidentiteit. *Seksuele geaardheid* heeft betrekking op het object van iemands seksuele belangstelling, terwijl *genderidentiteit* verwijst naar het gender dat iemand psychisch gezien bezit (zie ook paragraaf 10.1.3). Er is geen relatie tussen seksuele geaardheid en genderidentiteit: een man met een sterk masculiene

Homoseksuele adolescenten ervaren nog meer stress dan hun heteroseksuele leeftijdgenoten. Zij krijgen vaak te maken met maatschappelijke vooroordelen. Uiteindelijk accepteren de meeste adolescenten hun seksuele geaardheid.

Bron: Rikke/Shutterstock (Pearson Asset Library)

genderidentiteit kan zich ook aangetrokken voelen tot andere mannen. Bovendien heeft de mate waarin mannen en vrouwen traditioneel 'mannelijk' of 'vrouwelijk' gedrag vertonen niets te maken met hun seksuele geaardheid of genderidentiteit (Hunter & Mallon, 2000).

Over de factoren die mensen ertoe brengen om zich als heteroseksueel of homoseksueel te ontwikkelen bestaat nog weinig duidelijkheid. Steeds meer bewijzen duiden erop dat genetische en biologische factoren hierbij een belangrijke rol spelen. Uit onderzoek bij tweelingen blijkt bijvoorbeeld dat eeneiige tweelingen vaker allebei homoseksueel zijn dan broers en/of zussen met verschillende genetische achtergronden. Ander onderzoek wijst uit dat er verschillen bestaan in de hersenstructuur van homoseksuelen en heteroseksuelen. Ook lijkt er een relatie te bestaan tussen hormoonproductie en seksuele geaardheid (Ellis et al., 2008; Fitzgerald, 2008; Santtila et al., 2008).

Er zijn ook onderzoekers die menen dat omgevingsfactoren, zoals de invloed van familie en vrienden, een rol spelen. Freud stelde bijvoorbeeld dat homoseksualiteit het resultaat was van misplaatste identificatie met de ouder van de andere sekse (Freud, 1922/1959). Het probleem met de theorie van Freud en soortgelijke theorieën die daarna werden ontwikkeld, is dat er geen bewijs bestaat voor de bewering dat een bepaalde gezinsdynamiek of opvoeding consistent gerelateerd is aan seksuele geaardheid. Ook theorieën die gebaseerd zijn op de leertheorie, waarbij homoseksualiteit zou ontstaan als gevolg van plezierige, lonende homoseksuele ervaringen en onbevredigende heteroseksuele ervaringen, lijken geen overtuigende verklaring te bieden (Golombok & Tasker, 1996; Isay, 1990).

Er bestaat dus geen algemeen aanvaard antwoord op de vraag waarom sommige adolescenten een homoseksuele geaardheid ontwikkelen en andere een heteroseksuele. De meeste deskundigen zijn van mening dat de seksuele geaardheid zich ontwikkelt als gevolg van een complex samenspel van genetische factoren, fysiologische factoren en omgevingsfactoren (Le Vay & Valente, 2003).

Vooroordelen over seksuele geaardheid

Het is duidelijk dat adolescenten die ontdekken dat ze zich aangetrokken voelen tot hun seksegenoten het vaak moeilijker hebben dan andere tieners. Uit het al eerder genoemde onderzoek van Rutgers WPF en SOAIDS (2012) blijkt dat er nog steeds sprake is van een geringe homoacceptatie bij jongeren. Er heersen in onze maatschappij nog steeds veel vooroordelen over homoseksualiteit. De overtuiging dat mensen een keuze hebben, wat in werkelijkheid niet het geval is, blijft hardnekkig standhouden. Homoseksuele tieners worden soms afgewezen door hun familie en vrienden. Sommigen van hen worden zelfs lastiggevallen en gemolesteerd als ze openlijk voor hun geaardheid uitkomen. Het gevolg is dat adolescenten die ontdekken dat ze homoseksueel zijn een grotere kans hebben op depressie. Het aantal zelfmoorden onder homoseksuele adolescenten ligt dan ook aanzienlijk hoger dan onder heteroseksuele adolescenten. Met name homoseksuelen die zich niet conformeren aan genderstereotypen zijn bijzonder vaak het slachtoffer. Ook hebben ze lagere aanpassingscijfers (Bos et al., 2008; Madsen & Green, 2012; Silenzio et al., 2007; Toomey et al., 2010).

Uiteindelijk leggen de meeste mensen zich neer bij hun seksuele geaardheid. Wanneer ze de adolescentie eenmaal achter zich hebben gelaten, zijn homoseksuelen mentaal en fysiek even gezond als heteroseksuelen. Homoseksualiteit wordt door geen enkele toonaangevende psychologische of medische organisatie als een psychische stoornis gezien, en al deze organisaties ijveren ervoor om de discriminatie van homoseksuelen terug te dringen (Davison, 2005; Russell & McGuire, 2006; Van Wormer & McKinney, 2003).

16.3.4 Tienerzwangerschappen

Eén avontuurtje veranderde het leven van de zeventienjarige Marja. Nadat ze het met haar vaste vriend Liam had uitgemaakt, ging Marja op vrijdagavonden met vrienden uit in een plaatselijk café. Op een avond had ze iets meer gedronken dan gewoonlijk, en toen de jongen met wie ze had gepraat voorstelde om haar thuis te brengen, had ze toegestemd.

Van het een kwam het ander. Pas toen Marja de volgende morgen wakker werd, herinnerde ze zich dat ze na haar relatie met Liam met de pil was gestopt.

Inmiddels is Marja een alleenstaande moeder. Hoewel ze dol is op haar twee maanden oude baby, moest ze stoppen met school en een baan zoeken. Ze vindt het zwaar om met grote verantwoordelijkheden, weinig geld en nog minder slaap te leven.

Voeden om drie uur 's nachts, luiers verschonen en bezoekjes brengen aan het consultatiebureau. Het zijn geen bezigheden die de meeste mensen associëren met de adolescentie. Toch krijgen elk jaar meer dan tweeduizend adolescenten in Nederland een baby. Voor deze tieners is het leven niet eenvoudig. Ze worstelen met de eisen die het ouderschap aan hen stelt en hebben tegelijk te maken met de complexe problemen van de adolescentie. In Vlaanderen waren er in 2008 1356 tienerbevallingen. Twee procent van de vrouwen die een kind op de wereld zetten, was jonger dan twintig jaar (Kind en Gezin, 2009).

In dit kader is het belangrijk dat volgens de Rutgerstichting WPF en SOAIDS (2012) de eerste geslachtsgemeenschap voor veel jongeren (38 procent van de jongens en 31 procent van de meisjes) onverwacht komt. Ook zegt een groot deel van de jongeren (47 procent van de jongens en 53 procent van de meisjes) dat ze wel wisten dat het binnenkort zou gebeuren, maar dat het op de dag zelf toch onverwacht kwam. Slechts 15 procent van de jongens en 16 procent van de meisjes geeft aan dat ze wisten dat het die dag zou gebeuren. Wanneer de eerste geslachtsgemeenschap onverwacht komt, zijn jongeren vaak niet goed voorbereid. Ze gebruiken bijvoorbeeld minder snel voorbehoedsmiddelen.

Deze moeder en haar kind vertegenwoordigen een groot sociaal probleem: tienerzwangerschap.

Bron: Blend Images/ERproductions Ltd./Getty Images

De gevolgen van een ongewenste zwangerschap kunnen rampzalig zijn voor zowel de moeder als het kind. In vergelijking met vroeger zijn tienermoeders minder vaak getrouwd, en in veel gevallen moeten ze zonder hulp van de vader voor hun kind zorgen. Zonder financiële of emotionele steun moet een moeder vaak haar opleiding afbreken, waardoor de kans groot is dat ze de rest van haar leven ongeschoold, slechtbetaald werk moet doen. In andere gevallen kan ze langdurig afhankelijk worden van de sociale dienst. De fysieke en mentale gezondheid van een tienermoeder heeft vaak te lijden onder de voortdurende stress als gevolg van haar overvolle bestaan (Kelly, 2013; Lally, 2007; Manlove et al., 2004).

Deze problemen hebben ook invloed op de kinderen van tienermoeders. Die zijn vaak minder gezond en doen het slechter op school vergeleken met kinderen van oudere moeders. Later lopen ze een grotere kans om zelf ook tienervader of -moeder te worden, wat leidt tot een cyclus van zwangerschap en armoede waaraan heel moeilijk te ontkomen is (Carnegie Task Force, 1994; East, Reyes & Horn, 2007; Spencer, 2001).

Het goede nieuws is echter dat het aantal tienerzwangerschappen licht afneemt. Sinds 2002 is het percentage tienermoeders in Nederland afgenomen, na een stijging begin jaren negentig. Deze daling is geheel toe te schrijven aan het percentage allochtone moeders. Er zijn twee belangrijke oorzaken:

- Er zijn nieuwe initiatieven ondernomen om tieners bewust te maken van de risico's van onbeschermde seks. Op veel scholen wordt nu uitgebreide voorlichting gegeven.
- Nederland en Vlaanderen behoren tot de koplopers van Europa met het gebruik van de anticonceptiepil. Van de meisjes zegt 61 procent de pil te hebben gebruikt tijdens de laatste keer geslachtsgemeenschap. Ook het condoomgebruik bij Nederlandse jongeren is vergeleken met andere landen gemiddeld tot hoog: 85 procent van de jongens gebruikte tijdens de laatste keer geslachtsgemeenschap een condoom, en 74 procent van de meisjes (Currie et al., 2012).

TERUGBLIK

▷ 16.1 Identiteit: een antwoord op de vraag 'Wie ben ik?'

- In de adolescentie laten mensen de meningen van anderen, hun eigen standpunten en verschillende aspecten van het ik meewegen in hun zelfbeeld. Deze differentiatie van het zelfbeeld kan voor verwarring zorgen.
- Adolescenten brengen ook differentiatie aan in hun eigenwaarde. Ze beoordelen verschillende delen van zichzelf anders.
- Identiteitskwesties worden tijdens de adolescentie steeds belangrijker. Dat heeft te maken met het volwassen worden van de intellectuele vermogens.
- Adolescenten zijn beter in staat om zichzelf te vergelijken met anderen. Ze worden zich ervan bewust dat ze individuele personen zijn, los van hun ouders, leeftijdgenoten en anderen.
- Volgens Erik Erikson bevinden adolescenten zich in het stadium van identiteit-versus-identiteitsverwarring. In deze fase proberen ze hun individualiteit en hun identiteit te ontdekken. Soms raken ze daarvan in de war en vertonen ze disfunctionele reacties. Voor hulp en informatie wenden ze zich vaker tot vrienden en leeftijdgenoten dan tot volwassenen.
- Een van de kritiekpunten op Eriksons theorie is dat deze gebaseerd zou zijn op de mannelijke identiteitsontwikkeling. Daardoor zou de nadruk liggen op concurrentievermogen en individualiteit, zowel voor mannen als voor vrouwen. Carol Gilligan suggereert dat vrouwen een identiteit ontwikkelen in de context van het opbouwen en onderhouden van relaties.
- James Marcia onderscheidt vier identiteitsstatussen waarvan sprake kan zijn in de adolescentie en later in het leven: identity achievement, identity foreclosure, identity diffusion en moratorium.
- De identiteitsstatus van een adolescent houdt verband met de aan- of afwezigheid van twee kenmerken: crisis en toewijding. Zelfs in de volwassenheid kan een adolescent zich tussen statussen bewegen.
- Door hun grotere cognitieve vaardigheden kunnen tieners abstracter over religieuze zaken nadenken.
- Het assimilatiemodel houdt in dat culturele identiteiten in de dominante cultuur worden opgenomen. Bij het pluralistische samenlevingsmodel zijn de diverse culturele groepen gelijkwaardig en worden individuele culturele kenmerken behouden. Een ander model gaat uit van biculturele identiteit. Hierbij put men uit de eigen culturele identiteit terwijl er integratie plaatsvindt in de dominante cultuur.
- Veel adolescenten voelen zich verdrietig en wanhopig. Sommigen lijden echter aan zware depressies. Depressiviteit is het gevolg van biologische factoren, sociale factoren en omgevingsfactoren. De intensiteit en de frequentie ervan verschillen per gender en etnische groep.
- Zelfdoding is bij mensen tussen de tien en dertig jaar de tweede doodsoorzaak, na verkeersongevallen.
- Risicofactoren voor zelfmoord onder tieners zijn onder andere depressie, perfectionisme, sociale geremdheid en hoge stress- en angstniveaus.

▷ 16.2 Relaties: familie en vrienden

- De zoektocht naar autonomie leidt bij adolescenten vaak tot spanningen in de relatie met hun ouders. De generatiekloof tussen de attitudes van tieners en hun ouders is doorgaans klein.

- Vrienden zijn belangrijk in de adolescentie omdat ze mogelijkheden bieden voor sociale vergelijking. Leeftijdgenoten vormen referentiegroepen waartegen adolescenten hun sociale succes kunnen afzetten.
- Vriendenclubs en subculturen voorzien in de behoefte om ergens bij te horen.
- In de adolescentie beginnen jongens en meisjes tijd met elkaar door te brengen in groepen. Aan het eind van de adolescentie gaan ze paren vormen.
- Adolescenten kunnen wat betreft populariteit worden onderverdeeld in vier categorieën: populaire en controversiële adolescenten (scoren hoog op het gebied van populariteit) en genegeerde en afgewezen adolescenten (scoren laag op het gebied van populariteit).
- Tieners kunnen gevoelig zijn voor peer pressure, de druk die op iemand wordt uitgeoefend om zich te conformeren aan een bepaald soort gedrag en bepaalde attitudes.
- Tieners wenden zich tot mensen die in hun ogen deskundig zijn op een bepaald gebied. Dat kunnen hun leeftijdgenoten zijn, maar ook volwassenen.
- Hoewel de meeste adolescenten geen misdaden plegen, zijn er relatief veel adolescenten betrokken bij criminele activiteiten. Adolescenten die misdrijven plegen, kunnen worden onderverdeeld in ondergesocialiseerde en gesocialiseerde delinquenten.
- Ondergesocialiseerde delinquenten zijn met weinig discipline opgevoed en hebben geen gedragsnormen geleerd. Gesocialiseerde delinquenten onderschrijven in het algemeen de regels van de samenleving. De overtredingen die ze tijdens hun adolescentie begaan zijn meestal onbeduidend en houden op in de volwassenheid.

▷ 16.3 Verkering, seksueel gedrag en tienerzwangerschap

- In de adolescentie zorgen verkering en uitgaan voor intimiteit, plezier en prestige. Psychische intimiteit wordt gemakkelijker naarmate adolescenten ouder worden, meer zelfvertrouwen krijgen en relaties serieuzer nemen.
- Voor de meeste adolescenten is masturbatie de eerste stap op het gebied van seksualiteit.
- Tegenwoordig hebben de eerste seksuele activiteiten doorgaans eerder plaats dan vroeger het geval was. Dit komt gedeeltelijk door de veranderde maatschappelijke normen met betrekking tot seksueel gedrag.
- Er bestaat geen algemeen aanvaard antwoord op de vraag waarom sommige adolescenten een homoseksuele geaardheid ontwikkelen en andere een heteroseksuele. De meeste deskundigen zijn van mening dat de seksuele geaardheid zich ontwikkelt als gevolg van een complex samenspel van genetische factoren, fysiologische factoren en omgevingsfactoren
- Tienermoeders staan er vaak alleen voor. Zonder financiële of emotionele steun moet een moeder vaak haar opleiding afbreken, waardoor de kans groot is dat ze de rest van haar leven ongeschoold, slechtbetaald werk moet doen.

BELANGRIJKE TERMEN EN BEGRIPPEN

Afgewezen adolescent
Autonomie
Clusterzelfmoord
Controversiële adolescent
Genegeerde adolescent
Generatiekloof
Gesocialiseerde delinquent
Identity achievement
Identity diffusion
Identity foreclosure
Masturbatie
Moratorium
Ondergesocialiseerde delinquent
Peer pressure
Referentiegroep
Seksekloof
Stadium van identiteit-versus-identiteitsverwarring
Subcultuur
Vriendenclub

Verklarende woordenlijst

Abstract modeling: proces waarbij kinderen algemene regels en principes ontwikkelen die ten grondslag liggen aan het gedrag dat ze observeren.

Acceleratie: het aanbieden van speciale lesprogramma's waarmee hoogbegaafde kinderen in hun eigen tempo veder leren. Dat kan zelfs betekenen dat ze zich met het lesmateriaal van hogere groepen gaan bezighouden.

Accommodatie: het proces waarmee mensen bestaande manieren van denken of doen veranderen als reactie op ontmoetingen met nieuwe stimuli of gebeurtenissen.

Acquired immune deficiency syndrome (aids): seksueel overdraagbare aandoening die wordt veroorzaakt door het humaan immunodeficiëntievirus (hiv).

Actief genotype-omgevingseffect: situatie waarin een kind zich richt op de aspecten van zijn omgeving die het best aansluiten op zijn genetisch bepaalde capaciteiten.

Adaptatie: de eigenschap van iemand om zich aan te passen aan zijn omgeving.

Adolescentie: het ontwikkelingsstadium tussen de kindertijd en de volwassenheid.

Affordances: de actiemogelijkheden die een bepaalde situatie of stimulus verschaft.

Afgewezen adolescent: tiener die niet aardig gevonden wordt en op wie leeftijdgenoten duidelijk negatief reageren.

Afhankelijke variabele: het gevolg van de onafhankelijke variabele, het resultaat van de manipulatie door de onderzoeker.

Agressie: het intentioneel toebrengen van verwondingen of schade bij anderen.

Alcoholist: iemand die langzaam maar zeker geestelijk en lichamelijk afhankelijk is geworden van alcohol en niet in staat is om zijn drankgebruik te beperken.

Angstig-ambivalent hechtingspatroon: hechtingsstijl waarbij kinderen een combinatie van positieve en negatieve reacties op hun moeder vertonen nadat ze terugkeert van afwezigheid.

Angstig-vermijdend hechtingspatroon: hechtingsstijl waarbij kinderen niet de nabijheid van hun moeder opzoeken en haar lijken te mijden als ze terugkeert van afwezigheid.

Anorexia nervosa: ernstige en mogelijk levensbedreigende eetstoornis waarbij mensen weigeren te eten terwijl ze ontkennen dat hun gedrag of hun skeletachtige uiterlijk abnormaal is.

Anoxia: zuurstofgebrek van een paar minuten bij de baby, kan leiden tot hersenbeschadiging.

Apgar-score: een standaard meetsysteem waarmee de gezondheid van een pasgeboren baby kan worden bepaald aan de hand van verschillende factoren.

Assimilatie: het proces waarbij mensen ervaringen interpreteren binnen hun huidige cognitieve ontwikkelingsstadium en denkwijze.

Assimilatiemodel: de opvatting dat alle nieuwkomers in een land zich volledig moeten aanpassen aan de cultuur van het gastland.

Associatief spel: spelvorm waarbij twee of meer kinderen daadwerkelijk de interactie aangaan doordat ze speelgoed of materiaal uitwisselen of lenen, hoewel ze niet hetzelfde doen.

Astma: chronische aandoening die wordt gekenmerkt door periodieke aanvallen van piepend ademhalen, hoesten en kortademigheid.

Attention deficit hyperactivity disorder (ADHD): een leerprobleem dat wordt gekenmerkt door gebrek aan aandacht, impulsiviteit, een lage tolerantiedrempel voor frustratie en overbeweeglijkheid.

Auditieve handicap: probleem met het gehoor, zoals slechthorendheid of doofheid.

Autobiografisch geheugen: de herinnering aan specifieke gebeurtenissen uit ons eigen leven.

Autonomie: onafhankelijkheid en controle over het eigen leven.

Autoritaire ouders: ouders die streng, star en koud zijn, vaak straffen en strikte gehoorzaamheid eisen van hun kinderen.

Autoritatieve ouders: ouders die liefdevol en emotioneel ondersteunend zijn, en aan de ene kant duidelijke en consistente regels hanteren en aan de andere kant verklaringen geven voor de reden dat kinderen zich op een bepaalde manier moeten gedragen.

Bayley Scales of Infant Development (BSID-II): instrument waarmee de ontwikkeling van kinderen vanaf 16 dagen tot en met 42 maanden en 15 dagen kan worden beoordeeld.

Baby met een laag geboortegewicht: baby die minder dan 2.500 gram weegt.

Baby met een zeer laag geboortegewicht: baby die minder dan 1.250 gram weegt of, ongeacht zijn gewicht, minder dan dertig weken in de baarmoeder heeft doorgebracht.

Babytaal: een manier van praten tegen baby's die bestaat uit korte, eenvoudige zinnetjes, een hoge toonsoort en een zangerige intonatie.

Behavioristisch perspectief: benadering van ontwikkeling waarbij men ervan uitgaat dat waarneembaar gedrag en externe stimuli in de omgeving cruciaal zijn voor het begrijpen van de ontwikkeling van het individu.

Bevruchting: het proces waarbij een zaadcel en een eicel (de mannelijke en vrouwelijke gameten) samenkomen om één nieuwe cel te creëren.

Biculturele identiteit: integratie in de dominante cultuur met behoud van de oorspronkelijke culturele identiteit.

Bio-ecologisch model: model dat uitgaat van vijf omgevingsniveaus waardoor elk biologisch organisme gelijktijdig beïnvloed wordt.

Boulimia: eetstoornis die voornamelijk voorkomt bij vrouwelijke adolescenten en jonge vrouwen en die wordt gekenmerkt door eetbuien gevolgd door overgeven of het gebruik van laxeermiddelen om het voedsel weer kwijt te raken.

Brabbelen: het maken van op spraak lijkende maar betekenisloze geluiden.

Casestudy: onderzoek via uitgebreide diepte-interviews met een specifiek individu of een kleine groep individuen.

Cefalocaudaal principe: het principe dat groei een patroon vormt dat begint met het hoofd en de bovenste lichaamsdelen en zich vervolgens uitstrekt naar de rest van het lichaam.

Centratie: het onvermogen van jonge kinderen om zich op meer dan één aspect van een stimulus te concentreren.

Chlamydia: bacteriële infectie en de meest voorkomende seksueel overdraagbare aandoening.

Chromosoom: drager van een deel van het erfelijk materiaal (DNA) van een organisme.

Circulaire reactie: een activiteit die de ontwikkeling van cognitieve schema's mogelijk maakt dankzij de herhaling van een willekeurige motorische handeling.

Clusterzelfmoord: een situatie waarbij één zelfmoord leidt tot pogingen van anderen om zichzelf om het leven te brengen.

Cognitief perspectief: benadering van ontwikkeling die zich richt op de processen die mensen in staat stellen de wereld te leren kennen, te begrijpen en erover na te denken.

Cognitieve neurowetenschap: benadering van cognitieve ontwikkeling die zich richt op de manier waarop hersenprocessen gerelateerd zijn aan cognitieve activiteit.

Cognitieve ontwikkeling: ontwikkeling die betrekking heeft op de manier waarop het gedrag van mensen wordt beïnvloed door groei en verandering in de eigenschappen die de ene persoon van de andere onderscheiden.

Cohort: een groep mensen die rond dezelfde tijd op dezelfde plek is geboren.

Collectivistische oriëntatie: filosofie waarin de nadruk ligt op onderlinge afhankelijkheid.

Concreet-operationeel stadium: de periode van cognitieve ontwikkeling tussen het zevende en het twaalfde levensjaar die wordt gekenmerkt door het actieve en juiste gebruik van logica.

Conservatie: het inzicht dat kwantiteit niet gerelateerd is aan de opstelling en de uiterlijke verschijningsvorm van objecten.

Constructief spel: spelvorm waarbij kinderen objecten manipuleren om iets te produceren of te bouwen.

Continue verandering: geleidelijke ontwikkeling waarbij prestaties op een bepaald niveau voortvloeien uit die van de vorige niveaus.

Controlegroep: de groep die in een experiment niet wordt blootgesteld aan de experimentele conditie.

Controversiële adolescent: tiener die door sommige leeftijdgenoten aardig gevonden wordt en door andere niet.

Coöperatief spel: spelvorm waarbij kinderen echt met elkaar spelen (ze wisselen elkaar af, doen spelletjes of bedenken wedstrijdjes).

Coping: pogingen om de bedreigingen en uitdagingen die tot stress leiden te beheersen, te verminderen of te aanvaarden.

Coregulering: periode waarin ouders en kind gezamenlijk het gedrag van het kind bepalen.

Correlationeel onderzoek: onderzoek waarmee men probeert vast te stellen of er tussen twee factoren een verband of correlatie bestaat.

Crossmodale perceptie: het vermogen om een stimulus die op een eerder tijdstip slechts via één zintuig is ervaren later door middel van een ander zintuig te identificeren.

Cross-sequentieel onderzoek: onderzoek waarin een aantal verschillende leeftijdgroepen op verschillende tijdstippen worden bestudeerd.

Cyclus van geweld: de theorie dat mensen die als kind zijn mishandeld, een grotere kans hebben hun eigen kinderen fysiek te mishandelen en te verwaarlozen.

Decentreren: het vermogen om rekening te houden met verschillende aspecten van een situatie.

Differentiële emotietheorie: de theorie van ontwikkelingspsycholoog Carroll Izard dat emotionele uitingen niet alleen emotionele ervaringen weerspiegelen maar ook de emoties zelf helpen reguleren.

Discontinue verandering: ontwikkeling die in aparte stappen of stadia plaatsvindt, en waarbij elk stadium gedrag oplevert dat kwalitatief anders is dan gedrag in eerdere stadia.

Dizygotische tweeling: tweeling die verwekt wordt wanneer twee afzonderlijke eicellen ongeveer tegelijkertijd bevrucht worden door twee afzonderlijke zaadcellen.

DNA: de substantie waaruit genen bestaan, die bepalend is voor de aard en de functie van elke cel in het lichaam.

Dominante eigenschap: de eigenschap die tot uiting komt wanneer er twee concurrerende eigenschappen aanwezig zijn.

Dominantiehiërarchie: de rangorde waarin de relatieve sociale macht van de leden van een groep tot uiting komt.

Doodgeboorte: de geboorte van een kind dat niet meer leeft (komt in minder dan een op de honderd gevallen voor).

Downsyndroom: een stoornis die het resultaat is van de aanwezigheid van een extra chromosoom op het 21e paar.

Dwarsdoorsnede-onderzoek: onderzoek waarbij mensen van verschillende leeftijden op hetzelfde tijdstip met elkaar worden vergeleken.

Dynamische systeemtheorie: theorie die de ontwikkeling en coördinatie van motorische vaardigheden beschrijft.

Echoscopie: een test waarmee een beeld wordt geschetst van het ongeboren kind door middel van geluidsgolven met een hoge frequentie.

Ego: het rationale en redelijke deel van de persoonlijkheid.

Egocentrisch taalgebruik: gesproken taal die niet bedoeld is voor anderen.

Egocentrisme: een toestand waarbij het eigen ik in het middelpunt staat en waarbij de wereld puur vanuit het eigen standpunt wordt bekeken.

Eigenwaarde: de waardering voor het eigen ik, met alle positieve en negatieve kenmerken en competenties die we daarmee associëren.

Embryonaal stadium: de periode van twee tot acht weken na de bevruchting, waarin de belangrijkste organen en de fundamentele anatomie zich ontwikkelen.

Emotionele intelligentie: de vaardigheden die ten grondslag liggen aan het op de juiste manier inschatten, evalueren, uitdrukken en reguleren van emoties.

Emotionele zelfregulatie: het vermogen om de aard en de intensiteit van emoties aan te passen.

Empathie: een emotionele respons die correspondeert met de gevoelens van een andere persoon.

Epigenetica: de manier waarop de genen aan- of uitgezet worden door chemische veranderingen in het genoom.

Episiotomie: een knip om de opening van de vagina te vergroten en de baby te laten passeren.

Eriksons theorie van psychosociale ontwikkeling: theorie die een verklaring biedt voor de manier waarop individuen zichzelf, en de betekenis van het gedrag van anderen en zichzelf, leren begrijpen.

Evocatief genotype-omgevingseffect: situatie waarin de genen van een kind een specifiek type omgeving oproepen.

Evolutionair perspectief: benadering die gedrag probeert te identificeren dat het resultaat is van de genetische erfenis van onze voorouders.

Experiment: een proces waarbij een onderzoeker meestal twee verschillende ervaringen voor de participanten of proefpersonen arrangeert.

Experimenteel onderzoek: onderzoek dat bedoeld is om causale relaties tussen verschillende factoren te ontdekken.

Experimentele conditie: de procedure die de onderzoeker onderzoekt en de omstandigheden waaraan de leden van de experimentele groep worden blootgesteld.

Experimentele groep: de groep die in een experiment wordt blootgesteld aan de experimentele conditie.

Expressieve stijl: spreekstijl waarbij taal primair wordt gebruikt om gevoelens en behoeften van zichzelf en van anderen uit te drukken.

Failure-to-thrive-syndroom: een stoornis waarbij kinderen stoppen met groeien door een gebrek aan stimulatie en aandacht van hun ouders.

Fantasieperiode: periode waarin kinderen beroepskeuzes maken – en verwerpen – zonder rekening te houden met vaardigheden, capaciteiten en de beschikbaarheid van banen.

Fast mapping: het proces waarbij nieuwe woorden al na een korte kennismaking aan hun betekenis worden gekoppeld.

Fenotype: een waarneembaar kenmerk, een kenmerk dat daadwerkelijk te zien is.

Fixatie: gedrag dat in een eerdere ontwikkelingsfase is blijven steken als gevolg van een onopgelost conflict.

Foetaal alcoholsyndroom (FAS): een cognitieve stoornis die wordt veroorzaakt door alcoholmisbruik tijdens de zwangerschap.

Foetaal stadium: het stadium van prenatale ontwikkeling dat rond acht weken na de conceptie begint en eindigt bij de geboorte.

Foetale alcoholeffecten (FAE): situatie waarin kinderen als gevolg van alcoholgebruik tijdens de zwangerschap een aantal problemen vertonen die kenmerkend zijn voor het foetaal alcoholsyndroom.

Foetale monitor: apparaat waarmee de hartslag van de baby kan worden gemeten tijdens de weeën.

Foetus: een zich ontwikkelend kind dat zich in het foetale stadium bevindt (acht weken na de conceptie tot de geboorte).

Formeel-operationeel stadium: het stadium waarin mensen het vermogen ontwikkelen om abstract te denken.

Fragiele X-syndroom: een stoornis die optreedt wanneer een bepaald gen op het X-chromosoom beschadigd is geraakt, met een milde tot matige verstandelijke beperking als gevolg.

Full inclusion: de integratie van alle leerlingen, zelfs leerlingen met zeer ernstige handicaps, in reguliere klassen.

Functioneel spel: spelvorm die bestaat uit eenvoudige, zich herhalende activiteiten.

Fysieke ontwikkeling: ontwikkeling die betrekking heeft op de fysieke opbouw van het lichaam, zoals de hersenen, het zenuwstelsel, de spieren, de zintuigen en de behoefte aan eten, drinken en slaap.

Gameten: de geslachtscellen van de moeder en de vader, die samen een nieuwe cel vormen tijdens de bevruchting.

Gastouder-/onthaalouderopvang: kinderopvangfaciliteit in gezinsvorm.

Gedesorganiseerd en gedesoriënteerd hechtingspatroon: hechtingsstijl waarbij kinderen inconsistent en vaak tegenstrijdig gedrag vertonen.

Gedragsgenetica: het onderzoek naar de effecten van erfelijkheid op gedrag.

Gedragsmodificatie: een formele techniek om de frequentie van gewenst gedrag te verhogen en de frequentie van ongewenst gedrag te verlagen.

Gedragstoestand: de mate van bewustzijn van een baby tijdens innerlijke en externe stimulatie.

Geestelijke mishandeling: beschadiging van het gedragsmatige, cognitieve, emotionele of fysieke functioneren van kinderen veroorzaakt door kwetsende woorden en handelingen, uitbuiting of verwaarlozing door ouders of verzorgers.

Gemakkelijke baby: baby met een positieve, nieuwsgierige instelling, regelmatige lichaamsfuncties en een goed aanpassingsvermogen.

Gen: de basiseenheid van genetische informatie.

Gender: het besef mannelijk of vrouwelijk te zijn.

Genderconstantie: het feit dat mensen permanent mannelijk of vrouwelijk zijn als gevolg van vaste, onveranderlijke biologische factoren.

Genderidentiteit: de perceptie van het zelf als mannelijk of vrouwelijk.

Genderschema: een cognitief raamwerk waarbinnen genderrelevante informatie wordt geordend.

Genegeerde adolescent: tiener die zowel relatief weinig positieve als negatieve aandacht krijgt van leeftijdgenoten.

Generatiekloof: een groot verschil tussen ouders en kinderen op het gebied van attitudes, waarden, ambities en wereldbeeld.

Genetisch adviseur: iemand die mensen helpt met problemen die verband houden met erfelijke stoornissen.

Genitale herpes: veelvoorkomende seksueel overdraagbare aandoening die wordt veroorzaakt door een virus dat blaasjes en zweertjes oplevert.

Genoom: het geheel van alle genen van de chromosomen van een individu.

Genotype: de onderliggende combinatie van genetisch materiaal dat in een organisme aanwezig (maar uiterlijk onzichtbaar) is.

Germinaal stadium: het eerste en kortste stadium van de prenatale periode, dat plaatsvindt tijdens de eerste twee weken na de conceptie.

Gesocialiseerde delinquent: jeugdige delinquent die de normen van de maatschappij kent en onderschrijft en psychisch gezien vrij normaal is.

Gevoelige periode: een afgebakende periode, meestal vroeg in het leven van een organisme, waarin dat organisme extra gevoelig is voor omgevingsinvloeden die betrekking hebben op een bepaald facet van de ontwikkeling.

Gewenning (habituatie): de afname van de reactie op een stimulus die plaatsvindt na herhaaldelijke presentatie van die stimulus.

Goodness of fit: het idee dat ontwikkeling afhankelijk is van de mate waarin het specifieke temperament van kinderen aansluit op de aard en de eisen van de omgeving waarin zij opgroeien.

Grammatica: het systeem van regels dat bepaalt hoe gedachten kunnen worden uitgedrukt.

Groeivertraagde baby: baby die als gevolg van een vertraagde foetale groei negentig procent (of minder) weegt van het gemiddelde gewicht van kinderen van dezelfde leeftijd.

Hechting: het intieme fysieke en emotionele contact tussen ouder en kind in de periode direct na de geboorte.

Heinz-dilemma: een veel gebruikt voorbeeld in ethische en morele discussies. Zo heeft Kohlberg het gebruikt om een schema van de morele ontwikkelingen van de mens op te stellen.

Herinnering: het proces waarmee informatie wordt opgenomen, opgeslagen en opgehaald.

Hersenschors: de bovenste laag van de hersenen.

Heterozygoot: verschillende vormen van het gen ervend voor een bepaalde eigenschap.

Holofrase (eenwoordzin): uiting van één woord die voor een hele zin staat en waarvan de betekenis afhangt van de context waarin de uiting wordt gebruikt.

Homozygoot: gelijke genen ervend voor een bepaalde eigenschap.

Hoogbegaafd kind: kind dat blijk geeft van grote capaciteiten op intellectueel, creatief, artistiek of leiderschapsgebied of op specifieke academische gebieden.

Hypothese: een voorspelling die zodanig is geformuleerd dat zij getoetst kan worden.

Id: het primitieve, ongeorganiseerde, aangeboren deel van de persoonlijkheid dat aanwezig is bij de geboorte.

Identificatie: het proces waarbij kinderen proberen gelijk te zijn aan de ouder van dezelfde sekse en waarbij ze de attitudes en waarden van deze ouder overnemen.

Identity achievement: adolescenten die zich aan een specifieke identiteit verbinden na een crisisperiode waarin ze verschillende alternatieven overwegen.

Identity diffusion: identiteitsstatus waarbij adolescenten verschillende identiteiten overwegen maar zich nooit aan één specifieke identiteit verbinden of niet eens bewust nadenken over de opties die ze hebben.

Identity foreclosure: adolescenten die zich voortijdig verbinden aan een identiteit zonder dat ze alternatieven voldoende hebben onderzocht.

Imaginair publiek: fictieve toeschouwers die net zo veel aandacht aan het gedrag van de adolescent besteden als hijzelf.

Immanente rechtvaardigheid: het idee dat regels die overtreden worden direct bestraft dienen te worden.

Indirecte imitatie: het imiteren van mensen en scènes die niet meer aanwezig zijn.

Individualistische oriëntatie: filosofie waarin de nadruk ligt op persoonlijke identiteit en op de eigenheid van het individu.

Infantiele amnesie: de afwezigheid van herinneringen aan ervaringen van vóór het derde levensjaar.

Informatieverwerkingstheorie: benadering van cognitieve ontwikkeling waarbij men probeert te achterhalen op welke manieren mensen informatie coderen, opslaan en terughalen.

Instrumentele agressie: agressie die wordt gemotiveerd door de wens om een concreet doel te bereiken.

Intelligentie: het vermogen om de wereld te begrijpen, rationeel te denken en effectief middelen in te zetten als men geconfronteerd wordt met problemen.

Intelligentiequotiënt (IQ): een score die de verhouding uitdrukt tussen iemands mentale leeftijd en zijn kalenderleeftijd.

Intentioneel gedrag: gedrag waarbij verschillende schema's gecombineerd en gecoördineerd worden tot één enkele actie om een probleem op te lossen.

Intuïtief denken: vorm van denken waarbij peuters en kleuters gretig kennis over de wereld verwerven en primitief redeneren (waardoor ze vaak niet-kloppende verklaringen hebben over alles wat ze waarnemen).

In-vitrofertilisatie (ivf): procedure waarbij een aantal eicellen uit de eierstokken van een vrouw worden verwijderd, waarna zij in een laboratorium worden bevrucht door de zaadcellen van een man en vervolgens in de baarmoeder worden geplaatst.

Kalenderleeftijd: iemands fysieke leeftijd.

Kaufman Assessment Battery for Children (KABC-II): intelligentietest voor kinderen die het vermogen meet om van verschillende stimuli tegelijkertijd een geheel te maken en om stap voor stap na te denken.

Keizersnede: een ingreep waarbij de baby operatief uit de baarmoeder wordt verwijderd in plaats van geboren te worden via het geboortekanaal.

Kinderdagverblijf/crèche: kinderopvangfaciliteit voor kinderen van wie de ouders aan het werk zijn.

Kindermishandeling: de lichamelijke of geestelijke mishandeling of verwaarlozing van kinderen.

Klassieke conditionering: een vorm van leren waarbij een organisme op een bepaalde manier leert reageren op een neutrale stimulus, die de respons normaal gesproken niet uitlokt.

Kleuterschool: in België een vrijwillige vorm van onderwijs die gericht is op de ontwikkeling van kleuters via ontwikkelingsdoelen.

Kritieke periode: een specifieke tijd in de ontwikkeling waarin een bepaalde gebeurtenis de grootste gevolgen heeft.

Kunstmatige inseminatie: procedure waarbij de zaadcellen van een man door een arts direct in de baarmoederhals van een vrouw worden geplaatst.

Kwashiorkor: een door ondervoeding veroorzaakte ziekte waarbij de maag, de ledematen en het gezicht van een kind water vasthouden en opzwellen.

Laboratoriumonderzoek: onderzoek dat wordt uitgevoerd in een gecontroleerde omgeving die expliciet is opgezet om de gebeurtenissen constant te houden.

Lateralisatie: het proces waarbij bepaalde functies hun plek eerder in de ene hersenhelft dan in de andere hersenhelft vinden.

Leerprobleem: probleem met het verwerven en gebruiken van luister-, spreek-, lees-, schrijf-, of rekenvaardigheid.

Leertheorie: de visie dat taalverwerving volgens de wetten van bekrachtiging en conditionering verloopt.

Levensvatbare leeftijd: het moment waarop een te vroeg geboren baby kan overleven.

Links- of rechtshandigheid: een duidelijke voorkeur voor het gebruik van de ene hand boven de andere hand.

Longitudinaal onderzoek: onderzoek waarin het gedrag van een of meer individuen door de tijd heen wordt gemeten.

Mannenberoep: beroep dat geassocieerd wordt met dingen voor elkaar krijgen.

Marasme: een door ondervoeding veroorzaakte ziekte waarbij kinderen stoppen met groeien.

Masturbatie: seksuele zelfbevrediging.

Maturatie: het proces van geleidelijk ontvouwen van voorbestemde genetische informatie.

Menarche: het tijdstip waarop de eerste menstruatie optreedt.

Mentale leeftijd: het gemiddelde intelligentieniveau van mensen van een bepaalde kalenderleeftijd.

Mentale representatie: een innerlijke voorstelling van een gebeurtenis of object.

Metacognitie: de kennis die mensen hebben van hun eigen denkprocessen en het vermogen om hun eigen cognitie te monitoren.

Metalinguïstisch bewustzijn: het besef van het eigen taalgebruik.

Mindmap: diagram waarin een centraal thema omgeven wordt door gerelateerde onderwerpen en subonderwerpen.

Moeilijke baby: baby die negatieve buien en een traag aanpassingsvermogen heeft en zich meestal terugtrekt.

Monozygotische tweeling: tweeling die afkomstig is van dezelfde oorspronkelijke zygote en dus genetisch identiek is.

Moratorium: identiteitsstatus waarbij adolescenten tot op zekere hoogte verschillende identiteiten hebben onderzocht, maar zich nog niet aan een bepaalde identiteit hebben verbonden.

Moreel realisme: het stadium van morele ontwikkeling waarin kinderen regels als vast en onveranderlijk beschouwen.

Morele ontwikkeling: de rijping van iemands rechtvaardigheidsgevoel en van zijn besef van goed en fout.

Multicultureel onderwijs: vorm van onderwijs waarbij het doel is om leerlingen uit minderheidsgroepen te helpen competenties te ontwikkelen in de cultuur van de meerderheidsgroep, en waarbij er tegelijkertijd voor wordt gezorgd dat deze leerlingen een positieve groepsidentiteit behouden die gebaseerd is op hun oorspronkelijke cultuur.

Multifactoriële overerving: de bepaling van eigenschappen door een combinatie van genetische factoren en omgevingsfactoren, waarbij een genotype zorgt voor een bepaald bereik waarbinnnen een fenotype zich kan manifesteren.

Multimodale benadering van perceptie: benadering waarbij bekeken wordt hoe informatie die wordt opgevangen door verschillende individuele zintuigen, wordt geïntegreerd en gecoördineerd.

Myeline: stof die een beschermlaag vormt om delen van neuronen.

Nachtmerrie: levendige, enge droom die meestal tegen de ochtend verschijnt.

Nativistische benadering: de visie dat er een genetisch bepaald, aangeboren mechanisme bestaat dat de ontwikkeling van taal aanstuurt.

Natuurlijke observatie: onderzoek waarbij natuurlijk voorkomend gedrag wordt geobserveerd zonder dat er wordt ingegrepen in de situatie.

Neonaat: een pasgeboren baby.

Neuron: de basiscel van het zenuwstelsel.

Neurotransmitter: stof die het mogelijk maakt dat neuronen met elkaar kunnen communiceren.

Nieuw samengesteld gezin: een huishouden dat bestaat uit twee ouders en minstens één kind uit een eerdere relatie.

Normatieve gebeurtenis: gebeurtenis die zich voor de meeste individuen binnen een groep op dezelfde manier voltrekt.

Normatieve invloeden: invloeden die leiden tot conformiteit omdat men de gevolgen van afwijkend gedrag vreest.

Normen: het gemiddelde functioneren van een grote steekproef van kinderen van een bepaalde leeftijd.

Obesitas: een lichaamsgewicht van meer dan twintig procent boven het gemiddelde gewicht van een persoon van een bepaalde leeftijd en lengte.

Objectpermanentie: het besef dat mensen en objecten niet ophouden te bestaan, ook al zijn ze onzichtbaar.

Onafhankelijke variabele: de omstandigheid of factor die de onderzoeker onder controle heeft of manipuleert.

Onderextensie (ondergeneralisatie): de gewoonte om woorden te beperkt te gebruiken, iets wat veel voorkomt bij jonge kinderen die net leren praten.

Ondergesocialiseerde delinquent: jeugdige delinquent die is opgevoed met weinig regels of die ongevoelige, hardvochtige ouders heeft.

Ontwikkelingspsychologie: de wetenschappelijke studie naar groei, verandering en stabiliteit van conceptie tot ouderdom.

Ontwikkelingsquotiënt: een overkoepelende ontwikkelingsscore die betrekking heeft op de prestaties op vier vlakken: motorische vaardigheden, taalgebruik, aanpassingsgedrag en persoonlijke en sociale vaardigheden.

Onverschillige ouders: ouders die vrijwel geen belangstelling tonen voor hun kinderen en zich ongeïnteresseerd, afwijzend en emotioneel afstandelijk gedragen.

Onvruchtbaarheid: het onvermogen om zwanger te worden na twaalf tot achttien maanden proberen.

Operante conditionering: een vorm van leren waarbij een vrijwillige respons versterkt of verzwakt wordt, afhankelijk van de associatie met positieve of negatieve consequenties.

Operaties: georganiseerde, formele, logische mentale processen.

Operationalisering: het proces waarmee een hypothese wordt vertaald in specifieke, toetsbare procedures die gemeten en waargenomen kunnen worden.

Overextensie (overgeneralisatie): de gewoonte om woorden te algemeen te gebruiken, waardoor de betekenis ervan te veel gegeneraliseerd wordt.

Parallel spel: spelvorm waarbij kinderen naast elkaar met hetzelfde materiaal spelen zonder dat er sprake is van wezenlijke interactie.

Passend onderwijs: onderwijsmethode waarbij kinderen met beperkingen zo veel mogelijk worden geïntegreerd in het traditionele onderwijssysteem en waarbij hun daarnaast een breed scala aan alternatieve onderwijsvormen wordt aangeboden.

Passief genotype-omgevingseffect: situatie waarin de genen van de ouders worden geassocieerd met de omgeving waarin een kind opgroeit.

Pavor nocturnus: een slaapstoornis die leidt tot een versnelde ademhaling en hartslag, en maakt dat een kind in een intense paniektoestand wakker wordt.

Peer pressure: de druk die op een adolescent wordt uitgeoefend om zich te conformeren aan het gedrag en de attitudes van zijn leeftijdgenoten.

Perceptie: het met behulp van de zintuigen en de hersenen ordenen, interpreteren, analyseren en integreren van stimuli.

Perceptuele schematisering: het vermogen om in een tekening die opgebouwd is uit verschillende figuurtjes, zowel het geheel als de afzonderlijke delen te zien.

Perinatale zorg: de medische zorg aan zwangeren en kinderen rondom de geboorte.

Permissieve ouders: ouders die vage en inconsistente feedback geven en weinig eisen en grenzen stellen aan hun kinderen.

Persoonlijke fabel: de overtuiging van sommige adolescenten dat wat er met hen gebeurt uniek en bijzonder is en niemand anders overkomt.

Persoonlijkheid: het geheel van duurzame eigenschappen die het ene individu van het andere onderscheiden.

Peuterspeelzaal: kinderopvangfaciliteit in Nederland die expliciet is bedoeld om kinderen cognitieve en sociale ervaringen te laten opdoen.

Placenta: doorgeefluik tussen de moeder en de foetus, levert voeding en zuurstof via de navelstreng.

Plasticiteit: de mate waarin zich ontwikkelende structuren of gedragspatronen te veranderen zijn als gevolg van ervaringen.

Pluralistisch model: de opvatting dat de samenleving bestaat uit diverse, gelijkwaardige culturele groepen die hun individuele culturele kenmerken moeten behouden.

Polygenische overerving: overerving waarbij een combinatie van meerdere genenparen verantwoordelijk is voor de productie van een specifieke eigenschap.

Postmature baby: baby die twee weken na de uitgerekende datum nog niet geboren is.

Pragmatiek: het aspect van taal dat betrekking heeft op effectief en toepasselijk communiceren met anderen.

Prelinguïstische communicatie: communicatie door middel van geluiden, gezichtsuitdrukkingen, gebaren, imitatie en andere niet-linguïstische middelen.

Premature baby: baby die minder dan 38 weken na de conceptie ter wereld komt.

Preoperationeel stadium (Piaget): het stadium dat duurt van het tweede tot het zevende jaar en waarin het gebruik van symbolisch denken groeit, het vermogen om te redeneren ontstaat en het gebruik van begrippen toeneemt.

Primaire geslachtskenmerken: kenmerken die worden geassocieerd met de ontwikkeling van de organen en structuren van het lichaam die rechtstreeks betrekking hebben op de voortplanting.

Principe van de onafhankelijkheid van systemen: het principe dat verschillende lichaamssystemen een verschillend groeitempo kennen.

Principe van hiërarchische integratie: het principe dat eenvoudige vaardigheden zich doorgaans afzonderlijk en onafhankelijk van elkaar ontwikkelen, en later geïntegreerd worden in complexere vaardigheden.

Prosociaal gedrag: behulpzaam gedrag dat ten goede komt aan anderen.

Proximodistaal principe: het principe dat de ontwikkeling zich vanuit het centrum van ons lichaam naar buiten toe voltrekt.

Psychoanalytische theorie: theorie van Freud die ervan uitgaat dat onbewuste krachten bepalend zijn voor iemands persoonlijkheid en gedrag.

Psychodynamisch perspectief: benadering van ontwikkeling waarbij men ervan uitgaat dat gedrag gemotiveerd wordt door innerlijke krachten, herinneringen en conflicten waarvan een persoon zich nauwelijks bewust is en waarover hij weinig controle heeft.

Psychoseksuele ontwikkeling: een aantal fasen die kinderen doorlopen waarin genot, of bevrediging, telkens gericht is op een andere biologische functie en een ander deel van het lichaam.

Psychosociale ontwikkeling: de veranderingen in hoe we aankijken tegen onszelf, tegen de betekenis van het gedrag van anderen en tegen ons eigen gedrag (als leden van de samenleving).

Psychosomatische aandoening: medisch probleem dat veroorzaakt wordt door de interactie tussen psychische, emotionele en fysieke problemen.

Pubertaire groeispurt: periode van zeer snelle groei in lengte en gewicht tijdens de adolescentie.

Puberteit: de periode van rijping waarin de geslachtsorganen zich volledig ontwikkelen.

Pygmalion-effect: het verschijnsel waarbij de verwachtingen van ouders en leerkrachten ten aanzien van een kind ertoe leiden dat het kind het verwachte gedrag daadwerkelijk gaat vertonen.

Rapid Eye Movement (REM)-slaap: de periode tijdens de slaap van oudere kinderen en volwassenen die geassocieerd wordt met dromen.

Realistische periode: periode waarin jongvolwassenen zich verdiepen in specifieke carrièreopties door ervaring op te doen met bepaalde beroepen of door een bepaalde opleiding te volgen.

Recessieve eigenschap: een eigenschap die in een organisme aanwezig is, maar niet tot uiting komt.

Referentiegroep: een groep mensen met wie men zichzelf vergelijkt.

Referentiële stijl: spreekstijl waarbij taal primair wordt gebruikt om objecten te benoemen.

Reflex: niet-aangeleerde, gestructureerde, onvrijwillige respons die automatisch optreedt in de aanwezigheid van bepaalde stimuli.

Relationele agressie: niet-fysieke agressie die bedoeld is om een ander psychisch te kwetsen.

Respiratory disstress syndrome: een ernstige longaandoening die ontstaat ten gevolge van onvoldoende rijping van de longblaasjes.

Reversibiliteit: het vermogen een uitgevoerde handeling (in gedachten) weer terug te draaien.

Ritmen: zich herhalende, cyclische gedragspatronen.

Scaffolding: de ondersteuning bij leren en probleemoplossing die de zelfstandigheid en groei bevordert.

Scheidingsangst: de angst die bij kinderen wordt opgeroepen door de afwezigheid van hun vaste verzorger.

Schema: georganiseerde mentale structuur en patronen.

Script: een algemene weergave in het geheugen van gebeurtenissen en de volgorde waarin ze optreden.

Secundaire geslachtskenmerken: zichtbare tekenen van seksuele rijping die niet direct betrekking hebben op de geslachtsorganen.

Seksekloof: seksesegregatie waarbij jongens primair omgaan met jongens en meisjes primair met meisjes.

Seksueel overdraagbare aandoening (soa): een ziekte die wordt verspreid via seksueel contact.

Sensatie: de fysieke stimulatie van de zintuigen.

Sensomotorisch stadium: het eerste stadium in Piagets theorie, waarin het kind sterk afhankelijk is van zijn aangeboren motorische reacties op stimuli.

Sikkelcelanemie: een bloedaandoening die zo genoemd wordt vanwege de vorm van de rode bloedcellen van de mensen die aan deze ziekte lijden.

Sleutelkind: een kind dat zichzelf na school binnenlaat en thuis blijft wachten tot zijn ouders van hun werk thuiskomen.

Sociaal-cognitieve leertheorie: benadering van ontwikkeling waarbij de nadruk ligt op leren door het observeren van het gedrag van een andere persoon (een model).

Sociaal taalgebruik: taalgebruik dat gericht is tegen een ander en bedoeld is om door die ander te worden begrepen.

Social referencing: het doelbewust zoeken naar informatie over de gevoelens van anderen om onduidelijke omstandigheden en gebeurtenissen te kunnen plaatsen.

Sociale competentie: het geheel van individuele sociale vaardigheden dat individuen in staat stelt om succesvol te functioneren in sociale omgevingen.

Sociale en persoonlijkheidsontwikkeling: ontwikkeling die betrekking heeft op sociale relaties en interacties met anderen en op duurzame eigenschappen die de ene persoon van de andere onderscheiden.

Sociale glimlach: de glimlach van een baby in reactie op een andere persoon.

Sociale vergelijking: het verlangen om je eigen gedrag, vermogens, expertise en meningen te beoordelen door ze te vergelijken met die van anderen.

Socioculturele theorie: benadering waarbij het verloop van de cognitieve ontwikkeling gezien wordt als het resultaat van de sociale interacties tussen de leden van een cultuur.

Specifiek leerprobleem: probleem met het verwerven en gebruiken van luister-, spreek-, lees-, schrijf-, redeneer- of rekenvaardigheden.

Spraakstoornis: spraak die zozeer van de spraak van anderen afwijkt dat communicatie moeilijk wordt of de spreker onaangepast gedrag gaat vertonen.

Stadium van autonomie-versus-schaamte-en-twijfel: de periode waarin kinderen van tussen de achttien maanden en drie jaar zelfstandigheid en autonomie ontwikkelen als hun ouders hun verkenningsdrang stimuleren, en schaamte en zelftwijfel ervaren als ze beperkt en overmatig beschermd worden.

Stadium van identiteit-versus-identiteitsverwarring: de periode waarin tieners erachter proberen te komen wat hen uniek maakt en wat hen van anderen onderscheidt.

Stadium van initiatief-versus-schuldgevoel: de periode van het derde tot het zesde jaar waarin kinderen te maken krijgen met conflicten tussen het verlangen om onafhankelijk van hun ouders te opereren en het schuldgevoel dat voortvloeit uit de onbedoelde consequenties van hun acties.

Stadium van vertrouwen-versus-wantrouwen: de periode waarin kinderen een gevoel van vertrouwen of wantrouwen ontwikkelen, afhankelijk van hoe goed hun verzorgers op hun behoeften reageren.

Stadium van vlijt-versus-minderwaardigheid: de periode van zes tot twaalf jaar waarin het kind probeert competenties te ontwikkelen om problemen met ouders, leeftijdgenoten, school en de wereld om hem heen het hoofd te kunnen bieden.

Steekproef: de groep participanten die geselecteerd is voor een experiment.

Stotteren: aanzienlijke verstoring van de vloeiendheid en het ritme van de spraak; de meest voorkomende spraakstoornis.

Stress: de fysieke reactie op gebeurtenissen die ons bedreigen of uitdagen.

Subcultuur: grotere groep bestaande uit individuen die bepaalde eigenschappen gemeen hebben maar die niet per se contact met elkaar hebben.

Superego: het aspect van de persoonlijkheid dat iemands geweten vertegenwoordigt en het onderscheid belichaamt tussen goed en kwaad.

Surveyonderzoek: onderzoek waarbij aan een grote groep mensen vragen gesteld worden over attitudes, gedrag of denkbeelden over een bepaald onderwerp.

Symboolgebruik: het vermogen om een mentaal symbool, een woord of een object te gebruiken om iets wat niet fysiek aanwezig is weer te geven of te vervangen.

Synaps: de spleet tussen neuronen.

Syndroom van Klinefelter: een aandoening die het gevolg is van de aanwezigheid van een extra X-chromosoom, leidend tot onderontwikkelde genitaliën, extreme lengte en vergrote borsten.

Syntaxis: het combineren van woorden en frasen tot zinnen.

Systemisch perspectief: perspectief waarbij men kijkt naar de relatie tussen individuen en hun fysieke wereld, cognitieve wereld, persoonlijkheidswereld en sociale wereld.

Taal: de systematische, betekenisvolle ordening van symbolen die de basis vormt voor communicatie.

Taalverwervingsmechanisme (language acquisition device, LAD): een neuraal systeem in de hersenen dat ervoor zou zorgen dat mensen de structuur van een taal begrijpen.

Telegramstijl: manier van praten waarbij woorden worden weggelaten die niet cruciaal zijn voor de boodschap.

Temperament: patronen van prikkeling (arousal) en emotionaliteit die de consistente en duurzame eigenschappen van een individu vormen.

Tentatieve periode: periode waarin adolescenten op een pragmatische manier beginnen na te denken over de eisen van verschillende beroepen en over de vraag of hun eigen capaciteiten daarop aansluiten.

Teratogeen effect: omgevingsfactor die leidt tot een geboorteafwijking.

Theoretisch onderzoek: onderzoek dat specifiek bedoeld is om verklaringen te toetsen en nieuwe wetenschappelijke kennis te vergaren.

Theorie: verklaring van een interessant verschijnsel die een raamwerk biedt om de relaties tussen een geordende reeks feiten of principes te begrijpen.

Theory of mind: de (cognitieve) vaardigheid om aan jezelf en aan anderen gedachten, gevoelens, ideeën en intenties toe te kunnen schrijven en op basis daarvan te anticiperen op het gedrag van anderen.

Toegepast onderzoek: onderzoek dat bedoeld is om praktische oplossingen voor directe problemen te vinden.

Toekijkend spel: spelvorm waarbij kinderen alleen maar naar het spel van anderen kijken zonder zelf mee te doen.

Traag op gang komende baby: baby die inactief is, relatief kalm reageert op zijn omgeving, zich terugtrekt en traag aanpast en over het algemeen een negatieve stemming heeft.

Transformatie: het proces waarbij de ene toestand verandert in de andere.

Triarchische theorie van intelligentie: de opvatting dat intelligentie bestaat uit drie elementen van informatieverwerking: het analytische element, het creatieve element en het praktische element.

Tweetaligheid: het vermogen om twee talen te spreken.

Universele grammatica: Chomsky's theorie dat alle talen eenzelfde onderliggende structuur hebben.

Veerkracht: het vermogen om omstandigheden te boven te komen die een kind zeer vatbaar maken voor psychische of fysieke schade.

Veilig hechtingspatroon: hechtingsstijl waarbij kinderen zich op hun gemak lijken te voelen als hun moeder aanwezig is en ze, ook al raken ze van streek als moeder de ruimte verlaat, naar haar toe gaan als ze terugkeert.

Veldonderzoek: onderzoek dat wordt uitgevoerd in een natuurlijke omgeving.

Verrijking: methode waarbij hoogbegaafde leerlingen speciale programma's volgen en individuele activiteiten aangeboden krijgen om dieper in te kunnen gaan op specifieke onderwerpen.

Verslavend middel: middel dat een biologische of psychische afhankelijkheid bij gebruikers teweegbrengt, waardoor ze er steeds heftiger naar gaan verlangen.

Verstandelijke beperking: een verstandelijke beperking is een ontwikkelingsstoornis, met beperkingen in zowel het verstandelijke als het adaptieve functioneren, in de conceptuele, sociale en praktische domeinen.

Verwaarlozing: een vorm van geestelijke mishandeling waarbij ouders hun kinderen negeren of emotioneel niet op hen reageren.

Visueel herkenningsgeheugen: de herinnering en herkenning van een stimulus die eerder is gezien.

Visuele handicap: probleem met het gezichtsvermogen, zoals blindheid of slechtziendheid.

Vlokkentest (chorionvillusbiopsie): een test waarmee genetische afwijkingen worden opgespoord door kleine monsters te nemen van het haarachtige materiaal om de embryo heen.

Voorschool: in Nederland een combinatie van een peuterspeelzaal en een basisschool, waarin kinderen een doorlopende ontwikkelingslijn krijgen aangeboden.

Vreemdenangst: de voorzichtigheid en terughoudendheid die baby's laten zien als ze een onbekende ontmoeten.

Vreemdesituatieprocedure van Ainsworth: een aantal in scène gezette episoden die de kracht van de hechting tussen een kind en (meestal) zijn moeder illustreren.

Vriendenclub: groep van twee tot twaalf mensen waarvan de leden frequent sociaal contact met elkaar hebben.

Vrouwenberoep: beroep dat geassocieerd wordt met relaties.

Vruchtwaterpunctie: een test waarmee genetische afwijkingen worden opgespoord door een klein monster van foetale cellen uit de vruchtzak te onderzoeken.

Wechsler-intelligentietest voor kinderen (WISC-IV): test voor kinderen die uit afzonderlijke delen bestaat voor het meten van verbale en non-verbale vaardigheden en die ook een totaalscore verschaft.

Wechsler-intelligentietest voor volwassenen (WAIS-III): test voor volwassenen die uit afzonderlijke delen bestaat voor het meten van verbale en non-verbale vaardigheden en die ook een totaalscore verschaft.

Wederzijds regulatiemodel: model waarin baby's en ouders emotionele stemmingen aan elkaar leren communiceren en daar adequaat op reageren.

Wederzijdse socialisatie: proces waarbij het gedrag van baby's nieuwe responsen van ouders en andere verzorgers oproept en vice versa.

Wetenschappelijke methode: een procedure om ideeën en vragen te onderwerpen aan een onderzoek, waarna ze ofwel bewezen ofwel verworpen worden.

Wiegendood: de onverklaarbare dood van een ogenschijnlijk gezonde baby.

X-gebonden gen: recessief gen dat zich alleen op het X-chromosoom bevindt.

Zelfbeeld: iemands identiteit of de opvattingen die hij van zichzelf als persoon heeft.

Zelfbesef: het bewustzijn dat men los van de rest van de wereld bestaat.

Ziekte van Duchenne: een aandoening waarbij sprake is van spierzwakte, gevolgd door afname van de spiermassa.

Zone van naaste ontwikkeling (zone of proximal development, ZPD): het niveau waarop een kind een taak bijna, maar nog niet helemaal zelfstandig kan begrijpen of uitvoeren.

Zuigelingensterfte: overlijden van een kind binnen het eerste levensjaar.

Zygote: de nieuwe cel die wordt gevormd door het bevruchtingsproces.

Referenties

Aalsma, M., Lapsley, D. & Flannery, D. (2006, april). Personal fables, narcissism, and adolescent adjustment. *Psychology in the Schools, 43*, 481–491.

Aandacht voor allochtone studenten in het hoger onderwijs (2007, december). Den Haag: Inspectie van het Onderwijs. http://www.owinsp.nl/binaries/content/assets/publicaties/2008/aandacht-voor-allochtone-studenten-in-het-hoger-onderwijs-printversie.pdf.

Aber, J. L., Bishop-Josef, S. J., Jones, S. M., McLearn, K. T. & Philips, D. A. (Eds.) (2007). *Child development and social policy: Knowledge for action*. Washington, DC: American Psychological Association.

Aboud, F. & Sankar, J. (2007, september). Friendship and identity in a language-integrated school. *International Journal of Behavioral Development, 31*, 445–453.

Achenbach, T. A. (1992). Developmental psychopathology. In M. H. Bornstein & M. E. Lamb (Eds.). *Developmental psychology: An advanced textbook*. Hillsdale, NJ: Erlbaum.

Acheva, A., Ghita, M., Patel, G., Prise, K. M. & Schettino, G. (2014). Mechanisms of DNA damage response to targeted irradiation in organotypic 3D skin cultures. *PLoS One*. Geraadpleegd 8 februari 2014, http://www.plosone.org/article/info%3Adoi%2F10.1371%2Fjournal.pone.0086092.

Achterberg, P.W. & Kramers, P.G.N. (2001). *Een gezonde start. Sterfte rond de geboorte in Nederland: Trends en oorzaken vanuit internationaal perspectief*. Bilthoven: RIVM.

Ackerman, B. P. & Izard, C. E. (2004). Emotion cognition in children and adolescents: Introduction [Special issue]. *Journal of Experimental Child Psychology, 89*, 271–275.

Acocella, J. (2003, 18 & 25 augustus). Little people. *The New Yorker*, 138–143.

Adams, G. R., Montemayor, R. & Gullotta, T. P. (Eds.). (1996). *Psychosocial development during adolescence*. Thousand Oaks, CA: Sage.

Adams, H. L. & Williams, L. (2011). Advice from teens to teens about dating: Implications for healthy relationships. *Children and Youth Services Review, 33*, 254–264.

Adamson, L. & Frick, J. (2003). The still face: A history of a shared experimental paradigm. *Infancy, 4*, 451–473.

Adorno, M., Sikandar, S., Mitra, S. S., Kuo, A., Di Robilant, B., Haro-Acosta, V. & Clarke, M. F. (2013). Usp16 contributes to somatic stem-cell defects in Down's syndrome. *Nature, 501*, 380–384.

Advocates for Youth (2003). *Science and success: Sex educations and other programs that work to prevent teen pregnancy, HIV & sexually transmitted infections*. Washington DC. Geraadpleegd 4 maart 2006, op http://www.advocatesforyouth.org/publications/ScienceSuccess.pdf.

Agentschap Zorg & Gezondheid (2013). *Vaccinatiegraad bij baby's an adolescenten*. Geraadpleegd 26 juni 2015, op http://www.zorg-en-gezondheid.be/vaccinatiegraad/.

Ahmed, E. & Braithwaite, V. (2004). Bullying and victimization: Cause for concern for both families and schools. *Social Psychology of Education, 7*, 35–54.

Ahn, W., Gelman, S. & Amsterlaw, J. (2000). Causal status effect in children's categorization. *Cognition, 76*, B35–B43.

Ainsworth, M. (1973). The development of infant-mother attachment. In B. Caldwell & H. Ricciuti (Eds.), *Review of child development research*. Vol. 3. Chicago: University of Chicago Press.

Ainsworth, M. D. S., Blehar, M. C., Waters, E. & Wall, S. (1978). *Patterns of attachment: A psychological study of the strange situation*. Hillsdale, NJ: Erlbaum.

Ait Ouarasse, O. (2003). *What immigration does to young people. The psychological acculturation of Moroccans in the Netherlands*. Academisch proefschrift. Universiteit van Tilburg.

Aitken, R. J. (1995, 7 juli). The complexities of conception, *Science, 269*, 39–40.

Akhtar-Danesh, N., Dehghan, M., Morrison, K. M. & Fonseka, S. (2011). Parents' perceptions and attitudes on childhood obesity: A Q-methodology study. *Journal of the American Academy of Nurse Practitioners, 23*, 67–75.

Akinbami, L. J. (2011, 12 januari). Asthma prevalence, health care use, and mortality: United States, 2005-2009. *National Health Statistics Reports, 32*, 1–15.

Akmajian, A., Demers, R. A. & Harnish, R. M. (1984). *Linguistics*. Cambridge, MA: MIT Press.

Albers, L. L. & Krulewitch, C. J. (1993). Electronic fetal monitoring in the United States in the 1980s. *Obstetrics & Gynecology, 82*, 8–10.

Alberts, A., Elkind, D. & Ginsberg, S. (2007, januari). The personal fable and risk-taking in early adolescence. *Journal of Youth and Adolescence, 36*, 71–76.

Alexander, G. M. & Hines, M. (2002). *Evolution and Human Behavior, 23*, 467–479.

Alexander, G., Wilcox, T. & Woods, R. (2009). Sex differences in infants' visual interest in toys. *Archives of Sexual Behavior, 38*, 427–433.

Alfonso, V. C., Flanagan, D. P. & Radwan, S. (2005). The impact of the Cattell-Horn-Carroll theory on test development and interpretation of cognitive and academic abilities. In D. P. Flanagan & P. L. Harrison (Eds.), *Contemporary intellectual assessment: Theories, tests, and issues*. New York: Guilford Press.

Alhusen, J. L., Hayat, M. J. & Gross, D. (2013). A longitudinal study of maternal attachment and infant developmental outcomes. *Archives of Women's Mental Health, 16*, 521–529.

Ali, L. & Scelfo, J. (2002, 9 december). Choosing virginity. *Newsweek*, 6–64.

Alink, L. (2006). *Early childhood agression*. Promotie Universiteit Leiden. Geraadpleegd 8 december 2015, http://www.leidenuniv.nl/nieuwsarchief2/1275.html.

Allam, M., Marlier, L. & Schaal, B. (2006). Learning at the breast: Preference formation for an artificial scent and its attraction against the odor of maternal milk. *Infant Behavior & Development, 29*, 308–321.

Allen, B. (2008). An analysis of the impact of diverse forms of childhood psychological maltreatment on emotional adjustment in early adulthood. *Child Maltreatment*, 13, 307–312.

Allen, M. & Bissell, M. (2004). Safety and stability for foster children: The policy context. *Future of Children, 14*, 49–74.

Allison, A. C. (1954). Protection afforded by sickle cell trait against subtertian malarial infection. *British Medical Journal, 1*, 290–294.

Allison, B. & Schultz, J. (2001). Interpersonal identity formation during early adolescence. *Adolescence, 36*, 509–523.

Al-Namlah, A. S., Meins, E. & Fernyhough, C. (2012). Self-regulatory private speech relates to children's recall and organization of autobiographical memories. *Early Childhood Research Quarterly*. Geraadpleegd 18 juli 2012, op http://www.sciencedirect.com/science/article/pii/S0774100512000300.

Al-Owidha, A., Green, K. & Kroger, J. (2009). On the question of an identity status category order: Rasch model step and scale statistics used to identify category order. *International Journal of Behavioral Development, 33*, 88–96.

Altemus, M., Deuster, P. A., Galliven, E., Carter, C. S. & Gold, P. W. (1995). Suppression of hypothalmic pituitary adrenal axis responses to stress in lactating women. *Journal of Clinical Endocrinology and Metabolism, 80*, 2954–2959.

Altermatt, E. (2011). Capitalizing on academic success: Students' interaction with friends as predictors of school adjustment. *The Journal of Early Adolescence, 31*, 174–203.

Altholz, S. & Golensky, M. (2004). Counseling, support, and advocacy for clients who stutter. *Health & Social Work, 29*, 197–205.

Alvarez-Leon, E. E., Roman-Vinas, B. & Serra-Majem, L. (2006). Dairy products and health: A review of the epidemiological evidence. *British Journal of Nutrition, 96*, Supplement, S94–S99.

Alverdy, J., Zaborina, O. & Wu, L. (2005). The impact of stress and nutrition on bacterial–host interactions at the intestinal epithelial surface. *Current Opinion in Clinical Nutrition and Metabolic Care, 8*, 205–209.

Amato, P. & Booth, A. (1997). *A generation at risk*. Cambridge, MA: Harvard University Press.

American Academy of Family Physicians (2002). *Position paper on neonatal circumcision*. Leawood, KS: American Academy of Family Physicians.

American Academy of Pediatrics Committee on Fetus and Newborn (2004). Hospital stay for healthy term newborns. *Pediatrics, 113*, 1434–2436.
American Academy of Pediatrics (1988). Infant exercise programs. *Pediatrics, 82*, 800–825.
American Academy of Pediatrics (1997). Breastfeeding and the use of human milk. *Pediatrics, 100*, 1035–1039.
American Academy of Pediatrics (1998, april). Guidance for effective discipline. *Pediatrics, 101*, 723–728.
American Academy of Pediatrics (1999). *Circumcision: Information for parents.* Washington, DC: Author.
American Academy of Pediatrics (2000). *Circumcision: Information for parents.* Washington, DC: Author.
American Academy of Pediatrics (2001a). Committee on Public Education. Children, Adolescents, and Television. *Pediatrics, 107*(2), 423–426.
American Academy of Pediatrics (2001b). Organized sports for children and preadolescents. *Pediatrics, 107*, 1459–1462.
American Academy of Pediatrics (2004, 3 juni). Sports programs. Geraadpleegd 3 juni 2004, op http://www.medem.com/medlb/ article_detaillb_for_printer.cfm?article_ID=ZZZD2QD5M7C&sub_cat=405.
American Academy of Pediatrics (2005). Breastfeeding and the use of human milk: Policy Statement. *Pediatrics, 115*, 496–506.
American Academy of Pediatrics (2010, 27 september). Policy Statement on Media Education. Published online. http://pediatrics.aap-publications.org/content/early/2010/09/27/peds.2010-1636.short.
American College of Obstetricians and Gynecologists (2002). *Guidelines for perinatal care.* Washington, DC: Author.
American College Testing Program (2001). *National dropout rates.* Iowa City: Author.
American Psychiatric Association (1994). *Diagnostic and statistical manual of mental disorders* (4th ed.). Washington, DC: Author.
American Psychological Association Reproductive Choice Working Group (2000). *Reproductive choice and abortion: A resource packet.* Washington, DC: American Psychological Association.
American Psychological Association (2008). Ethical principles of psychologists and code of conduct. In D. N. Bersoff (Ed.), *Ethical conflicts in psychology* (4th Ed). Washington, DC: American Psychological Association.
American SIDS Institute (2004). Statistics on SIDS, based on data from the Centers for Disease Control and Prevention and the National Center for Health Statistics. Marietta, GA: American SIDS Institute.
Amitai, Y., Haringman, M., Meiraz, H., Baram, N. & Leventhal, A. (2004). Increased awareness, knowledge and utilization of preconceptional folic acid in Israel following a national campaign. *Preventive Medicine: An International Journal Devoted to Practice and Theory, 39*, 731–737.
Amsterlaw, J. & Wellman, H. (2006). Theories of mind in transition: A microgenetic study of the development of false belief understanding. *Journal of Cognition and Development, 7*,139–172.
Anand, K. J. S. & Hickey, P. R. (1992). Halothane–morphine compared with high-dose sufentanil for anesthesia and post-operative analgesia in neonatal cardiac surgery. *New England Journal of Medicine, 326*, 1–9.
Anand, S. & Krosnick, J. A. (2005). Demographic predictors of media use among infants, toddlers, and preschoolers. *American Behavioral Scientist, 48*, 539–561.
Anders, T. F. & Taylor, T. (1994). Babies and their sleep environment. *Children's Environments, 11*, 123–134.
Anderson, C. A., Shibuya, A., Ihori, N., Swing, E. L., Bushman, B. J., Sakamoto, A., Rothstein, H. R. & Saleem, M. (2010). Violent video game effects on aggression, empathy, and prosocial behavior in eastern and western countries: A meta-analytic review. *Psychological Bulletin, 136*, 151–173.
Anderson, D. & Pempek, T. (2005). Television and very young children. *American Behavioral Scientist, 48*, 505–522.
Anderson, M. (2007). *Tall tales about the mind & brain: Separating fact from fiction.* S. Della Salla (Ed.). New York: Oxford University Press.
Anderson-Clark, T., Green, R. & Henley, T. (2008, maart). The relationship between first names and teacher expectations for achievement motivation. *Journal of Language and Social Psychology, 27*, 94–99.
Andersson, P., Juth, N., Petersén, Å., Graff, C. & Edberg, A. (2013). Ethical aspects of undergoing a predictive genetic testing for Huntington's disease. *Nursing Ethics, 20*, 189–199.
Andrews, G., Halford, G. & Bunch, K. (2003). Theory of mind and relational complexity. *Child Development, 74*, 1476–1499.
Anisfeld, M. (1996). Only tongue protrusion modeling is matched by neonates. *Developmental Review, 16*, 149–161.
Ansaldo, A.I., Arguin, M. & Roch-Locours. (2002). The contribution of the right cerebral hemisphere to the recovery from aphasia: a single longitudinal case study. *Brain Language, 82*, 206–22.
Anschutz, D. (2011). *Beloved Bodies and Forbidden Foods: Media influence on body image and food intake.* Unpublished doctoral dissertation, Radboud Universiteit Nijmegen, Nederland.
Anzman-Frasca, S., Liu, S., Gates, K. M., Paul, I. M., Rovine, M. J. & Birch, L. L. (2013a). Infants' transitions out of a fussing/crying state are modifiable and are related to weight status. *Infancy, 18*, 662–686.
Anzman-Frasca, S., Stifter, C. A., Paul, I. M. & Birch, L. L. (2013b). Infant temperament and maternal parenting self-efficacy predict child weight outcomes. *Infant Behavior & Development, 36*, 494–497.
APA (2000). Diagnostic and statistical manual of mental disorders IV TR.
APA (2014). *Handboek voor de classificatie van psychische stoornissen. DSM 5.* Amsterdam, Boom.
Apperly, I. & Robinson, E. (2003). When can children handle referential opacity? Evidence for systematic variation in 5- and 6-year-old children's reasoning about beliefs and belief reports. *Journal of Experimental Child Psychology, 85*, 297–311.
Archer, J. (2009). The nature of human aggression. *International Journal of Law and Psychiatry, 32*, 202–208.
Archer, S. L. & Waterman, A. S. (1994). Adolescent identity development: Contextual perspectives. In C. B. Fisher & R. M. Lerner (Eds.), *Applied developmental psychology.* New York: McGraw-Hill.
Arcus, D. (2001). Inhibited and uninhibited children: Biology in the social context. In T. D. Wachs & G. A. Kohnstamm (Eds.), *Temperament in context.* Mahwah, NJ: Erlbaum.
Arias, I. (2004). The legacy of child maltreatment: Long-term health consequences for women. *Journal of Women's Health, 13*, 468–473.
Ariès, P. (1962). *Centuries of childhood.* New York: Knopf.
Armstrong, J., Hutchinson, I., Laing, D. & Jinks, A. (2007). Facial electromyography: Responses of children to odor and taste stimuli. *Chemical senses, 32*, 611–621.
Armstrong, V., Brunet, P., He, C., Nishimura, M., Poole, H. & Spector, F. (2006). What is so Critical?: A Commentary on the reexamination of critical periods. *Developmental Psychobiology, 48*, 326–331.
Arnett, J. (2010). Oh, grow up! Generational grumbling and the new life stage of emerging adulthood – Commentary on Trzesniewski & Donnellan (2010). *Perspectives on Psychological Science, 5*, 89–92.
Arnett, J. (2011). Emerging adulthood(s): The cultural psychology of a new life stage. In L. Jensen & L. Jensen (Eds.), *Bridging cultural and developmental approaches to psychology: New syntheses in theory, research, and policy.* New York: Oxford University Press.
Arnett, J. J. (2000). Emerging adulthood: A theory of development from the late teens through the 20s. *American Psychologist, 55*, 469–480.
Arseneault, L., Moffitt, T. E. & Caspi, A. (2003). Strong genetic effects on cross-situational antisocial behavior among 5-year-old children according to mothers, teachers, examiner-observers, and twins' self-reports. *Journal of Child Psychology and Psychiatry and Allied Disciplines, 44*, 832–848.
Arvidson, A. B. (2001). Maternal analgesia during labor disturbs newborn behavior: effects on breastfeeding, temperature, and crying. *Birth, 28*(1):5–12.
Asendorpf, J. (2002). Self-awareness, other-awareness, and secondary representation. In A. Meltzoffa & W. Prinz (Eds.), *The imitative mind: Development, evolution, and brain bases.* New York: Cambridge University Press.
Asendorpf, J. B., Warkentin, V. & Baudonniere, P. (1996). Self-awareness and other-awareness II: Mirror self-recognition, social contingency awareness, and synchronic imitation. *Developmental Psychology, 32*, 313–321.
Asher, S. R. & Rose, A. J. (1997). Promoting children's social–emotional adjustment with peers. In P. Salovey & D. J. Sluyter (Eds.), *Emotional development and emotional intelligence: Educational implications* (pp. 196–230). New York: Basic Books.
Aslin, R. N. (1987). Visual and auditory development in infancy. In J. D. Osofsky (Ed.), *Handbook of infant development* (2nd ed.). New York: Wiley.
Astin, A. W. Van, Korn, W. S., & Berz, E. R. (2004). *The American freshman: National norms for fall 2004.* Los Angeles, Californië: Higher Education Research Institute, Graduate School of Education, UCLA © 2008 The Regents of the University of California. Alle rechten voorbehouden.
Astington, J. W. & Baird, J. A. (2005). Introduction: Why language matters. In J. W. Astington & J. A. Baird (Eds.), *Why language matters for theory of mind* (pp. 3-25). New York: Oxford University Press.
Ata, R., Ludden, A. & Lally, M. (2007, november). The effects of gender and family, friends, and media influences on eating behaviors and body image during adolescence. *Journal of Youth and Adolescence, 36*, 1024–1037.
Atkins, S. M., Bunting, M. F., Bolger, D. J. & Dougherty, M. R. (2012). Training the adolescent brain: Neural plasticity and the acquisition of cognitive abilities. In V. F. Reyna, S. B. Chapman, M. R. Dougherty & J. Confrey (Eds.), *The adolescent brain: Learning, reasoning, and decision making.* Washington, DC: American Psychological Asssociation.
Atkinson, R.C. & Shiffrin, R.M. (1971). The control of short-term memory. *Scientific American, 225*, 82–90.
Auestad, N., Scott, D. T., Janowsky, J. S., Jacobsen, C., Carroll, R. E., Montalto, M. B., et al. (2003). Visual cognitive and language assessments at 39 months: A follow-up study of children fed formulas containing long-chain polyunsaturated fatty acids to 1 year of age. *Pediatrics, 112*, e177–e183.
Augustyn, M. (2003). "G" is for growing. Thirty years of research on children and *Sesame Street. Journal of Developmental and Behavioral Pediatrics, 24*, 451.
Aujoulat, I., Luminet, O. & Deccache, E. (2007). The perspective of patients on their experience of powerlessness. *Qualitative Health Research, 17*, 772–785.
Auyeung, B. & Baron-Cohen, S. (2012). Fetal testosterone in mind: Human sex differences and autism. In F. M. de Waal, P. Ferrari (Eds.), *The primate mind: built to connect with other minds.* Cambridge, MA: Harvard University Press.
Axelson, H. W., Winkler, T., Flygt, J., Djupsjö, A., Hånell, A. & Marklund, N. (2013). Plasticity of the contralateral motor cortex following focal traumatic brain injury in the rat. *Restorative Neurology and Neuroscience, 31*, 73–85.
Axia, G., Bonichini, S. & Benini, F. (1995). Pain in infancy: Individual differences. *Perceptual and Motor Skills, 81*, 142.
Aydt, H. & Corsaro, W. (2003). Differences in children's construction of gender across culture: An interpretive approach. *American Behavioral Scientist, 46*, 1306–1325.
Aylward, G. P. & Verhulst, S. J. (2000). Predictive utility of the Bayley Infant Neurodevelopmental Screener (BINS) risk status classifications: Clinical interpretation and application. *Developmental Medicine & Child Neurology, 42*, 25–31.
Ayoub, N. C. (2005, 25 februari). A pleasing birth: Midwives and maternity care in the Netherlands. *Chronicle of Higher Education*, p. 9.

Ayres, M. M. & Leaper, C. (2013). Adolescent girls' experiences of discrimination: An examination of coping strategies, social support, and self-esteem. *Journal of Adolescent Research, 28*, 479–508.

Azar, B. (2010, december). A reason to believe. *Monitor on Psychology*, 53–56.

Baar, A. L. van, Steenis, L. J. P., Verhoeven, M., Hessen, D. J. & Smits-Engelsman, B. C. M. (2015). *Bayley-III-NL, Technische handleiding.* Amsterdam: Pearson Assessment and Information bv.

Bacchus, L., Mezey, G. & Bewley, S. (2006). A qualitative exploration of the nature of domestic violence in pregnancy. *Violence Against Women, 12*, 588–604.

Bachman, J. G., Staff, J., O'Malley, P. M. & Freedman-Doan, P. (2013). Adolescent work intensity, school performance, and substance use: Links vary by race/ethnicity and socioeconomic status. *Development Psychology, 49*, 2125–2134.

Badenhorst, W., Riches, S., Turton, P. & Hughes, P. (2006). The psychological effects of stillbirth and neonatal death on fathers: Systematic review. *Journal of Psychosomatic Obstetrics & Gynecology, 27*, 245–256.

Baer, J. S., Sampson, P. D., Barr, H. M., Connor, P. D. & Streissguth, A. P. (2003). A 21-year longitudinal analysis of the effects of prenatal alcohol exposure on young adult drinking. *Archives of General Psychiatry, 60*, 377–385.

Bai, L. (2005). Children at play: A childhood beyond the Confucian shadow. *Childhood: A Global Journal of Child Research, 12*, 9–32.

Bailey, J. M., Kirk, K. M., Zhu, G., Dunne, M. P. & Martin, N.G. (2000). Do individual differences in sociosexuality represent genetic or environmentally contingent strategies? Evidence from the Australian twin registry. *Journal of Personality and Social Psychology, 78*, 537–545.

Baillargeon, R. (2008). Innate ideas revisited: For a principle of persistence in infants' physical reasoning. *Perspectives on Psychological Science, 3*, 2–13.

Baker, J., Maes, H., Lissner, L., Aggen, S., Lichtenstein, P. & Kendler, K. (2009). Genetic risk factors for disordered eating in adolescent males and females. *Journal of Abnormal Psychology, 118*, 576–586.

Baker, T., Brandon, T. & Chassin, L. (2004). Motivational influences on cigarette smoking. *Annual Review of Psychology, 55*, 463–491.

Balaban, M. T., Snidman, N. & Kagan, J. (1997). Attention, emotion, and reactivity in infancy and early childhood. In P. J. Lang, R. F. Simons, & M. T. Balaban (Eds.), *Attention and orienting: Sensory and motivational processes.* Mahwah, NJ: Erlbaum.

Balakrishnan, V. & Claiborne, L. (2012). Vygotsky from ZPD to ZCD in moral education: Reshaping Western theory and practices in local context. *Journal of Moral Education, 41*, 225–243.

Balis, A. & Aman, M. (2013). The race race: Assimilation in America. *Teaching in Higher Education, 18*, 587–595.

Balsam, R. (2013). Freud, females, childbirth, and dissidence: Margarete Hilferding, Karen Horney, and Otto Rank. *Psychoanalytic Review, 100*, 695–716.

Bamshad, M. J. & Olson, S. E. (2003, december). Does race exist? *Scientific American*, pp. 78–85.

Bandura, A. (1977). *Social learning theory.* Englewood Cliffs, NJ: Prentice Hall.

Bandura, A. (1991). Social cognitive theory of moral thought and action. In W. M. Kurtines & J. L. Gewirtz (Eds.), *Handbook of moral behavior and development.* Hillsdale, NJ: Erlbaum.

Bandura, A. (1994). Social cognitive theory of mass communication. In J. Bryant & D. Zillmann (Eds.), *Media effects: Advances in theory and research.* Hillsdale, NJ: Erlbaum.

Bandura, A. (2002). Social cognitive theory in cultural context [Special issue]. *Applied Psychology: An International Review, 51*, 269–290.

Bandura, A., Grusec, J. E. & Menlove, F. L. (1967). Vicarious extinction of avoidance behavior. *Journal of Personality and Social Psychology, 5*, 16–23.

Bandura, A., Ross, D. & Ross, S. (1962). Vicarious extinction of avoidance behavior. *Journal of Personality and Social Psychology, 67*, 601–607.

Baptista, T., Aldana, E., Angeles, F. & Beaulieu, S. (2008). Evolution theory: An overview of its applications in psychiatry. *Psychopathology, 41*, 17–27.

Barac, R. & Bialystok, E. (2012). Bilingual effects on cognitive and linguistic development: Role of language, cultural background, and education. *Child Development, 83*, 413–422.

Barber, A. D., Srinivasan, P., Joel, S. E., Caffo, B. S., Pekar, J. J. & Mostofsky, S. H. (2012). Motor 'dexterity'? Evidence that left hemisphere lateralization of motor circuit connectivity is associated with better motor performance in children. *Cerebral Cortex, 22*, 51–59.

Barboza, G., Schiamberg, L., Oehmke, J., Korzeniewski, S., Post, L. & Heraux, C. (2009). Individual characteristics and the multiple contexts of adolescent bullying: An ecological perspective. *Journal of Youth and Adolescence, 38*, 101–121.

Barlett, C., Harris, R. & Baldassaro, R. (2007). Longer you play, the more hostile you feel: Examination of first person shooter video games and aggression during video game play. *Aggressive Behavior, 33*, 486–497.

Barnes, J. C. & Boutwell, B. B. (2012). On the relationship of past to future involvement in crime and delinquency: A behavior genetic analysis. *Journal of Criminal Justice, 40*(1), 94–102.

Barnett, R. C. & Rivers, C. (1992). The myth of the miserable working woman. *Working Woman, 2*, 62–65, 83–85.

Baron-Cohen, S (2004). *Het verschil M/V.* Utrecht: Kosmos.

Baron-Cohen, S. (2003). *The essential difference: Men, women and the extreme male brain.* London: Allen Lane/Penguin.

Baron-Cohen, S. (2005). Testing the extreme male brain (EMB) theory of autism: Let the data speak for themselves. *Cognitive Neuropsychiatry, 10*, 77–81.

Barone, D. (2011). Welcoming families: A parent literacy project in a linguistically rich, high-poverty school. *Early Childhood Education Journal, 38*, 377–384.

Barr, R. G. (2011). Mother and child: Preparing for a life. In D. P. Keating & D. P. Keating (Eds.), *Nature and nurture in early child development.* New York: Cambridge University Press.

Barrett, D. E. & Frank, D. A. (1987). *The effects of undernutrition on children's behavior.* New York: Gordon & Breach.

Barrett, D. E. & Radke-Yarrow, M. R. (1985). Effects of nutritional supplementation on children's responses to novel, frustrating, and competitive situations. *American Journal of Clinical Nutrition, 42*, 102–120.

Barrett, T. & Needham, A. (2008). Developmental differences in infants' use of an object's shape to grasp it securely. *Developmental Psychobiology, 50*, 97–106.

Barton, R. (2007). Use of medication in children with psychiatric disorders. *Journal of Community Practice, 80*, 42, 44.

Bass, S., Shields, M. K. & Behrman, R. E. (2004). Children, families, and foster care: Analysis and recommendations. *The Future of Children, 14*, 5–30.

Bastian, B., Jetten, J. & Radke, H. M. (2012). Cyber-dehumanization: Violent video game play diminishes our humanity. *Journal of Experimental Social Psychology, 48*, 486–491.

Bates, E., Marchman, V., Thal, D., Fenson, L., Dale, P., Reznick, J. S., et al. (1994). Developmental and stylistic variation in the composition of the early vocabulary. *Journal of Child Language, 21*, 85–123.

Bauer, P. J. (2004). Getting explicit memory off the ground: Steps toward construction of a neuro-developmental account of changes in the first two years of life [Social issue]. *Developmental Review: Memory Development in the New Millennium, 24*, 347–373.

Bauer, P. J. (2007). Recall in infancy: A neurodevelopmental account. *Current Directions in Psychological Science,16*, 142–146.

Bauer, P. J., Wenner, J. A., Dropik, P. L. & Wewerka, S. S. (2000). Parameters of remembering and forgetting in the transition from infancy to early childhood. With commentary by Mark L. Howe. *Monographs of the Society for Research in Child Development, 65*, 4.

Bauman, K. J. (2001, 29-31 maart). *Home schooling in the United States: Trends and characteristics* (Working Paper No. 53). Paper presented at the annual meeting of the Population Association of America, Washington, DC.

Baumrind, D. (1971). Current patterns of parental authority. *Developmental Psychology Monographs, 4* (1, Pt. 2).

Baumrind, D. (1980). New directions in socialization research. *Psychological Bulletin, 35*, 639–652.

Baumrind, D. (2005). Patterns of parental authority. *New Directions in Child Adolescent Development, 108*, 61–69.

Bayley, N. (1993). *Bayley Scales of Infant Development (BSID-II)* (2nd ed.). San Antonio: Psychological Corporation.

Bazelon, E. (20 mei 2007). Montessori and me. *The Washington Post*, B-2.

Beal, C. R. (1994). *Boys and girls: The development of gender roles.* New York: McGraw-Hill.

Bearce, K. & Rovee-Collier, C. (2006). Repeated priming increases memory accessibility in infants. *Journal of Experimental Child Psychology, 93*, 357–376.

Bearman, P. & Bruckner, H. (2004). *Study on teenage virginity pledge.* Paper presented at meeting of the National STD Prevention conference, Philadelphia, PA.

Bearman, P. & Bruckner, H. (2004). *Study on teenage virginity pledge.* Paper presented at meeting of the National STD Prevention Conference, Philadelphia, PA.

Becker, B. & Luthar, S. (2007, maart). Peer-perceived admiration and social preference: Contextual correlates of positive peer regard among suburban and urban adolescents. *Journal of Research on Adolescence, 17*, 117–144.

Beckman, M. (2004, 30 juli). Neuroscience: Crime, culpability, and the adolescent brain. *Science*, pp. 305, 596–599.

Begeer, S., Bernstein, D. M., Van Wijhe, J., Schleeren, A. M. & Koot, H. (2012). A continuous false belief task reveals egocentric biases in children and adolescents with autism spectrum disorders. *Autism, 16*, 357–366.

Begeny, J. & Martens, B. (2007, maart). Inclusionary education in Italy: A literature review and call for more empirical research. *Remedial and Special Education, 28*, 80–94.

Begley, S. (1995, 10 juli). Deliver, then depart. *Newsweek*, p. 62.

Beilby, J. M., Byrnes, M. L. & Young, K. N. (2012). The experiences of living with a sibling who stutters: A preliminary study. *Journal of Fluency Disorders, 37*, 135–148.

Belcher, J. R. (2003). Stepparenting: Creating and recreating families in America today. *Journal of Nervous & Mental Disease, 191*, 837–838.

België staat mee aan de spits van fertiliteitsgeneeskunde (20 juni 2013). *Het Laatste Nieuws.* Geraadpleegd 13 mei 2015, op http://www.hln.be/hln/nl/33/Fit-Gezond/article/detail/1655169/2013/06/20/Belgie-staat-mee-aan-de-spits-van-fertiliteitsgeneeskunde.dhtml.

Belkin, L. (1999, 25 juli). Getting the girl. *The New York Times Magazine*, pp. 26–35.

Bell, A. & Weinberg, M. S. (1978). *Homosexuality: A study of diversities among men and women.* New York: Simon & Schuster.

Bell, H., Pellis, S. & Kolb, B. (2009). Juvenile peer play experience and the development of the orbitofrontal and medial prefrontal cortices. *Behavioural Brain Research, 207*(1), 7–13.

Bell, M. (2012). A psychobiological perspective on working memory performance at 8 months of age. *Child Development, 83*, 251–265.

Bell, H. C. Pellis, S. M. & Kolb, B. (2010). Juvenile peer play experience and the development of the orbitofrontal and medial prefrontal cortices. *Behavioural brain research 11*; 207(1):7–13. doi: 10.1016/j.bbr.2009.09.029.

Bell, S. M. & Ainsworth, M. D. S. (1972). Infant crying and maternal responsiveness. *Child Development, 43*, 1171–1190.

Belle, D. (1999). *The after-school lives of children: Alone and with others while parents work.* Mahwah, NJ: Erlbaum.
Belleman, B. (2005). *Extremisme bestrijd je niet met betere scholing.* Geraadpleegd 18 december 2005, op: www.delta.tudelft.nl.
Bellezza, F. S. (2000). Mnemonic devices. In A. E. Kazdin (Ed.), *Encyclopedia of psychology* Vol. 5, pp. 286–287. Washington, DC: American Psychological Association.
Belluck, P. (2000, 18 oktober). New advice for parents: Saying "That's great!" may not be. *The New York Times*, p. A14.
Belsky, J., Vandell, D. L., Burchinal, M., Clarke-Stewart, A. K., McCartney, K. & Owen, M. T. (2007). Are there long-term effects of early child care? *Child Development, 78*, 188–193.
Benelli, B., Belacchi, C., Gini, G. & Lucangeli, D. (2006, februari). 'To define means to say what you know about things': The development of definitional skills as metalinguistic acquisition. *Journal of Child Language, 33*, 71–97.
Benenson, J. F. & Apostoleris, N. H. (1993, maart). *Gender differences in group interaction in early childhood.* Paper presented at the biennial meeting of the Society for Research in Child Development, New Orleans.
Bengtson, V. L., Acock, A. C., Allen, K. R. & Dilworth-Anderson, P. (Eds.). (2004). *Sourcebook of family theory and research.* Thousand Oaks, CA: Sage.
Benjet, C. & Kazdin, A. E. (2003). Spanking children: The controversies, findings and new directions. *Clinical Psychology Review, 23*, 197–224.
Bennet, S. & Assefi, N. (2005). School-based teenage pregnancy prevention programs: A systematic review of randomized controlled trials. *Journal of Adolescent Health, 36*, 72–81.
Bennett, A. (1992, 14 oktober). Lori Schiller emerges from the torments of schizophrenia. *The Wall Street Journal*, pp. A1, A10.
Bennett, J. (2008, 15 september). It's not just white girls. *Newsweek*, 96.
Benoit, A., Lacourse, E. & Claes, M. (2014). Pubertal timing and depressive symptoms in late adolescence: The moderating role of individual, peer, and parental factors. *Development and Psychopathology, 25*, 455–471.
Benoit, D. & Parker, C. H. (1994). Stability and transmission of attachment across three generations. *Child Development, 65*, 1444–1456.
Benson, E. (2003, maart). 'Goo, gaa, grr?' *Monitor on Psychology*, 50–51.
Benson, H. (1993). The relaxation response. In D. Goleman & J. Guerin (Eds.), *Mind-body medicine: How to use your mind for better health.* Yonkers, NY: Consumer Reports Publications.
Berg, M. Van den, Vanderfaeillie, J. & Grietens, H. (2009). *Effectevaluatie spreekuur volgens de methodiek van Triple P en vergelijking met het huidige spreekuur opvoedingsondersteuning.* Leuven: Steunpunt Welzijn, Volksgezondheid en Gezin (rapport 2009/2).
Bergelson, E. & Swingley, D. (2012). At 6-9 months, humans infants know the meaning of many common nouns. *PNAS Proceedings of the National Academy of science of the United States of America, 109*, 3253–3258.
Bergen, H., Martin, G. & Richardson, A. (2003). Sexual abuse and suicidal behavior: A model constructed from a large community sample of adolescents. *Journal of the American Academy of Child & Adolescent Psychiatry, 42*, 1301–1309.
Berger, L. (2000, 11 april). What children do when home and alone. *The New York Times*, p. F8.
Bergman, A., Blom, I. & Polyak, D. (2012). Attachment and separation-individuation: Two ways of looking at the mother/infant relationship. In S. Akhtar (Ed.), *The mother and her child: Clinical aspects of attachment, separation, and loss.* Lanham, MD: Jason Aronson.
Bergmann, R. L., Bergmann, K. E. & Dudenhausen, J. W. (2008). Undernutrition and growth restriction in pregnancy. *Nestle Nutritional Workshop Series; Pediatrics Program, 61*, 1030–1121.
Berko, J. (1958). The child's learning of English morphology. *Word, 14*, 150–177.
Berlet, I., Bulthuis, F., Jacobs, H., Langberg, M., Wanner, P. & Thijs, A. (2008). *Omgaan met culturele diversiteit in het onderwijs.* Enschede: SLO.
Bernal, M. E. (1994, augustus). *Ethnic identity of Mexican American children.* Address at the annual meeting of the American Psychological Association, Los Angeles.
Berndt, T. J. (1999). Friends' influence on students' adjustment to school. *Educational Psychologist, 34*, 15–28.
Bernier, A. & Meins, E. (2008). A threshold approach to understanding the origins of attachment disorganization. *Developmental Psychology, 44*, 969–982.
Bernstein, N. (2004, 7 maart). Behind fall in pregnancy, a new teenage culture of restraint. *The New York Times*, pp. 1, 20.
Berry, G. L. (2003). Developing children and multicultural attitudes: The systemic psychosocial influences of television portrayals in a multimedia society. *Cultural Diversity and Ethnic Minority Psychology, 9*, 360–366.
Bertin, E. & Striano, T. (2006, april). The still-face response in newborn, 1.5-, and 3-month-old infants. *Infant Behavior & Development, 29*, 294–297.
Berzonsky, M. D. (1990). Self-construction over the life-span: A process perspective on identity formation. In G. J. Neimeyer & R. A. Neimeyer (Eds.), *Advances in personal construct psychology* (Vol. 1, pp. 155–186). Greenwich, CT: JAI Press.
Besag, Valerie E. (2006). *Understanding girls' friendships, fights and feuds: A practical approach to girls' bullying.* Maidenhead, BRK, England: Open University Press/McGraw-Hill Education.
Bhagat, N., Laskar, A. & Sharma, N. (2012). Women's perception about sex selection in an urban slum in Delhi. *Journal of Reproductive and Infant Psychology, 30*, 92–104.
Bhushan, B. & Khan, S. (2006, september). Laterality and accident proneness: A study of locomotive drivers. *Laterality: Asymmetries of body, brain and cognition, 11*, 395–404.
Bialystok, E. & Viswanathan, M. (2009). Components o fexecutive control with advantages for bilingual children in two cultures. *Cognition, 112*, 494–500.
Bialystok, E. (2011). Coordination of executive functions in monolingual and bilingual children. *Journal of Experimental Child Psychology, 110*(3), 461–468.
Bibace, R. (2013). Challenges in Piaget's legacy. *Integrative Psychological & Behavioral Science, 47*, 167–175.
Biblarz, T. J. & Stacey, J. (2010). How does the gender of parents matter? *Journal of Marriage and Family, 72*(1), 3–22.
Bickham, D. S., Wright, J. C. & Huston, A. C. (2000). Attention, comprehension and the educational influences of television. In D. G. Singer & J. L. Singer (Eds.) Handbook of children and Media. Thousand Oaks, Ca: Sage.
Biddle, B. J. (2001). *Social class, poverty, and education.* London: Falmer Press.
Bierman, K. L. (2004). *Peer rejection: Developmental processes and intervention strategies.* New York: Guilford Press.
Biesecker, B. & Peay, H. (2013). Genomic sequencing for psychiatric disorders: Promise and challenge. *International Journal of Neuropsychopharmacology, 16*, 1667–1672.
Bigelow, A. & Rochat, P. (2006). Two-month-old infants' sensitivity to social contingency in mother-infant and stranger-infant interaction. *Infancy, 9*, 313–325.
Bigelow, A. E. & Power, M. (2012). The effect of mother-infant skin-to-skin contact on infants' response to the Still Face Task from newborn to three months of age. *Infant Behavior & Development, 35*, 240–251.
Bijeljac-Babic, R., Bertoncini, J. & Mehler, J. (1993). How do 4-day-old infants categorize multisyllabic utterances? *Developmental Psychology, 29*, 711–721.
Birch, E. E., Garfield, S., Hoffman, D. R., Uauy, R. & Birch, D. G. (2000). A randomized controlled trail of early dietary supply of long-chain polyunsaturated fatty acids and mental development in term infants. *Developmental Medicine and Child Neurology, 42*, 174–181.
Biro, F., Striegel-Moore, R., Franko, D., Padgett, J. & Bean, J. (2006, oktober). Self-esteem in adolescent females. *Journal of Adolescent Health, 39*, 501–507.
Bischof-Köhler, D. (2012). Empathy and self-recognition in phylogenetic an ontogenetic perspective. *Emotion Review, 4*, 40–48.
Bishop, D. V. M. & Leonard, L. B. (Eds.). (2001). *Speech and language impairments in children: Causes, characteristics, intervention and outcome.* Philadelphia, PA: Psychology Press.
Bjorklund, D. (2006). Mother knows best: Epigenetic inheritance, maternal effects, and the evolution of human intelligence. *Developmental Review, 26*, 213–242.
Bjorklund, D. F. & Ellis, B. (2005). Evolutionary psychology and child development: An emerging synthesis. In B. J. Ellis (Ed.), *Origins of the social mind: Evolutionary psychology and child development.* New York: Guilford Press.
Bjorklund, D. F. (1997a). In search of a metatheory of cognitive development (or Piaget is dead and I don't feel so good myself). *Child Development, 68*, 144–148.
Bjorklund, D. F. (1997b). The role of immaturity in human development. *Psychological Bulletin, 122*, 153–169.
Black, J. E. & Greenough, W. T. (1986). Induction of pattern in neural structure by experience: Implication for cognitive development. In M. E. Lamb, A. L. Brown, & B. Rogoff (Eds.), *Advances in developmental psychology* (Vol. 4). Hillsdale, NJ: Erlbaum.
Black, K. (2002). Associations between adolescent-mother and adolescent-best friend interactions. *Adolescence, 37*, 235–253.
Blair, P., Sidebotham, P., Berry, P., Evans, M. & Fleming, P. (2006). Major epidemiological changes in sudden infant death syndrome: A 20-year population-based study in the UK. *Lancet, 367*, 314–319.
Blake, G., Velikonja, D., Pepper, V., Jilderda, I. & Georgiou, G. (2008). Evaluating an in-school injury prevention programme's effect on children's helmet wearing habits. *Brain Injury, 22*, 501–507.
Blake, J. & de Boysson-Bardies, B. (1992). Patterns in babbling: A cross-linguistic study. *Journal of Child Language, 19*, 51–74.
Blakemore, J. (2003). Children's beliefs about violating gender norms: Boys shouldn't look like girls, and girls shouldn't act like boys. *Sex Roles, 48*, 411–419.
Blakemore, S. (2012). Imaging brain development: The adolescent brain. *Neuroimage, 61*, 397–406.
Blakeslee, S. (1995, 29 augustus). In brain's early growth, timetable may be crucial. *The New York Times*, pp. C1, C3.
Bleichrodt, N. & Van de Vijver, F.J.R. (Eds.). (2001). *Diagnostiek bij allochtonen: mogelijkheden en beperkingen van psychologische tests.* Lisse: Swets & Zeitlinger.
Blewitt, P., Rump, K., Shealy, S. & Cook, S. (2009). Shared book reading: When and how questions affect young children's word learning. *Journal of Educational Psychology, 101*, 294–304.
Block, J. S., Weinstein, J. & Seitz, M. (2005). School and parent partnerships in the preschool years. In D. Zager (Ed.), *Autism spectrum disorders: Identification, education, and treatment* (3rd ed.). Mahwah, NJ: Erlbaum.
Blok, H.R., Fukkink, E., Gebhardt, P. & Leseman, P.P.M. (2003). *The relevance of delivery mode and other program characteristics for the effectiveness of early childhood intervention with disadvantaged children.* Amsterdam, SCO.
Bloss, C. S., Schork, N. J. & Topol, E. J. (2011). Effect of direct-to-consumer genomewide profiling to assess disease risk. *The New England Journal of Medicine, 364*, 524–534.
Blount, B. G. (1982). Culture and the language of socialization: Parental speech. In D. A. Wagner & H. W. Stevenson (Eds.), *Cultural perspectives on child development.* San Francisco: Freeman.
Blumenshine, P. M., Egerter, S. A., Libet, M. L. & Braveman, P. A. (2011). Father's education: An inde-

pendent marker of risk for preterm birth. *Maternal and Child Health Journal, 15*, 60–67.
Blumenthal, S. (2000). Developmental aspects of violence and the institutional response. *Criminal Behaviour & Mental Health, 10*, 185–198.
Blustein, D. I. & Palladino, D. E. (1991). Self and identity in late adolescence: A theoretical and empirical integration. *Journal of Adolescent Research, 6*, 437–453.
Boatella-Costa et, E., Costas-Moragas, C., Botet-Mussons, F., Fornieles-Deu, A. & De Cáceres-Zurita, M. (2007). Behavioral gender differences in the neonatal period according to the Brazelton scale. *Early Human Development, 83*, 91–97.
Bober, S., Humphry, R. & Carswell, H. (2001). Toddlers' persistence in the emerging occupations of functional play and self-feeding. *American Journal of Occupational Therapy, 55*, 369–376.
Bodell, L. P., Joiner, T. E. & Lalongo, N. S. (2012). Longitudinal association between childhood impulsivity and bulimic symptoms in African American adolescent girls. *Journal of Consulting and Clinical Psychology, 80*, 313–316.
Bodell, L. P., Smith, A. R., Holm-Denoma, J. M., Gordon, K. H. & Joiner, T. E. (2011). The impact of perceived social support and negative life events on bulimic symptoms. *Eating Behaviors, 12*, 44–48.
Boehmer, U., Linde, R. & Freund, K. M. (2005). Sexual minority women's coping and psychological adjustment after a diagnosis of breast cancer. *Journal of Women's Health, 14*, 213–224.
Bogle, K. A. (2008). "Hooking Up": What educators need to know. *The Chronicle of Higher Education, 54*, A32.
Bohn, A. & Berntsen, D. (2011). The reminiscence bump reconsidered: Children's prospective life stories show a bump in young adulthood. *Psychological Science, 22*, 197–202.
Bonanno, G., Galea, S., Bucciarelli, A. & Vlahov, D. (2006). Psychological resilience after disaster: New York City in the aftermath of the September 11th terrorist attack. *Psychological Science,17*, 181–186.
Bond Beter leefmilieu (2014). *Te veel astmapatiënten in België*. Geraadpleegd 12 augustus 2015, op http://www.bondbeterleefmilieu.be/page.php/30/784/15189.
Bondy, A. S. & Frost, L. (2001). The Picture Exchange Communication System. *Behavior Modification 25*(5), 725-744.
Bonke, B., Tibben, A., Lindhout, D., Clarke, A. J. & Stijnen, T. (2005). Genetic risk estimation by healthcare professionals. *Medical Journal of Autism, 182*, 116–118.
Bonnano, G. A. & Mancini, A. D. (februari, 2008) The human capacity to thrive in the face of potential trauma. *Pediatrics 121*(2), 369–375.
Bonnicksen, A. (2007). Oversight of assisted reproductive technologies: The last twenty years. *Reprogenetics: Law, policy, and ethical issues*. Baltimore, MD: Johns Hopkins University Press.
Bookstein, F. L., Sampson, P. D., Streissguth, A. P. & Barr, H. M. (1996). Exploiting redundant measurement of dose and developmental outcome: New methods from the behavioral teratology of alcohol. *Developmental Psychology, 32*, 404–415.
Boone, L., Soenens, B. & Braet, C. (2011). Een kritische analyse van het begrip perfectionisme in relatie tot eetstoornissen. *Tijdschrift voor Psychologie* (augustus).
Booth, C., Kelly, J. & Spieker, S. (2003). Toddlers' attachment security to child-care providers: The safe and secure scale. *Early Education & Development, 14*, 83–100.
Bootzin, R. R., Manber, R., Perlis, M. L., Salvio, M. & Wyatt, J. K. (1993). Sleep disorders. In P. B. Sutker & H. E. Adams (Eds.), *Comprehensive handbook of psychopathology* (2nd ed.). New York: Plenum.
Bor, W. & Bor, W. (2004). Prevention and treatment of childhood and adolescent aggression and antisocial behaviour: A selective review. *Australian & New Zealand Journal of Psychiatry, 38*, 373–380.
Borden, M. E. (1998). *Smart start: The parents' complete guide to preschool education*. New York: Facts on File.
Bornstein, M. H. & Lamb, M. E. (1992). *Development in infancy: An introduction*. New York: McGraw-Hill.
Bornstein, M. H. & Lamb, M. E. (Eds.). (2005). *Developmental science*. Mahwah, NJ: Erlbaum.
Bornstein, M. H. & Lansford, J. E. (2013). Assessing early childhood development. In P. Britto, P. L. Engle, C. M. Super (Eds.), *Handbook of early childhood development research and its impact on global policy*. New York: Oxford University Press.
Bornstein, M. H. (2000). Infant into conversant: Language and nonlanguage processes in developing early communication. In N. Budwig & I. C. Uzgiris (Eds.), *Communication: An arena of development*. Westport, CT: Ablex Publishing.
Bornstein, M. H., Haynes, O. M., O'Reilly, A. W. & Painter, K. M. (1996). Solitary and collaborative pretense play in early childhood: Sources of individual variation in the development of representational competence. *Child Development, 67*, 2910–2929.
Bornstein, M. H., Putnick, D. L., Suwalsky, T. D. & Gini, M.(2006). Maternal chronological age, prenatal and perinatal history, social support, and parenting of infants. *Child Development,77*, 875–892.
Bornstein, M. H., Suwalsky, J. T. D. & Breakstone, D. A. (2012). Emotional relationships between mothers and infants: Knowns, unknowns, and unknown unknowns. *Development and Psychopathology, 24*, 113–123.
Bornstein, M. H., Tamis-LeMonda, C. S., Hahn, C-S. & Haynes, M. (2008). Maternal Responsiveness to Young Children at Three Ages: Longitudinal Analysis of a Multidimensional, Modular, and Specific Parenting Construct. *Developmental Psychology, 44*(3), 867–874.
Bornstein, M.H., Cote, L. R. & Maital, S. with Painter, K., Park, S.Y., Pascual, L., Pêcheux, M.G., Ruel, J., Venuti, P. & Vyt, A. (2004) Crosslinguistic analysis of vocabulary in young children: Spanish, Dutch, French, Hebrew, Italian, Korean, and American English. *Child Development, 75*, 1115–1139.
Bos, A. F. (2013). Bayley-II or Bayley-III: What do the scores tell us? *Developmental Medicine & Child Neurology, 55*, 978–979.
Bos, C. S. & Vaughn, S. S. (2005). *Strategies for teaching students with learning and behavior problems* (6th ed). Boston: Allyn & Bacon.
Bos, H., Sandfort, T., De Bruyn, E. & Hakvoort, E. (2008). Same-sex attraction, social relationships, psychosocial functioning, and school performance in early adolescence. *Developmental Psychology, 44*, 59–68.
Bosacki, S. (2013). Theory of mind understanding and conversational patterns in middle childhood. *The Journal of Genetic Psychology: Research and Theory on Human Development, 174*, 170–191.
Bosch, N. (2011). *Adolescents in stress. The ups and downs of the psychophysiological stress response*. Rijksuniversiteit Groningen, promotie, 26 januari 2011.
Bosco, F. M., Angeleri, R., Colle, L., Sacco, K. & Bara, B. G. (2013). Communicative abilities in children: An assessment through different phenomena and expressive means. *Journal of Child Language, 40*, 741–778.
Bosmans, G., Goossens, L. & Braet, C. (2009). Attachment and weight and shape concerns in inpatient overweight youngsters. *Appetite, 53*, 454–456.
Botswick, J. (2006, februari). Do SSRIs cause suicide in children? The evidence is underwhelming. *Journal of Clinical Psychology, 60*(2), 235–241.
Bouchard, C., Tremblay, A., Despres, J. P., Nadeau, A., Lupien, P. J., Theriault, J., et al. (1990). The response to long-term overfeeding in identical twins. *New England Journal of Medicine, 322*, 1477–1482.
Bouchard, T. J., Jr. & McGue, M. (1981). Familial studies of intelligence: A review. *Science, 212*, 1055–1059.
Bouchard, T. J., Jr. (1997, september/oktober). Whenever the twain shall meet. *The Sciences*, 52–57.
Bouchard, T. J., Jr. (2004). Genetic influence on human psychological traits: A survey. *Current Directions in Psychological Science, 13*, 148–153.
Bouchard, T. J., Jr. Genes, environment, and personality. *Science, 264*, 1700–1701.
Bourne, V. & Todd, B. (2004). When left means right: An explanation of the left cradling bias in terms of right hemisphere specializations. *Developmental Science 7*, 19–24.
Bouteh, K. (2010). Opvoeden in andere culturen: inzichten uit de interculturele pedagogiek. *PHAXX, nummer 3*, 13-14. Geraadpleegd 30 juni 2015, op http://www.expoo.be/sites/default/files/kennis-document/2010_3_13-14_opvoeden_in_andere_culturen.pdf.
Bowen, F. (2013). Asthma education and health outcomes of children aged 8 to 12 years. *Clinical Nursing Research, 22*, 172–185.
Bower, T. G. R. (1977). *A primer of infant development*. San Francisco: Freeman.
Bowker, A., Gadbois, S. & Cornock, B. (2003). Sports participation and self-esteem: variations as a function of gender and gender role orientation (1). *Sex Roles, 49*(1–2), 47–58.
Bowlby, J. (1951). Maternal care and mental health. *Bulletin of the World Health Organization, 3*, 355–534.
Bowlby, R. (2007). Babies and toddlers in non-parental daycare can avoid stress and anxiety if they develop a lasting secondary attachment bond with one carer who is consistently accessible to them. [Special issue]. The Life and Work of John Bowlby: A Tribute to his Centenary. *Attachment & Human Development, 9*, 307–319.
Bracken, B. & Lamprecht, M. (2003). Positive self-concept: An equal opportunity construct. *School Psychology Quarterly, 18*, 103–121.
Brackett, M. & Katulak, N. (2007). Emotional intelligence in the classroom: skill-based training for teachers and students. *Applying emotional intelligence: A practitioner's guide* (pp. 1–27). New York: Psychology Press.
Bradley, R. & Corwyn, R. (2008). Infant temperament, parenting, and externalizing behavior in first grade: A test of the differential susceptibility hypothesis. *Journal of Child Psychology and Psychiatry, 49*, 124–131. http://searc.ebscohost.com.
Bradshaw, M. & Ellison, C. (2008). Do genetic factors influence religious life? Finding from a behavior genetic analysis of twin siblings. *Journal for the Scientific Study of Religion, 47*, 529-544. http://search.ebscohost.com, doi:10.1111/j.1468-5906.2008.00425.x.
Brady, S. (2007). Young adults' media use and attitudes toward interpersonal and institutional forms of aggression. *Aggressive Behavior, 33*, 519–525.
Brainerd, C. (2003). Jean Piaget, learning research, and American education. In B. Zimmerman (Ed.), *Educational psychology: A century of contributions*. Mahwah, NJ: Erlbaum.
Brandone, A. C., Cimpian, A., Leslie, S. & Geldman, S.A. (2012). Do lions have manes? For children, genetics are about kinds rather than quantities. *Child Development, 83*, 423–433.
Branstetter, E. (1969). The young child's response to hospitalization: Separation anxiety or lack of mothering care? *American Journal of Public Health, 59*, 92–97.
Branta, C. F., Lerner, J. V. & Taylor, C. S. (Eds.). (1997). *Physical activity and youth sports: Social and moral issues*. Mahwah, NJ: Erlbaum.
Branum, A.M. (2006). *Infant Mortality in the US: An introductory exploration*. National Center for Health Statistics Infant and Child Health Studies Branch.
Bray, G. (2008). Causes of childhood obesity. *Obesity in childhood and adolescence, Vol 1: Medical, biological, and social issues* (pp. 25–57). Westport, CT: Praeger/Greenwood Publishing Group.
Brazelton, T. B. & Sparrow, J. D. (2003). *Discipline: The Brazelton way*. New York: Perseus.
Brazelton, T. B. & Sparrow, J. D. (2006). *Discipline: The Brazelton way*. New York: Perseus.
Brazelton, T. B. (1973). *The Neonatal Behavioral Assessment Scale*. Philadelphia: Lippincott.
Brazelton, T. B. (1983). *Infants and mothers: Differences in development* (Rev. ed.). New York: Dell.
Brazelton, T. B. (1990). Saving the bathwater. *Child Development, 61*, 1661–1671.
Brazelton, T. B. (1997). *Toilet training your child*. New York: Consumer Visions.

Brazelton, T. B., Christophersen, E. R., Frauman, A. C., Gorski, P. A., Poole. J. M., Stadtler, A. C., et al. (1999). Instruction, timeliness, and medical influences affecting toilet training. *Pediatrics, 103,* 1353–1358.
Brazier, A. & Duff, A. J. A. (2005). Editorial: Working with childhood chronic illness: Psychosocial approaches. *Clinical Child Psychology & Psychiatry, 10,* 5–8.
Breeuwsma, G., Haanstra, F., Koopman, C., Laarakker, K., Schram, D. & Witte, T. (2005). *Ontwikkelingsstadia in het leren van kunst, literatuur en muziek.* Utrecht: Cultuurnetwerk Nederland.
Bremner, G. & Fogel, A. (Eds.). (2004). *Blackwell handbook of infant development.* Malden, MA: Blackwell.
Bridges, J. S. (1993). Pink or blue: Gender-stereotypic perceptions of infants as conveyed by birth congratulations cards. *Psychology of Women Quarterly, 17,* 193–205.
Bridgett, D., Gartstein, M., Putnam, S., McKay, T., Iddins, E., Robertson, C. et al. (2009). Maternal and contextual influences and the effect of temperament development during infancy on parenting in toddlerhood. *Infant Behavior & Development, 32,* 103-116. http://search.ebscohost.com, doi:10.1016/j.infbeh.2008.10.007.
Brock, C., Lapp, D., Flood, J., Fisher, D. & Han, K. (2007, juli). Does homework matter? An investigation of teacher perceptions about homework practices for children from nondominant backgrounds. *Urban Education, 42,* 349–372.
Bronfenbrenner, U. (1989). Ecological systems theory. In R. Vasta (Ed.), *Six theories of child development.* Greenwich, CT: JAI Press.
Bronfenbrenner, U. & Morris, P. (1998). The ecology of developmental processes. In W. Damon (Ed.), *Handbook of child psychology: Vol. 1. TTL* (5th ed., pp. xx). New York: Wiley & Sons.
Bronfenbrenner, U. (2002). Preparing a world for the infant in the twenty-first century: The research challenge. In J. Goes-Pedro, J. K. Nugent, J. G. Young, & T. B. Brazelton, *The infant and family in the twenty-first century.* New York: Brunner-Routledge.
Bronstein, P. (1999). Differences in mothers' and fathers' behaviors toward children: A cross-cultural comparison. In L. A. Peplau & S. C. De Bro (Eds.), *Gender, culture, and ethnicity: Current research about women and men.* Mountain View, CA: Mayfield.
Brook, U. & Tepper, I. (1997). High school students' attitudes and knowledge of food consumption and body image: Implications for school-based education. *Patient Education & Counseling, 30,* 282–288.
Brotanek, J., Gosz, J., Weitzman, M. & Flores, G. (2007). Iron deficiency in early childhood in the United States: Risk factors and racial/ethnic disparities. *Pediatrics, 120,* 568–575.
Brown, B. (2004). Adolescents' relationship with peers. In R.M. Lerner & L. Stenberg (Eds.), *Handbook of Adolescent Psychology, 2nd Edition.* New York, NY: John Wiley & Sons.
Brown, C., Pikler, V., Lavish, L., Keune, K. & Hutto, C. (2008, januari). Surviving childhood leukemia: Career, family, and future expectations. *Qualitative Health Research, 18,* 19–30.
Brown, D. L., Jewell, J. D., Stevens, A. L., Crawford, J. D. & Thompson, R. (2012). Suicidal risk in adolescent residential treatment: Being female is more important than a depression diagnosis. *Journal of Child and Family Studies, 21,* 359–367.
Brown, E. L. & Bull, R. (2007). Can task modifications influence children's performance on false belief tasks? *European Journal of Developmental Psychology, 4,* 273–292.
Brown, G., McBride, B., Shin, N. & Bost, K. (2007). Parenting predictors of father-child attachment security: Interactive effects of father involvement and fathering quality. *Fathering, 5,* 197–219.
Brown, J. V., Bakeman, R., Coles, C. D., Platzman, K. A. & Lynch, M. E. (2004). Prenatal cocaine exposure: A comparison of 2-year-old children in prenatal and non-parental care. *Child Development, 75,* 1282–1295.
Brown, L. M. & Gilligan, C. (1991). Listening for voices in narratives of relationships. In M. Tappan & M. Packer (Eds.), *Narratives and storytelling: Implications for understanding moral development.* New Directions for Child Development. San Francisco: Jossey-Bass.
Brown, M. J. (2008). Childhood lead poisoning prevention: Getting the job done by 2010. *Journal of Environmental Health.* 7056–7057.
Brown, M.J. & Rhoads, G.G. (2008). Responding to blood lead levels < 10 µg/dL. *Environ Health Perspect, 116,* 60–61.
Brown, W. M., Hines, M. & Fane, B. A. (2002). Masculinzed finger-length patterns in human male and females with congenital adrenal hyperplasia. *Hormones and Behavior, 42,* 380–386.
Browne, K. (2006, maart). Evolved sex differences and occupational segregation. *Journal of Organizational Behavior, 27,* 143–162.
Brownell, C. A., Ramani, G. B. & Zerwas, S. (2006). Becoming a social partner with peers: Cooperation and social understanding in one- and two-year-olds. *Child Development, 77*(4), 803–821.
Brueggemann, I. (1999). Failure to meet ICPD goals will affect global stability, health of environment, and well-being, rights and potential of people. *Asian Forum News,* 8.
Brune, C. & Woodward, A. (2007). Social cognition and social responsiveness in 10-month-old infants. *Journal of Cognition and Development, 8,* 133–158.
Bryant, J. & Bryant, J. (2003). Effects of entertainment televisual media on children. In E. Palmer & B. Young (Eds.), *The faces of televisual media: Teaching, violence, selling to children.* Mahwah, NJ: Erlbaum.
Bryant, J. & Bryant, J. A. (Eds.). (2001). *Television and the American family* (2nd ed.). Mahwah, NJ: Erlbaum.
Bryden, P. J., Mayer, M. M. & Roy, E. A. (2011). Influences of task complexity, object location, and object type on hand selection in reaching in left and right-handed children and adults. *Developmental Psychobiology, 53,* 47–58.
Buchanan, C. M., Eccles, J. S. & Becker, J. B. (1992). Are adolescents the victims of raging hormones? Evidence for activational effects of hormones on moods and behavior at adolescence. *Psychological Bulletin, 111,* 62–107.
Bull, M. & Durbin, D. (2008). Rear-facing car safety seats: Getting the message right. *Pediatrics, 121,* 619–620.
Bullinger, A. (1997). Sensorimotor function and its evolution. In J. Guimon (Ed.), *The body in psychotherapy* (pp. 25–29). Basil, Switzerland: Karger.
Bumpus, M.F., Crouter, A.C. & McHale, S.M. (2001). Parental autonomy grating during adolescence: Exploring gender differences in context. *Developmental Psychology, 37,* 163–173.
Burbach, J. & Van der Zwaag, B. (2009). Contact in the genetics of autism and schizophrenia. *Trends in Neurosciences, 32,* 69-72. http://search.ebscohost.com, doi:10.1016/j.tins.2008.11.002.
Burd, L., Cotsonas-Hassler, T. M., Martsolf, J. T. & Kerbeshian, J. (2003). Recognition and management of fetal alcohol syndrome. *Neurotoxicological Teratology, 25,* 681–688.
Burdjalov, V. F., Baumgart, S. & Spitzer, A. R. (2003). Cerebral function monitoring: A new scoring system for the evaluation of brain maturation in neonates. *Pediatrics, 112,* 855–861.
Burgess, K. B. & Rubin, K. H. (2000). Middle childhood: Social and emotional development. In A. E. Kazdin (Ed.), *Encyclopedia of psychology, Vol. 5.* Washington, DC: American Psychological Association.
Burn, S. M. (1996). *The social psychology of gender.* New York: McGraw-Hill.
Burnham, M., Goodlin-Jones, B. & Gaylor, E. (2002). Nighttime sleep-wake patterns and self-soothing from birth to one year of age: A longitudinal intervention study. *Journal of Child Psychology & Psychiatry & Allied Disciplines, 43,* 713–725.
Burns, E. (2003). *A handbook for supplementary aids and services: A best practice and IDEA guide to enable children with disabilities to be educated with nondisabled children to the maximum extent appropriate.* Springfield, IL: Charles C. Thomas.
Burton, L., Henninger, D., Hafetz, J. & Cofer, J. (2009). Aggression, gender-typical childhood play, and a prenatal hormonal index. *Social Behavior and Personality, 37,* 105–116.
Buss, A. H. (2012). *Pathways to individuality: Evolution and development of personality traits.* Washington, DC: American Psychological Association.
Buss, D. (2009). The great struggles of life: Darwin and the emergence of evolutionary psychology. *American Psychologist, 64,* 140–148. http://search.ebscohost.com, doi:10.1037/a0013207.
Buss, D. M. & Reeve, H. K. (2003). Evolutionary psychology and developmental dynamics: Comment on Lickliter and Honeycutt. *Psychological Bulletin, 129,* 848–853.
Buss, D. M. (2003). The dangerous passion: Why jealousy is as necessary as love and sex: Book review. *Archives of Sexual Behavior, 32,* 79–80.
Buss, K. A. & Kiel, E. J. (2004). Comparison of sadness, anger, and fear facial expressions when toddlers look at their mothers. *Child Development, 75,* 1761–1773.
Bussey, K. (1992). Lying and truthfulness: Children's definition, standards, and evaluative reactions. *Child Development, 63,* 1236–1250.
Butler, K. G. & Silliman, E. R. (Eds.). (2002). *Speaking, reading, and writing in students with language and learning disabilities: New paradigms for research and practice.* Mahwah, NJ: Lawrence Erlbaum.
Butler, R. J., Wilson, B. L. & Johnson, W. G. (2012). A modified measure of health care disparities applied to birth weight disparities and subsequent mortality. *Health Economics, 21,* 113–126.
Butterworth, G. (1994). Infant intelligence. In J. Khalfa (Ed.), *What is intelligence? The Darwin College lecture series* (pp. 49–71). Cambridge, England: Cambridge University Press.
Buysse, D. J. (2005). Diagnosis and assessment of sleep and circadian rhythm disorders. *Journal of Psychiatric Practice, 11,* 102–115.
Cabrera, N., Shannon, J. & Tamis-LeMonda, C. (2007). Fathers' influence on their children's cognitive and emotional development: From toddlers to pre-K. *Applied Developmental Science, 11,* 208–213.
Cacciatore, J. & Bushfield, S. (2007). Stillbirth: The mother's experience and implications for improving care. *Journal of Social Work in End-of-Life & Palliative Care, 3,* 59–79.
Cadinu, M. R. & Kiesner, J. (2000). Children's development of a theory of mind. *European Journal of Psychology of Education, 15,* 93–111.
Cai, Y., Reeve., J. M. & Robinson, D. T. (2002). Home schooling and teaching style: Comparing the motivating styles of home school and public school teachers. *Journal of Educational Psychology, 94,* 372–380.
Caino, S., Kelmansky, D., Lejarraga, H. & Adamo, P. (2004). Short-term growth at adolescence in healthy girls. *Annals of Human Biology, 31,* 182–195.
Callaghan, B. L., Li, S. & Richardson, R. (2014). The elusive engram: What can infantile amnesia tell us about memory? *Trends in Neurosciences, 37,* 47–53.
Callister, L. C., Khalaf. I., Semenic, S., Kartehner, R. & Vehvilainen-Julkunen, K. (2003). The pain of childbirth: Perceptions of culturally diverse women. *Pain Management Nursing, 4,* 145–154.
Calvert, S. L., Kotler, J. A., Zehnder, S. & Shockey, E. (2003). Gender stereotyping in children's reports about educational and informational television programs. *Media Psychology, 5,* 139–162.
Calzada, E. J., Huang, K., Anicama, C., Fernandez, Y. & Brotman, L. (2012). Test of a cultural framework of parenting with Latino families of young children. *Cultural Diversity and Ethnic Minority Psychology, 18,* 285–296.
Cami, J. & Farré, M. (2003). Drug addiction. *New England Journal of Medicine, 349,* 975–986.
Cammu, H., Martens, G., Martens E., De Coen, K. & Defoort, P. (2009). *Perinatale activiteiten in Vlaanderen 2008.* Brussel: VZW Studiecentrum voor Perinatale Epidemiologie.
Campbell, A., Shirley, L. & Candy, J. (2004). A longitudinal study of gender-related cognition and behavior. *Developmental Science, 7,* 1–9.

Campos, J. J., Langer, A. & Krowitz, A. (1970). Cardiac responses on the visual cliff in prelocomotor human infants. *Science, 170,* 196–197.
Camras, L., Meng, Z. & Ujiie, T. (2002). Observing emotion in infants: Facial expression, body behavior, and rater judgments of responses to an expectancy-violating event. *Emotion, 2,* 179–193.
Camras, L., Oster, H., Bakeman, R., Meng, Z., Ujiie, T. & Campos, J. (2007). Do infants show distinct negative facial expressions for fear and anger? Emotional expression in 11-month-old European, American, Chinese, and Japanese infants. *Infancy, 11,* 131–155.
Canals, J., Fernandez-Ballart, J. & Esparo, G. (2003). Evolution of Neonatal Behavior Assessment Scale scores in the first month life. *Infant Behavior & Development, 26,* 227–237.
Canals, J., Hernández-Martínez, C. & Fernández-Ballart, J. D. (2011). Relationships between early behavioural characteristics and temperament at 6 years. *Infant Behavior & Development, 34,* 152–160.
Caplan, L. J. & Barr, R. A. (1989). On the relationship between category intensions and extensions in children. *Journal of Experimental Child Psychology, 47,* 413–429.
Caputi, M., Lecce, S., Pagnin, A. & Banerjee, R. (2012). Longitudinal effects of theory of mind on later peer relations: The role of prosocial behavior. *Developmental Psychology, 48,* 257–270.
Carbonaro, W., Ellison, B. J. & Covay, E. (2011). Gender inequalities in the college pipeline. *Social Science Research, 40,* 120–135.
Carey, B. (29 maart 2012). Diagnoses of autism on the rise, report says. *New York Times,* A20.
Carlson, S. M. & Meltzoff, A. N. (2008). Bilingual experience and executive functioning in young children. *Developmental Science, 11,* 282–298.
Carmody, K., Haskett, M. E., Loehman, J. & Rose, R.A. (2014). Physically abused children's adjustment at the transition to school: Child, parent, and family factors. *Journal of Child and Family Studies.* Geraadpleegd 13 februari 2014, op http://link.springer.com/article;10.1007%2Fs10826-014-9906-7#page-1.
Carnegie Task Force on Meeting the Needs of Young Children. (1994). *Starting points: Meeting the needs of our youngest children.* New York: Carnegie Corporation.
Carnell, S., Benson, L., Pryor, K. & Driggin, E. (2013). Appetitive traits from infancy to adolescence: Using behavioral and neural measures to investigate obesity risk. *Physiology & Behavior.* Geraadpleegd 11 februari 2014, op http://europepmc.org/abstract/MED/23458627/reload=0;jsessionid=7zatjr4EshvPiUnmQKcu.2.
Carney, J. V. (2008). Perceptions of bullying and associated trauma during adolescence. *Professional School Counseling, 11,* 179–188.
Carney, R. N. & Levin, J. R. (2003) Promoting higher order learning benefits by building lower-order mnemonic connections. *Applied Cognitive Psychology, 17,* 563–575.
Caron, A. (2009). Comprehension of the representational mind in infancy. *Developmental Review, 29,* 69–95.
Caron, C., Gjelsvik, A. & Buechner, J. (2005). The Impact of Poverty on Prevention Practices and Health Status Among Persons with Asthma. *Medicine and Health Rhode Island, 88*(2), 60–62.
Carpendale, J. I. M. (2000). Kohlberg and Piaget on stages and moral reasoning. *Developmental Review, 20,* 181–205.
Carpenter, D. M., H., Flowers, N. & Mertens, S. B. (2004). High expectations for every student. *Middle School Journal, 35,* 64.
Carr, P. B. & Steele, C. M. (2009). Stereotype threat and inflexible perseverance in problem solving. *Journal of Experimental Social Psychology, 45,* 853–859.
Carver, L. & Vaccaro, B. (2007, januari). 12-month-old infants allocate increased neural resources to stimuli associated with negative adult emotion. *Developmental Psychology, 43,* 54–69.
Casalin, S. & Vliegen, N. (2009). De baby en zijn omgeving in beeld. Instrumenten die kunnen helpen bij de klinische diagnostiek van vroege ontwikkeling binnen primaire relaties. *Tijdschrift Klinische Psychologie, 39,* 243–265.
Casalin, S., Luyten, P., Vliegen, N. & Meurs, P. (2012). The structure and stability of temperament from infancy to toddlerhood: A one-year prospective study. *Infant Behavior & Development, 35,* 94–108.
Casasanto, D. & Henetz, T. (2012). Handedness shapes children's abstract concepts. *Cognitive Science, 36,* 359–372.
Case, R. (1999). Conceptual development. In M. Bennett (Ed.), *Developmental psychology: Achievements and prospects.* Philadelphia, PA: Psychology Press.
Case, R., Demetriou, A. & Platsidou, M. (2001). Integrating concepts and tests of intelligence from the differential and developmental traditions. *Intelligence, 29,* 307–336.
Caselli, M., Rinaldi, P., Stefanini, S. & Volterra, V. (2012). Early action and gesture 'vocabularity' and its relation with word comprehension and production. *Child Development, 83,* 526–542.
Casey, B. J., Jones, R. M. & Somerville, L. H. (2011). Braking and accelerating of the adolescent brain. *Journal of Research on Adolescence, 21,* 21–33.
Caskey, R., Lindau, S. & Caleb Alexander, G. (2009). Knowledge and early adoption of the HPV vaccine among girls and young women: Results of a national survey. *Journal of Adolescent Healt, 45,* 453–462.
Caspi, A. & Moffitt, T. E. (1993). *Continuity amidst change: A paradoxical theory of personality coherence.* Manuscript submitted for publication.
Caspi, A. (2000). The child is father of the man: Personality continuities from childhood to adulthood. *Journal of Personality and Social Psychology, 78,* 158–172.
Caspi, J. (2012). *Sibbling aggression: Assessment and treatment.* New York: Springer Publishing Co.
Cassidy, J. & Berlin, L. J. (1994). The insecure/ambivalent pattern of attachment: Theory and research. *Child Development, 65,* 971–991.
Castelao, C. & Kröner-Herwig, B. (2013). Different trajectories of depressive symptoms in children and adolescents: Predictors and differences in girls and boys. *Journal of Youth and Adolescence, 42,* 1169–1182.
Cath, S. & Shopper, M. (2001). *Step-parenting: Creating and recreating families in America today.* Hillsdale, NJ: Analytic Press, Inc.
Cauce, A., Domenech-Rodriguez, M. (2002). Latino families: myths and realities. In J. M. Contreras, K. A., Kerns & A. M. Neal-Barnett, (Eds.). *Latino children and families in the United States.* Westport, CT: Praeger.
Cauce, A. (2008). Parenting, culture, and context: Reflections on excavating culture. *Applied Developmental Science, 12,* 227-229. http://search.ebscohost.com, doi:10.1080/10888690802388177.
Cavallini, A., Fazzi, E. & Viviani, V. (2002). Visual acuity in the first two years of life in healthy term newborns: An experience with the Teller Acuity Cards. *Functional Neurology: New Trends in Adaptive & Behavioral Disorders, 17,* 87–92.
CBS (2003). *Jeugd 2003, cijfers en feiten.* Voorburg/Heerlen: Centraal Bureau voor de Statistiek. Geraadpleegd op: https://www.cbs.nl/nl-nl/publicatie/2003/20/jeugd-2003-cijfers-en-feiten.
CBS (2009). *Bevolkingstrends.* Geraadpleegd op: http://www.cbs.nl/nl-NL/menu/themas/bevolking/publicaties/bevolkingstrends/archief/2009/default.htm.
CBS (2010). *Kinderopvang voor werkende ouders belangrijker geworden.* Geraadpleegd 29 september 2015, op http://www.cbs.nl/nl-NL/menu/themas/arbeid-sociale-zekerheid/publicaties/artikelen/archief/2010/2010-3216-wm.htm.
CBS (2011). *Abortuscijfer vrijwel stabiel.* Geraadpleegd 9 oktober 2015, op http://www.cbs.nl/nl-NL/menu/themas/dossiers/jongeren/publicaties/artikelen/archief/2011/2011-3322-wm.htm.
CBS (2013). *1 op 7 minderjarige kinderen woont in eenoudergezin.* Geraadpleegd 28 juni 2015, op http://www.cbs.nl/nl-NL/menu/themas/bevolking/publicaties/artikelen/archief/2013/2013-3931-wm.htm.
CBS (2014a). *CBS: loonkloof vrouwen en mannen, feit of fictie?* Geraadpleegd 9 oktober 2015, op http://www.cbs.nl/nl-NL/menu/themas/arbeid-sociale-zekerheid/publicaties/artikelen/archief/2014/2014-5000-wm.htm.
CBS (2014b). *Overgewicht onder de jeugd.* Geraadpleegd 26 juni 2015, op http://statline.cbs.nl/Statweb/publication/?DM=SLNL&PA=81177ned&D1=39-43&D2=0-6%2c26%2c30%2c33-38&D3=0&D4=0%2cl&HDR=T&STB=G1%2cG2%2cG3&P=T&VW=T.
CBS (2015a). *Hogere kosten voor kinderopvang, maar arbeidsdeelname ouders daalt niet.* Geraadpleegd 29 september 2015, op http://www.cbs.nl/nl-NL/menu/themas/arbeid-sociale-zekerheid/publicaties/artikelen/archief/2015/hogere-kosten-voor-kinderopvang-maar-arbeidsdeelname-van-ouders-daalt-niet.htm.
CBS (2015b). *Peuters lage inkomensgroepen blijven vaker thuis.* Geraadpleegd 19 september 2015, op http://www.cbs.nl/nl-NL/menu/themas/arbeid-sociale-zekerheid/publicaties/artikelen/archief/2015/hoge-inkomens-peuters-vaker-opvang-of-speelzaal.htm.
CBS (2015c). *Leefstijl en (preventief) gezondheidsonderzoek; persoonlijkheidskenmerken.* In: Centraal Bureau voor de Statistiek Statline, geraadpleegd 6 november 2015, op http://statline.cbs.nl/Statweb/publication/?VW=T&DM=SLNL&PA=83021NED&D1=17-23&D2=0-13,37-42&D3=0&D4=l&HD=150430-1349&HDR=T&STB=G1,G2,G3.
Celano, M. P., Holsey, C. & Kobrynski, L. J. (2012). Home-based family intervention for low-income children with asthma: A randomized controlled pilot study. *Journal of Family Psychology, 36,* 171–178.
Celera Genomics: International Human Genome Sequencing Consortium (2001). Initial sequencing and analysis of the human genome. *Nature, 409,* 860–921.
Center for Media and Public Affairs (1995, 7 april). Adaptation analysis of violent content of broadcast and cable television stations on Thursday.
CentERdata (2003). Universiteit van Tilburg.
Centers for Disease Control & Prevention (CDC) (2004, 11 juni). Suicide and attempted suicide. *MMWR,* 53, 471.
Centers for Disease Control & Prevention (2003). Rates of teenage pregnancy. *Vital and Health Statistics, Series 10, no. 219.* Washington, DC: U.S. Department of Health and Human Services.
Centers for Disease Control and Prevention (2014). *Healthy living, Parents, Children, Schedules & Milstones, Developmental milestones.* Geraadpleegd op 4 juni 2015, http://www.cdc.gov/ncbddd/actearly/milestones/index.html.
Centers for Disease Control and Prevention (1998). *Youth risk behavior surveillance-United States, 1997.* Atlanta: Author.
Centers for Disease Control and Prevention (2011). *Artificial turf.* Geraadpleegd 18 maart 2011, op http://cdc.gov/nceh/lead/tips/artificialturf.htm.
Centrale Commissie voor Mensgebonden Onderzoek (z.d.). *MTEC's.* Geraadpleegd 5 november 2015, op http://www.ccmo.nl/nl/metc-s.
Cesario, S. & Hughes, L. (2007, mei). Precocious puberty: A comprehensive review of literature. *Journal of Obstetric, Gynecologic, & Neonatal Nursing: Clinical Scholarship for the Care of Women, Childbearing Families, & Newborns, 36,* 263–274.
Chakravarty, N. & Pati, S. (2013). Do inequalities in child health get wider as countries develop. *International Journal of Child Health and Human Development, 6,* 275–280.
Chall, J. (1992). The new reading debates: Evidence from science, art, and ideology. *Teachers College Record, 94,* 315–328.
Chall, J. S. (1979). The great debate: Ten years later, with a modest proposal for reading stages. In L. B. Resnick & P. A. Weaver (Eds.), *Theory and practice of early reading.* Hillsdale, NJ: Erlbaum.
Chamberlain, P., Price, J. M., Reid, J. B., Landsverk, J., Fisher, P. A. & Stoolmiller, M. (2006). Who disrupts from placement in foster and kinship care? *Child Abuse & Neglect 30,* 409–424.

Chan, D. W. (1997). Self-concept and global self-worth among Chinese adolescents in Hong Kong. *Personality & Individual Differences, 22*, 511–520.
Chan, S. & Chan, K. (2013). Adolescents' susceptibility to peer pressure: Relations to parent-adolescent relationship and adolescents' emotional autonomy from parents. *Youth & Society, 45*, 286–302.
Chan, W. Y. & Birman, D. (2009). Cross- and same-race friendships of Vietnamese immigrant adolescents: A focus on acculturation and school diversity. *International Journal of Intercultural Relations, 33*, 313–324.
Chang, I. J., Pettit, R. & Katsurada, E. (2007). Where and when to spank: A comparison between U.S. and Japanese college students. *Journal of Family Violence, 21*, 281–286.
Chaplin, T., Gillham, J. & Seligman, M. (2009). Gender, anxiety, and depressive symptoms: A longitudinal study of early adolescents. *The Journal of Early Adolescence, 29*, 307–327.
Chatterji, M. (2004). Evidence on 'What works': An argument for extended-term mixed-method (ETMM) evaluation designs. *Educational Researcher, 33*, 3–14.
Chen, E. & Rao, N. (2011). Gender socialization in Chinese kindergartens: Teachers' contributions. *Sex Roles, 64*(1–2), 103–116.
Chen, J. & Gardner, H. (2005). Assessment based on multiple-intelligences theory. In D. P. Flanagan & P. L. Harrison (Eds.), *Contemporary intellectual assessment: Theories, tests, and issues.* New York: Guilford Press.
Chen, J., Chen, T. & Zheng, X. (2012). Parenting styles and practices among Chinese immigrant mothers with young children. *Early Child Development and Care, 182*, 1–21.
Chen, S. X. & Bond, M. H. (2007). Explaining language priming effects: Further evidence for ethnic affirmation among Chinese-English bilinguals, *Journal of Language and Social Psychology, 26*, 398–406.
Chen, S., Hwang, F., Yeh, Y. & Lin, S. J. (2012). Cognitive ability, academic achievement and academic self-concept: Extending the internal/external frame of reference model. *British Journal of Educational Psychology, 82*, 308–326.
Chen, X., Hastings, P. D., Rubin, K. H., Chen, H., Cen, G. & Stewart, S. L. (1998). Child-rearing attitudes and behavioral inhibition in Chinese and Canadian toddlers: A cross-cultural study. *Developmental Psychology, 34*, 677–686.
Cherney, I. (2003). Young children's spontaneous utterances of mental terms and the accuracy of their memory behaviors: A different methodological approach. *Infant & Child Development, 12*, 89–105.
Cherney, I., Kelly-Vance, L. & Glover, K. (2003). The effects of stereotyped toys and gender on play assessment in children aged 18 to 47 months. *Educational Psychology, 23*, 95–105.
Chertok, I., Luo, J. & Anderson, R. H. (2011). Association between changes in smoking habits in subsequent pregnancy and infant birth weight in West Virginia. *Maternal and Child Health Journal, 15*, 249–254.
Cheung, A., Emslie, G. & Mayes, T. (2006, januari). The use of antidepressants to treat depression in children and adolescents. *Canadian Medical Association Journal, 174*(2), 193–200.
Chien, S., Bronson-Castain, K., Palmer, J. & Teller, D. (2006). Lightness constancy in 4-month-old infants. *Vision Research, 46*,2139–2148.
Child Health USA. (2005). U.S. Department of Health and Human Services, Health Resources and Services Administration, Maternal and Child Health Bureau. *Child health USA 2005*. Rockville, MD: U.S. Department of Health and Human Services.
Chiodo, L. M., Bailey, B. A., Sokol, R. J., Janisse, J., Delaney-Black, V. & Hannigan, J. H. (2012). Recognized spontaneous abortion in mid-pregnancy and patterns of pregnancy alcohol use. *Alcohol, 46*, 261–267.
Chipuer, H. M. (2001). Dyadic attachments and community connectedness: Links with youth's loneliness experiences. *Journal of Communicty Psychology, 29*, 429–446.
Chiu, M. & McBride-Chang, C. (2006). Gender, Context, and Reading: A Comparison of Students in 43 Countries. *Scientific Studies of Reading, 10*, 331–362.
Chomsky, N. (1968). *Language and mind.* New York: Harcourt Brace Jovanovich.
Chomsky, N. (1978). On the biological basis of language capacities. In G. A. Miller & E. Lennenberger (Eds.), *Psychology and biology of language and thought*, 199–220. New York: Academic Press.
Chomsky, N. (1991). Linguistics and cognitive science: Problems and mysteries. In A. Kasher (Ed.), *The Chomskyan turn.* Cambridge, MA: Blackwell.
Chomsky, N. (1999). On the nature, use, and acquisition of language. In W. C. Ritchie & T. J. Bhatia (Eds.), *Handbook of child language acquisition.* San Diego: Academic Press.
Chomsky, N. (2005). Editorial: Universals of human nature. *Psychotherapy and Psychosomatics [serial online], 74*, 236–268.
Chonchaiya, W., Tardif, T., Mai, X., Xu, L., Li, M., Kaciroti, N. et al. (2013). Developmental trends in auditory processing can provide early predictions of language acquisition in young infants. *Developmental Science, 16*, 159–172.
Choy, C. M., Yeung, Q. S., Briton-Jones, C. M., Cheung, C. K., Lam, C. W. & Haines, C. J. (2002). Relationship between semen parameters and mercury concentrations in blood and in seminal fluid from subfertile males in Hong Kong. *Fertility and Sterility, 78*, 426–428.
Christakis, D. & Zimmerman, F. (2007). Violent television viewing during preschool is associated with antisocial behavior during school age. *Pediatrics, 120*, 993–999.
Christle, C., Jolivette, K. & Nelson, M. (2007, november). School characteristics related to high school dropout rates. *Remedial and Special Education, 28*, 325–339.
Chronis, A., Jones, H. & Raggi, V. (2006, juni). Evidence-based psychosocial treatments for children and adolescents with attention-deficit/hyperactivity disorder. *Clinical Psychology Review, 26*, 486–502.
CIA World Factbook (2015). *België zuigelingensterfte.* Geraadpleegd 4 september 2015, op http://www.indexmundi.com/nl/belgie/zuigelingensterfte.html.
Cicchetti, D. & Cohen, D. J. (2006). *Developmental psychopathology, Vol. 1: Theory and method* (2nd ed.). Hoboken, NJ: John Wiley & Sons.
Cina, V. & Fellmann, F. (2006). Implications of predictive testing in neurodegenerative disorders. *Schweizer Archiv für Neurologie und Psychiatrie, 157*, 359–365.
Cirulli, F., Berry, A. & Alleva, E. (2003). Early disruption of the mother–infant relationship: Effects on brain plasticity and implications for psychopathology. *Neuroscience & Biobehavioral Reviews, 27*, 73–82.
Clark, K. B. & Clark, M. P. (1947). Racial identification and preference in Negro children. In T. M. Newcomb & E. L. Hartley (Eds.), *Readings in social psychology.* New York: Holt, Rinehart & Winston.
Clark, R., Hyde, J. S., Essex, M. J. & Klein, M. H. (1997). Length of maternity leave and quality of mother-infant interactions. *Child Development, 68*, 364–383.
Clarke, T.K., Treutlein, J., Zimmermann, U. S., Kiefer, F., Skowronek, M. H., Rietschel, M., et al. (2008). HPA-axis activity in alcoholism: Examples for a gene–environment interaction. *Addiction Biology, 13*, 1–14.
Clarke-Stewart, K. & Allhusen, V. (2002). Nonparental caregiving. In M. Bornstein (Ed.), *Handbook of parenting: Vol. 3: Being and becoming a parent* (2nd ed.). Mahwah, NJ: Erlbaum.
Claxton, L. J., Keen, R. & McCarty, M. E. (2003). Evidence of motor planning in infant reaching behavior. *Psychological Science, 14*, 354–356.
Claxton, L., McCarty, M. & Keen, R. (2009). Self-directed action affects planning in tool-use tasks with toddlers. *Infant Behavior & Development, 32*, 230–233.
Clearfield, M. & Nelson, N. (2006, januari). Sex differences in mothers' speech and play behavior with 6-, 9-, and 14-month-old-infants. *Sex Roles, 54*, 127–137.
Clifton, R. (1992). The development of spatial hearing in human infants. In L. A. Werner & E. W. Rubel (Eds.), *Developmental psychoacoustics* (pp. 135–157). Washington, DC: American Psychological Association.
Clinton, H. (1996). *It takes a village and other lessons children teach us.* New York: Touchstone.
Closson, L. (2009). Status and gender differences in early adolescents' descriptions of popularity. *Social Development, 18*, 412–426.
Cohen, D. (2013). *How the child's mind develops* (2nd ed.). New York: Routledge/Taylor & Francis Group.
Cohen, J. (1999). Nurture helps mold able minds. *Science, 283*, 1832–1833.
Cohen, L. & Cashon, C. (2003). Infant perception and cognition. In R. Lerner & M. Easterbrooks (Eds.), *Handbook of psychology:* Vol. 6, *Developmental psychology* (pp. 267–291). New York: Wiley.
Cohen, P., Cohen, J., Kasen, S., Velez, C. N., Hartmark, C., Johnson, et al. (1993). An epidemiological study of disorders in late childhood and adolescence: I. Age- and gender-specific prevalence. *Journal of Child Psychology and Psychiatry and Allied Disciplines, 34*, 851–867.
Cohen, S., Kamarck, T. & Mermelstein, R. (1983). A global measure of perceived stress. *Journal of Health and Social Behavior, 24*, 385–396.
Cohen, S., Tyrell, D. A. & Smith, A. P. (1993). Negative life events, perceived stress, negative affect, and susceptibility to the common cold. *Journal of Personality and Social Psychology, 64*, 131–140.
Cokley, K. (2003). What do we know about the motivation of African American students? Challenging the "anti-intellectual" myth. *Harvard Educational Review, 73*, 524–558.
Colby, A. & Damon, W. (1987). Listening to a different voice: A review of Gilligan's in a different voice. In M. R. Walsh (Ed.), *The psychology of women.* New Haven, CT: Yale University Press.
Colby, A. & Kohlberg, L. (1987). *The measurement of moral judgment* (Vols. 1–2). New York: Cambridge University Press.
Cole, C. F., Arafat, C. & Tidhar, C. (2003). The educational impact of Rechov Sumsum/Shara'a Simsim: A *Sesame Street* television series to promote respect and understanding among children living in Israel, the West Bank and Gaza. *International Journal of Behavioral Development, 27*, 409–422.
Cole, M. (1992). Culture in development. In M. H. Bernstein & M. E. Lamb (Eds.), *Developmental psychology: An advanced textbook* (3rd ed.). Hillsdale, NJ: Erlbaum.
Cole, P., Dennis, T., Smith-Simon, K. & Cohen, L. (2009). Preschoolers' emotion regulation strategy understanding: Relations with emotion socialization and child self-regulation. *Social Development, 18*, 324–352.
Cole, S. A. (2005). Infants in foster care: Relational and environmental factors affecting attachment. *Journal of Reproductive & Infant Psychology, 23*, 43–61.
Colenbrander, B.J.F. (2003). *Nieuw Roombeek: Enschede na de vuurwerkramp.* Rotterdam: Uitgeverij 010.
Colino, S. (2002, 26 februari). Problem kid or label? *The Washington Post*, p. HE01.
Collins, J. (2012). Grwoing up bicultural in the United States: The case of Japanese-Americans. In R. Josselson & M. Harway (Eds.), *Navigating multiple identities: Race, gender, culture, nationality, and roles.* New York: Oxford University Press.
Collins, M. F. (2010). ELL prescholers' English vocabulary acquisition from storybook reading. *Early Childhood Research Quarterly, 25*, 84–97.
Collins, W. & Andrew, L. (2004). Changing relationships, changing youth: Interpersonal contexts of adolescent development. *Journal of Early Adolescence, 24*, 55–62.
Collins, W. (2003). More than myth: The developmental significance of romantic relationships during adolescence. *Journal of Research on Adolescence, 13*, 1–24.
Collins, W., Gleason, T. & Sesma, A. (1997). Internalization, autonomy, and relationships: Development during adolescence. In J. E. Grusec & L. Kuczynski

(Eds.), *Parenting and children's internalization of values: A handbook of contemporary theory.* New York: Wiley.
Colom, R., Lluis-Font, J. M. & Andrés-Pueyo, A. (2005). The generational intelligence gains are caused by decreasing variance in the lower half of the distribution: Supporting evidence for the nutrition hypothesis. *Intelligence, 33*, 83–91.
Colombo, J. & Mitchell, D. (2009). Infant visual habituation. *Neurobiology of Learning and Memory, 92*, 225–234.
Colpin, H. & Soenen, S. (2004). Bonding. Through an adoptive mother's eyes. *Midwifery Today, 70*, 30–31.
Coltrane, S. & Adams, M. (1997). Children and gender. In T. Arendell (Ed.), *Contemporary parenting: Challenges and issues. Understanding families: Vol. 9*, (pp. 219–253). Thousand Oaks, CA: Sage.
Committee to Study the Prevention of Low Birthweight. (1985). *Preventing low birthweight.* Washington, DC: National Academy Press.
Compton, R. & Weissman, D. (2002). Hemispheric asymmetries in global–local perception: Effects of individual differences in neuroticism. *Laterality, 7*, 333–350.
Condon, J., Corkindale, C., Boyce, P. & Gamble, E. (2013). A longitudinal study of father-to-infant attachment: Antecedents and correlates. *Journal of Reproductive and Infant Psychology, 31*, 15–30.
Condry, J. & Condry, S. (1976). Sex differences: A study of the eye of the beholder. *Child Development, 47*, 812–819.
Conel, J. L. (1930/1963). *Postnatal development of the human cortex* (Vols 1–6). Cambridge, MA: Harvard University Press.
Conley, D. & Rauscher, E. (2013). Genetic interactions with prenatal social environment: Effects on academic and behavioral outcomes. *Journal of Health and Social Behavior, 54*, 109–127.
Connell-Carrick, K. (2006). Early child care and early child development: Major findings of the NICHD Study of Early Child Care. *Child Welfare Journal, 85*, 819–836.
Cook, E., Buehler, C. & Henson, R. (2009). Parents and peers as social influences to deter antisocial behavior. *Journal of Youth and Adolescence, 38*, 1240–1252.
Coons, S. & Guilleminault, C. (1982). Developments of sleep–wake patterns and non-rapid-eye-movement sleep stages during the first six months of life in normal infants. *Pediatrics, 69*, 793–798.
Cooper, H. & Valentine, J. (2001). Using research to answer practical questions about homework. *Educational Psychologist, 36*, 143–153.
Corballis, M. C., Hattie, J. & Fletcher, R. (2008). Handedness and intellectual achievement: an even-handed look. *Neuropsychologia, 46*, 374–378.
Corballis, P. (2003). Visuospatial processing and the right-hemisphere interpreter. *Brain & Cognition, 53*, 171–176.
Corbetta, D. & Snapp-Childs, W. (2009). Seeing and touching: The role of sensory-motor experience on the development of infant reaching. *Infant Behavior & Development, 32*, 44–58.
Cordes, S. & Brannon, E. (2009). Crossing the divide: Infants discriminate small from large numerosities. *Development Psychology, 45*, 1583–1594.
Cordes, S., Gelman, R., Gallistel, C.R. & Whalen, J. (2001 Dec). Variability signatures distinguish verbal from nonverbal counting for both large and small numbers. *Psychonomic Bulletin Review, 8*, 698–707.
Cordón, I. M., Pipe, M., Sayfan, L., Melinder, A. & Goodman, G. S. (2004). Memory for traumatic experiences in early childhood. *Developmental Review, 24*, 101–132.
Cordón, I.M., Pipe, M. E., Sayfan, L., Melinder, A. & Goodman, G.S. (2004). Memory for traumatic experiences in early childhood. *Developmental Review 24*, 101–132.
Cornish, K., Turk, J. & Hagerman, R. (2008). The fragile X continuum: New advances and perspectives. *Journal of Intellectual Disability Research, 52*, 469–482.
Costello, E., Compton, S. & Keeler, G. (2003). Relationships between poverty and psychopathology: A natural experiment. *Journal of the American Medical Association, 290*, 2023–2029.
Costello, E., Sung, M., Worthman, C. & Angold, A. (2007, april). Pubertal maturation and the development of alcohol use and abuse. *Drug and Alcohol Dependence, 88*, S50–S59.
Cotrufo, P., Cella, S., Cremato, F. & Labella, A. (2007, december). Eating disorder attitude and abnormal eating behaviours in a sample of 11–13-year-old school children: The role of pubertal body transformation. *Eating and Weight Disorders, 12*, 154–160.
Cotugno, G. G., Nicolò, R. R., Cappelletti, S. S., Goffredo, B. M., Cici, C. & Di Ciommo, V. V. (2011). Adherence to diet and quality of life in patients with phenylketonuria. *Acta Paediatrica, 100*, 1144–1149.
Coulson, N. S., Buchanan, H. & Aubeeluck, A. (2007). Social support in cyberspace: A content analysis of communication within a Huntington's disease online support group. *Patient Education and Counseling, 68*, 173–178.
Counotte, D. S., Goriounova, N. A., Li, K. W., Loos, M., Van der Schors, R. C., Schetters, D., Schoffelmeer, A. N. M., Smit, A. B., Mansvelder, H. D., Pattij, T. & Spijker, S. (2011). Lasting synaptic changes underlie attention deficits caused by nicotine exposure during adolescence, *Nature Neuroscience, 14*, 417–419.
Couperus, J. & Nelson, C. (2006). Early brain development and plasticity. *Blackwell handbook of early childhood development.* New York: Blackwell Publishing.
Coupland, D. (2005). *Generatie X.* Amersfoort: Meulenhoff.
Courchesne, E., Carper, R. & Akshoomoff, N. (2003). Evidence of brain overgrowth in the first year of life in autism. *Journal of the American Medical Association, 290*, 337–344.
Courtney, E., Gamboz, J. & Johnson, J. (2008). Problematic eating behaviors in adolescents with low self-esteem and elevated depressive symptoms. *Eating Behaviors, 9*, 408–414.
Coutinho, M., McQuaid, E. L. & Koinis-Mitchell, D. (2013). Contextual and cultural risks and their association with family asthma management in urban children. *Journal of Child Health Care, 17*, 138–152.
Couzin, J. (2002). Quirks of fetal environment felt decades later. *Science, 296*, 2167–2169.
Couzin, J. (2004, 23 juli). Volatile chemistry: Children and antidepressants. *Science, 305*, 468–470.
Craig, C. & Sprang, G. (2007, april). Trauma exposure and child abuse potential: Investigating the cycle of violence. *American Journal of Orthopsychiatry, 77*, 296–305.
Cratty, B. (1979). *Perceptual and motor development in infants and children* (2nd ed.). Englewood Cliffs, NJ: Prentice Hall.
Cratty, B. (1986). *Perceptual and motor development in infants and children* (3rd ed.). Englewood Cliffs, NJ: Prentice Hall.
Crawford, M. & Unger, R. (2004). *Women and gender: A feminist psychology* (4th ed). New York: McGraw-Hill.
Crawley, A., Anderson, D. & Santomero, A. (2002). Do children learn how to watch television? The impact of extensive experience with *Blue's Clues* on preschool children's television viewing behavior. *Journal of Communication, 52*, 264–280.
Crisp, A., Gowers, S., Joughin, N., McClelland, L., Rooney, B., Nielsen, S., et al. (2006, mei). Anorexia nervosa in males: Similarities and differences to anorexia nervosa in females. *European Eating Disorders Review, 14*, 163–167.
Crisp, R. J. & Turner, R. N. (2011). Cognitive adaptation to the experience of social and cultural diversity. *Psychological Bulletin, 137*, 242–266.
Critser, G. (2003). *Fat land: How Americans became the fattest people in the world.* Boston: Houghton Mifflin.
Crockenberg, S. & Leerkes, E. (2003). Infant negative emotionality, caregiving, and family relationships. In A. Crouter & A. Booth (Eds.), *Children's influence on family dynamics: The neglected side of family relationships* (pp. 57–78). Mahwah, NJ: Erlbaum.
Croizet, J., Després, G., Gauzins, M., Huguet, P., Leyens, J. & Méot, A. (2004). Stereotype threat undermines intellectual performance by triggering a disruptive mental load. *Personality and Social Psychology Bulletin, 30*, 721–731.
Crone, E. (2012). *Het puberende brein.* Amsterdam: Bert Bakker.
Crowl, A., Ahn, S. & Baker, J. (2008). A meta-analysis of developmental outcomes for children of same-sex and heterosexual parents. *Journal of GLBT Family Studies, 4*, 385–407.
Crowley, K., Callaman, M. A., Tenenbaum, H. R. & Allen, E. (2001). Parents explain more often to boys than to girls during shared scientific thinking. *Psychological Science, 12*, 258–261.
Culbertson, J. L. & Gyurke, J. (1990). Assessment of cognitive and motor development in infancy and childhood. In J. H. Johnson & J. Goldman (Eds.), *Developmental assessment in clinical child psychology: A handbook* (pp. 100–131). New York: Pergamon Press.
Curley, J. P., Jensen, C. L., Mashoodh, R. R. & Champagne, F. A. (2011). Social influences on neurobiology and behavior: Epigenetic effects during development. *Psychoneuroendocrinology, 36*, 352–371.
Curtis, D., Vine, A. E., McQuillin, A., Bass, N. J., Pereira, A., Kandaswamy, R., Puri, V., Krasucki, R., Pimm, J., Thirumalai, S., Quested, D. & Gurling, H. (2011). Case-case genome-wide association analysis shows markers differentially associated with schizophrenia and bipolar disorder and implicates calcium channel genes. *Psychiatric Genetics, 21*, 1–4.
Currie C et al. (Eds.) (2012). *Social determinants of health and well-being among young people. Health Behaviour in School-aged Children (HBSC) study.* Copenhagen, WHO Regional Office for Europe, 2012 (Health Policy for Children and Adolescents, No. 6).
Curtis, W. J. & Cicchetti, D. (2003). Moving research on resilience into the 21st century: Theoretical and methodological considerations in examining the biological contributors to resilience. *Development and Psychopathology, 15*, 126–131.
Cushman. F., Sheketoff, R., Wharton, S. & Carey, S. (2013). The development of intent-based moral judgment. *Cognition, 127*, 6–21.
Cynader, M. (2000). Strengthening visual connections. *Science, 287*, 1943–1944.
Daansen, P. (2005). Leven met obesitas. *Psychopraxis, 2010(2)*, 22–25.
Dagys, N., McGlinchey, E. L., Talbot, L. S., Kaplan, K. A., Dahl, R. E. & Harvey, A. G. (2012). Double trouble? The effects of sleep deprivation and chronotype on adolescent affect. *Journal of Child Psychology and Psychiatry, 53*, 660–667.
Dahl, R. (2008). Biological, developmental, and neurobehavioral factors relevant to adolescent driving risks. *American Journal of Preventitive Medicine, 35*, S278–SS284.
Dai, D., Tan, X., Marathe, D., Valtcheva, A., Pruzek, R. M. & Shen, J. (2012). Influences of social and educational environments on creativity during adolescence: Does SES matter? *Creativity Research Journal, 24*, 191–199.
Dailard, C. (2001). Sex education: Politicians, parents, teachers and teens. The Guttmacher Report on Public Policy (Alan Guttmacher Institute), 4, 1–4. Geraadpleegd 4 maart 2006, op http://www.guttmacher.org/pubs/tgr/04/1/gr040109.pdf.
Daley, K. C. (2004). Update on sudden infant death syndrome. *Current Opinion in Pediatrics, 16*, 227–232.
Dalton, T. C. & Bergenn, V. W. (2007). *Early experience, the brain, and consciousness: An historical and interdisciplinary synthesis.* Mahwah, N.J.: Lawrence Erlbaum.
Damon, W. & Hart, D. (1988). *Self-understanding in childhood and adolescence.* New York: Cambridge University Press.
Daniel, S. & Goldston, D. (2009). Interventions for suicidal youth: A review of the literature and developmental considerations. *Suicide and Life-Threatening Behavior, 39*, 252–268.
Daniels, H. (Ed.). (1996). *An introduction to Vygotsky.* New York: Routledge.
Daniels, H. (2006, februari). The "Social" in post-Vygotskian theory. *Theory & Psychology, 16*, 37–49.
Danner, F. (2008). A national longitudinal study of the association between hours of TV viewing and

the trajectory of BMI growth among US children. *Journal of Pediatric Psychology, 33*, 1100–1107.
Dapretto, M., Davies, M. S., Pfeifer, J. H., Scott, A. A., Sigman, M., Bookhermer, S. Y. & Iacobon, M. (2006). Understanding emotions in others: Mirror neuron dysfunction in children with autism spectrum disorders. *Nature and Neuroscience, 9*, 28–30.
Dare, W. N., Noronha, C. C., Kusemiju, O. T. & Okanlawon, O. A. (2002). The effect of ethanol on spermatogenesis and fertility in male Sprague-Dawley rats pretreated with acetylsalicylic acid. *Nigeria Postgraduate Medical Journal, 9*, 194–198.
Das, A. (2007). Masturbation in the United States. *Journal of Sex & Marital Therapy, 33*, 301–317.
Dasen, P. R. (1977). Are cognitive processes universal? A contribution to cross-cultural Piagetian psychology. In N. Warren (Ed.), *Studies in cross-cultural psychology* (Vol. 1). New York: Academic Press.
Dasen, P. R. (2000). Rapid social change and the turmoil of adolescence: A cross-cultural perspective. *International Journal of Group Tensions, 29*, 17–49.
Dasen, P. R., Ngini, L. & Lavallée, M. (1979). Cross-cultural training studies of concrete operations. In L. H. Eckenberger, W. J. Lonner, & Y. H. Poortinga (Eds.), *Cross-cultural -contributions to psychology.* Amsterdam: Swets & Zeilinger.
Dasen, P.R. (2000). Rapid social change and the turmoil of adolescence: A cross-cultural perspective. *World Psychology, 7*, 114–122.
Databank Effectieve Jeugdinterventies, Nederlands Jeugdinstituut. http://www.nji.nl/nl/Databank/Databank-Effectieve-Jeugdinterventies.
Daum, M. M., Prinz, W. & Aschersleben, G. (2011). Perception and production of object-related grasping in 6-month-olds. *Journal of Experimental Child Psychology, 108*, 810–818.
Davenport, B. & Bourgeois, N. (2008). Play, aggression, the preschool child, and the family: A review of literature to guide empirically informed play therapy with aggressive preschool children. *International Journal of Play Therapy, 17*, 2–23.
Davidson, J. K., Darling, C. A. & Norton, L. (1995). Religiosity and the sexuality of women: Sexual behavior and sexual satisfaction revisited. *Journal of Sex Research, 32*, 235–243.
Davidson, R. J. (2003). Affective neuroscience: A case for interdisciplinary research. In F. Kessel & P. L. Rosenfields (Eds.), *Expanding the boundaries of health and social science: Case studies in interdisciplinary innovation.* London: Oxford University Press.
Davies, P. G., Spencer, S. L. & Steele, C. M. (2005). Clearing the air: Identity safety moderates the effects of stereotype threat on women's leadership aspirations. *Journal of Personality & Social Psychology, 88*, 276–287.
Davies, P. T., Harold, G. T., Goeke-Morey, M. C. & Cummings, E. M. (2002). Child emotional security and interparental conflict. *Monographs of the Society for Research in Child Development, 67.*
Davis, A. (2003). *Your divorce, your dollars: Financial planning before, during, and after divorce.* Bellingham, WA: Self-Counsel Press.
Davis, A. (2008). Children with Down syndrome: Implications for assessment and intervention in the school. *School Psychology Quarterly, 23*, 271-281. http://search.ebscohost.com, doi:10.1037/1045-3830.23.2.271.
Davis, C., Aronson, J. & Salinas, M. (2006, november). Shades of threat: racial identity as a moderator of stereotype threat. *Journal of Black Psychology, 32*, 399–417.
Davis, M. & Emory, E. (1995). Sex differences in neonatal stress reactivity. *Child Development, 66*, 14–27.
Davis, T. S., Saltzburg, S. & Locke, C. R. (2009). Supporting the emotional and psychological well being of sexual minority youth: Youth ideas for action. *Children and Youth Services Review, 31*, 1030–1041.
Davis-Kean, P. E. & Sandler, H. M. (2001). A meta-analysis of measures of self-esteem for young children: A framework for future measures. *Child Development, 72*, 887–906.
Davison, G. C. (2005). Issues and nonissues in the gay-affirmative treatment of patients who are gay, lesbian, or bisexual. *Clinical Psychology: Science & Practice, 12*, 25–28.
De Casper, A. J. & Fifer, W. P. (1980). Of human bonding: Newborns prefer their mothers' voices. *Science, 208*, 1174–1176.
De Casper, A. J. & Prescott, P. (1984). Human newborns' perception of male voices: Preference, discrimination, and reinforcing value. *Developmental Psychobiology, 17*, 481–491.
De Casper, A. J. & Spence, M. J. (1986). Prenatal material speech influences newborns' perception of speech sounds. *Infant Behavior and Development, 9*, 133–150.
De Dios, A. (2012). United States of America. In J. Arnett (Ed.), *Adolescent psychology around the world.* New York: Psychology Press.
De Gelder, B. (2000). Recognizing emotions by ear and by eye. In R. D. Lane & L. Nadel (Eds.), *Cognitive neuroscience of emotion. Series in affective science.* New York: Oxford University Press.
De Graag, J. A., Cox, R. A., Hasselman, F., Jansen, J. & De Weerth, C. (2012). Functioning within a relationship: Mother-infant synchrony and infant sleep. *Infant Behavior & Development, 35*, 252–263.
De Haan, J. & Pijpers, R. (red.) (2010). *Contact! Kinderen en nieuwe media.* Houten: Bohn Stafleu van Loghum.
De Jesus-Zayas, S. R., Buigas, R. & Denney, R. L. (2012). Evaluation of culturally diverse populations. In D. Faust (Ed.), *Coping with psychiatric and psychological testimony: Based on the original work by Jay Ziskin* (6th ed.). New York: Oxford University Press.
De Kleine, M.J.K., Den Ouden, A.L., Kollée, L.A.A., Nijhuis-van der Sanden, M.W.G., Sondaar, M., Van Kessel-Feddema, B.J.M. Knuijt, S., Van Baar, A.L., Ilsen, A., Breur-Pieterse, R., Briët, J.M., Brand, R. & Verloove-Vanhoorick, S.P. (2003). Development and evaluation of a follow-up assessment of preterm infants at five years of age. *Archives of Disease in Childhood, 88*(10), 870–875.
De Lange, G. (2004). *Hechtingsstoornissen. Orthopedagogische behandelingsstrategieën. Assen: Van* Gorcum.
De Lauzon-Guillain, B., Wijndaele, K., Clark, M., Acerini, C. L., Hughes, I. A., Dunger, D. B. & Ong, K. K. (2012). Breastfeeding and infant temperament at age three months. *Plos ONE, 7*, 182–190.
De Nederlandse Gezondheidsraad (2015). *Richtlijnen goede voeding 2015.* Geraadpleegd 9 december 2015, op http://www.gezondheidsraad.nl/nl/taak-werkwijze/werkterrein/gezonde-voeding/richtlijnen-goede-voeding-2015.
De Onis, M., Garza, C., Onyango, A.W. & Borghi, E. (2007). Comparison of the WHO child growth standards and the CDC 2000 growth charts. *The Journal of Nutrition, 137*, 144–148.
De Pauw, S. W. & Mervielde, I. (2011). The role of temperament and personality in problem behaviors of children with ADHD. *Journal of Abnormal Child Psychology: An Official Publication of the International Society for Research in Child and Adolescent Psychopathology, 39*, 277–291.
De Rosnay, M., Cooper, P., Tsigaras, N. & Murray, L. (2006, augustus). Transmission of social anxiety from mother to infant: An experimental study using a social referencing paradigm. *Behaviour Research and Therapy, 44*, 1165–1175.
De Roten, Y., Favez, N. & Drapeau, M. (2003). Two studies on autobiographical narratives about an emotional event by preschoolers: Influence of the emotions experienced and the affective closeness with the interlocutor. *Early Child Development & Care, 173*, 237–248.
De Roten, Y., Favez, N., Drapeau, M. & Stern, D.S. (2003). Two studies on autobiographical narratives about an emotional event by preschoolers: influence of the emotions experienced and the effective closeness with the interlocutor. *Early Child Development and Care, 173*, 237–248.
De Schonen, S., Mancini, J., Camps, R., Maes, E. & Laurent, A. (2005) Early brain lesions and face-processing development. *Developmental Psychobiology, 46*(3), 184–208.
De St. Aubin, E., McAdams, D. P. & Kim, T.C. (Eds.). (2004). *The generative society: Caring for future generations.* Washington, DC: American Psychological Association.
De Vries, M. W. (1984). Temperament and infant mortality among the Masai of East Africa. American *Journal of Psychiatry, 141*, 1189–1194.
De Wit, J., Veer, G. & Van der Slot, N.W. (1995). *Psychologie van de adolescentie.* Baarn: Intro.
Dearing, E., McCartney, K. & Taylor, B. (2009). Does higher quality early child care promote low-income children's math and reading achievement in middle childhood? *Child Development, 80*, 1329–1349.
Deben Mager, M. (2006). Genen en gender: hormonen en hersenen. In J. E. Verheugt-Pleiter (Ed.), *In den beginne was de vrouw.* Assen: Konnklijke Van Gorcum.
Deboutte, G. (2008). *Pesten en geweld op school: Handreiking voor een daadkrachtig schoolbeleid.* Vlaams Ministerie van Onderwijs en Vorming in samenwerking met het Project Verbondenheid, 232 pp. http://www.ond.vlaanderen.be/antisociaalgedrag/pgs/090310_pesten-volledig.pdf.
Decarrie, T. G. (1969). A study of the mental and emotional development of the thalidomide child. In B. M. Foss (Ed.), *Determinants of infant behavior* (Vol. 4). London: Methuen.
DeCasper, A.J. & Spence, M.J. (1986). Prenatal maternal speech influences newborns' perception of speech sounds. *Infant Behavior and Development, 9*, 133–150.
Decety, J. & Jackson, P. L. (2006). A social-neuroscience perspective on empathy. *Current Directions in Psychological Science,15*, 54–61.
Declercq, K. & Verboven, F. (2010). *Slaagkansen aan Vlaamse universiteiten. Tijd om bij te sturen?* Geraadpleegd via het Centrum voor Economische Studiën KULeuven,https://feb.kuleuven.be/public/ndbad83/frank/Papers/Declercq%20&%20Verboven,%202010.pdf.
Decreet betreffende de kwaliteit van onderwijs (8 mei 2009). Geraadpleegd op http://www.ond.vlaanderen.be/edulex/database/document/document.asp?docid=14129.
DeFrancisco, B. & Rovee-Collier, C. (2008). The specificity of priming effects over the first year of life. *Developmental Psychobiology, 50*, 486–501.
Degroot, A., Wolff, M. C. & Nomikos. G. G. (2005). How early experience matters in intellectual development in the case of poverty. *Preventative Science, 5*, 245–252.
Dehaene-Lambertz, G., Hertz-Pannier, L. & Dubois, J. (2006). Nature and nurture in language acquisition: Anatomical and functional brain-imaging studies in infants. *Neurosciences, 29 [Special issue: Nature and nurture in brain development and neurological ldisorders]*, 367–373.
Delaney, C. H. (1995). Rites of passage in adolescence. *Adolescence, 30*, 891–897.
Delemarre-Van de Waal, H.A. & Felius, A. (2009). Obesitas en type 2 diabetes in kinderen. *Patient Care.*
DeLisi, M. Zeroing in on early arrest onset: Results from a population of extreme career criminals. *Journal of Criminal Justice, 34*, 17–26–2006.
DeLisi, R. (2006). A developmental perspective on virtual scaffolding for learning in home and school contexts. In. A. M. O'Donnell, C. E. Hmelo-Silver & G. Erkens (Eds.), *Collaborative Learning, Research and Technology*, (pp. 15–35), Mahwah: NY, LEA.
Delva, J., O'Malley, P. & Johnston, L. (2006, oktober). Racial/ethnic and socioeconomic status differences in overweight and health-related behaviors among American students: National trends 1986–2003. *Journal of Adolescent Health, 39*, 536–545.
Den Ouden, A.L., Drykoningen, C.E.M., Spee van der Wekke, J., Sigmond-de Bruin, E.M. & Verloove-Vanhorick, S.P. (1998). Gevolgen van vroeggeboorte: veel medische consumptie en lichamelijke beperkingen; enquête bij ouders van 10-jarigen. *Nederlands Tijdschrift voor Geneeskunde, 142*(3), 139–142.
Denizet-Lewis, B. (2004, 30 mei). Friends, friends with benefits and the benefits of the local mall. *The New York Times Magazine*, pp. 30–35, 54–58.

Denmark, F. L. & Fernandez, L. C. (1993). Historical development of the psychology of women. In F. L. Denmark & M. A. Paludi (Eds.), *Psychology of women: A handbook of issues and theories*. Westport, CT: Greenwood Press.

Dennis, J. G. (2004). *Homeschooling high school: Planning ahead for college admission*. Cambridge, MA: Emerald Press.

Dennis, T. A., Cole, P. M., Zahn-Wexler, C. & Mizuta, I. (2002). Self in context: Autonomy and relatedness in Japanese and U.S. mother–preschooler dyads. *Child Development, 73*, 1803–1817.

DePaolis, R., Vihman, M. M. & Nakai, S. (2013). The influence of babbling patterns on the processing of speech. *Infant Behavior and Development, 36*, 642–649.

Department for Education and Skills, England (2004). *Math performance of schoolchildren*. London: Department for Education and Skills.

Dereli-Iman, E. (2013). Adaptation of social problem solving for children questionnaire in 6 age groups and its relationships with preschool behavior problems. *Kuram Ve Uygulamada E[illegible]itim Bilimleri, 13*, 491–498.

Dervic, K., Friedrich, E., Oquendo, M., Voracek, M., Friedrich, M. & Sonneck, G. (2006, oktober). Suicide in Austrian children and young adolescents aged 14 and younger. *European Child & Adolescent Psychiatry, 15*, 427–434.

Deurenberg, P., Deurenberg-Yap, M. & Guricci, S. (2002). Asians are different from Caucasians and from each other in their body mass index/body fat percent relationship. *Obesity Review, 3*, 141–146.

Deurenberg, P., Deurenberg-Yap, M., Foo, L. F., Schmidt, G. & Wang, J. (2003). Differences in body composition between Singapore Chinese, Beijing Chinese and Dutch children. *European Journal of Clinical Nutrition, 57*, 405–409.

Deveny, K. (1994, 5 december). Chart of kindergarten awards. *The Wall Street Journal*, p. Bl.

deVilliers, P. A. & deVilliers, J. G. (1992). Language development. In M. H. Bornstein & M. E. Lamb (Eds.), *Developmental psychology: An advanced textbook*. Hillsdale, NJ: Erlbaum.

Devlieger, R., Martens, E., Martens, G., Van Mol, C. & Cammu, H. (2015). *Perinatale activiteiten in Vlaanderen. Brussel: vzw studiecentrum voor perinatale epidemiologie (SPE)*. Geraadpleegd 16 augustus 2015, op http://www.zorg-en-gezondheid.be/uploadedFiles/NLsite_v2/Cijfers/Cijfers_over_geboorte_en_bevalling/SPE_jaarrapport%202014.pdf.

Devlin, B., Daniels, M. & Roeder, K. (1997). The heritability of IQ. *Nature, 388*, 468–471.

DeVries, R. (1969). Constancy of generic identity in the years 3 to 6. *Monographs of the Society for Research in Child Development, 34*(3, Serial No. 127).

DeVries, R. (2005). *A pleasing birth*. Philadelphia, PA: Temple University Press.

Dey, A. N. & Bloom, B. (2005). Summary health statistics for U.S. children: National Health Interview Survey, 2003. *Vital Health Statistics 10, 223*, 1–78.

Dhont, K., Roets, A. & Van Hiel, A. (2011). Opening closed minds: The combined effects of intergroup contact and need for closure on prejudice. *Personality and Social Psychology Bulletin, 37*, 514–528.

Diambra, L. & Menna-Barretio, L. (2004). Infradian rhythmicity in sleep/wake ratio in developing infants. *Chronobiology International, 21*, 217–227.

Diamond, A. & Amso, D. (2008). Contributions of neuroscience to our understanding ofcognitive development. *Current Directions in Psychological Science, 17*(2), 136–141.

Diamond, L. (2003a). Love matters: Romantic relationships among sexual-minority adolescents. In P. Florsheim (Ed.), *Adolescent romantic relations and sexual behavior: Theory, research, and practical implications*. Mahwah, NJ: Erlbaum.

Diamond, L. (2003b). Was it a phase? Young women's relinquishment of lesbian/bisexual identities over a 5-year period. *Journal of Personality & Social Psychology, 84*, 352–364.

Dick, D. M. & Rose, R. J. (2002). Behavior genetics: What's new? What's next? *Current Directions in Psychological Science, 11*, 70–74.

Dick, D., Rose, R. & Kaprio, J. (2006). The next challenge for psychiatric genetics: Characterizing the risk associated with identified genes. *Annals of Clinical Psychiatry, 18*, 223–231.

Diego, M., Field, T. & Hernandez-Reif, M. (2009). Procedural pain heart rate responses in massaged preterm infants. *Infant Behavior & Development, 32*, 226–229.

Diener, M., Isabella, R., Behunin, M. & Wong, M. (2008). Attachment to mothers and fathers during middle childhood: Associations with child gender, grade, and competence. *Social Development, 17*, 84–101.

Dietz, W. H. & Stern, L. (Eds.). (1999). *American Academy of Pediatrics guide to your child's nutrition: Making peace at the table and building healthy eating habits for life*. New York: Villard.

Dijkstra, P., Kuyper, H., Van der Werf, G., Buunk, A. P. & Van der Zee, Y. G. (2008). Social comparison in the classroom: A review. *Review of Educational Research, 78*, 828–879.

Dildy, G. A. Jackson, G. M., Fowers, G. R., Oshino, B. T., Varner, M. W. & Clark, S. C. (1996). Very advanced maternal age: Pregnancy after 45. *American Journal of Obstetrics and gynecology, 175*, 668–674.

Dilworth-Bart, J. & Moore, C. (2006, maart). Mercy mercy me: Social injustice and the prevention of environmental pollutant exposures among ethnic minority and poor children. *Child Development, 77*, 247–265.

Dimmit, D. & McCormick, C. B. (2012). Metacognition in education. In K. R. Harris, S. Graham, T. Urdan, C. B. McCormick, G. M. Sinatra & J. Sweller (Eds.), *APA educational psychology handbook, Vo. 1: Theories, constructs, and critical issues*. Washington, DC: American Psychological Association.

Dionne, J. & Cadoret, G. (2013). Development of active controlled retrieval during middle childhood. *Developmental Psychobiology, 55*, 443–449.

DiPietro, J. A., Bornstein, M. H. & Costigan, K. A. (2002). What does fetal movement predict about behavior during the first two years of life? *Developmental Psychobiology, 40*, 358–371.

Dipietro, J. A., Costigan, K. A., Gurewitsch, E. D. (2005). Maternal psychophysiological change during the second half of gestation. *Biological Psychology, 69*, 23–39.

Dittman, M. (2005). Generational differences at work. *Monitor on Psychology, 36*, 54–55.

Dixon, R. A. & Lerner, R. M. (1999). History and systems in developmental psychology. In M. H. Bornstein & M. E. Lamb (Eds.), *Developmental psychology: An advanced textbook*. Mahwah, NJ: Erlbaum.

Dixon, W. E., Jr. (2004). There's a long, long way to go. *Psyc-CRITIQUES*. Washington, DC: American Psychological Association.

Dmitrieva, J., Chen, C. & Greenberger, E. (2004). Family relationships and adolescent psychosocial outcomes: Converging findings from Eastern and Western cultures. *Journal of Research on Adolescence, 14*, 425–447.

Dobson, V. (2000). The developing visual brain. *Perception, 29*, 1501–1503.

Dodge, K. A. (1985). A social information processing model of social competence in children. In M. Perlmutter (Ed.), *Minnesota Symposia on Child Psychology, 18*, 77–126.

Dodge, K. A., Lansford, J. E. & Burks, V. S. (2003). Peer rejection and social information-processing factors in the development of aggressive behavior problems in children. *Child Development, 74*, 374–393.

domains of children's development. *Psychological Bulletin, 126*, 71–80.

Doman, G. & Doman, J. (2002). *How to teach your baby to read*. Wyndmoor, PA: Gentle Revolution Press.

Dombrowski, S., Noonan, K. & Martin, R. (2007). Low birthweight and cognitive outcomes: Evidence for a gradient relationship in an urban, poor, African American birth cohort. *School Psychology Quarterly, 22*, 26–43.

Dominguez, H. D., Lopez, M. F. & Molina, J. C. (1999). Interactions between perinatal and neonatal associative learning defined by contiguous olfactory and tactile stimulation. *Neurobiology of Learning and Memory, 71*, 272–288.

Domsch, H., Lohaus, A. & Thomas, H. (2009). Prediction of childhood cognitive abilities from a set of early indicators of information processing capabilities. *Infangt Behavior & Development, 32*, 91–102.

Donat, D. (2006, oktober). Reading their way: A balanced approach that increases achievement. *Reading & Writing Quarterly: Overcoming Learning Difficulties, 22*, 305–323.

Dondi, M., Simion, F. & Caltran, G. (1999). Can newborns discriminate between their own cry and the cry of another newborn infant? *Developmental Psychology, 35*, 418–426.

Donleavy, G. (2008). No man's land: Exploring the space between Gilligan and Kohlberg. *Journal of Business Ethics, 80*, 807–822.

Donnerstein, E. (2005, januari). *Media violence and children: What do we know, what do we do?* Paper presented at the annual National Teaching of Psychology meeting, St. Petersburg Beach, FL.

Donohue, R. (2007, april). Examining career persistence and career change intent using the career attitudes and strategies inventory. *Journal of Vocational Behavior, 70*, 259–276.

Douglass, A. & Klerman, L. (2012). The strengthening families initiative and child care quality improvement: How strengthening families influenced change in child care programms in one state. *Early Education and Development, 23*, 373–392.

Douglass, R. & McGadney-Douglass, B. (2008). The role of grandmothers and older women in the survival of children with kwashiorkor in urban Accra, Ghana. *Research in Human Development, 5*, 26–43.

Doyle, L. W., Victorian Infant Collaborative Study Group. (2004). Neonatal intensive care at borderline viability – Is it worth it? *Early Human Development, 80*, 103–113.

Doyle, R. (2000, juni). Asthma worldwide. *Scientific American*, pp. 28.

Doyle, R. (2004, april). By the numbers: A surplus of women. *Scientific American, 290*, 33.

Dreifus, C. (2011, 30 mei). The bilingual advantage. *The New York Times*, D2.

Drewett, R. (2007). *The nutritional psychology of childhood*. New York: Cambridge University Press.

Dromi, E. (1987). *Early lexical development*. Cambridge, England: Cambridge University Press.

Dronkers, J. (2007). *Ruggengraat van ongelijkheid. Beperkingen en mogelijkheden om ongelijke onderwijskansen te veranderen*. Amsterdam: Mets& Schilt uitgevers/Wiardi Beckman Stichting.

Drouin, M. & Landgraff, C. (2012). Texting, sexting, and attachment in college students' romantic relationships. *Computers in Human Behavior, 28*, 88–100.

Dryfoos, J. G. (1990). *Adolescents at risk: Prevalence and prevention*. New York: Oxford University Press.

DuBreuil, S. C., Garry, M. & Loftus, E. F. (1998). Tales from the crib: Age regression and the creation of unlikely memories. In S. J. Lynn & K. M. McConkey (Eds.), *Truth in memory*. New York: Guilford Press.

Dudding, T. C., Vaizey, C. J. & Kamm, M. A. (2008). Obstetric anal sphincter injury: incidence, risk factors, and management. *Annals of Surgery, 247*, 224–237.

Duenwald, M. (2003, 15 juli). After 25 years, new ideas in the prenatal test tube. *The New York Times*, p. D5.

Duenwald, M. (2004, 11 mei). For couples, stress without a promise of success. *The New York Times*, p. D3.

Duits, L. (S.d). *Subculturen vs kliekjes: hoe jongeren zich wereldwijd hetzelfde indelen*. In: Dieponderzoek.nl. Geraadpleegd 27 oktober 2015. http://www.dieponderzoek.nl/subculturen-vs-kliekjes-hoe-jongeren-zich-wereldwijd-hetzelfde-indelen/.

Dulin-Keita, A., Hannon, L., Fernandez, J. R. & Cockerham, W. C. (2011). The defining moment: Children's conceptualization of race and experiences with racial discrimination. *Ethnic and Racial Studies, 34*, 662–682.

Dumont, C. & Paquette, D. (2013). What about the child's tie to the father? A new insight into fathering, father-child attachment, children's socio-emotional

development and the activation relationship theory. *Early Child Development and Care, 183*, 430–446.
Dundas, E. M., Plaut, D. C. & Behrmann, M. (2013). The joint development of hemispheric lateralization for words and faces. *Journal of Experimental Psychology: General, 142*, 348–358.
Dunham, R. M., Kidwell, J. S. & Wilson, S. M. (1986). Rites of passage at adolescence: A ritual process paradigm. *Journal of Adolescent Research, 1*, 139–153.
Dunkel, C. S., Kim, J. K. & Papini, D. R. (2012). The general factor of psychosocial development and its relation to the general factor of personality and life history strategy. *Personality and Individual Differences, 52*, 202–206.
Dunn, M., Thomas, J. O., Swift, W. & Burns, L. (2012). Elite athletes' estimates of the prevalence of illicit drug use: Evidence for the false consensus effect. *Drug and Alcohol Review, 31*, 27–32.
DuPaul, G. & Weyandt, L. (2006, juni). School-based intervention for children with attention deficit hyperactivity disorder: Effects on academic, social, and behavioural functioning. *International Journal of Disability, Development and Education, 53*, 161–176.
Duriez, B., Luyckx, K., Soenens, B. & Berzonsky, M. (2012). A process-content approach to adolescent identity formation: Examining longitudinal associations between identity styles and goal pursuits. *Journal of Personality, 80*, 135–161.
Durrant, J.E. (2008). Physical punishment, culture and rights: Current issues for professionals. *Journal of Developmental and Behavioral Pediatrics, 29*, 55–66.
Dutta, T. & Mandal, M. (2006, juli). Hand preference and accidents in India. *Laterality: Asymmetries of Body, Brain and Cognition, 11*, 368–372.
Dyer, S. & Moneta, G.B. (2006). Frequency of parallel, associative, and co-operative play in British children of different socio-economic status. *Social Behavior and Personality, 34*(5), 587–592.
Dyson, A. H. (2003). "Welcome to the jam": Popular culture, school literacy and making of childhoods. *Harvard Educational Review, 73*, 328–361.
East, P., Reyes, B. & Horn, E. (2007, juni). Association between adolescent pregnancy and a family history of teenage births. *Perspectives on Sexual and Reproductive Health, 39*, 108–115.
Easterbrooks, M., Bartlett, J., Beeghly, M. & Thompson, R. A. (2013). Social and emotional development in infancy. In R. M. Lerner, M. Easterbrooks, J. Mistry, I. B. Weiner (Eds.), *Handbook of psychology, Vol. 6: Developmental psychology* (2nd ed.). Hoboken, NJ: John Wiley & Sons Inc.
Eastman, Q. (2003, 20 juni). Crib death exoneration could usher in new gene tests. *Science, 300*, 1858.
Easton, J., Shipper, L. & Shackelford, T. (2007). Morbid jealousy from an evolutionary psychological perspective. *Evolution and Human Behavior, 28*, 399–402.
Eaton, W. O. & Enns, L. R. (1986). Sex differences in human motor activity level. *Psychological Bulletin, 100*, 19–28.
Eccles, J., Templeton, J. & Barber, B. (2003). Adolescence and emerging adulthood: The critical passage ways to adulthood. In M. Bornstein & L. Davidson (Eds.), *Well-being: Positive development across the life course*. Mahwah, NJ: Erlbaum.
Ecenbarger, W. (1993, 1 april). America's new merchants of death. *The Reader's Digest*, p. 50.
Eckerman, G. & Peterman, K. (2001). Peers and infant social/communicative development. In G. Bremner & A. Fogel (Eds.), *Blackwell handbook of infant development* (pp. 326–350). Malden, MA: Blackwell.
Eckerman, O.E. & Oehler, J.M., (1992). Very-low-birthweight newborns and parents as early social partners. In S.L
Edward, J. (2013). Sibling discord: A force for growth and conflict. *Clinical Social Work Journal, 41*, 77–83.
Edwards, A. C. & Kendler, K. S. (2013). Alcohol consumption in men is influenced by qualitatively different genetic factors in adolescence and adulthood. *Psychological Medicine, 43*, 1857–1868.
Edwards, C. P. (2000). Children's play in cross-cultural perspective: A new look at the Six Cultures study. *Cross-Cultural Research: The Journal of Comparative Social Science, 34*, 318–338.
Edwards, S. (2005). Constructivism does not only happen in the individual: Sociocultural theory and early childhood education. *Early Child Development & Care, 17*, 37–47.
Eggum, N. D., Eisenberg, N., Kao, K., Spinrad, T. L., Bolnick, R., Hoger, C. & Fabricius, W. V. (2011). Emotion understanding, theory of mind, and prosocial orientation: Relations over time in early childhood. *The Journal of Positive Psychology, 6*, 4–16.
Ehm, J., Lindberg, S. & Hasselhorn, M. (2013). Reading, writing, and math self-concept in elementary school children: Influence of dimensional comparison processes. *European Journal of Psychology of Education*. Geraadpleegd 18 februari 2014, op http://link.springer.com/article /10.1007%2Fs10212-013-0198-x#page-1.
Eichstedt, J., Serbin, L. & Poulin-Dubois, D. (2002). Of bears and men: Infants' knowledge of conventional and metaphorical gender stereotypes. *Infant Behavior & Development, 25*, 296–310.
Eid, M., Riemann, R., Angleitner, A. & Borkenau, P. (2003). Sociability and positive emotionality: Genetic and environmental contributions to the covariation between different facets of extraversion. *Journal of Personality, 71*, 319–346.
Eiden, R., Foote, A. & Schuetze, P. (2007). Maternal cocaine use and caregiving status: Group differences in caregiver and infant risk variables. *Addictive Behaviors, 32*, 465–476.
Eigsti, I. & Cicchetti, D. (2004). The impact of child maltreatment on expressive syntax at 60 months. *Developmental Science, 7*, 88–102.
Eimas, P. D., Sigueland, E. R., Jusczyk, P. & Vigorito, J. (1971). Speech perception in infants. *Science, 171*, 303–306.
Eisbach, A. O. (2004). Children's developing awareness of diversity in people's trains of thought. *Child Development, 75*, 1694–1707.
Eisenberg, M. E. & Resnick, M. D. (2006, november). Suicidality among gay, lesbian and bisexual youth: The role of protective factors. *Journal of Adolescent Health, 39*, 662–668.
Eisenberg, N. & Valiente, C. (2004). Empathy-related responding: Moral, social, and socialization correlates. In A. G. Miller (Ed.), *Social psychology of good and evil*. New York: Guilford Press.
Eisenberg, N., Valiente, C. & Champion, C. (2004). Empathy-related responing: Moral, social, and socialization correlates. In A.G. Miller (Ed.), *The social psychology of good and evil* (pp. 386–414). New York: The Guilford Press.
Eisenberg, N., Valiente, C., & Champion, C. (2004). Prediction of children's empathy-related responses from their effortful control and parents' expressivity. *Developmental Psychology, 40*, 911–926.
Eitel, A., Scheiter, K., Schüler, A., Nyström, M. & Holmqvist, K. (2013). How a picture facilitates the process of learning from tekst: Evidence for scaffolding. *Learning and Instruction, 28*, 48–63.
Eklund, L. (2011). "Good citizens prefer daughters": Gender, rurality and the Care for Girls Campaign. In T. Jacka, S. Sargeson (Eds.), *Women, gender and rural development in China*. Northampton, MA: Edward Elgar Publishing.
Eley, T. C., Bolton, D., O'Connor, T., Perrin, S., Smith, P. & Plomin, R. (2003). Phenotypic and genetic differentiation of anxiety-related behaviours in young children. *Journal of Child Psychology & Psychiatry, 44*, 945–960.
Eley, T. C., Lichtenstein, P. & Moffitt, T. E. (2003). A longitudinal behavioral genetic analysis of the etiology of aggressive and nonaggressive antisocial behavior. *Development and Psychopathology, 15*, 383–402.
Eley, T., Liang, H. & Plomin, R. (2004). Parental familial vulnerability, family environment, and their interactions as predictors of depressive symptoms in adolescents. *Child & Adolescent Social Work Journal, 21*, 298–306.
Elkana, O., Frost, R., Kramer, U., Ben-Sashat, D., Hendler, T., Schmidt, D. & Schweiger, A. (2011). Cerebral reorganization as a function of linguistic recovery in children: An FMRI study. *Cortex: A Journal Devoted to the Study of the Nervous System and Behavior, 47*, 202–216.
Elker. (2015). Ouderschap na scheiding. In www.elker.nl. Geraadpleegd 27 oktober 2015, op www.elker.nl/ouders/hulpaanbod/ouderschap-na-scheiding
Elkind, D. (1978). The children's reality: Three developmental themes. In S. Coren & L. M. Ward (Eds.), *Sensation and perception*. Hillsdale, NJ: Erlbaum.
Elkind, D. (1994a). *A sympathetic understanding of the child: Birth to sixteen* (3rd ed). Needham Heights, MA: Allyn & Bacon.
Elkind, D. (1994b). *Ties that stress: The new family imbalance*. Cambridge, MA: Harvard University Press.
Elkind, D. (1996). Inhelder and Piaget on adolescence and adulthood: A postmodern appraisal. *Psychological Science, 7*, 216–220.
Ellis, L. & Engh, T. (2000). Handedness and age of death: New evidence on a puzzling relationship. *Journal of Health Psychology, 5*, 561–565.
Ellis, L. (2006, juli). Gender differences in smiling: An evolutionary neuroandrogenic theory. *Physiology & Behavior, 88*, 303–308.
Ellis, L., Ficek, C., Burke, D. & Das, S. (2008, februari). Eye color, hair color, blood type, and the rhesus factor: Exploring possible genetic links to sexual orientation. *Archives of Sexual Behavior, 37*, 145–149.
Employment Policies Institute. (2000). *Correcting part-time misconceptions*. Washington, DC: Author.
Endo, S. (1992). Infant–infant play from 7 to 12 months of age: An analysis of games in infant-peer triads. *Japanese Journal of Child and Adolescent Psychiatry, 33*, 145–162.
Engels, N., Petric, I. & De Vos, B. (2015). *Rapportage 2014 Media Standaard Survey (MSS)*. Geraadpleegd 10 oktober 2015, op https://kijkonderzoek.nl/images/MSS/MSS_2014_rapportage_150302.pdf.
Engineer, N., Darwin, L., Nishigandh, D., Ngianga-Bakwin, K., Smith, S. C. & Grammatopoulos, D. K. (2013). Association of glucocorticoid and type I corticotropin-releasing hormone receptors gene variants and risk for depression during pregnancy and post-partum. *Journal of Psychiatric Research, 47*, 1166–1173.
Ennett, S. T. & Bauman, K. E. (1996). Adolescent social networks: School, demographic, and longitudinal considerations. *Journal of Adolescent Research, 11*, 194–215.
Erel, O., Oberman, Y. & Yirmiya, N. (2000). Maternal versus nonmaternal care and seven domains of children's development. *Psychological Bulletin, 126*(5), 727–747.
Erikson, E. H. (1963). *Childhood and society*. New York: Norton.
Esbroek, R. van & Zaman, M. (1999). De studie-Informatie-Dagen: een kritische reflectie. In *Handboek Leerlingenbegeleiding* (Studiekeuze- en beroepskeuzebegeleiding Onderzoek, pp. I/I-I/1622), Zaventem: Kluwer Editoriaal.
Escott, D., Slade, P. & Spiby, H. (2009). Preparation for pain management during childbirth: The psychological aspects of coping strategy development in antenatal education. *Clinical Psychology Review, 29*, 617–622.
Estell, D. B., Jones, M. H., Pearl, R., Van Acker, R., Farmer, T. W. & Rodkin, P. C. (2008). Peer groups, popularity, and social preference: Trajectories of social functioning among students with and without learning disabilities. *Journal of Learning Disabilities, 41*, 5–14.
Esteller et al. (2005). Epigenetic differences arise during the lifetime of monozygotic twins. *Proceedings of the National Academy of Sciences, 102 (30)*, 10604–10609.
Ethier, L., Couture, G. & Lacharite, C. (2004). Risk factors associated with the chronicity of high potential for child abuse and neglect. *Journal of Family Violence, 19*, 13–24.
European Agency for Development in Special Needs Education. (2010).*Special Needs Education Country Data*. Geraardpleegd op www.european-agency.org, https://www.european-agency.org/sites/default/files/special-needs-education-country-data-2010_SNE-Country-Data-2010.pdf.

European School survey on Alcohol and Other Drugs (2007). The 2007 ESPAD Report Substance Use Among Students in 35 European Countries. Geraadpleegd op http://www.espad.org/uploads/espad_reports/2007/the_2007_espad_report-full_091006.pdf.

Europese Commissie. (2012). *Gezondheid en voedselveiligheid: EPODE en het Europees EPODE-netwerk: samen obesitas bij kinderen voorkomen*. Geraadpleegd 12 augustus 2015, op http://ec.europa.eu/health/highlights/2012/3/news_20120720_childhood_obesity_nl.htm.

Evans, G. W. (2004). The environment of childhood poverty. *American Psychologist, 59*, 77–92.

Evans, T., Whittingham, K. & Boyd, R. (2012). What helps the mother of a preterm infant become securely attached, responsive and well-adjusted? *Infant Behavior & Development, 35*, 1–11.

Eveleth, P. & Tanner, J. (1976). *Worldwide variation in human growth*. New York: Cambridge University Press.

Everett, S. A., Warren, C. W., Santelli, J. S., Kann, L., Collins, J. L. & Kolbe, L. J. (2000). Use of birth control pills, condoms, and withdrawal among U.S. high school students. *Journal of Adolescent Health, 27*, 112–118.

Ezzo, F. & Young, K. (2012). Child Maltreatment Risk Inventory. Pilot data for the Cleveland Child Abuse Potential Scale. *Journal of Family Violence, 27*, 145–155.

Friedman & M.D. Sigman. (Ed.), The psychological development of low birthweight children. *Annual Advances in Applied Developmental Psychology, 6*, 91–123.

Factsheet Pleegzorg (2007). www.pleegzorg.nl/.

Fagan, M. (2009). Mean length of utterance before words and grammar: Longitudinal trends and developmental implications of infant vocalizations. *Journal of Child Language, 36*, 495-527. http://search.ebscohost.com, doi:10.1017/S0305000908009070.

Faith, M. S., Johnson, S. L. & Allison, D. B. (1997). Putting the behavior into the behavior genetics of obesity. *Behavior Genetics, 27*, 423–439.

Falco, M. (2012, 3 juli). Since IVF began, 5 million babies born. CNN News. Geraadpleegd 3 juli 2012, op http://thechart.blogs.cnn.com/2012/07/02/5-million-babies-born-so-far-thanks-to-ivf/.

Falk, D. (2004). Prelinguistic evolution in early hominids: Whence motherese? *Behavioral and Brain Sciences, 27*, 491–503.

Fanger, S., Frankel, L. & Hazen, N. (2012). Peer exclusion in preschool children's play: Naturalistic observation in a playground setting. *Merrill-Palmer Quarterly, 58*, 224–254.

Fangman, J. J., Mark, P. M., Pratt, L., Conway, K. K., Healey, M. L., Oswald, J. W., et al. (1994). Prematurity prevention programs: An analysis of successes and failures. *American Journal of Obstetrical Gynecology, 170*, 744–750.

Fantz, R. L. (1961). The origin of form perception. *Scientific American*, pp. 72–81.

Fantz, R. L. (1963). Pattern vision in newborn infants. *Science, 140*, 296–297.

Farbiash, T., Berger, A., Atzaba-Poria, N. & Auerbach, J. G. (2013). Prediction of preschool aggression from drd4 risk, parental ADHD symptoms, and home chaos. *Journal of Abnormal Child Psychology*. Geraadpleegd 18 februari 2014, op http://link.springer.com/article/10.1007%2Fs10802-013-9791-3#page-1.

Farmer, T. W., Estell, D. B., Bishop, J. L., O'Neal, K. K. & Cairns, B. D. (2003). Rejected bullies or popular leaders? The social relations of aggressive subtypes of rural African American early adolescents. *Developmental Psychology, 39*, 992–1004.

Farrant, B.M., Fletcher, J.F. & Maybery, M.T. (2006). Specific Language Impairment, Theory of Mind, and Visual Perspective Taking: Evidence for Simulation Theory and the Developmental Role of Language, *Child Development, 77*(6), 1842–1853.

Farrar, M., Johnson, B., Tompkins, V., Easters, M., Zilisi-Medus, A. & Benigno, J. (2009). Language and theory of mind in preschool children with specific language impairment. *Journal of Communication Disorders, 42*, 428–441.

Farrell, E. F. (2005, 15 juli). To test or not to test? *The Chronicle of Higher Education*, A39–A40.

Farroni, T., Menon, E., Rigato, S. & Johnson, M. (2007). The perception of facial expressions in newborns. *European Journal of Developmental Psychology, 4*, 2–13.

Farver, J. M. & Frosch, D. L. (1996). L.A. stories: Aggression in preschoolers' spontaneous narratives after the riots of 1992. *Child Development, 67*, 19–32.

Farver, J. M. & Lee-Shin, Y. (2000). Acculturation and Korean-American children's social and play behavior. *Social Development, 9*, 316–336.

Farver, J. M., Kim, Y. K. & Lee-Shin, Y. (1995). Cultural differences in Korean- and Anglo-American preschoolers' social interaction and play behaviors. *Child Development, 66*, 1088–1099.

Farver, J. M., Welles-Nystrorn, B., Frosch, D. L. & Wimbarti, S. (1997). Toy stories: Aggression in children's narratives in the United States, Sweden, Germany, and Indonesia. *Journal of Cross-Cultural Psychology, 28*, 393–420.

Fasano, C. & Pellitteri, J. (2006). Infusing emotional learning into the school environment. *Emotionally intelligent school counseling* (pp. 65–79). Mahwah, NJ: Lawrence Erlbaum.

Fayers, T., Crowley, T., Jenkins, J. M. & Cahill, D. J. (2003). Medical student awareness of sexual health is poor. *International Journal STD/AIDS, 14*, 386–389.

Federaal wetenschapsbeleid (2009). *Ethische code van het wetenschappelijk onderzoek in België*. Brussel: POD Wetenschapsbeleid. http://www.kvab.be/downloads/vcwi/definitief_belspo-ce-WEB_NL.pdf.

Federal Interagency Forum on Child and Family Statistics (2003). *America's Children: Key National Indicators of Well-Being, 2003*. Federal Interagency Forum on Child and Family Statistics, Washington, DC: U.S. Government Printing Office.

Fekkes, M. (2005). *Bullying among elementary school children*. Amsterdam: De Brink.

Feldhusen, J. (2003). Precocity and acceleration. *Gifted Education International, 17*, 55–58.

Feldman, J. F. & Jankowski, J. J. (2009). A Cognitive Approach to the Development of Early Language. *Child Development*. Jan–Feb; 80(1): 134–150. doi: 10.1111/j.1467-8624.2008.01250.x.

Feldman, R. & Masalha, S. (2007). The role of culture in moderating the links between early ecological risk and young children's adaptation. *Development and Psychopathology, 19*, 1–21.

Feldman, R. S. & Rimé, B. (Eds.). (1991). *Fundamentals of nonverbal behavior*. Cambridge, England: Cambridge University Press.

Feldman, R. S., Tomasian, J. & Coats, E. J. (1999). Adolescents' social competence and nonverbal deception abilities: Adolescents with higher social skills are better liars. *Journal of Nonverbal Behavior, 23*, 237–249.

Feldman, S.S. & Wood, D.N. (1994). Parents' expectations for preadolescent sons' behavioral autonomy: A longitudinal study of correlates and outcomes. *Journal of Research on Adolescence, 4*, 45–70.

Fenwick, K. D. & Morrongiello, B. A. (1998). Spatial co-location and infants' learning of auditory-visual associations. *Behavior & Development, 21*, 745–759.

Ferber, M. & Nicolai N. (2007). *Langs de grenzen van de zorg. Omgaan met psychosociale problemen van jongeren op en rondom school*. Utrecht: De Tijdstroom.

Fergusson, D., Horwood, L., Boden, J. & Jenkin, G. (2007, maart). Childhood social disadvantage and smoking in adulthood: Results of a 25-year longitudinal study. *Addiction, 102*, 475–482.

Fernald, A. & Morikawa, H. (1993). Common themes and cultural variations in Japanese and American mothers' speech to infants. *Child Development, 64*, 637–656.

Fernald, A. (2001). Hearing, listening, and understanding: Auditory development in infancy. In G. Bremner & A. Fogel (Eds.), *Blackwell handbook of infant development*. Malden, MA: Blackwell.

Fernald, A., Taeschner, T., Dunn, J., Papousek, M., Boysson-Bardies, B. & Fukui, I. (1998). A cross-language study of prosodic modifications in mothers' and fathers' speech to preverbal infants. *Journal of Child Language, 16*, 477–501.

Fernald, A., Zangl, R., Portillo, A.L. & Marchman, V.A. (2008). Looking while listening: Using eye movements to monitor spoken language comprehension by infants and young children. In Sekerina, I.A., Fernandez, E.M. & Clahsen, H. (Eds.) *Developmental Psycholinguistics: On-line methods in children's language processing*.

Fernández, C. (2013). Mindful storytellers: Emerging pragmatics and theory of mind development. *First Language, 33*, 20–46.

Fernyhough, C. (1997). Vygotsky's sociocultural approach: Theoretical issues and implications for current research. In S. Hala (Ed.), *The development of social cognition* (pp. 65–92). Hove, England: Psychology Press/Erlbaum, Taylor & Francis.

Feshbach, S. & Tangney, J. (2008). Television viewing and aggression: Some alternative perspectives. *Perspectives on Psychological Science, 3*, 387-389. http://search.ebscohost.com, doi:10.1111/j.1745-6924.2008.00086.x.

Festinger, L. (1954). A theory of social comparison processes. *Human Relations, 7*, 117–140.

Fiedler, N. L. (2012). Gender (sex) differences in response to prenatal lead exposure. In M. Lewis, L. Kestler (Eds.), *Gender differences in prenatal substance exposure*. Washington, DC: American Psychological Association.

Field, M. J. & Behrman, R. E. (Eds.). (2003). *When children die*. Washington, DC: National Academies Press.

Field, T. & Walden, T. (1982). Perception and production of facial expression in infancy and early childhood. In H. Reese & L. Lipsitt (Eds.), *Advances in child development and behavior* (Vol. 16). New York: Academic Press.

Field, T. M. (1982). Individual differences in the expressivity of neonates and young infants. In R. S. Feldman (Ed.), *Development of nonverbal behavior in children*. New York: Springer-Verlag.

Field, T. M. (2001). *Touch*. Cambridge, MA: MIT Press.

Field, T. M. (Ed.). (1988). *Stress and coping across development*. Hillsdale, NJ: Erlbaum.

Field, T. M., Greenberg, R., Woodson, R., Cohen, D. & Garcia, R. (1984). Facial expression during Brazelton neonatal assessments. *Infant Mental Health Journal, 5*, 61–71.

Field, T. M., Diego, M. & Hernandex-Reif, M. (2006). Prematurity and potential predictors. *Infant Behavior & Development, 32*, 239–244.

Field, T. M., Diego, M. & Hernandex-Reif, M. (2008). Prenatal depression effects on the fetus and newborn: A review. *Infant Behavior & Development, 29*, 445–455.

Fields, H. (2012, mei/juni). Speaking your mind: Bilingual language, culture, and emotion. *APS*, 15–19.

Fields-Meyer, T. (1995). Having their *say*. *People*, 50–60.

Fine, S.E., Izard, C. E. , Mostow, A. J., Trentacosta, C. J. & Ackerman, B. P. (2003). First grade emotion knowledge as a predictor of fifth grade self-reported internalizing behaviors in children from economically disadvantaged families. *Development and Psychopathology, 15*, 331–342.

Finkelstein, D. L., Harper, D. A. & Rosenthal, G. E. (1998). Does length of hospital stay during labor and delivery influence patient satisfaction? Results from a regional study. *American Journal of Managed Care, 4*, 1701–1708.

Fisch, S. M. (2004). *Children's learning from educational television:* Sesame Street *and beyond*. Mahwah, NJ: Erlbaum.

Fischer, N. (2012). Mother-infant attachment: The demystification of an enigma. In S. Akhtar (Ed.), *The mother and her child: Clinical aspects of attachment, separation, and loss*. Lanham, MD: Jason Aronson.

Fischer, T. (2007). Parental divorce and children's socio-economic success: Conditional effects of parental resources prior to divorce, and gender of the child. *Sociology, 41*, 475–495.

Fish, J. M. (2011). *The concept of race and psychotherapy*. New York: Springer Science + Business Media.

Fish, J. M. (Ed.). (2001). *Race and intelligence: Separating science from myth*. Mahwah, NJ: Erlbaum.

Fisher, C. (2005). Deception research involving children: Ethical practices and paradoxes. *Ethics & Behavior, 15*, 271–287.
Fisher, C. B. (2004). Informed consent and clinical research involving children and adolescents: Implications of the revised APA ethics code and HIPAA. *Journal of Clinical Child & Adolescent Psychology, 33*, 832–839.
Fisher, C. B., Hauck, Y. & Fenwick, J. (2006). How social context impacts on women's fears of childbirth: A Western Australian example. *Social Science & Medicine, 63*, 64–75.
Fishman, C. (1999, mei). Watching the time go by. *American Demographics*, 56–57.
Fitzgerald, H. (2006). Cross cultural research during infancy: Methodological considerations. *Infant Mental Health Journal, 27*, 612–617.
Fitzgerald, P. (2008). A neurotransmitter system theory of sexual orientation. *Journal of Sexual Medicine, 5*, 746–748.
Fivush, R., Kuebli, J. & Clubb, P. A. (1992). The structure of events and event representations: A developmental analysis. *Child Development, 63*, 188–201.
Flanders Food. (2014). *Van peuter tot zwaarlijvige kleuter.* Geraadpleegd 26 juni 2015, op http://www.flandersfood.com/artikel/2014/07/24/van-peuter%E2%80%A6-tot-zwaarlijvige-kleuter.
Flavell, J. H. (1994). Cognitive development: Past, present, and future. In R. D. Parke, P. A. Ornstein, J. J. Rieser, & C. Zahn-Waxler (Eds.), *A century of developmental psychology.* Washington, DC: American Psychological Association.
Flavell, J. H. (1996). Piaget's legacy. *Psychological Science, 7*, 200–203.
Flavell, J.H., Green, F.L. & Flavell, E.R (1995). The development of children's knowledge about attentional focus. *Developmental Psychology, 31*, 706–712.
Flegal, K.M., Tabak, C.J. & Ogden, C.L. (2006). Overweight in children: definitions and interpretation. *Health Education Research, 21*, 755–760.
Fletcher, A. C., Darling, N. E., Steinberg, L. & Dornbusch, S. M. (1995). The company they keep: Relation of adolescents' adjustment and behavior to their friends' perceptions of authoritative parenting in the social network. *Developmental Psychology, 31*, 300–310.
Flom, R. & Bahrick, L. (2007). The development of infant discrimination of affect in multimodal and unimodal stimulation: The role of intersensory redundancy. *Developmental Psychology,43*, 238–252.
Flom, R. & Johnson, S. (2011). The effects of adults' affective expression and direction of visual gaze on 12-month-olds' visual preferences for an object following a 5-minute, 1-day, or 1-moth delay. *British Journal of Developmental Psychology, 29*, 64–85.
Flouri, E. (2005). *Fathering and child outcomes.* New York: Wiley.
Floyd, R. G. (2005). Information-processing approaches to interpretation of contemporary intellectual assessment instruments. In D. P. Flanagan & P. L. Harrison (Eds.), *Contemporary intellectual assessment: Theories, tests, and issues.* New York: Guilford Press.
Flynn, E., O'Malley, C. & Wood, D. (2004). A longitudinal, microgenetic study of the emergence of false belief understanding and inhibition skills. *Developmental Science, 7*, 103–115.
Fogarty, G. & Kleidon, M. (2008). *Measuring emotional intelligence and its relevance to safety behaviours.* Proceedings of the 50th Annual Conference of the International Military Testing Association. Amsterdam, The Netherlands.
Fogarty, R. (2008). The intelligence-friendly classroom: It just makes sense. *Teaching for intelligence* (2nd ed., pp. 142–148). Thousand Oaks, CA, Corwin Press.
Fogel, A., Hsu, H., Shapiro, A., Nelson-Goens, G. & Secrist, C. (2006, mei). Effects of normal and perturbed social play on the duration and amplitude of different types of infant smiles. *Developmental Psychology, 42*, 459–473.
Fok, W. Y., Chan, L. Y., Tsui, M. H., Leung, T. N., Lau, T. K. & Chung, T. K. (2005). When to induce labor for post-term? A study of induction at 41 weeks versus 42 weeks. *European Journal of Obstetrics and Gynecological Reproductive Biology, 125*, 206–210.
Ford, A. M. & Martinez-Ramirez, A. (2006). Therapeutic opportunities and targets in childhood leukemia, *Clinical and Translational Oncology. 8*, 560–565.
Foroud, A. & Whishaw, I. Q. (2012). The consummatory origins of visually guided reaching in human infants: A dynamic integration of whole-body and upper-limb movements. *Behavioural Brain Research, 231*, 343-355.
Forste, R., Weiss, J. & Lippincott, E. (2001). The decision to breast-feed in the United States: Does race matter? *Pediatrics, 108*, 291–296.
Fortier, I., Marcoux, S. & Beaulac-Baillargeon, L. (1993). Relation of caffeine intake during pregnancy to intrauterine growth retardation and preterm birth. *American Journal of Epidemiology, 137*, 931–940.
Fowers, B. J. & Davidov, B. J. (2006). The virtue of multiculturalism: Personal transformation, character, and openness to the other. *American Psychologist, 61*, 581–594.
Fowers, B. J. & Davidov, B. J. (2006). The virtue of multiculturalism: Personal transformation, character, and openness to the other. *American Psychologist, 61*, 581–594.
Fowler, J. W. & Dell, M. L. (2006). Stages of faith from infancy through adolescence: Reflections on three decades of faith development theory. In E. C. Roehlkepartain, P. E. King, L. Wagener & P. L. Benson (Eds.), *The handbook of spiritual development in childhood and adolescence.* Thousand Oaks, CA: Sage Publications.
Fraley, R. C. & Spieker, S. J. (2003). Are infant attachment patterns continuously or categorically distributed? A taxometric analysis of strange situation behavior. *Developmental Psychology, 39*, 387–104.
Franck, I. & Brownstone, D. (1991). *The parent's desk reference.* New York: Prentice Hall.
Frankenburg, W. K., Dodds, J., Archer, P., Maschka, P., Edelman, N. & Shapiro, H. (1992). *The Denver II training manual.* Denver, CO: Denver Developmental Materials.
Frankenhuis, W. E., Barrett, H. & Johnson, S. P. (2013). Developmental origins of biological motion perception. In K. L. Johnson & M. Shiffrar (Eds.), *People watching: Social, perceptual, and neurophysiological studies of body perception.* New York: Oxford University Press.
Franko, D. & Striegel-Moore, R. (2002). The role of body dissatisfaction as a risk factor for depression in adolescent girls: Are the differences black and white? *Journal of Psychosomatic Research, 53*, 975–983.
Frawley, T. (2008). Gender schema and prejudicial recall: How children misremember, fabricate, and distort gendered picture book information. *Journal of Research in Childhood Education, 22*, 291–303.
Frazier, L. M., Grainger, D. A., Schieve, L. A. & Toner, J. P. (2004). Follicle-stimulating hormone and estradiol levels independently predict the success of assisted reproductive technology treatment. *Fertility and Sterility, 82*, 834–840.
Frederickson, N. & Petrides, K. (2008). Ethnic, gender, and socio-economic group differences in academic performance and secondary school selection: A longitudinal analysis. *Learning and Individual Differences, 18*, 144–151.
Freedman, D. G. (1979, januari). Ethnic differences in babies. *Human Nature*, 15–20.
Freedman, D. S., Khan, L. K., Serdula, M. K., Dietz, W. H., Sriniasan, S. R. & Berenson, G. S. (2004). Inter-relationships among childhood BMI, childhood height, and adult obesity: The Bogalusa Heart Study. *International Journal of Obesity and Related Metabolic Disorders, 28*, 10–16.
Freeman, J. M. (2007). Beware: the misuse of technology and the law of unintended consequences. *Neurotherapeutics, 4*, 549–554.
Freud, S. (1920). *A general introduction to psychoanalysis.* New York: Boni & Liveright.
Freud, S. (1959). *Group psychology and the analysis of the ego.* London: Hogarth. (Oorspronkelijk gepublceerd 1922).
Frick, P. J., Cornell, A. H., Bodin, S. D., Dane, H. A., Barry, C. T. & Loney, B. R. (2003). Callous-unemotional traits and developmental pathways to severe conduct problems. *Developmental Psychology, 39*, 246–260.
Fridlund, A. J., beck, H. P., Goldie, W. D. & Irons, G. (2012). Little Albert: A neurologically impaired child. *History of Psychology.* Geraadpleegd 9 juli 2012, op http://psycnet.apa.org/psycinfo/2012-01974-001/.
Friedlander, L. J., Connolly, J. A., Pepler, D. J. (2007). Biological, familial, and peer influences on dating in early adolescence. *Archives of Sexual Behavior, 36*, 821–830.
Friedman, D. E. (2004). *The new economics of preschool.* Washington, DC: Early Childhood Funders' Collaborative/NAEYC.
Frisch, M., Friis, S., Kjear, S. K. & Melbye, M. (1995). Falling incidence of penis cancer in an uncircumcised population (Denmark 1943–90). *British Medical Journal, 311*, 1471.
Fritz, G. & Rockney, R. (2004). Summary of the practice parameter fort he assessment and treatment of children and adolescents with enuresis. *Work Group on Quality Issues; Journal of the American Academy of Child & Adolescent Psychiatry, 43*, 123–125.
Fryar, C. D., Carroll, M. D. & Ogden, C. L. (2012). *Prevalence of Obesity Among Children and Adolescents: United States, Trends 1963-1965 Through 2009-2010.* Hyattsville, MD: National Center for Health Statistics, Health E-Stat.
Fu, G., Xu, F., Cameron, C., Heyman, G. & Leė, K. (2007, maart). Cross-cultural differences in children's choices, categorizations, and evaluations of truths and lies. *Development Psychology, 43*(2), 278–293.
Fujioka, T., Mourad, N. & Trainor, L. J. (2011). Development of auditory-specific brain rhythm in infants. *European Journal of Neuroscience, 33*, 521–529.
Fujisawa, T. X. & Shinohara, K. (2011). Sex differences in the recognition of emotional prosody in late childhood and adolescence. *Journal of Physiological Science, 61*, 429–435.
Fukkink, R., Jillink, L. & Oostdam, R. (2015). *Met een blik op de toekomst:een meta-analyse van de effecten van voor- en vroegschoolse opvang op de ontwikkeling van kinderen in Nederland.* Kenniscentrum Onderwijs en Opvoeding. Hogeschool van Amsterdam. Geraadpleegd 26 november 2015, op http://www.boink.info/media/6baf8666/'met%20een%20blik%20op%20de%20toekomst'%20-%20Fukkink,%20Jillink,%20Oostdam%202015%20-%20meta%20analyse%20van%20de%20effecten%20van%20VVE%20op%20kinderen%20in%20Nederland.pdf.
Fulcher, M., Sutfin, E. L. & Patterson, C. J. (2008). Individual differences in gender development: Associations with parental sexual orientation, attitudes, and division of labor. *Sex Roles, 58*, 330–341.
Fuligni, A. & Yoshikawa, H. (2003). Socioeconomic resources, parenting, and child development among immigrant families. In M. Bomstein & R. Bradley (Eds.), *Socioeconomic status, parenting, and child development.* Mahwah, NJ: Erlbaum.
Fuligni, A. & Zhang, W. (2004). Attitudes toward family obligation among adolescents in contemporary urban and rural China. *Child Development, 75*, 180–192.
Fuligni, A. J., Tseng, V. & Lam, M. (1999). Attitudes toward family obligations among American adolescents with Asian, Latin American, and European backgrounds. *Child Development, 70*, 1030–1044.
Furman, W. & Shaffer, L. (2003). The role of romantic relationships in adolescent development. In P. Florsheim (Ed.), *Adolescent romantic relations and sexual behavior: Theory, research, and practical implications.* Mahwah, NJ: Elbaum.
Gabel-Speroni, K., Earley, C. & Atherton, M. (2007). Evaluating the Effectiveness of the Kids Living Fit™ Program: A Comparative Study. *Journal of School Nursing, 23*(6), 329–336.
Gagné, M.-H., Tourigny, M., Joly, J. & Pouliot-Lapointe, J. (2007). Predictors of adult attitudes toward corporal punishment of children. Journal of Interpersonal Violence, 22(10), 1285–1304.

Gaias, L. M., Räikkönen, K., Komsi, N., Gartstein, M. A., Fisher, P. A. & Putnam, S. P. (2012). Cross-cultural temperamental differences in infants, children, and adults in the United States of America and Finland. *Scandinavian Journal of Psychology, 53*, 119–128.

Galambos, N., Leadbeater, B. & Barker, E. (2004). Gender differences in and risk factors for depression in adolescence: A 4-year longitudinal study. *International Journal of Behavioral Development, 28*, 16–25.

Gallagher, J. J. (1994). Teaching and learning: New models. *Annual Review of Psychology, 45*, 171–195.

Galland, B. C., Taylor, B. J., Elder, D. E. & Herbison, P. (2012). Normal sleep patterns in infants and children: A systematic review of observational studies. *Sleep Medicine Reviews, 16*, 213–222.

Gallistel, C. (2007). Commentary on Le Corre & Carey. *Cognition, 105*, 439–445.

Galvao, T. F., Silva, M. T., Zimmerman, I. R., Souza, K. M., Martins, S. S. & Pereira, M. G. (2013). Pubertal timing in girls and depression: A systematic review. *Journal of Affective Disorders*. Geraadpleegd 28 januari 2014, op http://www.ncbi.nlm.nih.gov/pubmed/24274962.

Garbarino, J. (2013). The emotionally battered child. In R. D. Krugman, J. E. Corbins (Eds.), *C. Henry Kempe: A 50 year legacy tot he field of child abuse and neglect*. New York: Springer Science + Business Media.

Garcia, C. & Saewyc, E. (2007). Perceptions of mental health among recently immigrated Mexican adolescents. *Issues in Mental Health Nursing, 28*, 37–54.

García-Ruiz, M., Rodrigo, M., Hernández-Cabrera, J. A. & Máiquez, M. (2013). Contribution of parents' adult attachment and separation attitudes to parent-adolescent conflict resolution. *Scandinavian Journal of Psychology, 54*, 459–467.

Gardner, H. & Moran, S. (2006). The science of multiple intelligences theory: a response to Lynn Waterhouse. *Educational Psychologist, 41*, 227–232.

Gardner, H. & Perkins, D. (1989). *Art, mind, and education: Research from Project Zero*. Champaign, IL: University of Illinois Press.

Gardner, H. (2000). *Intelligence reframed: Multiple intelligences for the 21st century*. New York: Basic Books.

Gardner, H. (2006). *Multiple intelligences: New horizons* (Rev. ed.). New York: Basic Books.

Gardner, M. K. (2011). Theories of intelligence. In M. A. Bray & T. J. Kehle (Eds.), *The Oxford handbook of school psychology*. New York: Oxford University Press.

Garlick, D. (2003). Integrating brain science research with intelligence research. *Current Directions in Psychological Science, 12*, 185–189.

Garrison, M. & Christakis, D. (2005). *A teacher in the living room? Educational media for babies, toddlers and preschoolers*. Menlo Park, CA: Kaiser Family Foundation.

Gartstein, M., Slobodskaya, H. & Kinsht, I. (2003). Cross-cultural differences in temperament in the first year of life: United States of America (US) and Russia. *International Journal of Behavioral Development, 27*, 316–328.

Gartstein, M.A., Knyazev, G.G. & Slobodskaya, H.R. (2005). Cross-cultural differences in the structure of infant temperament: United States Of America (U.S.) and Russia. *Infant Behavior and Development, 28*, 54–61.

Gates, G. J. (2013, februari). *LGBT parenting in the United States*. Los Angeles: The Williams Institute.

Gaulden, M. E. (1992). Maternal age effect: The enigma of Down syndrome and other trisomic conditions. *Mutation Research, 296*, 69–88.

Gauthier, Y. (2003). Infant mental health as we enter the third millennium: Can we prevent aggression? *Infant Mental Health Journal, 24*, 101–109.

Gavin, L. A. & Furman, W. (1996). Adolescent girls' relationships with mothers and best friends. *Child Development, 67*, 375–386.

Gazmarian, J.A, Petersen, R., Spitz, A.M., Goodwinn, M.M., Saltzman, L.E. & Marks, J.S. (2000). Violence and reproductive health: current knowledge and future research directions. *Maternal and Child Health Journal, 4*(2), 79–84.

Gazmrian, J. A., Petersen, R., Spitz, A. M., Goodwin, M. M., Saltzman, L. E. & Marks, J. S. (2000). Violence and reproductive health: Current knowledge and future research directions. *Maternal and Child Health Journal, 4*, 79–84.

Gazzaniga, M. S. Right-hemisphere language following brain bisection: A twenty-year perspective. *American Psychologist, 38*, 525–537.

Geenen, G. & Corveleyn, J. (2010). *Helpende handen: gehechtheid bij kwetsbare ouders en kinderen*. Leuven: Lannoo Campus.

Gelder, F. van & Visser, S. (2005). *Van misverstanden tot meertaligheid*. Rijksuniversiteit Groningen: Wetenschapswinkel Taal, Cultuur en Communicatie.

Geller, P. A., Nelson, A. R. & Bonacquisti, A. (2013). Women's health psychology. In A.M. Nezu, C. Nezu, P.A. Geller, I.B. Weiner (Eds.), *Handbook of psychology, Vol. 9: Health psychology* (2nd ed.). Hoboken, NJ: John Wiley & Sons Inc.

Gelman, S. A., Taylor, M. G. & Nguyen, S. (2004). Mother-child conversations about gender. *Monographs of the Society for Research in Child Development, 69*.

Genovese, C. R. & Wasserman, L. (2006). Exceedance control for the false discovery proportion. *Annals of Statistics, 101*(476), 1408–1417.

Gentilucci, M. & Corballis, M. (2006). From manual gesture to speech: A gradual transition. *Neuroscience & Behavioral Reviews, 30*, 949–960.

Gerard, C. M., Harris, K. A. & Thach, B. T. (2002). Spontaneous arousals in supine infants while swaddled and unswaddled during rapid eye movement and quiet sleep. *Pediatrics, 110*, 70.

Gerhardt, P. (1999, 10 augustus). Potty training: How did it get so complicated? *Daily Hampshire Gazette*, p. Cl.

Germeijs, V. & Verschueren, K. (2007). De keuze van een studie in het hoger onderwijs: het beslissingsproces, risicofactoren, en samenhang met uitvoering van de keuze. *Caleidoscoop, 19*, 2–9.

Gerressu, M., Mercer, C., Graham, C., Wellings, K. & Johnson, A. (2008). Prevalence of masturbation and associated factors in a British national probalility survey. *Archives of Sexual Behavior, 37*, 266–278.

Gerrish, C. J. & Mennella, J. A. (2000). Short-term influence of breastfeeding on the infants' interaction with the environment. *Developmental Psychobiology, 36*, 40–48.

Gershkoff-Stowe, I. & Thelen, E. (2004). U-shaped changes in behavior: A dynamic systems perspective. *Journal of Cognition & Development, 5*, 88–97.

Gershkoff-Stowe, L. & Hahn, E. (2007). Fast mapping skills in the developing lexicon. *Journal of Speech, Language, and Hearing Research, 50*, 682–696.

Gershoff, E. (2002). Corporal punishment by parents and associated child behaviors and experiences: A meta-analytic and theoretical review. *Psychological Bulletin, 128*, 539–579.

Gervain, J., Macagno, F., Cogoi, S., Peña, M. & Mehler, J. (2008). The neonate brain detects speech structure. *PNAS Proceedings of the National Academy of Sciences of the United States of America, 105*, 14222–14227.

Gesell, A. L. (1946). The ontogenesis of infant behavior. In L. Carmidiael (Ed.), *Manual of child psychology*. New York: Harper.

Gewertz, C. (2005, 6 april). Training focuses on teachers' expectations. *Education Week, 24*, 1–3.

Gezondheid.be (2012). *21% van de Belgische kinderen is te dik*. Geraadpleegd 12 augustus 2015, op http://www.gezondheid.be/index.cfm?fuseaction=art&art_id=11525.

Gezondheid.be (2014). *ADHD: aandachtstoornig met hyperactiviteit*. Geraadpleegd 14 augustus 2015, op http://www.gezondheid.be/index.cfm?fuseaction=art&art_id=292.

Gfellner, B. M. & Armstrong, H. D. (2013). Racial-ethnic identity and adjustment in Canadian indigenous adolescents. *The Journal of Early Adolescence, 33*, 635-662.

Ghule, M., Balaiah, D. & Joshi, B. (2007, september). Attitude towards premarital sex among rural college youth in Maharashtra, India. *Sexuality & Culture: An Interdisciplinary Quarterly, 11*, 1–17.

Gibbs, N. (2002, 15 april). Making time for a baby. *Time*, 48–58.

Gibson, E. J. & Walk, R. D. (1960). The "visual cliff." *Scientific American, 202*, 64–71.

Gifford-Smith, M. & Brownell, C. (2003). Childhood peer relationships: Social acceptance, friendships, and peer networks. *Journal of School Psychology, 41*, 235–284.

Gilbert, L. A. (1994). Current perspectives on dual-career families. *Current Directions in Psychological Science, 3*, 101–105.

Gilligan, C. (1987). Adolescent development reconsidered. In C. E. Irwin (Ed.), *Adolescent social behavior and health*. San Francisco: Jossey-Bass.

Gilligan, C. (1996). The centrality of relationship in human development: A puzzle, some evidence, and a theory. In G. G. Noam & K. W. Fischer (Eds.), *Development and vulnerability in close relationships*. Hillsdale, NJ: Lawrence Erlbaum.

Gilligan, C. (2004). Recovering psyche: Reflections on life-history and history. *Annual of Psychoanalysis, 32*, 131–147.

Gilligan, C., Lyons, N. P. & Hammer, T. J. (Eds.). (1990). *Making connections*. Cambridge, MA: Harvard University Press.

Gilliland, A. L. & Verny, T. R. (1999). The effects of domestic abuse on the unborn child. *Journal of Prenatal and Perinatal Psychology and Health, 13* [Special Issue], 235–246.

Gilmore, C.K. & Spelke, E. (2008). Children's understanding of the relationship between addition and subtraction. *Cognition, 107*, 932–945.

Ginzberg, E. (1972). Toward a theory of occupational choice: A restatement. *Vocational Guidance Quarterly, 12*, 10–14.

Gitto, E., Aversa, S., Salpietro, C., Barberi, I., Arrigo, T., Trimarchi, G. & Pellegrino, S. (2012). Pain in neonatal intensive care: Role of melatonin as an analgesic antioxidant. *Journal of Pineal Research: Molecular, Biological, Physiological and Clinical Aspects of Melatonin, 52*, 291–295.

Glaser, D. (2012). Effects of child maltreatment on the developing brain. In M. Garralda & J. Raynaud (Eds.), *Brain, mind, and developmental psychopathology in childhood*. Lanham, MD: Jason Aronson.

Gleason, J. & Ely, R. (2002). Gender differences in language development. In A. McGillicuddy-De Lisi & R. De Lisi (Eds.), *Biology, society, and behavior: The development of sex differences in cognition* (pp. 127–154). Westport, CT: Ablex.

Gleason, J. B., Perlmann, R. U., Ely, R. & Evans, D. W. (1994). The babytalk register: Parents' use of diminutives. In J. L. Sokolov & C. E. Snow (Eds.), *Handbook of research in language development using CHILDES*. Mahwah, NJ: Erlbaum.

Gleason, J. B., Perlmann, R. Y., Ely, R. & Evans, D. W. (1991). The babytalk register: Parents' use of diminutives. In J. L. Sokolov, & C. E. Snow (Eds.), *Handbook of research in language development using CHILDES*. Hillsdale, NJ: Erlbaum.

Gleitman, L. & Landau, B. (1994). *The acquisition of the lexicon*. Cambridge, MA: Bradford.

Glenberg, A. M., Goldberg, A. B. & Zhu, X. (2011). Improving early reading comprehension using embodied CAI. *Instructional Science, 39*, 27–39.

Gliga, T., Elsabbagh, M., Andravizou, A. & Johnson, M. (2009). Faces attract infants' attention in complex displays. *Infancy, 14*, 550–562.

Global hunger Index (2010). http://www.ifpri.org/publication/2010-global-hunger-index-challenge-hunger.

Goble, M. (2008). Medical and psychological complications of obesity. *Obesity in childhood and adolescence, Vol 1: Medical, biological, and social issues* (pp. 229–269). Westport, CT: Praeger/Greenwood Publishing Group.

Goede, I., Branje, S. & Meeus, W. (2009). Developmental changes in adolescents' perceptions of relationships with their parents. *Journal of Youth and Adolescence, 38*, 75–88.

Goetz, A. & Shackelford, T. (2006). Modern application of evolutionary theory to psychology: Key concepts and clarifications. *American Journal of Psychology, 119*, 567–584.

Goldberg, A. E. (2004). But do we need universal grammar? Comment on Lidz et al. *Cognition, 94*, 77–84.

Goldschmidt, L., Richardson, G., Willford, J. & Day, N. (2008). Prenatal marijuana exposure and intelligence test performance at age 6. *Journal of the American Academy of Child & Adolescent Psychiatry, 47*, 254–263.

Goldsmith, L. T. (2000). Tracking trajectories of talent: Child prodigies growing up. In R. C. Friedman, & B. M. Shore, (Eds.), et al. *Talents unfolding: Cognition and development*. Washington, DC: American Psychological Association.

Goldsmith, S. K., Pellmar, T. C., Kleinman, A. M. & Bunney, W. E. (2002). *Reducing suicide: A national imperative*. Washington, DC: The National Academies Press.

Goldstein, S. & Brooks, R. B. (2013). *Handbook of resilience in children* (2e druk). New York: Springer Science + Business Media.

Goldston, D. B. (2003). *Measuring suicidal behavior and risk in children and adolescents*. Washington, DC: American Psychological Association.

Goldweber, A., Dmitrieva, J., Cauffman, E., Piquero, A. r. & Steinberg, L. (2011). The development of criminal style in adolescence and young adulthood: Separating the lemming from the loners. *Journal of Youth and Adolescence, 40*(3), 332-346. doi:10.1007/s10964-010-9534-5.

Goleman, D. (1993, 21 juli). Baby sees, baby does, and classmates follow. *The New York Times*, p. C10.

Goleman, D. (2005). What makes a leader? In R. L. Taylor & W. E. Rosenbach (Eds.), *Military leadership: In pursuit of excellence* (5th ed.). Boulder, CO: Westview Press.

Golomb, C. (2002). *Child art in context*. Washington, DC: American Psychological Association.

Golomb, C. (2003). *The child's creation of a pictorial world* (2nd ed.). Mahwah, NJ: Erlbaum.

Golombok, S. & Tasker, F. (1996). Do parents influence the sexual orientation of their children? Findings from a longitudinal study of lesbian families. *Developmental Psychology, 32*, 3–11.

Golombok, S., Golding, J., Perry, B., Burston, A., Murray, C., Mooney-Somers, J. & Stevens, M. (2003). Children with lesbian parents: A community study. *Developmental Psychology, 39*, 20–33.

Golombok, S., Murray, C., Vasanti, J., MacCallum, F. & Lycett, E. (2004). Families created through surrogacy arrangements: Parent–child relationships in the 1st year of life. *Developmental Psychology, 40*, 400–411.

Gommer, A. M. & Poos, M. J. J. C. (2011). *Astma: prevalentie, incidentie en sterfte naar leeftijd en geslacht*. Geraadpleegd 12 augustus 2015, op http://www.nationaalkompas.nl/gezondheid-en-ziekte/ziekten-en-aandoeningen/ademhalingswegen/astma/cijfers-astma-prevalentie-incidentie-en-sterfte-uit-de-vtv-2010/.

Göncü, A. & Gauvain, M. (2012). Sociocultural approaches to educational psychology: Theory, research, and application. In K. R. Harris, S. Graham, T. Urdan, C. B. McCormick, G. M. Sinatra & J. Sweller (Eds.), *APA educational psychology handbook, Vol. 1: Theories, constructs, and critical issues*. Washington, DC: American Psychological Association.

Good, C., Aronson, J. & Harder, J. (2008, januari). Problems in the pipeline: Stereotype threat and women's achievement in high-level math courses. *Journal of Applied Developmental Psychology, 29*, 17–28.

Goode, E. (2004, 3 februari). Stronger warning is urged on antidepressants for teenagers. *The New York Times*, p. A12.

Goodlin-Jones, B. L., Burnham, M. M. & Anders, T. F. (2000). Sleep and sleep disturbances: Regulatory processes in infancy. In A. J. Sameroff, M. Lewis, & S. Miller (Eds.), *Handbook of developmental psychopathology* (2nd ed.). New York: Kluwer Academic/Plenum.

Goodman, S., Broth, M., Hall, C. & Stowe, Z. (2008). Treatment of postpartum depression in mothers: Secondary benefits to the infants. *Infant Mental Health Journal, 29*, 492–513.

Goodwin, M. H. (1990). Tactical uses of stories: Participation frameworks within girls' and boys' disputes. *Discourse Processes, 13*, 33–71.

Goorhuis-Brouwer, S. (2014a). *Peuters en kleuters onder druk: de ziekmakende effecten van de toetscultuur*. Amsterdam: SWP.

Goorhuis-Brouwer, S. (2014b, 2de druk). *Taalontwikkeling en taalstimulering van baby's, peuters en kleuters*. Amsterdam: uitgeverij SWP.

Gopnik, A. (2010, juli). How babies think. *Scientific American*, 76–81.

Gopnik, A. (2012, 28 januari). What's wrong with the teenage mind? *Wall Street Journal*, C1–C2.

Gopnik, A., Meltzoff, A. N. & Kuhl, P. K. (2000). *The scientist in the crib: What early learning tells us about the mind*. New York: HarperCollins.

Gordon, I., Voos, A. C., Bennett, R. H., Bolling, D. Z., Pelphrey, K. A. & Kaiser, M. D. (2013). Brain mechanisms for processing affective touch. *Human Brain Mapping, 34*, 914–922.

Gormley, W. T. Jr., Gayer, T., Phillips, D. & Dawson, B. (2005). The effects of universal pre-K on cognitive development. *Developmental Psychology, 41*, 872–84.

Gottesman, I. I. (1991). *Schizophrenia genesis: The origins of madness*. New York: Freeman.

Gottfredson, G. D. & Holland, J. L. (1990). A longitudinal test of the influence of congruence: Job satisfaction, competency utilization, and counterproductive behavior. *Journal of Counseling Psychology, 37*, 389–398.

Gottfried, A., Gottfried, A. & Bathurst, K. (2002). Maternal and dual-earner employment status and parenting. In M. Bornstein (Ed.), *Handbook of parenting: Vol. 2. Biology and ecology of parenting*. Mahwah, NJ: Erlbaum.

Gottlieb, G. & Blair, C. (2004). How early experience matters in intellectual development in the case of poverty. *Preventive Science, 5*, 245–252.

Gould, S. J. (1977). *Ontogeny and phylogeny*. Cambridge, MA; Harvard University Press.

Goyette-Ewing, M. (2000). Children's after-school arrangements: A study of self-care and developmental outcomes. *Journal of Prevention & Intervention in the Community, 20*, 55–67.

Graddol, D. (2004). The future of language. *Science, 303*(5662), 1329–1331.

Graham, E. (1995, 9 februari). Leah: Life is all sweetness and insecurity. *The Wall Street Journal*, p. Bl.

Graham, J. E., Christian, L. M. & Kiecolt-Glaser, J. K. (2006). Stress, age, and immune function: toward a lifespan approach. *Journal of Behavioral Medicine, 29*, 389–400.

Graham, J., Banaschewski, T., Buitelaar, J., Gochill, D., Danckaerts, M., Dittman, R. W. et al. (2011). European guidelines on managing adverse effects of medication for ADHD. European Guidelines Group: *European Child & Adolescent Psychiatry, 20*, 17–37.

Graham, S. (1992). "Most of the subjects were white and middle class": Trends in published research on African Americans in selected APA journals. *American Psychologist, 47*, 629–639.

Grant, C., Wall, C., Brewster, D., Nicholson, R., Whitehall, J., Super, L. et al. (2007). Policy statement on iron deficiency in pre-school-aged children. *Journal of Paediatrics and Child Health, 43*, 513–521.

Grant, K. E., McMahon, S. D., Duffy, S. N., Taylor, J. J. & Compas, B. E. (2011). Stressors and mental health problems in childhood and adolescence. In R. J. Contrada, A. Baum, R. J. Contrada & A. Baum (Eds.), *The handbook of stress science: Biology, psychology, and health*. New York: Springer Publishing Co.

Grantham-McGregor, S., Ani, C. & Fernald, L. (2001). The role of nutrition in intellectual development. In R. J. Steinberg & E. L. Grigorenko (Eds.), *Environmental effects on cognitive abilities*. Mahwah, NJ: Erlbaum.

Grantham-McGregor, S., Powell, C., Walker, S., Chang, S. & Fletcher, P. (1994). The long-term follow-up of severely malnourished children who participated in an intervention program. *Child Development, 65*, 428–439.

Gratch, G. & Schatz, J. A. (1987). Cognitive development: The relevance of Piaget's infancy books. In J. D. Osofsky (Ed.), *Handbook of infant development* (2nd ed.). New York: Wiley.

Grattan, M. P., De Vos, E. S., Levy, J. & McClintock, M. K. (1992). Asymmetric action in the human newborn: Sex differences in patterns of organization. *Child Development, 63*, 273–289.

Gray, C., Ferguson, J., Behan, S., Dunbar, C., Dunn, J. & Mitchell, D. (2007, maart). Developing young readers through the linguistic phonics approach. *International Journal of Early Years Education, 15*, 15–33.

Gray, E. (2013, 30 september). This is not a cigarette. *Time*, 38–46.

Gredebäck, G., Eriksson, M., Schmitow, C., Laeng, B. & Sternberg, G. (2012). Individual differences in face processing: Infants' scanning patterns and pupil dilations are influenced by the distribution of parental leave. *Infancy, 17*, 79–101.

Gredler, M. & Shields, C. (2008). *Vygotsky's legacy: A foundation for research and practice*. New York: Guilford Press.

Gredler, M. E. (2012). Understanding Vygotsky for the classroom: Is it too late? *Educational Psychology Review, 24*, 113–131.

Green, J., Muir, H. & Maher, M. (2011). Child pedestrian casualties and deprivation. *Accident Analysis and Prevention, 43*, 714–723.

Green, M., DeCourville, N. & Sadava, S. (2012). Positive affect, negative affect, stress, and social support as mediators of the forgiveness-health relationship. *The Journal of Social Psychology, 152*, 288–307.

Greenberg, J. (2012). The impact of maternal education on children's enrollment in early childhood education and care. *Children and Youth Services Review*.

Greenberg, L., Cwikel, J. & Mirsky, J. (2007, januari). Cultural correlates of eating attitudes: A comparison between native-born and immigrant university students in Israel. *International Journal of Eating Disorders, 40*, 51–58.

Greene, K., Krcmar, M., Walters, L. H., Rubin, D L. & Hale, J. L. (2000). Targeting adolescent risk-taking behaviors: The contribution of egocentrism and sensation-seeking. *Journal of Adolescence, 23*, 439–461.

Greene, M. M., Patra, K., Silvestri, J. M. & Nelson, M. N. (2013). Re-evaluating preterm infants with the Bayley-III: Patterns and predictors of change. *Research in Developmental Disabilities, 34*, 2107–2117.

Greenfield, P. M. (1966). On culture and conservation. In J. S. Bruner, R. R. Olver, & P. M. Greenfield (Eds.), *Studies in cognitive growth*. New York: Wiley.

Greenway, C. (2002). The process, pitfalls, and benefits of implementing a reciprocal teaching intervention to improve the reading comprehension of a group of year 6 pupils. *Educational Psychology in Practice, 18*, 113–137.

Greenwood, D. N. & Piertomonaco, P. R. (2004). The interplay among attachment orientation, idealized media images of women, and body dissatisfaction: A social psychological analysis. In I. J. Shrum (Ed.), *Psychology of entertainment media: Blurring the lines between entertainment and persuasion*. Mahwah, NJ: Erlbaum.

Gregory, K. (2005). Update on nutrition for preterm and full-term infants. *Journal of Obstetrics and Gynecological Neonatal Nursing, 34*, 98–108.

Gregory, S. (1856). *Facts for young women*. Boston.

Greve, T. (2003). Norway: The breast-feeding top of the world. *Midwifery Today International, 67*, 57–59.

Griffith, D. R., Azuma, S. D. & Chasnoff, I. J. (1994). Three-year outcome of children exposed prenatally to drugs. *Journal of the American Academy of Child and Adolescent Psychiatry, 33*, 20–27.

Grigorenko, E. (2003). Intraindividual fluctuations in intellectual function: Selected links between nutrition and the mind. In R. Sternberg & J. Lautrey (Eds.), *Models of intelligence: International perspectives*. Washington, DC: American Psychological Association.

Grønhøj, A. & Thøgersen, J. (2012). Action speaks louder than words: The effect of personal attitudes and family norms on adolescents' pro-environmental behavior. *Journal of Economic Psychology, 33*, 292–302.

Groome, L. J., Swiber, M. J., Atterbury, J. I., Bentz, L. S. & Holland, S. B. (1997). Similarities and differences in behavioral state organization during sleep periods in the prenatal infant before and after birth. *Child Development, 68*, 1–11.

Groopman, J. (1998, 8 februari). Decoding destiny. *The New Yorker*, pp. 42–47.

Gross, R. T., Spiker, D. & Haynes, C. W. (Eds.). (1997). *Helping low-birthweight, premature babies: The Infant Health and Development Program*. Stanford, CA: Stanford University Press.

Grossmann, K. E., Grossman, K., Huber, F. & Wartner, U. (1982). German children's behavior towards their mothers at 12 months and their fathers at 18 months in Ainsworth's Strange Situation. *International Journal of Behavioral Development, 4*, 157–181.

Grossmann, K.E. & Waters, E. (2005). *Attachment from infancy to adulthood: The major longitudinal studies*. New York: Guilford Press.

Grossmann, T., Striano, T. & Friederici, A.D. (2006). Crossmodal integration of emotional information from face and voice in the infant brain. *Developmental Science, 9*, 309–315.

Grunbaum, J. A., Kann, L., Kinchen, S. A., Williams, B., Ross, J. G., Lowry, R., et al. (2002). *Youth risk behavior surveillance – United States, 2001*. Atlanta, GA: Centers for Disease Control.

Grych, J. H. & Clark, R. (1999). Maternal employment and development of the father–infant relationship in the first year. *Developmental Psychology, 35*, 893–903.

Guadalupe, K. L. & Welkley, D. L. (2012). *Diversity in family constellations: Implications for practice*. Chicago: Lyceum Books.

Guasti, M. T. (2002). *Language acquisition: The growth of grammar*. Cambridge, MA: MIT Press.

Guerrini, I., Thomson, A. & Gurling, H. (2007). The importance of alcohol misuse, malnutrition and genetic susceptibility on brain growth and plasticity. *Neuroscience & Biobehavioral Reviews,31*, 212–220.

Guinsburg, R., de Araújo Peres, C., Branco de Almeida, M. F., Xavier Balda, R., Bereguel, R. C., Tonelotto, J. & Kopelman, B. I. (2000). Differences in pain expression between male and female newborn infants. *Pain, 85*, 127–133.

Gullotta, T. P. & Blau, G. M. (2008). *Handbook of childhood behavioral issues: Evidence-based approaches to prevention and treatment*. New York: Routledge/Taylor & Francis Group.

Gump, L. S., Baker, R. C. & Roll, S. (2000). Cultural and gender differences in moral judgment: A study of Mexican Americans and Anglo Americans. *Hispanic Journal of Behavioral Sciences, 22*, 78–93.

Güre, A., Uçanok, Z., Sayil, M. (2006) The associations among perceived pubertal timing, parental relations and self-perception in Turkish adolescents. *Journal of Youth and Adolescence, 35*, 541–550.

Gutek, G. L. (2003). Maria Montessori: Contributions to educational psychology. In B. J. Zimmerman (Ed.), *Educational psychology: A century of contributions*. Mahwah, NJ: Erlbaum.

Guttmann, J. & Rosenberg, M. (2003). Emotional intimacy and children's adjustment: A comparison between single-parent divorced and intact families. *Educational Psychology, 23*, 457–472.

Haddock, S. & Rattenborg, K. (2003). Benefits and challenges of dual-earning: Perspectives of successful couples. *American Journal of Family Therapy, 3J*, 325–144.

Hagan-Burke, S., Coyne, M. D., Kwok, O., Simmons, D. C., Kim, M., Simmons, L. E. et al. (2013). The effects and interactions of student, teacher, and setting variables on reading outcomes for kindergarteners receiving supplemental reading intervention. *Journal of Learning Disabilities, 46*, 260–277.

Hagerman, R. J. (2011). Fragile X syndrome and fragile X-associated disorders. In S. Goldstein & C. R. Reynolds (Eds.). *Handbook of neurodevelopmental and genetic disorders in children* (2nd ed.). New York: Guilford Press.

Haith, M. H. (1986). Sensory and perceptual processes in early infancy. *Journal of Pediatrics, 109*, 158–171.

Haith, M. H. (1991). Gratuity, perception-action integration, and future orientation in infant vision. In F. S. Kessel, M. H. Bornstein, & A. J. Sameroff (Eds.), *Contemporary constructions of the child: Essays in honor of William Kessen*. Hillsdale, NJ: Erlbaum.

Haley, M., Vasquez, J. (2008). A future in jeopardy: Sexuality issues in adolescence. In D. Capuzzi & D. R. Gross (Eds.), *Youth at risk: A prevention resource for counselors, teachers, and parents*. Alexandria, VA: American Counseling Association.

Halgunseth, L. C., Ispa, J. M. & Rudy, D. (2006). Parental control in Latino families: An integrated review of the literature. *Child Development, 77*, 1282–1297.

Halim, M., Ruble, D. N., Tamis-LeMonda, C. S., Zosuls, K. M., Lurye, L. E. & Greulich, F. K. (2013). Pink frilly dresses and the avoidance of all things "Girly": Children's appearance rigidity and cognitive theories of gender development. *Developmental Psychology*. Geraadpleegd 18 februari 2014, op http://www.ncbi.nlm.nih.gov/pubmed/24274727.

Hall, G. S. (1916). *Adolescence*. New York: Appleton. (Original work published 1904).

Hall, J., Neal, T. & Dean, R. (2008). Lateralization of cerebral functions. *The Neuropsychology Handbook* (3rd ed., pp. 183–214). New York: Springer.

Hall, R. E. & Rowan, G. T. (2003). Identity development across the life span: Alternative model for biracial Americans. *Psychology and Education: An Interdisciplinary Journal, 40*, 3–12.

Hall, R., Huitt, T., Thapa, R., Williams, D., Anand, K. & Garcia-Rill, E. (2008). Long-term deficits of preterm birth: Evidence for arousal and attentional disturbances. *Clinical Neurophysiology, 119*, 1281–1291.

Halpern, L. F., MacLean, W. E. & Baumeister, A. A. (1995). Infant sleep–wake characteristics: Relation to neurological status and the prediction of developmental outcome. *Developmental Review, 15*, 255–291.

Hamlin, J. K. & Wynn, K. (2011). Young infants prefer prosocial to antisocial others. *Cognitive Development, 26*, 30–39.

Hamlin, J. K., Wynn, K., Bloom, P. & Mahajan, N. (2011). How infants and toddlers react to antisocial others. *Proceedings of the National Academy of Sciences, 108*, 19931–19936.

Hamon, R. R. & Ingoldsby, B. B. (Eds.). (2003). *Mate selection across cultures*. Thousand Oaks, CA: Sage.

Han, W.-J. (2010). Bilingualism and socioemotional well-being. *Children and Youth Services Review, 32*, 270–731.

Hane, A., Feldstein, S. & Dernetz, V. (2003). The relation between coordinated interpersonal timing and maternal sensitivity in 4-month-old infants. *Journal of Psycholinguistic Research, 32*, 525–539.

Hankin, B. L. & Abramson, L. Y. (2001). Development of gender differences in depression: An elaborated cognitive -vulnerability–transactional stress theory. *Psychological Bulletin, 127*, 773–796.

Hanson, D. R. & Gottesman, I. I. (2005). Theories of schizophrenia: A genetic-inflammatory-vascular synthesis. *BMC Medical Genetics, 6*, 7.

Harden, K., Turkheimer, E. & Loehlin, J. (2007). Genotype by environment interaction in adolescents' cognitive aptitude. *Behavior Genetics, 37*, 273–283.

Hare, T., Tottenham, N., Galvan, A., Voss, H., Glover, G. & Casey, B. (2008, mei). Biological substrates of emotional reactivity and regulation in adolescence during an emotional go-nogo task. *Biological Psychiatry, 63*, 927–934.

Harlow, H. F. & Zimmerman, R. R. (1959). Affectional responses in the infant monkey. *Science, 130*, 421–432.

Harrell, J. S., Bangdiwala, S. I., Deng, S., Webb, J. P. & Bradley, C. (1998). Smoking initiation in youth: The roles of gender, race, socioeconomics, and developmental status. *Journal of Adolescent Health, 23*, 271–219.

Harris, A., Kelly, S. E. & & Wyatt, S. (2013). Counseling customers: Emerging roles for genetic counselors in the direct-to-consumer genetic testing market. *Journal of Genetic Counseling, 22*, 277–288.

Harris, J., Vernon, P. & Jang, K. (2007). Rated personality and measured intelligence in young twin children. *Personality and Individual Differences, 42*, 75–86.

Harris, P. L. (1987). The development of search. In P. Sallapatek & L. Cohen (Eds.), *Handbook of infant perception: From perception to cognition* (Vol. 2, pp. 155–207). Orlando, FL: Academic Press.

Harrison, K. & Hefner, V. (2006, april). Media exposure, current and future body ideals, and disordered eating among preadolescent girls: A longitudinal panel study. *Journal of Youth and Adolescence, 35*, 153–163.

Harrist, A. & Waugh, R. (2002). Dyadic synchrony: Its structure and function in children's development. *Developmental Review, 22*, 555–592.

Hart, B. & Risley, T. R. (1995). *Meaningful differences in the everyday experience of young American children*. Baltimore, MD: Paul Brookes.

Hart, B. (2000). A natural history of early language experience. *Topics in Early Childhood Special Education, 20*, 28–32.

Hart, B. (2004). What toddlers talk about. *First Language, 24*, 91–106.

Hart, D., Burock, D. & London, B. (2003). Prosocial tendencies, antisocial behavior, and moral development. In A. Slater & G. Bremner (Eds.), *An introduction to developmental psychology*. Maiden, MA: Blackwell.

Harter, S. (1990). Issues in the assessment of self-concept of children and adolescents. In A. LaGreca (Ed.), *Through the eyes of a child*. Boston: Allyn & Bacon.

Harter, S. (2006). The Development of Self-Esteem. *Self-esteem issues and answers: A sourcebook of current perspectives* (pp. 144–150). New York NY, US: Psychology Press.

Hartshorne, J. & Ullman, M. (2006). Why girls say 'holded' more than boys. *Developmental Science, 9*, 21–32.

Harvey, E. (1999). Short-term and long-term effects of early parental employment on children of the National Longitudinal Survey of Youth. *Developmental Psychology, 35*, 445–459.

Harvey, J. H. & Fine, M. A. (2004). *Children of divorce: Stories of loss and growth*. Mahwah, NJ: Erlbaum.

Hasher, L. & Zacks, R. T. (1984). Automatic processing of fundamental information: The case of frequency of occurrence. *American Psychologist, 39*, 1372–1388.

Haslam, C. & Lawrence, W. (2004). Health-related behavior and beliefs of pregnant smokers. *Health Psychology, 23*, 486–491.

Hastings, P.D., McShane, K.E., Parker, R. & Ladha, F. (2007). Ready to make nice: parental socialization of young sons' and daughters' prosocial behaviors with peers. *Journal of Genetic Psychology. 168*(2), 177–200.

Hastings, S. (2004, 15 oktober). Emotional intelligence. *The Times Educational Supplement, London*, p. F1.

Haugaard, J. J. (2000). The challenge of defining child sexual abuse. *American Psychologist, 55*, 1036–1039.

Hawker, D. & Boulton, M. (2000). Twenty years' research on peer victimization and psychosocial maladjustment: A meta-analytic review of cross-sectional studies. *Journal of Child Psychology and Psychiatry, 41*, 441–455.

Hawkins-Rodgers, Y. (2007). Adolescents adjusting to a group home environment: A residential care model of reorganizing attachment behavior and building resiliency. *Children and Youth Services Review, 29*, 1131–1141.

Hay, D. F., Pawlby, S. & Angold, A. (2003). Pathways to violence in the children of mothers who were depressed postpartum. *Developmental Psychology, 39*, 1083–1094.

Hay, D., Payne, A. & Chadwick, A. (2004). Peer relations in childhood. *Journal of Child Psychology & Psychiatry & Allied Disciplines, 45*, 84–108.

Haynie, D. L., Nansel, T., Eitel, P., Crump, A. D., Saylor, K., Yu, K., et al. (2001). Bullies, victims, and bully/victims: Distinct groups of at-risk youth. *Journal of Early Adolescence, 21*, 29–49.

Hazin, A.N., Alves, J.G. & Rodrigues Falbo, A. (2007). The myelenation process in severely malnourished children: MRI findings. *International Journal of Neuroscience, 117*, 1209–1214.

Health eLine. (2003, 26 juni). Baby's injury points to danger of kids imitating TV. *Health eLine*.

Healy, P. (2001, 3 maart). Data on suicides set off alarm. *Boston Globe*, p. B1.

Heath, A. C. (1994, februari). Winning at sports. *Parents,* pp. 126–130.

Heaven, P. & Ciarrochi, J. (2008). Parental styles, gender and the development of hope and self-esteem. *European Journal of Personality, 22,* 707–724.

Hedegaard, M. & Fleer, M. (2013). *Play, learning, and children's development: Everyday life in families and transition to school.* New York: Cambridge University Press.

Hedgepeth, E. (2005). Different lenses, different vision. *School Administrator, 62,* 36–39.

Heerey, E. A., Keltner, D. & Capps, L. M. (2003). Making sense of self-conscious emotion: Linking theory of mind and emotion in children with autism. *Emotion, 3,* 394–400.

Heimann, M. (2001). Neonatal imitation – a "fuzzy" phenomenon? In F. Lacerda & C. von Hofsten (Eds.), *Emerging cognitive abilities in early infancy.* Mahwah, NJ: Lawrence Erlbaum Associates.

Heimann, M. (Ed.). (2003). *Regression periods in human infancy.* Mahwah, NJ: Lawrence Erlbaum Associates.

Heimann, M., Strid, K., Smith, L., Tjus, T., Ulvund, S. & Meltzoff, A. (2006). Exploring the relation between memory, gestural communication, and the emergence of language in infancy: A longitudinal study. *Infant and Child Development, 15,* 233–249.

Hellman, P. (1987, 23 november). *Sesame Street* smart. *The New York Times,* pp. 49–53.

Helms, J. E., Jernigan, M., & Mascher, J. (2005). The meaning of race in psychology and how to change it: A methodological perspective. *American Psychologist, 60,* 27–36.

Helmsen, J., Koglin, U. & Petermann, F. (2012). Emotion regulation and aggressive behavior in preschoolers: The mediating role of social information processing. *Child Psychiatry and Human Development, 43,* 87–101.

Henig, R.M. (2008, 17 februari). Why Do We Play? Taking Play Seriously. *The New York Times Magazine, February 17,* 38–45, 60, 75.

Henkens, K., Grift, Y. & Siegers, J. (2002). Changes in Female Labour Supply in the Netherlands 1989–1998: The Case of Married and Cohabiting Women. *European Journal of Population, 18,* 39–57.

Henry, B., Caspi, A., Moffitt, T. E. & Silva, P. A. (1996). Temperamental and familial predictors of violent and nonviolent criminal convictions: Age 3 to 18. *Developmental Psychology, 32,* 614–623.

Hepach, R. & Westermann, G. (2013). Infant's sensitivity to the congruence of others' emotions and actions. *Journal of experimental Child Psychology, 115,* 16–29.

Hepper, P.G., Scott, D. & Shahidullah, S. (1993). Newborn and fetal response to maternal voice. *Journal of Reproductive and Infant Psychology, 11,* 147–153.

Herbert, J. S., Eckerman, C. O., Goldstein, R. F. & Stanton, M. E. (2004). Contrasts in infant classical eyeblink conditioning as a function of premature birth. *Infancy, 5,* 367–383.

Hermans, D., Eelen, P. & Orlemans, H. (2007), *Inleiding tot de gedragstherapie.* Houten: BLS.

Hermanto, N., Moreno, S. & Bialystok, E. (2012). Linguistic and metalinguistic outcomes of intense immersion education: How bilingual? *International Journal of Bilingual Education and Bilingualism, 15,* 131–145.

Hernandez-Reif, M., Field, T., Diego, M., Vera, Y. & Pickens, J. (2006, januari). Brief report: Happy faces are habituated more slowly by infants of depressed mothers. *Infant Behavior & Development, 29,* 131–135.

Herrenkohl, T., Sousa, C., Tajima, E., Herrenkohl, R. & Moylan, C. (2008, april). Intersection of child abuse and children's exposure to domestic violence. *Trauma, Violence, & Abuse, 9,* 84–99.

Hertenstein, M. J. & Campos, J. J. (2001). Emotion regulation via maternal touch. *Infancy, 2,* 549–566.

Hertenstein, M. J. (2002). Touch: Its communicative functions in infancy. *Human Development, 45,* 70–94.

Hespos, S. J. & Baillargeon, R. (2008). Young infants' actions reveal their developing knowledge of support variables: Converging evidence for violation-of-expectation findings. *Cognition, 107,* 304–316.

Hespos, S. J. & VanMarle, K. (2012). Everyday Physics: How infants learn about objects and entities in their environment. *Invited manuscript for Wiley Interdisciplinary Reviews, Cognitive Science.*

Heterelendy, F. & Zakar, T. (2004). Prostaglandins and the mymetrium and cervix. *Prostaglandins, Leukotrienes and Essential Fatty Acids, 70,* 207–222.

Hetherington, E. & Elmore, A. (2003). Risk and resilience in children coping with their parents' divorce and remarriage. In S. Luthar (Ed.), *Resilience and vulnerability: Adaptation in the context of childhood adversities.* New York: Cambridge University Press.

Hetherington, E. M. & Kelly, J. (2002). *For better or worse: Divorce reconsidered.* New York: Norton.

Hetrick, S. E., Parker, A. G., Robinson, J., Hall, N. & Vance, A. (2012). Predicting suicidal risk in a cohort of depressed children and adolescents. *Crisis: The Journal of Crisis Intervention and Suicide Prevention, 33,* 13–20.

Heuveln, K., Van der Gaag, M. & Duiven, R. (2012). Landelijk onderzoek pesten 2012. Primair onderwijs. Zwolle: School & Innovatie Groep.

Hewlett, B. & Lamb, M. (2002). Integrating evolution, culture and developmental psychology: Explaining caregiver–infant proximity and responsiveness in central Africa and the USA. In H. Keller & Y. Poortinga (Eds.), *Between culture and biology: Perspectives on ontogenetic development* (pp. 241–269). New York: Cambridge University Press.

Heyman, J. D., Breu, G., Simmons, M. & Howard, C. (2003, 15 september). Drugs can make short kids grow but is it right to prescribe them? *People,* pp. 103–104.

Heyman, R. & Slep, A. M. (2002). Do child abuse and interparental violence lead to adulthood family violence? *Journal of Marriage & Family, 64,* 864–870.

Hietala, J., Cannon, T. D. & van Erp, T. G. M. (2003). Regional brain morphology and duration of illness in never-medicated first-episode patients with schizophrenia. *Schizophrenia, 64,* 79–81.

Higgins, D. & McCabe, M. (2003). Maltreatment and family dysfunction in childhood and the subsequent adjustment of children and adults. *Journal of Family Violence, 18,* 107–120.

Hightower, J. R. R. (2005). Women and depression. In A. Barnes (Ed.), *Handbook of women, psychology, and the law.* New York: Wiley.

Higley, E. & Dozier, M. (2009). Nighttime maternal responsiveness and infant attachment at one year. *Attachment & Human Development, 11,* 347–363.

Hill, P. L. & Lapsley, D. K. (2011). Adaptive and maladaptive narcissism in adolescent development. In C. T. Barry, P. K. Kerig, K. K. Stellwagen & T. D. Barry (Eds.), *Narcissism and Machiavellianism in youth: Implications for the development of adaptive and maladaptive behavior.* Washington, DC: American Psychological Association.

Hill, S. E. & Flom, R. (2007). 18- & 24-month-olds' discrimination of gender-consistent and inconsistent activities. *Infant behavior and development,* 30(1), 168–173.

Hirsch, H. V. & Spinelli, D. N. (1970). Visual experience modifies distribution of horizontally and vertically oriented receptive fields in cats. *Science, 168,* 869–871.

Hirsch, H. V. & Spinelli, D. N. (1970). Visual experience modifies distribution of horizontally and vertically oriented receptive fields in cats. *Science, 168,* 869-871.

Hirschtritt, M. E., Pagano, M. E., Christian, K. M., McNamara, N. K., Stanbrey, R. J., Lingler, J. & Findling, R. L. (2012). Moderators of fluoxetine treatment response for children and adolescents with comorbid depression and substance use disorders. *Journal of Substance Abuse Treatment, 42,* 366–372.

Hirsh-Pasek, K. & Michnick-Golinkoff, R. (1995). *The origins of grammar: Evidence from early language comprehension.* Cambridge, MA: MIT Press.

Hiser, E. & Kobayashi, J. (2003). Hemisphere lateralization differences: A cross-cultural study of Japanese and American students in Japan. *Journal of Asian Pacific Communication, 13,* 197–229.

Hitlin, S., Brown, J. S. & Elder, G. H., Jr. (2006). Racial self-categorization in adolescence: Multiracial development and social pathways. *Child Development, 77,* 1298–1308.

Hjelmstedt, A., Widström, A.M. & Collins, A. (2006). Psychological correlates of prenatal attachment in women who conceived after in vitro fertilization and women who conceived naturally. *Birth,* 33(4), 303–310.

Hoelter, L. F., Axinn, W. G. & Ghimire, D. J. (2004). Social change, premarital nonfamily experiences, and marital dynamics. *Journal of Marriage & Family, 66,* 1131–1151.

HKZ. (2015). *Harmonisatie Kwaliteitsbeoordeling in de Zorgsector: afgegeven certificaten.* Geraadpleegd 30 juni 2015, op http://sectoren.hkz.nl/component/option,com_certificate/task,view/id,260/header,1/m,m/Itemid,759/.

Hocking, D. R., Kogan, C. S. & Cornish, K.M. (2012). Selective spatial processing deficits in an at-risk subgroup of the fragile X permutation. *Brain and Cognition, 79,* 39–44.

Hodapp, R. M., Burke, M. M. & Urbano, R. C. (2012). What's age tot to do with it? Implications of maternal age on families of offspring with Down syndrome. *International Review of Research in Developmental Disabilities, 42,* 109–145.

Hoek, J. & Gendall, P. (2006). Advertising and obesity: A behavioral perspective. *Journal of Health Communication, 11,* 409–423.

Hoersting, R. C. & Jenkins, S. (2011). No place to call home: Cultural homelessness, self-esteem and cross-cultural identities. *International Journal of Intercultural Relations, 35,* 17–30.

Hoeve, M., Blokland, A., Dubas, J., Loeber, R., Gerris, J. & Van der Laan, P. (2008). Trajectories of delinquency and parenting styles. *Journal of Abnormal Child Psychology: An Official Publication of the International Society for Research in Child and Adolescent Psychopathology, 36,* 223–235.

Hofer, M. A. (2006). Psychobiological roots of early attachment. *Current Directions in Psychological Science, 15,* 84–88.

Hoff, E. & Core, C. (2013). Input and language development in bilingually developing children. *Seminars in Speech and Language, 34,* 215–226.

Hoff, E. (2012). Interpreting the early language trajectories of children from low-SES and language minority homes: Implications for closing achievement. *Developmental Psychology.* Geraadpleegd 22 juli, op http://www.ncbi.nlm.nih.gov/pubmed/22329382.

Hofferth, S. L. & Sandberg, J. (1998). *Changes in American children's time, 1981–1997.* Ann, Arbor, MI: University of Michigan Institute for Social Research.

Hofferth, S. L. & Sandberg, J. F. (2001). How American children spend their time. *Journal of Marriage and the Family, 63,* 295–308.

Hoffman, L. (2003). Why high schools don't change: What students and their yearbooks tell us. *High School Journal, 86,* 22–37.

Holden, G. W. & Miller, P. C. (1999). Enduring and different: A meta-analysis of the similarity in parents' child rearing. *Psychological Bulletin, 125,* 223–254.

Holland, J. L. (1973). *Making vocational choices: A theory of careers.* Englewood Cliffs, NJ: Prentice Hall.

Holland, J. L. (1987). Current status of Holland's theory of careers: Another perspective. *Career Development Quarterly, 36,* 24–30.

Holland, N. (1994, augustus). *Race dissonance – Implications for African American children.* Paper presented at the annual meeting of the American Psychological Association, Los Angeles.

Hollich, G. J., Hirsh-Pasek, K., Golinkoff, R. M., Brand, R. J., Brown, E. C., He, L., et al. (2000). Breaking the language barrier: An emergentist coalition model of the origins of word learning. *Monographs of the Society for Research in Child Development,* 65(3, Serial No. 262).

Hollingworth, H. L. (1943/1990). *Letta Stetter Hollingworth: A biography.* Boston: Anker.

Holmbeck, G.N. (1994). Adolescence. In V.S. Ramachandran (Ed.). *Encyclopedia of Human Behavior.* Orlando: Academic Press.

Holmes, R. M. & Romeo, L. (2013). Gender, play, language, and creativity in preschoolers. *Early Child Development and Care, 183*, 1531–1543.
Holmes, T. H. & Rahe, R. H. (1967). The social readjustment scale. *Journal of Psychosomatic Research, 11*, 251–261.
Holowaly, S. & Petitto, L. A. (2002). Left hemisphere cerebral specialization for babies while babbling. *Science, 287*, 1515.
Holt, M. K., Espelage, D. L. (2007). Perceived social support among bullies, victims, and bully victims. *Journal of Youth and Adolescence, 36*, 984–994.
Homae, F., Watanabe, H., Nakano, T. & Tago, G. (2012). Functional development in the infant brain for auditory pitch processing. *Human Brain Mapping, 33*, 596–608.
Hong, S. B. & Trepanier-Street, M. (2004). Technology: A tool for knowledge construction in a Reggio Emilia inspired teacher education program. *Early Childhood Education Journal, 32*, 87–94.
Hong, Y., Fang, Y., Yang, Y. & Phua, D. Y. (2013). Cultural attachment: A new theory and method to understand cross-cultural competence. *Journal of Cross-Cultural Psychology, 44*, 1024–1044.
Hoof, J. van, Gosselt, J. & Baas, N. (2011). *Beschikbaarheid van alcohol voor jongeren onder de 16. Minutenwerk.* Twente: Universiteit Twente.
Hooks, B. & Chen, C. (2008). Vision triggers an experience-dependent sensitive period at the retinogeniculate synapse. *The Journal of Neuroscience, 28*, 4807-4817. http://search.ebscohost.com, doi:10.1523/JNEUROSCI.4667-07.2008.
Hopkins, B. & Westra, T. (1989). Maternal expectations of their infants' development: Some cultural differences. *Developmental Medicine and Child Neurology, 31*, 384–390.
Hopkins, B. & Westra, T. (1990). Motor development, maternal expectation, and the role of handling. *Infant Behavior and Development, 13*, 117–122.
Hoppe, M. J., Graham, L., Wilsdon, A., Wells, E. A., Nahom, D. & Morrison, D. M. (2004). Teens speak out about HIV/AIDS: Focus group discussions about risk and decision-making. *Journal of Adolescent Health, 35*, 27–35.
Horwitz, B. N., Luong, G. & Charles, G.T. (2008). Neuroticism and extraversion share genetic and environmental effects with negative and positive mood spillover in a nationaly representative sample. *Personality and Individual Differences, 45*, 636–642.
Hosogi, M., Okada, A., Fuji, C., Noguchi, K. & Watanabe, K. (2012). Importance and usefulness of evaluating self-esteem in children. *Biopsychosocial Medicine, 6*, 80–88.
Hotelling, B. A. & Humenick, S. S. (2005). Advancing normal birth: organizations, goals, and research. *Journal of Perinatal Education, 14*, 40–48.
House, S. H. (2007). Nurturing the brain nutritionally and emotionally from before conception to late adolescence, *Nutritional Health, 19*, 143–161.
Houts, A. (2003). Behavioral treatment for enuresis. In A. Kazdin (Ed.), *Evidence-based psychotherapies for children and adolescents* (389–406). New York: Guilford Press.
Howe, M. J. (1997). *IQ in question: The truth about intelligence*. London, England: Sage.
Howe, M. J. (2004). Some insights of geniuses into the causes of exceptional achievement. In L. V. Shavinina & M. Ferrari (Eds.), *Beyond knowledge: Extracognitive aspects of developing high ability.* Mahwah, NJ: Erlbaum
Howe, M. L. (2003). Memories from the cradle. *Current Directions in Psychological Science, 12*, 62–65.
Howe, M. L., Courage, M. L. & Edison, S. C. (2004). When autobiographical memory begins. In S. Algarabel, A. Pitarque, T. Bajo, S. E. Gathercole, & M. A. Conway (Eds.), *Theories of memory* (Vol. 3). New York: Psychology Press.
Howes, C., Galinsky, E. & Kontos, S. (1998). Childcare caregiver sensitivity and attachment. *Social Development, 7*, 25–36.
Howes, O. & Kapur, S. (2009). The dopamine hypothesis of schizophrenia: Version III – The final common pathway. *Schizophrenia Bulletin, 35*, 549–562.
Huang, C. T. (2012). Outcome-based observational learning in human infants. *Journal of Comparative Psychology, 126*, 139–149.
Hubbs-Tait, L., Nation, J. R., Krebs, N. F. & Bellinger, D. C. (2005). Neurotoxicants, micronutrients, and social environments: Individual and combined effects on children's development. *Journal of the American Psychological Society, 6*, 57–101.
Hubel, D. H. & Wiesel, T. N. (1979). Brain mechanisms of vision. *Scientific American, 241*, 150–162.
Hubel, D. H. & Wiesel, T. N. (2004). *Brain and visual perception: The story of a 25-year collaboration.* New York: Oxford University Press.
Hublet, A., Vereecken, C., & Maes, L. (2006). *Mentaal welbevinden van jongeren in Vlaanderen*. Universiteit Gent: Vakgroep Maatschappelijke Gezondheidkunde.
Hubley, A. M. & Arim, R. G. (2012). Subjective age in early adolescence: Relationships with chronological age, pubertal timing, desired age, and problem behaviors. *Journal of Adolescence, 35*, 357–366.
Hudson, J. A., Sosa, B. B. & Shapiro, L. R. (1997). Scripts and plans: The development of preschool children's event knowledge and event planning. In S. L. Friedman & E. K. Scholnick (Eds.), *The developmental psychology of planning: Why, how and when do we plan* (pp. 77–102). Mahwah, NJ: Erlbaum.
Hui, A., Lau, S., Li, C., Tong, T. & Zhang, J. (2006). A cross-societal comparative study of Beijing and Hong Kong children's self-concept. *Social Behavior and Personality, 34*, 511–524.
Huijbregts, S., Tavecchio, L., Leseman, P. & Hoffenaar, P. (2009). Child rearing in a group setting: Beliefs of Dutch, Caribbean Dutch, and Mediterranean Dutch caregivers in center-based child care. *Journal of Cross-Cultural Psychology, 40*, 797-815. http://search.ebscohost.com, doi:10.1177//0022022109338623.
Huizink, A., Mulder, E. & Buitelaar, J. (2004). Prenatal stress and risk for psychopathology: Specific effects or induction of general susceptibility? *Psychological Bulletin, 130*, 115–142.
Human Genome Project (2006). Geraadpleegd op http://www.ornl.gov/sci/techresources/Human_Genome/medicine/genetest.shtml.
Hunnius, S., De Wit, T. J., Vrins, S. & Von Hofsten, C. (2011). Facing threat: Infants' and adults' visual scanning of faces with neutral, happy, sad, angry, and fearful emotional expressions. *Cognition and Emotion, 25*, 193–205.
Hunt, M. (1974). *Sexual behaviors in the 1970s.* New York: Dell.
Hunt, M. (1993). *The story of psychology.* New York: Doubleday.
Hunter, J. & Mallon, G. P. (2000). Lesbian, gay, and bisexual adolescent development: Dancing with your feet tied together. In B. Greenej & G. L. Croom (Eds.), *Education, research, and practice in lesbian, gay, bisexual, and transgendered psychology: A resource manual* (Vol. 5). Thousand Oaks, CA: Sage.
Huotilainen, M. (2013). A new dimension on foetal language learning. *Acta Paediatrica, 102*, 102–103.
Hust, S.J.T., Brown, J.D. & L'Engle, K.L. (2008). Boys will be boys and girls better be prepared: An analysis of the rare sexual health messages in young adolescents' media. *Mass Communication & Society, 11*(1), 1–21.
Huster, R. J., Westerhausen, R. R. & Herrmann, C. S. (2011). Sex differences in cognitive control are associated with midcingulate and callosal morphology. *Brain Structure & Function, 215*, 225–235.
Huston, A. (Ed.). (1991). *Children in poverty: Child development and public policy.* Cambridge, England: Cambridge University Press.
Hutcheon, J. A., Joseph, K. S., Kinniburgh, B. & Lee, L. (2013). Maternal, care provider, and institutional-level risk factors for early term elective reapeat cesarean delivery: A population-based cohort study. *Maternal and Child Health Journal*. Geraadpleegd 8 februari 2014, op http://www.perinatalservicesbc.ca/NR/rdonlyres/3D43DD9D-2367-4729-AF6D-602B5F3ABABA/0/MaternalCareProviderInstit_RiskFactors_2014.pdf.
Hutchinson, A., Whitman, R. & Abeare, C. (2003). The unification of mind: Integration of hemispheric semantic processing. *Brain & Language, 87*, 361–368.
Hutchinson, D. & Rapee, R. (2007). Do friends share similar body image and eating problems? The role of social networks and peer influences in early adolescence. *Behaviour Research and Therapy, 45*, 1557–1577.
Hutton, P. H. (2004). *Phillippe Aries and the politics of French cultural history.* Amherst, MA: University of Massachusetts Press.
Huurre, T., Junkkari, H. & Aro, H. (2006, juni). Long-term psychosocial effects of parental divorce: A follow-up study from adolescence to adulthood. *European Archives of Psychiatry and Clinical Neuroscience, 256*, 256–263.
Hyde, J. S. & DeLamater, J. D. (2003). *Understanding human sexuality* (8th ed). New York: McGraw-Hill.
Hyde, J. S. & DeLamater, J. D. (2010). *Understanding human sexuality* (11th ed.). New York: McGraw-Hill.
Hyde, J., Mezulis, A. & Abramson, L. (2008, april). The ABCs of depression: Integrating affective, biological, and cognitive models to explain the emergence of the gender difference in depression. *Psychological Review, 115*(2), 291–313.
Hyman, S. E. (2011, 25 februari). The meaning of the human genome project for neuropsychiatric disorders. *Science, 331*, 1026.
Hyssaelae, L., Rautava, P. & Helenius, H. (1995). Fathers' smoking and use of alcohol: The viewpoint of maternity health care clinics and well-baby clinics. *Family Practice, 12*, 22–27.
ICMART (International Committee for Monitoring Assisted Reproductive Technologies) (2012). The world's number of IVF nd ICSI babies has now reached a calculated total of 5 million. Paper presented at the annual meeting of the European Society of Human Reproduction and Embryology. Istanbul, Turkije.
Iglesias, J., Eriksson, J., Grize, F., Tomassmi, M. & Villa, A. E. (2005). Dynamics of pruning in simulated large-scale spiking neural networks. *Biosystems, 79*, 11–20.
Iles, J., Slade, P. & Spiby, H. (2011). Posttraumatic stress symptoms and postpartum depression in couples after childbirth: The role of partner support and attachment. *Journal of Anxiety Disorders, 25*, 101–109.
iMinds (2015). *Jonge Vlaamse kinderen gamen gemiddeld 40 minuten per dag.* Geraadpleegd 29 september 2015, op http://www.iminds.be/nl/nieuws/pressrelease_20150225_gaming.
Inagaki, M. (2013). Developmental transformation of narcissistic amae in early, middle, and late adolescents: Relation to ego identity. *Japanese Journal of Educational Psychology, 61*, 56–66.
Ingersoll, E. W. & Thoman, E. B. (1999). Sleep/wake states of preterm infants: Stability, developmental change, diurnal variation, and relation with caregiving activity. *Child Development, 70*, 1–10.
Ingudomnukul, E., Baron-Cohen, S., Wheelwright, S. & Knickmeyer, R. (2007, mei). Elevated rates of testosterone-related disorders in women with autism spectrum conditions. *Hormones and Behavior, 51*, 597–604.
Insel, B. & Gould, M. (2008, juni). Impact of modeling on adolescent suicidal behavior. *Psychiatric Clinics of North America, 31*, 293–316.
International Caesarean Awareness Network (2004). http://www.ican-online.org/.
International Human Genome Sequencing Consortium (2001). Initial sequencing and analysis of the human genome. *Nature, 409*, 860–921.
Inzlicht, M. & Ben-Zeev, T. (2000). A threatening intellectual environment: Why females are susceptible to experiencing problem-solving deficits in the presence of males. *Psychological Science, 11*, 365–371.
Ip, W., Tang, C. & Goggins, W. (2009). An educational intervention to improve women's ability to cope with childbirth. *Journal of Clinical Nursing, 18*, 2125–2135.
Ireland, J. L. & Archer, J. (2004). Association between measures of aggression and bullying among juvenile young offenders. *Aggressive Behavior, 30*, 29–42.

Isaacs, K., Barr, W., Nelson, P. & Devinsky, O. (2006, juni). Degree of handedness and cerebral dominance. *Neurology, 66*, 1855–1858.

Isay, R. A. (1990). *Being homosexual: Gay men and their development.* New York: Avon.

Ishi-Kuntz, M. (2000). Diversity within Asian-American families. In D. H. Demo, K. R. Allen, & M. A. Fine (Eds.), *Handbook of family diversity.* New York: Oxford.

Israel, E. (2005). Introduction: The rise of the age of individualism – Variability in the pathobiology, response to treatment, and treatment outcomes in asthma. *Journal of Allergy and Clinical Immunology, 115*, S525.

Izard, C. (1982). Measuring emotions in human development. In C. Izard (Ed.), *Measuring emotions in infants and children* (pp. 3–18). New York: Cambridge University Press.

Izard, J., Haines, C., Crouch, R., Houston, S. & Neill, N. (2003). Assessing the impact of the teaching of modelling: Some implications. In S. Lamon., W. Parker. & K. Houston (Eds.), *Mathematical modelling: A way of life: ICTMA 11.* Chichester, England: Horwood Publishing.

Izard, V., Sann, C., Spelke, E. & Streri, A. (2009). Newborn infants perceive abstract numbers. *PNAS Proceedings of the National Academy of Sciences of the United States of America, 106*, 10382–10385.

Jack, F., Simcock, G. & Hayne, H. (2012). Magic memories: Young children's verbal recall after a 6-year delay. *Child Development, 83*, 159–172.

Jackson, T. (2006, mei). Relationships between perceived close social support and health practices within community samples of American women and men. *Journal of Psychology: Interdisciplinary and Applied, 140*, 229–246.

Jacobs, M. E. (2006). *Gezinsachtergronden van schoolsucces bij brugklasleerlingen.* Leiden: Faculteit Sociale Wetenschappen.

Jacobson, D., Batejan, K., Kleinman, M. & Gould, M. (2013). Reasons for attempting suicide among a community sample of adolescents. *Suicide and Life-Threatening Behavior, 43*, 646–662.

Jacques, H. & Mash, E. (2004). A test of the tripartite model of anxiety and depression in elementary and high school boys and girls. *Journal of Abnormal Child Psychology, 32*, 13–25.

Jadallah, M., Anderson, R. C., Nguyen-Jahiel, K., Miller, B. W., Kim, I., Kuo, L. & Wu, X. (2011). Influence of a teacher's scaffolding moves during child-led small-group discussions. *American Educational Research Journal, 48*, 194–230.

Jahoda, G. (1980). Theoretical and systematic approaches in mass-cultural psychology. In H. C. Triandis & W. W. Lambert (Eds.), *Handbook of cross-cultural psychology* (Vol. 1). Needham Heights, MA: Allyn & Bacon.

Jahoda, G. (1983). European "lag" in the development of an economic concept: A study in Zimbabwe. *British Journal of Developmental Psychology, 1*, 113–120.

Jalonick, M. C. (2011, 13 januari). New guidelines would make school lunches healthier. *The Washington Post.*

James, W. (1950). *The principles of psychology.* New York: Holt. (Oorspronkelijk gepubliceerd 1890).

Jardri, R., Houfflin-Debarge, V., Delion, P., Pruvo, J., Thomas, P. & Pins, D. (2012). Assessing fetal response to maternal speech using a noninvasive functional brain imaging technique. *International Journal of Developmental Neuroscience, 30*, 159–161.

Jarrold, C. & Hall, D. (2013). The development of rehearsal in verbal short-term memory. *Child Development Perspectives, 7*, 182–186.

Jehlen, A. & Winans, D. (2005). No child left behind – Myth or Truth? *NEA Today, 23*, 32–34.

Jensen, A. R. (2003). *Regularities in Spearman's Law of Diminishing Returns. Intelligence, 31*, 95–105.

Jensen, G., Ward, R. D. & Balsam, P. D. (2013). Information: Theory, brain, and behavior. *Journal of the Experimental Analysis of Behavior, 100*, 408–431.

Jensen, L. (2008). Coming of age in a multicultural world: Globalization and adolescent cultural identity formation. *Adolescent identities: A collection of readings* (pp. 3–17). New York: Analytic Press/Taylor & Francis Group.

Jeynes, W. (2007). The impact of parental remarriage on children: a meta-analysis. *Marriage & Family Review, 40*, 75–102.

Joe, S. & Marcus, S. (2003). Datapoints: Trends by race and gender in suicide attempts among U.S. adolescents, 1991–2001. *Psychiatric Services, 54*, 454.

Johnson, A. M., Wadsworth, J., Wellings, K. & Bradshaw, S. (1992). Sexual lifestyles and HIV risk. *Nature, 360*, 410–412.

Johnson, C. H., Vicary, J. R., Heist, C. L. & Corneal, D.A. (2001). Moderate alcohol and tobacco use during pregnancy and child behavior outcomes. *The Journal of Primary Prevention, 21*(3), 367–378.

Johnson, D. (2003, 22 september). Fighting for air. *Newsweek*, pp. 54–57.

Johnson, J. L., Primas, P. J. & Coe, M. K. (1994). Factors that prevent women of low socioecoriomic status from seeking prenatal Care. *Journal of the American Academy of Nurse Practitioners, 6*, 105–111.

Johnson, M. H. (1998). The neural basis of cognitive development. In D. Kuhn & R. S. Siegler (Eds.), *Handbook of child psychology: Vol. 2: Cognition, perception, and language* (5th ed., pp. 1–49). New York: Wiley.

Johnson, N. G., Roberts, M. C. & Worell, J. (Eds.). (1999). *Beyond appearance: A new look at adolescent girls.* Washington, DC: American Psychological Association.

Johnston, L. D., Bachman, J. G. & O' Malley, P. M. (2013). *Monitoring the future study.* Lansing: University of Michigan.

Jokela, M., Elovainio, M., Singh-Manoux, A. & Kivimäki, M. (2009). IQ, socioeconomic status, and early death: The US National Longitudinal Study of Youth. *Psychosomatic Medicine, 71*, 322–328.

Jones, H. E. (2006). Drug Addiction During Pregnancy Advances in Maternal Treatment and Understanding Child Outcomes. *Current Directions in Psychological Science*, vol. 15 no. 3 126-130. doi: 10.1111/j.0963-7214.2006.00421.x.

Jones, D. E., Carson, K. A., Bleich, S. N. & Cooper, L. A. (2012). Patient trust in physicians and adoption of lifestyle behaviors to control high blood pressure. *Patient Education and Counseling.* Geraadpleegd 22 juli 2012, op http://www.ncbi.nlm.nih.gov/pubmed/22770676.

Jones, S. (2006). Exploration or imitation? The effect of music on 4-week-old infants' tongue protrusions. *Infant Behavior & Development, 29*, 126–130.

Jones, S. S. (2007). Imitation in infancy: The development of mimicry. *Psychological Science, 18*, 593–599.

Jones-Harden, B. (2004). Safety and stability for foster children: A developmental perspective. *Future of Children, 14*, 31–48.

Jordan, A. & Robinson, T.N. (2008). *Children, television viewing, and weight status: Summary and recommendations from an expert panel meeting.* The ANNALS of American Academy of Political and Social Science.

Jordan-Young, R. M. (2012). Hormones, context, and 'brain gender': A review of evidence from congenital adrenal hyperplasia. *Social Science & Medicine, 74*, 1738–1744.

Jorgensen, G. (2006). Kohlberg and Gilligan: Duet or duell? *Journal of Moral Education, 35*, 179–196.

Joseph, H., Reznik, I. & Mester, R. (2003). Suicidal behavior of adolescent girls: Profile and meaning. *Israel Journal of Psychiatry & Related Sciences, 40*, 209–219.

Juby, H., Billette, J., Laplante, B. & Le Bourdais, C. (2007, september). Nonresident fathers and children: Parents' new unions and frequency of contact. *Journal of Family Issues, 28*, 1220–1245.

Jurimae, T. & Saar, M. (2003). Self-perceived and actual indicators of motor abilities in children and adolescents. *Perception and Motor Skills, 97*, 862–866.

Juster, F., Ono, H. & Stafford F. (2004). *Changing times of American youth: 1981–2003.* Ann Arbor, MI: Institute for Social Research.

Juvonen, J., Le, V.-N., Kaganoff, T., Augustine, C. H. & Constand, L. (2004). *Focus on the wonder years: Challenges facing the American middle school.* Santa Monica, CA: Rand.

Juvonen, J., Wang, Y. & Espinoza, G. (2011). Bullying experiences and compromised academic performance across middle school grades. *The Journal of Early Adolescence, 37*, 152–173.

Kaerts, N., Van Hal, G. F., Vermandel. A. & Wyndaele J. J. (2012). Readiness signs used to define the proper moment to start toilet training: a review of the literature. *Neuropsychology and urodynamics*, 437–440.

Kaffashi, F. F., Scher, M. S., Ludington-Hoe, S. M. & Loparo, K. A. (2013). An analysis of the kangaroo care intervention using neonatal EEG complexity: A preliminary study. *Clinical Neurophysiology, 124*, 238–246.

Kagan, J. & Snidman, N. (1991). Infant predictors of inhibited and uninhibited profiles. *Psychological Science, 2*, 40–44.

Kagan, J. (2000, oktober). Adult personality and early experience. *Harvard Mental Health Letter*, pp. 4–5.

Kagan, J. (2003). An unwilling rebel. In R. J. Steinberg (Ed.), *Psychologists defying the crowd: Stories of those who battled the establishment and won.* Washington, DC: American Psychological Association.

Kagan, J. (2003). An unwilling rebel. In R. J. Sternberg (Ed.), *Psychologists defying the crowd: Stories of those who battled the establishment and won.* Washington, DC: American Psychological Association.

Kagan, J. (2008). In defense of qualitative changes in development. *Child Development, 79.*

Kagan, J., Arcus, D. & Snidman, N. (1993). The idea of temperament: Where do we go from here? In R. Plomin & G. E. McClearn (Eds.), *Nature, nurture, and psychology.* Washington, DC: American Psychological Association.

Kagan, J., Arcus, D., Snidman, N., Feng, W. Y., Hendler, J. & Greene, S. (1994). Reactivity in infants: A cross-national comparison. *Developmental Psychology, 30*, 342–345.

Kagan, J., Kearsley, R. & Zelazo, P. R. (1978). *Infancy: Its place in human development.* Cambridge, MA: Harvard University Press.

Kagan, J., Snidman, N., Kahn, V. & Towsley, S. (2007). The preservation of two infant temperaments into adolescence. *Monographs of the Society for Research in Child Development, 72*, 1–75.

Kahana-Kalman, R. & Walker-Andrews, A. (2001). The role of person familiarity in young infants' perception of emotional expressions. *Child Development, 72*, 352–369.

Kail, R. & Miller, C. (2006). Developmental change in processing speed: Domain specificity and stability during childhood and adolescence. *Journal of Cognition and Development, 7*, 119–137.

Kail, R. V. (2003). Information processing and memory. In M. H. Bomstein & L. Davidson (Eds.), *Well-being: Positive development across the life course.* Mahwah, NJ: Erlbaum.

Kail, R. V. (2004). Cognitive development includes global and domain-specific processes [Special issue: 50th Anniversary Issue: Part II, The maturing of the human development sciences: Appraising past, present, and prospective agendas]. *Merrill-Palmer Quarterly, 50*, 445–455.

Kaiser, L. L. & Allen, L. (American Dietetic Association) (2002). Position of the American Dietetic Association: Nutrition and lifestyle for a healthy pregnancy outcome. *Journal of the American Dietetic Association, 102*, 1479–1490.

Kalb, C. (1997, lente/zomer). The top 10 health worries [Special issue]. *Newsweek*, pp. 42–43.

Kalb, C. (2004, 26 januari). Brave new babies. *Newsweek*, pp. 45–53.

Kalb, C. (2006, 11 december). Peering into the future. *Newsweek*, 52.

Kalb, C. (2012, februari). Fetal armor. *Scientific American*, p. 73.

Kalfoglou, A. L., Kammersell, M., Philpott, S. & Dahl, E. (2013). Ethical arguments for and against sperm sorting for non-medical sex selection: A review. *Reproductive BioMedicine Online.* Geraadpleegd 8 februari 2014, op http://www.ncbi.nlm.nih.gov/pubmed/23337421.

Kaltiala-Heino, R., Kosunen, E. & Rimpela, M. (2003). Pubertal timing, sexual behavior and self-reported

depression in middle adolescence. *Journal of Adolescence, 26*, 531–545.
Kamerman, S. B. (2000a). From maternity to parental leave policies: Women's health employment, and child and family well-being. *The Journal of the Women's Medical Association, 55*, Table 1.
Kamerman, S. B. (2000b). Parental leave policies: An essential ingredient in early childhood education and care policies. *Social Policy Report 14*, Table 1.0.
Kaminaga, M. (2007). Pubertal timing and depression in adolescents. *Japanese Journal of Educational Psychology, 55*, 370–381.
Kan, P. & Kohnert, K. (2009). Fast mapping by bilingual preschool children. *Journal of Child Language, 35*, 495–514.
Kandler, C., Bleidorn, W. & Riemann, R. (2012). Left or right? Sources of political orientation: The roles of genetic factors, cultural transmission, assortative mating, and personality. *Journal of Personality and Social Psychology, 102*, 633–645.
Kanters, M. A., Bocarro, J. N., Edwards, M. B., Casper, J. M. & Floyd, M. F. (2013). School sport participation under two school sport policies: Comparisons by race/ethnicity, gender, and socioeconomic status. *Annals of Behavioral Medicine, 45*(Suppl 1), S113–S121.
Kantrowitz, B. & Springen, K. (2005). A teen health gap. *Newsweek, December 12*, 62–65.
Kantrowitz, B. & Wingert, P. (1999, 10 mei). How well do you know your kid? (teenagers need adult attention). *Newsweek, 133*, 36.
Kantrowitz, E. J. & Evans, G. W. (2004). The relation between the ratio of children per activity area and off-task behavior and type of play in day care centers. *Environment & Behavior, 36*, 541–557.
Kao, G. (2000). Psychological well-being and educational achievement among immigrant youth. In D. J. Hernandez (Ed.), *Children of immigrants: Health, adjustment, and public assistance*. Washington, DC: National Academy Press.
Kapadia, S. (2008). Adolescent-parent relationships in Indian and Indian immigrant families in the US: Intersections and disparities. *Psychology and Developing Societies, 20*, 257–275.
Kaplan, H. & Dove, H. (1987). Infant development among the Ache of Eastern Paraguay. *Developmental Psychology, 23*, 190–198.
Karniol, R. (2009). Israeli kindergarten children's gender constancy for others' counter-stereotypic toy play and appearance: The role of sibling gender and relative age. *Infant and Child Development, 18*, 73–94.
Kassuba, T., Klinge, C., Hölig, C., Menz, M. M., Ptito, M., Röder, B. & Siebner, H. R. (2011). The left fusiform gyrus hosts trisensory representations of manipulable objects. *NeuroImage*. Available online at http://www.sciencedirect.com/science/journal/10538119.
Kato, K. & Pedersen, N. L. (2005). Personality and coping: A study of twins reared apart and twins reared together. *Behavior Genetics, 35*, 147–158.
Katrowitz, B. & Wingert, P. (1990, Winter/Spring). Step by step. *Newsweek Special Edition*, pp. 24–34.
Katz, L. G. (1989, december). Beginners' ethics. *Parents*, p. 213.
Katzer, C., Fetchenhauer, D. & Belschak, F. (2009). Cyberbullying: Who are the victims? A comparison of victimization in internet chatrooms and victimization in school. *Journal of Media Psychology: Theories, Methods, and Applications, 21*, 25–36.
Kaufman, J. C., Kaufman, A. S., Kaufman-Singer, J. & Kaufman, N. L. (2005). The Kaufman Assessment Battery for Children-Second Edition and the Kaufman Adolescent and Adult Intelligence Test. In D. P. Flanagan & P. L. Harrison (Eds.), *Contemporary intellectual assessment: Theories, tests, and issues*. New York: Guilford Press.
Kaufmann, D., Gestert, E., Santa Lucia, R. C., Salcedo, O., Rendina-Gobioff, G. & Gadd, R. (2000). The relationship between parenting style and children's adjustment: The parents' perspective. *Journal of Child & Family Studies, 9*, 231–245.
Kawabata, Y. & Crick, N. R. (2011). The antecedents of friendship in moderately diverse classrooms: Social preference, social impact, and social behavior. *International Journal of Behavioral Development, 35*, 48–57.
Kaye, W. (2008). Neurobiology of anorexia and bulimia nervosa. *Physiology & Behavior, 94*, 121–135.
Kazdin, A. E. & Behjet, C. (2003). Spanking children: Evidence and issues. *Current Directions in Psychological Science, 12*, 99–103.
Kazura, K. (2000). Fathers' qualitative and quantitative involvement: An investigation of attachment, play, and social interactions. *Journal of Men's Studies, 9*, 41–57.
KCKZ (2016). Site over preventive-aanpak shaken baby-syndroom. http://kckz.nl/artikel/site-over-preventieaanpak-shaken-baby-syndroom.
Keating, D. (1990). Adolescent thinking. In S. S. Feldman & G. R. Elliott (Eds.), *At the threshold*. Cambridge, MA: Harvard University Press.
Keating, D. (Ed.). (2011). Nature and nurture in early child development. *New York, NY*: Cambridge University Press.
Keating, D. P. (2004). Cognitive and brain development. In R. M. Lerner & L. Steinberg (Eds.), *Handbook of adolescent psychology* (2nd ed.). Hoboken, NJ: John Wiley & Sons.
Kecskes, I. & Papp, T. (2000). *Foreign language and mother tongue*. Mahwah, NJ: Erlbaum.
Keel, P. & Haedt, A. (2008). Evidence-based psychosocial treatments for eating problems and eating disorders. *Journal of Clinical Child and Adolescent Psychology, 37*, 39–61.
Kelch-Oliver, K. (2008). African American grandparent caregivers: Stresses and implications for counselors. *The Family Journal, 16*, 43–50.
Keller, H., Völker, S. & Yovsi, R. D. (2005). Conceptions of parenting in different cultural communities. The case of West African Nso and Northern German women. *Social Development, 14*(1), 158–180.
Keller, H., Yovsi, R. D., Borke, J., Kärtner, J., Jensen, H. & Papaligoura, Z. (2004). Developmental consequences of early parenting experiences: Self regulation and self recognition in three cultural communities. *Child Development, 75*(6), 1745–1760.
Kellman, P. & Arterberry, M. (2006). Infant visual perception. In W. Damon & R. M. Lerner (Eds.), *Handbook of child psychology: Vol. 2, Cognition, perception, and language* (6th ed.). New York: John Wiley & Sons Inc.
Kellow, J. & Jones, B. (2008, februari). The effects of stereotypes on the achievement gap: Reexamining the academic performance of African American high school students. *Journal of Black Psychology, 34*, 94–120.
Kelloway, E. & Francis, L. (2013). Longitudinal research and data analysis. In R. R. Sinclair, M. Wang, L. E. Tetrick (Eds.), *Research methods in occupational health psychology: Measurement, design, and data analysis*. New York: Routledge/Taylor & Francis Group.
Kelly, C. (2013). Review: Teen pregnancy and parenting: A qualitative study into attitudes and behaviours of teenaged long-term Hispanics in New Mexico. *Journal of Research in Nursing, 18*, 233–234.
Kelly, G. (2001). *Sexuality today: A human perspective* (7th ed.). New York: McGraw-Hill.
Kelly-Weeder, S. & Cox, C. (2007). The impact of lifestyle risk factors on female infertility. *Women & Health, 44*, 1–23.
Kenny, D. T. (2013). *Bringing up baby: The psychoanalytic infant comes of age*. London: Karnac Books.
Kersten, L.E. (2011). *Children of mothers who were postpartum depressed: Early intervention and developmental outcomes in their first school years*. Doctoral Dissertation, Radboud Universiteit Nijmegen.
Kessels, L. E., Ruiter, R. C., Brug, J. & Jansma, B. M. (2011). The effects of tailored and threatening nutrition information on message attention. Evidence from an event-related potential study. *Appetite, 56*, 32–38.
Khalid, A. & Ijaz, T. (2013). Development of Coping Style Scale for school-going adolescents. *Vulnerable Children and Youth Studies, 8*, 237–242.
Kibria, N. (2003). *Becoming Asian American: Second-generation Chinese and Korean American identities*. Baltimore, MD: Johns Hopkins University Press.
Kidd, C., Palmeri, H., & Aslin, R. N. (2013.) Rational Snacking: Young children's decision-making on the marshmallow task is moderated by beliefs about environmental reliability. *Cognition, 126*, 109–114.
Kieffer, C. C. (2012). Secure connections, the extended family system, and the socio-cultural construction of attachment theory. In S. Akhtar (Ed.), *The mother and her child: Clinical aspects of attachment, separation, and loss*. Lanham, MD: Jason Aronson.
Kilner, J. M., Friston, J. J. & Frith, C. D. (2007). Predictive coding: An account of the mirror neuron system. *Cognitive Processes, 33*, 88–997.
Kim, E., Hong, S. (2007). First-generation Korean-American parents' perceptions of discipline. *Journal of Professional Nursing, 23*, 60–68.
Kim, H. I. & Johnson, S. P. (2013). Do young infants prefer an infant-directed face or a happy face? *International Journal of Behavioral Development, 37*, 125–130.
Kim, H., Sherman, D. & Taylor, S. (2008). Culture and social support. *American Psychologist, 63*, 518–526.
Kim, J. & Cicchetti, D. (2003). Social self-efficacy and behavior problems in maltreated children. *Journal of Clinical Child & Adolescent Psychology, 32*, 106–117.
Kim, S.Y.S., Glynn, N.W., Kriska, A.M., Bruce, A.B. Kronsberg, S.S., Daniels, S.R. Crawford, P.B., Zak, I.S. & Liu, K. (2002), Decline in physical activity in black girls and white girls during adolescence. *New England Journal of Medicine, 347*, 709–715.
Kim, Y. & Stevens, J. H. (1987). The socialization of prosocial behavior in children. *Childhood Education, 63*, 200–206.
Kim, Y., Choi, J.Y., Lee, K.M., Park, S.K., Ahn, S.H., Noh, D.Y, et al. (2007). Dose-dependent protective effect of breast-feeding against breast cancer among ever-lactated women in Korea. *European Journal of Cancer Prevention, 16*, 124–129.
Kimball, J. W. (1983). *Biology* (5th ed.). Reading, MA: Addison-Wesley.
Kimm, S. Y., Glynn, N. W., Kriska, A. M., Barton, B. A., Kronsberg, S. S., Daniels, S. R., et al. (2000). Decline in physical activity in black girls and white girls during adolescence. *New England Journal of Medicine, 347*, 709–715.
Kind en Gezin (2009). *Jaarverslag kinderopvang (2009)*. In: *www.Kindengezin.be. Geraadpleegd 03/05/2011*. http://www.kindengezin.be/Images/Jaarverslag2009_tcm149-72634.pdf.
Kind en Gezin (2009). *Het kind in Vlaanderen*. Geraadpleegd op http://www.kindengezin.be/img/kind-in-vlaanderen-2009.pdf.
Kind en Gezin (2011). *Wiegendood*. Geraadplaagd 11 september 2015, op http://www.kindengezin.be/veiligheid/slapen/wiegendood.jsp.
Kind en Gezin (2013). *Het kind in Vlaanderen*. Geraadpleegd 3 september 2015, op http://www.kindengezin.be/img/kind-in-Vlaanderen-2013.pdf.
Kind en Gezin (2013). *Jaarverslag Kind en Gezin 2013*. Geraadpleegd 30 juni 2015, op http://www.kindengezin.be/img/jaarverslag-2013.pdf.
Kind en Gezin (2015). *Nieuwe cijfers waaronder kansarmoede-index en gebruik formele kinderopvang in 2014 online*. [persbericht]. Geraadpleegd 11 september 2015, op http://www.kindengezin.be/nieuws-en-actualiteit/2015/20150625-nieuwe-cijfers-waaronder-kansarmoede-index-en-gebruik-formele-kinderopvang-in-2014-online.jsp.
Kind en Gezin (2015). *Vaccinatieschema K&G: algemeen schema van de aanbevolen vaccinaties*. Geraadpleegd 16 februari 2016, op http://www.kindengezin.be/img/oktober2015vaccinatieschema.pdf.
Kind en Gezin (z.d.). *Eten en drinken*. Geraadpleegd 11 september 2015, op http://www.kindengezin.be/voeding-en-beweging/eten-en-drinken/.
Kind en Gezin (z.d.). *Gezondheid en vaccineren*. Geraadpleegd 26 juni 2015, op http://www.kindengezin.be/gezondheid-en-vaccineren/vaccinaties/.
Kind en Gezin (z.d.). *Slapen*. Geraadpleegd 11 september 2015, op http://www.kindengezin.be/veiligheid/slapen/default.jsp.
Kinney, H. & Thach, B. (2009). Medical progress: The sudden infant death syndrome. *The New England Journal of Medicine, 361*, 795–805.
Kinney, H. C., Randall, L. L., Sleeper, L. A., Willinger, M., Beliveau, R. A., Zec, N., et al. Serotonergic

brainstem abnormalities in Northern Plains Indians with the sudden infant death syndrome. *Journal of Neuropathology and Experimental Neurology, 62*, 1178–1191.
Kirby, D., Baumler, E., Coyle, K., Basen-Engquist, K., Parcel, G., Harrist, R. & et al. (2004). The "safer choices" intervention: Its impact on the sexual behaviors of different subgroups of high school students. *Journal of Adolescent Health, 35*, 442–452.
Kirby, J. (2006, mei). From single-parent families to stepfamilies: Is the transition associated with adolescent alcohol initiation? *Journal of Family Issues, 27*, 685–711.
Kirchengast, S. & Hartmann, B. (2003). Impact of maternal age and maternal somatic characteristics on newborn size. *American Journal of Human Biology, 15*, 220–228.
Kirsh, S. J. (2012). *Children, adolescents, and media violence: A critical look at the research* (2nd ed.). Thousand Oaks, CA: Sage Publications, Inc.
Kisilevsky, B., Hains, S., Brown, C., Lee, C., Cowperthwaite, B., Stutzman, S. et al. (2009). Fetal sensitivity to properties of maternal speech and language. *Infant Behavior & Development, 32*, 59–71.
Kisilevsky, B., Mains, S. & Lee, K. (2003). Effects of experience on fetal voice recognition. *Psychological Science, 14*, 220–224.
Kitamura, C. & Lam, C. (2009). Age-specific preferences for infant-directed affective intent. *Infancy, 14*, 77–100.
Kiuru, N., Nurmi, J., Aunola, K. & Salmela-Aro, K. (2009). Peer group homogeneity in adolescents' school adjustment varies according to peer group type and gender. *International Journal of Behavioral Development, 33*, 65–67.
Klaczynski, P. A. (2004). A dual-process model of adolescent development: Implications for decision making, reasoning, and identity. In R. V. Kail (Ed.), *Advances in child development and behavior* (Vol. 32). San Diego, CA: Elsevier Academic Press.
Klaczynski, P. A. (2011). Age differences in understanding precedent-setting decisions and authorities' responses to violations of deontic rules. *Journal of Experimental Child Psychology, 109*, 1–24.
Klasse voor Leraren (2012). *Bijna alle kleuters gaan naar school.* Geraadpleegd 26 juni 2015, op http://www.klasse.be/leraren/30436/bijna-alle-kleuters-gaan-naar-school/.
Klier, C. M., Muzik, M., Dervic, K., Mossaheb, N., Benesch, T., Ulm, B. & Zeller, M. (2007). The role of estrogen and progesterone in depression after birth. *Journal of Psychiatric Research, 41*, 273–279.
Klimstra, T. A., Luyckx, K., Germeijs, V., Meeuw, W. J. & Goosens, L. (2012). Personality traits and educational identity formation in late adolescents: Longitudinal associations and academic progress. *Journal of Youth and Adolescence, 41*, 346–361.
Klingberg, T. (2013). The Learning Brain: Memory and Brain Development in Children. New York: Oxford University Press.
Klitzman, R. L. (2012). *Am I my genes? Confronting fate and family secrets in the age of genetic testing.* New York: Oxford University Press.
Kloep, M., Güney, N., Çok, F. & Simsek, Ö. (2009). Motives for risk-taking in adolescence: A cross-cultural study. *Journal of Adolescence, 32*, 135-151. http://search.ebscohost.com, doi:10.1016/j.adolescence.2007.10.010.
Kluger, J. (2010, 1 november). Keeping young minds healthy. *Time*, 40–50.
Knafo, A. & Schwartz, S. H. (2003). Parenting and accuracy of perception of parental values by adolescents. *Child Development, 73*, 595–611.
Knickmeyer, R. & Baron-Cohen, S. (2006, december). Fetal testosterone and sex differences. *Early Human Development, 82*, 755–760.
Knight, K. (1994, maart). Back to basics. *Essence*, 122–138.
Knorth, E., Harder, A., Zandberg, T. & Kendrick, A. (2008, februari). Under one roof: A review and selective meta-analysis on the outcomes of residential child and youth care. *Children and Youth Services Review, 30*, 123–140.
Kochanska, G. & Aksan, N. (2004). Development of mutual responsiveness between parents and their young children. *Child Development, 75*, 1657–1676.
Kochanska, G. (1998). Mother–child relationship, child fearfulness, and emerging attachment: A short-term longitudinal study. *Developmental Psychology, 34*, 480–490
Kochanska, G. (2002). Mutually responsive orientation between mothers and their young children: A context for the early development of conscience. *Current Directions in Psychological Science, 11*, 191–195.
Koenig, A., Cicchetti, D. & Rogosch, F. (2004). Moral development: The association between maltreatment and young childern's prosocial behaviors and moral transgressions. *Social Development, 13*, 97–106.
Koenig, L. B., McGue, M., Krueger, R. F. & Bouchard, T. J., Jr. (2005). Genetic and environmental influences on religiousness: Findings for retrospective and current religiousness ratings. *Journal of Personality, 73*, 471–488.
Koenig, M. & Cole, C. (2013). Early word learning. In D. Reisberg (Ed.), *The Oxford handbook of cognitive psychology.* New York: Oxford University Press.
Kohlberg, L. (1966). A cognitive-developmental analysis of children's sex-role concepts and attitudes. In E. E. Maccoby (Ed.), *The development of sex differences.* Stanford, CA: Stanford University Press.
Kohlberg, L. (1969). Stage and sequence: The cognitive-developmental approach to socialization. In D. Goslin (Ed.), *Handbook of socialization theory and research.* Chicago: Rand McNally.
Kohlberg, L. (1984). *The psychology of moral development: Essays on moral development.* San Francisco: Harper & Row.
Kohut, S. & Pillai, R. (2008). Does the NFCS discriminate between infants experiencing pain-related and non-pain related distress? Paper presented at the Canadian Pain Society Annual Conference, Victoria, BC, mei 2008. *Pain Research and Management, 12*, 120.
Kolata, G. (11 mei 2004). The heart's desire. *The New York Times.*
Kolb, B. & Gibb, R. (2006). Critical periods for functional recovery after cortical injury during development. *Reprogramming the cerebral cortex: Plasticity following central and peripheral lesions* (pp. 297–307). New York: Oxford University Press.
Konrad, K., Firk, C. & Uhlhaas, P. J. (2013). Brain development during adolescence. *Deutsches Ärzteblatt International, 110*, 425–431.
Kornides, M. & Kitsantas, P. (2013). Evaluation of breastfeeding promotion, support, and knowledge of benefits on breastfeeding outcomes. *Journal of Child Health Care, 17*, 264–273.
Koshmanova, T. (2007). Vygotskian Scholars: Visions and Implementation of Cultural-Historical Theory. *Journal of Russian & East European Psychology, 45*, 61–95.
Koska, J., Ksinantova, L., Sebokova, E., Kvemansky, R., Klimes, I., Chrousps, G., et al. (2002). Endocrine regulation of subcutaneous fat metabolism during cold exposure in humans. *Annals of the New York Academy of Science, 967*, 500–505.
Kotre, J. & Hall, E. (1990). *Seasons of life.* Boston: Little, Brown.
Kovelman, I., Baker & S. A., Petitto, L. A. (2008). Bilingual and monolingual brains compared: A functional magnetic resonance imaging investigation of syntactic processing and a possible "neural signature" of bilingualism. *Journal of Cognitive Neuroscience, 20*, 153–169.
Kraaykamp, G. (2000). Ouderlijk gezin en schoolsucces. Een verklaring met demografische, culturele en sociale aspecten, *TOR: Tijdschrift voor OnderwijsResearch, 24*, 179–194.
Kramer, M. S. (2003). The epidemiology of adverse pregnancy outcomes: An overview. *Journal of Nutrition, 133*, 1592S–1596S.
Krebs, N. F., Himes, J. H., Jacobson, D., Nicklas, T. A., Guilday, P. & Styne, D. (2007). Assessment of child and adolescent overweight and obesity [*Special issue*]. *Pediatrics, 120*, S193–S228.
Kretch, K. S. & Adolph, K. E. (2013). Cliff or step? Posture-specific learning at the edge of a drop-off. *Child Development, 84*, 226–240.
Krettenauer, T., Jia, F. & Mosleh, M. (2011). The role of emotion expectancies in adolescents' moral decision making. *Journal of Experimental Child Psychology, 108*, 358–370.
Kringelbach, M. L., Lehtonen, A., Squire, S., Harvey, A. G., Craske, M. G. et al. (2008). A specific and rapid neural signature for parental instinct. *PLoS One*, 3(2), e1664. doi:10.1371/journal.pone.0001664.
Kroger, J. (2006). Identity development during adolescence. In G.R. Adams & M.D. Berzonsky (Eds.), Blackwell handbook of adolescence. Malden, MA: Blackwell Publishing.
Kroger, J. (2007). Why is identity achievement so elusive? *Identity, 7*, 331–348.
Kronberger, N. & Horwath, I. (2013). The ironic cost of performing well: Grades differentially predict male and female dropout from engineering. *Basic and Applied Social Psychology, 35*(6), 534–546.
Kronenfeld, J. J. (2002). *Health care policy: Issues and trends.* New York: Prager.
Krueger, G. (2006, september). Meaning-making in the aftermath of sudden infant death syndrome. *Nursing Inquiry, 13*, 163–171.
Krull, K. R. & Brinkman, T. (2013). Childhood acute lymphoblastic leukemia: A lifespan perspective. In I. Baron, C. Rey-Casserly (Eds.), *Pediatric neuropsychology: Medical advances and lifespan outcomes.* New York: Oxford University Press.
Kuczynski, L. & Kochanska, G. (1990). Development of children's noncompliance strategies from toddlerhood to age 5. *Developmental Psychology, 26*, 398–408.
Kuhl, P. K., Andruski, J. E., Chistovich, I. A., Chistovieh, L. A., Kozhevnikova, E. V., Ryskina, V. L., et al. (1977, 1 augustus). Cross-language analysis of phonetic units in language addressed to infants. *Science, 277*, 684–686.
Kuhl, P., Tsao, F.-M. & Liu, H.-M. (2003). Foreign language experience in infancy: Effects of short-term exposure and social interaction on phonetic learning. *Proceedings of the National Academy of Sciences, 100*, 9096–9101.
Kuhl, P.K., Stevens, E., Hayashi, A., Deguchi, T., Kiritani, S. & Iverson, P. (2006). Infants show a facilitation effect for native language phonetic perception between 6 and 12 months. *Developmental Science, 9*, 13–21.
Kuhn, D. (2008). Formal operations from a twenty-first century perspective. *Human Development, 51*, 48–55.
Kulkarni, A., Kaushik, J. S., Gupta, P., Sharma, H. & Agrawal, R. K. (2011). Massage and touch therapy in neonates: The current evidence. *Indian Pediatrics, 47*, 771.
Kunkel, D., Wilcox, B. L., Cantor, J., Palmer, E., Linn, S. & Dowrick, P. (2004, 20 februari). *Report of the APA task force on advertising and children.* Washington, DC: American Psychological Association.
Kupersmidt, J. B. & Dodge, K. A. (Eds.). (2004). *Children's peer relations: From development to intervention.* Washington, DC: American Psychological Association.
Kurtz-Costes, B., Swinton, A. D. & Skinner, O. D. (2014). Racial and ethnic gaps in the school performance of Latino, African American and White students. In F. L. Leong, L. Comas-Díaz, G. C. Nagayama Hall, V. C. McLoyd & J. E. Trimble (Eds.), *APA handbook of multicultural psychology, Vol. 1: Theory and research.* Washington, DC: American Psychological Association.
La Leche League International. (2003). *Breastfeeding around the world.* Schaumburg, IL: La Leche League International.
Labouvie-Vief, G. & Diehl, M. (2000). Cognitive complexity and cognitive-affective integration: Related or separate domains of adult development? *Psychology & Aging, 15*, 490–504.
Lacante M., De Metsenaere M., De Lens W., Van Esbroeck R., De Jaeger K., De Coninck T., Gressens K., Wensealer, C. & Santy, L. (2001). *Drop-out in het hoger onderwijs: Onderzoek naar achtergronden en motieven van drop-out in het eerste jaar hoger onder-*

wijs. In opdracht van de Vlaamse Minister voor Onderwijs en Vorming, in het kader van he OBPWO-programma – Leuven – Brussel: K.U. Leuven & Vrije Universiteit Brussel.

Lacante, M., Almaci, M., Van Esbroeck, R., Lens, W. & De Metsenaere, M. (2007). *Allochtonen in het hoger onderwijs. Factoren van studiekeuze en studiesucces bij allochtone eerstejaarsstudenten*. Onderzoek in opdracht van het Ministerie van de Vlaamse Gemeenschap. Leuven/Brussel, K.U.Leuven & Vrije Universiteit Brussel.

Lacerda, F., von Hofsten, C. & Heimann, M. (2001). *Emerging cognitive abilities in early infancy*. Mahwah, NJ: Erlbaum.

Lachapelle, U., Noland, R. B. & Von Hagen, L. (2013). Teaching children about bicycle safety: An evaluation of the New Jersey Bike School program. *Accident Analysis and Preventions, 52*, 237–249.

Lachmann, T., Berti, S., Kujala, T. & Schroger, E. (2005). Diagnostic subgroups of developmental dyslexia have different deficits in neural processing of tones and phonemes. *International Journal of Psychophysiology, 56*, 105–120.

Lacourse, E. & Claes, M. (2014). Pubertal timing and depressive symptoms in late adolescence: The moderating role of individual, peer, and parental factors. *Development and Psychopathology*, 2:455–471.

LaCoursiere, D., Hirst, K. P. & Barrett-Connor, E. (2012). Depression and pregnancy stressors affect the association between abuse and post-partum depression. *Maternal and Child Health Journal, 16*, 929–935.

Laemmle, J. (2013). Review of Children at play: Learning gender in the early years. *Journal of Youth and Adolescence, 42*, 305–307.

Laflamme, D., Pomerleau, A. & Malcuit, G. (2002). A comparison of fathers' and mothers' involvement in childcare and stimulation behaviors during free-play with their infants at 9 and 15 months. *Sex Roles, 47*, 507–518.

LaFromboise, T., Coleman, H. L. & Gerton, J. (1993). Psychological impact of biculturalism: Evidence and theory. *Psychological Bulletin, 114*, 395–412.

Lafuente, M. J., Grifol, R., Segarra, J. & Soriano, J. (1997). Effects of the Firstart method of prenatal stimulation on psychomotor development: The first 6 months. *Pre- & PeriNatal Psychology, 11*, 151–162.

Laghzaoui, M. (2007). Berber in the Netherlands: a minority language in a multilingual society. In A. Abel, M. Stuflesser & M. Putz (Eds.), *Online proceedings of the 2006 conference on multilingualism across Europe* (pp. 67–69). Bolzano: EURAC Research.

Laghzaoui, M., & Kurvers, J. (2006). De ontwikkeling van schooltaalvaardigheid in het Tarifit en het Nederlands. Een eerste beschrijving van codering in het Tarifit. In T. Koole & et. al. (Eds.), *Bijdragen aan de 5e Sociolinguistische Conferentie* (pp. 330–341). Delft: Eburon.

Lagrou, K., Froidecoeur, C., Thomas, M., Massa, G., Beckers, D., Craen, M., De bEaufort, C., Rooman, R., François, I., Heinrichs, C. Lebrethon, M.C., Thiry-Counson, G., Maes, M., De Schepper, J. (2008). Concerns, expectations and perception regarding stature, physical appearance and psychosocial functioning before and during high-dose growth hormone treatment of short pre-pubertal children born small for gestational age. *Hormone Research, 696*, 334–42.

Lagrou, K., Froidecoeur, C., Thomas, M., Massa, G., Beckers, D., Craen, M., et al. (2008). Concerns, expectations and perception regarding stature, physical appearance and psychosocial functioning before and during high-dose growth hormone treatment of short pre-pubertal children born small for gestational age. *Hormone Research, 696*, 334–42.

Laible, D., Panfile, T. & Makariev, D. (2008). The quality and frequency of mother-toddler conflict: Links with attachment and temperament. *Child Development, 79*, 426–443.

Lall, M. (2007, augustus). Exclusion from school: Teenage pregnancy and the denial of education. *Sex Education, 7*, 219–237.

Lam, V. & Leman, P. (2003). The influence of gender and ethnicity on children's inferences about toy choice. *Social Development, 12*, 269–287.

Lamorey, S., Robinson, B. E. & Rowland, B. H. (1998). *Latchkey kids: Unlocking doors for children and their families*. Newbury Park, CA: Sage.

Landelijke jeugdmonitor kinderopvang. Programmaministerie voor jeugd en gezin.

Landelijke richtlijn Preventie Wiegendood (2011). https://www.ncj.nl/landelijke-coordinatie/overzicht-landelijke-documenten/richtlijn/?item=25.

Langford, P. E. (1995). *Approaches to the development of moral reasoning*. Hillsdale, NJ: Erlbaum.

Langfur, S. (2013). The You-I event: On the genesis of self-awareness. *Phenomenology and the Cognitive Sciences, 12*, 769–790.

Langille, D. (2007). Teenage pregnancy: Trends, contributing factors and the physician's role. *Canadian Medical Association Journal, 176*, 1601–1602.

Lansford, J. (2009). Parental divorce and children's adjustment. *Perspectives on Psychological Science, 4*, 140–152.

Lansford, J. E. & Parker, J. G. (1999). Children's interactions in triads: Behavioral profiles and effects of gender and patterns of friendships among members. *Developmental Psychology, 35*, 80–93.

Lansford, J. E., Malone, P. S., Dodge, K. A., Crozier, J. C., Pettit, G. S., Bates, J. E. (2006). A 12-year prospective study of patterns of social information processing, problems and externalizing behaviors. *Journal of Abnormal Child Psychology, 34*, 715–724.

Larsen, L.E., O'Hara, M.W., Brewer, K.K. & Wenzel, A. (2001). A prospective study of self-efficacy expectancies and labor pain. *Journal of Reproductive and Infant Psychology, 19*, 201–214.

Laska, M. N., Murray, D. M., Lytle, L. A. & Harnack, L. J. (2012). Longitudinal associations between key dietary behaviors and weight gain over time: Transitions through the adolescent years. *Obesity, 20*, 118–125.

Lattibeaudiere, V. H. (2000). An exploratory study of the transition and adjustment of former home-schooled students to college life. *Dissertation Abstracts International, 61A*, 2211.

Lau, I., Lee, S. & Chiu, C. (2004). Language, cognition, and reality: Constructing shared meanings through communication. In M. Schaller & C. Crandall (Eds.), *The psychological foundations of culture*. Mahwah, NJ: Erlbaum.

Lau, M. Markham, C., Lin, H., Flores, G. & Chacko, M. (2009). Dating and sexual attitudes in Asian-American adolescents. *Journal of Adolescent Research, 24*, 91–113.

Lau, S. & Kwok, L. K. (2000). Relationship of family environment to adolescents' depression and self-concept. *Social Behavior & Personality, 28*, 41–50.

Lau, Y. C., Hinkley, L. N., Bukshpun, P., Strominger, Z. A., Wakahiro, M. J., Baron-Cohen, S., Marco, E. J. et al. (2013). Autism traits in individuals with agencies of the corups ccallosum. *Journal of Autism and Developmental Disorders, 43*, 1106–1118.

Laurent de Angulo, M. S. & Brouwers-De Jong, E. A. (2008). *Ontwikkelingsonderzoeks in de jeugdgzondheidszorg*. Assen: Koninklijke Van Gorcum.

Lauricella, T. (2001, november). The education of a home schooler. *Smart Money*, pp. 115–121.

Lauter, J. L. (1998). Neuroimaging and the trimodal brain: Applications for developmental communication neuroscience. *Phoniatrica et Logopaedica, 50*, 118–145.

Law, Y. (2008). Effects of cooperative learning on second graders' learning form text. *Educational Psychology, 28*, 567–582.

Le Corre, M. & Carey, S. (2007). One, two, three, four, nothing more: An investigation of the conceptual sources of the verbal counting principles. *Cognition, 105*, 395–438.

Le Vay, S. & Valente, S. M. (2003). *Human Sexuality*. Sunderland, MA: Sinauer Associates.

Leaper, C. (2002). Parenting girls and boys. In M. Bornstein (Ed.), *Handbook of parenting: Vol. 1. Children and parenting* (2nd ed.). Mahwah, NJ: Erlbaum.

Leathers, H. D. & Foster, P. (2004). *The world food problem: Tackling causes of undernutrition in the third world*. Boulder, CO: Lynne Rienner Publishers.

Leckman, J. & King, R. (2007, september). A developmental perspective on the controversy surrounding the use of SSRIs to treat pediatric depression. *American Journal of Psychiatry, 164*, 1304–1306.

Lee, B. H., Schofer, J. L. & Koppelman, F. S. (2005). Bicycle safety helmet legislation and bicycle-related non-fatal injuries in California. *Accidental Analysis and Prevention, 37*, 93–102.

Lee, B. R., Bright, C. L., Svoboda, D. V., Fakunmoju, S. & Barth, R. P. (2011). Outcomes of group care for youth: A review of comparative studies. *Research on Social Work Practice, 21*, 177–189.

Lee, E. & Troop-Gordon, W. (2011). Peer processes and gender role development: Changes in gender atypicality related to negative peer treatment and children's friendships. *Sex Roles, 64*, 90–102.

Lee, R. M. (2005). Resilience against discrimination: Ethnic identity and other-group orientation as protective factors for Korean Americans. *Journal of Counseling Psychology, 52*, 36–44.

Lee, S., Olszewski-Kubilius, P. & Thomson, D. (2012). Academically gifted students' perceived interpersonal competence and peer relationships. *Gifted Child Quarterly, 56*, 90–104.

Lee, V. E. & Burkam, D. T. (2003). Dropping out of high school: The role of school organization and structure. *American Educational Research Journal, 40*, 353–393.

Leefstijl- en risicofactoren voor hart- en vaatziekten bij jongeren. CBS (2005).

Leen-Feldner, E. W., Reardon, L. E., Hayward, C. (2008). The relation between puberty and adolescent anxiety: Theory and evidence. In M. J. Zvolensky & J. A. J. Smits (Eds.), *Anxiety in health behaviors and physical illness* (pp. 155–179). New York: Springer Science + Business Media.

Leeuwen, M. van (2005). *Ronselen in Europa voor de heilige oorlog*. Uit: Radicalisering en Jihad. WODC, Den Haag.

Leffel, K. & Suskind, D. (2013). Parent-directed approaches to enrich the early language environments of children living in poverty. *Seminairs in Speech and Language, 34*, 267–278.

Leflot, G., Onghena, P., & Colpin, H. (2010). Teacher-child interactions: Relations with children's self-concept in second grade. *Infant and Child Development, 19*, 385–405.

Legerstee, M. & Markova, G. (2008). Variations in 10-month-old infant imitation of people and things. *Infant Behavior & Development, 31*, 81–91.

Legerstee, M. (1998). Mental and bodily awareness in infancy: Consciousness of self-existence. *Journal of Consciousness Studies, 5*, 627–644.

Legerstee, M. (2014). The developing social brain: Social connections and social bonds, social loss, and jealousy in infancy. In M. Legerstee, D. W. Haley, M. H. Bornstein (Eds.), *The infant mind: Origins of the social brain*. New York: Guilford Press.

Lehman, D., Chiu, C. & Schaller, M. (2004). Psychology and culture. *Annual Review of Psychology, 55*, 689–714.

Leis-Newman, E. (2012, juni). Miscarriage and loss. *Monitor on Psychology*, 57–59.

Leisure Research, 38, 536–557.

Lenhart, A. (2010, 20 april). *Teens, cell phones, and texting*. Washington, DC: Pew Research Center.

Lerner, R. M. (2002). *Concepts and theories of human development* (3rd ed.). Mahwah, NJ: Erlbaum.

Lerner, R. M., Fisher, C. B. & Weinberg, R. A. (2000). Toward a science for and of the people: Promoting civil society through the application of developmental science. *Child Development, 71*, 11–20.

Lerner, R. M., Theokas, C. & Jelicic, H. (2005). Youth as active agents in their own positive development: A developmental systems perspective. In W. Greve, K. Rothermund, & D. Wentura (Eds.), *Adaptive self: Personal continuity and intentional self-development*. Ashland, OH: Hogrefe & Huber Publishers.

Leseman, P.P.M. & Hermanns, J.M.A. (2002). Vragen van ouders over de opvoeding en ontwikkeling van hun kinderen in drie etnisch-culturele gemeenschappen. *Pedagogisch tijdschrift 27*, 253–275.

Leseman, P.P.M. (1994). Socio-cultural developments of literacy development. In L. Verhoeven (ed.).

Functional Literacy pp. 1630184). Amsterdam/Philadelphia: John Benjamins Publishing Company.
Leslie, C. (1991, 11 februari). Classrooms of Babel. *Newsweek*, pp. 56–57.
Lessard, A., Butler-Kisber, L., Fortin, L., Marcotte, D., Potvin, P. & Royer, É. (2008, februari). Shades of disengagement: High school dropouts speak out. *Social Psychology of Education, 11*, 25–42.
Leung, C., Pe-Pua, R. & Karnilowicz, W. (2006, januari). Psychological adaptation and autonomy among adolescents in Australia: A comparison of Anglo-Celtic and three Asian groups. *International Journal of Intercultural Relations, 30*, 99–118.
Levefre, J., Taks, M., Matton, L., Philippaerts, R., De Bourdeaudhuij, I., Balduck, A., Wijndaele, K. & Theeboom, M. (2002). *Onderzoek naar de graad van sportparticipatie en fysieke activiteit op Vlaams niveau en het opstellen van een instrument voor de evaluatie van sportpromotiecampagnes.* Deelrapport II: Graad van sportparticipatie en fysieke activiteit op Vlaams niveau.
Levenson, D. (2012). Genomic testing update: Whole genome sequencing may be worth the money. *Annals of Neurology, 71*, A7–A9.
Levenson, M. R., Aldwin, C. M. & Igarashi, H. (2013). Religious development from adolescence to middle adulthood. In R. F. Paloutzian, C. L. Parks (Eds.), *Handbook of the psychology of religion and spirituality* (2nd ed.). New York: Guilford Press.
Levin, R. (2007, februari). Sexual activity, health and well-being – the beneficial roles of coitus and masturbation. *Sexual and Relationship Therapy, 22*, 135–148.
Levin, S., Matthews, M., Guimond, S., Sidanius, J., Pratto, F., Kteily, N. & Dover, T. (2012). Assimilation, multiculturalism, and colorblindness: Mediated and moderated relationships between social dominance orientation and prejudice. *Journal of Experimental Social Psychology, 48*, 207–212.
LeVine, R. (1994). *Child care and culture.* Cambridge: Cambridge University Press.
Levine, S. C., Huttenlocher, J., Taylor, A. & Langrock, A. (1999). Early sex differences in spatial skill. *Developmental Psychology, 35*, 940–949.
Levrau, F. (2009). *Het janusgezicht van het onderwijs. Een literatuurstudie over het onderwijs in een interculturele samenleving.* Steunpunt Gelijkekansenbeleid: Consortium Universiteit Antwerpen en Universiteit Hasselt.
Lewin, T. (1995, 11 mei). Women are becoming equal providers: Half of working women bring home half the household income. *The New York Times*, p. A14.
Lewis, D. M. & Haug, C. A. (2005). Aligning policy and methodology to achieve consistent across-grade performance standards. *Applied Measurements in Education, 18*, 11–34.
Lewis, J. & Elman, J. (2008). Growth-related neural reorganization and the autism phenotype: A test of the hypothesis that altered brain growth leads to altered connectivity. *Developmental Science, 11*, 135–155.
Lewis, M. & Carmody, D. (2008). Self-representation and brain development. *Developmental Psychology, 44*, 1329–1334.
Lewis, M. & Ramsay, D. (2004). Development of self-recognition, personal pronoun use, and pretend play during the 2nd year. *Child Development, 75*, 1821–1831.
Lewis, M., Feiring, C. & Rosenthal, S. (2000). Attachment over time. *Child Development, 71*, 707–720.
Lewkowicz, D. J. (2002). Heterogeneity and heterochrony in the development of intersensory perception. *Cognitive Brain Research, 14, 41–63*.
Leyens, J. P., Camino, L., Parke, R. D. & Berkowitz, L. (1975). Effects of movie violence on aggression in a field setting as a function of group dominance and cohesion. *Journal of Personality and Social Psychology, 32*, 346–360.
Li Kusterer, H., Lindholm, T. & Montgomery, H. (2013). Gender typing in sterotypes and evaluations of actual managers. *Journal of Managerial Psychology, 28*, 561–579.
Li, D., Collier, D.A. & He, L. (2006). Meta-analysis shows strong positive association of the neuregulin 1 (*NRG1*) gene with schizophrenia *Human Moleculair Genetics, 15*(12), 1995–2002.
Li, Q. (2006, mei). Cyberbullying in Schools: A research of gender differences. *School Psychology International, 27*, 157–170.
Li, Q. (2007, juli). New bottle but old wine: A research of cyberbullying in schools. *Computers in Human Behavior, 23*, 1777–1791.
Lian, C., Wan Muda, W., Hussin, Z. & Thon, C. (2012). Factors associated with undernutrition among children in a rural district of Kelantan, Malaysia. *Asia-Pacific Journal of Public Health, 24*(2), 330–342.
Lidz, J. & Gleitman, L. R. (2004). Yes, we still need Universal Grammar: Reply. *Cognition, 94*, 85–93.
Lindsey, E. & Colwell, M. (2003). Preschoolers' emotional competence: Links to pretend and physical play. *Child Study Journal, 33*, 39–52.
Linebarger, D. L. & Walker, D. (2005). Infants' and toddlers' television viewing and language outcomes, *American Behavioral Scientist, 48*, 624–645.
Lines, P. M. (2001). Home schooling. *Eric Digest, EDO-EA-OI-08*, pp. 1–4.
Ling, R., Bertel, T. & Sundsoy, P. (2012). The socio-demographics of texting: An analysis of traffic data. *New Media & Society, 14*, 281–298.
Lipsitt, L. P. (1986). Toward understanding the hedonic nature of infancy. In L. P. Lipsitt & J. H. Cantor (Eds.), *Experimental child psychologist: Essays and experiments in honor of Charles C. Spiker* (pp. 97–109). Hillsdale, NJ: Erlbaum.
Lipsitt, L. P. (2003). Crib death: A biobehavioral phenomenon? *Current Directions in Psychological Science, 12*, 164–170.
Lipsitt, T. & Rovee-Collier, C. (2012). The psychophysics of olfaction in the human newborn: Habituation and cross-adaptation. In G. M. Zucco, R. S. Herz & B. Schaal (Eds.), *Olfactory cognition: From perception and memory to environmental odours and neuroscience.* Amsterdam: John Benjamins Publishing Company.
List, B. A. & Barzman, D. H. (2011). Evidence-based recommendations for the treatment of aggression in pediatric patients with attention deficit hyperactivity disorder. *Psychiatric Quarterly, 82*, 33–42.
Litovsky, R. Y. & Ashmead, D. H. (1997). Development of binaural and spatial hearing in infants and children. In R. H. Gilkey & T. R. Andersen (Eds.), *Binaural and spatial hearing in real and virtual environments* (pp. 571–592). Mahwah, NJ: Erlbaum.
Liu, D., Wellman, H. M., Tardif, T. & Sabbagh, M. A. (2008). Theory of mind development in Chinese children: A meta-analysis of false-belief understanding across languages and cultures. *Developmental Psychology, 44*, 523–531.
Livingstone, S. & Haddon, L. (2009). Conclusion: kids online: opportunities and risks for children. In: Livingstone, Sonia and Haddon, Leslie, (Eds.) *Kids online: Opportunities and risks for children.* Bristol: The Policy Press.
Lobel, M. & DeLuca, R. (2007). Psychosocial sequelae of cesarean delivery: Review and analysis of their causes and implications. *Social Science of Medicine, 64*(11), 2272–2284.
LoBue, V., Nishida, T., Chiong, C., DeLoache, J. S. & Haidt, J. (2011). When getting something good is bad: Even three-year-olds react to inequality. *Social Development, 20*, 154–170.
Loeb, S., Fuller, B., Kagan, S. L. & Carrol, B. (2004). Child care in poor communities: Early learning effects of type, quality and stability. *Child Development, 75*, 47–65.
Loessl, B., Valerius, G., Kopasz, M., Hornyak, M., Riedmann, D. & Vodenholzer, U. (2008). Are adolescents chronically sleep-deprived? An investigation of sleep habits of adolescents in the southwest of Germany. *Child: Care, Health and Development, 34*, 549–556.
Loewen, S. (2006). Exceptional intellectual performance: A neo-Piagetian perspective. *High Ability Studies, 17*, 159–181.
Logan, K. J., Byrd, C. T., Mazzocchi, E. M. & Gillam, R. B. (2011). Speaking rate characteristics of elementary-school-aged children who do and do not stutter. *Journal of Communication Disorders, 44*, 130–147.
Lohman, D. F. (2005). Reasoning abilities. In R. J. Sternberg & J. E. Pretz (Eds.), *Cognition and intelligence: Identifying the mechanisms of the mind.* New York: Cambridge University Press.
Long, T. & Long, L. (1983). *Latchkey children.* New York: Penguin.
Lordan T., Finkelhor, D., Ybarra, M., Lenhart, A. & Boyd, D. (2007), *Just the facts about online youth victimization. (Congressional Internet Caucus Advisory Committee).* Geraadpleegd 16 juni 2011, op http://mijnkindonline.nl/1465/wat-gaat-nu-werkelijk-mis-met-kinderen.htm.
Lorenz, K. (1957). Companionship in bird life. In C. Scholler (Ed.), *Instinctive behavior.* New York: International Universities Press.
Lorenz, K. (1965). *Evolution and modification of behavior.* Chicago: University of Chicago Press.
Lorenz, K. (1974). *Civilized man's eight deadly sins.* New York: Harcourt Brace Jovanovich.
Losonczy-Marshall, M. (2008). Gender differences in latency and duration of emotional expression in 7-through 13-month-old infants. *Social Behavior and Personality, 36*, 267–274.
Lothian, J. (2005). *The official Lamaze guide: Giving birth with confidence.* Minnetonka, MN: Meadowbrook Press.
Love, A. & Burns, M. S. (2006). 'It's a hurricane! It's a hurricane!': Can music facilitate social constructive and socio-dramatic play in a preschool classroom? *Journal of Genetic Psychology, 167*, 383–391.
Love, J. M., Harrison, L., Sagi-Schwartz, A., van Ijzendoorn, M. H., Ross, C., Ungere, J. A., et al. (2003). Childcare quality matters: How conclusions may vary with context. *Child Development, 74*, 1021–1033.
Lovrin, M. (2009). Treatment of major depression in adolescents: Weighing the evidence of risk and benefit in light of black box warnings. *Journal of Child and Adolescent Psychiatric Nursing, 22*, 63–68.
Low, J. & Perner, J. (2012). Implicit and explicit theory of mind: State of the art. *British Journal of Developmental Psychology, 30*, 1–13.
Lowette, E. (2002). Koude resultaten voor winterkinderen. In: Klasse voor leraren. Geraadpleegd 22 augustus 2002, op issuu.com/klasse.be/docs/kvl_125/44?e=0.
Lu, M. C., Prentice, J., Yu, S. M., Inkelas, M., Lange, L. O. & Halfon, N. (2003). Childbirth education classes: Sociodemographic disparities in attendance and the association of attendance with breastfeeding initiation. *Maternal Child Health, 7*, 87–93.
Lu, X. (2001). Bicultural identity development and Chinese community formation: An ethnographic study of Chinese schools in Chicago. *Howard Journal of Communications, 12*, 203–220.
Lubbers, M. J., Kuyper, H. & Van der Werf, M. P. C. (2009). Social comparison with friends versus non-friends. *European Journal of Social Psychology, 39*, 52–68.
Lubinski, D. & Benbow, C. (2006, december). Study of mathematically precocious youth after 35 years: Uncovering antecedents for the development of math–science expertise. *Perspectives on Psychological Science, 1*, 316–345.
Lubinski, D. & Benbow, C. P. (2001). Choosing excellence. *American Psychologist, 56*, 76–77.
Lubinski, D. (2004). Introduction to the special section on cognitive abilities: 100 years after Spearman's (1904) "General Intelligence," objectively determined and measured." *Journal of Personality and Social Psychology, 86*, 96–111.
Lucas, S. R. & Berends, M. (2002). Sociodemographic diversity, correlated achievement, and de facto tracking. *Sociology of Education, 75*, 328–349.
Lucassen, A. (2012). Ethical implications of new genetic technologies. *Developmental Medicine & Child Neurology, 54*, 124–130.
Ludlow, V., Newhook, L., Newhook, J., Bonia, K., Goodridge, J. & Twells, L. (2012). How formula feeding mothers balance risks and define themselves as "good mothers". *Health, Risk & Society, 14*, 291–306.
Lundberg, U. (2006, juli). Stress, subjective and objective health. *International Journal of Social Welfare, 15*, S41–S48.

Lundby, E. (2013). 'You can't buy friends, but…' Children's perception of consumption and friendship. *Young Consumers, 14*, 360-374.

Luo, Y., Kaufman, L. & Baillargeon, R. (2009). Young infants' reasoning about physical events involving inert and self-propelled objects. *Cognitive Psychology, 58*, 441–486.

Lushnikova, I., Orlovsky, M., Dosenko, V., Maistrenko, A. & Skibo, G. (2011). Brief anoxia preconditioning and hif prolyl-hydroxylase inhibition enhances neuronal resistance in organotypic hippocampal slices on model of ischemic damage. *Brain Research, 1886*, 46–57.

Luyten, P. (2011). Review of "Mind to mind: Infant research, neuroscience and psychoanalysis". *Clinical Social Work Journal, 39*, 116–118.

Lynam, D. R. (1996). Early identification of chronic offenders: Who is the fledgling psychopath? *Psychological Bulletin, 120*, 209–234.

Lynn, R. (2009). What has caused the Flynn effect? Secular increases in the Development Quotients of infants. *Intelligence, 37*, 16–24.

Lynne, S., Graber, J., Nichols, T., Brooks-Gunn, J. & Botvin, G.(2007, februari). Links between pubertal timing, peer influences, and externalizing behaviors among urban students followed through middle school. *Journal of Adolescent Health, 40*, 35–44.

Lyon, G. J. (2012). Bring clinical standards to human-genetics research. *Nature, 482*, 300–301.

Lyons, M. J., Bar, J. L. & Kremen, W. S. (2002). Nicotine and familial vulnerability to schizophrenia: A discordant twin study. *Journal of Abnormal Psychology, 111*, 687–693.

Wenselaer C. & Santy L. (2001). *Drop-out in het hoger onderwijs: Onderzoek naar achtergronden en motieven van drop-out in het eerste jaar hoger onderwijs.* In opdracht van de Vlaamse Minister voor Onderwijs en Vorming, in het kader van het OBPWO-programma - Leuven - Brussel: Katholieke Universiteit Leuven & Vrije Universiteit Brussel.

Ma, H., Bernstein, L., Pike, M.C. & Ursin, G. (2006). Reproductive factors and breast cancer risk according to joint estrogen and progesterone receptor status: a meta-analysis of epidemiological studies. *Breast Cancer Research 2006, 8*(4), 43.

Mabbott, D. J., Noseworthy, M., Bouffett, E., Laughlin, S. & Rockel, C. (2006). White matter growth as a mechanism of cognitive development in children. *Neuroimaging, 15*, 936–946.

Macchi, C. V., Picozzi, M., Girelli, L. & De Hevia, M. (2012). Increasing magnitude counts more: Asymmetrical prcessing of ordinality in 4-month-old infants. *Cognition, 124*, 183–193.

Maccoby, E. E. & Martin, J. A. (1983). Socialization in the context of the family: Parent-child interaction. In P. H. Mussen (Ed.) & E. M. Hetherington (Vol. Ed.), *Handbook of child psychology: Vol. 4. Socialization, personality, and social development* (4th ed., pp. 1–101). New York: Wiley.

Maccoby, E. E. & Martin, J. A. (1983). Socialization in the context of the family: Parent-child interactions. In P. H. Mussen (Ed.) & E. M. Hetherington (Vol. Ed.), *Handbook of child psychology: Vol. 4. Socialization, personality, and social development* (4th ed.). New York: Wiley.

MacDonald, H., Beeghly, M., Grant-Knight, W., Augustyn, M., Woods, R., Cabral, H. et al. (2008). Longitudinal association between infant disorganized attachment and childhood posttraumatic stress symptoms. *Development and Psychopathology, 20*, 493–508.

MacDorman, M., Declercq, E., Menacker, F. & Malloy, M. (2008). Neonatal mortality for primary cesarean and vaginal births to low-risk women: Application of an "intention-to-treat" model. *Birth: Issues in Perinatal Care, 35*, 3–8.

Macfarlane, A. J., Blondel, B., Mohangoo, A. D., Cuttini, M., Nijhuis, J., Novak, Z., Zeitlin, J. et al. (2015). Wide differences in mode of delivery within Europe: risk‐stratified analyses of aggregated routine data from the Euro‐Peristat study. *BJOG: An International Journal of Obstetrics & Gynaecology.*

Machaalani, R. & Waters, K. (2008). Neuronal cell death in the Sudden Infant Death Syndrome brainstem and associations with risk factors. *Brain: A Journal of Neurology, 131*, 218–228.

MacInnes, K., Stone, D. H. (2008). Stages of development and injury: An epidemiological survey of young children presenting to an emergency department. *BMC Public Health.*

MacPhee, D., Kreutzer, J. C. & Fritz, J. J. (1994). Infusing a diversity perspective into human development courses. *Child Development, 65*, 699–715.

MacWhinney, B. (1991). Connectionism as a framework for language acquisition. In J. Miller (Ed.), *Research on child language disorders.* Austin, TX: Pro-ed.

Madsen, P. B. & Green, R. (2012). Gay adolescent males' effective coping with discrimination: A qualitative study. *Journal of LGBT Issues in Counseling, 6*, 139–155.

Maes S. & Buysse, A. (2011). Factsheet IPOS-onderzoek, www.scheidingsonderzoek.be.

Maes, Ph, *Hiv bij kinderen: een overzicht van het probleem en de aanpak ervan.* www.itg.be, Geraadpleegd 30 april 2011. www.itg.be/itg/GeneralSite/Education/Downloads/hiv6c.doc.

Maes, S. J., De Mol, J. & Buysse, A. (2012). Children's experiences and meaning construction on parental divorce: A focus group study. *Childhood: A Global Journal of Child Research, 19*, 266–279.

Magyar, C. I. (2011). *Developing and evaluating educational programs for students with autism.* New York: Springer Science + Business Media.

Majors, K. (2012). Friendships: The power of positive alliance. In S. Roffey (Ed.), *Positive relationships: Evidence based practice across the world.* New York: Springer Science + Business Media.

Mäkinen, M., Puukko-Viertomies, L., Lindberg, N., Siimes, M. A. & Aalberg, V. (2012). Body dissatisfaction and body mass in girls and boys transitioning from early to mid-adolescence: Additional role of self-esteem and eating habits. *BMC Psychiatry, 12*, 123–131.

Makino, M., Hashizume, M., Tsuboi, K., Yasushi, M. & Dennerstein, L. (2006, september). Comparative study of attitudes to eating between male and female students in the People's Republic of China. *Eating and Weight Disorders, 11*, 111–117.

Malik, F. & Shujja, S. (2013). Emotional intelligence and academic achievement: Implications for children's performance in schools. *Journal of the Indian Academy of Applied Psychology, 39*, 51–59.

Maller, S. (2003). Best practices in detecting bias in nonverbal tests. In R. McCallum (Ed.), *Handbook of nonverbal assessment.* New York: Kluwer Academic/Plenum.

Mameli, M. (2007). Reproductive cloning, genetic engineering and the autonomy of the child: The moral agent and the open future. *Journal of Medical Ethics, 33*, 87–93.

Mangweth, B., Hausmann, A. & Walch, T. (2004). Body fat perception in eating-disordered men. *International Journal of Eating Disorders, 35*, 102–108.

Manlove, J., Terry-Humen, E., Romano Papillo, A., Franzetta, K., Williams, S. & Ryan, S. (2002). Preventing teenage pregnancy, childbearing, and sexually transmitted diseases: What the research shows. Washington, DC: Child Trends. Geraadpleegd 4 maart 2006, op http://www.childtrends.org/Files/K1Brief.pdf.

Manning, W., Giordano, P. & Longmore, M. (2006, september).Hooking up: The relationship contexts of "nonrelationship" sex. *Journal of Adolescent Research, 21*, 459–483.

Manzanares, S., Cobo, D., Moreno-Martínez, M., Sánchez-Gila, M. & Pineda, A. (2013). Risk of episiotomy and perineal lacerations recurring after first delivery. *Birth: Issues in Perinatal Care, 40*, 307–311.

Mao, A., Burnham, M. M., Goodlin-Jones, B. L., Gaylor, E. E. & Anders, T. F. (2004). A comparison of the sleep–wake patterns of cosleeping and solitary-sleeping infants. *Child Psychiatry and Human Development, 35*, 95–105.

Marcia, J. E. (1980). Identity in adolescence. In J. Adelson (Ed.), *Handbook of adolescent psychology.* New York: Wiley.

Marcia, J. E. (2007). Theory and measure: The identity status interview. In M. Watzlawik & A. Born (Eds.), *Capturing identity: Quantitative and qualitative methods.* Lanham, MD: University Press of America.

Marcovitch, S., Zelazo, P. & Schmuckler, M. (2003). The effect of the number of A trials on performance on the A-not-B task. *Infancy, 3*, 519–529.

Marcus, J. & Le, H. (2013). Interactive effects of levels of individualism-collectivism on cooperation: A meta-analysis. *Journal of Organizational Behavior, 34*, 813–834.

Mares, S. W., Van der Vorst, H., Engels, R. E. & Lichtwarck-Aschoff, A. (2011). Parental alcohol use, alcohol-related problems, and alcohol-specific attitudes, alcohol-specific communication, and adolescent excessive alcohol use and alcohol-related problems: An indirect path model. *Addictive Behaviors, 36*, 209–216.

Marin, T., Chen, E., Munch, J. & Miller, G. (2009). Double-exposure to acute stress and chronic family stress is associated with immune changes in children with asthma. *Psychosomatic Medicine, 71*, 378–384.

Marinellie, S. A. & Kneile, L. A. (2012). Acquiring knowledge of derived nominals and derived adjectives in context. *Language, Speech, and Hearing Services in Schools, 43*, 53–65.

Marks, A. K., Patton, F. & Coll, C. (2011). Being bicultural: A mixed-methods study of adolescents' implicitly and explicitly measured multiethnic identities. *Developmental Psychology, 47*, 270–288.

Marschark, M. (2003). Interactions of language and cognition in deaf learners: From research to practice. *International Journal of Audiology,* 42(Suppl.), S41–S48.

Marschark, M., Spencer, P. E. & Newsom, C. A. (Eds.). (2003). *Oxford handbook of deaf students, language, and education.* London: Oxford University Press.

Marschik, P., Einspieler, C., Strohmeier, A., Plienegger, J., Garzarolli, B. & Prechtl, H. (2008). From the reaching behavior at 5 months of age to hand preference at preschool age. *Developmental Psychobiology, 50*, 512–518.

Marsh, H. & Hau, K. (2004). Explaining paradoxical relations between academic self-concepts and achievements: Cross-cultural generalizability of the internal/external frame of reference predictions across 26 countries. *Journal of Educational Psychology, 96*, 56–67.

Marsh, H. W. & Hau, K. T. (2003). Big-fish-little-pond effect on academic self-concept. *American Psychologist, 58*, 364–376.

Marsh, H., Ellis, L. & Craven, R. (2002). How do preschool children feel about themselves? Unraveling measurement and multidimensional self-concept structure. *Developmental Psychology, 38*, 376–393.

Marsh, H., Seaton, M., Trautwein, U., Lüdtke, O., Hau, O., O'Mara, A. et al. (2008). The big-fish-in-little-pond-effect stands up to critical scrutiny: Implications for theory, methodology, and future research. *Educational Psychology Review, 20*, 319–350.

Marshall, N. L. (2004). The quality of early child care and children's development. *Current Directions in Psychological Science, 13*, 165–168.

Martin, A., Onishi, K. H. & Vouloumanos, A. (2012). Understanding the abstract role of speech in communication at 12 months. *Cognition, 123*, 50–60.

Martin, C. & Dinella, L. M. (2012). Congruence between gender stereotypes and activity preference in self-identified tomboys and non-tomboys. *Archives of Sexual Behavior, 41*, 599–610.

Martin, C. L. & Ruble, D. (2004). Children's search for gender cues: Cognitive perspectives on gender development. *Current Directions in Psychological Science, 13*, 67–70.

Martin, J. A., Hamilton, B. E., Sutton, P. D., Ventura, S. J., Menacker, F. & Munson, M. L. (2005). Births: Final data for 2003. *National Vital Statistics Reports, 54*, Table J, p. 21.

Martin, S., Li, Y., Casanueva, C., Harris-Britt, A., Kupper, L. & Cloutier, S. (2006). Intimate partner violence and women's depression before and during pregnancy. *Violence Against Women, 12*, 221–239.

Martinez-Torteya, C., Bogat, G., Von Eye, A. & Levendosky, A. (2009). Resilience among children exposed to domestic violence: The role of risk and protective factors. *Child Development, 80*, 562–577.
Martins, I., Lauterbach, M., Luís, H., Amaral, H., Rosenbaum, G., Slade, P. D. & Townes, B. D. (2013). Neurological subtle signs and cognitive development: A study in late childhood and adolescence. *Child Neuropsychology, 19*, 466–478.
Martins, S. S., Storr, C. L., Ialongo, N. S. & Chilcoat, H. D. (2007). Mental health and gambling in urban female adolescents. *Journal of Adolescent Health, 40*(5), 463–465.
Martorell, G. A., Bugental, D. B. (2006). Maternal variations in stress reactivity: Implications for harsh parenting practices with very young children. *Journal of Family Psychology, 20*, 641–647.
Masataka, N. (1996). Perception of motherese in a signed language by 6-month-old deaf infants. *Developmental Psychology, 32*, 874–879.
Masataka, N. (2000). The role of modality and input in the earliest stage of language acquisition: Studies of Japanese sign language. In C. Chamerlain & J. P. Morford (Eds.), *Language acquisition by eye.* Mahwah, NJ: Erlbaum.
Masataka, N. (2003). *The onset of language.* Cambridge, England: Cambridge University Press.
Masataka, N. (2006). Preference for consonance over dissonance by hearing newborns of deaf parents and of hearing parents. *Developmental Science, 9*, 46–50.
Mash, C., Bornstein, M. H. & Arterberry, M. E. (2013). Brain dynamics in young infants' recognition of faces: EEG oscillatory activity in response to mother and stranger. *Neuroreport: For Rapid Communication of Neuroscience Research, 24*, 359–363.
Masling, J. M. & Bornstein, R. F. (Eds.). (1996). *Psychoanalytic perspectives on developmental psychology.* Washington, DC: American Psychological Association.
Master, S., Amodio, D., Stanton, A., Yee, C., Hilmert, C. & Taylor, S. (2009). Neurobiological correlates of coping through emotional approach. *Brain, Behavior, and Immunity, 23*, 27–35.
Mathews, G., Fane, B., Conway, G., Brook, C. & Hines, M. (2009). Personality and congenital adrenal hyperplasia: Possible effects of prenatal androgen exposure. *Hormones and Behavior, 55*, 285–291.
Mathiesen, K. & Prior, M. (2006, december). The impact of temperament factors and family functioning on resilience processes from infancy to school age. *European Journal of Developmental Psychology, 3*, 357–387.
Matlin, M. (2003). From menarche to menopause: Misconceptions about women's reproductive lives. *Psychology Science, 45*, 10–122.
Matson, J. & LoVullo, S. (2008). A review of behavioral treatments for self-injurious behaviors of persons with autism spectrum disorders. *Behavior Modification, 32*, 61–76.
Matsuda, Y., Ueno, K., Waggoner, R., Erickson, D., Shimura, Y., Tanaka, K. & Mazuka, R. (2011). Processing of infant-directed speech by adults. *NeuroImage, 54*, 611–621.
Matsumoto, D. & Yoo, S. H. (2006). Toward a new generation of cross-cultural research. *Perspectives on Psychological Science, 1*(3), 234–250.
Mattson, S., Calarco, K. & Lang, A. (2006). Focused and shifting attention in children with heavy prenatal alcohol exposure. *Neuropsychology, 20*, 361–369.
Mauritzson, U. & Saeljoe, R. (2001). Adult questions and children's responses: Coordination of perspectives in studies of children's theories of other minds. *Scandinavian Journal of Educational Research, 45*, 213–231.
Maxson, S. C. (2013). Behavioral genetics. In R. J. Nelson, S. Y. Mizumori, I. B. Weiner (Eds.), *Handbook of psychology, Vol. 3: Behavioral neuroscience* (2nd ed.). New York: John Wiley & Sons Ltd.
Mayer, J. D. (2001). Emotion, intelligence, and emotional intelligence. In J. P. Forgas (Ed.), *Handbook of affect and social cognition.* Mahwah, NJ: Erlbaum.
Mayer, J. D., Salovey, P. & Caruso, D. R. (2000). Emotional intelligence as zeitgeist, as personality, and as a mental ability. In R. Bar-On, & J. D. A. Parker (Eds.), *The handbook of emotional intelligence: Theory, development, assessment, and application at home, school, and in the workplace.* San Francisco, CA: Jossey-Bass.
Mayes, R. & Rafalovich, A. (2007, december). Suffer the restless children: The evolution of ADHD and paediatric stimulant use, 1900–80. *History of Psychiatry, 18*, 435–457.
Mayes, R., Bagwell, C. & Erkulwater, J. (2009). *Medicating children: ADHD and pediatric mental health.* Cambridge, MA: Harvard University Press.
Maynard, A. (2008). What we thought we knew and how we came to know it: Four decades of cross-cultural research from a Piagetian point of view. *Human Development, 51*, 56–65.
Mayseless, O. (1996). Attachment patterns and their outcomes. *Human Development, 39*, 206–223.
Mazumdar, S. (2007). Statistical analysis of longitudinal psychiatric data with dropouts. *Journal of Psychiatrich Research, 41*, 1032–1041.
McAlister, A. & Peterson, C. (2006). Mental playmates: Siblings, executive functioning and theory of mind. *British Journal of Developmental Psychology, 24*, 733–751.
McCabe, M. & Ricciardelli, L. (2006, juni). A prospective study of extreme weight change behaviors among adolescent boys and girls. *Journal of Youth and Adolescence, 35*, 425–434.
McCall, R. B. (1979). *Infants.* Cambridge, MA: Harvard University Press.
McCardle, P. & Hoff, E. (Eds.). (2006). *Childhood bilingualism: Research on infancy through school age*; Clevedon, Avon, U.K.: Multilingual Matters. Multilingual Matters Limited.
McCowan, L. M. E., Dekker, G. A., Chan, E., Stewart, A., Chappell, L. C., Hunger, M., Moss-Morris, R. & North, R. A. (2009). Spontaneous preterm birth and small for gestational age infants in women who stop smoking early in pregnancy: Prospective cohort study. *BMJ: British Medical Journal, 338*(7710), 27 juni 2009.
McCrink, K. & Wynn, K. (2007). Ratio abstraction by 6-month-old infants. *Psychological Science, 18*, 740–745.
McCrink, K. & Wynn, K. (2009). Operational momentum in large-number addition and subtraction by 9-months-olds. *Journal of Experimental Child Psychology, 103*, 400–408.
McCullough, M. E., Tsang, J. & Brion, S. (2003). Personality traits in adolescence as predictors of religiousness in early maturity: Findings from the Terman longitudinal study. *Personality & Social Psychology Bulletin, 29*, 980–991.
McCutcheon-Rosegg, S., Ingraham, E. & Bradley, R. A. (1996).*Natural childbirth the Bradley way: Revised edition.* New York: Plume Books.
McDonald, K. L., Dashiell-Aje, E., Menzer, M. M., Rubin, K. H., Oh, W. & Bowker, J. C. (2013). Contributions of racial and sociobehavioral homophily to friendship stability and quality among same-race and cross-race friends. *The Journal of Early Adolescense, 33*, 897–919.
McDonald, L. & Stuart-Hamilton, I. (2003). Egocentrism in older adults: Piaget's three mountains task revisited. *Educational Gerontology, 29*, 417–425.
McDonnell, L. M. (2004). *Politics, persuasion, and educational testing.* Cambridge, MA: Harvard University Press.
McDonough, L. (2002). Basic-level nouns: First learned but misunderstood. *Journal of Child Language, 29*, 357–377.
McElwain, N. & Booth-LaForce, C. (2006, juni). Maternal sensitivity to infant distress and nondistress as predictors of infant–mother attachment security. *Journal of Family Psychology, 20*, 247–255.
McFarland-Piazza, L., Hazen, N., Jacobvitz, D. & Boyd-Soisson, E. (2012). The development of father-child attachment: Associations between adult attachment representations, recollections of childhood experiences and caregiving. *Early Child Development and Care, 182*, 701–721.
McGinn, D. (2002, 11 november). Guilt free TV. *Newsweek,* pp. 53–59.
McGinnis, E. (2012). *Skillstreaming in early childhood: A guide for teaching prosocial skills* (3rd ed.). Champaign, IL: Research Press.
McGlothlin, H., Killen, M. (2005). Children's perceptions of intergroup and intragroup similarity and the role of social experience. *Journal of Applied Developmental Psychology, 26*, 680–698.
McGonigle-Chalmers, M., Slater, H. & Smith, A. (2013). Rethinking private speech in preschoolers: The effects of social presence. *Developmental Psychology.* Geraadpleegd 17 februari 2014, op http://www.ncbi.nlm.nih.gov/pubmed/23937382.
McGough, R. (2003, 20 mei). MRIS take a look at reading minds. *The Wall Street Journal,* p. D8.
McGrew, K. S. (2005). The Cattell-Horn-Carroll theory of cognitive abilities: Past, present, and future. In D. P. Flanagan & P. L. Harrison (Eds.), *Contemporary intellectual assessment: Theories, tests, and issues.* New York: Guilford Press.
McGue, M., Bouchard, T. J., Jr., Iacono, W. & Lykken, D. T. (1993). Behavioral genetics of cognitive ability: A life-span perspective. In R. Plornin & G. E. McClearn (Eds.), *Nature, nurture, and psychology.* Washington, DC: American Psychological Association.
McGuffin, P., Riley, B. & Plomin, R. (feb, 2001). Toward behavioral genomics. *Science, 291*(5507):1223–1249.
McHale, S. M., Kim, J.Y. & Whiteman, S. D. (2006). Sibling relationships in childhood and adolescence. In P. Noller & J. A.Feeney (Eds.), *Close relationships: Functions, forms and processes.* Hove, England: Psychology Press/Taylor & Francis.
McHale, S., Dariotis, J. & Kauh, T. (2003). Social development and social relationships in middle childhood. In R. Lerner & M. Easterbrooks (Eds.), *Handbook of psychology: Vol. 6. Developmental psychology.* New York: Wiley.
McKown, C. & Weinstein, R. (2008, juni). Teacher expectations, classroom context, and the achievement gap. *Journal of School Psychology, 46*, 235–261.
McLean, K. & Breen, A. (2009). Processes and content of narrative identity development in adolescence: Gender and well-being. *Developmental Psychology, 45*, 702–710.
McLoyd, V. C., Cauce, A. M., Takeuchi, D. & Wilson, L. (2000). Marital processes and parental socialization in families of color: A decade review of research. *Journal of Marriage and Family, 62*, 1070–l093.
McLoyd, V. C., Kaplan, R., Hardaway, C. R., Wood, D. (2007). Does endorsement of physical discipline matter? Assessing moderating influences on the maternal and child psychological correlates of physical discipline in African American families, *Journal of Family Psychology. 21*,165–175.
McMillian-Robinson, M. M., Frierson, H. T. & Campbell, F. A. (2011). Do gender differences exist in the academic identification in African American elementary school-age children? *Journal of Black Psychology, 37*(1), 78–98.
McMurray, B., Aslin, R. N. & Toscano, J. C. (2009). Statistical learning of phonetic categories: insights from a computational approach. *Developmental Science, 12*, 369–378.
McNeil, N. M., Fuhs, M., Keultjes, M. & Gibson, M. H. (2011). Influences of problem format and SES on preschoolers' understanding of approximate addition. *Cognitive Development, 26*, 57–71.
McPake, J., Plowman, L. & Stephen, C. (2013). Preschool children creating and communicating with digital technologies in the home. *British Journal of Educational Techology, 44*, 421–431.
Mead, M. (1942). *Environment and education,* a symposium held in connection with the fiftieth anniversary celebration of the Univeristy of Chicago. Chicago: University of Chicago Press.
Meade, C., Kershaw, T. & Ickovics, J. (2008). The intergenerational cycle of teenage motherhood: An ecological approach. *Health Psychology, 27*, 419–429.
Meadows, B. (2005, 14 maart). The Web: The bully's new playground. *People,* pp. 152–155.
Mealey, L. (2000). *Sex differences: Developmental and evolutionary strategies.* Orlando, FL: Academic Press.
Meeus, W. (2003). Parental and peer support, identity development and psychological well-being in

adolescence. *Psychology: The Journal of the Hellenic Psychological Society, 10,* 192–201.
Mehran, K. (1997). Interferences in the move from adolescence to adulthood: The development of the male. In M. Laufer (Ed.), *Adolescent breakdown and beyond* (pp. 17–25). London: Karnac Books.
Mehta, C. M. & Strough, J. (2009). Sex segregation in friendships and normative contexts across the life span. *Developomental Review, 129,* 201–220.
Meijnen, G.W. & Riemersma, F.S.J. (1992). *Schoolcarrières: een klassenkwestie? De schoolloopbanen van allochtone leerlingen, bezien in relatie tot de invloeden die maatschappelijke en binnenschoolse determinanten hierop hebben. Een literatuurstudie.* Amsterdam: SCO-Kohnstamm Instituut.
Meijnen, G.W. (2003). *Onderwijsachterstanden in basisscholen.* Leuven: Garant.
Meisinger, E., Blake, J., Lease, A., Palardy, G. & Olejnik, S. (2007). Variant and invariant predictors of perceived popularity across majority-Black and majority-White classrooms. *Journal of School Psychology, 45,* 21–44.
Meldrum, R. C., Miller, H. V. & Flexon, J. L. (2013). Susceptibility to peer influence, self-control, and delinquency. *Sociological Inquiry, 83,* 106–129.
Meltzoff, A. & Moore, M. (2002). Imitation, memory, and the representation of persons. *Infant Behavior & Development, 25,* 39–61.
Meltzoff, A. (2002). Elements of a developmental theory of imitation. In A. Meltzoff & W. Prinz (Eds.), *The imitative mind: Development, evolution, and brain bases* (pp. 19–41). New York: Cambridge University Press.
Meltzoff, A. (2002). Elements of a developmental theory of imitation. In A. Meltzoff & W. Prinz (Eds.), *The imitative mind: Development, evolution, and brain bases* (pp. 19–41). New York: Cambridge University Press.
Meltzoff, A. N. & Moore, M. K. (1977). Imitation official and manual gestures by human neonates. *Science, 198,* 75–78.
Meltzoff, A. N., Waismeyer, A. & Gopnik, A. (2012). Learning about causes from people: Observational causal learning in 24-month-old infants. *Developmental Psychology.* Geraadpleegd 18 juli 2012, op http://www.alisongopnik.com/Papers_Alison/Observational%20Causal%Learning.pdf.
Melzer, D., Hurst, A. & Frayling, T. (2007). Genetic variation and human aging: Progress and prospects. *The Journals of Gerontology: Series A: Biological Sciences and Medical Sciences,* 62, 301–307. http://seach.ebscohost.com.
Mendle, J., Turkheimer, E. & Emery, R. (2007, juni). Detrimental psychological outcomes associated with early pubertal timing in adolescent girls. *Developmental Review, 27,* 151–171.
Mendoza, C. (2006, september). Inside today's classrooms: Teacher voices on No Child Left Behind and the education of gifted children. *Roeper Review, 29,* 28–31.
Mennella, J.A., Kennedy, J.M. & Beauchamp, G.K. (2006). Vegetable acceptance by infants: effects of formula flavors. *Early Human Development, 82,* 463–468.
Mensah, F. K., Bayer, J. K., Wake, M., Carlin, J. B., Allen, N. B. & Patton, G. C. (2013). Early puberty and childhood social and behavioral adjustment. *Journal of Adolescent Health, 53,* 118–124.
Meritesacker, B., Bade, U. & Haverkock, A. (2004). Predicting maternal reactivity/sensitivity: The role of infant emotionality, maternal depressiveness/anxiety, and social support. *Infant Mental Health Journal, 25,* 47–61.
Merlo, L., Bowman, M. & Barnett, D. (2007). Parental nurturance promotes reading acquisition in low socioeconomic status children. *Early Education and Development, 18,* 51–69.
Mervis, J. (2004, 11 juni). Meager evaluations make it hard to find out what works. *Science, 304,* 1583.
Messer, S. B. & McWilliams, N. (2003). The impact of Sigmund Freud and the interpretation of dreams. In R. J. Sternberg (Ed.), *The anatomy of impact: What makes the great works of psychology great* (pp. 71–88). Washington, DC: American Psychological Association.
Messinger, D. S., Mattson, W. I., Mahoor, M. H. & Cohn, J. F. (2012). The eyes have it: Making positive expressions more positive and negative expressions more negative. *Emotion, 12*(3), 430–436.
Miao, X. & Wang, W. (2003). A century of Chinese developmental psychology. *International Journal of Psychology, 38,* 258–273.
Michael, R. T., Gagnon, J. H., Laumann, E. O. & Kolata, G. (1994). *Sex in America: A definitive survey.* Boston: Little, Brown.
Miesnik, S. & Reale, B. (2007). A review of issues surrounding medically elective cesarean delivery. *Journal of Obstetric, Gynecologic, & Neonatal Nursing: Clinical Scholarship for the Care of Women, Childbearing Families, & Newborns, 36,* 605–615.
Mikhail, B. (2000). Prenatal care utilization among low-income African American women: *Journal of Community Health Nursing, 17,* 235–246.
Mikulincer, M. & Shaver, P. R. (2005). Attachment security, compassion, and altruism. *Current Directions in Psychological Science, 14,* 34–38.
Miles, R., Cowan, F., Glover, V., Stevenson, J. & Modi, N.(2006). A controlled trial of skin-to-skin contact in extremely preterm infants. *Early Human Development,* 2(7), 447–455.
Milevsky, A., Schlechter, M., Netter, S. & Keehn, D. (2007). Maternal and paternal parenting styles in adolescents: Associations with self-esteem, depression and life-satisfaction. *Journal of Child and Family Studies, 16,* 39–47.
Millei, Z. & Gallagher, J. (2012). Opening spaces for dialogue and re-envisioning children's bathroom in a preschool: Practitioner research with children on a sensitive and neglected area of concern. *International Journal of Early Childhood, 44,* 9–29.
Miller, E. M. (1998). Evidence from opposite-seks twins fort he effects of prenatal seks hormones. In L. Ellis & L. Ebertz (Eds.), *Males, females, and behavior: Toward biological understanding.* Westport, CT: Praeger Publishers/Greenwood Publishing Group.
Miller, J. L. & Eimas, P. D. (1995). Speech perception: From signal to word. *Annual Review of Psychology, 46,* 467–492.
Miller, S. A. (1998). *Developmental research methods* (2nd ed.). Upper Saddle River, NJ: Prentice Hall.
Miller, S. A. (2012). *Theory of mind: Beyond the preschool years.* New York: Psychology Press.
Miller-Perrin, C. L. & Perrin, R. D. (1999). *Child maltreatment: An introduction.* Thousand Oaks, CA: Sage.
Mimura, K., Kimoto, T. & Okada, M. (2003). Synapse efficiency diverges due to synaptic pruning following overgrowth. *Physical Reveiw E Statistical Nonlinear Soft Matter Physics, 68,* 124–131.
Minagawa-Kawai, Y., Van der Lely, H., Ramus, F., Sato, Y., Mazuka, R. & Dupoux, E. (2011). Optical brain imaging reveals general auditory and language-specific processing in early infant development. *Cerebral Cortex, 21,* 254–261.
Minorities in Higher Education. (1995). *Annual status report on minorities in higher education.* Washington, DC: Author.
Mishna, F., Saini, M. & Solomon, S. (2009). Ongoing and online: Children and youth's perceptions of cyber bullying. *Children and Youth Services Review, 31,* 1222–1228.
Mistry, J. & Saraswathi, T. (2003). The cultural context of child development. In R. Lerner & M. Easterbrooks (Eds.), *Handbook of psychology: Vol. 6. Developmental psychology.* (pp. 267–291). New York: Wiley.
Mitchell, E. (2009). What is the mechanism of SIDS? Clues from epidemiology. *Developmental Psychobiology, 51,* 215–222.
Mitchell, K. J. & Porteous, D. J. (2011). Rethinking the genetic architecture of schizophrenia. *Psychological Medicine: A Journal of Research in Psychiatry and the Allied Sciences, 41,* 19–32.
Mittal, V., Ellman, L. & Cannon, T. (2008). Gene-environment interaction and covariation in schizophrenia: The role of obstetric complications. *Schizophrenia Bulletin, 34,* 1083-1094. http://search.ebscohost.com, doi:10.1093/schbul/sbn080.
Mizuno, K. & Ueda, A. (2002). Antenatal olfactory learning influences infant feeding. *Early Human Development, 76,* 83–90.
Modern Language Association. (2005). www.mla.org/census_map. Based on data from the U.S. Census Bureau, 2000.
Moher, M., Tuerk, A. S. & Feigenson, L. (2012). Seven-month-old infants chunk items in memory. *Journal of Experimental Child Psychology.* Geraadpleegd 17 juli 2012, op http://www.ncbi.nlm.nih.gov/pubmed/22575845.
Mol, S. E. & Bus, A. G. (2011). To read or not to read: A meta-analysis of print exposure from infancy to early adulthood. *Psychological Bulletin, 137,* 267–296.
Moldin, S. O. & Gottesman, I. I. (1997). Genes, experience, and chance in schizophrenia – Positioning for the 21st century. *Schizophrenia Bulletin, 23,* 547–561.
Molfese, V. J. & Acheson, S. (1997). Infant and preschool mental and verbal abilities: How are infant scopes related to preschool scores? *International Journal of Behavioral Development. 20,* 595–607.
Molina, J. C., Spear, N. E., Spear, L. P., Mennella, J. A. & Lewis, M. J. (2007). The International society for developmental psychobiology 39th annual meeting symposium: Alcohol and development: beyond fetal alcohol syndrome. *Developmental Psychobiology, 49,* 227–242.
Monahan, C. I., Beeber, L. S. & Harden, B. (2012). Finding family strengths in the midst of adversity: Using risk and resilience models to promote mental health. In S. Summers, R. Chazan-Cohen (Eds.), *Understanding early childhood mental healt: A practical guide for professionals.* Baltimore: Paul H. Brookes Publishing.
Monahan, K., Steinberg, L. & Cauffman, E. (2009). Affiliation with antisocial peers, susceptibility to peer influence, and antisocial behavior during the transition to adulthood. *Developmental Psychology, 45,* 1520–1530.
Monastra, V. (2008). The etiology of ADHD: A neurological perspective. *Unlocking the potential of patients with ADHD: A model for clinical practice.* Washington, DC, US: American Psychological Association.
Mongan, M. F. (2005). *HypnoBirthing: The Mongan method: A natural approach to a safe, easier, more comfortable birthing* (3rded.). Deerfield Beach, FL: Health Communications, Inc.
Montague, D. & Walker-Andrews, A. (2001). Peekaboo: A new look at infants' perception of emotion expressions. *Developmental Psychology, 37,* 826–838.
Montague, D. P. F. & Walker-Andrews, A. S. (2002). Mothers, fathers, and infants: The role of familiarity and parental involvement in infants' perception of emotion expressions. *Child Development, 73,* 1339–1352.
Montgomery-Downs, H. & Thomas, E. B. (1998). Biological and behavioral correlates of quiet sleep respiration rates infants. *Physiology and Behavior, 64,* 637–643.
Moon, C. (2002). Learning in early infancy. *Advances in Neonatal Care, 2,* 81–83.
Moore, K. L. & Persaud, T. V. N. (2003). *Before we were born* (6th ed., p. 36). Philadelphia, PA: Saunders.
Moore, L., Gao, D. & Bradlee, M. (2003). Does early physical activity predict body fat change throughout childhood? *Preventive Medicine: An International Journal Devoted to Practice & Theory, 37,* 10–17.
Moore, M. C. & DeCosta, C.M. (2006). *Pregnancy and parenting after thirty-five: mid life, new life.* Baltimore, MD: Johns Hopkins University Press.
Moores, D. & Meadow-Orlans, K. (1990). *Educational and developmental aspects of deafness.* Washington, DC: Gallaudet University Press.
Morales, J. R. & Guerra, N. F. (2006). Effects of multiple context and cumulative stress on urban children's adjustment in elementary school. *Child Development, 77,* 907–923.
Moran, K. (2006). The global expansion of children's television: A case-study of the cultural adaptation of Sesame Street in Spain. *Learning, Media & Technology, 31*(3), 287–300.
Moretusberg, groene wijk onder de schouwen van de metallurgie (2007). Geraadpleegd 30 april 2011. www.milieu-en-gezondheid.be/nieuwsbrief/biomonitor%2015/mb%20en%20metallurgie.html.

Morgenthaler, T., Owens, J., Alessi, C., Boehlecke, B., Brown, T., Coleman, J., et al. (2006, oktober). Practice parameters for behavioral treatment of bedtime problems and night wakings in infants and young children. *Sleep: Journal of Sleep and Sleep Disorders Research, 29*, 1277–1281.
Morice, A. (1998, 27 februari). Future moms, please note: Benefits vary. *The Wall Street Journal*, p. 15.
Morrison, F. J., Smith, L. & Dow-Ehrensberger, M. (1995). Education and cognitive development: A natural experiment. *Developmental Psychology, 31*, 789–799.
Morrongiello, B. & Hogg, K. (2004). Mothers' reactions to children misbehaving in ways that can lead to injury: Implications for gender differences in children's risk taking and injuries. *Sex Roles, 50*, 103–118.
Morrongiello, B. A. (1997). Children's perspectives on injury and close call experiences: Sex differences in injury-outcome process. *Journal of Pediatric Psychology, 22*, 499–512.
Morrongiello, B., Corbett, M. & Bellissimo, A. (2008). 'Do as I say, not as I do': Family influences on children's safety and risk behaviors. *Health Psychology, 27*, 498–503.
Morrongiello, B., Klemencic, N. & Corbett, M. (2008). Interactions between child behavior patterns and parent supervision: Implications for children's risk of unintentional injury. *Child Development, 79*, 627–638.
Morrongiello, B., Midgett, C. & Stanton, K. (2000). Gender biases in children's appraisals of injury risk and other children's risk-taking behaviors. *Journal of Experimental Child Psychology, 77*, 317–336.
Morrongiello, B., Zdzieborski, D., Sandomierski, M. & Lasenby-Lessard, J. (2009). Video messaging: What works to persuade mothers to supervise young children more closely in order to reduce injury risk? *Social Science & Medicine, 68*, 1030–1037.
Mortimer, J. T. (2003). *Working and growing up in America*. Cambridge, MA: Harvard University Press.
Moshman, D. (2011). *Adolescent rationality and development: Cognition, morality, and identity* (3rd ed.). New York: Psychology Press.
Moyle, J., Fox, A., Arthur, M., Bynevelt, M. & Burnett, J. (2007). Meta-analysis of neuropsychological symptoms of adolescents and adults with PKU. *Neuropsychology Review, 17*, 91–100. http://search.ebscohost.com, doi:10.1007/s11065-007-9021-2.
Mulder, B.W., Paijmans, I. & Tielen, H. (2005). *Nationale Drug Monitor Jaarbericht 2004*.
Mullen, E. (1995). *Mullen scales of early learning*. Circle Pines: American Guidance Service, Inc.
Müller, U., Liebermann-Finestone, D. P., Carpendale, J. M., Hammond, S. I. & Bibok, M. B. (2012). Knowing minds, controlling actions: The developmental relations between theory of mind and executive function from 2 to 4 years of age. *Journal of Experimental Child Psychology, 111*, 331–348.
Mullie, P., Vansant, G., Grivegnée, A. & Autier, P. (2003). Fruit-en groenteconsumptie bij Belgische adolescenten tussen 12 en 15 jaar. Essentiële factoren om doeltreffende campagnes in te richten ter promotoie van fruit en groenten bij de jeugd. *Tijdschrift voor Geneeskunde, 59*, 799–807.
Mulvaney, M. K. & Mebert, C. J. (2007). Parental corporal punishment predicts internalizing and externalizing behavior problems in early childhood. *Journal of Family Psychology, 21*, 389–397.
Munsey, C. (2012, februari). Anti-bullying efforts ramp up. *Monitor on Psychology*, 54–57.
Munzar, P., Cami, J. & Farré, M. (2003). Mechanisms of drug addiction. *New England Journal of Medicine, 349*, 2365–2365.
Murphy, B. & Eisenberg, N. (2002). An integrative examination of peer conflict: Children's reported goals, emotions, and behaviors. *Social Development, 11*, 534–557.
Murphy, F. A., Lipp, A. & Powles, D. L. (2012, 14 maart). Follow-up for improving psychological well being for women after a miscarriage. *Cochrane Databse System Reviews, 3*.
Murphy, M. & Mazzocco, M. (2008). Mathematics learning disabilities in girls with fragile X or Turner syndrome during late elementary school. *Journal of Learning Disabilities, 41*, 29-46. http://search.ebscohost.com.
Murphy, M. (2009). Language and literacy in individuals with Turner syndrome. *Topics in Language Disorders, 29*, 187-194. http://search.ebscohost.com.
Murray, G., Jones, P., Kuh, D. & Richards, M. (2007). Infant developmental milestones and subsequent cognitive function. *Annals of Neurology, 62*, 128–136.
Murray, K. E. (2011). Sleep in infants – Sleeping through the night. *Journal of Developmental and Behavioral Pediatrics, 32*, 175-176.
Murray, L., Cooper, P., Creswell, C., Schofield, E. & Sack, C. (2007). The effects of maternal social phobia on mother–*infant* interactions and *infant* social responsiveness. *Journal of Child Psychology and Psychiatry, 48*, 45–52.
Murray, L., De Rosnay, M., Pearson, J., Bergeron, C., Schofield, E., Royal-Lawson, M. et al. (2008). Intergenerational transmission of social anxiety: The role of social referencing processes in infancy. *Child Development, 79*, 1049–1064.
Murray-Close, D., Ostrov, J. & Crick, N. (2007, december). A short-term longitudinal study of growth of relational aggression during middle childhood: Associations with gender, friendship intimacy, and internalizing problems. *Development and Psychopathology, 19*, 187–203.
Music, G. (2011). *Nurturing natures: Attachment and children's emotional, sociocultural and brain development*. New York: Psychology Press.
Myklebust, B. M. & Gottlieb, G. L. (1993). Development of the stretch reflex in the newborn: Reciprocal excitation and reflex irradation. *Child Development, 64*, 1036–1045.
Nadel, S. & Poss, J. (2007). Early detection of autism spectrum disorders: Screening between 12 and 24 months of age. *Journal of the American Academy of Nurse Practitioners, 19*, 408–417.
Nagabhushan, P. (2011). Review of 'Asian American parenting and parent-adolescent relationships'. *Journal of Youth and Adolescence, 40*, 245–247.
Nagahashi, S. (2013). Meaning making by preschool children during pretend play and construction of play space. *Japanese Journal of Developmental Psychology, 24*, 88–98.
Nagy, D. (2011). *The practice of qualitative research*. New York: Oxford University Press.
Nagy, E. (2006). From imitation to conversation: the first dialogues with human neonates. *Infant and Child Development, 15*, 223–232.
Nakagawa, M., Lamb, M. E. & Miyaki, K. (1992). Antecedents and correlates of the Strange Situation behavior of Japanese infants. *Journal of Cross-Cultural Psychology, 23*, 300–310.
Nakato, E., Otsuka, Y., Kanazawa, S., Yamaguchi, M. K. & Kakigi, R. (2011b). Distinct differences in the pattern of hemodynamic response to happy and angry facial expressions in infants – A near-infrared spectroscopic study. *NeuroImage, 54*, 1600–1606.
Nanda, S. & Konnur, N. (2006, oktober). Adolescent drug & alcohol use in the 21st century. *Psychiatric Annals, 36*, 706–712.
Nangle, D. W. & Erdley, C. A. (Eds.). (2001). *The role of friendship in psychological adjustment*. San Francisco: Jossey-Bass.
Nansel, T. R., Overpeck, M., Pilla, R. S., Rua, W. J., Simons-Morton, B. & Scheidt, P. (2001). Bullying behaviors among US youth: Prevalence and association with psychosocial adjustment. *Journal of the American Medical Association, 285*, 2094.
Nassif, A. & Gunter, B. (2008). Gender representation in television advertisements in Britain and Saudi Arabia. *Sex Roles, 58*, 752–760.
Nation, M. & Heflinger, C. (2006). Risk factors for serious alcohol and drug use: The role of psychosocial variables in predicting the frequency of substance use among adolescents. *American Journal of Drug and Alcohol Abuse, 32*, 415–433.
Nationaal Instituut voor de Budgetvoorlichting (2015). Uw kind heeft een bijbaantje. In: *NIBUD*. Geraadpleegd 5 juli 2015, http://www.nibud.nl/consumenten/bijbaantjes/.
National Association for Sport and Physical Education (2006). http://www.shapeamerica.org/advocacy/positionstatements/pa/upload/Recess-for-Elementary-School-Students.pdf.
National Campaign to Prevent Youth Pregnancy (NCPYP). (2003). *14 and younger: The sexual behavior of young adolescents*. Washington, DC.
National Center for Children in Poverty (2005). *Basic facts about low-income children in the United States*. New York: National Center for Children in Poverty.
National Center for Education Statistics (1997). *Digest of education statistics, 1997*. Washington, DC: U.S. Government Printing Office.
National Center for Education Statistics (2001). *Time spent on homework and on the job* (Indicator no. 21). Geraadpleegd op http/nces.ed.gov/programs/coe/2001/section3/indicator21.asp.
National Center for Education Statistics (2002). *Dropout rates in the United States: 2000*. Washington, DC: NCES.
National Center for Education Statistics (2004). *The Condition of Education, 2004*. Washington, DC: National Center for Education Statistics.
National Center for Educational Statistics (2003). *Public high school dropouts and complete from the common core of data: School year 2000–01 statistical analysis report*. Washington, DC: NCES.
National Center for Health Statistics (2001). *Obesity in children*. Washington, DC: National Center for Health Statistics.
National Center for Health Statistics (Infant and Child Health Studies Branch) (2003). *Rates of cesarean births*. Washington, DC: National Center for Health Statistics.
National Center for Health Statistics (2003). http://www.cdc.gov/nchs/.
National Center for Health Statistics (1997). *Asthma conditions of childern under 18*. Washington, DC: Public Health Service.
National Center for Health Statistics (2000). *Health United States, 2000 with adolescent health chartbook*. Hyattsville, MD: Public Health Service.
National Center for Health Statistics (2006). National Hospital Discharge Survey: 2004 annual summary with detailed diagnosis and procedure data. *Vital and Health Statistics, 13*(162).
National Center for Missing and Exploited Children (1994). Safety guidelines for children. Alexandria, VA: Author. Geraadpleegd op http://www.missingkids.com./html/ncmec_default_ec_internetsafty.htmı.
National Coalition Against Domestic Violence (NCADC) (2003). *Poll finds domestic violence is women's main concern*. Denver, CO: NCADC.
National Institutes of Health (2006, 13 december). Adult male circumcision significantly reduces risk of acquiring HIV.NIH news release. Geraadpleegd 7 januari 2006, op http://www.nih.gov/news/pr/dec2006/ niaid-13.htm.
National Longitudinal Study on Adolescent Health (2000). *Teenage stress*. Chapel Hill, NC: Carolina Population Center.
National Safety Council (1989). *Accident facts: 1989 edition*. Chicago: National Safety Council.
National Safety Council (2013). *Accident facts: 2013 edition*. Chicago: National Safety Council.
National Sleep Foundation (2003). *Adolescents and sleep*. Washington, DC: National Sleep Foundation.
Nazzi, T. & Bertoncini, J. (2003). Before and after the vocabulary spurt: Two modes of word acquisition? *Developmental Science, 6*, 136–142.
NCB (National Children's Bureau) Now (2011, 8 februari). *ABA's anti-bullying tools for schools*. London: England.
Nederlands Jeugd Instituut (2015). Erkende interventies. In www.nji.nl. Geraadpleegd 27 oktober 2015, op www.nji.nl/Pesten-Praktijk-Erkende-interventies.
Nederlands Jeugdinstituut (2014). *Alcohol en cannabis: Gebruik en zorggebruik door jongeren* [brochure]. In: www.nj.nl. Geraadpleegd 9 september 2015, op http://www.nji.nl/nl/Factsheet-Alcohol-Cannabis.pdf.
Nederlands Jeugdinstituut (z.d.). Databank *effectieve* jeugdinterventies, Smoke Alert. In: *Nederlands JeugdInstituut*. Geraadpleegd 15 februari 2016, op http://www.nji.nl/nl/Databank/Databank-Effec-

tieve-Jeugdinterventies/Erkende-interventies/Smoke-Alert).
Nederlandse Vereniging Kritisch Prikken (2013). http://nvkp.nl/.
Needleman, H. L., Riess, J. A., Tobin, M. J., Biesecker, G. E. & Greenhouse, J. B. (1996, 7 februari). Bone lead levels and delinquent behavior. *Journal of the American Medical Association, 2755*, 363–369.
Negy, C., Shreve, T. & Jensen, B. (2003). Ethnic identity, self-esteem, and ethnocentrism: A study of social identity versus multicultural theory of development. *Cultural Diversity & Ethnic Minority Psychology, 9*, 333–344.
Neisser, U. (2004). Memory development: New questions and old. *Developmental Review, 24*, 154–158.
Nelson, C. A. (1987). The recognition of facial expressions in the first two years of life: Mechanisms of development. *Child Development, 58*, 889–909.
Nelson, C.A. & Bosquet, M. (2000). *Neurobiology of fetal and infant development: Implications for infant mental health.* In: C. H. Zeanah (Ed.). Handbook of Infant Mental Heath, 2nd Edition, (pp. 37-59). New York: Guilford Press.
Nelson, E. L., Campbell, J. M. & Michel, G. F. (2013). Early handedness in infancy predicts language ability in toddlers. *Developmental psychology.* Geraadpleegd 13 februari 2014, op http://www.ncbi.nlm.nih.gov/pubmed/23855258.
Nelson, F. & Mann, T. (2011). Opportunities in public policy to support infant and early childhood mental health: The role of psychologists and policymakers. *American Psychologist, 66*, 129–139.
Nelson, K. (1996). *Language in cognitive development: Emergence of the mediated mind.* New York: Cambridge University Press.
Nelson, L. J. (2013). Going it alone. Comparing subtypes of withdrawal on indices of adjustment and maladjustment in emerging adulthood. *Social Development, 22*, 522–538.
Nelson, L., Badger, S. & Wu, B. (2004). The influence of culture in emerging adulthood: Perspectives of Chinese college students. *International Journal of Behavioral Development, 28*, 26–36.
Nelson, P., Adamson, L. & Bakeman, R. (2008). Toddlers' joint engagement experience facilitates preschoolers' acquisition of theory of mind. *Developmental Science, 11*, 847–859.
Nelson, T. & Wechsler, H. (2003). School spirits: Alcohol and collegiate sports fans. *Addictive Behaviors, 28*, 1–11.
Nesheim, S., Henderson, S., Lindsay, M., Zuberi, J., Grimes, V., Buehler, J., et al. (2004). *Prenatal HIV testing and antiretroviral prophylasix at an urban hospital – Atlanta, Georgia, 1997–2000.* Atlanta, GA: Centers for Disease Control.
Newbury, D.F., Bishop, D.V. & Monaco A.P. (2005). Genetic influences on language impairment and phonological short-term memory. Trends in Cognitive Science, 9(11), 528–534.
Newman, M., Holden, G., and Delville, Y. (2005). Isolation and the stress of being bullied. Journal of Adolescence, 28, 343–357.
Newman, R. S. & Hussain, I. (2006). Changes in preference for infant-directed speech in low and moderate noise by 4.5-to 13-month-olds. *Infancy, 10*, 61–76.
NICHD Early Child Care Research Network (1997). The effects of infant child care on infant-mother attachment security: Results of the NICHD study of early child care. *Child Development, 68*, 860–879.
NICHD Early Child Care Research Network (2001). Child-care and family predictors of preschool attachment and stability from infancy. *Developmental Psychology, 37*, 847–862.
NICHD Early Child Care Research Network (2003). Does quality of child care affect child outcomes at age 4? *Developmental Psychology, 39*, 451–469.
NICHD Early Child Care Research Network (2005). *Child care and child development: Results from the NICHD study of early child care and youth development.* New York: Guilford Press.
Nicholson, L. M. & Browning, C. R. (2012). Racial and ethnic disparities in obesity during the transitionto adulthood: The contingent and nonlinear impact of neighborhood disadvantage. *Journal of Youth and Adolescence, 41*, 53–66.
Niederhofer, H. (2004). A longitudinal study: Some preliminary results of association of prenatal maternal stress and fetal movements, temperament factors in early childhood and behavior at age 2 years. *Psychological Reports, 95*, 767–770.
Nielsen, M., Dissanayake, C. & Kashima, Y. (2003). A longitudinal investigation of self-other discrimination and the emergence of minor self-recognition. *Infant Behavior & Development, 26*, 213–226.
Nigg, J. T. (2001). Is ADHD a disinhibitory disorder? *Psychological Bulletin, 127*, 571–598.
Nihart, M. A. (1993). Growth and development of the brain. *Journal of Child and Adolescent Psychiatric and Mental Health Nursing, 6*, 39–40.
Nijs, D. (2011). *Veilig internetgebruik.* Geraadpleegd 12 juni 2011, op http://eopvoeding.classy.be/?page_id=2.
Nikolas, M., Klump, K. L. & Burt, S. (2012). Youth appraisals of inter-parental conflict and genetic and environmental contributions to attention-deficit hyperactivity disorder: Examination of GxE effects in a twin sample. *Journal of Abnormal Child Psychology, 40*, 543–554.
Nisbett, R. (2008, 31 oktober). Blue genes. *New Republic, 211*, 15.
Nisbett, R. E., Aronson, J., Blair, C., Dickens, W., Flynn, J., Halpern, D. F. & Turkheimer, E. (2012). Intelligence: New findings and theoretical developments. *American Psychologist, 67*, 130–159.
Noakes, M. A. & Rinaldi, C. M. (2006). Age and gender differences in peer conflict, *Journal of Youth and Adolescence, 35*, 881–891.
Noble, Y. & Boyd, R. (2012). Neonatal assessments for the preterm infant up to 4 months corrected age: A systematic review. *Developmental Medicine & Child Neurology, 54*, 129–139.
Nockels, R. & Oakeshott, P. (1999). Awareness among young women of sexually transmitted chlamydia infection. *Family Practice, 16*, 49.
Noel, A. & Newman, J. (2008). Mothers' plans for children during the kindergarten hold-out year. *Early Child Development and Care, 178*, 289–303.
Noonan, C. & Ward, T. (2007, november). Environmental tobacco smoke, woodstove heating and risk of asthma symptoms. *Journal of Asthma, 44*, 735–738.
Noonan, D. (2003, 29 september). High on testosterone. *Newsweek*, pp. 50–52.
Norton, A. & D'Ambrosio, B. (2008). ZPC and ZPD: Zones of teaching and learning. *Journal for Research in Mathematics Education, 39*, 220–246.
Nosarti, C., Reichenberg, A., Murray, R. M., Cnattingius, S., Lambe, M. P., Yin, L., Maccabe, J., Rifkin, L. & Hultman, C. M. (2012). Preterm birth and psychiatric disorders in young adult life. *Arch Gen Psychiatry.* Jun;69(6):E1–8. doi: 10.1001/archgenpsychiatry.2011.1374.
Notaro, P., Gelman, S. & Zimmerman, M. (2002). Biases in reasoning about the consequences of psychogenic bodily reactions: Domain boundaries in cognitive development. *Merritt-Palmer Quarterly, 48*, 427–449.
Novotney, A. (2012, februari). R U Friends 4 Real? *Monitoring on Psychology*, 62–65.
Nu.nl (2014). *Leerling (15) overleden na steekincident school Voorburg.* Geraadpleegd 5 november 2015, op http://www.nu.nl/binnenland/3900214/leerling-15-overleden-steekincident-school-voorburg-.html.
Nugent, J. K., Lester, B. M. & Brazelton, T. B. (Eds.). (1989). *The cultural context of infancy: Vol. 1. Biology, culture, and infant development.* Norwood, NJ: Ablex.
Nyaradi, A., Li, J., Hickling, S., Foster, J. & Oddy, W. H. (2013). The role of nutrition in children's neurocognitive development, from pregnancy through childhood. *Frontiers in Human Neuroscience.* Geraadpleegd 18 februari 2014, op http://www.ncbi.nlm.nih.gov/pubmed/23532379.
Nyiti, R. M. (1982). The validity of "culture differences explanations" for cross-cultural variation in the rate of Piagetian cognitive development. In D. Wagner & H. Stevenson (Eds.), *Cultural perspectives on child development.* New York: Freeman.
Nylen, K., Moran, T., Franklin, C. & O'Hara, M. (2006). Maternal depression: A review of relevant treatment approaches for mothers and infants. *Infant Mental Health Journal, 27*, 327–343.
O'Dea, J. A. & Wilson, R. (2006). Socio-cognitive and nutritional factors associated with body mass index in children and adolescents: possibilities for childhood obesity prevention. *Health Education Research, 21*, 796–805.
O'Grady, W & Aitchinson, J (Eds). (2005). *How children learn language.* Cambridge: Cambridge University Press.
O'Grady, W. & Aitchison, J. (2005). *How children learn language.* New York: Cambridge University Press.
Oakes, L. M. & Kovack-Lesh, K. A. (2013). Infants' visual recognition memory for a series of categorically related items. *Journal of Cognition and Development, 14*, 63–86.
Oberlander, S., Black, M. & Starr, R. (2007, maart). African American adolescent mothers and grandmothers: A multigenerational approach to parenting. *American Journal of Community Psychology, 39*, 37–46.
OECD (2005). *Math performance of students around the world.* Paris: Organisation for Economic Co-operation and Development.
Ogbu, J. U. (1992). Understanding cultural diversity and learning. *Educational Researcher, 21*, 5–14.
Ogbu, J. U. (1988). Black education: A cultural–ecological perspective. In H. P. McAdoo (Ed.), *Black families.* Beverly Hills, CA: Sage.
Ogden, C. L., Kuczmarski, R. J., Flegal, K. M., Met, Z., Guo, S., Wei, R., et al. (2002). Centers for Disease Control and Prevention 2000 growth charts for the United States: Improvements to the 1977 National Center for Health Statistics version. *Pediatrics, 109*, 45–60.
Ogilvy-Stuart, A. L. & Gleeson, H. (2004). Cancer risk following growth hormone use in childhood: Implications for current practice. *Drug Safety, 27*, 369–382.
Okie, S. (2005). *Winning the war against childhood obesity.* Washington, DC: Joseph Henry Publications.
Olivardia, R. & Pope, H. (2002). Body image disturbance in childhood and adolescence. In D. Castle & K. Phillips (Eds.), *Disorders of body image.* Petersfield, England: Wrightson Biomedical.
Oliver, B. & Plomin, R. (2007). Twins' Early Development Study (TEDS): A multivariate, longitudinal genetic investigation of language, cognition and behavior problems from childhood through adolescence. *Twin Research and Human Genetics, 10*, 96–105.
Oliver, M. B. & Hyde, J. S. (1993). Gender differences in sexuality: A meta-analysis. *Psychological Bulletin, 114*, 29–51.
Olness, K. (2003). Effects on brain development leading to cognitive impairement: A worldwide epidemic. *Journal of Developmental & Behavioral Pediatrics, 24*, 120–130.
Olshansky, S. J., Passaro, D. J., Hershow, R. C., Layden, J., Carnes, B. A., Brody, J., et al. (2005, 17 maart). Special report: A potential decline in life expectancy in the United States in the 21st Century. *New England Journal of Medicine, 352*, 1138–1145.
Olson, E. (2006, 27 april). You're in labor, and getting sleeeepy. *New York Times*, p. C2.
Olson, S. L., Lopez-Duran, N., Lunkenheimer, E. S., Chang, H. & Sameroff, A. J. (2011). Individual differences in the development of early peer aggression: Integrating contributions of self-regulation, theory of mind, and parenting. *Development and Psychopathology, 23*, 253–266.
Olszewski-Kubilius, P. & Thomson, D. (2013). Gifted education programs and procedures. In W. M. Reynolds, G. E. Miller & I. B. Weiner (Eds.), *Handbook of psychology, Vol. 7: Educational psychology* (2nd ed.). Hoboken, NJ: John Wiley & Sons Inc.
Openbare Vlaamse Afvalstoffenmaatschappij (2009). *Onderzoek naar lood bij kleuters in de wijde omgeving van Hoboken.* Geraadpleegd april 2011, op http://www.milieu-en-gezondheid.be/nieuwsbrief/biomonitor%2019/brochure%20hoboken.pdf.

Opfer, J. E. & Siegler, R. S. (2007). Representational change and children's numerical estimation. *Cognitive Psychology, 55*, 169–195.
Organization for Economic Cooperation and Development (OECD) (1998, 2001). Education at a glance: OECD indicators, 2001. Paris: Author.
Ortega, S., Beauchemin, A. & Kaniskan, R. (2008, december). Building resiliency in families with young children exposed to violence: The safe start initiative pilot study. *Best Practices in Mental Health: An International Journal, 4*, 48–64.
Ortiz, S. O. & Dynda, A. M. (2005). Use of intelligence test with culturally and linguistically diverse populations. In D. P. Flanagan, & P. L. Harrison (Eds.), *Contemporary intellectual assessment: Theories, tests, and issues.* New York: Guilford Press.
Osofsky, J. D. (2003). Prevalence of children's exposure to domestic violence and child maltreatment: Implications for prevention and intervention. *Clinical Child and Family Psychology Review, 6*, 161–170.
Ostrov, J. M. & Crick, N. R., (2007). Forms and Functions of Aggression during Early Childhood: A Short-Term Longitudinal Study. *School Psychology Review, 36*, 22–43.
Ostrov, J., Gentile, D. & Crick, N. (2006, november). Media exposure, aggression and prosocial behavior during early childhood: A longitudinal study. *Social Development, 15*, 612–627.
Otsuka, Y., Hill, H. H., Kanazawa, S., Yamaguchi, M. K. & Spehar, B. (2012). Perception of Mooney faces by young infants: The role of local feature visibility, contrast polarity, and motion. *Journal of Experimental Child Psychology, 111*, 164–179.
Oyserman, D., Kemmelmeier, M., Fryberg, S., Brosh, H. & Hart-Johnson, T. (2003). Racial ethnic self-schemas. *Social Psychology Quarterly, 66*, 333–347.
Ozawa, M. & Yoon, H. (2003). Economic impact of marital disruption on children. *Children & Youth Services Review, 25*, 611–632.
Ozawa, M., Kanda, K., Hirata, M., Kusakawa, I. & Suzuki, C. (2011). Influence of repeated painful procedures on prefrontal cortical pain responses in newborns. *Acta Paediatrica, 100*, 198–203.
Pagani, L., Fitzpatrick, C., Barnett, T. & Dubow, E. (2010). Prospective associations between early childhood television exposure and academic, psychosocial, and physical well-being by middle childhood. *Archives of Pediatrics & Adolescent Medicine,164*, 425–431.
Pagel, J. F. (2000). Nightmares and disorders of dreaming. *American Family Physician.* 61, 2037–2042, 2044.
Paisley, T. S., Joy, E. A. & Price, R. J., Jr. (2003). Exercise during pregnancy: A practical approach. *Current Sports Medicine Reports, 2*, 325–330.
Palmer, S., Fais, L., Golinkoff, R. & Werker, J. F. (2012). Perceptual narrowing of linguistic sign occurs in the 1st year of life. *Child Development, 83*, 543–553.
Paludi, M. A. (2012). *The psychology of love (Vols. 1-4).* Santa Barbara, CA: Praeger/ABC-CLIO.
Pandey, S. (2011). Cognitive functioning in children: The role of child abuse, setting and gender. *Journal of the Indian Academy of Applied Psychology, 37*, 98–105.
Papousek, H. & Papousek, M. (1991). Innate and cultural guidance of infants' integrative competencies: China, the United States, and Germany. In M. H. Borstein (Ed.), *Cultural approaches to parenting.* Hillsdale, NJ: Erlbaum.
Paquette, D., Carbonneau, R. & Dubeau, D. (2003). Prevalence of father–child rough-and-tumble play and physical aggression in preschool children. *European Journal of Psychology of Education, 18*, 171–189.
Parikh, V., Pomerleau, F., Huettl, P., Gerhardt, G.A., Sarter, M., & Bruno, J.P. (2004) Rapid assessment of in vivo cholinergic transmission by amperometric detection of changes in extracellular choline levels. *European Journal of Neuroscience, 20*, 1545–1554.
Park, K. A., Lay, K. & Ramsay, L. (1993). Individual differences and developmental changes in preschoolers' friendships. *Developmental Psychology, 29*, 264–270.
Park, S. Holloway, S. D., Arendtsz, A., Bempechat, J. & Li, J. (2012). What makes students engaged in learning? A time-use study of within- and between-individual predictors of emotional engagement in low-performing high schools. *Journal of Youth and Adolescence, 41*, 390–401.
Parke, R. D. (2004). Development in the family. *Annual Review of Psychology, 55*, 365–399.
Parke, R. D. (2007). Fathers, families, and the future: A plethora of plausible predictions. In G. W. Ladd, *Appraising the human developmental sciences: Essays in honor of Merrill-Palmer Quarterly.* Detroit, MI: Wayne State University Press.
Parke, R., Simpkins, S. & McDowell, D. (2002). Relative contributions of families and peers to children's social development. In P. Smith & C. Hart (Eds.), *Blackwell handbook of childhood social development.* Maiden, MA: Blackwell.
Parker, S. T. (2005). Piaget's legacy in cognitive constructivism, niche construction, and phenotype development and evolution. In S. T. Parker & J. Langer (Eds.), *Biology and knowledge revisited: From neurogenesis to psychogenesis.* Mahwah, NJ: Erlbaum.
Parmelee, A. H., Jr. & Sigman, M. D. (1983). Prenatal brain development and behavior. In P. H. Mussen (Ed.), Handbook of child psychology (Vol. 2, 4th ed.). New York: Wiley.
Parsons, A. & Howe, N. (2013). "This is Spiderman's mask." "No, it's Green Goblin's": Shared meanings during boys pretend play with superhero and generic toys. *Journal of Research in Childhood Education, 27*, 190-207.
Parten, M. B. (1932). Social participation among preschool children. *Journal of Abnormal and Social Psychology, 27*, 243–269.
Pascalis, O., de Haan, M. & Nelson, C. A. (2002). Is face processing species-specific during the first year of life? *Science, 296*, 1321–1323.
Paterson, D. S., Trachtenberg, F. L., Thompson, E. G., Belliveau,R. A., Beggs, A. H., Darnall, R., Chadwick, A. E., Krous, H. F. & Kinney, H. C. (2006). Multiple serotonergic brainstem abnormalities in sudden infant death syndrome. *JAMA: Journal of the American Medical Association, 296*, 2124–2132.
Pathman, T., Larkina, M., Burch, M. M. & Bauer, P. (2013). Young children's memory for the times of personal past events. *Journal of Cognition and Development, 14*, 120-140.
Patterson, C. J. (1995). Families of the baby boom: Parents' division of labor and children's adjustment [Special issue: Sexual orientation and human development]. *Development Psychology, 31*, 115–123.
Patterson, C. J. (2003). Children of lesbian and gay parents. In L. Garnets & D. Kimmel (Eds.), *Psychological perspectives on lesbian, gay, and bisexual experiences* (2nd ed.). New York: Columbia University Press.
Patterson, C. J. (2007). *Handbook of counseling and psychotherapy with lesbian, gay, bisexual, and transgender clients.* (2nd ed.). K. J. Bieschke, R. M. Perez, & K. A. DeBord (Eds.), Washington, DC: American Psychological Association.
Patterson, C. J. (2009). Parental sexual orientation, social science research, and child custody decisions. In R. M. Galatzer-Levy, L. Kraus, & J. Galatzer-Levy (Eds.), The scientific basis of child custody decisions (2nd ed., pp. 285–306). Hoboken, NJ: Wiley.
Patton, G. C., Coffey, C., Carlin, J. B., Sawyer, S. M., Williams, J., Olsson, C. A. & Wake, M. (2011). Overweight and obesity between adolescence and young adulthood: A 10-year prospective cohort study. *Journal of Adolescent Health, 48*, 275–280.
Paulesu, E., Demonet, J. F., Fazio, F., McCrory, E., Chanoine, V., Brunswick, N., et al. (2001, 16 maart). Dyslexia: Cultural diversity and biological unity. *Science, 291*, 2165–2167.
Pauli-Pott, U., Mertesacker, B. & Bade, U. (2003). Parental perceptions and infant temperament development. *Infant Behavior & Development, 26*, 27–48.
Pavis, S., Cunningham-Burley, S. & Amos, A. (1997). Alcohol consumption and young people: Exploring meaning and social context. *Health Education Research, 12*, 311–322.
Pavlov, I. P. (1927). *Conditioned reflexes.* London: Oxford University Press.
Payne, K., Thaler, L., Kukkonen, T., Carrier, S. & Binik, Y. (2007). Sensation and sexual arousal in circumcised and uncircumcised men. *Journal of Sexual Medicine, 4*, 667–674.
Pearson, J. & Wilkinson, L. (2013). Family relationships and adolescent well-being: are families equally protective for same-sex attracted youth? *Journal of Youth and Adolescence, 42*, 376-393.
Pearson, R. M., Lightman, S. L. & Evans, J. J. (2011). The impact of breastfeeding on mothers' attentional sensitivity towards infant distress. *Infant Behavior & Development, 34*, 200–205.
Peay, H. & Austin, J. (2011). *How to talk with families about: Genetics and psychiatric illness.* New York: W.W. Norton & Co.
Peck, S. (2003). Measuring sensitivity moment-by-moment: A microanalytic look at the transmission of attachment. *Attachment & Human Development, 5*, 38–63.
Pedersen, S., Vitaro, F., Barker, E. D. & Borge, A. I. H. (2007). The timing of middle-childhood peer rejection and friendship: Linking early behavior to early-adolescent adjustment. *Child Development, 78*, 1037–1051.
Pelaez, M., Virues-Ortega, J. & Gewirtz, J. L. (2012). Acquisition of social referencing via discrimination training in infants. *Journal of Applied Behavior Analysis, 45*, 23–36.
Pellegrini, A. D. (2009). *The role of play in human development.* New York: Oxford University Press.
Pellicano, E. (2007). Links between theory of mind and executive function in young children with autism: Clues to developmental primacy. *Developmental Psychology, 43*, 974–990.
Pelligrini, A. D. & Smith, P. K. (1998). Physical activity play: The nature and function of a neglected aspect of play. *Child Development, 69*, 577–598.
Pellis, S. M. & Pellis, V. C. (2007). Rough and tumble play and the development of the social brain. *Current Directions in Psychological Science, 16*, 95–98.
Peltonen, L. & McKusick, V. A. (2001, 16 februari). Dissecting the human disease in the postgenomic era. *Science, 291*, 1224–1229.
Peltzer, K. & Pengpid, S. (2006). Sexuality of 16-to17-year-old South Africans in the context of HIV/AIDS. *Social Behavior and Personality, 34*, 239–256.
Pennisi, E. (2000, 19 mei). And the gene number is . . .? *Science, 288*, 1146–1147.
Penuel, W. R., Bates, L., Gallagher, L. P., Pasnik, S., Llorente, C., Townsend, E. & VanderBorght, M. (2012). Supplementing literacy instruction with a media-rich intervention: Results of a randomized controlled trial. *Early Childhood Research Quarterly, 27*, 115–127.
Pepler, D., Jiang, D., Craig, W., Connolly, J. (2008). Developmental trajectories of bullying and associated factors. *Child Development, 79*, 325–338.
Perez-Brena, N. J., Updegraff, K. A. & Umaña-Taylor, A. J. (2012). Father- and mother-adolescent decision-making in Mexican-origin families. *Journal of Youth and Adolescence, 41*, 460–473.
Perlmann, R. Y. & Gleason, J. B. (1990, juli). *Patterns of prohibition in mothers' speech to children.* Paper presented at the Fifth International Congress for the Study of Child Language, Budapest, Hungary.
Perrine, N. E. & Aloise-Young, P. A. (2004). The role of self-monitoring in adolescents' susceptibility to passive peer pressure. *Personality and Individual Differences, 37*, 1701–1716.
Persson, A. & Musher-Eizenman, D. R. (2003). The impact of a prejudice-prevention television program on young children's ideas about race. *Early Childhood Research Quarterly, 18*, 530–546.
Persson, G. E. B. (2005). Developmental perspectives on prosocial and aggressive motives in preschoolers' peer interactions. *International Journal of Behavioral Development, 29*, 80–91.
Petanjek, Z., Judas, M., Kostovic, I. & Uylings, H.B. (2008). Lifespan alterations of basal dendritic trees of pyramidal neurons in the human prefrontal cortex: A layer-specific pattern. *Cereb Corte, 18*, 915–929.

Petersen, A. (2000). A longitudinal investigation of adolescents' changing perceptions of pubertal timing. *Developmental Psychology, 36*, 37–43.
Peterson, D. M., Marcia, J. E. & Carpendale, J. I. M. (2004). Identity: Does thinking make it so? In C. Lightfoot, C. Lalonde, & M. Chandler (Eds.), *Changing conceptions of psychological life.* Mahwah, NJ: Erlbaum.
Peterson, L. (1994). Child injury and abuse-neglect: Common etiologies, challenges, and courses toward prevention. *Current Directions in Psychological Science, 3*, 116–120.
Petrashek, A. R. & Friedman, O. (2011). The signature of inhibition in theory of mind: Children's predictions of behavior based on avoidance desire. *Psychonomic Bulletin & Review, 18*, 199–203.
Petrou, S. (2006). Preterm birth – What are the relevant economic issues? *Early Human Development, 82*(2), 75–76.
Pettit, G. S., Bates, J. E. & Dodge, K. A. (1997). Supportive parenting, ecological context, and children's adjustment: A 7-year longitudinal study. *Child Development, 68*, 908–923.
Pettit, G. S. & Dodge, K. A. (2003). Violent children: Bridging development, intervention, and public policy. *Developmental Psychology, Special Issues: Violent Children, 39*, 187–188.
Phelan, P., Yu, H. C. & Davidson, A. L. (1994). Navigating the psychosocial pressures of adolescence: The voices and experiences of high school youth. *American Educational Research Journal, 31*, 415–447.
Phelps, R. P. (2005). *Defending standardized testing.* Mahwah, NJ: Lawrence Erlbaum Associates.
Philippot, P. & Feldman, R. S. (Eds.). (2005). *The Regulation of Emotion.* Mahwah, NJ: Lawrence Erlbaum.
Phillips, D. A., Voran, M., Kisker, E., Howes, C. & Whitebook, M. (1994). Child care for children in poverty: Opportunity or inequity? *Child Development, 65*, 472–492.
Phillips-Silver, J. & Trainor, L. J. (2005). Feeling the beat: movement influences infant rhythm perception. *Science, 308*, 1430.
Phinney, J. S. & Alipuria, L. L. (2006). Multiple social categorization and identity among multiracial, multiethnic, and multicultural individuals: Processes and implications. In R. J. Crips & M. Hewstone (Eds.), *Multiple social categorization: Processes, models and applications.* New York: Psychology Press.
Phinney, J. S. (2005). Ethnic identity in late modern times: A response to Rattansi and Phoenix. *Identity, 5*, 187–194.
Phinney, J. S. (2008). Ethnic identity exploration in emerging adulthood. In D. L. Browning (Ed.), *Adolescent identities: A collection of readings.* New York: The Analytic Press/Taylor & Francis Group.
Piaget, J. & Inhelder, B. (1958). *The growth of logical thinking from childhood to adolescence* (A. Parsons & S. Seagrin, Trans.). New York: Basic Books.
Piaget, J. (1932). *The moral judgment of the child.* New York: Harcourt, Brace & World.
Piaget, J. (1952). *The origins of intelligence in children.* New York: International Universities Press.
Piaget, J. (1954). *The construction of reality in the child* (M. Cook, Trans.). New York: Basic Books.
Piaget, J. (1962). *Play, dreams and imitation in childhood.* New York: Norton.
Piaget, J. (1983). Piaget's theory. In W. Kessen (Ed.) & P. H. Mussen (Series Ed.), *Handbook of child psychology: Vol. 1. History, theory, and methods* (pp. 103–128). New York: Wiley.
Piaget, J., Inhelder, B. & Szymanska, A. (1960). *The child's conception of geometry.* New York: Basic Books. (Oorspronkelijk gepubliceerd 1948.)
Pickles, A., Hill, J., Breen, G., Quinn, J., Abbott, K., Jones, H. & Sharp, H. (2013). Evidence of interplay between genes and parenting on infant temperament in the first year of life: Monoamine oxidase a polymorphism moderates effects of maternal sensitivity on infant anger proneness. *Journal of Child Psychology and Psychiatry, 54*, 1308–1317.
Pieters, D., De Valck, E., Cluydts, R. & Michiels, N. (2011). *Games, telefoon en internet beroven jongeren van slaap.* Onderzoek Vrije Universiteit Brussel, België. http://www.nji.nl.
Ping, R. & Goldin-Meadow, S. (2008). Hands in the air: Using ungrounded iconic gestures to teach children conservation of quantity. *Development Psychology, 44*, 1277–1287.
Pinker, S. (1994). *The language instinct.* New York: Morrow.
Pinker, S. (2005). So how does the mind work? *Mind & Language, 20*, 1–24.
Pinquart, M. M. (2013). Body image of children and adolescents with chronic illness: A meta-analytic comparison with healthy peers. *Body Image, 10*, 141–148.
Pintney, R., Forlands, F. & Freedman, H. (1937). Personality and attitudinal similarity among classmates. *Journal of Applied Psychology, 21*, 48–55.
Pittman, L. D. & Boswell, M. K. (2007). The role of grandmothers in the lives of preschoolers growing up in urban poverty. *Applied Developmental Science, 11*, 20–42.
Planinsec, J. (2001). A comparative analysis of the relations between the motor dimensions and cognitive ability of pre-school girls and boys. *Kinesiology, 33*, 56–68.
Plante, E., Schmithorst, V., Holland, S. & Byars, A. (2006). Sex differences in the activation of language cortex during childhood. *Neuropsychologia, 44*, 1210–1221.
Plomin, R. & Rutter, M. (1998). Child development, molecular genetics, and what to do with genes once they are found. *Child Development, 69*, 1223–1242.
Plomin, R. (1994a). Nature, nurture, and social development. *Social Development, 3*, 37–53.
Plomin, R. (1994b). The genetic basis of complex human behaviors. *Science, 264*, 1733–1739.
Plowfield, L. A. (2007). HIV disease in children 25 years later. *Pediatric Nursing, 33* , 273, 274–278.
Polivka, B. (2006, januari). Needs assessment and intervention strategies to recude lead-poisoning risk among low-income Ohio toddlers. *Public Health Nursing, 23*, 52–58.
Polkinghome, D. E. (2005). Language and meaning: Data collection in qualitative research. Knowledge in context: Qualitative methods in counseling psychology research [Special issue]. *Journal of Counseling Psychology, 52*, 137–145.
Pollack, W. (1999). *Real boys: Rescuing our sons from the myths of boyhood.* New York, NY: Owl Books.
Pollack, W., Shuster, T. & Trelease, J. (2001). *Real boys voices.* New York: Penguin.
Pollak, S., Holt, L. & Wismer Fries, A. (2004). Hemispheric asymmetries in children's perception of nonlinguistic human affective sounds. *Developmental Science, 7*, 10–18.
Pollitt, E., Golub, M., Gorman, K., Grantham-McGregor, S., Levitsky, D., Schurch, B., et al. (1996). A reconceptualization of the effects of undernutrition on children's biological, psychosocial, and behavioral development. *Social Policy Report, 10*, 1–22.
Polman, H., De Castro, B. & Van Aken, M. (2008). Experimental study of the differential effects of playing versus watching violent video games on children's aggressive behavior. *Aggressive Behavior, 34*, 256–264.
Pomares, C. G., Schirrer, J. & Abadie, V. (2002). Analysis of the olfactory capacity of healthy children before language acquisition. *Journal of Developmental Behavior and Pediatrics, 23*, 203–207.
Pomerantz, E. M., Qin, L. Wang, Q. & Chen, H. (2011). Changes in early adolescents' sense of responsibility to their parents in the United States and China: Implications for their academic functioning. *Child Development, 82*, 1136–1151.
Pompili, M., Innamorati, M., Girardi, P., Tatarelli, R. & Lester, D. (2011). Evidence-based interventions for preventing suicide in youths. In M. Pompili & R. Tatarelli (Eds.), *Evidence-based practice in suicidology: A source book.* Cambridge, MA: Hogrefe.
Pompili, M., Masocco, M., Vichi, M., Lester, D., Innamorati, M., Tatarelli, R. et al. (2009). Suicide among Italian adolescents: 1970-2002. *European Child & Adolescent Psychiatry, 18*, 525–533.
Ponton, L. E. (1999, 10 mei). Their dark romance with risk. *Newsweek*, pp. 55–58.
Porges, S. W. & Lipsitt, L. P. (1993). Neonatal responsivity to gustatory stimulation; The gustatory-vagal hypothesis. *Infant Behavior & Development, 16*, 487–494.
Porter, M., van Teijlingen, E., Yip, L. & Bhattacharya, S. (2007). Satisfaction with cesarean section: Qualitative analysis of open-ended questions in a large postal survey. *Birth: Issues in Perinatal Care, 34*, 148–154.
Portes, A. & Rumbaut, R. (2001). *Legacies: The story of the immigrant second generation.* Berkeley: University of California Press.
Posner, R. (2006, maart). Early menarche: A review of research on trends in timing, racial differences, etiology and psychosocial consequences. *Sex Roles, 54*, 315–322.
Posthuma, D. & de Geus, E. (2006, augustus). Progress in the molecular-genetic study of intelligence. *Current Directions in Psychological Science, 15*, 151–155.
Poulin-Dubois, D., Serbin, L. & Eichstedt, J. (2002). Men don't put on make-up: Toddlers' knowledge of the gender stereotyping of household activities. *Social Development, 11*, 166–181.
Poulton, R. & Caspi, A. (2005). Commentary: How does socioeconomic disadvantage during childhood damage health in adulthood? Testing psychosocial pathways. *Internatinal Journal of Epidemiology, 23*, 51–55.
Prasad, V., Brogan, E., Mulvaney, C., Grainge, M., Stanton, W. & Sayal, K. (2014). How effective are drug treatments for children with ADHD at improving on-task behavior and academic achievement in the school classroom? A systematic review and meta-analysis. *European Child & Adolescent Psychiatry, 22*, 203–216.
Prater, L. (2002). African American families: Equal partners in general and special education. In F. Obiakor & A. Ford (Eds.), *Creating successful learning environments for African American learners with exceptionalities.* Thousand Oaks, CA: Corwin Press.
Preckel, F., Niepel, C., Schneider, M. & Brunner, M. (2013). Self-concept in adolescence: A longitudinal study on reciprocal effects of self-perceptions in academic and social domains. *Journal of Adolescence, 36*, 1165–1175.
Pressley, M. & Schneider, W. (1997). *Introduction to memory development during childhood and adolescence.* Mahwah, NJ: Erlbaum.
Prezbindowski, A. K. & Lederberg, A. R. (2003). Vocabulary assessment of deaf and hard-of-hearing children from infancy through the preschool years. *Journal of Deaf Studies and Deaf Education, 8*, 383–400.
Price, C. S., Thompson, W. W., Goodson, B., Weintraub, E. S., Croen, L. A., Hinrichsen, V. L. & DeStefano, F. (2010). Prenatal and infant exposure to thimerosal from vaccines and immunoglobulins and risk of autism. *Pediatrics, 126*, 656–664.
Priddis, L. & Howieson, N. (2009). The vicissitudes of mother-infant relationships between birth and six years. *Early Child Development and Care, 179*, 43–53.
Prieler, M., Kohlbacher, F., Hagiwara, S. & Arima, A. (2011). Gender representation of older people in Japanese television advertisements. *Sex Roles, 64*, 405–415.
Prince, M. (2000, 13 november). How technology has changed the way we have babies. *The Wall Street Journal*, pp. R4, R13.
Probert, B. (2005). "I just couldn't fit in": Gender and unequal outcomes in academic careers. *Gender, Work & Organization, 72*, 50–72.
Proctor, C., Barnett, J. & Muilenburg, J. (2012). Investigating race, gender, and access to cigarettes in adolescent population. *American Journal of Health Behagior, 36*, 513–521.
Propper, C. & Moore, G. (2006, december). The influence of parenting on infant emotionality: A multilevel psychobiological perspective. *Developmental Review, 26*, 427–460.
Proulx, M. & Poulin, F. (2013).Stability and change in kindergartners' friendships: Examination of links with social functioning. *Social Development, 22*, 111–125.

Puchalski, M. & Hummel, P. (2002). The reality of neonatal pain. *Advances in Neonatal Care, 2,* 245–247.
Pundir, A., Hameed, L., Dikshit, P. C., Kumar, P., Mohan, S., Radotra, B. & Iyengar, S. (2012). Expression of medium and heavy chain neurofilaments in the developing human auditory cortex. *Brain Structure & Function, 217,* 303–321.
Puntambekar, S. & Hübscher, R. (2005). Tools for saffolding students in a complex learning environment: What have we gained and what have we missed? *Educational Psychologist, 40,* 1–12.
Purswell, K. E. & Dillman Taylor, D. (2013). Creative use of sibling play therapy: An example of a blended family. *Journal of Creativity in Mental Health, 8,* 162–174.
Pyszczynski, T., Solomon, S. & Greenberg, J. (2004). *In the wake of 9/11: The psychology of terror.* Washington, DC: American Psychological Association.
Qian, Z., Zhang, D. & Wang, L. (2013). Is aggressive trait responsible for violence? Priming effects of aggressive words and violent movies. *Psychology, 4,* 96–100.
Quinn, M. (1990, 29 januari). Don't aim that pack at us. *Time,* p. 60.
Quinn, P. (2008). In defense of core competencies, quantitative change, and continuity. *Child Development, 79,* 1633–1638.
Quinn, P., Uttley, L., Lee, K., Gibson, A., Smith, M., Slater, A. et al. (2008). Infant preference for female faces occurs for same- but not other-race faces. *Journal of Neuropsychology, 2,* 15–26.
Quintana, S. M,. McKnown, C., Cross, W. E. & Cross, T. B. (2008). *Handbook of race, racism, and the developing child.* S. M. Quintana & C. McKnown (Eds.). Hoboken, NJ: John Wiley & Sons Inc.
Quintana, C. (1998, 17 mei). Riding the rails. *The New York Times Magazine,* pp. 22–24, 66.
Quintana, S. M., McKown, C., Cross, W. E. & Cross, T. B. (2008). *Handbook of race, racism, and the developing child.* S. M. Quintana & C. McKown (Eds). Hoboken, NJ: John Wiley & Sons Inc.
Raag, T. (2003). Racism, gender identities and young children: Social relations in a multi-ethnic, inner-city primary school. *Archives of Sexual Behavior, 32,* 392–393.
Rabain-Jamin, J. & Sabeau-Jouannet, E. (1997). Maternal speech to 4-month-old infant in two cultures: Wolof and French. *International Journal of Behavioral Development, 20,* 425–451.
Rabin, R. (2006, 13 juni). Breast-feed or else. *The New York Times,* p. D1.
Raboteg-Saric, Z. & Sakic, M. (2013). Relations of parenting styles and friendship quality to self-esteem, life satisfaction and happiness in adolescents. *Applied Research in Quality of Life.* Geraadpleegd 25 januari 2014, op http://link.springer.com/article/10.1007%2Fs11482-013-9268-0.
Raeburn, P. (2004, 1 oktober). Too immature for the death penalty? *The New York Times Magazine,* pp. 26–29.
Raeff, C. (2004). Within-culture complexities: Multifaceted and interrelated autonomy and connectedness characteristics in late adolescent selves. In M. E. Mascolo & J. Li (Eds.), *Culture and developing selves: Beyond dichotomization.* San Francisco, CA: Jossey-Bass.
Raffaelli, M. & Crockett, L. J. (2003). Sexual risk taking in adolescence: The role of self-regulation and attraction to risk. *Developmental Psychology, 39,* 1036–1046.
Rakison, D. & Oakes, L. (2003). *Early category and concept development: Making sense of the blooming, buzzing confusion.* London: Oxford University Press.
Rakison, D. H. & Krogh, L. (2012). Does causal action facilitate causal perception in infants younger than 6 months of age? *Developmental Science, 15,* 43–53.
Raman, L. & Winer, G. (2002). Children's and adults' understanding of illness: Evidence in support of a coexistence model. *Genetic, Social, & General Psychology Monographs, 128,* 325–355.
Ramaswamy, V. & Bergin, C. (2009). Do reinforcement and induction increase prosocial behavior? Results of a teacher-based intervention in preschools. *Journal of Research in Childhood Education, 23,* 527–538.
Ramsey-Rennels, J. L. & Langlois, J. H. (2006). Infants' differential processing of female and male faces. *Current Directions in Psychological Science, 15,* 59–62.
Rancourt, D., Conway, C. C., Burk, W. J. & Prinstein, M. J. (2012). Gender composition of preadolescents' friendship groups moderates peer socialization of body change behaviors. *Health Psychology.* Geraadpleegd 21 juli 2012, op http://www.ncbi.nlm.nih.gov/pubmed/22545975.
Randahl, G. J. (1991). A typological analysis of the relations between measured vocational interests and abilities. *Journal of Vocational Behavior, 38,* 333–650.
Rankin, B. (2004). The importance of intentional socialization among children in small groups: A conversation with Loris Malaguzzi. *Early Childhood Education Journal, 32,* 81–85.
Rankin, J., Lane, D. & Gibbons, F. (2004). Adolescent self-consciousness: Longitudinal age changes and gender differences in two cohorts. *Journal of Research on Adolescence, 14,* 1–21.
Ras, M., Woittiez, I., van Kempen, H. & Sadiraj, K. (maart 2010). *Steeds meer verstandelijk gehandicapten?* Den Haag: Sociaal en Cultureel Planbureau.
Ratanachu-Ek, S. (2003). Effects of multivitamin and folic acid supplementation in malnourished children. *Journal of the Medical Association of Thailand, 4,* 86–91.
Raukema, A.M., Schram, D. & Stalpers, C. (2002). *Lezen en leesgedrag van adolescenten en jongvolwassenen.*
Rauscher, K. J., Wegman, D. H., Wooding, J., Davis, L. & Junkin, R. (2013). Adolescent work quality: A view from today's youth. *Journal of Adolescent Research, 28,* 557–590.
Ray, E. & Heyes, C. (2011). Imitation in infancy: The wealth of the stimulus. *Developmental Science, 14,* 92-105.
Ray, L., Bryan, A., MacKillp, J., McGeary, J., Hesterberg, K. & Hutchinson, K. (2009). The dopamine D receptor (4) gene exon III polymorphism, problematic alcohol use and novelty seeking: Direct and mediated genetic effects. *Addiction Biology, 14,* 238-244. http://search.ebscohost.com, doi: 10.1111/j.1369-1600.2008.00120.x.
Rayner, K., Foorman, B. R., Perfetti, C. A., Pesetsky, D. & Seidenberg, M. S. (2002, maart). How should reading be taught? *Scientific American,* pp. 85–91.
Ready, D. D., Lee, V. E. & Welner, K. G. (2004). Educational equity and school structure: School size, overcrowding, and schools-within-schools. *Teachers College Record, 106,* 1989–2014.
Reddy, V. (1999). Prelinguistic communication. In M. Barrett (Ed.), *The development of language* (pp. 25–50). Philadelphia: Psychology Press.
Reed, R. K. (2005). *Birthing fathers: The transformation of men in American rites of birth.* New Brunswick, NJ: Rutgers University Press.
Reese, E. & Cox, A. (1999). Quality of adult book reading affects children's emergent literacy. *Developmental Psychology, 35,* 20–28.
Reese, E. & Newcombe, R. (2007). Training mothers in elaborative reminiscing enhances children's autobiographical memory and narrative. *Child Development, 78,* 1153–1170.
Rego, A. (2006). The alphabetic principle, phonics, and spelling: Teaching students the code. *Reading assessment and instruction for all learners* (pp. 118–162). New York: Guilford Press.
Reichert, F., Menezes, A., Wells, J., Dumith, C. & Hallal, P. (2009). Physical activity as a predictor of adolescent body fatness: A systematic review. *Sports Medicine, 39,* 279–294.
Reid, K. J., Zeldow, M., Teplin, L. A., McClelland, G. M., Atom, K. A. & Zee, P. C. (2002). *Steep habits of juvenile detainees in the Chicago area.* Paper presented at the annual meeting of the American Academy of Neurology, Denver.
Reiner, W. G. & Gearhart, J. P. (2004). Discordant sexual identity in some genetic males with cloacal exstrophy assigned to female sex at birth. *New England Journal of Medicine, 550,* 333–341.
Reis, S. & Renzulli, J. (2004). Current research on the social and emotional development of gifted and talented students: Good news and future possibilities. *Psychology in the Schools, 41,* 119–130.
Reissland, N. & Cohen, D. (2012). *The development of emotional intelligence: A case study.* New York: Routledge/Taylor & Francis Group.
Reissland, N. & Shepherd, J. 2006. The effect of maternal depressed mood on infant emotional reaction in a surprise-eliciting situation. *Infant Mental Health Journal, 27*(2), 173–187.
Rembis, M. (2009). (Re)defining disability in the 'genetic age': Behavioral genetics, 'new' eugenics and the future of impairment. *Disability & Society, 24,* 585-597. http://search.ebscohost.com, doi:10.1080/09687590903010941.
Renders, C. M., Seidell, J. C., Van Mechelen, W. & Hirasing, R. A. (2004). Overgewicht en obsitas bij kinderen en adolescenten en preventieve maatregelen. *Nederlands Tijdschrift Geneeskunde, 42,* 2066–2070.
Rennie, S., Muula, A. & Westreich, D. (2007). Male circumcision and HIV prevention: Ethical, medical and public health tradeoffs in low-income countries. *Journal of Medical Ethics, 33,* 357–361.
Reproductive Medicine Associates of New Jersey. (2002). *Older women and risks of pregnancy.* Princeton, NJ: American Society for Reproductive Medicine.
Rescorla, L., Alley, A. & Christine, J. (2001). Word frequencies in toddlers' lexicons. *Journal of Speech, Language, & Hearing Research, 44,* 598–609.
Resing, W. & Blok, J. (2002). De classificatie van intelligentiescores. Voorstel voor een eenduidig systeem. *De Psycholoog, 37,* 244–249. http://www.apolloprak-tijk.nl/WISC-III_bestanden/Artikel%20IQ-classificatie%20Resing%20&%20Blok.pdf.
Resnick, M. D., Bearman, P. S., Blum, R. W., Bauman, K. E., Harris, M. R., Jones, L., et al. (1997). Protecting adolescents from harm: Findings from the National Longitudinal Study on Adolescent Health. *Journal of the American Medical Association, 278,* 823–832.
Reuters Health eLine (2002, 26 juni). Baby's injuring points to danger of kids imitating television. *Reuters Health eLine.*
Reyna, V. F. (1997). Conceptions of memory development with implications for reasoning and decision making. In R. Vasta (Ed.), *Annals of child development: A research annual* (Vol. 12), 87–118. London, England: Jessica Kingsley Publishers.
Reynolds, A. J., Temple, J. A., Ou, S. R., Arteaga, I. A. & White, B. A. (2011). School based early childhood education and age 28 well-being: Effects by timing, dosage, and subgroups. *Science, 333,* 360-364.
Ricciardelli, L. A. & McCabe, M. (2003). Sociocultural and individual influences on muscle gain and weight loss strategies among adolescent boys and girls. *Psychology in the Schools, 40,* 209–224.
Ricciardelli, L. A. & McCabe, M. P. (2004). A biopsychosocial model of disordered eating and the pursuit of muscularity in adolescent boys. *Psychological Bulletin, 130,* 179–205.
Rice, M. L., Huston, A. C., Truglio, R. & Wright, J. (1990). Words from *Sesame Street*: Learning vocabulary while viewing. *Developmental Psychology, 26,* 421–428.
Richards, H. D., Bear, G. G., Stewart, A. L. & Norman, A. D. (1992). Moral reasoning and classroom conduct: Evidence of a curvilinear relationship. *Merrill-Palmer Quarterly, 38,* 176–190.
Richards, M. H. & Duckett, E. (1994). The relationship of maternal employment to early adolescent daily experience with and without parents. *Child Development, 65,* 225–236.
Richards, M. H., Crowe, P. A., Larson, R. & Swarr, A. (1998). Developmental patterns and gender differences in the experience of peer companionship during adolescence. *Child Development, 69,* 154–163.
Richardson, G., Goldschmidt, L. & Willford, J. (2009). Continued effects of prenatal cocaine use: Preschool development. *Neurotoxicology and Teratology, 31,* 325–333.
Richardson, K. & Norgate, S. (2007). A critical analysis of IQ studies of adopted children. *Human Development, 49,* 319–335.

Richtel, M. (2010, 21 november). Growing up in digital, wired for distraction. *New York Times*, A1, A20.
Richtel, M. (2012, 30 mei). Wasting time is new divide in digital era. *The New York Times*, A1.
Rick, S. & Douglas, D. (2007). Neurobiological effects of childhood abuse. *Journal of Psychosocial Nursing & Mental Health Services, 45*, 47–54.
Rideout, V., Foehr, U. & Roberts, D. (2010). *Generation M2: media in the lives of 8-to-18-year-olds.* Menlo Park, CA: The Henry J. Kaiser Family Foundation.
Ridley, M. (2003). *Nature via nurture.* Hammersmith: Harper Collins.
Rijksinstituut voor Volksgezondheid en Milieu (2015). *Vaccinatiegraad Rijksvaccinatieprogramma Nederland Verslagjaar 2015.* Geraadpleegd 26 juni 2015, op http://www.rivm.nl/Documenten_en_publicaties/Wetenschappelijk/Rapporten/2015/juni/Vaccinatiegraad_Rijksvaccinatieprogramma_Nederland_Verslagjaar_2015.
Rijksoverheid (2010). *De tweede nationale prevalentiestudie (NPN 2010) mishandeling van kinderen en jeugdigen.* Geraadpleegd 26 juni 2015, op http://www.rijksoverheid.nl/documenten-en-publicaties/rapporten/2011/09/30/de-tweede-nationale-prevalentiestudie-mishandeling-van-kinderen-en-jeugdigen.html.
Rijksoverheid.nl. *Passend onderwijs.* Geraadpleegd 29 augustus 2015, op https://www.rijksoverheid.nl/onderwerpen/passend-onderwijs.
Rinaldi, C. (2002). Social conflict abilities of children identified as sociable, aggressive, and isolated: Developmental implications for children at-risk for impaired peer relations. *Developmental Disabilities Bulletin, 30*, 77–94.
Ripple, C. & Zigler, E. (2003). Research, policy, and the federal role in prevention initiatives for children. *American Psychologist, 58*, 482–490.
Ritzen, E. M. (2003). Early puberty: What is normal and when is treatment indicated? *Hormone Research, 60* (Suppl.), 31–34.
Rivera-Gaziola, M., Silva-Pereyra, J. & Kuhl, P. K. (2005). Brain potentials to native and non-native speech contrasts in 7- and 11-month-old American infants. *Developmental Science, 8*, 162–172.
RIVM (2009). http://www.rivm.nl/Documenten_en_publicaties/Algemeen_Actueel/Nieuwsberichten/2009.
Robb, M., Richert, R. & Wartella, E. (2009). Just a talking book? Word learning from watching baby videos. *British Journal of Developmental Psychology, 27*, 27-45. http://search.ebscohost.com, doi:10.1348/026151008X320156.
Robbins, M. W. (1990, 10 december). Sparing the child: How to intervene when you suspect abuse. *The New York Times Magazine*, pp. 42–53.
Roberts, E. (2007). Extra embryos: The ethics of cryopreservation in Ecuador and elsewhere. *American Ethnologist, 34*, 181–199.
Roberts, R. D. & Lipnevich, A. A. (2012). From general intelligence to multiple intelligences: Meanings, models, and measures. In K. R. Harris, S. Graham, T. Urdan, S. Graham, J. M. Royer & M. Zeidner (Eds.), *APA educational psychology handbook, Vol. 2: Individual differences and cultural and contextual factors.* Washington, DC: American Psychological Association.
Roberts, R. D., Zeidner, M. & Matthews, G. (2001). Does emotional intelligence meet traditional standards for an intelligence? Some new data and conclusions. *Emotion, 1*, 196–231.
Roberts, R. E., Phinney, J. S., Masse, L. C., Chen, Y. R., Roberts, C. R. & Romero, A. (1999). The structure of ethnic identity of young adolescents from diverse ethnocultural groups. *Journal of Early Adolescence, 19*, 301–322.
Roberts, R. E., Roberts, C. & Xing, Y. (2011). Restricted sleep among adolescents: Prevalence, incidence, persistence, and associated factors. *Behavioral Sleep Medicine, 9*, 18–30.
Roberts, R., Roberts, C. & Duong, H. (2009). Sleepless in adolescence: Prospective data on sleep deprivation, health and functioning. *Journal of Adolescence, 32*, 1045-1057.
Robins, R. W. & Trzesniewski, K. H. (2005). Self-esteem development across the lifespan. *Current Directions in Psychological Science, 14*, 158–162.
Robinson, A. & Stark, D. R. (2005). *Advocates in action.* Washington, DC: National Association for the Education of Young Children.
Robinson, A. J. & Pascalis, O. (2004). Development of flexible visual recognition memory in human infants. *Developmental Science, 7*, 527–533.
Robinson, G. E. (2004, 16 april). Beyond nature and nurture. *Science, 304*, 397–399.
Rocha, N., De Campos, A., Dos Santos Silva, F. & Tudella, E. (2013). Adaptive actions of young infants in the task of reaching for objects. *Developmental Psychology, 55*, 275–282.
Rochat, P. (2004). Emerging co-awareness. In G. Bremner & A. Slater (Eds.), *Theories of infant development.* Malden, MA: Blackwell Publishers.
Rochat, P. (Ed.). (1999). *Early social cognition: Understanding others in the first months of life.* Mahwah, NJ: Erlbaum.
Rochat, P., Broesch, T. & Jayne, K. (2012). Social awareness and early self-recognition. *Consciousness and Cognition: An International Journal.* Geraadpleegd 18 juli 2012, op http://www.sciencedirect.com/science/article/pii/S1053810012001225.
Roche, T. (2000, 13 november). The crisis of foster care. *Time*, pp. 74–82.
Rodkey, E. N. & Riddell, R. (2013). The infancy of infant pain research: The experimental origins of infant pain denial. *The Journal of Pain, 14*, 338–350.
Rodkin, P. C. & Ryan, A. M. (2012). Child and adolescent peer relations in educational context. In K. R. Harris, S. Graham, T. Urdan, S. Graham, J. M. Royer & M. Zeidner (Eds.), *APA educational psychology handbook, Vol. 2: Individual differences and cultural and contextual factors.* Washington, DC: American Psychological Association.
Roelofs, J., Meesters, C., Ter Huurne, M., Bamelis, L. & Muris, P. (2006, juni). On the links between attachment style, parental rearing behaviors, and internalizing and externalizing problems in non-clinical children. *Journal of Child and Family Studies, 15*, 331–344.
Roeser, R. W., Eccles, J. S. & Sameroff, A. J. (2000). School as a context of early adolescents' academic and social-emotional development: A summary of research findings. *Elementary School Journal, 100*, 443–471.
Roeyers, H. (2014). *Autismespectrumstoornis, alles op een rijtje.* Leuven:Acco.
Roffwarg, H. P., Muzio, J. N. & Dement, W. C. (1966). Ontogenic development of the human sleep-dream cycle. *Science, 152*, 604–619.
Rogan, J. (2007). How much curriculum change is appropriate? Defining a zone of feasible innovation. *Science Education, 91*, 439–460.
Rogers, S. & Willams, J. (2006). *Imitation and the social mind: Autism and typical development.* Guilford Press.
Rolls, E. (2000). Memory systems in the brain. *Annual Review of Psychology, 51*, 599–630.
Rönkä, A. & Pulkkinen, L. (1995). Accumulation of problems in social functioning in young adulthood: A developmental approach. *Journal of Personality and Social Psychology, 69*, 381–391.
Roopnarine, J. (1992). Father-child play in India. In K. MacDonald (Ed.), *Parent–child play.* Albany: State University of New York Press.
Ropar, D., Mitchell, P. & Ackroyd, K. (2003). Do children with autism find it difficult to offer alternative interpretations to ambiguous figures? *British Journal of Developmental Psychology, 21*, 387–395.
Rose, A. J. & Asher, S. R. (1999). Children's goals and strategies in response to conflicts within a friendship. *Developmental Psychology, 35*, 69–79.
Rose, A. J. (2002). Co-rumination in the friendships of girls and boys. *Child Development, 73*, 1830–1843.
Rose, S. (2008, januari). Drugging unruly children is a method of social control. *Nature, 451*, 521.
Rose, S. & Feldman, J. F. (1997). Memory and speed: Their role in the relation of infant information processing to later IQ. *Child Development, 68*, 630–641.
Rose, S., Feldman, J. F., Jankowski, J. J. & Van Rossem, R. (2011). The structure of memory in infants and toddlers: An SEM study with full-terms and preterms. *Developmental Science, 14*, 83–91.
Rose, S., Feldman, J. & Jankowski, J. (1999). Visual and auditory temporal processing, cross-modal transfer, and reading. *Journal of Learning Disabilities, 32*, 256–266.
Rose, S., Feldman, J. & Jankowski, J. (2009). Information processing in toddlers: Continuity from infancy and persistence of preterm deficits. *Intelligence, 37*, 311–320.
Rose, S., Jankowski, J. & Feldman, J. (2002). Speed of processing and face recognition at 7 and 12 months. *Infancy, 3*, 435–55.
Rosemond, J. (2011). *Toilet Training Without Tantrums.* Andrews McMeel Publishing.
Rosenberg, T. (2013). The power of talking to your baby. *The New York Times Opinionator Blog.* Regrieved Februari 27, 2014, from http://opinionator.blogs.nytimes.com/2013/04/10/the-power-of-talking-to-your-baby/?_php=true&_type=blogs&_r=0.
Rosenstein, D. & Oster, H. (1988). Differential facial responses to four basic tastes in newborns. *Child Development, 59*, 1555–1568.
Rosenthal, R. & Jacobson, L. (1968). *Pygmalion in the classroom: Teacher expectation and pupils' intellectual development.* New York: Holt, Rinehart & Winston.
Rosenthal, R. (2002). The Pygmalion effect and its mediating mechanisms. In J. Aronson (Ed.), *Improving academic achievement: Impact of psychological factors on education.* San Diego: Academic Press.
Ross, J., Stefanatos, G. & Roeltgen, D. (2007). Klinefelter syndrome. *Neurogenetic developmental disorders: Variation of manifestation in childhood.* Cambridge, MA: MIT Press.
Ross, K. R., Storfer-Isser, A., Hart, M. A., Kibler, A. V., Rueschman, M., Rosen, C. L. et al. (2012). Sleep-disordered breathing is associated with asthma severity in children. *The Journal of Pediatrics, 160*, 736–742.
Rossetti, A. O., Carrera, E. & Oddo, M. (2012). Early EEG correlates of neuronal injury after brain anoxia. *Neurology, 78*, 796–802.
Rossi, S., Telkemeyer, S., Wartenburger, I. & Obrig, H. (2012). Shedding light on words and sentences: Near-infrared spectroscopy in language research. *Brain and Language, 121*, 152–163.
Rote, W. M., Smetana, J. G., Campione-Barr, N., Villalobos, M. & Tasopoulos-Chan, M. (2012). Associations between observed mother-adolescent interactions and adolescent information management. *Journal of Research on Adolescence, 22*, 206–214.
Roth, D., Slone, M. & Dar, R. (2000). Which way cognitive development? An evaluation of the Piagetian and the domain-specific research programs. *Theory and Psychology, 10*, 353–373.
Rothbart, M. K., Ahadi, S. A. & Evans, D. E. (2000). *Temperament and Personality: Origins and Outcomes.* Journal of Personality and Social Psychology, 78:122–135.
Rothbart, M. & Derryberry, D. (2002). Temperament in children. In C. von Hofsten & L. Backman (Eds.), *Psychology at the turn of the millennium: Vol. 2. Social, developmental, and clinical perspectives.* Florence, KY: Taylor & Frahces/Routledge.
Rothbaum, F., Rosen, K. & Ujiie, T. (2002). Family systems theory, attachment theory and culture. *Family Process, 41*, 328–350.
Rothbaum, F., Weisz, J., Pott, M, Miyake, K. & Morelli, G. (2000). Attachment and culture: Security in the United States and Japan. *American Psychologist, 55*, 1093–1104.
Rothenberger, A. & Rothenberger, L. (2013). Psychopharmacological treatment in children: Always keeping an eye on adherence and ethics. *European Child & Adolescent Psychiatry, 22*, 453–455.
Rotigel, J. V. (2003). Understanding the young gifted child: Guidelines for parents, families, and educators. *Early Childhood Education Journal, 30*, 209–214.
Rovee-Collier, C. (1999). The development of infant memory. *Current Directions in Psychological Science, 8*, 80–85.

Rowe, D. C. (1994). *The effects of nurture on individual natures.* New York: Guilford.
Rowland, C. F. & Noble, C. L. (2011). The role of syntactic structure in children's sentence comprehension: Evidence from the dative. *Language Learning and Development, 7,* 55–75.
Rowley, S., Burchinal, M., Roberts, J. & Zeisel, S. (2008). Racial identity, social context, and race-related social cognition in African Americans during middle childhood. *Developmental Psychology, 44,* 1537–1546.
Rubie-Davies, C. (2007, juni). Classroom interactions: Exploring the practices of high- and low-expectation teachers. *British Journal of Educational Psychology, 77,* 289–306.
Ruble, D.N., Taylor, L.J., Cyphers, L., Greulich, F.K., Lurye, L.E. & Shrout, P.E. (2007). The role of gender constancy in early gender development. Child Development, *78,* 1121–1136.
Ruda, M. A., Ling, Q.D., Hohmann, A. G., Peng, Y. B. & Tachibana, T. (2000, 28 juli). Altered nociceptive neuronal circuits after neonatal peripheral inflammation. *Science, 289,* 628–630.
Ruff, H. A. (1989). The infant's use of visual and haptic information in the perception and recognition of objects. *Canadian Journal of Psychology, 43,* 302–319.
Rugani, R. et al. (2009). Arithmetic in newborn chicks. *Proc. R. Soc.* B doi:10.1098/rspb.2009.0044.
Runeson, I., Martenson, E. & Enskar, K. (2007). Children's knowledge and degree of participation in decision making when undergoing a clinical diagnostic procedure. *Pediatric Nursing, 33,* 505–511.
Russell, S. & Consolacion, T. (2003). Adolescent romance and emotional health in the United States: Beyond binaries. *Journal of Clinical Child & Adolescent Psychology, 32,* 499–508.
Russell, S. & McGuire, J. (2006). Critical mental health issues for sexual minority adolescents. *The crisis in youth mental health: Critical issues and effective programs, Vol. 2: Disorders in adolescence* (pp. 213–238). Westport, CT: Praeger/Greenwood Publishing Group.
Rust, J., Golombok, S., Hines, M., Johnston, K. & Golding, J. & ALSPAC Study Team. (2000). The role of brothers and sisters in the gender development of preschool children. *Journal of Experimental Child Psychology, 77,* 292–303.
Rustin, M. (2006). Infant observation research: What have we learned so far? *Infant Observation, 9,* 35–52.
Rutgernissogroep (2007). https://www.rijksoverheid.nl/documenten/kamerstukken/2007/07/31/rapport-rutgers-nisso-groep-seksuologische-gezondheidszorg.
Rutgerstichting WPF & SOAIDS (2012). *Belangrijkste conclusies seks onder je 25ste.* In: www.rutgers.nl. Geraadpleegd 29 september 2015, op http://www.rutgers.nl/sites/rutgersnl/files/PDF-Onderzoek/Samenvatting_Seks_onder_je_25e_2012_0.pdf.
Rutter, M. (2003). Commentary: Causal processes leading to antisocial behavior. *Developmental Psychology, 39,* 372–378.
Rutter, M. (2006). *Genes and behavior: Nature-nurture interplay explained.* New York: Blackwell Publishing.
Ryan, B. P. (2001). Programmed Therapy for Stuttering in Children and Adults; Charles C. Thomas, Spring, IL.
Ryan, K. E. & Ryan, A. M. (2005). Psychological process underlying stereotype threat and standardized math test performance. *Educational Psychologist, 40,* 53–63.
Saarento, S., Boulton, A. J. & Salmivalli, C. (2014). Reducing bullying and victimization: Student- and classroom-level mechanisms of change. *Journal of Abnormal Child Psychology.* Geraadpleegd 25 januari 2014, op http://www.ncbi.nlm.nih.gov/pubmed/24390403.
Sabatino, C. & Mayer, L. (2011). Supporting today's blended family. In C. Franklin & R. Fong (Eds.), *The church leader's counseling resource book: A guide to mental health and social problems.* New York: Oxford University Press.
Sadker, D. & Sadker, M. (2005). *Teachers, schools, and society.* New York: McGraw-Hill.
Saiegh-Haddad, E. (2007). Epilinguistic and metalinguistic phonological awareness may be subject to different constraints: Evidence from Hebrew. *First Language, 27,* 385–405.
Salley, B., Miller, A. & Bell, M. (2013). Associations between temperament and social responsiveness in young children. *Infant and Child Development, 22,* 270–288.
Sallis, J. & Glanz, K. (2006). The Role of Built Environments in Physical Activity, Eating, and Obesity in Childhood. *The Future of Children, 16,* 89–108.
Samet, J. H., DeMarini, D. M. & Malling, H. V. (2004, 14 mei). Do airborne particles induce heritable mutations? *Science, 304,* 971.
Samet, J.M., DeMarini, D.M. & Malling, H. V. (2004). Do airborne particles induce heritable mutations? *Science, 304,* 971–972.
Samuels, C. A. (2005). Special educators discuss NCLB effect at national meeting. *Education Week, 24,* 12.
Sanchez-Garrido, M. A. & Tena-Sempere, M. (2013). Metabolic control of puberty: Roles of leptin and kisspeptins. *Hormones and Behavior, 64,* 187–194.
Sandberg, D. E. & Voss, L. D. (2002). The psychosocial consequences of short stature: A review of the evidence. *Best Practice and Research Clinical Endocrinology and Metabolism, 16,* 449–463.
Sanderson, M., Placek, P. & Keppel K. (1991). The 1988 National maternal and infant health survey: Design, content, and data availability, *Birth, 18* (1).
Sang, B., Miao, X. & Deng, C. (2002). The development of gifted and nongifted young children in metamemory knowledge. *Psychological Science (China), 25,* 406–409, 424.
Sankupellay, M., Wilson, S. S., Heussler, H. S., Parsley, C. C., Yuill, M. M. & Dakin, C. C. (2011). Characteristics of sleep EEG power spectra in healthy infants in the first two years of life. *Clinical Neurophysiology, 122,* 236–243.
Sanoff, A. P. & Minerbrook, S. (1993, 19 april). Race on campus. *U.S. News & World Report,* 52–64.
Santos, M., Richards, C. & Bleckley, M. (2007). Comorbidity between depression and disordered eating in adolescents. *Eating Behaviors, 8,* 440–449.
Santtila, P., Sandnabba, N., Harlaar, N., Varjonen, M., Alanko, K. & von der Pahlen, B. (2008, januari). Potential for homosexual response is prevalent and genetic. *Biological Psychology, 77,* 102–105.
Sapolsky, R. (2005, december). Sick of poverty. *Scientific American,* 93–99.
Sapyla, J. J. & March, J. S. (2012). Integrating medical and psychological therapies in child mental health: An evidence-based medicine approach. In M. Garralda & J. Raynaud (Eds.), *Brain, mind, and developmental psychopathology in childhood.* Lanham, MD: Jason Aronson.
Sarsour, K., Sheridan, M., Jutte, D., Nuru-Jeter, A., Hinshaw, S. & Boyce, W. (2011). Family socioeconomic status and child executive functions: The roles of language, home environment, and single parenthood. *Journal of the International Neuropsychological Society, 17,* 120–132.
SART (2012, 3 juli). 2009 Clinic Summary Report. *Society for Reproductive Medicine.* Geraadpleegd 14 juli 2011.
Saslow, E. (2005, 22 augustus). High schools address the cruelest cut; Pressure to make team forces new methods upon imperfect process. The Washington Post, A01.
Sato, Y., Fukasawa, T., Hayakawa, M., Yatsuya, H., Hatakeyama, M., Ogawa, A., et al. (2007). A new method of blood sampling reduces pain for newborn infants: A prospective, randomized controlled clinical trial. *Early Human Development, 83,* 389–394.
Saul, S. (2009). The gift of life, and its price. *The New York Times,* A1, A26–A27.
Saunders, J., Davis, L. & Williams, T. (2004). Gender differences in self-perceptions and academic outcomes: A study of African American high school students. *Journal of Youth & Adolescence, 33,* 81–90.
Savage-Rumbaugh, E. S., Murphy, J., Sevcik, R. A., Brakke, K. E., Williams, S. L. & Rumbaugh, D. M. (1993). Language and comprehension in ape and child. *Monographs of the Society for Research in Child Development, 58*(3–4, Serial No. 233).
Savin-Williams, R. C. (2003a). Are adolescent same-sex romantic relationships on our radar screen? In P. Florsheim (Ed.), Adolescent romantic relations and sexual behavior: *Theory, research, and practical implications.* Mahwah, NJ: Erlbaum.
Savin-Williams, R. C. (2003b). Lesbian, gay, and bisexual youths' relationships with their parents. In L. Garnets & D. Kimme (Eds.), *Psychological perspectives on lesbian, gay, and bisexual experience* (2nd ed.). New York: Columbia University Press.
Sax, L. & Kautz, K. J. (2003). Who first suggests the diagnosis of attention-deficit/hyperactivity disorder? *Annals of Family Medicine. 1,* 171–174.
Sax, L. J., Astin, A. W., Korn, W. S. & Mahoney, K. M. (2000). *The American freshman: National norms for fall 2000.* Los Angeles: University of California, Higher Education Research Institute.
Scarr, S. (1993). Biological and cultural diversity: The legacy of Darwin for development. *Child Development, 64,* 1333–1353.
Scarr, S. (1998). American child care today. *American Psychologist, 53,* 95–108.
Schaaf, J., Mol, B., Abbu-Hanna, A. & Ravelli, A. (2011). Trends in preterm birth: singleton and multiple pregnancies in the Netherlands, 2000–2007. *BJOG.* doi: 10.1111/j.1471-0528.2011.03010.x
Schachner, A. & Hannon, E. E. (2011). Infant-directed speech drives social preferences in 5-month-old infants. *Developmental Psychology, 47,* 19–25.
Schachter, E. P. (2005). Erikson meets the postmodern: Can classic identity theory rise to the challenge? *Identity, 5,* 137–160.
Schaeffer, C., Petras, H. & Lalongo, N. (2003). Modeling growth in boys' aggressive behavior across elementary school: Links to later criminal involvement, conduct disorder, and antisocial personality disorder. *Developmental Psychology, 39,* 1020–1035.
Schaerlaekens, A. (2008). *De taalontwikkeling van het kind.* Groningen: Noordhoff.
Schafer, D. P. & Stevens, B. (2013). Phagocytic glial cells: Sculpting synaptic circuits in the developing nervous system. *Current Opinion in Neurobiology, 23,* 1034–1040.
Schaller, M. & Crandall, C. S. (Eds.). (2004). *The Psychological Foundations of Culture.* Mahwah, NJ: Erlbaum.
Scharrer, E., Kim, D., Lin, K. & Liu, Z. (2006). Working hard or hardly working? Gender, humor, and the performance of domestic chores in television commercials. *Mass Communication and Society, 9,* 215–238.
Schatz, M. (1994). *A toddler's life.* New York: Oxford University Press.
Schechter, T., Finkelstein, Y. & Koren, G. (2005). Pregnant "DES daughters" and their offspring. *Canadian Family Physician, 51,* 493–494.
Schecklmann. M., Pfannstiel, C., Fallgatter, A. J., Warnke, A., Gerlach, M. & Romanos, M. (2012). Olfaction in child and adolescent anorexia nervosa. *Journal of Neural Transmission, 119,* 721–728.
Schemo, D. J. (2003, 13 november). Students' scores rise in math, not in reading. *The New York Times,* p. A2.
Schemo, D. J. (2004, 2 maart). Schools, facing tight budgets, leave gifted programs behind. *The New York Times,* pp. A1, A18.
Schempf, A. H., (2007). Illicit drug use and neonatal outcomes: A critical review. *Obstetrics and Gynecological Surveys, 62,* 745–757.
Scherf, K. S., Sweeney, J. A. & Luna, B. (2006). Brain basis of developmental change in visuospatial working memory. *Journal of Cognitive Neuroscience, 18,* 1045–1058.
Schiller, J. S. & Bernadel, L. (2004). Summary health statistics for the U.S. population: National Health Interview Survey, 2002. *Vital Health Statistics, 10,* 1–110.
Schmalz, D.L. & Kerstetter, D.L. (2006). Girlie girls and manly men: Children's Stigma Consciousness of Gender in Sports and Physical Activities. *Journal of Leisure Research, 38*(4), 536–558.
Schmitow, C. & Stenberg, G. (2013). Social referencing in 10-month-old infants. *European Journal of Developmental Psychology, 10,* 533–545.

Schmitt, E. (2001, 13 maart). For 7 million people in census, one race category isn't enough. *The New York Times,* pp. A1, A14.
Schnitzer, P.G. (2006). Prevention of unintentional childhood injuries. *American Family Physician,* 74, 1864–1869.
Schnur, E. & Belanger, S. (2000). What works in Head Start. In M. P. Kluger & G. Alexander (Eds.), *What works in child welfare.* Washington, DC: Child Welfare League of America.
Schoemaker, C., De Ruiter, C., Van den Berg, M., Cuijpers, P., De Graaf, R., Ten Have, M. et al. (2003). *Nationale monitor geestelijke gezondheid: jaarboek 2003: ADHD, anorexia nervosa en andere psychische stoornissen.* Utrecht: Trimbos-instituut.
Schöner, G. & Thelen, E. (2006). Using Dynamic Field Theory to Rethink Infant Habituation. *Psychological Review, 113,* 273–299.
Schonert-Reichl, K. A., Smith, V., Zaidman-Zait, A. & Hertzman, C. (2012). Promoting children's prosocial behaviors in school: Impact of the 'Roots of Empathy' program on the social and emotional competence of school-aged children. *School Mental Health, 4,* 1–21.
Schoppe-Sullivan, S., Diener, M., Mangelsdorf, S., Brown, G.,McHale, J. & Frosch, C. (2006, juli). Attachment and sensitivity in family context: The roles of parent and infant gender. *Infant and Child Development, 15,* 367–385.
Schoppe-Sullivan, S., Mangelsdorf, S., Brown, G. & Sokolowski, M. (2007, februari). Goodness-of-fit in family context: Infant temperament, marital quality, and early coparenting behavior. *Infant Behavior & Development, 30,* 82–96.
Schor, E. L. (1987). Unintentional injuries: Patterns within families. *American Journal of the Diseases of Children, 141,* 1280.
Schore, A. (2003). Affect regulation and the repair of the self. New York: W. W. Norton.
Schreiber, G. B., Robins, M., Striegel-Moore, R., Obarzanek, M., Morrison, J. A. & Wright, D. J. (1996). Weight modification efforts reported by black and white preadolescent girls: National Heart, Lung, and Blood Institute Growth and Health Study. *Pediatrics, 98,* 63–70.
Schuetze, P., Eiden, R. & Coles, C. (2007). Prenatal cocaine and other substance exposure: Effects on infant autonomic regulation at 7 months of age. *Developmental Psychobiology, 49,* 276–289.
Schulz, K., Rudolph, A., Tscharaktschiew, N. & Rudolph, U. (2013). Daniel has fallen into a muddy puddle – Schadenfreude or sympathy? *British Journal of Developmental Psychology, 31,* 363-378.
Schutt, R. K. (2001). *Investigating the social world: The process and practice of research.* Thousand Oaks, CA: Sage.
Schutz, H., Paxton, S. & Wertheim, E. (2002). Investigation of body comparison among adolescent girls. *Journal of Applied Social Psychology, 32,* 1906–1937.
Schwartz, B. S. & Stewart, W. F. (2007). Lead and cognitive function in adults: A questions and answers approach to a review of the evidence for cause, treatment, and prevention, *International Review of Psychiatry. 19,* 671–692.
Schwartz, C. E. (2008, december). *Infant temperament at 4 months of age predicts structural differences in the orbitofrontal and ventromedial prefrontal.* http://www.ncbi.nlm.nih.gov/pmc/articles/PMC2811077/.
Schwartz, C. E. & Rauch, S. L. (2004). Temperament and its implications for neuroimaging of anxiety disorders. *CNS Spectrums, 9,* 284–291.
Schwartz, C. E., Wright, C. L., Shin, L. M., Kagan, J. & Rauch, S. L. (2003, 20 juni). Inhibited and uninhibited infants "grown up": Adult amygdalar response to novelty. *Science, 300,* 1952–1953.
Schwartz, P., Maynard, A. & Uzelac, S. (2008). Adolescent egocentrism: A contemporary view. *Adolescence, 43,* 441–448.
Schwarz, T. F., Huang, L., Medina, D., Valencia, A., Lin, T., Behre, U., Dechamps, D. et al. (2012). Four-year follow-up of the immunogenicity and safety of the HPV-16/18 AS04-adjuvanted vaccine when administered to adolescent girls aged 10-14 years. *Journal of Adolescent Health, 50,* 187–194.
Schwarzer, R. & Knoll, N. (2007). Functional roles of social support within the stress and coping process: A theoretical and empirical overview. *International Journal of Psychology, 42,* 243–252.
Schwebel, D. C. & Gaines, J. (2007). Pediatric unintentional injury: behavioral risk factors and implications for prevention. *Journal of Developmental and Behavioral Pediatrics. 28,* 245–254.
Schweinhart, L. J., Barnes, H. V. & Weikart, D. P. (1993). *Significant benefits: The High/Scope Perry Preschool Study through age 27 (Monographs of the High/Scope Educational Research Foundation, No. 10).* Ypsilanti, MI: High/Scope Press.
Sciarra, D. T. & Ambrosino, K. E. (2011). Post-secondary expectations and educational attainment. *Professional School Counseling, 14,* 231–241.
Scott, J. C. & Henderson, A. E. (2013). Language matters: Thirteen-month-olds understand that the language a speaker uses constrains conventionality. *Developmental Psychology, 49,* 2102–2111.
Scott, R. M. & Baillargeon, R. (2013). Do infants really expect agents to act efficiently? A critical test of the rationality principle. *Psychological Science, 24,* 466–474.
Scrimsher, S. & Tudge, J. (2003). The teaching/learning relationship in the first years of school: Some revolutionary implications of Vygotsky's theory [Special issue]. *Early Education and Development, 14,* 293–312.
Sears, R. R. (1977). Sources of life satisfaction of the Terman gifted men. *American Psychologist, 32,* 119–129.
Seaton, S. E., King, S., Manktelow, B. N., Draper, E. S. & Field, D. J. (2012). Babies born at the threshold of viability: Changes in survival and workload over 20 years. *Archives of Disabled Children and Neonatal Education, 9,* 22–35.
Sebanc, A., Kearns, K., Hernandez, M. & Galvin, K. (2007). Predicting having a best friend in young children: Individual characteristics and friendship features. *Journal of Genetic Psychology, 168,* 81–95.
Segal, B. M. & Stewart, J. C. (1996). Substance use and abuse in adolescence: An overview. *Child Psychiatry & Human Development, 26,* 193–210.
Segal, N. L., McGuire, S. A., Graham, J. L. & Stohs, J. (2014).Fullerton virtual twin study: An update. *Twin Research and Human Genetics, 16,* 451–454.
Segall, M. H., Dasen, P. R., Berry, J. W. & Poortinga, Y. H. (1990). *Human behavior in global perspective.* Boston: Allyn & Bacon.
Segalowitz, S. J. & Rapin, I. (Eds.). (2003). *Child neuropsychology, Part 1.* Amsterdam, The Netherlands: Elsevier Science.
Seibert, A. & Kerns, K. (2009). Attachment figures in middle childhood. *International journal of Behavioral Develoopment, 33,* 347–355.
Seidman, S. N. & Rieder, R. O. (1994). A review of sexual behavior in the United States. *American Journal of Psychiatry, 151,* 330–341.
Seijmonsbergen-Schermers A. E., Geerts C. C., Prins, M. et al. (2013). The use of episiotomy in a low-risk population in the Netherlands: a secondary analysis. Birth, Dec;40(4):247-55. doi: 10.1111/birt.12060.
Seligman, M. E. P. (2007). Coaching and positive psychology. *Australian Psychologist, 42,* 266–267.
Semerci, Ç. (2006). The opinions of medicine faculty students regarding cheating in relation to Kohlberg's moral development concept. *Social Behavior and Personality, 34,* 41–50.
Senghas, A., Kita, S. & Özyürek, A. (2004, 17 september). Children creating core properties of language: Evidence from an emerging sign language in Nicaragua. *Science, 305,* 1779–1782.
Sensoa. (2012). *Feiten en cijfers: ongeplande zwangerschap in België.* Geraadpleegd 31 augustus 2015, op http://www.sensoa.be/feiten-en-cijfers/feiten-cijfers-ongeplande-zwangerschap-belgie.
Serbin, L. A., Poulin-Dubois, D., Colburne, K. A., Sen, M. G. & Eichstedt, J. A. (2001). Gender stereotyping in infant: visual preferences for and knowledge of gender-stereotyped toys in the second year of life. International. *Journal of Behavioral Development, 25,* 7–15.
Serretti, A., Calati, R., Ferrari, B. & De Ronchi, D. (2007). Personality and genetics. *Current Psychiatry Reviews, 3,* 147–159.
Servin, A., Nordenström, A., Larsson, A. & Bohlin, G. (2003). Prenatal androgens and gender-typed behavior: A study of girls with mild and severe forms of congenital adrenal hyperplasia. *Developmental Psychology, 39,* 440–450.
Sesser, S. (1993, 13 september). Opium war redux. *The New Yorker,* pp. 78–89.
Shad, M. U., Bidesi, A. S., Chen, L., Thomas, B. P., Ernst, M. & Rao, U. (2011). Neurobiology of decision-making in adolescents. *Behavioural Brain Research, 217,* 67–76.
Shaffer, D., Bautista, C., Sateren, W., Sawe, F., Kiplangat, S., Miruka, A., et al. (2007). The protective effect of circumcision on HIV incidence in rural low-risk men circumcised predominantly by traditional circumcisers in Kenya: Two-Year Follow-Up of the Kericho HIV Cohort Study. *JAIDS Journal of Acquired Immune Deficiency Syndromes, 45,* 371–379.
Shafto, C. L., Conway, C. M., Field, S. L. & Houston, D. M. (2012). Visual sequence learning in infancy: Domain-general and domain-specific associations with language. *Infancy, 17,* 247–271.
Shapiro, L. (1997, Spring/Summer). Beyond an apple a day. *Newsweek Special Issue,* pp. 52–56.
Sharma, M. (2008. Twenty-first century pink or blue: How sex selection technology facilitates gendercide and what we can do about it. *Family Court Review, 46,* 198–215.
Shavelson, R., Hubner, J. J. & Stanton, J. C. (1976). Self-concept: Validation of construct interpretations. *Review of Educational Research, 46,* 407–441.
Shavitt, S.,Torelli, C. J. & Riemer, H. (2011). Horizontal and vertical individualism and collectivism: Implications for understanding psychological processes. In M. J. Gelfand, C. Chiu & Y. Hong (Eds.), *Advances in culture and psychology* (Vol. 1). New York: Oxford University Press.
Shaw, D. S., Winslow, E. B. & Flanagan, C. (1999). A prospective study of the effects of marital status and family relations on young children's adjustment among African American and European American families. *Child Development, 70,* 742–755.
Shaw, M. L. (2003). Creativity and whole language. In J. Houtz, *The educational psychology of creativity.* Cresskill, NJ: Hampton Press.
Shaywitz, S. (2004). *Overcoming dyslexia: A new and complete science-based program for reading problems at any level.* New York: Vintage.
Shea, J. D. (1985). Studies of cognitive development in Papua New Guinea. *International Journal of Psychology, 20,* 33–61.
Shea, K. M., Wilcox, A.J. & Little, R.E.(1998). Postterm delivery: a challenge for epidemiologic research. *Epidemiology* 9(2), 199–204.
Shealy, C. N. (1995). From Boys Town to Oliver Twist: Separating fact from fiction in welfare reform and out-of-home placement of children and youth. *American Psychologist, 50,* 565–580.
Sheese, B., Voelker, P., Posner, M. & Rothbart, M. (2009). Genetic variation influences on the early development of reactive emotions and their regulation by attention. *Cognitive Neuropsychiatry, 14,* 332–355.
Shelby, L. B. & Vaske, J. J. (2008). Understanding meta-analysis: A review of the methodological literature. *Leisure Sciences, 30,* 96–110.
Shellenbarger, S. (2003, 9 januari). Yes, that weird day-care center could scar your child, researchers say. *The Wall Street Journal,* p. D1.
Sherman, S., Allen, E., Bean, L. & Freeman, S. (2007). Epidemiology of Down syndrome. *Mental Retardation and Developmental Disabilities Research Reviews, 13,* 221–227. http://search.ebscohost.com, doi:10.1002/mrdd.20157.
Shernoff, D. & Schmidt, J. (2008). Further evidence of an engagement-achievement paradox among U.S high school students. *Journal of Youth and Adolescence, 37,* 564–580.
Shi, L. (2003). Facilitating constructive parent–child play: Family therapy with young children. *Journal of Family Psychotherapy, 14,* 19–31.

Shi, X. & Lu, X. (2007, oktober). Bilingual and bicultural development of Chinese American adolescents and young adults: A comparative study. *Howard Journal of Communications, 18*, 313–333.
Shin, H. B. & Bruno, R. (2003). *Language use and English speaking ability: 2000*. Washington, DC: U.S. Census Bureau.
Shiner, R., Masten, A. & Roberts, J. (2003). Childhood personality foreshadows adult personality and life outcomes two decades later. *Journal of Personality, 71*, 1145–1170.
Sieber, J. E. (2000). Planning research: Basic ethical decision-making. In B. D. Sales & S. Folkman (Eds.), *Ethics in research with human participants*. Washington, DC: American Psychological Association.
Siegal, M. (1997). *Knowing children: Experiments in conversation and cognition* (2nd ed.). Hove, England: Psychology Press/Erlbaum, Taylor & Francis.
Siegel, L. J. & Davis, L. (2008). Somatic disorders. In R. J. Morris & T. R. Kratochwill (Eds.), *The practice of child therapy* (4th ed.). Mahwah, NJ: Lawrence Erlbaum.
Siegel, S., Dittrich, R. & Vollmann, J. (2008). Ethical opinions and personal attitudes of young adults conceived by in vitro fertilisation. *Journal of Medical Ethics, 34*, 236–240.
Siegler, R. (2003). Thinking and intelligence. In M. Bornstein & L. Davidson (Eds.), *Well-being: Positive development across the life course* (pp. 311–320). Mahwah, NJ: Erlbaum.
Siegler, R. (2007). Cognitive variability. *Developmental Science, 10*, 104-109.
Siegler, R. S. & Ellis, S. (1996). Piaget on childhood. *Psychological Science, 7*, 211–215.
Siegler, R. S. & Richards, D. (1982). The development of intelligence. In R. Sternberg (Ed.), *Handbook of human intelligence*. London: Cambridge University Press.
Siegler, R. S. (1994). Cognitive variability: A key to understanding cognitive development. *Current Directions in Psy-chological Science, 3*, 1–5.
Siegler, R. S. (1998). Children's thinking (3rd ed.). Upper Saddle River, NJ: Prentice Hall.
Siegler, R. S. (2012). From theory to application and back: Following in the giant footsteps of David Klahr. In J. Shrager & S. Carver (Eds.), *The journey from child to scientist: Integrating cognitive development and the education sciences*. Washington, DC: American Psychological Association.
Sigman, M., Cohen, S. E. & Beckwith, L. (1997). Why does infant attention predict adolescent intelligence? *Infant Behavior & Development, 20*, 133–140.
Signorella, M. & Frieze, I. (2008). Interrelations of gender schemas in children and adolescents: Attitudes, preferences, and self-perceptions. *Social Behavior and Personality, 36*, 941–954.
Silenzio, V., Pena, J., Duberstein, P., Cerel, J. & Knox, K. (2007, november). Sexual orientation and risk factors for suicidal ideation and suicide attempts among adolescents and young adults. *American Journal of Public Health, 97*, 2017–2019.
Silventoinen, K., Iacono, W.G., Krueger, R. & McGue, M. (2012). Genetic and environmental contributions to the association between anthropometric measures and IQ: A study of Minnesota twins at age 11 and 17. *Behavior Genetics, 42*, 393–401.
Silverstein, L. B. & Auerbach, C. F. (1999). Deconstructing the essential father. *American Psychologist, 54*, 397–407.
Silverthorn, P. & Frick, P. J. (1999). Developmental pathways to antisocial behavior: The delayed-onset pathway in girls. *Developmental & Psychopathology, 11*, 101–126.
Simcock, G. & Hayne, H. (2002). Breaking the barrier? Children fail to translate their preverbal memories into language. *Psychological Science, 13*, 225–231.
Simmons, S. W., Cyna, A. M., Dennis, A. T. & Hughes, D. (2007). Combined spinal-epidural versus epidural analgesia in labour. *Cochrane Database and Systematic Review, 18*, CD003401.
Simons, S. H., van Dijk, M., Anand, K. S., Roofthooft, D., van Lingen, R. A. & Tibboel. D. (2003). Do we still hurt newborn babies? A prospective study of procedural pain and analgesia in neonates. *Archives of Pediatrics and Adolescence, 157*, 1058–1064.
Simpson, J., Collins, W., Tran, S. & Haydon, K. (2007, februari). Attachment and the experience and expression of emotions in romantic relationships: A developmental perspective. *Journal of Personality and Social Psychology, 92*, 355–367.
Singer, D. G. & Singer, J. L. (Eds.). (2000). *Handbook of children and the media*. Thousand Oaks, CA: Sage.
Singer, L. T., Arendt, R., Minnes, S., Farkas, K. & Salvator, A. (2000). Neurobehavioral outcomes of cocaine-exposed infants. *Neurotoxicology & Teratology, 22*, 653–666.
Skinner, B. F. (1975). The steep and thorny road to a science of behavior. *American Psychologist, 30*, 42–49.
Skinner, J. D., Ziegler, P., Pac, S. & Devaney, B. (2004). Meal and snack patterns of infants and toddlers. *Journal of the American Dietary Association, 104*, s65–s70.
Skledar, M., Nikolac, M., Dodig-Curkovic, K., Curkovic, M., Borovecki, F. & Pivac, N. (2012). Association between brain-derived neurotrophic factor Val66Met and obesity in children and adolescents. *Progress in Neuro-Psychopharmacology & Biological Psychiatry, 36*, 136–140.
Slaughter, V. & Peterson, C. C. (2012). How conversational input shapes theory of mind development in infancy and early childhood. In M. Siegal, L. Surian (Eds.), *Access to language and cognitive development*. New York: Oxford University Press.
Slavin, R. E. (2013). Cooperative learning and achievement: Theory and research. In W. M. Reynolds, G. E. Miller & I. B. Weiner (Eds.), *Handbook of psychology, Vol. 7: Educational psychology* (2nd ed.). Hoboken, NJ: John Wiley & Sons Inc.
Sloane, S., Baillargeon, R. & Premack, D. (2012). Do infants have a sense of fairness? *Psychological Science, 23*, 196–207.
Slusser, E., Ditta, A. & Sarnecka, B. (2013). Connecting numbers to discrete quantification: A step in the child's construction of integer concepts. *Cognition, 129*, 31–41.
Small, G. & Vorgan, G. (2008). *iBrain: Surviving the technological alteration of the modern mind*. NY: Harper Collins.
Smedley, A. & Smedley, B. D. (2005). Race as biology is fiction, racism as a social problem is real: Anthropological and historical perspectives on the social construction of race. *American Psychologist, 60*, 16–26.
Smetana, J. (2006). Social-cognitive domain theory: Consistencies and variations in children's moral and social judgments. *Handbook of moral development* (pp. 119–153). Mahwah, NJ: Lawrence Erlbaum.
Smetana, J. G. (1995). Parenting styles and conceptions of parental authority during adolescence. *Child Development 66*, 299–316.
Smetana, J. G. (2005). Adolescent-parent conflict: Resistance and subversion as developmental process. In L. Nucci (Ed.), *Conflict, contradiction, and contrarian elements in moral development and education* (pp. 69–91). Mahwah, NJ: Erlbaum.
Smetana, J., Daddis, C. & Chuang, S. (2003). "Clean your room!" A longitudinal investigation of adolescent-parent conflict and conflict resolution in middle-class African American families. *Journal of Adolescent Research, 18*, 631–650.
Smith, G. C., Pell, J. P. & Dobbie, R. (2003). Interpregnancy interval and risk of preterm birth and neonatal death. *British Medical Journal, 327*, 313–316.
Smith, N. & Trainor, L. (2008). Infant-directed speech is modulated by infant feedback. *Infancy, 13*, 410–420.
Smith, P. & Drew, L. (2002). Grandparenthood. In M. Bornstein (Ed.), *Handbook of parenting: Vol. 3. Being and becoming a parent* (2nd ed., pp. 141–172). Mahwah, NJ: Erlbaum.
Smith, P. K., Singer, M. & Hoel, H. (2003). Victimization in the school and the workplace: Are there any links? *British Journal of Psychology, 94*, 175–188.
Smith, R. J., Bale, J. F., Jr. & White, K. R. (2005, 2 maart). Sensorineural hearing loss in children. *Lancet, 365*, 879–890.
Smith, T. B. & Silva, L. (2011). Ethnic identity and personal well-being of people of color: A meta-analysis. *Journal of Counseling Psychology, 58*, 42–60.
Smits, I., Doumen, S., Luyckx, K., Duriez, B. & Goossens, L. (2011). Identity styles and interpersonal behavior in emerging adulthood: The intervening role of empathy.*Social Development*.Advance online publication (z.d.).
Smits, I., Soenens, B., Luyckx, K., Duriez, B., Berzonsky, M. & Goossens, L. (2008). Perceived parenting dimensions and identity styles: Exploring the socialization of adolescents' processing of identity-relevant information. *Journal of Adolescence, 31*,151–164.
Smits, I., Soenens, B., Vansteenkiste, M., Luyckx, K., Goossens, L. (2010). Why do adolescents gather information or stick to parental norms? Examining autonomous and controlled motives behind adolescents' identity style. *Journal of Youth and Adolescence, 39*, 1343–1356.
Smutny, J., Walker, S. & Meckstroth, E. (2007). *Acceleration for gifted learners, k–5*. Thousand Oaks, CA: Corwin Press.
Snyder, J., Cramer, A. & Alfrank, J. (2005). The contributions of ineffective discipline and parental hostile attributions of child misbehavior to the development of conduct problems at home and school. *Developmental Psychology, 41*, 30–41.
Soa Aids Nederland & Rutgers WPF.
Soderstrom, M. (2007). Beyond babytalk: Re-evaluating the nature and content of speech input to preverbal infants. *Developmental Review, 27*, 501–532.
Soderstrom, M., Blossom, M., Foygel, R. & Morgan, J. (2008). Acoustical cues and grammatical units in speech to two preverbal infants. *Journal of Child Language, 35*, 869–902.
Soenens, B., & Luyckx, K. (2003). Nieuwe ontwikkelingen in onderzoek naar identiteitsvorming. *Kind en Adolescent, 24*, 122–129.
Soken, N. H. & Pick, A.D. (1999). Infants' perception of dynamic affective expressions: Do infants distinguish specific expressions? *Child Development. 70*, 1275–1282.
Solomon, G. E. A. & Cassimatis, N. L. (1999). On facts and conceptual systems: Young children's integration of their understandings of germs and contagion. *Developmental Psychology, 35*, 113–126.
Sonne, J. L. (2012). Psychological assessment measures. In *PsycEssentials: A pocket resource for mental health practitioners*. Washington, DC: American Psychological Association.
Sousa, D. (2005). *How the brain learns to read*. Thousand Oaks, CA: Corwin Press.
Soussignan, R., Schaal, B., Marlier, L. & Jiang, T. (1997). Facial and autonomic responses to biological and artificial olfactory stimuli in human neonates: Re-examining early hedonic discrimination of odors. *Physiology and Behavior, 62*, 745–758.
South, A. (2013). Perceptions of romantic relationships in adult children of divorce. *Journal of Divorce & Remarriage, 54*, 126–141.
Spear, L. P. (2002). The adolescent brain and the college drinker: Biological basis of propensity to use and misuse alcohol [Special issue]. *Journal of Studies on Alcohol, 14*(Suppl.), 71–81.
Spearman, C. (1927). *The abilities of man*. London: MacMillan.
Spence-Cochran, K. & Pearl, C. (2006). Moving toward full inclusion. *Life beyond the classroom: Transition strategies for young people with disabilities* (4th ed.) (pp. 133–164). Baltimore, MD: Paul H Brookes.
Spencer, M. B. (1991). Identity, minority development of. In R. M. Lerner, A. C. Petersen, & J. Brooks-Gunn (Eds.), *Encyclopedia of adolescence* (Vol. 1). New York: Garland.
Spencer, N. (2001) The social patterning of teenage pregnancy (editorial). *Journal of Epidemiology and Community Health, 55*(1), 5.
Spessato, B., Gabbard, C., Valentini, N. & Rudisill, M. (2013). Gender differences in Brazilian children's fundamental movement skill performance. *Early Child Development and Care, 183*, 916–923.

Spinrad, T. L. & Stifler, C. A. (2006). Toddlers' empathy-related responding to distress: predictions from negative emotionality and maternal behavior in infancy. *Inancy, 10*, 97–121.
Spinrad, T. L., Eisenberg, N. & Bernt, F. M. (2007). Introduction to the Special Issues on Moral Development: Part 1. *Journal of Genetic Psychology, 168*, 101–104.
Spinrad, T. L., Eisenberg, N. & Bernt, F. M. (2007). Introduction to the Special Issues on Moral Development: Part 2. *Journal of Genetic Psychology, 168*, 229–230.
Spörer, N., Brunstein, J. & Kieschke, U. (2009). Improving students' reading comprehension skills: Effects of strategy instruction and reciprocal teaching. *Learning and Instruction, 19*, 272–286.
Sprecher, S., Brooks, J. E. & Avogo, W. (2013). Self-esteem among young adults: Differences and similarities based on gender, race, and cohort (1990-2012). *Sex Roles, 69*, 264–275.
Sprenger, M. (2007). *Memory 101 for educators*. Thousand Oaks, CA: Corwin Press.
Springen, K. (2000). The circumcision decision [Special issue: *Your Child*.] *Newsletter*, p. 50.
Squire, L. R. & Knowlton, B. J. (1995). Memory, hippocampus, and brain systems. In M. S. Gazzaniga (Ed.), *Cognitive neurosciences*. Cambridge, MA: MIT Press.
Sroufe, A. (2000). Early relationships and the development of children. *Infant Mental Health Journal, 21*, 67–74.
Sroufe, L. A. (1996). *Emotional development: The organization of emotional life in the early years*. New York: Oxford University Press.
Staff, J., Mortimer, J. T. & Uggen, C. (2004). Work and leisure in adolescence. In R. M. Lerner & L. Steinberg (Eds.). *Handbook of adolescent psychology* (2nd ed.). NY: Wiley.
Starr, A., Libertus, M. E. & Brannon, E. M. (2013). Number sense in infancy predicts mathematical abilities in childhood. *PNAS Proceeding of the National Academy of Sciences of the United States of America, 110*, 18116–18120.
Statbel.fgov.be. *Onderwijsniveau van de Belgische bevolking van 15-64 jaar, 2004, 2009 en 2014*. Geraadpleegd op statbel.fgov.be, http://statbel.fgov.be/nl/statistieken/cijfers/arbeid_leven/opleiding/niveau/.
Statbel.fgov.be. *Opleidingsniveau van de bevolking*. Geraadpleegd op statbel.fgov.be, http://statbel.fgov.be/nl/statistieken/cijfers/arbeid_leven/opleiding/niveau/.
Stauder, J. A., Cornet, L. M. & Ponds, R. M. (2011). The extreme male brain theory and gender role behavior in persons with an autism spectrum condition. *Research in Autism Spectrum Disorders, 5*, 1209–1214.
Staunton, H. (2005). Mammalian sleep. *Naturwissenschaften, 35*, 15.
Stecker, M., Wolfe, J. & Stevenson, M. (2013). Neurophysiologic responses of peripheral nerve to repeated episodes of anoxia. *Clinical Neurophysiology, 124*, 792–800.
Steele, C. M. (1997). A threat in the air: How stereotypes shape the intellectual identities and performance of women and African-Americans. *American Psychologist, 52*, 613–629.
Steenbergen-Hu, S. & Moon, S. M. (2011). The effects of acceleration on high-ability learners: A meta-analysis. *Gifted Child Quarterly, 55*, 39–53.
Stefanis, N. C., Hatzimanolis, A., Smyrnis, N., Avramopoulos, D., Evdokimidis, I., Van Os, J. et al. (2013). Schizophrenia candidate gene ERBB4: Covert routes of vulnerability to psychosis detected at the population level. *Schhizophrenia Bulletin, 39*, 349–357.
Stein, D., Latzer, Y. & Merick, J. (2009). Eating disorders: From etiology to treatment. *International Journal of Child and Adolescent Health*, 2, 139–151.
Stein, J. H. & Reiser, L. W. (1994). A study of white middle-class adolescent boys' responses to "semenarche" (the first ejaculation). *Journal of Youth and Adolescence, 23*, 373–384.
Stein, Z., Susser, M., Saenger, G. & Marolla, F. (1975). *Famine and human development: The Dutch hunger winter of 1944–1945*. New York: Oxford University Press.
Steinberg, L. (1997, 2 januari). Turning words into meaning. *The New York Times*, pp. B1–B2.
Steinberg, L. D. & Scott, S. S. (2003). Less guilty by reason of adolescence: Developmental immaturity, diminished responsibility, and the juvenile death penalty. *American Psychologist, 58*, 1009–1018.
Steiner, J. E. (1979). Human facial expressions in response to taste and smell stimulation. *Advances in Child Development and Behavior, 13*, 257.
Steinhausen, H. C. & Spohr, H. L. (1998). Long-term outcome of children with fetal alcohol syndrome: Psychopathology, behavior, and intelligence. *Alcoholism, Clinical & Experimental Research, 22*, 334–338.
Stenberg, G. (2003). Effects of maternal inattentiveness on infant social referencing. *Infant & Child Development, 12*, 399–419.
Stenberg, G. (2009). Selectivity in infant social referencing. *Infancy, 14*, 457–473.
Steri, A. O. & Spelke, E. S. (1988). Haptic perception of objects in infancy. *Cognitive Psychology, 20*, 1–23.
Sternberg, R. (2003a). A broad view of intelligence: The theory of successful intelligence. *Consulting Psychology Journal: Practice & Research, 55*, 139–154.
Sternberg, R. (2003b) Our research program validating the triarchic theory of successful intelligence: Reply to Gottfredson. *Intelligence, 31*, 399–413.
Sternberg, R. (2008, maart). Applying psychological theories to educational practice. *American Educational Research Journal, 45*, 150–165.
Sternberg, R. J. (1990). *Metaphors of mind: Conceptions of the nature of intelligence*. Cambridge, England: Cambridge University Press.
Sternberg, R. J. (2005). The triarchic theory of successful intelligence. In D. P. Flanagan & P. L. Harrison (Eds.), *Contemporary intellectual assessment: Theories, tests, and issues*. New York: Guilford Press.
Sternberg, R. J., Conway, B. E., Ketron, J. L. & Bernstein, M. (1981). Peoples' conceptions of intelligence. *Journal of Personality and Social Psychology, 41*, 37–55.
Stettler, N. (2007). Nature and strength of epidemiological evidence for origins of childhood and adulthood obesity in the first year of life. *International Journal of Obesity, 31*, 1035–1043.
Stewart, M., Scherer, J. & Lehman, M. (2003). Perceived effects of high frequency hearing loss in a farming population. *Journal of the American Academy of Audiology, 14*, 100–108.
Stice, E. (2003). Puberty and body image. In C. Hayward (Ed.), *Gender differences at puberty*. New York: Cambridge University Press.
Stice, E., Presnell, K. & Bearman, K. (2001). Relation of early menarche to depression, eating disorders, substance abuse, and comorbid psychopathology among adolescent girls. *Developmental Psychology, 37*, 608–619.
Stichting HIV Monitoring (2010). http://www.hiv-monitoring.nl/.
Stolberg, S. G. (1998, 3 april). Rise in smoking by young blacks erodes a success story in health. *The New York Times*, p. A1.
Stolberg, S. G. (1999, 8 augustus). Black mothers' mortality rate under scrutiny. *The New York Times*, pp. 1, 18.
Storey, K., Slaby, R., Adler, M., Minotti, J. & Katz, R. (2008). *Eyes on Bullying... What Can You Do?* Boston: Education Development Center.
Storfer, M. (1990). *Intelligence and giftedness: The contributions of heredity and early environment*. San Francisco: Jossey-Bass.
Stout, H. (2010, 2 mei). Antisocial networking? *The New York Times*, ST-1.
Strasburger, V. (2009). Media and children: What needs to happen now? *JAMA: Journal of the American Medical Association, 301*, 2265-2266.
Strasburger, V., & Donnerstein, E. (1999). Children, adolescents and the media: issues and solutions. *Pediatrics, 103*(1), 129–139.
Straus, M. A. & McCord, J. (1998). Do physically punished children become violent adults? In S. Nolen-Hoeksema (Ed.), *Clashing views on abnormal psychology: A Taking Sides custom reader* (pp. 130–155). Guilford, CT: Dushkin/ McGraw-Hill.
Straus, M. A., Gelles, R. J. & Steinmetz, S. K. (2003). The marriage license as a hitting license. In M. Silberman, *Violence and society: A reader*. Upper Saddle River, NJ: Prentice Hall.
Streissguth, A. (1997). *Fetal alcohol syndrome: A guide for families and communities*. Baltimore, MD: Paul H. Brookes.
Streissguth, A. (2007). Offspring effects of prenatal alcohol exposure from birth to 25 years: The Seattle Prospective Longitudinal Study. *Journal of Clinical Psychology in Medical Settings, 14*, 81–101.
Strelau, J. (1998). *Temperament: A psychological perspective*. New York: Plenum.
Striano, T. & Vaish, A. (2006, november). Seven-to9-month-old infants use facial expressions to interpret others' actions. *British Journal of Developmental Psychology, 24*, 753–760.
Striegel-Moore, R. & Franko, D. (2004). Body Image Issues among Girls and Women. In T. F. Cash & T. Pruzinsky (Eds.), *Body Image: A handbook of theory, research, and clinical practice* (p. 183-191). New York: Guilford Press.
Stright, A., Gallagher, K. & Kelley, K. (2008). Infant temperament moderates relations between maternal parenting in early childhood and children's adjustment in first grade. *Child Development, 79*(1), 186–200. doi:10.1111/j.1467-8624.2007.01119.x
Strobel, A., Dreisbach, G., Müller, J., Goschke, T., Brocke, B. & Lesch, K. (2007, december). Genetic variation of serotonin function and cognitive control. *Journal of Cognitive Neuroscience, 19*, 1923–1931.
Stroh, L, K., Langlands, C. L. & Simpson, P. A. (2004). Shattering the glass ceiling in the new millennium. In M. S. Stockdale & F. J. Crosby, *Psychology and management of workplace diversity*. Malden, MA: Blackwell.
Stromswold, K. (2006). Why aren't identical twins linguistically identical? Genetic, prenatal and post-natal factors. *Cognition, 101*, 333–384.
Studiedienst van de Vlaamse regering. (2014). *Meest voorkomende leefvorm in Vlaanderen is gezin met kinderen*. Geraadpleegd 28 juni 2015, op http://www4.vlaanderen.be/dar/svr/afbeeldingennieuwtjes/demografie/bijlagen/2014-11-27-svr-stats-2014-3-gezin-leefvorm.pdf.
Stutts, M., Zank, G. M., Smith, K. H. & Williams, S. A. (2011). Nutrition information and children's fast food menu choices. *Journal of Consumer Affairs, 45*, 52–86.
Stuurgroep Ondervoeding (2015). *Het aantal kinderen met ondergewicht neemt toe*. Geraadpleegd 9 december 2015, op http://www.stuurgroepondervoeding.nl/no-categories/het-aantal-kinderen-met-ondergewicht-neemt-toe.
Subotnik, R. (2006). Longitudinal studies: Answering our most important questions of prediction and effectiveness. *Journal for the Education of the Gifted, 29*, 379–383.
Sudia-Robinson, T. (2011, 14 maart). Ethical implications of newborn screening, life-limiting conditions, and palliative care. *MCN, American Journal of Maternal Child Nursing*, http://journals.lww.com/mcnjournal/Abstract/publishahead/Ethical_Implications_of_Newborn_Screening.99982.aspx, gedownload 3 april 2011.
Sugarman, S. (1988). *Piaget's construction of the child's reality*. Cambridge, England: Cambridge University Press.
Suitor, J. J., Minyard, S. A. & Carter, R. S. (2001). "Did you see what I saw?" Gender differences in perceptions of avenues to prestige among adolescents. *Sociological Inquiry, 71*, 437–454.
Sullivan, K. (2000). *The anti-bullying handbook*. New York: Oxford University Press.
Sullivan, M. & Lewis, M. (2003). Contextual determinants of anger and other negative expressions in young infants. *Developmental Psychology, 39*, 693–705.
Suls, J. & Wills, T. A. (Eds.). (1991). *Social comparison: Contemporary theory and research*. Hillsdale, NJ: Erlbaum.
Sulzer-Azaroff, B. & Mayer, R. (1991). *Behavior analysis and lasting change*. New York: Holt.

Summers, J., Schallert, D. & Ritter, P. (2003). The role of social comparison in students' perceptions of ability: An enriched view of academic motivation in middle school students. *Contemporary Educational Psychology, 28,* 510–523.
Super, C. M. & Harkness, S. (1982). The infant's niche in rural Kenya and metropolitan America. In L. Adler (Ed.), *Issues in cross-cultural research.* New York: Academic Press.
Super, C. M. (1976). Environmental effects on motor development: A case of African infant precocity. *Developmental Medicine and Child Neurology, 18,* 561–576.
Supple, A., Ghazarian, S., Peterson, G. & Bush, K. (2009). Assessing the cross-cultural validity of a parental autonomy granting measure: Comparing adolescents in the United States, China, Mexico, and India. *Journal of Cross-Cultural Psychology, 40,* 816–833.
Suskind, R. (1994, 24 september). Class struggle: Poor, black, and smart. *The New York Times,* p. A1.
Suskind, R. (1999). *A hope in the unseen: An American odyssey from the inner city to the Ivy League.* New York: Broadway Books.
Sutherland, R., Pipe, M. & Schick, K. (2003). Knowing in advance: The impact of prior event information on memory and event knowledge. *Journal of Experimental Child Psychology, 84,* 244–263.
Suzuki, G. (2013). Grade-level differences in elementary and middle school students' conceptions of learning: Correlation with learning strategy use. *Japanese Journal of Educational Psychology, 61,* 17–31.
Swain, J. E., Lorberbaum, J. P., Kose, S. & Strathearn, L., (2007). Brain basis of early parent-*infant* interactions: Psychology, physiology, and in vivo functional neuroimaging studies. *Journal of Child Psychology and Psychiatry, 48,* 262–287.
Swanson, H., Saez, L. & Gerber, M. (2004). Literacy and cognitive functioning in bilingual and nonbilingual children at or not at risk for reading disabilities. *Journal of Educational Psychology, 96,* 3–18.
Swanson, L. A., Leonard, L. B. & Gandour, J. (1992). Vowel duration in mothers' speech to young children. *Journal of Speech and Hearing Research, 35,* 617–625.
Swiatek, M. (2002). Social coping among gifted elementary school students. *Journal for the Education of the Gifted, 26,* 65–86.
Swingler, M. M., Sweet, M. A. & Carver, L. J. (2007). Relations between mother-child interaction and the neural correlates of face processing in 6-month-olds. *Infancy, 11,* 63–86.
Szaflarski, J. P., Rajagopal, A., Altaye, M., Byars, A. W., Jacola, L., Schmithorst, V. J., Holland, S. K. et al. (2012). Left-handedness and language lateralization in children. *Brain Research, 143,* 85–97.
Taddio, A., Shah, V. & Gilbert-MacLeod, C. (2002). Conditioning and hyperalgesia in newborns exposed to repeated heel lances. *Journal of the American Medical Association, 288,* 857–861.
Taga, K., Markey, C. & Friedman, H. (2006, juni). A longitudinal investigation of associations between boys' pubertal timing and adult behavioral health and well-being. *Journal of Youth and Adolescence, 35,* 401–411.
Tajfel, H. & Turner, J. (2004). The social identity theory of intergroup behavior. In J.T. Jost & J. Sidanius (Eds.), *Political psychology: Key readings.* New York: Psychology Press.
Takahashi, K. (1986). Examining the Strange Situation procedure with Japanese mothers and 12-month-old infants. *Developmental Psychology, 22,* 265–270.
Takala, M. (2006, november). The effects of reciprocal teaching on reading comprehension in mainstream and special (SLI) education. *Scandinavian Journal of Educational Research, 50,* 559–576.
Tamis-LeMonda, C. S. & Cabrera, N. (Eds.). (2002). *The handbook of father involvement: Multidisciplinary perspectives.* Mahwah, NJ: Lawrence Erlbaum.
Tamis-LeMonda, C. S., Song, L., Leavell, A., Kahana-Kalman, R. & Yoshikawa, H. (2012). Ethnic differences in mother-infant language and gestural communications are associated with specific skills in infants. *Developmental Science, 15,* 384–397.
Tan, H., Wen, S. W., Mark, W., Fung, K. F., Demissie, K. & Rhoads, G. G. (2004). The association between fetal sex and preterm birth in twin pregnancies. *Obstetrics and Gynecology, 103,* 327–332.
Tang, Z. & Orwin, R. (2009). Marijuana initiation among American youth and its risks as dynamic processes: Prospective findings from a national longitudinal study. *Substance Use & Misuse, 44,* 195–211.
Tanner, E. & Finn-Stevenson, M. (2002). Nutrition and brain development: Social policy implications. *American Journal of Orthopsychiatry, 72,* 182–193.
Tanner, J. (1972). Sequence, tempo, and individual variation in growth and development of boys and girls aged twelve to sixteen. In J. Kagan & R. Coles (Eds.), *Twelve to sixteen: Early adolescence.* New York: Norton.
Tanner, J. M. (1978). *Education and physical growth* (2nd ed.). New York: International Universities Press.
Tappan, M. (2006). Moral functioning as mediated action. *Journal of Moral Education, 35,* 1–18.
Tardif, T. (1996). Nouns are not always learned before verbs: Evidence from Mandarin speakers' early vocabularies. *Developmental Psychology, 32,* 492–504.
Tardif, T., Wellman, H. M. & Cheung, K. M. (2004). False belief understanding in Cantonese-speaking children. *Journal of Child Language, 31,* 779–800.
Task Force on Sudden Infant Death Syndrome (2005). The changing concept of sudden infant death syndrome: Diagnostic coding shifts, controversies regarding the sleeping environment, and new variables to consider in reducing risk. *Pediatrics, 105,* 650–656.
Tattersall, M., Cordeaux, Y., Charnock-Jones, D. & Smith, G. S. (2012). Expression of gastrin-releasing peptide is increased by prolonged stretch of human myometrium, and antagonists of its receptor inhibit contractility. *The Journal of Physiology, 590,* 2081–2093.
Tatum, B. (2007). *Can we talk about race?: And other conversations in an era of school resegregation.* Boston: Beacon Press.
Taumoepeau, M. & Ruffman, T. (2008). Stepping stones to others' minds: Maternal talk relates to child mental state language and emotion understanding at 15, 24 and 33 months. *Child Development, 79,* 284–302.
Taveras, E. M., Scanlon, K. S., Birch, L., Rifas-Shiman, S. L., Rich-Edwards, J. W. & Gillman, M. W. (2009). Weight status in the first 6 months of life and obesity at 3 years of age. *Pediatrics, 123*(4), 1177–1183.
Tavernise, S. (2013). Obesity rate for young children plummets 43% in a decade. *The New York Times,* 1.
Tavernise, S. (2014, 24 april). New U.S. rules on e-cigarettes to be proposed. *New York Times,* p. A1.
Taylor, A., Wilson, C., Slater, A. & Mohr, P. (2012). Self-esteem and body dissatisfaction in young children: Associations with weight and perceived parenting style. *Clinical Psychologist, 16,* 25–35.
Taylor, D. M. (2002). *The quest for identity: From minority groups to Generation Xers.* Westport, CT: Praeger Publishers/ Greenwood.
Taylor, H. G., Klein, N., Minich, N. M. & Hack, M. (2000). Middle-school-age outcomes in children with very low birthweight. *Child Development, 71,* 1495–1511.
Taylor, R. L. & Rosenbach, W. E. (2005). (Eds.). *Military leadership: In pursuit of excellence* (5th ed.). Boulder, CO: Westview Press.
Taylor, S. E. (1991). *Health psychology* (2nd ed.). New York: McGraw-Hill.
Teerikangas, O. M., Aronen, E. T., Martin, R. P. & Huttunen, M. O. (1998). Effects of infant temperament and early intervention on the psychiatric symptoms of adolescents. *Journal of the American Academy of Child & Adolescent Psychiatry, 37,* 1070–1076.
Teicher, M. H. (juni 2002). Developmental neurobiology of childhood stress and trauma. Psychiatr Clin North Am 25(2): 397–426.
Tellegen, A., Lykken, D. T., Bouchard, T. J., Jr., Wilcox, K. J., Segal, N. L. & Rich, S. (1988). Personality similarity in twins reared apart and together. *Journal of Personality and Social Psychology, 54,* 1031–1039. Copyright © 1988 American Psychological Association.
Tenenbaum, H. & Leaper, C. (2003). Parent-child conversations about science: The socialization of gender inequities? *Developmental Psychology, 39,* 34–47.
Tenenbaum, H. R. & Leaper, C. (1998). Gender effects on Mexican-descent parents' questions and scaffolding during toy play: A sequential analysis. *First Language, 18,* 129–147.
Terry, D. (1994, 12 december). When the family heirloom is homicide. *The New York Times,* pp. A1, B7.
Terry, D. (2000, 11 augustus). U.S. child poverty rate fell as economy grew, but is above 1979 level. *The New York Times,* A10.
Terzidou, V. (2007). Preterm labour. Biochemical and endocrinological preparation for parturition. *Best Practices of Research in Clinical Obstetrics and Gynecology, 21,* 729–756.
Tessor, A., Felson, R. B. & Suls, J. M. (Eds.). (2000). *Psychological perspectives on self and identity.* Washington, DC: American Psychological Association.
Thelen, E. & Bates, E. (2003). Connectionism and dynamic systems: Are they really different? *Developmental Science, 6,* 378–391.
Thelen, E. & Smith, L. (2006). *Dynamic systems theories. Handbook of child psychology. Vol. 1: Theoretical models of human development* (6th ed.). New York: John Wiley & Sons Inc.
Thijs, J. & Verkuyten, M. (2013). Multiculturalism in the classroom: Ethnic attitudes and classmates' beliefs. *International Journal of Intercultural Relations, 37,* 176–187.
Thivel, D., Isacco, L., Rousset, S., Boirie, Y., Morio, B. & Duché, P. (2011). Intensive exercise: A remedy for childhood obesity? *Physiologoy & Behavior, 102,* 132–136.
Thoermer, C., Woodward, A., Sodian, B., Perst, H. & Kristen, S. (2013). To get the grasp: Seven-month-olds encode and selectively reproduce goal-directed grasping. *Journal of Experimental Child Psychology, 116,* 499–509.
Thoman, E. B. & Whitney, M. P. (1989). Sleep states of infants monitored in the home: Individual differences, developmental trends, and origins of diurnal cyclicity. *Infant Behavior and Development, 12,* 59–75.
Thomas, A. & Chess, S. (1980). *The dynamics of psychological development.* New York: Brunner-Mazel.
Thomas, A., Chess, S. & Birch, H. G. (1968). *Temperament and behavior disorders in children.* New York: New York University Press.
Thomas, P. (1994, 6 september). Washington's infant mortality rate, more than twice the U.S. average, reflects urban woes. *The Wall Street Journal,* A14.
Thomas, R. M. (2001). *Recent human development theories.* Thousand Oaks, CA: Sage.
Thomas, T. L., Strickland, O., Diclemente, R. & Higgins, M. (2013). An opportunity for cancer prevention during preadolescence and adolescence: Stopping human papillomavirus (HPV)-related cancer through HPV vaccination. *Journal of Adolescent Health, 52*(Suppl. 5), S60–S68.
Thomas, W., Ng, T. W. H., Eby, l. T., Sorensen, K. L. & Feldman, D. C. (2005). Predictors of objective and subjective career success: a meta-analysis. *Personnel Psychology, 58,* 367–408. doi: 10.1111/j.1744-6570.2005.00515.x
Thompson, R., Briggs-King, E. C. & LaTouche-Howard, S. A. (2012). Psychology of African American children: Strengths and challenges. In E. C. Chang & C. A. Downey (Eds.), *Handbook of race and development in mental healt.* New York: Springer Science + Business Media.
Thompson, R., Easterbrooks, M. & Padilla-Walker, L. (2003). Social and emotional development in infancy. In R. Lerner & M. Easterbrooks (Eds.), *Handbook of psychology: vol. 6. Developmental psychology,* (pp. 91–112). New York: Wiley.
Thomsen, L., Frankkenhus, W.E., Ingold-Smith, M. & Carey, S. (2011). Big and mighty: preverbal infants mentally represent social dominance. *Journal of Psychological Science, 61,* 429–435.

Thöni, A., Mussner, K. & Ploner, F. (2010). Water birthing: retrospective review of 2625 water births. Contamination of birth pool water and risk of microbial cross-infection. *Minerva Ginecologia, 62,* 203–211.

Thordstein, M., Lofgren, N., Flisberg, A., Lindecrantz, K. & Kjellmer, I. (2006). Sex differences in electrocortical activity in human neonates. *Neuroreport, 17,* 1165–1168.

Thornberry, T. P. & Krohn, M. D. (1997). Peers, drug use, and delinquency. In D. M. Stoff, J. Breiling, & J. D. Maser (Eds.), *Handbook of antisocial behavior* (pp. 218–233). New York: Wiley.

Thurlow, M. L., Lazarus, S. S. & Thompson, S. J. (2005). State policies on assessment participation and accommodations for students with disabilities. *Journal of Special Education, 38,* 232–240.

Tibben, A. (2007). Predictive testing for Huntington's disease. *Brain Research Bulletin, 72,* 165–171. doi:10.1016/j.brainresbull.2006.10.023.

Tibosch, M. M., Verhaak, C. M. & Merkus, P. M. (2011). Psychological characteristics associated with the onset and course of asthma in children and adolescents: A systematic review of longitudinal effects. *Patient Education and Counseling, 82,* 11–19.

Tikotzky, L. & Sadeh, A. (2009). Maternal sleep-related cognitions and infant sleep: A longitudinal study from pregnancy through the 1st year. *Child Development, 80,* 860–874.

Tincoff, R. & Jusczyk, P. W. (1999). Some beginnings of word comprehension in 6-month-olds. *Psychological Science, 10,* 172–175.

Tinsley, B., Lees, N. & Sumartojo, E. (2004). Child and adolescent HIV risk: Familial and cultural perspectives. *Journal of Family Psychology, 18,* 208–224.

Tisdale, S. D. (2013). Adolescent well-being outcomes of parental perceptions of work: Effects of family processes. *Dissertation Abstracts International Section A: Humanities and Social Sciences, Vol. 73*(12-A)(E).

Tissaw, M. (2007). Making sense of neonatal imitation. *Theory & Psychology, 17,* 217–242.

Toch, T. (1995, 2 januari). Kids and marijuana: The glamour is back. *U.S. News & World Report,* 12.

Tolan, P. H. & Dodge, K. A. (2005). Children's mental health as primary care and concern: A system for comprehensive support and service. *American Psychologist, 60,* 601–614.

Tomblin, J. B., Hammer, C. S. & Zhang, X. (1998). The association of prenatal tobacco use and SLI. *International Journal of Language and Communication Disorders, 33,* 357–368.

Tomlinson-Keasey, C. (1985). *Child development: Psychological, sociological, and biological factors.* Homewood, IL: Dorsey.

Tongsong, T., Iamthongin, A., Wanapirak, C., Piyamongkol, W., Sirichotiyakul, S., Boonyanurak, P., et al. (2005). Accuracy of fetal heart-rate variability interpretation by obstetricians using the criteria of the National Institute of Child Health and Human Development compared with computer-aided interpretation. *Journal of Obstetric and Gynaecological Research, 31,* 68–71.

Toomey, R. B., Ryan, C. D., Rafael, M., Card, N. A. & Russell, S. T. (2010). Gender-nonconforming lesbian, gay, bisexual, and transgender yout: School victimization and young adult psychosocial adjustment. *Developmental Psychology, 46*(6), 1580–1589.

Toporek, R. L., Kwan, K. & Williams, R. A. (2012). Ethics and social justice in counseling psychology. In N. A. Fouad, J. A. Carter, L. M. Dubich (Eds.), *APA handbook of counseling psychology, Vol. 2: Practice, interventions, and applications.* Washington, DC: American Psychological Association.

Torvaldsen, S., Roberts, C. L., Simpson, J. M., Thompson, J. F. & Ellwood, D. A. (2006). Intrapartum epidural analgesia and breastfeeding: A prospective cohort study. *International Breastfeeding Journal, 24,* 1–24.

Towse, J. & Cowan, N. (2005). Working memory and its relevance for cognitive development. In W. Schneider, R. Schumann-Hengsteler, & B. Sodian, *Young children's cognitive development: Interrelationships among executive functioning, working memory, verbal ability, and theory of mind.* Mahwah, NJ: Lawrence Erlbaum.

Trace, S. E., Thornton, L. M., Baker, J. H., Root, T. L., Janson, L. E. & Lichtenstein, P. et al. (2013). A behavioral-genetic investigation of bulimia nervosa and its relationship with alcohol use disorder. *Psychiatry Research, 208,* 232–237.

Tracy, M., Zimmerman, F., Galea, S., McCauley, E. & Van der Stoep, A. (2008). What explains the relation between family poverty and childhood depressive symptoms? *Journal of Psychiatric Research, 42,* 1163–1175.

Trainor, L. J. (2012). Predictive information processing is a fundamental learning mechanism present in early development: Evidence from infants. *International Journal of Psychophysiology, 83,* 256–258.

Trainor, L. J., Austin, C. M. & Desjardins, R. N. (2000). Is infant-directed speech prosody a result of the vocal expression of emotion? *Psychological Science, 11,* 188–195.

Trainor, L., and Desjardins, R. (2002). Pitch characteristics of infant-directed speech affect infants' ability to discriminate vowels. *Psychonomic Bulletin & Review, 9,* 335–340.

Trapnell, P. D. & Paulhus, D. L. (2012). Agentic an communal values: Their scope and measurement. *Journal of Personality Assessment, 94,* 39–52.

Trawick-Smith, J. & Dziurgot, T. (2011). "Good-fit" teacher-child play interactions and the subsequent autonomous play of preschool children. *Early Childhood Research Quarterly, 26,* 110–123.

Trehub, S. & Hannon, E. (2009). Conventional rhythms enhance infants' and adults' perception of musical patterns. *Cortex, 45,* 110–118.

Trehub, S. E. (2003). The developmental origins of musicality. *Nature Neuroscience, 6,* 669–673.

Trehub, S. E., Schneider, B. A., Morrongiello, B. A. & Thorpe, L. A. (1988). Auditory sensitivity in school-age children. *Journal of Experimental Child Psychology, 46,* 272–285.

Trehub, S. E., Schneider, B. A., Morrongiello, B. A. & Thorpe, L. A. (1989). Developmental changes in high-frequency sensitivity. *Audiology, 28,* 241–249.

Tremblay, R. E. (2001). The development of physical aggression during childhood and the prediction of later dangerousness. In G. F. Pinard & L. Pagani, (Eds.). *Clinical assessment of dangerousness: Empirical contributions.* New York: Cambridge University Press.

Triche, E.W. & Hossain, N. (2007). Environmental factors implicated in the causation of adverse pregnancy outcome. *Seminars in Perinatology, 31,* 240–242.

Trickett, P. K., Kurtz, D. A. & Pizzigati, K. (2004). Resilient outcomes in abused and neglected children: Bases for strength-based intervention and prevention policies. In K. I. Maton & C. J. Schellenbach, (Eds.), *Investing in children, youth, families and communities: Strength-based research and policy.* Washington, DC: American Psychological Association.

Tronick, E. (2003). Emotions and emotional communication in infants. In J. Raphael-Leff (Ed.), *Parent-infant psychodynamics: Wild things, mirrors and ghosts* (pp. 35–53). London: Whurr.

Tronick, E. Z., Thomas, R. B. & Daltabuit, M. (1994). The Quechua manta pouch: A caretaking practice for buffering the Peruvian infant against the multiple stressors of high altitude. *Child Development, 65,* 1005–1013.

Tropp, L. & Wright, S. (2003). Evaluations and perceptions of self, ingroup, and outgroup: Comparisons between Mexican American and European American children. *Self & Identity, 2,* 203–221.

Trouilloud, D., Sarrazin, P., Bressoux, P. & Bois, J. (2006, februari). Relation between teachers' early expectations and students' later perceived competence in physical education classes: Autonomy-supportive climate as a moderator. *Journal of Educational Psychology, 98,* 75–86.

Trzesniewski, K. H., Donnellan, M. B. & Robins, R. W. (2003). Stability of self-esteem across the life span. *Journal of Personality and Social Psychology, 84,* 205–220.

Tsao, F. M., Liu, H. M. & Kuhl, P. K. (2004). Speech perception in infancy predicts language development in the second year of life: A longitudinal study. *Child Development, 75,* 1067–1084.

Tsunoda, T. (1985). *The Japanese brain: Uniqueness and universality.* Tokyo: Taishukan.

Tucker, J., Martínez, J., Ellickson, P. & Edelen, M. (2008, maart). Temporal associations of cigarette smoking with social influences, academic performance, and delinquency: A four-wave longitudinal study from ages 13–23. *Psychology of Addictive Behaviors, 22,* 1–11.

Tucker-Drob, E. M. & Harden, K. (2012). Intellectual interest mediates gene x socioeconomic status interaction on adolescent academic achievement. *Child Development, 83,* 743–757.

Tudge, J. & Scrimsher, S. (2003). Lev S. Vygotsky on education: A cultural–historical, interpersonal, and individual approach to development. In B. Zimmerman (Ed.), *Educational psychology: A century of contributions.* Mahwah, NJ: Lawrence Erlbaum.

Turati, C. (2008). Newborns' memory processes: A study on the effects of retroactive interference and repetition priming. *Infancy, 13,* 557–569.

Turkheimer, E., Haley, A., Waldreon, M., D'Onofrio, B. & Gottesman, I. I. (2003). Socioeconomic status modifies heritability of IQ in young children. *Psychological Science, 14,* 623–628.

Turton, P., Evans, C. & Hughes, P. (2009). Long-term psychosocial sequelae of stillbirth: Phase II of a nested case-control cohort study. *Archives of Women's Mental Health, 12,* 35–41.

Twardosz, S. & Lutzker, J. (2009). Child maltreatment and the developing brain: A review of neuroscience perspectives. *Aggression and Violent Behavior, 15,* 59–68.

Twenge, J. (2006). Issues in genetic testing of children. *MCN: The American Journal of Maternal/Child Nursing, 31,* 156–163.

Twenge, J. M. & Campbell, W. K. (2001). Age and birth cohort differences in self-esteem: A cross-temporal meta-analysis. *Personality and Social Psychology Review, 5,* 321–344.

Two years ago. *Infant Behavior & Development, 10,* 123–132.

Twomey, J. (2006). Issues in genetic testing of children. *MCN: The American Journal of Maternal/Child Nursing, 31,* 156–163.

Tyre, P. & Scelfo, J. (2003, 22 september). Helping kids get fit. *Newsweek,* 60–62.

U.S. Bureau of the Census (2000). *Current population reports.* Washington, DC: U.S. Government Printing Office.

U.S. Bureau of the Census (2001a). *Living arrangements of children.* Washington, DC: U.S. Government Printing Office.

U.S. Bureau of the Census (2001b). *Statistical abstract of the United States, 2001.* Washington, DC: U.S. Government Printing Office.

U.S. Bureau of the Census (2002). *Statistical abstract of the United States (122nd ed.).* Washington, DC: U.S. Government Printing Office.

U.S. Bureau of the Census (2004). *Current Population Survey, 2004 Annual Social and Economic Supplement.* Washington, DC: U.S. Bureau of the Census.

U.S. Bureau of the Census (2008). *Satistical abstract of the United States, 2008.* Washington, DC: U.S. Government Printing Office.

U.S. Bureau of the Census (2011). *Overview of race and Hispannic origin: 2010-2010 Cencus briefs.* Washington, DC: U.S. Department of Commerce.

U.S. Census Bureau (1998). Poverty of educational attainment. Washington, DC: U.S. Census Bureau.

U.S. Census Bureau (2003). *Population reports.* Washington, DC: GPO.

U.S. Department of Agriculture, Center for Nutrition Policy and Promotion. (2011).

Uchikoshi, Y. (2006). Early reading in bilingual kindergartners: Can educational television help? *Scientific Studies of Reading, 10,* 89–120.

Ugent (2010). *Mentaal welbevinden bij jongeren in Vlaanderen 2010.* In: http://www.jongeren-en-gezondheid.ugent.be. Geraadpleegd juli 2015, op

http://www.jongeren-en-gezondheid.ugent.be/rapport2010.html.
Ulutas, I. & Ömeroglu, E. (2007). The effects of an emotional intelligence education program on the emotional intelligence of children. *Social Behavior and Personality, 35*, 1365–1372.
Umana-Taylor, A. & Fine, M. (2004). Examining ethnic identity among Mexican-origin adolescents living in the United States. Hispanic Journal of Behavioral Sciences, 26, 36–59.
Umana-Taylor, A. J., Diversi, M. & Fine, M. A. (2002). Ethnic identity and self-esteem of Latino adolescents: Distinctions among the Latino populations. *Journal of Adolescent Research*, 17, 303–327.
Umana-Taylor, A., Diveri, M. & Fine, M. (2002). Ethnic identity and self-esteem among Latino adolescents: Distinctions among Latino populations. *Journal of Adolescent Research, 17*, 303–327.
UNAIDS (2010). 10 *AIDS epidemic update*. Geneva, Switzerland: UNAIDS.
UNAIDS (2011). 11 *AIDS epidemic update*. Geneva, Switzerland: UNAIDS.
UNAIDS (2014). 14 *AIDS epidemic update*. Geneva, Switzerland: UNAIDS.
UNC Center for Civil Rights, 2005.
UNESCO (2006). *Compendium of statistics on illiteracy*. Paris: Author.
Unger, R. & Crawford, M. (2004). *Women and gender: A feminist psychology* (4th ed.). New York, NY: McGraw-Hill.
UNICEF (2005). *The state of the world's children*. New York: The United Nations Children's Fund U.S. Bureau of the Census.(2006). Women's earnings as a percentage of men's earnings:1960–2005. Historical Income Tables-People. Table P-40.Washington, DC: U.S. Bureau of the Census.
United Nations Children's Fund, 2004. Geraadpleegd op http://www.unicef.org/sowc04/.
United Nations (1990). *Declaration of the world summit for children*. New York: United Nations.
United Nations (2004). *Hunger and the world's children*. New York: United Nations.
Updegraff, K. A., Helms, H. M., McHale, S. M., Crouter, A. C., Thayer, S. M. & Sales, L. H. (2004). Who's the boss? Patterns for perceived control in adolescents' friendships. *Journal of Youth & Adolescence, 33*, 403–420.
Updegraff, K. A., McHale, S. M., Whiteman, S. D., Thayer, S.M. & Crouter, A. C. (2006). The nature and correlates of Mexican-American adolescents' time with parents and peers. *Child Development, 77*, 1470–1486.
Urberg, K., Luo, Q. & Pilgrim, C. (2003). A two-stage model of peer influence in adolescent substance use: Individual and relationship-specific differences in susceptibility to influence. *Addictive Behaviors, 28*, 1243–1256.
Urso, A.M. (2007). The reality of neonatal pain and the resulting effects. *Journal of Neonatal Nursing, 13*(6), 236–238
US Department of Health and Human Services, Administration on Children, Youth and Families (2007). *Child Maltreatment 2005*. Washington, DC: U.S. Government Printing Office.
Uylings, H. (2006). Development of the human cortex and the concept of "critical" or "sensitive" periods. *Language Learning, 56*, 59–90.
Uylings, H. (2006). Development of the human cortex and the concept of "critical" or "sensitive" periods. *Language Learning, 56*, 59–90.
Vaillant, G. E. & Vaillant, C. O. (1981). Natural history of male psychological health, X: Work as a predictor of positive mental health. *The American Journal of Psychiatry, 138*, 1433–1440.
Vaish, A. & Striano, T. (2004). Is visual reference necessary? Contributions of facial versus vocal cues in 12-month-olds' social referencing behavior. *Developmental Science, 7*, 261–269.
Valenti, C. (2006). Infant Vision Guidance: Fundamental Vision Development in Infancy. *Optometry and Vision Development, 37*, 147–155.
Valiente, C., Eisenberg, N. & Fabes, R. A. (2004). Prediction of children's empathy-related responding from their effortful control and parents' expressivity. *Developmental Psychology, 40*, 911–926.
Valles, N. & Knutson, J. (2008). Contingent responses of mothers and peers to indirect and direct aggression in preschool and school-aged children. *Aggressive Behavior, 34*, 497–510.
Vallotton, C. (2011). Babies open our minds to their minds: How "listening" to infant signs complements and extends our knowledge of infants and their development. *Infant Mental Health Journal, 32*, 115–133.
Van Astin, A. W., Korn, W. S., & Berz, E. R. (2004). *The American freshman: National norms for fall 2004*. Los Angeles, Californië: Higher Education Research Institute, Graduate School of Education, UCLA © 2008 The Regents of the University of California.
Van Balen, F. (1998). Development of IVF children. *Developmental Review, 18*, 30–46.
Van Balen, F. (2005). The choice for sons or daughters. *Journal of Psychosomatic Obsterics & Gynecology, 26*, 229–230.
Van de Graaff, K. (2000). *Human anatomy* (5th ed.). New York: McGraw-Hill.
Van der Laan, A., Goudriaan, H. & Weijters, G. (2014). *Monitor Jeugdcriminaliteit*. Geraadpleegd via: Wetenschappelijk Onderzoek- en Documentatiecentrum, https://www.wodc.nl/onderzoeksdatabase.
Van der Mark, I., van IJzendoorn, M. & Bakermans-Kranenburg, M. (2002). Development of empathy in girls during the second year of life: Associations with parenting, attachment, and temperament. *Social Development, 11*, 451–468.
Van Goethem, A. A. J., Scholte, R. H. J. & Wiers, R. W. (2010). Explicit and implicit bullying attitudes in relation to bullying behavior. *Journal of Abnormal Child Psychology: An official Publication of the International Society for Research in Child and Adolescent Psychopathology, 38*, 829–842.
Van Haren, N. M., Rijsdijk, F., Schnack, H. G., Picchioni, M. M., Toulopoulou, T., Weisbrod, M., Kahn, R. S. et al. (2012). The genetic and environmental determinants of the association between brain abnormalities and schizophrenia: The schizophrenia twins and relatives consortium. *Biological Psychiatry, 71*, 915–921.
Van Hoeck, K. (2009). *Standaard Gewicht: De aanpak van eet- en gewichtsproblemen in de CLB*. Leuven: Vlaamse Wetenschappelijke Vereniging voor Jeugdgezondheidszorg.
Van Jaarsveld, C., Fidler, J., Simon, A. & Wardle, J. (2007, oktober). Persistent impact of pubertal timing on trends in smoking, food choice, activity, and stress in adolescence. *Psychosomatic Medicine, 69*, 798–806.
Van Kleeck, A. & Stahl, S. (2003). *On reading books to children: Parents and teachers*. Mahwah, NJ: Lawrence Erlbaum.
Van Reenen, S. & Van Rensburg, E. (2013). The influence of an unplanned Caesarean section on initial mother-infant bonding: Mother's subjective experiences. *Journal of Psychology in Africa, 23*, 269–274.
Van Tassel-Baska, J., Olszewski-Kubilius, P. & Kulieke, M. (1994). A study of self-concept and social support in advantaged and disadvantaged seventh and eighth grade gifted students. *Roeper Review, 16*, 186–191.
Van Wormer, K. & McKinney, R. (2003). What schools can do to help gay/lesbian/bisexual youth: A harm reduction approach. *Adolescence, 38*, 409–420.
Van Zutphen, M., Bell, A., Kremer, P., & Swinburn, B. (2007). Association between the family environment and television viewing in Australian children. *Journal of Pediatrics and Child Health, 43*, 458–463.
Vandecandelaere, M., Schmitt, E., Vanlaar, G., De Fraine, B. & Van Damme, J. (2014). Effects of kindergarten retention for at-risk children's psychosocial development. *Educational Psychology*, 2014, september. doi:10.1080/01443410.2014.950194.
Vandell, D. L. (2000). Parents, peer groups, and other socializing influences. *Developmental Psychology, 36*, 699–710.
Vandell, D. L. (2004). Early child care: The known and the unknown. The maturing of human developmental sciences: Appraising past, present, and prospective agendas, [Special issue]. *Merrill-Palmer Quarterly, 50*, 387–414.
Vandell, D. L., Burchinal, M. R., Belsky, J., Owen, M. T., Friedman, S. L., Clarke-Stewart, A., McCartney, K. & Weinraub, M. (2005). *Early child care and children's development in the primary grades: Follow-up results from the NICHD Study of Early Child Care*. Paper presented at the biennial meeting of the Society for Research in Child Development, Atlanta, GA.
Vandell, D. L., Shumow, L. & Posner, J. (2005). After-school programs for low-income children: Differences in program quality. InJ. L. Mahoney, R. W. Larson, & J. S. Ecccles, *Organized activities as contexts of development: Extracurricular activities, after-school and community programs*. Mahwah, NJ: Lawrence Erlbaum Associates.
Vandenmeulebroecke, L. & De Munter, A. (2004). Opvoedingsondersteuning: Visie en kwaliteit. Leuven: Universitaire Pers.
Vandewater, E., Park, S., Huang, X., & Wartella, E. (2005a). "No -You can't watch that" – Parental rules and young children's media use. *American Behavioral Scientist, 48*(5), 608–623.
VanMarle, K. & Wynn, K. (2011). Tracking and quantifying objects and non-cohesive substances. Developmental Science, 302-316.
VanMarle, K. & Wynn, K. (2009). Infants' auditory enumeration: Evidence for analog magnitudes in the small number range. *Cognition, 111*, 302–316.
Vanvuchelen, M., Roeyers, H. & De Weerdt, W. (2011). Development and initial validation of the Preschool Imitation and Praxis Scale (PIPS). *Research in Autism Spectrum Disorders, 5*, 463–473.
Vartanian, L. R. (2000). Revisiting the imaginary audience and personal fable constructs of adolescent egocentrism: A conceptual review. *Adolescence, 35*, 639–646.
Vaughn, V., McKay, R. J. & Behrman, R. (1979). *Nelson textbook of pediatrics* (11th ed.). Philadelphia: Saunders.
Vedantam, S. (2004, 23 april). Antidepressants called unsafe for children: Four medications singled out in analysis of many studies. *The Washington Post*, A03.
Veiligheid.nl (z.d.). *Cijfers: Factsheet Jeugd 0-18 jaar, ongevalscijfers*. Geraadpleegd 17 december 2015, op https://www.veiligheid.nl/kinderen-professionals/feiten-en-cijfers/cijfers.
Vela, R. M., Glod, C. A., Rivinus, T. M. & Johnson, R. (2011). Antidepressant treatment of pediatric depression. In D. A. Ciraulo & R. Shader (Eds.), *Pharmacotherapy of Depression* (2nd ed.). New York: Springer Science + Business media.
Vélez, C. E., Wolchik, S. A., Tein, J. & Sandler, I. (2011). Protecting children from the consequences of divorce: A longitudinal study of the effects of parenting on children's coping processes. *Child Development, 82*, 244–257.
Veneziano, R. (2003).The importance of paternal warmth. *Cross-Cultural Research: The Journal of Comparative Social Science, 37*, 265–281.
Vereijken, C. M., Riksen-Walraven, J. M. & Kondo-Ikemura, K. (1997). Maternal sensitivity and infant attachment security in Japan: A longitudinal study. *International Journal of Behavioral Development, 21*, 35–49.
Vereniging voor Jeugdgezondheidszorg. http://www.vwvj.be/uploads/documentenbank/0ea333d4838d0f9262dcf38fb57f33c5.pdf.
Verhofstadt-Denève, L. (1998). *Adolescentiepsychologie* (5de herz. druk). Leuven: Garant.
Verkuyten, M. (2003). Positive and negative self-esteem among ethnic minority early adolescents: Social and cultural sources and threats. *Journal of Youth & Adolescence, 32*, 267–277.
Verkuyten, M. (2008). Perceived discrimination, ethnic minority identity, and self-esteem. *Handbook of race, racism, and the developing child* (pp. 339–365). Hoboken, NJ: John Wiley & Sons.
Vermandel, A., Weyler, J., De Wachter, S. & Wyndaele, J. (2008). Toilet training of healthy young toddlers: A randomized trial between a daytime wetting alarm and timed potty training. *Journal of Developmental & Behavioral Pediatrics, 29*, 191–196.
Vermeulen, P., Mertens, A. & Vanroy, K. (2010). *Autisme en normale begaafdheid in het onderwijs*. Leuven: EPO.

Verschueren, K. & Marcoen, A. (2000). Gehechtheid in de kleuterleeftijd. In J.D. Bosch, H.A. Bosma, R.J. van der Gaag, A.J.J.M. Ruijssenaars & J. Vyt (Eds.), *Jaarboek ontwikkelingspsychologie, orthopedagogiek en kinderpsychiatrie 2000-2001* (pp. 294–328). Houten: Bohn Stafleu van Loghum.

Verschueren, K., Doumen, S. & Buyse, E. (2012). Relationships with mother, teacher and peers: Unique and joint effects on young children's self-concept. *Attachment & Human Development, 14*, 233–248.

Verweij, G. & Houben-van Herten, M. (2013). Depressiviteit en antidepressiva in Nederland. CBS, *Bevolkingstrends 2013*, http://www.cbs.nl/NR/rdonlyres/EC2DE714-FF8E-4CB2-BE83-77FB67AF8094/0/20131203b12art.pdf.

Veselka, L., Just, C., Jang, K. L., Johnson, A. M. & Vernon, P. A. (2012). The General Factor of Personality: A critical test. *Personality and Individual Differences, 52*, 261–264.

Vilhjalmsson, R. & Kristjansdottir, G. (2003). Gender differences in physical activity in older children and adolescents: The central role of organized sport. *Social Science Medicine, 56*, 363–374.

Villarosa, L. (2003, 23 december). More teenagers say no to sex, and experts are sure why. *The New York Times*, D6.

Vingerhoets, A., Nyklicek, I. & Denollet, J. (Eds.). (2008). *Emotion regulation: Conceptual and clinical issues*. New York: Springer Science + Business Media.

Vinik, J., Almas, A. & Grusec, J. (2011). Mothers' knowledge of what distresses and what comforts their children predicts children's coping, empathy, and prosocial behavior. *Parenting: Science and Practice, 11*, 56–71.

Vinkhuyzen, A. A. E., Van der Sluis, S., De Geus, E. J. C., Boomsma, D. I. & Posthuma, D. (2010). Genetic influences on 'environmental' factors. *Genes, Brain and Behavior, 9*, 276–287.

Visconti, K., Kochenderfer-Ladd, B. & Clifford, C. A. (2013). Children's attributions for peer victimization: A social comparison approach. *Journal of Applied Developmental Psychology, 34*, 277–287.

Vlaams Agentschap Zorg & Gezondheid (2011). *Gemiddelde verblijfsduur van patiënten na niet-gecompliceerde vaginale bevalling.* http://www.zorg-en-gezondheid.be/v2_default.aspx?id=21877#spreiding (geraadpleegd op 21 maart 2011).

Vlaamse Gemeenschap (2015). *Nieuw M-decreet voor meer inclusie inhet onderwijs.* In www.ond.vlaanderen.be. Geraadpleegd 28 augustus 2015, op http://www.ond.vlaanderen.be/specifieke-onderwijsbehoeften/beleid/M-decreet/.

Vlaamse Vereniging Geestelijke Gezondheid. (2015). *Feiten en cijfers over de mentale gezondheid van kinderen en jongeren in 2015*. Geraadpleegd 29 september 2015, http://www.geestelijkgezondvlaanderen.be/feiten-cijfers.

Vliegen, N. (2006). *Kleine baby's, prille ouders. Samen in ontwikkeling.* Leuven/Leusden: Acco.

Vliegen, N. (2007). De prille interactie. Het ontstaan van de gehechtheidsrelatie. In: De Belie, E. & Moriss, F. (red.). *Gehechtheid en gehechtheidsproblemen bij personen met een verstandelijke beperking*, 15–38. Leuven/Apeldoorn: Garant.

Vogel, G. (1997, 13 juni). Why the rise in asthma cases? *Science, 276*, 1645.

Vohs, K. D. & Heatherton, T. (2004). Ego threats elicits different social comparison process among high and low self-esteem people: Implications for interpersonal perceptions. *Social Cognition, 22*, 168–191.

Volker, M.A. & Lopata, C. (2007). *Assessment profiles of children with high-functioning autism spectrum disorders versus those of typical children: Featuring the WISC-IV, BASC-2 PRS, Vineland (2nd ed.), and SPPC.* Symposium presentation at the 2007 NASP Convention, New York.

Vollebergh, W.A.M. (2002). *Gemiste kansen. Culturele diversiteit en jeugdzorg* (oratie). Nijmegen: Katholieke Universiteit Nijmegen.

Vouloumanos, A. & Werker, J. (2007). Listening to language at birth: Evidence for a bias for speech in neonates. *Developmental Science, 10*, 159–164.

Vreeswijk, C. M., Maas, A. M., Rijk, C. M. & Van Bakel, H. A. (2013). Fathers' experiences during pregnancy: Paternal prenatal attachment and representations of the fetus. Psychology Of Men & Masculinity, 15(2), 129-137. doi:10.1037/a0033070.

Vyas, S. (2004). Exploring bicultural identities of Asian high school students through the analytic window of a literature club. *Journal of Adolescent & Adult Literacy, 48*, 12–18.

Vygotsky, L. S. (1926/1997). *Educational psychology.* Delray Beach, FL: St. Lucie Press.

Vygotsky, L. S. (1930/1978). *Mind in society: The development of higher mental processes.* Cambridge, MA: Harvard University Press. (Oorspronkelijk gepubliceerd 1930, 1933 en 1935.)

Wachs, T. (2002). Nutritional deficiencies as a biological context for development. In W. Hartup, W. Silbereisen & K. Rainer (Eds.), *Growing points in developmental science: An introduction.* Philadelphia, PA: Psychology Press.

Wachs, T. D. (1992). *The nature of nurture.* Newbury Park, CA: Sage.

Wachs, T. D. (1993). The nature-nurture gap: What we have here is a failure to collaborate. In R. Plomin & G. E. McClearn (Eds.), *Nature, nurture, and psychology.* Washington, DC: American Psychological Association.

Wachs, T. D. (1996). Known and potential processes underlying developmental trajectories in childhood and adolescence. *Developmental Psychology, 32*, 796–801.

Wada, A., Kunii, Y., Ikemoto, K., Yang, Q., Hino, M., Matsumoto, J. & Niwa, S. (2012). Increased ratio of calcineurin immunoreactive neurons in the caudate nucleus of patients with schizophrenia. *Progress in Neuro-Psychopharmacology & Biological Psychiatry, 37*, 8–14.

Wade, N. (2001, 4 oktober). Researchers say gene is linked to language. *The New York Times*, p. A1.

Wade, T. D. & Watson, H. J. (2012). Psychotherapies in eating disorders. In J. Alexander & J. Treasure (Eds.), *A collaborative approach to eating disorders.* New York: Routledge/Taylor & Francis Group.

Wade, T., Tiggemann, M., Bulik, C., Fairburn, C., Wray, N. & Martin, N. (2008, februari). Shared temperament risk factors for anorexia nervosa: A twin study. *Psychosomatic Medicine, 70*, 239–244.

Wahlin, T. (2007). To know or not to know: A review of behaviour and suicidal ideation in preclinical Huntington's disease. *Patient Education and Counseling, 65*, 279–287.

Wainright, J. L., Russell, S. T. & Patterson, C. J. (2004). Psychosocial adjustment, school outcomes, and romantic relationships of adolescents with same-sex parents. *Child Development, 75*, 1886–1898.

Waite, S. J., Bromfield, C. & McShane, S. (2005). Successful for whom? A methodology to evaluate and inform inclusive activity in schools. *European Journal of Special Needs Education, 20*, 71–88.

Wakefield, M., Reid, Y. & Roberts, L. (1998). Smoking and smoking cessation among men whose partners are pregnant: A qualitative study. *Social Science & Medicine, 47*, 657–664.

Wakschlag, L., Leventhal, B., Pine, D., Pickett, K. & Carter, A. (2006). Elucidating early mechanisms of developmental psychopathology: The case of prenatal smoking and disruptive behavior. *Child Development, 77*, 893–906.

Walden, T., Kim, G., McCoy, C. & Karrass, J. (2007). Do you believe in magic? Infants' social looking during violations of expectations. *Developmental Science, 10*, 654–663.

Waldfogel, J. (2001). International policies toward parental leave and child care. *Caring for Infants and Toddlers, 11*, 99–111.

Waldfogel, J., Han, W.J. & Brooks-Gunn, J. (2002). The Effects of Early Maternal Employment on Child Cognitive Development. *Demography,39*(2), 369–392.

Waldman, S. (2010, 12 juli). In plain English, he wants it to be official. *The Times-Union (Albany, NY)*, A1.

Walker, W.A. & Humphries, C. (2005). *The Harvard Medical School Guide to Healthy Eating during pregnancy.* New York: McGraw-Hill.

Walker, W.A. & Humphries, C. (2007, 17 september). Starting the good life in the womb. *Newsweek*, pp. 56–57.

Wallerstein, J. & Resnikoff, D. (2005). Parental divorce and developmental progression: An inquiry into their relationship. In L. Gunsberg & P. Hymowitz, *A handbook of divorce and custody: Forensic, developmental, and clinical perspectives.* Hillsdale, NJ: Analytic Press.

Wallis, C. (2006, 27 maart). The multitasking generation. *Time*, 48–55.

Walters, E. & Gardner, H. (1986). The theory of multiple intelligences: Some issues and answers. In R. J. Sternberg & R. K. Wagner (Eds.), *Practical intelligence.* New York: Cambridge University Press.

Wang, C., He, Y., Liang, L., Zou, C., Hong, F., Dong, G. & Pei, J. (2011). Effects of short- and long-acting recombinant human growth hormone (PEG-rhGH) on left ventricular function in children with growth hormone deficiency. *Acta Paediatrica, 100*, 140–142.

Wang, L., Chyen, D., Lee, S. & Lowry, R. (2008, mei). The association between body mass index in adolescence and obesity in adulthood. *Journal of Adolescent Health, 42*, 512–518.

Wang, Q. (2004). The emergence of cultural self-constructs: Autobiographical memory and self-description in European American and Chinese children. *Developmental Psychology, 40*, 3–15.

Wang, Q. (2006). Culture and the development of self-knowledge. *Current Directions in Psychological Science, 15*, 182–187.

Wang, Q. (2007, augustus). "Remember when you got the big, big bulldozer?" Mother-child reminiscing over time and across cultures. *Social Cognition, 25*, 455–471.

Wang, Q. (2008). Emotion knowledge and autobiographical memory across the preschool years: A cross-cultural longitudinal investigation. *Cognition, 108*, 117–135.

Wang, Q., Pomerantz, E. & Chen, H. (2007). The role of parents' control in early adolescents' psychological functioning: A longitudinal investigation in the United States and China. *Child Development, 78*, 1592–1610.

Wang, Z., Deater-Deckard, K., Cutting, L., Thompson, L. A. & Petrill, S. A. (2012). Working memory and parent-rated components of attention in middle childhood: A behavioral genetic study. *Behavior Genetics, 42*, 199–208.

Wardle, F. (2007). Multiracial children in child development textbooks. *Early Childhood Education Journal, 35*, 253–259.

Warford, M. K. (2011). The zone of proximal teacher development. *Teaching and Teacher Education, 27*, 252–258.

Warmerdam, H. (2007). Roze ouders. Opgroeien tot evenwichtige mensen. Kinderen van homoseksuele en lesbische ouders. *Maatwerk, 8 (2)*, 64–67.

Warren J. R. (2002). Reconsidering the relationship between student employment and academic outcomes: A new theory and better data. *Youth & Society, 33*, 366–370.

Warren, J. R., Lee, J. C. & Cataldi, E. F. (2004). Teenage employment and high school completion. In D. Conley & K. Albright. (Eds.), *After the bell – Family background, public policy, and educational success.* London: Routledge.

Warwick, P. & Maloch, B. (2003). Scaffolding speech and writing in the primary classroom: A consideration of work with literature and science pupil groups in the USA and UK. *Reading: Literacy & Language, 37*, 54–63.

Wasserman, J. D. & Tulsky, D. S. (2005). The history of intelligence assessment. In D. P. Flanagan, & P. L. Harrison, (Eds.), *Contemporary intellectual assessment: Theories, tests, and issues.* New York: Guilford.

Waterhouse, J. M. & DeCoursey, P. J. (2004). Human circadian organization. In J. C. Dunlap & J. J. Loros (Eds.), *Chronobiology: Biological timekeeping.* Sunderland, MA: Sinauer.

Waterland, R. A. & Jirtle, R. L. (2004). Early nutrition, epigenetic changes at transposons and imprinted genes, and enhanced susceptibility to adult chronic diseases. *Nutrition, 63*–68.

Waters, E., Weinfield, N. S. & Hamilton, C. E. (2000). The stability of attchment security from infancy to adolescence and early adulthood: General discussion. *Child Development, 71,* 703–706.
Waters, L. & Moore, K. (2002). Predicting self-esteem during unemployment: The effect of gender financial deprivation, alternate roles and social support. *Journal of Employment Counseling, 39,* 171–189.
Watling, D. & Bourne, V. (2007, september). Linking children's neuropsychological processing of emotion with their knowledge of emotion expression regulation. *Laterality: Asymmetries of Body, Brain and Cognition, 12,* 381–396.
Watson, J. B. & Rayner, R. (1920). Conditioned emotional reactions. *Journal of Experimental Psychology, 3,* 1–14.
Watson, J. B. (1925). *Behaviorism.* New York: Norton.
Watts-English, T., Fortson, B. L., Gibler, N., Hooper, S. R. & De Bellis, M. D. (2006). The psychobiology of maltreatment in childhood. *Journal of Social Issues, 62,* 717–736.
Webb, E. A., O'Reilly, M. A., Clayden, J. D., Seunarine, K. K., Chong, W. K., Dale, N. et al. (2012). Effect of growth hormone deficiency on brain structure, motor function and cognition. *Brain: A Journal of Neurology, 135.*
Webb, R. M., Lubinski, D. & Benbow, C. P. (2002). Mathematically facile adolescents with math/science aspirations: New perspectives on their educational and vocational development. *Journal of Educational Psychology, 94,* 785–794.
Weber, B. (2005, 25 februari). From sidelines or in the rink, goalies are targets, even at 8. The *New York Times,* p. B1, B8.
Wechsler, D. (1975). Intelligence defined and undefined. *American Psychologist, 30,* 135–139.
Wechsler, H. & Nelson, T. F. (2001). Binge drinking and the American college student: What's five drinks? *Psychology of Addictive Behaviors, 15,* 287–291.
Wechsler, H., Lee, J. E., Kuo, M., Seibring, M., Nelson, T. F. & Lee, H. (2002). Trends in college binge drinking during a period of increased prevention efforts: Findings from 4 Harvard School of Public Health college alcohol study surveys, 1993–2001. Journal of American College Health, 50, 208–217.
Week van de gezondheid (2015). *Overgewicht steeds vaker bij kinderen.* Geraadpleegd 12 augustus 2015, op http://www.weekvandegezondheid.nl/overgewicht/overgewicht-steeds-vaker-bij-kinderen/.
Weinberg, R. A. (2004). The infant and the family in the twenty-first century. *Journal of the American Academy of Child & Adolescent Psychiatry, 43,* 115–116.
Weinstock, H., Berman, S. & Cates, W., Jr. (2004). Sexually transmitted diseases among American youth: Incidence and prevalence estimates, 2000. *Perspectives on Sexual and Reproductive Health, 36,* 182–191.
Weiss, M. R., Ebbeck, V. & Horn. T. S. (1997). Children's self-perceptions and sources of physical competence information: A cluster analysis. *Journal of Sport and Exercise Psychology, 19,* 52–70.
Weiss, R. (2003, 2 september). Genes' sway over IQ may vary with class. *The Washington Post,* A1.
Weissman, A. S., Chu, B. C., Reddy, L. A. & Mohlman, J. (2012). Attention mechanisms in children with anxiety disorders and in children with attention deficit hyperactivity disorder: Implications for research and practice. *Journal of Clinical Child and Adolescent Psychology, 41,* 117–126.
Weisz, A. & Black, B. (2002). Gender and moral reasoning: African American youth respond to dating dilemmas. *Journal of Human Behavior in the Social Environment, 5,* 35–52.
Weitzman, E., Nelson, T. & Wechsler, H. (2003). Taking up binge drinking in college: The influences of person, social group, and environment. *Journal of Adolescent Health, 32,* 26–35.
Wellings, K., Collumbien, M., Slaymaker, E., Singh, S., Hodges, Z., Patel, D., et al. (2006, november). Sexual behaviour in context: A global perspective. *Lancet, 368,* 1706–1738.
Wellman, H. M. (2012). Theory of mind: Better methods, clearer findings, more development. *European Journal of Developmental Psychology, 9,* 313–330.
Wellman, H. M., Fang, F., Liu, D., Zhu, L. & Liu, G. (2006). Scaling of theory of mind understanding in Chinese children. *Psychological Science, 17,* 1075–1081.
Wells, B., Peppé, S., Goulandris, N. (2004). Intonation development from five to thirteen. *Journal of Child Language, 31,* 749–778.
Wells, R., Lohman, D. & Marron, M. (2009). What factors are associated with grade acceleration? An analysis and comparison of two U.S. databases. *Journal of Advanced Academics, 20,* 248–273.
Werker, J. F., Pons, F., Dietrich, C., Kajikawa, S., Fais, L. & Amano, S. (2007). Infant-directed speech supports phonetic category learning in English and Japanese. *Cognition, 103,* 147–162.
Werner, E. E. & Smith, R. S. (2002). Journeys from childhood to midlife: Risk, resilience and recovery. *Journal of Developmental and Behavioral Pediatrics, 23,* 456.
Werner, J. F., Pons, F., Dietrich, C., Kajikawa, S., Fais, L. & Amano, S. (2007). Infant-directed speech supports phonetic category learning in English and Japanese. *Cognition, 103,* 147–162.
Werner, L. A. & Marean, G. C. (1996). *Human auditory development.* Boulder, CO: Westview Press.
Werner, N. E. & Crick, N. R. (2004). Maladaptive peer relationships and the development of relational and physical aggression during middle childhood. *Social Development, 13,* 495–514.
Wertsch, J. V. (1999). The zone of proximal development: Some conceptual issues. In P. Lloyd & C. Fernyhough (Eds.), Lev Vygotsky: *Critical assessments, Vol. 3: The zone of proximal development.* New York: Routledge.
West, J., Romero, R. & Trinidad, D. (2007, augustus). Adolescent receptivity to tobacco marketing by racial/ethnic groups in California. *American Journal of Preventive Medicine, 33,* 121–123.
Westerhausen, R., Kreuder, F., Sequeira Sdos, S., Walter, C., Woerner, W., Wittling, R. A. et al. (2004). Effects of handedness and gender on macro- and microstructure of the corpus callosum and its subregions: a combined high-resolution and diffusion-tensor MRI study. *Brain Research and Cognitive Brain Research, 21,* 418–426.
Westermann, G., Mareschal, D., Johnson, M. H., Sirois, S., Spratling, M. W. & Thomas, M. S. (2007). *Neuroconstructivism. Developmental Science, 10,* 75–83.
Wexler, B. (2006). *Brain and culture: Neurobiology, ideology, and social change.* Cambridge, MA: MIT Press.
Whalen, C. K., Jamner, L. D., Henker, B., Delfino, R. J. & Lozano, J. M. (2002). The ADHD spectrum and everyday life: Experience sampling of adolescent moods, activities, smoking, and drinking. *Child Development, 73,* 209–227.
Whalen, D., Levitt, A. & Goldstein, L. (2007). VOT in the babbling of French- and English-learning infants. *Journal of Phonetics, 35,* 341–352.
Whaley, B. B. & Parker, R. G. (2000). Expressing the experience of communicative disability: Metaphors of persons who stutter. *Communication Reports, 13,* 115–125.
Whelan, T. & Lally, C. (2002). Paternal commitment and father's quality of life. *Journal of Family Studies, 8,* 181–196.
Whitaker, R. C., Wright, J. A., Pepe, M. S., Seidel, K. D. & Dietz, W. H. (1997, 25 september). Predicting obesity in young adulthood from childhood and parental obesity. *The New England Journal of Medicine, 337,* 869–873.
Whitbourne, S. K., Zuschlag, M. K., Elliot, L. B. & Waterman, A. S. (1992). Psychosocial development in adulthood: A 22-year sequential study. *Journal of Personality and Social Psychology, 63,* 260–271.
Whitebread, D., Coltman, P., Jameson, H. & Lander, R. (2009). Play, cognition and self-regulation: What exactly are children learning when they learn through play? *Educational and Child Psychology, 26,* 40–52.
Whiting, B. B. & Edwards, C. P. (1988). *Children of different worlds: The formation of social behavior.* Cambridge, MA: Harvard University Press.
WHO. (2014). *Health for the world's adolescents.* In www.who.int. Geraadpleegd juli 2015, http://www.who.int/mediacentre/news/releases/2014/focus-adolescent-health/en/.
Widaman, K. (2009). Phenylketonuria in children and mothers: Genes, environments, behavior. *Current Directions in Psychological Science, 18,* 48-52. http://search.ebscohost.com, doi:10.1111/j.1467-8721.2009.01604.x
Widom, C. S. (2000). Motivation and mechanisms in the 'cycle of violence'. In D. J. Hansen (Ed.), *Nebraska Symposium on Motivation Vol. 46, 1998: Motivation and child maltreatment* (Current theory and research in motivation series). Lincoln, NE: University of Nebraska Press.
Wiegers, T. A. (2007). Kwaliteit van de zorg rond zwangerschap, bevalling en kraambed volgens cliënten: meetinstrumentontwikkeling. Utrecht: NIVEL.
Wilcox, H. C., Conner, K. R. & Caine, E. D. (2004). Association of alcohol and drug use disorders and completed suicide: An empirical review of cohort studies. *Drug & Alcohol Dependence, 76,* Special Issue: Drug Abuse and Suicidal Behavior, S11–S19.
Wilcox, T., Woods, R., Chapa, C. & McCurry, S. (2007). Multisensory exploration and object individuation in infancy. *Developmental Psychology, 43,* 479–495.
Wildberger, S. (2003, augustus). So you're having a baby. *Washingtonian,* 85–86, 88–90.
Wilfond, B. & Ross, L. (2009). From genetics to genomics: Ethics, policy, and parental decision-making. *Journal of Pediatric Psychology, 34,* 639-647. http://search.ebscohost.com, doi:10.1093/jpepsy/jsn075.
Wilkes, S., Chinn, D., Murdoch, A. & Rubin, G. (2009). Epidemiology and management of infertility: A population-based study in UK primary care. *Family Practice, 26,* 269–274.
Wilkosz, M., Chen, J., Kennedy, C. & Rankin, S. (2011). Body dissatisfaction in California adolescents. *Journal of the American Academy of Nurse Practitioners, 23,* 101–109.
Willford, J. A., Richardson, G. A. & Day, N. L. (2012). Sex-specific effects of prenatal marijuana exposure on neurodevelopment and behavior. In M. Lewis, L. Kester (Eds.), *Gender differences in prenatal substance exposure.* Washington, DC: American Psychological Association.
Williams, A. C., Morris, J. J., Stevens, K. K., Gessler, S. S., Cella, M. M. & Baxter, J. J. (2013). What influences midwives in estimating labour pain? *European Journal of Pain, 17,* 86–93.
Williams, J. & Binnie, L. (2002). Children's concept of illness: An intervention to improve knowledge. *British Journal of Health Psychology, 7,* 129–148.
Williams, J. & Ross, L. (2007). Consequences of prenatal toxin exposure for mental health in children and adolescents: A systematic review. *European Child & Adolescent Psychiatry, 16,* 243–253.
Williamson, R. & Johnston, J. H. (1999). Challenging orthodoxy: An emerging agenda for middle level reform. *Middle School Journal, 12,* 10–17.
Willoughby, M., Kupersmidt, J., Voegler-Lee, M. & Bryant, D. (2011). Contributions of hot and cool self-regulation to preschool disruptive behavior and academic achivement. *Developmental Neuropsychology, 36,* 162–180.
Willows, D. M., Kruk, R. S. & Corcos, E. (Eds.). (1993). *Visual processes in reading and reading disabilities.* Hillsdale, NJ: Erlbaum.
Wills, T., Resko, J. & Ainette, M. (2004). Smoking onset in adolescence: A person-centered analysis with time-varying predictors. *Health Psychology, 23,* 158–167.
Wills, T., Sargent, J., Stoolmiller, M., Gibbons, F. & Gerrard, M. (2008). Movie smoking exposure and smoking onset: A longitudinal study of mediation processes in a representative sample of U.S. adolescents. *Psychology of Addictive Behaviors, 22,* 269–277.
Wilson, B. J., Smith, S. L., Potter, W. J., Kunkel, D., Linz, D., Colvin, C. M. & Donnerstein, E. (2002). Violence in children's television programming: Assessing the risks. *Journal of Communication, 52*(1), 5–35.

Wilson, B., et al. (2002). Violence in children's television programming: Assessing the risks. *Journal of Communication, 52*, 5–35.
Wilson, G., Grilo, C. & Vitousek, K. (2007, april). Psychological treatment of eating disorders. *American Psychologist, 62*, 199–216.
Wilson, R. (2004, 3 december). Where the elite teach, it's still a man's world. *Chronicle of Higher Education, 51*, A8.
Wilson, S. L. (2003). Post-Institutionalization: The effects of early deprivation on development of Romanian adoptees. *Child & Adolescent Social Work Journal, 20*, 473–483.
Wilson, S., Schalet, B. D., Hicks, B. M. & Zucker, R. A. (2013). Identifying early childhood personality dimensions using the California child Q-Set and prospective associations with behavioral and psychosocial development. *Journal of Research In Personality, 47*, 339–350.
Wineburg, S. S. (1987). The self-fulfillment of the self-fulfilling prophecy. *Educational Researcher, 16*, 28–37.
Winger, G. & Woods, J. H. (2004). *A handbook on drug and alcohol abuse: The biomedical aspects*. Oxford, England: Oxford University Press.
Wingert, P. & Kantrowitz, B. (1997, 27 oktober). Why Andy couldn't read (Bright children who are also learning disabled). *Newsweek, 130*, 56.
Wingert, P. & Katrowitz, B. (2002, 7 oktober). Young and depressed. *Newsweek*, 53–61.
Winner, E. (1989). Development in the visual arts. In W. Damon (Ed.), *Child development today and tomorrow*. San Francisco: Jossey-Bass.
Winsler, A. (2003). Introduction to special issue: Vygotskian perspectives in early childhood education. *Early Education and Development, 14*, 253–269.
Winsler, A., Feder, M., Way, E. & Manfra, L. (2006, juli). Maternal beliefs concerning young children's private speech. *Infant and Child Develoment, 15*, 403–420.
Winstead, B.A. & Sanchez, J. (2005). Gender and Psychopathology. In J.E. Maddux, & G.A. Winstead (Eds.), *Psychopathology: Foundations for a contemporary understanding*. Mahwah, NJ: Lawrence Erlbaum Associates.
Wisdom, J. P. & Agnor, C. (2007). Family heritage and depression guides: Family and peer views influence adolescent attitudes about depression. *Journal of Adolescence, 30*, 333–346.
Witt, A. E., Donnellan, M. & Trzesniewski, K. H. (2011). Self-esteem, narcissism, and Machiavellianism: Implications for understanding antisocial behavior in adolescents and young adults. In C. T. Barry, P. K. Kerig, K. K. Stellwagen & T. D. Barry (Eds.), *Narcissism and Machiavellianism in youth: Implications for the development of adaptive and maladaptive behavior*. Washington, DC: American Psychological Association.
Wobma, E. & de Graaf, A. (2009). *Scheiden en weer samenwonen*. Geraadpleegd 4 maart 2016, op www.cbs.nl/NR/rdonlyres/69C3FF3A.../2009k4b15p14art.pdf.
Woelfle, J. F., Harz, K. & Roth, C. (2007). Modulation of circulating IGF-I and IGFBP-3 levels by hormonal regulators of energy homeostasis in obese children. *Experimental and Clinical Endocrinology Diabetes, 115*, 17–23.
Wolff, R.P. (2007). *Met vallen en opstaan: Een analyse van instroom, uitval en rendementen van niet-westers allochtone studenten in het Nederlandse hoger onderwijs 1997-2005*. Utrecht: ECHO.
Wolfson, A. R. & Richards, M. (2011). Young adolescents: Struggles with insufficient sleep. In M. El-Sheikh & M. El-Sheikh (Eds.), *Sleep and development: Familial and socio-cultural considerations*. New York: Oxford University Press.
Wolitzky, D. L. (2011). Psychoanalytic theories of psychotherapy. In J. C. Norcross, G. R. VandenBos, D. K. Freedheim (Eds.), *History of psychotherapy: Continuity and change* (2nd ed.). Washington, DC: American Psychological Association.
Wonnacott, E. (2013). Learning: Statistical mechanisms in language acquisition. In P. M. Binder & K. Smiths (Eds.), *The language phenomenon: Human communication from milliseconds to millennia*. New York: Springer-Verlag Publishing.
Wood, A. C., Saudino, K. J., Rogers, H., Asherson, P. & Kuntsi, J. (2007). Genetic influences on mechanically assessed activity level in children. *Journal of Child Psychology and Psychiatry. 48*, 695–702.
Wood, L. & Howley, A. (2012). Dividing at an early age: The hidden digital divide in Ohio elementary schools. *Learning, Media and Technology, 37*(1), 20–39.
Wood, R. (1997). Trends in multiple births, 1938–1995. *Population Trends, 87*, 29–35.
Woods, R. (2009). The use of aggression in primary school boys' decisions about inclusion in and exclusion from playground football games. *British Journal of Educational Psychology, 79*, 223–238.
World Food Programme (2008). *Where we work: Korea*. Rome: United Nations World Food Programme.
World Food Summit (2002). *The spectrum of malnutrition*. New York: United Nations.
World Health Organization (2016). Global Health Observatory data repository, geraadpleegd 15 maart 2016, op http://apps.who.int/gho/data/node.main.REPWOMEN39?lang=en.
World Health Organization (2010-2013). Global Health Observatory data repository, http://apps.who.int/gho/data/node.main.REPWOMEN39?lang=en.
World obesity Federation. (2014). *The toybox project*. Geraadpleegd 14 september 2015, op http://www.worldobesity.org/what-we-do/policy-prevention/projects/toyboxproject/.
Worobey, J. & Bajda, V. M. (1989). Temperament ratings at 2 weeks, 2 months, and 1 year: Differential stability of activity and emotionality. *Developmental Psychology, 25*, 257–263.
Worrell, F., Szarko, J. & Gabelko, N. (2001). Multiyear persistence of nontraditional students in an academic talent development program. *Journal of Secondary Gifted Education, 12*, 80–89.
Wright, J. C., Huston, A. C., Murphy, K. C., St. Peters, M., Piñon, M., Scantlin, R., et al. (2001). The relations of early television viewing to school readiness and vocabulary of children from low-income families: The early window project. *Child Development, 72*, 1347–1366.
Wright, J. C., Huston, A. C., Reitz, A. L. & Piemyat, S. (1994). Young children's perceptions of television reality: Determinants and developmental differences. *Developmental Psychology, 30*, 229–239.
Wright, M., Wintemute, G. & Claire, B. (2008). Gun suicide by young people in California: Descriptive epidemiology and gun ownership. *Journal of Adolescent Health, 43*, 619–622.
Wright, R. (1995, 13 maart). The biology of violence. *The New Yorker*, 68–77.
Wu, C. & Chao, R. K. (2011). Intergenerational cultural dissonance in parent-adolescent relationships among Chinese and European Americans. *Developmental Psychology, 47*, 493–508.
Wu, P., Hoven, C., Okezie, N., Fuller, C. & Cohen, P. (2007). Alcohol abuse and depression in children and adolescents. *Journal of Child & Adolescent Substance Abuse, 17*(2), 51–69.
Wu, T., Treiber, F. A. & Snieder, H. (2013). Genetic influence on blood pressure and underlying hemodynamics measured at rest and during stress. *Psychosomatic Medicine, 75*, 404–412.
Wu, Y., Tsou, K., Hsu, C., Fang, L., Yao, G. & Jeng, S. (2008). Brief report: Taiwanese infants' mental and motor development – 6-24 months. *Journal of Pediatric Psychology, 33*, 102–108.
Wupperman, P., Marlatt, G. A., Cunningham, A., Bowen, S., Berking, M., Mulvihill-Rivera, N. & Easton, C. (2012). Mindfulness and modification therapy for behavioral dysregulation: Results from a pilot study targeting alcohol use and aggression in women. *Journal of Clinical Psychology, 68*, 50-66.
www.cbs.nl, gezondheid en welzijn, geraadpleegd februari 2009, februari 2015, augustus 2015.
www.emindmaps.nl, geraadpleegd februari 2015.
www.fasstichting.nl, geraadpleegd februari 2009.
www.gripvzw.be, geraadpleegd augustus 2015.
www.nji.nl, geraadpleegd februari 2009.
www.ond.vlaanderen.be, geraadpleegd juni 2011.
www.StopBullying.gov, geraadpleegd augustus 2015.
www.teacch.com, geraadpleegd augustus 2015.
www.veiliglerenlezen.be, geraadpleegd augustus 2015.
www.vumc.nl/2014.
Wyer, R. (2004). The cognitive organization and use of general knowledge. In J. Jost & M. Banaji (Eds.) *Perspectivism in social psychology: The yin and yang of scientific progress*. Washington, DC: American Psychological Association.
Wynn, K. (1995). Infants possess a system of numerical knowledge. *Current Directions in Psychological Science, 4*, 172–177.
Wynn, K. (2000). Findings of addition and subtraction in infants are robust and consistent: Reply to Wakeley, Rivera, and Langer. *Child Development, 71*, 1535–1536.
Wyra, M., Lawson, M. J., Hungi, N. (2007). The mnemonic keyword method: The effects of bidirectional retrieval training and of ability to image on foreign language vocabulary recall. *Learning and Instruction, 17*, 360–371.
Xirasagar, S., Fu, J., Liu, J., Probst, J. C. & Lin, D. (2011). Neonatal outcomes for immigrant vs. native-born mothers in Taiwan: An epidemiological paradox. *Maternal and Child Health Journal, 15*, 269–279.
Yagmurlu, B. & Sanson, A. (2009). Parenting and temperament as predictors of prosocial behavior in Australian and Turkish Australian children. *Australian Journal of Psychology, 61*, 77–88.
Yamada, J., Stinson, J., Lamba, J., Dickson, A., McGrath, P. & Stevens, B. (2008). A review of systematic reviews on pain interventions in hospitalized infants. *Pain Research & Management, 13*, 413–420.
Yan, Z. & Fischer, K. (2002). Always under construction: Dynamic variations in adult cognitive microdevelopment. *Human Development, 45*, 141–160.
Yang, C. D. (2006). *The infinite gift: How children learn and unlearn the languages of the world*. New York: Scribner.
Yang, R. & Blodgett, B. (2000). Effects of race and adolescent decision-making on status attainment and self-esteem. *Journal of Ethnic & Cultural Diversity in Social Work, 9*, 135–153.
Yardley, J. (2001, 2 juli). Child-death case in Texas raises penalty questions. *The New York Times*, A1.
Yarrow, L. (1992, november). Giving birth: 72,000 moms tell all. *Parents*, 148–159.
Yarrow, M. R., Scott, P. M. & Waxler, C. Z. (1973). Learning concern for others. *Developmental Psychology, 8*, 240–260.
Yato, Y., Kawai, M., Negayama, K., Sogon, S., Tomiwa, K. & Yamamoto, H. (2008). Infant responses to maternal still-face at 4 and 9 months. *Infant Behavior & Development, 31*, 570–577.
Yecke, C. P. (2005). *Mayhem in the middle*. Washington, DC: Thomas B. Fordham Institute.
Yee, M. & Brown, R. (1994). The development of gender differentiation in young children. *British Journal of Social Psychology, 33*, 183–196.
Yim, I., Glynn, L., Schetter, C., Hobel, C., Chicz-DeMet, A. & Sandman, C. (2009). Risk of postpartum depressive symptoms with elevated corticotropin-releasing hormone in human pregnancy. *Archives of General Psychiatry, 66*, 162–169.
Yinger, J. (Ed.). (2004). *Helping children left behind: State aid and the pursuit of educational equity*. Cambridge, MA: MIT Press.
Yonker, J. E., Schnabelrauch, C. A. & DeHaan, L. G. (2012). The relationship between spirituality and religiosity on psychological outcomes in adolescents and emerging adults: A meta-analytic review. *Journal of Adolescence, 35*, 299–314.
Yoshinaga-Itano, C. (2003). From screening to early identification and intervention: Discovering predictors to successful outcomes for children with significant hearing loss. *Journal of Deaf Studies & Deaf Education, 8*, 11–30.
Young, H. & Ferguson, L. (1979). Developmental changes through adolescence in the spontaneous nomination of reference groups as a function of decision context. *Journal of Youth and Adolescence, 8*, 239–252.
Young, S., Rhee, S., Stallings, M., Corley, R. & Hewitt, J. (2006). Genetic and environmental vulnerabilities underlying adolescent substance use and

problem use: General of specific? *Behavior Genetics, 36*, 603–615.
Yow, W. Q. & Markman, E. M. (2011). Bilingualism and children's use of paralinguistic cues to interpret emotion in speech. *Bilingualism: Language and Cognition, 14*(4), 562–569.
Yu, C., Hung, C., Chan, T., Yeh, C. & Lai, C. (2012). Prenatal predictors for father-infant attachment after childbirth. *Journal of Clinical Nursing, 21*, 1577–1583.
Yu, M. & Stiffman, A. (2007). Culture and environment as predictors of alcohol abuse/dependence symptoms in American Indian youths. *Addictive Behaviors, 32*, 2253–2259.
Yuan, A. (2012). Perceived breast development and adolescent girls' psychological well-being. *Sex Roles, 66*, 790–806.
Yuill, N. & Perner, J. (1988). Intentionality and knowledge in children's judgments of actor's responsibility and recipient's emotional reaction. *Developmental Psychology, 24*, 358–365.
Zacchilli, T. I. & Valerio, C. Y. (2011). The knowledge and prevalence of cyberbyllying in a college sample. *Journal of Scientific Psychology*, 11-23.
Zafeiriou, D. I. (2004). Primitive reflexes and postural reactions in the neurodevelopmental examination. *Pediatric Neurology, 31*, 1–8.
Zahn-Waxler, C. & Radke-Yarrow, M. (1990). The origins of empathic concern. *Motivation and Emotion, 14*, 107–130.
Zahn-Waxler, C., Park, J., Usher, B., Belouad, F., Cole, P. & Gruber, R. (2008). Young children's representations of conflict and distress: A longitudinal study of boys and girls with disruptive behavior problems. *Development and Psychopathology, 20* ,99–119.
Zalsman, G., Levy, T., Shoval, G. (2008). Interaction of child and family psychopathology leading to suicidal behavior. *Psychiatric Clinics of North America, 31*, 237–246.
Zalsman, G., Oquendo, M., Greenhill, L., Goldberg, P., Kamali,M., Martin, A., et al. (2006, oktober). Neurobiology of depression in children and adolescents. *Child and Adolescent Psychiatric Clinics of North America, 15*, 843–868.
Zampi, C., Fagioli, I, & Salzarulo, P. (2002). Time course of EEG background activity level before spontaneous awakening in infants. *Journal of Sleep Research, 11*, 283–287.
Zanardo, V., Nicolussi, S., Favaro, F., Faggian, D., Plebani, M., Marzari, F. & Freato, F. (2001) Effect of postpartum anxiety on the colostral milk beta-endorphin concentrations of breastfeeding mothers. *Journal of Obstetrics and Gynaecology, 21*, 130–134.
Zaporozhets, A. V. (1965). The development of perception in the preschool child. *Monographs of the Society for Research in Child Development, 30*, 82–101.
Zarbatany, L., Hartmann, D. P. & Rankin, D. B. (1990). The psychological functions of preadolescent peer activities. *Child Development, 61*, 1067–1080.
Zauszniewski, J. A. & Martin, M. H. (1999). Developmental task achievement and learned resourcefulness in healthy older adults. *Archives of Psychiatric Nursing, 13*, 41–47.
Zeanah, C. (2009). The importance of early experiences: Clinical research and policy perspectives. *Journal of Loss and Trauma, 14*, 266–279.
Zebrowitz, L., Luevano, V., Bronstad, P. & Aharon, I. (2009). Neural activation to babyfaced men matches activation to babies. *Social Neuroscience, 4*, 1–10.
Zeedyk, M. & Heimann, M. (2006). Imitation and socio-emotional processes: Implications for communicative development and interventions. *Infant and Child Development, 15*, 219–222.
Zelazo, P. R. (1998). McGraw and the development of unaided walking. *Developmental Review, 18*, 449–471.
Zemach, I., Chang, S. & Teller, D. (2007). Infant color vision: Prediction of infants' spontaneous color preferences. *Vision Research, 47*, 1368–1381.
Zeng, Z. (2011). The myth of the glass ceiling: Evidence from a stockflow analysis of authority attainment. *Social Science Research, 40*, 312–325.
Zettergren, P. (2003). School adjustment in adolescence for previously rejected, average and popular children. *British Journal of Educational Psychology, 73*, 207–221.
Zhang, L. & He, Y. (2011). Thinking styles and the Eriksonian stages. *Journal of Adult Development, 18*, 8–17.
Zhang, N., Baker, H. W., Tufts, M., Raymond, R. E., Salihu, H. & Elliott, M. R. (2013). Early childhood lead exposure and academic achievement: Evidence from Detroit public schools, 2008-2010. *American Journal of Public Health, 103*, e72–e77.
Zhe, C. & Siegler, R. S. (2000). Across the Great Divide: Bridging the gap between understanding of toddlers' and older children's thinking. *Monographs of the Society for Research in Child Development*, 65(2, Serial No. 261).
Zhu, B.P. (2005). Effects of interpregnancy interval on birth outcomes. Findings from three recent US studies. *International Journal of Gynecology and Obstetrics, 89*(1), 25–S33.
Zhu, J. & Weiss, L. (2005). The Wechsler Scales. In D. P. Flanagan, & P. L. Harrison, (Eds.), *Contemporary intellectual assessment: Theories, tests, and issues.* New York, Guilford Press.
Zigler, E. F. & Finn-Stevenson, M. (1999). Applied developmental psychology. In M.H. Bornstein & M.E. Lamb (Eds.), *Developmental psychology: An advanced textbook*. Mahwah, NJ: Erlbaum.
Zigler, E. F. & Styfco, S. J. (1994). Head Start: Criticism in a constructive context. *American Psychologist, 49*, 127–132.
Zimmer-Gembeck, M. J., Gallaty, K. J. (2006). Hanging out or hanging in?: Young females' socioemotional functioning and the changing motives for dating and romance. In A. Columbus (Ed.), *Advances in psychology research: Vol. 44*. Hauppauge, NY: Nova Science.
Zimmer-Gembeck, M.J. & Collins, W.A. (2003). Autonomy development during adolescence. In G.R. Adams & M.D. Berzosky (Eds.), Blackwell handbook of adolescence). NY: Blackwell.
Zimmerman, F. & Christakis, D. (2007). Associations between content types of early media exposure and subsequent attentional problems. *Pediatrics, 120*, 986–992.
Zirkel, S. & Cantor, N. (2004). 50 years after *Brown v. Board of Education*: The promise and challenge of multicultural education. *Journal of Social Issues, 60*, 1–15.
Zisenwine, T., Kaplan, M., Kushnir, J. & Sadeh, A. (2013). Nighttime fears and fantasy-reality differentiation in preschool children. *Child Psychiatry and Human Development, 44*(1), 186–199.
Zito, J. (2002). Five burning questions. *Journal of Developmental & Behavioral Pediatrics, 23*, S23–S30.
Zito, J. M., Safer, D. J., dos Reis, S., Gardner, J. F., Boles, M. & Lynch, F. (2000). Trends in prescribing of psychotropic medications to preschoolers. *Journal of the American Medical Association, 283*, 1025–1030.
Zorg en gezondheid. (2010). *Ongevallen bij jongeren in Vlaanderen in 2010*. Geraadpleegd 12 augustus 2015, op http://www.zorg-en-gezondheid.be/Cijfers/Gezond-leven-en-milieu/Ongevallen-in-privesfeer/Cijfers-over-ongevallen-bij-jongeren/.
Zorg en Gezondheid. (2012). *Plaats van geboorte: thuis polikliniek of ziekenhuis*. Geraadpleegd 4 september 2015, op http://www.zorg-en-gezondheid.be/Cijfers/Geboorte-en-bevalling/Plaats-van-geboorte--thuis-polikliniek-of-ziekenhuis/.
Zorg en Gezondheid. (2014). *Belangrijke trends in geboorte en bevalling*. Geraadpleegd 4 september 2015, op http://www.zorg-en-gezondheid.be/cijfers/geboorte-en-bevalling/belangrijkste-trends-in-geboorte-en-bevalling/
Zosh, J. M., Halberda, J. & Feigenson, L. (2011). Memory for multiple visual ensembles in infancy. *Journal of Experimental Psychology: General, 140*.
Zuckerman G. (2007). Child-adult interaction that creates a zone of proximal development. *Journal of Russian and East European Psychology, 45*(3), 43–69.
Zuckerman, M. (2003). Biological bases of personality. In T. Millon, & M. J. Lerner (Eds.), *Personality and Social Psychology: Vol. 5. Handbook of psychology*. New York: Wiley.
Zwelling, E. (2006). A challenging time in the history of Lamaze international: an interview with Francine Nichols. *Journal of Perinatal Education, 15*, 10–17.
Zyphur, M. J., Zhang, Z., Barsky, A. P. & Li, W. (2013). An ACE in the hole: Twin family models for applied behavioral genetics research. *The Leadership Quarterly, 24*, 572–594.

Namenindex

Trefwoordenindex

B

C

J

K

L

M

N

O

R

S

T